象山年鉴

（2014）

象山县地方志编纂委员会　编

图书在版编目(CIP)数据

象山年鉴.2014/象山县地方志编纂委员会编.—
北京:方志出版社,2014.12
ISBN 978-7-5144-1512-4

Ⅰ.①象… Ⅱ.①象… Ⅲ.①象山县—年鉴—2014
Ⅳ.①Z525.54

中国版本图书馆CIP数据核字(2014)第313478号

象山年鉴(2014)

编　　者:象山县地方志编纂委员会
责任编辑:罗滔

出 版 人:冀祥德
出 版 者:方志出版社
地址　北京市朝阳区潘家园东里9号(国家方志馆4层)
邮编　100021
网址　http://www.fzph.org
发　　行:方志出版社发行中心
电话(010)67110500
经　　销:各地新华书店
印　　刷:杭州艺文报刊印务有限公司

开　　本:889×1194　1/16
印　　张:35.5
字　　数:1042千字
版　　次:2014年12月第1版　2014年12月第1次印刷
印　　数:001~600册

ISBN　978-7-5144-1512-4/K·1238　　定价:200.00元

象山县地方志编纂委员会

象山县地方志编纂委员会办公室

《象山年鉴(2014)》编辑部

编辑说明

一、《象山年鉴》是中共象山县委、象山县人民政府主办的政府公报性质的集资料、信息、知识于一体的大型综合性工具书。《象山年鉴》由象山县地方志编纂委员会主持编纂，各部、委、办、局、街道乡镇和有关单位供稿，象山县地方志编纂委员会办公室负责全书编辑工作。

二、《象山年鉴》以马克思列宁主义、毛泽东思想、邓小平理论和“三个代表”重要思想为指导，坚持科学发展观，运用辩证唯物主义和历史唯物主义的观点、方法，真实、全面、准确地反映象山年度的历史。

三、《象山年鉴(2014)》是《象山年鉴》的第9卷本，记载时限为2013年1月1日～2013年12月31日。

四、年鉴由地图、照片、大事记、专记、索引以及正文等组成。正文采用分类编辑法。设置栏目、分目、条目三个层次的框架，并以条目为独立主题信息的主要载体。编排次序根据年鉴的基本体例、行业归类的特点以及读者的阅读需求和习惯确定。

五、年鉴使用规范的语体文记述。采用统计公报公布的数据。统计公报未作统计的，以有关业务部门所供为据。

六、年鉴采用双重检索系统，卷前有中英文目录，卷后有关键词索引，按关键词第一字的数字顺序、字母顺序或词首字汉语拼音字母顺序排列。

七、年鉴所载文字资料，由象山县各有关职能部门提供，并经各级领导审核。所用图片，由有关单位和个人提供。

1 月 21 日，象山县第十七届人民代表大会第二次会议开幕　　(陈洪杰摄)

1 月 20 日，政协象山县第九届委员会第二次会议开幕　　(陈洪杰摄)

9 月 11 日，中共浙江省委副书记、省长李强(前右)考察东陈乡岳头粮食生产功能区(陈洪杰摄)

3 月 7 日，时任中共浙江省委常委、宁波市委书记王辉忠(前左三)在象山工作调研(陈洪杰摄)

6 月 4 日，中共浙江省委常委、宁波市委书记刘奇（前左）在象山调研　（陈洪杰摄）

7 月 22 日~23 日，浙江省副省长熊建平（前左）到象山开展基层走亲连心活动　（陈洪杰摄）

6 月 13 日，中共宁波市委副书记、代市长卢子跃（前右）在象山作海洋经济发展调研（陈洪杰摄）

7 月 3 日~4 日，浙江省政协委员、宁波市政协主席唐一军（前左二）率领在甬省政协委员到象山视察浙台（象山石浦）经贸合作区（陈洪杰摄）

8 月 25 日~27 日，全国政协常委、全国台联党组书记梁国扬（前右二）率全国政协台联界别委员到象山视察浙台（象山石浦）经贸合作区　　　　（陈洪杰摄）

11 月 1 日，中国社会科学院党组副书记、副院长赵胜轩（前左二）率中国社科院学部委员考察团在象山考察调研　　　　（陈洪杰摄）

12月17日，全国人大财政经济委员会副主任委员、浙江省原省长吕祖善（前左）被聘请为象山"塔山讲堂"客座教授，并应邀作《越地长歌——浙江历史文化漫谈》主题讲座　　（陈洪杰摄）

2月27日，县委书记李关定（前右一）、县长叶剑鸣（前左一）为获"纳税特别贡献奖"的周辞美颁奖　　（陈洪杰摄）

9 月 11 日，全省现代农业园区和粮食生产功能区建设现场会在象山召开，象山县大塘港现代农业园区获省级现代农业园区称号 （陈洪杰摄）

2013 年象山县成功创建国家卫生县城。图为象山创建国家卫生县城省级考核反馈会现场 （何幼松摄）

12 月 22 日，宁波象保合作区管委会揭牌 （陈洪杰摄）

9 月 16 日，第九届中国海洋论坛在象山隆重举行 （陈洪杰摄）

11 月 8 日，宁波工人疗养院落户半边山度假区　　(陈洪杰摄)

4 月 18 日，上海莱悦游艇集团入驻象山石浦渔人码头　　(陈洪杰摄)

象山建筑业施工总产值突破 800 亿元。图为龙元集团承建的无锡蠡湖香樟园 （陈洪杰摄）

大目湾新城三大城市综合体开发量突破 30 万平方米 （陈洪杰摄）

华翔首次登上跨国公司百强榜,同时上榜“中国制造业企业500强” (陈洪杰摄)

戴维上榜“潜力上市公司百强” (陈洪杰摄)

2013年，象山产业区已落户企业153家，开工企业77家，全年实现工业产值36亿元　　（陈洪杰摄）

宁波海浦生物科技有限公司承担的“鱼蛋白有机液肥的中试”项目成功通过国家农业科技成果转化重点项目验收

（金旭摄）

“退城进园”项目之一的龙鑫食品有限公司进驻白岩山工业园区，全面启动总投资近亿元的新厂区建设　　（金旭摄）

投资500万元建设的东陈乡岳头村粮食生产重点示范方(陈洪杰摄)

涂茨镇水稻高产竞赛亩产创865.6公斤新高　(陈洪杰摄)

定塘镇建成全县首个外销蔬菜主导产业示范园区(陈洪杰摄)

象山县2169艘渔船获批中日、中韩专项特许捕捞许可证
（陈洪杰摄）

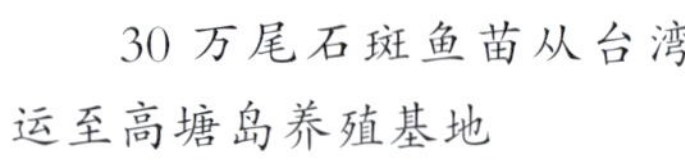

30万尾石斑鱼苗从台湾运至高塘岛养殖基地
（陈洪杰摄）

象山县成功实施“春笋冬出”技术
（陈洪杰摄）

“2013 中国海洋旅游年”——象山海洋旅游唱响蓝色经济重头戏 （陈洪杰摄）

象山五一旅游市场火爆，全县游客接待量突破 50 万人次 （陈洪杰摄）

象山乡村旅游登台唱主角。图为秀色如画的方家岙村一角 （陈洪杰摄）

2013 年县重点工程建设年度投资 77.62 亿元，图为象山人才公寓一期　（陈洪杰摄）

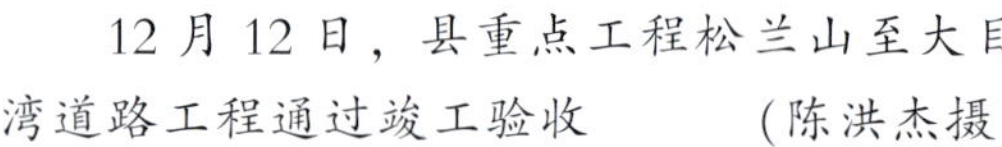

12 月 12 日，县重点工程松兰山至大目湾道路工程通过竣工验收　（陈洪杰摄）

鹤岛变 110 千伏变电站正式投运　（周科摄）

东陈乡樟岙村获评全国文明交通示范村(陈洪杰摄)

爵溪公交枢纽站正式启用 (陈洪杰摄)

新桥镇镇区公交全线开通(蒋曼儒摄)

西周镇积极推进乡村污水改造工程，推进生态文明建设。图为西周镇潘埠村整治后的河道

(陈洪杰摄)

大目涂景观式潮位观测站投入使用 （陈洪杰摄）

位于巨鹰路与丹阳路交叉口处的象山县第四座生活垃圾中转站投入使用 （陈洪杰摄）

4月12日，“三改一拆”专项行动全面启动 （陈吉明摄）

象山入选首批国家级海洋生态文明建设示范区　　(陈洪杰摄)

国家海洋局批复同意象山渔山列岛国家级海洋生态特别保护区加挂国家级海洋公园牌子

(陈洪杰摄)

国内首个人工引导干预鸟类选择繁殖地试验成功，“神话之鸟”中华黑嘴端凤头燕鸥重回韭山列岛

（陈洪杰摄）

“保护同一片蓝海”宣传活动在韭山列岛国家级自然保护区启动

（陈洪杰摄）

6月19日，495万尾岱衢族大黄鱼鱼苗在南韭山海域放归（陈冠摄）

中国开渔节写入国家海洋经济发展规划

(陈洪杰摄)

9 月 16 日，国家海洋局宣教中心授予象山县职业高级中学“全国海洋意识教育基地”称号

(陈洪杰摄)

5 月 19 日，“甬南·伟绅杯”山地自行车爬坡赛在西周山区举行

(舒伟雄摄)

象山唱新闻《长年葱》在第十届中国艺术节上摘得“群星奖”

(黄全吉摄)

4 月 19 日，“最美象山人”2012 年度人物举行颁奖典礼

（陈洪杰摄）

20 余家省、市媒体集中采访徐祥青先进事迹 （石春光摄）

谢才华被命名为省级非物质文化遗产代表性传承人

（陈洪杰摄）

“塔山遗址”、“花岙兵营遗址”、“北渔山灯塔和东门灯塔”等 3 处文物单位晋升为国家级重点文物保护单位

(陈洪杰摄)

东门渔村列入传统村落国家保护名录(陈洪杰摄)

石浦渔港古城获评“省十大最美古镇”(陈洪杰摄)

文峰塔建成 16 年以来首次整体维护。图为修缮一新的文峰塔

(陈洪杰摄)

10 月 7 日,“菲特”台风致象山县 9 万余人受灾,直接经济损失近 6 亿元 (陈洪杰摄)

1 月 16 日,象山部分地区遭受严重雾霾 (陈洪杰摄)

高塘岛乡花岙岛发现 3 亿年前孑遗种松叶蕨 (采自《今日象山》)

8 月 8 日,象山最高气温达到 42.8℃,市民纷纷到海滨浴场消暑避夏 (陈洪杰摄)

象山县地图
鄞州区
北仑区
舟山市
台州市
六横岛
南田岛
檀头山
花岙岛
图例
县人民政府驻地
乡（镇）政府 街道办事处 驻地
行政村
自然村
设区市界
县（市、区）界
乡（镇、街道）界
铁路
建成高速及编号
拟建高速公路
建成及在建一级公路
二级及以下公路
省道编号
河流、水库
水渠
堤
码头、航线
盐田
隧道
桥梁
山地及山峰
景区（点）
故居
国家2A及以上景区
其他景区
注：象山港大桥已合龙，将于2012年底通车
花岙岛
渔山列岛
松兰山海滨旅游度假区
象山影视城
象山县规划局提供

目　录

图像象山

2013年大事记

特　载

专　记

特　存

县情概览

农业·农村

水利水务

工　业

金融・保险

旅　　游

商　　贸

信息化和信息产业

城乡建设和管理

环境保护

交通运输

人力资源管理

社会服务

综合管理

人民生活

教　育

科学技术

文化艺术

体　　育

新闻传媒

卫　　生

中国共产党象山县委员会

中国共产党象山县纪律检查委员会(县监察局)

象山县人民代表大会

象山县人民政府

政协象山县委员会

民主党派·群众团体

政　法

街道·镇乡

索　引

CONTENTS

PICTURES ABOUT XIANGSHAN

CHRONICLE OF 2013

FEATURE

RECORDING

APPENDIX

GENERAL SURVEY OF THE COUNTY

Agriculturc and Rural Economy

Water Conservancy

INDUSTRIAL ECONOMY

FINANCIAL AND INSURANCE INDUSTRY

Tourism

Trade Industry

Informationization, Information Industry and Information Infrastructure Facilities

URBAN AND RURAL CONSTRUCTION AND MANAGEMENT

ENVIRONMENTAL PROTECTION

TRANSPORTATION

HUMAN RESOURCE MANAGEMENT

SOCIAL AFFAIRS

COMPREHENSIVE MANAGEMENT

PEOPLE'S LIFE

EDUCATION

SCIENCE AND TECHNOLOGY

CULTURAL ART

SPORTS

NEWS MEDIA

HEALTH

XIANGSHAN COUNTY COMMITTEE OF CPC

XIANGSHAN COUNTY DISCIPLINE INSPECTION COMMITTEE OF CPC(XIANGSHAN COUNTY SUPERVISION BUREAU)

XIANGSHAN COUNTY PEOPLE'S CONGRESS

PEOPLE'S GOVERNMENT OF XIANGSHAN COUNTY

XIANGSHAN COUNTY COMMITTEE OF CPPCC

DOMESTIC PARTIES AND PEOPLE'S ORGANIZATIONS

POLITICAL SCIENCE AND LAW

STREETS AND TOWNS

2013 年大事记

1 月

1 日 石浦渔人码头举行象山海产品产销对接会。对接会共有苏州天一渔港大酒店与石浦亿亨活鲜水产公司等 4 个项目签约，总签约金额 1 亿元。

6 日 县体育局组队赴哈尔滨参加第十三届哈尔滨国际冬泳邀请赛，县游泳协会范黎明获男子 40～49 岁组 25 米自由泳铜牌，范海峰获第 4 名，薛观正获老年组第 5 名。该届比赛赛期两天，全国 16 个省、自治区、直辖市的 39 支代表队 500 多名男女冬泳爱好者，以及俄罗斯、乌克兰、英国、中国香港的冬泳队员参赛。

是日 浙江长城玉士集团有限公司总部经济基地奠基仪式在城南高新创业园举行。浙江长城玉士集团有限公司总部经济基地项目净用地 57.433 亩，总投资 2.4 亿元，将设立企业集团营运总部、汽配研究院和配件检测中心等，全力打造一个以行政、商业、服务为主的汽车配件生产贸易总部基地。

7 日 县委召开老干部情况通报会。县委书记李关定向老干部传达党的十八大精神，并通报 2012 年全县经济社会发展情况和 2013 年工作初步安排。

8 日 浙江省中小企业协会评选、表彰一批省优秀企业家。华翔集团董事局主席周辞美获得“浙江省十大杰出领袖企业家”称号。华翔电子董事长周晓峰获得“浙江省成长之星”称号，华众塑料总经理周敏峰获得“浙江省中小企业优秀企业家”称号。

9 日 省委宣传部、省文化厅和省文联联合发文的《关于公布第二批“浙江省优秀民间文艺人才”名单的通知》发布，象山县张德和、杨雪峰、王亚红、谢才华、张球、叶胜建、吴开献、欧行凯、包基勤、李素琴、张心荣等 11 名民间文艺工作者获得第二批“浙江省优秀民间文艺人才”称号。

9 日 在全国国家版图意识宣传教育和地图市场监管工作总结、表彰电视电话会议上，县规划局（测绘与地理信息局）被评为 2005 年至 2012 年全国国家版图意识宣传教育和地图市场监管工作先进集体。

10 日 由浙江省自驾游协会组织的“百车千人过大桥游象山”大型自驾游活动暨浙江省自驾游基地授牌仪式在象山影视城盛大举行。

15 日 浙江民泰商业银行宁波象山支行正式成立。

是日 宁波市副市长陈仲朝率市科技局、市高新区等有关部门负责人到象山调研工业经济和重点工业区块开发。

17 日 中国产业发展促进会副会长樊守志、副秘书长李小军率考察组到象山考察。中国产业发展促进会是由境内外从事中国产业发展、产业政策研究工作的机构和境内各类大型企业自愿组成的全国性联合组织。

18 日～2 月 18 日 由县文联和浙江当代中国画研究院联合举办的“桥海时代”——盛欣夫、徐之璜书画展在县综合文化活动中心开展，共选展两位艺术家的 100 余幅书画作品。盛欣夫，国家一级美术师，中国书法家协会会员，中国传媒大学美术传播研究所研究员、教授。徐之璜，原名徐向伟，中国美术家协会会员，中国画院特聘画师。

20 日 位于象山县丹城大碶头天安路 1118 号的 19056 体彩销售网点一位彩民狂揽“6＋1”1500 万元巨奖。该巨奖同时创下象山县体彩中奖奖金最高记录。此次中奖的“6＋1”为第 13009 期，中奖号码为“437843＋9”。

20日～22日 中国人民政治协商会议大象山县第九届委员会第二次会议在丹城黄金海岸酒店召开。出席会议的委员237人,委员们听取了中共象山县委书记李关定讲话;听取和审议了县九届政协常委会工作报告和提案工作报告;列席了县人大十七届二次会议;听取和协商讨论县人民政府县长叶剑鸣代表县人民政府所作的《政府工作报告》及其他有关报告。大会通过了县政协九届二次会议决议。

21日～23日 县第十七届人民代表大会第二次会议在县文化活动中心召开。县委副书记、县长叶剑鸣代表县人民政府向大会作政府工作报告。

23日 浙江师范大学幼儿教育集团与大目湾开发管委会正式签订“浙江师范大学·大目湾附属幼儿园合作协议书”。浙师大杭幼师附属幼儿园是大目湾引进的首个教育项目。

是日 下午,县委召开全县领导干部会议,传达学习习近平总书记在十八届中央纪委二次全会上的重要讲话和关于厉行勤俭节约、反对铺张浪费的重要批示精神。

是日 下午,县十七届人大二次会议举行第三次全体会议,依法选举胡振宇、贺永定、徐展群、黄永忠为象山县第十七届人民代表大会常务委员会委员。

24日 县现代农业发展研讨会暨浙大农业技术推广中心象山分中心授牌仪式在县农林局举行。

25日 县领导叶剑鸣、励志纲、林胜国、孙小雄、赖明和一行走访慰问东海舰队官兵。

29日 县政府与中国出口信用保险公司宁波分公司签署战略合作协议。县政府党组成员应伟刚、中国信保宁波分公司总经理陈小萍在协议上签字。

30日 象山影视城的第三个外景地民国城全面开工。

31日 上午,副市长马卫光、市政府副秘书长陈少春、市民政局局长杨雄跃、市水利局局长张拓原等一行到象山走访慰问第一批外迁象山县的新昌钦寸水库移民户,向他们送上党和政府的关怀和新年祝福。

2月

4日 晚,“金盾正能量”——县公安局2012年度先进典型表彰典礼在象山剧院举行。“十佳民警”“十佳协辅警”“十佳警嫂”受到表彰。

5日 文化部印发《关于同意实施〈海洋渔文化(象山)生态保护实验区总体规划〉的复函》,同意象山县实施该规划。《总体规划》的保护对象主要包括列入各级非物质文化遗产名录的项目、各级非物质文化遗产项目代表性传承人,以及与非物质文化密切相关的载体、文化场所和自然环境。规划期限为2012年至2025年,分近、中、远三个阶段实施。

7日 下午,象山县2013年“浙商之春”迎新恳谈会在黄金海岸大酒店大会堂举行。会议贯彻落实省委关于开展“浙商之春”大慰问活动指示精神,邀请广大象商同叙乡亲乡情、共商发展大计。在外象山籍工商界杰出人士、部分县内知名企业家、非象山籍在象山投资代表人士、象商回归投资代表人士、部分海外知名人士等180人参加恳谈会。

是日 夜里,受一股较强冷空气影响,象山县出现中到大雪、山区局部暴雪天气。丹城城区路面积雪达6厘米以上。

14日 县第一人民医院通过世界医学界的权威标准——JCI国际医院认证,成为宁波市首家、浙江省第二家通过JCI认证的医疗机构。JCI全称为国际医疗卫生机构联合委员会,JCI标准代表着当今国际医院管理和服务的最高水平,也是全世界范围内验证医疗机构质量的国际“金字准绳”。县第一人民医院于2012年3月正式启动JCI标准认证工作。2013年2月4日至8日,美国的三位JCI评审官,分别从医疗、护理、管理三方面对县一院进行了为期5天的认证审核工作。

16日 市委常委、市委秘书长王剑波,副市长洪嘉祥与李关定、叶剑鸣、金红旗、白国璋等县四套班子领导分别到联系镇乡(街道),深入村、社区、企业、农户,开展走访慰问、一线调研,倾听民声、解决实际问题,深化服务企业、服务基层活动。

是日 国家海洋局正式下发文件,批准象山县为首批国家级海洋生态文明建设示范区。

17日 上午,全县建筑经济工作会议召开。

17日 东门渔村入选首批中国传统村落。10

月20日，东门渔村列入传统村落国家保护名录。

19日 下午，全县农村工作会议暨创建省美丽乡村先进县动员大会召开。

22日 《浙江日报》《钱江晚报》《现代金报》《都市快报》、宁波电视台《东南商报》《宁波晚报》等20余家省、市媒体的30余名记者汇聚象山，对县公安局后勤科民警徐祥青的先进事迹进行集中采访。

26日 中共象山县委发布《关于开展学习周辞美、赖振元、卢国平同志创业创新精神掀起解放思想大讨论活动的通知》(县委办〔2013〕26号)，决定在全县范围内广泛开展向周辞美、赖振元、卢国平同志学习创业创新精神活动。

27日 上午，全县工业经济和开放型经济工作会议暨“工业强县攻坚年”活动动员大会召开，会议宣读了《中共象山县委关于开展向周辞美、赖振元、卢国平同志学习创业创新精神活动的决定》。

是日 在象山渔山列岛保护区管理局和石浦镇政府的监督下，渔山村村委会对“渔山列岛海生贝类生产经营项目”进行招投标，经过7位投标人激烈的竞标，最终以175万元的价格中标。

28日 象山县海洋与渔业局在省海洋与渔业局海域管理处业务指导和国家海洋局海域动态监管中心支持下，完成浙江省人民政府审批的象山国际水产物流园项目的海域使用权登记发证，登记号浙象山2013002号，证书号2013D33022500646号，面积19.798公顷，用海类型其他工业用海，用海方式建设填海造地。此举成为全国首例海域使用权属地登记发证试点工作。

3月

1日 《今日象山》刊发长篇通讯《好人徐祥青》。当天，县委书记李关定专门批示，称“徐祥青同志的事迹很平凡，但很感人。他坚持几十年如一日，视群众为亲人，全心全意为人民服务，勤恳工作，任劳任怨，不事张扬，在平凡岗位上、细微小事处，用真心、真情、真爱阐释了密切联系群众的优良作风和爱岗敬业的精神”。

是日 上午，县政府召开“百大项目会战攻坚”暨扩大有效投资活动动员大会。会议要求2013年：实现固定资产投资158亿元，力争175亿元；82个实施类重点工程完成年度投资77.6亿元，力争80亿元；实现开工项目31个、完工项目12个。

是日 县政府召开县人大代表建议和政协提案交办会议。2013年县“两会”后，县政府共收到建议228件、提案257件(其中11件转为信访件)，建议、提案选题广泛，内容丰富，涉及全县政治、经济、文化和社会生活的方方面面。

1日～5日 象山县18家企业参加第23届华交会，企业交易额或意向成交额累计约500万美元。

5日 下午，象山生态县建设暨国家级生态县创建动员工作会议召开。

是日 “最美宁波人”2012年度人物颁奖典礼在宁波举行。默默照顾车祸老人11年、无私关爱弱势群众的县公安交警大队民警秤卫东获“最美宁波人”殊荣并现场领奖。

5日～6日 象山韭山列岛国家级自然保护区管理局联合浙江自然博物馆、浙江省野生动植物保护协会野鸟分会联合举办的极危鸟类中华凤头燕鸥种群恢复与监测培训会议在象山县召开。美国、日本和中国台湾、香港、浙江、福建的专家们以及浙江省环保厅、浙江省林业厅、浙江省海洋与渔业局、象山县农林局、象山团县委等有关领导共20多个与会代表参加会议。

6日 由县人力社保局主办的“春风行动”大型招聘会在县人民广场举行，70家企业现场招聘，到场求职的约有800余人，185人次当场达成就业意向。

7日 省委常委、宁波市委书记王辉忠在象山调研。王辉忠指出把改善生态环境、建设美丽家园作为最大民生实事，要保持优美的生态环境，积极搭建发展大平台，努力建设宜居宜业的美丽城乡。

7日～8日 浙江省副省长黄旭明率省农业厅、省海洋与渔业局等单位相关负责人到象山调研现代农业发展。

9日 2013中国海洋旅游年宁波游启动仪式在象山举行。副市长陈奕君宣布2013中国海洋旅游年宁波游启动。

是日 长三角“佰城仟社”成立暨象山旅游采购大会举行。上海市旅游局副局长杨永和、浙江省旅游局副局长许澎共同为佰城仟社联盟揭牌。县旅游协会与长三角旅游组织合作峰会签订旅游合作协议。

11日 上午,李关定、金红旗、白国璋、林雅莲等县四套班子领导带领部分县级机关干部到大目湾新城参加义务植树活动。

12日 省委常委、宣传部部长葛慧君到象山调研文化产业发展和基层文化建设。省委宣传部副部长吕建楚,市委常委、宣传部部长余红艺,市委宣传部常务副部长张松才等随同调研。

13日 市委宣传部副部长、市文明办主任马春骐到象山专题调研公安民警徐祥青同志的先进事迹。

15日 市委常委、纪委书记、市"三思三创"活动领导小组办公室主任暨军民一行,到象山调研"三思三创"主题教育实践活动。

是日 上午,"3·15"消费维权现场咨询活动在丹城公园举办。县消费者权益保护委员会组织象山工商、质监、食药、农林、运管等近20余家成员单位,现场解答群众关心的产品质量问题,受理质量投诉举报,讲解真假商品的鉴别以及消费者维权法律知识。

18日 宁波市海曙区政协主席王黎明、副主席贾亚炜、秘书长曾垂华率区政协艺术之友社的20余位书画家,到象山交流书画艺术。

19日 鹤岛变110千伏变电站正式投运。该变电站2010年3月5日动工,总投资超1.2亿元,为市、县重点工程。规划供电区域为鹤浦、高塘岛两大海岛,线路全长14.1千米,其中跨海段长度4.6千米。

是日 县人大常委会部分组成人员视察象山产业区临港装备工业园及城东工业园建设情况。

19日~20日 中国海监海岛执法示范工作成果交流会在象山召开。国家海洋局、中国海监总队相关领导以及辽宁、河北等十家全国海岛执法示范单位参加此次交流会。

20日 上午,全县"三思三创"主题教育暨党风廉政建设大会召开。会议通报了全县党风廉政建设和反腐败工作情况,通报表彰了执行力评议"双十佳"及2012年"三思三创"活动各类先进。华翔集团董事局主席周辞美应邀在会上作创业创新事迹介绍。

21日 象山县第九次归侨侨眷代表大会在象山海洋酒店召开,全县136名正式代表参加。大会选举产生象山县侨联第九届委员会委员、常委和新一届领导班子。翁华清当选为象山县侨联第九届委员会主席,郑颖、包荣升、吴晓琦当选为副主席,李淑贞当选为秘书长

28日 220千伏宁海至象北双回输电线路成功投运。220千伏宁海至象山双回输电线路工程于2011年12月动工建设,是象山县与外界电源连接的第2条同塔双回的输电线路,被列入省重点工程,总投资28757万元。输电线路北起宁海变,南至象北变,全长2×76.8千米,共建铁塔175基,途经宁海、象山两县12个镇乡(街道),其中82基铁塔位于象山县境内。

4月

8日 上午,象山县"三改一拆"专项行动动员大会在县文化活动中心召开。县委书记李关定作重要讲话,县委副书记、县长叶剑鸣主持,县委常委、常务副县长俞骏作工作部署,丹西街道、石浦镇、茅洋乡、县国土资源局、县供电局在会上作表态发言。

是日 国台办常务副主任郑立中到象山县考察对台经贸合作区建设。

9日~10日 县委副书记、县长叶剑鸣率领县党政代表团赴余姚市、永嘉县考察,学习借鉴兄弟县(市)推进"三改一拆"工作的先进经验。

10日 象山东红集团董事长李红蓥、象山港市电力燃料有限公司董事长洪松茂、象山名佳针纺织有限公司董事长干国成、象山天兴焊接有限公司董事长胡全福等4位企业家在宁波市工商联成立60周年纪念会暨第四届市优秀中国特色社会主义建设者表彰会上荣获市级优秀中国特色社会主义建设者荣誉称号。

11日 民进象山支部、农工党象山支部联合举行成立大会。民进象山支部吸收成员11人,由县人民政府副县长王安静担任主任委员。农工党象山支部吸收成员9人,由县科技局局长钮晶莹担任主任委员。自此,象山县民主党派基层组织由1个(民盟象山总支)发展到了3个。

12日 石浦"三月三"民俗文化节在中国渔村正式拉开帷幕。活动以"拥抱海洋"为主题,在保留"辣螺姑娘招亲"、民俗队伍巡游、花卉盆景展、渔俗技艺竞赛等传统节目的基础上,增加鱼灯展、海鲜厨艺大比拼、沙滩运动会、寻找海边"好声音"等活

动，充分展示石浦的海洋文化和渔区风情。

是日 县政协组织政协委员开展工业园区建设知情性视察，专题调研临港装备工业园开发建设情况、重大项目推进情况及城东工业园土地利用情况。

16日 县委书记李关定率相关部门主要负责人赴鹤浦镇现场办公，专题协调推进象山国际水产物流园项目。

17日 “最美象山”2012年度人物颁奖典礼在县综合文化活动中心举行。12个获得“最美象山人”和10个获得“象山最美事件”称号的个人、集体受到表彰。

是日 中共象山县委下发关于开展向徐祥青同志学习活动的决定。

23日 上午，县委副书记、县长叶剑鸣主持召开县政府第十五次常务会议，研究部署人感染H7N9禽流感疫情防控等工作。

26日 在第13个世界知识产权日之际，县文化市场行政执法大队集中销毁查获的2万余册侵权盗版及非法出版物。

是日 上午，中国(象山)国防科技工业产业园举行授牌仪式。中国国防科技工业企业管理协会秘书长李洪彦为园区授牌。

27日 建设海洋强国与国防科技工业暨2013国防科技工业管理创新交流会在象山县国际大酒店召开。十届全国人大常委、中国生产力学会会长王茂林，全国政协经济委员会副主任、工业和信息化部原部长、中国工业和经济联合会会长李毅中，原国防科工委常务副主任、中国国防科技工业企业管理协会名誉会长徐鹏航，中国保监会原主席马永伟，国家统计局原局长张塞，第二炮兵原副司令员、中将张翔，国务院国有资产监督管理委员会副主任黄淑和，总装备部科技委委员、将军刘蒙，国资委国有大企业监事会原主席、中国生产力学会常务副会长翟立功，第二炮兵原总工程师、将军李呈良，海军工程大学教授、将军王大华，中国核工业集团公司高级巡视员孙又奇等中央部委领导出席会议开幕式。

是日 宁波宝实投资管理有限公司存入县土地出让保证金外汇专户的129.05万美元外汇保证金，通过当日汇率结算后缴入县财政局土地出让金专户，成为象山县入库的第一笔土地出让外汇保证金。

28日 县农副产品批发市场一期项目正式开工建设。该批发市场坐落于丹西街道丹阳路和创业路交叉口，占地面积66378平方米，总建筑面积为88374平方米，计划投资3.8亿元。其中一期项目包括水产市场和蔬菜市场，计划投资1.6亿元，占地41000平方米。

5月

2日 由县委书记李关定，县委副书记、县长叶剑鸣率领的象山县党政代表团赴宁波保税区考察学习，汲取改革发展经验，探讨深化合作空间。

是日 象山县朱利勇的《鼓乐小虎队》和吴晓华的《讲道》两件竹雕作品荣获2013年中国工艺美术“百花奖”。该评选由中国轻工业联合会、中国工艺美术学会主办。

3日 下午，经省政府批准同意，县城市管理行政执法局正式挂牌成立。县委副书记、县长叶剑鸣为县城市管理行政执法局、石浦分局授牌。城市管理行政执法局将行使城市管理相对集中行政处罚权职能，依法实施城市市容和环境卫生、城乡规划、城市绿化、市政公用、工商行政、公安交通、环境保护、城市排水、城市河道、城市房屋装饰装修等十方面共计246项管理的全部或部分行政处罚权。

是日 全县“民事村办”工作现场推进会在泗洲头镇举行。

是日 国务院及国家文物局官网同时公布第七批全国重点文物保护单位名单(国发〔2013〕13号)，象山县塔山遗址、花岙兵营遗址、北渔山灯塔和东门灯塔(北渔山灯塔、东门灯塔并为1处，与宁波、舟山灯塔捆绑合并为浙东沿海灯塔)等3处文物单位晋升为国家级重点文物保护单位。象山县实现“国保”零突破。

5日 第113届广交会在广州落幕，象山县57家外贸企业参展，企业交易额或意向成交额累计达5000多万美元，比上届增长5%。

6日 当日起全县有线电视网络全面铺开停止传输电视模拟信号工作，实现有线电视数字化。

是日 县游泳协会组队参加在厦门举行的2013年厦金海峡横渡活动运动员选拔赛，象山县选手范黎明、包昌忠(宁波)搭档获得男子B组第1名；鲍幸旦、鲍恩波搭档参加男子B组的比赛，也获得横渡资格。

8日 省爱卫办常务副主任胡伟率省考核组

一行,对象山县创卫工作进行为期3天的检查考核。

是日 象山县人民政府副县长陈永忠因病医治无效,于当日5时30分逝世,享年44岁。

8日～10日 由省爱卫会副主任、卫生厅副厅长叶真,省爱卫办常务副主任胡伟带队的省考核组对象山县创建国家卫生县城工作开展为期3天的检查考核。10日,省考核组宣布象山县创建国家卫生县城工作通过省级考核。

9日 象山石材市场全面竣工。石材市场位于天安路东首上余村地块,占地面积5.53公顷,项目总投资近800万元。

10日 下午,2013象山旅游天津推广月活动在天津市梅江国际会展中心正式启动。象山县20余家旅游企业参加推介会。

14日 "同心共铸中国梦"诗歌、散文朗诵会暨"同心颂·象山信合杯"全国诗歌散文大奖赛颁奖典礼在象山县举行。中央统战部中国统一战线杂志社社长兼总编邢福有、市委统战部常务副部长谢群华、省委统战部研究室副主任姚晓江、县委统战部长黄敏求等出席并为获奖者颁奖。

15日 下午,县委、县政府召开第三届象山县优秀中国特色社会主义事业建设者表彰大会。王一鸣等25名非公有制经济人士被评为第三届象山县优秀中国特色社会主义事业建设者。

16日 宁波滨海学校高二学生汪晨斌摘取浙江省青少年田径锦标赛男子200米冠军,并荣获国家二级运动员称号。

19日 上午,"甬南·伟绅杯"山地自行车爬坡赛在西周山区举行。来自宁波各县(市)区及温州、温岭等地的120名山地单车好手,在全长18千米的山道上爬坡竞技。

21日～22日 上午,浙江广电集团党委书记、总裁王同元到象山考察,洽谈合作开发"浙江广电象山影视基地项目",共商影视文化产业发展事宜。浙江影视(集团)有限公司董事长、总经理倪政伟等随同。

23日 市人大常委会在象山县举行接待市人大代表活动。人大常委会副主任苏利冕参加活动,专题听取关于完善村民委员会组织法实施的意见。

28日 下午,县政府与CAS台湾优良农产品发展协会(简称CAS协会)签订战略合作协议。

30日 象山职业高级中学高三学生黄郑入选浙江省"美德好少年"二十强,获宁波市十佳"美德少年"荣誉称号,受到省委常委、市委书记刘奇的亲切接见。

31日～6月2日 "财富中心杯"2013年全国海钓锦标赛在石浦渔人码头举行。本届海钓锦标赛在渔山举行,由国家体育总局社体中心、中国钓鱼运动协会、浙江省体育局、象山县人民政府主办,县风景旅游管理局、县文广新局(体育局)、中国水产城管委会承办。比赛由自天津、上海、江苏等全国18个省、自治区、直辖市以及香港、澳门、台湾等20支队伍80位选手参赛,共设团体总重量奖、团体单尾重量奖、海洋旅游文明奖、船长奖等四个奖项,奖金总额达到11万元。

31日～6月2日 第二届中国(象山)游钓艇展在石浦举行,40余家全国知名钓具及户外用品展商展出近30艘高端钓鱼游艇。

6月

1日 起,象山产业区污水处理费开征。象山产业区污水处理费征收范围为纳入象山城东污水处理有限公司污水处理区域的自来水用户和自备水用户。

4日～5日 省委常委、市委书记刘奇到象山调研,市委常委、秘书长王剑波等随同。

4日 副市长陈奕君偕北京大学旅游研究与规划中心主任、国际旅游学会秘书长吴必虎到象山县考察指导旅游业发展。

5日 中国中化集团公司战略规划部总经理程永、副总经理周智率考察团到象山县考察,商讨投资合作有关事宜。

是日 县政府召开第十二次"慈善一日捐"活动动员大会。

6日 国家海洋腐蚀防护工程技术研究中心研究基地揭牌仪式暨浙江龙驰防腐集团有限公司象山基地投产仪式举行。中国工程院院士侯保荣,县领导叶剑鸣、金红旗、白国璋、王能迭、邱金岳及中科院部分专家出席仪式,并为基地揭牌。

7日 下午,第十五届浙洽会象山投资合作推介会暨项目签约专场举行。25个项目现场签约,其中外资项目9个,投资总额2.39亿美元,协议外资 6360 万美元；内资项目 16 个，投资 77.9 亿元，利用资金 73.3 亿元，为历年来总投资额最大、签约大项目数量最多的一次。

是日 上午，2013 年高考正式拉开帷幕。全县 3034 名考生参加高考。

8 日 全县“三改一拆”行动现场会召开。县委书记李关定指出，要认真贯彻落实省市委的决策部署，借势借力、动真碰硬，趁热打铁、攻坚克难、深度推进“三改一拆”工作，使之成为实实在在造福百姓的民心工程。

是日 国内餐饮十强品牌、浙江餐饮龙头企业—浙江向阳渔港集团股份有限公司旗下的“鼎悦”品牌度假酒店正式在象山开业。该酒店由象山知名企业家王久松先生按五星级标准投资兴建，总占地面积达 4.1 万平方米，集客房、餐饮、宴会、会议诸功能为一体。

13 日 市委副书记、代市长卢子跃在象山调研，市政府秘书长王建社，市政府副秘书长、办公厅主任高庆丰等随同。

14 日 县“三改一拆”工作监督员聘请仪式举行，来自全县 18 个镇乡(街道)的 6 名党代表、6 名人大代表、6 名政协委员被聘为县“三改一拆”工作监督员。

18 日 县海洋渔业局首次开展岱衢族大黄鱼增殖放流行动。495 万尾岱衢族大黄鱼鱼苗放归南韭山海域。

20 日 全国首次温室柑橘发展前景学术研讨会在象山召开。全国各地的 70 余位农林专家云集泊戈洋柑橘加温促成基地研讨交流。

25 日 上午，在国际禁毒日来临之际，宁波市禁毒委、宁波市公安局、县禁毒委、县公安局在县人民广场开展“人人参与禁毒，共建平安象山”广场宣传活动，警方现场销毁 2 千克毒品。

26 日～27 日 国家教育督导团到象山，对象山县义务教育学校办学基本标准达标情况、义务教育校际间均衡状况、县级人民政府推进义务教育均衡发展工作情况、公众对本县义务教育均衡发展的满意度等四个方面进行评估考核。象山县顺利通过全国义务教育发展基本均衡县的评估认定。

7 月

7 月 1 日～8 月 22 日 象山县平均降雨 53.5 毫米，是同期多年平均雨量 299 毫米的 17.9%，持续高温少雨，造成水库、河网水位不断下降，全县水利工程总蓄水量降低至 7499 万立方米，占可蓄水量的 45.8%。干旱少雨导致部分村饮水困难，西周镇、东陈乡、泗洲头镇、墙头镇等地 64 个村 5.1 万人严重缺水；6 万多亩农田断水，林特业受灾3.3 万亩。

1 日 象山县部分灯光围网渔船结束为期两个月的伏季休渔，开赴东海作业。灯光围网船休渔时间为 5 月 1 日 12 时至 7 月 1 日 12 时。

3 日 中国共产主义青年团象山县第十八次代表大会召开。

是日 副市长林静国率市农办、农业局、海洋渔业局、水利局、财政局、林业局等单位负责人到象山县调研农业农村及防汛工作。

是日 下午，县政府召开渔业安全生产紧急会议，通报 7 月 2 日象石 345 船沉没事故情况，以及年初以来全县渔业安全生产形势，并就小型渔业船舶管理、伏季休渔、柴油补贴以及防台避风锚地等工作进行研究部署。

是日 凌晨 2 时 30 分许，县海洋渔业部门接报，象石 345 船在北纬 29 度 20 分，东经 122 度 28 分南韭山海域失去联系，船上 3 名船员下落不明。

3 日～4 日 省政协委员、市政协主席唐一军率领在甬省政协委员到象山县视察浙台(象山石浦)经贸合作区。

4 日 省政府印发浙政〔2013〕35 号文件，向国务院正式提交申报设立国家级浙江象山台商投资区的请示。

5 日 象山县机构编制委员会发文(象编〔2013〕27 号)，组建象山县房屋征收办公室，挂“象山县征收集体土地房屋拆迁办公室”牌子，为县政府直属事业单位(公益一类)，与县公共建设管理中心合署办公。

9 日 县文广新局文物监察大队与象山海监、边防大队组成联合执法组，在全省范围率先启动管辖海域内文化遗产联合水下执法行动，

9 日～10 日 省卫生厅、省爱国卫生发展中心

相关负责人率创建省卫生强县专家组一行到象山，听取象山县省级卫生强县创建工作的汇报，并对象山县卫生创强工作进行全面调研和指导。

11日 下午，副市长陈仲朝率市发改委、市经信委、市科技局等单位负责人到象山县调研工业经济和象山产业区开发建设情况。

12日 宁波电台“阳光热线”走进象山，邀请县委副书记、县长叶剑鸣，副县长王安静及有关职能部门负责人，就“深入推进两城创建，共建共享美丽象山”等话题与市民进行互动交流，并接受大家的咨询投诉和建议。

12日～13日 南京军区、省军区联合组成的双拥工作调研组到象山县调研。县委书记李关定向调研组介绍象山县双拥工作的相关情况。

13日 由浙江省非主要农作物品种审定委员会负责的小仙桃品种审定现场考察会在新桥镇庙前杨村举行。来自省农业厅、省农科院、浙江大学及上海、江苏农科院等的十几位国内权威桃子专家一致同意该桃子推荐省非主要农作物品审会审定。

16日 龙元建设入围财富中文网发布的2013年“中国500强企业”排行榜。

16日～17日 市委常委、市委秘书长王剑波到象山开展党的群众路线教育实践活动基层走亲连心活动，实地走访农村、企业和工地，接待来访，现场破难，了解实情，问计于民。

16日～20日 县委书记李关定率领县党政代表团到江苏淮安、宿迁、连云港考察，学习借鉴苏北地区在园区开发、招商引资、城市建设等方面的先进经验。

17日 浙江师范大学基础教育集团和大目湾开发管委会签署“浙江师范大学与象山大目湾开发管理委员会联合设立浙江师范大学附属大目湾实验学校办学协议书”。

是日 第27届世界大学生夏季运动会在俄罗斯喀山闭幕。象山籍射击运动员康宏伟摘得男子50米卧姿团体金牌和个人银牌，50米步枪三姿男子团体金牌和个人银牌。

是日 象山县机构编制委员会发文(象编〔2013〕39号)，设立大塘港区域现代农业综合服务中心。该中心整合了象山县农业技术推广中心、象山县林业特产技术推广中心、象山县农产品质量检测中心、象山县水产技术推广站的职能，为象山县农林局下属事业单位，驻地在新桥镇。

18日 上午，全省涉渔“三无”船舶拆解现场会在石浦打鼓峙博海船厂召开，现场27艘涉渔“三无”船舶被依法拆解。国家农业部渔业局副局长李书民、省市海洋与渔业局领导、县政府领导，以及沿海各市、重点县(市、区)渔业局领导、渔政执法机构负责人，象山县渔区人大代表、渔民代表和国家、省、市、县级新闻媒体参加现场会。

是日 副省长朱从玖，省政府副秘书长、省金融办主任丁敏哲一行到象山县考察金融工作。

18日～19日 全省美丽乡村建设工作半年度交流会在象山县举行。来自杭州、宁波、温州等十多个地区的有关负责人交流美丽乡村建设工作经验。

19日 县政府组织公安、卫生、消防等相关单位负责人，对接送学生车辆、拆装式游泳池、网吧、娱乐会所、影院等进行安全生产大检查。

20日 县游泳馆工程完成建设，并正式投入使用。新落成的游泳馆定位为市民公共健身游泳场地，内设25米8泳道标准室内游泳池，水温可常年保持在27摄氏度，可满足群众常年的游泳健身锻炼需求。

22日～23日 副省长熊建平到象山县开展党的群众路线教育实践活动基层走亲连心活动，接待来访群众，实地考察浙台经贸合作区建设，深入基层，访民情、听民意、解民忧、谋发展。

23日 县科技先导型产业招商小分队与国家级高新技术企业宁波德沃电气有限公司正式签署总投资约1.2亿元的“智能化变电站成套设备制造”项目落户协议。

24日 下午，落户经济开发区东陈区块汽车广场项目的宝马4S店举行开业典礼。该项目由象山泓宝行汽车销售服务有限公司投资建设，总投资1.5亿元，是集宝马品牌新车销售、维修保养、配件供应、信息反馈于一体的汽车服务点。

26日 下午，市委副书记王勇、市委副秘书长陆志孟及市级有关部门负责人，到象山慰问驻象山92815部队。

是日 县政府召开创建国家卫生县城迎检会议。

27日 上午，县第七届民族和睦邻里节暨第八届晓塘白玉湾葡萄节在晓塘乡白玉湾生态农业观光园开幕。

30 日 上午，宁波市政府第 30 次常务会议专题审查并原则同意《浙台（象山石浦）经贸合作区发展规划》。

31 日 国家级生态县创建技术评估反馈会召开。经过评估组为期两天的检查和验收，象山县顺利通过国家级生态县创建技术评估。

8 月

1 日～2 日上午 县委十三届四次全体（扩大）会议在县委党校召开。县委常委会主持会议，县委书记李关定代表县委常委会向全会作报告。

2 日 宁波市副市长洪嘉祥到象山开展党的群众路线教育实践活动——基层走亲连心活动，深入项目工地、企业、农村，接待群众信访，破解难题，问计于民，共谋发展惠民之策。

5 日 下午，县委书记李关定率相关部门负责人检查指导抗旱工作，要求把抗旱工作作为当前重要的民生工程来抓，立足抗大旱、抗长旱，按照先生活、后生产的原则，科学调度，有效应对，全力确保百姓饮用水供应、水质安全。

6 日 上午，县委副书记、县长叶剑鸣赴墙头、大徐等地检查指导抗旱工作，要求全县上下充分认识旱情有可能进一步加深的严峻形势，做好抗大旱、抗长旱的准备，精心组织，周密部署，全面落实各项抗旱措施，确保打赢抗旱硬仗。

8 日～9 日 县四套班子领导李关定、叶剑鸣、金红旗、白国璋、应春华、励志纲，以及县法检两长和有关部门负责人一行，赴上海慰问象山建筑企业，调研建筑经济形势，弘扬创业创新精神，政企联动，推动建筑业转型升级。

11 日 县政府召开全县抗旱会商会，分析全县当前旱情形势，全面部署下阶段防旱抗旱工作。

14 日 国务院全国清理和规范庆典研讨会论坛活动工作领导小组正式批复同意举办第 16 届中国（象山）开渔节，并首次升格为浙江省人民政府主办。

15 日 象山县第六次台属台胞代表大会召开。董旭东当选为县台联第六届理事会会长。会议通过关于《象山县台属台胞联谊会章程（修正案）》决议（草案）。

是日 县人大常委会组织部分省、市、县人大代表及水利、环保、住建、经济开发区等部门负责人集中开展"关心母亲河溪，查找水污染源，恪尽代表职责"视察活动。

15 日下午，县政府与农行宁波市分行全面战略合作备忘录签约仪式举行。农行宁波市分将在 5 年内为象山提供 60 亿元信贷支持。农行宁波市分行行长彭超英，县委副书记、县长叶剑鸣出席签约仪式并分别致辞。

16 日 县委书记李关定率领县强势型企业负责人赴北仑区学习考察。

是日 省人大常委会办公厅副巡视员汤达金带领省人大常委会法工委、省卫生厅献血管理中心等有关人员到象山县，就《浙江省实施〈献血法〉办法（修订草案）》进行调研。

19 日～20 日 县人大常委会组织常委会组成人员以及部分县人大代表，分组分片视察全县重点、实事工程建设情况。

20 日～21 日 以国民党中央青年部副主任、国民党高雄市党部副主委、台湾青年菁英协会创会理事长施明豪为团长的台湾青年菁英参访团一行 33 人访问象山，考察松兰山旅游度假区、海峡两岸交流基地、浙台经贸合作区以及石浦老街。

21 日～22 日 中阿宁波发展（象山）投资考察洽谈会在象山县举行。中国驻阿联酋前任大使高育生，人民日报海外版中东办事处主任唐绍刚以及中外客商 10 余人参加投资考察洽谈活动，县委常委、常务副县长励志纲出席洽谈会并致辞。

22 日 省政协副主席、省委统战部部长汤黎路，省委统战部副部长楼炳文，市委统战部常务副部长谢群华一行到象山调研统战工作。

25 日～27 日 中共中央候补委员、全国政协常委、全国台联党组书记、全国政协台联界别召集人梁国扬率全国政协台联界别委员到象山调研对台工作，视察浙台（象山石浦）经贸合作区建设。

27 日～28 日 省安监局副局长徐洪军带领省安委会督查组，到象山县督查安全生产大排查大整治专项行动开展情况。

28 日 象山县红十字台胞医院创建二级甲等医院通过验收。

是日 下午，县委书记李关定率相关部门主要负责人赴贤庠镇现场办公，专题协调推进宝象物流加工园项目。

28日 省市新闻媒体采访象山双拥经验汇报会。《浙江日报》、浙江之声、浙江卫视、浙江在线、《钱江晚报》《青年时报》《宁波日报》《宁波晚报》、宁波电视台等17家省、市新闻媒体记者就双拥工作“象山经验”进行采访。副县长干维岳介绍象山县双拥工作相关情况。

29日 浙江人民广播电台、人民网、现代金报、宁波网、东南商报等省、市媒体聚焦象山,采访定塘司法所、鹤浦司法所亮点工作。

30日 全县生态环境综合整治动员会召开,研究分析当前全县生态环境治理和经济社会转型发展面临的新形势,部署开展治理水体污染、大气污染、土壤污染和提高劳动生产率“三治理一提高”行动。

9月

2日 第十二届全国运动会女子50米步枪3种姿势射击赛决赛举行,象山籍运动员王成意获得1枚铜牌。

5日 县委副书记、县长叶剑鸣率考察团赴海曙区、江东区学习考察城市管理、社区建设、文明城市和卫生城市创建等工作。县领导励志纲、罗来兴、王安静参加考察。

5～7日 象山首届海洋文化夜市在象山人民广场举行。此次首届海洋文化夜市,规划成表演、展示、产品三个板块,活动主要包括文化表演小舞台、文化展示区、文化淘宝街三个方面。

6日 象山县召开庆祝第29个教师节座谈会,县委副书记、县长叶剑鸣出席会议并讲话。

是日 全县村级组织换届试点工作启动。该试点工作选择大徐镇和茅洋乡作为试点单位,其中,大徐镇还作为市换届试点的联系镇。

是日 象山县体育总会第五届委员会换届工作暨省体育强县复评动员大会召开。

7日～8日 新华社、中央人民广播电台、解放军报等中央新闻媒体记者到象山县采访双拥典型事迹,县委书记李关定接受采访。

8日～17日 第十六届中国(象山)开渔节举行。本届开渔节以“善待海洋就是善待人类自己”为主题,以渔文化为主线,以服务象山海洋经济建设为目标,突出民俗性、休闲性、群众性,全面展示象山海洋民俗文化保护和传承等方面取得的丰硕成果。整体活动由主体、配套两大系列17个精品活动项目组成,其中主体活动主要有开幕式暨开船仪式、第九届中国海洋论坛、祭海仪式、妈祖巡安仪式、渔区民俗文化巡展等,配套活动有经贸客商象山行、中国青年志愿者蓝色护海行动、全国海洋意识教育基地揭牌仪式、“欢乐渔港”戏曲展演、“开渔之旅”系列活动等。

8日 第十六届中国(象山)开渔节系列活动——“象山影视城杯”2013年象山县排舞大赛在县人民广场举行。来自全县各镇乡(街道)及社会团体的23支队伍参赛,石浦渔港旅游集团、金融系统分别荣获中老年组、青年组金奖。

9日 “两岸(象山·台中)京剧票友文化走亲”活动在象山县人民广场举行,活动内容主要有京剧票友迎亲仪式、两岸京剧演唱会专场、两岸文化交流和考察观光等活动。

是日 在象山港国际大酒店举办象山县台湾同胞投资企业联谊会成立大会,宁波正源电力有限公司总经理张勤乐被推选为主任委员,

11日 浙江省现代农业园区和粮食生产功能区建设现场会在象山县黄金海岸大酒店大会堂召开。省委副书记、省长李强作重要讲话。副省长黄旭明主持会议,副市长林静国代表宁波市致辞,县委书记李关定代表象山县作典型发言。

是日 第十六届中国(象山)开渔节系列活动之一——“象山绿丝带”慈善义演暨未成年人白血病救助基金成立仪式在人民广场上演。本次活动由象山县民间公益组织“象山绿丝带”主办。

12日 副省长黄旭明率省、市相关部门负责人就“修复振兴浙江渔场计划”向象山县海洋渔业部门和渔业镇乡及部分渔村负责人、船老大代表征求意见建议。

是日 第十六届中国(象山)开渔节青年志愿者蓝色护海行动——“保护同一片蓝海”中华黑嘴端凤头燕鸥保护宣传活动在韭山列岛国家级自然保护区启动。

是日 钮利刚书法展在县文化活动中心开展。钮利刚是象山爵溪人,职业书法家,现定居杭州,正、草、篆、隶四体兼工,传统功力深厚,气息高古典雅。钮利刚书法展由县政协和县委宣传部主办。

浙江省原副省长鲁松庭，杭州国画院院长、西泠印社副秘书长金鉴才，省佛教协会副会长、杭州市政协常委、杭州永福寺住持月真法师，省书协副主席张索等出席开展仪式。中国美院、西泠印社、上海大学、杭州师范大学等单位的30余位浙江书画名家参加仪式。

13日 第十六届中国(象山)开渔节祭海仪式在石浦东门渔村举行。副县长干维岳担任本次祭海仪式的主祭人。

13日～15日晚上 “欢乐渔港”戏曲展演活动在石浦镇、鹤浦镇、高塘岛乡举行。此次由县文体局组织的戏曲展演持续3天，在渔区设6个点，每个点安排6场，共演出36场。

14日 由中国工程院院士林浩然领衔的象山港湾水产苗种有限公司“院士工作站”在象山挂牌成立。成为象山县第一家以水产种业为主的农渔业院士工作站。

是日 第十六届中国(象山)开渔节、第九届中国海洋论坛新闻发布会召开，来自中央省市近40余家媒体和数位微博主参加发布会。发布会上，县委常委、宣传部部长罗来兴通报了2013年开渔节和海洋论坛基本情况，并就如何贯彻中央《八项规定》、2013年开渔节和海洋论坛的特色等问题回答了媒体提问。

是日 渔区民俗文化巡展在石浦渔港路举行。石浦的信俗队伍和民俗队伍通过踩街巡游和妈祖如意迎亲省亲仪式，展示象山丰富多彩的渔文化内涵。

15日 第十六届中国(象山)开渔节“港台侨浙商”象山投资合作恳谈会举行。香港恒丰集团主席黄紫玉，上海赵小蝶化妆品有限公司董事长、香港甬港联谊会副会长、香港象山联谊会会长赵小蝶，宁波海旺集团控股有限公司董事长俞曙，以及香港、台湾和世界各地的侨商与部分浙商参加恳谈会。

是日 妈祖巡安仪式在石浦渔港举行。

是日 中央电视台第一财经频道在象山县专题录制“对话象山”节目。节目录制现场，来自学术界、商界、金融界、法律界等高层、高参、高智汇聚一堂，从各自立场深入解读经略海洋中的象山机遇，共同为象山海洋经济发展献计献策。

16日 第十六届中国(象山)开渔节、第九届中国海洋论坛开幕式暨开船仪式在全国六大中心渔港之一的石浦港举行。

是日 第九届中国海洋论坛在石浦半岛酒店举行。本届海洋论坛围绕“海洋经济发展与金融创新”主题，吸引了150余位海洋类专家学者、金融投资界代表、涉海企业代表齐聚一堂，探索新形势下海洋经济发展的思路和举措。

是日 省政协副主席、民革省委会主委、省侨联主席吴晶到象山县调研。市政协副主席王建康，省侨联副主席、市侨联主席朱筠筠，县委常委、统战部部长黄敏求，县委常委、石浦镇党委书记孙小雄等陪同调研。

17日 象山绿丝带义工代表全县“两新”组织在人民广场发出“青春党建·象山民间公益环岛行”的活动倡议。

18日 落户象山爵溪街道的象山中银富登村镇银行正式对外营业。象山中银富登村镇银行系中国银行与新加坡淡马锡旗下富登金融控股公司共同出资设立的中外合资村镇银行，系一级法人金融机构，注册资本5000万元，中国银行股份有限公司占股90%，富登金融控股占股10%。

20日 2013象山购物节开幕暨百强县汽车巡展活动启动仪式在县人民广场举行。

20日～21日 “象山县泳协翁敬堂代表队”共78人参加2013中国·千岛湖公开水域游泳公开赛暨杭州千岛湖国际泳渡节的5个组别比赛。在2000米大项中，鲍幸旦获女子40～44年龄组第2名；范黎明获男子50～54年龄组第4名；翁滨丹获女子45～49岁年龄组第8名、鲍恩波获男子40～44岁年龄第8名。县游泳协会获得最佳组织奖。

23日 宁波市海洋与渔业咨询中心在象山县主持召开“象山西沪港互花米草治理项目安全护堤工程海域使用论证报告书”和该项目“海洋环境影响报告书”评审会。

24日 象山海螺水泥二期项目正式投产，四条设计年产水泥440万吨的水泥粉磨生产线全部投运。

26日 第四届全国道德模范和全国道德模范提名奖获得者名单正式公布，象山籍人士、“京城活雷锋”孙茂芳获评全国助人为乐道德模范称号。

30日 象山县机构编制委员会发文(象编〔2013〕50号)，明确县委党史研究室(县地方志编纂委员会办公室)机构规格升格为正科(局)级,挂靠县委办公室管理。

10月

5日 2013年23号强台风"菲特"影响象山县,6日起象山县普降暴雨,局部地区出现特大暴雨,造成象山县旱涝急转。"菲特"影响期间,象山县平均过程雨量301毫米,其中西周黄泥桥雨量高达782.9毫米,居浙江省第三位,为象山县有记录以来最大的过程雨量。全县干部取消6日、7日休假奔赴一线抗台,广大社区、农村党员干部紧急动员,迅速形成全民防台抗台局面。其间,共转移人员32126人,转移船只3204艘,全县无一人员伤亡。

6日 省委常委、市委书记刘奇率市级有关部门负责人,到象山县检查指导防御"菲特"台风工作。

8日 县委、县政府召开防汛救灾紧急会议。县委书记李关定,县委副书记、县长叶剑鸣在县三防指挥中心视频连线各镇乡(街道),指挥部署全县防汛救灾工作。

9日 第十六届中国(象山)开渔节、第九届中国海洋论坛总结大会召开。

是日 在2013"我心目中的宁波品牌"评选活动中,象山影视城获得"金口碑品牌"奖。此次评比活动由新华社现代金报社、宁波市名牌产品促进会、东方热线联合主办。

10日 县委、县政府召开"三改一拆"专项行动推进会。县委书记李关定在会上强调,要进一步统一思想、提高认识,围绕省市新的目标要求,加大力度、乘势而上,努力实现三年任务两年完成,全力创建无违建县。

10日~11日 近20名绿丝带志愿者带着救灾物资跟随象山民兵前往余姚灾区救灾,志愿者在安置点帮助卸货、装货,并前往凤山街道蜀山村咸池自然村分发救灾物资,平均每天工作12小时。

11日~12日 两岸名家名票组成京剧演出团,由浙江省京剧团乐队担任伴奏,分别在石浦海峡广场、象山县文化活动中心两地进行演出。

13日 2013宁波象山(香港)投资环境推介会暨香港象山联谊会两周年庆典在香港"富豪香港酒店"举行。香港甬港联谊会会长忻元甫到会祝贺,县委副书记、县长叶剑鸣出席活动并讲话,

15日 "我国首个人工引导鸟类选择繁殖地试验获得成功——'神话之鸟'中华凤头燕鸥种群重回韭山列岛"新闻发布会在杭州浙江自然博物馆举行。发布会由浙江自然博物馆、县海洋与渔业局和浙江野鸟会共同举办,新华社、中新社、《中国环境报》《浙江日报》《光明日报》《都市快报》《钱江晚报》、浙江电台和浙江电视台等12家媒体的记者参加。

是日 临港装备工业园被宁波国家高新区"一区多园"建设工作领导小组认定为宁波国家高新区"一区多园"挂牌分园。

16日 "在甬高校走进象山·就业、实习、创业合作洽谈活动"举行。宁波大学、宁波工程学院、浙江万里学院等13所在甬高校走进象山,与象山县天安集团、华众控股、申菱电梯等30余家当地知名企业对接交流,16家企业成为在甬高校"学生就业实习基地"。

17日 全县村级组织换届选举工作会议召开。县委书记李关定在会上强调,要统一思想、加强领导,精心组织、周密部署,又稳又好地推进村级组织换届选举工作,确保换届风清气正、圆满成功。

18日~20日 象山县第五届家博会暨第七届房展会在县人民广场举办,由县工商联主办,县住房和城乡建设局、县商务局协办,县家居商会、县房地产业协会承办。近70个商家参展,展位总面积达7000多平方米,涉及50多个国内外知名家居品牌和11家房地产公司开发的楼盘。

22日 县领导李关定、李刚、王能迭、干维岳赴余姚慰问帮扶工作组,对接援建有关事宜。

24日 贵州省黄平县县长林昌富一行到象山县开展感恩回访活动,对长期以来象山县给予的无私援助表示衷心感谢。自1996年以后,象山16年实施105个扶贫项目援助贵州黄平。

25日 宁波市政府召开常务会议,讨论审议并原则通过了《宁波市委市政府关于加快宁波象保合作区建设若干意见》。

是日 第十届中国艺术节"群星奖"揭晓,由县文化馆选送的象山唱新闻《长年葱》摘得"群星奖",是为象山首次获得曲艺类全国群众文化最高奖项。

29日 省首家海关缉私警务室——机场海关缉私局驻象山缉私警务室在象山海关成立。该警

务室是进驻监管现场一线的海关行政执法服务点。

30 日 县新生代创业联谊会成立。县新生代创业联谊会由全县新一代非公有制经济人士，包括已在父辈企业中顺利接班和正在接班的企业家、在象自主创业者、大学生创业者、留学归国创业者中的优秀分子等自愿组成的非营利性社会团体。第一届理事会共有会员 70 名，其中代际传承 39 人、自主创业 27 人、海归创业 3 人、大学生创业 1 人，平均年龄 33.8 岁。

是日 中美男子篮球对抗赛（浙江广厦队—美国堪萨斯基石明星队）在县体育馆开赛。本次大赛由省体育局和省竞赛中心主办。美国堪萨斯基石明星职业队以 104：97 胜浙江广厦猛狮职业队。

是日 象山县创建“省文明示范农贸市场”工作通过验收。蓬莱、城东、大碶头、石浦等 4 家菜场获评“省文明示范农贸市场”。

31 日 省民政厅副厅长、省老龄办主任苏长聪一行到象山县调研集中式居家养老服务工作。

是日 在上海市原人大常委会副主任胡炜的陪同下，上海绿地集团董事长、总裁张玉良，副总裁费军一行到象山考察。县领导李关定、金红旗、励志纲、沈红屹等陪同。

是日 “心灵海 · 企业魂”——2013 年年会“让爱传出去”爱心拍卖专场上，县文联书法家协会主席陈炼焦创作的书法作品《咏菊长卷》，以当晚最高价——42 万元的价格，被湖南一企业家拍走。

11 月

1 日 中国社会科学院副院长、党组副书记赵胜轩等中国社科院领导和学部委员一行 25 人，组成中国社科院学部委员考察团到象山考察调研。

是日 县委统战部举办党外代表人士专题培训会，主要围绕中共十八大、中国梦、涉侨政策、宗教政策、两区建设与象山发展等多项内容，为侨界代表人士、宗教界代表人士、无党派代表人士等 150 多人进行专题讲解和辅导。

3 日 香港著名导演吴思远携香港电影工作者总会会员一行到象山影视城，与宁波影视文化产业区管委会签订框架性合作意向书。

6 日 象山供水（白溪水库引水、滨海水厂一期及出厂管网）工程竣工验收会议召开。市发改委、水利局、城管局、自来水总公司以及县有关部门组成的专家组通过听取汇报、查阅资料、现场查验、民主评议等环节后，一致同意该工程通过竣工验收。

6 日～10 日 县委书记李关定率县经贸代表团赴台湾考察，深度推介象山，全力招商引资，并与当地政界、工商界人士进行广泛交流，增进友谊、促进合作。县委常委、副县长沈红屹，副县长陈照民等参加。

7 日 省卫生强县考核组经过两天的考核、验收工作后，在反馈会上通报象山县已经达到浙江省卫生强县创建标准，将建议省考核办推荐象山县为“浙江省卫生强县（市、区）”，经公示无异议后报省政府命名。

8 日 宁波半边山工人疗养院三方合作协议和体检中心双方合作框架协议签约仪式在石浦半岛酒店举行。

9 日 第六届象山人游象山活动正式启动。市民旅游日、团队优惠游等活动也同步开展。

12 日 中信兴业投资集团有限公司总经理蔡希良率投资考察团一行到象山考察。县领导李关定、励志纲、沈红屹、孙小雄等陪同考察或参加座谈。

13 日 宁波市委常委会召开会议，讨论审议并原则通过《关于加快宁波象保合作区建设若干意见》。宁波象保合作区位于新桥盐场、昌国盐场、旦门盐场及东侧围海区域，规划面积约 25.7 平方千米，由宁波保税区管委会与象山县政府合作开发，合作开发期限暂定 20 年。

15 日 第十一届中国宁波 · 象山海鲜美食节在东谷湖鼎悦度假酒店开幕，中国海鲜餐饮论坛同时举行。本届海鲜节由中国饭店协会、宁波市贸易局和象山县人民政府联合主办，为期一个月，主要活动有全国海鲜烹任邀请赛、中国海鲜餐饮论坛、象山海鲜食材采购大会、象山秋冬海鲜养生之旅、象山海鲜总动员等。

是日 象山县西沪港低碳健康养殖示范区项目通过市级验收。该项目于 2011 年年底正式立项并开始实施，项目总投资 500 余万元，建设区总面积5000 亩，主要包括海水网箱养殖区、藻类栽培试验示范区以及辅助设施建设区。

是日 县委召开全县领导干部会议，传达学习党的十八届三中全会精神，研究部署贯彻意见。县委书记李关定主持会议并讲话，县四套班子领导、县人民法院院长、县人民检察院检察长出席会议。

16日 艾尚国际能特科技工业园奠基仪式隆重举行。副市长张明华，中国高新投资集团副总经理韩大力，县委副书记、县长叶剑鸣，县人大常委会主任金红旗，副县长邱金岳等出席仪式。

18日 县委书记李关定在贤庠镇主持召开县委常委会，专题研究贤庠镇改革与发展工作，审议通过《关于深化改革加快贤庠中心镇发展的若干意见》。县委常委，县人大、县政协主要领导，县级相关部门主要负责人出席会议。

19日 库车龟兹歌舞团及库车民间艺术团到象山慰问演出。该次慰问演出是第二届对口援疆经贸文化交流周的活动之一。

20日 县人民检察院石浦检察室成立，为全县首个驻镇检察室。

26日 省科技新浙商促进会会长、聚光科技(杭州)股份有限公司总裁姚纳新带领省科技新浙商促进会会员到象山县考察、洽谈。

26日～27日 省体育局副局长孔建军率检查组一行到象山，对象山县的省体育强县称号进行复评，并就象山县体育总会创建省先进体育总会工作进行评审。

27日 宁波市副市长王仁洲带领市交通委、规划局、住建委、城管局、国土局、高等级公路指挥部、城投公司、交投公司等单位负责人，到象山调研交通建设、城市建设、“三改一拆”等工作。

是日 由象山县人民政府、宁波市供销合作社主办，象山县供销联社和象山县海洋与渔业局共同承办的2013浙江象山“象山海鲜”南京推介会，在南京农副产品物流中心会展中心成功举办。

28日 市政协副主席徐明夫、市科协主席杨志达一行到象山视察公路“三化”工作。象山县现有公路总长1269千米，其中可绿化里程1004千米，已绿化943千米，绿化率达96.9%。

是日 全县推进“机器换人”工作现场会召开，会议总结三安制阀公司、华翔特雷姆公司实施“机器换人”工作以来的做法和经验，研究部署下一阶段全县推进“机器换人”工作。

是日 象山县佛教协会2013年度讲经交流会在丹东街道瑞龙禅寺举行。县佛教协会负责人、理事，40余个佛教场所负责人、信众260多人参加交流会。

29日 由县政府、市林业局和市供销社主办，象山英姿果蔬合作社承办的“浙江·象山蜜橘推介会”在北京最大的农批市场——新发地农产品批发市场举行。

12月

4日 市人大常委会党组书记、代主任宋伟，秘书长杨剑耀一行到象山调研。

5日 象山县妇联召开全县第十五次妇女代表大会，会议选举产生县妇联第十五届执行委员会，蒋凌燕当选为象山县妇联第十五届执行委员会主席，茅晓玲、赵菊香、庞彩虹当选为象山县妇联第十五届执行委员会副主席。

6日 副市长张明华一行到象山，就《市政府工作报告(征求意见稿)》召开座谈会，听取部分市人大代表、政协委员和象山县有关部门负责人的意见建议。

是日 全县党外代表人士暨纪委委员廉情问询会召开，县住建局、城管局等相关负责人，现场接受党外代表人士和纪委委员的问询，并当场接受了测评。

8日 中国供销集团象山国际水产物流园项目在鹤浦镇盘基塘开工建设。中华全国供销合作总社理事会副主任、中国供销集团董事长顾国新，中国供销集团副总经理陈振平，县委书记李关定，县委副书记、县长叶剑鸣，县人大常委会主任金红旗，县政协主席白国璋等为项目奠基开工挥锹培土。

9日 道人山围涂工程大坝顺利合龙。县委书记李关定率县级有关部门负责人实地视察工程建设，并现场协调围垦项目建设及功能效益发挥等相关问题。

是日 县十七届人大常委会第十五次会议通过县人民政府《关于宁波象保合作区筹建情况的报告》。

10日 新石器遗存庙山头遗址考古前期调查工作结束。该遗址位于象山县茅洋乡溪口村东北约1千米处的庙山头南面缓和坡地上，属新石器时代遗址，2002年12月31日公布为县级文物保护单位。

是日 全县水利现场会暨治水强基动员大会召开。县委书记李关定在会上强调，要按照防洪水、排涝水、治污水、保供水、抓节水“五水共治”的总体要求，全面实施治水强基三年行动计划，为全县经济社会转型发展提供有力的水利基础保障。

11 日(农历十一月初九) 等慈禅寺庆祝象山佛门寿僧可成和尚的百岁华诞。省佛协副会长、市佛协会长、天童禅寺方丈诚信大和尚，天台山国清讲寺首座克慧长老，象山佛协会长莲智，鄞州区、宁海县、绍兴柯桥区佛协领导等分别为可成老和尚寿诞拈香致辞。可成法师出生于民国 4 年(1915)，临济宗禅僧。13 岁出家，1978 年起主持等慈禅寺。曾任市佛协理事，象山佛协第一、二届会长、名誉会长，县政协四、五届委员、常委。

12 日 县重点工程——松兰山至大目湾道路工程通过竣工验收。

是日 宁波市委宣传部副部长、市文明办主任李正平到象山县看望慰问浙江省道德模范“救人英雄”张瑜的父母、宁波市“美德少年”黄郑、“拾金不昧”宁波市道德模范惠跃论、“无私奉献”的宁波好人骆绍伦，并送上慰问金。

17 日下午 全国人大财政经济委员会副主任委员、原浙江省省长吕祖善作客“塔山讲堂”，应邀作《越地长歌——浙江历史文化漫谈》主题讲座。县委理论学习中心组全体成员、县级各部门和各镇乡(街道)党政主要负责人参加会议。

18 日 上海绿地集团签约大目湾新城，建设新城地标性商办大厦。该项目位于新城中心区及环湾地段，总投资近 40 亿元。其中商办大厦将打造具有综合功能的大型建筑，建设内容包括高档写字楼、服务型公寓、影剧院、商业及配套设施等，是大目湾中心区重要的商务中心。

是日 浙江高校产学研联盟象山中心在县现代农业综合体揭牌成立。省委教育工委副书记、省教育厅副厅长汪晓村，宁波大学党委书记程刚，县委书记李关定，县委常委、常务副县长励志纲出席签约仪式。县委常委、副县长袁继新主持签约仪式。

19 日 中国工程院公布 2013 年增选院士名单，选举产生 51 名新院士，其中，东华大学副校长俞建勇教授当选为院士，成为第一位象山籍院士。

20 日 农业部发文《农业部关于表彰全国农业先进集体和先进个人的决定》(农人发〔2013〕11号)，正式批准象山县海洋与渔业局为 2013 年度全国农业先进集体。

22 日 宁波象保合作区合作共建签约暨管委会揭牌仪式举行。副市长洪嘉祥出席并讲话。宁波保税区党工委副书记、管委会副主任严荣杰和浙台(象山石浦)经贸合作区党工委副书记、管委会副主任叶富兴代表合作双方签约。洪嘉祥、郁伟年、李关定等为宁波象保合作区管理委员会揭牌。宁波象保合作区位于象山县昌国盐场、新桥盐场、旦门盐场及东侧围海区域，规划面积 25.1 平方千米，由宁波保税区和象山县合作共建，其功能定位是对台经贸合作试验区、浙江省海洋经济发展重要功能区、三门湾开发开放先导区、产城融合和生态文明示范区、体制机制创新试验区。

23 日 县政府召开老干部意见征求会，听取对《政府工作报告(征求意见稿)》及政府工作的意见和建议。县委副书记、县长叶剑鸣出席会议，县委常委、组织部长王能迭主持会议。

24 日 日升集团国家级博士后科研工作站授牌仪式举行。是为象山县首个国家级博士后科研工作站。

25 日 县委书记李关定主持召开县委常委会，专题学习中共中央、国务院印发的《党政机关厉行节约反对浪费条例》和中共中央办公厅、国务院办公厅印发的《党政机关国内公务接待管理规定》等一系列文件精神，研究部署象山县贯彻落实工作。

29 日 象山县被全国爱卫会命名为“国家卫生县城”。

30 日 县十七届人大常委会第十六次会议通过决定，任命叶富兴为象山县人民政府副县长。

31 日 县委十三届五次全体(扩大)会议举行。全会认真学习贯彻党的十八大、十八届三中全会和习近平总书记系列重要讲话精神，审议通过《中共象山县委关于认真学习贯彻党的十八届三中全会精神深化改革创新驱动推进转型发展的决定》。

(县志办)

特　　载

政府工作报告

——2014年1月13日在象山县第十八届
人民代表大会第三次会议上

县长　叶剑鸣

各位代表：

现在，我代表县人民政府向大会报告工作，请予审议，并请县政协委员和其他列席会议的同志提出意见。

一、2013年工作回顾

2013年，面对复杂的宏观环境和诸多的困难挑战，县政府在县委的正确领导下，在县人大、县政协的监督支持下，带领全县人民，凝心聚力、真抓实干，牢牢把握桥海开发机遇，扎实推进“两区”建设，全力打好大平台大项目、工业强县、招商引资三大攻坚战，经济社会实现了平稳较快发展。预计完成：地区生产总值366亿元，增长8.5%；财政一般预算收入50.6亿元，增长8.5%；固定资产投资160亿元，增长16.3%；城镇居民人均可支配收入40600元，农渔民人均纯收入18100元，分别增长10%和10.5%。

(一)推进大平台大项目建设，发展框架加快形成

重点区块开发加快。浙台(象山石浦)经贸合作区建设扎实推进，国家级台商投资区申报工作全面启动，国际水产保税冷链物流基地动工兴建，对台贸易突破1600万美元，增长35%。宁波象保合作区签约挂牌，前期筹备工作全面推开，新桥盐场“盐改废”获省政府批准。经济开发区建设成效显现，完成配套投入1.8亿元，新增投产企业24家，实现规上工业产值105亿元。产业区建设步伐加快，完成配套投入1.4亿元，新增投产企业20家，临港装备工业园成为宁波国家高新区“一区多园”专业园。大目湾新城招商和建设快速推进，完成投资20亿元，中心区道路框架基本形成，世界银行1.5亿美元贷款获国务院批准。影视文化产业区进入省现代服务业集聚示范区行列，新引进影视文化企业13家，门票收入实现翻番。

基础设施不断完善。深化百大项目会战攻坚活动，协同推进项目建设，完成重点工程投资87.3亿元，增长8%。加大基础设施投入，一批道路、供电、围垦项目加快推进。三门湾大桥及接线工程获国家发改委工可批复，环象山港公路林善岙至贤庠段路基基本形成，茅石线新桥段改道工程建成。110千伏青莱变、爵溪变、蛟龙变扩容工程竣工投用，110千伏丹城变异地改造项目完成主体建设。道人山围垦堵口合龙，黄沙岙、水湖涂围垦顺利推进，东海涂围垦前期工作取得实质性进展。

招商引资成绩明显。实施招商引资“一号工程”，整合力量，主动出击，全年协议利用外资1.8亿美元，实际利用外资1亿美元、内资37.3亿元。加强项目推介和跟踪洽谈，引进宝象物流加工园、能特科技、国恒锂电池、绿地养生产业、浙江广电象山影视基地、宁波工人疗养院等亿元以上投资项目20个。深化“浙商回归”工程，举办“浙商之春”、“港台侨”浙商、科技新浙商恳谈会等招商活动，引进项目28个、利用资金19亿元。做好科技招商、招才引智工作，引进高层次人才团队7个。

（二）加快转型升级步伐，经济运行稳中有升

工业经济较快发展。实现规上工业产值480亿元、增长10%，工业投资40亿元、增长33%。深入开展工业强县攻坚年活动，学习弘扬优秀企业家创业创新精神，进一步营造了合力兴工氛围。加快传统产业升级改造和新兴产业培育，实施市级重点“机器换人”“空间换地”项目6个，战略性新兴产业、高新技术产业产值分别达到85亿元、102亿元。推进科技进步和创新，新增市级新产品240项，获得授权专利1700余件。开展质量强县建设，创建市级以上名牌6个。深化企业培育工程，新增规模企业49家、亿元企业5家，列入市优势总部企业5家，“个转企”工作全市领先。加大外贸政策扶持，发挥海关、检验检疫等职能作用，实现进出口总额23.7亿美元，增长7.4%。稳步发展建筑经济，规模市场持续拓展，建筑企业施工产值突破1000亿元，增长21.8%，获得省级以上优质工程奖34项。

农业基础更为稳固。实现农业总产值106亿元，增长1.2%，其中渔业产值76亿元。落实各项惠农政策，发放各种惠农补贴16.8亿元。加速推进农业“两区”建设，累计建成标准化粮食生产功能区3.9万亩，建成现代农业综合区、示范园、精品园27个，全省农业“两区”建设现场会在象山召开。提升农业产业化程度，新增土地流转面积1.1万亩、设施养殖2000亩，龙型产业产值达到75.2亿元，专业合作社经营收入12.9亿元。深化农业服务，积极推广新型农作制度和新品种，提高农业机械化水平，组建大塘港农业综合服务中心。强化农产品质量安全监管，制订标准化生产规程22个，新增“三品一标”51个。加强农村“三资”管理，开展“双达标、双示范”活动，全面规范农村财务行为。加大政策支持，积极实施村级集体经济发展项目。推进海洋管理创新试点建设，海域使用权市场化配置实现突破。

服务业发展态势良好。实现增加值137亿元，增长8.6%。做大休闲旅游，全年接待游客1280万人次，旅游经济综合收入121亿元，分别增长40%和30%。推进旅游项目建设，提升旅游接待能力和景区品质，完成松兰山经营体制改革，建立咨询服务中心。培育壮大海岛旅游和乡村旅游，农家客栈特色村增至20个，白玉湾成为国家AAA级旅游景区。活跃城乡消费，实现社会消费品零售总额170亿元，增长14.5%。完善商贸设施，再生资源市场投入使用，县综合农批市场开工建设，8家汽车4S店建成营业。海洋运输业稳步回升，总运力达88万吨。优化金融环境，积极稳妥处置企业金融风险，新引进金融机构2家，新增贷款77.7亿元。

（三）推动城乡融合发展，人居环境持续优化

城乡建设扎实推进。注重规划引领，深化细化城市总规划，中心城区控规实现全覆盖，5个乡镇完成总体规划修编。加快中心城区开发，城市新中心区集聚效应显现，南部新城商务区一期、商业风情街基本建成，商会大厦、东方商厦、沃尔玛购物广场建设进展顺利，城市景观亮丽工程继续推进。完善市政设施，贯通“断头路”6条，建成公交首末场站3个、公共停车位500个，新铺设供气、供水和污水管网69公里。积极发展卫星城市和中心镇，石浦重点区块联动开发加快，西周、贤庠等乡镇一批市政功能性项目扎实推进。深化美丽乡村建设，稳步开展“三村一线”创建，继续建设农民集中居住区,完成梳理式改造村庄137个,整治提升欠发达地区村庄15个。

城市管理有效提升。以“两城”创建为主抓手,实施主城区品质提升行动,成功创建国家卫生县城。健全城市管理机制,强化城市综合执法,开展流动摊贩、占道经营、户外广告专项整治。重视市容环境管理,全面推行“门前三包”责任制,增加城区保洁面积68万平方米。优化居民出行条件,制订实施城市交通拥堵治理五年行动计划,调整城区公交线路17条,完成象山至宁波客运班线改造。全面推进“三改一拆”,拆除违法建筑179万平方米,改造旧住宅区、旧厂区和城中村57万平方米。

生态建设取得实效。强化生态文明建设,顺利通过国家级生态县技术评估,万元生产总值能耗下降2%,主要污染物排放削减量完成年度目标任务。实施“三治理一提高”行动,推进生态环境综合整治。加强水环境治理,中心城区内河整治取得阶段性成效,石浦金石引河整治基本完成,新增农村生活污水分散式处理村60个。开展清洁空气行动,实行汽车尾气检测,全面完成中心城区燃煤锅炉淘汰。推进铸造、化工等五大重污染行业整治,关停企业42家、整治43家、搬迁32家。深化生态村镇创建,新增国家级生态乡镇4个、市级生态村82个。抓好“四边三化”“双清”行动,完成平原绿化210万平方米。加强海洋生态建设,成为首批国家级海洋生态文明建设示范区。

(四)提升社会管理水平,民生保障得到加强

社会保障力度加大。健全为民办实事机制,八方面民生实事全部完成。重视就业创业工作,城镇登记失业率控制在2.8%以内。完善社会保险制度,五大基本保险新增参保6.3万人次,本地户籍人员各类养老保险参保率达74.9%。构建多层次养老服务体系,县老年公寓基本建成,新改建乡镇敬老院2家、农村居家养老安居房862套,新增民办养老机构6家。加强住房保障,建成各类保障性住房10万平方米,发放住房公积金贷款4.2亿元。提升社会救助水平,城乡低保标准再次提高,红十字、慈善援助、扶残助残等工作不断深化。

社会事业协调发展。坚持以创建促提升,顺利通过全国义务教育发展基本均衡县认定、省体育强县复评、省卫生强县创建。加强海洋文化强县建设,国家海洋渔文化生态保护实验区建设全面启动,第九届中国海洋论坛和第十六届中国开渔节成功举办,唱新闻《长年葱》荣获全国“群星奖”。加大文体设施投入,县游泳馆等一批设施建成投用,有线电视数字化改造基本完成。统筹城乡教育发展,教学改革和师德师风建设深入推进,学生交通安全、饮食放心工程扎实开展,完成校舍维修改造2.5万平方米。深化医药卫生体制改革,基本公共卫生服务范围进一步扩大,县人民医院通过JCI认证,台胞医院成功创建“二甲”医院,鹤浦、晓塘卫生院完成迁建。强化食品药品安全监管,开展无证餐饮系列专项整治,严厉打击违法行为。加大人口计生工作力度,严肃查处违法生育案件,计划生育率达到93.5%。

社会局面和谐稳定。深化社会管理创新,网络民情会办中心被评为全省公共管理创新十佳案例。加强城乡社区建设,优化社区工作者队伍,“网格化管理、组团式服务”全面推广。推进“平安象山”建设,加强社会治安综合治理,依法严厉打击和防范各类犯罪,群众安全感得到提升。完善信访维稳工作机制,实施矛盾纠纷“排查整治、强基促稳”专项行动,一批信访积案有效化解。集中开展安全生产大排查大整治,深化渔业领域“打非治违”,安全生产形势总体平稳。全力抗击高温干旱、台风暴雨等自然灾害,及时启动应急预案,有效落实各项应对措施,努力减少灾害损失。夯实基层基础,基本完成村级组织换届选举。扩大“双拥”工作成果,服务部队工作经验在全国宣传推广。工会、共青团、妇联以及工商联、文联、老龄、科协等作用有效发挥,民族宗教、侨务、外事、烟草、盐业管理进一步加强,档案、方志、邮政、通信等工作取得新成绩。

(五)注重政府自身建设,行政职能有效履行

作风建设切实加强。认真贯彻落实中央“八项规定”,作风整治取得初步成效,先后查处并通报了10余起违规事件。深入推进“三思三创”主题教育实践活动,12项惠民利民专项行动有序开展,6项优环境攻坚行动、3项公示难题有效突破。深化执行力建设,继续开展“双百评议”“三级问责”,累计问责党员干部和相关工作人员53人,其中县管干部4人。推进行政审批标准化建设,创新工业项目审批方式,行政审批实现提速增效。

依法行政深入推进。认真执行重大事项向人大报告和政协通报制度,全年承办人大代表建议

228件、政协委员提案257件。健全政府决策机制，出台重大行政决策程序规定，广泛听取民意、集中民智，主动接受社会公众监督。规范政府行政行为，开展政府性合同备案专项审查，推行行政规范性文件“三统一”制度，全面运行网上行政执法暨电子监察系统。实施“阳光工程”，继续抓好政府信息公开，建立“三务”公开信息平台。

廉政建设持续强化。落实党风廉政建设责任制，加强岗位廉政教育，坚决查处违纪违法案件。健全廉政风险防控机制，出台政府性投资项目违规行为问责办法，试行重大政府性投资项目派驻监察员制度。深化部门预算，加大干部经济责任和重点项目审计力度，强化政府采购、工程建设、人事招录、编外用工等领域监管。加强乡镇财政管理，全面清理个人借款。树立过紧日子思想，推行公务消费卡制度，“三公”经费下降30%。

各位代表！过去的一年，既充满艰辛，又令人鼓舞。所有成绩的取得，是上级党委、政府和县委正确领导的结果，是全县人民攻坚克难、共同努力的结果。在此，我代表县政府，向全县人民，向县人大代表、政协委员，向离退休老同志，向各民主党派、社会各界人士，向驻象山部队、武警官兵，以及所有关心支持象山发展的海内外朋友，表示衷心的感谢！

同时，我们也清醒地看到，发展中还存在不少困难和问题：经济发展的素质性、结构性矛盾比较突出，产业层次不高、创新能力不强的局面没有根本改变，部分行业和企业经营面临不少困难，转型升级的任务十分艰巨。财政收支平衡压力加大，乡镇政府债务负担较重，保障民生的能力还需提高。节能减排工作还存在薄弱环节，安全生产和社会治安形势不容乐观，维护社会和谐稳定的工作任务繁重。一些政府工作人员服务意识、服务能力有待提高，少数干部担当和实干意识不强，作风问题和消极腐败现象依然存在。对于这些问题，我们将采取更加有力的措施，切实加以解决，努力把各项工作做得更好。

二、2014年工作建议

各位代表，2014年是全面贯彻落实十八届三中全会精神的第一年，也是“十二五”规划实施的关键一年。根据县委十三届五次全会的部署和要求，今年政府工作的指导思想是：全面贯彻落实党的十八大和十八届三中全会精神，坚持稳中求进、改中求活、转中求好，把改革创新贯穿于经济社会发展各个领域各个环节，以提高经济发展质量和效益为中心，深化桥海兴县战略，实施大平台大项目建设推进年、改革创新驱动年和群众路线教育实践活动年，全面做好抓改革、强创新、促转型、惠民生等各项工作，推进经济持续健康发展、社会和谐稳定，奋力开创“两区”建设新局面。主要预期目标是：实现地区生产总值405亿元，增长9%；财政一般预算收入54.6亿元，增长8%；固定资产投资185亿元，增长15%；社会消费品零售总额192亿元，增长13%；城镇居民人均可支配收入、农渔民人均纯收入分别增长9.5%和10.5%。

围绕上述目标要求，重点抓好以下八方面工作：

(一)突出平台项目建设，夯实区域发展基础

启动象保合作区建设。把象保合作区作为浙台(象山石浦)经贸合作区建设的先行区和核心区，集中精力加以推进。坚持高标准规划、高水平建设，抓紧实施水、电、路、气等基础配套，做好政策处理、建设用海报批等工作，动建象保合作区启动区块。依托保税区招商力量，发挥开放平台作用，边规划边招商，大力引进海洋战略性新兴产业，积极培育保税物流业、高端服务业。全力争取上级政策支持，做好综合保税区象山片区、国家级台商投资区申报批复工作，力争新港码头对外临时开放，开展石浦港区主航道一期工程前期。

提升产业平台。整合提升经济开发区，提高滨海工业园、城南高新创业园承载能力，建设能特科技、国恒锂电池、长城玉士总部经济等项目，基本完成仁义涂开发前期工作。全力开发临港装备工业园，完善城东工业园基础配套，建成中石化大型非标设备项目，建设宝象物流加工园、日星铸造二期精加工、正源热电联产改扩建项目。继续抓好爵溪针织服装创意产业园、石浦科技园、西周生态循环工业园建设。推进大目湾新城开发，加大基础设施投入，续建世茂、邦泰、中铁建三大城市综合体，动建主题乐园、内湾沙滩广场等功能性项目。增强影视文化产业区集聚功能，建成民国城一期，争取动建浙江广电象山影视基地。

强化项目支撑。深化百大项目会战攻坚,全年安排重点工程 85 项,年度计划投资 100.6 亿元。加强资金、土地、环境容量等要素保障,狠抓产业项目建设,实施 34 个亿元以上工业项目,完成工业投资 48 亿元。加大基础设施建设力度,增强发展支撑能力。动建三门湾大桥及接线工程戴港至宁海段,完成沈海高速石浦连接线前期,开工建设新桥连接线。续建环象山港公路,贯通赵岙隧道复线,动建林善岙隧道复线、鲁家岙隧道。建设 220 千伏湾山变,争取动建 110 千伏城北变。建成道人山围垦项目,建设黄沙岙、水湖涂、大中庄围垦工程。推进东海涂围垦前期工作,力争动建防洪潮工程。实施"治水强基"三年行动计划,建设城区和西周防洪排涝工程,继续开展中心城区内河整治。

(二)坚持工业强县,加快新型工业化步伐

推进工业转型升级。深入开展工业强县创新年活动,促进工业提质增量,完成规上工业产值 540 亿元,增长 12%。制订实施传统产业提升三年行动计划,建立五大行业公共服务平台,加快升级改造步伐。强化产业发展导向,大力发展新装备、新材料、海洋生物等产业,加快形成新兴产业集群。深入开展"四换三名"工程,推动工业化与信息化深度融合,狠抓研发设计和商业模式创新,增强产业核心竞争力。完善工业发展激励和保障机制,调动和发挥企业家创业创新积极性,营造合力兴工氛围。

加强企业培育和服务。深化规模企业培育工程,新增规模企业 50 家、亿元企业 5 家。发挥龙头企业作用,鼓励兼并重组、增资扩股,继续推进合力、乐惠等企业上市工作。加大中小微企业扶持力度,建设乡镇工业集聚点和小微企业创业园。引导企业建立现代企业制度,重视管理队伍建设,提升企业管理的现代化水平。优化企业服务环境,完善涉企服务平台,合力破解企业发展难题。

提高开放型经济水平。坚持招商引资"一号工程",全年协议利用外资 1.8 亿美元,实际利用外资 1 亿美元、内资 41 亿元。突出长三角、香港、台湾等重点区域,强化以企引企和专业招商,全力引进一批优质项目。发挥在外象山籍人士和"异地商会"作用,深化"浙商回归"工程。坚持引资与引智相结合,瞄准原创型科技企业、高层次创新人才,积极开展科技招商。完善招商工作机制,加强招商服务,切实提高招商成效。转变外贸发展方式,优化外贸结构,实现进出口总额 24.6 亿美元。加快企业"走出去"步伐,扩大合作发展空间,完成境外承包工程营业额 4.8 亿美元。

提升建筑业发展质量。积极推动建筑经济转型升级,支持企业做大做强做久,提高行业整体发展水平,完成建筑业施工产值 1080 亿元。强化建筑企业资质升级、人才培训服务,加快培育一批一、二级承包企业。完善企业法人治理结构,强化项目部管控,有效防范经营风险。规范建筑市场秩序,健全信用管理评价系统,建立行业基本情况数据库。发展建筑业总部经济,加强在外建筑企业联系,引导回乡投资创业。

(三)巩固农业基础,扎实推进新农村建设

发展高效生态农业。按照规模化、集约化、标准化要求,着力培育特色优势产业,实现农业总产值 110 亿元。推进农业"两区"建设,稳定粮食生产,发展效益农业,新建标准化粮食生产功能区 1.5 万亩、现代农业园区 7 个。提升渔业发展水平,建设国际水产保税冷链物流基地,动建台湾石斑鱼中转精养基地二期。培育新型农业经营主体,鼓励土地承包经营权向专业大户、农业企业流转,促进一、二、三产业融合发展。强化农业科技支撑,发展设施农业和现代种养业,争创国家级农业高科技园区。加强农业品牌建设,新增名牌名标 5 个、"三品一标"13 个。

健全为农服务体系。加大政策扶持力度,拓展村级集体经济发展途径,增强造血功能,全县村级集体经营性收入增长 10%以上。规范农村"三资"管理,继续抓好"双达标、双示范"活动。深化农业基层服务,发挥农业服务中心作用,扩大政策性农业保险覆盖面,动建病死畜禽无害化处理中心。强化金融支农服务,新增涉农贷款 10 亿元。实施农信普惠金融工程,建设村级金融便民服务点 300 个。做好村级组织换届后续工作,确保农村各项工作有序开展。

深化美丽乡村建设。以创建省美丽乡村先进县为目标,加快"三村一线"建设,继续整治提升欠发达地区村庄,不断改善农村人居环境。深化农房"两改",分类建设农民集中居住区,全面推进农村"一户多宅"清理。健全常态化保洁制度,开展"洁美庭院"创建,提高农村洁化美化水平。加强农村社区服务中心建设,提升村邮站服务功能。加大农村基础投入，抓好道路、农排线路等设施建设，继续实施山塘水库整治工程。

（四）加快旅游开发，发展现代服务业

提升休闲旅游业。创新旅游产品和营销模式，深度拓展旅游市场，全年接待游客1500万人次以上，完成旅游经济综合收入145亿元。推进东海铭城、半边山度假区、白沙湾度假村等项目建设，建成希尔顿酒店，动建宁波工人疗养院，续建松兰山沿海景观带。稳步开发海洋海岛旅游，继续实施石浦渔港旅游综合改造，建设大目湾国际休闲垂钓基地。规范提升乡村旅游，推动农家客栈提档升级。鼓励发展经济型酒店，增强接待能力。优化旅游市场环境，加强服务管理，提高景区信息化水平。

壮大商贸流通业。以方便群众为重点，完善商贸流通体系，增强商贸综合服务功能。推进商贸集聚区建设，加强品牌商业、特色商业引进，基本建成沃尔玛购物广场、东方商厦，动建红星美凯龙家居广场、汽车广场商务中心。健全农产品流通网络，完成县综合农批市场建设，继续做好农超对接工作。提高城镇商贸档次，创建鹤浦省级商贸示范镇，推动西周精品街、贤庠商贸街建设。做响“象山海鲜”品牌，推动商贸与旅游结合发展。

培育新兴服务业。大力发展现代物流业，建设象山现代物流园、金岙机制砂生产物流基地。发展养生养老产业，动建大目湾绿地养生产业、亲和源养老项目。稳步发展金融服务业，引导金融产品创新，年末金融机构新增贷款70亿元。稳妥处置企业金融风险，加强小额贷款公司监管，维护良好金融生态环境。鼓励工业企业主辅分离，积极培育电子商务、信息服务等生产性服务业。统筹发展其他服务业，引导家政服务、休闲娱乐等产业健康发展。

（五）深化改革创新，激发区域发展活力

推进重点领域改革。按照中央、省、市的部署安排，积极稳妥地开展各项改革，支持各地各部门大胆探索创新。加快资源要素配置市场化步伐，完善产业项目综合评价机制，实施工商登记制度改革。进一步加强海洋管理创新，推进海洋产权交易平台和技术服务机构建设，建立健全海岛海域使用权储备出让机制，探索开展“渔耕平衡”试点。深化农村综合改革，完善农村产权交易制度，稳妥开展农村经济合作社股份制改造。加快投融资体制改革，整合提升政府性融资平台，鼓励民间资本办医办学。

增强创新驱动能力。实施创新驱动五大计划，优化创新资源配置，完善区域创新体系，通过省科技强县复评。健全科技创新扶持政策，研发经费占GDP比重达到2.25%。强化企业创新主体地位，新增国家级高新技术企业17家、市级科技型企业15家。积极搭建创新平台，整合提升县科创中心，建设华翔研发中心，新建科技公共服务平台2家、市级以上工程技术中心5家。加强产学研协同创新，支持企业组建产业技术创新联盟。推动金融与科技融合发展，建立多元化科技投融资体系，引进发展各类创投机构。重视品牌建设，新增市级以上品牌5个。

加强人才引进和培育。实施人才关怀工程，充分发挥各类人才作用，努力形成尊重知识、尊重人才的良好氛围。创新人才引进机制，发挥留学生创业园作用，主动对接国家、省、市“千人计划”，引进海外高层次人才团队2个。强化人才载体建设，积极引进知名人才服务机构，建设高校毕业生实践基地6家。深化校企合作模式，开展订单职业教育，培养本土化紧缺型、实用型人才。

（六）统筹城乡发展，建设生态宜居环境

加快新型城镇化步伐。顺应“两区”建设和城乡一体化发展新形势，优化城镇规划和功能布局，全力打造品质后花园。坚持以人为本，稳步推动农业转移人口市民化，提高城镇人口素质和居民生活质量。加快中心城区开发，推进城市新中心区和南部新城商务区建设，续建商会大厦，动建建筑大厦、中国供销集团海洋经济总部大厦，争取建设县金融中心。改善城市形象，推进旧住宅区、旧厂区和城中村改造，继续建设城市景观亮丽工程、殷夫公园。完善市政设施，铺设供水、供气等管网42公里，新建市政道路7公里，动建县客运东站。加强石浦卫星城市建设，实施新一轮三年培育计划。拓展西周、贤庠中心镇发展框架，完善鹤浦、定塘等城镇功能，协调其他乡镇发展。

推进城市精细管理。优化大城管工作机制，发挥“智慧城管”平台作用，努力提高城市管理水平。推进城管执法城乡一体化建设，改革城管执法勤务模式。深入实施城市交通拥堵治理五年行动计划，加强公共停车场等设施建设，开展乱停车专项整治。改善居民出行条件，逐步推进城乡客运一体化。实施住宅小区物业管理三年提升行动,强化监督指导,提升物业服务水平。深入开展占道经营、户外广告和建筑渣土整治,保持市容整洁美观。继续推进“三改一拆”,开展城镇核心区和主要道路拆违“清爽”整治行动,启动无违建乡镇创建。

强化生态建设。狠抓生态建设薄弱环节,加大生态基础投入,开展“三治理一提高”行动,确保通过国家级生态县创建验收。按照“五水共治、治污先行”的要求,加强水环境治理,续建中心城区污水处理三期、贤庠污水处理工程,推进农村污水设施建设,实行主要河道管理“河长制”。完成五大重污染行业整治,加强空气质量监测和禁燃区管理,动建生活垃圾焚烧发电项目。深入开展“四边三化”“双清”行动,基本完成普通国省道公路、山边整治任务。加强海洋生态保护,开展海域港口岸线专项治理。

狠抓节能减排。严格落实节能减排目标责任,强化节能减排工作措施,万元生产总值能耗下降率、主要污染物削减量完成上级下达任务。推广先进节能和环保技术产品,抓好建筑、交通运输和公共机构节能,实施重点节能项目 60 个。完成大唐乌沙山电厂 2 号机组脱硝改造,逐步淘汰黄标车。积极发展循环经济,加大电镀、印染行业中水回用力度,新增清洁生产企业 10 家、资源综合利用企业 2 家。

(七)繁荣社会事业,提升公共服务水平

深化文化强县建设。积极创建全国文化先进县,建设国家海洋渔文化生态保护实验区,打造石浦—东门非遗保护核心区,办好中国海洋论坛和中国开渔节。完善公共文化设施,启用象山博物馆、象山书城和龙宫休闲文化园。丰富群众文体生活,实施文化惠民工程,举办县第九届全运会。强化政策扶持和推进合力,培育壮大影视动漫、文化旅游、海洋文博等文化产业,加快一兆韦德体育广场建设,动建象山港 1 号文化广场。推进广电体制改革,促进广电事业健康发展。加强档案管理和方志编纂工作,出版《陈汉章全集》。

提升教育发展质量。全面推进省教育现代化县创建,加快现代学校制度建设,努力建设更高水平的普及教育,形成惠及全民的公平教育,提供更加丰富的优质教育。深化教育改革,优化教育布局,加大农村和海岛薄弱学校扶持力度,完善校长、教师流动机制,推动教育均衡发展。改善教育基础设施,建成丹城五小、大徐小学,建设浙师大附属大目湾实验学校。强化师德师风建设,实施教师人才成长工程,提高教师整体素质。开展新一轮“平安校园”建设,持续推进学生饮食放心工程。

提高群众健康水平。继续深化医药卫生体制改革,巩固完善基本药物制度,健全基层医疗卫生机构运行机制。抓好县级医院综合管理,推进区域医疗合作。改善医疗服务条件,完成台胞医院迁建工程,做好县中医院迁建前期。增强公共卫生保障能力,创建省卫生应急示范县。加强卫生人才队伍建设,探索建立县域卫生人才柔性流动机制。健全食品药品安全综合监管体系,建成县食品检验检测中心,加大日常监管力度,保障群众饮食用药安全。坚持计划生育基本国策,落实生育政策调整相关意见,深化人口计生公共服务,促进人口长期均衡发展。

(八)创新社会治理,构建和谐幸福社会

推进精神文明建设。以培育和践行社会主义核心价值观为引领,继续开展“善行象山”主题实践活动,努力形成良好社会风尚。巩固“两城”创建成果,健全长效机制,加大文明村镇创建力度,争创省示范文明县城。加强基层民主法制建设,深化“六五”普法教育,做好法律援助、社区矫正等工作。普及科学知识,创建国家级科普示范县。加强志愿者队伍建设,广泛开展志愿服务活动。深化殡葬改革,促进移风易俗。重视老龄和关心下一代工作,发挥工商联、工会、共青团、妇联等作用,维护职工、妇女、未成年人合法权益。

增强社会保障能力。大力鼓励个人创业,实现以创业带动更高层次的就业。落实积极的就业政策,加强城乡劳动力职业技能培训,开发公益性岗位 540 个。扩大社会保险覆盖范围,新增五大基本保险参保 3.3 万人次。推进社会救助标准化建设,建成社会救助管理站,积极发展慈善、红十字、残疾人事业。完善住房保障体系,加大保障性住房建设力度。加强养老服务体系建设,全面实施社会养老三年行动计划。做好优抚安置工作,开展新一轮双拥模范县创建。

加强社会服务管理。改进社会服务和管理方式,深化“双联”中心、网络民情会办中心、司法行政法律服务中心建设。健全社会服务管理体系,开展乡镇社会服务管理中心规范化建设，全面推行社区“一站式”服务。狠抓治安突出问题专项整治，严厉打击和防范各类犯罪行为，切实提升群众安全感和满意度。提高信访工作法制化水平，有效化解各类信访问题。增强应急保障能力，完善基层防灾减灾体系，建成县应急指挥平台。严格落实安全生产责任制，开展渔业生产、船舶制造、涉氨行业等重点领域专项整治，全力遏制安全生产事故发生。加强外事、侨务工作，依法管理民族宗教事务。

各位代表，今年我们将继续围绕人民群众最关心、最直接的问题，全力办好八方面民生实事：

1. 新增生活污水处理村 85 个；完成山塘整治 100 座、小型水库除险加固 3 座，疏浚河道 30 公里；建成中心城区防洪排涝节制闸 3 座，完成内河整治及排涝渠道建设 6 公里。

2. 新建农村联网公路 30 公里；新增公共停车泊位 600 个；建成中心城区公交首末场站 3 个，新辟公交线路 2 条。

3. 新增机构养老床位 1600 张，启用县老年公寓；新建农村集中式居家养老公寓 35 个、居家养老服务站点 40 个。

4. 开工建设保障性住房 400 套、续建 1800 套、建成 800 套；完成农村住房改造建设 2100 户；完成低收入农户危旧房改造 270 户。

5. 新增省义务教育标准化学校 8 所，60%以上幼儿入读普惠性幼儿园，维修中小学校舍 2.5 万平方米；县残疾人康复医院建成投用。

6. 举办文化惠民半岛行 18 场，组织百场戏剧进农村 400 场；建成农村文化礼堂 55 家；更新体育健身路径 700 件。

7. 完成老小区改造 4 个；提升改造菜市场 5 家。

8. 培育、创建全面小康村、中心村、特色村 13 个，完成梳理式改造村庄 100 个，整治提升欠发达地区村庄 13 个。

三、加强政府自身建设

各位代表，做好今年政府工作，我们深感责任重大。县政府将按照为民、务实、清廉的要求，加快政府职能转变和服务管理的改革创新，大力推进法治政府和服务型政府建设。

（一）改进作风，提高效能。严格遵循“照镜子、正衣冠、洗洗澡、治治病”的总要求，扎实开展党的群众路线教育实践活动。牢固树立群众观点，以群众满意为根本标准，践行“一线工作法”，切实帮助基层和群众解决一批难题。认真贯彻落实中央“八项规定”，建立作风建设常态化机制。大力精简会议、文件和活动，加强机关效能建设，切实提高办事效率。增强担当意识，深化执行力体系建设，确保各项工作落实到位。

（二）简政放权，转变职能。推进政事、政社分开，建立政府权力清单制度，放开应该由企业和社会组织自我服务、自我管理的事项。稳妥开展政府机构改革，优化机构设置和职能配置。深化行政审批制度改革，强化审批职能归并，实行企业注册登记和产权登记一体化审批方式，完善全程代办工作机制。创新中介行业管理方式，建立公平公正的竞争机制，规范中介机构市场行为和市场秩序。

（三）规范行为，依法行政。严格按法定权限和程序行使权力、履行职责，自觉接受人大法律监督、政协民主监督，认真办理人大代表建议和政协委员提案。完善重大事项专家咨询、社会公示等制度，主动听取民主党派、人民团体和无党派人士意见。完善办事公开制度，深化政府信息公开，提高政府工作透明度。强化政府法制建设，继续抓好行政复议和行政规范性文件管理工作。加强财政性资金绩效评价，合理控制政府性债务规模，逐步提高财政管理水平。

（四）干净干事，廉洁从政。坚持用制度管权管事管人，加强行政监察和审计监督，强化权力运行制约。深化反腐倡廉教育，提高干部拒腐防变能力。完善廉政风险防控体系，落实党风廉政建设责任制，遏制重点领域和行业腐败现象。坚决纠正部门和行业不正之风，严肃查处各类违纪违法案件。全面落实中央厉行节约反对浪费有关规定，规范公务接待、因公出国（境）等行为，确保“三公”经费继续下降。

各位代表！风正潮涌，自当扬帆破浪；任重道远，更需快马加鞭。让我们在中共象山县委的正确领导下，紧紧依靠全县人民，以更加饱满的热情、更加务实的作风、更加有效的举措，锐意进取、扎实工作，为加快建设现代化滨海休闲城市而努力奋斗！

名词解释

“两区” 指省海洋综合开发与保护试验区、浙台(象山石浦)经贸合作区。

宁波国家高新区“一区多园” 指在不改变现行管理权限的模式下,形成以宁波国家高新区为核心区,各县(市)区及功能区中的专业园为分园的区域协同发展模式。

“个转企” 指个体工商户转型升级为企业。

农业“两区” 指粮食生产功能区和现代农业园区。

“三品一标” 指无公害农产品、绿色食品、有机农产品和农产品地理标志。

农村“三资”管理 指农村集体“资金、资产、资源”管理。

“双达标、双示范”活动 指开展农村党风廉政建设和“三资”管理达标村、示范村创建活动。

“三村一线”创建 指在幸福美丽新农村建设过程中开展的全面小康村、中心村、特色村和环境整治精品线创建。

“两城”创建 指创建省示范文明县城和国家卫生县城。

“三改一拆” 指改造旧住宅区、旧厂区、城中村和拆除违法建筑。

“三治理一提高” 指治理水体污染、治理大气污染、治理土壤污染、提高劳动生产率。

“四边三化” 指在公路边、铁路边、河边、山边等区域开展洁化、绿化、美化。

“双清” 指清理河道、清洁乡村。

JCI 指国际医疗卫生机构评审委员会。

“三思三创” 指思进思变思发展、创业创新创一流。

“双百”评议 指“百名局长(书记)执行力专项评议”和“百名科长大家评”。

“三级”问责 指根据相关问责办法,对县管领导干部、机关(事业)一般工作人员和村(社区)主要干部三类对象进行问责的制度。

规范性文件“三统一”制度 指县级以上地方人民政府对本级政府及其部门的规范性文件,逐步实行统一登记、统一编号、统一发布。

“三务”公开 指对村级的党务、村务、财务进行公开。

“四换三名”工程 “四换”指腾笼换鸟、机器换人、空间换地、电商换市;“三名”指名企、名品、名家。

农房“两改” 指农村住房制度改革、农村住房集中改建。

“千人计划” 指中央人才工作协调小组组织实施的“海外高层次人才引进计划”(简称“千人计划”),主要是围绕国家发展战略目标,从2008年开始,用5到10年,在国家重点创新项目、重点学科和重点实验室、中央企业和国有商业金融机构、以高新技术产业开发区为主的各类园区等,引进2000名左右人才并有重点地支持一批能够突破关键技术、发展高新产业、带动新兴学科的战略科学家和领军人才回国(来华)创新创业。

“五水共治” 指治污水、防洪水、排涝水、保供水、抓节水。

“双联”中心 指县社会应急联动指挥中心、社会治安动态防控联勤指挥中心。

“一线工作法” 指领导在一线指挥、干部在一线创业、措施在一线落实、办法在一线研究、问题在一线解决、矛盾在一线化解、作风在一线检验、经验在一线总结、典型在一线推广、能力在一线提升的“十个一线”工作法。

“四风” 指形式主义、官僚主义、享乐主义和奢靡之风。

专　　记

创建国家级卫生县城

国家卫生县城是一个县城综合服务功能和文明程度的重要标志。创建国家卫生县城对于提升市民素质，塑造城市形象，进一步营造良好的人居环境和发展环境，以及增强全县广大干部群众的荣誉感和自信心，凝聚人心，鼓舞士气，加快经济社会又好又快发展，都有着重要的现实意义和深远的历史意义。

象山县于1996年被省爱卫会命名为浙江省卫生县城，2004年、2009年分别通过复查确认。2008年象山县提出“四城联创”（国家卫生县城、省示范文明县城、省旅游强县、国家生态县）的总体目标。2010年9月28日，县委常委会研究决定，全面开展国家卫生县城创建工作。2010年11月25日，创建国家卫生县城动员大会召开。县四套班子主要领导出席会议，全县各级各部门600多人参加会议，创建国家卫生县城工作正式启动。

遵照“创建为民、创建靠民、创建惠民”的工作理念，确定创建工作三年计划，按照“一年打基础，二年上台阶，三年出成果”的工作思路，部署创建工作。2011年着重做好创建的基础性工作，在完善各级创建机构和工作制度的同时，实施县再生资源市场动建、城市主轴工程打造、闲置地围墙美化和老旧公厕、老小区和菜市场设施改造等15个建设项目，开展城区乱张贴和乱涂写清理、马路市场和跨门经营整治、“十小”行业专项整治、河道清淤保洁、城中村、城乡结合部整治等25个市容环境整治项目，为创建工作的全面展开积累经验，夯实工作基础。2012年着力于创建的推进和深化，实施农村卫生公厕建设、城区背街小巷路面及排水设施改造、石材加工市场建设、公交站亭新建等20项重点建设工程，开展城郊村生活垃圾收集清运模式和保洁模式完善、餐饮行业整治、城区畜禽养殖场迁建等18项重点整治项目，整治工作面不断扩大，使创建工作再上台阶。2013年着重做好创建的难题破解工作，实施蒋家老村拆迁、生态文化园工程建设、农副产品综合批发市场动建、工业园区企业污水纳管、健康公园和健康小区建设等16项重点建设工程，开展建筑工地“文明施工”和户外广告、废品回收点、二手车、不文明行为专项整治等21项重点整治项目。

建立完善的创建工作机制，切实保证创建计划落到实处。一是健全责任机制。2010年12月，成立了以县委副书记、县长为组长，7名相关县级领导为副组长，53名乡镇（街道）、部门主要领导为成员的创建工作领导小组，下设由县委宣传部、卫生、城管、教育、食药监管、商务、交通、公安等部门20人组成的办公室，发挥指导、协调、监督职能。同时县级层面还成立市场环境组、人文环境组、生活环境组、环境清洁组、卫生整治组等10个创建专项工作组，各专项组由分管县领导任组长，明确成员单位与主要职责。县政府发布《关于创建国家卫生县城的实施意见》，按照爱卫组织管理、健康教育、市容环境卫生、环境保护等10大方面进行责任分解，70条具体内容落实相应的责任单位和参与单位。二是健全协调机制。县创建工作领导小组基本坚持每月一次的例会制度，专项组对每个“块”的工作进行分解落实、督促协调，各责任单位发挥牵头责任，制订工作方案，落实“点”和“线”上的工作措施，创建办实行创建工作“周分析”“月汇报”“季通报”制度，对整个“面”上的工作进行统筹协调。县创建工作领导小组及办公室年平均召开专题协调会30多次，3年共制订出台指导性文件103个，有力推动创建工作顺利推进。三是健全督查机制。建立日常检查与突击检查相结合、领导督查与社会督查相结合、媒体督查与内部督查相结合的机制,不断提升督查的效果。实行项目督办制度和提示、整改、通报“三色令”制度,促进问题整改到位。3年共开展领导督查86次,媒体督查120多次,下发督查单3500多件。四是健全考核机制。将创建工作纳入镇乡(街道)和县级部门年度目标管理考核,设立创建工作专项考核奖。坚持城中村、城郊村和镇乡街道环境卫生评比机制,设立专项奖励经费。同时,实行创建工作问责制。五是健全保障机制。县财政确保每年创建工作经费3000万元以上,确保社区、城中村、城郊村环境评比奖励专项经费200万元以上。各街道、部门落实创建工作经费,保障创建工作顺利推进。

县委、县政府和县人大常委会、县政协高度重视国家卫生县城创建工作,定期召开“两城”创建工作会议,全面部署创建工作,县委常委会和书记办公会议专题听取创建工作汇报,县长亲自召集每月一次的创建工作督查,县人大常委会和县政协多次组织代表、委员开展知情性视察,全力以赴推进创建进程。县四套班子领导亲自参加城中村、城郊村环境整治现场会。县主要领导包干牵头,狠抓占道经营、流动摊贩、乱停车、小区物业、城区菜场管理、闲置地整治等重点难题破解,创建工作有力推进。

在全社会营造浓厚的创建氛围。除了全县性的创建工作动员和工作会议外,各镇乡(街道)、部门、基层单位相应做好创建工作的思想发动,层层传达部署,在全县范围内形成纵向到底、横向到边的创建声势。媒体宣传不断深化,《今日象山》、象山电视台分别设立创建专题栏目——《两城创建进行时》和《关注‘两创’》,并在象山港网站设立创建专页,宣传创卫知识,报道创建动态。象山电视台制播“告别陋习,倡导文明”系列访谈节目11期,创建工作先后3次走进《阳光热线》专题节目,组织开展“网民看创建”活动,与市民、网民建立互动。发送手机创卫信息40万条,扩大创卫宣传面。环境营造持续强化,在城区悬挂创建旗幔广告800余杆,设置大型户外广告38处,发布公交站台公益广告240面、公交车车体公益广告116辆,制作并张贴宣传版面600多块,完成文化墙美化工程2万多平方米,举行了公益广告设计大赛,连续三年举办墙景绘画比赛,利用楼群、宾馆和机关单位的视频媒体滚动播放创建宣传片,印发墙报、折页、宣传册等资料8万份。同时,编发《创建简报》130期、《文明象山》23期,形成了浓厚的创建氛围。创建活动广泛开展,深入开展“文明象山我行动”等系列活动,在党员干部中开展“两城创建我示范、创先争优我实践”活动,在社区、农村开展“清洁家园”活动、“文明楼道(墙弄)”评选等,声势浩大地开展了第25个爱国卫生月等活动,发动村民、居民参与创建。3年来,共有20万人次直接参与创建活动。志愿服务活动蓬勃开展,成立了绿色环保、社区服务、党员志愿服务等10支志愿者队伍,注册志愿者达11000人,设定每星期五为“文明劝导日”,机关干部认管城区路口和路段秩序,并定期深入结对共建村(社区)开展义务活动。

城市基础设施建设快速推进。2011年至2013年,中心城区投入6亿余元,新增城市道路41条,合计27.6千米,打通30条“断头路”,路网得到了完善。城市主轴工程顺利进展,完成天安路(建设路—象山港路)和象山港路西段基础设施全面升级。改造建设路、靖南大街、东谷路等17条人行道11.1万平方米,修补破损路面7.3万平方米,城区道路总长度达到249千米。公共设施得到及时维护,更换窨井盖500余套,疏通下水道8.3千米,维修城区桥梁栏杆12座,投入资金近5000万元,道路硬化率达100%。河道治理和污水处理工程建设步伐加快,配水、清淤、驳岸、绿化和内河保洁长效机制的实施使新华河、南大河等河道面貌焕然一新,水质有了明显改善。中心城区污水处理二期工程完工,污水日处理能力达5万吨,铺设污水管124千米,中水管网45千米。燃气管网进一步扩大,铺设主干管道40.3千米,全面完成城区燃气管网管道铺设工程。交通配套工程不断完善,进行了城区主要道路机非隔离、人非隔离,完善了交通标识,投入1200余万元,新建或改建城区公交车候车亭137座,建设公共停车场10余个,新增公共停车位1400多个,机关单位停车场实施错时开放制度。完成金秋、文昌、丹峰、新丰等6个住宅小区全面改造,提升小区综合服务功能。进一步完善环卫设施和装备建设,投入3000万元,建成第四、第六垃圾中转站,完成县人粪净化中心、塔山垃圾中转站改造等,并增添了一批环卫机械,城郊村基本达到“一村一厕”(每村至少一座3类以上公厕)的要求。市场建设和改造进一步提速，投入2亿元，新建农副产品综合批发市场，投入4000万元，建成了占地面积56亩的再生资源市场，投入1500余万元，建成石材市场、二手车市场，实行统一管理。丹东、丹西街道各建成1个废品收购集聚点。

市容环境全面整治。城中村、城郊村、社区环境、闲置地块整治顺利推进，清理了遍布城郊的“蒙古包”、石材加工点、露天粪坑、敞开式垃圾仓，取缔杨家、白石等马路市场5个。步行街、三棱街、农贸市场及周边等重要区域通过多次整治，改观比较明显。深入开展违章建筑专项治理和闲置地整治活动，实施户外广告专项治理，共拆除违章建筑191.2万平方米。主要街路实行18小时保洁制，一般街道和背街小巷15小时保洁，推行机扫、人扫、冲洗“三位一体”保洁模式，进一步落实主要道路沿街企事业单位、个体工商经营户“门前三包”责任制。物业费收缴率大幅提高，小区物业管理逐步规范。依托“智慧城管”、“智慧交通”等信息化手段，提高城市管理效率。开展了不文明行为专项整治，严厉查处酒后驾驶、超速驾驶、机动车乱用灯光、逆向行驶、非机动车带人、行人(非机动车)闯红灯、乱扔垃圾、乱占道等不文明交通行为，组织开展“礼让斑马线”活动，活动取得了明显突破。

创建国家卫生县城工作一步一个脚印地取得成效。2012年7月3日～5日，象山县通过创建国家卫生县城工作市级考核。2013年2月28日～3月1日，象山县通过创建国家卫生县城工作省级暗访。2013年5月8日～10日，象山县通过创建国家卫生县城工作省级考核。2013年10月15日～16日，全国爱卫办专家组对象山县创建国家卫生县城工作进行暗访。2013年10月21日全国爱卫办下发通知，象山县高标准通过国家暗访。2013年12月29日，象山县被全国爱卫会命名为“国家卫生县城”。全国爱卫会在命名文件中认为，象山县在加强基础设施建设、改善环境卫生面貌、提高人民群众文明卫生意识等方面成效显著，整体卫生水平达到了《国家卫生乡镇(县城)标准》要求。

全国爱卫办暗访组认为，象山县创建国家卫生县城的主要成效体现在以下5个方面：一是城市基础设施完善，绿化亮化好。城区主、次干道功能完善，机动车道、非机动车道、人行道路面平整，标示清晰，路灯、果皮箱、道路指示牌等配套设施齐全；城区各主要路段及部分街道两侧、路段中间隔离带实施绿化，植有鲜花；广场、十字路口、主要街头设置有大型创卫宣传广告，主要路段道路两侧有创卫标语。城区部分路段和街道摆放有鲜花，绿化带内干净整洁、无垃圾杂物。象山县人民广场位于县城中心，气势恢宏，设计、雕塑、美化、绿化、亮化在县级城市达到较高水平。二是城市日常管理到位，市容环境干净整洁。主次干道和背街小巷保洁到位，卫生保持效果良好；主次干道无出店经营、占道经营现象，机动车和非机动车分区停放，整齐有序；广场、车站、社区、单位、主要路段的公厕有专人管理，卫生清洁，禁烟标识、管理制度上墙；主次干道垃圾箱设置基本合理，周边环境卫生状况较好；中心城区基本无小广告。三是居民区环境整洁，农贸市场管理规范。所抽查的居民小区道路硬化平整，区内健身休闲等公共设施健全，绿化、美化较好；区内设有垃圾箱、垃圾集中收集点，有保洁员，保洁效果较好；院内机动车辆及非机动车辆分区停放，整齐有序，无乱搭乱建、乱贴乱画现象；农贸批发市场水产品、生肉销售、蔬菜摊点、熟食区、干鲜果区、调味品区、活禽宰杀区分区合理，管理规范，卫生状况较好。四是窗口单位卫生管理较好，“六小”行业管理较为规范。车站、医院等窗口单位通过电子显示屏显示或悬挂创卫横幅标语，创建氛围浓；窗口单位卫生设施齐全，保洁效果好，禁烟标识明显。县第一人民医院和中医院分设发热及肠道门诊，分诊流程规范。所查餐饮店、美容美发店、洗浴店、网吧等卫生许可证、卫生监督公示、管理制度上墙，卫生条件较好，从业人员衣着干净整洁，店内日常管理规范。五是城乡环境卫生总体整洁，群众满意度较高。城乡结合部、海岸线等点位总体卫生情况较好；经随机访问车站旅客、广场人群、出租车司机、商店业主等，市民对近年来县城基础设施建设、环境卫生状况、城市管理、城市整体面貌表示满意，对象山县创建国家卫生县城工作表示赞许、支持。

(何幼松　陈晓波)

第十六届中国(象山)开渔节

第十六届中国(象山)开渔节于2013年9月8日至17日在浙江省象山县举行。本届开渔节以“善待海洋就是善待人类自己”为主题，以渔文化为主线，以服务象山海洋经济建设为目标，突出民俗性、休闲性、群众性，全面展示象山海洋民俗文化保护和传承等方面取得的丰硕成果。整体活动由主体、配套两大系列17个精品活动项目组成，其中主体活动主要有开幕式暨开船仪式、第九届中国海洋论坛、祭海仪式、妈祖巡安仪式、渔区民俗文化巡展等，配套活动有经贸客商象山行、中国青年志愿者蓝色护海行动、全国海洋意识教育基地揭牌仪式、“欢乐渔港”戏曲展演、“开渔之旅”系列活动等。

第十六届中国(象山)开渔节在举办过程中呈现出了三个特点：一是规格更高。第十六届中国(象山)开渔节通过了国务院全国清理和规范庆典研讨会论坛活动工作领导小组的批复同意，这也是全宁波市首个由国务院批准的文化节庆活动，这标志着中国开渔节正式升格为国家级节庆活动。二是民俗性更强。本届开渔节，组委会组织了一系列全民参与的文化活动，如排舞大赛、“馆际联动.美丽文化”文化走亲、绿丝带慈善义演、“欢乐渔港”戏曲展演等，尤其是精心组织的渔区民俗文化巡展，集中展示了石浦地区独特的民俗文化，内涵丰富，底蕴深厚。系列民俗活动的举办，使群众参与性更强，真正做到了还节于民。三是群众参与面更广。随着2012年12月28日象山港大桥通车，象山的区域交通条件发生历史性改变，一举跨入“宁波同城”时代。大桥开通后，来象的客商和游客明显增多，上半年象山县接待游客560万人次，同比增长52%。2013年的开渔节和海洋论坛是象山县进入“桥海时代”后的第一次大型节庆活动，到来的游客比往年更多，场面比往年更火爆。

9月5日～7日晚上，象山首届海洋文化夜市在象山人民广场启幕。这是象山为推广宣传象山海洋文化，丰富群众精神文化生活，传承弘扬县域优秀文化，营造象山文化建设良好氛围的又一举措。此次首届海洋文化夜市，重点突出象山本地特色的文化，以文化作为纽带，规划成表演、展示、产品三个板块，让游客了解象山本土文化的内涵、辅助以吃喝玩乐购，打造一场草根文化盛宴。活动主要包括文化表演小舞台、文化展示区、文化淘宝街三个方面。文化表演小舞台作为本次夜市的一个中心点，辅助以唱新闻、石浦民乐队表演、大徐“紫云乱弹”表演、走书等本土化的文化表演，中间穿插本地歌曲。淘宝文化街重点体现吃喝玩乐购，通过最直接的消费体验方式为文化表演和展示做配套，分教育文化、文化生活、饮食文化、文化地产及配套服务四个主要区块。此外，文化展示区包括以谢才华剪纸专题作品展和非物质文化遗产图片展览为主的文化长廊，以大觉文化动漫秀、大觉文化貝銘堂、茅洋农民画表演、象山传统工艺美术作品展示和技艺表演、茶道表演为主的文化秀Show。通过平面的图文介绍和立体的真人秀，体现古往今来象山渔文化、非遗文化、民俗文化、茶禅文化等特色和发展。

9月8日晚上，第十六届中国(象山)开渔节系列活动——“象山影视城杯”2013年象山县排舞大赛在县人民广场举行。来自全县各镇乡(街道)及社会团体的排舞高手们纷纷精彩亮相——《相约北京》《国王的道歉》《蓝色婚礼》……23支参赛队伍以活力四射、激情奔放的舞姿，给群众带来一场精彩纷呈的文化盛宴。经过激烈角逐和评委们的认真评比，石浦渔港旅游集团、金融系统分别荣获中老年组、青年组金奖。

9月9日晚上，“两岸(象山·台中)京剧票友文化走亲”活动在象山县人民广场举行，为弘扬京剧国粹艺术，促进两岸文化交流，浙江象山县文化广电新闻出版局、象山县台办、石浦镇人民政府等联合举办了此项活动，内容主要有京剧票友迎亲仪式、两岸京剧演唱会专场、两岸文化交流和考察观光等活动。

9月11日晚上，第十六届中国(象山)开渔节系列活动之一——“象山绿丝带”慈善义演暨未成年人白血病救助基金成立仪式在人民广场上演。本次活动由象山县民间公益组织“象山绿丝带”主办，得到了众多爱心演员及团体的倾力相助。所有演员及现场工作人员均为志愿者，他们用独特的方式表达着对未成年白血病患者的无限关爱。义演现场，社会团体、企事业单位及观众纷纷伸出援助之手为未成年白血病患者捐款。

9月12日上午，第十六届中国(象山)开渔节青年志愿者蓝色护海行动——“保护同一片蓝海”中华黑嘴端凤头燕鸥保护宣传活动在韭山列岛国家级自然保护区启动。在上千只燕鸥的见证下，中国青年蓝色护海行动志愿者代表发出“保护濒危鸟种中华黑嘴端凤头燕鸥”的倡议，呼吁人们爱护海洋，爱护海鸟，并现场举行了野鸟保护分会授旗仪式。为了让更多的人参与到蓝色护海、爱鸟护鸟行动中来，团县委于7月专门成立了象山野鸟保护志愿者大队，已招募在册志愿者200余名。同时，还开展了微沙龙、公益广告剧本和鸟类照片征集等形式多样的爱鸟护鸟行动，并通过微博、QQ、彩信等平台进行爱鸟护鸟宣传。

9月13日上午8时38分，第十六届中国(象山)开渔节祭海仪式在石浦东门渔村拉开帷幕。副县长干维岳担任本次祭海仪式的主祭人。青山碧海之间，主祭团首先向妈祖神像敬献花篮，由16名渔民代表组成的陪祭团向妈祖神像敬高香，10名渔嫂手捧五谷和五果缓缓走向祭台，供上祭桌。16名渔民壮汉每人手捧海碗列队走上祭台，面对着广阔的大海跪拜，为渔民兄弟祈愿，祈求出入平安、一帆风顺、满载而归。从2008年起，祭海仪式由公祭向民祭转型，并成为中国开渔节最具特色的活动之一。

9月13日～15日晚上，"欢乐渔港"戏曲展演活动在石浦镇、鹤浦镇、高塘岛乡举行。此次由县文体局组织的戏曲展演持续三天，在渔区设了6个点，每个点安排6场，共演出36场。

9月14日下午，第十六届中国(象山)开渔节、第九届中国海洋论坛新闻发布会召开，来自中央省市近40余家媒体和数位微博主参加发布会。发布会上，县委常委、宣传部部长罗来兴通报了2013年开渔节和海洋论坛基本情况，并就如何贯彻中央八项规定、2013年开渔节和海洋论坛的特色等问题回答了媒体提问。罗来兴表示，2013年开渔节首次升格为浙江省人民政府主办，也是全市首个由国务院批准的文化节庆活动。2013年活动将秉承往年壮观的场面，保留祭海、妈祖巡安等传统项目，突出节庆的民俗性、休闲性、群众性。同时，按照勤俭办节、简约不简单的原则，争取活动经费比2012年减少20%，在活动场景布置上杜绝铺张浪费，坚持不宴请、不走红毯、不请礼仪。

9月14日下午，渔区民俗文化巡展在石浦渔港路举行。石浦的信俗队伍和民俗队伍通过踩街巡游和妈祖如意迎亲省亲仪式，展示象山丰富多彩的渔文化内涵。此次参加活动的信俗队伍中，有妈祖娘娘、台湾如意、渔山如意、保生大帝、广泽尊王、池府王爷、渔师大帝共7尊神像驾临，信众共约380人。而极具石浦特色的民俗队伍则由百兽灯队、民族英雄戚继光队、百鱼灯队、八仙过海队、海鲜灯队、十二生肖队、鲤鱼灯队、船灯队、十八兵将队、延昌鱼灯队、延昌马灯队、滑稽队以及五尊抬阁组成，共约530人。在巡展终点海峡广场，妈祖如意迎亲省亲仪式在这里隆重举行，渔民和市民纷纷前来朝拜祈福。

9月15日下午，第十六届中国(象山)开渔节"港台侨浙商"象山投资合作恳谈会举行。香港恒丰集团主席黄紫玉，上海赵小蝶化妆品有限公司董事长、香港甬港联谊会副会长、香港象山联谊会会长赵小蝶，宁波海旺集团控股有限公司董事长俞曙，以及来自香港、台湾和世界各地的侨商与部分浙商参加恳谈会。会后，与会的客商们实地考察大目湾新城及象山产业区临港装备工业园，并现场观摩第十六届中国(象山)开渔节开船仪式。

9月15日晚上，妈祖巡安仪式在石浦渔港举行。"妈祖巡安""如意赐福""一帆风顺""鱼虾满舱""吉祥渔港"等彩船在港面上一字排开。随着信号弹划破朦胧月色，停泊在核心港区的千余艘大马力钢质渔轮突然齐放光明，七色船灯把整片港区照耀一新，仿佛星辰入海，与陆上的璀璨灯火交相辉映。巡安船队徐徐从东门方向驶来，石浦港沿岸人潮涌动，向妈祖祈福。主体船队依次绕石浦港巡游两圈，岸边渔民欢呼恭送，船上渔民挥手致意。

9月15日晚上，第一财经在象山县专题录制"对话象山"节目。县委书记李关定与福卡智库所长王德培，市海经办副主任陈飞龙，第九届、第十届全国政协委员、香港恒丰集团主席黄紫玉，上海海洋大学副校长黄硕琳，蓝源投资集团董事长廖文剑等专家学者，共同把脉象山海洋经济发展。节目录制现场，来自学术界、商界、金融界、法律界等高层、高参、高智汇聚一堂，从各自立场深入解读经略海洋中的象山机遇，在观点的碰撞中迸发出思想的火花，共同为象山海洋经济发展献计献策。

9月16日上午，国家海洋局宣教中心正式授予宁波象山县职业高级中学"全国海洋意识教育基地"称号并举行授牌仪式。据国家海洋局宣教中心主任盖广生介绍，国家海洋局曾联合专业调查机构对国民海洋意识进行调查，结果发现我国民众的海洋意识和知识水平仍然有待提高。为了加强海洋教育，国家海洋局从2011年开始评选"全国海洋意识教育基地"，从加强青少年海洋意识教育入手，唤起全民海洋意识。象山县职业高级中学始终坚持以"海"为特色，积极开展丰富多彩的海洋意识宣传教育活动,通过海洋科普展览、海洋观讲座、出版海洋教材、开展海洋资源保护课题研究、打造海洋校园文化、举办海洋渔文化非遗展览、开展参与面向社会的海洋知识宣传等活动,进一步提高学生和公众的海洋意识,大力弘扬海洋文化和海洋精神。

9月16日上午11时20分,第十六届中国(象山)开渔节、第九届中国海洋论坛开幕式暨开船仪式在全国六大中心渔港之一的石浦港举行。外交部原副部长、世界华人文化与经济发展中心理事会理事长于引,国家统计局原党组成员、纪检组组长章国荣,副市长林静国出席开幕仪式并致辞,市政协副主席王建康,中国记者协会党组成员、书记处书记顾勇华,国家海洋局政策法规与规划司司长王殿昌,国家海洋局东海分局党委书记周振华,国家开发银行宁波分行行长樊立新,中国前驻匈牙利大使陈之骝,第九届、第十届全国政协委员、香港恒丰集团主席黄紫玉,国家海洋局海岛管理司副司长李文君,文化部非物质文化遗产司副司长马盛德,国家海洋局宣传教育中心副主任李航,省海洋与渔业局副局长林东勇,省文化厅副厅长柳河,省侨联副主席、市侨联主席朱筠筠等领导以及国内海洋科研机构的有关专家、学者和海内外的客商等出席了仪式。上午11时40分,省政协副主席、民革省委会主委、省侨联主席吴晶宣布第十六届中国(象山)开渔节开幕。开幕式上,国家海洋局海岛管理司副司长李文君向被国家海洋局列为“国家海洋管理创新试点单位”的象山县授牌,这标志着我县海域海岛使用管理创新实践走在了全国前列。中午12时,随着一声起航锣声,一艘艘渔船首尾相接,驶过铜瓦门大桥,劈波斩浪驶向东海渔场,开始了伏季休渔结束后的第一航次捕捞作业。

9月16日下午,第九届中国海洋论坛在石浦半岛酒店举行。本届海洋论坛围绕“海洋经济发展与金融创新”主题,吸引了150余位海洋类专家学者、金融投资界代表、涉海企业代表齐聚一堂,探索新形势下海洋经济发展的思路和举措。国家海洋局政策法规与规划司司长王殿昌、国内海洋问题专家刘容子、肖金成在论坛主题演讲环节分别就“加快海洋经济向质量效益型转变”“海洋经济发展态势”“城市群与陆海统筹”等课题作了重要的主旨演讲。在论坛圆桌讨论阶段,政府官员、专家学者和企业家代表展开热烈讨论,从各个层面解析“海洋经济发展与金融创新”的主要瓶颈、对策建议、现实路径,为科学决策提供理论支持和参考依据。论坛进行过程中还举行了海洋投资项目签约仪式,国家开发银行宁波分行,香港恒丰集团分别与象山县人民政府和象山县大目湾开发管理委员会签订了投资意向书。同时,为进一步对接地气,推介象山海洋资源和优势,本届开渔节还创新推出了“对话象山”访谈沙龙环节,金融界、投资界的嘉宾围绕“经略海洋,象山机遇”这个主题,就如何发展象山海洋经济,从各自立场深入解读经略海洋中的象山机遇,共同为象山海洋经济发展献计献策。

9月6日～20日“开渔之旅”系列活动在象山各地展开。“开渔之旅”特色线路,受到了游客的普遍欢迎。“吹海风,观海景,吃海鲜”的游玩方式,刺激了游客的消费欲望,拉动了象山县节日旅游消费,有力促进了宾馆、餐饮、娱乐等消费。据统计,9月8日～17日期间,全县共接待游客57.8万人次,旅游经济总收入约4.6亿元,与2012年同期比增长32%和28%。

凭借中国开渔节的品牌效应和历届办节所积累的社会影响和人脉关系,本届开渔节继续吸引了多家省市及海外多家媒体主动参与。央视一套、二套、英语频道、中央人民广播电台等都对开幕式、开船仪式、海洋论坛等重要活动作了重点报道。新华社、《经济日报》、人民网、中国网、新浪网等媒体都对本次活动给予了全面的宣传报道。据不完全统计:共计近60家平面媒体,发表报道200余篇;广播电视共计发布报道80余条。其中:中央电视台播出4条,中央人民广播电台5条;省电视台播出10条,省广播频道播出17条;市电视台播出15条,宁波人民广播电台共计发稿30余条。县内媒体对本次活动的宣传报道工作更全面、精彩、立体、生动。《今日象山》开展了“我和开渔节的故事”征文大赛,中国象山港网站开展了“微拍开渔”视频征集大赛,《今日象山》共刊发开渔节相关主题报道100余条,印发了3期开渔导刊,县广播电视台共计播发电视稿件31篇,广播稿件29篇。此外,象山官方微博“象山发布”、开渔节微博“中国开渔节”分别开设专栏,合计发布微博352条,被转发评论3330余次。同时,开渔节期间邀请“吃喝玩乐游象山”“象山旅游大使”等县内知名微博主对开渔节系列活动进行《微直播》,其间共发布图文微博和微信126篇。

特　存

2013年象山县农民收入支出情况分析(节选)

2013年,象山县认真贯彻落实党的十八大及中共十八届三中全会精神,紧紧围绕城乡统筹发展、增加农民收入这一主线,积极调整农业产业结构,加大农业科技投入和科技成果转化力度,有效地促进了农业增效、农民增收,确保了象山县农民收入继续保持平稳增长势头。据抽样调查显示,2013年象山县农民人均纯收入达到18127元,与去年同口径(同下)增长10.6%,剔除价格因素增长9.6%。人均生活消费现金支出为11168元,同比增长8.6%,剔除价格因素增长7.6%。

一、现金收入情况

1. 工资性收入快速增长,成为农民收入增长主要动力。全年我县农民人均工资性收入为9046元,比去年同期人均增加902元,同比增长11.1%。一是近年来,全县上下提高劳务品牌、扩大输出数量,加大对农村劳动力培训,提高劳务技能,实现了劳务输出由数量向质量转变,由体能向技能型转变,劳务输出规模和数量不断增加;二是随着外出务工环境的日益改善,农民工自发外出务工者越来越多;三是随着象山县经济的快速发展,投资环境的改善,大批重点项目相继开工建设,吸纳了大量的本地农村劳动力,提供了大量就业机会,促进了劳动力的充分就业。

2. 家庭经营性收入持续增长,人均6122元,与去年同口径增长8.2%。分产业看:第一产业现金收入人均为1654元,增长5.5%。全年我县渔业收入为504元,渔业收入总体增长势头良好,占一产比重比前三季度提高了25.6个百分点。自6月份以来,随着家禽生产有所恢复,生猪价格触底反弹,象山县畜禽生产呈现回暖企稳态势,农户收入有所回升。非农产业收入人均为4468元,增长11.8%。随着新农村建设和农房两改的进一步推行,水产品加工产销两旺,带动了农村居民二、三产业收入的持续增长。象山海洋经济迎来新的契机,海洋休闲旅游业蓬勃发展,给象山经济的复苏注入巨大活力,为农村居民的增收营造了更大的空间,各具特色的乡村旅游,吸引更多的城市居民前来品民食、住民宿、享民风,促使农民三产收入的较快增长。

3. 非经营性财产收入稳定增长,人均2959元。同比增长28%。其中财产性收入人均1289元,占农民人均纯收入的7.1%,比2012年同期增长33.1%。象山县积极探索农民财产增值的有效形式,增加农民财产性收入。受农村土地征用补偿水平提高、农民土地流转和房屋出租增多,农民获得的财产性收入不断增长。转移性收入人均1670元,同比增长26.7%。近几年,国家先后出台了粮食直补、良种补贴、农机具购置补贴和农资综合直补等一系列惠农政策,加上家电下乡补贴、汽车下乡补贴、摩托车下乡补贴等政策的实施,给农民带来了实惠,带动了农民转移性收入增长。

二、生活消费现金支出

2013年,农村居民人均生活消费现金支出为11168元,比2012年同期增长8.6%。从八大类消费看,呈现“七升一降”的趋势。

1. 食品生活消费支出略有增长,人均为4117

元，同比增长2.9%。农村居民食品消费从吃饱向吃好迈进，绿色、有机农产品价格高出普通食品价格好几倍，促进了农村居民食品消费质量的提升。

2. 衣着生活消费支出稳步增长，人均为835元，同比增长10.4%。一方面随着社会经济的发展和农民收入的不断增加，农民衣着消费追求质量、品牌，更加注重时尚。另一方面衣着价格明显走高，商家让利打折处理，激发了农民衣着购买欲望，拉动了消费支出增长。

3. 居住生活消费支出加快增长。2013年，象山农村居民人均居住支出人均为2341元，同比增长10.1%。近年内，在新农村建设和农房两改的推动下，农村居民追求宽敞舒适的居住环境。房屋装修装饰也成为居民生活消费支出的重要组成部分，全年我县装修生活住房材料支出人均为696元，占居住生活消费支出的29.7%。装修材料价格和装修工人工资等费用的上涨，也导致农村居民居住消费支出不断增加，

4. 家庭设备用品及服务生活消费支出较快增长。农村居民人均家庭设备及服务消费支出495元，同比增长31%。随着生活条件的不断改善，各种中高档电器、炊具等耐用消费品不断进入农村居民家中，家庭设备用品不断更新增加。

5. 交通和通信生活消费支出有所增长。农村居民人均交通和通信消费支出1019元，同比增长5.6%。随着人们生活节奏的加快，家用轿车、电动车、摩托车等交通工具进入农村居民家庭，移动电话的普及，手机网络十分便捷，拉动了城镇居民交通通讯消费支出。

6. 文化教育、娱乐用品及服务支出人均891元，同比下降3.5%。各种办学行为不断规范，切实减轻了学生负担，教育服务消费支出495元，占文化教育、娱乐用品及服务支出的55.1%，同比下降12.7%，负担有所减轻。购买文化教育、娱乐用品人均203元，同比增长30.1%。而文化、体育、娱乐服务消费支出人均为181元，则同比下降20%，主要是由于旅游支出的减少。

7. 医疗保健生活消费支出大幅增长。农村居民人均医疗保健消费支出1137元，同比增长37.5%。随着生活条件的改善以及人们健康意识的增强，农村居民越来越注重医疗保健，其中购买药品支出同比下降7.2%，而购买保健品支出同比增长26.8%。随着新医改方案的实施，药品实行零利润销售，同时提高医生诊疗费，国家对于医药市场的规范和监管力度加大，老百姓看病支出中药费支出减少，而医疗费用随之增加。医疗保健消费服务支出为782元，同比增长38.4%。

8. 其他商品和服务生活消费支出持续增长。农村居民更加注重个人形象，购买首饰、化妆品、美容美发等其他商品和服务支出333元，增长16.8%。

三、存在的问题

2013年全年，象山农村居民收入和支出同步增长，农村居民人均现金收入增幅比前三季度高0.8个百分点，但是农村居民增收还存在着较大的不确定性。

1. 农业增收空间受限。一是农资价格上涨过快，远远超过农产品价格的增长，致使农民收入增速缓慢。二是农田基础设施不完善。目前一些中低产田基础设施脆弱，排水引灌、保旱保肥的能力不高，抵抗风险灾害的能力较差，成为制约农业生产增产增收的瓶颈。特别是近年来旱灾、病虫灾害等偶有发生，给农业生产造成了不稳定性。三是养殖业收入因多种原因相对减少。近几年来，因劳动力外出、饲料涨价、疫病及生猪市场价格大幅波动等原因，饲养的农户明显减少，导致农民的养殖业收入减少。

2. 农业生产经营受市场、政策、气候条件等多因素影响，增收难度增大。上半年的H7N9禽流感重创家禽饲养业；今年入夏以来持续高温干旱、台风"菲特"给我县农业生产带来严重的不利影响；农业生产资料价格上升，人工费用持续增长，农业生产成本增加，特色农产品滞销，一产收益缩水，增收面临着较大压力。

(县统计局沈雪妃)

2013年象山城镇居民收入和支出情况分析(节选)

2013年以来，县委、县政府把保障和改善民生放在突出位置，调结构、转方式、抓项目、破瓶颈，提高最低工资水平、扩大就业规模、加大劳动力培训

力度和输传数量，发展壮大特色产业，为城镇居民收入的增长提供了有力保障。

一、城镇居民收入低速稳定增长

抽样调查显示，2013年象山县人均家庭总收入42090元，与2012年同口径比（以下同）增长10%；2013年年末人均可支配收入首次突破4万元大关，达40175元，增长9%，增幅同比下降1.1个百分点，扣除价格上涨因素的影响，实际增长8%。全年城镇居民可支配收入和农村居民纯收入的倍数比是2.22，比2012年缩小了0.03，城乡收入差距进一步缩小。

（一）从收入构成看

1. 工资性收入是居民收入的主要来源

2013年象山县人均工资性收入24587元，同比增长11.3%，占家庭总收入的58.4%，是居民家庭收入最主要的来源。工资性收入增长的原因：一是从1月1日起，象山县职工最低工资标准由1160元调整到1200元；二是从7月1日起，宁波市城区居民最低生活保障标准由每月525元上调到588元，上调了12%；三是行政、企事业单位职工工资和奖金正常增长；四是就业渠道不断拓宽，我县大力开辟社区公益性岗位，为很多零就业家庭、下岗失业人员、残疾人等群体提供就业机会，扩展了他们的收入来源。

2. 经营性收入是居民增收的重要来源

2013年人均经营性收入8548元，同比增长12.2%，占总收入的20.3%，增幅居四类收入之首，是实现居民增收的重要来源。象山港大桥贯通后，象山海洋休闲旅游产业加快发展，拉动了住宿、餐饮、批发零售业等一系列个体经济的发展；政府积极采取措施，不断创造良好的经营环境、持续推出优惠政策，为私营和个体经济发展提供更优质的服务，减少企业经营成本扩大利润；同时鼓励高校毕业生、退伍军人、城镇困难人员及进城落户农民等人员自主创业，以带动经营性收入增长。

3. 财产性收入与转移性收入是居民收入的有益补充

2013年人均转移性收入6036元，同比增长4.8%，占总收入的14.3%。其中，其他转移性收入（其主要部分是政府发放的渔业油价补助金）2644元，占转移性收入的43.8%；人均养老、离退休金和人均赡养收入分别为2340元和517元，分别占转移性收入的38.8%和8.6%。今年政府发放的渔业油价补助资金增加，是居民转移性收入增长的主要因素；政府对困难群体帮扶力度加大，城乡居民最低生活保障等救济和补助标准进一步提高；居民整体收入的不断提高，子女支付给父母的赡养费也不断增加。

2013年人均财产性收入2920元，同比增长7.9%，占家庭总收入的6.9%。其中，人均利息收入1601元，增长10.2%，占财产性收入的54.8%，是构成财产性收入的主体也是财产性收入上涨的主要动力；受大经济环境影响，金融证券市场前景忽明忽暗，城镇居民在投资股市及基金等金融产品方面更加谨慎，股息与红利收入出现下降。2013年人均股息与红利收入651元，下降3.6%，占财产性收入的比重较2012年下滑0.8个百分点。

（二）收入横向对比

表1

	宁波市	象山县	宁海县	奉化市
城镇居民可支配收入（元）	41654	40175	39942	39414
增长率	9.5%	9%	9.4%	8.6%
农村居民纯收入（元）	20534	18127	18431	19442
增长率	11.1%	10.6%	11.4%	10%

由表1可知，2013年，“南三县”城镇居民可支配收入绝对值和增速均低于市里水平。象山、宁海和奉化增速，分别低于全市0.5、0.1和0.9个百分点。象山在“南三县”中，绝对值最大，增速低于宁海0.4个百分点，居第二。

2013年，象山城乡收入增幅差距“南三县”中居第二。象山农村居民纯收入增幅高出城镇居民可支配收入1.6个百分点，与市里相同，低于宁海0.4个百分点，高出奉化0.2个百分点。

二、居民消费性支出平缓增长

2013年年底，居民消费价格总水平同比上涨

0.9%，与2012年的2%相比，回落了1.1个百分点。2013年城镇居民人均消费性支出18429元，同比增长4%。

(一)基本生活消费地位不变。2013年，城镇居民生活消费支出中，吃、穿、住三大类基本生存型消费支出9795元，占生活消费支出53.1%。

食品消费内部结构分化。食品支出仍是居民第一大消费项目，2013年我县人均食品支出6397元，同比下降2.6%，恩格尔系数为34.7%。一方面，受水产品价格下跌和H7N9禽流感的双重影响，水产、肉禽类支出减少。其中：水产品类支出1318元，下降7.5%；肉禽蛋类支出735元，下降19.6%。另一方面，伴随旅游、餐饮业的持续发展、商家对于各种节日氛围的制造，居民在外饮食支出平稳增长，2013年人均支出1259元，增长6.6%；同时居民日常饮食上也更加注重结构的科学化、均衡化，品种的精细化、多样化，推动了糖烟酒饮料、干鲜瓜果、糕点及奶类的较快增长，全年人均支出1732元，增长24.7%。

衣着消费日趋常态化。随着经济的发展和收入水平的提高，居民对衣着的消费不仅注重实用、美观，更加注重品牌和时尚。电子商务的发展为购物提供了更加便捷的渠道，而各大商场此起彼伏的降价促销活动，也在一定程度上刺激了居民的衣着类消费。2013年城镇居民人均衣着支出2328元，同比增长28%。

居住消费小幅回落。2013年3月1日国务院新“国五条”的出台，一方面促进了房地产市场的稳健发展、遏制了房价的过快上涨，另一方面也缩减了居民用于住房的消费。2013年象山县城镇居民人均居住支出1070元，同比下降5.4%。其中，住房支出186元，占居住支出的比重仅为17.4%。

(二)改善型的生活消费需求扩大。居民收入水平的不断提高，在满足于简单的吃穿住基础上，更重视生活品质和精神文化生活。

家庭设备用品及服务较快增长。伴随居民居住环境的改善、科技的日益发展进步，家具、家庭设备用品、室内装饰品及床上用品等的更新速度加快，消费档次不断提高，消费需求由原来的实用性转变为更青睐品牌性、装饰性。2013年我县人均家庭设备用品及服务支出1088元，同比增长33.3%。

教育文化娱乐服务支出占比上升。一方面在倡导科教兴国的大背景下，子女的教育问题愈来愈受重视，谁都不愿自己的孩子输在起跑线上，应运而生的各种名目培训班、特长班受到家长追捧；另一方面9月1日起，象山县公办幼儿园集体涨价，一学期涨幅在300元到500元不等；再一方面，文化消费品市场的活跃为大众文化生活的不断丰富提供了条件，居民家庭利用休闲时间外出旅游、健身、摄影、参观、参影等文化娱乐活动也越来越普遍。资料显示，2013年象山县人均教育文化娱乐服务支出2514元，八大类消费支出中居第三，占消费支出的13.6%，同比提高3.6个百分点。其中，教育支出1614元，文化娱乐用品及服务支出901元。

(三)个性化消费日益显现。居民家庭消费水平的不断提高，居民消费重点向个性化转移，与个人修饰相关的化妆品、饰品、美容和美发支出均呈现较快增长势头。预计在未来一段时期，该项支出仍将继续快速增长，成为消费支出一大亮点。2013年我县城镇居民人均其他商品和服务支出596元。

三、需关注的问题

(一)收入增幅回落，增收难度增大。2013年城镇居民收入增幅比2012年同期回落1.1个百分点。居民收入增长减速的趋势初步形成，居民增收难度明显增大。

(二)低收入人群的收入和就业状况有待进一步改善。一方面中低收入人群的收入多数仅靠工资收入，往往从事的也是技能要求较低的工种，财富积累慢，而且工资的大部分用来支付基本型的生活开支，消费水平低，基本生活状况改善缓慢；另一方面是一些由于家庭和自身原因不能从业的劳动力，主要依靠家庭其他劳动力的收入，增加了家庭经济负担，浪费了劳动力资源。

(三)消费缺乏新的增长点。尽管收入增长平稳，但居民消费不足，缺乏新的增长点，消费倾向走低。从住户调查数据来看，2013年消费倾向由2012年的54%下降到45.9%。

(县统计局杨碧文)

县情概览

地理·历史·区划·人口

【位置面积】 象山县位于浙江省东部沿海中段，象山港与三门湾之间，处于北纬28°51′18″～29°39′42″、东经121°34′03″～122°17′30″，系一半岛县。县境由象山半岛东部及656个岛礁组成。南北长90千米，东西宽70千米，全县总面积1382平方千米。海岸线总长800千米(大陆岸线300千米，海岛岸线493千米)，约占全省海岸线长的1/8。沿海海域广阔，以领海12海里计，面积为6618平方千米。

【邻接四至】 东临东海，南濒猫头洋，与三门、临海二县市相望，最南为渔山列岛之南海域；西与宁海县接壤，最西为象山县西周镇万金山村与宁海县大佳何镇井栏村交汇于公路涵洞西北的突兀岩石(已被平毁)；北倚象山港，与奉化、鄞州、北仑、普陀4县(区)相望，最北为象山港口之独落屿南。因三面环海，一路穿陆，素有“缘海而邑”之说。

【常年气候】 属亚热带季风气候，夏季高温多雨，冬季温和少雨。四季分明，温暖湿润，雨量充沛，无霜期长，雨热同季，光、热、水匹配较好，但一年四季均可出现灾害性天气。年平均气温16℃～17℃，最冷1月5℃左右；最热7月～8月，平均温度27℃～28℃。平均无霜期248天，年日照时数1670小时～2048小时。年平均降水量1496毫米。

【乡镇街道与建制村】 2013年，全县辖：丹东、丹西、爵溪3个街道；石浦、西周、鹤浦、贤庠、墙头、定塘、涂茨、大徐、新桥、泗洲头10个镇；东陈、晓塘、茅洋、黄避岙、高塘岛5个乡。有建制村490个。

【人口与民族】 2013年年末总户数186200户，户籍人口543800人，比2012年末增加3500人。按户籍分，非农业人口115200人，农业人口428600人。全年出生人口6171人，死亡人口3331人，人口自然增长率6.43‰。此外，全县有暂住人口136403人。全县人口以汉族为主体，其他有蒙古族、回族、满族、苗族、藏族、瑶族、畲族、朝鲜族等少数民族31个。

2013年经济和社会发展

2013年，在复杂严峻的国内外宏观经济环境下，历经自然灾害的多重考验，全县上下按照县委、县政府的统一部署，攻坚克难、奋力拼搏，全力推进稳增长促转型惠民生保稳定，各项工作取得积极进展，县十七届人大二次会议确定的主要预期目标基本完成。

2013年国民经济和社会发展主要指标完成情况

表2

指标名称	预期目标	实际完成情况
地区生产总值	增长8.5%	增长8.0%

续表 2

指标名称	预期目标	实际完成情况
公共财政预算收入	增长 8.5%	增长 8.5%
固定资产投资额	增长 15%	增长 17.1%
规模以上工业总产值	增长 10%	增长 8.0%
农业总产值	增长 3%	增长 1.2%
水产品总产量	60 万吨	57.7 万吨
社会消费品零售总额	增长 14%	增长 14.8%
自营出口总额	增长 6%	增长 8.6%
实际利用外资	9000 万美元	10011 万美元
实际利用内资	30 亿元	37.3 亿元
境外承包工程营业额	4.8 亿美元	4.8 亿美元
建筑业施工产值	900 亿元	1000.5 亿元
旅游经济综合收入	104 亿元	121 亿元
年末金融系统存款余额	370 亿元	384.4 亿元
年末金融系统贷款余额	540 亿元	552.6 亿元
城镇居民人均可支配收入	增长 10%	增长 9%
农渔民人均纯收入	增长 10.5%	增长 10.6%
居民消费价格指数	控制在 104%以内	100.9%
单位 GDP 能耗	下降 4.5%	下降 2.5%
氮氧化物排放量	减少 22.7%	减少 22.7%
化学需氧量排放量	减少 10%	减少 10%
二氧化硫排放量	减少 5%	减少 5%
氨氮排放量	减少 6%	减少 6%
研发经费占 GDP 比重	达到 1.9%	2.15%
城镇新增就业岗位	7000 个	8198 个
城镇登记失业率	控制在 4%以内	2.9%
人口自然增长率	控制在 5‰以内	5.24‰

【经济总量稳步提升】 深入开展“工业强县攻坚年”活动，学习弘扬优秀企业家创业创新精神，出台多项经济发展扶持政策支持实体经济发展，不断提升经济总量。实现地区生产总值 366 亿元，增长 8.5%，增长率达到预期目标，总量因价格指数低于计划安排未实现预期目标。三次产业分别增长 1.4%、10.5%和 8.6%。实现公共财政预算收入 50.6 亿元，增长 8.5%，完成年计划的 100%；其中地方财政收入 30.7 亿元，增长 12.5%。

【三次产业协调发展】 工业经济较快发展，实现规模以上工业总产值 480 亿元，增长 10%，完成年计划的 100%。完成工业投资 40 亿元，增长 33%，增幅居全市首位。深化企业培育工程，新增规模企业 49 家、亿元企业 5 家，5 家企业列入市优势总部企业，“个转企”工作全市领先。加大外贸政策扶持，实现自营出口20.7亿美元,增长6%。农业基础更为稳固,完成农业总产值106亿元,增长1.2%,其中渔业产值76亿元。累计建成标准化粮食生产功能区3.9万亩,建成现代农业综合区、示范园、精品园27个,组建大塘港农业综合服务中心。现代服务业快速发展,完成社会消费品零售总额170亿元,增长14.5%,完成年计划的101.2%;新成立金融机构2家,比年初新增贷款77.7亿元,服务业增加值占地区生产总值比重为37.4%。

【特色经济不断壮大】 海洋产业体系不断完善,5个项目列为国家海洋经济创新发展区域示范项目,全年实现海洋经济增加值155亿元,占地区生产总值比重为42%。休闲旅游蓬勃发展,完成松兰山经营体制改革,不断丰富旅游业态,全年接待游客1280万人次,旅游经济综合收入121亿元,分别增长40%和30%。建筑经济稳步发展,规模市场持续拓展,建筑业施工产值达到1000亿元,增长21.8%,获得省级以上优质工程奖34项。

【平台建设全面推进】 浙台(象山石浦)经贸合作区建设扎实推进,国家级台商投资区申报工作全面启动,国际水产保税冷链物流基地进场施工。宁波象保合作区签约挂牌,前期筹备工作全面推开,新桥盐场首期"盐改废"获省政府批准。临港装备工业园列入全市新装备产业"一基地四园区"总体布局,被授予"中国(象山)国防科技工业产业园"称号,日星铸造二期精加工、中石化大型非标设备制造一期等临港项目加快推进。大目湾新城基础设施框架全面拉开,中铁建、世茂、邦泰等城市综合体开盘销售,绿地集团等5个功能性项目引进落户,完成投资20亿元,世行1.5亿美元贷款获国务院批准。影视文化产业区被列为省级现代服务业集聚示范区,民国城一期主体结构基本完成,34家剧组完成拍摄,新引进影视文化企业13家,浙江广电象山影视基地引进落户。

【招商引资成效明显】 实施招商引资"一号工程",宝象物流加工园、能特科技、激智科技等一批大集团好项目引进落户,全年协议利用外资18026万美元,实际利用外资10011万美元、内资37.3亿元。深化"浙商回归"工程,举办"浙商之春"、"港台侨"浙商、科技新浙商恳谈会等招商活动,引进项目28个、利用资金19.1亿元。作好科技招商、招才引智工作,引进落户科技型企业22家,投资额超10亿元,引进7个高层次人才团队来象山创业。

【创新驱动有力推进】 围绕重点优势产业,整合创新资源,抓好重大科技专项和关键核心技术攻关,强力推进"四换三名"工程,不断提升产业档次和产品附加值。积极培育战略性新兴产业,编制八大新兴产业三年行动计划,开展战略性新兴产业发展专项、专业园申报。研究制订创新驱动系列政策,着力增强自主创新能力,新增高新技术企业9家,新产品产值增长20%。继续实施科技与人才专项提升行动,新增1家农渔业院士工作站,成立首家国家级博士后工作站。

【重点工程扎实推进】 加大"百大项目会战攻坚"力度,一批项目加快建设,82项实施类重点工程完成投资87.3亿元,完成年计划的113.2%。完善交通路网,环象山港公路(林善岙至贤庠)路基基本形成,茅石线新桥段改道工程建成,三门湾大桥及接线工程工可获国家发改委批复。增强受供电能力,110千伏青莱变、蛟龙变、爵溪变扩容工程竣工投用,110千伏丹城变异地改造工程完成主体。重视后备土地资源开发,道人山围垦堵口合龙,黄沙岙围垦主体开工建设,水糊涂二期围垦进场施工,东海涂围垦前期工作取得实质性进展。产业项目不断推进,鹤轩水产精加工开发项目、宁波华宇食品项目、台湾休闲农庄等一批项目完工。

【项目推进机制日趋完善】 实施重大项目绿色通道、项目代办、模拟审批、联合会审等制度,全面推行省、市级重大项目专人报批跟踪服务制,切实提高项目审批效率。运用并联、合并及人员外派驻点等工作模式,提高造价审核效率。项目要素保障得到加强,落实用地指标163.27公顷,争取中央预算内资金和地方奖励资金近亿元,成功发行18亿元企业债券。强化督查督办力度,开展重大项目"综合督查、县长督查、县四套班子督查"活动,实施重点工程述职制度,实行"三色令"督办制度,促进投资有效增长,全年完成固定资产投资160亿元,增长16.3%,完成年计划的101.3%。

【城乡统筹不断推进】 实施主城区品质提升行动，城市新中心区集聚效应显现，南部新城商务区一期基本建成，沃尔玛购物广场、商会大厦等进展顺利，贯通城区6条"断头路"，中心城区内河整治取得阶段性成效。石浦、西周、贤庠卫星城市和中心镇加快建设，带动辐射能力显现。加快推进其他中心镇和一般乡镇建设，自我发展和集聚承载能力增强。强力推进"三改一拆"，完成旧住宅、旧厂区、城中村改造57万平方米，拆除违法建筑179万平方米。扎实开展美丽乡村建设，统筹实施"四村一线""四边三化""双清"等专项行动，稳步推进农民集中居住区项目，梳理式改造村庄137个，建成农村分散式生活污水处理站61座。成功入选首批国家级海洋生态文明建设示范区，建成48万平方米海洋碳汇试验区，大羊屿岛、南田岛、檀头山岛入选"2013中国海洋宝岛榜"。

【行政审批和执法体制改革顺利推进】 推进新一轮行政审批制度改革，行政审批事项得到进一步规范，"一个模拟、两个合并、五项联审"制度不断完善。创新区域审批标准，完成大目湾新城特定区域审批标准的制定，简化优化工业项目审批服务细则，出台《简化优化工业建设项目审批服务的实施意见》。深入推进城市管理相对集中行政处罚权工作，县城市管理行政执法局挂牌，明确行使十方面城市管理相对集中行政处罚权。

【重点领域改革进展良好】 创新海洋资源管理机制，深化凭海域使用权办理用海项目审批手续试点，研究建立海域(海岛)使用权价值评估机制；推进海域资源市场化配置，深化象山县海洋产权交易创新试点。探索海域、海岛等海洋产权使用及交易管理方式，积极探索海域用地网上挂牌交易方式。深化医药卫生体制改革，完善医保管理制度和医保支付制度，整合新农合和城镇居民医保经办机构，探索建立城乡大病医疗保障机制，深化卫生资源统筹配置改革，逐步建立分级诊疗体制。继续推进县镇(乡)两级公立医院综合改革，逐步探索公立医院经济运行、内部管理、联动协作、管办(政事)分开、医药分开的新机制。创新国资管理和社会管理体制。

【卫星城市、中心镇培育力度加大】 石浦卫星城市培育工作加快推进，规划体系更加完善，行政管理运行机制更加健全，依托浙台经贸合作区创建，产城融合发展的格局更加清晰。中心镇改革全面推进，制定出台《关于推进贤庠中心镇改革发展加快小城市培育的若干意见》，建立完善镇行政执法和行政审批平台。支持卫星城市、中心镇发展的政策措施更加到位。

【社会管理创新亮点纷呈】 深化社会管理提升行动，实施20个社会管理创新能力项目，拓展提升三大平台功能水平，联调中心成功组建，应急联动机制健全完善，网络民情会办中心被评为全省公共管理创新十佳案例。探索推广"民事村办"制度，通过收集、会办、反馈三个环节，及时回应办理各类民事诉求，实现村民诉求不出村的直接联系服务群众新机制。加强城乡社区建设，优化社区工作者队伍，"网格化管理、组团式服务"全面推广。

【就业和社会保障成效明显】 "充分就业县"创建成果巩固扩大，新增就业岗位8215个，城镇登记失业率为2.8%。城乡居民收入稳步提高，城镇居民人均可支配收入达40600元，增长10%；农渔民人均纯收入达18100元，增长10.5%。社会保障制度体系不断整合，社保待遇持续提高，五大基本保险累计新增参保6.3万人次，新型农村合作医疗参保率98.5%。构建多层次养老服务体系，县老年公寓基本建成，茅洋乡敬老院投入使用，建成农村居家养老安居房862套，新增民办养老机构6家。加强住房保障，建成各类保障性住房10万平方米。提升社会救助水平，城乡低保标准逐步提高，慈善援助、扶残助残广泛开展。

【社会事业协调推进】 统筹城乡教育发展，提升学前教育、基础教育、职业教育整体水平，丹城第五小学主体结顶，完成校舍维修改造2.5万平方米，通过全国义务教育发展基本均衡县评估。提升医疗卫生服务水平，县人民医院通过国际JCI认证，台胞医院成功创建"二甲"，鹤浦、晓塘卫生院完成迁建，成功创建省卫生强县。加快文化事业和文化产业发展，《海洋渔文化(象山)生态保护实验区规划》获文化部批复，唱新闻《长年葱》获"群星奖"，象山书城、龙宫休闲文化园等项目基本建成。成功举办第十六届中国开渔节、第九届中国海洋论坛，中国开渔节升格为由省政府和国家海洋局举办。改善文体设施，县游泳馆建成投用，有线电视数字化转换基本完成，通过省体育强县复评。完善人口计生治理机制，稳定低生育水平。

（叶敏刚）

2013年经济和社会发展基本数据

表3　　人口—经济—财政—物价

类　　目	数　　量	比2012年增长(%)
年末总户数	18.62万户	−1.1
总人口	54.38万人	0.6
农业人口	42.86万人	0.4
非农人口	11.52万人	1.6
出生人口	6171人	7.5
死亡人口	3331人	−4.7
生产总值	363.85亿元	8.0(可比价)
第一产业增加值	57.97亿元	1.4(可比价)
第二产业增加值	166.5亿元	8.3(可比价)
工业增加值	122.36亿元	8.2(可比价)
第三产业增加值	139.38亿元	10.1(可比价)
一般预算财政收入	50.62亿元	8.5
中央财政收入	19.94亿元	2.8
地方财政收入	30.69亿元	12.5
预算内财政支出	54.54亿元	19.1
居民消费价格总指数	100.9	
食品	101.0	
粮食	101.4	
肉禽及制品	104.1	
蔬菜	111.0	
烟酒及用品	100.4	
衣着	102.6	
家庭设备用品及维修服务	101.4	
医疗保健和个人用品	100.3	
交通和通信	99.4	
娱乐教育文化用品及服务	101.2	
居住	100.7	

续表 3—1

人民生活—社会保障

类　目	数　量	比 2012 年增长(%)
城镇居民人均可支配收入	40175 元	9.0
农渔民人均纯收入	18127 元	10.6
城镇集体及以上单位在岗职工平均工资	53107 元	13.4
城镇居民人均消费性支出	18429 元	4.0
食品类支出	6397 元	−2.6
衣着类支出	2328 元	6.0
医疗保健类支出	1283 元	12.8
交通通信类支出	3152 元	−3.3
文教娱乐服务类支出	2514 元	4.6
居住类支出	1070 元	−5.4
农村居民生活消费类支出	11168 元	8.6
食品类支出	4117 元	2.9
衣着类支出	835 元	10.4
医疗保健类支出	1137 元	37.5
交通通信类支出	1019 元	5.6
文教娱乐服务类支出	891 元	−3.5
居住类支出	2341 元	10.1
家庭设备、用品及服务消费支出	495 元	31.0
其他商品和服务消费支出	333 元	16.8
基本养老保险参保人数	216751 人	14.2
基本医疗保险参保人数	144778 人	11.4
失业保险参保人数	102746 人	10.0
城镇低保人员	414 人	−24.6
农村低保人员	9491 人	−2.0
发放低保金	3120 万元　3042.8 万	2.5
福利院敬老院	28 所	5.3
床位	2440 张	41.7
收养人员	1733 人	24.5

续表 3—2

农业

类　目	数　量	比 2012 年增长(%)
农林牧渔业产值	1056953 万元	1.0(可比价)
农业产值	197764 万元	3.7(可比价)
林业产值	9770 万元	41.9(可比价)
牧业产值	78016 万元	−6.0(可比价)
渔业产值	700807 万元	0.6(可比价)
粮食播种面积	17479 公顷	0.1
粮食总产量	10.83 万吨	3.6
蔬菜播种面积	8985 公顷	−0.1
蔬菜总产量	19.72 万吨	5.4
水果总面积	11619 公顷	−7.0
水果总产量	20.49 万吨	5.1
柑橘总产量	12.19 万吨	7.3
杨梅总产量	1.23 万吨	−24.4
枇杷总产量	0.45 万吨	29.7
茶叶总产量	1269 吨	−16.0
肉类总产量	20291 吨	−14.2
生猪年末存档	14.71 万头	5.3
生猪年内出栏	18.69 万头	−5.9
家禽总饲养量	330.88 万羽	−14.7
水产品总产量	57.68 万吨	−0.1
海洋捕捞产量	45.29 万吨	−1.7
海水养殖产量	11.32 万吨	1.4
淡水产品产量	1.07 万吨	4.1
海水养殖面积	10832 公顷	0

工业—建筑业

类　目	数　量	比 2012 年增长(%)
规模以上工业企业完成增加值	100.74 亿元	27.6
规模以上工业企业完成产值	482.37 亿元	10.9
国有企业	68.90 亿元	3.1
股份合作企业	2.21 亿元	6.4

续表 3－3

工业—建筑业

类　　目	数　　量	比 2012 年增长(%)
有限责任公司	45.95 亿元	42.3
股份有限公司	46.45 亿元	12.1
私营企业	210.16 亿元	12.1
港澳台商投资企业	43.99 亿元	－1.7
外商投资企业	64.36 亿元	6.8
轻工业完成产值	162.40 亿元	7.2
重工业完成产值	319.97 亿元	12.8
针纺织业产值	81.16 亿元	2.0
交通运输设备制造业产值	72.08 亿元	21.2
电气机械及器材制造业产值	54.34 亿元	5.2
通用设备制造业产值	39.23 亿元	9.9
农副食品加工企业产值	31.32 亿元	11.8
规模以上工业销售产值	456.10 亿元	10.3
出口交货值	112.46 亿元	－2.3
规模以上工业利润总额	30.56 亿元	46.6
规模以上工业利税总额	48.66 亿元	39.8
全部工业用电量	10.65 亿千瓦小时	13.3
建筑企业总产值	1025.54 亿元	20.3
建筑施工总产值	998.75 亿元	21.6
建筑业利润总额	22.33 亿元	15.7
房屋建筑施工面积	9700 万平方米	－0.8
竣工面积	3192 万平方米	52.1
有建筑资质企业	96 家	11.6
国家特级资质企业	3 家	0
一级资质企业	20 家	0
二级资质企业	18 家	0
三级及以下资质企业	55 家	17.0
从业人员年平均人数	33.47 万人	6.4

续表 3-4

国内贸易—对外经济

类　目	数　量	比 2012 年增长(%)
社会消费品零售总额	169.89 亿元	14.8
批发零售业	145.53 亿元	15.0
住宿餐饮业	24.37 亿元	13.6
自营进出口总额	239850 万美元	8.6
自营出口额	210093 万美元	7.7
针纺织类出口	109223 万美元	17.7
农副产品出口	24871 万美元	1.9
机电类出口	58767 万美元	−6.4
其他类出口	17233 万美元	13.8
新批外商投资项目	24 家	41.2
协议利用外资	18026 万美元	16.2
实际利用外资	10011 万美元	25.0

交通—通信—旅游

类　目	数　量	比 2012 年增长(%)
货物运输量	3286 万吨	7.7
水路货物运输量	2548 万吨	7.9
货物周转量	270.7 亿吨千米	−2.5
旅客运输量	2104 万人	−9.7
旅客周转量	10.64 亿人千米	−10.0
民用汽车拥有量	75599 辆	17.1
私人汽车	61825 辆	19.9
海洋货物运输船舶	106 艘	−2.8
总运力	88 万吨	4.8
完成邮政业务量	3071 万元	3.3
电信业务量	6.51 亿元	7.4
固定电话用户(包括小灵通)	20.18 万户	−2.1
宽带用户	15.75 万户	13.0

续表 3—5

交通—通信—旅游

类　　目	数　　量	比 2012 年增长(%)
移动电话	84.32 万户	6.3
旅游综合收入	121 亿元	30
接待游客	1280 万人次	40

科技—教育—文化

类　　目	数　　量	比 2012 年增长(%)
实现高新技术产业产值	102 亿元	22.0
开发市级以上新产品	240 项	9.1
专利申请受理数	2513 项	50.8
授权量	1854 项	22.6
财政科技拨款(科技局)	13998 万元	16.7
普通中学	27 所	0
在校生	21841 人	−2.5
中等职业学校	7 所	0
在校生	5650 人	−5.7
小学	26 所	−10.3
在校生	34629 人	1.2
幼儿园	89 所	0
在园幼儿数	22183 人	1.8
义务教育学龄人口入学率	100%	0
初升高比例	98.79%	—
财政预算内教育支出	9.1 亿元	2.6
县图书馆总藏书量	35.4 万册	4.7
有线电视入户率	83%	—
卫生事业机构(含村卫生室)	260 个	3.2
床位	1634 张	8.6
卫生技术人员	2907 人	7.5
医生	1206 人	7.2
万人拥有医生	22.2 人	6.7

(统计局办)

2013年气候

【气候特点】 2013年气温偏高、雨量偏少、光照偏多。年内梅雨明显、高温天多、“菲特”台风严重影响象山县，另有低温、连阴雨、暴雨、强对流、干旱、雾霾等气象灾害，对人民生活和农渔业生产造成一定影响。综观全年的气候情况，2013年气象灾害程度总体评价为正常年份。2013年气候季节入四季初日春、夏、秋三季分别比常年迟2～5天，冬季则比常年早12天。冬季气温先低后高、降水两头多中间少、光照持续偏少。春季气温偏高、雨量偏少、光照偏多，但仍有连阴雨、短时强降水和阶段性冷害天气。夏季气温特高、雨量偏少、光照充足，季内梅雨明显、高温干旱严重，高温值破全县最高气温极值纪录。秋季温高光足雨集中，强雷电、“菲特”台风影响严重，12月6日～15日连续10天有霾，为建站以来第一次。

【气候事件】

降雪:1月4日～5日早上大雪，西周山区积雪深度达10厘米以上，平原地区结雪不明显，造成泗西线、盛宁线西溪岭段及象山港大桥封道。全宁波市4日、5日学校、幼儿园全部停课。2月8日～9日县南部普降中到大雪，北部普降大到暴雪，积雪深度达10厘米以上，丹城积雪深度达11厘米，创建站来最大值。大雪对农作物的生长产生一定影响，使部分竹质大棚倒坍受损，同时对山区和象山港大桥交通也产生一定的影响。

连阴雨:1月2日～9日出现了持续8天的阴雨天气，日照时数仅1.5小时。2月2日～22日21天多阴雨，日照时数仅13.2小时，降水量80毫米。5月6日～10日出现一段连续≥4天，日雨量≥0.0毫米，日照时数≤2.0小时的连阴雨天气，期间降雨量为34毫米，持续5天无日照。

雾霾:年内有雾霾天气71天，其中霾64天，比最多的2011年少4天，为第2多值。2月24日早晨城区能见度仅100米左右，大雾天气对交通，海上运输产生明显影响，特别是造成象山港大桥封道，影响交通。12月6日～15日连续10天有霾，为建站以来第一次。

梅雨:年内入梅早、出梅也早、梅期偏长、梅雨量明显偏多。6月7日入梅，7月1日出梅，其间经历了三次强降雨过程，分别出现在6月7日、13日～15日和28日，全县梅雨量分布相对均匀，平均梅雨量273毫米，丹城为298.1毫米，比常年梅雨量偏多3成，6月17日～19日还出现梅里伏天气，县北部出现了35℃以上的高温。

高温:夏季≥35℃的高温日数呈北多南少现象，象山站29天，为建站以来第2多值(2007年30天)；其中:西周土桥村43天，大徐39天，石浦站为14天，高塘岛仅1天。中北部地区≥35℃、≥40℃的高温日数历史少见，其中≥40℃天数西周9天、新桥山头王8天、大徐7天；县气象台发布高温橙色预警14天，高温红色预警2天。中北部高温破当地历史极值，其中新桥山头王达42.8℃，破全县最高气温极值纪录；象山站最高气温40.5℃，破建站以来最高纪录；但石浦气象站最高气温为38.2℃，未突破该站1971年8月20日测得的38.8℃最高纪录。

【气象灾害】

冷害:4月中旬后期到下旬初受二股冷空气持续影响，日平均气温由16日的22.4℃下降至21日的9.8℃，降温幅度达12.6℃，22日早晨的最低气温只有4.5℃，4月下旬出现如此低温，为象山站建站33年来的第一次。

暴雨:6月7日、13日～15日出现了2轮强降雨。特别是6月7日和14日的强降雨，象山站降雨量分别为81.4毫米和91.0毫米，使得丹城、爵溪等地多处受淹、车辆进水、农作物受淹。

干旱:7月1日出梅至8月17日，降水明显偏少。全县平均雨量34.8毫米，象山站仅14.7毫米，仅占常年同期的6%。但石浦气象站为30.1毫米，为当地历史同期的第3少值。由于高温日数多、强度强，光照时间长，各地蒸发大，7月1日至8月17日，蒸发量达506.3毫米，比常年平均多49%，平均日蒸发量超10毫米，其中7月22日～8月1日和8月5日～12日达11毫米或以上，特别是8月5日达13.3毫米。据8月17日的气象干旱监测显示，象山县达到重度气象干旱标准。各地由于水利条件差异，抗旱能力不同，造成的干旱程度也不同。县气象台发布干旱橙色预警2天，这也是建站以来第一次。

台风:年内有“苏力”“潭美”“康妮”和“菲特”四个台风影响象山县。

7月13日～14日,受“苏力”台风外围影响,全县平均降雨量34.8毫米,而墙头、外高泥分别达128.1毫米和112.1毫米,象山站仅14.7毫米。沿海出现8～10级大风。

8月21日～23日,受“潭美”台风外围影响,全县平均降雨量63.8毫米,西周寒山达111.8毫米,全县出现8～10级大风。降水有利缓和旱情,但大风使得部分大棚受损。

8月30日～31日,受“康妮”台风与冷空气共同影响,全县平均降雨量51.2毫米,东陈至石浦区域普降暴雨到大暴雨,昌国盐场达119.8毫米、蒲湾118.8毫米、新桥117.5毫米、山头王102.6毫米。

10月5日～9日,受“菲特”台风影响,5日起开始出现阵雨,主要强降雨集中在6日夜里到8日早晨。5日8时～9日20时,全县平均雨量303.2毫米,其中,黄泥桥788.7毫米,岙岭下658.6毫米,下沈651.4毫米,土桥634.3毫米,分列全省同期第二、第六、第八和第十。全县38个自动站中有4个站超过600毫米,7个站超过400毫米,31个站超过200毫米。全县普遍出现8～11级大风,最大南韭山32.4米/秒。“菲特”登陆时,恰逢天文高潮位,松兰山潮位(3.22米)接近警戒水位(3.3米),进而影响积水排泄,加重灾害。

强对流:6月23日～30日受强对流天气影响出现雷暴,涂茨镇、大徐镇、茅洋乡、高塘岛乡等地电视机、电脑等家用电器遭受雷击。7月29日茅洋乡屠家园村一民房遭受雷击。8月25日、26日雷击造成涂茨镇、大徐镇、茅洋乡、高塘岛乡多处家电受损。9月14日,全县普降雷阵雨和强雷电,中部地区同时伴有暴雨和8～9级雷雨大风出现,强雷电造成部分电器受损。

(蒋蕾)

2013年1~6月逐日天气和温度

表4 单位:℃

日期	1月		2月		3月		4月		5月		6月	
	天气	温度	天气	温度	天气	温度	天气	温度	天气	温度	天气	温度
1	结冰	-4~13	小雨	14~25	小雨	5~16	小雨	7~15	无	13~24	小雨	21~28
2	小雨	-2~10	轻雾	8~15	小雨	2~6	小雨	11~19	无	9~21	大雨	18~21
3	小雪	0~5	微量雨	8~14	无	1~12	微量雨	5~17	露	9~20	微量雨	16~27
4	小雪	0~2	微量雨	9~17	霜	0~20	小雨	10~15	无	11~23	无	18~25
5	小雪	1~3	中雨	8~15	无	3~20	中雨	13~21	露	12~22	阵雨	22~29
6	小雨	2~3	霾	7~10	无	5~23	小雨	10~18	中雨	16~18	暴雨	22~27
7	微量雨	2~3	中雨	2~7	无	10~27	无	3~17	小雨	16~20	小雨	23~25
8	微量雨	3~6	暴雪	-1~2	露	9~29	露	4~20	小雨	16~20	小雨	24~31
9	小雨	4~8	小雪	0~2	露	10~28	轻雾	10~20	中雨	19~24	无	21~27
10	无	1~9	无	1~7	小雨	7~21	无	9~17	小雨	19~23	微量雨	21~26
11	结冰	-1~12	微量雨	5~12	小雨	6~14	露	7~20	小雨	17~26	微量雨	21~26
12	小雨	6~9	中雨	5~8	露	6~22	无	6~25	霾	15~28	小雨	20~22
13	小雨	6~8	小雨	4~10	小雨	6~18	无	8~27	轻雾	17~26	中雨	19~21
14	霾	6~11	小雨	6~9	小雨	4~10	无	13~28	无	20~27	暴雨	19~22
15	霾	1~14	小雨	7~9	霜	2~15	露	11~29	小雨	21~26	大雨	22~29
16	霾	4~9	无	3~12	微量雨	6~18	微量雨	20~27	小雨	20~23	微量雨	24~32
17	无	3~5	小雨	8~15	小雨	14~21	小雨	17~27	中雨	20~20	无	25~34
18	结冰	-1~8	小雨	7~13	小雨	13~22	微量雨	15~24	小雨	20~26	无	26~36
19	结冰	-3~12	小雨	3~7	小雨	9~20	微量雨	12~19	小雨	20~28	无	27~35
20	轻雾	4~17	无	2~9	小雨	8~18	小雨	9~13	轻雾	17~27	轻雾	25~32
21	微量雨	9~16	小雨	5~9	无	4~11	小雨	8~14	霾	17~27	小雨	24~27
22	小雨	5~9	中雨	6~12	雷雨	9~24	无	5~16	小雨	22~25	微量雨	23~29
23	霾	3~11	无	2~14	中雨	11~16	雷雨	13~22	露	21~26	小雨	25~34
24	霾	0~14	无	2~14	中雨	9~13	中雨	14~17	轻雾	21~27	雷雨	25~33
25	霾	-1~11	小雨	10~16	小雨	6~13	轻雾	12~25	露	20~26	中雷雨	25~34
26	结冰	-2~15	小雨	12~17	小雨	4~8	霾	11~23	无	22~25	中雨	23~29
27	轻雾	1~11	微量雨	10~14	小雨	8~14	露	12~26		23~28	阵雨	22~26
28	结冰	-2~13	无	8~18	露	6~18	无	16~25	无	21~28	中雷雨	23~26
29	轻雾	2~16	—	—	微量雨	9~14	微量雨	19~28	轻雾	21~31	阵雨	22~26
30	霾	4~17	—	—	露	6~18	大雨	16~22	阵雨	19~24	雷雨	22~30
31	霾	5~19	—	—	露	10~18	—	—	小雨	19~23	—	—

2013年7～12月逐日天气和温度

表5　　　　单位:℃

日期	7月		8月		9月		10月		11月		12月	
	天气	温度	天气	温度	天气	温度	天气	温度	天气	温度	天气	温度
1	无	24～35	微量雨	27～36	无	22～29	无	19～28	露	15～23	无	5～16
2	无	25～37	阵雨	29～33	无	21～29	小雨	18～27	中雨	19～21	轻雾	3～18
3	无	27～38	无	28～38	无	23～30	霾	18～25	小雨	19～21	轻雾	2～19
4	无	26～37	无	27～40	无	19～29	无	17～27	小雨	13～20	轻雾	9～19
5	无	28～38	无	28～39	无	19～28	微量雨	19～27	轻雾	11～22	雾	8～19
6	无	26～35	无	28～37	微量雨	23～28	大雨	23～27	小雨	12～23	轻雾	8～17
7	无	28～34	无	27～37	微量雨	22～26	大暴雨	24～27	雾	11～23	雾	6～17
8	无	27～35	无	27～41	无	23～28	中雷雨	21～26	轻雾	11～23	小雨	7～20
9	无	27～35	无	27～39	无	22～31	阵雨	21～24	轻雾	16～26	小雨	8～15
10	无	27～36	无	28～36	无	23～33	微量雨	19～28	小雨	15～22	霾	4～11
11	无	26～34	无	27～36		25～33	微量雨	20～30	小雨	13～16	霾	1～12
12	无	24～33	无	27～34	无	24～32	无	17～27	小雨	11～14	霾	1～13
13	阵雨	27～31	无	28～33	无	26～33	无	17～26	小雨	13～19	小雨	6～15
14	中阵雨	24～32	无	28～33		22～32	无	19～29	小雨	13～18	霾	5～16
15	无	28～32	无	28～33		24～32	阵雨	18～25	轻雾	9～18	小雨	9～15
16	无	28～33	无	27～34	无	22～31	微量雨	14～20	轻雾	7～20	暴雨	7～10
17	无	27～33	无	26～33	无	20～29	无	14～22	轻雾	9～16	大雨	7～9
18	无	26～33	小雨	25～32	无	25～28	中雨	17～20	露	5～16	小雨	7～9
19	无	27～32	中雨	26～32	无	22～30	小雨	19～23	霜	3～17	霾	3～8
20	无	27～36	微量雨	27～33	无	23～30	微量雨	17～24	露	3～20	霾	0～7
21	无	28～32	中阵雨	27～33	阵雨	26～30	轻雾	14～23	露	8～20	霾	2～7
22	无	27～35	大雨	27～31	阵雨	27～29	无	15～24	露	8～21	无	1～9
23	无	27～35	大雨	26～32	阵雨	27～30	无	15～22	露	9～21	霜	1～10
24	无	26～39	无	28～34	微量雨	25～31	霾	18～22	中雨	12～21	霾	2～9
25	无	26～38	中雷雨	25～35	小雨	21～26	无	15～18	小雨	7～15	霾	2～9
26	无	28～37	大雷雨	25～33	无	18～25	无	12～19	露	4～17	霾	5～9
27	无	27～37	阵雨	25～31	露	17～26	无	10～22	无	4～15	结冰	0～6
28	雷暴	28～39	无	26～34	露	18～29	露	11～23	无	4～10	结冰	−5～7
29	雷暴	28～38	无	26～33	微量雨	21～24	露	13～26	无	2～12	结冰	−5～8
30	无	27～37	中雷雨	25～32	微量雨	21～28	小雨	17～24	霜	−1～15	结冰	−4～14
31	无	26～37	阵雨	24～27	—	—	微量雨	17～22	—	—	结冰	−3～17

2013 年气象情况表

表 6　　　　单位:℃、毫米、小时、%

月　份	平均气温	降水量	日照时数	平均相对湿度
1 月	5.3	22.5	99.3	77
2 月	8.1	94.4	39.9	79
3 月	11.5	79.4	152.7	72
4 月	15.7	89.0	153.8	66
5 月	21.1	77.2	144	78
6 月	24.7	328.8	91.5	80
7 月	30.3	14.7	300.4	65
8 月	29.9	149.1	228.7	69
9 月	25.4	55.1	181.5	71
10 月	20.3	281.8	143.4	71
11 月	13.6	52.0	139.2	70
12 月	7.2	110.4	126.4	65
合计或平均	17.8	1354.4	1800.8	72

农业·农村

种植业

【概况】 2013年,象山县以"提升农业发展层次"和"提升依法管理能力"为抓手,以"保增长、保供给、保安全"和"粮食增产、农业增效、农民增收"为目标,积极应对罕见高温干旱和强台风等灾害,全县实现农作物播种面积3.13万公顷,比2012年增长11.3%,总产量36.1万吨,比2012年减少9.3%,产值6.59亿元,比2012年增长3.9%。

【全年安排粮食补贴资金5900万元】 2013年,县级以上财政共安排各类粮食补贴资金5900万元,比2012年减少900万元,其中,中央农资综合直补和良种补贴资金1611万元,省、市财政补助3128万元,县级财政投入1161万元。

【粮食生产喜获丰收】 2013年,全县粮食作物播种面积1.75万公顷,比2012年增长10.8%,总产11.22万吨,比2012年增长7.4%。春粮播种面积1266.7公顷,比2012年减少18.5%,总产0.3万吨,比2012年减少30%。水稻面积10013公顷,比2012年增长1.96%,总产8.27万吨,比2012年增长13.9%。其中:早稻860公顷,总产0.61万吨,与2012年持平;单季晚稻8920公顷(超级稻6800公顷),总产7.49万吨,比2012年增12.6%。

【经济作物面积增加产量下滑】 2013年,全县经济作物播种面积1.38万公顷,比2012年增长12.2%,总产24.88万吨,比2012年减少16.5%。蔬菜实种面积8686.7公顷,比2012年增长15.3%,总产18.54万吨,比2012年减少5.4%,其中外销:蔬菜3666.7公顷、与2012年持平,总产13.95万吨、比2012年增长16.3%。瓜果实种面积1953.3公顷,比2012年增长17.2%,总产5.13万吨,比2012年减少23.8%。

【完成1012公顷粮食生产功能区标准化建设】 2013年共落实各级财政建设经费2855.18万元,完成粮食生产功能区标准化建设项目7个,总面积1012公顷,其中定塘镇新岙塘片140公顷、定塘镇田洋湖片156.7公顷、墙头镇墙头片86.7公顷、高塘岛乡百家徐片100公顷、贤庠镇珠溪片230.7公顷、新桥镇东溪塘片120公顷、涂茨镇东港片178公顷。功能区内新建排水沟渠82条、总长度20881米,改造排水沟渠8条、总长度3875米,新建进水沟渠27条、总长度8362米,新建PE灌溉管道227条、总长度72930米,新建机耕路35条、总长度6950米,改造机耕路3条、总长度750米,新建泵站34座,改造泵站12座,维修泵站11座。

【稻麦种植大户达957户】 2013年,1.33公顷以上稻麦种植大户达957户,种植面积5113.3公顷,分别比2012年增133户、493.3公顷,其中6.67公顷以上稻麦种植大户达190户,种植面积2960公顷;粮食专业合作社57个,比2012年增10个;全县经营粮食类家庭农场累计注册21家、种植面积564.1公顷,比2012年增15家、345.8公顷。

【开展高产竞赛活动】 2013年,全县共落实石浦镇蒲湾、西周镇柴溪、贤庠镇盐厂等10个春粮示范方,总面积66.7公顷;西周镇文岙、贤庠镇俞公岙、定塘镇礁横、高塘岛乡珠益等4个早稻示范方,总面积38.7公顷;西周镇赖岙、贤庠镇珠溪、定塘镇田洋湖等38个晚稻示范方，总面积374.7公顷；西周镇赖岙、贤庠镇俞公岙等6个市级粮食“双千”示范方，总面积146.7公顷；西周镇下沈片，贤庠镇贤庠片，涂茨镇汤钱片，东陈乡东岳片和鹤浦镇南田片5个省级千亩示范方，总面积386.7公顷；西周镇片和贤庠镇片2个国家级万亩示范方，面积分别为810.7公顷和784公顷。经测产，示范方内：小麦平均亩产344.15公斤；早稻平均亩产554.5公斤；超级稻平均亩产725.3公斤，最高达915.6公斤；连作晚稻平均亩产500.5公斤，最高达539.7公斤。

【实施种子种苗工程】 2013年，在丹东街道下余村、溪沿村落实超级稻杂交制种面积86.7公顷；在墙头镇建立红颊草莓脱毒苗圃，面积1.33公顷；在东陈乡建立种质资源保护圃。全县水稻、蔬菜等大宗作物良种覆盖率达到96%以上。

【推进标准农田地力提升工程】 2013年，新实施贤庠、鹤浦、黄避岙和西周4个镇乡标准农田地力提升面积680公顷，累计达3026.7公顷，占全县“千万亩标准农田质量提升工程”项目区总面积的25.4%。各项目区投入资金458.7万元，推广有机配方肥2024吨(1686.7公顷)、商品有机肥509.5吨(136公顷)，验收绿肥种植面积312公顷、冬耕面积286.7公顷，实施河道清淤还田面积261.7公顷，开展因缺补缺面积66.7公顷，发放秸秆腐熟剂12吨，发放绿肥种子17吨。

【推广应用绿色防控技术】 2013年，全县推广应用高效低毒生物农药和物理、化学防治相结合的绿色防治技术，实施农药减量控害增效工程9266.7公顷，新增水稻、水果、蔬菜等作物病虫害绿色防控面积2000公顷。落实鹤浦镇鹤岛梨园、晓塘乡茭白田养鳖治螺、晓塘乡西边塘四季果园等绿色防控示范区8个，面积达到393.3公顷。鼓励采取生物控制、物理诱杀等综合防治措施，发放杀虫灯382盏、诱捕器2600套、性诱剂11000支、黄色粘板8000张。

【植物疫情疫病防控】 2013年，开展柑橘木虱防控3000公顷次、加拿大一枝黄花防控2266.7公顷次、柑橘溃疡病防治800公顷次、福寿螺防治800公顷次。普查梨园222.4公顷、花木场866.7公顷、木槿666.7公顷、蔬菜72公顷、草地14.7公顷、瓜果613.3公顷，未发现梨枯梢病、扶桑绵粉蚧、黄瓜绿斑驳花叶病毒等疫情。发布农作物病虫情报20期5000份，制作播出电视预报节目20期，发放病虫害防治资料6400份。

【开展农田灭鼠】 2013年，在墙头镇朱家村、丹西街道九顷村、东陈乡大塔村等地设立鼠情监测点5个，并在丹东街道、丹西街道、西周镇开展了植保专业合作社、有害生物防制公司等专业灭鼠队伍社会化灭鼠示范，采取集中时间全覆盖集中投放，投药覆盖率100%，全年投溴敌隆商品毒饵及大米毒饵40吨，完成农田灭鼠1.67万公顷、室内灭鼠13.8万户，灭鼠覆盖率均达95%上，达到省城乡联动统一灭鼠示范县的要求。

(农林局办)

畜牧业

【概况】 2013年，象山县以发展生态化、规模化畜牧业为目标，探索创新型养殖和管理模式并全面推进畜禽养殖污染治理工作，受年初H7N9禽流感冲击，畜牧业相比2012年有一定程度下降，全年肉类总产量2.6万吨，同比增长2.41%；禽蛋产量1.32万吨，减少6.8%。

【生猪保持稳定增长】 全年生猪饲养量27.61万头，比2012年增长6.68%，其中存栏11.48万头，比2012年增长7.29%，出栏16.13万头，比2012年增长6.12%；母猪1.32万头，比2011年增长3.94%，全县生猪自给率保持在90%以上。

【家禽饲养量略有下降】 2013年，全县家禽饲养量495.7万羽，比2012年减少5.53%，其中：存栏172.6万羽，比2012年减少5.53%；出栏323.1万羽，比2012年减少6.29%。蛋鸡存栏71.6万羽，比2012年减少1.1%，蛋鸭存栏31.2万羽，比2012年增长2.97%。肉鸡存栏12.3万羽，出栏64.4万羽，分别比2012年减少18.54%和2.87%。肉鸭出栏55.8万羽，产值2412万元。分别比2012年减少1.46%和1.06%。

【白鹅经济效益下降】 全年象山白鹅与苗鹅总量达410.5万羽,其中种鹅存栏20.1万羽、孵化苗鹅390.4万羽。县内白鹅饲养量220万羽,比2012年减少8.5%,其中出栏肉鹅171.2万羽,比2012年减少9.8%。受H7N9禽流感影响,象山白鹅价格略有下跌,其中雏鹅平均价格13元/羽,比2012年下降1元/羽;肉鹅平均价格16元/公斤,下降1元/公斤,象山白鹅经济效益比2012年减少4.88%。

【草食家畜继续调减】 全县:牛饲养量2189头,比2012年减少9.8%;山羊饲养量3.52万头,比2012年减少6.6%。因"三改一拆"专项行动的推进,全县大部分兔场被拆除,兔饲养量仅存0.88万只,比2012年减少81.24%。

【特色畜禽基本稳定】 由于中心城区畜禽场整治,特种畜禽饲养量处于低位,与2012年持平。截至2013年12月底,特种野猪饲养量400头、特种天鹅种鹅存栏量1.2万羽,宁波郎德农牧有限公司朗德鹅种鹅存栏6000羽,出栏商品雏鹅15万羽。

【重大动物疫病防控】 全年免疫家禽禽流感320万羽次,使用疫苗270万毫升;免疫生猪口蹄疫64万头次,使用疫苗125万毫升;免疫牛羊口蹄疫3.69万头次,使用疫苗5.3万毫升;免疫猪瘟61万头次、猪高致病性蓝耳病24万头次。定点屠宰检疫生猪11.5万头,高温处理280头,销毁内脏7486公斤,定点屠宰检疫率和无害化处理均达100%。

【动物疫病监测】 制定全年动物疫病监测计划,2013年共采集血清样品6081份,其中鸡血清553份、鸭血清1162份、鹅血清1466份,猪血清1574份、羊血清1059份、病料287份。监测结果为:鸡H5N1-Re-4合格率为94.35%、鸡H5N1-Re-6合格率为94.64%、鸭H5N1-Re-6合格率为93.17%、鹅H5N1-Re-5合格率为94.37;猪瘟合格率为88.64%、O型口蹄疫合格率为85.39%、蓝耳病合格率87.23%,均达到省市合格率的要求。

【畜产品安全监管】 对生猪存栏50头以上的猪场开展尿样"瘦肉精"检测,全年共检测1103个场次,生猪尿样3405份,未检测出"瘦肉精"。对养殖场、投入品生产经营单位等重点场所开展经销台账和投入品使用记录,检查畜牧场458场次、兽药经营单位30家次,立案19起;发放养殖档案1000本、投入品使用记录档案600本。

【深化"五色体系"预警评估】 继续推行"五色体系"评估制度,对全县各动物防检疫、畜产品安全监管、养殖档案管理等工作落实情况进行全面的检查、互查,并严格按照动物防疫能力"五色体系"预警评估办法进行评估预警,全年共发出黄色预警14次,并下发通知书限期整改。

【加强"三沼"综合利用】 全年新建普通沼气池12座、大型沼气池1座,总容积3200立方米,累计达到4.3万立方米;新增沼气用户140户,累计达2030户;新建小型沼气贮气塔3只、150立方米、大型沼气贮气塔1座、850立方米,并完成双利牧业有限公司等4家单位的大中型沼气项目一体化沼气主体工程建设。全年沼液物流配送量达到4.5万吨,直接使用面积533.3公顷,并新建成市级沼肥应用示范基地2个,面积4公顷。

【推进畜禽标准场改造】 2013年,分别在象山鹤浦吉三山鸡养殖场、象山兰生畜牧专业合作社、象山晓塘海江畜牧场、象山鹤浦创丰养殖猪专业合作社实施标准化规模场改造,截至2013年年底,有3个标准化改造项目已通过县级验收,1个完成项目建设内容的61.9%。

【推进畜牧小区建设】 2013年,为配合做好城区畜禽养殖整治工作,安置中心城区需要迁移的养殖场,分别在黄避岙乡后华塘村和贤庠镇蒲门村实施畜牧小区建设。截至2013年年底,黄避岙乡后华塘畜牧小区已建成投入使用;贤庠木瓜畜牧小区已完成土地平整10000平方米、沼气池600立方米、新建小区外道路400米、无害化处理坑200立方米。

【强化畜产品流通监管】 严格落实动物及产品外调申报和调入后报检，切实降低调运风险，全年开具调入动物和动物产品备案单365张。在甬台温高速复线象山出口处设立检疫关卡，并派设专人24小时值班，严防外来疫病传入。各节日期间，县农林、商务、工商等部门联合对全县25个农贸市场、11个活禽交易市场、27个冷库等重点场所进行检查，未发现严重违规情况。

（农林局办）

渔 业

【概况】 2013年，象山县水产品总产量57.7万吨，比2012年同期减0.9%，渔业总产值55.8亿，同比增2%。其中，海洋捕捞产量44.9万吨，同比减0.17%；海水养殖面积10832公顷，与2012年基本持平，产量11.3万吨，同比增1.4%；淡水养殖面积2670公顷，较2012年减少1.11%，产量1.07万吨，同比增4%。全县渔业乡镇10个，渔业村38个，渔业人口59568人，其中渔业从业人员55790人，专业捕捞渔民16335人，渔民人均收入24775元，同比增加9.06%。全县拥有机动渔船3751艘，总功率524732千瓦，其中捕捞渔船3036艘，总功率479645千瓦。

【县海洋与渔业局荣获全国农业先进集体称号】 12月20日，农业部发文《农业部关于表彰全国农业先进集体和先进个人的决定》（农人发〔2013〕11号），正式批准象山县海洋与渔业局为2013年度全国农业先进集体。此次获评“全国农业先进集体”，是该局继全国海域管理示范单位、全国海岛执法示范单位、全国渔业文明执法窗口单位等荣誉称号之后获评的又一“国字号”殊荣。

【黄旭明到象山征求“修复振兴浙江渔场计划”意见建议】 9月12日上午，副省长黄旭明率省、市相关部门负责人就“修复振兴浙江渔场计划”向象山县海洋渔业部门和渔业镇乡及部分渔村负责人、船老大代表征求意见建议。省政府副秘书长陈龙、副县长干维岳参加。黄旭明仔细听取了渔区基层代表对修复振兴浙江渔场发表的意见和建议，并就推进渔业减船转产、加大渔业执法力度、建设渔民养老保险体系等热点和难点问题进行了广泛深入的探讨。

【全省涉渔“三无”船舶拆解现场会在象山召开】 7月18日上午，全省涉渔“三无”船舶拆解现场会在石浦打鼓峙博海船厂召开，现场27艘涉渔“三无”船舶被依法拆解。农业部渔业局副局长李书民、省市海洋与渔业局领导、县政府领导，以及沿海各市、重点县（市、区）渔业局领导、渔政执法机构负责人，象山县渔区人大代表、渔民代表和国家、省、市、县级新闻媒体参加了现场会。此次公开拆解的27艘涉渔“三无”船舶是县渔政执法部门在前期排查过程中依法查获的，其中包括7艘钢质渔轮和20艘木质船舶。此次拆解现场会之前，该县已先后召开“三无”渔船拆解现场会5次，共依法拆解“三无”渔船75艘，打击力度在全省名列前茅。

【首家渔业管理服务有限公司成立】 为进一步推进渔业安全社会化管理，强化落实渔船安全生产责任，2013年11月首家渔业综合服务管理公司——象山石浦顺渔渔业管理服务有限公司在象山成立，标志着该县渔业船舶社会化管理工作取得新的突破，步入一个新的阶段。顺渔渔业管理服务公司是一家由12个渔村联合组建的股份制有限公司，主要负责渔船的安全管理，为渔民提供证件办理、船舶检验、纠纷处理等一系列便捷的服务。其总部设在石浦气象站办公室，下设东门、石浦、檀兴、平岩、番西等5个服务站。

【首个渔业企业院士工作站落户象山】 由中国工程院院士林浩然领衔的象山港湾水产苗种有限公司“院士工作站”于9月14日在象山挂牌成立。这是该县第一家以水产种业为主的农渔业院士工作站，也是宁波市第一家以企业担纲建立的渔业院士工作站。该院士工作站成立后，将根据国家的产业政策和企业发展需求，在优质水产良种培育、海水鱼类主要病害防治，特别是赤点石斑鱼的规模化育苗、名贵养殖新品种的开发、建立种质研发中心等方面开展广泛的学术研究，攻克科学难题，为企业增加经济效益，推进渔业产业转型升级。

【完成全国首例海域使用权属地登记发证试点工作】 为确保《浙江省海域使用管理条例》顺利实施，

2013年2月28日，象山县海洋与渔业局在省海洋与渔业局海域管理处业务指导和国家海洋局海域动态监管中心支持下，完成了浙江省人民政府审批的象山国际水产物流园项目的海域使用权登记发证，登记号浙象山2013002号，证书号2013D33022500646号，面积19.798公顷，用海类型其他工业用海，用海方式建设填海造地。海域使用权属地登记对优化审查程序，提高政府工作效率，减轻用海业主的经济负担，促进象山县的海洋经济建设具有积极的现实意义。

【西沪港低碳健康养殖示范区项目通过验收】 “象山县西沪港低碳健康养殖示范区”项目于2011年年底正式立项并开始实施，项目总投资500余万元，建设区总面积5000亩，主要包括海水网箱养殖区、藻类栽培试验示范区以及辅助设施建设区。实施内容主要为：新建和扩建码头6座，养殖区道路和管理房建设，网箱削减与改造，水质在线监控和视频监控等农业装备，无害化处理池及太阳能垃圾处理等环境保护设施建设以及渔民培训、新技术运用等。通过1年多的建设，项目全面超额完成了计划内容，2013年11月12日通过了县级初验收，并于当月15日通过市级验收。

【现代渔业科技创新力促“丰渔富民”】 该县以现代渔业园区、设施渔业、生态循环渔业、品牌渔业建设为依托，充分发挥科技创新原动力与应用转化能力，加快推动渔业产业结构调整和产业链拓展，形成海水网箱、滩涂贝类、浅海紫菜、淡水池塘、海水池塘等五大养殖区域，水产品年产量突破60万吨，渔业总产值达70亿元以上，位列全国渔业五强县，“丰渔富民”成效明显。一是加强现代渔业科技攻关。实施优质新品种选育以及优良品种繁育技术开发与集成示范，培植一批以良种繁育、苗种培育为龙头的种苗企业或养殖基地，开展渔业设施装备、病害防控、虾蟹立体综合养殖等技术攻关，完善人工智能化生产技术、精准监测控制技术等“智慧渔业”，有效提升渔业生产可控性与安全性，已建成国家级泥蚶良种场1家、省级泥蚶、大黄鱼、梭子蟹原种场3家和规模苗种场2家。二是加快科技成果转化推广。围绕梭子蟹、大黄鱼、南美白对虾、紫菜四大主导产业，优化渔业装备结构，研发配套工艺，推进全大棚设施养殖、“鱼－贝－藻”综合生态健康养殖、“虾－草－鹅”、“虾－菜(瓜果)”生态循环轮作等高效养殖模式，全县设施渔业面积达7423亩，建成4个万亩梭子蟹标准化生态健康养殖基地、环大塘港万亩南美白对虾生态高效养殖区和西沪港低碳健康养殖示范区，先后承担国家和省市级重大科技项目超过30项。三是加速渔业科技人才培育。注重引智与培养相结合，加快本土渔业科研人员、经营管理人才和高技能实用人才等现代职业渔民队伍建设，引进高校与科研院所师资团队，年均可完成无公害内检员、海淡水养殖繁育工、水生动物病害繁殖工等渔业实用技术培训3000人次以上，全县拥有中高级职称渔技人员33名、渔业科技示范户120户，可实现亩产提高15%、亩均增收800元以上。

【渔业保障建设成效初显】 2013年，水产养殖大棚设施保险列入宁波市政策性农业保险条款。海洋与渔业局主动配合中国人保象山农险部修改完善设施保险条款，继续推进水产养殖大棚设施保险。全县大棚设施保险共有12个单位及个人，总计1457亩水产养殖设施大棚参保，其中，三类连栋钢架大棚、二类连栋钢架大棚、一类连栋钢架大棚分别为105亩、406亩、195亩；标准竹架大棚751亩。南美白对虾和梭子蟹养殖疫病互助保险工作顺利推进。2013年共完成新桥、定塘等9个镇(乡)街道5128亩南美白对虾疫病保险面积，其中普通池塘投保面积4196.2亩，大棚池塘投保面积931.8亩。梭子蟹保险试点1702亩，实现了全市梭子蟹保险的零突破，为今后梭子蟹池塘养殖保险做了一次尝试。

【两艘秋刀鱼远洋渔船顺利出航】 10月20日，象山县宁波欧亚远洋渔业有限公司两艘秋刀鱼渔船欧亚1、欧亚19顺利出航，两艘渔船将航行7天半时间达到西北太平洋公海海域进行为期三个月时间的秋刀鱼作业。本次出海的两艘渔船吨位为1800吨，是集生产加工为一体的大型远洋秋刀鱼兼鱿钓渔船。根据鱼汛，先在西北太平洋进行秋刀鱼作业，三个月后回港将转赴西南大西洋从事鱿钓作业。欧亚1、欧亚19两艘渔船是根据2012年国家渔船更新改造项目实施的，到目前为止，是同类型的渔船中最早几艘建造完工并开始出海作业的渔船之一，两艘秋刀鱼渔船也是我国第一批完全自行建造和设计的秋刀鱼渔船。欧亚公司秋刀鱼项目的实施，将改变该县远洋渔业为单一鱿钓作业的局面。

【"菲特"致渔业养殖受损逾 7.8 万亩】 受强台风"菲特"影响，象山县渔业养殖受灾较严重。经初步统计，全县渔业养殖受损面积逾 7.8 万亩。"菲特"来临期间恰逢象山县天文大潮汛，雨、潮两碰头，象山县水产养殖塘普遍出现淡水倒灌现象，除新桥龙王头水产养殖基地外，泗洲头峙前塘、新桥海台塘、西周莲花塘等都出现了养殖塘受淹、塘基崩塌、电力设备损坏、大棚设施受损等情况。据统计，截至 10 月 7 日，全县渔业养殖受损面积逾 7.8 万亩，其中浅海养殖受损 1.8 万亩，围塘养殖受损 6 万余亩。

【第九届中国海洋论坛在象山隆重举行】 9 月 16 日下午，第九届中国海洋论坛在石浦半岛酒店隆重举行。本届论坛以"海洋经济发展与金融创新"为主题，汇聚群贤、广纳智慧，加强区域交流合作，倡导海洋环境保护、海洋资源开发和海洋科技应用的理念，推动海洋金融创新，推进海洋经济可持续发展。外交部原副部长、世界华人文化与经济发展中心理事会理事长于引，宁波市副市长林静国，国家海洋局政策法规与规划司司长王殿昌，国家开发银行宁波分行行长樊立新，中国前驻匈牙利大使陈之騽，第九届、第十届全国政协委员、香港恒丰集团主席黄紫玉，国家海洋局海岛管理司副司长李文君，国家海洋局宣传教育中心副主任李航等一批知名专家、学者和嘉宾聚集象山，分享海洋经济发展最新研究成果。象山县四套班子领导李关定、叶剑鸣、金红旗、白国璋等出席论坛。

【两项目获国家农业科技成果转化资金立项】 7 月 17 日，科技部和财政部联合发布了《关于 2013 年度农业科技成果转化资金项目立项的通知》，由该县推荐的 2 个项目获得立项，项目数居全市首位。列入国家农转资金项目的分别是：宁波东风生物科技有限公司、浙江工商大学等承担的"对虾功能型肠道调节制剂中试及应用示范》与象山红升水产养殖有限公司、上海海洋大学、象山太空红紫菜育苗场承担的"坛紫菜新品种'申福 1 号'中试与示范"。通过转化、应用推广上述生物制剂、紫菜新品种，将带动农渔民增收 1100 余万元。

【浙江宁波现代海洋与渔业科技发展研讨会在象山举行】 为加强同海洋与渔业政府管理部门的沟通交流，更好地服务宁波海洋经济发展，7 月 4 日，浙江大学宁波理工学院海洋技术研究院在象山县海洋与渔业局举办了"宁波现代海洋与渔业科技发展"研讨会。次日，在象山县海洋与渔业局工作人员的陪同下，浙江大学宁波理工学院各研究所代表还一同考察了象山县的牛栏基岛。考察人员深刻感受到诸如牛栏基岛这一类无居民海岛迫切需要科技工作者对其进行开发利用，并希望能参与海岛综合试验区建设。

【省辖海域文化遗产首次联合水下执法行动在石浦启动】 为进一步加强象山县管辖海域内文化遗产联合执法工作力度，提升社会民众对海洋文化遗产的保护意识，7 月 2 日上午，由象山县人民政府、宁波市文化广电新闻出版局主办，象山县文化广电新闻出版局、象山县海洋与渔业局具体承办的浙江省管辖海域内文化遗产首次联合水下执法暨象山县管辖海域内文化遗产联合执法工作站授牌仪式在象山石浦渔政码头举行。

【一远洋企业获 4800 万元中央财政补助】 宁波欧亚远洋渔业有限公司是象山县一家民营远洋渔业企业，2013 年拥有 3 艘专业远洋鱿钓作业渔船，从事西南大西洋、东南太平洋远洋鱿钓作业，为实现企业的多元化发展，该公司响应国家号召，积极实施国家渔船更新改造项目，在 2012 年申请建造的四艘秋刀鱼兼鱿钓渔船 2013 年获得农业部的船网工具指标，并取得开工令，进入渔船建造阶段，截至 2013 年年底船体建造项目进度已超 40%。该项目总投资为 2 亿元，根据有关文件精神，该企业 4 艘渔船每艘可获得中央财政补助 1200 万元，共计 4800 万元。

（史涌潮）

林　业

【概况】 2013年,象山县以科学发展观为指导,坚持林业产业发展和生态保护两手抓,不断加快产业结构调整,发展精品特色产业,创新林业生产经营方式,大力开展森林资源保护体系建设,全面推进了现代林业发展,取得了明显成效。2013年,全县林特业实现产值6.21亿元,比2012年增长40.8%。

【水果产业增产增收】 2013年,全县新发展水果339公顷,实施优化改良135.4公顷,总面积达1.59万公顷,比2012年增长2.1%。全县水果产量16.8万吨,居全市首位,比2012年增长38.8%,产值4.93亿元,比2012年增长32.2%。

【柑橘种植面积7200公顷】 2013年,全县柑橘种植面积7200公顷,比2012年增加60公顷,增长0.8%,全县柑橘产量13.7万吨,比2012年增长44.5%,产值2.65亿元,比2012年增长56.8%。

【杨梅种植面积5000公顷】 2013年,全县杨梅种植面积5000公顷,比2012年增加13.3公顷,增长0.3%,全县杨梅产量11674吨,比2012年减少4.4%,产值6965万元,比2012年减少18.3%。

【枇杷种植面积1433公顷】 2013年,全县枇杷种植面积1433.3公顷,比2012年增加98.9公顷,增长7.41%,全县枇杷产量4981吨,比2012年增长84.1%,产值7520万元,比2012年增长36.7%。

【葡萄种植面积546公顷】 2013年,全县葡萄种植面积546.1公顷,比2012年增加128.2公顷,增长30.7%,全县葡萄产量8963吨,比2012年增长61.9%,产值9680万元,比2012年增长115.1%。

【茶叶总产量1200吨】 2013年,全县茶叶总产量1200吨,比2012年减产7.7%,总产值1900万元1890万元,同比略降,其中名优茶产量58吨,产值980万元,分别比2012减少3%和12%。

【花木增收明显】 2013年,全县花木总面积达866.7公顷,比2012年增长11.1%,规模花木苗圃企业数达53家,比2012年增长10.4%,全县花木总产值4000万元,比2012年增长30%。

【竹笋减产减收】 2013年,全县竹笋产量4313吨,产值1764万元,分别比2012年减少14.8%和8.17%。

【实施水果优化改良】 2013年,优化改良水果面积135.4公顷,5年来累计完成改良面积872.4公顷,是计划任务666.7公顷的130.9%。推广应用柑橘营养钵苗木,苗木成活率达95%以上。继续推广“大分”“上野新系”“红美人”“春香”“乌紫杨梅”“白沙枇杷”“欧亚种葡萄”等优质水果品种,推广面积累计达3000公顷。

【组织申报科研项目】 全年申报县级以上科研项目13个和地方标准1个。其中市级项目4个,分别为“上野”蜜橘完熟栽培技术推广及产业化示范,“红美人”柑橘设施栽培技术试验示范,柑橘根域限制栽培技术试验示范,强树势、高抗逆性优质杂柑新品种选育与研究和‘媛小春’特色杂柑新品种研究与试验。县级项目8个,分别为葡萄绿色安全生产关键技术研究与示范,无核、易剥皮、高糖度杂柑新品种“甘平”选育示范,“川田温州”等中熟宽皮柑橘新品种引种试验及示范,果桑少加温设施栽培及循环利用开发研究,名优茶春茶冬采技术研究与示范,低产橘园复壮更新技术研究试验,温室蜜橘促色增糖栽培技术研究和“东溪小仙”桃优质栽培技术集成及示范推广。《温州蜜柑加温促成栽培技术规程》成功申报为宁波市地方标准。

【全国首次温室柑橘学术研讨会在象山县召开】 6月20日,全国首次温室柑橘发展前景学术研讨会在象山县举行,来自全国各地的70余位农林专家参会。象山县从2005年开始实施柑橘加温促成实验,是全国唯一一个成功运用柑橘加温促成栽培技术的地区。温室柑橘除了上市早,更具有无污染、皮薄、肉嫩、味甜、化渣等特点,可溶性固型物达到12%以上,酸度为0.4%~0.7%。该项栽培技术的应用,有效延长了优质新鲜橘果上市时间,提高了果实品质,增强了抵御降雨、冻害等自然灾害的能力。

大徐桔之舟柑橘设施栽培精品园

【引进和选育优新品种】 2013年，共引进林特新品种20个，其中柑橘12个、枇杷1个、葡萄2个、桃1个、蓝莓1个、樱桃1个、猕猴桃2个。继续开展柑橘杂交育种试验，对近几年选育的“爱媛28号”“兴津54号”“甜椿”“媛小春”等品种进行观察试验。与省农科院合作选育的“东溪小仙”桃顺利通过浙江省非主要农作物品种审定现场考察，进一步丰富了该县水果优新品种资源。

【推进林区道路建设】 2013年，全县共立项审批并完成林区道路建设23条，总长36.2千米，其中西周镇儒雅洋片区重点竹林专用道路9条共12.4千米。全年共下拨林区道路补助资金179.45万元，其中竹林区道路补助资金139.85万元，其他林区道路补助资金39.6万元。

【全面抓好绿化工作】 加快绿化造林步伐，全年总投资6000万元，完成平原绿化面积209.6公顷，完成森林提升工程项目456公顷，其中低产低效林改造185.5公顷。

【实施“四边”区域山体“森林提升”工程】 根据全县森林资源分布情况及经营方向、经营措施和经营重点，全面实施森林分类经营，2013年全县完成森林提升工程项目456公顷，其中完成沿海防护林岩质基干林带54.1公顷，完成珍贵树种造林13.8公顷，完成森林植被恢复67.9公顷，完成低产低效林改造面积185.5公顷，完成重点区域森林人工抚育面积134.7公顷，建成生物防护林带20千米。

【推进平原绿化】 2013年，全县共完成平原绿化面积209.6公顷，是计划任务200公顷的105%，投入项目建设资金6000万元。按项目建设内容分，分别完成中心城镇区绿化面积11公顷，村庄绿化13.8公顷，泥质基干林带2.2千米2.27公顷，公路绿化37千米44.13公顷，是计划任务17千米的217%，其他道路绿化45千米，河道绿化19.3千米12.8公顷，村道绿化45千米20.73公顷，在平原区种植经济林、苗圃等面积105公顷。种植绿化乔木树种28.4万株。

【森林系列创建工作快速推进】 2013年，编制完成了定塘镇、茅洋乡2个乡镇的省级森林城镇创建和墙头镇的市级森林城镇创建总体规划，并按照《总体规划》要求积极组织实施并顺利通过验收。同时，结合森林休闲公园、旧村改造、和美新农村建设等项目，全年共命名了21个市级森林村庄和22个县级森林村庄。

【开展全民义务植树活动】 广泛开展全民义务植树活动，2013年，全县参加义务植树活动达32余万人次，种植香樟、樱花、红叶石楠、玉兰、色块等彩色苗木达51万余株。

【出台首个林地保护利用规划】 2013年7月份，出台了《象山县林地保护利用规划(2010—2020)》，《规划》在对该县林地保护利用现状及面临形势进行综合分析的基础上，按照现代林业发展和生态文明建设的战略要求，提出“严格保护、积极发展、科学经营、持续利用”的生态建设方针；制订“用途管制、分级管理、数量控制、发展保护和恢复补充”五项保障措施；明确到2020年，该县森林保有量达6.69万公顷，年征占用林地少于36公顷，林地生产力明显提高，重点公益林地和重点商品林地比重分别达39.6%和6.2%，平原区林木覆盖率达到18%。

【加强林权林地管理工作】 2013年，启用省制定的新的林权流转转让、互换、租赁合同，新增林权流转面积124.8公顷，确定2013年度扶持林地流转面积418.9公顷。做好林地林权调整变更及档案规范管理工作，全年受理了贤庠、涂茨、定塘3乡镇52户农户林权证变更申请。推进林权抵押贷款工作，全年贷款额达450万元。

【加强生态公益林管理】 新增市级生态公益林补偿面积 1333.3 公顷,地点主要落实在墙头和贤庠 2 个乡镇的水土保持林,全县生态公益林补偿面积累计达 3.59 万公顷,占全县生态公益林总面积的 97.6%。下拨生态公益林补偿资金 1624.9 万元,直接到户 3.4 万户。规范生态公益林调整,全年共调整生态公益林 4 宗,面积 5.84 公顷,其中省级公益林 1 宗 1.33 公顷、市级公益林 3 宗 4.51 公顷。

【加强森林资源监测与保护】 继续实行森林资源“双增”目标考核监测,2013 年 5 月,全面完成全县森林资源“双增”目标考核 74 个样地外业监测工作。10 月,启动全省第二次野生植物资源调查,发现调查物种 11 种,属于象山新记录的植物有 7 种,其中堇叶紫金牛、阔叶沿阶草、普陀樟、圆柏 4 种植物为宁波市新记录。

【完成全县古树名木挂牌工作】 2013 年,对全县的 269 株古树名木逐一挂牌,建立古树名木管理地理信息系统,对其中的 9 株优秀古树名木进行摄影和存档,并对部分濒危古树开展保护和预防性支撑加固、白蚂蚁防治等工作。

【强化森林植物检疫】 全年对 37 个苗圃开展了产地检疫,受检花卉苗木 1900 万株,面积 574.7 公顷。全县共实施调运检疫 1977 批次,其中调运:木材及制品 1745 批次、4439 立方米;原竹及竹制品 64 批次、611 百株;花卉苗木 168 批次、27608 株。收取检疫费 22493 元。

【加强松材线虫病检测防治】 加强对全县松材线虫病疫情动态调查,2013 年全县松材线虫病发病村数 134 个,发病小班 336 个,发病面积 1133.3 公顷,比 2012 年减少 0.2%,病死松树 13948 株,比 2012 年增长 67.8%。2012 年冬季至 2013 年春季,全县共清理松材线虫病发生区 1133.3 公顷,砍伐病死木 8311 株,除害处理松疫木 380 吨,在松兰山和南田岛等重点旅游景区实施塞虫啉制剂喷粉防治 533.3 公顷,注射免疫针剂 2.8 万支。

【健全森林防火体系】 继续实行县、镇乡(街道)、村三级森林消防网络化管理,确保每个山头都有具体责任人。利用护林巡查员 GPS 定位系统,全年开展网上督查 1.2 万余人次,通报出勤率情况 6 次。清明期间发布森林“禁火令”,取消休假,每日通报全县各地督查结果,效果明显。2012 年 11 月至 2013 年 12 月底,全县共发生森林火情 6 起,一般森林火灾 2 起,总过火面积 5.27 公顷,总受灾面积 1.32 公顷,森林火灾受害率仅为 0.018‰,森林火灾受害率和发生率连年下降。

农业产业化

【概况】 2013 年,象山县以现代农业“两区”为平台,积极探索构建现代农业产业体系,着力抓好农业品牌建设、科技推广应用和经营主体培育,不断推动农业向专业化、标准化、规模化、集约化生产转变。

【推进现代农业园区项目建设】 2013 年,全县新实施现代农业园区项目 10 个,其中种植业 1 个,林特业 4 个,渔业 5 个,项目总投资 6666.68 万元,其中市级补助 1400 万元。截至 12 月底,除了“象山县泗洲头红升名特水产苗种繁育精品园”外,其余进度都超过 80%以上。全年验收 2011、2012 年跨年度项目 8 个,全县累计完成现代园区项目建设达 26 个。

【召开现代农业“两区”建设现场会】 2013 年 9 月 11 日至 12 日,全省现代农业“两区”建设现场会在象山县召开,现场会受到省市领导的高度肯定。该县全力打造的现场会 5 个参观点项目,创意领先,应用技术先进,设备优良,成为最大亮点。其中,现代农业综合体项目创造性的在一个区域内,综合了生产、物流、展销、服务、休闲观光等诸多农业要素,为省内首创。位于综合体核心区的大塘港区域服务中心整合了农、林、牧、渔、机等资源于一体,承担了区域内各业技术的试验示范、科教培训、指导推广、市场营销、农业信息服务等;智慧农业总部依托物联网技术,实现智能监管,精细化、参数化的农业科技推广服务已涵盖三联花卉等 7 个基地,并在生产上逐步加以应用。整个现场会项目实施时间短,任务重,项目组抢抓时间,坚持多方统筹,科学指导,依规运作,灵活推进,使参观点及沿线项目得以又好又快完成。

【抓好农业科技项目】 共评审确定2013年基金会实验示范资助项目21个,资助经费50万元;成功申报南美白对虾池塘瓜类轮作示范与推广项目为2013年度省级基金会项目,鹅—鱼—水果(牧草)生态种养技术研究、优质葡萄智能化管理与保鲜储藏技术示范推广、大棚绿芦笋新品种引种示范和南美白对虾池塘瓜类轮作示范与推广项目为市级基金会项目。积极开展农业实用技术推广应用,其中“超级稻机插栽培技术研究与推广”获得2012年度市农业实用技术推广奖一等奖,“稻鸭共作技术研究及推广应用”获得三等奖。

【扶持农业龙头企业】 全县新增市级、县级农业龙头企业分别为2家和9家,晋升市级2家,县级以上农业龙头企业总数达99家,其中国家级2家、省级5家、市级33家、县级59家。全年实现产值75.2亿元、销售收入70.9亿元、利润3.24亿元、创汇2.81亿美元,分别比2012年增长2.17%、2.01%、2.86%和2.18%,产值上亿元的企业19家,其中水产城、南方水产、飞日水产、天韵食品等4家企业产值3亿元以上。

【推进农民专业合作社规范化发展】 2013年,全县新成立合作社108家,其中县级规范社20家、市级示范社2家,总数达622家(其中:国家、省、市示范社,分别为1家、17家、19家;县级规范社127家),实现经营收入12.63亿元,代销农产品12.96万吨,实现纯收益6913万元。

【加大家庭农场培育力度】 2013年,新增家庭农场95家,总数达188家,其中种植业78家、林特业42家、畜牧业23家、渔业45家;经营规模普遍较大,其中经营面积在3.33公顷以上的有105家,占总数的55.85%。

【强化农业品牌建设】 成功申报象山宏森源农产品开发有限公司的“宏森源牌金针菇”、宁波石昌渔业农业发展有限公司的“石昌牌南美白对虾”、象山石浦亿亨活鲜水产有限公司的“亿亨牌梭子蟹”为省名牌产品;象山三联农业科技有限公司的“芦笋”、象山骏鑫生态农业有限公司的“五谷虫蛋”为市名牌农产品;鸭妹子的“海鸭”和利群的“海岛野生”为省著名商标。据统计,全县共有省名牌、名牌农产品、著名商标32个,市名牌、名牌农产品、知名商标36个,国家发明专利9个。

【开展农产品展示展销】 2013年,先后组织三联花卉、曙海大白鹅、金元蛋业等83家次企业、合作社参加各类展示展销会,其中利勇竹艺坊的竹根雕在第六届中国森博会上被评为金奖,金宏水产的“小岛人家牌风鳗”和超星水产的“海博士牌海鲜粉调味品”在浙江农博会上分别荣获金奖和新产品金奖,素子园的千家素果牌“鲜枣脆”等3家企业产品被评为优质奖。

【鼓励农业企业发展订单农业】 2013年,全县企业订单面积达0.91万公顷,订单收购农产品22.3万吨,带动农户10.8万户。其中宁波富农果蔬有限公司自建基地200公顷,有166.7公顷黄桃基地与宁波天韵食品有限公司签订订单,常年供应。

【推进农业标准化】 制订农林牧标准化技术规程和模式图,截至12月底,全县已制订标准化生产技术规程和生产模式图22个,其中畜牧业10个、种植业9个、林特业3个,市级以上农业标准化示范区41个、省级农业标准化示范区8个、国家级农业标准化示范区2个。

【规范“三品一标”认证】 2013年,全县新申报绿色食品20个、无公害农产品31个,面积2180公顷;创建宁波市示范性无公害基地3个,示范面积254公顷。实行“三品一标”退出机制,全年取消绿色食品3个,无公害农产品7个,无公害农产品产地5个,面积526.7公顷。截至12月底,全县有效的绿色食品42个,无公害农产品151个,无公害农产品产地124个、面积2.13万公顷。

【实施企业技改项目11家】 2013年,共有11家企业列入技改项目,其中2年期项目3个,计划总投资9095万元。截至12月底完成投资5360万元,完成率58.9%。完成素子园、飞日水产、华龙水产、三英水产、天韵食品、南方水产等6家企业2012年度技改项目市级验收，总投入3917.51万元，补助资金470.11万元。

【加大农业招商引资力度】 2013年，象山县晨丰铁皮石斛项目共投资2.5亿元，建成全市最大的铁皮石斛育苗和种植基地，截至12月底已完成项目建设80%以上。象山县古龙屿优质水果项目总投资1.05亿元，面积47.3公顷，分二期实施，一期投资5000万元，截至年底该项目已经完成场地平整。据统计，全县工商业主投资现代农业项目总数达39个，总投资金额达4.22亿元。

【培育新型职业农民】 全年共针对不同农业经营主体分类开展阳光工程、实用技术、职业技能等培训218期，培训农民1.2万人次，发放政策汇编及明白卡7800册，发放技术资料35000份。2013年，全县大学生从事现代农业创业基地达56个，面积226.9公顷，新发放补助资金92万元(市级81万元、县级11万元)，累计达205.55万元，共有59人次大学生创业者获得政策扶持。

【开展政策性农业保险】 2013年，全县新增政策性农业保险品种5个，累计达19个。全年实现保险金额4.97亿元，比2012年增长27.11%，总保费1428.7万元，比2012年增长36.9%，其中农户自缴283万元，占总保费的19.81%。水稻参保8493.3公顷、大棚289.3公顷、附加蔬菜瓜果类262.1公顷、露地蔬菜27.7公顷、露地西瓜46.2公顷、葡萄63.1公顷、毛竹3348.8公顷、制种100.9公顷、果树476.7公顷、公益林3.55万公顷、小麦247.7公顷、生猪17.36万头、能繁母猪1.54万头、水产养殖大棚97.1公顷。参保农户达1.88万户，全年累计理赔893万元。

【启动农业公共服务中心建设】 全年建立基层农业公共服务中心13个，其中鹤浦、定塘、茅洋、黄避岙为示范性基层农业公共服务中心。落实项目资金216万元，其中中央资金补助80万元、市级补助125万元、县级配套11万元。

农经管理

【概况】 2013年，象山县以加快转变农业经营方式为主线，以维护农民群众合法权益为出发点，着力完善和创新农业经营体制，全面抓好土林地规模经营、农村“三资”管理、信息化应用等等工作，推动农经工作不断深入，取得了较好成效。

【推进土林地规模经营流转】 2013年，全年新增土地流转面积720公顷，流转总面积达1.22万公顷，占承包耕地总面积的66.94%，新规范流转合同733.3公顷，规模经营面积达1.04万公顷，占流转总面积的85.24%；新增3.33公顷以上规模经营面积640公顷，比年初提高9.2个百分点。全县新增林地流转面积124.8公顷，总面积达79889公顷，新增规模经营面积124.8公顷，累计达4469.5公顷。

【开展农村“三资”管理“双达标、双示范”活动】 2013年，象山县共增配代理会计23名，达到每7村1名标准，工作职能逐步向“记账核算和监督管理”并重转型。全面落实“村账代理”和支票户结算制度，全县所有村级财务和财务专用章均纳入所在镇乡(街道)“三资”管理服务中心代理和管理，实行银行支票户结算的村数(包括独立核算的自然村)从活动前的140个增至650个，并共清理未经批准的多头开户20个村。全面开展“白条抵库”清理，通过“催讨欠款、核销坏账、入账核算”等方式共处理“白条”2.15亿元。进一步规范提升“三资”管理服务中心，全年共有8个镇乡(街道)的“三资”管理服务中心被评为市级标准化服务中心。

【村级财务公开日平均公开率98.81%】 全年4次村级财务公开日平均公开率98.81%，其中规范公开村、财务收支逐笔公开村平均公开率分别达97.23%和98.81%。

【开展百村审计】 全年完成192个村的财务审计任务，占年度计划数的112.9%，其中财务收支审计172个，其他专项审计20个，完成财务清理检查村数32个，审计资金额达16.70亿元，收回各类应收款项45.66万元，挽回直接损失169.2万元，落实整改措施237条。

【加强农民负担动态监测】 全面落实《2013年象山县农民负担监督管理工作意见》，实行向村级组织收费审核制度与村级组织向农民收费申报制度。按照“21216”农民负担动态监测体系（农村经营管理观察点报表体系）要求，定点对农户、农民专业合作社和村集体经济组织的日常收支情况进行动态监测，抽查了贤庠、鹤浦、东陈、晓塘、丹西等5个镇乡（街道）的10个村，均未发现加重农民负担问题。

【开展县级万村联网优秀网站创建活动】 依托万村联网平台，全年共资助建站859个，并开展农民信箱村级示范网站和农业经济主体示范网站创建活动，通过完善栏目设置、优化版面布局等进一步提升自助网站质量，定塘镇沙地村被认定为省级示范网站。截至2013年12月底，全县累计万村联网栏目总建设数7672个，上传信息总量49196条，其中上传信息在24条以上的有458家，占已建设村的86%。

【加强农民信箱的信息服务及应用推广】 全年依托农民信箱短信平台，发布“每日一助”服务信息146次，发送对象170万人次，促成交易315万元。发布农产品销售信息745条，通过象山农业信息网、宁波农经网等平台发布价格及买卖信息1020条。截至12月底，全县农民信箱注册用户达24540户，启用23184户，分别比2012年增长1.88%和0.84%。

【打造智慧农业项目】 以现代农业“两区”建设为契机，全力实施智慧农业项目建设，在该县大塘港农业综合体建成智慧农业总部，建设内容包括主机交换系统、网络交换系统、远程教育系统、主体实时展示系统、显示系统等硬件和系统、视频展示、信息发布、智能管理等软件。全年共有三联公司、黄世登牧场等7家企业接入智慧农业总部，实行智能化管理。

【开展柑橘种苗产地检疫】 2013年共开展橘苗产地检疫35次，检查橘苗市场52家次，检疫橘苗52万株，接穗12.5万公斤，联网签发产地检疫合格证45份，调运检疫合格证56份。

【开展农产品质量安全监测】 全年共从18个镇乡（街道）各大超市菜场抽取蔬菜样品930个，农残检测总体合格率为98.4%；其中蔬菜795个，合格率98.3%；水果105个，合格率98.1%；稻谷30个，合格率100%。

【开展畜产品“强网清源”专项检查行动】 2013年9月16日至17日，对该县7家大型生猪养殖基地开展集中检查，重点检查内容涉及内部管理制度、畜牧养殖免疫档案、投入品管理、员工培训，现场落实整改措施17条。

【开展“绿盾护林”检疫执法专项行动】 全年开展“绿盾护林”1—3号检疫执法专项行动23次，发放宣传资料330份，检查宁波天安集团股份有限公司、宁波申菱电梯配件有限公司、象山电力等木材加工使用企业60家次，检查木材2200立方米，核查新审批木材加工厂2家，均未发现严重违反《植物检疫条例》《浙江省松材线虫病防治条例》等法律、法规的行为。

【开展保护林地资源专项整治行动】 严厉打击破坏森林资源、非法收购林木、违法运输木材等违法行为，全县共立案查处林业行政案件44起，收缴罚款296802.4元，收缴没收林木材积23.44立方米，责令补种林木70株。

【开展“铁拳二号”禁种铲毒专项行动】 按照浙江省林业厅、农业厅、公安厅联合下发的《关于进一步做好2013年禁种铲毒工作的通知》要求，积极部署“铁拳二号”禁种铲毒专项行动，重点对全县范围内的毒品原植物种植情况进行排查，同时加大宣传力度，发放禁毒宣传资料1500余份，在丹西街道仇家山村和贤庠镇西山下村李家山两处共铲除毒品原植物（罂粟）234株。

【开展第二次重点保护野生植物资源调查】 为掌握重点保护野生植物资源现状与动态变化，该县于2013年10月启动第二次重点保护野生植物资源调查工作。本次调查除1998年发现的海滨木槿、舟山新木姜子和红山茶3个复查物种外，还另外发现了8个新目的物种，其中堇叶紫金牛、阔叶沿阶草等4种为宁波市新记录。同时,该3个复查物种在本次调查中发现了8个新分布点,分别位于泗洲头、涂茨、鹤浦和高塘等地。此外,该3个复查物种种群数量也大于第一次调查期间,分别达到95株、64株和650株。本次调查基本摸清了该县11个珍稀濒危植物物种的资源情况。

【加强野生动物保护】 2013年,共检查野生动物驯养繁殖、经营利用场所125家。对泗洲头、白岩山产业区、定塘、东陈、大目涂等地的野鸭生存情况进行了调查,对墙头镇洋北村、中界山岛附近白鹭栖息地进行登牌告示,并启动象山县鸳鸯保护小区建设,每月定期到保护小区观察鸳鸯生存情况。全年收缴捕鸟网19张,猎捕电网3台,电线200米,铁夹54只,绳吊36副。共放生各类鸟68只、刺猬6只、山老鼠1只、蛇13条、獾猪1只、果子狸1只、穿山甲1只。

【加强普法宣传】 全年通过"送法律暨放心农资下乡进村""科技下乡"和象山县广播电台"阳光热线"等方式开展农林综合法制宣传,举办法制培训8期、受训1000余人次,发放《浙江省森林消防条例》《农资实用法律法规手册》《假劣农资识别防范基本知识》等普法资料10余种1.2万余份,接受咨询人数2600余人次。

【强化农业生产安全执法】 2013年,该县开展"绿剑"专项执法行动9次,共出动执法人员507人次,检查各类农资生产经营企业、农产品生产基地、专业合作组织236家次,查获假劣农资4.58万公斤,2个案件(线索)移送公安机关,3人涉嫌构成犯罪被刑事拘留。

【强化行政审批服务】 畅通受理途径,优化审批服务,2013年象山县便民服务窗口(农林窗口)被评为宁波市群众满意基层办事窗口和县行政服务中心星级窗口。全年共受理审核、审批项目16项3279件,其中即办件3132件,承诺件147件,按时办结率100%,提前办结率(天数)达到92.7%。共办理征占用林地许可项目17宗80.6公顷,收取森林植被恢复费604.8万元。

【严抓法制监督工作】 加强行政处罚审核和行政许可的法制监督,全年审核行政处罚案件79件,其中农业案件28件、林业案件51件,畜牧业备案22件;审核行政许可案件4046件。并组织3名人员的参加农业部行政执法考试并全部通过,完成省行政执法人员换证3名。

(农林局办)

农业机械化

【概况】 2013年,县农机局紧紧围绕县农业"两区"建设目标,以提升农机化水平,服务现代农业发展为总要求,认真落实各项惠农政策,不断推进农机服务创新,增强农机科技支撑,提升农机监管水平,农机化工作保持了强劲的发展势头,为全县现代农业高效快速发展提供了有力支撑。全年共受理补贴各类新式适用农机具891台(套)(其中秧盘100只为1套计),农机购置补贴资金总额达934.802万元,受益农户380户。完成水稻机插8.6万亩;农机作业补贴总面积为85238亩,发放农机作业补贴600.5204万元;重点扶持全县产业发展精品园2个,农机示范化基地4个,申报各类农机项目10个,涉及扶持资金近400万元;培训各类农机化实用人才2300多人次;农机专业合作社总数达到54家,农机化经营服务总收入2.18亿元,农机总动力879095千瓦。

【农机购置补贴发放采取"直补"模式】 2013年,象山县承担宁波市农机购置补贴直补试点任务,采取"全价购机、县级结算、直补到卡"的新模式,进一步体现市场机制、申请者的义务、实施者的责任和谁买补给谁的原则。县级农机和财政部门是补贴的具体承担者,购机补贴的方案制定、受理、核查均是由县级农机财政部门来实施,并直接补给享受补贴的购机者,变暗补为明补,让购机者清楚知道具体补贴数额。全县共受理补贴各类新式适用农机具975台(套),其中具有较高科技含量和适用性的烘干机、插秧机等大型农机具约占60%,涉及资金总额达934.802万元,受益农户380户。

【816台拖拉机实施报废】 象山县拥有近1000台达到报废年限的拖拉机,其中部分仍在田间作业或道路上行驶,带来了能耗高、安全性差、效率低、排

放超标、污染环境等诸多问题，还迟滞了农机装备的发展和技术进步。2013年，为解决这一难题，通过多地调研，并争取资金和政策支持，在《宁波市拖拉机报废补偿实施办法(试行)》明确的补偿标准基础上，由县财政再追加每台1500元的补偿资金。通过这一举措，广大农户参与该项工作的积极性较高，当年全县共有816台拖拉机实施肢解报废，涉及报废补贴资金282.8万元。

【建设32个农机智慧点】 2013年，根据县委县政府关于加强农业“两区”建设的指示要求，象山县农机局与宁波市农机局合作开发宁波市智慧农机物联网系统，在农机专业合作社、工厂化育秧中心、烘干中心、设施农业装备示范基地、智慧农机示范点、农机4S服务中心、平安农机示范点、农机科技示范基地等八大类示范点建设了32个农机智慧点，新购入的大型收割机、插秧机等均安装GPS定位仪，并投入110余万元在东陈粮食功能区打造农机区域服务中心。县农机局与晓塘乡西边塘村四季果园果蔬专业合作社共同开展的《象山晓塘数字大棚智能控制系统》项目，于2013年1月9日通过验收，成为宁波市首批智慧农机项目。

【推进农机自主创新】 针对“大米草”分布较广，对农渔业带来的危害也相当严重的实际，县农机局提出机械化治理整体思路，2010年起与象山禾丰机械厂合作开展机械研发，采取深割、旋耕、粉碎、固定等措施，进行“大米草”治理试验。2012年研制出了第一代试验样机，2013年10月底进行了第二代样机的试验，之前存在的通过性不足等问题得到明显改善，预计2014年可以基本定型。同时，针对每年台风易对农业设施大棚造成损坏的实际，县农机局研制出能抵抗12级风力的大棚抗风钩装置，第一批生产500个，已提供给有关合作社安装，并成功通过“菲特”台风的考验，正在申报专利。联合宁波大学理工学院共同研制开发设施大棚内安装电控式轨道运输系统，设法解决农机化“最后一公里”问题。截至2013年年底，县农机局累计申请包括紫菜采摘机、船型海涂翻耕机等在内的专利6项，均已在县域内进行推广，收到良好的经济效益和社会效益。

【县农机服务中心满意度保持100%】 为减轻农民负担，促进农民增收，提升服务效能，经与宁波市农机局协商，2013年1月1日开始，拖拉机牌证核发和收割机牌证核发的审批权限由市级下放到县级，这一项措施大大缩减了审批周期，由原来的承诺件办理变成了即办件，极大地方便了服务对象。同时涉及农机行政许可的项目已实现零收费，2013年共计减免涉农收费240万元，在开展拖拉机年检时，针对部分大型农机不便集中到局检测中心这一问题，县农机局推出免费实地上门检测的服务，全年共免费实地上门检测收割机等大型农机300余台。根据县审管办对行政服务分中心开展的窗口满意度抽查结果，县农机服务中心的满意度始终保持100%。

【全面发挥农机抗灾救灾作用】 针对2013年上半年旱情严重、下半年“菲特”台风登陆等极端恶劣天气，县农机局成立了3支抗灾救灾工作队，开展多种形式的抗灾救灾工作。全年共投入技术人员1000多人次，检修抗灾救灾机具7000余台次，抗旱排灌面积17.7万亩，机械植保面积3.9万亩，灾后修复农田面积8.5万亩，拉运各类救灾物资306.3吨。

【开展外籍拖拉机专项治理】 为进一步加强拖拉机道路交通安全管理工作，减少交通事故，预防重特大拖拉机交通事故的发生，象山县农机局从2013年5月份开始，开展为期6个月的外籍拖拉机交通安全集中整治行动，严厉查处拖拉机脱检、无牌证上路、超速超载、酒后驾驶等突出交通违法行为，全面排查事故隐患，努力遏制拖拉机交通事故发案势头。集中整治期间，共开展联合执法行动70余次，出动执法人员280人次，检查车辆3000余辆，查扣处罚违法拖拉机125辆，外籍拖拉机登记3辆，外籍拖拉机驾驶员55人。

(农机局办)

新农村建设

【概况】 2013年，象山县农村工作在创建省美丽乡村先进县的目标下，中心工作结合职能工作，强化协调，狠抓落实，创新举措，各项工作取得明显实效。全年：启动完成村庄整治建设提升村15个；实施低收入农户增收项目4个；确定市县两级13个重点扶持项目,涉及 17 个村;移民安置 266 户,959 人;实施落实对外对口帮扶项目 4 项,专项帮扶资金 100 万元;安排 10.26 万元专项资金对 165 户生活困难农户进行春节前慰问。全年:达标宁波市全面小康村 9 个,特色村 6 个,中心村 2 个,精品线一条,幸福美丽新家园先进镇乡 2 个;新启动创建特色村 7 个,中心村 2 个,精品线 1 条。积极开展美丽乡村先进县创建准备工作,落实两个核查点迎检工作。牵头狠抓全省农业"两区"现场会沿线环境整治工作,配合协调全省美丽乡村现场会会务工作。

【推进三村一线创建工作】 全年启动创建全面小康村 10 个,通过市、县验收达标 9 个,象山县全面小康村总数达到 61 个村。新启动创建特色村 7 个,总体工作进度达到 66%;2012 年启动、2013 年计划达标的 6 个特色村创建,全面完成工作任务。新启动培育中心村 2 个,总体工作进度达到 63%;2012 年启动、2013 年计划达标的 2 个中心村培育,全面完成项目建设。3 条精品线建设完成投资 1787 万元,其中 1 条通过市级验收。

【推进村级公共事业一事一议】 2013 年,象山县继续对村级集体经济基础好、干部决心大、群众积极性高的建设项目实施财政奖补,坚持一事一议项目选择以农村公共基础设施和服务设施建设、农民受益直接广泛的项目为重点,一般项目补助 20 万元/项,农村生活污水管网建设项目补助 60 万元~80 万元/项,分两批确定项目,第一批确定项目 75 个(包含 4 个污水处理项目)和第二批确定项目 9 个,全年共申报 84 个,其中村内道路建设 38 个、农民会所及活动中心 19 个、溪坑河道整治 9 个、污水管网建设 4 个、美化亮化项目 9 个、其他项目 5 个。2013 年市、县计划一事一议财政奖补资金达 1900 万元(其中县财政配套 200 万元、农村生活污水补助切块 300 万元)。一事一议项目的实施,带动村级集体资金对农村基础设施的投入达 1772 余万元。

【推进浙江省美丽乡村先进县创建工作】 县农办根据 2013 年新农村考核细则,收集县各部门相关资料,集中制作视频、台账资料、汇报资料,并反复多次下乡进行实地踏看,确定 2 个考核点。同时结合全省"两区"现场会、省美丽乡村现场会、小康村回头看活动等职能工作,对已创小康村及现场会沿线环境进行督促整改,为现场会的成功召开,呈现象山县优美的乡村田园风光,做下扎实的基础工作。

【推进欠发达地区村庄整治建设提升工作】 县农办以提升村庄整体环境和基础设施为重点,力抓村庄规划编制,认真开展项目调研评审,明确任务目标,强化进度督查,确保村庄整治建设平稳起步、圆满完成。全县 15 个村共投入资金 5265 万元,其中市、县下拨资金 3750 万元,共拆除破旧房屋 46249 平方米,新建安置房 6080 平方米,完成外立面改造 296950 平方米,硬化村内道路 53700 平方米,绿化面积 64350 平方米,整治河道 15500 米,各项目均顺利完成年初制定的目标任务。

2013 年度象山县村庄整治建设提升村名单

表 7

镇 乡	村 名	镇 乡	村 名
鹤浦镇 4 个	凤凰山	泗洲头 4 个	何婆岭
	南田墩		塘 岸
	谷 桶		后 王
	小湾塘		下马岙
新桥镇 4 个	高 湾	高塘岛 3 个	江北
	东 溪		金高椅
	新 桥		珠 益
	黄公岙		

【推进低收入农户持续增收】 部署开展全省新一轮低收入农户调查认定工作，按农村户籍人口的6%至8%，将人均年收入在9000元以下的低收入农户统一调查纳入扶贫管理平台，认定录入低收入农户12549户，23849人，分别占全县农村户籍和人口的8.75%和5.4%（农村户籍143416户，人口444432人）。继续实施低收入农户致富奔小康工程，以来料加工为重点上报实施低收入农户增收项目4个，下拨资金193.5万元，通过组织来料加工、发展农业产业基地、合作社吸纳等方式，实行就业带动和资金直补，增加低收入农户的工资性收入和转移性收入。

【发展村级集体经济】 2013年镇村上报市、县级扶持强村工程发展项目20个，经过县集体经济领导小组商定，启动实施项目13个，其中上报市级扶持项目6个、县级扶持项目7个，参与欠发达村17个。

2013年度村级集体经济扶持项目

表8 单位：万元

镇乡	村名	项目名称	项目内容	总投资	应补资金	备注
鹤浦	蟹厂	街面房建设	拟建1500平方米商铺，一层设计商铺11间，二层整体商场出租	150	35	市级项目
泗洲头	大理	养殖塘改造	将原有220亩棉花塘改造成海水养殖塘	110	35	
新桥	关头	养殖塘改造	将原来600余亩低产田改造成标准养殖塘，年可增加收入60余万元	210	35	
	洋坑				35	
	双岙				35	
	庙前杨				35	
	山头王				35	
	黄吉岙	礁湾塘改造	建设变电用房2座，实施标准化改造	70	35	
高塘	三五	标准厂房建设	在原有果蔬市场空地新建厂房出租	80	35	
	乌岩头	厂房建设	利用原有老校舍新建厂房面积800平方米并出租	45	35	
定塘	金牛港	养殖塘改造	将原有荒地102亩改造成标准塘	55	30	县级项目
涂茨	旭拱岙	养殖塘改造	对原有400亩养殖塘进行加固改造提升	50	30	
大徐	三角地	杨梅种植	对200亩杨梅基地进行改造	82	30	
东陈	洋里	物业开发	村农民会所出租	57	30	
	南盘	物业开发	村农民会所出租	36	30	
茅洋	小白岩	农业开发	改造村集体所有荒山400亩	40	30	
	银洋	物业开发	建造1500平方宿舍楼出租	150	30	
	17	13		1135	560	

【实施下山移民工程】 全年完成下山移民任务266户959人，涉及5个镇乡街道9个行政村。共拆除旧房30757.5平方米，安置面积75283平方米，暂留生产用房32间。总投资11321万元，其中市、县补助306.4万元。

【推进农村道路改造工程】 推进资源型机耕路建设，完成市县两级机耕路建设29条，涉及9个镇乡28个村，共50.8千米，共下拨补助资金331万元，其中市级补助资金251万元。推进村内道路硬化，采取集中资金，集中扶持，突出重点的办法，确定2013年实施村内道路建设7条，涉及6个镇乡7个村，县级安排补助56万元。

（农办）

2013年新实施现代农业园区项目一览

表9

序号	产业类别/园区类型	项目名称	实施主体	投资额（万元）	建设地址
1	林特/精品园	象山县晓塘西边塘葡萄精品园	象山县晓塘乡农业发展有限公司	380.95	晓塘乡西边塘村
2	渔业/精品园	象山县高塘岛台恒石斑鱼等名贵鱼类精品园	宁波台恒水产有限公司	761.90	高塘岛乡黄湾塘
3	渔业/精品园	象山县西周弘鑫品质梭子蟹精品园	宁波弘鑫水产有限公司	714.29	西周镇蚶岙塘
4	渔业/精品园	象山县红卫塘虾蟹大棚立体高产精养精品园	宁波文明水产养殖有限公司	761.90	鹤浦镇红卫塘
5	渔业/精品园	象山县泗洲头红升名特水产苗种繁育精品园	象山红升水产养殖有限公司	714.29	泗洲头镇红星塘
6	林特/精品园	象山县大徐桔之舟柑橘设施栽培精品园	象山青果水果专业合作社	714.29	大徐镇黄盆岙村、大徐村骑龙塘
7	林特/精品园	象山县丹东三联名贵花木精品园	宁波三联农业发展有限公司	714.29	丹东街道寨里村
8	种植/精品园	象山县贤庠晨丰铁皮石斛精品园	象山县晨丰石斛专业合作社	666.67	贤庠镇沈家洋村
9	渔业/精品园	象山县韭山列岛御龙海洋生态渔业精品园	浙江御龙海洋科技有限公司	666.67	宁波市韭山列岛
10	林特/精品园	象山县涂茨辰弘红阳猕猴桃精品园	象山县辰弘果业专业合作社	571.43	涂茨镇黄沙村

象山县历年全面小康村一览

表10

镇乡街道	2004年	2005年	2006年	2007年	2008年	2009年	2010年	2011年	2012年	2013年
合计	2	4	4	6	5	7	8	7	9	9
丹东										桥头胡
丹西						九顷		仇家山		
爵溪										
石浦			平阳厂		东门渔村		南向		横路桥	马盘
西周		官山		荷欣			航头		潘埠	杰下 土下
鹤浦							马小坦	黄金坦	高坎头	后龙头

续表 10

镇乡街道	2004 年	2005 年	2006 年	2007 年	2008 年	2009 年	2010 年	2011 年	2012 年	2013 年
贤庠		盐厂(省) 碶头陈					官司塘			
墙头			方家岙			黄溪			溪里方	
泗洲头				下马岙		上马岙			墩岙	
定塘		定山(省)		宁波站 (省)	洋岙 礁横	沙地	叶口山		下营	中站
涂茨			钱仓					黄沙		玉泉 大岭后
大徐				铁拾	虎啸铺			章家弄		
新桥					板岭		七林湾	东狮 七林湾	上盘	
东陈			旦门							
晓塘	西边塘 (省)			黄埠		晓塘	中岙		月楼	
黄避岙				大林		鸭屿	周家			
茅洋						李家弄	茅洋	小白岩	溪东	山下叶
高塘岛	江北(省)									

水利水务

水利设施建设

【概况】 2013年,象山县水利局积极落实各项水利政策,努力克服不利气候、政策处理、前期工作繁杂等困难,创先争优,攻坚克难,深入推进全国中小河流重点县和全国小型农田水利重点县建设,加快推进防洪抗旱减灾、水资源有效配置、农田水利、水环境保护、滩涂围垦等五大水利工程体系建设步伐,全年共完成投资8.9亿元,水利投资完成情况创历史新高。

【围垦工程建设有重大突破】 围垦工程全年完成投资2.73亿元。道人山围垦工程快速推进,完成年度投资16214万元,累计完成投资6.4亿元,实现堵口合龙,工程预计能提前到2014年年底完成。黄沙岙围垦工程全面开展主体工程建设,完成年度投资4050万,开始主堤施工。鹤浦水糊涂二期围垦工程创新报批方法,顺利通过海洋等相关审批,实现进场施工。东海涂围垦工程前期工作有重大突破,技术方面前期工作基本完成,进入行政立项审批阶段,力争2014年完成相关报批工作后动工。大中庄围填海工程前期工作基本完成,完成招投标准备进场。大港口围垦工程处于用海前期审批阶段,有望在2014年动工。乌屿山围垦工程、西沪港项目正在进行海域规划编制。

【强塘工程建设加快推进】 强塘工程全年完成投资25027万元,其中山塘治理工程完成投资15296万元,山塘整治完成89座,维修加固山塘完成118座,报废100座,累计完成山塘整治844座,全市山塘治理示范县建设整体进度达到80%。小型水库除险加固工程完成投资2771万元,珠溪、西谷河、大乌岩、马盘等4座小型水库完成除险加固。海塘维修加固工程完成投资6700万元,盘基、下新、毛湾、鹤湾、北面塘等5座海塘进入施工阶段。

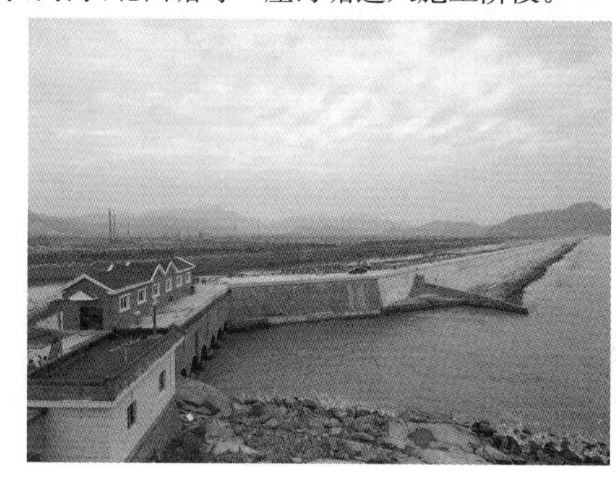

防御标准百年一遇的白岩山海塘

【水环境治理工程深入开展】 水环境治理工程完成年度投资14548万元,其中全国中小河流重点县建设完成投资8045万元,石浦门前塘河完成治理,定塘四柱塘河、贤庠镇区河、石浦鸡鸣河等治理任务完成过半;穿村溪坑整治完成37千米,完成投资3451万元;生态河道建设完成17千米,完成投资1027万元;晓塘乡西边塘村、定塘镇大湾山村等7个村完成村庄水环境整治,完成投资2050万元。

【农田水利工程建设稳步开展】 农田水利工程完成年度投资8309万元,其中农田水利重点县建设完成投资4399万元,新增大田低压管道1万亩,高效节水农业1万亩。面上小型水利工程维修完成投资1090万元,市级小农水项目建设完成投资1777万元,其他小型农田水利建设完成投资1043万元,合计完成小微型水利项目126处。

【农村给水工程实现扫尾】 城乡联网供水工程完成年度投资2550万元，茅洋水厂实现试通水，爵溪水厂改扩建工程、泗洲头供水二期工程开工建设。镇村联网供水工程完成年度投资1092万元，铺设管道60千米，完成鹤浦镇工程、东陈乡二期工程。继续开展农民饮水安全提升工程建设，完成村内旧管网改造12个村，受益8000余人。

【农村生活污水治理做到建管同步】 农村生活污水治理工程完成年度投资9065万元，在原计划30个村生活污水治理的基础上又增加30个村，全年共完成60个村农村生活污水分散式治理。在加快农村生活污水分散式治理的同时，建管并重，出台《象山县农村生活污水分散式处理设施运行维护管理办法(试行)》，采用专业化管理模式，对已投入运行的50多个村分片进行运行维护管理，2013年6月和12月两次对运行维护公司进行考核，确保农村生活污水治理效益的发挥。

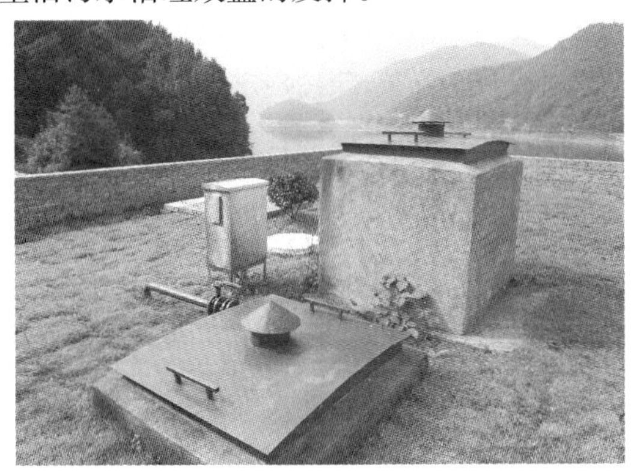

农村生活污水处理站

防汛抗旱

【概况】 2013年，象山县的天气态势变化较大，呈现出先旱后涝、旱涝急转等特点，象山县抓紧抓实防汛抗旱各项基础工作，工程性措施和非工程性措施并举，积极应对旱情，成功抵御“菲特”台风侵袭，保障了县域经济社会发展的良好稳定局面。

【全力抗旱减轻灾害损失】 2013年7月1日～8月20日，象山县平均降雨53.5毫米，是多年平均299毫米的17.9%，持续高温少雨，造成水库、河网水位不断下降，全县水利工程总蓄水量降低至7499万立方米，占可蓄水量的45.8%。干旱少雨导致：部分村饮水困难，西周镇、东陈乡、泗洲头镇、墙头镇等地64个村5.1万人严重缺水；6万多亩农田断水，林特业受灾3.3万亩等。面对旱情，象山县防指办及时启动抗旱预案，成立五个抗旱指导小组，指导协调各镇乡(街道)开展抗旱工作，减轻灾害损失。象山县防指统一调度城乡联网供水，各镇乡(街道)对所辖范围内的水资源进行合理调度，做到“先节水后调水，先生活后生产”，优先保证全县人民生活用水。各乡镇采用铺设临时管道、境外引水、增设翻水泵站等措施解决生活与生产用水，其中泗洲头镇向宁海车岙港引水用于大麦塘片3500亩农田灌溉、西洋村铺设管道到水厂解决村民饮水，东陈乡从西大河6级翻水解决南堡片农田灌溉等。县水利局投入1100万元资金，提前开展部分乡镇2014年镇村联网供水项目，及时解决大徐、泗洲头、东陈等地部分村饮水困难问题。

【成功抵御“菲特”台风侵袭】 2013年23号强台风“菲特”于10月5日开始影响象山县，10月6日起象山县普降暴雨，局部地区出现特大暴雨，造成象山县旱涝急转。“菲特”影响期间，象山县平均过程雨量301毫米，其中西周黄泥桥雨量高达782.9毫米(居浙江省第三位，是象山县有记录以来最大的过程雨量)。面对“菲特”侵袭，象山县委、县政府主要领导坐镇县防指，县防指和各地各部门沉着应对、快速反应，全面落实各项防台措施。象山县四套班子领导带领各部门人员，深入联系镇乡(街道)，全县干部取消6日、7日休假奔赴一线抗台，广大社区、农村党员干部紧急动员，迅速形成全民防台抗台局面。其间，共转移人员32126人，转移船只3204艘，适时转移使全县无一人员伤亡，最大限度地降低了灾害损失。

【防汛防台工作逐步走向制度化、规范化】 象山县防指办认真总结2012年“海葵”台风防御工作的经验教训，借鉴台湾、深圳等地台风暴雨灾害防御相关经验，进一步细化和完善防汛防台工作机制，制定出台《象山县台风暴雨灾害防御规定》和《象山县台风暴雨灾害公众防御指引(试行)》，进一步明确全县各部门台风暴雨预警信息传播办法、标准和防灾救灾工作措施，突出解决“台风预警发布后各类人群该做什么”的问题。各镇乡(街道)、有关部门按照“预警到乡、预案到村、责任到人”的工作机制，对各类应急预案特别是乡镇、村级的应急预案进行完善，推动象山县三防工作走向制度化、规范化、精细化。

【落实防汛防台基础工作】 入汛前，象山县防指办调整落实县、乡镇、村三级防汛组织，落实水库、海塘巡查人和山洪灾害预警责任人，对各类防汛人员发放责任函。2013年4月11日，对水库山塘、海塘巡查人和巡查责任人在《今日象山》报上进行公布，并于6月24日开展培训，做到组织到位、责任到位。加快水毁工程修复，127处“海葵”水毁工程在2013年初全部修复。2013年年底，基本完成“菲特”台风水毁工程修复，工程量较大的鹤浦南田新塘、黄避岙长裕塘、西周镇溪坑等工程预计在2014年汛期前完成修复。

水资源管理

【概况】 2013年，象山县水利局加大技术服务和行政执法力度，进一步发挥水政基层网络作用，强化水法宣传，加强对水事违法案件的查处，水资源管理取得明显成效。

【落实“三条红线”】 2013年，“三条红线”制度中涉及的用水总量控制、水资源论证、水质检测、水平衡测试、取水监控系统、水源地保护等工作有效展开。完成《象山县节水型社会建设工作方案》编制，成为最严格的水资源管理制度。根据象山县企业自身特点和节水工作现状，作为全省第一家企业水平衡测试试点单位的大唐乌沙山发电厂实质开展水平衡测试工作。全力开展“三改一拆”工作，拆除爵溪大沙夜排档等16156平方米涉水违章构建物。

【河道保洁工作取得阶段性成果】 制订《象山县水利局清理河道专项行动方案》，派出3个督查组对全县各镇乡(街道)河道治理情况进行专项督查。完成全县河道清理集中整治阶段工作，全县共清理河道263千米，打捞水面漂浮物5.6万立方米，清除河中障碍物4400处，清理河岸垃圾8700平方米。出台《象山县河道保洁实施办法》、《象山县河道清淤工作实施意见》等文件并启动相关工作，大幅提高河道清淤、保洁资金，河道清淤经费从年均500万元增加到2000万元，河道保洁经费从年均70万元增加到500万元，为最终实现“水清、流畅、岸绿、景美”的水环境综合整治目标奠定坚实基础。

【加强水资源水土保持管理】 2013年初召开全县取用水大户年度取水工作座谈会，综合考虑企业用水需求和往年用水数据，确定2013年度取水企业用水计划，并对全县30处取水监控点进行全面检查。结合全省重点建设项目检查活动，4月至5月开展了风电场和临港道路专项检查，促使涂茨珠山风电场等水土保持项目按整改方案落实措施。

【加强行政审批和规费征收】 全年审批水行政项目22个，其中水土保持项目15个。完成行政规范性文件清理，原有21项，保留15项废止6项。完成行政许可和非行政许可审批事项清理和调整，分别从原有的28项和7项调整为22项和5项。收缴各类规费656万元，除按规定46%上缴中央财政外，其余全部用于水环境综合整治。

【加大水政监察处罚力度】 召开水政监察业务培训会议，对全县水政监察队伍成员及水政协管员150余人进行业务培训，提高水政监察人员业务水平。水政监察大队、各中队全年累计巡查3950人次，查处(调处)涉水违法违规案件35件，立案3件，办结3件，发出“责令停止违法行为通知书”7份、“责令改正通知书”4份、“行政处罚决定书”3份、行政罚款17.26万元。

【积极开展水法宣传】 2013年，县水利部门集中开展以“节约保护水资源，大力建设生态文明”为主题的水法宣传活动，到茅洋学校、瑶琳社区、机关幼儿园、丹城四小和滨海学校进行宣传，发放宣传册1500余份。3月22日、28日在《今日象山》报刊登水法口号，3月22日～31日在象山县电视台打播水法宣传口号，并播放保护水资源新闻专题片。通过农民信箱、机关办公系统公务信箱、气象预警显示屏进行主题周宣传。在各镇乡(街道)摆放宣传图板40余次，发放宣传图画1200张、宣传资料3000多份。

环境整洁的水库上游村庄

【水利改革进一步深化】 结合县农村水利改革发展实际，与象山县发改、财政、编委办、公共资源交管办等单位联合出台《关于深化象山县农村水利改革强化基层水利服务能力的实施方案》，《方案》在基层水利管理机构、村级水务管理、水利建造员队伍建设、培育村级小微型水利工程、建设管理市场等方面有较大创新突破，对象山县建立基层水利服务体系、健全水利工程建设管理体系、建成水利工程管理机制起到积极的指导促进作用。

【水利行业管理逐步完善】 2013 年，首次对 2000 万元以下政府性投资水利工程监理进行预选承包商招标，扩大水利行业管理范围。完善在象山水利施工企业备案制度，对备案施工企业进行考核并通报。针对小微型水利工程挂靠造成人员到位难、工程监管难问题，出台象山县水利建造员制度，经过培训和考试，确定首批 85 名水利建造员。开展“打非治违”和安全生产大排查大整治专项行动，排查整改安全隐患 56 处。

【提升水政管理效能】 举办中型水库工程管理资料编制等技术培训会议，提高各中型水库技术人员业务水平。加强象山县水利建筑设计院管理，完善象山县水利建筑设计院年度考核制度，加强日常监管并进行财务审计，象山县水利建筑设计院成本开支和业务招待费下降明显，设计产品质量和时间履约率有新的提高。加强县水文站管理，县水文站继续与县防指办合署办公，共享数字化防汛决策指挥系统。完成大目涂潮位站和国家级标准雨量站改建，逐步完成各中型水库水位台改造，进一步完善了全县水文站点布局，不断提高水文测报能力。

【开展水利审计工作】 2013 年，县审计局对 2010～2012 年三年来水利系统内各项费用支出进行全面审计，完成县水利局主要领导三年任期经济责任履行情况审计，完成县水利建设资金和水利项目实施情况、县级事业单位用工及财务管理情况、象山县上级财政转移支付资金管理、县行政事业性收费政策执行情况等四项专项审计，对下属象山县水利建筑设计院、6 座中型水库管理处进行财务考核，不断规范水利资金使用、管理。

（应朝辉）

工　业

综　述

2013年是象山全面开启桥海新时代,推进工业转型升级黄金年。面对严峻复杂的经济环境,县委、县政府审时度势,深入开展“工业强县攻坚年”“大项目大平台推进年”和“招商引资突破年”等活动,以“转型提升、做实做强”为主抓手,坚定发展信心,破解发展难题,全力推动工业经济平稳发展、创新发展、转型发展,全县工业经济呈现良好运行态势。

2013年,全县实现规上工业产值471.0亿元,同比增长8%。累计实现规上工业增加值84.6亿元,同比增长8.6%。实现规上利税总额47.0亿元、利润30.4亿元,分别同比增长36.6%、47.7%。全年全部工业企业用电总量为106522.3万千瓦小时,同比增长13.3%。累计完成工业投资42.6亿元,同比增长38.0%。全县万元GDP能耗同比下降2.5%。全年新增规模以上企业49家,总量达到430家;新增1亿元企业5家以上,总数达到85家;列入市高成长型企业达到13家。

2013年,县委、县政府制定出台《关于加快转型提升做实做强工业经济的若干意见》(县委〔2013〕5号)。从“发展壮大规模企业”等六个方面提出31条政策举措支持企业攻坚克难,为工业经济企稳回升创造良好条件。开展领导干部3月、6月、9月、11月集中“工业企业服务月”活动,建立健全县领导干部联系企业和项目制度,全县每位县级领导带领各涉企部门走访强势型、创新型、帮扶型等企业共110余家,走访1亿元以上工业项目30余个,及时解决企业发展中的困难和问题,形成县领导、涉企部门和各镇乡街道“三级联动”服务机制,确保工业企业走访服务全覆盖。实施项目“双评”机制,制定工业项目准入评估和绩效评价制度,成立由经信、发改、环保、规划、财政、科技、国土资源等相关部门组成的项目准入评估和绩效评价领导小组,建立联席评审会议制度,对全县凡是申请公开受让土地的新建、扩建、改建、迁建工业投资项目一律实施“双评”制度,全年已有116个工业投资项目通过准入审查。

大力开展“四换”工作,4个项目列入2013年度宁波市重点产业技术改造(机器换人专项)项目,总投资为2.1亿元,测算共可减少员工227名;2个项目列入2013年度宁波市重点产业技术改造(空间换地专项)项目;8个企业项目列入国家中小企业技术改造、国家中小企业发展、国家重点产业振兴项目等专项,累计获得资金补助1325.82万元。2013年,全县获得授权专利1854件,同比增长22%,其中发明专利46件,同比增长12.2%,实用新型专利1744项,外观设计专利64项。助推企业成长升级,4家企业新列入市高成长企业培育榜,5家企业列入市优势总部企业,兑现企业梯队培育专项资金1700余万元。开展旧厂区改造行动,全年完成天福厂地块一、戴维医疗等21个旧厂房改造项目,总面积34.1万平方米,分别完成市、县目标任务的852.5%和284.2%。

2013年,全县共15家企业实施管理咨询项目,其中8家公司申报市级优秀管理咨询(创新)企业;威霖住宅、合力模具等10家企业立项市县级信息化项目。完成淘汰钢铁落后产能5万吨、电镀落后产能0.3万吨、化工落后产能1.5万吨、印染落后产能淘汰2800万米,以及110台S7变压器的淘汰和更换,均全面完成目标任务;完成11家企业的节能监察工作,20家企业通过清洁生产审核验收。

华翔集团、大唐电厂跻身2012年度宁波市综合“纳税50强”行列，分别位列全市第22位、第25位；正业集团荣获2012年度宁波市工业“纳税50强”称号，位列全市第31位；申菱电梯配件荣获2012年度宁波市“市长质量提名奖”称号；盛和灯饰被评为2012年度宁波市“成长之星”工业企业。日升集团、锦浪新能源作为市高成长企业代表受邀参加本次大会。另外，象山县政府还荣获2012年度宁波市“工业转型升级工作推进奖”。

引导企业实施“走出去”和“引进来”相结合发展战略，全年组织了近百家企业参加第17届西洽会、第20届津洽会、第9届中国模具之都博览会等各类展会，现场达成意向合同7400万元。帮助企业提高产品市场占有率，天安集团、天元电气等42家企业的近百个产品列入2013年度宁波市自主创新产品与优质产品目录。帮助企业拓展延伸产业链，推荐巨鹰集团新疆阿克苏棉纺公司20万锭棉纺生产线项目申报市西部开发振兴东北考评项目，获得奖励资金32万元。

2013年11月，“2013浙江成长型企业投融资大会”（简称第四届“浙融会”）在浙江省人民大会堂举行。象山县瑞基科技、合力模具、汇龙文具等14家工业企业列入2013年度浙江省成长型中小企业，入围企业数名列宁波市第一；县中小企业融资担保有限公司和华翔担保有限公司跻身2013年度浙江省融资性担保机构二十强，分别位列全省第三位、第五位。“浙融会”是我省服务中小企业的一项品牌活动。此届“浙融会”以“创新融资服务，助推企业成长”为主题，通过会前企业筛选、会中融资供需对接、会后跟踪服务等形式，积极搭建“企业、项目与资本的对接平台”，逐步成为创业型、成长型、科技型中小企业拓宽融资渠道的重要平台。此次入围的14家工业企业均被授予省“成长之星”称号，还受邀参加同时举办的中小微企业租赁融资对接专场、成长型企业股权融资对接专场和信用小微企业融资服务对接专场，获得与国内外知名投融资机构对接的机会，并可享有多项省级金融扶持优惠政策，为企业做大做强助力。

（王维娜）

工业技术改造

【概况】 2013年，象山县扎实开展“工业强县攻坚年”和“工业项目推进月”活动，把握象山港大桥通车和“两区”建设的历史性机遇，狠抓重点区块开发和有效投资，建立重点工业项目联系制度，切实为企业排忧解难，有力推进项目建设，全年完成工业投资42.6亿元，同比增长38.0%，有力地推动了工业经济健康稳步发展。2013年，全县共拥有50万元以上的工业投资项目271项，500万元以上项目183项，其中1亿元以上项目投入30项，完成投资19.54亿元，占限额以上投资的45.7%。

【项目申报推进机器换人和空间换地】 为充分发挥产业导向作用，增强企业自主创新能力，提升综合竞争力，象山县积极组织企业上报项目推进机器换人和空间换地，取得丰硕成果。全力模具的年产100套大型汽车发动机缸体精密模具技改项目、劳伦斯的新增年产38万件NEC生产线技改项目、龙驰防腐的大型钢管超厚涂层自动涂装生产线技改项目共获得2013年国家中小企业技术改造中央投资项目补助680万元；天安集团的电工生产基地信息化工程项目、正鼎石油的扩建年产1000套全金属耐高温螺杆泵项目列入2013年国家重点产业振兴项目，争取中央预算内投资资金552万元；特雷姆的新增宝马F35桃木内饰总成生产线等四个项目列入2013年度宁波市重点产业技术改造（机器换人专项）项目，项目总投资为20700万元，测算共可减少员工227名；新乐造船公司的形成3万立方米LNG船舶生产线等2个项目列入2013年度宁波市重点产业技术改造（空间换地专项）项目；鼎盛纳米公司的年产4万吨纳米金属粉及50万升复合自修复合剂生产线项目等3个项目获得国家中小企业发展专项资金95.82万元。

【29家企业完成“退城进园”】 从2006年至2013年，经象山县政府批准实施三批“退城进园”企业共计56家，其中第一批“退城进园”10家企业、第二批21家企业、第三批25家企业，涉及用地面积共23.33公顷，建筑面积147042平方米。截至2013年年底，三批共完成29家，腾出土地面积合计

13.03公顷，拆掉旧厂房面积合计68805平方米。29家企业已搬入工业园区并且投产。

【严把投资项目准入和技改项目备案】 为进一步优化产业结构，建立健全工业投资项目准入机制，提高工业投资项目土地利用效率，全面推进经济转型升级，象山县实施工业项目准入评估和绩效评价制度，成立由经信、发改、环保、规划、财政、科技、国土资源等相关部门组成的项目准入评估和绩效评价领导小组，建立联席评审会议制度，对全县申请公开受让土地的新建、扩建、改建、迁建工业投资项目一律实施“双评”制度，全年共116个工业投资项目通过准入审查。在象山县便民中心专设技改项目备案(核准)窗口，诗兰姆公司新增新能源防尘防水保险丝盒总成技改项目等36个项目备案，合计计划总投资5.5亿元，主要涉及汽配、针织、船舶、机械等领域。

【召开推进“机器换人”工作现场会】 “机器换人”是发展质量效益型工业的需要、是建设生态绿色型工业的需要、是促进工业有效投资的需要。2013年11月28日，全县推进“机器换人”工作现场会召开，会议总结三安制阀公司、华翔特雷姆公司实施“机器换人”工作的做法和经验，研究部署全县推进“机器换人”工作。会议要求，各部门要把“机器换人”作为工业现代化的主攻方向，围绕“机器换人”搞好服务，建立、完善工作机制，制定工作计划和年度实施目标，率先在新装备、汽配、模具、输变电等行业实施一批装备改造项目，以此推进工业创新驱动、转型发展；要理清思路、准确定位，对属地内企业进行认真摸底调查，了解和掌握企业的真实诉求，引导企业实施“机器换人”；要在全县上下形成“机器换人”、减员增效的良好社会氛围，共同推进“机器换人”，着力提高全县工业发展的质量和效益。

【34项新产品列入市第二批工业新产品试产计划】 2013年11月8日，2013年度宁波市第二批工业新产品试产计划项目公布，象山县神鱼机械、云控电气等12家企业的34项新产品列入该计划，研发投入3535万元，测算2013年可新增产值3.38亿元，新增利税5861万元。列入本批工业新产品试产计划的34项产品涉及高低压电器、数控机械、家电、汽车零部件、化学制品、节能灯具等领域。技术水平达到国内领先水平的5项，达到国内先进的26项，其中有3项填补了国内空白。其中，宁波润德机械制造有限公司开发成功RD-36000食品包装机械输运设备，整个输送系统平稳、流畅，整线控制稳定，可以与国外产品相媲美；宁波大鸿盛自动化设备有限公司开发的DHS-PW-A型全自动差速纠偏平网印花机，采用机电一体化配合造型、扩幅差速纠偏控制、不同性质织物张力的调控、图案检测校准与数据存储等系统控制技术，具有自动进出布、自行纠偏、多色套印等功能。该技术能达到高速、高质的目的，并可以大量减少人工，产品替代进口。2013年，全县81项工业新产品列入市级新产品试产计划，计划投入1.02亿元。项目投产后，预计可年新增产值7.68亿元，利税1.22亿元。

【象山海螺水泥二期项目投产】 2013年9月24日，象山海螺水泥二期项目正式投产，四条设计年产水泥440万吨的水泥粉磨生产线全部投运，成为全国规模最大、自动化程度最高、环保清洁的水泥粉磨企业之一。项目由世界水泥业前10强、国内最大的水泥生产企业安徽海螺水泥股份有限公司投资兴建，总投资5.5亿元，占地17.33公顷，分两期建设。2009年4月29日正式开工后，一期工程建成的两条水泥粉磨生产线及附属设施在2010年6月份正式投入运行，设计年产水泥220万吨。2012年5月，总投资1.5亿元的二期工程正式开工，截至2013年9月24日下午，随着土建、装机和设备调试的全面完成和海螺110千伏输电线路正式送电，终于顺利投产。

【45个工业技改项目开工】 2013年，全县工业技术改造(工业投资)新开工项目共汇总上报45项，包括甬菲特电子的小型电动工具生产线项目、九龙创展的生产铁路桥梁及高铁机车连接配件项目等，其中项目所属行业符合“4+4+4”产业导向的有23项，占总上报数的51%。全部项目总投资45亿元，其中固定资产投资41.5亿元，新增用地146.67公顷。项目投产后，预计新增销售产值73亿元、利润7.2亿元、税金4亿元、创汇5350万美元。

【第一批31个节能项目上报计划】 2013年4月，全县全面完成第一批节能项目计划汇总，包括天安集团的柴油燃烧炉改造、浙东表面的中水回收、甬南针织的染色机更新等31个项目，涉及注塑机节能改造、锅炉改造、余热回收、中水回用等8个项目类型，预计总投资额8700万元，节能量达9800吨标煤。县经信局联合财政局对这些申报项目进行审核，对符合专项资金扶持条件的节能改造项目予以补助。

【42家企业产品列入市自主创新产品与优质产品目录】 2013年4月20日，市经信委发文公布《2013年度宁波市自主创新产品与优质产品目录》，象山县天安集团等42家企业的多个产品列入目录，产品主要集中在电气机械和器材、针织服装、文教用品等行业。此次目录的公布将有利于《关于落实稳增长调结构促转型决策部署改进政府招标采购工作的实施办法（试行）的通知》（甬政发〔2012〕90号）等相关政策的执行到位，充分发挥政府采购及国有投资对本地工业经济的带动作用，切实帮助企业提高产品市场占有率，进一步扩大内需市场。

【中石化动建“三连跨”联合厂房】 2013年5月，在贤庠镇老虎口，中石化大型非标装备制造基地项目整体工程全面启动，“三连跨”联合厂房正在建设中。中石化大型非标装备制造基地项目整体工程计划分两期实施。一期工程总投资约2亿元，建筑面积24743平方米，包括新建长162米、宽102米的“三连跨”联合厂房，以及配套探伤室、退火炉和喷丸室等辅助设施。

【檀头山岛30台风电机组安装完毕】 2013年5月13日，檀头山岛30台单机850千瓦风电机组，全部完成安装调试。檀头山风电场项目是省级重点工程，也是县“十二五”期间重点民生工程。该项目总投资3.5亿元，2011年4月份动建，是象山县首个开工建设的风力发电场项目，装机容量为2.55万千瓦时。项目建成投产后，对改善象山县电网结构、减少环境污染、促进地方经济发展具有重要意义。

（王维娜）

针织服装业

【概况】 2013年整个服装产业，转型升级和结构调整仍是行业的主题。象山针织行业秉承县委县政府“加快转型提升、做实做强企业”的文件精神，增强自主创新能力，提升产品品质，丰富产品结构，加大研发投入，走上稳步健康的发展之路。2013年，全县：拥有针织企业700余家，其中2000万元规模以上针织企业146家，1～12月份实现规上针织工业总产值89.7亿元，同比增长1.47%；主营业务收入实现86.97亿元，同比增长0.83%；实现利润1.96亿元，同比增长39%；实现利税总额1.96亿元，同比增长16.49%；实现外贸出口额60.2亿元，同比增长0.3%；完成技改项目40项，投入资金约4.55亿元，同比增长30%。

【出口贸易平稳向好】 2013年，全县规模以上针织企业实现自营出口额10.9亿美元，同比增长17.69%，占全县自营出口额的45.6%。其中出口：亚洲4.52亿美元，同比增长22.71%；欧洲2.7亿美元，同比增长17.73%；北美洲2.2亿元，同比增长17.23%；非洲0.54亿元，同比下降5.77%，拉丁美洲0.52亿元，同比增长23.16%；大洋洲0.42亿美元，同比增长1.73%。实现外贸出口额60.2亿元，占全县外贸出口额的53.75%，同比增长0.3%。自营出口额10.9亿美元，同比增长17.69%，占全县自营出口额的45.6%。其中出口：亚洲4.52亿美元，同比增长22.71%；欧洲2.7亿美元，同比增长17.73%；北美洲2.2亿元，同比增长17.23%；非洲0.54亿元，同比下降5.77%，拉丁美洲0.52亿元，同比增长23.16%；大洋洲0.42亿美元，同比增长1.73%。

【重点骨干企业增幅明显】 2013年，全县针织工业企业中，三型企业27家，其中8家强势型、6家实力型、13家潜力型。其中：8家强势型针织企业具备强劲的发展势头，为全县针织行业树立了标杆，全年实现工业总产值43.36亿元，同比增长14.2%，占规上针织的48.3%；6家实力型企业保持稳步向上发展，是针织行业进一步发展的中坚力量，实现工业总产值10.4亿元，同比增长9.5%，占规上针织的11.6%;实现主营业务收入10.52亿元,同比增长10.7%,占规上的12.1%。

【打造针织服装出口质量安全示范区】“象山县针织服装出口质量安全示范区”自创建以来,一直受到广大针织出口企业的青睐和好评,成为象山县针织品质量提升的重要平台。一方面强化了企业质量诚信意识,提高了企业对产品质量安全的自律意识;另一方面可较快反馈农产品质量,将产品质量控制在出厂前。2013年运行以来,出口产品质量合格率提高到99%及以上,带动了整个行业的有序健康发展。全年新增示范企业40家,达到87家。

【开展针织行业标准化建设】2013年完成制定《象山县针织印染行业能源计量器具配备和能耗限额通用标准》,于2月28日通过市级项目验收,并在全县范围内推广实施。全年11家印染企业共实现投入5000万元,调整电表200余只,水表500余只,实现年节电500万千瓦小时、节水15000立方米、节约煤150万吨、节约蒸汽1万吨,成效显著。

【推进印染行业节能降耗工作】2013年,实施县重点节能项目46项,其中涉及针织企业共计4家,分别是巨鹰凯蒂、甬南公司、鹰星公司的污水热能回收系统改造和一漂印染的锅炉燃烧热能回收改造项目,项目实施以来累计节约9000余吨标准煤,进一步改善了针织印染行业的高能耗、高排放、低附加值的经营生产局面,有效实现节能减排目标。宁波海达针织印染有限公司通过淘汰提升、转型更新、提质增效等工作,实现了工信部规定的相关要求,成为象山县首家符合印染行业准入条件的企业。

【荣获“国家纺织人才培训基地”称号】2013年5月21日,象山县荣获“国家纺织人才培训基地”称号,这是继“中国针织名城”之后的又一国家级称号,在整个宁波地区也属首次。有望获得国家纺织人才交流培训中心更多的支持和指导。与宁波市服装技术研发中心合作共建的多元化交流基地,也在积极进行筹划,该基地的建立,将进一步丰富全县针织人才架构,为行业输送更多的专业型、技术型人才,为行业的可持续健康发展打下良好的基础。

【开展校院合作培养专业人才】2013年5月21日下午,象山县首届针织产业人才培养高端论坛暨宁波市针织服装人才培养基地揭牌仪式在爵溪职业高级中学多媒体报告厅举行。国家纺织工业联合会人才交流中心主任王汉东,东华大学博士生导师教授龙海如,浙江省纺织服装职业技术学院副院长毛才盛,浙江省纺织服装职业技术学院时装学院院长张福良,浙江省纺织服装职业技术学院教授陈国芬,浙江纺织服装职业技术学院办公室主任郑禄红,象山县人民政府副县长陈照民,县经信局、教育局、人社局、爵溪街道等相关领导以及部分规上针织企业代表出席会议。本次活动中,与会领导、嘉宾还共同为“宁波市针织服装人才培养基地”揭牌。

【加大针织行业技改投入】2013年,全县针织行业完成技改项目40项,占全县技改项目总数的14.8%,实现投入4.55亿元,占全县总投资额的8.1%。随着全球针织品多样性竞争的日益激烈,针织品靠价格竞争的优势逐步减弱,改善产品结构,实现多元发展成为行业新面临的问题。全县针织品主要以全棉、涤棉为主,且绝大部分企业生产同类产品,存在相互低价竞争的情况。通过近几年不断的研发和生产应用,象山县部分针织企业也已形成了莫代尔、竹纤维、麻布等多品种发展的局面,以应对全球针织品市场的竞争。

【组织管理培训提升企业实力】2013年5月24日,举办了“象山县针织企业中层干部管理能力提升训练班”,旨在加强企业中层人员的管理能力和执行力,内容涉及企业内部管理、优秀人才培养、提高工作效率等方面,涉及全县50余家企业的80余名企业中层干部,深受企业好评。2013年6月7日,举办了“全网营销和蓝海战术”培训,通过全方位的剖析网络市场的利弊和讲解当今企业遇到的困境,对全县针织企业受益匪浅,培训涉及全县30余家企业的近60名营销经理或代表,效果良好。

【开展行业技能素质培训】2013年11月12日,举办了象山县首届“针织服装制作技能大赛”,大赛由县总工会主办,县经信局、县针织协会协办,宁波兄弟服饰有限公司承办。涉及丹东、丹西、爵溪、墙头、泗洲头、茅洋、东陈、涂茨等8个镇乡(街道),来自兄弟、巨鹰、甬南、佳利、富帆等14家针织企业的80名一线职工参加比赛。通过成衣自动吊挂系统,以各小组参赛,在规定时间内,以总件数最多的组为胜利组通过本次技能竞赛,涌现了一批技术拔尖人才,取得了可喜成绩。最终丹东街道获得团体冠军、泗洲头镇获得团体亚军、爵溪街道获团体季军。来自兄弟服饰一队的朱林获个人冠军、兄弟服饰一队的吴佩飞获个人亚军、新港服饰的李秀芹获个人季军,其中个人冠亚季军还分别授予县高级工、中级工、初级工称号。

【锦秀服饰开拓海外市场】 2013年11月,宁波锦秀服饰有限公司相继成功通过COSTCO、Wal-Mart等世界十强超市连锁企业的实地检验,为拓宽国际销售渠道打下了扎实的基础。面对近年来经济形势持续低迷的影响,锦秀服饰剑走偏锋,实施广纳贤才、四处出击等战略部署,进一步开拓了国内外市场,并向高端出口市场进军。公司在香港及海外设立办事处,聘请多名外贸业务能手负责开拓国外市场,并将业务骨干安排在海外重要据点,公司外贸单子应接不暇。2013年1～12月份,公司实现产值14936万元,同比增长23.8%;主营业务收入16365万元,同比增长35.6%。

【高科技引领“辰德服饰”大跨越】 宁波辰德服饰有限公司是2012年6月成立的一家针织品加工企业。虽成立时间不长,但公司敢于创新,在原本老旧的生产工艺中寻求突破,实现了一次次飞跃。2013年3月,公司新引进的一条吊挂式生产流水线,以及两条输送式流水生产线。这种新型生产设备的引进,打破了一般针织企业多件打包制作的传统工艺流程,进入了单件流水线生产模式,节省了人力,工作效率大大提高,在成衣质量和生产能力上,都有了大飞跃,实现了日均产出成衣5000余件。原本主要着力于运动服贴牌和代加工的宁波辰德服饰有限公司,在高新技术引领下,一再突破,生产的成衣在欧美等国都有了不错的销量。全年总产量突破170万件,实现产值6100万元,实现销售5224万元。

【佳利集团加快转型升级】 浙江佳利投资集团有限公司是一家集棉花加工、棉纱纺织、成衣制造、生物科技、外贸出口、酒店管理、金融投资为一体的集团型企业。2013年,公司引进港资开发节能电机和环保设备项目,1000万美元全部到位,逐步实现了跨行业转型发展。佳利集团延伸产业链条发展优势产业,促使企业在转型升级中达到快速膨胀、裂变。11月16日,集团以780万元高价拍下高性能透明导电氧化物材料产业化项目,本项目突破了透明导电氧化物纳米粉体的可控合成、高浓度分散、大尺寸靶材坯体成型以及两步法低温致密烧结等若干关键技术,实现了超高致密度以及组分、晶粒尺寸分布均匀的氧化锌等靶材的制备,主要性能指标与国际一流大公司的水平相一致。2013年1～12月份,集团实现:产值8.46亿元,同比增长12.1%;销售7.62亿元,同比增长15.1%;外贸出口交货值7.1亿元,同比增长6.8%。

【金驰服饰内外兼修促发展】 金驰服饰是丹东街道一家中等规模针织企业。2013年,该公司调整经营策略,主动减少亚洲、欧洲等地订单,加强与经济复苏较快的美国客商联系,获得了新订单,拓展了新市场。同时,放弃T恤、文化衫等普通产品的订单,转而选择绒衫、童装、牛仔裤等附加值较高的单子。公司还与外商合作,开发绒衫皮拼块新款式,新产品每件比传统圆领绒衫高出5元至10元,2013年该产品陆续销出250万元,成为公司转型升级的拳头产品。此外,金驰公司建立健全一整套质量控制体系,从布料比较采购到自我织造成衣、定点漂染印绣等环节,全程跟踪、层层把关,确保出厂服饰件件精品。公司生产的针织品销往国外市场后,深受消费者青睐,外商一再返单续订,增加份额,由此全年出口产值达到1500万元,同比增长10%。

【针织企业“机器换人”步伐提速】 2013年8月,宁波兄弟服饰公司投资150万元,安装3台自动化印花、绣花机,实现印绣工艺升级换代,这是该公司实施“机器换人”推进转型发展的新举措。作为针织业龙头企业的巨鹰集团,从面料生产、面料印染、样品裁剪、成衣裁缝,到商品打包,各个生产环节形成了一条龙机械系列。该公司采用机械后,节省人工约30%,在一定程度上缓解了用工荒和人工高成本的难题,还使公司管理更加可控化,产品质量更加标准化。近两年来,仅该集团旗下的新疆阿克苏巨鹰棉业公司,已经为采购先进机械投入4000万元,该公司10万锭面料的工人用工量从原先的1800人降低到现在的900人,生产中的抓棉技术采取了管道输送、机械手均匀陈铺,使得工作效率和面料质量得到大幅度提高;生产中的细梭、落梭环节不再需要人工弯腰俯首操作,全由机械替代完成。此外,甬南针织也一直致力于引进先进机械,近5年来,累计花费近2000万元,先后引进裁床、生产流水线、漂染裁边机、自动割线、自动排料一系列科技机械,公司产值从5年前的4亿元跃升到2013年的近6亿元。

【"甬南时代制衣"获称"中国质量诚信企业"】 2013年9月12日,中国检验检疫协会公布2013年"中国质量诚信企业"名单,宁波甬南时代制衣有限公司榜上有名。这是继宁波飞日水产实业有限公司之后,象山县第二家获此殊荣的企业。进出口企业获得"中国质量诚信企业"称号,是检验监管、品牌宣传、政策申请、贸易征信、融资授信等方面重要的质量诚信证明,为企业发展壮大和抢抓市场机遇提供更加便利的条件。

【国家纺织人才培训基地花落象山】 2013年9月17日,国家纺织人才交流培训中心授予象山县针织服装培训学校以"国家纺织人才培训基地"的称号。这在宁波市尚属首次,下步有望获得中国纺织人才交流培训中心的更多支持和指导。

【象山首届针织产业人才培养高端论坛举行】 2013年5月17日,象山县首届针织产业人才培养高端论坛在爵溪职业高级中学举行。会上,国家纺织工业联合会人才交流中心主任王汉东及东华大学教授、博导龙海如,浙江纺织服装职业技术学院教授、高级工程师陈国芬,爵溪职高校长宋厘国分别作《发挥联合会功能,促进产业转型升级》《针织产品与技术发展动态及专业人才培养》《针织业转型升级:针织职教人才培养的提升与进程》《聚焦人才培养,实现多方共赢》等专题演讲,共同探讨针织人才培养模式创新,为象山县针织产业突围把脉。会前,还举行了宁波市针织服装人才培养基地揭牌仪式。

【首个能源计量标准化项目建设完成】 2013年3月18日,象山县"针织服装企业印染行业能源计量管理及单位产品综合能耗限额控制项目"通过市专家现场考核验收,成为象山县首个能源计量标准化项目。为建立健全印染行业能源计量管理体系,该项目要求企业做到生产必须有计量,计量必须有标准,标准必须有修正。为此,象山县印染企业对水、电、蒸气、煤等能源使用都实行了三级管理,即做到企业、车间、设备都有计量设备,在生产过程中,随时监测能源的使用情况,一旦数据出现异状,企业将及时查找原因,保证节能减排增效。

(王维娜)

电器工业

【概况】 2013年,全县共有各类输变电企业60余家,涵盖开关柜、变电站、电力检修安全工具、太阳能组件等各种类型产品。其中2000万元规模以上企业29家。1～12月份,输变电行业累计实现产值46.3亿元,同比增长10.1%。重点企业发展势头相对较好,其中,龙头企业天安集团实现产值24.77亿元,同比增长14.6%;日升集团实现产值2.99亿元,同比增长27.7%。

【天安集团主要经济指标实现五年来最大增幅】 2013年11月28日,天安集团与中石油签订了近2500万元的中缅管线和华北油田110千伏变压器订购合同,这是该公司取得的第四个中石油项目大单。传统电力业务持续中标,风电光伏产品后期给力,成功敲开国网大门,四次强劲入选中石油项目。2013年1～10月份,天安集团市场订单增长20%,生产增长25%,税收增长30%,实现经济五年来最大增幅。公司积极应对国家总体经济增长趋缓态势,及时调整战略营销策略,加大力度抓订单,做好营销服务,加紧项目跟踪与督办。其中,紧抓传统客户是天安行之有效的营销策略,电力公司仍是天安产品的主战场,天安陆续中标陕西地方电力配套产品800多万元、山西地方电力配套产品3800万元。此外,新能源电气产品开发和生产业绩向好,产品不断投运各大工程项目，渐成市场主角。9至10月份，随着甘肃、青海、新疆等各大风电场项目的相继开建，天安作为国内新能源行业供电设备的最大供应商，光伏产品销售持续爆发，取得1.1亿元订单，同比增长48.77%。

【天安集团变压器厂为海上风力发电设备添新锐】 2013年11月14日，天安集团变压器厂为中国水电建设集团如东新能源公司生产的一批塔筒水冷干式变压器成功下线，忙着装运交货。塔筒水冷干式变压器是该厂2013年开发的一种专用于海上风力发电的设备。以“清洁、安全、高效”为特征的风能、太阳能等新型能源产业一直是国家发展的重点，它促进和带动了电力行业相关产业链的延伸。天安的风电产品研发在2006年起步，所生产的系列风电产品频频应用于全国各大风力发电场，占据全国市场30%的份额。

【运生工贸谱写激流勇进三部曲】 2013年6月，运生工贸公司所属的运生电气科技公司在产业区的厂房处于热火朝天建设中，项目总投资1亿元，用于产品研发以及企业扩大再生产。通过核心技术专业化、产品品牌自主化、融资方式多元化等三大战略举措，公司成为国内外多家知名汽车厂商指定的零部件供应商，产品供不应求。运生工贸公司近些年实现了快速发展三部曲：一是招兵买马加大研发力度。运生工贸对外高薪聘请高级工程师，打造核心技术研发团队，重点开发汽车关键零部件技术，获得十多项国家专利，提升了企业产品的含金量。二是积极创立自主品牌。公司研发的尿素箱总成和机油尺总成正在进行名牌申报。此举即将打破贴牌生产的窘境，提高企业在商业价格谈判中的话语权，有利于改变一直处于产业链末端的不利地位。三是传统借贷向资本融资过度。公司探索股权融资的途径，运生电气项目的进一步投资，使企业融资需求加大，资本市场融资成为了公司融资考虑的方向。

【天安公司以智能环保产品引领电气市场】 2013年3月底，天安集团绿色环保产品家族中再添新丁并投放市场，由该公司自主研发的12千伏固体绝缘开关柜首批11台发往浙江开化。针对六氟化硫充气柜造成温室气体排放的缺陷，天安从去年3月起投入精英科技力量研制，以一种兼具智能电气功能、适应电力企业实现配网自动化需求且新型环保的12千伏固体绝缘柜取而代之。该产品于2013年1月通过国家型式试验，被认定符合国家标准，3月份进入市场即迎来首批订单。

【云控电气公司抢抓机遇开拓市场】 2013年春节前后，经过紧张的赶工，宁波云控电气有限公司陆续将一批电动汽车驱动控制器产品，如期交付河北、山东、江苏等地的客户。宁波云控电气有限公司是专门从事研发、生产电动汽车驱动控制器的高科技企业，产品在电动汽车、电动高尔夫球车、电动警用巡逻车上广泛应用。电动汽车驱动控制器是该公司的主打产品，自2012年8月份开始销售以来，订单不断。2013年1～12月份，公司实现销售598万元。

【天安公司承接美国订单】 2013年5月，天安集团首次承接了美国GE通用电气公司的一批变压器订单，“天安智造”产品出口再创新绩。2012年10月份，美国GE通用电气公司为采购输变电产品来天安集团进行实地考察，电工生产基地宏大气派的规模、规范的6S管理给客人留下了深刻的印象。最终，GE公司把橄榄枝投给天安，签下了隔离变压器和励磁变压器两种产品订单。产值占美国电工行业1/4左右，年销售额超过1000亿美元的美国通用电气公司，是世界上最大的电器和电子设备制造公司，产品准入门槛之高可想而知。按照客商要求，首批产品需要经过认证，产品设计、原材料采购、工艺流程、生产过程、产品试验、包装发运等流程需要经过严格评审。为此，天安多次召开专门会议，进行周密部署，由天安进出口公司、象山变压器厂、宁海变压器厂和变压器研究所多个部门协作，商量和确定工艺文件，抽调精干技术力量开展工作。同时，与GE公司每星期进行一次半小时的电话会议，沟通各环节工作情况。这批产品于2013年6月份提交型式试验。

【甬达变压器外壳畅销奥克斯】 2013年2月17日，宁波甬达机电制造公司技术人员抓紧检查即将出厂的变压器外壳，赶在正月初十前将一批产品发往宁波奥克斯公司。甬达公司一直做气动阀件业务，经济效益不很理想，2012年该公司因势转型，挂钩天安、天元电气集团，承接制造变压器外壳，当年实现销售产值500多万元。2012年年底，甬达公司凭借技术实力，参加宁波奥克斯变压器外壳招标，成功取得首单2200万元合同。该公司随即开展职工技术培训，开足马力生产，春节前已分5批向奥克斯提供了300台产品。

【天安电气保驾“神十”登上太空之旅】 2013年6月11日，神十在酒泉卫星发射基地傲然升空，在地面提供电力保障的天安电气设备运行良好，成功助神舟再探天宫。这是该公司第7次以稳定的电气设备保障电力输送，保驾神舟登上太空之旅。天安集团是专业生产高低压输变设备的国家大型企业、国家重点高新技术企业、输变电行业骨干企业，在2003年5月酒泉卫星发射中心举行的原有电网改造设备投标会上，该公司从20多个厂家竞标中，以技术标和商务标最高分一举夺得一批电气产品大单。当年保驾神五成功升空，为天安赢得了酒泉基地的崇高荣誉和信赖。天安电气设备从此扎根酒泉基地，效力国家航天事业。从神五到神十，加上2012年的天宫一号，至今已7次确保航天飞船升空。

（王维娜）

电力工业

【概况】 2013年，象山县全社会网供电量累计18.49亿千瓦小时，同比增长12.47%；售电量完成17.79亿千瓦小时，同比增长12.47%；网供最高负荷38.22万千小瓦，同比上升11.14%；线损率3.80%；电费回收率100%；“95598”投诉处理及时率100%；累计供电可靠率为99.936%，综合电压合格率达99.943%。人才当量密度1.0836，人才密度100%，高技能人才比例98.9899%。安全生产形势稳定，未发生各类影响安全的事件，截至12月31日全局安全日达到5241天。

2013年，公司荣获宁波公司“四好”领导班子创建先进单位；宁波市劳模集体；浙江省创建和谐劳动关系先进企业等称号；连续两年蝉联全国“安康杯”竞赛优胜企业；新桥供电营业所荣获“中国最美供电所”称号；党员服务队荣获省公司抗击“菲特”台风优秀共产党员服务队；公司变电运检中心荣获省公司先进班组（工人先锋号）；公司团委荣获宁波市“五四红旗团委”和省公司“五有”团委等荣誉称号。

【抗击“菲特”强台风保供电取得胜利】 面对2013年的23号台风“菲特”，国网象山县供电公司用最快的速度抢修电网，用最安全的方式恢复供电，自救取得了圆满胜利，支援救灾立下了战绩。在自救阶段，象山全县区域最大降水量达到703毫米（西周黄泥桥）。话务全省排名第六，台风过境数小时后全部恢复供电，且未发生用户投诉事件；在支援抢修任务时，竭尽所能，一切听从宁波指挥中心的领导，8天的时间，哪里有任务队伍就拉到哪里，圆满完成了各项抢修包干任务。

【推进电网建设】 2013年投产了220千伏补强线路、110千伏鹤岛变新建及青莱扩、蛟龙扩、爵溪扩、35千伏檀头山风电接入6项工程，新增变电容量20万千伏安；新增220千伏双回路一条，象山境内37.5千米；新增110千伏双回路一条，长度14.1千米。110千伏北石线改造和炮台山风电接入工程正抓紧施工。配网建设方面实施项目15个，完成投资6060万元。农用线路改造方面完成投资1500万元，实施了66条线路的改造任务。智能电网建设方面累计完成智能表推广13.8万只，覆盖率达到57.16%；完成24.1万户用户的用电信息采集器安装任务，覆盖率达到99.8%。总保安装率达到100%。

【深化安全督察长效机制】 2013年，该公司坚持把安全放在首位，全面落实安全责任；坚持做好各项规定动作和自选动作，全方位全过程管控安全风险。结合春秋季安全大检查，公司把握“早”“全”“实”三个关键字开展自查，提早行动、全面开展、实事求是，共发现问题152条，并落实整改。加大反违章督查力度，将三级督查情况列入考核范围，建立了安全管理工作评分表制度。将3G移动视频监控系统引入违章纠错全过程。

【深化优质服务】 2013年高温持续，象山县最大用电缺口达到5万千瓦，是总负荷的15%。该公司想方设法保障有序供电：一是进一步细化有序用电方案，错避峰等级从去年的四级增加到了六级，缩小每级之间的负荷差距，减小过度限电或限电不足的误差。二是实施错避峰用户分档管理，以当年单位电量税收为依据，对优先保障、一般保障、一般限制和重点限制四类用户分别给予不同的错避峰时间，充分体现有序用电有保有限原则。三是做好错避峰用户告知工作，从5月底开始，配合政府部门对全县1592户错避峰用户开展“有序用电错避峰协议”上门签订工作，做到通知、沟通、解释“三到位”。

【构建和谐企业】 在《以“微”元素推动“五统一”企业文化在班组落地深植》被列为省公司企业文化落地工程重点项目的基础上，着力提升企业文化“引领力”和“内驱力”。积极引导基层班组开展企业文化上墙、班组和个人共同愿景建立、企业文化“微故事”征集、安全教育“微电影”和真人漫画拍摄等有形化建设，发挥文化的引领作用。组织50余名中层干部和管理人员参加“高级企业文化师”培训，开展了“欣赏式探询工作坊”体验培训活动，促进广大干部员工对国网公司“五统一”企业文化的认知和认同。开展第二届职工体育运动会、“制度管事、文化管心”主题辩论赛、廉政文化征文、班组“职工小家”建设、“文明餐厅”行动等全员共同参与项目，提升基层员工在建设企业文化过程中的自我存在、自我价值和自我表现，改变被动接受企业文化的状态，使企业文化建设与日常生产经营管理工作“无缝衔接”。

【推进大所制改革】 一是机构优化设置。象山供电公司以满足服务时限和质量为基本前提，以提升优质服务和工作效率为目的，坚持“管理集约化、服务扁平化、作业专业化”的原则，结合象山县供电公司的现状，按照“供电所+供电服务站”模式全面优化了供电所机构设置，其结构精简率为58.3%。机构的精简保障了资源利用、工作效率、服务水平、管理能力的全面提高。二是高低压融合、生产营销属地管理。在供电所优化设置之初，从内部管理、专业管理、故障处理、政府协调和用户沟通这五个方面进行分析，从业务范围划分上，高压配网业务由原来的3个工作点扩大为现在的8个工作点，平均抢修时间明显缩短。三是开展供电所管理提升活动，按照省、市公司的统一部署，认真排查梳理，总结整治，着手调研、分析，编写检查目录一本通，搭建班组管理系统平台，组织成立了常态化管理领导小组和工作小组，实施公司领导、职能部门分所连责对接。同时出台《供电所常态化管理实施方案》，通过抓两头（抓标准化示范供电所创建和管理排查发现问题较多供电所的对口帮扶）、带中间的工作方法，全面提升供电所管理水平。

（沈晓挺）

汽车零配件工业

【概况】 2013年，象山汽车零配件产业在整体经济形势平衡放缓情况下，仍快速增长，全年汽配行业规模企业完成：工业产值693710万元，同比增长15.6%；销售产值651527万元，同比增长25.8%；利税总额70411万元，同比增长44.9%。汽车零部件产业稳居全县十大产业的首位。其中华翔集团公司发挥了龙头骨干拉动作用，2013年，华翔集团：实现产值591607万元，同比增长16.4%；实现销售553741万元，同比增长28.7%；实现利税总额64366万元，同比增长38.2亿元；利润51273万元，增长43.2%。

【汽配行业赶潮“机器换人”】 2013年10月，在宁波劳伦斯真木饰件加工车间，五台德国进口的PUR木塑复合材料注塑成形设备投入满负荷生产。该生产线投资2000多万元，从3月份开始安装调试，8月份投入试生产，直接带动了企业产能大幅增长。9月份公司单月产值首次突破4000万元。原来手工操作要两人配合，一人转动产品托架，另一人持喷枪上油漆。喷漆后要晾干，然后再喷漆、晾干，一件产品要重复操作5次。采用新设备、新工艺后，产品可以一次性完成上漆，且一举解决人工喷漆厚薄不匀、原料浪费、废料污染等难题。劳伦斯公司只是象山县汽配行业赶潮“机器换人”的其中一员。针对企业用工难、用工贵等问题愈演愈烈的现状，近年来，该县汽配行业纷纷引进或研发先进设备，积极上马自动化、信息化技术改造项目。宁波特雷姆汽车饰件公司实施的新增宝马F35桃木饰件总成生产线技改项目，列入2013年宁波市重点产业技术改造“机器换人”专项。公司总投资3600万元,引进15套机器人,完全投产后能新增销售数亿元。恒富汽车部件公司,新增数十台新式注塑机,实现了自动投料、自动加工、自动传送。

【华翔登上跨国公司百强榜】 2013年9月,中国企业联合会、中国企业家协会联合发布“2013中国制造业企业500强”、“2013中国100大跨国公司及跨国指数”等榜单。象山县华翔集团位列制造业企业500强第477位,位列100大跨国公司第93位。2013中国制造业企业500强以企业营业收入为入围标准,其入围门槛为70.6亿元。华翔集团是著名国家大型企业、中国优秀民营企业。2013中国100大跨国公司榜单是参照国际组织的通行做法进行筛选排序,其入围门槛为海外资产14.91亿元。从地域来看,浙江省占8席;从公司性质来看,民营企业有20家;从行业分布来看,汽车及零配件制造业有6家。跨国指数按照海外营业收入、海外资产、海外员工等比例折算,反映出一家企业国际化经营与运作能力。华翔集团的跨国指数为28.2,比2013中国100大跨国公司平均跨国指数高出一倍,充分说明近几年华翔集团实施海外并购、加快全球布局的战略计划卓有成效。

【长城玉士集团总部回迁工程奠基仪式举行】 2013年1月6日,长城玉士集团总部经济基地项目在经济开发区城南高新创业园举行奠基仪式。该项目总投资4亿元,计划建设企业集团营运总部、汽配研究院、配件检测中心以及配套商务酒店等集行政、商业、服务为一体的汽车配件生产贸易总部基地。长城玉士集团成立于2003年6月,下辖六大控股公司、两大技术研发中心、四大股份合作公司,总资产达到8.2亿元。为支持象山县县域经济发展,长城玉士集团决定将设在宁波的总公司和运营总部,以及位于宁波的工厂和新拓展的项目一并迁回象山,着力打造汽车配件生产城。总部经济基地项目计划于2014年6月完工并投产,正式投产后,力争公司各项经济指标每年增幅在20%以上,至2015年实现生产总值50亿元。

【县汽车工业行业协会召开二届二次理事会】 2013年8月13日,象山县汽车工业行业协会第二届第二次理事会议在华翔国际酒店召开,华翔集团董事局主席周辞美主持会议,华翔电子、长城玉士、宝鑫集团等12位理事,西周工办和汽车行业协会相关人员参加会议,县经信局党委委员赖盛火出席会议。会议通报了2013年上半年汽配行业运行情况,研究部署下阶段工作。各理事达成一致共识,全县汽配企业要在华翔的带领下抱团发展,作差异化分工协作,把象山的汽车零部件行业做专做精做强。

【林氏汽车零部件项目竣工】 2013年9月,高塘岛乡林氏汽车零部件的“汽车零部件生产新建”项目竣工,正式开工投产。该项目总投资6000万元,用地面积2.33公顷,产品主要包括橡胶O形圈、橡胶油封、汽车柴油滤清器,建成后预计实现年产值5000万元、利税300万元以上。

【周辞美获浙江省“十大杰出领袖企业家”称号】 2013年1月8日,浙江省中小企业协会评选、表彰一批省优秀企业家。华翔集团董事局主席周辞美获得“浙江省十大杰出领袖企业家”称号。华翔电子董事长周晓峰获得“浙江省成长之星”称号,华众塑料总经理周敏峰获得“浙江省中小企业优秀企业家”称号。

【铭诺汽模“两条腿走路”拓市场】 2013年2月,宁波铭诺汽车模具有限公司实现VM汽车发动机盖罩产品的批量生产,打破了以往该汽车部件产品只能靠进口的格局。铭诺公司原先是一家专业生产汽车模具的企业,坐落在东陈乡滨海工业园区。为应对市场竞争,该公司充分利用汽车模具开发的优势,建立汽车部件生产线,拓展生产销售渠道。VM汽车发动机盖罩是意大利设计产品,内部包含进、出气等技术,十分复杂。为求突破,2012年,公司投资200万元进行技术研发并取得成功。产品深受维柴、江铃等国内大公司的肯定。2013年,公司实现产值2058万元,实现利润101万元。

【“宁波华翔”收购德国HIBTrim】 2013年5月29日,华翔集团旗下上市公司“宁波华翔”完成收购德HIBTrim公司的股权交割,并按计划开始后续整合。该项收购共出资3420万欧元,折合人民币

2.74亿元。HIBTrimPartGroup总部位于德国巴登一符腾堡州，成立于1875年，是真木、金属、石料和碳纤维等领域的高档轿车内饰件领先者，特别是天然桃木内饰件位居全球第三。HIBTrim在细分领域拥有20%的全球市场份额，与欧洲各知名整车厂都建立了长期供货关系；在德国设有研发中心，在罗马尼亚建立了生产成本较低的制造基地，拥有员工1350多人。2012年，HIBTrim营业收入8060万欧元，税前利润为370万欧元。“宁波华翔”在全球木制内饰件市场份额中占据第二的基础上，通过收购HIBTrim公司，进一步确立了公司核心产品。

【西周镇力推汽配主业高端化】 汽配行业是西周工业的主心骨，其块状经济的特色和优势非常明显。该镇2013年有汽配模具企业207家，其中规上企业22家。华翔集团旗下的劳伦斯公司成为全球三大汽车真木装饰件供应商之一，还通过收购美国北方刻印集团成为全球汽车铝合金装饰件龙头；特雷姆公司的IMD类车用功能结构件市场占有率居全国前五；华众塑料低压注塑包覆工艺内饰件和中型金属嵌件前端框架市场占有率全国领先。从集聚整合汽配模具产业，到做专做精工艺研发、机械加工、展览销售，到培植企业总部，该镇出台了汽配产业转型升级实施方案。积极向上级争取扶持政策，恒富汽配获得中央补助140万元，华众塑料获得市补助资金295.7万元，劳伦斯、春华两家企业列入高成长企业培育队伍。增强园区吸纳能力和孵化能力，协助7家企业延长土地使用年限，帮助8家企业办理房产证和土地证，协助5家企业解决变压器增容扩容问题。

（王维娜）

船舶工业

【概况】 2013年，象山船舶工业接单难、交船难、融资难等问题较为严峻，渔船订单明显减少，利润空间进一步压缩，垫资增多造船风险进一步加大，严重影响企业经营。全县11家规模以上船舶修造企业：实现工业总产值19.08亿元，同比下降4.43%；其中出口2.52亿元，同比下降66.46%；主营业务收入13.85亿元，同比下降16.45%；实现利润0.078亿元，同比下降64.19%。全县11家万吨级以上船舶修造企业新承接船舶订单量24.05万载重吨，同比上升22.76%；其中出口船舶9.94万载重吨，同比上升45.61%。造船完工量27.82万载重吨，同比下降30.24%；其中出口4.54万载重吨，同比下降62.29%。截至12月份末，手持船舶订单量34.98万载重吨，同比下降10.3%。

【培养造船业技术队伍】 为促进船舶工业企业转型升级，2013年，船舶协会积极组织船舶工业企业专业人员参加中职职称评审。通过调查核实，全县船舶工业企业有250人持有初级技术职称（助工）证书的在职员工，他们都是各企业单位的技术骨干和中层领导，但部分由于学历差距，一直不能升为中级职称（工程师）。协会通过会同有关学校，组织符合基本条件的34名人员进行计算机培训，为争取中级职称评审合格积极创造有利条件。同时密切联系县经信局、县人社局有关部门为造船企业办理审报工程师资料。

【东红船业打造“海上菜园”】 2013年10月30日，在秘鲁渔场作业的“华利17”号新型远洋鱿钓船传出佳讯，该船开辟的“海上菜园子”经过三个月实验，成功收获了第一茬新鲜空心菜。“华利17”号是一艘舟山籍专业鱿钓船，2013年年初在鹤浦东红造船厂建成下水，6月底远赴秘鲁渔场作业。东红造船厂为之量身定做的“海上菜园子”位于驾驶舱台上，一方形状不规则的空间，10套全自动节能蔬菜种植设备，采用“无土栽培技术”，通过光照温控、自动补水系统，确保绿色蔬菜正常生长。经过三个月的实验，“海上菜园子”成功收获了第一茬新鲜空心菜，其余品种多样的蔬菜月均收割两至三茬，产量可达40公斤，够20多名船员打上两三顿“牙祭”。通常一艘远洋渔船一个完整的作业周期是两年左右，在这个脚不着地的生活环境里，船员们常年以冻鱼、冻肉、海带佐餐，“华利17”号新型远洋鱿钓船开辟的“海上菜园子”让梦想照亮了现实。因受海上气候影响，“海上菜园”以种植生产周期短的叶菜类蔬菜为主，如韭菜、上海青、空心菜、甜白菜、木耳菜、红苋菜、生菜等。

【4.75万吨巨轮“明州36”顺利下水】 2013年5月25日上午，载重吨位4.75万吨的“明州36”巨轮，

在宁波中洋船舶工业有限公司3号船台顺利上水，驶入象山港。“明州36”是中洋船舶为宁波江海运输有限公司打造的散货轮，船身长199.98米，型宽32.26米，型深16.30米，货舱容积62800立方米，造价1.5亿元，这是迄今这两家公司建造和拥有的最大型船舶。宁波中洋船舶工业有限公司组建于2006年，是象山县一家新型船舶制造股份制企业，拥有3万吨～5万吨级船台及配套设施3座，配备100吨级、200吨级龙门吊各一台，可建5万吨级干船坞、9.7万吨级干船坞各一座，年生产能力30万吨。

【新乐造船建造国内首艘双燃料机3万立方米液化天然气船】 2013年5月，在中国南车与新乐造船签订战略合作协议后，国内首艘双燃料机3万立方米LNG(液化天然气)船在位于象山产业区船舶制造基地的新乐造船有限公司开建。新乐造船与央企中国南车签署战略合作协议，将共同致力于先进技术在造船业中的应用，改变海洋工程等高等级船舶配套的电力推进系统基本依赖欧美发达国家的局面。LNG船是国际公认的高技术、高难度、高附加值的“三高”产品，是在零下162摄氏度低温下运输液化气的专用船舶，是一种“海上超级冷冻车”，被喻为世界造船“皇冠上的明珠”。此次开工建造的双燃料机3万立方米LNG船由宁波新乐造船集团有限公司和上海欧得利船舶工程有限公司按照国际天然气运输标准共同自主研发，船体总长181米，型宽36米，型深19米，吃水深7.8米，采用C型货舱技术，主推进系统采用双燃料电力推进方式，属无限航区域船舶，总投资达6.5亿元，为国内首艘中型LNG船。

【鹤浦船企“二次创业”】 2013年3月19日，位于鹤浦镇的宁波博大船业有限公司出口印尼的第七艘558TEU集装箱船成功下水试航。该船是专门针对东南亚地区开发的小型集装箱船，与传统的大轮相较，船体较宽、吃水较浅，且驾驶舱设在船头，特别适合近海航区货物周转运输。面对全球船舶制造行业持续发酵的“寒冬”，鹤浦镇及时提出了“做实做强、转型提升”的发展理念，引导船企在苦练“内功”的同时“抱团取暖度冬迎春”，积极求变求新，拓宽造船领域，向多元化方向发展，在危机中寻找商机，实现“二次创业”。鹤浦镇积极引导船企实施三大升级，即基础设施与设备升级、管理升级、产品升级。东红、博大、振宇、振鹤等对照PSPC涂装新规范要求投入数千万元，添置钢板预处理设备、环保涂装设备、分段室内预装车间，引进三维放样、数控加工、等离子切割等工艺，大大提高了加工精度和效率。各船舶企业相继推行“6S”精细化管理，其中东红船业更是将6S升级至国际最先进的8S管理，企业面貌焕然一新，生产绩效大为提升。

【瑞德森船泵依托技术创新抢占市场】 2013年7月8日，宁波瑞德森船用泵制造有限公司新研发的液压驱动深井式化学品泵荣获国家发明专利，填补了国内空白。瑞德森船用泵制造有限公司坐落于黄避岙乡谢家村，是一家专业生产制造船用水泵、船用油泵以及船用化学品泵的现代化企业。公司严格按照日本JISSMA246的制造标准，在汲取国外同类泵优点的基础上，以镍铝青铜为主材设计制造。瑞德森公司拥有完善的可检测流量为8000立方米/小时水泵试验台、流量为2000立方米/小时的油泵试验台以及完全模拟船舱的专用深井试验台。近年来，面对持续低迷的船舶市场行情，公司根据自身实际开拓创新，通过自主设计研发，依靠先进技术抢占市场，企业业绩逐年攀升。公司生产的各类船用泵已进入国内中海油等大型船舶制造企业，并形成了良好的外销格局，上海船舶设计院、上海708所、704所等多家知名船舶设计院已将该公司纳入了厂商设计目录。

【石浦鱿钓船赴太平洋作业】 2013年6月18日，两艘整修一新、装备齐全的宁波大和海洋渔业有限公司鱿钓船从石浦港出发，开赴北太平洋渔场，由此拉开了2013年象山县远洋鱿钓作业的序幕。2009年7月，象山县首支远洋渔业船队开赴北太平洋从事鱿钓作业，开启了象山县海洋渔业的“远洋时代”。5年内，全县已发展远洋渔业企业6家，先后赴北太平洋、东南太平洋、西南大西洋及日本海公海生产作业，参与国际渔业竞争。

【我国首艘自行建造的秋刀鱼鱿鱼两用远洋渔船鹤浦下水】 2013年7月23日，“欧亚19”在宁波博大船业5号船台前顺利下水。这是我国自行建造的首艘秋刀鱼——鱿鱼两用远洋渔船。"欧亚19"的船东为宁波欧亚远洋渔业有限公司。为拓展远洋作业范围，最大化地挖掘利用渔船功能，2012年年初，欧亚远洋会同博大船业赴日本及中国台湾地区学习取经，同时借鉴舟山地区的部分改装渔船，联手专家团队不断推陈出新，一套秋刀鱼———鱿鱼两用船型的图纸在当年年底敲定。同期，首批四艘船只开始动建。该船型长75.6米、宽11.8米、型深7.3米，相比两年前建造的欧亚远洋专业鱿钓船，主机规格提升舱储量也整整大了一倍。在舷侧滑轮、诱鱼灯具的安装等方面更具灵活性。

【欧亚远洋秋刀鱼渔船试航成功】 2013年8月27日上午9点18分，宁波欧亚远洋渔业有限公司所属的欧亚1、欧亚19两艘秋刀鱼渔船前后驶离石浦港，东出下湾门，驶向东海试航指定区域。在省、市、县船检实验师的现场指导和组织下，两船参照检验规范和试验大纲，经过8个小时的推行试验和系统操作，顺利完成各项试航任务。欧亚1、欧亚19两船的成功试航，也标志着象山县船舶制造业在新型船体制造技术上获得了新突破。

【欧亚远洋船队绕行地球两周】 2013年8月3日，经过一年零八个月的国际远洋渔业竞争，装载着4000余吨鱿鱼的欧亚远洋鱿钓船队顺利返航。欧亚远洋鱿钓首发船队由欧亚7、欧亚8、欧亚9三艘专业鱿钓船组成，于2011年11月8日自石浦港起航，作业区域横贯大西洋、太平洋海域。近两年的作业时间，绕行地球整两周。近两年的作业周期内，船队循鱼踪而动，2011年11月份至次年的4月份，都在南纬45度附近的阿根廷公海作业，以机钓为主；2012年5月份至10月份，转移至秘鲁渔场，作业方式改为手钓。利用滑轮和钓钩，钓上100多斤的大鱿鱼是常有的事，其中最大的"巨无霸"接近200斤。受洋流、气温等诸多因素影响，鱿钓日产量有较大波动，最高纪录为一船一夜捕获25吨。欧亚鱿钓船为宁波博大船业建造，已入选农业部标准化船型行列。两年的海上作业实践也为该船型的"标准化"概念提供了实证。

（王维娜）

机械工业

【概况】 2013年，全县2000万元规模以上机械行业工业企业有25家，共实现工业产值13.04亿元，同比下降6.9%；实现销售产值12.58亿元，同比下降6.0%；实现外贸出口交货值2.56亿元，同比增长22.5%；实现利税总额1.33亿元，同比下降11.1%，其中利润0.68亿元，同比下降24.5%。

【弘鹰机械乐为百家"模企"做前道】 2013年，弘鹰机械公司的加工、贸易产值达2000万元，比2012年增长20%。为给众多模具企业做好前道，弘鹰公司十分重视技术队伍建设，邀请专家集中培训，通过师傅传帮带，推行车头自检互检制度，形成一整套从图纸设计、铁料下截到焊、铣、磨等工序连锁的质量控制规范。随着模具产品的渐趋大型化、精密化，弘鹰公司陆续投资100多万元，添置了4台大型平磨、切割机，1台龙门铣床，安装了几台10吨吊装大桁车，可加工六七吨重铁坯，生产上百种不同类型、规格的模具配套产品。

【丹东街道创新驱动机电产业升级】 随着产业同质化、竞争激烈化，机电企业的生存发展面临严峻考验。2013年来，丹东街道因厂制宜分类指导，着力做好产品创新、管理创新两篇转型升级大文章。其中，象山海达机械公司通过新产品开发、装备更新，今年食品机械制造质量更上新档次，产品源源畅销安徽、河南、贵州、广东、新疆等地，1月至12月份实现产值14923万元，同比增长23.7%。宝鑫集团铁路信号、汽车配件、电力成套等多路出击，新产品相继面世前景看好，其光感涂油器获得国家专利，开始应用于北京、上海、大连、成都、昆明等地铁线路。盛和公司新颖LED灯开发闯出大市场，2013年1月至12月份实现产值15300万元，同比增长15.9%，实现销售14900万元，同比增长13.2%。佳田、今日、宁丰等部分针织企业也瞄准市场，投资转产模具、汽配、交通护栏等机械产品。同时，同家、探索、骏嘉、华辰、甬乔、宇翔、新大通等机电企业利用生产淡季，抓紧实施职工素质提升工程，邀请专家技术培训，参与县、街道技能比武，全面推行6S、精细化、成本核算、安全生产规范化等管理新举措。

【三安制阀强化设备投入提质增效】 宁波三安制阀有限公司2012年投资300万元引进的世界先进的卧式加工中心,凭借这台设备,将原先要5道工序需5个职工完成的流水线过程整合为一,现在1台机器1个职工就可以完成,生产效率大大提升。三安制阀是一家专业从事阀门制造的企业,产品涵盖消防灭火阀门、车用天然气阀门、工业气体阀门等众多领域,拥有300万套阀门的年生产能力,国内市场占有率达到35%以上。并先后跻身国家高新技术企业、宁波市工程技术中心等行列,在自动化改造的道路上迈出了坚实的步伐。2013年5月份,宁波三安制阀有限公司还荣获浙江省著名商标企业称号。

【"机器换人"成为制造业升级新方式】 2013年,"机器换人"已经成为象山县新装备制造业转型升级的有力抓手。宁波日星铸业有限公司投入上千万从国内先进装备企业组装了全自动砂处理生产线、电炉自动加料系统等自动化设备,使公司减少了20%的用工人数。华晨机械新增1台价值258万元的数控定梁龙门镗铣床的自动化设备后,实现产品循环加工,并且速度快、安全性高、质量优,单台设备就能够实现减员7人。晓塘的欧乐机械实施年产3万套极细微调精密镗刀技改项目,投入250余万元引进数控车削中心、双磨头数控内圆端面磨床等设备。

【明辉光电自主创新实现华丽转身】 明辉光电原是丹西街道一家生产钻机设备的小微企业,公司从2012年7月份开始筹备厂房扩建、购置设备、新产品试制研发等,实现了公司从简单粗放的机械加工努力向颇具技术含量的精密制造的华丽转型。2013年,公司共投入2000万元,其中两条生产线就达1300万元。在不到一年的时间里,该公司就从从事十多年的注塑机行业,转向生产手机、平板电脑触摸屏,成为象山首家在流水线上完成从裁剪到最后成型的触摸屏生产商。

【嘉德机械纸箱成型机创每分钟36箱】 宁波嘉德轻工机械有限公司厂房虽为租赁房,空间有限,办公区域与生产车间显得挨挨挤挤,连总经理办公室也不到10平方米。但企业一直坚持产品品质高于一切,十分重视科研团队建设,在人才引进、外出学习培训等方面舍得花大本钱,当前国内纸箱成型机装配矿泉水的效率一般在每分钟30箱,而嘉德机械自主研发的高新技术,实现每分钟达到36箱,赢得了客户的青睐。2013年1～12月份,公司完成产值1215万元,实现销售1215万元。

【龙泰电机向内挖潜提高"亩产效益"】 地处晓塘乡的龙泰电讯电机有限公司占地25000平方米,厂房纵横交错,都在三层以上。公司积极探索和实施节约集约用地发展模式,向内挖潜,提高"亩产效益"激活了企业发展的"内动力"。公司生产的直流轴流风机、冷却风机等产品应用于IT领域、运动器材、电源系统等行业,涵盖面广,其"九龙"品牌产品不仅在国内具有良好的口碑,还出口到欧洲等十几个国家和地区,市场占有率较高。在经济形势复杂多变的大背景下,龙泰仍保持了较好的产值,2013年1～12月,实现产值9002万元,销售8774万元。

【绿缘机械果蔬加工设备赢得大市场】 绿缘轻工机械生产的果蔬加工系列设备,能将苹果、番茄、土豆、胡萝卜、青椒等蔬果,根据需要,切割成片、丝、块、粒、圈等各种形状,一台机器可抵上10个人的手工操作,产品一投放市场就受到客户的青睐。2012年7月,公司与中国包装和食品机械总公司签约,搭上央企这艘大船,绿缘生产的产品顺利赢得广阔的市场。绿缘产品随着市场的拓展而信誉鹊起,但公司并不满足于现状,不断研发新的产品,除生产果蔬切割机械产品外,2013年还成功研发面包加工生产的自动输面机、切块机、排盘机、包装机等系列产品核心设备,产品在青岛美益食品公司使用后反映良好。2013年1～12月份,公司产值达1715万元,实现利润329万元。

【申菱公司扩建基地组建集团打造"升级版"】 2013年9月,宁波申菱电梯配件有限公司在石浦科技园区的迁建、扩建项目进入最后的竣工验收阶段。其中,仓库已率先投用,生产车间的主要设备已全部安装好,附属用房准备开始装修。申菱石浦科技园区制造基地项目总投资4.2亿元,其中车削加工中心、激光切割机等大型设备投资就超出亿元。全部投产后将成为全国电梯配件行业最大的生产基地，可以年产电梯开门机10万台、轿厢6000台、安全部件12万台、曳引机2万台，预计年产值30亿元。申菱在上海设立了研发、营销、物流主要平台以及部分生产基地，在重庆、广州、天津等主要城市筹划建立制造中心，还大力开拓海外市场、积极投身国际竞争。申菱的产品主要有电梯门系统、曳引机、安全部件、轿厢等五大系列上百种产品，尤其是门系统和安全部件国内市场占有率达到25%以上，成为同类产品市场的“全国单打冠军”。2013年1～12月份，申菱实现产值215765万元，实现利润17190万元。

【沪港公司打造精酿啤酒业一流品牌】　西周镇的宁波沪港食品机械制造有限公司是精酿啤酒酿造设备制造行业名副其实的“隐形冠军”。“沪港”创立于2002年。2004年前，一直从事不锈钢容器的加工制造，此后，生产的微型啤酒酿造设备在北美市场占有一席之地，但基本以来图加工为主。由于没有自主品牌，效益也低，企业转型升级迫在眉睫。2006年，“沪港”开始实施“品牌提升”和“精品制造”战略。2009年，“沪港”成功进入台湾自酿啤酒第一品牌“金色三麦”，并把自酿啤酒引进中国大陆。2011年年底，“沪港”成立苏州鸿麦啤酒餐饮公司，2012年6月份，公司投资的国内最大自主品牌自酿啤酒餐厅开业。这个面积4000平方米的自酿啤酒餐厅，可以同时容纳800人畅饮，并配备了高档西餐美食。2013年1～12月，企业实现产值10553万元，同比增长50%，销售额10553万元，同比增长50%以上。

【骏嘉公司开发重型压机】　2013年开春来，丹东街道骏嘉重型机械公司加紧配套生产4台6000吨级重型压机。重型压机是该公司与国内著名科研机构合作开发的高科技产品，每台造价150万元，用于高强度钢板挤压定型工艺。2013年1～12月份，公司完成产值5975万元，实现利润402万元。

【探索公司输送机进军欧美市场】　宁波探索机械有限公司是丹东街道输送机专业厂家。该公司开发成功的新一代封闭式、环保型输送带，深受国内外客商青睐，进入欧美市场。2013年1～12月公司实现产值5157万元，实现利润269万元。

【力古机械精加工开辟高端市场】　宁波力古机械制造有限公司是一家铸造私营企业，成立之初，公司就立足长远，主动加压，按节能减排等要求开始大规模技术改造，并通过ISO 9001:2000国际质量体系认证，公司里老旧的灰尘处理设备基本上改造成密封性处理防尘设备，环保性能大大提高。2013年公司在投入300万元加强环保的基础上，进一步开拓国内外精加工市场。公司专门组织部分员工分批到大型铸造企业参观学习先进企业管理理念和经验；招聘专业技术人员，引进德国先进检测设备，在产品质量上严格把关，真正生产出客户满意的成品。公司的产品质量提高了，声誉越来越响，国内外铸造及加工产品的订单应接不暇。2013年1～12月份，力古机械实现产值4950万元，实现利润333万元。

（王维娜）

模具工业

【概况】　2013年，象山铸造模具从业人员近万人，模具企业140余家，其中年销售额500万元以上的企业42家，各种专业技术人员1000余人。2013年规模以上模具企业共实现产值80493万元，同比增长2.9%；销售产值75828万元，同比增长1.9%；利润总额8384万元，同比增长3.9%；利税总额14354万元，同比增长2.3%。受劳动力成本上升、融资难、同行低价竞争等影响，大部分模具企业盈利空间进一步压缩。

【模具检测中心发挥三大功能】　2013年，模具检测中心在原模具检测的项目基础上又增添了硬度机、理化材料、化验设备等，1～12月检测模具等机械产品的形位、硬度等大项目30多家次，并为部分企业作公正检测。自模具检测中心成立以后，发挥了三大功能：其一为全县的模具及机械企业检测了产品；其二，培训了一批企业检测人员；其三，结合技工学校的教学培养了学用兼顾的学生。

【县模块铸造中心落户宁波亿特诺工程机械有限公司】　全县每年铸造模块有5000吨以上的需求，以前一直到北仑、上海等外地采购。2013年10月份，模具协会将模块中心落实到宁波亿特诺工程机械有限公司。该公司系从宁波来象山建办的专业铸造企业,地处黄避岙,生产能力可达 2000 吨/年模块。

【“中国铸造模具之乡”通过复评】 2010 年象山县的铸造模具被中国铸协授誉“中国铸造模具之乡”,2013 年复评到期。中国铸协于 12 月 11 日～13 日对象山开展“中国铸造模具之乡”的复评工作。复评组听取了汇报、考察走访了合力等 6 家企业,认为象山在短短的几年里,不但铸模变化大,上升快,还在压铸模上取得了跨越式的拓展,达到与号称“压铸模之乡”的北仑区相当水平,很有发展潜力,同意象山通过“中国铸造模具之乡”的复评工作。

【模具企业参加各种会展和洽谈会】 2013 年,各模具企业选择参加了针对性较强的各种展会和洽谈会:4 月,7 家企业参加苏州模具博览会;5 月,7 家企业参加第九届中国模具之都博览会;6 月,6 家企业参加上海新国际博览中心的汽车模具与装备专题展、昆山的汽车零部件制造与模具技术和产业峰会、3D 打印技术与应用交流会等;11 月,象山模具企业派代表参加武汉高端模具钢研讨会等。

【模具协会第二届理事换届大会召开】 2013 年 1 月 28 日,象山县模具行业协会召开第二届理事换届大会,县经信局、民政局、财政局等相关部门领导以及 46 家会员企业负责人参加会议。会议听取了协会会长施良才代表第一届理事会向大会作的工作报告,审议通过了杨友利代表财务监督委员会宣读的协会财务报告,选举产生了第二届理事会,宁波合力模具有限公司董事长施良才再次当选协会会长,蔡同家等当选协会副会长。象山县模具行业协会成立于 2008 年 12 月,经过 4 年的发展,拥有会员企业 46 家。

【三模具企业项目立项国家技术创新基金项目】 2013 年 10 月 12 日,象山县 4 个项目跻身国家 2013 年度科技型中小企业技术创新基金立项项目。这 4 个项目计划投入 2700 万元,此次共获得补助资金 260 万元;预计项目实施期内可实现销售 8300 万元、利税 1700 万元。其中 3 个项目是铸造模具项目,它们分别是凯利机模的柴油机变速箱压铸模具系列产品、强盛机模的汽车发动机铝合金铸件精密复杂铸造模具、东风模具的汽车发动机水套砂芯精密铸造模具。

【航宇模具做专做精实现稳健增长】 2013 年 5 月,位于贤庠镇东风工业区的航宇模具航空航天大型薄壁高精密模具项目开始填渣建设。项目总投资就 2000 万元,预计 2015 年正式投产,届时将成为企业提升技术水平、深化做专做精战略的主战场。航宇模具是一家专业从事航空航天模具设计和生产的民营企业,成立于 2005 年。公司始终坚持以质量和服务赢得客户信赖,依托成熟稳定的研发与制造团队和先进仪器设备等外部条件,与国内航空航天企业建立了稳定的配套合作关系,上下游产业供需稳定。同时,公司还积极与国内航空工业科研机构合作,成功完成了多项大型、整体、复杂的铸件模具的设计和制造任务,在航空模具设计与制造领域有了深厚的经验和技术积淀。特别是在航空发动机、机载设备、航空航天附件等高难度模具的设计上拥有独创的一面,经过业内专家的工艺评审,取得成本低、工期短、工艺结构流畅、质量保证系数高的好评。

【博宇模塑开足马力扩大再生产】 2013 年 7 月,位于滨海工业区的博宇新项目建设地块完成前期土地填方等工作,开始桩基施工,项目占地面积 3.73 公顷,一期厂房建设预计在一年后完成。新项目主要用于汽车饰件的设计研发和生产制造,也是象山经济开发区 3 大重点项目之一,计划总投资 1.2 亿元,项目分两期。其中:一期计划投资 7000 万元,包括土地购置费、厂房一期建设及其他固定资产投资等,厂房及配套设施总建设面积约 3 万平方米;二期计划投资约 2900 万元,预计建成后生产能力将达到 1.5 亿元。象山博宇汽车模塑制造有限公司创建于 1999 年,专业生产汽车发动机塑料件、冷却系统和通风系统塑料件,已形成模具开发设计及注塑等产品生产的一条龙服务体系。经过几年的稳步发展,2013 年度成为县潜力型企业,实现产值 3164 万元。

【日星铸业“7S”管理出成效】 2013 年,宁波日星铸业有限公司积极引进现代管理机制,通过开展

"7S可视化"系列活动，在企业发展中取得显著成效。公司内部推行7S管理模式，即"整理、整顿、清扫、清洁、素养、安全、节约"，其中"节约"放在生产首位。通过绩效考核激发全体员工参与的积极性，从一张复印纸、一粒铸模砂、一度电开始，经300多位员工的努力，日星铸业每生产一吨铸件的成本与之前相比平均下降了500元，这对于年生产量近4万吨铸件的日星铸业意味着一年成本下降了2000万元。此外，车间里的产品和工具全部摆放的井然有序，平时的钢片、钢渣等垃圾，在7S管理下，得到再次利用。从2009年开始，日星铸业每年投入近千万引进先进技术和设备，原有的高耗能焦炭熔化炉逐渐被节能的中频电炉所代替，并积极开展错避峰生产。目前，生产成本的降低给公司的生产经营提供了更大的调整空间，7S管理模式的有效推进促进了企业的稳步发展。2013年1～12月，公司实现产值4.06亿元，同比增长70.6%，完成销售3.51万元，同比增长60.3%。

（王维娜）

水产·食品业

【概况】 2013年，全县共有各类大小水产品加工（含冷冻厂）企业500多家，其中2000万元以上规模企业30家，主要龙头企业有：飞日水产、南方水产、华毅水产等。1～12月份全县水产、食品行业累计：完成规上总产值33.08亿元，同比增长5.5%；实现销售产值30.27亿元，同比增长3.1%；实现利税总额1.75亿元，同比下降5.1%，其中利润1.19亿元，同比下降6.6%；实现出口交货值15.60亿元，同比下降8.6%。随着捕捞量急剧下降、经济鱼类收购价上涨、对日关系紧张和东南亚地区的竞争等因素影响，企业盈利能力呈现下降趋势。

【丹西食品行业高速增长】 2013年，在全县经济保持平稳增长的态势下，以天韵、华宇为代表的丹西街道食品加工企业主要指标增长速度加快。其中天韵食品等以生产水果罐头为主的食品企业，从拓展市场为切入点，克服受农产品生产地限制，产品品种单一的局面，企业纷纷从原来的粗加工转向精加工，并从产品的包装、规格、色系上大做文章，既增加了产品的多样化，又提高了附加值，深受客户追捧，企业订单也纷至沓来。1～12月份，天韵食品完成产值5.1亿元，同比增长73.5%，实现销售3.2亿元，同比增长25.9%。食品企业快速增长还得益于前几年不断的技改投入，通过改进生产线、引进新设备、扩大生产规模，使得产能成倍递增。

【兰洋水产项目列入市民生科技重大项目】 2013年11月22日，宁波兰洋水产食品有限公司申报的"特色海藻开发植物空心胶囊关键技术研究与示范"项目，列入了市民生科技重大项目，将享受相关补助政策。海藻空心胶囊可以克服传统同类产品的缺点，且具有药物稳定性好、干燥失重小、重金属含量低等优点，市场潜力巨大。同时，兰洋水产正在积极上马水产废弃物提炼不饱和脂肪酸的精深加工项目，可望通过进一步延长加工链增加效益。

【水产加工业渐享"机器红利"】 近年来，随着捕捞量的逐渐下降，受经济鱼类收购价上涨、国际市场竞争加剧等因素影响，象山县水产加工行业发展空间进一步受到挤压。再加上劳动力成本的持续上升，传统的劳动密集型加工企业盈利能力呈现下降趋势。2013年，象山县越来越多的水产加工企业正在通过发展精深加工项目，实现传统行业的转型提升，逐渐享受到"机器红利"，努力改变原先水产加工行业"劳动密集型"的标签。在飞日集团加工车间，一条条规格差不多的鱼，整整齐齐地送入机器，几秒钟后"吐"出来的是去刺、去内脏且被分割好的鱼块。公司引进该套进口机器价值100多万元，可抵得上10多名工人的工作量，实现减人增效。其他水产企业也纷纷引进先进设备和技术，开发出鱼精、鱼露、味知素等海鲜调味品，以及深海鱼油、深海鱼氨基酸、有机液肥等精深加工产品。还积极从冷冻鱼糜、冻鱼片等向下游延伸，发展休闲食品、鱼罐头等高附加值产品。

【水产品加工企业组团参加"省农博会"】 2013年11月，象山县6家水产食品加工企业参加了宁波食品博览会、2013浙江省农产品博览会，同时，部分企业参加了在萧山区新农都市场举办的展示活动。2013年农博会以"生态、精品、安全"为主题，大力宣传浙江省近年来农业农村发展成就，突出推介农产品新型流通业态、农业龙头企业、农民专业合作社、家庭农场、休闲观光农业、创意农业和农产品品牌，展销名特优新农产品及其加工品，并开展贸易洽谈、优质产品和“杭州市民最喜爱的十大品牌农产品”评选以及形式多样的专题活动，同时举办网上农博会专场，促进农产品产销对接，推进高效生态，特色精品农业发展。在为期6天的展销中，6家企业的销售额约20万元。

【举办“象山海鲜”南京推介会】 2013年11月27日，由象山县人民政府、宁波市供销合作社主办，象山县供销联社和象山县海洋与渔业局共同承办的2013浙江象山“象山海鲜”南京推介会，在南京农副产品物流中心会展中心成功举办，该活动以“绿色、特色、品牌”为主题，针对企业产品销售难的问题，象山县政府部门积极为企业搭建更多平台。参加这次活动的有南京市领导，南京市水产批发市场、超市、酒店代表，以及14家企业代表。活动集中展示了象山丰富多彩的海产品，有海鲜类、白鲜类、冰鲜类、干品类及鱼糜制品系列。会议现场，企业双方代表就有关问题进行了座谈，南京的水产批发市场和几家超市对象山海鲜赞不绝口，表示了与象山企业的合作意愿。

【29家企业亮相食博会】 2013年11月21日，象山的素子园、三联农业、南方水产、兰洋水产、建农水稻等29家企业在宁波展馆参加2013食博会。食博会共设综合馆、红酒馆、台湾馆、浙江馆、宁波馆、食品机械馆等7个即期展馆和两个常年展馆，面积7.6万平方米，设立3800个国际标准展位，规模创历届之最。在宁波馆、素子园和南方水产的特装展位备受市民热捧，香脆的果蔬片和即食系列海鲜让观展者大饱口福，场面十分火爆；三联农业展位现场销售黄秋葵和百合，也吸引了不少市民驻足。此次食博会还举行了宁波优质农产品电商对接会，全县有10家企业参与。会上，农产品电商承办方对食博会特装展区进行现场推介，1家企业现场签订了农产品电商合作协议，多家企业达成合作意向。

【华宇食品新厂竣工投产】 新厂区于2013年11月8日起试生产。华宇食品迁建扩建项目被列为2013年象山县实施类重点工程。该项目总投资1.2亿元，占地4.87公顷，建筑面积3.3万平方米，主要经营水果、蔬菜罐头的加工，设计年生产能力达3万吨、年产值2.7亿元。该项目于2012年11月动工，2013年7月份完成土建工程。华宇食品新厂的竣工投产，对促进象山农、林产业发展，提高辐射带动能力，增加农民收入等有着积极意义。华宇食品公司于1998年成立，是一家集研发、基地、加工、销售于一体的综合性农业龙头企业，主要经营各类果蔬罐头加工，产品主要以外销为主，远销日本、美国、加拿大、欧盟等国家和地区。

【第11届象山海鲜节展销会开幕】 2013年11月9日，第11届象山海鲜美食节展销会在石浦海峡广场开幕，迎来了当地市民和广大游客竞相购物。展销会首日成交额10余万元。该次展销会会场分为海鲜区、活鲜区和干鲜区，货源均由当地渔船直供、厂家直销，绕过中间商，每种商品都比市场便宜约20%。

（王维娜）

盐 业

【概况】 2013年10月14日经省政府批准，新桥盐场167.8公顷盐田废盐转产。新桥盐场废转后，全县尚剩2个盐场，旦门盐场、花岙盐场总计盐田面积104公顷，年产盐约5000吨左右。旦门盐场即将被列入废转开发，象山的食用盐、工业盐今后将从外地调入。

2013年共生产原盐11200吨，完成年计划的56%。食盐仍实行专营，全年共出动盐政执法人员487人次。全年共销售小包装碘盐1466吨，碘盐覆盖率达到94.33%，碘盐合格率96.11%，合格碘盐食用率90.67%。2013年公司经营亏损。

【盐业公司35名人员分流安置】 新桥盐场“盐转废”后，县委、县政府分流安排盐业公司人员35名，分别被安排到县各部门下属国有企业。2013年年底已有29名人员去各单位工作，余下6名未到位正在做工作，争取分流到位。

【实行非盐经营】 盐业公司在全县盐场大面积废转后，企业效益下降，为了企业生存，经营以盐为主、发展副业。开发漂染化工产品、奇强洗涤产品、酒类等经营。2013年销售量达1480万吨，实现利润120万元，为企业缓解了压力。

（盐业公司办）

象山经济开发区

【概况】 2013年，开发区：完成合同外资3680万美元，完成年度计划的105.1%；实到外资2002万美元，完成年度计划的117.7%；实到内资60721万元，完成年度计划的152%；实到省外资金27036万元，完成年度计划的208%；工业项目实到注册资金23191万元，完成年度计划的144.9%。当年新增投产企业24家，新开工企业11家，新增落户企业78家(其中租赁企业64家)，在建企业20家。实现年度政府投资15620万元，完成年度计划的104.1%；实现年度工业投资8.25亿元，完成年度计划的103.8%。完成规上工业总产值105亿元，完成年度计划的101.2%；创利税10.6亿元，完成年度计划的189%。

【开发区成为县级招商引资先进单位】 开发区依托大桥优势，积极参加浙洽会、象山投资贸易洽谈会等，充分运用各类媒体、广告在中国(象山)开渔节等节假日加大开发区宣传力度。按照“招大、引强、选优”的原则，以绿色、科技项目为主线，采取“走出去、引进来”策略，灵活运用产业招商、亲情招商、以商引商、驻点招商等方式，积极开拓招商渠道，收集有效信息，多次走访北京、上海、安徽、大连、杭州等地，广泛接触当地行业协会和龙头企业，重点关注“浙商回归”项目，成功引进激智科技、能特科技和国恒控股等大项目入驻开发区。全年共引进外资项目6个(国恒控股、弘坤电气、赛帆科技孵化园、凤泰塑料、福象包装、宏普机械)，内资项目9个(激智科技、能特科技、博宇汽配、三安制阀、鼎晟纳米科技、斯柯达、东风悦达、一汽马自达、郎亿德导线项目)，其中投资亿元以上项目9个。在谈项目9个，其中智能护理机器人制造、俄罗斯雅克轻型飞行器研发与制造项目都投资较大。奥迪4S店已获得授权意向书，准备着手办理落户事宜。

【开发区新增建设面积11.62公顷】 开发区根据区域规划，制定年度土地征用计划，强化政策处理工作。2013年1月完成新征丹西街道珠水溪村丹霞路西延伸段3.816亩，2013年10月完成对幸福塘区域2011年未征的东陈乡沙岗村78.55亩和西山村91.92亩土地征收工作，累计新增建设面积11.62公顷。

【汽车广场新增2家4S店】 2013年，城南高新创业园汽车广场新引进斯柯达和东风悦达起亚2家4S店，汽车广场4S店累计达到14家。一汽丰田、长安、广汽丰田、华晨中华4S店在2013年完成建设并投入营业，累计营业家数9家，东风日产、北京现代、上海大众、斯柯达4家正在建设，其中斯柯达正在钢结构基础建设外，另外3家已完成基本建设。

【龙泰公司闲置地块违章建筑全部拆除】 龙泰公司闲置地块属历史遗留问题，自2009年起，丹西街道方井头村村民在地块内违章搭建棚屋并对外出租经营，共有45家经营户，涉及建材钢材、汽车修配、废品回收、轮胎专卖以及餐饮服务等多个经营项目，是县“两城创建”的主要整治内容，也是2013年县“三改一拆”的主要对象。该区通过摸底调查、出台并完善《整治工作实施方案》、挨家挨户送达“拆违通知”，多次上门进行政策法制宣传。4月20日，组织20余人对地块内2500平方米“蒙古包”予以拆除。5月6日，在县委、县政府的统一部署下，组织国土、规划、公安、城管、开发区及丹西街道等部门400余人，对“龙泰”公司闲置地块内的违章建筑予以全部拆除，拆除面积约12000平方米。拆除后，9月份完成清理和平整场地，浇筑围墙及文化修葺。该地块整治工作历经半年，取得成功，成为全县典范。

【水桶岙地块地基处理工程动工】 该工程2013年未列入政府年度投资计划，根据县委、县政府的要求，由开发区管委会实施后为垃圾焚烧厂提供建设场地，共需爆破开挖约70万立方米的山体，完成23.33公顷场地的平基工作。在相关部门的配合下，开发区3个月时间完成工程设计、评估和招投标等前期工作,11月初正式动工,至12月31日完成25万立方米左右的山体开挖,完成30%场平工程量,着手准备爆破作业平台面的验收工作。

【打造工业大平台拓展第四园】 为了增强招商引资的承载力,适应新一轮产业发展需要,年初开发区整合资源,启动拓展规划,继开发示范园、滨海园、城南高新创业园后,着手开发仁义涂,由原来"一区三园"拓展到"一区四园",面积由原来的14.32平方千米拓展到17.62平方千米。仁义涂园区近三年完成基础设施投入1亿元,截至2013年12月31日,与仁义涂开发公司成功签订共同开发协议,完成《象山县仁义涂区块控制性详细规划》评审稿。

【滨海工业园商业街一期项目竣工】 滨海工业园于2005年兴建,现有入园企业近百家,落户企业职工近1.5万人,常住人口3500余人。2013年11月28日,县实施类重点工程——象山经济开发区滨海工业园商业街一期项目竣工,将切实缓解园内商业布点少,企业职工购物难、就餐难、娱乐难等凸显问题。滨海工业园商业街项目位于金商路(海迎路至海荣路段)两侧,项目占地面积75亩,建筑总面积7.5万平方米,计划总投资2.5亿元,分两期实施。其中:一期项目2012年4月份开工建设,建筑面积2.9万平方米,由11幢单体组成,项目总投资13000万元;二期项目预计2014年年底启动建设。项目建设竣工后,逐步引进餐饮、零售、理发、网吧、图书、医药、洗车、通讯器材和储蓄等一批商业服务项目,以满足园区内职工的吃、住、娱等生活需求。

【滨海工业园配套基础设施建设完成投资1170万元】 该工程2013年计划投资1000万元,要求建成幸福塘金洋路和海经路,并对人行道、绿化、路灯和配套管线等进行完善。截至12月底,完成投资1170万元,占年度计划的117%,完成金洋路路面工程、海经路大部分路基工程,并建成道路的人行道、绿化、路灯等配套设施。

【城南高新创业园基础设施工程完成投资13870万元】 该工程为县重点工程,计划完成年度投资12000万元,要求建成兴岗路以东各条道路。1～12月完成投资13870万元,占年度计划的115.6%。全年完成汽车广场区域滨海大道,里井路、宏兴路、东城路、兴园路、绿化、人行道、水电全部配套工程、一期BT项目完成兴岗路以东道路路基工程。

【社会管理服务中心"一条龙"服务显成效】 该中心奉行"一窗口"办理、"一条龙"服务宗旨,为园区企业及职工群众提供登记办证、电动车上牌、就业咨询、用工介绍、房屋租赁、权益维护、纠纷调解等服务。全方位落实区域内社会事务管理,化解社会矛盾,提升非公有制企业和职工群众根本利益诉求满意度。1～12月中心共解决209名外来务工人员就业;办理电瓶车上牌381件;调解各类纠纷15起;交通违章处理140件;闲置厂房调查405家;出租厂房10家;受理暂住证办理3721件。

【创建绿化县级先进单位】 开发区为营造良好投资创业环境,积极开展"四边三化"绿化活动。2013年城南高新创业园、滨海工业园、工业示范园三园全年投入800余万元,完成20.2千米的道路及河道绿化新建改造项目,其中,新建道路绿化8.3千米,新建路侧围墙外绿化5.7千米,新建河道绿化1.6千米,改造河道绿化4.6千米;完成绿化面积16.84公顷,其中新建面积12.7公顷,改造面积4014公顷。

(开发区办)

象山经济开发区2013年项目落户情况一览

表11

序号	企业名称	主导产品	投资规模	完成情况
1	宁波鼎晟纳米科技有限公司	金属纳米粉、纳米复合自修复剂	注册资金1000万元；总投资4000万元	已完成土地拍卖
2	宁波弘德电气有限公司	智能化变电站成套设备研发与制造	注册资金500万美元加500万元人民币；总投资11000万元	正在项目设计
3	宁波宏普机械制造有限公司	山地车、汽车及工程机械设备制造	注册资金300万美元；总投资4500万元	钢结构厂房结顶，做内部主体
4	宁波凤泰塑料电气有限公司	尼龙扎带	注册资金1000万美元加1000万人民币；总投资11000万元	做基础工程
5	宁波能特科技有限公司	NPP技术表面处理	注册资金2000万元；总投资20000万元	1#车间竣工 开始附属设施建设
6	象山峰华汽车有限公司(悦达起亚)	汽车4S店	注册资金700万元；总投资3000万元	悦达起亚基础及主体厂房建设
7	象山博强汽车销售服务有限公司(斯柯达)	汽车4S店	注册资金700万元；总投资3000万元	主体建设
8	象山激智新材料有限公司	纳米光学增亮膜	注册资金500万元；总投资5000万元	两条生产线安装完毕，设备开始调试
9	宁波福象包装科技有限公司	烟草包装	注册资金500万美元；总投资6000万元	要求地块置换

象山产业区

【概况】 2013年，象山产业区抢抓发展新机遇，积极主动应对各种困难新挑战，集中力量打好大项目大平台建设、工业强县和招商引资三大攻坚战，园区开发建设实现提速发展。新增签约项目12个，完成合同外资4307万美元，实到外资1587万美元，实到内资5.86亿元，实际省外资金2.13亿元，截至年底累计落户企业达153家。新增开工企业10家、投产企业20家，累计在建42家、投产77家，全年实现工业产值36亿元、销售32亿元、利税1.9亿元。

【临港规划体系优化完善】 坚持发挥规划先导作用，在修改完善《象山临港装备工业园总体规划(2012—2030)》的基础上，精心编制区域性控规和专项规划，为推进临港装备工业园科学、合理、有序开发奠定基础。截至12月底，《象山大港口临港装备工业园控制性详细规划》成果稿完成，《象山临港装备工业园老虎口、西泽塘及乌屿山片区控制性详细规划》通过专家组评审，《象山产业区临港装备工业园涂茨片区、贤庠片区、黄避岙片区防洪规划》和《临港装备工业园供电专项规划》基本完成编制。

【招商引资实现新突破】 深入实施招商引资一号工程，依托临港资源和区位优势，以重装备制造业、先进制造业和科技先导型产业为招商重点，组建招商小分队，主动出击，多次赴北京、上海、中西部等地区的企业上门推介，与多家央企、国企及国家级行业机构建立联系。全年共引进优质项目12个，总投资14.7亿元，协议出让土地面积约61.33公顷。实现合同外资4307万美元，完成年度指标的144%；实到外资1587万美元，完成年度指标的106%；实到内资5.86亿元，完成年度指标的122%；实际省外资金2.13亿元，完成年度指标的142%。实施人才带项目招商，成功引进“省千人计划”人才2名、科技型产业项目1个。

【工业项目建设加快推进】 为加快推进工业项目建设,实行项目联系责任制,对拟开工企业、拟投产企业、亿元以上工业项目,编制项目推进责任分解表,领导班子分工包干,每月督查、目标倒逼,各项任务落实到位。完善一站式服务机制,从项目立项、规划、环评到开工建设,实行全程代办服务,积极营造"绿色通道",尽量缩短项目筹建期。中石化大型非标设备制造、日星铸造二期精加工、新乐二期等重点工业项目有序实施,赛木传动件、石原金牛等10家企业新开工,久久医药、龙鑫食品等20家企业新投产,累计在建企业42家,全年实际完成工业投资10.1亿元,同比增长60%。

【基础设施建设投资完成1.42亿元】 按照"基础先行、拉开框架、完善配套"的开发理念,积极完善园区服务配套功能,推进产城融合,不断提升园区承载力,全年完成基础配套投资1.42亿元,占年度计划的130%。临港装备工业园对接环象山港公路,按照高起点规划、高标准建设要求,谋划启动基础配套设施框架建设。中石化项目临时供电线路已完工,新乐35千伏供电专线顺利推进。城东工业园针对生产企业和就业职工大量增加的实际,加快实施生活配套设施建设,利用公共服务用房和临时服务设施,通过招商招租,引进餐饮、超市、邮政、网吧、办公设备维修等服务项目。

【大中庄围填海工程采用BT建设模式】 大中庄围填海工程位于临港装备工业园大中庄区块,经县发改局批准实施(象发改审批〔2013〕170号),总投资46673万元,总面积129公顷,其中用海面积49.4公顷,工程建设内容包括海堤1979米、水闸一座、配套建设渔船避风锚地及场地平整等,6月19日经省政府批准获得海域使用权(浙政海审〔2013〕92号)。考虑到财政投资的压力,经8月30日象山县政府第十八次常务会议讨论,决定采用BT方式建设,并实施邀请招标。11月13日,象山县公共资源交易平台中心对大中庄围填海工程实施招投标,由浙江良和交通建设有限公司、宁波姚江生态建设有限公司联合体中标。

【临港装备工业园挂牌"中国(象山)国防科技工业产业园"】 4月27日～28日,建设海洋强国与国防科技工业暨2013国防科技工业管理创新交流会在象山举行。十届全国人大常委、中国生产力学会会长王茂林,全国政协经济委员会副主任、工业和信息化部原部长、中国工业和经济联合会会长李毅中,原国防科工委常务副主任、中国国防科技工业企业管理协会名誉长徐鹏航,中国保监会原主席马永伟,国家统计局原局长张塞,第二炮兵原副司令员张翔中将,国务院国有资产监督管理委员会副主任黄淑和,总装备部科技委委员刘蒙将军,国资委国有大企业监事会原主席、中国生产力常务副会长翟立功,第二炮兵原总工程师李呈良将军,海军工程大学教授王大华将军,中国核工业集团公司高级巡视员孙又奇,上海交通大学教授刘牧群。开幕式由中国国防科技工业企业管理协会秘书长李洪彦主持,宁波市副市长洪嘉祥,象山县委书记李关定,象山县人民政府县长叶剑鸣等出席。会议期间,中国国防科技工业企业管理协会授予临港装备工业园为"中国(象山)国防科技工业产业园"称号。

【临港装备工业园纳入宁波新装备制造基地产业布局】 8月22日,宁波市政府办公厅出台《宁波市新装备产业三年行动计划》,提出建设国家重要新装备制造基地,形成"一基地四园区"的总体产业布局。临港装备工业园被列为四个特色园区之一,主要发展海洋工程装备、石油化工装备、国防重装制造及高端基础件,目标为与"中国(象山)国防科技工业产业园"两园合二为一,打造国家重装备基地,力争到2015年实现产值60亿元。宁波中油重工有限公司、宁波天翼石化重型设备制造有限公司、宁波广天赛克斯液压有限公司、宁波九龙紧固件制造有限公司等4家园区落户企业被列为新装备产业重点企业。

【临港装备工业园成宁波国家高新区"一区多园"挂牌分园】 10月15日,临港装备工业园被宁波国家高新区"一区多园"建设工作领导小组认定为宁波国家高新区"一区多园"挂牌分园。根据宁波市人民政府《关于加快推进宁波国家高新区"一区多园"建设的实施意见》(甬政发〔2013〕28号)精神,宁波市政府将整合全市优质资源,在资金、税收、土地、人才等方面重点扶持临港装备工业园建设。

【宝象物流加工园落户临港装备工业园】 6月7日，由宝钢工程建设有限公司投资建设的宝象物流加工园项目正式落户临港装备工业园老虎口区块。该项目总投资8亿元，用地面积40公顷，计划分三期建设，包括杂货码头装卸作业区、钢材物流仓储区、钢材加工作业区和钢铁贸易市场区等四个区块。预计2017年可全部建设投产，届时可实现全年钢材吞吐量150万吨，销售收入220亿元，利税1.5亿元，形成为集港口装卸、物流仓储、钢材贸易和钢材加工于一体以及生产生活设施配套服务齐全的综合性钢材物流园区。

【海腾“863计划”项目正式投产】 6月7日，宁波海腾新材料公司举行国家“863计划”主课题启动暨项目投产仪式。据悉，“863计划”为环境友好型海洋防腐防污涂料开发及示范推广项目，由中科院化学所主持研发，海腾公司实施科技成果转化及产业化。位于城东工业园的纳米级海洋防腐防污新材料生产线正式建成投产，设计年产量2.5万吨，预计年销售3亿元、利税6000万元。

【新乐船厂建造国内首艘双燃料机3万立方米液化天然气船】 4月18日，国内首艘双燃料机3万立方米LNG(液化天然气)船舶在浙江新乐造船有限公司开建。该艘双燃料机3万立方米LNG船总投资6.5亿元，由宁波新乐造船集团有限公司和上海鸥得利船舶工程有限公司按照国际天然气运输标准共同自主研发，由法国BV船级社协助审图、建造，入级中国CCS船级社，船体总长181米，型宽36米，型深19米，吃水深7.8米，采用C型货舱技术，主推进系统采用双燃料电力推进方式，属无限航区域船舶，预计于2015年3月交付与中国石油天然气股份有限公司，用于国内大型LNG接收终端和LNG卫星站间的转程运输，投入使用后将大大提高短程LNG运输效率，降低运输成本。

（钱晓敏）

金融·保险

商业银行

【概况】 2013年,象山县金融系统积极贯彻落实金融"国十条"等政策措施,盘活存量、用好增量,推动区域经济转型升级。全县金融运行总体保持平稳,社会融资规模适度增长。2013年辖内新增中信银行、象山中银富登村镇银行两家金融机构,至年末,县内共有银行业金融机构20家。其中,国家政策性银行1家,国有大型商业银行5家,全国性股份制银行7家,城市商业银行3家,邮政储蓄银行1家,地方法人金融机构3家。全县商业银行共有网点147个,从业人员2359人。本外币各项存款余额384.39亿元,比年初新增57.39亿元,同比增长17.59%;本外币各项贷款余额552.62亿元,比年初新增77.72亿元,同比增长16.36%。至2013年年末,全县不良贷款余额5.31亿元,较年初减少0.05亿元;贷款不良率0.96%,比年初下降0.17个百分点,低于全市平均水平0.62个百分点,信贷质量位列全市首位。

【中国工商银行象山支行】 中国工商银行象山支行下辖1个营业部、7个二级支行、6家自助银行,共有210名员工。2013年年末,本外币各项存款余额43.23亿元,本外币各项贷款余额80.14亿元,存贷款总量均位居区域同业前列。全年实现净利润1亿元,五级分类不良贷款占比1.82%。在年度考评中,获得"金融服务地方经济先进单位"、"象山县银行业金融机构2013年度综合评价A等次"、"2013年度象山辖内金融机构信贷政策导向效果综合评估A等次""2013年度货币流通业务先进单位""象山县外汇指定银行综合考评A等次""网点安全评估同业第一"等多项荣誉。

2013年,工商银行象山支行根据经济、金融新的变化形势,积极贯彻国家宏观调控政策和监管要求,以加快转型为主线,以调整优化结构为主攻方向,不断克服新困难、新问题,在实现自身的全面稳步发展的同时,为扶持和助推县域经济发展作出较大贡献。一方面加大对重点领域、重点项目和优质客户的信贷投入。如加强对"中心城区污水三期处理工程""道人山围涂工程""象山港书城"等重点项目的合作,全年累计发放项目贷款8.1亿元,净增项目贷款4.2亿元,并结构性回笼房地产法人贷款2亿元,集中力量有力支持县域重大项目的实施。另一方面一如既往支持县域中小企业的转型升级,从政策、人员、流程、信贷资金配置等均给予重点倾斜,尤其在信贷规模普遍紧张的情况下,该行对小微企业的信贷规模实施"白名单"制,以全力确保优质小微企业的信贷需求,全年新发展中小企业信贷客户23家。同时继续开展网贷通业务,为中小企业提供融资方便,截至2013年年末,中小微企业贷款余额达26.6亿元。继续稳步发展个人类贷款,在把好风险关的基础上努力做大做强传统住房贷款和消费贷款,全年实现净增个贷3.51亿元的良好业绩,为2012年同期净增额的239%。

中国工商银行象山支行营业机构一览

表 12

机构名称	地 址	自动柜员机	电 话
支行营业部	象山县靖南大街 318 号	5 台	65728845
石浦支行	象山县石浦镇金山路 104 号	5 台	65982937
蓬莱支行	象山县象山港路 215 号	4 台	65713029
丹峰路支行	象山县丹峰路 626 号	4 台	65727018
丹阳路支行	象山县丹阳路 549—557 号	3 台	89506075
东门支行	象山县建设路 231 号	3 台	65713460
大象储蓄所	象山具南街 186 号	2 台	65724192
天安路支行	象山县天安路 187 号	4 台	65728749
西门自助银行	象山县靖南路 151 号	2 台	—
客运中心自助银行	象山县丹西街道象山港路以南、西谷湖路以西	3 台	—
工业园区自助银行	象山县丹西街道丹河路 368 号	2 台	—
爵溪自助银行	象山县爵溪街道新瀛路爵溪商贸中心出口	3 台	—
盐昌自助银行	象山县石浦镇(延昌)渔港中路 301 号	3 台	—
西周自助银行	象山县西周镇昌明北路 67 号	3 台	—

【中国农业银行象山县支行】 中国农业银行象山县支行下辖 1 个营业部、9 个二级支行，16 家自助银行，有 277 名员工。2013 年年末，各项存款余额 47.64 亿元，继续位居四大行之首；各项贷款余额 89.26 亿元，在县域银行业金融机构中位居第一；全年实现净利润 2.75 亿元；内控评价达到一类行。农业银行象山县支行坚持“稳中求快、稳中求好”的工作总基调，赢利能力居全市农行第 5 位、县内同业首位，同业同类竞争力明显提升，综合竞争实力持续加强。全行各运营条线通力配合，风险控制能力、科技支撑力量、后勤保障力度及绩效考核机制等不断得到提高和完善。截至 2013 年年底，全行创建“三铁”(铁账、铁款、铁规章)单位 3 个，其余 7 家单位均达到良好标准。

农业银行象山县支行认真贯彻国家宏观调控政策和监管要求，以“支持实体、服务小微”为政策导向，并围绕县重点战略和重大项目建设规划，较好地发挥了资金融通和资源优化配置作用。2013 年末，信贷投放总量位居县内同业之首，其中中小微贷款余额 39.16 亿元，个人生产经营性贷款 4.99 亿元，小额贷款总量较上年扩增近 8000 万元。该行对县域汽配行业、机械制造业、模具行业、建筑行业、农副特产业、海洋渔业及水产行业等 230 余户大小企业提供信贷资金，对盘活和促进实体经济的持续发展提供了有力支持。面对复杂的国内外经济形势，该行结合监管政策和企业诉求，对个别困难企业给予信贷帮扶。通过提供增贷续贷、流动周转和贷款利率优惠等一系列帮扶政策，力助困难企业度过资金难关，为扶持和助推地方产业经济发展作出较大贡献。

中国农业银行象山县支行营业网点一览

表 13

机构名称	地　址	电　话	有无自动取款机
象山支行营业部	丹城镇靖南路 218 号	65725243	有
新丰支行	丹城丹南路 269 号	65719269	有
靖南支行	丹城靖南路 429 号	65739762	有
东升支行	丹城丹峰东路 667 号	65773025	有
金曙支行	丹城建设路 159 号	65724319	有
爵溪支行	爵溪镇腾蛟东路 1 号	65601266	有
西周支行	西周嵩溪路 36 号	65836053	有
石浦支行	石浦镇金山路 110 号	65983361	有
兴港支行	石浦兴港路老水产城边	65974253	有
南田支行	鹤浦南田路 158 号	65010145	有
兴业自助银行	丹城靖南路 300 号		有
天安自助银行	丹城天安集团电工城边		有
丹河自助银行	丹西街道丹河路 38 号		有
爵溪自助银行	爵溪新瀛路 17 号		有
贤庠自助银行	贤庠岑晁街 5 号		有
西大门自助银行	西周镇迎宾路 11 号		有

【中国银行象山支行】 中国银行象山支行下辖 3 个二级支行、2 个分理处，共有员工 187 人，集中分布在丹城、石浦两地。2013 年，中国银行象山支行认真执行“转型跨越、变革图强”的工作要求，坚持效益为先的战略导向，加快构建内生动力机制，全面落实“抓负债、调结构、重创新、强渠道、控风险、改作风”的工作主线，求真务实，解放思想，积极应对复杂多变的宏观环境。当年实现人民币各项存款余额 31.76 亿元，人民币各项贷款余额 61.25 亿元，外汇各项存款余额 1614.15 万美元，外汇各项贷款余额 5642.26 万美元。整体业务经营和管理工作实现稳健持续发展。中国银行象山支行资产质量继续控制在较好水平，共计本外币不良贷款余额 1497 万元，综合不良率 0.27%，资产质量居系统内前列。

2013 年，中国银行象山支行致力于全力做好“两区”建设金融服务，根据象山当地实际发展需求，想方设法向上级行争取专项信贷规模，配合县内招商引资需要，支持优势行业融资需求。根据政府政策扶持要求和上级行信贷投放新要求，重点支持具有发展潜力的中小企业融资需求。2013 年人民币各项贷款余额 61.25 亿元，比年初新增额 6.29 亿元，有力支持县各项重点项目及中小企业的发展。服务“三农”经济建设方面，非常重视“三农”业务产品创新的研发工作，通过深入市场调研，挖掘象山块状经济特色明显的特点，为区域集群和行业集群量身打造专属产品，增加授信准入与担保条件的灵活性，满足不同层次中小微企业和农户的实际需求。坚持金融服务民生，不断加大惠民金融产品和服务的创新力度，着力打造高效便捷的惠民金融服务平台和渠道，推出金融便民产品和服务。

中国银行象山县支行营业网点一览

表 14

机构名称	地 址	联系电话	自动柜员机数量(台)
营业部专柜	象山县丹城天安路 258 号	0574－65753231	3
石浦支行	象山县石浦镇金山路 115－117 号	0574－65973253	4
丹东支行	象山县丹城丹峰东路 549 号	0574－65715354	2
天安路支行	象山县丹城天安路 17 号	0574－65725619	5
丹峰分理处	象山县丹城靖南路 360 号	0574－65714536	2
兴丰分理处	象山县丹城新丰路 226 号	0574－65724564	2

【中国建设银行象山支行】 中国建设银行象山支行下辖 7 个营业网点，共有员工 154 人。2013 年在上级行的正确领导下，按照党的群众路线实践教育活动要求，立足区域和支行实际，以稳步发展、创新转型、不断提升支行竞争力和价值创造力为经营导向和目标，积极应对激烈的同业竞争，狠抓重点业务拓展和经营转型，并在发展中不断强化结构调整和精细化管理，资金实力、创利能力等各项业务取得明显进步。2013 年年末，全行本外币一般性存款余额 32.4 亿元，比年初新增 2.9 亿元；各项贷款余额 57.9 亿元，比年初新增 4.7 亿元；不良贷款余额 2849 万元，比年初减少 5903 万元；不良贷款率 0.49%，比年初减少 0.97 个百分点，实现了支行不良贷款额、不良贷款率“双降”目标；实现中间业务收入 5208 万元，实现拨备前利润 1.55 亿元。

公司业务上，一方面加强对中小企业、《三农》的信贷支持，积极开展金融产品创新，从全县中小企业特点出发，根据上级行的信贷政策，针对不同类型企业，积极支持中小企业发展，加强与中小企业担保中心合作，加大对农村基础设施建设、农业龙头企业、农副产品市场供应的信贷支持，促进农村经济发展。另一方面，加强金融产品创新，有力支持全县中小企业的融资需求。对地方政府融资平台贷款，准确把握范围，持续做好清查、整改和规范工作，并从严管理新增授信。2013 年，新增小企业网银循环贷 2 笔，金额合计 330 万元；新营销企业年金 3 户；为龙元建设集团股份股份有限公司发行投行理财 3 亿元；开立国内信用证 1 笔，金额合计 2261.55 万元；首次发放城镇化建设贷款 2.6 亿元。

在个人业务上，积极开展各类活动，主动搭建各类平台，与单位、与客户、与市场努力进行互动，尝试建立多种渠道挖掘客户资源。为响应国家房贷限制政策，严格控制增量个人贷款，认真贯彻落实房地产金融各项政策文件，严格房地产开发贷款和个人住房贷款管理。在继续抓好网点服务能力基础上，不断完善服务硬件，做好网点布局规划工作，2013 年增加 1 个涌金支行网点，新增 4 个离行式自助银行、10 台 ATM 机和存取款一体机。

中国建设银行象山支行 2013 年度营业网点一览

表 15

网点名称	地址	负责人	联系电话
营业部	丹东街道靖南大街 320 号	许赛莹	65725492
石浦支行	石浦镇金山路 99 号	陈启东	65983673
城东支行	丹东街道丹峰东路 658－662 号 1－03 室	赖欣华	65782961
涌金支行	丹东街道丹南路 582－588 号	陈赛月	89507632
公园支行	丹东街道建设路 154 号 1－4，156 号 1－2	何松娣	65715382
丹峰路储蓄所	丹西街道丹峰西路 33 号	葛素芳	65726094

续表 15

网点名称	地址	负责人	联系电话
爵溪储蓄所	爵溪街道新爵路 1 号、3 号,新瀛路 26—1 号	徐灵芝	65602788

【交通银行象山支行】 交通银行象山支行下辖 1 个营业网点、3 家自助银行,有 33 名员工。2013 年年末,各项存款余额 14.21 亿元,各项贷款余额 23.05 亿元,全年实现净利润 9836 万元;不良贷款余额 804 万元,不良率仅为 0.34%,远远低于全县平均水平。全行紧紧围绕分行提出的"强本健体、保质增效、创新突破、争先进位"的工作核心,各项业务稳健发展,在宁波交行综合考核排名第四,同业同类竞争力明显提升,综合竞争实力持续加强。

2013 年交通银行象山支行认真贯彻国家宏观调控政策和监管要求,根据人行、银监宏观经济政策导向,重点支持符合国家产业方向的重点项目。突出以先进制造业、战略性新兴产业、现代服务业、文化产业"四大新市场"为重点,为同时大力发展信用好、成长前景好、资产结构合理的优质中小企业,做大中小企业贷款市场占比,确保新增信贷质量。在信贷规模偏紧的情况下,积极发展创新业务,通过资产池对接理财产品,成功解决多家企业融资难问题。同时积极拓展新型业务,通过公用事业类企业代收代缴业务、与他行签订跨境结算代理协议,完成了与县财政局预算外非税系统接口的对接工作,对盘活和促进实体经济的持续发展提供了有力支持。通过提供增贷续贷、流动周转和贷款利率优惠等一系列帮扶政策,力助困难企业度过资金难关,为扶持和助推地方产业经济发展做出较大贡献。

交通银行象山支行营业网点一览

表 16

机构名称	地　址	电　话	有无自动取款机
营业部	天安路 162 号	65655903	有
丹河自助银行	丹西街道工业园区丹河路 275 号		有
蓬莱自助银行	丹西街道丹峰西路 239 号		有
丹峰自助银行	丹东街道丹峰路 65 号		有

【上海浦东发展银行宁波象山支行】 上海浦东发展银行宁波象山支行于 2012 年 12 月批准成立,并于 2013 年 1 月 7 日正式对外营业,现有网点 1 个,地处丹西街道丹阳路 462—488 号,员工 25 名。一年来,在当地各主管部门和上级行的正确指导下,积极应对复杂的经济局面,坚持稳健的经营发展思路,创新发展模式,多渠道加大信贷投放,以满足实体经济多元化的投融资需求,全力为地方经济增长提供金融支持。2013 年年末本外币各项存款余额 72121 万元,贷款余额为 86196 万元。积极拓展融资渠道,大力发展贸易融资业务和投行业务,积极争取上级行资金,办理人民币保理业务 25744 万元,争取到总行的司库资金对接 3 亿元,是传统信贷业务的有效补充。

2013 年,浦发银行象山支行认真贯彻落实国家宏观调控政策和监管要求,以"支持实体、服务小微"为导向,2013 年年末,90%以上的信贷资源都投向了中小微企业。其中,小微企业贷款余额 42815 万元,个人生产经营性贷款 24534 万元。对县域汽配行业、机械制造业、建筑行业、海洋渔业及水产行业等 27 户企业提供信贷资金。结合监管政策和企业诉求,不主动对客户进行抽贷、压贷,通过提供增贷续贷、流动周转和贷款利率优惠等一系列帮扶政策,力助困难企业度过资金难关,为扶持和助推地方产业经济发展做出应有的贡献。

【平安银行象山支行】 平安银行象山支行是平安银行股份有限公司宁波分行驻象山的一级支行机构,前身为深圳发展银行股份有限公司宁波象山支行,在 2009 年 9 月开始筹备,2009 年 12 月 17 日正式挂牌成立，于2012年8月27日正式更名为平安银行股份有限公司宁波象山支行。截至2013年12月底，存款规模达到8亿元，贷款达到近13亿元。现有员工25人，营业部1个，24小时自助设备银行1个。

平安银行象山支行以国家经济政策为导向，以贴近发展象山县实体经济为目标，围绕象山县重点开发项目和重大战略规划，开展各种创新手段为象山经济发展做出积极贡献，经营势头良好，业务健康发展，近两年业绩有大幅度提升。目前信贷资金大力支持象山县支柱和新兴产业，比如旅游业、影视业、水产业、船舶业、海运业及各个乡镇实体经济体，在贷款资金中为象山类平台企业提供信贷资金占比56%以上。创新产品支持中小企业，开发鱼粉抵押、油品抵押、棉纱抵押等等方式，结合总行的优秀金融供应链系统，为象山4家鱼粉企业开展鱼粉货押业务，授信达到4亿元，为企业发展提供强有力的资金支持。在发展业务的同时时刻不忘记风险把控，坚持以把握风险为第一原则，在象山现有金融机构中，风险把控能力居于前列，资产质量优质。

【光大银行宁波象山支行】 中国光大银行宁波象山支行成立于2010年10月，支行下设办公室、零售业务部、公司业务部、运营部；下设1个营业部、2家自助银行，共有29名员工。2013年年末，各项存款余额57311万元，各项贷款余额102176万元，不良率为零。

2013年在复杂的金融环境下坚持创新，在政府采购小微贷款平台，新产品融资租赁模式上有重大突破，同时推出对公理财产品定活宝，收益率较高，存款期限灵活，切实盘活企业的短期闲置资金，让客户的收益达到最大化。持续关注中小微企业的发展，优化信贷流程、简化操作程序上下功夫，为小企业贷款开通“绿色通道”，业务审批实行差异化运作，在运营机制上满足广大小企业“短、频、快”的融资需求，2013年实现对公中小微投放65565万元、对私小微投放15388万元。光大银行象山支行坚持风险排查，合规经营，加强与同业的沟通，实现信息共享，严控不良产生，并通过提供增贷续贷、流动周转、利率优惠等一系列政策，帮助困难企业，为地方产业经济起到了有效助推作用。

中国光大银行宁波象山支行营业网点一览

表17

机构名称	地　址	电　话	有无自动取款机
象山支行营业部	丹峰西路128号	25705000	有
南街自助银行	南街一号		有
丹河路自助银行	丹西街道丹河路168号		有

【招商银行宁波象山支行】 招商银行宁波象山支行成立于2010年5月，支行下设办公室、零售银行部、公司银行部、国际业务部、风险管理部和运营部，共有员工30名。2013年年末，各项存款余额11.37亿元，市场占有率3.02%，各项贷款余额14.49亿元，不良率0.33%，存款等主要指标在当地同类股份制商业银行中位列第一，存款市场占有率在宁波分行辖内位列第一，综合考核名列前茅，连续第四年被评为宁波分行优秀经营行部。

2013年招商银行象山支行认真贯彻落实稳健货币政策，切实增强金融资源支持实体经济发展的主动性和有效性，以“创新　超越　我行动”业务发展主题活动为抓手，立足当地，均衡发展，真抓实干，负重前行，努力拓展“两小”业务，全力推动客群建设，倾力提高风控水平，有效促进各项业务的健康发展和企业效益的稳步提升。财富管理、代发业务、国际业务等优势业务在象山同业中异军突起，比肩国有大行。坚持服务地方经济、支持实体经济的信贷政策导向，贯彻和落实银企双赢共荣的经营理念。通过公司、零售及信托理财等渠道优先保障中小微企业和重点建设项目授信投放；通过网上自助结汇、远期结汇等结售汇方式对出口型企业作进一步的让利；通过“普及金融知识万里行”系列活动，围绕“助推小微宣传服务月”主题，宣传、对接

"生意贷""生意一卡通"等小微企业金融服务及产品。同时致力于金融创新,出台为广大小微企业提供集贷款融资、资金结算、客户综合服务于一体的综合性服务方案,推出保联璧、网贷易、空中贷款等特色业务和创新产品,降低小企业融资业务操作成本、提高融资放款效率、提升客户服务体验。

【中信银行宁波象山支行】 2013年年初,中信银行入驻象山。在象山县人民政府、县人民银行、银监办等监管部门的正确指导下,在中信银行宁波分行的大力支持下,在支行全体干部员工的共同努力下,象山支行各项经营指标及管理要求圆满完成预定目标。2013年年末,中信银行象山支行各项存款5.5亿元,各项贷款7.2亿元,员工人数28人,自助银行3个,全年实现净利润130万元。

2013年,中信银行象山支行积极围绕各级政府部门及监管部门"金融支持实体经济"的工作要求,根据县发展战略规划及工作重点,充分发挥中信银行产品优势,积极推动各项业务开展:一是积极开展对政府基础项目、临港工程、民生项目的营销力度;二是重点营销符合产业转型导向的企业以及旅游、医疗、影视等现代服务业企业;三是积极创新,拓宽思路,切实解决小微企业"担保难""融资难"问题。一年内,成功营销政府基础项目及大型企业近20个。同时为解决小微企业担保能力不足的难题,先后开发"无抵押、无担保"的"小微企业政采贷"业务和"市场经营户联保贷款"业务,并成为中信银行宁波分行首家推广运用"种子基金"贷款的支行。通过以上产品的运用,共为26家小微企业发放贷款5600万元,其中东陈乡商会种子基金贷款业务在《今日象山》头版报道,得到县政府、乡镇、监管部门及企业的广泛认可。

【民生银行象山支行】 中国民生银行象山支行下辖1个营业部,有49名员工。2013年年末,各项存款余额9.14亿元;各项贷款余额18.17亿元;全年实现净利润0.55亿元。该行坚持"做民营企业的银行、小微企业的银行、高端客户的银行"经营战略,深入象山地区市场调研,积极服务象山当地实体经济,荣获2013年度象山县金融服务地方经济"先进单位"。

2013年,民生银行象山支行认真贯彻国家宏观调控政策和监管要求,积极贯彻总行零售转型、决战"两小"战略,围绕县重点战略和重大项目建设规划,在深化海洋渔业金融支持的基础上,细化零售服务,将零售金融分小微金融、小区金融两个条线,进一步完善产品和流程,进一步提升定向服务水平。2013年年末,各项贷款余额18.17亿元,较年初新增5.17亿元。其中:公司贷款余额10.27亿元,比年初新增3.52亿元;个人贷款余额6.42亿元,比年初新增1.65亿元。其中新增中小微贷款3.92亿元,新增个人生产经营性贷款1.97亿元,新增涉农贷款2.84亿元。对县域水产加工、渔业捕捞、建筑行业、针织行业、农副特产业等大小企业提供信贷资金,尤其对海洋渔业及水产行业进行立项规划和批量授信,积极支持水产加工、海水养殖、渔民捕捞等中小微企业融资需求,践行"金融支持实体经济服务年活动金融支持海洋服务先进单位"的社会责任,对盘活和促进实体经济的持续发展提供了有力支持。

【中国邮政储蓄银行象山县支行】 中国邮政储蓄银行象山县支行成立于2008年4月2日,内设综合管理部、风险合规部、个人金融部、公司业务部四个部门,下辖1个营业部、4个二级支行、18家邮政代理网点,有102名员工。2013年年末,全县邮政金融存款余额15.45亿元,比2012年底净增19301万元,其中储蓄余额6.83亿元;各项贷款余额11.58亿元;实现自营业务收入5422万元。全行各运营条线通力配合,风险控制能力、科技支撑力量、后勤保障力度及绩效考核机制等进一步得到提高和完善。

2013年,邮储银行象山县支行认真贯彻国家宏观调控政策和要求,坚持服务《三农》、小微和社区的定位,并围绕象山县经济发展特色,较好地发挥了资金融通和资源优化配置作用。2013年下半年,邮储银行象山县支行向总行申请了总行级特色支行,为象山县经济发展争取更多的资源。2013年年末,共发放贷款2974笔,实现结余11.58亿元,较年初增加了6951万元。其中:小企业贷款实现结余7787万元;小额贷款实现结余5457万元;渔船贷款实现结余32054万元;个商贷款实现结余28327万元;二手房实现结余42746万元。其中渔船抵押贷款业务是中国邮政储蓄银行象山县支行的核心业务之一。截至2013年年底，渔船抵押贷款实现结余3.2亿元，占到市场份额的36%，居全县第一。面对复杂的国内外经济形势，邮政储蓄银行象山县支行结合监管政策和象山县居民需求，对个别困难企业、个人提供了信贷帮扶。通过产品要素调整、优化流程、简化手续等方式，为象山县百姓带来了更多的实惠和方便，为扶持和助推地方经济建设提供了强有力的支撑。

【宁波银行象山支行】 宁波银行象山支行是宁波银行辖下的一级支行，成立于2003年8月19日，是象山县首家股份制商业银行，下辖1个营业部、3家二级支行、13家自助银行，全行员工111人。截至2013年12月末，各项贷款为32.6亿元，较年初增长0.91亿元；国际业务结算3.7亿美元，同比增加1.1亿美元；银行承兑汇票余额12.2亿元，比年初增加5.4亿元。

2013年，宁波银行象山支行狠抓存款主业，增强资金实力，截至年末，人民币存款余额达到29.8亿元，比年初新增5.8亿元，增量和增幅市场占比列象山地区第三和第二(剔除新设金融机构)，个人储蓄存款新增2.77亿元，增量位列象山地区第二。同时，该行把基础客户建设作为夯实未来业务发展的根基，2013年公司银行有效客户数比年初增长18.4%，零售条线“双百”客户数增长43.53%，个人条线高端客户增长77.83%。宁波银行象山支行坚持安全、质量、效益的原则，严抓风控管理，严格把住准入关、加强贷前中后管理、推行风险执照制度，不良率保持在0.39%以下，资产质量整体良好。

宁波银行象山支行营业网点一览

表18

机构名称	地　址	电　话	有无自动取款机
象山支行营业部	丹城象山港路503号	65768308	有
石浦支行	石浦金山路252号	65988127	有
丹东支行	丹城靖南大街645号	65782971	有
西周支行	西周朝晖路18号	65869611	有

【宁波东海银行象山支行】 宁波东海银行象山支行下辖1个营业部、6个支行，有194名员工。2013年年末，各项存款余额246026万元，比年初增加54961万元，增幅28.77%；各项贷款余额220453万元，比年初增加82008万元，增速为59.24%。其中创新研发、重点支持的船福贷、渔易贷等业务余额达24014万元，较好地满足了本地区渔民客户的信贷需求。高能耗行业贷款余额较年初减少2085万元，信贷结构持续优化。

2013年，宁波东海银行象山支行认真贯彻中央经济工作会议、央行、银监会工作会议精神，全面落实人民银行货币信贷工作指导意见和信贷投向指引情况。始终坚持以“市场为导向、以客户为中心”的经营理念，积极支持中小企业、个体工商户，服务于地方经济发展，充分发挥地方性金融机构的经营特色，强化业务创新，建立绿色通道，减少审批环节，严格流程控制，提高办事效率，想客户之所想、急客户之所急，得到社会各界好评。2013年5月，荣获宁波银监局颁发的2013年宁波市银行业小微企业金融服务宣传月活动专项活动优胜奖；2013年12月，因支持小微企业融资业绩突出，荣获由宁波金融办、财政局颁发的2013年度宁波市金融机构小微企业贷款考评一等奖。

【上海银行宁波象山支行】 上海银行象山支行成立于2010年9月，是宁波分行在宁波南三县设立的第一家支行。现有员工28名，截至2013年年底各项存款余额71299万元，各项贷款余额160120万元。先后荣获：宁波分行2011年度、2012年度先进集体；上海银行2012年度先进基层党组织；上海银行2011年先进职工小家；上海银行2011年、2012年、2013年最佳实践者优秀团队。2013年在由象山县纠风办、县金融办、人行象山县支行、银监象山办事处联合组织的象山县银行系统民主评议行风客户满意度测评中，上海银行象山支行客户满意度得分排名第一，位居当地15家金融机构榜首，树立了上海银行在区域内的最具竞争力的服务品牌形象。

上海银行宁波象山支行充分发挥城商行机制灵活、决策高效、服务优良的整体优势，以“支持实体、服务小微”为政策导向，为象山企业和居民提供便捷的金融服务，以“成为优质中小企业金融服务专业银行”为目标，通过打造小企业“成长金规划”品牌系列，提供包括开户结算、资金周转、购置房产、贸易融资、理财增值等在内的服务，为不同行业和成长阶段的小企业提供金融解决方案；以“融智成金，相伴成长”为经营理念，以打造市民银行为特色，为象山地区居民消费、经营提供“一次办理，十年授信”的个人额度房贷，在授信期限内，借款人可根据需要随时申办提款，手续简便、灵活、快捷。

【浙江民泰商业银行宁波象山支行】 浙江民泰商业银行宁波象山支行于2013年1月15日正式成立，位于象山县丹东街道丹峰东路299－315号，总面积2140平方米。民泰宁波象山支行设有行长室、综合部、营业部和4个业务部，在册员工共计42人，其中行长室3人、综合部4人、营业部13人、业务部22人。2013年年末，全行各项存款余额41469万元；各项贷款余额28026万元，贷款户387户，户均贷款71万元；全年实现净利润1326万元(上述数据含留存民泰宁波分行部分)。

民泰银行象山支行在“支持实体，服务小微”的国家宏观政策导向下，坚持“服务中小企业、服务个体经营户、服务城乡居民”的市场定位，持续推进小额贷款增量扩面工作，着力于小额批量市场的调研及推广，业务团队分工明确，重磅出击，全面营销，在2013年成功拓展12个批量市场，涉及日杂商会、农家乐、种植业、养殖业、个体工商户等多行业，共计发放12215万元小额贷款，惠及346户城乡居民，实现了支行小额贷款客户“广泛、快速、稳健”的储备拓展工作，切实解决了小微企业融资难题，确保了小微企业贷款增速持续增长，牢固树立起民泰银行“小企业之家”的形象。

【象山县农村信用合作社】 作为一级法人的象山联社改制于2005年5月，下辖14家信用社、1个营业部、61个储蓄网点，共有员工603人。2013年年底，象山联社各项存款余额81.98亿元，比年初增加13.55亿元，存款金额继续位居县域金融机构首位。各项贷款余额57.68亿元，比年初增加8.19亿元，涉农贷款余额53.72亿元，比年初增加7.27亿元，增长15.65%；中小微企业贷款余额20.12亿元，比年初增加3.9亿元，增长24.04%，信贷资金更多地投向实体经济，贷款增幅高出全市农信系统平均增幅3.8%。农户贷款授信户数3.7万户，农户贷款覆盖面达20%，实现业务收入66376万元，账面利润19588万元；上缴国家税收1.1亿元，位居全县纳税百强企业第5位，获年度纳税突出贡献奖。不良贷款控制在可控范围内，全年无案件发生，确保安全经营零事故。

2013年以来，受经济增长下行，投资需求下降等因素多重影响，为加大信贷有效投入，夯实农村信贷市场，进一步加大支持实体经济力度。一是突出“快”字。加快信贷增量扩面，开展业务“扫街”活动，加大上门营销，提高信贷投放量。面对“菲特”强台风灾情，及时出台了救灾复产12条金融帮扶举措，第一时间在信贷资金、利率、办贷方式等方面开通绿色通道，受到黄旭明副省长的批示肯定。二是突出“小”字。加大小微客户营销薪酬考核奖励，全面推进“六小全覆盖”速度，出台小额贷款发放补充办法及丰收创业卡发行方案，扩大户数考核。简化小额贷款手续，提高小贷办理速度，对5万元以下小额贷款继续实施无指标控制。三是加快县内小额客户发展，引进“阳光信贷”技术，联合象山县政府出台了“农信金融普惠三年行动计划”，实施“阳光普惠宝”工程，并在西周、新城、新桥三社开展试点推广。

【象山国民村镇银行】 象山国民村镇银行总部设有业务管理部、计划财务部、审计合规部、科技安保部、综合办公室5个部室，下辖1个营业部、7个支行、1个分理处，共计有127名员工。2013年年末，各项存款余额115564.60万元；各项贷款余额99567.30万元，占全县金融机构贷款总量的1.83%；全年实现净利润2850万元；作为宁波市首家村镇银行，国民村镇银行肩负起支持《三农》经济发展，建设新农村的特殊职能。先后被宁波市人民政府授予宁波市服务业十佳“成长之星”和宁波市小企业贷款考评二等奖，切实起到了村镇银行在支持地方经济发展、扶持“三农”和改善当地农村金融供给的作用，精心打造了“象山国民村镇银行——象山人自己的银行”地域品牌。

2013年，象山国民村镇银行严格按照国家宏观调控政策和监管部门的要求，以“金融扶持小微实体经济”为政策导向，结合村镇银行自身服务“三农”的市场定位，较好地发挥了村镇银行扶持县域内“三农”、小微实体经济的角色。2013年末，各项贷款合计99567.30万元，比2012年增加32962.60万元，其中中小微贷款余额37561万元，个人生产经营性贷款44074.99万元，小额贷款总量较上年扩增近3500万元。该行对县域机械制造业、汽配行业、模具行业、纺织业、批发零售业、农副特产业、海洋渔业及水产行业等210余户大小企业提供信贷资金，对盘活和促进实体经济的持续发展提供了有力支持。面对严峻复杂的国内外金融经济形势，该行始终按照上级监管部门的要求，对区域内的中小微企业提供资金扶持、增贷续贷、利率优惠以及及时为企业出谋划策、排忧解难，提供介绍担保链等主动性和辅助性的多重举措支持，帮助企业度过资金难关，有力地助推地方产业经济平稳发展。

象山国民村镇银行营业网点一览

表19

机构名称	地　址	电　话	有无自动取款机
营业部	石浦镇金山路111号	65987161	有
丹城支行	丹峰东路108号	65006527	有
渔港支行	石浦镇渔港北路82号	65987168	有
西周支行	西周镇昌明路35号	65839061	有
贤庠支行	贤庠镇泰和路261号	65006568	有
城区支行	丹东街道新华路328号	65006570	有
鹤浦支行	鹤浦镇鹤西西路52号	65006803	有
定塘支行	定塘镇兴定路68号	65006816	有
金海分理处	石浦镇金山路浦港茗都街面15号	65987163	无

【象山中银富登村镇银行】 象山中银富登村镇银行系中国银行与新加坡淡马锡旗下富登金融控股公司共同出资设立的中外合资村镇银行，系一级法人金融机构，注册资本5000万元，中国银行股份有限公司占股90%，富登金融控股占股10%。象山中银富登村镇银行落户象山爵溪街道，于2012年年初开始倾力筹备，2013年9月18日正式对外营业，2013年10月25日举办开业庆典。象山中银富登村镇银行下辖1个网点，有34名正式员工。截至2013年年底全行存款1.3亿元，开户数2974户，贷款7793万元，贷款客户数200户，户均贷款余额39万元，存贷比60%。

象山中银富登村镇银行的经营理念是“立足县域　服务社区”，致力于为象山县域内的中小企业、微型企业、工薪阶层和农业客户提供完整的金融服务，填补县域经济金融覆盖率上的空白，帮助客户完成人生各个时期的梦想。自推出集体土地证、汽车、设备、国有房产等贷款项目，在象山县域内开创了先例，为更多的客户提供资金支持，得到当地企业的认同与好评。该行业务手续简便，交易流程快捷、安全，将国外先进的银行理念带到象山，为广大象山百姓提供最便利、最高效的金融服务，解决广大农户融资难的问题。

（人行办）

政策性银行

【中国农业发展银行象山县支行】 中国农业发展银行象山县支行下辖1个营业部，有19名员工。2013年年末，各项贷款余额142452万元，各项存款

14968万元，利润3012万元。该行坚持"稳中求进、进中求好"的工作主基调，各部门通力配合，风险控制能力、后勤保障力度、绩效考核机制及企业文化等得到不断提高和完善。

2013年，农业发展银行象山县支行认真贯彻党的十八大和十八届三中全会精神，坚持科学发展观，以服务"三农"为根本宗旨，发挥农业政策性银行的独特优势，积极为农业和农村经济发展服务。以建设新农村的银行为目标，围绕县重点"三农"项目建设规划，较好地发挥了该行的支农作用。2013年年末，各项贷款余额142452万元，比年初增加13877万元，其中：地方储备粮油3511万元，调控粮食收购贷款5500万元，产业化龙头企业贷款15750万元，农村基础设施建设中长期贷款89000万元，水利建设贷款13000万元。不良贷款为零。各项存款14968万元，比年初增加1132万元。实现利润3012万元。

（人行办）

金融监管服务

【概况】 中国银行业监督管理委员会宁波监管局象山办事处(以下简称象山监管办)按照象山县委、县政府和宁波银监局的工作部署，认真践行"寓监管于服务之中"的理念，牢牢坚守风险底线，带动辖内各金融机构以"助中小、强服务、防风险、惠民生"为主题开展金融工作，进一步加强与政府及相关部门的协作和联动，优化辖区金融生态环境建设，提高辖区金融发展水平。

【各项银行业指标发展平稳】 2013年12月末，象山县银行业金融机构各项存款余额383.80亿元，较年初增加57.74亿元；各项贷款余额552.51亿元，较年初增加77.60亿元。12月末象山县存贷比143.96%，较年初下降了0.85个百分点。2013年末，象山县不良贷款余额为5.31亿元，较年初下降508万元。不良率是0.96%，低于全市平均水平0.6个百分点。2013年，辖内风险企业逐步出现，县域信用环境和金融生态面临着新挑战，但通过政府、银行、司法和监管部门共同努力，整体不良率处于全市最低水平(老三区及鄞州区未纳入统计)。

【金融支持小微企业和"三农"的力度加大】 象山银监办围绕象山县经济社会发展重点工作、重点领域、重点环节，引导各银行深入推进"两个转变"和"两个提升"，加快发展方式转变，加快信贷结构调整，对于结构调整期的企业贷款做到"有保有压"。2013年12月末，象山中小微企业贷款余额241.62亿元，涉农贷款余额254.48亿元。在外部环境复杂、经济前景不明、信贷规模紧张的情况下，象山县银行业通过调整信贷结构，向中小微企业、涉农企业倾斜更多资源，有效支持了当地实体经济的发展。

【强化法人与邮储监管力度】 象山银监办通过加强法人机构高层交流，促进法人机构完善内部治理结构，指导监事会加强执行力、威慑力建设。2013年，象山银监办对辖内4家法人机构进行审慎监管会谈，出具年度监管意见书，并派员列席参加法人机构的董事会、理事会及监事会等会议。与法人机构及外部审计师进行三方会谈也改变以往依赖审计后反馈的工作形式，在审计前向审计师反映监管员了解的问题，审计中关注问题的发展情况，审计后对暴露的问题深入了解沟通，并要求机构落实整改的责任部门，明确整改时间，保证对问题的整改落实到位。对邮储银行及邮政局，象山银监办加强日常走访频度和深度，对两家机构由于总部体制机制改革不彻底带来的管理和经营上的问题，协调化解潜在的风险。

【推进案件防控体系建设】 象山银监办要求辖内机构严格执行案防工作精神，做到"四个延伸"，落实"四项制度"和"四项机制"。明确各家银行在案件防控和安全保卫工作方面的工作职责和责任追究，实行"一把手"负责制；将案件防范责任层层落实，全面向基层延伸；完善案防教育培训体系，建立定期案防工作开展情况汇报制度；建立完善风险排查常态化机制，提升案防的针对性和实效性。同时，按照上级监管部门、公安、消防的相关工作布置，象山银监办对辖内20家机构开展安全生产大检查，从7月上旬至8月下旬，对全辖146家营业网点进行了全面走访调查，采取听汇报、查台账、实地查看等方式开展督查，网点覆盖率达100%。此外，象山银监办加强案防监管合力建设，与公安、司法等相关部门进行联动,督促银行机构加强银行工作人员民间借贷监测力度,及时主动汇报掌握的情况。

【保障辖区信用环境平稳】 象山银监办坚持审慎、理性监管,在复杂多变的外部环境下,引导银行将防范系统性、区域性风险作为首要任务,为地方经济金融平稳运行提供强有力的保障和支撑。象山银监办对辖区的担保情况进行深入调研,根据调研了解的情况,及时警示当地政府和辖内机构重视担保链过长问题。对辖内发生的重大风险事件,象山银监办在第一时间及时介入、协调,并全力配合政府做好债务处置和社会维稳工作,及时有力化解风险。对于还处在潜伏期的债务风险,象山银监办密切关注事件的进展情况,与政府、司法部门和债权银行做好沟通联系。此外,象山银监办积极开展打击非法集资宣传活动,联合金融办、人行开展2013年防范和打击非法集资工作宣传月活动,组织召开专题会议布置辖内银行分发宣传资料8000份,同时在100多个银行网点通过LED、宣传册发放、理财产品介绍、金融系列讲座等方式开展宣传活动,以点带面,形成强大的舆论氛围,营造优质的金融生态环境。

【做好客户权益保护工作】 象山银监办出台《象山银监办信访处理工作规程》,公示投诉具体途径和方法,加强对金融消费者权益保护,促使金融银行业金融机构依法合规经营,提高金融服务质量。一是印发《象山县银行业金融机构深入开展道德领域突出问题专项教育和治理工作方案》,《方案》细化了辖内金融机构道德领域的专项教育治理目标及各项工作内容,条例明晰,可操作性强。二是加强阳光收费日常监管。象山银监办坚持"明确政策规章、推动公开透明、引入社会监督"的基本思路,加强与政府及上级部门的协作联动,采取针对性监管措施,大力推动银行收费阳光化。定期走访各个银行机构,规范收费项目,着力纠正银行金融机构借贷款之机强制收费、乱收费以及只收费不服务等问题。三是积极开展民主行风评议"回头看"活动。为进一步巩固和提升去年辖区银行业民主评议行风成果,扎实推进银行业行风建设、规范行业秩序,改善金融服务。

【强化机构内在监管力度】 象山银监办对辖内法人机构及邮储银行明确台账建设责任,其他分支机构在条件允许的情况下,确定部门、指定人员,切实做好此项工作,并将该项工作与各项业务有机结合,切实发挥监管台账对机构风险管理和合规建设的指导和助推作用。象山银监办对案件防控台账建设进行专门的指导和解答,要求机构形成定期查阅和评价台账建设工作的机制,促进案防工作上一个新台阶。

【促进同业合作】 象山银监办根据实际工作需要,克服人手紧张困难,自我加压,于2013年年初推出《象山银行业简讯》,设置银行业运行动态、宁波地区相关金融数据比较、监管之窗、政策导读、象山银监办动态信息和象山银行业动态信息等栏目,每月定期编辑发送给政府部门和金融监管机构,并在象山县银行机构专网进行共享,这一举措得到政府部门的肯定。

(叶苗鹏、史玲亚)

证券公司

【概况】 至2013年年末,县内共有证券公司2家,分别是光大证券和浙商证券,共有营业部2个,从业人员41人。资产总额达41亿元。

【光大证券象山证券营业部】 光大证券股份有限公司象山县象山港路证券营业部是光大证券股份有限公司下属的1个营业部,有19名员工。2013年年末,资产总额20亿元,净收入2406万元,IMS0.32比2012年增长5%,完成指标96%;合计交易量273亿元,VMS0.31比2012年增长1%,完成指标95%;利润1324万元,排名总公司100多家营业部23位;新增净资产1.63亿元,周转率16.6,传统业务毛佣金率0.88,信用业务毛佣金率1.70,日均资产14.4亿元。两融收入850万元,完成率183%,占营业收入40%,日均余额7213万元;创新业务收入434万元,占营业收入18%;重点公募基金销售额5102万元,完成率144%,代销金融产品收入74万元,完成率156%。

2013年光大证券象山营业部认真贯彻国家宏

观调控政策和监管要求,按照公司要求,在产品销售上寻求突破,培育了一批购买产品比较稳定的客户,建立了一种销售产品的模式。随着业务转型,加大信用业务考核力度,取得较好效果,当年信用业务收入占比达到40%。

【浙商证券象山营业部】 浙商证券股份有限公司是中国证监会批准成立的综合性证券公司,成立于2002年5月9日,2012年9月12日整体变更为股份公司。总部位于浙江省杭州市,注册资本30亿元人民币,实际控制人为浙江省交通投资集团。象山靖南大街证券营业部成立于2010年2月,2013年年底有员工22位,其中经纪人4位。2013年末,象山营业部发债、经纪业务等资产规模达21余亿元,实现净利润200万元。

浙商证券象山营业部紧跟公司总部的步伐,积极开展综合投融资等创新业务,业务涉及融资融券业务、新三板业务、债券承揽业务、IB业务、约定式购回业务、质押式回购业务、撮合投融资业务、代销各类理财产品等,均取得了一定的成绩。其中,2013年由浙商证券作为主承销商的象山县政府18亿元的城投债项目,象山营业部为地方经济融资渠道的拓宽做出了贡献。

(人行办)

保险公司

【概况】 至2013年年末,象山辖内共有保险公司18家。其中较大的保险公司有中国人民财产保险股份有限公司象山支公司、中国平安财产保险股份有限公司象山支公司、中华联合财产保险股份有限公司象山支公司、中国人寿财产保险股份有限公司象山县支公司、中国太平洋人寿保险股份有限公司象山支公司等5家。

【中国人民财产保险股份有限公司象山支公司】 2013年,中国人民财产保险股份有限公司象山支公司(以下简称中国人保财险象山支公司)累计保费收入1.137亿元(不包括农业保险),其中车险业务实现账面保费8024万元,非车险业务实现账面保费3350万元(包括政策性农村住房保险保费125.86万元);2013年公司累计支付保险赔款7634万元(不包括农业保险赔款931万元)。截至2013年年底,公司共有员工48人。象山支公司党支部始终将党建工作摆在重要位置,2013年荣获中国人民保险集团“先进基层党组织”称号。

经财政部批准,2013年1月1日人保公司正式重返出口信用保险市场。2013年9月27日,人保财险象山支公司与宁波甬南时代制衣有限公司签订第一单短期出口信用险,为该企业提供出口信用风险保障。标志着出口信用保险经营趋向多元化,打破了中国出口信用保险公司在象山市场独家经营的垄断格局。

2013年10月7日,第23号强台风“菲特”登陆,强台风给农户带来严重的损失。全县水稻受损1.26万亩,杂交水稻制种受损475亩,大棚受损1359亩,水产大棚受灾69亩,能繁母猪和育肥猪受灾1050头。象山支公司组织12个业务工作小组投入查勘理赔,联系当地镇政府和农林系统,第一时间对全县18个乡镇完成查勘,帮助受灾企业和保户及时恢复生产、重建家园。据统计,“菲特”台风期间象山支公司共接到有效报案763件,其中企财险58件、家财险29件、工程险17件、车险98件、种植险494件、养殖险31件、农房险36件。“菲特”台灾共支付赔款2108万元。

【中国平安财产保险股份有限公司象山支公司】 中国平安财产保险股份有限公司象山支公司(以下简称“平安产险象山支公司”)下辖1个石浦营销服务部,有38名员工。2013年按照“专业经营 服务领先”的经营方针,实现全年保费收入6033.95万元,同比增长8.2%。

2013年,平安产险宁波分公司先后承保宁波机场快速干道、宁波市政府大楼、宁波铁路南站、余姚市国家税务局等大项目,为宁波社会经济发展保驾护航。先后荣获“宁波市和谐企业创建先进单位”“宁波保险业优秀志愿服务组织”“经营管理先进企业”、第十一届“宁波市消费者信得过单位”“保险创新服务宁波经济社会发展先进集体”等荣誉称号。

平安产险象山支公司致力于打造全流程客户服务体系,围绕扎实基础服务、创新增值服务,建立差异化服务竞争优势。平安产险象山支公司积极开展“‘3·15’消费者权益日”主题宣传活动、金融消费者投资月宣传活动、首届“全国保险公众宣传日”活动、保险教育进学校、全国交通安全日活动等，专注客户体验，提升客户服务感受。创新服务理念，建设规范化服务体系和差异化服务模式。2013年，平安产险宁波分公司先后推出“道路救援”“理赔一袋式”“人性化关怀”“快、易、免”等特色服务。同时，面对台风、暴雨、冰雪等重大灾害，尤其是“菲特”台风期间，快速启动大灾绿色理赔通道和“简单快赔”“一证快赔”“主动预赔”等便民举措，为广大保险消费者提供及时便捷的保险服务，为宁波经济社会发展保驾护航，荣获宁波市政府金融办和宁波保监局联合授予的“宁波保险业抗洪救灾先进集体”荣誉称号，被宁波晚报评为“2013年抗击台风特殊贡献奖”和“2013年度最受信赖财险公司”，分公司23名员工被授予“宁波保险业抗洪救灾先进个人”荣誉称号。

2013年，分公司车险结构不断优化，通过建设综合金融大后台项目，形成规范、标准、高效、集约化的共享服务平台，提升服务价值，降低运营成本。贯彻落实保监会打击“三假”行动与防范车险理赔环节风险的有关要求，联合交警、公安、法院等单位严厉打击骗保骗赔行为，加大车险接报案、查勘、核损、支付等各环节风险管控力度，加强理赔队伍建设，严格控制车险理赔的“跑、冒、滴、漏”，净化理赔环境，推动行业健康发展。

中国平安财产保险股份有限公司营业网点一览

表20

机构名称	地址	电话
象山支公司	丹城镇财富中心22楼2201、2203室	65760221
石浦挺小服务部	石浦镇金山路567号	65973336

【中华联合财产保险公司象山支公司】 中华联合财产保险股份有限公司象山支公司下辖1个石浦营销服务部，公司内设5个部门，共有员工21名。2013年实现保费收入2100万元。位居象山财产保险行业第四位，支付保险赔款1500余万元，实现赢利100余万元。

经过十年不懈的努力，公司的保费规模、经营效益等保险行业重要指标，连续几年保持稳定增长，位居行业前列。公司本着“团结、负责、勤奋、进取”的企业精神，坚持“稳健、创新、持续、高效”的经营理念，恪守“忠诚服务、笃守信誉、回报社会”的服务宗旨，以稳健的经营，严格的管理，科学的理念和优质的服务，迅速崛起在象山保险市场，为象山人民安居乐业、经济发展和社会稳定发挥了积极的作用，赢得了广大客户和社会各界的普遍赞誉。

【中国人寿财产保险股份有限公司象山县支公司】

中国人寿财产保险股份有限公司象山县支公司主要经营机动车辆保险、企业(家庭)财产保险、责任保险、信用保险和保证保险、短期健康保险和意外伤害保险等。公司内设车险业务部、非车险业务部、互动业务部、综合管理部、客户服务中心，现有员工22名。2013年，象山支公司秉承总公司“高起点、高标准、高要求”的原则，紧紧围绕“创新驱动”发展战略，坚持融入经济社会发展全局，充分发挥保险功能作用，积极创新财产保险经营模式，全面构建差异化的经营特色和核心竞争力，不断拓宽发展空间和服务领域。2013年完成总保费收入2107.85万元，市场份额已占据第5位。2013年，公司被分公司授予“优秀客服中心”，“信息工作先进单位”和“反洗钱先进单位”称号；被县人民银行评为“平安金融”创建达标单位；连续保持总公司授予“三星级窗口服务网点”称号；公司被分公司推荐到总公司参评2013年标杆中支机构。

2013年，公司积极确立社会责任意识，创新特色服务。组织员工参与“3·15”消费者权益保护宣传咨询活动，现场帮助客户解决承保理赔等方面的疑难问题；将台风避险知识送到社区在宣传栏张贴，供市民百姓学习了解；切实做好大灾理赔，“菲特”台风登陆前迅速赴各家投保企业(单位)指导帮助投保企业做好强台风的防御工作。台风过后，公司迅速组成若干个大灾查勘理赔小组，进行现场查勘，指导帮助企业抗台救灾，及早恢复生产。在确保查勘工作质量的前提下，以最快的速度、最短的时间完成大灾查勘理赔任务。公司从维护被保险人利益和社会稳定的角度出发，全方位提供了优质的理赔服务。开展保险进乡(渔)村进社区宣传咨询活动，在现场为客户提供适合乡村社区特点和农(渔)民市民需求的保险咨询和道路交通安全知识宣传。进一步完善简易快速理赔程序,减少客户在现场等候的麻烦。对索赔客户因特殊原因不便到公司办理索赔的,公司派人上门收取索赔单证,为客户提供方便,加快结案速度。2013 年,公司共承保了全县近万个客户(含团体法人客户)的非车险和车险业务,支付赔款达 1500 余万元,承担着近 80 亿元的保险责任,为地方经济发展和人民安居乐业发挥了保驾护航作用,公司品牌形象进一步提升,群众满意度进一步提高,保险功能作用得到充分发挥。

【中国太平洋人寿保险股份有限公司象山支公司】

象山太平洋寿险于 2001 年筹建,2007 年升格为象山支公司。中国太平洋人寿保险股份有限公司象山支公司隶属于中国太平洋人寿保险股份有限公司宁波分公司,下辖 2 个营销服务部,有从业人员 240 余名,其中营销员 202 名。2013 年年末,总保费收入达 1.4 亿元,占当地市场份额 30%以上。公司秉承"诚信天下、稳健一生、追求卓越"的核心价值观,坚持"关注客户需求,改善客户界面,提升客户体验"的经营服务导向,以"用心服务、用爱负责"的服务精神,努力做到合规经营,积极加强诚信建设,主动保护客户利益,为保障和推动当地经济社会和谐发展做出积极的贡献。

公司自成立以来,始终紧紧围绕"思进思变思发展"开展各项工作,2013 年,承保当地市场 50%的学生平安保险及 70%的城镇职工医疗基本保险,实现当地市场份额第一。

中国太平洋人寿保险股份有限公司象山支公司营业网点一览

表 21

机构名称	地　址	电　话
象山支公司	象山天力大厦 3 楼	65739199
石浦营销服务部	石浦凤栖路 199#—203#	65976591
西周营销服务部	西周西瀛大街 11#	65830333

(人行办)

旅　游

综　述

2013年，象山旅游工作以中国海洋旅游年和象山港大桥通车为主要契机，紧紧围绕打造长三角品质后花园的目标，全面实施旅游接轨大桥十项实事活动，深入推进大景区、大项目、大平台建设，大力开发海洋旅游，深入拓展旅游市场，不断提升行业品质，有序推进乡村旅游建设。在大桥开通和旅游目的地建设双重效应叠加下，旅游出现井喷趋势，各项工作创新突破并取得明显成效，全年接待游客1280万人次，旅游经济收入121亿元，同比分别增长约40%和30%。主要景区门票收入突破9000万元，同比增长超过50%。2013年，全县共有国家AAAA级景区4家、AAA级景区2家、省级旅游度假区1个、国家海钓竞赛基地1个、国际自驾车露营基地2个、省级老年养生基地1家、市休闲旅游基地7个，拥有旅行社19家、高星级酒店10家，其中五星级酒店2家、四星级酒店1家、三星级酒店1家。

资源开发

【概况】 2013年，象山旅游工作紧紧围绕中国海洋旅游年主题，依托“海洋、生态、文化”优势，深入实施“八八”旅游黄金发展战略，科学编制旅游规划，加快推进旅游项目和海岛建设，花岙休闲旅游岛、渔山岛国际海钓基地、檀头山海岛度假中心等三大海岛旅游配套设施基本建成，岛际交通全面开通，旅游内容进一步丰富。积极培育海钓、游艇、露营、摄影、温泉、户外运动、休闲捕鱼等旅游新业态，因地制宜发展乡村旅游，全面推进“港、桥、海、岛”联动开发，全力推动滨海旅游向海洋旅游的转型跨越。

【旅游项目建设】 全年共有在建旅游重点项目5个，实际投入资金达9.3亿元。总投资45亿元的半边山度假区项目年投入资金14400万元，皇冠假日酒店完成主体结构的80%，3号旅游公路路基工程完成；总投资20亿元的白沙湾度假村项目年投入1.53亿元，喜来登酒店基础工程完成1层楼板施工；投资30亿元的东海铭城项目年投入资金6.011亿元，希尔顿酒店主体结顶，进入设备安装及内、外部装饰阶段，温泉2号井、海鲜街、风情人居、沿海盘山公路施工有序推进；总投资0.5亿元的松兰山至大目湾道路工程竣工验收；投资0.5亿元的松兰山沿海景观带工程开工建设。

【旅游规划】 编制完成《象山县檀头山岛旅游策划和总体规划》《县域绿道网规划及大塘港区域示范段详细规划》。指导白玉湾生态观光园编制完成《西边塘村环境美化概念方案》《白玉湾旅游总体规划》。开展《象山县旅游发展总体规划修编》《象山花岙岛旅游策划和总体规划》《松兰山旅游度假区核心区提升旅游规划和景观设计》《渔港古城功能提升发展规划》以及《石浦渔港旅游总体规划》和《石浦渔港旅游创建5A级旅游区实施方案》等规划编制工作。

【创建省市休闲基地】 经过一年的创建，11月，檀头山露营基地成功通过市级休闲旅游专项基地（露营基地）创建验收工作。12月，定塘镇沙地村和南方水产食品有限公司成功通过省级老年养生基地和省级工业旅游示范基地创建验收工作。

【白玉湾创建 AAA 级景区】 白玉湾景区自 2012 年正式启动 AAA 级景区创建工作,通过对游客中心游步道、景区入口大门、展览大棚、购物中心、趣味垂钓区、青少年科普教育基地等项目的建设,以及旅游标识牌、特殊人群服务项目,新建生态停车场、三星级旅游厕所和整治旅游线路环境等基础设施的改造,于 2013 年 12 月成功通过 AAA 级景区评定。

宣传促销

【概况】 2013 年,全县旅游工作紧紧围绕桥海旅游主题,充分利用大桥效应,深化区域合作,创新营销模式,加强媒体合作交流,推进智慧旅游建设,旅游宣传促销成效显著,客源市场深入拓展,城市形象全面提升,旅游接待保持旺盛增长,特别是海洋旅游、影视旅游、乡村旅游、网络团购等个性旅游接待游客人次创历史新高。全年组织参加各级各地旅游交易会 10 余场,举办各类旅游促销活动 30 余场,累计在国家、省、市各级媒体上刊发象山旅游稿件 300 余篇。2013 中国象山海鲜美食节获 2013 宁波旅游节社会办节二等奖,《品读象山》旅游宣传品获 2013 年度全市旅游宣传品评比印刷出版物类一等奖。

【智慧旅游】 投入 120 万元,成功开发智慧旅游二期项目。重点开发电子商务中间服务平台、多功能旅游触摸屏系统、自助打票终端系统、iTravels 象山移动电子商务版等功能平台并投入使用。开通象山旅游官方微信,增设服务功能,使游客在官方微信上即可实现查线路、寻景点、订酒店、找攻略等旅游需求。在淘宝网天猫商城开设象山旅游旗舰馆,整合全县旅游景区门票、酒店客房、旅行社线路、农家客栈、旅游商品等,实行 24 时在线销售。联合县交警大队、县电视台开通旅游交通专题广播频道(FM107.3),实时向游客播报景区及道路等动态信息,缓解交通压力。推出县首档电台旅游节目《爱象山,爱旅游》,为广大市民及游客提供最及时全面的旅游资讯。

【阿拉旅行卡开卡仪式】 1 月 28 日,在象山海洋酒店举办阿拉旅行卡(休闲象山)开卡仪式。象山县人民政府、宁波市旅游局、象山县风景旅游管理局、象山县金融办、中国人民银行宁波、象山支行相关负责人出席仪式,县内各景区、酒店等 40 余家签约商户参加活动。其中,松兰山度假区、象山影视城、石浦渔港古城、中国渔村、海洋酒店等五家旅游企业分别获得特惠商户称号。此卡是县风景旅游管理局和中国银行象山支行联合推出的首张象山旅游主题信用卡,不仅具备中国银行信用卡的基本功能,还包涵了象山"吃住行游购娱"方面的诸多优惠和旅游要素,能享受众多旅游景点、餐饮、酒店等的折扣实惠。

【中国海洋旅游年宁波游启动仪式】 3 月 9 日,2013 中国海洋旅游年宁波游启动仪式在石浦海峡广场举办。活动以"拥抱海洋,精彩象山"为主题,邀请浙江省旅游局副局长许澎、宁波市政府副市长陈奕君、宁波市政府副秘书长张霓、宁波市旅游局局长励永惠、中共象山县委书记李关定、象山县人民政府县长叶剑鸣、象山县人大常委会主任金红旗、象山县人民政府副县长邱金岳、象山县政协主席白国璋、象山县风景旅游管理局局长孙松娥、三角旅游摄影总会会长王祖光出席。象山松兰山滨海旅游度假区、象山石浦渔港古城、象山渔人码头、象山海鲜十六碗、象山千鱼百螺宴分别被评为宁波十大海洋旅游主题景区、宁波十大特色海鲜排档、宁波十佳海鲜美食宴席。

【参加各类旅游交易会】 组织县内旅游企业举办、参加旅游促销活动 30 余项。先后举办在线旅行商象山恳谈会、"佰城仟社"联盟成立暨象山旅游采购大会、象山旅游江苏推介会、象山旅游丽水恳谈会、象山旅游衢州市场恳谈会、象山旅游走进丽水、象山旅游进社区杭州促销活动及象山冬季旅游专题推介会等系列活动。组织参加 2013 浙江省(湖南)旅交会,上海奖励旅游博览会及采购机构对接、贵阳国内旅交会、WTF 上海国际资源博览会、2013 中国(北京)国际商务及会奖旅游展览会、昆明国际旅交会等活动,通过旅游咨询、优惠券特派、形象展示、现场报名、旅游产品展示等方式积极宣传象山旅游。

【加强区域合作互动】 紧紧围绕 2013 中国海洋旅游主题及象山港大桥开通两大契机,主动对接鄞州、宁海、奉化、余姚等宁波周边县市开展互游,分别推出海天之旅、海誓山盟之旅等线路，包装“冰霜象山海滨影视穿越之旅”“渔港渔村体验之旅”等特色产品线路，通过宁波市内市民的互游互动，增强重游率。11月10日，联合余姚旅游局开展“风雨过后，余姚依然美丽”象山人游余姚首发团，帮助余姚旅游企业重拾信心，重新启动旅游市场。

【举办第五届海钓节暨第二届游钓艇展】 5月31日～6月2日，县旅游局组织举办2013年全国海钓锦标赛暨第二届中国(象山)游钓艇展，来自全国20支队伍80名选参赛，吸引了40余家全国知名钓具及户外用品展商，展出近30艘高端钓鱼游艇。大赛设团体总重量奖、团体单尾重量赛奖、海洋旅游文明奖、船长奖、优秀文明奖等五个奖项，奖金总额达到11万元。开幕式上，发布象山海洋旅游主题歌《蓝色天堂》，唱响象山海洋旅游，提升海洋气质和形象。

【成立象山港大桥服务区象山旅游咨询服务中心】 9月28日，象山旅游咨询中心正式落户象山港大桥象山服务区，成为外地游客进入象山的第一站。咨询中心设有智慧旅游体验区、旅游电子触摸屏体验区、自驾游咨询服务区、自动取票区等功能区块，为自驾游、团队提供交通指南、导航、咨询、预订、接待等多项便利服务。2013年，象山设有丹城、石浦及景区旅游咨询服务中心共6家，并在全县旅游企业设置触摸屏30余台，与宁波市各大旅游咨询中心、集散中心、酒店、景区等联网，共享最新旅游资讯。

【创新举办第六届“象山人游象山”】 11月9日～10日，第六届象山人游象山正式开游。本届象山人游象山活动创新模式，突破传统，倡导节俭办节，取消启动仪式、开幕仪式等环节，让利市民。丰富象山人游象山活动内容，举办首届环象山自行车挑战赛，倡导“健康、快乐、运动”的休闲旅游方式，比赛设168千米的精英挑战组和75千米的大众挑战组两条路线，近500名参赛选手参加比赛；新增象山人游奉化、象山人游余姚线路，与各地开展客源互送，拓宽旅游市场。

【包装推广“冬季到象山吃海鲜”旅游品牌】 在11月15日～12月15日第十一届海鲜节期间，县风景旅游管理局联合县内重点企业，包装推出“住高星酒店，吃象山海鲜”、“泡宁海温泉，住象山酒店”“拜弥勒大佛，看象山海景”等精品线路，并组织企业赴上海、丽水、金华、衢州等地开展冬季产品专题推介会，与上海大通、宁波运通、宁波集散等县内外重点旅行社合作，组织十余批500人以上旅游团队，在海鲜节期间到象山吃海鲜、看海景。

【举办第二届乡村旅游之夜】 8月2日晚，第二届乡村旅游之夜暨滨海商业街杯游客最满意的十大旅游商品颁奖晚会在人民广场举行。活动推出乡村旅游成果展、乡村旅游特色产品展销、旅游夜市、滨海商业街杯十大旅游商品颁奖晚会等活动。评选出了定塘沙地村、新桥黄公岙村等五个农家客栈示范村和贝明堂海风系列陶瓷工艺品等商品为游客最喜爱的象山十大特色旅游商品，大旸红木渔文化系列木雕、象山古船模则入选特别推荐商品。活动充分展示和推广了全县乡村旅游成果，形成了一批象山特色的旅游商品，丰富了全县旅游产品内容。

（贺娇娜）

行业管理

【概况】 2013年，象山旅游工作坚持“发展优先、创新突破、绿色环保、人才强旅”的行业管理工作方针，真抓实干，开拓创新，在行业引领、品质提升、企业发展、环境优化、人才培养、安全管理等方面都取得新突破。3家酒店成功创建市级花级酒店，3家星级饭店和2家星级旅行社通过复核。象山港国际大酒店、黄金海岸国际旅行社、白玉兰酒店分别被授予宁波市“优秀星级饭店”“优秀旅行社”“十佳花级酒店”称号。新增省级农家乐精品培育项目1个，市级农家乐特色村2家，市级农家乐休闲旅游示范点1家。

2013年全县举办实习地接讲解员、《旅游法》、“迎开渔、庆国庆”服务礼仪、饭店业动态管理系统运行操作培训班、农家乐送教下乡等各类培训25期，参训3500人次。柳晶晶和吴波分别被评为宁波市最佳导游员和优秀导游员。成功开展政校企合作输送各类人才100名，培养高级导游2名、中级导游3名，全县有高级导游4名、中级导游21名。

【完成接轨大桥十项实事】 全面实施《县旅游系统开展接轨大桥十项实事活动》，集中10个月时间合力攻坚，超额完成各项目标任务。新办经济型、商务型等各类宾馆12家，宾馆床位数突破25000张；开辟松兰山、中国渔村等露营基地（点）6个；建立自驾车深度服务站1个、服务点3个；建成全县首个旅游商品直销中心并正式营业；扶持旅游团队接待餐饮馆（点）10个，增设餐位3000个。全县吃住行游购娱等旅游六要素配套设施已初具规模，行业品质、配套设施、接待能力等方面得到显著提升。

【首批诚信旅游企业出炉】 全县诚信旅游企业评选活动自2012年10月启动，通过申报、审核、评定、公示等阶段，于2013年4月12日，正式确定松兰山旅游度假区、石浦渔港古城、象山影视城、象山黄金海岸国际旅行社、金马旅行社、博海商务旅行社、象山港国际大酒店、石浦半岛酒店、黄金海岸大酒店、白玉兰酒店等10家单位为首批象山县诚信旅游企业。

【举办县地接讲解员培训班】 3月18日～26日，象山县风景旅游管理局与宁波市旅游培训中心联合举办象山县实习地接讲解员培训班，邀请旅游院校老师、旅游行业专家、高级导游、红十字会专家及本地优秀导游等授课老师，进行本地旅游知识、导游业务、导游讲解技巧、带团案例分析、应急救护等内容培训，进一步提高象山旅游地接能力和服务水平，缓解全县旅游旺季导游严重不足的状况。

【开展旅游行业“十佳服务明星”评选活动】 3月29日～4月15日，开展旅游行业“十佳服务明星”评选活动。评选对象包括全县旅游饭店、旅游景区等各部门一线服务人员。评选条件为在旅游接待服务、开拓旅游市场、旅游安全管理、旅游质量监督、旅游后勤保障等工作岗位上有特殊贡献的，熟悉所在岗位工作情况，有较高的业务素质和优异的工作表现，在群众中有较高威信的人员。根据岗位（工种）、个人业绩等实际情况，经综合考评后，最后评定10名人员荣获“2013年象山县旅游行业十大服务明星”称号，并予以表彰。

【举办全县金牌导游选拔赛】 4月23日，在海洋酒店举办2013年全县金牌导游选拔赛，各旅行社、旅游景区、导服中心等单位经过层层选拔推荐20名持国导证和省导证人员报名参加。通过景点讲解、知识问答和才艺展示三个环节，最终评选出金牌导游10名，颁发“象山县金牌导游”荣誉证书，列入县旅游人才队伍重点培养对象，并从中选派优秀代表参加2013年宁波市导游大赛。

【开展旅游团队用餐接待推荐单位评选活动】 4月25日，象山县开展“旅游团队用餐接待推荐单位”评选活动。该评选活动由县旅游协会、县餐饮行业协会、县消费者权益保护委员会联合举办，共评选推出10家诚信经营、服务优质、形象良好的旅游团队餐馆，向旅行社、广大游客进行推荐。

【召开规范地接旅游市场专项会议】 9月10日～11日，召开旅行社及地接导游行业规范专项会议，全县19家旅行社（分社）负责人及100余名实习地接讲解员参加了会议。会议提出要围绕全县旅游市场秩序突出问题，加大检查整治力度，优化旅游市场环境；强化地接导游的服务规范，提高旅游服务品质和游客满意度，树立象山旅游品牌和形象。

【象山导游包揽全市导游大赛双第一】 9月24日～26日，由宁波市旅游局、宁波市总工会、共青团宁波市委、宁波市妇联联合举办的“我爱宁波——2013宁波市导游大赛”在宁波隆重举行。由象山县旅游部门选送的6名导游代表在全市11个县市区72名参赛选手中脱颖而出，分别获得了中、外文组双项第一名，中文组二等奖、三等奖、优秀奖，外文组三等奖等佳绩，并获得了“巾帼建功标兵先进个人”“职工技术能手”“优秀青年岗位能手”等称号。此次获奖的名次和数量实现历史性突破，象山县风景旅游管理局获得最佳组织奖。

【举办全国旅行商大会】 12月6日，象山县旅游协会旅行社分会举办2014年全国旅行商大会，会议邀请了北京、云南、海南、浙江等地的60余家国内知名旅游公司。象山县风景旅游管理局在会上作了旅游推介。会上，旅行社进行自由商洽，50余家旅行社与象山签订初步的旅游合作协议，规定了目的地旅游服务及供应商、接待标准等旅游接待服务内容，明确双方合作的标准和内容，切实推进象山与全国各旅行商的紧密型战略合作，让更多的客人了解象山，走进象山。

【举办旅游经济培训班】 6月25日～27日，以“学习十八大精神，推进乡村旅游发展”为主题的第五期旅游经济专题培训班象山县委党校开班。全县18个镇乡、街道旅游业务分管领导、10家重点旅游村书记（村主任）以及46家旅游企业负责人参加培训。培训班特别邀请了浙江旅游职业学院副教授、高级工程师任鸣，宁波技师学院刘红江教授，浙江省旅游局信息中心微信运行负责人对乡村旅游开发、微信营销、旅游法等方面内容进行讲课，并就最新出台的《旅游法》以及象山乡村旅游的开发情况、微博微信营销等进行深入探讨和交流。集中培训后组织乡镇干部到乌镇、西塘进行实地考察，学习古镇开发、客栈建设的运作模式。

【开展安全生产大排查大整治专项行动】 全县旅游系统从6月中旬开始，到9月底，集中开展安全生产大排查大整治专项行动，由局班子成员带队，组成7个督查组，通过实地走访、查看台帐资料、听取汇报等形式对全县所有旅游企业进行了全面深入排查督查，责令企业改正违法行为8起。

【乡村旅游蓬勃发展】 2013年，全县乡村旅游接待游客223万人次，直接营业收入2.24亿元，同比增长68%和71%。农家客栈三年创建目标顺利完成，截至2013年年底，床位数已达6000余张，从业人员达1000余人。形成农渔体验型、影视服务型、休闲度假型、景区依托型、果蔬采摘型、生态观光型、休闲养生型、海涂（沙滩）体验型等8大类农家客栈发展模式。新增省级农家乐精品培育项目1个、市级农家乐特色村2家、市级农家乐休闲旅游示范点1家。

影视文化产业

【概况】 2013年，象山影视城：接待游客100.8万人次，同比增长99%；门票收入超过3505万元，同比增长118%；引进剧组34家，拍摄天数952天。与2010年设区之前的500余万门票收入、10多万人次的游客量相比，管委会成立三年内，游客量和门票收入每年接近翻番，剧组引进从成立前的3～5个到成立后每年维持30家以上。象山影视城已成为继横店之后国内接待剧组规模最大的影视基地之一，门票收入进入影视基地景区中前三名，拍摄剧组量进入国内影视拍摄基地第二阵营。

象山影视城先后获得中国十大影视基地、全国指定影视拍摄基地、浙江省影视拍摄基地、中国魅力景区等10多个荣誉称号。2011年被列入宁波市文化发展十个重点扶持产业集聚区、市“十二五”文化发展重点文化建设项目、市级现代服务业产业基地。2012年被国家旅游局评为国家AAAA级旅游景区，2013年成为浙江省现代服务业集聚示范区，并被中国品牌研究中心列入宁波品牌百强榜，品牌价值达16.8亿元。

【浙江首个自驾游基地落户象山影视城】 1月10日，由浙江省自驾游协会组织的“百车千人过大桥游象山”大型自驾游活动，暨浙江省自驾游基地授牌仪式在象山影视城盛大举行。这标志着浙江省首个自驾游基地正式落户象山影视城。

【象山影视城举办第二届影视庙会】 春节黄金周，象山影视城以“传统韵、影视风时尚快乐年”为主题，推出千人共舞影视style/万元红包大派送、逛庙会、千人古装免费穿、真人版贪吃蛇等旅游活动，举办《天龙八部》影迷见面会，春节期间，共接待游客近10万人次，同比增长310%，门票收入同比增长320%，占象山各景区门票总收入近七成，从正月初一开始，影视城每日门票收入均创历史记录，初四达到单日门票收入最高纪录。

【大桥开通首月象山影视城团队客增10倍】 象山港大桥开通一个月，象山影视城积极整合营销宣传资源，重点开发一日游散班客，加强县外联系，策划推出影视自驾游，精心策划第二届春节影视穿越庙会，推出“影视城＋农家乐”“游戏娱乐＋影视体验”等旅游套餐，1月份门票量和游客数同比增长300%，团队从2012年的10个增至100多个，同比增长1000%。

【民国城全面开工】 1月30日，象山影视城的第三个外景地民国城全面开工，民国城一期项目是宁波影视文化产业区管委会成立后招商引资建设的第一个项目。

【《新天龙八部》举办明星见面会】 2月14日《新天龙八部》剧组举办明星见面会，该剧制片人吴敦携张檬、韩栋、贾青一同出席见面会，与影迷互动。

【《华胥引》剧组在象山影视城举办明星见面会】 2月24日，象山影视城举办《华胥引》，主演郑嘉颖、袁弘、蒋欣等古装登场与粉丝互动。《华胥引》根据唐七公子热门小说改编，春节前在象山影视城开机。

【葛慧君到象山调研文化产业发展和基层文化建设】 3月12日浙江省委常委、宣传部部长葛慧君到象山调研文化产业发展和基层文化建设。葛慧君一行首先考察了象山影视城，详细了解摄影棚场景建设、实景电影主题乐园开发、重点项目进展情况，对宁波影视文化产业区规划建设进行调研。

【象山影视城举办首届踏青节】 清明小长假，象山影视城举办首届踏青节，整合影视旅游资源，推出拳王争霸赛、回归田园赏桃花看美人、品美食赏农事带孩子长见识等旅游活动。自景区启动首届踏青节以来，来自宁波、杭州、上海等地的学生团、老年团、企业团队纷纷入城看景赏花，吸引游客2.4万人次，同比增长255％，门票收入同比增长244％。其中，小长假首日接待量，超过2012年清明小长假三天的游客接待总量，旅游大巴每日维持在20辆以上。

【影视城“五一”小长假收入和游客量同比翻番】 5月4日“五一”小长假，象山影视城将推出首届影视嘉年华活动：影视美食大集合、影视梦工厂体验式拍摄、明星见面会、古装婚庆秀将轮番上演，让游客过足瘾影视文化旅游市场持续火爆，“五一”三天，影视城游客量和收入同比翻一番；团队近500个，同比增长63％；散客占总游客量的75％，同比增长150％；网络售票51万元，同比增长208％。仅5月1日当天，景区接待自驾车3万余辆，收入和游客量均创历史记录。截至4月底，影视城今年门票收入已破千万元。

【宁波影视文化产业区签约浙江广电】 6月7日，参加第十五届浙洽会象山县投资合作推介会，成功签约浙江广电集团，合作注册成立浙江广电象山影视(基地)有限公司，共同开发占地33.33公顷、总投资超过10亿元的影视拍摄场景地、摄影棚及演员公寓、会所酒店等多个影视配套项目和高科技影视体验游乐设施。该次签约就宁波影视文化产业区33.33公顷土地(象山影视城三期项目)合作开发达成协议，象山县人民政府与浙江广电集团合作成立浙江广电象山影视(基地)有限公司，配备专业的管理团队，计划投资10亿元建设影视拍摄场景地、摄影棚及配套的演员公寓、会所酒店、创作休闲基地等影视配套项目。

【象山影视城推出冰雪戏水节】 7月14日，影视城利用电影特技推出了冰雪戏水节，让你在盛夏时节感受凉爽快活，穿越古今季节穿越人间仙境，度过清凉一夏，影城利用电影特技和高科技手段，用细盐营造的冰雪假象，达到视觉降温的效果，同时洞内通风的设置，也让洞里凉快不少。

【宁波影视文化产业区获国家服务业发展引导资金500万元】 7月20日宁波影视文化产业区正式获得国家服务业发展引导资金项目500万元。这是国家第二次下拨服务业引导资金500万元，扶持象山县影视文化产业发展。据悉，近年来，该产业区积极致力于打造文化服务、旅游服务、影视制作和商贸流通等四大平台，全面发展影视文化产业。

【象山影视城投资拍摄的本土电影《亲亲海豚》首映礼】 8月19日《亲亲海豚》首映礼投资约90万元，由宁波电影公司参与投资，也是宁波影视文化产业区投资拍摄的第一部电影。影片讲述一群孩子帮助患自闭症的小伙伴走出阴霾，在友谊和互助中成长的故事。

【《长歌行》在象山开机】 8月29日古装历史大戏《长歌行》在象山开机。林心如再度身兼制片人与女一号的双重身份，《长歌行》主要在象山影视城的归云庄、赵盾府、公孙府以及摄影棚取景。预计拍摄时间为四个月。

【象山影视城实施两城一票制】 象山影视城2013年4月份完成一、二期景区联通，9月17日开始实施两城一票制，景区得到规范化管理，游客购票程序也得到有效简化。

【象山影视城推出第二届影视嘉年华活动】 “十一”黄金周，象山影视城推出第二届影视嘉年华活动。活动分探明星、玩穿越、唱金曲、品美食四大主题，策划推出魔幻剧场、影视好声音、好莱坞模仿秀、两岸美食节等15个特色活动。其中举办的两场影迷见面会，吸引了全国各地的近3万名粉丝游客。

【象山影视城举办影视好声音歌友会】 10月4日象山影视城举办影视好声音歌友会，特邀浙江之声美女主播天心担任活动主持人，浙江卫视《我爱记歌词》超级领唱王滔、志玲现唱，现场大秀《铁血丹心》《光阴的故事》等脍炙人口的影视歌曲，这是象山影视城首次尝试与省级媒体联合举办互动。

【象山影视城国庆接待游客5.6万人次】 2013年“十一”，象山影视城推出第二届影视嘉年华活动，活动分探明星、玩穿越、唱金曲、品美食四大主题，推出魔幻剧场、影视好声音、好莱坞模仿秀、两岸美食节等15个特色活动，是历年来节目最多、内容最丰富的一个黄金周。国庆首日，象山影视城游客爆满，接待游客5.6万人次，同比增长110%，门票收入突破200万元，同比增长105%，门票收入和游客接待量创历史新高。

【象山影视城获得金口碑品牌奖】 10月9日，在2013“我心目中的宁波品牌”评选活动中，象山影视城获得了“金口碑品牌”奖。此次评比活动由新华社现代金报社、宁波市名牌产品促进会、东方热线联合主办。旅游企业中，仅象山影视城和天宫庄园休闲旅游有限公司入围该奖项，通过评选，最终“金口碑”花落象山影视城。据不完全统计，近年内影视城接待的游客中，宁波的游客在团队游客中占65%，在自驾游占主导地位。近年内，影视城不断完善景区内的基础设施和细化服务内容，优质服务逐渐成为景区的一大亮点。据悉，2013年“十一”期间，游客接待量与2012年同期相比增长54%，但游客和车辆整体多而不堵、平稳有序，未发生一起投诉事件，游客满意度高达95%。

【宁波影视文化产业区与香港电影工作者总会签订框架性合作协议】 11月3日，香港著名导演吴思远携香港电影工作者总会会员一行到象山影视城，与宁波影视文化产业区管委会签订框架性合作意向书，为影视城的发展注入一股强劲的“香港力量”。此次框架性合作意向书提出了一个全新的合作模式——“因戏制景，以景入股”。根据协议，今后香港电影工作者总会推荐的剧组，如需在影视城搭景拍摄，搭建场景符合影视城发展需要，且可以永久性保留的实景，影视城可以出资联合搭建场景，并有机会参与影片分红。此外，宁波影视文化产业区管委会还为此次合作提供一系列扶持政策。例如，象山影视城将作为香港电影工作者总会指定推荐的影视拍摄基地；对总部设在产业区内的香港影视企业用于影视文化产业项目的贷款给予扶持补助等。

【民国城各分区建筑通过安全验收】 11月30日，宁波影视文化产业区管理委员会成立后的首个建设项目——总投资1.8亿元的象山影视城民国城，各分区建筑通过安全验收，进入建筑外装施工阶段，预计2014年7月全部完成竣工。象山影视城民国城规划用地85.35亩，总建筑面积约38288平方米，由59栋中国晚清至民国时期的典型公共建筑、街道、公馆和民居构成，将集中展示我国封建社会晚期和资本主义萌芽阶段全国各城市及租界区的典型建筑、特色街景。

【浙江广电总局调研影视文化产业】 12月13日，浙江广电局长寿剑刚一行来到宁波影视文化产业区调研影视文化产业，象山县副县长王安静、袁继新陪同。寿剑刚一行来到产业区参观了象山影视城、正在施工的民国城和浙江广电象山影视基地。寿剑刚高度评价了象山影视城发展速度快，规模大，前景好，并对象山发展影视产业，提出了宝贵的意见和建议。他表示，象山影视文化产业的发展要注重差异化，形成店多拢市的效应；做好高端化，根据浙江广电总局发展目标，在结合影视和旅游的基础上，往高端化发展;在产业发展中形成链条化,不仅做好前期摄制工作,更重要的是形成完整的产业生产链和完善的产业配套设施。同时,他提出要打造服务品牌特色,重点抓好服务态度、服务效率和服务质量。在座谈中,对于产业区提出的申请国家级甬台港影视产业合作实验基地和建立影片审查中心联络处两点建议,寿局长也表示肯定和大力支持。

【宁波影视文化产业区招商形势喜人】 截至2013年年底,宁波影视文化产业区已引进浙江广电、上海石勇、宁波中邦、宁波金乔等18家影视文化和传媒企业落户,累计注册资金达3亿元,其中尤典公司营业收入7300万元,带动周边村庄旅游经营性收入3000万元,新增服务业就业1000人,文化产值达2.1亿元。

(孔雯)

渔港旅游开发

【概况】 2013年,石浦渔港旅游开发管委会加力旅游环境优化,加速海岛旅游开发,加深旅游市场开发,加快重点项目建设,各项工作全面有效开展。石浦渔港旅游实现门票收入2013.3万元,接待游客62.6万人次,同比增长135.9%和120.4%。

【渔港古城亮化工程】 投资800余万元,完成古城景区和渔港中路核心区的灯光工程;投资约200万元在渔港旅游码头周边添置外围休息区、旅游咨询平台、木牌楼、喷水池及管理房顶的小吃摊,打造形成以海峡广场为核心的石浦繁华夜景休闲娱乐基地。9月11日开展古城夜游项目。此外投资约130余万元开辟渔港第二停车场并投入使用,新增大巴位40个、小车位62个,有效缓解渔港停车问题。

【丰富海岛旅游项目】 8月份适时投放2艘游艇开展"夜游石浦港"项目,以适合不同游客的需求。同时投资300余万元购进"渔光曲"7号游艇,提升檀头山岛景区客运能力。组建成立海洋旅游资质公司,彻底解决以前挂靠其他企业的经营方式。檀头山岛景区引进拓展训练,增设沙滩排球、足球、沙滩车及烧烤设施,相继策划推出6月亲子欢乐游、海岛拓展季、烧烤季、露营季、篝火晚会等主题活动。打响市级露营休闲基地旅游口号。

【加深旅游市场开发】 开通宁波、杭州、上海、苏州等地的旅游直通车,重点开发上海、苏南等地客源市场。与宁波市邮政合作将渔港旅游产品制作成景区套餐向全大市推广和销售。同时加大广告投入和网络推广,在宁波投放76辆公交车体广告、7块LED屏滚动宣传及在重要路段设置大型户外广告。开设淘宝网旗舰店,与携程、聚划算、途牛等网络商合作开展各种主题游活动,此外利用节庆催热旅游市场,通过举办"元宵节石浦传统踩街""春季企业拓展游""海鲜节展销会"等一系列活动,有效提升景区人气。

【参加江苏大型推介会】 重点开发上海、苏南等地客源市场,5月16日,邀请江苏地区30多家旅行社老总在江苏苏州进行石浦渔港旅游走进江苏大型推介会。由副县长邱金岳带领象山四大AAAA级景区营销负责人、部分新兴旅游项目负责人以及县内高星级酒店营销老总,与江苏旅游同行交换合作意见,进行深度的沟通。乘势推出适宜全年旅游的"石浦渔港旅游目的地"新形象,与"象山海滨旅游目的地"实现错位营销,通过主打品位石浦海鲜、体验渔民捕鱼、领略影视文化,收到良好的市场反应。经过积极的营销宣传和活动推荐,2013年江苏市场增速较快,全年同比增长149%。

【海鲜产品进军旅游市场】 海鲜节将象山海鲜作为旅游产品首次推向市场,通过展销会来销售象山土特产、海鲜活鲜,又主导石浦餐饮集中主打22个菜系的海鲜盛宴。产品一经推出,得到杭州、宁波、上海等主流市场游客的一致好评,作为象山旅游淡季的12月,一日游活动团杭州地区收客达到1700人。同时尝试性的将此类产品推向安徽芜湖和马鞍山等未开发市场,短短2周,通过旅行社同行的生疏推荐也收到一地区一辆车的好成绩,增强了景区和象山地接社在2014年进军安徽市场的决心。

【渔港古城二期改造工程稳步推进】 渔港古城景区二期改造工程,也叫人民路"仿古街改造"。工程包括"三线"下埋、路面修复、立面改造,总投资5000

余万元。2013 年启动江心街立面改造工程，江心街 22 号、26 号两幢建筑由原来的 4 层、5 层分别降为 2 层、3 层，拆除面积 107.86 平方米，解决提升古城景区的入口形象。2013 年年底完成人民路立面改造工程试验段工程的 80%。

【完成檀头山岛景区设计初稿】 遵循“先保护、后开发”、“重点保护、适度开发”和“多自然发展、少人为改造”原则，委托深圳市艾肯弘扬咨询管理有限公司，完成编制《檀头山岛旅游开发总体规划》及“固岸保滩”方案设计初稿，为进一步开发檀头山奠定了良好基础。

【景区公私房收购】 2013 年完成白桦宾馆、金山旅社、荔园公房等收购工作，完成收购私房面积达 2967.52 平方米。妥善处理 18 户公房户搬迁安置工作。

（渔港办）

2013 年象山县旅游统计主要指标

表 22

项　目	累计数	同比增长(%)
一、国内旅游者		
国内旅游总人数(万人次)	1277	39.7
国内旅游收入(亿元)	119	29.3
二、旅游饭店经营情况		
营业收入总额(万元)	23181	−9
平均客房出租率(%)	51.2	−4.3
实际平均房价(元/间天)	321	1.6
三、旅行社		
旅行社接待人数(人次)	318523	16
旅行社出团人数(人次)	147728	2.4
四、国际住宿设施接待情况		
入境旅游者人数(人次)	132011	12.14
外国人(人次)	28943	15.7
中国香港(人次)	19968	13.88
中国澳门(人次)	15372	12.13
中国台湾(人次)	67728	10.2
五、旅游创汇		
国际旅游收入(万美元)	2996.07	12.12
#外国人(万美元)	644.27	15.7
香港(万美元)	437.9	13.88
澳门(万美元)	381.83	12.13
台湾(万美元)	1532.08	10.20

商　　贸

国内商贸业

【概况】 2013年,全县商贸经济保持平稳较快的发展态势。全年实现:社会消费品零售总额169.9亿元,比2012年增长14.8%;商品销售总额达350.1亿元,比2012年增长19.5%;商贸流通业增加值达44.66亿元,比2012年增长12%。

【象山商会大厦工程进展顺利】 象山商会大厦是集企业商务中心、企业服务中心、产品展示中心、会议培训中心、县工商联办公用房及配套公共服务功能为一体的综合性AAAAA甲级写字楼,总建筑面积为133950平方米。2013年,该工程完成辅楼主体结构,东、西主楼分别进入7层和9层结构施工,完成施工产值约2.6亿元。

【两个服务业项目获中央资金支持】 县对台水产品综合贸易示范基地、浙江水产城两大系统改造升级等项目获2013年中央预算内资金补助500万元。对台水产品综合贸易示范基地是浙台(象山石浦)经贸合作创建启动项目,通过与台商合作,引进台湾技术,将精品石斑鱼销往华东地区,项目总投资3842万元;浙江水产城项目是对市场现有信息系统和检验检测系统及配套设施进行改造升级,总投资1010万元。

【象山石材市场竣工】 2013年5月9日,象山石材市场全面竣工。石材市场位于天安路东首上余村地块,占地面积5.53公顷,项目总投资近800万元。该项目的建成,对规范石材经营、减少粉尘和废水污染、提升城市形象有着重大意义。

【向阳渔港酒店"鼎悦"品牌落户象山】 6月8日,国内餐饮十强品牌、浙江餐饮龙头企业—浙江向阳渔港集团股份有限公司旗下的"鼎悦"品牌度假酒店正式在象开业。该酒店由象山知名企业家王久松先生按五星级标准投资兴建,其前身为县政府招待所,总占地面积达4.1万平方米,集客房、餐饮、宴会、会议诸功能为一体。"鼎悦"品牌度假酒店首家落户象山,将对象山旅游旺地的市场潜力的开发和旅游经济的发展起到了积极的促进作用。

【县首家宝马4S店正式开业】 7月24日下午,落户经济开发区东陈区块汽车广场项目的宝马4S店举行开业典礼。这是落户象山县的首家豪华汽车品牌的4S店,也是落户汽车广场并开业的第四家汽车4S店。该项目由象山泓宝行汽车销售服务有限公司投资建设,总投资1.5亿元,是集宝马品牌新车销售、维修保养、配件供应、信息反馈于一体的汽车服务点。

【象山购物节隆重举办】 9月20日,2013象山购物节开幕暨百强县汽车巡展活动启动仪式在县人民广场举行。本次购物节由县人民政府主办,县商务局承办,为期一个月。活动内容有百强县市汽车巡展、汽车节促销、房产优惠促销、快乐购物系列、开心美食节、特惠家私家装节、商旅互动等,共七大系列40余项子活动。此外,还将组织开展2013象山县诚信商家评选活动,在购物节结束后进行公布表彰。

【4家菜市场获省文明示范农贸市场】 10月30日,象山县创建"省文明示范农贸市场"工作通过验收。蓬莱、城东、大碶头、石浦等4家菜场获评"省

文明示范农贸市场”。

【第十一届象山海鲜美食节暨中国海鲜餐饮论坛举行】 11月15日，第十一届中国宁波·象山海鲜美食节在东谷湖鼎悦度假酒店开幕，中国海鲜餐饮论坛同时举行。中国饭店协会会长韩明，市、县有关单位相关负责人，餐饮界企业家代表等出席开幕式。副县长邱金岳致辞。本届海鲜节由中国饭店协会、宁波市贸易局和象山县人民政府联合主办，为期一个月，主要活动有全国海鲜烹饪邀请赛、中国海鲜餐饮论坛、象山海鲜食材采购大会、象山秋冬海鲜养生之旅、象山海鲜总动员等。

【举办首届海鲜食材采购大会】 11月15日，象山海鲜食材采购大会交流座谈及签约仪式举行，来自全国各省市及港澳台地区餐饮行业协会的负责人，中国百强餐饮企业老总、行政总裁、采购总监等与县海鲜企业界代表座谈交流，现场签约4个项目，签约总额约1.2亿元。此次象山海鲜食材采购大会是第十一届象山海鲜美食节的重要活动内容之一。

【“鼎悦杯”中国海鲜烹饪厨艺大赛举行】 11月16日，第十一届海鲜美食节主题活动之一的“鼎悦杯”中国海鲜烹饪厨艺大赛开擂，由全国各地的70名烹饪高手一一亮招。最终，浙江向阳渔港集团旗下的宁波文鼎壹号厨师王小峰获得一等奖。

（蔡敏剑）

供销服务

【概况】 2013年，象山县供销联社以服务“三农”为宗旨，结合“三思三创”活动精神，实现“两转三创”（转变思想观念、转变精神状态；创新为农服务，创新企业经营、创新各项制度），全力打造服务、廉洁、智慧供销。2013年，全系统经济平稳较快增长，保持良好的发展态势。全年系统实现总经营收入6.3亿元，同比增长23.7%。其中：系统下属企业实现销售额7177万元；专业合作社、村级综合服务社实现销售额54066万元，同比增长20%。

【宁波象山海峡农副产品流转中心建成开业】 宁波象山海峡农副产品流转中心由象山鱼得水水产有限公司承担建设，总投资1.5亿元，占地面积6.2公顷，2013年8月建设完毕。流转中心分为农产品展示展销中心、农产品物流中心、农业休闲中心三块区域，是一项集农产品展示展销、直接配送以及农业休闲旅游为一体的项目。宁波象山海峡农副产品流中心是象山县营业面积最大，参展企业最多，参展品种最丰富的农产品展示展销中心。已与象山县内40家农业企业、专业合作社开展产销对接，配套冷库5000立方米，水产活鲜养殖区12000平方米，产品品种达600余种，日成交额达150万元。宁波象山海峡活鲜农副产品流转中心项目作为象山县优质农产品进军高端消费市场的重要渠道，将会把最具象山特色的优质农产品汇集在展销中心，推广给更多外地游客，为游客打造最休闲、最生态、最优质的农家旅游中心，力争在旅游经济和农业经济上实现双赢。

【县农资配送中心完成验收工作】 象山县农资配送中心位于滨海大道南、海山路东，隶属爵溪街道前岙村，占地2.13公顷，为象山县重点工程2012年实施类项目，并列入全国供销社新网工程建设项目。农资配送中心项目于2012年9月动工，于2013年6月初步竣工，并完成中级安全验收。项目第一期用地8274平方米（约13亩），建造化肥仓库3268平方米，农资商品展示大厅1000平方米，化验检测室300平方米，第一期（含土地全价）总投资5000万元。农资配送中心项目实施后，可存储化肥、农药、农地膜等农资类商品3000吨，同时可提供庄稼医院等农化知识培训、农资类商品检测服务，提高象山县农资储备、配送、培训、检测功能。从而完善农村流通服务网络体系，提升象山县“农化”服务水平。

【县再生资源交易市场进行招投标】 象山县再生资源交易市场坐落于滨海大道西段北侧，占地面积约3.93公顷，市场于2011年末开始建设，2012年底完工投入使用。2013年，市场完成了招标，并对丹东、丹西街道从事生产性再生资源回收的27家企业和个体经营户进行了报名招商。一期招商工作共租赁商铺13家，露天场地6800平方米。再生资源交易市场的建成使用，一定程度上规范了流动收购队伍的管理，改善了城区与城乡结合部再生资源收购点脏乱差的现象，对无证收购、超范围收购的现象起到遏制作用。标志着象山县再生资源回收行业进入了规范发展、清洁发展、安全发展的探索创新阶段，对象山县打造绿色环保的现代化滨海休闲城市，提升市容市貌有着重要意义。

【创办农产品社区直销店】 2013 年，象山县首家农产品社区直销店在靖南大街大红鹰社区试营业，农产品直销店是一种便民惠民的农产品直销模式，入店销售的农产品来自象山县各大农业基地，经农户、合作社相互合作，第一时间统一进行物流配送，并以低于市场 10%～20%左右的价格销售。3 月和 6 月，第二家和第三家农产品社区直销店陆续在丹峰小区及安置小区开业，现农产品社区直销店已有农产品 150 余种，有效缓解了农产品市场长期以来“农民难卖、市民贵买”的矛盾。

【推进“三农”服务载体】 2013 年，象山县供销联社深入实践“龙头企业＋合作社＋种植(养殖)基地＋农户”运作模式，领办、挂靠宝兴果蔬专业合作社、鑫亿水产养殖专业合作社等 10 家农民专业合作社；共征集入库供销系统新网工程、农业综合开发项目 5 项。其中鱼得水水产养殖合作社所申报的 2013 年国家农业综合开发供销总社新型合作项目——年产 40 吨梭子蟹养殖基地扩建项目正式立项。

【探索构建农产品流通体系】 2013 年，象山县供销联社新建岳浦镇小百丈村农贸市场，市场占地面积 0.47 公顷，建筑面积 2000 平方米，总投资 216 万元，具备农副产品收购、贮藏、分拣、包装、交易等功能。同时，西周、新桥、鹤浦等地也陆续建立起了竹笋、枇杷、柑橘等小型农村交易市场；组织 9 家农业生产企业、专业合作社参加宁波市供销系统迎新春农产品展示展销会。5 月，针对 2013 年枇杷出现的量增卖难问题，组织农传佳果专业合作社参加市农产品流通协会举办的枇杷促销会。11 月份下旬，在南京、北京等国内大中城市连续承办象山海鲜、象山蜜橘农产品推介会；筹建能顺农产品配送有限公司，积极开展农产品农校、农企等产销对接，其中配送学校达 13 家，日配送金额达 3 万余元；组织 14 名经纪人参加市中级农产品经纪人培训，开展分类培训 4 次。至 2013 年年底已累计培训人员 270 人次，发放资格证书 245 份。

【提升供销服务保障能力】 2013 年，象山县供销联社在 2012 年东乡片乡镇和丹东、丹西街道的基础上，统防区范围扩大到东陈及西周，签订防治协议种粮大户达 48 户，新增加 18 户，协议防治面积 800 公顷，新增 133.33 公顷，防治作业队 6 个，新增 2 个。由供销联社下属象山县丰润农资公司提供优质优惠防治药剂 180 余万元，按照《病虫情报》防治时期及时开展专业化统防统治，防治次数达 4 次，防治成本降低 50 元每亩，提高了粮食产量 5%左右。3 月，开展放心农资下乡服务活动，发放资料 300 余份；赠送草甘膦 100 瓶、叶面肥 1000 余包，以低于市场价 250 元/吨优惠供应品牌尿素 10 吨和以低于市场价 400 元/吨品牌复合肥 8 吨。4 月组织在晓塘乡西边塘村，为 100 余户葡萄种植户开展葡萄实用技术培训，讲解葡萄生产、培育管理技术及农药安全使用等问题。4 月组织各个农资连锁网点负责人和各个种粮大户 140 余人参加由象山县农林局与供销联社下属公司联合举办肥料配方师培训，促进提高从事肥料配方相关工作人员的劳动技能水平。

(杨诗诗)

烟草专卖

【概况】 2013 年，象山县烟草专卖局(分公司)以提高经济增长质量和管理效益为中心，稳中求进、进中求精，着力推进转型提升，保持平稳健康发展、内部和谐稳定的良好态势。全年：销售卷烟 27332 箱，同比减少 1.82%，其中：6 毫克及以下低焦油卷烟销售 418 箱、同比增长 65.55%，低档烟销售 665 箱、同比减少 26.88%；实现销售额 107558 万元，同比增长 4.88%；实现利税 27328 万元，同比增长 8.45%；创造利润 21505 万元，同比增长 10.65%。全年查获各类违法案件 255 起，查处违法卷烟 652 条，案值 244184 元，上缴罚没款 3365.3 元，移交工商无证经营案件 13 起，移送公安案件 1 起。行政许可和行政处罚案卷被评县法制办评为象山县“双十佳”案卷称号，连续五年获此殊荣。

【破获“8·21”本地型网络销售卷烟案】 自主寻找线索，自主破获“8·21”当地型网络案，现场查获14个品牌卷烟172条，案值达10万余元。2名案犯依法刑拘，2名案犯投案自首。4名案犯被县人民法院以销售伪劣产品罪作出一审判决。

【加强卷烟市场监管】 先后开展“两节”期间卷烟市场专项整治、雪茄烟市场专项治理、无证无照经营专项整治、“天价烟”专项治理、“利剑1号”专项行动等活动。梳理排列红、黄、蓝、白客户名单，加强二头重点客户及“两籍”、名烟名酒店、违法前科零售户监管，全力维护规范有序、净化安全的卷烟经营、消费良好环境。

【以管促控提升监管实效】 严格执行“三员三查”，关注商业预警，强化内管数据分析；以码寻源，深入一线；关注重点品牌、真烟外流品牌，加强销售数据分析，查找异常问题，提升监管实效。全年商业预警10054单，启动异常处理流程69单，开展“三员三查”43起，异常问题核查43户。

【证件管理初显成效】 实施《象山县烟草制品零售点布局规划管理规定》，严格把好许可证距离关、人口限制关和监管关、退出关“四大关”，合理配置零售市场资源。完成时隔5年的集中大换证工作，对现有证件进行全面大清理。全年新办证725本，注销938本，减少213本，减少幅度超过4%。

【品牌培育再创佳绩】 出台《象山烟草专卖营销合力培育品牌评比办法》，采取“一提升二挂钩”激励措施，以班组为培育单位，充分调动三线人员与零售客户合力培育品牌的积极性。召开品牌培育现场会，将品牌培育推向高潮。全国重点品牌销量21894箱，同比增长0.92%，比重为80.60%；七匹狼销售495箱，同比增长24.45%，完成年计划的113.20%，名列全市完成进度第一名，获得全市七匹狼培育进步一等奖先进荣誉。

【终端建设又探新路】 创新零售户访谈制度和建设层级管理体系。采取七步法，构建实施一套完整的客户联络沟通制度：第一步，划分联络区，以客户经理分管的10户客户或根据自然村落选好联络区；第二步，选好联络员，选取文化素质高、沟通组织能力强、文明经营、乐于工作、热心配合的504个零售客户作为联络员，一个联络区设一个联络员；第三步，确定聚会时间，以联络区为单位，一个客户经理20个联络区10个工作日完成客我聚会，一天安排二次聚会；第四步，选好聚会地点，以联络员和村活动室零售店为主，或在各零售客户店中轮流聚会；第五步，选好会议内容，准备宣传学习资料和沟通内容；第六步，准备宣传品和小礼品；第七步，组织举行聚会，客户经理和片区专卖员一起组织联络区零售户举行会议。11月份以后，部所协作，紧锣密鼓，先后召开55场联络小组会议，组织零售户聚会零售店，进行集中访谈，增强宣传沟通效果，密切专销结合，提升客户服务效果，提高客户经理服务水平和工作效率，使客户经理真正成为客户管理的经理人，也使传统的分散式、浅层次上门访谈向定期定员的深层次集中沟通座谈会转变。

【“四网合一”加快形成】 启动网上结算，发展338户；网上订货率达90.06%，同比提升6%；网上配货发展204户；终端信息采集上传率保持稳定在98%以上；现代终端建设324家，占卷烟零售客户总数6.45%。

【预算管理深化推进】 修订、完善预算定额标准，合理预测分配费用，发挥归口部门审核职责，加强执行过程监管，确保各项主要费用较大幅度减少。2013年五项重点费用同比下降8.64%。

【QC创新成绩卓著】 一项创新项目获得市烟草系统创新奖二等奖；二项QC成果获得市烟草系统优秀QC小组活动成果一等奖；专利发明零突破，获得2个实用新型专利、1个外观设计专利；《提高零售户对“涉案零售户管理办法”的知晓率》项目被推荐到中国质量协会参加先进评比；“浪潮”QC小组被评为市优秀质量管理小组，荣获2013年全国优秀质量管理小组殊荣。

【民主管理逐步完善】 探索、完善以OA网页机关公开栏目为主，辅以职代会、公示栏、县政府信息网站公开形式的办事公开民主管理模式。突出完善对“三项工作”尤其是物资采购项目十个环节信息的及时、全面全过程公开。鼓励员工点击阅览，推进员工“四权”落实。应招尽招、真招实招，严格流程操作，严格分级审批，强化监督检查，不断提升“三项工作”流程化、规范化操作水平。

【队伍素质不断提升】 2013年新招收9名高学历、高素质年轻员工，补充新鲜血液。开展各类培训46次，受训达1325人次。出台《加强员工队伍建设的若干规定》，将干部员工报考职业技能证书与员工从业、岗位流动、干部晋级、收入待遇挂钩，鼓励员工考级。通过考试，目前具有专业技术职称、职业技能等级员工83人，占员工总数56%。

（陈明冬）

对外贸易

【概况】 2013年，全县通过加大外贸出口政策奖励力度，加快市场拓展步伐，提升出口产品档次，协调解决企业困难，全县外贸出口实现稳步增长。全年外贸进出口23.99亿美元，同比增长8.6%。其中：出口21亿美元，同比增长7.6%；进口2.99亿美元，同比增长16%。

【组织企业参加境内外展会】 全年共组织176家次企业262个展会参加华交会、广交会、消博会等境内国际性展会，组织181家次企业343个展位参加拉斯维加斯服装展、俄罗斯轻纺展、新加坡展、日本大阪展等境外展会。

【外贸业务培训776人次】 加强人才培训力度，举办外贸会计实务、进口实务、外贸公共服务平台推介、中小企业转型升级讲座等各类培训班，累计培训776人次。为提升企业出口效率，与象山海关合作建立关贸联系会议制度。完成飞日、南方两家企业的农产品可追溯体系平台和市级水产品出口基地申报工作。

【20家企业获外贸出口明星企业称号】 2013年全县20家企业被评为外贸出口明星企业，分别是：宁波中瑞进出口有限公司、华翔集团股份有限公司、宁波健鹰进出口有限公司、浙江巨鹰集团股份有限公司、浙江甬南控股集团有限公司、宁波森语国际贸易有限公司、宁波盛和灯饰有限公司、宁波博禄德电子有限公司、宁波天韵食品有限公司、宁波威霖住宅设施有限公司、宁波兄弟服饰有限公司、宁波乐惠食品设备制造有限公司、浙江宝信化纤有限公司、宁波谊胜针织有限公司、象山锦秀有限公司、象山石浦国龙水产有限公司、宁波贝特机电有限公司、宁波信豪国际贸易有限公司、宁波爵溪进出口有限公司、宁波沪港食品机械制造有限公司。

【10人获“十大”外销员称号】 2013年10人被评为象山县“十大”外销员。分别是：吴海鹰、吴晓琦、杨宏昌、曹孟建、周谦、金勋、谢峰、江财国、顾学锋、孟二艳。“十大”外销员所在企业2013年自营出口额均在1000万美元以上，个人2013年自营业务实绩300万美元以上，并在境外参展、市场拓展、外贸业务知识应用、创业创新等各方面都有突出表现。

（周伟灵）

招商引资

【概况】 2013年，全县招商引资工作有效推进，稳步发展。全县完成合同外资1.8亿美元，同比增长16%，实际外资1亿美元，同比增长24.8%，实际内资37.3亿元，同比增长36%，利用浙商回归资金19.1亿元。全年共引进了总投资亿元以上项目20个，其中工业项目10个。

【小分队招商成效明显】 组建产业小分队开展招商，成立旅游、农业、商贸、影视、科技、浙台经贸合作和浙商回归等专业招商小分队。其中，科技招商小分队全年引进21个项目，投资金额超10亿元；浙商回归招商小分队共动员和组织1175名象商来象开展项目考察、对接洽谈。新引进浙商回归项目28个，浙商回归利用资金19.1亿元。

【节会招商成效明显】 2013年，象山县利用春节、开渔节、浙洽会等节庆活动，举办“浙商之春”暨在外象山人大会等恳谈活动，邀请一批客商前来象山实地考察。第十五届浙洽会期间，举办象山投资合作推介会暨项目签约专场活动，25个项目实现签约，投资总额达到92亿元。另外，利用广交会、华交会、甬港甬台合作等活动，主动出去推介象山，拜访客商，对接项目。县委、县政府主要领导亲自率队分别赴台湾、香港招商，科技孵化园、对台贸易等一批项目得到有效推动。

【产业招商全面推进】 充分利用海洋港口资源优势，重点引进先进制造业、海洋经济产业和战略性新兴产业项目。各大平台招商成效显著，各园区引进投资上亿元项目12个。其中，象山产业区的宝钢集团，象山经济开发区的国恒新材料、能特科技、激智科技等工业项目总投资均超5亿元。象山影视城的浙江广电、大目湾新城的主题乐园等项目总投资均超10亿元。

【各地招商引资各具特色】 2013年，全县各镇乡街道千方百计发挥自身优势抓招商。东陈乡利用城郊优势引进宏普机械、新鹏运动器材等11个项目，总投资达到7.5亿元。贤庠镇利用临港优势引进埃德蒙机电等10个项目，总投资8亿元。泗洲头镇开展乡情亲情招商，引进云裕电器等7个项目，总投资9.5亿元。东陈、西周、贤庠、泗洲头、墙头、涂茨、大徐、晓塘、黄避岙、高塘岛等10个镇乡全面完成招商任务。

【5家企业获外商投资明星企业称号】 2013年全县5家企业获外商投资明星企业称号，分别是：宁波劳伦斯汽车内饰件有限公司、宁波正源电力有限公司、斐德瑞通用设备制造（宁波）有限公司、宁波威霖住宅设施有限公司、宁波鹰星针纺有限公司。5家外商投资明星企业外商股权均占50%以上，各企业总投资在500万美元以上，安排就业人数均在100人以上。

【10人获“十大”招商员称号】 2013年10人被评为象山县“十大”招商员。分别是：张荣飞、张茂豪、郑港峰、张威明、姜东辉、吴忠、郑瑜、周惠亚、庞伟总、俞勇。

（周伟灵）

对外经济合作

【概况】 2013年外经工作继续领先，对外投资实现突破。全县完成境外承包工程营业额4.81亿美元，同比增长12.6%。新批境外企业16家，核准中方投资额1.55亿元美元，同比增长17.4%，实际中方投资额7661万美元。

【外经企业参展】 2013年，先后组织41家次的外经企业参加了浙洽会境外投资促进活动，组织6家企业参加墨西哥投资贸易交易会。

【加强境外企业防范风险能力】 为加强外派劳务管理工作，2013年象山县制定落实《象山县境外劳务纠纷或突发事件应急预案》，建立相应的境外企业管理条例和风险防范预警机制，降低境外企业经营风险。加强境外人员安全管理，确保人身财产安全。

【“走出去”开展境外投资】 全年新批的16家境外投资企业，新核准中方投资额达1.55亿美元，创历年新高。此外，积极帮助企业做好“走出去”扶持资金申报，全年共有31家企业获商务部、市、县“走出去”资金补助，合计1106万元。

【5家企业获外经工作明星企业称号】 华翔集团有限公司、宏润建设集团股份有限公司、龙元建设集团股份有限公司、宁波乐惠食品设备制造有限公司、宁波霞涛塑业有限公司、宁波欧亚远洋渔业有限公司等6家企业获2013年度外经工作明星企业称号。

【营造开放型经济发展环境】 组织外资企业服务月活动。向全县100多家外资企业免费发放各类政策汇编，会同海关、外管局、国税局等部门举办外经贸政策宣讲会。组织开展各类外经贸培训班。共有1150余人次参加进口实务、服务外包等各类实务培训，有效帮助企业释疑解难，促进企业持续健康发展。强化宣传。通过联合新闻媒体举办《开放》栏目，在《今日象山》刊发开放型经济专版等方式，宣传开放型经济相关政策、典型事例，推介象山县投资环境。

（周伟灵）

对台经贸合作

【概况】 2012年5月,省政府批准设立浙台(象山石浦)经贸合作区,并明确将其“纳入省级开发区管理序列,待条件成熟后积极申报国家级对台经贸合作平台”。至2013年年底,浙台象山石浦经贸合作区在规划编制、基础建设、平台打造、招商引资、两岸交流等方面都取得了明显成效,成为浙江省对台交流先行区、商贸合作区和两岸产业对接示范区。2013年,象山县对台贸易总额达1580万美元,同比增长近180%。其中出口943万美元,主要为水产冻品,进口614万美元,主要为日用品和机电设备。石浦港口岸对台累计通航近百次(基本达到每周4航次),进出口货物超2500吨,其中累计运销石斑鱼1400多吨,销售额逾1.5亿人民币。2013年12月,宁波象保合作区落户新桥盐场,规划面积25.1平方千米,功能定位为对台经贸合作试验区、省海洋经济发展重要功能区、三门湾开发开放先导区、产城融合和生态文明示范区、体制机制创新试验区,这是象山县开放开发进程中继象山港大桥建成后的又一里程碑。

【郑杰民一行调研浙台(象山石浦)经贸合作区】 2013年1月18日,市咨询委主任郑杰民,常务副主任郁义康,副主任张金康、郑瑞法、赵凯一行到象山县调研浙台(象山石浦)经贸合作区建设工作。郑杰民对经贸合作区在县委、县政府的全力支持下,在较短时间内取得了明显成效给予充分肯定。并表示,市咨询委将一如既往地关注和支持象山建设,在浙台(象山石浦)经贸合作区开发建设上,积极开展省、市政策等方面的调研,帮助呼吁,使象山在统筹宁波南部地区发展中发挥更大作用。县领导李关定、叶剑鸣、励志纲、叶富兴等陪同调研或参加相关活动。

【协调推进象山国际水产物流园项目】 2013年4月16日,县委书记李关定率相关部门主要负责人赴鹤浦镇现场办公,专题协调推进象山国际水产物流园项目。中国供销集团建设的象山国际水产物流园项目总投资约45亿元,包括象山国际海洋经济发展总部、国际水产保税冷链物流基地和国际水产出口加工基地。该项目是供销集团拓展新的经营领域、培育新的经济增长点的重要举措,2013年落实资金8亿多元,力争“一个总部,两个基地”全部动建。其中位于鹤浦镇盘基塘的国际水产保税冷链物流基地,是整个项目的先行区块和重中之重,李关定一行实地踏看了该区块施工现场、基础设施建设及周边岸线资源情况,督促有关单位进一步加快进度,并通过项目建设进一步发挥中国供销集团特有优势,吸引更多资源,带动相关水产交易、海洋生物科技、精深加工产业发展,整体提升浙台(象山石浦)经贸合作区建设和我县海洋经济发展水平。县领导叶富兴、孙小雄,中国供销集团项目主要负责人等参加。

【象山县报批国家级浙江象山台商投资区】 7月2日,省委副书记、省长李强批复同意象山县报批国家级浙江象山台商投资区;4日,省政府印发浙政〔2013〕35号文件,向国务院正式提交了申报设立国家级浙江象山台商投资区的请示。2012年7月5日,省委常委、常务副省长龚正亲临象山县,为浙台(象山石浦)经贸合作区授牌。一年后,浙台(象山石浦)经贸合作区向升格为国家级迈出了关键一步。一年多内,合作区在规划编制、基础建设、平台打造、招商引资、两岸交流等方面取得了明显成效,正在积极构建浙江省对台交流先行区、商贸合作区和两岸产业对接区。至2013年年底,对台专用码头、台湾商城、台湾石斑鱼中转贸易基地、台湾兰花主题公园、台湾精致农业基地等项目已顺利建成运营。省政府在向国务院的申报请示中认为,设立国家级浙江象山台商投资区,对深化两岸经贸合作、推进两岸和平发展、构建长三角地区对台深度开放合作门户、打造海洋经济发展核心示范区等方面具有重要意义。

【市政府同意《浙台(象山石浦)经贸合作区发展规划》】 7月30日上午,宁波市政府第30次常务会议专题审查并原则同意《浙台(象山石浦)经贸合作区发展规划》。下步,市政府将进一步修改完善该《规划》,并报省政府审核发布。浙台(象山石浦)经贸合作区自设立以来,在规划编制、项目招商和基础建设等方面取得了明显成效,正倾力打造省海洋经济新的增长点和对台交流合作大平台。编制《浙台(象山石浦)经贸合作区发展规划》,对于石浦经贸合作区申报国家级对台经贸合作平台,推动甬台经贸合作和基层交流,推进宁波南部区域联动跨越和海洋经济强市建设,具有十分重要的战略指导意义。市委副书记、代市长卢子跃对象山县推进“两区”建设以来所取得的成绩表示肯定,并就进一步推动浙台(象山石浦)经贸合作区发展提出了明确要求。卢子跃指出,象山应牢牢把握桥海时代新机遇,加快建设浙江沿海高速公路石浦支线工程,完善对外交通布局;抓紧启动东海涂围垦工程,加强周边供电、供水、供气等各项基础设施建设,为下步发展提供更大空间;深入研究与宁波保税区合作事宜,尽快启动共建象山合作区,争取实现保税功能延伸及政策覆盖。市级各有关部门要落实各自职责,进一步完善《规划》内容,全力支持和大力配合《规划》的报批和实施。

【市政府审议通过宁波象保合作区建设意见】 10月25日上午,宁波市政府召开常务会议,讨论审议并原则通过了《宁波市委、市政府关于加快宁波象保合作区建设若干意见》。该意见明确,宁波象保合作区将以国际高度、世界眼光、前瞻规划为导向,以战略性新兴产业、现代服务业为重点,坚持产业发展与城市建设融合,加快建设国家对台经贸合作试验区、浙江省海洋经济发展核心区、三门湾开发开放门户区,力争通过20年的努力,建设成为规划科学合理、生态环境优美、创新产业聚集、发展集约高效的宜业宜商宜居滨海新城。

【市委常委会审议通过宁波象保合作区建设意见】 11月13日上午,宁波市委常委会召开会议,讨论审议并原则通过了《关于加快宁波象保合作区建设若干意见》。市委常委会会议指出,建设宁波象保合作区,意义重大。有利于发挥宁波保税区、象山县比较优势,放大保税功能和对台经贸合作功能,推动区域合作联动与辐射带动;有利于加快三门湾开放开发步伐,改变宁波南北发展不平衡格局,更好地服务宁波经济社会均衡发展;有利于发挥独特的海洋资源禀赋优势,构建宁波海洋经济新平台、新一轮发展增长极,打造全省海洋经济发展示范区。

【县代表团赴台湾开展经贸考察推介活动】 11月6日至10日,县委书记李关定率县经贸代表团赴台湾考察,深度推介象山,全力招商引资,并与当地政界、工商界人士进行广泛交流,增进友谊、促进合作,努力实现互惠互利、共享双赢。县委常委、副县长沈红屹,副县长陈照民等参加。在台期间,象山县代表团分别举行了浙台(象山石浦)经贸合作区推介会和两岸小额贸易主洽谈会。李关定在会上介绍了象山的资源条件、产业特色、历史文化、两岸合作交流等方面的优势后指出,近年内,象山县紧紧抓住海洋经济加速崛起和象山港大桥通车的历史性机遇,依托石浦港独特的资源区位优势和深厚的对台经贸合作基础,全面启动石浦经贸合作区建设,一批功能性、基础性项目已建成投用。随着“宁波象保合作区”、东海涂围垦等大平台大项目的相继启动,石浦经贸合作区空间广阔、潜力无限,将成为广大台商投资兴业的热土、成就事业的舞台。

【象山国际水产物流园项目开工建设】 12月8日上午,中国供销集团象山国际水产物流园项目在鹤浦镇盘基塘开工建设。中华全国供销合作总社理事会副主任、中国供销集团董事长顾国新,中国供销集团副总经理陈振平,县委书记李关定,县委副书记、县长叶剑鸣,县人大常委会主任金红旗,县政协主席白国璋等为项目奠基开工挥锹培土。中国供销集团是中华全国供销合作总社的全资企业,是我国“三农”领域重要的现代流通产业集团。总投资45亿元的象山国际水产物流园项目,涉及现代服务业、海洋科技、物流、金融等多个领域,是中国供销集团拓展为农服务新领域、发展海洋经济新产业的示范项目,对于象山县加快“两区”建设、推动海洋产业转型升级具有积极作用。国际水产冷链物流基地选址象山鹤浦镇,主要建设水产品加工交易中心、对台贸易中心、仓储物流中心等,占地651亩,计划总投资12亿元。

【台湾秋刀鱼在石浦港报关上岸】 12月2日中午,台湾高雄籍渔船安丰116号完成了850吨秋刀鱼的报关、上岸和交易等手续,驶离石浦港继续开赴渔场捕捞作业。这批秋刀鱼从日本海域捕获,经与浙台(象山石浦)经贸合作区和相关企业联系,最终选择在石浦港完成交易。850吨秋刀鱼买方为大润发超市，采用外汇交易，报关价 85 万美元。作为宁波地区唯一的对台小额贸易业务港口，2013 年前三季度，石浦港口岸共完成对台贸易额 1472 万美元，较 2012 年同期增长 181.19%。其中：进口额 529 万美元，同比增长 34.6%；出口额 943 万美元，增长近 5 倍。

【宁波象保合作区合作共建签约暨管委会揭牌仪式举行】 12 月 22 日上午，宁波象保合作区合作共建签约暨管委会揭牌仪式在象山县隆重举行，标志着宁波象保合作区开发建设正式启动。副市长洪嘉祥出席并讲话。市政府副秘书长丁海滨，宁波保税区党工委书记、管委会主任郁伟年，县委书记李关定，县委副书记、县长叶剑鸣，县人大常委会主任金红旗，县政协主席白国璋，以及市级有关部门负责人出席签约揭牌仪式。县委书记李关定在发言中表示："举全县之力、聚全民之智，与宁波保税区携手并肩，共同推动象保合作区的开发建设。"

（龚明华）

信息化和信息产业

信息基础设施

【概况】 2013年，象山县着力加快网络基础设施建设、着力提高智慧应用系统整合、着力培育智慧产业，加大协调力度，扎实开展各项工作。到2013年年底，3家运营商基础设施预计完成1.9亿元投资，其中电信约8500万元、移动约8000万元、联通约2500万元。规模推进各镇(乡)街道的中心区光纤建设和改造、新建小区和楼宇100%光纤接入，优先改造信息化建设需求迫切的农村区域；全年新增光纤覆盖用户6万户左右。象山电信完成4GLTE站址计划，做好4G网络建设的准备工作。象山县人民广场初步实现无线热点覆盖。

【市经信委领导到象山调研智慧农业项目建设】 2013年6月26日，宁波市经信委副主任、市智慧办副主任穆怀友率调研组一行10余人，到象山县开展智慧农业项目建设情况调研，县经信局、县农机局、电子政务办等相关人员陪同调研。会上，象山新型业态农业试点项目实施负责人从系统架构、服务平台、农资监管、远程教育、信息发布系统、智慧乡村等方面详细介绍了项目建设情况。2013年6月，象山新型业态农业试点项目——新型农业服务业态实施方案获市发改委批复，成为全市第二个新型业态农业试点项目，也是全县“智慧农业”建设的一个重要项目。该项目总投资642.46万元，计划2014年3月建成，届时将打造成一个集农业精细化、信息化服务推广、食品源头追溯、产销服务于一体化的现代化农业服务综合站。

【“芯展”公司光纤自动测试设备全球领先】 象山芯展智能科技有限公司在宁波拥有20余人的优秀科研团队，其中有国家“863”计划首席科学家、国内顶尖机械工程师等。截至2013年年底，公司获专利30多项，每年在专利方面的相关利润达到1000余万元。芯展智能科技自主研发的光纤自动测试设备，其每台工作效率都能替代2.5个人的工作量。该设备原先只有瑞士和日本能够制作，“芯展”在瑞士和日本产品的基础上，进行改良，经过5年多时间研发而成，精密度达到零点几微米。仅这一个设备，就使公司拥有了十余项发明专利，获国家科技进步二等奖。该产品在市场上供不应求。

【4家企业项目入围市软件技术项目计划】 2013年9月20日，市经信委公布2013年度宁波市软件产业发展专项资金技术研发项目计划，象山县蓝海软件的高清互动数字机顶盒软件、海芯科技的数字档案管理软件、天安智能科技的智能电网监控系统、锦浪新能源的分布式能源智能系统等4个项目成功入围，数量位列南三县第一。宁波市软件产业研发项目计划是全面提升软件产业规模，提高软件产业发展水平的一项专项计划，项目的周期在1年至2年内，此次入围该计划的项目共有51个。自2009年以来，县财政每年设立300余万元资金，从“优秀软件企业”“企业素质提升”“人才驿站”“支持动漫新兴产业”等多个方面对软件企业进行政策支持。对被认定的软件企业进行一定期限内“免税”或“减税”的政策，并给予入驻软件创业园区的软件企业进行场地租金、网络费用全额补助等优惠政策，营造了良好的产业发展氛围。

【6家企业参展第三届中国智慧博览会】 2013年9月，第三届中国智慧博览会在宁波举行，象山县组织了海芯科技、枫康生物技术、赛合智能科技等6家企业参展，全面展示了全县软件和信息化产业的新成果和新风采。象山县副县长袁继新、县经信局局长周良虹赴智博会现场参观、走访。

【县智慧城市应用示范项目通过市专家组验收】 2013年11月，宁波市经信委信息推进处联合高校专家到象山县开展智慧城市应用示范项目验收。此次验收的项目有县农林局的农业新型业态综合服务平台项目和枫康生物科技的农业物联网智能管控系统项目。市专家组详细听取了项目建设汇报，通过远程视频监控演示、座谈提问以及实地勘察等多种途径对项目的建设情况进行深入了解。其中，农业新型业态综合服务平台是宁波市第二个新型业态农业试点项目，也是象山县“智慧农业”建设的一个重要项目，该项目投资700万余元，打造了“综合服务平台”“企业平台”“智慧乡村”三大版块，将区域内的农业、渔业、畜牧业等优质资源进行整合，进一步推动农业发展的智慧化；农业物联网智能管控系统是宁波市范围内第一个真正将物联网技术大范围应用于农业种植的项目，该系统投资150余万元，实现40多亩大棚内作物，温度、湿度、光照强度等6个指标的自动检测，并能根据大棚内环境进行自动喷水、遮阳篷调节等功能，保证大棚内的环境最合适作物的生长。最终，市专家组达成一致通过验收的意见，并对该两个项目的成果给予高度肯定。

【4家企业获软件产业补助70万元】 2013年12月，宁波市经信委公布宁波市第四批软件产业发展专项资金项目，象山县蓝海软件、海芯科技、天安智能电网、锦浪新能源等四家企业的软件研发项目获得共70万元补助，获补助的项目数量及资金总额均位列南三县第一，标志着象山县软件产业发展取得了新突破。

【4个软件产业专项资金项目通过市级验收】 2013年11月27日，宁波市经信委软件产业处及高校专家组一行6人，到象山县进行软件产业专项资金项目验收。此次验收的主要有宁波锦浪新能源科技的“基于分布式能源的智能电网关键技术性软件”、宁波蓝海软件的“高清互动数字电视机顶盒软件”、宁波天安智能电网的“TAZ3000新能源智慧变配电监控系统”及宁波海芯科技的“数字档案管理软件”等4个项目，这4个项目总投资近2000万元。座谈会上，软件产业专项资金项目验收小组听取了项目实施情况、技术创新点和技术先进性、项目资金筹措及使用情况、社会及经济效益分析等方面报告，仔细查阅了项目技术研究报告及票据凭证等资料，并考察了研发现场，达成一致通过验收的意见。验收组对天安智能电网及锦浪新能源的项目给予较高评价。

【县软件产业渐具“硬实力”】 象山县以“转变增长方式、调整产业结构、推进两化融合”为主线，以项目申报、政策鼓励等多种方式为抓手，促进新一代信息技术、软件等新兴产业快速发展，培育了一大批优秀软件企业，主要分布在象山县软件产业园、爵溪街道、西周镇等区域，初步形成了以IT服务外包为主导、软件研发和互联网技术为特色的发展格局，涵盖动漫创意、智能电子、管理咨询、信息技术实训等领域。2013年，全县软件相关企业共47家，从业人员800余人，其中专业技术人员300余人，登记软件产品32个，拥有著作权登记的软件产品15个。全县软件产业产值实现2.7亿元，同比增长30%，新引进软件信息服务业企业2家，新增软件认定企业1家，全县认证软件企业总数达到5家。宁波海芯科技集团被评为2013年宁波市重点软件企业。

【余姚经信局到象山考察基础网络设施建设情况】 2013年4月19日，余姚市经信局副局长洪安祥等一行5人到象山县考察基础网络设施建设的相关工作，县经信局党委委员姜旭敏陪同考察并参加座谈会。姜旭敏介绍了2012年全县基础网络设施建设情况及2013年工作计划。2013年象山县计划投资超过2亿元用于“无线城市”“光网城市”等项目的建设，并在象山影视城、人民广场等公共场所实现无线热点覆盖，为智慧城市和“三网融合”提供良好的基础网络支撑。在2012～2014年期间，全县各运营商计划总投资3.72亿元。

电子政务

【概况】 2013年，政府门户网站在2012年全新改版的基础上，又进一步完善了中国象山港政府门户网站的栏目内容，并再次入选宁波市政府系统“十五佳网站”。推进自助式政府门户网站群建站系统建设，首批纪委等4家单位全新建站或改版时采用了该套系统，取得较好的使用体验，减少了网站管理人员的信息录入次数，节省大量的财政资金。推进象山县企业政策查询平台建设，把县委、县政府及各部门的涉企政策全部放到网站上，方便群众查询咨询。

【机关协同办公系统新添移动OA系统】 2013年，为满足部分有移动办公需求的干部外出时可以照常使用机关协同办公系统，县电子政务办委托软件公司开发移动OA系统，该系统可实现在移动终端（智能手机、平板电脑）上阅办文件、发送公务信件等功能，进一步提高了机关办阅文、处理公务效率。

【加强机关协同办公系统应用推广】 2013年，机关协同办公系统新增政务外网接入点30个，累计共接入290个点，政务内网共接入69个点。进行政务内网设备更换改造，采用千兆网速到单位，百兆网速到桌面；对机房UPS电源更新、扩容，采用模块化UPS主机60千伏（GA Power“5＋1”模式）。服务器进行虚拟机群集改造，进一步提升使用效率和安全可靠性。2013年县电子政务办机关协同办公系统、电子政务外网网络平台、县政府门户网站等3个信息系统通过安全等级保护二级评测。

电　信

【概况】 象山电信局成立于1998年9月1日，截至2013年年底，全局拥有12个分支局、30家自办营业厅，电信用户近30余万户。

象山电信着眼于信息技术发展的最前沿，建设高速、智能、综合性的公用信息网，满足经济和社会发展的信息化需要，实现电信网向宽带化、无线化、智能化、个人化信息网的发展。同时加快建立现代企业制度，真正成为与国际先进企业制度接轨的、具有较强竞争优势的综合信息服务提供商。

【爱立信交换设备光荣退役】 象山电信局将爱立信交换设备成功割接至各EPON点，并于8月28日下午15点40分全线下电。至此，自1990年投入运行至2013年走过了漫长的23年的第一代程控交换机完成历史使命光荣退役。

【完成全县教育网升级改造工作】 8月中旬，象山电信局工程队将教科研中心四楼机房48芯光缆成功割接到三楼新机房。至此，从启动到完成，历时近1年，全县教育网的升级改造工作顺利完成。本次教育网升级改造，包括全县所有中小学、职高、幼儿园、教育培训机构，共涉及点位95个，分布在全县18个乡镇。原有教育网8个汇聚点合并为2个（教科研中心及电信石浦机房），并且将原有的10兆VPN升级为千兆网络。

【抢修光缆保障节日通信】 2月11日，农历大年初二中午，县电信局线路室接到石浦东门邮电所告警，东门村电话已基本不通。该村属于信息化村，共有用户500多户。接到告警通知后，线路室立即安排施工队进行查修。通过施工人员的紧急抢修，于当日下午5点恢复通信。

【举行“5·17”智慧家庭推介会】 5月17日上午，县电信局举办“智慧家庭”推介会，本次活动邀请县政府电子政务办、智慧办、县经信局、科技局、县政协、农信社、佳田公司等一批政府和金融、企业客户参加。嘉宾们参观了设置在营业厅的模拟“智慧家庭”演绎，体验了“天翼小神瞳”“翼支付”“天翼看交通”“天翼菜篮子”等产品应用。

【举行防汛抗台应急抢修演练】 7月9日下午，象山电信局网运部组织设备、线路、传输局、实业公司等部门进行了防汛抗台应急演练。各单位按部接班，就机房抽水、光缆中断抢修、应急抢修车操作、卫星电话等科目进行演练，并在8分钟里面全部完成。

【全面完成支局承包签约工作】 4月16日，县电信局举行支局承包签约仪式，张胜平局长代表全局与支局承包人员分别签订了年度承包合同。

【县电信局庆“五一”表彰大会上获多项表彰】 4月28日，县总工会在县文化中心召开象山县庆“五一”国际劳动节《工人伟大 劳动光荣》颁奖典礼，县电信局工会荣获象山县2012年度“安康杯”竞赛优胜企业，石浦分局营业厅荣获县级“工人先锋号”，定山支局范华庆被评为象山县2012年度职工技术操作能手。

【举行“电信梦 我行动”员工先进事迹宣讲活动】 7月22日，县电信局党委、工会在八楼会议室举行了“电信梦 我行动”员工先进事迹宣讲活动。来自各支局、部门的社区经理、营业员、外呼经理、客户经理、后端支撑人员、网格经理及支局长等不同工作岗位的8位一线员工举行了演讲。

【局团委获两项“青年文明号”荣誉称号】 1月17日，县电信局团委代表参加市局团组会议，会上宁波团市委、团省委授予象山电信局两项“青年文明号”奖牌，中心营业厅团支部获得“省级青年文明号”荣誉称号，石浦营业厅团支部获得“市级青年文明号”荣誉称号。

（电信局办）

中国移动象山分公司

【概况】 中国移动通信集团浙江有限公司象山分公司(中国移动象山分公司)成立于1997年7月，截至2013年年底，公司拥有10家乡镇支局、10家自办营业厅、移动基站1000余个、各类营业网点400余家，网点遍布各乡镇、海岛、农村，移动手机用户超过45万户。立足象山，服务社会，公司秉持“正德厚生 臻于至善”核心价值观，以“创无限通信世界，做信息社会栋梁”为使命，努力为象山县域经济的腾飞贡献自己的力量。

【象山分公司当地IDC业务拓展取得新成效】 中国移动象山分公司积极做好当地重要互联网网站内容引入工作，在继2012年象山在线、象山人民网等IDC引入工作后，2013年3月成功完成象山中学、象山文峰学校、象山殷夫中学三所中小学校IDC的引入工作，有效提升了象山移动宽带用户访问当地热门网站的体验速度，提升了用户感知，打破本地宽带市场电信一家独大的局面。

【象山分公司开通TD-LTE网络】 3月25日下午，随着大塘移动测试工作人员的测试结束，中国移动象山分公司成功完成分公司移动大楼TD-LTE信号覆盖，通过现场测试，象山TD-LTE网络开通现场测试最高下载速度达到49.37mbps，为象山智慧城市建设奠定了稳固基础。在此基础上，象山分公司通过积极向上争取资源、周密计划布置、全力组织施工，截至12月25日，象山分公司已先后开通4G基站70个，入网67个，基本实现象山丹城主城区和石浦镇中心区域的4G网络覆盖。

【落实社会渠道电话实名登记工作】 根据全国人民代表大会常务委员会《关于加强网络信息保护的决定》、工信部《电话用户真实身份信息登记规定》(第25号令)要求，自2013年9月1日起全面开展电话用户真实身份信息登记工作。中国移动象山分公司围绕省、市公司基本工作思路和相关部署，从公司自有营业厅、社会渠道等各个层面做好用户宣传引导、业务接触点告知等工作。重点针对社会渠道实名登记工作，通过工作人员现场蹲点指导服务，对实名登记执行要点、受理流程、口径关键点等对全体渠道老板和店员做好意识强化培训工作，全面执行电话用户真实身份信息登记工作。

【象山分公司被命名为省第九届消费者信得过单位】 3月11日下午，象山县消费者权益保护委员会第四届六次常委、全委会议隆重召开，会上表彰了一批消费者信得过单位和消费维权先进单位和个人，中国移动象山分公司分别被浙江省消保委和象山县消保委命名为“浙江省第十届消费者信得过单位”和象山县“第十届消费者信得过单位”。

（奚赛翔）

中国联通象山分公司

【概况】 2013年，中国联通象山分公司坚持以科学的发展观统领全局，全面落实“安全第一，预防为主”的生产方针，以效益提升为工作的出发点和落脚点，以快速发展解决前进中遇到的困难和问题，以创新实现公司有效转型和持续发展，使各项业务、服务质量得到了进一步的提升。

【营改增工作稳步推进】 为积极应对国家营业税改征增值税（即“营改增”）税制改革，中国联通象山分公司将“营改增”工作列入2013年重点工作：“推进财务管理转型，积极做好‘营改增’准备工作，实现向管理要发展、要质量、要效益”，“适应‘营改增’变革，扎实做好基础工作，积极开展税务筹划”。分公司成立领导小组及下设专项工作组，负责“营改增”各领域的工作开展，积极准备，稳步推进，强化基础管理，实现进项税应抵尽抵目标。对有业务合作关系的供应商进行逐一排查、逐一询问。对列入营改增试点的合作单位要求提供增值税专用发票，同时在新的采购中优先与可以提供增值税专用发票的供应商进行合作。整理合同管理系统中的所有支出类合同标准文本，并组织相应部门对合同管理系统中的支出类合同标准文本按照“营改增”要求修订。同时对逾期欠费计收规则和2G号卡营销模式的调整做好准备，进一步夯实通信业务收入基础。在摸清家底的情况下，积极与当地税务部门沟通了解“营改增”试点工作的进度和范围。对于部分进项税抵扣发票难开、试点前已购置固定资产投入难以抵扣、试点未完全推开导致抵扣链条不完整等可能对公司影响较大的情况，积极寻求政府部门进行政策扶持。分公司结合当地政府的税改工作进程，积极做好准备工作，稳步推进“营改增”各项工作，有效降低公司税金支出，提升公司效益。

【联通版iPhone5s/5c上市】 9月20日上午8时，联通版iPhone5s/5c在中国大陆市场全面首发。作为苹果在国内合作时间最久且最为深入的运营商合作伙伴，联通版iPhone与联通极速网络的完美绝配，联通版iPhone5s/5c受到广大用户的支持与厚爱。为响应省公司的号召，中国联通象山分公司积极配合，做好各项政策的宣传及落实工作。从预约到发售，从政策到海报，从学习到操作等每个环节都严格把关，周密部署。预约、上市海报、X展架、小折页等宣传物料悉数到位；各联通营业厅及苹果授权点接受同步预订及销售；预订即享大礼，优惠合约计划等均勾起消费者的购买欲。此外，正值中秋、国庆之际，分公司还将新品iPhone结合双节促销活动展开宣传，加大力度，互利共赢。并在汇金营业厅举行了简短的首发仪式。

【全面实施内部服务承诺】 象山联通全面实施内部服务承诺，建立以客户感知为导向的内部承诺和全方位的压力传导机制，实现后台服务前台、前台服务客户的协作支撑保障体系。从10月份开始，在原有服务质量评价办法的基础上，进一步在公司内部实施业务感知持续提升、窗口服务持续改善、增值业务规范定制、电渠服务及时准确、网络质量持续优化、宽带装维限时服务、计费支撑同步准确、投诉处理管理闭环、代理服务规范和及时等九项内部服务承诺机制。为加快实现内部服务承诺的工作目标，分公司推出多项举措：一是明确承诺目标，量化各服务承诺目标值，将指标列入相关部门KPI考核。二是建立专项服务质量提升工作组，针对服务承诺重点问题，组建固网装移维服务质量、代理服务质量、3G网络质量提升等专项服务质量提升工作组，开展客户满意度提升专项行动。三是实施“1＋0”纠错机制，高度重视用户申投诉问题的整改，从根源上解决投诉问题，以降低客户投诉率。四是进行定期总结评估，通过周投诉分析例会、月度服务联席会，定期对服务承诺落实情况进行评估和沟通，对近期投申诉及其他服务中发现的问题及时进行分析和整改。通过以上系列工作和举措，进一步优化内部服务流程，加快申投诉处理速度，加强申投诉“三闭环”管理。通过持续推进服务承诺的落实，努力大幅度提升联通客户的满意度。

【推广手机营业厅】 中国联通“手机营业厅”是一款提供查询、交费和办理等自助服务功能的客户端软件。具有话费查询、交费充值、3G套餐变更、业务查询等十余种服务功能。“手机营业厅”不仅让广大联通用户轻松享受中国联通“手机营业厅”所带来的贴心服务，而且能够大幅度缓解实体门店、渠道、服务热线的工作压力，减少公司人工成本的支出。分公司高度重视“手机营业厅”的推广工作，将“手机营业厅”作为一项重要业务进行部署和落实，为了持续提高“手机营业厅”服务渗透率，经过积极探索，实施多项措施推广该项业务：一是线上线下联动，将“手机营业厅”突出的优势和便利点快速传递给用户,积极发挥以点带面的作用。线上通过报纸软文、网厅、合作网站弹窗、微博、微信等进行媒体投放,向用户全方位推荐“手机营业厅”产品及活动内容;线下通过自有渠道布置、社会渠道海报、单页布置营造热点气氛。二是积极开展“联通手机营业厅登陆有大礼”“用手厅、微厅赠300M流量”等主题活动,针对3G和2/3G融合业务的目标用户使用“手机营业厅”后,赠送增值业务礼包并可参与抽奖,以此来提升用户使用的活跃度。还针对特定的目标客户,滚动推送与之匹配的信息,吸引他们常态化使用“手机营业厅”。三是积极引导公司全员、全渠道参与“手机营业厅”的推广,9月以后,将必装“手机营业厅”的“冒泡助手”安装纳入到县分公司KPI考核之中;发动公司全体员工向周边朋友、亲戚做宣传推广,并纳入部门KPI考核,以此来加大公司“手机营业厅”这一优势产品的社会影响面。四是加大以电话回访及面访的形式向宁波联通VIP客户进行重点推广力度,当客户来电查询业务后,结合客户使用的终端,及时下发相关手机营业厅客户端的安装连接短信;当客户上门办理业务时,向客户及时推荐及安装手机营业厅,并向其详细的介绍使用流程,从而大幅提升了用户使用的活跃度。

【召开终端品鉴会】 为加大社会渠道3G合约业务发展,并搭建3G终端供货商与代理商合作桥梁,1月23日,中国联通象山分公司举办盛大的“终端评鉴会即送机合约运营模式介绍”会,几十家代理商与区域中心总经理共聚一堂,共商联通3G发展大计。所有与会的代理商都现场与公司签订订货协议,全场共接到近千台终端的订单。与会人员针对新终端运营模式进行了详细的宣讲,并且从渠道利益、后期发展模式、如何做好客户经营等多个角度出发进行分析,使代理商深切感受到联通高度重视社会渠道建设与运营,始终把代理渠道作为企业发展的重要战略资源。还对针对主推天语W656、联想A60+、华为Y300、三星NoteII、小米2做了现场演示和新存费送机合约模式选推的机型以及盈利空间等方面进行细致的讲解。渠道纷纷赞同联通公司新的操作模式,“快速供货、利益丰厚、服务到位”也非常符合他们的需求,并表示希望通过“终端供货+销服经理驻店促销+宣传造势”整合成一股力量,快速实现促成销售量。

(联通公司办)

城乡建设和管理

城乡规划

【概况】 2013年，象山县规划工作按照统筹城乡发展要求，编制城乡各类规划32个；城乡规划水平不断提升，城乡规划编制、规划管理、测绘管理及助力大平台大项目建设、农房“两改”等各方面工作均取得了一定成效，较好地完成了全年各项工作任务。全年共核发“建设项目选址意见书”57本，计用地面积约226.07万平方米；核发“建设用地规划许可证”100本，计用地面积约198.83万平方米；核发“建设工程规划许可证”95本，计面积为167.79万平方米；“工程规划核实确认书”55本，计面积约102.53万平方米；核发“村(居)民个人建房规划许可证”1409本，计面积约26.25万平方米。按时完成县人大建议、政协提案63件，办结率100%，满意率100%。受理群众来信、县长电话交办单、县长信箱、网上帖子等共224件，全部办结，较好地维护了群众的正当利益。

2013年，县规划局被评为市规划系统目标责任制考核优秀单位、县工业经济服务先进集体、县共建新农村先进单位、县重点工程建设先进集体等先进荣誉称号，规划窗口荣获县2013年度文明示范窗口。

【加紧编制区域规划】 结合产业发展加快区域规划编制，助推产城一体，完成三门湾区域空间布局规划相关资料收集及前期调研工作；象山临港装备工业园总体规划、浙台(象山石浦)经贸合作区概念性规划已完成成果稿；对台经贸合作新桥启动区概念规划已形成初步方案；完成县域绿道总体规划、大塘港沿线绿道详细规划编制；象山高新技术产业园总规、对台(象山石浦)经贸合作区现代渔业综合产业基地详细规划、仁义涂控规全面启动编制。

【深化各类专项规划编制】 完成象山县主城区品质行动提升行动规划、南部新城核心区实施性城市设计初步方案；县中小学布局规划、县中心城区户外广告设置规划、县域重要公路大型户外广告规划、中心城区公共停车场、地下空间利用专项规划、建设路以北区域城市设计全部完成评审，中心城区道路系统优化详细设计完成初稿。

【规划专项研究有序开展】 2013年在主城区完成新增停车场选址13处，同时完成县政府2013年新增500个公共停车位的任务。在完成主城区闲置及可出让地块情况调查基础上制定主城区2013年可出让地块计划表及今后3年主城区重点出让地块计划，为上级决策做好参谋。

【村镇规划稳步实施】 县美丽乡村建设总体规划、县特色文化村保护与发展规划全部完成评审；西周镇、定塘镇总规完成修编。在与浙台(象山石浦)合作区规划对接基础上，晓塘乡总规完成县政府审批，高塘岛乡总规形成初步成果，鹤浦镇、石浦镇总规完成评审稿编制工作。完成宁波市第二批市级历史文化名村申报工作，积极指导跟进5个中心村村庄规划编制工作。

【实施阳光规划】 实行局例会、局长办公会议、县规划委员会三级会审制度，把涉及城乡重大规划事项交由集体审议决断，切实提升规划的严肃性，严防权力寻租现象的发生。积极开展控规编制。2013年中心城区除旧城区外实现控规全覆盖，在此基础上完成中心城区控规汇编。各镇乡在2012年新一轮总规修编基础上,2013 年基本实现乡镇近期建设用地控规全覆盖。《象山县城乡规划管理技术规定》于 2013 年 4 月 1 日正式发布实施。同时,按照政务公开和政府信息公开条例的要求,认真做好信息公开目录编制、信息网上发布、规范申请公开办理程序等工作。坚持规划批前公告和听证、批后公布制度。定期排查信访不稳定因素,严格执行信访制度,切实抓好信访首问责任制,2013 年对重大项目开展风险评估和规划听证,群访率下降近 20%。

【推进规划审批制度改革】 县规划局积极开展行政审批制度改革,2013 年,归并审批事项 15 项、精简审批前置条件 6 项,实现项目经办时间缩短 50%左右。同时通过完善一次性告知、经办人员规划审批流程培训、跟踪式服务、项目转办单等形式实现项目办理时间同步缩短。完善制度提高项目审批效率。出台《象山县优化工业建设项目审批服务实施办法》,原则上工业项目方案审查、施工图审查均一次完成,对工程体量 5000 平方米以下的工业项目,方案审查与施工图审查合并办理,压缩审查时间近 1 个月。对一般工业项目,取消人防、气象、园林等部门意见作为办理建设工程规划许可证前置条件,压缩审批时间 20 个工作日以上。2013 年,规划窗口共受理项目 1008 件,平均每日受理 2.76 件,比 2012 年同期增加 27.8%。

【配合"三改一拆"专项行动】 认真做好拆违宣传工作,全力做好"三改一拆"相关配合工作。完成建设路以北城市设计评审、关于象山主城区旧厂区改造的实施建议、主城区"三改一拆"近期试点规划建议等方案。继续实行"网格化"动态巡查,对中心城区划分单元网格,指定专人负责相关区域巡查。出动执法人员 2000 余人次,共查处违法建设 179 件,面积约 8.27 万平方米。同时加强与乡镇、街道、国土等部门的配合,对 135 起违法建筑进行强制拆除,拆除面积达 75.1 万平方米,助推全县"三改一拆"工作强力推进。同时,县规划局及时编制专项行动中拆后恢复利用地块的控制性详细规划、村庄规划等各类规划。通过"三改一拆"行动,做好各类规划的整合、提升和衔接、优化,做到堵疏结合,着力提升城市形象。

【基础测绘及测绘管理成绩显著】 全面启动全县地理信息普查工作,深入推进信息化建设。2013 年 4 月 1 日,数字城市地理空间框架建设省级试点工作获省测绘局立项批复;规划一张图工作全面启动,完成项目招标、合同签订及建设方案评审等工作。同时,通过航测,积极获取相关基础测绘数据,完成高塘岛北部、滨海工业园至新桥盐场等地约 40 平方千米区域快速数字线划图。

(规划局办)

建筑业

【概况】 2012 年,象山县建筑业实现总产值 1025.54 亿元,地方税收 5.7 亿元,分别同比增长 20.3%和 14%。龙元集团入库税收近 1.5 亿元。完成 84 项资质申报工作,10 家企业完成 11 项资质晋级,新批建筑业企业 13 家,龙元、华丰、中达等 3 家特级企业资质就位获住建部通过。此外,景业建设、锦虹建设、大成建设的房屋总承包二级资质晋升为一级。

【实现对外承包经营额 4.8 亿美元】 2013 年,全县 11 家具有外经权企业实现对外承包经营额 4.8 亿美元,同比增长 45%。龙元建设承建的菲律宾 ABD 大厦竣工,宏润投资建设的蒙古国"上海小区一期工程"进展顺利,中达牙买加项目进一步拓展,华丰建设积极争取利比亚项目重建,龙驰防腐大型防腐钢管出口澳大利亚。

【建筑业规模市场持续拓展】 2013 年,全县建筑业完成百亿元产值以上区域达 3 个,完成 10 亿元至百亿元产值区域为 9 个,完成亿元至 10 亿元产值区域达 13 个,前六位的区域市场分别为浙江省、上海市、江苏省、广东省、山东省、天津市。县建筑业在长三角(苏、浙、沪)传统市场完成建筑业总产值 619.8 亿元。

【施工企业做大做强广东市场】 2013 年,县建筑业企业在广东的施工产值达到 82 亿元,有 7 家施工企业进入广东市场,业务主要集中在龙元建设、宏润建设、华锦建设 3 家企业。这些企业主要是采取与桂碧苑、雅居乐、恒大地产、合景泰富等大型房地产企业或上市公司进行战略合作的办法承建房地产开发项目。随着开发商市场拓展，宏润开始进入云南腾冲市场，华锦开始进入广西桂林、海南、河南等市场。

【38 家建筑业企业获 69 项资质】 2013 年，全县 38 家建筑业企业新获 69 项资质。其中主项资质升级 3 家 3 项，增项资质升级 3 家 6 项，资质增项 22 家 34 项(包括交通、水利、通信等专业资质)，新批企业 9 家 26 项资质(6 家总承包企业，1 家专业承包企业，2 家劳务企业)。

【龙元建设签订象山东海铭城 15 亿元工程】 2013 年 3 月，龙元建设与宁波三立祥和置业有限公司等 3 家公司签署《象山东海铭城海鲜街、风情小镇建设工程施工框架合同》合同价暂定为 15 亿元，这是龙元建设在家乡象山承接的最大项目，项目总面积 50 万平方米。其中：海鲜街为 3.7 万平方米；风情小镇为 46.3 万平方米，分四期开发。

【浙江大地钢结构有限公司进军非洲、东南亚市场】 2013 年 3 月，山东省威海国际经济技术合作股份有限公司与浙江大地钢结构有限公司就多哥国际机场项目合作签订正式合同。由威海国际经济技术合作股份有限公司和中国民航机场建设集团公司联合承接建的多哥洛美国际机场扩建现代化改造项目总投资为 1.5 亿元。2013 年 9 月，大地钢结构承接建造的刚果(布)体育场项目桁架构件顺利装车出口。与此同时，马来西亚幕墙钢结构构件项目业主叶氏木业及承包商新加坡合作公司一行对大地钢结构完成的预拼装模块进行了检查验收。

【龙元建设与奉化市政府合作建设阳光海湾度假区项目】 2013 年 3 月 20 日，龙元建设与奉化市人民政府共同签署《奉化市阳光海湾度假区合作开发框架协议书》。根据协议，双方合作开发，各负其责、协调推进，共同对规划区域内的土地进行整理，共享收益。该项目东起奉化市金海路西至莼湖镇鸿峙村，北至沿海中线包括凤凰山岛、悬山岛、南沙山岛和界定区域内的滩涂和水域，约 18 平方千米，项目总造价约 30 亿元。

【龙元建设广东分公司推广全铝合金模板技术】 龙元建设广东分公司在总承包的佛山万科城市广场住宅项目和万科金城蓝湾等项目中大力推广全铝合金模板技术以取代目前普遍使用的木模板技术，全铝合金模板技术具有施工进度快(每天可完成 30 平方米模板安装)、生产效率高(减少用工 26%)、强度高、不易变形，周转次数多(可周转 200 多次，普通木模板仅可周转 8 次左右)、施工质量好、面层免抹灰，有效降低造价成本，传送便捷杜绝火灾，施工现场整洁美观等优点。2013 年 2 月龙元建设广东分公司被万科集团评为“佛山万科 2012 年度优秀供应商”称号。

【宏润建设相继中标苏州、杭州、西安、南昌、广州地铁工程】 2013 年 1 月 25 日，宏润建设中标苏州轨道交通 4 号线及支线工程 14 标，中标价为 4.89 亿元，第二天中标杭州武林广场地下商城项目，地上面积 2000 平方米，地下面积 9.4 万平方米，包括建设杭州地铁 3 号线盾构区间 3100 平方米，中标价为 5.96 亿元。2013 年上半年，宏润建设首次中标南昌地铁 1 号线 1 期工程段。2013 年 4 月 20 日，宏润建设中标杭州地铁 4 号线一期工程，中标价 2.5 亿元，工期 945 天。2013 年 11 月，宏润建设与中铁二十二局联合中标广州地铁 21 号线 17 标段工程，造价为 5.23 亿元。至此，宏润建设地铁业务已拓展到国内十二大城市。

【宏润、巨鹰、正业联合开发的哈尔滨翠湖天地开盘】 2011 年，宏润建设联合象山县巨鹰集团、正业集团开发建设哈尔滨房产项目，选址群力新区核心地带，建设宏润翠湖天地项目。该项目总开发面积 100 万平方米，总投资 60 亿元，为群力新区最大内湖景观公园，绿化率达 40%。宏润翠湖天地一期，历经 3 年建设于 2013 年 8 月 18 日盛大开盘。

【中达建设重组获新生】 中达建设集团股份有限公司是象山县三家特级资质企业之一，该企业由于长期经营不善，2012 年濒临倒闭边缘，县委、县政府果断出手挽救中达建设，成立由相关部门人员组成的工作组进驻企业，配合开展系列工作，并促成浙江天元建设(集团)股份有限公司重组新中达。该企业当时面临债权债务清理繁多、经济官司不断、"问题"项目告急,人员队伍不稳定等困难,再加上银行收紧贷款的宏观形势,困难前所未有。县工作组开展卓有成效的工作,完善一系列管理制度,全面实施项目部工程款统一纳入总公司账户管理,注销项目部和分公司账户216个,撤销有问题的分公司和子公司14个。通过重组中达建设获得新生,2012年完成施工产值74.9亿元,完成结单收入36.12亿元,创利税2.47亿元,2013年完成施工产值94亿,增长25.5%,创利税2.58亿元。中达建设重新回归全县建筑业第一梯队,名列2013年度中国民营500强企业第341名。

【华丰建设加大清欠力度】 华丰建设针对项目经理,拖欠企业资金的现象日益严重的情况,2013年企业相继成立5个清欠小组,花大力气开展清欠活动。全年华丰建设通过执法机关收回各类欠(借)款12482.7万元,所起诉的案件已申请执行的案件金额为2亿多元,配合警方抓获归案4人,其中1人犯挪用资金罪被判刑5年,查处或抓获涉案人员14人,将25名有不良行为的项目经理上报相关部门列入黑名单,并进行网上公布。

【县工作组进驻华丰建设】 近几年来,华丰建设由于摊子过大,管理没有跟上,工程款被拖欠、挪用、转移等现象时有发生,导致亏损项目蔓延,诉讼案件不断增多,在建工程资金不能及时到位,1/3以上工程发生亏损,银行账户时常被冻结,相关资产被查封,企业已无法正常经营。应华丰建设请求,2013年12月16日,县委、县政府批准组建工作组进驻华丰建设,成员出自县建管局、县住建局、县公安局、县人民法院等部门,主要任务帮助企业协调处理相关事项,帮助催讨应收款,清欠被项目经理占用的资金,加大对不良项目经理的打击力度,帮助企业健全完善各项管理制度。

【良和建设高层领导实行竞聘上岗】 2013年2月26日,浙江良和交通建设有限公司对工程副总、投资副总、经营副总等3个职位实行竞聘上岗,有6名员工报名参加,公司成立竞聘领导小组和测试考评委员会,制订了实施方案,充分体现公开、公正、公平,通过这次竞聘,吴群辉、周林智、黄刚分别担任上述3个职务。这是良和交通建设继2012年全面实行中层干部竞聘上岗之后的又一次重大人事制度改革,也是全县建筑业企业首次实行中层和高层领导竞聘上岗的企业。

【国家海洋腐蚀防护材料认证检测中心浙江分部在龙驰防腐挂牌】 2013年1月,国家海洋腐蚀防护材料计量认证检测中心浙江分部在浙江龙驰防腐技术有限公司象山基地挂牌成立。该基地有较完备的检测仪器和设备,可开展海洋全国结构复层矿脂色覆防护新性能检测;防腐涂料性能检测,海洋腐蚀与监测;海洋建筑工程结构检测。

【国家海洋腐蚀防护工程技术研究中心基地在象山挂牌成立】 2013年6月6日,国家海洋腐蚀防护工程技术研究中心研究揭牌仪式在浙江龙驰防腐技术有限公司象山基地举行,该基地由中国科学院海洋研究所与浙江龙驰防腐集团联合承建,总占地面积70亩,建筑面积28000平方米,建设技术人员办公大楼、技术研究实验室、试验室等,总投资1.2亿元。

【龙驰防腐施工的福州浪岐闽江大桥混凝防腐项目顺利竣工】 2013年12月15日,由龙驰防腐施工的福州市浪岐闽江大桥混凝土防腐工程顺利竣工,这是连接福州市和浪岐岛的大桥。该项目大桥长2675米,为双塔、双索钢箱梁斜大桥,主跨680米,2个主塔高229米,大桥于2011年4月正式开工建设,计划于2014年元旦通车。届时,从福州马尾中心到浪岐岛时间大为缩短,中心城到浪岐岛的车程也缩短半小时以内,这是龙驰防腐继承建杭州湾跨海大桥、舟山跨海大桥、嘉绍跨海大桥和象山港跨海大桥防腐工程之后的又一桥梁防腐工程力作。

【建立长效机制防范工程建设领域恶意欠薪】 2013年县住建局三方面入手防范工程建设领域恶意欠薪:一是建立案件处理快速通道。成立民工工资投诉办公室,设立投诉专线,安排好节假日投诉受理,坚持快立案、快受理、快查处、快结案"四快"原则,2013年受理民工欠薪投诉90起,涉及建筑企业22家、民工422人次,清欠金额达461万元。二是调整工资担保额度。建立建筑企业信用档案,督促各建筑企业办理人工工资担保手续,以工资管理情况和近两年有否因欠薪造成集体上访等为依据,对外来建筑企业人工工资担保额度进行调整，对舜杰建设集团、宝盛建设公司等2家企业上浮担保额度，对无投诉的方远建设集团、光宏建设公司等5家企业下浮担保额度，对未按规定办理担保手续的23家企业暂停投标资格。三是完善应急处理机制。对70个在建项目开展工资管理专项检查，并要求各建设单位、施工企业、项目部、班组负责人保持24小时通信畅通，确保能第一时间赶赴现场处置欠薪事件，2013年平息10起群体性讨薪事件。

【远程实时监控管理基桩静荷载检测】 4月份起，县住建局对基桩静荷载检测实施远程实时监控管理，要求县内10家检测单位对现有基桩检测设备进行改造升级，未按时完成的不得承接检测业务。同时为促进检测作业更为直观和环保，自4月15日起，严禁使用泥块作为静荷载试验堆载物；自7月1日起，基桩极限承载力≥3000千牛的静荷载试验所用的堆载物一律采用预制混凝土块。整个监控系统设备的安装和调试工作于4月15日前完成。

【召开全县天然砂备案经营企业工作座谈会】 4月11日下午，全县天然砂备案经营企业工作座谈会在县住建局召开。会议通报了18家建设用砂经营企业专项检查自查情况及一季度天然砂经营状况，并提出有关问题、整改要求。会议认为目前建设用砂市场存在着诸多问题，引起的原因是多方面的，但最主要是企业自身未抓好落实，尤其在产品质量意识、合法经营行为、源头管控等方面未引起足够重视。“质保书”（合格证）的统一开具有利于企业规范管理，保证产品质量，要求各企业进一步加强行业自律，规范经营行为，完善各项质量管理制度，抓好产品质量，稳定建设用砂市场。

【规范建筑工程监理行为】 县住建局年初召开全县建筑工程监理工作会议，通报近年来在象监理企业存在的主要问题，分析原因，提出解决措施和下步打算，全县29家监理企业负责人参加。下发《关于进一步加强全县建筑工程监理工作的通知》，要求各监理企业认真履行职责，完善监理措施、加大管理力度，切实提高监理工作水平。严格监理企业准入清出。一方面，要求总监必须具备国家注册监理工程师岗位资格，外地进象企业办公场地不少于180平方米，进象监理人员不少于40人，且国家注册监理工程师不少于4人，企业近两年获得省级以上最高质量奖项目不少于2个。另一方面，组织开展外地进象建筑业企业2012年度备案年检，严格按照《外地建筑企业进象施工备案管理办法》，层层把关备案流程，确保在象山企业的备案记录准确到位。完成对195家外地进象山建筑业类企业的年检考评，其中18家企业被暂停备案6个月，清退企业34家。三是加大整治力度。建立违法违规行为举报制度，设立举报电话，动员建筑市场各方主体对不良行为的监理企业进行投诉举报。制定67项检查内容及评分标准，组织力量对25家监理企业涉及25个在建项目进行了专项检查，发文通报检查结果，并严格按《宁波市工程监理企业信用评价标准》进行网上扣分。

【推进建筑工地扬尘综合整治】 县住建局成立工作领导小组，印发《象山县建设工程扬尘整治专项行动实施方案》，分别于6月9日、7月23日、9月6日召开了建设工程扬尘整治专项行动推进会、全县扬尘整治及“两城”创建在象施工企业负责人会议、建筑工地扬尘整治提升工作专题会议，进一步明确整治目标、内容及工作要求。加大对建筑工地扬尘控制的检查力度，对施工现场管理混乱、扬尘污染严重、未落实或未达到扬尘控制指标的，责令其停工整改。8月中旬抽调建工、安监等科室执法人员，组建3个检查组，对45项中心城区建筑工地进行专项检查，涉及施工企业28家，签发整改通知书30份，提出整改意见173条。对象山行政商务中心一期工程二标等4个建筑工地进行通报加分，对玉兰雅府工程等4个建筑工地进行通报减分，并录入宁波市建筑市场信用信息管理系统。建立不定期巡查抽查和通报制度，跟踪督查扬尘控制工作的进展动态，重点对基础施工阶段、装修施工阶段的建筑工地扬尘控制情况进行检查，并认真做好综合治理、防治结合、科学管理、标本兼治，确保将建筑工地扬尘影响控制在最小限度范围。确定商会大厦等9个建筑工地扬尘整治示范项目，建立企业约谈制度，对约谈两次的企业报上级主管部门实行重点监管。

【拓宽建筑业培训渠道】 为了适应企业发展需要，2013年，县建管局相继开展了复旦大学总裁研修班培训、企业办公室主任能力培训、建造师继续教育培训、二级建造师考前培训、技师培训、现场岗位培训等培训班,共培训 3225 人。其中参加技师培训的 250 人,经考核全部获得技师资格。

【举行建筑企业农民工培训】 3 月初,县建管局利用节后建筑工程陆续复工,农民工返乡的契机,组织浙江升成、宁波金都、中达建设等建筑企业对农民工进行年度新一轮的培训工作。农民工培训课程有《道德文明》《建筑与施工基础知识》《农民工劳动权益》《建筑安全法律、法规基本知识》《建筑施工现场文明与环境卫生》《卫生基础知识》等 6 门,主要针对符合 500 万元以上或 5000 平方米以上的工程项目。培训从提升建筑业农民工整体素质、文化生活水平和劳动技能入手,利用午间和晚上等业余休息时间,对农民工进行全免费和"零距离"教学。其间,落实派驻人员加强对各企业培训工作的监督服务,重点抓好对软、硬件设施建设,以提高培训质量水平。

【建造师注册引进和职称评审工作取得新进展】 2013 年,完成建造师注册 168 人,建造师引进 102 人,会同县人社局在上海、广州、象山等组织初级职称培训考试 856 人,完成中级职称评审 1095 人,完成高级职称材料初审和申报 107 人。

【解决两家企业特殊难题】 2013 年 8 月,宁波乐惠食品制造有限公司因管理人员疏忽,导致企业安全生产许可证即将失效,如重新申领此证最快也要 4 个月,将对企业的业务承接、施工带来无法弥补的损失。县建管局领导冒着酷暑到省住建厅当面陈述情况,最终在离证书失效 25 分钟前办妥此事,得到企业好评,并受到县委书记李关定的表扬。宁波博海围垦工程有限公司因法人代表和总经理均被判刑入狱,企业陷入困境,县建管局积极与宁波市中级人民法院联系沟通,宁波市中级人民法院作出缓缴罚金的决定,帮企业渡过了难关。

【全县建筑业企业党组织达到 29 家】 2013 年,县建筑企业党工委指导帮助宁波汇润建设有限公司、宁波庆丰建设有限公司发展党支部,全县建筑业企业党组织达到 29 家,指导帮助华锦建设集团股份有限公司等企业党组织按时换届。全年发展入党积极分子 53 人,入党积极分子转预备党员 64 人,预备党员转正式党员 43 人。

【县建筑行业工会联合会换届】 2013 年 8 月 12 日,县建筑行业工会联合会召开二届一次会议,会议选举县建管局副局长欧宏伟为县建筑行业工会联合会主席,胡向阳由于工作调动,不再担任该职。县建筑行业工会联合会成立于 2007 年 9 月,当时建筑业工会组织为 22 家,经过几年发展,至会议之前建筑业工会组织已达 67 家。

【省建管局驻广东办事处成为一扇亮丽"窗口"】 由象山县承办的浙江省建管局驻广东办事处,自 2012 年 8 月 23 日挂牌成立以来,以优质服务受到上级有关部门的肯定和全省进粤施工企业的认可。省建管局驻广东办事处李先锋主任带领两名工作人员,克服人生地疏、经费不足、服务半径大等困难。2013 年为全省 60 多家进粤施工企业和单位办理诚信证明,出省承接工程介绍信、年度审核登记备案等相关手续逾 2000 余份,出具使用介绍信 3000 余次。一年内开展工程建设现场管理人员及"三类人员"考前培训超过 1200 余人,为浙江省建筑业企业节省了往返办理各类手续和培训的人力、财力、精力。2014 年 9 月,樊剑平副厅长作出批示,充分肯定省建管局驻广东办事处工作。

【一批建筑业企业和个人受省建协表彰】 2013 年 3 月 8 日,省建协下发《关于公布表彰 2012 年度浙江省先进建筑业企业、浙江省建筑业企业优秀经理和浙江省建筑业优秀项目经理的通知》,象山一批建筑业企业和个人受省建协表彰:宁波华一建设有限公司荣获 2012 年度浙江省先进建筑业企业称号;龙元建设集团股份有限公司总裁赖朝晖荣获 2012 年度浙江省建筑业企业优秀经理称号;15 人荣获 2012 年度浙江省建筑业企业优秀项目经理称号。

【一批出省施工企业和个人受省建管局表彰】 2013 年 4 月 30 日,省建管局发出通报,对 2013 年度浙江省出省施工先进企业和先进个人进行表彰:宏润建设荣获进鄂施工先进企业称号;龙元建设、宏润建设、华锦建设荣获进粤施工先进企业称号;

宏润建设李华荣获进赣施工先进个人称号；龙元建设周皓杰、张建根，宏润建设奚亮亮、吴国成，华锦建设宋祖益荣获进粤施工先进个人称号。

【一批进沪施工企业和个人受省政府驻沪办事处表彰】 2013年3月，省人民政府驻沪办事处在上海召开表彰大会，龙元建设、宏润建设、中达建设、华锦建设等4家建筑业企业荣获2013年度浙江省进沪施工先进单位，龙元集团1986年起已连续28年获此殊荣。华丰建设、天元建设荣获2013年度浙江省进沪施工优胜单位，龙元建设钱水江、宏润建设尹芳达、建安实业黄兆飞、中达建设齐明春、华锦建设乐可峰、华丰建设方超、天元建设戴万成等7人荣获浙江省进沪先进个人和优胜个人，全县建筑业企业17人被授予2013年度浙江省进沪施工优秀项目经理称号。

【9家建筑业企业获评宁波市建筑业“走出去”发展先进企业】 2013年3月29日，宁波市住房和城乡建设委员会发文授予龙元建设、宏润建设、华丰建设、中达建设、建安建设、天元建设、华锦建设、梯梯建设、华鼎建设等9家建筑业企业为2012年度宁波市建筑业“走出去”发展先进企业，授予何曙光、周皓杰、奚亮亮、宋祖益等20人为2012年度宁波市建筑业“走出去”发展先进个人。

【龙元建设和宏润建设荣获全国优秀施工企业称号】 2013年3月29日，中国施工管理协会授予龙元建设和宏润建设全国优秀施工企业荣誉称号。

【龙元建设、宏润建设获上海市立功竞赛优秀企业称号】 2013年1月18日，上海市召开重点工程立功竞赛表彰会，龙元建设第15次荣获上海市重大工程立功竞赛优秀企业称号，宏润建设也获此殊荣。

【赖服君、韩旭夫获全国优秀项目经理称号】 2013年8月28日，中国建筑业协会发布公告，授浙江省31人为全国优秀项目经理称号，象山县龙元建设赖服君、华丰建设韩旭夫名列其中。

【龙元建设和华丰建设上榜2013年中国民营企业500强】 2013年8月29日，中国民营企业500强在北京出炉，龙元建设3年营业收入121亿元，排名2013年度中国民营企业500强275位，华丰建设名列第338位。

【宏润建设、龙驰防腐获国家高新技术企业认定】 2013年宁波市科技局下发《关于公布宁波市2012年高新技术企业名单的通知》经全国高新技术企业认定管理工作领导小组办公室筹备复函，科技部、财政部、国家税务总局联合审定，宏润建设和龙驰防腐被认定为2012年高新技术企业。

【龙元建设入选中国承包商60强】 2013年11月21日，由美国《工程新闻记录》和中国《建筑时报》合作举办的2013年中国承包商60强排名揭晓，浙江省16家企业入选，其中龙元建设以年营业收入217亿元排名中国承包商60强第28位。

【龙元建设2项工程荣获2013年度全国优质工程奖】 龙元建设参建的上海浦东外高桥港区六期工程和长江干线宜宾合江门至泸洲纳溪航道等2项工程荣获2013年度全国优质工程奖。

【赖振元荣获象山县突出企业家称号】 2013年2月17日，县委、县政府召开建筑经济会议，会上龙元建设董事长赖振元荣获象山县突出企业家称号。

【宏润建设获2012年度中国建筑业竞争力百强企业称号】 2013年8月12日，中国建筑业协会公布了2013年中国建筑业双百强企业评价结果。浙江省10家企业进入竞争力百强，9家企业进入成长性百强。宏润建设成为浙江省10家进入中国建筑业力百强企业行列。

【宏润建设获科技创新和科技成果奖】 2013年10月30日，中国施工企业管理协会“2013年科技工作大会暨科学技术领奖会”在北京召开，宏润建设分别获得2012年度科技创新先进企业和科技成果一等奖。

【宏润建设获全国实施用户满意工程先进单位】 2013年12月2日，中国质量协会、中国质量协会用户委员会共同发文，授予宏润建设为2013年全国实施用户满意工程先进单位。

【宏润建设青草沙水源地项目获国家优质工程金质奖】 2013年11月25日,中国施工企业管理协会发文,公布宏润建设参与建设的上海市青草沙水源地原水工程项目为2012~2013年度国家优质工程金质奖。同时,尹芳达被授予"国家优质工程奖突出贡献者"。

【中达建设合作课题荣获浙江省建设科学技术奖】 2013年10月27日,浙江省住房和城乡建设厅科学技术委员会公布"2013年浙江省建设科学技术奖"获奖名单,由中达建设和中国科技大学合作申报的课题《软土地基紧邻地线及线埋长线下穿深基施工综合关键技术研究》荣获三等奖。

(马建杰)

2013年建筑业产值排名前10位企业一览

表23　　单位:万元

企业名称	全年累计完成产值情况		同比增长%
	累计施工产值	企业总产值	
龙元建设	2389018	2462850	12.5
宏润建设	1104879	1118102	9.3
华丰建设	1100166	1213629	4.7
中达建设	940263	960263	25.5
建安建设	530894	530894	10.3
华锦建设	455621	455621	14.8
天元建设	450016	450016	21.6
良和建设	167933	167933	14.1
梯梯建设	190346	190346	24.4
沈氏建设	485029	485029	79.9

2013年建筑业地方税收入库前10家企业一览

表24　　单位:万元

排名	企业名称	入库税收
1	龙元建设集团股份有限公司	14,985.96
2	宏润建设集团股份有限公司	3,795.78
3	华丰建设股份有限公司	3,402.90
4	华锦建设集团股份有限公司	2,943.91
5	浙江建安实业集团股份有限公司	2,831.67
6	中达建设集团股份有限公司	1,992.88
7	浙江梯梯建设有限公司	1,962.02
8	浙江天元建设(集团)股份有限公司	1680.53
9	浙江润业建设有限公司	1,039.32
10	宁波景业建设有限公司	1,016.48

2013年3家企业3项主项资质升级情况一览

表25

序号	企业名称	资质名称	原等级	升级后等级	批准部门
1	宁波顺大公路建设有限公司	公路工程施工总承包资质	三级	二级	浙江省住房和城乡建设厅
2	宁波庆丰建设有限公司	房屋建筑工程总承包资质	三级	二级	浙江省住房和城乡建设厅
3	浙江润业建设有限公司	房屋建筑工程总承包资质	三级	二级	浙江省住房和城乡建设厅

2013年3家企业6项增项资质升级情况一览表

表26

序号	企业名称	专业资质名称	原等级	升级后等级	批准部门
1	宁波宝盛建设有限公司	钢结构工程专业承包	三级	二级	浙江省住房和城乡建设厅
		建筑装饰装修工程专业承包	三级	二级	
2	宁波汇润建设有限公司	建筑装饰装修工程专业承包	三级	二级	浙江省住房和城乡建设厅
		消防设施专业承包	三级	二级	
		钢结构工程专业承包			
3	宁波华鼎建设有限公司	建筑装饰装修工程专业承包	二级	一级	浙江省住房和城乡建设厅

2013年22家企业34项资质增项情况一览表

表27

序号	企业名称	新增资质名称及等级	批准部门
1	宁波宏远建设有限公司	钢结构工程专业承包三级	宁波市住房和城乡建设委员会
		地基基础工程专业承包三级	
2	宁波虞氏建设有限公司	钢结构工程专业承包三级	宁波市住房和城乡建设委员会
3	宁波和丰建设有限公司	建筑装饰装修工程专业承包三级	宁波市住房和城乡建设委员会
4	宁波宇丰建设有限公司	建筑装饰装修工程专业承包三级	宁波市住房和城乡建设委员会
5	宁波金都建设有限公司	市政公用工程总承包三级	宁波市住房和城乡建设委员会
		钢结构工程专业承包三级	
6	宁波融鑫建设有限公司	城市及道路照明工程专业承包三级	宁波市住房和城乡建设委员会
		建筑装饰装修工程专业承包三级	

续表27

序号	企业名称	新增资质名称及等级	批准部门
7	宁波顺大公路建设有限公司	城市及道路照明工程专业承包三级	宁波市住房和城乡建设委员会
8	宁波凯欣建设有限公司	地基与基础工程专业承包三级	宁波市住房和城乡建设委员会
		建筑装修装饰工程专业承包三级	
9	宁波尚品建设有限公司	建筑装修装饰工程专业承包三级	宁波市住房和城乡建设委员会
10	宁波中壹建设有限公司	土石方工程专业承包三级和钢结构工程施工总承包三级	宁波市住房和城乡建设委员会
11	宁波庆丰建设有限公司	起重设备安装工程专业承包三级	宁波市住房和城乡建设委员会
12	宁波尚品建设有限公司	地基与基础工程专业承包三级	宁波市住房和城乡建设委员会
13	象山电力实业有限公司	房屋建筑工程施工总承包三级	宁波市住房和城乡建设委员会
14	宁波乾恒建筑工程有限公司	机电设备安装工程专业承包三级	宁波市住房和城乡建设委员会
15	宁波坤元建设有限责公司	钢结构工程专业承包三级和建筑装饰装修工专业承包三级	宁波市住房和城乡建设委员会
16	宁波金都建设工程有限公司	建筑装修装饰工程专业承包三级和地基与基础工程专业承包三级	宁波市住房和城乡建设委员会
17	象山万鸿建设工程有限公司	建筑装修装饰工程专业承包三级	宁波市住房和城乡建设委员会
18	宁波明臻建设工程有限公司	环保工程专业承包三级和地基与基础工程专业承包三级	宁波市住房和城乡建设委员会
19	宁波和丰建设有限公司	钢结构工程专业承包三级和地基与基础工程专业承包三级	宁波市住房和城乡建设委员会
20	宁波龙锦建设有限公司	钢结构工程专业承包三级和建筑装修装饰工程专业承包三级	宁波市住房和城乡建设委员会
21	宁波中壹建设有限公司	建筑装饰工程专业承包三级和建筑幕墙工程专业承包三级	宁波市住房和城乡建设委员会
22	象山建安拆建有限公司	房屋建筑工程施工总承包三级和市政公用工程施工总承包三级	宁波市住房和城乡建设委员会

2013年新批9家企业26项资质情况一览

表28

序号	企业名称	新增资质名称及等级	批准部门
1	宁波金御生态建设有限公司(原宁波龙锦建设有限公司)	房屋建筑工程总承包三级	宁波市住房和城乡建设委员会
		市政公用工程总承包三级	
2	宁波中壹建设有限公司	房屋建筑工程总承包三级	宁波市住房和城乡建设委员会
		市政公用工程总承包三级	
3	宁波融鑫建设有限公司	房屋建筑工程施工总承包三级	宁波市住房和城乡建设委员会
4	宁波众博建设有限公司	房屋建筑工程施工总承包三级	宁波市住房和城乡建设委员会
		建筑装饰装修工程专业承包三级	

续表 28

序号	企业名称	新增资质名称及等级	批准部门
5	象山大目湾市政园林有限公司	市政公用工程施工总承包三级	宁波市住房和城乡建设委员会
6	宁波海华建设有限责任公司	房屋建筑工程总承包三级	宁波市住房和城乡建设委员会
		市政公用工程施工总承包三级	
7	宁波博浩土石方有限公司	土石方工程专业承包三级	宁波市住房和城乡建设委员会
8	象山祥瑞建筑劳务有限公司	砌筑、土木、脚手架、钢筋作业分包4个一级资质等级及混凝土、油漆、水暖电安装3个不分等级资质	宁波市住房和城乡建设委员会
9	宁波景业建筑劳务有限公司	砌筑、土木、脚手架、钢筋等作业分包4个一级资质以及抹灰、混凝土、油漆、水暖电安装等4个不分等级资质	宁波市住房和城乡建设委员会

中心城区建设

【概况】 2013年，中心城区建设投资11.01亿元，在建工程64项。新丰路北延、塔山路(姚家山段)等6条“断头路”实现贯通，滨海大道西线、象山港西路及天安路(靖南路至象山港路)道路改造全面完成，殷夫公园一期基本建成，凤跃山配套项目、天安路滨水公园等绿化工程建设有序推进，新增公共绿化面积1.5万平方米，东大河等3条中心城区河道整治进场施工，改造升级人行道和路面2万平方米，补植绿化6000平方米，疏通下水管道4.5千米，新增公共停车位500余个，新铺设供水、供气和污水管网分别为28.3千米、21千米和20.1千米，新开工各类保障性住房37.5万平方米，完成人才公寓专业人员配售283套，新分配廉租房住户227户，全县住房和城乡建设事业得到持续健康发展。

【新增城市道路7.3千米】 按照“快建干道、配建支路、打通断头、疏通拥堵”要求，克服时间紧、政策处理难、融资压力大等要素制约，相继实施了来薰路、象山河路、环城西路三期等22条市政道路，着力构建纵横贯通、干支相连、集疏成网的城市交通道路体系。全年累计完成投资1.5亿元，新增道路里程7.3千米，新增道路面积32万平方米，来薰路马岗鞍河至象山河段建成通车，象山河路新丰路至来薰路段完成稳定层铺设，东谷湖路和小商品市场完成改造，丹阳路、塔山路、瑶琳路等8条“断头路”顺利打通。

【高标准打造城市休闲景观】 投资1.07亿元实施内河整治、生态文化园、天安路象山港路主轴打造工程等城建项目10余项，努力构建宁波品质后花园。其中，加快生态文化园建设，力促东大河以西基本完工，启动东大河以东建设；基本完成一期象山港西路路面和象山港东路夜景改造，动建主轴打造二期工程；继续构建城区循环水系，实施史家泾河、马岗鞍河整治，动建梅溪河、规划河道和南大河节制闸；推进凤跃山公园配套建设，建成鲫鱼山天桥。

【实施“一站四路”管道燃气工程建设】 2013年，投资2100万元，启动实施“一站四路”(即LNG气源站，爵溪东海铭城，大目湾新城、松兰山沿线，滨海大道和北山下工业区，以建设西路、西谷湖路和新丰路为主的城西区等四路)工程建设，推动打造惠及整个城区的生态型都市。

【全力打通“断头路”】 2013年计划打通“断头路”8条，道路总长度4.6千米。为顺利推进工程建设，一是建立组织强机制。健全组建“断头路”专项行动小组，实行领导包干制，制定出台了《象山县2013年度“断头路”建设项目计划目标责任分解表》，以“一个标段一位联系领导、一个工作团队、一份时间节点”的方式，明确每个标段的完成时间、责任科室和责任领导。二是跟踪推进抓现场。实行定人定点跟踪制度，进一步加强与有关街道、部门的沟通协调，借力突破征地难、拆迁难、融资难等制约瓶颈。局领导和责任人多次深入工程一线，花大力气做通做好征迁户的思想工作。三是注重监管促实效。坚持高标准、严要求，加强工程管理，通过“查安全、查质量、查进度、查投资”的“四查”工作法，确保工程进度和质量两手硬。

【东谷湖健康主题公园建成投用】 该工程于3月25日动工，建设内容包括石材运动浮雕、沿湖步道人形石雕、IMB尺防腐木宣传窗、石头雕刻(四大基石文字)、健康文化宣传长廊宣传窗、健身器材场地塑胶现浇等11项。工程以“直接发包”的方式确定施工单位，并严格依照施工图绘制标准，层层把好设计、制作、安装运输及竣工验收关，确保建设质量和景观档次。整个工程于4月底完工。

【城镇旧住宅区改造计划启动】 以城镇危旧房屋解危改造为重点，综合考虑城市发展规划、房屋产权状况、文物保护价值、居民改造意愿等因素，计划从2013年起利用三年时间对2500户旧住宅户涉及建筑面积20万平方米进行改造。根据要求，具体改造以下四类房屋：经鉴定的城镇危房；已列入计划但尚未实施改造的非成套房；居住环境较差、群众反映强烈的老旧小区；结合城区改造、功能调整、基础设施建设等进行改造的其他国有土地上的旧住宅区。2013年计划改造650户，建筑面积6.5万平方米，其中拆迁改造130户，建筑面积1.8万平方米，老小区综合整治4.7万平方米。

【滨海大道大修工程完工】 受使用年限及交通量等要素影响，于2004年建成通车的滨海大道呈现出路面裂缝、车辙、沉陷、龟裂等破损情况，在一定程度上降低了车辆行驶的安全性和舒适性。为恢复和满足该路段的使用功能，于6月20日正式启动滨海大道大修工程。工程西至沿海南线，东至天安路，全长3284米，处理宽度24米，建设内容包括原沥青路面拆除重新浇筑，部分绿化带拆除改建成沥青路面，新建西大河桥梁、17个雨水口、DN300钢筋混凝土承插管290米，新增来薰路路口的标志、交通信号灯及全线标线恢复等。工程按原道路等级设计，设计年限15年，概算总投资3516万元。工程于8月份全部完工。

【中心城区东大河等三条河道整治工程启动】 11月启动实施东大河、史家泾河、马岗鞍河等三条河道整治工程。工程概算总投资约1.25亿元，主要建设内容包括河道驳岸、清淤拓宽、堤防、水闸、景观绿化、给排水及电气工程等。其中：东大河(上平丰河—百丈岸碶门)全长1817米，计划于2014年11月完工；马岗鞍河(新丰路—南大河)全长1003米，计划于2015年8月完工；史家泾河(南大河—东大河)全长1150米，计划于2015年8月底完工。

【天安路二期改造工程加快实施】 该工程系县重点项目城市主轴打造工程的重要组成部分，为城市主干道，北至靖南路，南至象山河路，道路总长2483米、宽度40米，双向四车道，包括与其相交的丹峰路、象山港路、丹南路交叉口，建设内容包括(靖南路至丹阳路)道路改造、(靖南路至象山港路)立面改造和(靖南路至象山河路)沿街景观灯改造。工程概算总投资3405万元，于2013年3月底开工建设。建成投用后，将进一步改善我县城市人居环境，提升城市品质，彰显象山特色。

【县重点工程政实路正式动工】 该工程位于中心城区南部，呈东西走向，东起来薰路，西至巨鹰路，道路总长2305米，宽36米，含新建桥梁3座，包括与其相交的丰绕路、新一路、南大河东侧支路、东谷路、兴盛路、东河路及巨鹰路交叉口。工程包括道路、桥梁、给排水、综合管线、景观绿化、路灯及交通设施等配套建设，概算总投资约1.2亿元。整个工程计划于2014年8月完工。建成投用后，将进一步拉大城市框架，促进南部新城开发建设，加快形成纵横贯通、干支相连、集疏成网的城市交通道路体系。

【文峰塔修缮工程全部完工】 该工程8月份开工建设，概算总投资63万元，建设内容包括将外围栏杆更换为仿古式葵式木栏杆，室内外地坪铺设，更换部分木柱、封檐板、筒瓦、翘角及脊，修复现浇枋、墙体、直挡栏杆并重新油漆等。整个工程于9月底建成投用，有利于进一步完善文峰塔相关配套设施，消除安全隐患，美化城市形象。

【做好城区安全供水工作】 全年完成供水2715万立方米、售水1993万立方米，出厂水四大指标合格率100%。发放排水许可证书13本，处理污水1585万立方米，生产中水735万立方米。生活污水处理率达84%。2013年，为保障城区安全供水工作，县住建局采取四项措施：一是建立抗旱工作领导小组，全面负责中心城区抗旱保供水工作的组织指挥，下设抗旱巡查、抗旱应急抢修、抗旱宣传等3个工作组，加强管网维护和水质检测，并做好限水宣传和应急准备工作。二是对加氯机、增压泵、加矾机械泵等供水设施进行全面保养维护，确保每台供水设施处于良好的运行状态。加强对原水水质和出厂水水质监测，严格做好水质分析化验，把好供水水质关，及时更换净水厂滤池滤料，对蓄水池进行彻底消毒和清洗。三是检修供水管网。组织人员对城区主管网进行全面检修、加固，把水损降到最低度。四是加大值班力度。对城区供水管网进行不间断巡查，发现危情及时排除，管网应急抢修队24小时值班，保证随叫随到，及时抢修，为用户提供优质服务。

（住建局办）

房地产业

【概况】 2013年新批准房屋预售面积35.3万平方米，已预售23.3万平方米，尚可预售55.4万平方米，均价10800元/平方米，成交面积同比增长62.9%，成交价格基本持平。二手房市场共成交2577套，建筑面积28.7万平方米，成交金额19.6亿元，均价6825元/平方米，成交量同比上涨33%，均价下降10%；办理房地产抵押登记11142件，建筑面积49.5万平方米，贷款金额240.7亿元，与2011年同期基本持平。保障性住房建设进度加快，人才公寓一期主体全面结顶，欢乐家园附属配套基本建成，欢乐家园二期和石浦幸福苑二期加快主体施工，山水人家二期A区完成桩基础，环城西路拆迁和丹河、山河等安置小区按年计划有序推进。全县物业企业36家，其中一级企业7家、二级2家、三级企业27家，管理50个小区和单位。

【加强房地产市场监管】 认真贯彻中央和省、市加强房地产宏观调控政策，积极配合做好上级部门对房地产市场调控专项督查工作。2013年，在强化日常监管的基础上，积极创新工作方式，建立房产协会会长例会制度，实施重大事项座谈决定，并全力打造房产成果展示平台，成功举办第七届房博会，全县房产市场供求关系持续好转。

【住房保障】 全年新开工各类保障性住房37万平方米，在建面积达50万平方米。持续健全住房保障政策法规体系，相继出台《象山县人才公寓建设销售管理办法》、《象山县廉租住房实物配租实施细则》和《象山县中心城区首批廉租住房实物配租分配方案》等配套文件。强化保障性住房后续分配管理，丹城、石浦两地经济适用房产权证办理均顺利完成，丹城欢乐家园一期限价房正式交付，一期309套廉租房实物配租全面完成，全年新增廉租住房保障家庭180户，发放货币补贴197万元。

【二手房交易量激增】 3月1日公布的《国务院办公厅关于继续做好房地产市场调控工作通知》明确提出“依法严格按转让所得的20%计征个人所得税”等细化措施。受此影响，象山县二手房市场交易量大增，3月4日至3月6日12时，房管处窗口已受理房产转户171户，交易面积16473.99平方米，日平均交易量约为50套，其中3月4日、5日的日交易量均超60套，环比增长近5倍。

【开展危旧房安全大检查】 按照“属地检查、管口检查”的原则，象山住建局专门抽调有关科室精干力量形成检查组，加大对危旧房的安全鉴定力度，多次赴石浦同兴巷11号、玉泉路玉西校区、丹东街道新华路73号等地现场查勘，提出针对性解危措施。同时，畅通沟通机制，及时汇总“全县房屋安全大检查信息报送表”、“全县危旧房屋情况统计表”，开通24小时接听热线，根据市民投诉或情况反映，立即组织力量进行逐户查看。截至12月底，共接听市民咨询、投诉电话620余个，开展排查130余次，有效处理市建委转发的危旧房信访件7件。

【墩岙村农房改造示范村建设规划通过专家评审】 9月16日，墩岙村农房改造示范村建设规划正式通过专家评审,并报请县政府批准实施。工程项目具体由泗洲头镇组织实施,实施主体为墩岙村村委会。工程改造根据因地制宜、可持续发展、以人为本、农村地域特色等原则,突出“农房改造建设、景观提升改造和产业融合发展水平”等三大主题,在保持旧村原有肌理的原则下,通过改造,结合道路拓宽,清理乱搭乱建的建构筑物,理顺道路交通。从治理“脏、乱、差、散”入手,加大村庄环境整治力度,拆除破旧、低矮建筑,整理杂乱建筑;按照合理的服务半径,完善村庄公共服务设施、道路基础设施和市政基础设施,着力打造具有地域特色、村庄风貌特色和产业特色及具有田园风貌的新农村,使之成为引领本区域新一轮新农村建设的典范。

【开展“农房两改”项目专项检查】 7月8日～9日,质监、安监执法人员会同县委农办对贤庠、晓塘、大徐虎啸铺、墙头、石浦北山村等5个县“农房两改”项目开展专项检查,发现个别工程项目存在装饰材料未经报验使用、施工现场未设置材料标识牌等问题。根据发现问题,主管局提出加强原材料质量控制,采取合理设计构造、改进技术措施、改善工艺操作等整改措施,从各实施环节层层控制,严把工程质量关,切实将“农房两改”项目建成实实在在的民心工程。

【白蚁防治工作全面铺开】 县房管处通过接听热线、发放宣传手册等形式,向市民宣传白蚁危害的严重性及有关防治措施,切实提高社会知晓率。1～3月份共接待群众来电来访180余个,主动上门服务50余次,发放宣传手册资料280余份。同时建立建筑工地跟踪回访制,对城乡规划区内新建、改建、扩建的项目进行无条件白蚁防治,紧抓危旧房药物灭治,并及时将回访复查情况进行记录、登记、建档备案。共签订白蚁预防合同38宗,面积720380平方米。

【廉租房实行季度审核确保阳光分配】 首批廉租房共328套,坐落于欢乐家园地块,套型面积38平方米,普通家庭按每平方米2元/月收取租金,低保家庭减半收取。2013年,改变原先“一年度一审核”的方式,进一步压缩廉租住房审批期限,对审核通过的廉租申购户进行季度审核,对不符合要求的予以取消资格,并通过象山报公示,将腾空住房指标纳入年度可供房源总套数。已有13户廉租住户因长期未办理交付手续等原因,被取消资格,收回已租赁住房。

【开展保障性安居工程质量检查】 5月中下旬～7月,组织质监执法人员对欢乐家园、人才公寓、幸福苑二期等保障性安居工程的建筑质量进行了专项检查。经实地踏勘、查阅台账、原材料抽测等工作,重点了解工程各方主体落实质量安全责任情况、“质量通病控制措施”贯彻落实情况等,发现全县保障性安居工程质量总体处于受控状态,未出现使用海砂、瘦身钢筋等不合格材料及质量问题,部分项目还选用新型墙体材料,其中人才公寓项目使用页岩砖,欢乐家园保障性住房B标段选用最新型的陶粒加气混凝土砌块,并在设计、材料、施工、管理等工程质量通病防治环节做到严格把关,有效减少了渗、漏、裂等质量问题。

【出台普通住宅前期物业综合服务收费标准】 联合物价部门出台了《关于测定公布象山县普通住宅前期物业综合服务收费等级标准及其收费标准的通知》,定于2014年1月1日起施行,将进一步规范物业服务收费行为,完善物业服务收费定价机制。该通知明确,普通住宅小区前期物业综合服务收费等级按从低到高划分为三、二、一等3个等级,并对3个等级的服务标准及要求作出具体规定。根据等级标准及要求,核定:无电梯多层住宅的前期物业综合服务收费每月每平方米一级1.10元、二级0.80元、三级0.60元;有电梯多层及高层住宅每月每平方米一级1.80元、二级1.50元、三级1.20元。收费标准设置浮动值,住宅小区可根据各自实际情况,如收费面积、出入口设置、智能化程度、物业电梯和水泵增压设施设备运行费用等,可在基准价的基础上±20%幅度内浮动,其中住宅小区建筑面积4万平方米以下的,可在±30%幅度内浮动。该收费标准的出台,填补了象山县物业服务等级收费管理空白,有利于保障业主和物业服务企业的合法权益,促进全县物业服务行业健康稳定发展。

【物业管理更趋规范】 2013年,进一步理顺物业管理体制,制定出台《关于进一步加强住宅小区物业管理工作的实施意见》和《象山县住宅小区停车收费管理办法(试行)》,有效化解丰泽园等重大物业纠纷6起。切实加大日常管理工作,顺利完成全县23个住宅小区物业管理考评工作,帮助成立业主委员会8家,完成新建小区物业招投标7个。积极推进园林式物业管理,加大示范小区创建力度,新增市物业管理示范小区2个,市园林式居住区1个。

(住建局办)

2013年房地产项目一览

表29　　截至2013年12月31日

序号	开发项目	开发公司	销售面积(平方米)	均价(元)
1	翡翠苑	宁波鸿瑞置业有限公司	11906.15	10401.37
2	西沪华城小区	宁波翔神投资发展有限公司	31031.40	8853.88
3	和景府	天安电气集团宁波天安房地产开发有限公司	32168.97	12170.38
4	三元公司商住楼	宁波华厦房地产开发有限公司	1372.95	12132.35
5	春天里	中铁房地产集团宁波京城投资有限公司	47319.33	12086.01
6	滨海商业街	宁波巨鹰房地产开发有限公司	25271.73	无
7	城南御府	宁波旭富置业有限公司	23511.19	6736.69
8	东一华庭	象山东方石浦置业有限公司	22996.21	12174.97
9	西子华庭	象山巨润置业发展有限公司	13010.95	11014.48
10	东岸名座	象山环球房地产开发有限公司	3811.99	8039.89
11	象山蓬莱装潢建材市场	象山蓬莱装潢建材市场有限责任公司	11906.28	无
12	锦湖名苑	宁波市信明房地产开发有限公司	9687.21	11445.27
13	御园	宁波铁工置业有限公司	43120.48	9122.12
14	白沙湾玫瑰园三期东区	宁波泰谷房地产开发有限公司	3499.28	24242.35
15	世茂玖玺	宁波世茂新里程置业有限公司	327.57	13376.86
16	贤庠商业街之一	象山正鼎房地产开发有限公司	14217.15	无
17	丹河家缘	宁波市汇丰建设开发有限公司	611.32	9095.10元
18	明源公寓	象山渔港房地产开发有限公司	1192.36	5658.78元
19	紫汀盛园	宁波中港置业有限公司	29131.84	13415.65元

2013年象山县物业企业情况一览

表30　　截至2013年12月31日

序号	公司名称	负责人	资质	所管理小区名称
1	象山县诚信物业服务有限公司	罗成财	三级	丰泽园、梅苑.中央花城、山水人家、欢乐家园、红庙山小区、石浦幸福苑
2	象山县华西物业服务有限公司	孟繁华	三级	昌锦家园、浦城雅苑、丹峰小区、丰登路30号
3	象山县重阳物业服务有限公司	方清珊	三级	

续表 30

序号	公司名称	负责人	资质	所管理小区名称
4	象山县腾越物业服务有限公司	叶建峰	三级	金山佳苑、浦港茗都、迎凤山庄、浦港佳苑、海滨佳苑、海景花园、华康小区、静河苑
5	象山县大成物业服务有限公司	陈海敏	三级	阳光雅苑
6	象山县鸿发物业服务有限公司	杨常诚	三级	丹东银都、海城.华府、海城.阳光苑
7	象山县大管家物业服务有限公司	李永春	三级	御香苑
8	宁波铭星物业管理有限公司	沈荣昌	三级	
9	象山瑞润物业管理有限公司	周瑞金	三级	
10	宁波泛亚物业服务有限公司	吴雷达	三级	大红鹰家园、阳明花园、海申苑、金港花园、文华苑
11	宁波市亚太酒店物业管理有限公司	葛　伟	一级	梧桐御府、涌金广场
12	绿城物业服务集团有限公司象山分公司	陈　伟	一级	绿城.百合公寓
13	浙江永成物业管理有限公司象山分公司	洪　钧	一级	万华康庭、龙泽名园、财富中心、桃花源、天力大厦、丽景二期
14	宁波银亿物业管理有限公司象山分公司	周永山	一级	世纪花园、金域华府
15	象山安保物业公司	柳承波	三级	汇金大厦
16	象山鸿翔物业服务有限公司	林海平	三级	紫金华庭
17	象山福甬物业公司	程胜	三级	爵溪海景华苑
18	宁波联合物业管理有限公司	张建国	一级	紫悦馨园
19	象山县文苑物业管理有限公司	王　兵	三级	丹静公寓、丹静苑、新丰小区、金丰花园
20	象山鼎辉物业管理有限公司	刘　念	三级	海御官邸
21	象山保佳物业服务有限公司	钱亚明	三级	半岛康桥
22	象山永信物业管理有限公司	徐剑英	三级	东河二期

2013 年象山县房地产中介机构一览

表 31　　截至 2013 年 12 月 31 日

序号	机构名称	法人代表或负责人	经营范围	联系电话
1	象山丹城鸿达房产中介服务部	史建勇	房地产经纪咨询	65769826
2	象山丹城宜居房产中介服务部	林亚娟	房地产经纪咨询	65763499
3	象山金荣房产中介服务部	朱金华	房地产经纪咨询	13003746678
4	象山丹城深发房产中介服务部	郑卫娅	房地产经纪咨询	65009027
5	象山县新世纪房地产经纪有限公司	罗赛君	房地产经纪咨询	65981686
6	象山丹城永一利房产中介服务部	林月梅	房地产经纪咨询	18058232758
7	丹城荣欣信息服务部	黄　益	房地产经纪咨询	66566598
8	象山丹城益友房产中介服务部	钮素梅	房地产经纪咨询	65087258
9	象山新佳园房地产中介服务部	赖才国	房地产经纪咨询	65751737

续表 31

序号	机构名称	法人代表或负责人	经营范围	联系电话
10	象山久益房地产信息咨询服务部	沈小高	房地产经纪咨询	65756895
11	象山丹城宏都房产中介服务部	郑慧娟	房地产经纪咨询	18968338353
12	象山新虹利房地产销售代理有限公司	俞松岳	房地产经纪咨询	65720718
13	象山大众房地产经纪有限公司	梅亚益	房地产经纪咨询	25715581
14	象山县中益房地产销售代理有限公司	叶贵青	房地产经纪咨询	65982718
15	象山宏信房地产销售代理有限公司	翁杏娟	房地产经纪咨询	66738232
16	象山兴余房地产投资咨询服务部	刘乃千	房地产经纪咨询	65771377
17	象山鼎力投资咨询服务有限公司	戴志海	房地产经纪咨询	25716533
18	象山丹城佳居房产中介服务部	郑　磊	房地产经纪咨询	13606786880
19	象山丹城丹通投资信息咨询服务部	张　村	房地产经纪咨询	66731999
20	象山丹城美地房地产中介服务部	胡忠山	房地产经纪咨询	65009051
21	象山丹城乾坤房地产中介服务部	邓胜利	房地产经纪咨询	18067186715
22	象山长兴房产中介服务部	罗　强	房地产经纪咨询	59103561
23	象山丹城诚意房产中介服务部	杨振娣	房地产经纪咨询	65758461
24	象山家家福房地产中介服务部	林善权	房地产经纪咨询	81783782
25	象山我爱我家房地产销售有限公司	吴杏玉	房地产经纪咨询	65009593
26	象山深蓝房地产经纪有限公司	戴照识	房地产经纪咨询	13566379166
27	象山琴珠房地产中介服务部	钱琴珠	房地产经纪咨询	13968394689
28	象山幸福家园房产中介服务部	屠香君	房地产经纪咨询	65082225
29	象山丹城南源房产中介服务部	杨彩琴	房地产经纪咨询	13566376633
30	象山兴江房地产中介服务部	陈富强	房地产经纪咨询	65782561
31	宁波象山天元房地产经纪有限公司	张梅菊	房地产经纪咨询	25718810
32	象山丹城日胜房地产中介服务部	夏玲和	房地产经纪咨询	82783628
33	象山丹城嘉利房产中介服务部	顾英安	房地产经纪咨询	13989358399
34	象山丹城启新房产中介服务部	曹爱珠	房地产经纪咨询	66567007
35	象山创信房地产销售代理有限公司	徐　旭	房地产经纪咨询	65961222
36	象山丹城小灵通房产中介服务部	萧　红	房地产经纪咨询	13336663297
37	象山丹城顺兴房地产中介服务部	马诚意	房地产经纪咨询	13736194819
38	象山丹城嘉诚房产中介服务部	吕乐欢	房地产经纪咨询	66569983
39	象山小石头房产中介服务部	石伟富	房地产经纪咨询	81781890
40	象山三升房地产中介服务部	翁玲娟	房地产经纪咨询	18958299213
41	象山益达房产经纪服务部	林佳叶	房地产经纪咨询	18968337759
42	象山佳宜房产中介服务部	陈　燕	房地产经纪咨询	13566376369

住房公积金管理

【概况】 截至2013年12月底,全县共有住房公积金缴存单位887家,其中正常缴存630家、封存257家,实际缴存人数26289人。累计归集总额215025.65万元,累计提取104931.47万元,归集余额110094.18万元。累计贷款178678.60万元。贷款余额93868.67万元。2013年1～12月份,缴存净增人数1244人;归集36155.95万元;提取23781.38万元;放贷41614.00万元;贷款逾期率0.0004%;贷款风险准备金充足率5.94%;增值收益1048.96万元。按照县委、县政府关于住房分配货币化(即住房补贴)的工作部署,2013年完成兑现1999年1月1日以后参加工作的行政编制在职人员的部分住房补贴资金;启动分两年(2013年、2014年)落实全额拨款事业编制退休人员住房补贴工作。

2013年,县住房公积金管理中心获得7项荣誉:获评全省住房公积金管理工作先进单位,市级2012年度住房公积金窗口建设和服务年度先进单位,2012～2013年度市级住房公积金和房改统计工作先进单位,宁波市群众满意基层站所(服务窗口),市级文明单位(验收通过),县级优秀党组织,电子政务工作先进单位。

【行政编制在职人员住房补贴资金如期兑现】 2013年,由县财政拨付兑现行政编制在职人员住房补贴资金148.90万元,计544人。自2008年住房补贴工作实施以来,截至2013年12月底,全县已累计办理住房补贴3869人,办结率达100%,住房补贴资金11899.33万元。

【启动全额拨款事业编制退休人员住房补贴工作】 全额拨款事业编制退休人员住房补贴工作于8月份全面部署并组织实施,其主要政策内容参照行政编制退休人员执行。经统计汇总,截至2013年12月底,符合该项住房补贴条件的人数为1448人,2013年办理1391人,完成年度工作任务的96.06%,住房补贴资金为4819.22万元。补贴资金按政策规定,由县财政安排两年兑现,经商同县财政部门,在2014年1月底前(即春节前)全部兑现。尚有57人未办理(占应办理人数的3.94%),作遗留问题,于2014年按政策作妥善处理。

在全额拨款事业编制退休人员住房补贴方案的实施过程中,先后多次接待并书面回复个别退休教师要求2013年实行和提高住房补贴标准,并全额一次性兑现住房补贴资金问题的群访(信访受理2件)。同时为维护政策的严肃性,追回县农机局2人骗取住房补贴。

【建立业务办理网站】 住房公积金业务办理网站于6月份正式开通并试运行。该网站的建立为缴存单位网上办公和缴存职工即时网上查询提供便利。

【调整住房公积金政策】 2013年度的住房公积金缴存比例确定为单位、个人各5%～12%。其中:行政、事业单位和政府性投资企业单位按12%缴存;其他企业单位按缴存比例5%～12%范围内,由各缴存单位自主确定。经济困难的企业单位,要求住房公积金缴存比例低于5%或缓缴的,必须按规定提出申请,经批准后执行。缴存基数按照"控高保低"的要求,月缴存基数最低不低于县人民政府《关于调整我县职工最低工资标准的通知》(象政发〔2013〕17号)文件规定的职工月最低工资标准1200元;月工资在1200元及以上的按实计缴,最高不高于23445元。行政、事业单位在职人员除2012年度以来由于工作和职务变动的人员调整缴存基数外,其他人员根据县财政局意见,不作调整。

针对由于"国五条"的影响,2013年缴存职工住房买卖集中暴发和住房公积金剩余资金不足的问题,经县房委会同意,二次调整贷款额度,并报上级部门备案。7月份,调整后夫妻双方缴存住房公积金的,最高贷款额度调整为不超过60万元;夫妻仅一方或单身职工缴存住房公积金的,最高贷款额度调整为不超过40万元。11月初,调整后夫妻双方缴存住房公积金的,最高贷款额度调整为不超过40万元。夫妻仅一方或单身职工缴存住房公积金的,最高贷款额度调整为不超过25万元。个人购买自住住房申请住房公积金贷款的最长期限由不超过20年调整为不超过30年。

【大额资金存储规范操作】 对大额资金的存储操作原则上按市住房公积金管理中心的规定办理。结合工作实际，以保持各委托银行存贷比例基本平衡为基准，每月一次由全体在编在岗工作人员参加的工作例会上集体研究决定各委托银行的存储金额和期限。该项工作作为一项制度，已纳入常态化工作程序。

【继续实施“按月还贷提取”政策】 该项政策从2010年8月开始实施以来，全面实行按月还贷提取政策，受益范围逐年扩大。截止2013年12月底，已办理3899户、5789人，按月提取789万元。受益面占实际缴存住房公积金人数26289人的22.02%，减轻了购房职工的还贷压力，深受社会各界好评。

【从严把关住房公积金放贷】 一方面加强对提取、放贷等基础性资料真实性的审查，严防骗提、骗贷。2013年共查处3起骗提案件。另一方面加强监管，配置第二代居民身份证验证系统和电子监控系统。业务信息系统安全采取工作人员个人设置密码登录等安全措施。同时，加强楼盘贷前调研和三方协议签订，以及贷中、贷后管理。认真做好申请贷款者的资信调查，与放贷银行密切配合，加强他项权证归档，建立逾期贷款档案，及时催讨逾期贷款，尽最大努力使每笔放贷资金及时、足额收回。

【建立业务办理网站】 住房公积金业务办理网站于6月份正式开通并试运行。该网站的建立为缴存单位网上办公和缴存职工即时网上查询提供便利。

（住房办）

2013年住房公积金归集、提取使用情况一览

表32 金额单位：万元

项　目	2013年实际	2013年计划	2012年实际	比上年增减幅(+/-)%
当年归集收入合计：	36155.95	32000	33638.45	7.48
其中：1. 一般住房公积金	35831.72	32000	32479.76	10.32
2. 一次性住房补贴	316.65	0	1158.64	/
3. 新职工住房补贴	7.58	0	0.05 /	/
当年提取合计：	23781.38	20000	17276.07	37.66
其中：1. 一般住房公积金	23355.37	20000	16543.50	41.18
2. 一次性住房补贴	421.62	0	732.57	/
3. 新职工住房补贴	4.39	0	0	/
当年净归集收入金额：	12374.57	12000	16362.38	-24.37
其中：1. 一般住房公积金	12476.35	12000	15936.26	-21.71
2. 一次性住房补贴	-104.97	0	426.07	/
3. 新职工住房补贴	3.19	0	0.05	/
年末归集余额合计：	110094.18	109719.61	97719.61	12.66
其中：1. 一般住房公积金	108599.58	108123.23	96123.23	12.98
2. 一次性住房补贴	1489.65	1594.62	1594.62	/
3. 新职工住房补贴	4.95	1.76	1.76	/

2013 年住房公积金贷款发放、收回情况一览

表 33　　　　金额单位:万元

项　目	2013 年实际	2013 年计划	2012 年实际	比上年增减幅(+/—)%
本年发放金额	41614	415000	21313	95.25
本年收回金额	8524.50	7300	5820	46.47
当年发放净额	33089.50	34200	15493	113.58
贷款余额	93868.66	94979	60779.17	54.44

2013 年住房公积金增值收益一览

表 34　　　　单位:万元

项　目	2013 年实际	2013 年计划	2012 年实际	比上年增减幅(+/—)%
一、业务收入	3678.12	1800	4378.96	—16.00
1. 住房公积金利息收入	—178.62	4550	1778.76	—110.04
2. 增值收益利息收入	220.35	1500	192.56	14.43
3. 委托贷款利息收入	3636.39	2800	2407.64	51.04
二、业务支出	2629.16	2750	2607.16	0.84
1. 住房公积金利息支出	2446.25	2600	2488.27	—1.69
2. 住房公积金归集手续费支出	4.83	140	5.95	—18.82
3. 委托贷款手续费支出	178.08	10	112.94	57.68
三、增值收益	1048.96	1800	1771.80 80	—40.80

2013 年住房公积金增值收益分配一览

表 35　　　　单位:万元

项　目	2013 年实际	2013 年计划	2012 年实际	比上年增幅(+/—)%
增值收益	1048.96	1800	1771.80	—40.80
(一)可供分配的增值收益	1048.96	1800	1771.80	—40.80
(1)提取贷款风险准备金	629.38	1080	1063.08	—40.80
(2)提取管理费用	168.46	400	330.81	—49.08
(二)城市廉租住房补充资金	251.12	320	377.91	—33.55

城市管理

【概况】 全年依法查处违反城市管理案件 1431 起,办理行政许可项目 601 件,受理“城管热线”投诉件 3797 起,清运生活垃圾 17.75 万吨。

2013 年,县城管局荣获宁波市市容环卫先进集体和县“三改一拆”工作先进集体、“两城”创建工作先进单位、生态县建设先进集体、应急管理工作先进集体等称号。

【县城市管理行政执法局挂牌成立】 经省政府批准同意,5 月初正式挂牌成立县城市管理行政执法局,依法行使十方面、246 项的城市管理相对集中行政处罚权。完成与规划、环保、交警、工商等部门的职能划转工作，并按照重心下移原则，分别向石浦镇、爵溪街道、贤庠镇、经济开发区等地派驻执法中队（分局），协助当地开展城市管理和执法工作，标志着象山县城市管理工作向法制化、规范化又迈近了重要一步。

叶剑鸣县长授牌

【强化城管执法队伍建设】 按照执法力量向一线倾斜的思路，年初对中层干部开展了新一轮公开竞聘，18人走上新的工作岗位，一线执法力量得到有效增强。多次邀请市局、市法制办有关领导、专家开展法制讲座，结合城市管理实际进行针对性的业务指导。举办法律培训18场、夜学2场、岗位培训2场，参训1200余人次；32人考取省行政执法证，123人通过宁波市协管员上岗证考试，同时组织开展新进协管员集训1期。全局掀起了学习钻研业务知识的新热潮，进一步提升了城管队伍的整体素质。

【健全城市管理综合协调机制】 成立县城市管理委员会，继续施行公安、住建、规划等部门参与的综合协调例会制度，及时收集意见建议50余条上交例会讨论。主动与县"双联中心"沟通协调，优化工作流程，智慧城管指挥中心全年受理群众举报3797件，是2012年的2.1倍；依法立案17230起、结案16930起，结案率为98.26%，同比增长18个百分点，应急处置效率进一步提升，一线指导和监督作用越发明显。

【国家卫生县城创建通过省级考核】 5月8日至10日，省爱卫会副主任、卫生厅副厅长叶真，省爱卫办常务副主任胡伟带队的省考核组对象山县创建国家卫生县城工作进行了为期3天的考核。其间，省考核组听取了象山县创建工作情况汇报，并采取现场检查、查阅资料、随机抽查等方式，对全县爱国卫生组织管理、健康教育、传染病防治、社区卫生和乡镇辖村卫生、环境卫生、环境保护、食品安全、公共场所与饮用水卫生等工作进行了检查，认为象山县各项指标基本达到《国家卫生县城标准》要求，给予通过省级考核。

【象山县获浙江省2013年度"三改一拆"优秀县称号】 自4月 日县"三改一拆"动员大会之后，全县上下迅速行动，严格按照省委省政府、市委市政府的有关会议精神和要求，立足象山县实际，出台分类处置办法、过错责任追究制度、拆后土地利用等一系列政策，广泛宣传，科学统筹，拆改结合，强力推进。2013年全县累计完成旧住宅区、旧厂区、城中村改造建筑面积57.04万平方米，完成全年目标任务的370.39%，其中旧住宅区改造3488户，改造建筑面积17.3万平方米；旧厂区改造21个，改造建筑面积34.11万平方米；城中村改造415户，改造建筑面积5.63万平方米。同时，全县累计拆除违法建筑面积179.32万平方米，完成全年目标任务的298.87%。全县"三改一拆"工作稳步有序开展，逐步形成向纵深推进的良好局面。

【规范户外广告设置】 出台县《户外广告整治工作方案》和《户外广告设施管理办法》，并按照"屋顶禁设、地面严控、墙面有序、门店招牌规范、高立柱减量"的目标，完成中心城区天安路、靖南路、丹峰路、象山港路、巨鹰路、东谷路等10条主要道路户外广告的整治规范工作，依法拆除各类不规范户外广告950处，拆除面积15281平方米，城区户外广告设置进一步得到规范。

【有效整治城区"三乱"】 以城区乱占道、乱设摊、乱停车为整治重点，以菜场、步行街、三棱街等重点区域和洗车场、修理店、铝合金加工等重点行业为突破口，首先与3000余户沿街经营户重新签订"门前三包"责任书，增划人行道非机动车停车位2000余只，对天安路、靖南路等核心路段3000余米人行道落实硬隔离措施，违章停车抄单处罚7761辆次，进一步规范咪表设置和常态化管理。在此基础上，集中开展乱设摊、乱占道整治行动182次，依法查处725起,暂扣经营工具和物品1655件次,并在集中整治后落实网格队员蹲点值守和错时管理,步行街等重点区域夜间值班延长至次日凌晨1点。

【综合治理建筑装潢垃圾乱倾倒行为】 加强源头管理,严格执行先审批领证再运输消纳的程序,督促建筑工地施工方落实围护、场地硬化、设置专用清洗水槽等措施。利用车辆GPS定位系统,AIS船舶自动识别仪和泥浆流量计,对建筑垃圾运输过程加强实时监管,城区清运车辆GPS上线率达到91.2%。在丹东邱家和丹西珠水溪附近分别建成城东、城西装潢垃圾中转场,供广大市民免费倾倒装潢垃圾。同时,会同运管、交警等部门开展联合执法,在天安路与滨海大道交叉口、巨鹰路与丹河路交叉口等路口设卡蹲守,依法查处违章案件27起,暂扣违法工程车45辆,有效遏制了建筑泥浆滴漏散和建筑装潢垃圾乱倾倒现象。

【启动餐厨垃圾集中回收处置试点工作】 确定中心城区15家机关事业单位及学校食堂、大型餐饮业店为首批试点单位,采购餐厨垃圾收集车1辆、配套专用垃圾桶200只,6月19日起由县环卫处负责统一设桶、统一回收、深度填埋,日处理量约1.5吨。

【一批环卫设施建成投用】 建立落实项目建设时间倒逼机制,提前完成县净化中心、第四中转站、大目湾中转站、塔山中转站等工程建设并投入运行,并在工业园区沿区路、人民广场西出口新设2座移动公厕,一定程度上缓解了城区环卫设施的不足。同时,出台《农村生活垃圾太阳能生态处理站运行管理操作规范》,进一步推进了处理站运行管理的规范化、常态化进程。

【加强环卫应急处置响应】 县环卫处成立8个应急处置小组,有效执行县“双联中心”应急任务52起,出动人员231人次、车辆77辆次,并在除夕夜800余吨垃圾清运、扫雪除冰和防台抗台等行动中发挥了重要作用,多次受到上级领导嘉奖和群众好评。

【深化环卫保洁量化考核】 将天安路以东、东谷路以西、象山港路以北60.8万平方米区域的道路保洁项目分成两个标段进行服务外包,局部调整了包括考核力量整合、保洁难度系数增设、管理网格数量调整等内容的考核办法,进一步提高了可操作性。同时,严格执行管理人员上街自查自纠制度,逢国家卫生县城检查考核、中国开渔节以及各类重大活动,由处班子成员分六组带班上街开展自查自纠,即时整改,进一步确保量化考核落到实处。

【郑世兴获全国优秀环卫工作者称号】 环卫工人郑世兴,1957年8月出生,中共党员,1992年从事环卫工作,先后干过清扫工、淘粪工,现负责象山县水桶岙垃圾填埋场管理工作。二十二载的风雨环卫路,他始终以“宁愿一人脏,换来万家洁”的职业情怀,默默地坚守在平凡而艰辛的岗位上,作出了不平凡的业绩。因而他曾多次被评为省、市、县优秀“城市美容师”和县市容环卫先进工作者,2007年荣获宁波市文明之星提名奖和感动象山人物奖,2010年荣获宁波市劳动模范称号,2013年通过层层筛选,最终荣获全国优秀环卫工作者称号。

【城市管理社会参与机制日益完善】 进一步拓展宣传渠道,加强正面宣传和引导。继续深化城管进社区、进学校、进企业等活动,组织城管义工开展“孔明灯”清理、劝导占道经营、参与“三改一拆”等活动,充分发挥已建立的14个社区义工联络站和2000余名城管义工作用,普及城市管理知识,倡导文明理念。同时,加大不文明行为曝光力度,2013年,在象山港论坛发布184张照片、《今日象山》刊登15期150张照片、电视台播放36期360张照片,对3300余辆违停车辆进行了温馨提示,引导市民参与城市管理,营造和谐文明的社会氛围。

(王　平)

大目湾新城

【概况】 2013年,大目湾新城由开发启动阶段转向全面开发建设阶段。面对复杂多变的宏观经济形势,大目湾管委会紧扣落户项目动建、基础设施配套、功能项目招商和一揽子特色塑造工作,凝心聚力,开拓奋进,全面推进新城开发建设。

【新城落户项目全面推进】 中铁建、世茂、邦泰等城市综合体项目在2012年下半年先后动建的基础上,2013年加速推进,并都已对外销售,全年共完成投资13亿元,实现预销售10亿元。其他落户项目抓紧前期工作,2014年将全面动建。其中,大羊屿岛游艇项目已基本完成会所基础;亲和源养老养生项目正抓紧设计规划方案;杭幼师幼儿园项目、浙师大附属学校项目在规划设计中,计划2016年对外招生。

【新城招商再创佳绩】 2013年,绿地集团养生产业项目、地标项目、生态农庄项目、温泉酒店项目、杭幼师附属幼教项目、浙师大附属大目湾实验学校项目、假日酒店项目等先后落户大目湾。截至2013年年底,共有18个总投资超300亿项目落户大目湾。大项目竞相落户大目湾,不仅增强了已落户开发商的投资建设信心,同时,也有效完善了新城功能需要,形成了新城吃、住、行、游、购、娱、养的整体开发态势,新城规划五大功能区块都已启动。另外,新城内湾台湾风情岛项目、购物中心、商业广场、休闲垂钓等多个项目意向洽谈中。

【基础设施框架全面拉开】 2013年,新城道路、内湾、内河、服务中心、桥梁、景观绿化及落户项目"七通一平"等市政配套共25个标段工程协调推进。管委会紧扣工程质量、进度关,严格落实"13+1"廉政工程管理制度,强化监管,采用新工艺、新材料,全力推进工程建设。至2013年年底,新城中心区块5平方千米范围内12千米路面工程,15千米内河景观,内湾中心区部分景观,8座桥梁等全线建设,局部已建成通车,城市形象初步展现,全年完成投资7.5亿元。

【新城规划体系严格落地】 一是在新城总规的基础上,不断完善优化新城各项专项规划,加强新城开发核心区块的控制性详细规划编制和城市设计,科学指引品质新城建设。二是积极与开发商进行沟通对接,严格按照规划要求,做好落户项目规划条件设置、规划方案评审,确保项目高品质开发。三是严格做好规划成果的实施工作。督促开发商根据规划要求推进项目建设。

【新城特色获全球环境基金与世行支持】 新城在相继成为全国低碳生态小城镇建设示范和可再生能源应用示范的基础上,2013年,再次促成GEF(全球环境基金)和世行项目,GEF主动赠送55万美元以支持大目湾在低碳生态建设方面进行研究应用。市委、市政府对此较为重视,专门成立以副市长王仁洲为组长的领导小组开展相应工作。在此项目基础上,世界银行也看好并跟进大目湾新城建设,1.5亿美金长期低息贷款项目已得到国务院批复。4月18日国家发改委和财政部在宁波召开四省一市"小城镇基础设施融资机制"研讨会,希望利用世行资金为种子基金,撬动3～5倍有关投资机构开发资金参与大目湾新城开发建设,并通过城镇建设金融方面有所创新,成为我国新型城镇化建设基础设施建设融资示范。10月22日,国家发改委和财政部组织召开项目启动会。

(新城办)

环境保护

综　述

2013年是象山县全国生态县创建验收重要环节中的技术评估之年。全县紧紧围绕全国生态县创建验收技术评估这条主线，扎实推进污染减排工程建设和五大重污染行业整治工作，全面提升环境监管水平，着力服务经济社会发展，切实解决人民群众环境诉求，较为圆满和顺利地完成了各项目标任务，全年环境空气质量按《环境空气质量标准》(GB 3095—2012)(新标准)进行AQI试评价，优良天数达到242天(有效监测天数274天)，优良率达88.3%，仍在全市范围内保持首位，降水由重酸雨区转为中酸雨区。全县6个集中式饮用水源地水质合格率为100%，大塘港交接断面水质年平均为良好，平原内河水质有了改善，声环境符合环境功能要求，生态环境质量等级为优。

水资源保护

【地表水水质】 2013年，全县28个地表水常规监测站位：Ⅰ～Ⅲ类水质优、良好断面数26个，占总数的86.7%；Ⅳ类轻度污染断面1个，占总数的3.3%；劣Ⅴ类水质重度污染断面数3个，占总数的10%，主要污染物为氨氮、总磷和高锰酸盐指数。2013年，全县工业用水总量为12057.82万立方米，其中新鲜水量为2146.91万立方米，重复用水量为9910.91万立方米、工业重复用水率为82.19%，与2012年相比，工业总用水量、新鲜水量、重复用水量略有下降，重复利用率略有增长，工业废水排放量为1714.32万吨，直接排入环境的454.74万吨，排入污水处理厂的1259.58万吨，与2012年相比全县工业废水排放总量增加，直接排入环境的减少。

【饮用水源水质】 全县24个饮用水源地水质总达标率96.8%，优良水库的个数为23个。南盘水库、小百丈水库、新民水库、思娘岙水库达标率100%。

24个集中式生活饮用水水库综合营养状态评价结果为贫营养24个，比2012年的综合营养状态略有改变，水质状况略有好转。

2013年象山县饮用水源地水质达标率统计

表36

序号	段　面	主要超标项目及超标次数	2012年水质达标率(%)	2013年水质达标率(%)
1	浮礁渡(大塘港水库)	总磷、BOD_5 2次	90.8	94.5
2	溪口水库	总氮8次	98.3	97.5
3	仓岙水库	总氮12次	96.6	95.6
4	隔溪张水库	总氮6次　总磷1次	97.5	95.6

续表 36

序号	段 面	主要超标项目及超标次数	2012 年水质达标率(%)	2013 年水质达标率(%)
5	南盘水库		100	100
6	岩头陈水库	总氮 1 次	100	95.8
7	三家村水库	总氮 2 次	100	98.8
8	利民水库	总氮 1 次	98.3	96.0
9	樊岙水库	总氮 3 次	99.4	98.1
10	燕山水库	总氮 3 次	99.4	98.1
11	九顷水库	总氮 1 次	100	91.7
12	方家岙水库	总氮 1 次	98.3	96.0
13	小百丈水库		100	100
14	新民水库		98.4	100
15	金架山水库	总氮 1 次	100	96.0
16	珠溪水库	总磷 3 次	99.2	97.6
17	塘岙水库	总氮 1 次	98.3	96.0
18	龙角岩水库	总氮 1 次	100	96.0
19	思娘岙水库		93.4	100
20	平潭水库	总氮 1 次	98.4	96.0
21	大斜桥水库	总氮 1 次	100	96.0
22	洪山庙水库	总氮 1 次	100	96.0
23	东坑里水库	总氮 1 次	96.7	96.0
24	军民塘水库	总氮 1 次	95.1	96.2

2013 年象山县水库综合营养状态评价结果

表 37

序号	水库名称	综合营养状态指数		营养状态	
		2012 年	2013 年	2012 年	2013 年
1	浮礁渡(大塘港水库)	33	15	中营养	贫营养
2	溪口水库	10	18	贫营养	贫营养
3	仓岙水库	11	14	贫营养	贫营养
4	隔溪张水库	10	15	贫营养	贫营养
5	南盘水库	15	16	贫营养	贫营养
6	岩头陈水库	11	14	贫营养	贫营养
7	三家村水库	9	13	贫营养	贫营养
8	利民水库	18	17	贫营养	贫营养

续表 37

序号	水库名称	综合营养状态指数		营养状态	
		2012 年	2013 年	2012 年	2013 年
9	樊岙水库	17	12	贫营养	贫营养
10	燕山水库	10	14	贫营养	贫营养
11	九顷水库	6	7	贫营养	贫营养
12	方家岙水库	12	14	贫营养	贫营养
13	小百丈水库	2	11	贫营养	贫营养
14	新民水库	15	19	贫营养	贫营养
15	金架山水库	4	14	贫营养	贫营养
16	珠溪水库	10	20	贫营养	贫营养
17	塘岙水库	17	5	贫营养	贫营养
18	龙角岩水库	11	4	贫营养	贫营养
19	思娘岙水库	19	18	贫营养	贫营养
20	平潭水库	27	5	贫营养	贫营养
21	大斜桥水库	12	3	贫营养	贫营养
22	洪山庙水库	3	5	贫营养	贫营养
23	东坑里水库	21	18	贫营养	贫营养
24	军民塘水库	22	6	贫营养	贫营养

【交接断面水质】 作为省控断面的县大塘港水库地表水交接断面,2013 年监测结果显示水质状况为良,基本符合Ⅲ类水质标准。

【各水系水质】 县境内主要河网有两条,即南大河与下沈港,其中下沈港水质状况为良,符合Ⅲ类水质标准。南大河河网水质为劣Ⅴ类水质,水质状况基本没有多大改观,其中主要污染物为氨氮、总磷和高锰酸盐指数。

2013 年南大河水系平均综合污染指数统计

表 38

水系名称	南大河河网					
	东大河		南大河		西大河	
	2012 年	2013 年	2012 年	2013 年	2012 年	2013 年
平均综合污染指数(Pj)	0.70	2.56	0.75	3.21	0.80	2.33

(环保局办)

海洋环境保护

【概况】 2013 年,县海洋与渔业局紧密围绕国家级生态县创建目标,坚持科学发展观,扎实推进保护区建设和管理,加强海洋法律法规宣传,认真落实海域科学管理,积极推广低碳循环养殖,培植绿色水产品生产基地,促进海洋经济和环境保护协调发展。认真按照计划实施并顺利完成了各项监测工作:完成石浦测点海滨观测、松兰山地波雷达观测的定期巡检维护和数据收集,完成重点海水养殖区监测 4 期、海水入侵监测 2 期、海洋垃圾 1 期、海滨浴场监测 3 期以及海洋生态文明示范区监测 1 期;开展大陆岸线赤潮监视 3 期,发布赤潮简报信息 1 期,通过渔技“110”向养殖户发布赤潮短信 1000 余条,投放生态、波浪、海滨等海洋环境自动监测浮标 4 套;保护区管护工作走上常态化,累计共出海巡航 87 次,查处违规渔船 29 艘,查获违规拾螺人员 113 人次。

【开展无居民海岛巡查行动】 为贯彻实施《中华人民共和国海岛保护法》,切实履行海洋行政主管部门职责,根据 2013 年海岛定期巡航工作计划,10 月中旬,中国海监象山县大队共派出执法人员 7 人次,出动中国海监 7025 艇,行程 60 多海里,对象山县东部沿海旦门山岛等重点无居民海岛开展巡查行动。本次行动历时一天,主要检查全县重点无居民海岛开发建设、生态环境保护情况以及海岛岛碑现状,并对海岛进行各角度摄影记录。

【投放浮标监测系统推进“智慧海洋”建设】 2013 年,市海洋与渔业局投入 500 余万元,在象山县松兰山海域和南韭山岛海域分别投放海滨浮标和生态浮标,浮标系统配置气象、水质、营养盐等实时监测设备,可对松兰山海域水文、气象和水质等 15 个参数和南韭山岛海域 19 个参数连续在线监测。浮标系统采用 GPRS 等通信方式进行监测数据和监控视频不间断传输,加载北斗系统作为数据传输的备用系统,供电系统则采用太阳能电池板和大容量蓄电池,可保障海上长期不间断供电。同时,安装警示灯、防撞、避雷等安全防护设施和可抗 12 级以上大风的双锚进行系留,保障浮标安全。

【中华凤头燕鸥种群重回韭山列岛新闻发布会在杭举行】 10 月 15 日上午,“我国首个人工引导鸟类选择繁殖地试验获得成功——‘神话之鸟’中华凤头燕鸥种群重回韭山列岛”新闻发布会在杭州浙江自然博物馆举行。发布会由浙江自然博物馆、象山县海洋与渔业局和浙江野鸟会共同举办,新华社、中新社、《中国环境报》《浙江日报》《光明日报》《都市快报》《钱江晚报》、浙江电台和浙江电视台等 12 家媒体的记者参加。发布会上,浙江自然博物馆馆长、研究员严洪明介绍了由浙江自然博物馆主导实施的“人工引导鸟类选择繁殖地试验”项目背景,副馆长、研究员陈水华详细介绍了项目实施的过程,阐述了在自然科学语境下项目取得的成果和意义;象山县海洋与渔业局介绍了此次人工引导试验的工作情况。

【爱鸟护鸟志愿者在行动】 9 月 16 日,第十六届中国(象山)开渔节青年志愿者蓝色护海行动——“保护同一片蓝海”中华黑嘴端凤头燕鸥保护宣传活动在韭山列岛国家级自然保护区启动。在上千只燕鸥的见证下,中国青年蓝色护海行动志愿者代表发出“保护濒危鸟种中华黑嘴端凤头燕鸥”的倡议,呼吁人们爱护海洋,爱护海鸟,并现场举行了野鸟保护分会授旗仪式。为了让更多的人参与到蓝色护海、爱鸟护鸟行动中去,象山团县委于 7 月专门成立了象山野鸟保护志愿者大队,已招募在册志愿者 200 余名。同时,还开展了微沙龙、公益广告剧本和鸟类照片征集等形式多样的爱鸟护鸟行动,并通过微博、QQ、彩信等平台进行爱鸟护鸟宣传。中国开渔节“蓝色护海志愿者”行动自 2000 年发起至今已连续举办了 13 届,先后开展了“认捐鱼苗增殖放流”、中华凤头燕鸥保护宣传、海洋保护嘉年华等活动。

【近五百万尾岱衢族大黄鱼苗“回家省亲”】 为了改善海洋生态环境,保护海洋生物资源,促进渔业增效、渔民增收,突破“东海无鱼”的困境,按照市渔业资源增殖放流计划和市级专项资金安排,6 月 18 日,县海洋与渔业局在韭山列岛海洋生态自然保护区海域进行人工增殖放流。伴随着一声汽笛的长鸣,装载着 496.4 万尾岱衢族大黄鱼鱼苗的活水船,从西沪港起航,将健康活泼的鱼苗,放归韭山列岛海域,这是象山县首次,也是浙江省历史上规模最大的一次岱衢族大黄鱼增殖放流活动。

【开展“‘6·8’世界海洋日暨全国海洋宣传日”活动】 6 月 8 日是世界海洋日暨全国海洋宣传日,县海洋与渔业局组织开展了第六个“‘6·8’世界海洋日”宣传活动,活动以“建设海洋强国、共护美丽海洋”为主题，宁波市海洋与渔业局、象山县海洋与渔业局以及石浦渔港旅游开发管委会的青年团员、妇联和海洋环保志愿者队伍共30余人参加了活动。活动中，志愿者们在石浦海峡广场与公众进行了互动，开展了海洋法律法规现场咨询，图版展示了象山县海洋环境保护、安全生产等海洋知识，受到了公众的积极参与。随后在檀头山岛海滨沙滩开展了清洁海滩活动，海洋环保志愿者自带环保袋和清洁工具在海滩上捡拾垃圾，向游客分发海洋宣传资料，讲解保护海洋的重要性，呼吁每个人都为保护海洋出一份力。通过近几年来政府的大力宣传和海洋环保志愿者的共同努力，使象山人民进一步的认识了海洋，更加热爱海洋，社会公众的海洋意识有了显著提高。

【国内首个人工引导干预鸟类选择繁殖地试验在象山启动】 5月30日，随着300多只假鸟模型、2套24小时不间断播放燕鸥鸣叫声的太阳能板供电的扩音系统在韭山列岛保护区的铁敦岛安装完成，标志着国内首个人工引导干预鸟类选择繁殖地试验在象山正式启动。该试验是由象山韭山列岛国家级自然保护区管理局、浙江省自然博物馆和美国俄勒冈州立大学三方共同合作策划实施的，意在恢复中华风头燕鸥种群在韭山列岛的繁殖，为该珍稀物种的拯救及其他繁殖海鸟的保护，探索一条行之有效的途径，并进一步提升韭山列岛保护区的价值。前期，工作人员已做了大量的准备工作，包括对铁敦岛鸟类天敌清理、繁殖栖息地清理以及监测小屋整修等，下一步，保护区管理局和浙江自然博物馆专家将针对保护区的鸟类资源进行连续两个月的24小时连续不间断监视监测工作。中华凤头燕鸥有“神话之鸟”之称，是极度濒危的鸟类，全球现存数量不超过50羽。象山县的韭山列岛是目前浙江省内除舟山外唯一发现存在中华凤头燕鸥的地区，附近海域分布的岛礁是中华凤头燕鸥繁育不可多得的天然场所。

【开展国家海岛生态建设实验基地申报工作】 5月20日，为贯彻落实《海岛保护法》和《全国海岛保护规划》，推进海岛生态文明建设，探索海岛生态型发展模式，根据国海岛字〔2013〕197号文件精神，象山县海洋与渔业局协同国家海洋局第二海洋研究所专家经过实地考察比选，最终确定南田岛作为申报“国家海岛生态建设实验基地”对象。根据南田岛自然资源条件和社会需要，南田岛生态建设实验基地的类型为污染物处理与利用类，主要开展南田岛垃圾集中处理与循环利用研究与示范，以及海岛污水处理与回用技术研究与示范。海岛实验基地要求逐级上报，经省级海洋主管部门审查通过后报国家海洋局审批，国家海洋局对各地申报情况将组织开展考核评选工作，考核通过的，由国家海洋局命名为“国家海岛生态建设实验基地”。建设海岛生态实验基地符合建设环境友好型社会的需要，有利于加快推进象山县海洋生态文明建设，也有利于在海岛上营造人与海洋和谐的宜居环境，更是一项利民工程。在南田岛建设污染物处理与利用类生态实验基地示范工程，是探索海岛零污染排放可行性的一次有益尝试，对探索符合海岛独特特征的污染处理方式具有重要意义。

【严格把关涉海工程海洋环评审批制度】 依据国家《海洋环境保护法》、《浙江省海洋环境保护条例》、《防治海洋工程建设项目污染损害海洋环境管理条例》，严格海洋工程建设项目的环境影响评价审核工作，要求用海单位认真落实各项环境保护措施，有效控制海洋环境污染。截至2013年12月，共审核水糊涂二期围海养殖工程、石浦港航道一期工程等海洋工程建设项目6个，开展海洋环评核准前听证会2次，开展高塘黄沙岙围涂工程、滨海工业园海和路至仁义涂连通工程等项目环境监理6次、跟踪监测2次，并协助宁波市海洋与渔业研究院开展了毛湾水产种业园区工程跟踪监测2次。

【一起非法开发利用无居民海岛案件被查处】 2013年5月，中国海监象山县大队执法人员在例行登岛检查中，发现石浦镇打鼓峙岛东北侧靠近跨海大桥处建有一座简易厂房，该厂房占地面积约1300平方米。经调查该厂房为林步振在2011年3月起建造，于2012年建造完毕，主要进行虾仁加工，未办理有效的用岛手续，只与晓湾经济合作社签订有土地租赁协议，租期15年。当事人在打鼓峙岛建造厂房的行为涉嫌违反了《中华人民共和国海岛保护法》第二十八条“未经批准利用的无居民海岛，应当维持现状；禁止采石、挖海砂、采伐林木以及进行生产、建设、旅游等活动”的规定。县海洋与渔业局依照相关法定程序对当事人作出了责令停止违法行为及罚款伍万元的行政处罚。

【全国海监海岛执法示范工作成果交流会在象山召开】 2013年3月19日～20日，中国海监海岛执法示范工作成果交流会在象召开。国家海洋局、中国海监总队相关领导以及辽宁、河北等十家全国海岛执法示范单位参加了此次交流会。会上，各示范单位汇报了海岛执法示范工作实施情况，相互交流海岛执法工作经验，并对海岛执法面临的主要问题、难点进行深入探讨，对做好后续海岛执法示范成果推广工作提出了更高的要求。与会人员还赴旦门山岛现场观摩了象山大队海岛执法示范的工作成果。

【中华凤头燕鸥种群恢复与监测培训会议在象山召开】 3月5日～6日，象山韭山列岛国家级自然保护区管理局联合浙江自然博物馆、浙江省野生动植物保护协会野鸟分会联合举办的极危鸟类中华凤头燕鸥种群恢复与监测培训会议在象山县召开，来自美国、日本和台湾、香港、浙江、福建的专家们以及浙江省环保厅、浙江省林业厅、浙江省海洋与渔业局、象山县农林局、象山团县委等有关领导共20多个与会代表共聚一堂，为中华凤头燕鸥的种群招引、恢复和监测献计献策。此次会议是集国际交流、海峡两岸及香港地区专家学者共同研讨，携手合作，大家群策群力为海鸟保护和环境保护做努力；是建设不忘保护，坚持走可持续发展之路的一个缩影；是人们希望与大自然、与生态环境和谐共处的一片热切希望。

【放归误捕的中华鲟】 2月28日上午，一鹤浦镇渔民在鹤浦镇金七门外侧海域误捕一条中华鲟，中国渔政象山县大队执法人员接报后立即赶往现场进行救助，并及时放归大海。经了解，该中华鲟长1.2米，重约25公斤，背部上带有蓝色标签。根据标签显示，该中华鲟为长江水产研究所放流，标签上还有联系电话。中华鲟为国家一级保护动物，素有“活化石”之称，具有很高的科研和观赏价值。

【渔山列岛贝类资源有计划配额招标管理走向常态化】 2月27日，在象山渔山列岛保护区管理局和石浦镇政府的监督下，渔山村委对“渔山列岛海生贝类生产经营项目”进行了招投标，经过七位投标人激烈的竞标，最终以175万元的高价中标。自2008年渔山列岛保护区管理局成立以来，通过开展广泛宣传、强化管护、联合执法、增殖放流、完善基础设施建设等途径，积极推进保护区建设和管理工作，渔山及其周边渔民的资源和海洋环境保护意识得到了进一步的提高，渔山列岛的资源得到了有效的恢复和保护。2010年，保护区管理局在资源管理上实现了创新突破，首次实行渔山列岛资源采捕招投标管理，对渔山列岛的海洋资源进行适度、有序地开发，规定采捕时间，限制采捕数量、采捕区域，严禁在五虎礁、平虎礁资源保护区采捕生产，以招投标的形式承包出去，中标所得全部归村经济合作社所有。通过这一举措，不仅杜绝滥捕滥捞活动使资源得到可持续发展利用，而且促进了渔山村民集体创收，增加了收入，促进了渔山列岛国家级海洋特别保护区的和谐生态发展。

【象山入选首批国家级海洋生态文明建设示范区】 2月16日，全国首批12个国家级海洋生态文明建设示范区正式对外公示，象山县成功入选。首批国家级海洋生态文明建设示范区评选工作，在国务院批准的山东、浙江、福建、广东省4个国家海洋经济发展试点省范围内开展。在省级海洋行政主管部门甄选推荐、国家级海洋生态文明示范区评审委员会考察评审基础上，最终通过了首批12个市、县(区)国家级海洋生态文明建设示范区名单。这次全省除象山县外，还有洞头县、玉环县上榜。海洋生态文明示范区建设的主要任务在于优化沿海地区产业结构，转变发展方式；加强污染物入海排放管控，改善海洋环境质量；强化海洋生态保护与建设，维护海洋生态安全等。此次象山县进入首批国家级海洋生态文明建设示范区公示名单，不仅是对该县过去海洋生态建设工作的充分肯定，更对该县进一步加快海洋经济转型、优化海洋开发空间布局、加大海洋环境保护力度、宣传贯彻海洋生态文明理念具有重要意义。

【海域海岛海岸带整治修复项目四个实施方案通过专家评审】 1月16日～17日，宁波市海洋与渔业局在象山主持召开了《象山县松兰山海岸带修复及整治项目实施方案》《象山县石浦港海域海岸带整治修复和保护项目实施方案》《象山县爵溪下沙及大岙沙滩修复项目实施方案》《宁波市象山县檀头山岛整治修复与保护项目实施方案》专家评审会。与会专家和代表分别认真听取了编制单位关于各个项目实施方案内容的汇报，经认真评审后，认为象山海域海岛海岸带整治保护项目四个实施方案符合国家海域海岛海岸带整治修复项目管理及申报有关文件的要求。项目的实施，可改善象山海岸带的生态环境质量，为广大人民群众提供良好的生活环境，提升象山旅游景区的整体形象；并以此带动象山境内其他区域海岸带的开发利用和保护，预期生态效益和社会效益较显著。评审组同意四个方案经进一步完善后上报审批。

【近岸海域水质】 2013 年象山县近岸海域大目洋海域和石浦港海域的水质类别为劣Ⅳ类海水，主要是受到活性磷酸盐、无机氮的污染，均属于营养型水质，与 2012 年相比，大目洋和石浦港海域水质无明显变化。

2013 年象山县近岸海域水质评价结果

表 39

功能区名称	监测站位	功能类别	水质现状
大目洋	ZJ0261	Ⅱ	劣Ⅳ
	ZJ0262	Ⅱ	劣Ⅳ
石浦港	ZJ0263	Ⅳ	劣Ⅳ

（史涌潮）

大气环境保护

【概况】 2013 年，象山全县(包括中心城区、石浦地区、西周地区)二氧化硫年平均浓度为 0.11 毫克/立方米、二氧化氮年平均浓度 0.027 毫克/立方米、可吸入颗粒物年平均浓度 0.061 毫克/立方米与 2012 年二氧化硫的年平均浓度 0.014 毫克/立方米相比有所下降，二氧化氮年平均浓度和可吸入颗粒物年平均浓度比 2012 年的 0.021 毫克/立方米和 0.055 毫克/立方米有所上升。2013 年全年环境空气质量平均优良率占 95.4%，与 2012 年相比下降了 2.4 个百分点，主要污染物为可吸入颗粒物，环境空气质量夏秋季节明显好于冬春季节。中心城区空气质量优良天数为 349 天，全年优良率 97.2%，比 2012 年空气质量优良率 97.8%下降了 0.6 个百分点，仍在全市范围内保持首位。2013 年全县降雨 pH 年平均值为 4.57，比 2012 年 pH 平均值 4.96 有所下降，全年单次降水 pH 测值在 3.65～6.98 之间波动，仍属于中酸雨区，年酸雨率 70.9%，与 2012 年的酸雨率 69.7%略有上升 1.2 个百分点。2013 年的全县工业用煤为 639.232 万吨，其中火电用煤 616.636 万吨，占工业用煤的 96.46%，2013 年全县工业废气排放总量 7246701 万标立方米。二氧化硫产生量 55375.971 吨，去除量 48008.010 吨，排放总量为 7367.961 吨，氮氧化物产生量 37098.425 吨，去除量 13122.115 吨，排放总量为 23976.310 吨，粉尘（烟尘）产生量 1025441.390 吨，去除量 1022609.492 吨，排放总量为 2831.898 吨，与 2012 年相比，排放总量、二氧化硫、氮氧化物、工业烟尘和粉尘的排放量有所下降。

2013 年　县废气污染物的总等标污染负荷 44.11，2012 年全县工业废气污染物的总等标污染负荷进行分析统计，二氧化硫、氮氧化物、烟尘有所下降。虽然污染物去除量很多，但排放量还是很大，对环境空气污染的影响还是不能轻视的。

【中心城区空气质量】 2013 年全县城区共报出日报 359 份，日报指数最低为 3，最高为 161。其中中心城区空气质量，达到Ⅰ级 195 天，达到Ⅱ级 154 天，Ⅲ1 级 8 天，Ⅲ2 级 2 天，全年优良率 97.2%。全年城区有 325 天主要污染物为可吸入颗粒物，占 90.5%；有 5 天主要污染物为二氧化氮，占 1.4%，分布在 1 月、6 月、7 月、12 月份；有 29 天主要污染物为臭氧，占

8.1%,分布在2月、3月、4月、5月份。空气质量达到Ⅰ级较多的月份为2月、5月、6月、7月、8月、9月、10月份,而1月、4月、11月、12月份空气质量较差,Ⅱ级、Ⅲ级以上的天数较多。主要污染物是可吸入颗粒物,其污染分指数为0.829。主要污染季度是第四季度,其综合污染指数为1.174;其次是第一季度,其综合污染指数为0.876,全年一、四季度的P值较高,二、三季度较低。

2013年象山县中心城区空气质量数据统计

表40

监测月份	统计天数	日指数分布天数、百分比						主要污染物出现频率					
		Ⅰ级		Ⅱ级		Ⅲ级以上		二氧化硫		二氧化氮		可吸入颗粒物	
		天数	百分比%	天数	百分比%	天数	百分比%	天数	百分比%	天数	百分比%	天数	百分比%
1月	31	8	25.8	22	71.0	1	3.2	0	0.0	1	3.2	30	96.8
2月	28	17	60.7	11	39.3	0	0.0	0	0.0	0	0.0	27	96.4
3月	31	17	54.8	14	45.2	0	0.0	0	0.0	0	0.0	30	96.8
4月	30	9	30.0	21	70.0	0	0.0	0	0.0	0	0.0	21	70.0
5月	29	19	65.5	10	34.5	0	0.0	0	0.0	0	0.0	11	37.9
6月	30	22	73.3	8	26.7	0	0.0	0	0.0	1	3.3	29	96.7
7月	31	23	74.2	8	25.8	0	0.0	0	0.0	1	3.2	30	96.8
8月	31	22	71.0	9	29.0	0	0.0	0	0.0	0	0.0	31	100
9月	29	27	93.1	2	6.9	0	0.0	0	0.0	0	0.0	29	100
10月	29	20	69.0	9	31.0	0	0.0	0	0.0	0	0.0	29	100
11月	29	8	27.6	18	62.1	3	10.3	0	0.0	0	0.0	29	100
12月	31	3	9.7	22	71.0	6	19.3	0	0.0	2	6.5	29	93.5
全年	359	195	54.3	154	42.9	10	2.8	0	0.0	5	1.4	325	90.5

【石浦地区空气质量】 2013年石浦地区共报出日报345份,日报指数最低为8,最高为402。其中中心城区空气质量,达到Ⅰ级120天,达到Ⅱ级199天,Ⅲ1级24天,Ⅲ2级1天,Ⅴ级1天,全年优良率92.5%。全年城区有338天主要污染物为可吸入颗粒物,占98.0%;有3天主要污染物为二氧化硫,占0.9%,有4天主要污染物为二氧化氮,占1.1%,分布在1月、6月份。空气质量达到Ⅰ级较多的月份为7月、8月、9月份,而12月份空气质量较差,Ⅱ级、Ⅲ1级的天数较多。

2013年象山县石浦地区空气质量数据统计

表41

监测月份	统计天数	日指数分布天数、百分比						主要污染物出现频率					
		Ⅰ级		Ⅱ级		Ⅲ级以上		二氧化硫		二氧化氮		可吸入颗粒物	
		天数	百分比%	天数	百分比%	天数	百分比%	天数	百分比%	天数	百分比%	天数	百分比%
1月	31	3	9.7	23	74.2	5	16.1	3	9.7	3	9.7	25	80.6
2月	27	8	29.6	18	66.7	1	3.7	0	0.0	0	0.0	27	100
3月	24	1	4.2	22	91.6	1	4.2	0	0.0	0	0.0	24	100

续表 41

监测月份	统计天数	日指数分布天数、百分比						主要污染物出现频率					
		Ⅰ级		Ⅱ级		Ⅲ级以上		二氧化硫		二氧化氮		可吸入颗粒物	
		天数	百分比%	天数	百分比%	天数	百分比%	天数	百分比%	天数	百分比%	天数	百分比%
4月	19	2	10.5	15	78.9	2	10.5	0	0.0	0	0.0	19	100
5月	30	9	30.0	21	70.0	0	0.0	0	0.0	0	0.0	30	100
6月	30	12	40.0	18	60.0	0	0.0	0	0.0	1	3.3	29	96.7
7月	31	16	51.6	15	48.4	0	0.0	0	0.0	0	0.0	31	100
8月	31	20	64.5	11	35.5	0	0.0	0	0.0	0	0.0	31	100
9月	30	21	70.0	9	30.0	0	0.0	0	0.0	0	0.0	30	100
10月	31	18	58.1	13	41.9	0	0.0	0	0.0	0	0.0	31	100
11月	30	8	26.7	17	56.7	5	16.6	0	0.0	0	0.0	30	100
12月	31	2	6.5	17	54.8	12	38.7	0	0.0	0	0.0	31	100
全年	345	120	34.8	199	57.7	26	7.5	3	0.9	4	1.1	338	98.0

【西周地区空气质量】 2013年西周地区共报出日报334份，日报指数最低为5，最高为288。其中中心城区空气质量，达到Ⅰ级194天，达到Ⅱ级128天，Ⅲ1级10天，Ⅲ2级1天，Ⅳ2级1天，全年优良率96.4%。全年城区有271天主要污染物为可吸入颗粒物，占81.1%；有63天主要污染物为二氧化氮，占18.9%。4月、11月、12月份空气质量较差，Ⅱ级、Ⅲ级以上的天数较多。

2013年象山县西周地区空气质量数据统计

表 42

监测月份	统计天数	日指数分布天数、百分比						主要污染物出现频率					
		Ⅰ级		Ⅱ级		Ⅲ级以上		二氧化硫		二氧化氮		可吸入颗粒物	
		天数	百分比%	天数	百分比%	天数	百分比%	天数	百分比%	天数	百分比%	天数	百分比%
1月	31	23	74.2	8	25.8	0	0.0	0	0.0	14	45.2	17	54.8
2月	28	26	92.9	2	7.1	0	0.0	0	0.0	18	64.3	10	35.7
3月	31	20	64.5	11	35.5	0	0.0	0	0.0	12	38.7	19	61.3
4月	30	8	26.7	22	73.3	0	0.0	0	0.0	0	0.0	30	100
5月	31	20	64.5	11	35.5	0	0.0	0	0.0	1	3.2	30	96.8
6月	17	12	70.6	5	29.4	0	0.0	0	0.0	1	5.9	16	94.1
7月	13	8	61.5	5	38.5	0	0.0	0	0.0	0	0.0	13	100
8月	31	23	74.2	8	25.8	0	0.0	0	0.0	0	0.0	31	100
9月	30	28	93.3	2	6.7	0	0.0	0	0.0	7	23.3	23	76.7
10月	31	19	61.3	11	35.5	1	3.2	0	0.0	9	29.0	22	71.0
11月	30	5	16.7	22	73.3	3	10.0	0	0.0	0	0.0	30	100

续表 42

监测月份	统计天数	日指数分布天数、百分比						主要污染物出现频率					
		Ⅰ级		Ⅱ级		Ⅲ级以上		二氧化硫		二氧化氮		可吸入颗粒物	
		天数	百分比%	天数	百分比%	天数	百分比%	天数	百分比%	天数	百分比%	天数	百分比%
12 月	31	2	6.5	21	67.7	8	25.8	0	0.0	1	3.2	30	96.8
全年	334	194	58.1	128	38.3	12	3.6	0	0.0	63	18.9	271	81.1

【酸雨】 2013 年全县降水 pH 年平均值为 4.57，降水 pH 测值在 3.65～6.98 之间波动，年酸雨率 70.9%比 2012 年的 69.7%上升了 1.2 个百分点。城区降水中各种离子浓度值波动较大，阴离子浓度由高到低的顺序是 SO_4^{2-}、Cl^-、NO_3^-、F^-；阳离子浓度由高到低的顺序是 Ca^{2+}、K^+、Na^+、NH_4^+、Mg^{2+}。

（环保局办）

声环境保护

【概况】 2013 年城区 1 类区域 62 个测点，测得区域环境噪声等效平均值为 55.1dB(A)，比 2012 年该区域环境噪声等效声级平均值上升了 5.2dB(A)；2 类区域 19 个测点，测得区域环境噪声等效平均值为 59.5dB(A)，比 2012 年该区域环境噪声等效声级平均值上升了 6.8dB(A)；3 类区域 28 个测点，测得区域环境噪声等效平均值为 59.3dB(A)。功能区噪声 4 月和 10 月两次监测，1 类标准区(居民区)和 3 类标准区(工业区)，昼间和夜间噪声等效声级均值都达标；2 类标准区(混合区)，昼间噪声等效声级均值达标，夜间噪声等效声级均值超标；4 类标准区(交通干线)，昼间噪声等效声级均值达标，夜间噪声个别路段等效声级均值超标。象山县城区道路交通噪声，昼间交通噪声等效声级平均值为 67.2dB(A)，测点的昼间达标率为 82.1%，与 2012 年相比，下降了 12 个百分点。

【区域噪声】 象山县环境监测站于 2013 年 3 月对城区区域噪声按照 400 米 400 米划分 109 个网格，其中 1 类区域 62 个测点，2 类区域 19 个测点，3 类区域 28 个测点，进行了昼间 10 分钟监测，取得有效数据 109 组。1 类区域 62 个测点，测得区域环境噪声等效平均值为 55.1dB(A)，超过《声环境质量标准》1 类昼间标准，比 2012 年该区域环境噪声等效声级平均值上升了 5.2dB(A)；2 类区域 19 个测点，测得区域环境噪声等效平均值为 59.5dB(A)，符合《声环境质量标准》2 类昼间标准，比 2012 年该区域环境噪声等效声级平均值上升了 6.8dB(A)；3 类区域 28 个测点，测得区域环境噪声等效平均值为 59.3dB(A)。

【功能区噪声】 象山县环境监测站于 2013 年 4 月和 10～11 月对城区 4 类功能区噪声进行了两期 24 小时连续监测，取得有效数据 384 组。

2013 年象山县城区功能区 4 月噪声监测统计结果

表 43　　等效声级 L_{Aeq} dB

项目 \ 类别	一类标准区		二类标准区		三类标准区	四类标准区		
功能区	居民区		混合区		工业区	交通干线两侧		
测点	东河花园	瀛洲小区	步行街	计生局	工业园区	靖南路	象山港路	天安路
昼间	51.9	54.1	67.3	57.1	56.0	65.7	66.6	61.6
夜间	43.4	45.7	59.2	57.1	47.6	58.0	61.5	49.5
昼夜	52.4	54.7	68.0	63.1	56.6	66.6	68.9	61.0

2013年象山县城区功能区10月噪声监测统计结果

表44 等效声级 L_{Aeq} dB

项目＼类别	一类标准区		二类标准区		三类标准区	四类标准区		
功能区	居民区		混合区		工业区	交通干线两侧		
测点	东河花园	瀛洲小区	步行街	计生局	工业园区	靖南路	象山港路	天安路
昼间	49.8	55.4	51.2	53.6	53.4	65.7	70.4	63.9
夜间	41.7	40.5	43.0	45.8	46.8	59.8	61.9	57.2
昼夜	50.5	54.3	51.9	54.5	54.9	67.5	71.0	65.3

【交通噪声】 象山县城区道路交通噪声14个监测路段28个测点，测点的昼间交通噪声等效声级平均值为67.2 dB(A)，符合《声环境质量标准》4a类昼间标准，属于良，测点的昼间达标率为82.1%，与2012年相比，达标率下降了12个百分点。

2013年象山县城区交通噪声监测统计结果

表45

序号	路段名称	路段长(米)	路段宽(米)	测点	车流量(辆/小时)	Leq(dB)	L10(dB)	L50(dB)	L90(dB)
1	建设路	1173	18	社会保障综合服务中心	774	69.7	72.6	67.2	60.5
				新光大宾馆	924	70.8	72.8	67.8	64.1
2	靖南路	1985	24	大脚板浴场	480	67.1	70.0	65.3	59.6
				春夏秋冬	738	68.3	72.2	64.5	55.5
3	丹峰路	2363	26	丹峰西路189号	699	67.4	70.5	64.7	57.7
				宝德汽车美容养护中心	555	70.4	70.9	64.7	57.6
4	象山港路	3274	60	宏利集团	1405	69.4	72.3	65.9	61.4
				象山水利局	1907	68.0	71.4	66.0	58.3
				象山县第一人民医院	1548	66.4	68.8	63.8	56.4
5	巨鹰路	1811	60	山水人家	444	62.5	65.7	56.7	50.3
				东河花园二期	750	63.6	66.5	58.3	50.1
6	东谷湖路	1247	38	汇东超市	876	66.1	68.3	62.2	56.1
				文峰小区东门	1020	66.6	69.7	62.9	55.0
7	育才路	1100	24	文峰小区西门	666	69.9	73.0	66.3	60.4
8	新华路	1010	20	环保局	825	65.3	68.6	62.2	55.2
				大东海休闲城	420	67.4	68.2	61.0	57.0
9	天安路	1394	40	消防大队	45	59.2	62.5	56.5	51.4
				中国银行	2124	69.1	69.7	65.5	60.7
				春天百货	1370	71.9	71.5	63.7	60.9

续表 45

序号	路段名称	路段长（米）	路段宽（米）	测点	车流量（辆/小时）	Leq(dB)	L10(dB)	L50(dB)	L90(dB)
10	新丰路	766	40	供电局	990	66.8	68.8	62.9	58.0
				南门中学	654	70.7	71.6	65.9	60.9
11	环城西路	972	26	环城西路 31 号	390	69.7	72.4	61.4	53.5
				城西 365 线 21 号	273	71.8	74.2	63.2	53.5
12	丹南路	1350	24	新长城饭店	600	66.9	70.5	62.6	55.5
				新客运中心	543	68.1	70.7	62.8	58.2
13	丹阳路	945	32	水木华庭	669	65.7	67.0	58.0	53.1
				实验小学南门	150	60.2	61.7	53.6	49.9
14	丹河路	432	24	海洋渔业局	273	63.3	65.9	60.5	57.4

（环保局办）

自然生态环境保护

【概况】 象山三面环海，特殊的地理位置造就了得天独厚的自然生态环境。2013 年象山县环境空气质量优良天数达到 242 天（有效监测天数 274 天），优良率达 88%，由重酸雨区转为中酸雨区，全县 6 个集中式饮用水源地水质合格率为 100%，大塘港交接断面水质年平均为良好，平原内河水质合格率为 80%，声环境符合环境功能要求，生态环境质量等级为优，顺利通过国家级生态县技术评估。积极开展基层绿色创建活动，2013 年又新增国家级生态乡镇 4 个、市级生态村 82 个，创建市级绿色学校 2 家（第四小学和晓塘幼儿园）、绿色社区 1 家（梅园社区），同时在全县 18 个镇乡（街道）分别确定一个村开展“美丽庭园”试点工作，并创建省级绿色家庭 2 家。

【污染治理工程深入推进】 重点督促抓好城市污水处理厂、爵溪污水处理厂、大唐乌沙山电厂等重点企业减排工程的实施，城市污水处理厂进水浓度长期偏低问题基本得到解决。深入开展五大行业整治工作，通过整治，关停企业 42 家、整治 43 家、搬迁 32 家。对 128 家重点污染源单位核发排污许可证，30 家企业签订刷卡排污系统的安装合同，并建设 61 座农村分散式生活污水处理站，全年实现化学需氧量、氨氮、二氧化硫、氮氧化物排放量，分别下降 10%、6%、5%、22.7%。扎实推进禁燃区建设工作，完成中心城区禁燃区淘汰 3 台燃煤锅炉（计 4.2 蒸吨）的淘汰工作，全面消灭中心城区所有燃煤锅炉，切实改善区域环境质量。开展汽车尾气检测工作，建成环保检测线 5 条，共检测车次共计 24763 次，汽油车检测合格率为 92%，柴油车检测合格率为 66%，年检机动车尾气同步检测率达 100%。开展汽车绿色标志集中发放工作，累计发放 3.6 万辆。强化固废和放射源管理。对 30 余家重点危险废物产生单位开展申报登记、管理计划、管理制度等方面的指导工作，全县全年新签订和续签协议达 80 多家，安全转移处置工业危险废物 1500 余吨、医疗废物 530 余吨、安全处置企业污泥 27253 吨、集中式生活污水处理厂污泥 25190 吨，并通过“双达标”市级考核验收工作。完成象山第三人民医院辐射安全许可证发放审核，完成电信、联通、移动公司 60 个基站审批和验收，把宁波海川船舶技术有限公司面临失控的铯－137 放射源从山东省莱州市朱家村海域拆回送山东省辐射站收贮，有效地避免了辐射事故的再次发生。

【全面完成农村环境综合整治】 61 个行政村建成农村分散式污水处理站、12 个行政村生活污水已纳入中心城区污水处理厂集中处理；全县 324 座太阳能垃圾处站均进行市场化分包模式运行，“双清”和“四边三化”工作成效明显，全面启动生态环境综合整治三年行动计划方案工作。2013 年象山县以围绕争创省美丽乡村先进县为目标,各项新农村建设工作扎实推进,成功创建了8个全面小康村、2个中心村、6个特色村、1条精品线(茅洋乡)和2个先进乡镇(泗洲头镇和定塘镇),农村整体环境得到大幅提升。

【完成年度绿化造林任务】 全年共完成平原绿化造林面积3144亩,完成率达105%,森林抚育提质6500亩;完成森林抚育2021亩,累计面积达1.55万亩。完成年度绿化造林任务,新增实际生态公益林2万亩,累计建设国家、省、市公益林53.22万亩;成功创建2个省级森林村庄、20个市级森林村庄和21个县级森林村庄;新建无公害林产品基地18个;完成年度松材线虫病疫情防控任务。城区绿地总面积773万平方米,城区绿化率达26.8%,城区人均公园绿地面积达9.5平方米,城镇人均公共绿地面积达到12.67平方米,达到国家级生态县创建要求。

【顺利通过国家级生态县技术评估】 7月31日生态县创建工作顺利通过环保部技术评估。评估组认为象山县以科学发展观为指导,按照"全程生态、全境生态、全民生态"的思路,强化组织领导,发展生态经济,弘扬生态文化,加强生态保护,深化生态综合整治,生态县创建工作成效明显。象山县创建国家生态县5项基本条件和22项技术指标基本达到国家生态县考核指标要求,技术评估组一致同意象山县创建国家生态县工作通过技术评估。全县共18个镇乡(街道),17个已被命名为省级生态乡镇,其中8个已被命名为国家级生态乡镇、9个已申报国家级生态乡镇,所占比例为94.4%,复查合格率100%。

(环保局办)

交通运输

综　述

2013年是象山港大桥建成通车后的开局之年，交通运输工作面临特别复杂的形势，全县交通运输系统在县委、县政府和市交委的正确领导下，在县级各部门、各镇乡街道的大力支持和配合下，在系统上下的共同努力下，严格遵照扩大有效投资的总体部署要求，狠抓基础设施建设，狠抓交通行业监管，为构筑综合运输体系、打造人民满意交通奠定了扎实基础。

至2013年年底（下同），全县拥有公路里程1300.602千米，公路网密度为93.23千米/百平方千米。其中省道3条157.165千米（含高速公路21.705千米）、县道16条269.535千米、乡道44条191.746千米、通村公路668.329千米、专用公路13.827千米。整个路网高级路面1291.225千米，次高级路面6.777千米，低级路面2.6千米。

全县客运企业20家，客运车辆627辆，13480座位。县境内班线共47条线、502辆、8594座位；跨县共22条线路、52辆、1948座位；跨市共21条线路、24辆、735座位；跨省共10条线路、15辆、702座位。出租车210辆，区域小客99辆。货物专业运输公司28家，货运车辆3150辆，吨位10734吨。其中：集装箱公司1家，挂车53辆，吨位1548吨；危险品货物运输公司3家，车48辆，吨位190吨。

交通基础设施建设

【概况】 2013年交通建设计划投资538121万元，完成投资61345万元，为年计划的114%，超额完成年度目标任务。县交通部门按照年初确定的工作目标任务，积极筹措建设资金，做到早计划、早分解、早落实，提升工程保障能力，大力推进标化工程建设，超额完成各项建设指标任务。

【环象山港公路林善岙至黄避岙段完成投资4亿元】 环象山港公路（林善岙至黄避岙）工程全长32.71千米，按一级公路标准建设，双向四车道，投资估算为128241万元，累计完成投资40000万元，占总投资的31.2%，占年度计划的125%。贤庠至黄避岙段交工验收。林善岙至贤庠段路基完成90%，钉型搅拌桩完成，炮台山隧道贯通、二衬完成657米；常乐寺隧道掘进267米，二衬完成128米。

【茅石线新桥段改道工程通过交工验收】 茅石线新桥段改道工程位于新桥镇，起自茅石线乌江，接影视城专用道路，往南终点接茅石线上盘村。路线全长4.27千米，按二级公路标准设计，双向两车道沥青混凝土路面，路基宽12米。其中影城隧道长415米、宽13米，为全县单洞最宽隧道，设计车速80千米/小时，工程投资概算为7570万元。2014年1月9日通过交工验收，进入试运行阶段。

【丹城至爵溪一级公路二期工程完成投资3000万元】 丹城至爵溪一级公路全长4.85千米。一期工程于2004年建成通车。二期工程主要为赵岙岭隧道左洞及接线工程，全长1.3千米，计划投资10000万元，2013年完成投资3000万元，为年计划的100%。其中：分离式隧道1座，长680米；设计速度每小时60千米；新建的左幅分离式路基宽度为11.25米。同时，对现有双向通行的右幅非机动车道和隧道进行改造。

【联网公路完成投资4500万元】 2013年完成投资4500万元,完成准四级公路37.77千米,为计划的100%。

【完成公路养护工程投资3730万元】 完成2012年遗留盛宁线边坡整治工程及茅石线板岭头隧道等3座隧道维修工程两个项目,共计完成投资680万元。2013年完成公路养护工程投资4612万元,占年计划100%。其中,完成公路大中修工程投资3856万元,危桥改造工程投资340万元,完成边坡整治工程项目415万元。

【规范交通行政执法】 大力推进基层站所改造和示范创建,实现运管、公路、港航9个基层站所"场所外观、执法标志、工作服装、执法证件"四统一。优化行政审批事项办理,全年窗口共办理交通行政许可项目438项,非行政许可项目4178项,作出行政处罚决定1893件,无发生行政复议和诉讼案件。

【贤庠、高塘、晓塘三个乡镇的农村联网公路通过竣工验收】 4月25日至26日,通过现场检测、查看资料,听取汇报等方式,经竣工验收委员会综合评定,各条路线路基稳定,路面平整,线型顺畅;基层和面层厚度、压实度、强度满足规范要求;桥涵构造物各部几何尺寸、混凝土强度达到设计要求,工程质量合格,全部通过竣工验收,其中石三线至黄湾公路工程被评为优良工程。

【象西线大修工程获省十大生态交通示范项目】 县公路段象西线路面大修工程(泡沫沥青冷再生技术)因生态保护理念先进、生态建设成效突出,被评为浙江省十大生态交通示范项目。象西线是象山县首条一级公路和首条连接外界的大通道,2008年路面大修时采用的泡沫沥青冷再生技术在宁波是首次推广,在全省范围内也是单位工程最大的一个。该技术还入选人民交通出版社出版的《生态交通理念与实践——浙江省生态交通示范项目经验汇编》,2009年被评为交通运输部第三批节能减排示范项目。

【项目征迁稳步推进】 县交通运输局配齐配强6名征迁办成员,根据征迁工作特点,推行对口分工,协同相关镇乡和部门开展征迁工作。成立局党政班子及调研员为主要成员的政策处理工作小组,分派到各重点工程联系相关镇乡,积极践行"一线工作法",坚持靠前指挥,全力协助工程按需推进,加快了施工需求的及时解决、矛盾隐患及时的排摸和发现问题的及时破解。

【项目建设资金要素保障有力】 受国家信贷政策影响,多途径扩展融资渠道,在整合融资主体及各类资源要素的基础上,不断加强银企合作,周密部署融资计划,编制动态用资方案,丰富融资策略,提升融资性价比。全年共向银行融资额度达7.2亿元,涉及银行21家,积极向市级以上交通部门争取到各类专项补助资金11712万元,基本解决了项目建设和还贷付息需求。

【重大前期项目有序跟进】 三门湾大桥及接线工程项目工可获国家发改委批复。完成高速石浦连接线项目工程工可报告编制及可行性研究报告初稿。基本完成高速东陈连接线、新桥连接线、定塘连接线等三大连接线前期报批工作。完成环象山港公路(龙屿至高泥)工程、丹城至林善岙公路二期工程施工图初稿。组建成立交通运输场站建设指挥部,统筹推进象山汽车客运东站、象山现代物流园区及公交首末场站等项目前期工作。积极对接现代物流园区项目列入"十二五"期间交通部公路货运枢纽(物流园区)规划,为下步争取资金补助打下了扎实基础。完成宁波－舟山港石浦港区主航道一期工程初步设计招标。完成海运大厦项目初步设计方案。完成石浦港水上货运中心一期工程海域论证、通航安全评估、海洋环评等专题研究报告。

【综合交通建设取得实效】 启动象山汽车客运东站和象山现代交通物流园九顷地块项目前期工作。继续探索乡镇公交试点工作,组建成立新桥镇域公交分公司,投放公交车3辆,开通2条线路途经27个乡村。正式启用县公交综合场站和爵溪公交首末站,新建公交候车亭40个,新投放公交车20辆,开展城区公交线网布局优化调整,共调整17条公交线路,开通城区至大目湾新城专线1条、延伸113路公交线路1条,公交站点覆盖率和满意度进一步提高。

交通运行管理

【概况】 2013年，交通行业部门以打造群众满意交通为目标，依法行政，努力维护道路运输市场秩序，促进交通运输业平稳有序发展；积极探索公路管养新模式，不断提升全县公路管养能力，打造“畅安舒美”交通环境；交通系统安全生产工作稳扎稳打，积极落实安全责任；交通系统文化建设和廉政作风建设持续向好健康发展。

【2013年春运共运送旅客430余万人次】 春运期间，投入各类客运车辆1035辆、17359个客位，累计发送班次120664班，加班658班次，发送旅客138.24万人次；公交客流量达294.55万人次。

【完成“十一”黄金周运送任务】 “十一”黄金周8天，象山共运送旅客43.35万人，发往各地班次共23539班，为2012年同期的120.49%。其中：陆路交通运输旅客38.13万人，为2012年同期的133.51%；水路运输旅客4.39万人，为2012年同期的65.23%，实现了安全无事故的目标。发往各地班次共23539班，在10月6日上午6点到8点全县停班外，其余班次都正常运营。为应对上海、杭州、宁波等方向的中长途客流和热门景区的短途客流，象山运管所积极调配运力，共加班361个班次。具中：上海方向24班，共运送旅客1200人；杭州方向44班，共运送旅客2288人；宁波东方向48班，共运送旅客9004人；宁波南方向167班，共运送旅客17760人。另外，各方向包车共有70个车次，共运送旅客2455人次。

【交通运输行业监管】 全面完成象山至宁波客运班线整合改造，收购车辆116辆。完善出租车行业管理机制，投放双燃料出租车46辆，落实出租车单车考核制度，进一步提升优质服务水平。有效实施公交驾驶员绩效考核，促进公交文明规范经营。开展驾培、维修市场专项整治，营造了全县驾培、维修行业的良好环境；开展重点领域排查整治，象山港大桥南出口及客运中心周边区域交通专项治理成效显著。2013年，共稽查车辆38405辆，查处违章1203起，作出行政处罚案件1158件，运输市场秩序得到有效维护。

【公路“三化”工作成效显著】 以“创建生态公路，打造公路品牌”为主线，统筹推进公路边“三化”工作；承办全市公路边“三化”工作现场会，工作成效得到市县领导充分肯定。完成盛宁线丹泽段和沿海南线蒋家湾段绿化工程投资2500万元，新建公路绿化19.3千米。加大公路两侧环境治理，全年共拆除非公路标牌340块，清理路障2915立方米，配合乡镇“三改一拆”拆除违建13913平方米

【公路保畅工作长效推进】 顺利完成春节、开渔节及国庆等重大活动期间的道路运输保障工作，2013年春运共投入客运车辆1035辆，发送旅客138.24万人次。在“菲特”台风期间，交通系统全体同志齐心协力，众志成城，做到了靠前指挥、主动服务，防范措施到位，应急响应迅速，在第一时间确保了全县道路、桥梁及隧道的安全畅通。加大超限运输治理力度，全年共检查车辆11450辆，查处超限车334辆，卸载260辆，卸载货物4306余吨。

【《象山县交通志》通过终审】 11月8日，市交通委、市政府地方志办公室、市交通志编纂办公室、县交通运输局及相关领导和专家参加了《象山县交通志》终审评审大会。《象山县交通志》(2010版)编纂工作从2006年正式启动，在八年的撰编过程中，经过一审二审修改完善后，形成终审稿。《象山县交通志》下限为2010年，采用章节体，概述、大事记、编、丛录共6编19章70节50余万字。志前设有象山县交通图和多面彩页。本部《象山县交通志》全面记述了象山县交通设施、运输生产、行业管理等方面的历史和现状，反映了象山交通所取得的辉煌成就和历史经验。

【市交通委领导调研指导抗台工作】 10月8日下午，市交通委徐国光副主任一行到局调研指导抗击“菲特”台风工作。徐国光副主任一行实地踏勘了受损较为严重的蚶岙岭隧道，并对下步如何开展抢修工作进行了指导。他指出，象山交通防台抗台工作，准备充分、经验丰富、巡查到位、反应迅速，保证畅通，在第一时间抢通道路，为道路运输提供了保障。徐国光副主任强调，抗击台灾的后续工作仍十分繁重，要继续做好“保畅通、保平安”工作，加强路面巡查，特别是对公路高边坡、涵洞、桥梁及公路标

志牌等作进一步评估检查,防止次生灾害发生;要及时做好受损路面的抢通修复工作,尤其是要加快蚶岙岭隧道抢修整修工作,并及时做好沿线群众、车辆交通疏导工作;要进一步加强公路养护工作,对台风影响后潜在的各种受损现象作彻底排查,并适时开展养护处理;要加快落实在建交通工程的各项救灾措施,对受损设施进行及时修复,在确保工程施工安全情况下及早复工。

【省交通厅副厅长储雪青到象山开展基层走亲连心活动】 7月30日至31日,省交通运输厅副厅长储雪青率厅人事处、厅规划处、省运管局等一行到象开展基层走亲连心活动,市交通委有关领导及县交通运输局局长陪同。在泗洲头镇塘岸村、县运管稽查大队和省重点交通项目环象山港公路建设一线,分别与村民村干部、基层站所干部、县运输企业负责人、出租车司机代表、工程项目负责人、建设工人深入交谈,了解存在的困难和问题。储雪青希望“象山交通人”在今后的工作中能做到“谋划要提早,工作要超前,考虑要长远”,全力推进象山交通事业更好更快的发展。

【安全生产态势总体平稳】 一年来,县交通局紧紧围绕“平安交通”创建这一核心任务,扎实交通运输行业“打非治违”及交通工程标准化建设,全面落实安全生产大排查大整治专项行动,建立了覆盖县内水路主要客运场站和农村渡口的视频监控系统,落实了港航企业资质核查和各类船舶检验工作,安全生产管理机制得到进一步完善。全年共发生道路运输交通事故4起,死亡3人,重伤2人,直接经济损失及事故发生率同比均下降50%。交通建设未发生事故。

【不断优化公交线网】 6月24日,延伸113路临时公交由原终点站(4S店)至东陈学校;8月12日,中心城区11条公交线及3条公交专线进行优化调整。线网调整后,中心城区有17条正常公交班线、7条公交专线、3条夜间公交线,在保证原城区市民公交出行运力前提下,新线网覆盖了丹南路、丹阳路等城区道路新主干,扩大了中心城区公交线网覆盖范围。10月1日,开通城区至大目湾新城专线;10月10日,公交8路线、13路线各增加运力一辆,并开展线路延伸。

(交通局办)

港　口

【概况】 2013年,全县水路货运运力规模104艘,88.1万载重吨。全年完成水路货运量2548万吨,货物周转量254亿吨千米,完成水路客运量84万人,旅客周转量358万人千米。全县航运企业实现经营收入6.8亿元,上缴地方税收1300万元。

【推进石浦港主航道工程前期工作】 在2012年工作基础上,2013年委托大连海事大学开展通航安全评估和国家海洋局第二海洋研究所开展通航安全评估和海洋环评,完成工程通航安全评估、海域论证、海洋环评及可行性研究等专题报告的编制并通过了上级有关部门的批复。

【石浦港水上货运中心码头工程前期工作】 对项目建设规模进行了调整,从5000千吨级提升到10000吨级,报市发改进行变更咨询登记,并相应完成对工程可行性报告的调整。同时开展了通航安全评估、海洋环评和海域论证,编制完成了海域论证、通航安全评估、海洋环评等专题研究送审稿。

【渡口设施改造工程】 落实农渡年度改造计划,通过县渡口办补助和乡镇自筹,共筹集175万元,对部分渡口的渡埠进行了维修,对部分营运效益差的渡船维修资金进行补助,提升农渡硬件水平,进一步确保农渡运输安全。

【石浦港疏浚工程】 本次疏浚范围为石浦港北岸—石浦城镇已建码头区域沿岸和部分航道,以及高塘岛、鹤浦的局部沿岸区域,7月中旬开工,10月初完成,共完成疏浚量71.8万立方米,本次疏浚方量为历次之最,有效缓解了石浦港的疏浚,保障了码头运营的安全。

【协助《宁波—舟山港总体规划》修编】 在充分调查研究基础上,编制完成《象山县港口岸线规划报告》和《总规》修编意见提交县政府,组织召开了报告评审会议并报送市交通委审查。并在市交通委和市港航局的领导和帮助下,多次与规划编制单位部规院进行了沟通交流,全面准确地反映了修订需求。

根据最新的《总规》送审稿，象山县的反馈意见基本被采纳，为下一步港口开发创造了条件，指明了方向。

【发放航运业财政补助】 按象山县海运业优惠扶持政策，联合县财政局开展2012年度财政补助发放工作，确定了2012年度财政补助企业名单，有3家企业获得运力补助，有1家企业因获得省级诚信企业称号给予奖励，共计388万元。

【建设渡口视频监控体系和监控指挥中心】 借助县社会治安视频监控网络平台，建设了港航视频监控指挥中心和农渡视频监控体系。5月，港航视频监控中心建设完成。10月，完成视频安装，正式启用。视频监控体系和监控指挥中心的建设，节约了人力资源、提高了实时监管效率。

【完成轮渡公司经济性裁员】 在县政府领导下，局领导亲自牵头，一方面一线倾听、抓好安抚、合理引导，有效防止不稳定时间的发生；另一方面加强调研、提前谋划、狠抓落实，有条不紊推进裁员工作开展，实现了公司的平稳过渡。此次共裁员68人，支付经济补偿金450万元。裁员后根据公司实际情况，配置4艘渡轮，62名合同制职工和6名劳务派遣人员。

（港航局办）

海　事

【概况】 2013年，象山海事处以水上安全监管工作为中心，抢抓机遇、求真务实、加快发展，有效保持了辖区水上交通安全形势稳定，顺利完成机构“三定”核编转制，按期完成监管力量配布调整，有力促进了地方“两区”建设，队伍整体素质能力和海事监管服务形象有了明显提升，各项年度工作均较好完成。全年共组织辖区水上巡航407次，巡航里程12316海里，巡航时间2355小时，出动执法人员1062人次，实施船舶安全检查225艘次，查出缺陷1735项，滞留船舶15艘次，实施船检质量监督检查29艘次，船员操作性检查368人次，实操检查共实施船员记分53人次。共办理船舶进出港签证110935艘次，受理船舶载运危险货物申报289艘次。核发船舶签证簿等各类文书287本，签发船舶残油接收处理证明22份。实施行政处罚116件，罚款45.85万元。

【推进水上隐患排治】 以宁波海事局水上安全监管体系试运行为契机，紧紧抓住了“客、危、桥、渔”等重点危险源防范，对辖区沿海客运航线、渡口渡船、偏远码头水域等保持了高频度的监督检查，全年滞留低标准船舶15艘，遏制小型船舶违章多发的态势。严厉打击农渡船配员不足违法航行行为，积极向地方政府、上级部门协调解决渡口渡船隐患整改，深入排治环石浦港客运船舶超载、超航区营运隐患。认真梳理了内河船、无证油驳等海事执法风险和疑难问题，积极协调地方政府、有关部门努力消除水上安全隐患，全面防控海事监管责任事故。

【增强现场监管成效】 巡航游弋网格化持续推进，重点水域现场巡航巡查有效覆盖。监管服务并重，有效规范了黄沙岙围垦、大目湾吹填等重点水工项目安全监管。恶劣天气预警预控工作不断深化，沿海VHF通播、手机小区广播等管理手段不断丰富，义务气象信息员队伍顺利组建，预警预控的针对性、科学性不断提高。强化规费稽查，有效发现查处了船舶逃签、货物谎报瞒报问题。有效组织开展了水上交通安全大检查等10余项专项整治行动。

【深化水上安全管理联动】 积极发挥联动机制，与地方相关部门、毗连海事处开展各类联动执法31次。紧密协同有关部门，顺利促成东屿山淡沙过驳点设置、推进海沙“两禁”，积极利用“三改一拆”平台开展非法港口岸线码头设施专项治理，强力拆除朝天门非法水工设施。加强与港航、安监等部门协调，促成农渡船日常安全管理考核制度出台，强化农渡船管理。主动走访县平安办，积极推动农渡船、三无船等安全事故指标纳入地方部门、乡镇平安考核内容。联动渔业部门继续开展“送教到渔嫂”“送安全进渔村”等系列活动。

【规范应急处置和事故调查】 制定并全面落实《象山海事处海上突发事件应急待命工作规定》，进一步完善海上突发事件应急工作机制。完成“菲特”等台风防抗工作。有效处置了“福运226”轮货物移位船舶倾斜等事故险情49次,救助遇险船舶32艘次,救助遇险人员人131人,获救125人,救助成功率95.4%。组织水上交通事故调查及涉渔事故协查11起。

【支持地方政府“两区”建设】 为象山县创建省级海洋(海岛)综合开发与保护试验区、浙台(象山石浦)经贸合作区积极出谋划策。推进石浦港区开发开放,支持新港码头对台小额贸易业务顺利开展,保障高塘岛石斑鱼暂养基地运行,继续探索创新台轮海事监管服务手段。密切关注象山产业区重大临港产业项目引进,为中石化、宝象等项目落户港口码头建设提供海事专业指导服务。配合上级部门协调推进西周金岙机制沙项目码头建设申报审批。继续做好沿海各围垦、吹填工程相关海事监管服务,保障施工作业安全顺利进行。

【保障重点港口航运企业平稳运转】 针对大桥通车后西泽轮渡运力调整,积极支持港航部门、航运企业保障象山轮渡公司运力集散和石鹤汽渡线运营。确保重点物资水上运输安全与畅通,在保障安全的前提下、突破常规支持服务石浦港油品经营单位油轮进靠作业。继续服务船舶企业转型升级,保障大吨位修造船舶进出石浦港。

【开展船舶超载运输治理】 通过现场和签证窗口向船员朋友发放《告船员书》,主动向码头作业单位发放《关于打击船舶超载违法行为的通告》,要求其制定《防治船舶超载出港安全管理责任书》,并建立船舶装卸作业登记台账。保持现场监管高压态势,加强现场检查力度和频次,在巡航工作中突出重点船舶、重点水域、重点时段、重点码头的监管,巡查发现船舶超载行为时,禁止船舶出港,并及时予以纠正,同时依法实施行政处罚。

【管控砂石水上违章运输】 加强砂石信息掌控。对辖区砂石码头、作业点进行拉网式排查,调查了解砂石场的经营规模和业务量,砂石运输船舶的航行作业现状,对收集到的信息进行分析梳理,摸清规律,探索建立源头管理、长效管理机制。以日常巡查、蹲守伏查、夜间突查相结合的全方位、多时段的工作方式对重点砂石厂和水上黄沙过驳点进行监管,一旦发现违章水上运输行为,采取行政处罚、安检滞留、违章通报等多种手段进行严肃处理,坚决遏制违章行为发展势头。加强区域联动执法。与地方港航、边防和毗邻海事处建立良好的联动执法机制,互通砂石运输船和水上过驳浮吊船的航行动态信息,对重点砂石厂和违章水上黄沙过驳行为多发的东屿山水域进行联合巡航执法,提高重点水域的监管威慑力。积极向砂石场业主宣传相关法律法规要求,提醒砂石场业主提高安全意识,自觉抵制无证、配员不足、逃避签证等违章船舶的砂石接卸,积极举报砂石船违法行为,打压低标准砂石船的生存空间。

【服务两岸小额贸易发展】 针对对台小额贸易特殊性,制定完善进出港台轮的安全管理具体措施,规范管理,促进健康有序发展。创新办法,真诚服务,营造便捷通关氛围,不断创新思路,采取“绿色通道”“24小时预约服务”“零等待服务”等一系列措施,为促进两岸贸易来往营造一个方便快捷的通关氛围。提前介入,共同参与,开展联合服务,与海关、国检等口岸部门协作配合,共同促进对台小额贸易平稳快速发展。强化安全检查,试行服务性安全检查。强化船舶动态管理,严格落实各项安全措施,并加强与各方沟通联系,营造良好监管氛围。强化预控预警的警示,第一时间向经营台轮船舶业务的代理单位告知海区气象海况信息。

【辖区小型船舶监管】 多渠道、多方式加强恶劣天气海况信息的收集与分析,充分利用手机短信、VHF、代理单位、签证窗口等各种平台,及时向港航单位和船舶发布预警信息,提醒相关方注意并采取有效安全措施,避免大风浪期间船舶盲目航行和进行靠离泊作业。在小型船舶办理签证手续时严加注意,除例行船舶、船员证书文书检查之外,进一步加强对船舶签证单填写信息的核对工作,一旦发现可疑情况,未经现场检查合格的船舶坚决不予签证。充分利用巡航、巡查等监督手段,突出对环石浦港区域、象山港南岸等偏远站点等小型船舶相对集中的杂货码头、埠头的监管覆盖,着重对船舶装载、配员、消防、救生设备以及航海图书资料进行检查,并强化船员的实操能力检查,一经发现违法违章行为,坚决从严处理。对辖区小型船舶航运公司积极开展走访检查,及时通报小型船舶事故险情信息，督促公司落实安全生产主体责任，加强对所属船舶内部检查力度，整改管理上的漏洞和缺陷，不断提升自我管理水平。

（海事处办）

2013 年象山辖区主要水上交通事故概况表

表 46

时　间	船舶概况	出事海域	事故概要
2013—03—08 01:20:00	“双宁 189”轮：船舶种类　干货船 船体材料　钢质 总吨　498 净吨　278 船长（米）　52.80 船宽（米）　8.80 型深（米）　4.15 主机功率（千瓦）　218	概位 29°20′.6N/122°02′.2E	2013 年 3 月 8 日 01:20（北京时间，下同）左右，“双宁 189”轮从江苏江阴装载小麦 987 吨驶往广州途中，在象山沿海水域（概位 29°20′.6N/122°02′.2E）与“浙椒机 1020”轮发生碰撞事故，造成“双宁 189”轮右舷后部及“浙椒机 1020”船艏受损，事故等级为小事故
	“浙椒机 1020”轮：船舶种类　干货船 船体材料　钢质 总吨　496 净吨　278 船长（米）　52.80 船宽（米）　8.80 型深（米）　4.05 主机功率（千瓦）　218		
2013—04—20 04:10:00	“兴航海 998”轮：船舶种类　干货船 船体材料　钢质 总吨　498 净吨　278 总长（米）　53.80 型宽（米）　8.80 型深（米）　4.50 主机类型　内燃机 主机功率（千瓦）　218	概位：29°36′.6N，121°59′.4E	2013 年 4 月 20 日 04:10 左右，泰州籍干货船“兴航海 998”轮从台州椒江空载驶往宁波宁海航次途中，在宁波象山东屿山附近水域与从象山老虎咀滩涂渔船码头驶往东屿山水域涨网捕鱼的“浙象渔 05366”轮发生碰撞，造成“浙象渔 05366”轮沉没，直接经济损失约 7 万元，一人死亡，事故等级为大事故
	“浙象渔 05366”轮：船舶种类　捕捞渔船 船体材料　木质 总吨　2 净吨　/ 总长（米）　9.5 型宽（米）　1.60 型深（米）　0.8 主机类型　内燃机 主机功率（千瓦）　8.82		
2013—05—14 13:00:01	“新华”轮：船舶种类　杂货船 船体材料　钢质 总吨　975 净吨　489 船长（米）　60.45 船宽（米）　10 型深（米）　6 主机功率（千瓦）　1103	概位：29°02′.5N/122°03′.2E	2013 年 05 月 14 日 13:01 左右，台湾新华航业股份有限公司所属“新华”轮从宁波象山港驶往台湾基隆港途中，在象山弥陀岛附近水域（概位：29°02′.5N/122°03′.2E）与象山籍李正友所有的正在捕鱼作业的“象高 205”轮雾中发生碰撞，造成“象高 205”轮沉没、船上 1 人失踪，直接经济损失约 20 万元，构成大事故
	“象高 205”轮：船舶种类　捕捞渔船 船体材料　木质 总吨　/ 净吨　/ 船长（米）　14.8 船宽（米）　2.5 型深（米）　1.1 主机功率（千瓦）　35		

续表 46－1

时　间	船舶概况	出事海域	事故概要
2013－08－19 02:30:13	“福运 226”轮:船舶种类　散货船 船体材料　钢质 总吨　1706 净吨　955 参考载重吨　3000 吨 船长(米)　81.50 船宽(米)　12.00 型深(米)　6.50 主机功率(千瓦)　735	29° 25′. 5N, 122° 09′. 7E	2013 年 8 月 19 日 02:30 左右,青岛籍散货船“福运 226”轮从广东新会装载陶土约 2700 吨驶往南通航次过程中,在象山沿海(29°25′. 5N,122°09′. 7E 处)发生货物移位以致船舶向右严重倾斜约 15°,右舷主甲板淹没至水面以下,10 人遇险,最终船舶和人员全部获救,直接经济损失约 28 万元人民币,为一般等级事故
2013－08－25 11:05:37	“福曼斯 8 号”轮:船舶种类　游艇 船体材料　纤维增强塑料 总吨　52 净吨　15 船长(米)　14.2 船宽(米)　4.75 型深(米)　2.50 主机功率(千瓦)　986	花岙岛附近水域	2013 年 8 月 25 日 11:05 左右,游艇“福曼斯 8 号”轮从石浦中国水产城游艇码头开往石浦花岙岛航次中,在象山高塘岛附近水域发生触损事故,造成游艇局部破损,螺旋桨和舵叶受损,直接经济损失 10 万元以下,事故等级为小事故
2013－10－19 11:25:08	“浙象汽渡 7”轮:船舶种类　滚装客船 船体材料　钢质 总吨　352 净吨　183 总长(米)　44.50 型宽(米)　11.00 型深(米)　2.90 主机类型　内燃机 主机功率(千瓦)　294 “宏振 18”轮:船舶种类　干货船 船体材料　钢质 总吨　170 净吨　95 总长(米)　39.5 型宽(米)　6.8 型深(米)　3.0 主机类型　内燃机 主机功率(千瓦)　184	概位 29°11′28″N/121°55′48″E	2013 年 10 月 9 日 11:20 左右,宁波籍滚装客船“浙象汽渡 7”轮从象山石浦水上客运中心汽渡码头驶往鹤浦汽渡码头航次途中,在石浦水上客运中心汽渡码头附近水域(概位 29°11′28″N/121°55′48″E),与从石浦驶往象山爵溪的空载干货船“宏振 18”轮发生碰撞,造成“浙象汽渡 7”轮船首跳门边缘纵梁弯曲;“宏振 18”轮左舷近生活区舷墙钢板凹陷弯曲,甲板一块钢板焊缝开裂,直接经济损失约 4.1 万元,事故等级为小事故
2013－10－17 10:35:18	“华夏 1”轮:船舶种类　散货船 船体材料　钢质 总　吨　17143 净　吨　9600 船长(米)　162.8 船宽(米)　25.6 型深(米)　14.6 主机功率(千瓦)　4440 “浙临渔 21285”轮:船舶种类国内捕捞船 船体材料　钢质 总　吨　162 净　吨　86 船长(米)　32.5 船宽(米)　6.5 型深(米)　3.2 主机功率(千瓦)　255	概位:29°01′58″N/122°13′45″E	2013 年 10 月 17 日 10:38 左右,日照籍散货船“华厦 1”轮从北海驶往南通途中在象山沿海檀头山东南 12 海里附近水域(概位:29°01′58″N/122°13′45″E)与临海籍钢质渔船“浙临渔 21285”轮发生碰撞,造成“浙临渔 21285”轮左舷生活区船体局部凹陷受损,船上 2 人失踪、1 人死亡,“华厦 1”轮船首正中轻微擦痕,事故等级为重大事故

续表 46—2

时 间	船舶概况	出事海域	事故概要
2013—10—27 04:00:00	“浙椒机 388”轮:船舶种类 干货船 船体材料 钢质 总吨 495 净吨 277 参考载重吨 960 船长(米) 52.80 船宽(米) 8.80 型深(米) 4.15 主机功率(千瓦) 218	28°53′.189N,121°55′.340E	2013 年 10 月 27 日 04:00 左右(北京时间,下同),台州籍干货船“浙椒机 388”轮从温州灵昆装载铁屑约 960 吨驶往南通航次过程中,在象山沿海(28°53′.189N,121°55′.340E)发生侧倾致船舶沉没,直接经济损失约 85 万元,事故等级为重大事故
2013—11—22 01:35:01	“长鑫 788”轮:船舶种类 干货船 船体材料 钢质 总吨 498 净吨 278 参考载重吨(吨) 950 船长(米) 53.50 船宽(米) 8.80 型深(米) 4.50 主机功率(千瓦) 216	概位 29°01′.2N,121°59′.6E	2013 年 11 月 22 日 01:33 左右(北京时间,下同),泰州籍干货船“长鑫 788”轮(总吨 498,净吨 278)从福州罗源装载大理石约 950 吨驶往安徽安庆航次途中,在象山沿海女英礁水域(概位 29°01′.2N,121°59′.6E)发生触礁事故,直接经济损失约 9.6 万元,事故等级为小事故
2013—12—26 13:38	“蓝海 7”轮:船舶种类 挖泥船 船体材料 钢质 总吨 1748 净吨 524 参考载重吨 / 船长(米) 90.50 船宽(米) 15.50 型深(米) 4.00 主机功率(千瓦) /	三门口跨海大桥	2013 年 12 月 26 日 13:38 左右,“蓝海 7”轮拖带船,从大连长兴岛驶往象山石浦港航次途中,在通过象山三门口跨海大桥时,被拖船“蓝海 7”轮与该桥发生触碰事故,事故造成三门口跨海大桥中门桥第 9#吊杆和第 11#吊杆之间的桥面出现两处破损,“蓝海 7”轮定位桩及支架破裂,直接经济损失估算约 11.5 万元,事故等级为小事故

邮 政

【概况】 2013 年是全面贯彻落实党的十八大精神的开局之年,是中国邮政建设世界一流邮政企业的起步之年。象山县邮政局认真贯彻落实年初工作会议确定的总体工作目标,面对复杂多变的经济环境和严峻的形势变化,全局上下同心同德,攻坚克难,各项工作取得长足发展。始终本着“人民邮政为人民”的服务理念,服务地方经济,为人民群众提供邮政普遍服务,全县 314 个村邮站得到全面运营,成效明显,深受村民好评。集邮、函件、报刊、分销业务等各专业得到新的拓展,各项工作取得稳步发展。

【邮政局车队连续 12 年获县安全行车先进集体】 象山县邮政局车队在领导的重视下,在全体驾驶员的共同努力下,2013 年 1 月被县交警大队评为 2012 年度县安全行车先进集体。至此,邮政局车队已连续 12 年获此荣誉。为做好行车安全的教育和警示工作,邮政局对车队及驾驶人员进行责任状签订,日常进行通报考核。安保部门、车队始终把安全行车作为一项重要工作来抓,平时加强管理和日常检查,坚持每月一次的安全教育会议。在安全生产月、百日安全行车竞赛活动期间,对驾驶人员开展理论测试和《邮政车辆安全管理与操作规范》电教片学习,使驾驶人员的安全意识得到进一步提高。

【举办“向雷锋同志学习”题词发表五十周年纪念邮票首发式】 3 月 5 日,县邮政局在“象山县乡村雷锋文化室”——东陈,举行“向雷锋同志学习”题词发表五十周年纪念邮票首发式,现场提供邮品及加盖纪念戳服务。当日中国邮政发行《毛泽东“向雷锋同志学习”题词发表五十周年》纪念邮票一套 4 枚,以雷锋生平的 4 幅照片为基础,运用素描的绘画方式,色彩淡雅明快,巧妙地表现出雷锋低调、内敛、朴实无华的性格特征。主题分别是“向雷锋同志学习”“学习钻研”“爱岗敬业”“助人为乐”。印制采用雕刻和胶印混合印刷方式，主题形象以雕刻版表现，使人物更加立体、醒目。全套邮票面值4.40元。为配合主题邮票的发行，弘扬雷锋精神、积极倡导当代浙江人共同价值观，当天还同时推出《时代先锋——正能量》、《时代颂歌》等邮册。

【接收《宁波日报》报业集团所属报刊农村代投工作】 为充分发挥社会基本公共服务资源，宁波日报报业集团和宁波邮政对全市农村地区的发行网络进行整合。2013年7月1日起，象山县内除丹东、丹西街道以外农村地区的宁波日报、今日象山、东南商报等宁波日报报业集团报纸及相关委投报纸交由邮政投递。为积极稳妥地安排接收好报刊农村代投工作，组织协调代投的相关准备工作，县邮政局加强组织领导，成立代投工作领导小组和工作小组。业务联络组负责前期与报社的沟通协调，投诉处理组主要负责订户的咨询和投诉处理，业务保障组主要负责相关报刊处理和运输。精心组织，周密安排，优化报刊内、外部处理作业流程，随时关注了解全县代投工作进展情况，确保代投工作顺利开展。同时，充分发挥村邮员作用，强化业务培训辅导，使其能够履行好对属地党报党刊的投递任务。

【开展投递邮路整合优化工作】 为进一步提升区域网路能力，优化整合代办所投递邮路，加快邮件传递速度，提高投递服务质量，县邮政局在全县村邮站全面建成后，着手代办所邮路调整优化筹备工作，并制订实施方案。3月，经过调查摸底后率先在西周邮政支局开展试点工作。3月至8月，完成对西周、石浦、金星、昌国、东陈、旦门、泗洲头等支局所、代办所邮路的整合优化，共减少投递邮路14条、投递人员16名，全县邮路缩减11.8%，人均劳动生产率提高0.63万元。

【开办代收城镇居民数字(有线)电视收视费业务】 10月9日，县邮政局与县广播电视台合作，充分利用邮政点多面广的平台优势，在邮政电子商务信息平台、便民服务站(含村邮站)系统开通代收城镇居民数字(有线)电视收视费业务。业务范围涵盖象山县所辖范围城镇居民数字(或有线)电视收视费。

(谢晶晶)

人力资源管理

就业培训

【概况】 全年新增就业岗位8198个，城镇新增就业7581人，接收毕业生2100人，毕业生就业率在94%以上。开发和保持城镇公益性岗位307个、农村公益性岗位250个，农村劳动力转移就业8318人次，办理就业登记手续1万余起。城镇登记失业率控制在3%以内，就业形势继续保持稳定。

全面实施新一轮积极的就业创业政策，积极开展小微创业实体走访，充分掌握全县创业群体需求，直面创业群体在政策、融资及部门沟通等难题并释疑解惑，及时帮助小微创业实体享受优惠政策，有效提振创业信心。全年发放自主创业小额担保贷款1461万，新增创业实体7276家，实现创业带动就业2.5万人，开展创业培训192人。以成功创建充分就业县为抓手，进一步健全基层就业服务工作体系，截至2013年年底，全县18个镇乡(街道)、486个村、26个社区均成功完成创建任务，硬件设施和人员配备进一步增强。丹东、爵溪、定塘人力社保服务中心率先开展招聘会，主动将招聘信息服务送上门，有力促进本地劳动力就近就地就业。

【县人力资源市场举办新春首场招聘会】 2月22日，象山县人力资源市场在新址举办新春第一场招聘会。61家企业共提供了286个岗位、178个工种、需求人数达到1400余人。虽天气还透着寒意，大部分返乡农民工还未回象，还是吸引了600余人应聘者前来求职。经过一上午的洽谈，共有167人次与企业达成了用工意向。

本次招聘会企业需求与往年相比，呈现出“一少二多”的现象。一少：企业对普工的需求有所减少，此次招聘会企业需求普工数量仅为600多人，只占总需求的40%；二多：对技术工人的需求急速上升，本次企业的需求达到300多人，占总需求数的21.4%。对高学历人才的需求也有所增加，企业招聘的人力资源经理、质量工程师等工种都需要大专及以上的学历。但前来应聘的大多数是农村劳动力和部分低学历、无技术的外来人员，造成象山企业用工的结构性矛盾。

【开展小微创业实体走访活动】 3月，县人力资源和社会保障局到象山县大学生创业园区宣讲象山县即将实施的创业政策，拉开象山县小微创业实体走访活动的序幕。象山县人力社保局向大学生创业园内的企业负责人讲解我县的创业扶持政策，听取创业人员提出的意见和创业过程中遇见的难题。此次小微创业实体走访活动的开展是为了向创业人员提供政策服务、倾听创业人员心声、摸查创业实体情况、采集创业实体第一手资料。

【举行“庆‘五一’，促就业”专场招聘会】 4月26日，县人力资源和社会保障局、象山县总工会在县人力资源市场联合举办了“庆‘五一’，促就业”专场招聘会，在庆祝“五一”劳动节前夕为全县失业待业人员、大学毕业生、进城务工人员提供了一次难得的就业或择业机会。前来求职应聘的达到450人，64家企业共提供了252个岗位、需求人数达到965人。经过一上午的洽谈，共有82人次与企业达成了用工意向。该次招聘会岗位综合性较强，不仅有一线普工、操作工、服务员、保安等岗位，还有一部分管理、文员、会计、技术人员等岗位。普工、操作工等作为招聘的重点岗位，很好地满足了下岗职工、失业待业人员的就业需求，同时部分文职类、管理类岗位也兼顾了高校毕业生、外来务工人员等一般求职者的普遍需求。

【第五届残疾人招聘会圆满结束】 县残疾人联合会、县人力资源和社会保障局、县民政局联合举办第五届残疾人就业洽谈会，让更多的残疾人融入社会，自食其力。本次洽谈会共有39家企业参加，提供了421个就业岗位，其中适合残疾人的岗位有200余个，这些岗位大多对应聘者的学历要求不高，操作技能要求较为简单，短期培训后即可上岗，受到了残疾人朋友的欢迎。到场人数约有380人，其中残疾人156个，经过双方选择，与企业现场达成意向的残疾人35个。

【为建筑企业“千里送学教”】 象山县重点打造建筑业人才高地，为建筑业制定了2013年建筑业人才具体实施办法，以建筑业急需紧缺的一级建造师人才为重点，加快形成行业优势人才群体和梯队，重点打造适应象山县建筑业特点的人才高地，提升县建筑业人才整体素质和企业的综合竞争力。象山县人力资源和社会保障局为广州、海南5家建筑企业“千里送学教”，将继续教育公共课和职称考试课堂、考点搬移至广州，上门为建筑企业专业技术人员提供继续教育培训和职称考试，共计培训300余人次。

【举办“迎‘八一’ 牵手就业”拥军优属专场招聘会】 7月19日，象山县2013年驻象部队随军家属专场招聘会在象山县人力资源市场举行，为驻象部队随军家属提供就业机会。招聘会上，合力模具、甬南控股、海山纸业等40家单位提供了137个岗位，需求人数约450人，这些岗位以基层岗位为主，有文员、收银员、仓库管理员等，也有教师、工程师、主办会计等中高级岗位。随军家属到场50余人，达成就业意向15人。本次招聘会按照行政调配与市场调节相结合、推荐就业与自主择业相结合的原则，多渠道多形式地促进驻象山部队随军家属就业。

【组织企业赴湖南吉首大学招工】 象山县人力社保局组织用工紧缺企业参加吉首大学毕业生招聘会。参加现场招聘活动的企业有宁波全力机械模具有限公司等用人单位，累计用工需求达125人次，涉及数控加工中心、检验员、营销经理、财会和服务员等工作岗位。通过招聘洽谈，共计45人达成就业意向。活动中，宁波全力机械模具有限公司与湘西职业技术学院机电工程系签署校企合作协议，象山县被吉首大学授予“吉首大学大学生就业基地”。

同时，保靖县就业管理服务局详细介绍当地基本情况和就业状况，重点介绍了职业技能培训工作，主要培训专业是焊工、针织平车等。考察结束后，象山就业管理服务处与保靖县就业管理服务局签订劳务合作协议。

【举办二级建造师考前培训班】 象山县二级建造师考前培训班由象山县人力资源和社会保障局、象山县建管局共同组织。免费考前培训班为期12天，开班8期，参训人员共计110余名。为确保培训班取得预期效果，提高象山县二级建造师通过率，此次培训班特聘请国家建筑类执业资格命题组专家及历年培训中较为优秀的培训教师进行授课，并实行严格的教务管理制度，半天一签到，与参训学员签订培训协议等。

【举办第三届校企合作洽谈会暨校园招聘会】 县人力资源和社会保障局、县教育局携手举办象山第三届校企合作洽谈会暨校园招聘会。招聘会吸引了合力模具、天元科技、华翔特雷姆等56家单位前来招贤纳才，涵盖了机械、电气、服装工艺、酒店管理等各专业，提供就业岗位数219个，需求人数为1065人。到场参加的毕业生人数为1000余人，双方达成初步就业意向280人。在校企对合作洽谈会上，有11家企业与县内外7所院校签订了合作协议。其间外省3家院校参观考察了象山工业园区和西周工业园区代表企业，听取情况介绍，亲身感受象山的就业和用工环境，为校企对接合作起到了积极作用。洽谈会上，外省院校各自介绍了本校概况、特色专业等情况，而象山本土企业纷纷就学校关心的企业文化、实习待遇、工作福利等作了一定的介绍。最终郑州技师学院、湖南科技工业职业技术学院、信阳技师学院分别与象山县赛德森减振系统有限公司、国际大酒店、合力模具等11家企业签订了合作意向协议。

【开展校企对接加强智力合作】 10月16日，在甬高校走进象山——就业、实习、创业合作洽谈活动举行。宁波大学、宁波工程学院、浙江万里学院等13所在甬高校走进象山，与象山县天安集团、华众控股、申菱电梯等30余家当地知名企业对接交流，其中，16家企业成为在甬高校“学生就业实习基地”。活动中，在甬高校代表首先走访了宁波锦浪新能源科技有限公司和宁波天安(集团)股份有限公司，实地了解学生就业及企业用人情况。在随后举行的校企就业、实习、创业合作洽谈会上，象山县天安、华众、申菱、锦浪等16家企业分别与10所在甬高校签订“学生就业实习基地”共建协议。协议要求，签约高校每年向实习基地提供对学生的具体要求和实习岗位信息，尽力协调、推荐，促成学生与企业之间达成实习意向。在实习过程中，企业和学生均满意，可由企业和学生进一步探讨学生聘用问题。另外，实习基地要具备完善的就业实习规章制度，切实保障实习学生的合法权益。

【发放小额贷款738万元】 象山县累计审核发放小额担保贷款38笔，共计738万元，完成市目标任务的123%，带动就业506人，成效显著。小额担保贷款面向在象创业的具有劳动能力和创业意识的宁波市户籍人员、毕业五年内普通高校毕业生，如在本县创办创业实体并按规定缴纳社会保险费，可申请小额担保贷款。按照其创办创业实体及提供的担保形式，可申请5万元至50万元不等的小额担保贷款，小额担保贷款期限每次不超过1年，到期还本付息后，符合条件可续贷2次，每次均不超过1年。其中，创业培训班结业学员的小额担保贷款为1次。

【推进充分就业县创建】 为切实推进全县“深化创建充分就业县”工作，顺利完成深化创建充分就业县目标任务。象山县组织召开了“深化创建充分就业县”工作座谈会，通过座谈，及时引导各镇乡(街道)进行交流汇报，提出创建经验和看法，不断地理顺工作思路，凝聚不断深化推进充分就业县创建共识，进一步明确下阶段的工作目标和任务。在座谈交流的基础上，结合象山县实际，进一步要求要切实加强组织领导，落实镇乡(街道)、社区(行政村)深化创建工作的开展，对照验收评价表的要求，查找不足，落实责任，要巩固成果，定期不定期地对深化创建工作进行指导和监督，对台账建立、档案管理等予以规范，对各种台账数据进行分析、研究，为象山县就业创业工作的开展提供有力数据；不断加强对城镇公益性岗位开发、管理，做到透明、公开、规范，切实帮助困难群体尽早实现就业；鼓励群众积极参加就业创业等培训，多渠道、多形式创业，进一步完善创业服务体系；同时加大对就业创业政策宣传力度，提升就业创业公共服务满意度水平。此外，通过以深化创建活动为载体，努力推进实现全县劳动者更高质量就业。

【举办“兄弟杯”全县针织服装制作技能大赛】 11月12日，来自象山县8个镇乡(街道)的15支队伍，共计105名技术工人参加由象山县人力资源和社会保障局、象山县总工会、象山县经信局等部门联合举办“兄弟杯”全县针织服装制作技能大赛。比赛分为实际操作和理论测试。实际操作依凭“成衣自动吊挂流水线”，操作项目有平机、拷边、三针3项。经过激烈角逐来自兄弟服饰一厂的朱林、吴佩飞和涂茨镇新港服饰的李秀芹获得平机一等奖，兄弟服饰一厂柯海燕夺得拷边一等奖，兄弟服饰二厂的朱赛丽夺得三针一等奖。另外，作为东道主的兄弟一厂还获得了团体一等奖。对前三名获奖者分别给予1200元、1000元、800元的先进奖励。对获得一等奖的选手，象山县总工会授予“象山县职工技术操作能手”称号。

人才开发

【概况】 2013年，象山县坚持外引内培，并辅以政策引导，全年引进各类人才2400余人，人才总量达8.3万人。特别是高层次人才方面，新增“四高”人才195人，成功入选国家高层次人才特殊支持计划科技创业领军人才1名(全大市仅2名)，拥有享受国家特殊津贴国贴、国千、省千、省“新世纪151”等各类高层次人才50余名。各类专业技术人员突破3.4万人，其中，高级职称超1800人，人才结构和梯队进一步优化。

【做好高校毕业生求职补贴发放工作】 为贯彻落实《国务院办公厅关于做好2013年全国普通高等学校毕业生就业工作的通知》,对在2013年度内有就业意愿并积极求职的享受城乡居民最低生活保障家庭以及孤儿、残疾的应届全日制普通高等学校毕业生发放求职补贴,因升学、出国、应征入伍、参加基层服务项目、定向培养以及暂无就业意愿、无正当理由多次放弃学校和公共就业服务部门提供的就业岗位或应聘机会的不在此次发放范围内。根据申请,象山港高级技工学校数控技术应用专业的吴誉立符合发放条件。

【首次发放优秀人才政府特殊津贴】 为激发专业技术人员和高技能人才的创造性和积极性,象山县于2012年正式开展享受政府特殊津贴人员申报工作,面向在象山县连续工作3周年以上、对我县经济发展和社会进步做出重大贡献的各类优秀人才,经选拔、推荐、审核,陈子敏等19人获得特殊津贴享受资格,并按10000元/人的标准一次性获得县优秀人才政府特殊津贴,此次享受政府特殊津贴的优秀人才涵盖农业、工业、建筑业、教育卫生等行业,是宁波大市范围内县(市)级层面政府特殊津贴的首次发放。优秀人才政府特殊津贴每两年申报一次,每次选拔不超过20人,并颁发"象山县优秀人才政府特殊津贴证书"和10000元一次性特殊津贴。

【新增4家大中专毕业生实践基地】 2013年,经用人单位申报、考察评估,确定天元建设、升成建设4家建筑企业为象山县第六批县级大中专毕业生实践基地,提供施工管理、资料预算和安全管理等实践工作岗位。象山县自2008年开始创建大中专毕业生实践基地以来,经过多年努力,全县建成大中专实践基地34家,其中,申菱公司、天安集团为市级实践基地,天安集团还被评为市级示范实践基地。34个大中专实践基地涵盖加工制造、机械模具、建筑施工等行业,形成一个年均可提供1300多个工作岗位的实践基地平台。2013年,象山县拨付实践基地费用50余万元,接收大中专毕业生850人,其中达成就业意向660人,形成了一个良好的校企互动、内化就业的工作平台,促进更多的优秀毕业生人才留在象山。

【发放紧缺工种高技能人才岗位补贴】 为进一步拓宽企业技能人才成长通道,激励高技能人才更好地服务企业发展,努力营造"崇尚技能、岗位成才"的社会氛围,县人力资源和社会保障局充分综合象山县产业发展方向、企业用工需求,根据2013年度全县紧缺职业(工种)高技能人才岗位补贴目录,面向汽车维修、船舶修造、机械制造等23家企业44名技能人才,首次发放了紧缺工种高技能人才岗位补贴共计16.15万元。通过发放补贴,引导企业更加重视高技能人才、不断提高高技能人才的薪资水平和社会地位的同时,进一步营造"岗位成才"的社会氛围,引导、激励企业培养一批优秀的高技能人才。

【实施"人才绿卡"制度】 象山县制定出台《关于建立"人才绿卡"制度进一步做好人才关怀工作的实施意见》,以有效解决人才落户后配偶就业、子女就学、继续教育、创业扶持等8大类问题。这是宁波市第一个县级层面出台的人才综合服务政策。"人才绿卡"分A卡、B卡两种,A卡主要面向入选市级以上人才工程、博士研究生等9类人才,B卡主要面向入选县级人才工程、硕士研究生等8类人才,一般由人才所在单位随时申报,县人才关怀工程工作协调小组及时受理。"人才绿卡"制度将原先关于人才关怀的工作措施进行整合,利用涉人才工作部门的职能优势,重点围绕高层次人才落户后的生产生活问题,为他们开辟绿色通道,提供"一卡通"全方位的服务。

【新增一家市级企业技术创新团队】 2013年度宁波市企业技术创新团队答辩于8月14日正式落下帷幕。在参加申报的四家企业中,象山县龙元建设集团股份有限公司和志华化学有限公司宁波志华化学研究中心进入最后答辩环节。最终志华化学喜获评市级企业技术创新团队,将获得每年20万元,连续三年的财政补助。宁波志华化学有限公司作为象山县的化工龙头企业,2008年被认定为国家高新技术企业,2011年获评省级研发中心,目前国内粉末助剂行业中,宁波志华化学有限公司的产品销量,市场占有率位居第三;"日化抗菌剂"三氯卡班生产位居亚洲第一。三年来主持研发市级新产品近20项,均属高新技术领域。在答辩环节中志华团队凭借公司强大的抗菌原料平台，以开发具有高性能的日化消毒终端产品为产业目标，以此完成公司转型升级任务的创新方案获得专家团的一致肯定。

【县人力社保局走访重点企业探路人才评价试点】 为确保人才评价试点建设工作有效落实，县人力资源和社会保障局组织工作人员一行，走访县重点企业，探路人才评价试点建设并调研企业对人才工作开展的有关意见和建议。工作组一行通过前期排摸重点确定了20家劳动力密集、技能人才需求旺盛、引才意愿较强的企业，涵盖模具制造、建筑施工等多个代表性行业，在实际走访过程中，通过与企业主面对面地座谈讲解，引导企业及时了解人才评价试点建设的重要性，促进企业不断优化内部成才环境，助推高技能人才实现内部成才、岗位成才，通过工作组的努力，多数企业均有意向开展人才评价试点建设，在沟通过程中，工作组也就后续工作开展、培训支持、政策保障等方面细致进行了解答，有效消除了企业因不了解该项工作所存在的顾虑，提高了工作主动性。

【市级技能大师工作室创建实现零突破】 经申报、推荐及专家评审，由宁波合力集团股份有限公司和象山港高级技工学校联合承办的李善东技能大师工作室顺利评为市级技能大师工作室，实现零突破，将获得一次性10万元的工作经费补助，用于高技能人才技术攻关、创新和交流、传授技艺和实现绝技绝活代际传承。技能大师工作室由具有绝招绝技的技能大师领办，是开展技术攻关创新和高技能人才培养的场所，通过开展校企合作，象山港高级技工学校机械专业高级技师李善东参与宁波合力机械进行技术攻关，先后参与“EA211MPI缸盖重力铸造模具”“1.8T发动机缸体铸造模具”等项目，均获得中国模协颁发的“精模奖”一等奖，刹车间隙自动调整臂获国家专利，完全取代进口产品，2013年有望实现销售量10万件，销售额2300万元。创建技能大师工作室有助于创新企业高技能人才研修平台、增强企业创新能力和核心竞争力。

【推进外国专家许可下放促进海外引智】 自9月10日起，象山县正式受理“外国专家来华工作许可”“中等以下教育机构聘请外国专家单位资格认可”“国务院履行出资人职责企业以外的企业聘请外国专家资格许可”和“外国专家证核发”等行政许可申请。相较过去，正式引进外国专家须由企业或教育机构向宁波市外国专家局提交申请审批，时有因不了解申报环节和所需材料导致反复奔波，同时也不利于政府对县内外国专家的信息掌握及管理服务。2013年，通过申请报备等流程，象山县已取得此四项行政审批及管理事项权限，同时，详细明确的办事流程也已在象山县人力资源和社会保障局门户网站阳光政务板块公开，今后，用人单位引进外国专家的相关手续，在县内就能全部办妥。

【组织参加国内外高层次人才引进洽谈会】 第十五届宁波人才科技周之国内外高层次人才引进洽谈会于9月16日在宁波国际会展中心顺利举行。县人力资源和社会保障局结合象山县的社会环境、特色产业、人才政策、人才成果等相关内容精心布置了象山人才工作宣传展厅，力争最大程度吸引企业、求职者驻足观看，并入馆洽谈交流。此次高洽会共组织了14家企业参会招聘，其中开放式洽谈会9家，封闭式洽谈会5家，推出岗位共计200余个，与往年相比，除传统的机械设计岗位，此次高洽会还新增许多市场开拓、销售等领域的管理人才需求，进场应聘人员以2013届在读博士研究生、硕士研究生为主，而象山县参会企业主要需求依然以高技能、高职称以及高级经营管理人才为主。

【推进建筑业人才高地建设促进特色人才培养】 为进一步增强建筑业的整体竞争力，破解近几年建筑行业发展过程中的人才瓶颈制约，促进人才结构不断优化，2013年，象山县着力推进建筑业人才高地建设，力争用3～5年时间，使全县拥有一支包括4000名注册建造师、2家市级企业技术创新团队在内的专业齐全、结构合理、适应行业发展和具有市场竞争力的人才队伍，大力提升象山县建筑业人才整体素质和企业的综合竞争力。在《关于推进建筑业人才高地建设的实施方案》基础上，进一步制定了2013年人才开发具体计划，包括工作目标、工作内容、时间安排、相关责任人等。并会同县建管局组织十几家建筑企业对人才建筑高地事项专题研讨，邀请宁波市局专技处、培训处专家到象山现场指导,对具体目标任务等进行了分解和讨论。同时,充分将高技能人才培训与打造象山建筑人才高地相结合,积极引导建筑企业培养高技能人才。通过专项培训,该县华锦建设等10余家建筑企业已有100名职工取得了木工、砌筑工、工程电气设备安装调试工等工种的二级技师资格。

【首家国家级博士后科研工作站正式授牌】 12月24日,象山县首家国家级博士后科研工作站日升集团国家级博士后科研工作站正式授牌。该国家级博士后科研工作站成立,是象山县大力推进人才强县、科技强县战略取得的可喜成绩,为日升集团充分利用合作对接的博士后资源,不断推进科技创新、人才培养、科研成果转化等方面取得新突破提供了有力的平台支持。授牌仪式还举行了博士后出进站评审会,桂林科技大学教授、博士范兴明的研究课题《配电网自动化技术及应用研究》通过考核组专家评审,成为该博士后工作站的首位出站博士后。北京交通大学副教授、博士文化宾通过审核进站。

【宁波市人力资源经理协会象山分会成立】 12月24日,宁波市人力资源经理协会象山分会挂牌成立,协会成立后,将进一步加强市县合作,资源整合,全面提升象山县人力资源队伍整体水平,优化人才开发环境。宁波市人力资源经理协会是由宁波市企事业单位和人力资源管理方面的专家学者自愿联合发起成立,经宁波人社局批准、宁波市民政局依法核准登记的非营利性专业性社会团体,旨在组织企事业单位开展人力资源管理方面的协作与交流,探索、借鉴、推广和发展最新人力资源管理理念和实践,培养现代人力资源管理专业人才,为人力资源专业人士提供交流和学习的平台。同时,成为企业与政府沟通的桥梁,政府服务企业的载体。2013年,协会会员500余家,主要是宁波市内重点骨干企业。此次象山分会成立,共吸纳首批象山会员企业55家。下阶段,分会将依据全县人才工作实际,尽快制定2014年度工作计划,加强人力资源开发,促进HR经理群体成长,为全县经济社会发展提供人才支撑。

劳动管理

【概况】 2013年,开展了“春雷”、规范中小企业劳动用工行为、劳务派遣等11次专项检查行动,积极推进用人单位加强基础性用工管理。活动期间,共检查用人单位1245家,涉及职工81632人。经督促补签合同2072人,补缴社会保险1997人,开展女职工定期体检743人,参加持证上岗培训850人,开展劳动用工年检263家。全年共受理上级交办和群众来信74件,受理群众来访投诉410件,涉及人员2000余人,调解处理359件,其中群体性45件,接听“12333”咨询电话22617个,及时答复群众政策咨询、办事流程等问题,群众满意率达99%以上。全年处理劳动争议案件695件,结案率达93.1%,其中,通过调解撤诉结案的案件占71.6%,集体劳动争议案件法定期限内结案率达到100%。

【首届“双爱”宣传活动启动】 4月19日上午,象山县人力资源和社会保障局组织的首届“企业关爱职工、职工热爱企业”的“双爱”宣传活动在丹城公园门口举行。此次活动共有养老、失业、工伤、医疗、生育等社会保险咨询、欠薪举报投诉、劳动仲裁申诉、政策咨询解答等项目,发放各类宣传资料1000余份,受理咨询100余起,群众的踊跃参与,使这次宣传活动获得圆满成功。此次活动旨在通过依法规范劳动用工、合理调节收入分配和大力推行民主管理,形成职工得实惠、企业得效益、经济得发展、社会得稳定的良好局面。

【开展清理整顿人力资源市场秩序春雷专项行动】

为维护人力资源市场正常秩序,加强对职业中介机构和用人单位招工行为的监督管理,为劳动者创造公平有序的就业环境,结合象山县实际,在全县范围内开展清理整顿人力资源市场秩序“春雷”专项行动。此次专项清理行动主要整顿职业中介领域的违法犯罪活动,对以职业中介为名,坑骗求职者财物、拐卖妇女或未成年人等违法犯罪活动的组织、单位或个人将进行严厉打击,依法取缔“黑中介”,对未经许可和登记,擅自从事职业中介活动的组织或个人,依法查处和取缔。行动期间,共检查职业中介机构7家,涉及求职人员150余人;检查走访用人单位36家，涉及职工人数3820人。经检查职业中介主要存在无行业服务许可证、收费标准没公示，证照未上墙公示、介绍信名称不符等问题，对存在问题的职业中介下达限期整改指令书，要求限期整改，36家用人单位情况均良好，无提供虚假信息，超标准收费，向求职者收取招聘费用等违法行为。

【开展“律师值班”助推法律援助】 象山县人力资源和社会保障局于2012年设立劳动仲裁院法律援助工作站，方便劳动者申请法律援助，并于2013年7月3日开始，安排象山信大律师事务所、华宁律师事务所等8家律师事务所及法律服务所的12名律师及基层法律服务工作者参与劳动仲裁院法律援助工作站的值班工作，每周三上午进行劳动用工维权咨询，及时对需要法律援助的劳动者进行登记，并协助做好法律援助申请。全县劳动争议案件均由劳动者提起上诉，多数劳动者不熟悉劳动法律法规、经济能力较弱、对申请劳动争议仲裁和办案流程不了解，一定程度上制约了劳动者的及时合法维权。而通过建立值班制度，能确保劳动者及时知晓自身合法权益，合法有效进行维权。

【推进中小企业劳动用工行为整治】 一是突出重“点”整治环节。专项检查行动以服装针织、机械制造、餐饮服务等劳动密集型中小企业等为重点检查对象，切实做到寓监管于服务，及时指导企业加强劳动合同签订、工资发放、社保征缴等基础性劳动用工规范。经督促，及时补签劳动合同139人次，补办社会保险登记3家，补缴社会保险159人次，引导企业开展女职工定期体检41家，涉及743人次。二是形成多“线”整治合力。充分发挥各镇乡(街道)监察中队属地监管优势，强化联动配合，形成多线整治合力，提速增效。对于存在的违法用工行为，及时下发限期整改指令书，并建立跟踪落实目录，由辖区中队督促整改落实。专项检查期间，共计检查用人单位61家，涉及职工2677人，查处违法用工行为80余起，下发限期整改指令书20余份。三是筑牢全“面”欠薪防线。动员镇乡(街道)加强欠薪隐患信息采集，将生产不稳定、员工投诉较多、曾有欠薪行为的单位列入检查目录，通过集中问询员工工资发放情况、查验工资发放记录，切实杜绝欠薪行为。专项检查结束后，及时将用工不规范、存在欠薪隐患的单位纳入镇乡(街道)网格化重点监管，加强日常走访密度和频次，全面筑牢欠薪防线。

【劳动人事争议仲裁院与会座谈破解国企用工管理难题】 由象山县国资办组织召开的关于国有企业劳资纠纷应对处理的座谈会，包括象山海岛公司、象山县松兰山旅游开发有限公司、渔港管委会、象山县影视城有限公司等在内的十多家国有企业的负责人、人事干部参会，象山县劳动人事争议仲裁院负责人就象山当前国有企业用工管理存在的突出问题、如何预防和有效化解劳动争议进行了指导，通过近几年国有企业劳动争议案件处理实践举例确保各国有企业能够正确认识现状、及时规范劳动用工管理、有效化解劳资矛盾。会上，重点针对国有企业管理中容易产生争议的加班及年休假工资计算、劳务派遣责任承担、医疗期规定等进行了专块分析，并结合近期劳动法律法规新修改的内容进行难点分析探讨，指导企业掌握处理方法及仲裁程序。

【顺利通过劳动保障监察“两网化”建设考核验收】 为进一步加强基层监管力量，象山县自2012年1月全面开展劳动保障监察两网化建设，2013年，全县已建成27个监察网格，通过整合监管资源、强化基层监管队伍建设，及时落实监管责任，统筹开展日常走访、专项检查、书面审查等各项工作，有效提高了监察监管效率，形成了合法公正和科学有效的源头治理、动态监管和应急处置相结合的监察管理体制，实时掌握用人单位劳动保障管理状况。

7月30日，宁波市支队劳动保障监察两网化建设工作检查组到象山县开展劳动保障监察两网化建设考核验收，通过实地查看第二批验收的11个镇乡(街道)“两网化”建设情况和第一批验收的6个乡镇“两网化”建设台账资料，听取象山县关于两网化建设工作情况汇报，全面了解了两网化建设方面的各项工作开展情况，并对象山在基础信息录入、窗口化建设、业务工作台账标准等方面给予了充分的肯定。经综合考核评定，全县18个镇乡(街道)全部顺利通过此次两网化建设验收工作。

【推进防暑降温专项检查】 县人力资源和社会保障局以责任落实为抓手对辖区内企业深化开展防暑降温监督专项检查。通过专项监察,一方面及时纠正企业的不规范行为;另一方面,通过监察不断提升企业防暑降温意识,重视改善高温天气的劳动保护条件。该次专项检查主要把高温天气下室外露天建设施工企业和室内较重劳动强度的生产企业等用人单位作为重点检查对象,把用人单位工作时间、休息时间、工资支付等执行高温条件下的劳动禁忌标准和高温津贴发放的落实情况作为重点检查内容,组织执法人员深入作业现场实地检查,加强政策宣传和指导,对发现存在的问题及时依法予以纠正,做到检查一户、宣传教育一户、指导规范一户,切实保护劳动者合法权益。专项行动期间,共检查单位16家,部分用工单位存在高温津贴未发放或没有足额发放的情况,部分企业的工作时间超过规定。对违规的用人单位及时下达整改指令书,并跟进整改落实。

【开展劳动保障专网检查】 2013年7月,县人力社保局组织工作人员集中对全县18个镇乡(街道)劳动保障专网建设情况进行了深入走访了解,并对各镇乡(街道)的2个行政村进行抽样调查,确保及早发现问题、工作难点,做到应对及时,有效化解。通过大范围的调查摸底,发现部分行政村存在电脑损坏、老旧、专网安装工作滞后、劳动保障专网没有专线接入影响数据库稳定及劳动保障专机一机多用接入外网等问题,针对发现的问题,确保劳动保障专网顺利接入并做好数据库动态维护工作,县人力社保局对基层提出以下办法,如及时更换电脑设备、专人跟进专网安装工作、严格专机专用等。通过检查和汇总,及时引导各镇乡(街道)重视基层劳动保障平台建设,并在人力、财力、物力上进行落实,严把关口,确保基层网络平台建设真正起到作用,施惠于民。

【开展用人单位遵守劳动用工和社会保险法律法规情况专项检查】 7～8月份,县劳动保障监察大队在全县范围内组织开展用人单位遵守劳动用工和社会保险法律法规情况专项检查。行动期间,共检查用人单位36家,涉及职工1654人,共查处违法行为31件,发放询问通知35份,下达限期整改指令书20份。经督促整改,已补签劳动合同78次,补办社会保险登记3家,补交社会保险费6.22万元,参加持证上岗培训报名103人。专项行动期间共发放“劳动合同法”“社会保险法”等劳动保障法律法规资料及宣传手册3000余份。

此次专项检查结合部和省厅规定的8项专项检查内容,突出对技术工种就业准入、社会保险参保、严禁使用童工情况等重点环节的检查。促进企业提升员工素质,助推企业转型升级,全面落实社会保险法各项规定,确保今年参保扩面任务的完成。同时,通过禁止使用童工情况检查,坚决打击非法用工行为,切实净化全县的用工环境。

【推进物业行业劳动用工整治】 立足象山县劳务派遣专项检查工作整体部署,县人力资源和社会保障局重点做好物业公司劳动用工专项检查,针对物业公司遵守劳动用工和社会保险法律法规情况开展专项检查,涉及劳动合同签订、社会保险参保,同时检查用人单位是否存在违法招用童工、足额支付劳动报酬、面向求职者收取报名费、保证金、抵押金或扣押证件、参加劳动用工年检等情况。行动期间,共检查用人单位13家,涉及职工791人,共查处违法行为7件,下发询问通知书13份,下达限期整改指令书7份。经督促整改,补签劳动合同3人次,补缴社会保险154人次,补办劳动用工年审5家。专项行动期间共发放“劳动法”“劳动合同法”“社会保险法”“禁止使用童工规定”等劳动保障法律法规资料及手册300余份。

通过专项行动,督促用人单位及时办理社会保险登记,依法为职工参加社会保险,全面落实社会保险法各项规定,坚决打击非法用工行为,切实维护劳动者合法权益,净化用工环境,促进劳动关系的和谐稳定。

【全县预防欠薪工作座谈会召开】 全县预防欠薪工作座谈会召开,研究分析当前全县劳动关系领域存在的问题和总体态势,部署预防欠薪工作。副县长邱金岳出席会议。会议要求,各部门要重点把预防欠薪工作的机制建立起来,切实发挥好预警机制的防范作用,在处置劳资纠纷工作上打主动仗。要进一步明确责任,人社、住建、公安、工商、法院等多个部门对于负责的工作要拿出硬措施,对下级部门抓好指导督查，对于配合协作的任务要互相支持，加强沟通协调。要建立健全欠薪企业诚信档案，明确惩处措施，及时向社会公布违法违规行为，督促企业自律守法。

近几年，全县频频出现群体性拖欠职工工资、企业法定代表人逃逸等劳资纠纷，欠薪案件数量保持高发态势，严重影响了经济社会的健康发展。据统计，2011 年至 2013 年，全县出现欠薪案件 1650 件，涉及人数 13709 人，经济标的 9842.1 万元。其中，群体性欠薪案件 337 件，涉及人数 12912 人，经济标的 8164.9 万元，政府垫付金额 1356 万元。

【出台涉嫌拒不支付劳动报酬案件移送和查处实施细则】 针对近几年恶意欠薪案件处于高位运行态势，象山县召开全县防范欠薪工作会议，对年底欠薪处置工作进行了全面部署。同时为了进一步加大对恶意拖欠劳动者报酬行为的打击力度，加强对涉嫌拒不支付劳动报酬案件的移送和查处力度，各部门群策群力，出谋划策，于近日出台了涉嫌拒不支付劳动报酬案件移送和查处实施细则，是打造“无欠薪象山”品牌的又一大重要举措，有利于促进劳动保障监察执法与刑事司法的有效衔接，营造维护劳动者合法权益和社会和谐稳定的良好环境。

人事管理

【概况】 机关事业单位人事管理进一步规范。在招考过程中始终坚持做到公平、公正、公开，切实打破暗箱操作。通过实施面试环节培训全覆盖、考场全封闭、考官全抽签、过程全监督“四全”办法，基本形成涵盖考生监督、社会监督、媒体监督、内外监督等多层次、全方位的大监督格局，“阳光招考”深入人心。绩效工资改革平稳突破。着力推进全县事业单位奖励性绩效工资的调整和分配指导工作，全市首创“考核决定总量，绩效二次分配”模式，强化绩效激励机制考核功能，鼓励奖励性绩效工资向关键岗位、业务骨干和业绩突出的工作人员倾斜，实现多劳多得、优绩优酬，有效达到绩效激励的目的，促进我县目标考核和奖励性绩效工资分配工作平稳顺利完成，该项工作创新充分获得了各部门的高度认可。积极推进公务员队伍信息化管理，配合县委组织部及时开展公务员信息维护，全面开展公务员网上学习并实行学分制管理。通过开展专题培训、学法用法考试、综合素质讲座等，累计培训公务员 4400 余人次，并顺利完成 2013 年新录用公务员的初任培训任务。扎实做好公务员和事业单位人员管理，办理各类人员调配手续 135 人次，办理非领导职务晋升审批 65 人次，促进用人单位吸纳优秀人才，优化干部队伍结构。继续推进参照公务员法管理工作和事业单位岗位设置日常管理工作，深入教育系统、卫生系统、石浦镇、墙头镇等 12 家单位开展调研，及时解决岗位设置过程中的突出问题。四是军转安置稳妥推进。结合市军转办下达的任务和有关文件精神，按照民主、公开、竞争、择优的原则，实行竞争上岗办法，顺利完成 8 名(包括 1 名随军家属)军转安置工作任务，上述人员全部安排到行政机关，且为公务员身份。

【完成县各级机关考试录用公务员笔试工作】 2013 年象山县各级机关考试录用公务员拟计划招聘 115 人，其中政府线 73 人、党群乡镇线 42 人、法官预备人选 5 名、检察官预备人选 6 名。面向大学生农村工作者 21 名，面向优秀村干部招 2 名，面向优秀社区干部招 1 名，面向专职人武干部 1 名。2013 年象山县各级机关考试录用公务员笔试于 3 月 16 日进行，考点设在象山职业高级中学、宁波广播电视大学象山分校和象山县技工学校，总共安排 83 个试场。应考 2471 名，缺考 627 名，到考率为 74.6%。

【完成全县事业单位公开招聘工作】 在事业单位公开招聘过程中，县人力资源和社会保障局坚持公开、平等、竞争、择优原则，严格按照省、市有关规定和招聘程序做好事业单位公开招聘工作。2013 年全县事业单位公开招聘考试计划招录 86 人，除 2 名女考生怀孕外，其他 84 人完成录用工作。

【完成县各级机关考试录用公务员工作】 2013 年象山县各级机关考试录用公务员考试计划招录公务员 115 名，除核减 3 名，放弃 1 名，其余 111 名按程序办理录用手续。在坚持信息公开、程序规范、结果公正的基础上，县人力资源和社会保障局不断加强细节防控，实现精细化操作，使公务员招录工作水平不断提高，获得社会各界的肯定。

【完成新录用公务员初任培训】 县人力资源和社会保障局于11月4日至15日面向2013年新录用的79名公务员开展为期12天的培训，邀请各领域专家，结合当前重点工作，为学员安排了党的十八大精神、中国梦专题、群众路线、社会主义核心价值观等教学内容，并对学员们共同的薄弱点如公文写作、行为规范进行集中入门培训。学习过程中，还特别组织学员们进行互动讨论发言，实现教学相长，确保培训取得实效。

【完成军转干部安置工作】 根据市军转办下达的任务和有关文件精神，实行竞争上岗的办法，2013年完成安置营及营以下的转业干部（含技术干部）共7名，随军家属1名，军转干部全部安排到行政机关，身份为公务员。

【做好全县事业单位奖励性绩效工资的调整和分配指导工作】 为保证县绩效工资实施和县目标考核平稳顺利实施，经与县委考核办、县财政局沟通，在全市首创“考核决定总量，绩效二次分配”的模式，不但在考核促进方面保证了全县部门内机关事业人员的工作向心力，而且鼓励奖励性绩效工资向多劳多得、优绩优酬，向关键岗位、业务骨干和做出突出业绩的工作人员倾斜，使县目标考核和奖励性绩效工资分配工作平稳顺利完成。象山的这项创新，不但获得了市局的高度认可，也成为周边县市的效仿对象。

【开展县机关事业单位工作人员（含退休）健康体检工作】 为积极做好全县机关事业单位工作人员健康体检的准备工作，县人力资源和社会保障局周密安排、及早谋划，先后组织召开3次协调会，研究确定体检方案，与体检定点医院协商谈判价格，现场查看各定点医院体检中心的软硬件条件能力，确定体检对象分布情况等等。2013年，全县共有3191名机关事业单位职工参加健康体检，基本做到应检尽检，能检均检，对机关事业单位工作人员（含退休）的身体健康状况做了一次全面大摸底、大调查。

【事业单位岗位设置进入日常化管理阶段】 2013年，根据岗位设置的相关规定，共对县国资管理局、县景区管理中心等9家单位的岗位设置进行设置和调整。为全面掌握各单位在实施岗位设置管理方面的情况，进一步完善事业单位岗位设置管理，对县文广新局、县交通局、县农林局、县招商局、县教育局和县卫生局及下属事业单位、石浦镇、墙头镇等单位岗位设置管理工作进行了调研，详细了解各单位在岗位设置日常管理中遇到的各种问题。

【继续做好参照公务员法管理工作】 根据上级文件精神，2013年6月是参公申报的截止日期。县人力资源和社会保障局对全县事业单位进行了排摸，召开座谈会，与相关单位进行沟通，严把关口，仔细核对人员档案，对各单位上报的参公资料进行审核，确定33家单位符合参公申报条件。根据甬人社发〔2013〕154号和甬人社发〔2013〕243号文件，县风景旅游管理局8人和县森林病虫防治检疫站3人完成参公人员过渡。

（人力社保局办）

社会服务

双拥与优抚

【概况】 2013年，象山县以创建双拥模范县为目标，提升双拥优抚安置工作，认真落实各项优抚安置政策，确保涉军群众稳定，在促进军民融合发展上创造新特色。2013年双拥优抚工作扎实推进，涌现了许多先进单位和个人，全年度有7个镇乡(街道)推荐为市级“双拥模范单位”，4个单位和1个个人推荐为省级双拥工作先进集体和个人。

【双拥工作经验得到广泛宣传】 象山县实施平安军港建设，扩大军民共建规模和拥军支前的双拥工作经验得到解放军总部和南京军区首长的充分肯定，全国32家新闻媒体单位到象山集中采访和报道。6～9月份，南京军区在象山县总结了“平战一体练支前，军民融合固海防”的先进经验，得到国内各媒体的报道，并在中央一台新闻联播节目中转播。

【深化双拥创建活动】 2013年，象山县实施海军92815部队的营区进出道路新建工程，支持空军靶场迁建工程，做好海训部队保障工作；举办专场的随军家属就业招聘会，32名随军家属得到就业。新华社内参、中央电视台等多家中央、省级新闻媒体予以报道，并得到中央军委、南京军区和省委市委领导的批示肯定。

【提高优抚对象保障水平】 实施60周岁农村籍退役士兵老年生活补助制度，实行医疗补助“一站式”实时结算，调整847名重点优抚对象的定补标准，提高427名义务兵家庭优待金标准，2013年，全县合计发放优抚资金1915万元。为60周岁部分农村籍退役士兵发放老年生活补助154.4万元，受助人2371人。完成散葬烈士墓的迁移修缮工作，已有97座散葬烈士墓迁入前山烈士陵园。

【完善退役士兵安置培训机制】 稳妥做好5名转业士官安置工作。完成222名退役士兵安置工作，发放自主就业一次性经济补助费752万元，扎实开展退役士兵职业技能教育培训。接收1名无军籍退休职工，落实军休干部的各项待遇。

【做好优抚对象信访维稳工作】 由于新的安置和优抚政策的变动，各类优抚对象上访增加。县民政部门积极做好优抚对象思想政治和生活解困工作，转业士官重点对象得到息访。全年劝阻优抚对象集体上访3次，共接待来访120余人次，答复来信26件。

【发放现役军人家庭优待金】 依据《浙江省军人抚恤优待办法》《宁波市义务兵家庭优待金发放管理办法》和《象山县义务兵家庭优待金发放管理办法》，根据县统计局上年度城镇居民人均消费性支出和农村居民人均生活消费支出统计指标为基础，结合当地城乡人口比例测算确定，报经县政府批准，2013年度义务兵家庭优待金标准12308元，比2012年11589元增加了719元。全县服现役义务兵427名，共发放优待金560.5万元。

【调整重点优抚对象定补标准】 根据宁波市财政局、民政局《关于调整2013年部分优抚对象抚恤补助标准的通知》精神，及时对1111名重点优抚对象的抚恤补助标准进行调整，增发经费140.2万元。

【做好困难家庭节日慰问和临时性补助工作】 2013年春节、"八一"期间县、局领导慰问优抚对象90户,发放慰问金6.12万元。"两节"期间共发放重点优抚对象慰问金51.31万元。同时做好"两参"人员和早期退役义务兵家庭因变故而发生困难的临时性补助工作。2013年,全县有628位优抚对象获得临时困难补助,合计发放补助金额40.15万元,基本解决了他们的临时生产和生活困难。

【转业士官和退役士兵接收安置工作】 共接受2013年春季转业士官和2012年冬季退役士兵227名。其中转业士官5名、退役士兵222名。接收对象中符合新政策安置条件的5名。对222名退役士兵发放一次性经济补助费752万元。5名转业士官除3名选择自谋职业外,其余2名根据宁波市"双考分制"都安置到相应的事业单位。

社会救助

【概况】 2013年,社会救助工作不断延伸,内容、项目增多,救助面广量更大,但基本民生保障工作得到新的提升。当年继续开展低保规范化建设,将低保对象与购房、购车、缴养老保险、缴住房公积金、领取养老金进行比对,对有疑问的低保对象逐户实行核实,全年新增低保对象671人,退出低保对象937人。并对低保对象的审核实行动态管理,做到及时调整。从7月1日起城乡低保标准从月人均465元提高至480元。2013年年底全县共有在册低保对象5794户、8999人,共支出保障资金2866.99万多元,比2012年同期减少163万元。其中,城镇居民342户、486人(包括"三无"对象52人),支出保障资金201.67万元;农村低保对象5452户、8513人,支出保障资金2665.32万元,做到了应保尽保、应补尽补。

【发放节日慰问金】 按照市、县元旦、春节慰问工作的部署,制定困难群众节日期间的慰问方案,在元旦、春节期间对城乡低保家庭、农村五保对象、城镇"三无"对象、重点优抚对象、"三老"人员、贫困重度残疾人和散居孤儿等对象进行了慰问和发放节日补助金。一是排摸出13户特别困难户由县领导进行走访慰问;二是做好低保等困难群众普惠性慰问工作。为防止重复救助,主动和组织部、机关党工委、总工会、扶贫办、人社局等有慰问职能的部门,收集2000多户慰问名单进行比对,剔除337户已经列入上述部门慰问的困难群众,制定普惠性慰问方案。实际发放资金541.54万元,惠及8557户家庭(不包括优抚对象)。

【五保集中供养】 截至2013年10月,全县共有五保对象901户、906人,入住敬老院集中供养的对象798人,签订户院挂钩协议81份,集中供养率达97%以上,城镇"三无"对象52人,集中供养52人,供养率达100%。按季及时下拨五保对象生活保障资金,全年农村五保对象人均供养标准将达10300元左右,达到上年度全县农民人均收入(象山县2012年农村居民人均收入16388元)的63%。

【医疗救助】 为切实缓解困难群众看病就医难问题,县民政局认真按照《象山县医疗救助实施办法》积极开展医疗救助工作。一是完善制度,抓好政策落实。2013年年底,县民政、县财政、县人社局、县卫生局等四部门联合出台了《关于进一步完善医疗救助工作的意见》,扩大了医疗救助对象范围,对所有医疗救助对象实行零起点医疗救助,五保和"三无"对象实行全额救助,其他对象按比例救助,并建立重大疾病医疗救助制度,对救助封顶额有了较大幅度的提升,从2014年开始,象山县的最高医疗救助金额将提高为80000元。二是完善系统,提高救助效率。自开发医疗救助即时结报系统以来,对城乡低保、五保、"三老"人员积极推行医疗救助"一站式"服务方式,通过一站式服务有效解决了救助对象申请救助程序繁、获得救助资金慢的难题,救助效率大大提高,促进医疗救助工作又好又快发展。1～10月份即时结报医疗救助对象20865人次,其中门诊结报18332人次,住院结报2533人次,即时结报覆盖率达95%以上。三是规范管理,确保救助资金落实到位。截至2013年年底,共支出医疗救助资金917.36万元,救助对象达到2.5万人次,实际财政人均救助资金安排达到17元。医疗救助资金按《象山县医疗救助资金管理暂行办法》规定进行管理,纳入社会保障资金财政专户,实行专账核算,专项管理,专款专用,确保资金管理的安全规范。四是开展农村儿童“两病”(白血病、先心病)医疗救助,制定“儿童两病”补偿救助办法,对符合条件的“儿童两病”医疗费用进行及时救助。2013 年共救助“儿童两病”对象 7 名,其中白血病儿童 5 名,救助金额为 59728 元。

【残疾人和孤儿基本生活保障工作】 2013 年共发放残疾人生活补助金 2554.9 万元。其中:贫困重度残疾人 1696 人,发放贫困重度残疾人补助金 1460.85 万元;核定享受残疾人基本生活保障金对象 3263 人,发放残疾人基本生活保障金 1094.05 万元。从 2013 年 1 月 1 日起,县福利机构养育的孤儿基本生活费标准由原来每人每月 1079 元调整为每人每月 1162 元;社会散居孤儿基本生活费标准由原来每人每月 648 元调整为每人每月 698 元。象山县现有孤儿 21 人,其中散居孤儿 9 人,寄养在宁波恩美儿童福利院弃婴 11 人,家庭寄养 1 人。

【外来务工人员纳入临时救助范围】 县民政局根据《象山县城乡居民临时救助实施办法(试行)》(象政办发〔2012〕244 号),将在象山居住两年以上并缴纳社会保险的外来务工人员纳入临时救助范围。县民政局本级全年共审批临时救济对象 855 户,发放临时救济金 83.51 万元,其中救助火灾户家庭 17 户,外来务工人员 6 户;各乡镇审批救助对象 5000 余户次,救助资金支出 270 余万元。2013 年,县民政局共接收两名弃婴,一名寄养于宁波恩美儿童福利院中,还有一名为家庭寄养。

【避灾工程建设】 截至 2013 年年底,全县共建有 21 个避灾中心、345 个避灾点,使用面积达 36.17 万平方米,可安置人员 9.28 万人。避灾中心设置在各镇乡、街道所在的学校里的,由各镇乡、街道的民政助理员管理。避灾点设置在各村的村委会大楼里的,由村级灾害信息员参与管理。根据省市文件精神要求安装避灾点标识牌和指示牌,2013 年完成 21 个避灾中心和 140 个避灾点标识牌、指示牌的安装。

【做好第 23 号强台风“菲特”灾后救助工作】 2013 年 10 月第 23 号强台风“菲特”,全县受灾人口接近 10 万人,直接经济损失达 5 亿多元。面对大灾,县民政局沉着应对、快速反应,认真落实防台预案要求,全面做好防台减灾工作。全县共开放避灾场所 287 个,集中安置灾民 7374 人,并对灾民的基本生活进行保障。下拨救灾资金 143 万元,过冬棉被 460 件,通过镇乡(街道)及时发放到受灾群众手中,确保灾民的基本生活。灾后维修因台灾倒塌、损坏房屋 24 户 34 间。

社会养老

【概况】 截至 2013 年年底,象山县农村老年人口达 8.6 万人,占老年人口总数的 84.8%。为保障农村老年人的养老服务需求,象山县结合新农村建设,积极探索“集体建设、无偿居住、旧宅收回、配套服务”的“集中式”居家养老服务新模式,通过建设农村居家养老公寓,有效破解农村养老服务难题。全县已在 104 个村建成养老安居房 1348 套,入住老人 1452 人。

【拓展养老政策保障体系】 2013 年 12 月出台《关于深化完善社会养老服务体系建设的若干意见》。成立象山县养老服务协会,举办首期养老机构护理人员培训班。健全高龄津贴发放动态管理机制,全年共发放高龄津贴资金 970 万元。

【加快养老机构建设】 加快建设总投资 3.5 亿元、1500 张床位的县老年公寓,至 2013 年年底工程主体结构全部结顶,完成投资额 2.18 亿元。完成县福利院屋顶防漏改造。乡镇敬老院升级改造顺利推进,茅洋乡敬老院投入使用,黄避岙乡敬老院主体工程结顶。至年底批准成立 6 家民办养老机构,新增床位 462 张。开展 20 张床位以上的民办养老机构专项安全检查。

【推进村居家养老公寓】 全年在 50 个村建成 860 套集中式居家养老安居房,至 2013 年年底累计有 104 个村建成养老安居房 1348 套,入住老人 1452 人。在全省居家养老服务工作会议上,象山县就推广建设农村居家养老公寓作了典型交流发言

社区(村)建设

【概况】 2013年,象山县委出台《关于进一步加强新形势下城市社区建设的若干意见》,召开全县社区建设工作会议,为全县社区建设工作明确了方向。当年落实安排社区工作经费560万元。积极协调解决部分社区服务用房,确定丹东街道和丹西街道6个社区服务用房的调整方案。建立社区考评县级部门工作制度,并纳入部门年度目标管理考核内容。

【发挥社区服务功能】 抓好服务平台建设,当年新增4家社区服务中心,全县共有16个社区建成“一站式”服务大厅。实行部门工作进社区准入报批制度,编制《部门工作进社区准入目录》,对各类在社区开展的创建评比项目进行清理规范。全面实施社区电子“一本账”工作制度。

【优化社区组织体系】 不断完善社区党总支为核心、社区居委会为基础、公共服务中心为平台的“一委一居一中心”的“三位一体”社区组织体系。并采取“1+N”的模式,对区域内党组织和党员进行属地管理和横向挂靠管理,建成社区党总支18个,新建立支部37个,党小组62个,实现社区党组织结构的创新和党建工作在社区的全覆盖。同时吸纳社区内企事业单位、“两新组织”负责人及社会贤达人士组建社区和谐共建理事会,使区域内的企事业单位与社区内外互动,构建起了一个完整的社会生活共同体。

【完成社区换届选举】 按照省、市统一部署,从4月至7月,全县26个社区和19个居委会全面完成第九届社区换届选举工作。实行县、镇乡(街道)、社区三级联动,经过选举准备、全面实施、总结验收三个阶段,圆满完成社区换届选举任务。全县80%的社区采用直选方式,选民参选率达到93%,并在发扬民主、依法选举的基础上实现年龄选轻、素质选强、结构选优的目标。新产生居委会成员平均年龄39.5岁,大专以上文化程度占86%,社区队伍的结构进一步优化。

【建立社区工作准入制度】 制定《象山县社区工作准入实施办法》,对各部门在社区开展的组织机构设置、工作任务、考核检查、创建评比、统计调查等工作,一律实行准入报批。由县委办牵头,县城乡社区建设工作领导小组办公室和县纠正不正之风办公室承担具体工作。统一编制《象山县2013年部门工作进社区指导目录》,详细规定社区承接的事项,未经准入的工作一律不准擅自延伸至社区。对确实需要社区协助而准入的工作任务,由社区便民服务中心承接,按照“权随责走、费随事转”的原则,赋予社区相应工作职权,提供必要的工作经费和工作条件。力争从源头上解决社区职能和社工角色归位问题。

【开展社区评议部门】 为充分发挥部门、社区在加强和创新社会管理中的各自职能,2013年起,建立了社区评议县级部门工作制度。县级各部门在社区布置任务、开展创建评比、组织考核达标、服务工作作风等接受社区评议,并纳入部门年度目标管理考核内容。县城乡社区建设工作领导小组办公室制定出台了《2013年社区评议部门实施细则》,纳入目标管理考核对象的64家县级部门均接受所有社区的满意度评议。评议内容由10项指标组成,每项指标设置6项选项,分别对应相应的考核分值。11月底,由县城乡社区建设工作领导小组办公室负责将评议表发到全县每个城市社区,由各社区进行满意度评议,评议结果计入县级各部门的年度目标管理考核总分。

【推进社区信息化建设】 不断提高运用现代信息技术手段服务居民的能力。积极实施社区工作“一本账”,多次组织街道、社区到江北等地学习。6月份统一开发社区电子工作台账系统,7月中旬组织社工进行业务培训,8月份起全面推行社区工作台账电子化。11月份在原社区网站的基础上,运用互联社区,加强社区与网格及居民之间的联系,及时搜集社情民意,做好政策宣传。

【加强社工队伍建设】 2013年向社会公开招聘32名社区专职工作者,全县社区专职工作者达到每400户居民配备一名,初步改变人手严重不足的局面。加强社工综合素质能力培训,5月份,借助社会工作师职业资格考前培训，组织全县社区工作者与考生一起参加了为期三天的培训，35%的社区专职工作者获得社会工作者职业资格证书，90%的社区有一名以上社会工作师。将社区负责人的培训纳入全县干部培训主体班次，9月份组织新一届社区居委会主任（书记）到江苏进行为期一周的上岗培训。为提升社区工作者居民能力，开展社区服务管理特色案例评选工作。全面实施社区工作和社区专职工作者服务管理工作年度绩效考核，主要以社工走访联系居民、《社区工作台账》和《进格入户民情日记》为考核重点，实行包格联户，要求社区工作者对网格内每户居民每年至少走访一次。实行居民评议社区工作制度，把居民对社区工作的满意度评估作为评判社区工作的重要考核内容。

【农村社区建设】 完成列入县政府实事项目的30个农村社区服务中心建设，截至10月底，新建立32个农村社区服务中心，总建筑面积达到12000余平方米，"一站式"服务大厅（室）达到均30平方米以上。全县累计有444个村开展农村社区服务，服务覆盖了91%的行政村。

【组织村委会换届选举】 2013年9月至10月，先在大徐和茅洋开展村级组织换届市县两级试点工作，全面推行自荐直选、选前承诺、资格把关等选举方式和办法。为搞好选情调查，组成专题调研组，并会同各镇乡（街道）做好选前排摸工作，确定"选情相对复杂，对换届选举工作有较大影响"的"三类村"58个，并根据选情复杂程度划分三级。同时，各乡镇做好四个结合：把换届工作与村级财务审计相结合；与解决农村热点、难点问题相结合；与"四百行动"相结合，通过走村入户、召开座谈会、民主测评等调研排查，做好前期准备工作。对全县镇村两级有关工作人员进行规范化培训。采取以会代训等方式对镇乡（街道）选举工作骨干进行集中培训，各镇乡（街道）分别举办了4550余次镇乡（街道）和村两级的培训班，对13800余名镇乡（街道）干部和选举骨干开展了分层次、分阶段的业务培训。并统一印制资料范本、《村级组织换届选举资料汇编》、工作提示单、操作说明书和公告样本等。

全县辖18个镇乡（街道），共登记选民355572人，参加投票选民338714人，参选率95.2%。全县99%的村委会采用"自荐直选"方式，并在发扬民主、依法选举的基础上实现年龄选轻、素质选强、结构选优的目标，基本落实"七升一降"要求。选出村委会主任、副主任和委员共1825人。其中：主任472人，副主任和委员1353人，主任连选连任234人，占50%；474名妇女当选村委，妇女村民代表比例达到34.2%；村委会成员平均年龄46.2岁，高中以上有1646人，占90%。村干部队伍的结构进一步优化。

地名管理

【概况】 为切实做好全县地名命名工作，提高地名命名质量，根据《象山县地名管理办法》，年初建立地名命名专家审查工作机制，邀请各成员单位及社会著名人士组成了专家小组，根据各单位上报的地名命名申请，按照有关地名法规和地名命名的原则，认真做好地名命名的审核。2013年全县共办理地名命名15处，其中住宅小区11处（东一华庭、上城公馆、翡翠苑、春天里、牡丹苑、西沪华城小区、晓城故事家园、玖玺花园、和景府、丰雅苑、久久华庭），不予命名小区1个（凤凰佳苑）；命名建筑物1个（海港城），命名道路2条（中心城区1条"东站路"、贤庠镇1条"凤山路"）。

【地名标志设置】 为提升象山的城市品位配合象山"两创"城市检查，2013年全县共设置各类地名标志1864块，其中豪华型双杆路牌186块、幢牌144块、门牌1534块。为配合行政服务中心的房屋产权转户、工商税务登记及供电供水部门的水电开户，经实地踏勘和核对门牌档案，共纠正非标准门牌1300余处，并给其出具标准地名证明1300余张。

【中心城区门牌整顿】 白象路因为店面转让装修、户主随意编制门牌，造成门牌混乱、缺失。2013年6月，县地名办对白象路所有门牌重新进行登记制作，共更换132块门牌。梅溪路上有40户住户的门牌是按照育才路名称进行编制，发现问题后与丹东街道建设管理科进行协商，并由文峰社区组织梅溪路上40位户主进行座谈，经过协商40位户主同意在适当时候进行调整。

【开发中心城区门牌数据库】 县地名办以1：500地图上进行标绘每一户、每间街面房的门牌号及企业与商店名称，拍摄照片存档。委托象山规划设计院开发门牌数据库，门牌数据库与丹城中心城区图(三维地图)相连接。2013年10月由县信息办组织县国土局、县建设局、县规划局、县电子政务办等部门对门牌数据库进行审核验收，各部门在验收过程中对门牌系统建设评价较高。至年底，门牌系统共录入18000余个门牌号和企业与商店名称，在政府内网中运行，并脱密放在外网上运行。建成后的中心城区门牌管理系统成为向外推介象山的重要媒介和公众日常生活的良好向导，为人民群众提供便捷的门牌查询服务。

【行政界线】 加强行政区划界线管理，维护边界地区的和谐稳定，按时保质保量地完成象山县与宁海县行政区域界线联合检查工作。3月份与5座界桩的所属镇签订“行政区域界线界桩管理委托书”。按照界桩地理位置的不同，每年付给界桩保管人500元～800元的界桩保管费，并要求界桩保管人每月至少2次对界桩进行维护，维护费用由民政局统一支付。

殡葬管理

【概况】 2013年，县殡仪馆恪守“以民为本、为民解困、为民服务”的民政工作宗旨，积极宣传殡葬改革法律法规，大力推行“绿色殡葬、阳光殡葬、惠民殡葬、和谐殡葬”。全体干部职工团结奋进，以提高服务质量，提升服务水平为目标，围绕“以人为本、以德为魂、善待逝者、慰藉亲人”的服务理念，牢固树立公益事业形象。2013年该馆共火化遗体3505具，其中享受象山县惠民殡葬政策的有3372人，共免除各类基本殡仪服务费2729376元，为广大治丧群众提供了优质、高效、便捷的殡仪服务。

【推进生态殡葬建设】 根据殡葬管理法规及上级有关要求，2013年1月1日起，对所有遗体火化后的骨灰实行完全炭化，拣灰炉(高档炉)火化后的骨灰全部进行细化处理，不得撮骨，禁止使用撮骨箱装骨灰。通过前期的大量宣传准备工作和推行过程中细致周到的服务，政策施行平稳顺利，得到广大丧属的理解和支持，未发生一起与丧属的纠纷事故。

【完成火化尾气处理改造工程】 针对火化炉尾气排放的环保问题，该馆投入大量人力、物力，经过2012年下半年的立项、审批、招投标等各方面的准备工作，2013年1月初工程顺利开工。该馆配合承建单位抓质量、抓进度，尾气处理改造工程在6月底进行调试验收，7月初全面投入使用。

【落实制度抓安全生产】 火化的安全和车辆的安全是殡仪馆的中心工作，为更好地做好消防安全工作，该馆平时定期对单位的重点要害部位进行全面检查，对检查出来的消防安全隐患现场提出整改措施，指定负责人及时进行整改。3月份特别邀请专业培训老师对全馆人员进行消防安全知识讲座。6月份～9月份期间，两次邀请县交警大队的老师来馆开展安全教育学习课，时刻敲响每个驾驶员心中安全驾驶的警钟。2013年度，实现安全生产无事故。

(民政局办)

慈善事业

【概况】 2013年，象山县慈善总会募集善款2568.7万元(其中捐赠物资价值26.7万元，慈善资金增值298.3万元)，比2012年增长3.5%。全年各项救助支出1902.7万元，比2012年增长8%，受助群众达10250人次。县慈善总会获5A级社会组织等级，被评为宁波市“先进社会组织”。总会的“慈爱贫困学子”救助项目、县信用联社、绿丝带义工组织、“张任和”夫妇获“宁波市慈善奖”。

【第十二次“慈善一日捐”活动】 6月5日，县委、县府召开第十二次“慈善一日捐”动员大会，县四套班子领导参加会议，李关定书记在会上作动员。会后，在县四套班子领导和县四办的带动下，各级各部门、各行各业及社会各界爱心人士积极参与捐款活动。全县所有行政事业单位、406家企业、103个村(社区)参加“慈善一日捐”活动，参与人数达18613人。第十二次“慈善一日捐”共募集善款831.4万元，其中镇乡(街道)募得善款489.8万元。

【增设冠名慈善基金】 2013年，总会不断总结募资经验，继续劝募设立"冠名慈善基金"，各慈善分会也加强建立"冠名慈善基金"工作。全年有9家单位与总会新签订冠名慈善基金，其中分会新设立3家。截至年底，全县冠名慈善基金共有53家，基金本金已达到16987万元，年可用资金达1267万元，当年1月至10月份到账801.6万元。其中：县信用联社、县地产房产总公司年捐赠100万元；宏润集团年捐赠80万元。

【加强日常募捐力度】 2013年，通过多种渠道、多种活动，日常募捐共募得善款217.6万元，其中雅安地震赈灾款40.8万元、"菲特"台风赈灾款39.2万元。在日常募捐中，有416位社会爱心人士参加捐款活动，募得善款80.6万元。不少人士用"好心人""爱心家庭""外乡人"等隐名捐款，一位"爱心企业家"隐名捐款10万元，化名"张任和"的捐赠者2013年又隐名捐款5万元，"紧跟父子"是两位隐名企业家，捐款4万元。全年共有51位爱心人士隐名捐款14.0985万元。

【拓展"慈爱贫困学子"助学项目】 全年共发放助学援助金118.1万元，援助人数达904人次。其中"慈爱贫困学子"的大学生助学活动，在县政府协调下，继续实行"文件统一下发、申报统一受理、标准统一公布、审核统一把关、资金统一发放"，由县慈善总会统一承办的助学模式。这次助学活动，县慈善总会统一发放助学金235.7万元，受助大学生213名；县残联出资105.9万元，资助大学生286名；县总工会出资9.4万元，资助大学生146名。为方便学生，县慈善总会开设申请、登记、受理、审核、领取助学金"一条龙"服务，做到每一位受助学生都能在上学前领到助学金。同时开展"阳光慈善爱心结对助学活动"，社会爱心人士结对助学64名贫困学子，资助7.5万元(不含捐赠人直接资助)。援助"学前贫困孤儿"39人，资助1.95万元。受理"万向集团慈善助学基金"援助学生51名，发放援助金17.26万元。

【延伸"慈善关顾特殊病患"助医项目】 全年发放助医救助金259.9万元，受助853人。助医项目注重城镇"三无人员"和农村"五保""低保户"，以及其他因病致贫的家庭。其中救助恶性肿瘤、白血病、尿毒症等重大病患者的"慈善关顾特殊病患"项目，全年救助310人，救助金额144.6万元。与县红十字会共同建立"高危贫困孕妇"救助基金，一年来共救助22人，发放金额8万余元。

【助推"慈善帮扶"项目】 这是一项帮助贫困户提高脱贫致富能力的慈善救助项目。2013年，全县扶持贫困户、残疾人34户，发放帮扶资金41.6万元。其中：种植业10户，扶持金9.2万元；水产养殖业5户，扶持金4.8万元；畜牧饲养业15户，扶持金14.1万元；经营业主4户，扶持金3.5万元。协同市慈善总会做好"扶贫基地"工作，重点扶持高塘岛乡"前强果蔬合作社"慈善爱心基地，发放扶持金10万元，在当年的高温干旱和台风灾害中发挥了保障作用，该合作社的大棚西瓜等果蔬获得了丰收。

【延续"慈惠新象山人"活动】 这是一项关注新象山人的慈善救助项目，重点扶持全日制民办"民工子弟学校"和助医、助困项目。县慈善总会每年拨出一定数额的慈善资金，专项用于"民工子弟学校"的教学设施建设及改善学生的基本生活。在该县居住1年以上的新象山人，因病致贫可享受"慈善关顾特殊病患"的救助。对患有先天性心脏病和畸形矫治的新象山人未成年子女、在象居住5年以上，经本人申请，可享受"慈惠童心"助医待遇。全年累计发放各类救助金15.58万元。其中：为石浦蓝天学校修理校舍助资1万元；为3所民工子弟学校、培智学校和县社会职业学校学生，发放"六一"儿童节慰问品2.8万元；为3所民工子弟学校学生发放校服792套，资助8.3万元；为13名新象山人发放助医和济困资金3.48万元。

【开展赈灾济困和"慈善情暖千家"活动】 全年发放济困、赈灾救助金878.3万元，受惠群众达5029人次。继续开展"慈善情暖千家"活动，元旦、春节期间慰问3759户困难家庭，发放慰问金419.4万元(其中总会出资183.66万元)。全年助老1552人次，发放援助金161万元。开展"阳光慈善爱心助老"活动，社会爱心人士结对助老34人，助资3.4

万元(不含捐赠人直接出资)。重阳节期间对18个镇乡(街道)敬老院入院的975名农村“五保老人”和城镇“三无老人”进行节日慰问。全县慈善机构发放重阳节慰问金30.2万元(其中总会出资19.5万元)。贤庠镇、墙头镇等分会开展重阳节敬老慰问活动,受到老人们的热情赞扬。援助农村集中式居家养老“爱心食堂”4家,助资7.5万元。此外,有关单位、企业家和爱心人士定向资助55个新农村建设项目389.7万元。在四川省雅安地震赈灾救灾中,广大市民捐钱、捐物情系灾民,县慈善总会收到社会各界雅安抗震爱心捐款40.8万元,其中物资8000元,并及时将善款通过市慈善总会汇给灾区。在“菲特”台风抗洪救灾中,县慈善总会第一时间汇去善款10万元,委托余姚市慈善总会将善款发放给灾民,帮助灾民重建家园。截至10月底已有20.47万元“菲特”赈灾款发往余姚灾区。

【“绿丝带”传递慈善义工正能量】 “绿丝带”慈善义工大队是民间公益活动最活跃的组织。在“菲特”台风赈灾救灾中,该大队45位义工,分4批前往余姚参加抗洪救灾工作。“绿丝带”慈善义工大队还组织20多位摄像师深入农村,替偏僻农村老人义务拍照,为1500多名老人留下一张张幸福的笑脸。开渔节期间,“绿丝带”举办大型慈善爱心义演活动,募得善款21.8万元,该款项专门用于白血病患者的救助项目。“绿丝带”义工大队全年开展义工活动21项,参与人员达630人次。

【“水滴爱心”系列活动】 该活动由水滴慈善基金的义工们发起,1500个爱心储蓄罐为“阳光家园”凝聚力量,共收到善款25.8万元,定向用于定塘阳光爱心家园的校园改造及购置康复器材。11月,水滴慈善基金发起冬衣捐赠的“暖冬”行动,捐赠的6000余件冬衣发往青海、甘肃、四川、云南等贫困地区。他们以“水滴式”的爱心举动在象山汇成爱的大潮。

【一批慈善爱心组织和个人受表彰】 2013年度,“象山绿丝带”和石浦慈善义工大队、水滴爱心慈善基金被评为市优秀慈善义工组织;陈淑芳、张存民、辛剑敏被评为市优秀慈善义工;张雪亚、胡乐鹿被评为市优秀志愿者;骆绍伦被评为“宁波好人”;叶剑敏被评为县义工先进工作者。

【完善慈善网络】 县慈善总会坚持以乡镇(街道)慈善分会为依托,继续推动慈善组织网络向村(社区)延伸。2013年新建村级工作站16个,全县18个乡镇(街道)已建立村(社区)慈善工作站180个。石浦慈善分会建立30个工作站,募得善款46.895万元。大徐慈善分会16个工作站募集善款79万元。贤庠慈善分会8个工作站筹得善款34万元。

【打造“规范透明”慈善】 规范管理、有序运作是阳光慈善的重要内容。2013年上半年,县慈善总会先后出台《象山县镇乡(街道)慈善分会工作规则》《关于慈善捐赠物资的管理办法》等4个规范性文件,有力地促进了各级慈善机构工作的规范化。至2013年年底,18个分会都按照文件要求,建立慈善监事组,有3个分会出台救助范围、标准、审批程序等规定。县慈善总会在《今日象山》《象山慈善》公布每笔善款的来源以及各项救助支出,接受社会监督。从2013年5月起,总会对使用“冠名慈善基金”和大额捐款进行救助的,逐笔公示,不但告知捐赠者善款的去处,也告知受助者善款的来源,确保慈善资金在阳光下运作。

(蒋金龙)

气象服务

【概况】 气象部门实行上级主管部门和地方政府双重领导的管理体制,负责全县气象观测、日常天气预报、灾害性天气警报的制作和发布工作,负责县行政区域内雷电灾害防御和施放气球的管理工作。气象部门在做好常规气象业务的同时,积极做好为象山县委、县政府提供决策性气象服务。随着为新农村气象服务工作的推开和气象业务现代化的推进,为农气象服务、公共气象服务工作得到全面的开展和加强。气象部门根据象山县农渔业生产特点,积极探索为农业服务新方法,为种植业、渔业、交通运输、建筑安全、森林防火等各行各业提供服务。

【乡村气象服务站建设】 新建农村气象服务站200个是2013年市政府民生实事项目,县气象局对此项工作进行专题研究并落实:一是召开全县气象协理员会议,对建设气象服务站工作进行部署和落实;二是将新建乡村气象服务站点任务作为新农村建设对镇(乡)街道的考核内容之一;三是做好气象科普资料制作和建设气象服务站所需经费的落实工作;四是按照“有工作场所,有气象信息员,有联络机制,有直达式气象信息接收手段和有气象科普内容”标准,建设乡村气象服务站。县气象局在试点工作的基础上全面推开,7 月底完成全部建设任务。

【气象预警中心项目开工建设】 象山县气象预警中心新建工程坐落在象山县滨海工业园区金海大道东侧地块,项目总用地 10019.8 平方米,可建设用地面积 9019.8 平方米,总建筑面积 3633.16 平方米,工程概算总投资 1637.55 万元。项目整体规模为建设业务用房 3000 平方米,附属用房 300 平方米,气象常规观测场 1250 平方米(含风廓线观测场 1 个),移动雷达库一座及移动雷达探测场地。该项目集气象管理、预测报业务、防灾减灾、雷电防护四者于一体,是县气象局发展现代气象业务、实施“十二五”规划、创建绿色台站的基础性工程,是初步建立基本满足国家需求、结构完善、布局合理、功能齐备、具有世界先进水平的现代气象业务体系的需求,是加快发展公共气象服务业务、大力发展气象预报预测业务、科学发展综合气象观测业务的基础。该工程于 2013 年 4 月份开始动工,截至 2013 年年底,观测场已建设完成,科研用房、附属用房及门卫用房都即将结顶,完成投资 800 万,预计 2014 年 6 月完工,建成后将成为象山县人民政府防台、防灾减灾的指挥部及气象灾害发布中心。

【适时开展人工增雨作业】 自 7 月 1 日出梅以后,象山县出现持续的高温天气,从 7 月 2 日到 8 月 11 日共出现 27 天的高温,接近历史记录。8 月 8 日最高气温创象山站有气象记录以来新高,达 40.5℃。期间降水量仅 14.9 毫米,不足常年的 10%,接近历史最少。随着晴热少雨天气的持续,7 月下旬开始,旱情开始显露,并在接下来的日子里不断发展,到 8 月中旬发展成中度旱情,局部大旱。面对罕见的强高温少雨天气,县气象局全体工作人员认真分析天气形势,深入了解各地旱情发展影响情况,对重点影响地区开展实地调查,严谨制作各类天气服务产品。在整个高温天气期间,共发布气象信息内参 19 期,其中包括农用天气专题服务 9 期,高温橙色预警 12 期,红色预警 2 期,内容通过手机短信、网络、电视、报纸、广播、电子显示屏等即时发布。在做好气象预报预警服务的同时,气象部门敏锐捕捉有利时机,积极开展人工增雨活动,以解燃眉之急。8 月 18 日 16 时,象山人工增雨作业小组追云赶赴涂茨镇道人山围垦工程施工塘坝,于 18 时 45 分接连发射了数枚增雨弹,象山地区降雨明显增强。至 19 日 8 时,象山面雨量 20.5 毫米,北部降水量都达到 20 毫米以上,其中贤庠镇珠溪测站的雨量最大,达到 51.5 毫米,而中南部也普遍出现 10 毫米～20 毫米降水,缓解了旱情。

【出台全面加快推进气象现代化建设方案】 象山县率先基本实现气象现代化工作得到县委、县政府和各相关部门的大力支持,县政府 7 月下发《关于全面加快推进气象现代化建设的通知》,明确加快推进气象现代化建设的总体要求、基本原则和目标任务,全面部署率先基本实现气象现代化工作。《通知》提出,实施现代化气象业务体系建设,提高预测预警及服务能力:一是增加密度,科学布点,切实提高气象观测自动化水平;二是实施气象业务信息处理现代化,提高信息综合利用水平;三是努力提高天气预报精准化,提升气象部门工作效率。《通知》要求加快推进现代化气象服务体系建设,使气象信息更好地为社会经济发展服务。一是实现气象公共服务业务化;二是深入推动气象公共服务均等化;三是全力实现气象服务专业化。为做好全国率先基本实现气象现代化建设试点工作,全面加快推进象山县气象现代化建设,7 月 22 日,象山县政府办公室下发通知成立县气象现代化建设领导小组。县发改局、公安局、财政局等 16 家单位列入领导小组成员单位。

【完善气象行政审批】 为构建全县防雷安全体系,象山县将政府审批管理的新建项目防雷行政许可纳入必备程序,防雷设施核准事项列入建设、规划、房产、消防窗口审批必备条件。气象部门在行政审批和社会管理中,以“优化服务窗口建设,切实增强服务意识、提高行政效能”为抓手,将创建群众满意基层避雷检测所、办事窗口作为重点工作。在充分缩短时间提高效率的基础上制订工作流程，简化办事程序，完善一审一核制，把主动服务、热情服务贯穿到服务工作的每一个环节。同时气象部门全面公开了与气象审批相关的法规依据、办理流程、服务承诺、收费标准、办理时限、监督投诉方式等信息，主动接受社会监督。根据第三方回访结果显示，县气象部门服务满意率每年均在95%以上。

【全力做好“菲特”台风预报服务】 从9月30日到10月7日整个“菲特”强台风影响服务期间，气象台共发布气象信息内参17期，发布台风黄色、橙色预警各1期，台风报告单17期，包括台风消息3期、台风警报4期、台风紧急警报10期，向当地政府、领导当面汇报10余次，接受媒体采访3次，共发布公众气象服务短信30期16万条。为了让公众更及时地知道最新的台风影响实况及预报预警信息，气象部门从6日10时开始到7日凌晨台风登陆后，每小时一次滚动发布最新的台风信息及防御建议。除了常规的天气服务渠道外，气象部门在象山港论坛上和新浪微博上及时发布最新的台风消息，提高了气象信息覆盖面和及时性。

（气象局办）

综合管理

财政管理

【概况】 2013 年,全县完成公共财政预算收入 50.63 亿元,增长 8.5%。其中:中央财政收入完成 19.94 亿元,增长 2.8%;地方财政收入完成 30.69 亿元,增长 12.5%。全年可用资金指标为 60.69 亿元,公共财政预算支出 54.54 亿元,增长 19.1%,其中用于民生类支出 42.62 亿元,增长 19.3%。全县财政收支平衡。

【运用财政政策推动县域经济科学发展】 全年落实各项税收优惠 1.7 亿元,惠及企业 625 户次,落实地税发票工本费减免政策,减免 90 万元,惠及 1910 户纳税人。深化企业培育工程,新增规模企业 49 家、亿元企业 5 家,列入市优势总部企业 5 家,完成"个转企"755 家。扩大行政事业性收费减免范围,全年共为企业减轻税费 1230 万元。落实科技三项费用 1.2 亿元,加大技改资金投入,完成县级技改和节能减排项目 205 个,财政贴息 1520 万元。实施创新驱动战略,推进高成长企业培育工程建设,成功申报宁波市重点产业技术改造等 9 个项目,争取到上级补助 1133 万元。改善全县基础设施建设,生态建设资金支出 5636 万元,积极落实本级财政资金 8.1 亿元,争取上级补助和融资资金 13.5 亿元,有力保障中心粮库、西周污水处理、环象山港公路、安居房工程等一大批重点实事工程的顺利建设。

【用于民生支出 42.62 亿元】 全年公共财政预算资金用于民生支出达 42.62 亿元,占公共财政预算支出的 78.2%。推进教育优先发展,教育支出达 8 亿元,占地方财政支出的 26.9%。落实 2000 万元,支持乡镇 5 所幼儿园建设。免收义务段学生课本费、学杂费 2521 万元,惠及 49016 名学生。落实家庭经济困难学生资助政策体系,共资助 16014 个家庭困难学生 1696 万元。增加"奖教惠师"经费 4568 万元,提高 4395 个教师福利待遇。拨付 1.6 亿元专项资金,用于全县 66 所中小学校校安工程、维修更新教学设备及还本付息。力促医疗卫生事业发展,调整完善新型农村合作医疗制度,提高农民医疗保障水平,为全县 135.6 万人次农民结报医药费 3.9 亿元。完善城市社区和农村基层卫生服务体系,投入 6500 万元保障全县 123 家社区服务中心、卫生室等基层医疗机构落实基本药物制度改革,全面实施基本药品零差率销售,减轻群众基本用药负担。加快"三农"建设步伐,全年涉农支出达 16.8 亿元,发放油价补贴资金 11.8 亿元,降低渔业生产成本。争取上级财政资金 4561 万元,用于农业综合开发和市精品园区等项目建设。落实农村住房两改补助资金 4000 万元、扶持经济薄弱村发展资金 2000 万元,保障农村集体经济项目开发扶持、运行经费和经营性创收奖励。投入 1500 万元专项资金,启动 15 个欠发达村村庄整治,落实小康村等创建资金 1282 万元,推进新农村建设。加大海洋经济支持力度,注入 150 万元资金,实施海洋经济提升行动。争取一事一议资金 1700 万元,惠及 85 个村的 84 个项目。提高社会保障水平,县财政安排 15196 万元用于保障城乡居民养老保险和被征地人员养老保障以及复退军人参加保险。落实 1118 万元资金,增加就业培训投入,加强外来务工人员技能培训,建立健全就业援助体系。健全基本生活必需品价格上涨与困难群众生活补助联动机制,对低保、优抚、安置对象发放价格补贴 129 万元。到位500万元专项资金,全面保障象山惠民殡葬工作顺利开展。

【提高财政监管水平】 继续推进国库集中支付改革,规范提升国有资产、政府建设项目管理,完善改进政府采购,不断增强实施科学理财能力。全县138家预算单位和未纳入县财政国库结算的150家领票单位,全部纳入非税系统管理。全县共有141家单位实行国库集中支付,并逐渐向乡镇拓展。对工程结算实行监理单位、建设单位、财政部门"三重审核"模式,完成审查工程结(决)算项目215只,审定投资10.2亿元,核减投资7708万元,核减率7%。开展会计信息质量检查,共查处违纪违规资金4338万元。探索创新政府采购方式,落实政府采购预算制度,提高财政资金使用绩效,年采购金额达5.6亿元,节约资金7693万元,节约率达12%。对专项资金和工程项目资金实行重点管控,全年共制止和纠正违规违纪金额1.9亿元。完善乡镇财政管理,出台《关于加强镇乡(街道)财政管理的若干意见》,建立健全政府性债务借贷审批、项目审批、利率调控等制度,恢复乡镇财政所建制,增设乡镇财政管理科,全面规范加强乡镇财政管理工作。出台《关于进一步加强企业国有资产监督管理的意见》,加强企业财务、企业用工、工资、企业投融资和资产处置等方面管理。采用保留、归并、转让、注销等方式清理整合国有企业,农林系统国有企业从原8家缩减至3家。规范国资处置行为,通过公开拍卖和公开招租,国资增值1100万元。

【加强财政信息化和法制建设】 将财信系统、镇乡财务管理系统、单位财务核算系统及土地出让金管理系统,统一纳入财政一体化系统范畴,并顺利通过国家二级信息系统安全等级测评。做好"智慧财税"一期项目全面推广前的岗位职责梳理、系统升级、宣传培训等各项工作,智慧财税系统7月1日在全县顺利上线。建立执法风险预防制度,促进税收权力规范运行,制定《执法评议考核办法》等考评监督制度,完善纳税申报率和税收入库率考核办法。

【强化会计管理】 根据宁波市会计管理信息化建设总体规划,提高会计管理水平,积极推行会计从业资格无纸化考试,全县共有2083名会计参与从业资格无纸化考试。加强会计人员继续教育,对会计人员的继续教育实行网上培训和考试,不断创新教育模式,不断提高会计人员的业务素质。

(刘丹丹)

地税管理

【概况】 2013年象山县税收收入实现平稳增长,但在宏观经济复杂多变和政策性减收较大的情况下,税收收入增速放缓。房地产业税收增长明显,小贷公司发展迅速,金融业税收出现高增长。全县共组织各项收入41.4亿元,增长19.3%。其中:地方税收收入26.30亿元,增长11.6%;各项社会保险基金11.90亿元,增长43.1%;组织各项基金附加3.16亿元,增长13.8%。

【落实税费优惠政策】 贯彻财政部、总局对符合条件小微企业暂免征收营业税等结构性减税政策和各项稳增长调结构促转型财税优惠政策,落实各项税收优惠1.7亿元,惠及企业625户次,其中10家高新技术企业仅企业所得税优惠达5229万元。对部分企业下浮2013年10月和11月的社会保险费缴费比例,受惠企业达3327家,受惠人数达90216人。扩大行政事业性收费减免范围,全年共为企业减轻税费1230万元。

【优化纳税服务】 兑现涉企重点突破事项,强化涉税政策辅导,扎实开展"千家企业纳税辅导行动",辅导新办企业443户次,通过纳税评估、CA认证、所得税汇算清缴等方式,培训3155户纳税人。拓展税收宣传平台,深化"象山地税之家QQ群"特色纳税服务,2500余家企业进入该群,税收管理员在线即时解答涉税咨询。开设"QQ税收大讲堂",制作10个税收政策解读视频,获得全市税收宣传二等奖。

【加强税务稽查】 大力整顿和规范税收秩序,开展税务专项检查,共组织纳税人自查和实施检查76户,查补各项收入达1057万元,已入库1047万元。同时,积极开展税收专项检查工作,选择证券、基金公司等为指令性检查项目,房地产等为指导性检查项目，并针对83户重点税源企业实施重点检查。

【强化税收法治】 县地税局建立执法风险预防制度，促进税收权力规范运行，制定《执法评议考核办法》等考评监督制度，完善纳税申报率和税收入库率考核办法。通过政务信息公开、税法“六进”(进农村、进企业、进社区、进学校、进军营、进景区)活动、网送税法、财务税收辅导等各种形式，多渠道宣传财税法律知识。组织全体干部参加“全县公务员学法用法考试”，参考率达到100%。依托每周一次的政治教育平台，将新颁布的法律法规及政策纳入学习范畴。

【提高征收管理水平】 抓好征管基础业务，重点清理税易系统中问题数据，落实“营业税改增值税”后续的定额重置、税种认定、发票票种核定等业务的维护工作。2013年签订委托代征协议单位12家，全年入库委托代征税款3677万元。建立季度纳税评估名单审核备案制，对30户规模企业进行评估，调增所得税应纳税所得额2035万元，进一步整顿规范税收秩序，提高纳税人税法遵从度。有序推进“营改增”试点工作，确认并向国税移送试点纳税人1016家。

【开展税收执法检查】 县地税局合理界定各执法单位的职责权限，规范行政处罚自由裁量权，出台规范性文件报备、税务稽查案件会审等制度。开展税收执法检查，并落实整改措施。在房产税等税费减免及重大税务行政处罚方面，坚持按上级文件操作，坚持集体决定制度。对税收执法人员实行执法过错责任追究制度，严肃税收执法行为。

【推进信息化建设】 做好“智慧财税”一期项目全面推广前的岗位职责梳理、系统升级、宣传培训等各项工作，确保2013年智慧财税系统于7月1日在全县顺利上线。社会保险费征缴体制改革于8月1日正式实施，实现社会保险费被动扣缴到主动申报转变，夯实税费征管基础。

【加强队伍建设】 扩大业务培训范围，分步落实全员培训计划，在湖州税校分两期对所有税收岗位的干部职工进行全员轮训。组织小企业会计准则专题培训，在市局组织的18家单位参加的《小企业会计准则》业务考试中位列团体第八。开展以“谈思路、谈建议、谈想法”为主要内容的“中层干部系列谈”活动，全年共举办5期，15位科室(分局)负责人走上讲台。关注年轻干部成长，8名新招录干部与6名业务骨干结成师徒对子。

(刘丹丹)

国税管理

【概况】 2013年，全县国税收入223177万元，实现税收与经济协调增长。县国税局积极实践“为国聚财、为民收税”的工作宗旨，税收收入稳步增长、优惠政策落实到位、征管质效不断提高、纳税服务持续优化、依法行政扎实推进、作风建设全面强化，国税各项工作持续健康发展。县国税局先后荣获2013年度宁波市“群众满意基层站所(服务窗口)”先进单位、2012年度象山县廉政文化“六进”工作示范点、2012年度县级部门党委(党组)理论学习中心组、2011～2012年度象山县“工人先锋号”等荣誉称号。

【税收收入稳步增长】 2013年，县国税局坚持以组织收入为中心不动摇，牢牢把握收入工作主动权，定期组织开展多渠道、多方位的税收预测，积极采取措施堵漏增收，全面加强税收收入分析，深入开展重点税源监控，全年税收收入任务圆满完成，顺利实现预期增长目标。全年累计组织税收收入223177万元，同比增长5.4%，其中组织增值税直接收入153019万元，同比增长29.6%；企业所得税38750万元，同比增长77.2%；车辆购置税13177万元，同比增长12.7%，为全县经济社会发展提供强有力的财力保障。

【落实税收优惠政策】 落实流转税优惠政策，为全县19家福利企业审批增值税退税958万元，资源综合利用企业退税713万元，软件产品增值税超税负返还322万元；贯彻实施增值税结构性减税政策，为全县38个行业1229户企业抵扣固定资产进项税额12660万元；助力海洋经济发展，减免远洋渔业企业所得税752万元；落实高新技术企业和研究开发费加计扣除、资源综合利用、软件开发等优惠政策,减免企业所得税 4301.58 万元,税收优惠政策引导产业转型升级作用明显;落实小型微利企业所得税优惠,为全县 764 户小型微利企业减免所得税 265.2 万元;开展出口退税"提质增效"专项行动,全年办理出口退(免)税 14.27 亿元。

【推进"营改增"试点】 完成营业税改征增值税(简称"营改增")试点双扩围工作,做好"营改增"试点纳税人扩围后的调查、登记、认定及发票发售工作,强化"营改增"行业税收风险管理。2013 年,全县共有 1887 家企业纳入"营改增"试点范围,"营改增"纳税人实际入库改征增值税 3858.2 万元,累计减负 5746.3 万元,试点纳税人税收减负面达 98.6%,其中小规模纳税人减负面达 100%。

【提升征管质效】 强化普通发票管理,推行"网络开具发票"工作,网络发票注册率达到 98.47%;落实小规模纳税人按季申报、小微企业暂免征收增值税有关政策,积极做好"个转企"工作,办理"个转企"460 户;强化增值税日常管理,审批认定一般纳税人 527 户,取消注销一般纳税人资格 206 户,认定非正常户 58 户;强化税务审计工作,查补税额 365.97 万元,滞纳金 20.7 万元;组织开展企业所得税汇算清缴工作、反避税工作以及大企业涉税管理服务工作,进一步完善非居民企业税源管理;深化税源与征管状况监控分析一体化工作,建立风险预警指标、行业(产品)评估模型和税法遵从风险特征库。

【规范税收执法】 规范重大税务案件审理工作,共审理审结重大税务案件 14 件,补税罚款近 1313 万元;完善纳税评估管理模式,强化行业税源监控,全年对 150 户企业实施专业评估,抵减留抵税额 413.6 万元,补缴入库增值税 844.6 万元,调减亏损 5017.7 万元,补缴入库企业所得税 126.2 万元,滞纳金 95.9 万元;对 302 户企业实施日常评估,评估补缴入库增值税 690.9 万元,抵减留抵税额 716.5 万元,调减亏损 3667.7 万元,补缴入库企业所得税 180.2 万元,滞纳金 74.5 万元。

【加大税收稽查力度】 整顿和规范税收秩序,组织税收专项检查和自查,切实加大对发票违法犯罪活动和骗取出口退税违法犯罪活动的打击力度,全年安排重点稽查纳税户数 155 户,查处补税 50 万元以上大要案 3 件,查处金额合计 1834.8 万元;组织企业自查 468 户,查补收入 565.2 万元,选案准确率、结案率、入库率均达到 100%。

【积极开展税收宣传教育】 以第 22 个税收宣传月为契机,创新载体,开展"税企携手　光耀半岛"税收宣传月主题宣传活动,组织税企共学十八大,围绕"家庭农场"进行涉农优惠政策送推,开展"税宣天使在行动"打造税收教育基地,取得良好的社会效应。"税企携手　光耀半岛"主题税宣项目分别被表彰为全国税收宣传月优秀项目、市局优秀创新项目一等奖。

【强化政务公开】 在国税门户网站、"中国·象山"政务网站、象山国税官方微博等平台切实做好政府信息公开工作。全年开展网上问卷调查 2 次,意见征集 2 次,开展"'象山蓝''12366'综合服务平台,打造立体式纳税服务"在线访谈节目 1 次。县国税局被表彰为 2013 年度象山县政府信息公开工作先进单位。

【优化纳税服务】 积极实施"象山蓝"服务品牌化战略,打造以"12366"热线为中心的"象山蓝"纳税服务综合平台,构建办税服务、税法宣传、咨询服务、权益维护四位一体的纳税服务新体系,不断提升纳税服务的标准化、专业化、信息化和集约化水平,全年共通过"12366"平台受理电话咨询 1640 次。进一步优化流程,对 147 项办税程序和审批项目实施简化论证。全面推进标准化办税服务厅建设,开展免填单服务 5800 人次,较 2012 年同比提升 204%。积极推行全市通办,落实全程服务、限时服务、预约服务、导税服务等制度,丹城分局办税服务厅被市局评为全市国税系统"示范办税服务厅",石浦分局、西周分局办税服务厅被评为"标准办税服务厅"。深入开展纳税人需求问卷调查,发放调查问卷 215 户次,进一步强化监督制约。依托县纳税人权益维护中心,明确受理、分流、答复等权益维护流程,构建多层次、多渠道的维权服务机制,发送纳税人权利义务监督卡 8200 余张,处理纳税人投诉事项 25 起。

(国税局办)

国土资源管理

【概况】 2013年，是象山县“三改一拆”三年专项活动第一年，县国土局积极行动、全力配合，共开展执法巡查7615人次、联动执法972人次，配合“两城”创建，对城区27家花岗岩违法加工点进行强制拆除，全县共拆除违法建筑156万平方米，完成全年任务的260%。全力做好土地要素保障工作，全年共消化批而未供土地187.4公顷、促进供而未用土地动工184.8公顷，供而未用土地处置率达100%。全年土地供应总量296公顷，其中工矿用地159.2公顷、住宅用地71.3公顷、商服用地36.7公顷、其他用地28.7公顷。全年累计收购存量建设用地15宗67.3公顷，建筑面积2888平方米，收购款9832万元。全力探索机制体制创新，起草了《象山县发展留用地实施办法》《象山县建设用地指标使用管理办法》《关于进一步加强建设用地批后监管工作的通知》《关于进一步明确农民建房有关事项的请示》《工业项目履约保证金管理办法》《国有出让土地原拆原建补交出让金的规定》及《关于进一步加强矿产资源行政监管和执法监察工作的通知》等7个政策性文件。全力强化便民一线服务，全年局主要领导带领业务骨干走访了18个镇乡(街道)、11个部门、11个基层国土所，还走访了20多个村和62家企业，听取企业建议79条，面对面解决涉及权属争议、具体项目规划选址、规划指标争取等关系群众企业切身利益的难题38个。尤其是有效解决了经济开发区幸福塘区块、贤庠象山港小区等36家工业企业用地的历史遗留问题。全年完成各类项目总用地308.9公顷，为行政中心二期、旅游集散中心、国际水产保税冷链物流基地、中石化非标、三安制阀等重点项目落地创造了条件。但是2013年县国土资源管理工作也存在着建设用地规划空间日趋紧张、土地执法监察压力仍然较大、项目土地利用效益有待提高等问题。

2013年，县国土局先后获得：保发展保红线工程2012年行动成效显著单位、2013年度全市国土资源行政处罚优秀案卷、2013年宁波市抗台救灾先进集体、纪念建党92周年暨“‘6·25’全国土地日”大型宣传活动文艺汇演优秀组织奖、2012～2013年宁波市信访先进集体、2013年度宁波市国土资源系统县(市、区)局(分局)工作目标管理考核优秀单位、2013年度象山县文明单位、2013年度象山县智慧城市创建工作先进单位、2013年度县重点工程建设先进集体、2013年度县工业经济服务先进单位、2013年度象山县开放型经济优胜服务奖、2013年度共建新农村先进单位、2013年度县文明示范窗口、2013年度电子政务工作先进单位、2013年度县级安全生产目标管理考核优秀单位、2013年度共建新农村先进单位。国土局窗口获得县行政中心创新奖，被评为星级窗口1次、收到服务对象赠送锦旗5面。

【用地保障持续向好】 当年全县完成各类项目总用地308.9公顷，其中新增建设用地274.2公顷，为行政中心二期、旅游集散中心、国际水产保税冷链物流基地、中石化非标、三安制阀等重点项目落地创造了条件。全年累计出让经营性用地41宗109.5公顷，成交出让金26.8336亿元。

【占补平衡继续加强】 2013年，全县计划开发造地133.3公顷，实际立项开工179.5公顷，竣工验收136.6公顷，投入资金5667万元，完成全年任务数的102.45%；计划拆旧复垦耕地33.3公顷，完成拆旧复垦耕地33.5公顷，完成既定任务的100.45%；计划建设高标准基本农田3333.3公顷，完成3356.8公顷，其中认定类项目1027.6公顷，提升类项目2329.2公顷。实施新桥洋坑村开发造地项目和贤庠镇海墩村2个复垦试点项目。

【实行产业项目准入会审制度】 县国土局会同发改、规划等单位组成工业项目会审小组，全年共对71宗工业项目进行产业项目会审，其中65个通过会审，6个因选址、环保等原因未通过。对81宗工业项目实施土地使用权证实行分阶段管理，均签订产业用地投资建设协议，收取履约保证金3000余万元，并向按期履行合同的18家企业退还履约保证金476万元，该制度促使昌国科技园区9个项目提前开工，开发区、产业区和浙台经贸合作区单位面积投资强度提高25%。

【加强国土执法监察工作】 加大动态巡查，坚决做到每日一巡查，在“五一”、国庆等长假期间实行“5

十2”、“白十黑”值班制，全年共开展执法巡查8957人次，比2012年增加314%。建立巡查台账，严格落实时报、周报、月报和季报“四必报”制度，切实做到不隐瞒、不庇护。充实执法力量，2013年新成立中队5个、补招协管员6名，开展执法业务培训4次，进一步增强执法队伍、提高执法素质。全年发现及制止违法用地207宗，向县政府书面报告7次，向镇乡(街道)发协助制止函50份，向镇乡(街道)发通报2份，其中立案查处60宗，拆除违法建筑107宗面积5.43万平方米。在矿山资源非法违法行为查处专项行动中，对22家矿山越界超量开采进行处罚，收取罚没款510.37万元。对无证采矿行为查扣电脑板等制动工具75起，扣押挖掘机7台。

【规范征地拆迁工作】 2013年，县国土局起草了《象山县村发展留用地实施办法》，制作完成《象山县阳光征地工作一张图》和《象山县征收集体所有土地房屋阳光拆迁一张图》。全年共签订征地协议345份面积444.7公顷，发放征地补偿费13477万元，涉及征地安置人员2064人，其中可参加失地社保人员785人，张贴征地公告包括9个批次、2个单独选址项目、21个农村综合整治项目，涉及342村次。

【保障“双台风”期间群众安全】 2013年“菲特”和“丹娜丝”台风期间，县国土局对18处地质灾害隐患点和22家矿山企业进行再次排查，制定了“2013年度县地质灾害点基本信息表”和“局领导班子一线督查地质灾害点任务分解表”，转移受威胁人口202人，向各乡镇责任人、监测员、国土所等发布地质灾害防治短信1800余条。此次台风期间共发生地质灾害17起，无人员伤亡，该局矿管处被市局评为抗台救灾先进集体。

【开展矿山综合整治专项工作】 2013年年初以来，县国土局持续开展矿山开发监管专项行动，对19家持证矿山开展专项检查，发现存在安全隐患矿山6家，督促完成整改；开展矿山资源非法违法行为查处专项行动，对22家矿山越界超量开采进行处罚，收取罚没款510.37万元；对16处废弃矿山进行治理，安排治理资金400万元。截至2013年年底，泗洲头、晓塘、黄避岙青山地等7处废弃矿山已通过治理验收，其余正在实施招标、治理施工等工作。

西周莲花石场治理

【深化国土行政审批改革】 切实做好简政放权工作，2013年，21项国土审批服务事项全部进驻县行政服务中心窗口，并制定相关办事流程和办事指南，明确了申请材料、办理时限和经办人员。推进工业企业服务月诚信服务，认真梳理供地环节，缩短办件时间，工业用地承诺供地办理时间从15个工作日缩短到10个工作日。

【加快信息化建设】 县国土局有序推进一张图综合监管平台建设，编制了《象山县国土资源遥感监测“一张图”和综合监管平台项目建设方案》。不断完善OA应用系统，对OA系统进行升级完善，进一步提高无纸化办公普及率和办公效率。完成数字档案建设，完成近700万页的档案制作和扫描工作并录入数字档案库。积极做好各项测绘工作，全年完成测量3151.3公顷，实现测绘产值950万元。

【推进地籍管理工作】 全面完成全县集体土地所有权地籍调查工作，调查率为100%，地籍系统中积累15个地籍区479个街坊，48249宗地，117.76平方千米的地籍图形数据。基本完成全县农村村庄数字调查工作，并完成1∶500地形图测绘、土地权属调查工作。

【开展土地利用总体规划修编工作】 《象山县土地利用总体规划实施评估报告》于2013年12月12日获省国土厅批复(浙土资函〔2013〕98号)，同意对象山县土地利用总体规划进行整体修改。2013年7月17日，县国土局组织召开象山县2013年土地利用总体规划落实方案县级论证汇报暨象山县土地利用总体规划(2006年～2012年)实施评估报告会议，着手规划修编事宜。

根据《象山县土地利用总体规划(2006－2020年)》，象山县基本农田保护任务349395亩，新增建设用地规划指标34635亩。2011～2012年间，通过努力220千伏衣亭变电所、宁波象山港公路大桥及接线工程、甬台温高速公路复线戴港至丹城连接线工程建设项目、环象山港公路林善岙至黄避岙段工程等四个省重点项目省政府共追加新增建设用地指标3594亩，核减基本农田保护任务2155亩。至2012年调整后，象山县基本农田保护任务为347240亩，新增建设用地规划指标为38229亩。依据农转用台账，象山县2006～2012年已使用新增建设用地规划指标36360亩，至2012年年底仅剩1869亩。2013年度使用新增建设用地规划指标4113亩，至2013年年底，象山县新增建设用地规划指标已经倒挂2214亩。

县政府对本次土地利用总体规划的中期修改工作高度重视，对土地规划整体修改做了一系列前期准备工作：一是认真做好规划整体修改专题报告编写工作。根据省厅要求，针对2013年的土地利用总体规划中期修改工作，从自身的条件和基础出发，做好专题研究工作。确定编写“耕地与基本农田保护专题”“建设用地需求量预测专题”“建设用地扩展边界确定专题”“建设用地节约集约利用专题”和“多规融合与土地利用总体规划修改专题”等六个专题工作，该项工作在6月底完成。二是同步推进划定永久基本农田的前期工作准备。首先完成相应的数据库成果建设(主要是整合粮食功能区、现代农业示范园区，高标准基本农田区，千万亩标准农田质量提升范围，基本农田划区定界等数据库)。在下半年的土地利用总体规划整体修改中按照上级下达的任务和要求，做到永久基本农田上图入库的无缝对接，避免规划与划区定界成果“两张皮”。三是切实做好乡镇对接摸底工作。对接各乡镇近几年重大项目的规划布局调整、提前谋划重大区块和重点项目落地、当前违法用地补办、个人建房和耕地占补平衡等问题，以及近期需保障的项目。布置各镇乡(街道)务必坚持“多规融合”，为县级规划整体修改和调整相关控制性指标做好准备。

象山县土地利用总体规划整体修改工作会议

【规范卫片档案管理】 县国土局不断创新方法，全面规范卫片档案管理工作。为便于查找、准确定位，该局对卫片档案类别进行封面颜色标注细分，其中红色为违法卫片档案、绿色为合法卫片档案、黄色为非立案卫片档案、蓝色为矿产卫片档案。同时，实行卫片档案管理逐级负责制，要求管理人员对档案登记、制作和管理进行全程监控，形成分管领导负总责、管理人员具体完成档案建档各环节的良好模式。截至2013年年底，该局完成土地卫片97个图斑共计80宗档案和矿产卫片7个图斑7宗档案的整理工作，共计87余册、2760余页。

(周　宁)

工商行政管理

【概况】 2013年，象山工商分局立足自身职能，提升履职实效，在助推发展、监管指导、保障民生、队伍管理上都有新的成效，全面完成各项工作任务。截至2013年年底，全县经济主体达31148户，新增5991户，同比增长5.9%。其中：个体工商户共22528户，新增4962户；登记在册的内资企业7894户，新增781户；外资企业196户，新增9家；农民专业合作社530户，新增114户。象山工商分局相继获得浙江省文明单位、浙江省依法行政示范单位、浙江省卫生先进单位、全省打击传销工作先进集体、全县工业经济和开放型经济工作先进单位、县级应急管理先进单位、全县宣传思想工作先进集体、全省工商系统整治利用合同格式条款侵害消费者合法权益专项行动先进单位、全省工商系统优秀官方微博、全省工商系统政务信息工作先进单位等荣誉。

【大力培育市场主体】 象山工商分局把推进"个转企"工作作为服务经济发展的首要任务来抓,按照"规划一批、培育一批、壮大一批"的工作思路,分类推进个体工业、个体危化行业和商贸服务业的转型升级。全年指导"个转企"登记755家,完成总指标720家的105%,实现了三年目标一年完成。其中工业311家占41%,商贸服务业379家占50%,其他65家。按照"一个窗口、统一受理"和"两个90%"要求,积极推动行政审批事项进窗口,助力审批提速增效。同时,加大经济主体的培育力度,全年新登记经济主体7164家,其中内资企业1755家、外资企业19家、个体工商户5282家,新增注册资本44亿元。

【推进商标品牌建设】 积极指导涉农涉渔、工业建筑、文化旅游企业注册和使用商标,加强对乡镇(街道)商标品牌工作的指导,石浦镇成功创建星级品牌工作指导站。新增商标注册355件、市知名商标3件、省著名商标3件;新增AAA级"守信用重合同"企业2家;象山申菱电梯、合力模具、华锦建设等4家企业成功通过国家级"守信用重合同"企业公示。截至2013年年底,全县共有注册商标3242件,其中市知名商标38件、省著名商标23件、中国驰名商标9件。

【加快商品交易市场改造提升】 根据省、市商品交易市场改造提升工作的统一部署,县政府出台《关于进一步推进全县商品交易市场提升发展的意见》,成立了领导小组及其办公室。主动做好政府参谋,出台中国水产城省级重点市场"一场一策"优惠政策;指导城东市场、天华家具城四星级文明规范市场培育创建。爵溪、西周、鹤浦3个乡镇(街道)成功创建省文明示范农贸市场。

【帮扶企业融资扩产】 积极支持涉农企业、中小微企业融资扩产,开展动产抵押登记、股权质押登记、债权转股权。2013年共办理各类动产抵押登记75件;引导小额贷款公司提高向中小微企业的融资比例,累计为中小微企业和农户发放贷款22亿元;民个协积极推进银企对接,组织30余家中小微企业参加宁波市第七届小微企业融资洽谈会,拓宽了中小微企业的融资渠道。

【主动服务"三农"发展】 主动引导农民发展新型经济组织,新增家庭农场102家、农民专业合作社108家。落实农超对接、农校对接,指导4家大型商超与农民专业合作社签订农产品供销协议。持续开展"守信用重合同"农户评定工作,完善"守信用重合同"农户的评定条件、评定办法,评选出"守重农户"100家。加大农资打假力度,全年抽检农资71批次,其中不合格16批次,查办案件11件,有效维护了广大农户的合法权益。

【查处各类案件637件】 全年共立案查处各类违法案件637件,其中万元以上大案257件,罚没款947万元。象山县煤气公司商业贿赂案、"金桥计划"传销案、高塘岛乡养殖塘串通投标案、学校校车音视频监控系统产品质量以次充好案等一批大案、要案都得到了有效查处,既强化了工商监管,又树立了部门权威,受到社会各界的一致好评。

【做好无照整治与"两城"创建工作】 充分发挥"象山县无证无照经营综合管理系统"的作用,共督办无证无照1948家,实施整改1533家,整改率80%,查处无照经营案件149件,整治规范工作成效显著。积极开展"两城"创建工作,主动联合相关部门开展餐饮行业、花岗岩市场、再生资源市场、农贸市场、二手车市场等专项整治活动,取得了较好的成效。

【加强食品安全监管】 加强流通领域食品安全监管,以食品安全达标所创建、食品安全执法"突击月"、食品安全"强网清源"专项行动等为载体,以"一票通"管理为手段,加大食品监管与检测力度,全年共完成食品定性检测46640批次,定量送检1250批次,立案查处各类食品案件140件。

【完善监管机制】 制定出台《关于推进责任区监管工作的实施意见》等文件,积极推进移动工商执法平台建设,为责任区监管提供强有力的技术支撑。2013年经济主体地址标注完成23730家,占经济主体总量的72%。制定实施办案人员跟班学习制、分管所长案件初审制、所队长办案制三项创新机制，所队长共办结大要案76件。

【强化消费维权保障】 全年受理消费者投诉1195件，其中申诉927件，举报268件，调解率100%，为消费者挽回经济损失134万元。贵足美鞋、强生洗车店、凯蒂亚美容美发这三起群体性消费纠纷得到有效处理，保障了消费者的合法权益。“3·15”期间，通过开展消费维权知识讲座、制作发布公益广告、加强新闻专题报道等形式，进一步增强消费者自我保护的意识。县消保委充分发挥职能作用，多次开展消费体验、市场监督检查等活动，并发布各类消费警示26条，收到良好的社会效果。

【增强民生舆情回应】 高度重视网络舆情处置，及时回应、解决涉及预付卡消费纠纷、无证无照、食品安全等领域的网络咨询和投诉举报，牢牢掌握网络舆情的主动权。全年共受理县民情会办中心、县双联中心交办的各类舆情事件133起，办结130起，办结率98%。同时，根据网络投诉，成功阻止多起保健品非法推销活动，有效保障老年人的合法权益。积极会同公安、文化等部门对“茶座式”网吧进行专项整治，依法取缔21家“黑网吧”，受到广大网民的好评和党委政府的充分肯定

【扩大信用建设影响】 加强企业信用管理建设，制定出台《基层工商信用监管操作规程》，分解《企业信用监管评价指标体系》，不断完善信用征集、信用预警、信用修复、信用反馈等管理手段。完成2385家企业信用补充评价，对31家信用波动企业进行书面信用反馈。联合经信部门共同开发“象山县经济主体数据查询系统”，不断扩大企业信用信息数据的交换共享范围。石浦分局牵头实施以“明码标价、明示告知”为核心的旅游行业信用监管，相关经验做法受到社会各界好评，得到当地党委政府及上级工商部门的充分肯定，并在国家工商总局政务网站上予以经验交流。

【加强干部教育培训】 制定《象山工商分局干部教育培训方案》，利用红盾讲坛、道德讲坛等多种形式，强化职业道德教育，开展多层次的业务培训，共开展各类教育培训13期。实行经检、法规、注册等业务岗位跟班学习制度，进一步提高干部队伍的综合素质。注重干部职工的闲暇教育，组织开展“迎五一”广播操比赛、微型党课、羽毛球、机关工间操等各类文体活动，工商队伍的凝聚力和集体荣誉感进一步增强。

【深化内部制度管理】 组织开展内部管理制度修改完善工作，修订制度28项。强化队伍内部督查，制订出台《督查计分暂行办法》《干部问责办法》，完善“每周一次电子督查、每月一次纪律作风督查、每季度一次业务专项督查”的工作模式，共开展各类督查68次，其中网络督查34次，检查办公电脑3632台次，发出《督查反馈通知书》36份，督查通报14期，对两起违规违纪行为进行严肃问责。队伍督查工作机制的经验做法受到省局领导充分肯定。

【落实党风廉政建设】 认真贯彻执行中央八项规定等各级文件精神，制定出台《关于改进工作作风十项细则》，对改进会风、财务管理、公务接待、公车管理等十个方面作出具体规定。按照“一岗双责”的要求，明确党风廉政建设的责任范围和对象，落实党风廉政建设的各项措施。强化廉政风险点的防控，推行“廉政格言天天见、廉政文章月月送、廉政警示片大家看”，切实提高干部职工拒腐防变的能力。

（工商局办）

食品药品监督管理

【概况】 截至2013年年底，全县共有药品生产企业1家，医疗器械生产企业11家，药品批发企业2家，药品零售企业138家，医疗器械经营企业28家，医疗机构307家；餐饮服务单位2317家。象山县食品药品监管局坚持以科学发展观为统领，以确保全县人民群众饮食用药安全为目标，不断创新监管理念，提升服务能力，推进依法行政，强化安全监管，全力推动食品药品监管事业不断发展，全县食品药品安全形势平稳可控。

象山县食品药品监督管理局内设综合办公室（挂行政许可科牌子）、食品安全协调监察科、药品监督管理科、医疗器械监督管理科、餐饮服务保化

监管科5个科室。核定行政编制13名,依照公务员管理事业编制35名(象山县食品药品稽查大队,为该局直属事业单位),地方全额事业编制5名(县食品药品监测信息中心),2013年在编公务员(含依照管理)44名,地方全额事业编制5名。

【落实食品安全责任体系】 把食品安全列入政府年度重要工作和民生实事工程进行部署、推进和落实,与各镇乡(街道)、县级有关部门签订目标管理责任状,全面提升食品安全监管水平,确保食品安全各项工作落到实处。在18个乡镇(街道)设立食品安全专管员,516个行政村(社区)聘请食品安全协管员,并依托综治网格基础建立了由1178个管理员组成的食品安全网格队伍,形成了县、乡镇(街道)、村(社区)和网格四级食品安全管理网络。2013年市下达县2300批次定量检测任务,县食安办下达部门2500批次,完成并录入食品安全检验检测信息系统2805批次,超额完成市、县两级下达的检测任务,每季度对检测情况进行分析通报。

【整顿规范药械市场秩序】 在组织开展药品、医疗器械日常监管和检查的基础上,重点开展药监节日保健康、医疗机构药械质量检查、非法广告整治、中药饮片检查、贴敷类医疗器械经营、大输液质量监督专项检查等各类专项整治工作,加大对经营使用无证药械、假劣药品的稽查力度,规范全县药械经营流通市场秩序;在全县范围内开展以严厉打击药品违法生产、严厉打击药品违法经营、加强药品生产经营规范建设和加强药品监管机制建设为主要内容的“两打两建”专项行动。全年共立案查处各类案件50件,处以罚没款39.65万元。与卫生局联合制订《象山县乡镇卫生院及以下医疗机构药房规范化提升工程实施方案》,在西周中心卫生院开展医疗机构药房规范化提升、医疗仪器质量信息化管理试点工作,加强乡镇卫生院及以下医疗机构药房建设。同时,开展药品快速筛查、抽样检验工作,共完成药品监督抽样2383批,药品快检660批次;开展违法广告监测410小时,监测到各类违法广告16件,向工商部门移交16件;开展药品不良反应/医疗器械事件监测与报告工作,开展药品不良反应和医疗器械不良事件监测工作,上报药品不良反应报告529例(其中新的和严重的药品不良反应比例为54.5%),上报医疗器械不良事件报告108例(严重的比例为24%)。

【加强餐饮保健食品监管】 以县“两城创建”为契机,把无证餐饮整治列入重点工作之一,以“规范一批、提升一批、整治一批”为抓手,突出对学校、车站、菜场周边及排档、景区、工业园区、城乡结合部等重点区域进行专项整治行动,共对1105家无证餐饮单位进行整治,全县无证餐饮率5.6%,中心城区无证餐饮率1.4%;白石村及周边、工业园区、蓬莱菜场、汪家河菜场周边等无证重点区域无证单位基本消除;联合工商、城管、公安等部门对钉子户和无法整改餐饮单位进行取缔,扣押工具设施设备4家,关停9家。针对监管过程中遇到的职责不明、环保规划造成无证等情况,多次向政府汇报并做好参谋,由县府办出台《关于进一步明确食品安全部分领域职责分工的通知》《关于加强餐饮无证照整治有关问题专题会议纪要》《关于市场准入审批中涉及经营场所许可的协调会议纪要》,解决在监管和许可中出现的难点问题。开展打击保健食品“四非”(非法生产、非法经营、非法添加和非法宣传)专项行动,重点检查分区分类管理,索证索票、记录台账、进货查验等管理制度是否按规定执行,产品的进货渠道是否可追溯,有无销售假劣产品,共检查保健食品经营单位230家次,监督抽检保健食品38批次,立案6起,罚款27万元,有力净化了保健食品市场。

【推进示范创建工作】 深化省级药品安全示范县创建工作,县政府与各乡镇(街道)及相关监管部门签订药品安全目标责任书,把“药品安全乡镇(街道)的创建巩固工作”纳入对各乡镇(街道)的目标管理考核。做好对各乡镇(街道)创建工作的指导、督促,确保全县药品安全乡镇(街道)完成率在90%以上;召开全县各乡镇街道药品安全专管员会议,对专管员进行培训,明确镇村二级工作任务;印制《家庭食品药品安全知识读本》“宣传卡”《四员工作日记》等95800份,分发到各乡镇(街道)。积极开展餐饮示范创建工作,全县:创建省级餐饮服务食品安全店1家、学校食堂2家;创建市级餐饮服务食品安全店2家、学校食堂3家、餐饮示范街1条;创建县级餐饮示范店117家、学校食堂21家,进一步提高餐饮服务食品安全水平。

【推进学生饮食放心工程】 县政府将学生饮食放心工程列入“三思三创”惠民利民专项行动之中，出台《象山县学生饮食放心工程2013－2015年行动方案》和《象山县学校食堂基础设施完善改造提升工程实施方案》等5个深化方案，成立县学生饮食安全工程领导小组，对省、市关于学生饮食安全工程的13项重点任务进行责任分解。2013年，投入资金1370万元，完成55家学校食堂硬件改造，丹城三小、西周中学透明厨房试点工程建成投用；学校食堂食品、原料以及米、面、油、肉等大宗品种可追溯率达100%；全县156家学校食堂持证率100%；食堂食品安全量化分级管理动态评定A、B级达到97家，较去年增加72家，占食堂总数62%，A、B级食堂“五常法”实施率为100%；6所学校成功创建省、市级餐饮服务食品安全示范食堂，有效保障全县在校师生的饮食安全。

【提升依法行政水平和能力】 从规范行政处罚办案程序、提高办案质量着手，严格按照食品药品有关法律、法规、规章开展各项行政处罚工作。同时，根据实际工作需要，对《象山县食品药品监督管理局行政处罚操作规程》审批程序作了简化，提高行政效率；对局行政执法文书作了补充和修订，以保证工作的合法性和规范性；对《象山县食品药品行政执法若干规定》进行补充和完善，推动了本局行政执法案卷质量的提升。我局办理的《涉嫌经营国家为防病等特殊需要明令禁止生产经营的食品案》，在全国食品安全会议上交流。在案件审查过程中，落实专人对行政处罚案卷进行审查，做到独立审查，依法审查；实行网上审查和书面审查相结合，积极探讨和解决行政处罚过程中遇到的难点问题。共立案159件，结案157件，罚没款147.92万。其中：药品立案27件，结案25件，撤案2件，罚没款31.99万元；器械立案28件，结案28件，罚没款18.95万元；餐饮立案91件，结案89件，撤案1件，罚没款57.31万元；保健食品立案7件，结案9件，罚没款37.73万元；化妆品立案6件，结案6件，罚没款1.94万元，未发生行政复议和行政诉讼。积极开展浙江省依法行政示范单位创建工作，严格按照创建标准落实各项任务，继续实施和完善行政处罚“温馨提示”制度，不断探索解决新情况、新问题，开展各类培训教育活动，提升依法行政水平和规范程度。

【食品药品安全宣传与培训】 利用电视台、报纸、广播、网络等载体，多渠道、多形式地宣传食品药品安全知识，形成了“广播有声、电视有影、报纸有文、网络有言”的宣传态势，营造了“人人皆知、家喻户晓”的浓厚宣传氛围。2013年以来，在《今日象山》开设专刊5期、《象山新闻》12期，录制《夜到讲白搭》栏目12期，在象山广播电台开设“象山食药监管之声”有奖竞猜节目，在“象山食品药品”政务微博上发布微博380条；启动第五个全国食品安全宣传周，组织工商、质监、商务、农林、海洋等食品安全监管部门开展食品安全宣传周活动；统一印发食品安全“九不准”公告10000份，下发到全县范围内各食品种养殖、生产、流通、餐饮单位张贴；开展基层食品安全协管员、网格管理员培训，在全县18个乡镇(街道)开展了培训，培训人次达1500余人；加强象山药学会、象山药学志愿者中队以及药品监管员、协管员和信息员的队伍建设，开展特色鲜明的主题活动；分别在学校、药店、社区、农村设立4个“饮食用药安全科普宣传站”，组织开展饮食用药安全科普宣传工作，提高宣传效率。同时，还组织药械相对人、餐饮单位负责人召开各类培训会，增强相对人第一责任人意识和安全知识培训。

【食品安全专项整治】 围绕全县食品安全重点突出问题，组织开展传统地产食品专项整治行动，共排摸到十大类传统地产食品生产经营户647家，整治500余家，依法取缔无证无照豆制品小作坊4家，有效防控行业性、区域性食品安全风险。按照省、市的统一部署和要求，集中开展为期一个月的“强网清源”专项行动，共排查食品生产经营单位6850家，发现食品安全隐患102个，查处食品违法行为40起，有力维护了全县食品生产经营秩序。全县各食品安全监管部门共立案279起，罚没款金额234万元，其中依法移送公安机关家禽使用工业松香脱毛、鱼鲞晒制过程中喷洒敌敌畏等案件4起，追究刑事责任7人，有力打击了食品市场违法犯罪活动，确保了广大人民群众生命安全，进一步规范了市场经济秩序。

【行政许可工作】 2013年共受理餐饮服务及药械许可、非许可事项1532件(其中餐饮服务许可受理1279件,药品许可事项受理85件,非许可事项73件,医疗器械许可事项9件,执业药师注册受理86件),办结1532件,办结率为100%。

(陈燕敏)

2013年度药械处罚万元以上大案一览

表47

序号	时间	案号	案名	案由	处理结果
1	2013—03—21	2013008	宁波久久医药药材有限公司	销售劣药案	罚没款计100398元
2	2013—04—22	2013014	秦辉,系象山县昌国保健品店业主	无证经营药品案	罚没款计31014.2元
3	2013—05—30	2013067	宁波久久医药药材有限公司	销售劣药案	罚没款计45426.4元
4	2013—09—4	2013106	象山县丹城中心卫生院大研头村卫生室	生产假药案	罚没款计28000元
5	2013—10—28	2013124	象山石浦渔港外科诊所	无证配制制剂案	罚没款计20640元
6	2013—09—30	2013136	象山县红十字台胞医院	使用劣药案	罚没款计12285元
7	2013—12—31	2013158	宁波长生医疗器械有限公司	无证经营药品案	罚没款计17200元
8	2013—07—12	2013074	宁波盛元医用工程有限公司	无证生产医疗器械案	罚没款计11634元
9	2013—07—12	2013088	宁波久久医药药材有限公	经营无注册证医疗器械案	罚没款计10586.5元

物价管理

【概况】 2013年,象山县价格管理工作贯彻"稳增长、调结构、惠民生、控物价"的目标,全年共查处价格违法案件6件,实现经济处罚总额26.96万元,其中没收违法所得21.33万元,责令退还消费者3.83万元,罚款1.80万元。受理各类价格投诉咨询举报116件,办结率为100%,查处举报案件4件,行政调解处理价格投诉8件,退还消费者36.58万元。

【开展市场价格监管】 规范整治旅游行业价格行为。3月、9月先后两次对旅游餐饮、购物、宾馆等场所明码标价和价格欺诈行为开展检查,规范旅游市场价格行为。开展商品房销售明码标价专项检查。配合国家房地产价格调控政策措施,5月、10月先后两次对全县7家房地产公司新建商品房销售明码标价进行拉网式全面检查,确保"一套一标"政策落到实处。同时,加大巡查力度,通过下发提醒函、加强政策宣传等措施,规范全县二手房中介交易服务收费行为。进一步推进明码标价工作。结合石浦镇规范旅游市场契机,4~10月,全力做好石浦镇旅游市场餐饮、宾馆行业明码标价和市场秩序的监管工作,在餐饮行业实施"一式三联点菜单"和"海鲜菜肴标价签"等标价形式,规范海鲜排档各业主的经营行为。加强节日市场价格监管。加强元旦、春节和"五一"等节日市场的粮食、食用油、肉禽蛋菜奶、液化气等价格检查,营造欢乐祥和的节日氛围。全年共出动检查人员732人次,监督检查百货商场、超市、集贸市场等各类店家910家，提醒、告诫、劝阻、纠正涉嫌价格欺诈行为35件，发出责令整改通知书18份，发放标价签和标价单7300张。完善价格信息发布制度。拓展价格监测品种范围，多媒体公布价格信息，积极为各学校提供农校对接食品结算所需的市场价格。2013年，为各单位和各媒体提供价格信息86篇次，引导和规范市场价格行为，确保市场价格基本稳定。

【落实民生服务价格政策】 出台《象山县物业服务收费管理实施细则》及《关于测定公布象山县普通住宅前期物业综合服务收费等级标准及其收费标准的通知》，完善物业服务收费定价机制，减少了企业行政审批环节，规范物业服务收费行为。配合国家房地产价格调控政策措施，实施明码标价格式化审核制、预售价格备案制、实际销价督查制等三项制度，强化新建商品房销售明码标价工作，规范新建商品房"一套一标"销售价格行为，确保房源、收费、价格等信息公开。进一步规范医药价格。继续做好医药价格政策的完善和部分药品的降价调整工作，时时关注和解决公立医院医改实施过程中出现的医药价格和收费问题。

【开展价费专项检查】 开展涉农涉企价费专项检查。3～4月，配合宁波市物价监督检查局重点对工商、住建、国土、公安、消防、有线电视等10家单位的涉农涉企价格和收费政策落实情况进行检查，立案查处价格违法案件2件，金额4.35万元。开展医疗、教育等价格和收费检查，10～11月，重点对16家医疗单位价格和学校收费情况进行检查，规范价格和收费行为，立案查处价格违法案件2件。开展H7N9禽流感防治药品和相关商品价格检查。12月，联合社会价格监督人员对全县12家药店经营的板蓝根、双黄连等抗病毒类药品和口罩、温度计等卫生材料价格开展巡查，确保市场价格稳定。开展瓶装石油液化气价格专项检查。3月、10月，重点对全县10家瓶装液化气经营灌装站的明码标价和短斤缺两等价格行为进行检查，维护群众利益。立案查处2家，对某液化气有限公司作出没收违法所得4242元和罚款5000元的行政处罚。开展客运中巴车价格专项检查。针对个别车队擅自提高客运票价，消费者反映强烈的状况，及时组织客运中巴票价专项检查。通过下发提醒函、约谈部分车队负责人及加强巡查力度等措施，制止擅自提高客运中巴车票价行为，确保社会稳定。

【规范收费项目与标准】 清理规范行政事业性收费。认真落实国家和浙江省降低公安、人事、公证等10个部门的人事关系及档案保管费、出入境检验检疫、财产公证等21项行政事业性收费项目的收费标准。抓好行政审批前置的中介和专业服务收费清理规范工作，降低房产测绘、环评咨询服务收费、安全评价收费等13大项的企业服务收费标准，为企业和消费者减轻负担500万元。取消税务发票工本费、城市房层安全鉴定费、进网许可标志工本费等10项行政事业性收费，免征因公护照费、户口簿工本费、企业注册登记费、财政票据工本费等9项行政事业性收费，每年可为企业和个人减轻负担550万元。全面做好行政事业性收费年审工作。2013年，共验审行政事业单位101家，其中，国家机关36家、事业单位60家、其他单位5家，收费总额25346.09万元，比2012年同期减少了1518.26万元，减幅5.7%。其中，行政性收费14121.86万元，比上年同期增加了2318.38万元，增幅19.6.%；事业性收费14918.21万元，比2012年同期减少了142.86万元，减幅0.9%；收费收入入库率100%。占到同年全县财政一般预算收入比重的5.42%。发出整改通知书1份，移交立案处理1家，验审率为100%。在验审过程中，通过政府公开信息平台、局域网等载体，公布年审公告、收费许可证和收费政策等相关内容，提高收费政策透明度。巩固完善涉企价费公示范围。监督涉企价费单位全面公示价格、收费内容，严格执行国家价费政策，自觉实行亮证收费，切实保障企业的知情权。出台《象山县幼儿园收费管理暂行办法》，规范收费行为。

【价格社会监督】 2013年，总站对石浦等分站人员及时进行调整和补充。开展业务培训。2013年总站2次邀请物价、工商、质监等有关人员对现有职监人员进行案例剖析、检查操作、法律法规讲解等业务知识培训和有关法律法规学习，提高工作人员的市场应变能力和监管服务水平。积极利用各种载体，积极做好市场巡查、价格监测、信息报道、投诉处理等工作,规范市场秩序。2013年,共组织检查35次,参加检查人数357人次,检查摊店2670家,查处短斤缺两等违法行为35次,校验计量衡器3500台(支),收缴不合格计量器具61台(支),发放宣传资料525份,协助价格、质检等部门处理违法案件6件,退还住户不合理收费(电费押金)31.68万元,罚没款24240元。在《今日象山》报等各类报刊提供有价值新闻信息稿件78余篇,在电视广播播出检查等各类情况70次,受理各种投诉举报及有关政策咨询28件,解决消费争议12件,退还多收消费者货款500余元,向有关部门反馈各种有价值信息10件。扎实有效做好价格认证工作,2013年,完成各类价格认证评估340件,金额1238.14万元。

【价格改革】 落实"两保户"免费用电政策。对全县城乡"低保户"和"五保户"实施免费用电政策,确保7000余户对象的登记、退费、免费工作的落实,减轻"两保户"的家庭经济负担80万元。及时申报核准风电上网电价,保障风力发电企业的正常运营。深化水价改革。合理制定象山县产业区污水处理收费政策,合理调整爵溪街道、黄避岙乡等自来水价格,推行差别水价政策,对认定的战略性产业的"810实力工程"和高成长企业,实行优惠水价,对高耗能、高耗水企业试行惩罚性加价政策。改进和完善瓶装液化气等生活必需品价格的管理办法。在考虑市场资源配置和价格充分竞争的前提下,发挥政府的调节作用,积极利用价格监测、信息公布、成本报告、政企协商、价格约谈等"软性"管理手段,平抑市场价格。

【价格投诉举报】 在做好价格举报工作的同时,及时处理网民反映和投诉的各类价格诉求,促进社会和谐稳定。2013年,象山县举报中心共接到各类价格投诉咨询举报116件,已办结116件,投诉咨询举报办结率均为100%。其中网络舆情投诉咨询9件,价格咨询90件,价格投诉举报15件,上级机关转办2件。对群众举报的瓶装液化气明码标价案、中巴车擅自提价案和某学校擅自收取班委费等4件举报案件进行了立案查处,对医院不合理收费等8件价格投诉进行了行政调解处理,退还消费者36.58万元,没收违法所得4242元和罚款5000元。实施"挂销号"制度,提高价格举报工作效率。为建立健全统一规范、畅通有序的价格举报工作机制,有效防范和化解价格矛盾,积极实施"挂销号"制度,即挂号明责任、对号抓落实、销号保实效等工作措施,对举报投诉的价格问题,按轻重缓急和难易程度进行挂号,明确责任科室和责任人,做到急事急报、特事特报、要事快报,及时结报,确保价格投诉处理畅通高效。

【开展价格形势预测】 2013年,受宏观调控政策持续作用,农业生产再获丰收,消费需求平稳,国际大宗商品输入性通胀压力减小等因素影响,全县市场价格总水平延续2012年下半年以来的温和上涨走势。居民消费价格总水平涨幅总体回落。从影响CPI的内部结构因素看,食品类和服务类价格上涨幅度较大,共同推动居民消费价格上涨。从全年各月市场价格走势来看,下半年涨势明显高于上半年。粮食因种粮成本上升、国家提高稻谷最低收购价以及国际粮价上涨等因素影响,成品粮零售价格略有上升;受原材料供货充足和餐饮业低迷影响,2013年食用油市场价格回落;列入监测的10种蔬菜集市零售价格波动较多;生猪价格全年走势为"中间低、两头略高",全县精瘦肉、肋条肉集市零售价格稳定;在H7N9人感染禽流感和夏季极端高温的影响下,鸡蛋价格经历了较大的起伏,但全年鸡蛋价格总体走高。工业生产者价格继续回落。列入监测的3种钢材价格与上年比全线下跌,跌幅较大。2013年农业生产资料价格涨势不如上年,但总体上仍呈上涨态势。列入监测的国产碳酸氢铵、国产尿素、国产三元复合肥等化肥均价出现小幅下跌。瓶装液化气价格呈"V"形高位运行,全年零售价格基本维持在105元/瓶至128元/瓶的区间内。

【价格法制宣传】 加强价格网站建设。充分利用好县发改局网站这一宣传阵地,加大价格法律法规和规章制度等信息网上发布力度。同时积极编印《象山发改信息》,发往全县各个单位、企业,积极宣传物价工作新举措、新动态。扩大价格新闻宣传的途径。加强与报社、电台、电视台等新闻媒介的联系,形成多方位、多渠道、多层次的价格新闻宣传工作格局。多载体开展《价格法》实施十五周年宣传活动。通过走访、下访、接访、价格违法行为专项整治等活动，丰富宣传载体，全方位、多层次、广泛深入宣传价格法律法规和价格工作。同时结合“3·15”消费者权益保护日等重大活动，加大价格法律法规的宣传和广场咨询服务的力度，拓宽新闻宣传渠道，进一步树立价格部门良好形象。

（叶敏刚）

审　计

【概况】 2013年，象山县审计局认真履行审计监督职责，积极发挥审计“免疫系统”功能。2013年，共完成审计项目46个，通过审计，查处违规及管理不规范金额28.2亿元，累计核减工程造价8355万元，审计提出建议被采纳79条。审计工作得到了县委、县政府主要领导的充分肯定，审计报告、专报、信息专报获县委、县政府主要领导批示30篇，与2012年全年相比增加15篇，其中信息专报6篇，有4篇得到县主要领导5次重要批示，被各级录用信息、专报290篇次。

【提升财政“同级审”质量】 2013年3月8日至5月10日，县审计局成立由22名审计人员组成的审计组，根据县政府批准的同级审总体方案对2012年度本级预算执行和其他财政收支情况进行审计，并及时向县政府和县人大呈报了《审计结果报告》和《审计工作报告》，全面反映了此次“同级审”的综合情况和存在问题。

2012年度本级预算执行和其他财政收支情况进行审计重点关注全县二、三级事业单位用工及财务管理、保障性住房、转移支付管理、农田水利资金投入使用、全县行政事业性收费政策执行等领导关注、群众关心的热点问题。按照审计“全覆盖”的要求，加强对下属二、三级单位的延伸审计，确保其收支预决算全面纳入监管视野。全年共延伸审计下属单位135个，比2011年度增加77个，进一步促进了相关部门单位加强管理、提高资金使用效益，确保国有资产的保值增值。调研信息《我县机关事业单位编制外用工管理存在的问题及对策建议》分别得到县委书记李关定，县委副书记、县长叶剑鸣的重要批示；县委督查科将此项内容列入2013年考核内容；县委编办出台相关文件并在全县范围内开展专项检查，21家单位被通报批评并要求整改；县府办出台《关于进一步加强机关事业单位编外用工管理的通知》。

【加强财政收支审计】 一是顺利完成年初确定的有关乡镇和县级部门财政收支审计工作。全年完成墙头、新桥、石浦等5个乡镇（街道）和县工商局、县公安局交警大队、县司法局、县大目湾管委会、县供销联社、县公路段等9个部门2011年1月至2012年12月财政收支审计，顺利完成年初确定的相关审计任务。二是顺利完成地方政府性债务审计工作。2013年8月，根据审计署和市审计局统一安排，抽调10名业务骨干对鄞州区及所属17个乡镇开展为期一个月的地方政府性债务审计工作。同时，认真做好市审计组在象山期间开展地方政府性债务审计的后勤保障和配合工作，并根据市审计组审计结果，撰写《象山县政府性债务管理的现状与建议》，以领导专报的形式提交给县委、县政府决策，引起县委、县政府主要领导的高度关注，加快了《关于加强镇乡（街道）财政管理的若干意见》的出台。三是积极配合开展市级财政存量资金审计工作。2013年11月，根据审计署要求，抽调3名业务骨干，参加上海特派办对宁波市政府本级及相关预算单位的存量资金审计工作，完成任务，并得到宁波市局的书面表扬。

【推进经责审计“全覆盖”】 2013年年初以来，象山县审计局全面贯彻落实两办《规定》，积极落实省委、市委主要领导要求，强化组织领导，建立健全协调机制，加强机构和队伍建设，推动领导干部经济责任审计工作稳步发展。2013年共完成经责审计项目15个。宁波审计信息以专刊的形式，对象山成功开展经济责任审计工作的具体做法进行了全文介绍。一是积极争取党委政府支持。象山县委、县政府在经济责任审计专职机构的设置、人员编制、经费保障等方面给予了高度重视。建立健全了组织领导，在全市率先高配县经济责任审计联席会议办公室主任为副局级，新批准设立了县经济责任审计服务中心，新增5名全额事业编制审计人员，为今后进一步加强经责审计工作提供了组织保障。二是创新实施面对面告知承诺办法。会同县委组织部、县纪委，先后在7月26日和12月19日举办两期新提任正职领导干部经济责任专题培训会，对

17名正职领导干部进行经济责任专题培训，通过面对面告知承诺的方式，对告知承诺的具体内容、经济责任审计的40项评价指标进行逐条解读，并与培训对象签订经济责任告知承诺书。进一步增强领导干部的责任意识，提高履行经济责任的能力，这一做法得到了宁波市审计局的充分肯定。三是大力推进制度化、规范化建设。出台《象山县镇乡(街道)党政主要领导干部经济责任审计操作规程(试行)》，在2012年试点基础上，对量化评价指标体系进行修改完善，建立了具有象山特色的审计量化评价指标体系。出台《关于象山县领导干部经济责任审计中开展谈话的有关规定》，新增编印了2期《象山县领导干部经济责任相关知识读本》，赠送给相关单位和领导干部，充分发挥审计工作的"预防免疫"功能。在全省率先出台《象山县国有企业负责人经济责任审计暂行规定(试行)》，进一步健全完善了经济责任审计制度。全面推行经济责任审计联合反馈制度，会同县委组织部、县纪委，把审计结果向被审计单位中层以上干部进行当面反馈，进一步增加干部履职透明度。

【加强政府投资审计监管】 2013年共完成投资审计项目18个，送审金额115131万元，审定金额106776万元，核减8355万元。送审和核减金额均创历史新高。一是精选项目，深入挖掘，提升绩效。选择欢乐家园一期限价房、象山三中迁建、县文化活动中心、松岙水库等民生和重点工程项目开展竣工决结算审计，既核减了大量资金，也揭示了政策处理、建设管理等方面存在的问题，并汇总进入财政同级审报告，引起县人大高度重视，人大审议意见中明确要求责成有关部门认真查明原因，分清责任，杜绝有关问题再次发生。在乡镇财政财务和经责审计项目中，工程审计人员全面参与，加强对乡镇项目建设情况的审计，为基层政府投资项目建设管理提出多项可行建议，并督促相关部门完善制度、加强监管。二是完善模式，严格审核，提高质量。根据项目实际，分类实施，灵活应用组织一审、委托复审、自审抽审等多种模式开展审计。全面执行审核、复核、审理制度，三级复核得到完善和规范落实。严格按《象山县政府性投资工程造价咨询和招标代理企业预选承包商库管理办法》规定从优选择协审单位，并出台相应考核办法，对协审工作进行量化考核，切实提高审计质量。三是转变理念，文明审计，防控风险。积极参与全县重点工程"争先创优"活动，深入参与到工程一线，对道人山围涂工程、大目湾新城悦洋路新建工程等重点项目施工关键节点进行跟踪，为今后竣工审计积累第一手资料。树立文明审计理念，尊重事实、秉公执法、真诚沟通、以理服人的审计形象较好形成。建成投资项目信息系统对审计全过程进行管理，各工作环节得到完整记录和阳光公开，较好的防范了投资审计在管理、质量和廉政方面存在的风险。

【推进内审指导和监督】 全年完成全县内审项目350个，审计总金额34亿元，促进增收节支2520万元，提出建议意见被采纳500余条，向司法部门移送案件3件，建议并实际给予行政处分2人。一是加强制度建设，建立内审工作长效机制。根据县委〔2013〕1号文件要求，切实加强农村"三资"管理和村级财务审计工作；对乡镇党政领导干部进行经责审计的同时，把内审工作列入量化评价指标体系，作为评价乡镇党政领导干部政绩的重要指标之一。二是强化组织领导，加强内审工作指导监督。与象山县农林局联合发文，部署全县村级财务审计工作，并联合出台《象山县镇乡(街道)村级财务审计工作操作指南》，进一步规范全县村级财务审计的内容、程序和方法；建立完善科室联系乡镇内审工作的制度，做到资源整合，成果共享。三是深入一线调研，提升内审指导监督水平。成立课题组，由分管局长带队，深入农村和重点工业、建筑企业走访调研，撰写了《乡镇内部审计助推新农村建设的实践与思考》和《内部审计：民营企业不可或缺的"眼睛"》两篇调研报告。探索新形势下重点工业、建筑民营企业内部审计工作，不断拓宽指导和服务领域。

【审计整改落实力度进一步增强】 一是完善制度保整改。县政府印发《象山县人民政府关于进一步加强审计整改工作的意见》，明确要求各镇乡(街道)和各部门建立和完善审计整改报告、督查、协调、核查、问责、公开等制度。县审计局出台并印发了《象山县审计局审计整改督查办法》，就审计整改督查的主要内容、工作责任、方法措施以及处理方式等进行明确，进一步规范审计整改督查工作，实现审计整改工作规范化和制度化。二是领导重视促整改。所有审计报告均报送县四套班子领导，并抄送县纪委副书记、组织部副部长；向县政府报告审计整改结果，并受县政府委托向县人大常委会报告审计整改工作；2013年初，象山县县长叶剑鸣召集会议专题研究上审下整改报告，并提交县长常务会议讨论。三是审计回访督整改。该局开发审计整改系统于2013年上半年投入使用，联合有关职能部门对审计发现的问题及时回访，促进整改。对于移送的问题不作调查或处理等影响审计整改成效的，由纪检监察、组织人事部门及其上级主管部门按照有关法律法规和程序，及时对有关责任人进行问责。对拒绝、拖延整改并造成重大影响和损失的被审计单位和部门予以通报。

【审计信息化建设稳步发展】 一是AO案例连续四年获奖。提交的《审计模型在AO中的应用》获得浙江省应用奖，《民政局2010年1月至2011年12月财政收支审计》继获得浙江省优秀奖后又在审计署获得鼓励奖，连续四年在审计署获得奖项。二是继续加大系统开发力度。该局开发的审计整改系统于2013年上半年正式投入使用，进一步提高了审计整改工作效率。同时，继续完善乡镇财政审计数据分析系统，通过该系统完成2012年度所有部门、乡镇（街道）本级账套的转换工作，为审计工作提供财务电子数据保障。三是发挥计算机审计支持作用。协助参与并较好地完成了同级审、鄞州债务审计工作，参与所有部门、乡镇（街道）下属公司的各年度财务数据的转换工作，协助配合完成OA审计办公管理系统，并将所有项目建立OA—AO交互，实现审计项目电子化管理。完成政务信息公开工作和其他相关信息发布工作。

【审计队伍建设成效明显】 制定《象山县审计局党风廉政建设和反腐败工作组织领导和责任分工》，认真落实党风廉政建设责任制工作，并通过加强学习教育和制度监督，将党风廉政建设工作与业务工作、日常管理和精神文明建设等有机结合，做到一起部署，一起检查考核，包括审计回访。严格遵守党纪条规和“八不准”审计纪律，圆满完成县里和局党组统一部署的党风廉政建设任务。制定2013年党组中心组学习计划并认真严格执行，继续组织开展每周一次的文明劝导活动和就近开展的党员志愿者服务等工作；鼓励11名干部报名参加审计职称考试；积极参加无偿献血、微型党课等活动；继续做好农村指导员工作，积极向相关单位争取项目和资金，加大联系镇、结对村的帮扶力度。2013年，象山县审计局先后被评为2013年度省、市审计机关考核先进单位，2013年度市、县农村工作指导员工作先进单位，2013年度县“依法行政示范单位”，2013年度市内审业务指导和监督工作先进单位，2013年度通联宣传工作优秀单位；2个项目分别被评为2012年度宁波市优秀审计项目和2012年度宁波市表彰审计项目；局党组中心组连续第十年获先进党组理论学习中心组，蔡建鹤被评为执行力建设十佳局长，蔡建鹤、钱奋勇被评为2013年全市审计系统“审计先锋”，5人被评为中国审计学会计算机审计分会2012年度计算机审计能手人才，1人被评为审计署审计干部教育学院2013年度财务会计培训班优秀学员，1人被评为县重点工程先进个人。此外，有：2篇论文获宁波市2012年度审计优秀论文三等奖，1篇论文获宁波市2012年度审计优秀论文优秀奖，1篇论文和6条廉政格言获宁波市2013年度审计机关廉政建设征文鼓励奖，2篇论文分获2013年第四届宁波市审计青年论坛获奖论文二等奖和三等奖，局档案室获第三批“浙江规范化数字档案室”。

【陈荣高在象山参观省廉政文化教育基地】 2014年11月25日，浙江省审计厅厅长陈荣高在宁波市审计局副局长王勤学、象山县审计局局长蔡建鹤等陪同下，前往浙江省廉政文化教育基地——象山才华剪纸艺术馆参观学习，感受廉政教育。陈荣高指出，廉政建设是审计工作的生命线。全省各级审计机关和广大干部职工要认真贯彻落实中央关于改进工作作风、密切联系群众的“八项规定”和省委28条办法、“六项禁令”，认真贯彻落实党风廉政建设责任制，深入推进审计机关廉政风险防控和惩防腐败体系建设，做到政治坚定、业务精湛、纪律严明、廉洁奉公，自觉维护审计机关的良好形象。

（审计局办）

统　计

【概况】 2013年，县统计局认真做好文化产业、产业区(园区)等核算工作，完善“国家级生态县城”创建整改资料，完成各部门民生报表的收集与整理工作。综合运用多种统计调查方法、手段，组织开展规模以上工业企业景气调查、小微服务业企业调查、法制宣传工作和金融机构工作满意度调查等各类民情民意调查，积极推进国家、省5‰人口变动、平安浙江、2014年市政府为民办十方面实事等专项调查，有序开展城乡住户、岗位工资、月度劳动力、县非公有制人才资源、境外专家来象企工作和采购经理指数等抽样调查，及时反映基层组织、企业和人民群众的呼声。此外，协助县纪委做好“百名科长执行力”满意度调查。注重调查员业务培训，提高调查员综合素质，加强相关部门数据收集对比、督导检查及数据终审，积极探索科学有效的调查方法。2013年度，县统计局获象山县开放型经济优胜服务奖。

【发布统计信息200余篇】 2013年，共撰写政务信息171条，撰写月度、季度经济运行情况分析材料，发布《统计与调研》30期。编印出版统计公报、统计年鉴和统计概览，定期以纸质、网络发布等形式对外公布相关统计信息，月度编发《象山统计信息》《象山经济信息快讯》等资料，编辑出版《2012年象山“三农”信息》统计资料，为领导决策提供依据，服务社会各界。

【改进地区GDP核算工作】 根据国家和省市的意见和要求，结合象山实际，积极推进季度县级GDP统一核算制度，分季度完成全县的GDP核算任务。根据市局要求结合服务业统计方法制度，加强审核，坚持实事求是，着眼提高部门服务业数据质量，积极完善全县GDP核算方法。加强GDP数据质量审核评估力度，确保全县核算方法明确、资料来源规范、数据可比，实现市GDP数据与全县汇总GDP总量、速度基本衔接。

【开展名录库建设】 加强学习，提高业务水平，组织各片区工作人员认真学习统计理论知识，掌握名录库系统操作技能，夯实片区统计工作基础。加强与有关部门的沟通、联系，积极与编办、民政、税务、工商等部门联系，及时收集、整理有关部门在报告期内新增、变更、注销单位登记资料。加强督促检查，定期组织片区工作人员深入各企业开展督促检查。基本单位名录库动态维护3778家，其中新增2145家(个转企323家)、变更1633家，部门比对928家。

【开展“三经普”工作】 及时组建县本级和各镇乡(街道)经普领导小组和经普办公室，组织开展国家三经普方案等业务知识培训学习。专门召开镇乡(街道)三经普业务主任会议，传达市经普办关于两员选聘(调)文件精神，动员各镇乡(街道)严格按要求选聘懂财务、会电脑、能担责的人员加入两员队伍，村(居委会)经普工作小组及工作人员得到落实。根据浙江省第三次经济普查数据处理工作方案县级数据处理环境及设备配置要求，落实经费预算，完成首批6台电脑、365台PDA的采购工作，在软件安装后用于电子地图的边界核实标绘工作。通过开展规范单位基础信息工作专项试点，提高“两员”开展“地毯式”核实和填写报表的操作能力。召集各镇乡(街道)负责信息比对的业务人员召开专题会议，开展信息比对业务的培训工作，将三经普基本单位的核查比对工作做实做细。经全面基本单位核查，共登记普查对象47221家，其中法人单位10166家、产业活动单位1639家、个体工商户35414家。召开镇乡(街道)关于普查区电子地图核实标绘培训会议，要求各镇乡(街道)普查办会同城建办、社区认真开展边界核对标绘。县普查办抽调人员，利用人口普查地图等资料开展边界核对和普查区名称的核对工作，在二级分别核对交流的基础上，对地图差错进行修改标绘。

【召开全县统计工作会议】 组织召开全县2012年度统计工作会议，总结2012年全县统计工作，表彰各项工作先进，分析统计工作新形势、新情况，研究部署2013年统计工作任务。

【完善片区工作运转机制】 局班子成员下片区巡查指导67次，分片组织召开片区座谈会，加强片区工作人员与镇乡(街道)统计员的沟通、交流，确保各项工作正常开展。10月份，为进一步推进区域统计管理片区化运作，加强统计基层工作监督管理和业务指导，原四大片区调整为城东、城南、城西三个片区，并制定《关于调整〈象山县统计局片区工作站工作制度〉的通知》《关于完善编制外工作人员管理工作的通知》《关于明确统计片区工作站职责的通知》等相关文件。共走访企业657家，其中“三上”企业404家，服务业138家；完成135家限下服务业个体户的抽样调查工作。此外，协助做好卫星城市石浦镇的统计监测工作，开展卫星城市GDP核算，加强统计基础建设。

【完善社会民生调查】 深入调查网点，加强与记账户的沟通和联系，开展样本基础资料的调查工作，及时组织调查人员开展业务培训，巩固、维护城乡住户调查网点。围绕当前热点，重点突出对CPI等指标的监测评价，密切跟踪监测各类生产、消费、收入、价格等领域的运行情况。

【完成海洋经济测算任务】 紧跟象山县现代化滨海休闲城市建设目标，积极开展海洋经济测算。上半年完成对2012年全县海洋经济的核算任务。同时不断探索完善海洋经济统计与核算方法，进一步加强海洋经济统计数据的运用与分析，将全县的海洋经济统计与核算工作推向一个新高度。

【落实“企业一套表”制度】 年初就企业一套表软件端口的操作方法对镇乡（街道）统计员进行培训，同时下发《宁波市规模以上工业一套表简明操作手册》，对全县所有的528家三上企业进行全面指导和督查。一是对企业的网报IP地址逐一、逐月进行核对；二是核查基本单位名录库真实准确情况；三是建立各专业的统计QQ群，方便企业与统计部门人员相互联络进行数据联审。2013年全县有914家企业纳入“企业一套表”联网直报系统。

【文化产业统计】 依据国家统计局制定的《文化及相关产业分类》标准，核实确定文化产业相关单位，继续做好文化产业核算，形成体现规模、结构以及变化趋势的全县文化产业统计监测评价体系。根据市局社科处和县委宣传部的相关要求，2013年完成2012年度和2013年上半年全县相关行业文化产品生产、销售、服务增加值的核算，准确客观的掌握全县文化产业发展规模和在全县经济中所占的比重及贡献，为进一步促进文化产业更快更好的发展提供依据。

【继续实施粮食生产统计监测】 积极完成本年度春夏两季粮食监测调查任务，确保源头数据质量。抓好调查人员的业务培训，认真组织电子地图绘制等培训工作，强化指导，提高调查人员工作水平，为开展粮食监测调查工作奠定坚实的基础。从3月份开始，由局领导带队，下乡检查指导粮食监测调查工作，检查后当面指出问题并要求乡镇整改。

【排摸服务业单位】 早安排早落实做好符合限上标准的单位和新开业的限上单位的排摸工作，石浦、丹城专门配备服务业统计辅助调查员，主管部门、片区和镇乡街道服务业统计员专门开会布置限上单位排摸任务。2013年，共新增服务业单位71家，其中服务业37家、商贸34家。

【完成区划代码与城乡划分】 认真做好行政区划代码和城乡属性代码的编制工作。行政区划代码的编制和城乡划分工作是统计工作的基础性工作，是各项普查和常规调查的前置基础性工作，2013年9月份，按照省局设管处和市局核算处的要求，结合第三次全国经济普查的相关实际，严格按照城乡划分操作手册，认真完成了行政区划代码和城乡属性代码的编制、上报工作。

【加大统计稽查力度】 结合“进村入企”大走访活动，全面开展统计稽查，加大执法力度，坚决查处统计违法行为，进一步改善统计工作外部环境，树立统计法律法规的威慑力。由局领导班子带队，组织人员力量，稽查统计单位62家，发现统计违法行为后，警告并罚款1家，当场警告1家，责令改正7家。此外，积极配合市局进行服务业统计执法检查。

【强化统计法制建设】 成立《统计法》颁布30周年活动领导小组，办公室增挂法规科牌子。编印统计法法制宣传图片2幅共计600份，在村和社区的宣传栏上张贴宣传。印制面向企事业单位等统计调查对象的《统计法律知识问答》1500 本,为走访企业提供宣传读本。切实做好《统计法》《浙江省统计违法违纪行为处分规定》等统计法律法规的学习宣传教育,广泛调动基层统计人员参与知识竞赛的积极性、主动性,提高政府统计的公信力。

【城乡住户调查一体化改革】 充分认识城乡一体化工作的重要性,按月定期组织 30 名辅助调查员召开例会,通过业务培训、工作情况汇报、提出问题意见等方式,提高辅助调查员的理论素质及业务水平。以提高数据质量为中心,针对 2013 年半年度 275 户记账户记账情况进行走访抽查,从实物账、现金账、问卷等方面进行检查,对编码差错、数据统计差错及台账错记、漏记情况加以指正,从而规范调查网点记账工作,确保调查数据真实可信。

【统计教育】 广泛宣传发动,有序开展统计从业资格考试和统计专业技术资格考试报名工作,2013 年全县统计从业资格、初级职称、中级职称报考人数,分别为 87 人、5 人、8 人,统计从业资格合格率为 62.1%。组织开展统计继续教育工作,采取集中培训、统一施教、统一考试的方式,强化从业人员责任意识和工作水平,228 人参加了继续教育培训。在积极组织统计人员参加上级举办的各类业务培训的同时,该局着重抓好全县统计人员的业务知识更新培训,采取以会代训与专题培训相结合的方式,累计培训各类统计人员达 1700 余人次。

(谢哲晨)

质量技术监督

【概况】 2013 年,象山县质量技术监督部门紧扣“提质增效,奋发作为,真抓实干,开拓发展”的总体要求,行动有力,措施扎实,各项工作有序推进,重点任务全面完成,职能作用日益突出。全年创建宁波市级以上名牌产品 7 个,新增国家级、省级、市级农业标准化示范区 17 个,检查食品、农资、建材等生产经销企业 478 家次,查办各类违法案件 62 起,办理万元以上大要案 46 起。

2013 年县质量技术监督局相继获得省质监系统文明规范基层站所、市质监工作先进单位、市农业标准化工作先进单位、县安全生产工作先进集体、县应急管理先进单位等集体荣誉 7 项。

【强化质量强县“排头兵”作用】 象山县政府高度重视质量强县工作,调整成立以县长为组长的质量强县领导小组,把质量强县工作纳入县政府对部门、镇乡街道的年度绩效考核。县质监局充分发挥质量强县工作领导小组办公室的组织协调作用,制定年度质量强县行动计划,对具体任务指标做到早谋划、早部署、早启动,创建 1 个省级示范乡镇——石浦镇,成立卓越绩效孵化基地——申菱电梯,新增卓越绩效管理模式导入企业 1 家,导入后持续推进 3 家,组织 2 批 18 家规上企业的高层参加“首席质量官”培训并考取资格证书。开展年度县长质量奖评比工作,评选宁波天安(集团)股份有限公司和日升集团有限公司为 2013 年度象山县县长质量奖获奖单位。

【名牌创建保质增量】 走访全县 18 个镇乡街道,划定重点培育对象并全面调研,开展有针对性、有步骤的“保姆式”培育帮扶工作。2013 年新增省名牌 2 个;新增市名牌 4 个;复评省名牌产品 5 个、市名牌产品 8 个。截至 2013 年年底,全县共保有省名牌 26 个、市名牌 29 个,全县工业名牌产品产值占规上企业总产值的 46.2%,较 2012 年提升 3 个百分点。

【标准化建设保持领先】 开展农业标准化示范区建设,2013 年新申报国家级农业标准化示范区项目 1 个、省级项目 3 个、市级项目 13 个,均通过考核验收,其中 1 个省级项目和 4 个市级项目获得优秀。截至 2013 年年底,象山县获得农业标准化示范区 78 个,其中国家级 4 个、省级 13 个、市级 61 个。同时,成功创建 2 个农业标准化示范乡镇,占全市的 2/3,象山县农业标准创建工作继续走在全市前列。创建工业标准化良好行为,帮助中小企业根据自身需要建立以技术标准为主体的企业标准化体系,17 家企业经考核达标成为标准化良好行为企业;强化标准制修订工作,全年新发布修订企业标准 49 个;加快推进工业企业采标工作,将其与企业的技术改造、产品研发等结合起来,提高企业的市场竞争力,2013 年象山县规上企业采标率达到 54.5%。

【首个能源计量标准项目顺利通过考核验收】 全县首个能源计量标准化项目"针织服装企业印染行业能源计量管理及单位产品综合能耗限额控制项目"于2013年年初顺利通过考核验收。通过该项目的实施，全县印染企业能源计量器具配备率达100%，产品合格率由实施前的96%提升到98%以上，产生直接经济效益近5000万元，实现年节电400万千瓦小时、节水103万吨、节煤3100吨、节约蒸汽13500吨，企业印染布可比单位能耗限额达到≤29.00千克标准煤/百米，实现经济效益和社会效益的"双丰收"。

【严格质监日常巡查规范】 为深化、优化基层质监站所日常工作，进一步密切基层站所与科室的工作配合，经多方调研和征求意见，制定出台《象山县质监局基层所日常工作考核办法》，以巡查率、质量信息档案完备性、整改率、案件移交等作为考核内容，加强巡查的针对性和有效性。全年共计出动质监巡查人员3380余人次，巡查企业999家次，下达监察指令书211份，回访问题企业310家次，移交大队立案处理14起，进一步夯实区域监管。年底组织局职能科室人员成立考核组，根据考核办法对三个基层所进行全面考核评比，确定东郊质监所为本年度县质监工作优秀站所。

【查办1万元以上大要案46起】 开展"查农资，保春耕""查建材，保建设""清新家园"等专项行动，2013年共出动稽查人员1026人次，检查生产企业416家、流通领域62家，查办各类违法案件62起，其中：万元以上大要案46起，占到案件总数的73%，大要案数量较2012年翻了一番。积极拓展执法领域，对原来很少涉足的汽车修理、商品混凝土等企业开展拉网式专项执法检查，重点查处无产品合格证、无3C认证、以次充好、违法拼装等违法行为，共立案查处21家次，收到较好社会效果。加强行政执法能力培训，组织干部职工参加市、县执法培训20余人次，考取执法证16本。积极参加市局和县政府优秀案卷评选活动，案卷质量和执法能力都有明显提升，没有出现行政复议和行政诉讼案件。

【全县特种设备安全状况总体保持平稳】 截至2013年年底，象山县共注册登记特种设备7368台，其中电梯1642台，起重机械2392台，场(厂)内机动车285台，压力容器2692台，锅炉351台，大型游乐设施6台。县质监局全年累计检查特种设备使用企业608家次，发现安全隐患321条，下发特种设备安全监察指令书271份，转立案10起，分别较2012年提升64.8%、96.9%、122%和150%，全年无重特大安全事故发生。

【大力开展冷库压力容器专项整治】 2013年，吉林、上海两地冷库液氨泄露爆炸致多人死亡的事故，给全县冷库安全监管再次敲响警钟。针对象山县冷库数量多、建立时间早、布点不合理等实际情况，部署开展冷库专项整治行动，以职工人数较多、设备老化、位于居民区的冷库企业为主要检查对象，重点检查企业设备超期未检、特种设备作业人员无证上岗、私自更换在用设备、无安全管理制度等现象，共排查压力容器103台，发现安全隐患18条，均整改到位。

【创新电梯使用安全监管渠道】 根据群众反映的小区物业费难收、电梯维保不正常等现象，在绿城小区组织召开电梯安全使用现场会，搭建交流平台，使物业、维保单位、业主面对面解决问题，有效地保障小区电梯安全运行和老百姓的人事安全。同时，密切与公安指挥中心的联系，共同建立"电梯110"，落实人员24小时全体后值班待命，接到电梯关人报警后第一时间赶赴现场救援，全年累计接处警41起，解决被困群众70余人。

【开展食品生产安全专项执法检查】 2013年，先后开展食品塑化剂风险排查、地产食品533安全保障和"强网清源"等各类专项行动14项，出动监察人员850余人次。安排县级抽样125批次，合格率100%；完成省级抽样88批次，发现不合格5批次(内酯豆腐、茶饮料、天然水、纯净水、大塘麦糕各1批)，合格率为94.3%。

【新颁发食品生产加工小作坊证6份】 根据省、市质监部门的规定和小作坊目录监管要求，加快对全县米面、年糕和豆制品等小作坊的领证步伐。2013年，象山县食品生产加工小作坊新领证6家，其中年糕2家、米面4家。同时，对不符合生产条件的小作坊坚决予以关停，会同工商、食药、石浦镇政府等单位开展联合执法3次，关停“脏、乱、差”问题严重的小作坊11家。加大特色地方食品扶持力度，主动与生产加工米馒头、萝卜团以及大塘麦糕等象山县特色食品业主联系，指导企业规范生产，鼓励有资质的地方特色食品生产企业申领QS证书，成功领证3家，基本实现统一包装、统一品牌、统一加工，确保地方特色食品质量安全。

【地产重点产品合格率达91.1%】 根据上级质监部门要求，结合象山县实际，确定絮棉制品、燃气灶具、涂料、儿童服装、木家具、汽车配件为重点监管产品，专项监督抽查覆盖率达100%。科学安排定期监督抽查，全年共开展省飞行抽查14批次，合格14批次，合格率100%；省定期监督抽查56批次，合格54批次，合格率96.4%；省市专项监督抽查45批次，合格41批次，合格率91.1%。严格监督抽查后处理工作，对全县5家企业6批次不合格产品加强后处理，确保后处理到位率达100%。积极开展市局蓝剑一号、二号行动和省局蓝剑五号行动，特别是加强了对校服和儿童玩具的专项检查并抽样送检，检验结果均符合评价要求，有效地维护了学生、儿童的身体健康。

【推进民生计量检测规范市场】 加大培训力度，组织检测人员参加出租车计价器、三大电表、天平、砝码等各类项目技能培训18人次，考取国家一级技师证2本、国家二级技师证1本、计量检定证书10本。加强检测机构硬件设施建设，投资10万元安装“智慧质检信息管理平台”软件，实现收样、检测、制作报告单、收取检测费用等检验检测各环节在内网公开流转，进一步规范了检验检测行为。优化质检服务，将工作人员分成3个工作小组，合理安排利用人才资源，增强团队协作性，并对万元以上业务大户进行经常性走访、沟通，建立长远坚固的业务合作关系。开展诚信计量进市场、光明计量进眼镜店、健康计量进医院等主题执法行动，共服务企业1313家，检测各类计量器具19130台(件)，其中强检计量器具16435台(件)，非强检计量器具2695台(件)。组织信誉较好的眼镜店技术人员走进民工子弟学习开展“光明计量进校园”公益活动，服务师生1000余人次。

【质监行政审批事项按时办结率达100%】 全年受理行政许可事项7项988件，非行政许可事项2项6485件，按时办结率100%。积极推进标准化和信息化“两化建设”，实行服务对象就近就地和网上(窗口)申报、受理、审批、颁证为一体的“1+X”行政审批服务网上审批模式和运行体系，统一市、县两地受理审核工作标准，使办事群众由原来的“路上跑”简便为“网上走”，为行政审批提质增效创造条件。同时，做好小微企业、个转企、从事个体经营的残疾人代码证书办理的费用减免工作，共计为小微企业办理代码证书3039件，减免费用54702元；为个转企免费办理代码证书135件，减免费用19980元；为从事个体经营的残疾人免费办理代码证书1件，减免130元，累计减免总金额74812元。

【抓实人大评议工作整改】 县人大常委会自2012年起对县质监局开展工作评议，人大代表们在广泛征求社会意见的基础上，提出6条整改意见。对此，县质监局党委高度重视，先后多次召开党委会和局务会议，全面分析，深挖原因，制定出台整改落实方案，明确整改内容、措施和期限。邀请县人大常委会副主任郑亚红、副县长邱金岳分别到该局考察调研，对整改工作提建议；局领导带队深入全县18个镇乡(街道)走访调研，走访企业100余家，发放调查问卷300余份，切实了解整改实效，确保整改工作落到实处。

【明确质监作风建设“三个严禁”】 制定年度党风廉政工作计划和纪检监察工作内部管理制度，将党风廉政建设列入年度目标管理考核中，与质监业务工作紧密结合。组织局长、副局长、科室及直属事业单位负责人层层签订《党风廉政责任书》，严格落实党风廉政的任务和责任到各个科室队所和各个环节。开展多种形式的预防职务犯罪警示教育，增强干部队伍的廉洁自律意识。认真落实中央“八项规定”和省委“六个严禁”，结合自身工作实际，明确质监“三个严禁”，即严禁在工作期间接受企业的宴请或土特产，严禁接受企业高消费的娱乐活动，严禁向企业购买明显低于市场价的产品，切实筑牢干部队伍思想防线，全年未发现一起违法违纪现象。

(严　谦)

海　关

【概况】 2013年，在宁波海关党组的正确领导下，象山海关依靠全关上下共同努力，求真务实，开拓创新，圆满完成了各项任务。全年：共监管进出境货物4791吨，同比(下同)增长88.5%；贸易额2330万美元，增长30.5%；监管船舶250艘次，征收税款1044.3万元；受理审核进出口报关单500票，审批加工贸易手册137份，审批减免税880.2万元；稽查企业19家，保税核查企业26次，减免税核查企业4家，稽查、核查补税85.5万元；新增注册企业77家，新增AA类企业3家、A类企业17家。2013年，象山海关被评为浙江省文明单位。

【突出重点监管】 加强船舶、舱单、监管场所三位一体全面监控，对不符合海关监管要求及无法成交的对台小额贸易货物，严格按照操作规程作原船退回处理，全年共实施查验8次，监管对台小额贸易货物原船退回3次，运输工具实际登临率达16.9%，对台小额贸易监装监卸率达100%；提高通关效率，提高审单质量，加强对归类、单证、规范申报等方面的审核，建立常见商品归类库，确保非首次报关商品归类无误，全年审放报关单500票，进口规范申报率达99.1%，出口规范申报率达100%。

【抓住重点税源】 重点做好加工贸易内销征税、对台小额贸易审价征税工作，积极开展涉税涉证及归类后续稽核工作，坚持以打促税。全年征收税款1044.3万元，其中对台小额贸易征税748.4万元。

【加强后续监管】 加强业务数据分析，收集风险信息，集中力量对A类以上中小型生产企业实行重点稽查，对申报AA类的企业严格按照标准进行验证稽查，并继续保持对大中型企业的日常核查，保质保量完成任务。全年共稽查企业19家，提交稽查建议书1份，稽查补税19.8万元；保税核查企业26次，核查补税65.7万元；减免税核查企业4家。

【加大打私力度】 成立领导小组，制定大规模打击走私行动方案，结合“绿篱”行动，严厉打击走私违规行为，并于年内成立浙江省首家海关缉私警务室——机场海关缉私局驻象山缉私警务室，打私成效显著。8月经稽查发现移交缉私宁波某照明有限公司涉嫌出口骗退税案件线索1起，案值266.8万元，涉税10.7万元；11月移交宁波某水产公司石斑鱼进口低报价格案件1起，案值1070万元，涉税105万元。

【力促对台小额贸易发展】 学习借鉴福州、厦门等地的监管经验，草拟监管办法，完成调研报告1篇；克服人员少、监管点远、船舶到港时间不固定等困难，加班加点，主动服务，在严格把关审核的前提下，提供预约加班、提前报关、全程监卸、快速验放等便捷通关措施。全年对台小额贸易进出口货运量增加95.4%，进出口贸易额增长30.4%。

【提高活水鱼通关效率】 克服监管点无岸边设施、货船船期不固定且多靠泊于较为偏远锚地、无办公场地等困难，推出“提前报关，快速验放”措施，做到“即到、即报、即放”，实现“一次申报、一次查验、一次放行”。全年象山口岸活水鱼出口44批次，同比增长57.1%，货运量1190吨，同比增加74.3%，贸易额772.7万美元，同比增长49.4%。

【帮扶引导企业升类】 引导企业诚信经营，享受海关便捷通关待遇，年内辖区A类及以上企业数占实有备案企业数的18.5%，高于宁波海关平均水平。组织开展“送政策进企业”活动，先后走访调研辖区内40余家企业，收集意见建议10余条，并做到条条有回复。搭建“一对一”平台，与辖区内6家重点企业建立帮扶关系，解决实际问题。

【推动加工贸易发展】 支持企业开展外发加工和深加工结转，落实内销便利化措施，设立专门窗口，简化审批手续，加快单证流转速度。支持船舶加工行业发展，2013年以来为新乐造船、振宇船业等企业办理手册两次以上延期13次，为企业缓解资金压力6000余万元。全年共备案手册137份，增长25.7%，备案金额9771万美元，增长24.9%；结案手册123份，结案金额8421万美元。

【完善内控管理】 加强内控，以HL2008和业务管理系统为依托，做到日常自查和专项督察相结合，及时发现差错、问题并整改落实;深入查摆,定期开展制度执行情况自查和风险评估,掌握高风险岗位和节点,并提出监督考核措施及制度。全年共梳理稽查、加贸等岗位风险24条,提出风险防控措施17条,撰写风险信息18篇,经自查发现后续归类补税7640元。

【强化廉政建设】 一是强化正反典型案例教育。结合宁波海关专题警示教育活动,重温各项廉政规定,组织开展"读书会"、廉政影片展、主题党课、廉政教育基地参观等活动,提升党性修养;深入剖析有关案件发生的主客观原因,结合实际,探究管理环节存在的漏洞,对案件作出反思,做到警钟长鸣。二是强化党风廉政制度建设。严格落实领导干部"一岗双责"和季度廉政评估分析制度;严格落实执行《海关工作人员外出执法廉政监督办法》,并认真填写反馈表,全年共收到企业反馈联70份,无违规情事。全关人员严格执行海关人员"六项禁令",全年实现零投诉。

【提高队伍综合素质】 着眼人员少、兼岗多的实际,坚持每月1次政治理论和业务培训,以归类、审价、保税等业务培训为重点,通过网上培训、专题培训、跟班学习等方式,组织业务沙龙49次,涉及内容达50余项,培养一专多能合格关员;组织开展摄影摄像、车辆安全等培训10余次,参加宁波海关培训56人次,外出培训12人次,全年学习时间达到人均145.4学时;强化工作纪律、关容风纪的日常规范管理,落实每月1次的内务规范检查,及时通报整改。

(海关办)

出入境检验检疫

【概况】 2013年,象山出入境检验检疫局共检验检疫货物20538批,货值79912.5万美元,同比分别下降26.1%和14.5%。检验检疫进出口不合格货物108批,货值314.7万美元,批次和货值同比分别下降12.2%和8.67%。其中:检验检疫不合格出口货物89批,货值262.8万美元;检验检疫不合格进口货物19批,货值51.9万美元。签发出入境货物证单23423份,同比减少22.4%。签发产地证3793份,签证金额16025.1万美元,份数同比减少16.3%,货值同比减少26.8%。

共检疫出入境国际航行船舶213艘次,同比增加1.91%;入境船舶119艘次,同比减少1.65%;出境船舶94艘次,同比增加6.82%;共检疫交通员工2144人次,入境1211人次,出境933人次,同比分别增加10.97%、7.36%和16.04%;共发现各类医学媒介10650只,39艘次,媒介数量同比增加1320%,艘次同比增加333.33%,总检出率为18.31%;共对39艘次发现媒介生物的船舶进行了检疫处理,其中4艘次入境远洋渔船因医学媒介超标,实施卫生处理;共对46艘次,共计460个舱位的船舶进行船舱适载检验,同比增加142.11%,

【促进对台小额贸易平稳快速发展】 该局坚持对台小额贸易便利化措施,探索灵活高效的监管模式,促进对台小额贸易平稳快速发展。在对台小额贸易检验检疫中,实行"四个免于"、一次查验、监管登记和绿色通道等贸易便利化措施,最大限度地保障对台小额贸易通检速度,营造方便快捷的通关环境。简化对台小额贸易船舶检疫手续,为企业提供相应的政策、技术服务,为台湾水产品、台湾水果等产品登陆创造条件。11月,象山口岸进口一批货值最高"零关税"台湾冷冻秋刀鱼,工作人员事先与企业沟通,船舶抵达后第一时间迅速完成卫生检疫与货物检验及抽样,确保货物迅速通检。同时,主动与象山县委、县政府联系,跟进对台小额贸易的发展,与海关、边防等口岸部门协作配合,共同促进象山对台小额贸易平稳快速发展。

【开展出口水产品企业重点监管】 2013年,该局对出口水产品生产加工企业进行重点监管。一是召开出口水产品生产加工企业座谈会,要求企业加强"第一责任人意识",切实把好原料验收关,做好相应检测和记录。二是加强出口水产品企业原料的监控,对进港渔船和各类原料进行放射性监测,对各企业的收购原料进行微生物、理化等敏感项目检测,确保原料的卫生和安全。三是加强企业自检实验室的监督,确保其有效运行。局技术中心微生物、理化专家对出口水产品企业自检实验室进行检查。同时"送检测技术进企业",对化验员进行现场指导,确保企业实验室检测结果的准确性和有效性,提高企业自检自控能力。

【建立“三查”制度强化企业风险监管】 2013 年，该局围绕业务重点，结合竹木草制品和针织服装的产业特点，探索建立“数据排查、现场稽查、日常巡查”三查制度，逐步形成企业台账比较完备，电子数据分析比较系统，现场检查比较有效的企业风险监管模式。全年共实施现场突击稽查和日常巡查 220 多次，发现并要求企业整改问题 130 多项，查处 7 家企业 17 起不如实报检和买卖单证案件。

【宁波首家水产养殖 GAP 基地在象山诞生】 2013 年，象山宁港水产养殖有限公司通过良好农业规范(GAP)认证并获得了证书，该公司的大黄鱼、鲈鱼、黑鲷、真鲷、美国红鱼、斜带髭鲷 6 个鱼种获 GAP 一级认证。由此，宁波首家水产养殖 GAP 基地在象山诞生。

【宁波地区首次出口海参】 5 月 14 日，宁波新之源食品有限公司 2 批冻海参经象山检验检疫局检验检疫合格后顺利出口马来西亚，此次出口货物重 19.5 吨，货值 81.115 万美元，是宁波地区首次出口海参。为海参的顺利出口，象山局要求企业：一是抓好原料选择关；二是抓好人工及企业检验人员培训工作；三是抓好产品追溯计划；四是抓好产品的相关检测，要求企业按照进口国要求做好有关项目的检测，确保出口产品的合格。

【提升技术分中心市场竞争力】 2013 年，该局技术分中心借助公共技术服务平台的优势，寻求与第三方检测机构以及地方政府合作的切入点，开创发展共赢局面。2013 年 1～6 月份该局技术分中心实现委托检测收入为 236 万元，比 2012 年同期增长 21.4%，其中 FDA、水质、淘宝以及内销产品等委托检测业务收入为 49 万元，占到总收入的 20.7%，比 2012 年同期增长 46%。

【加强流程管理促工作提升】 该局以流程管理系统为抓手，不断提升工作质量，2013 年检验检疫周期符合率达 100%，平均周期用时由 2012 年的 0.9 天缩短到 0.66 天，周期核扣率由 2012 年的 6.83% 减少到 4.15%。采用的主要措施：一是加强一次性告知，降低单证差错率；二是建立定期通报制度，缩短周期用时；三是加强责任追究，杜绝随意核扣。在定期的业务工作质量检查中，随机抽取超周期单证，验证核扣原因的准确性，对因未及时扫描节点、制证时未通过等工作差错导致的超周期以各种客观理由进行核扣的情况，加强责任追究，杜绝乱核扣现象，提高工作责任心。

（商检局办）

安全生产监管

【概况】 2013 年，全县安全生产监管监察部门以“平安象山”创建为重要抓手，围绕“抓基础、强协调、求创新”，深化“安全生产年”活动，强化措施，狠抓落实，确保了全县安全生产形势总体平稳。象山县共发生各类事故 259 起、死亡 51 人、受伤 175 人、直接经济损失 633.6179 万元，未发生较大以上事故。与 2012 年同期相比，各类控制指标呈“二降二升”态势，其中事故起数上升 3.6%，直接经济损失上升 61.7%，死亡人数下降 10.53%，受伤人数下降 14.22%。从各行业领域发生事故情况分析，工矿商贸企业事故发生 4 起、死亡 4 人、受伤 1 人、直接经济损失 140 万元；道路交通事故发生 150 起，死亡 35 人、受伤 174 人、直接经济损失 78.8 万元；火灾事故发生 93 起，无发生生产经营性火灾，直接经济损失 405.8179 万元；渔业船舶事故发生 12 起、死亡 12 人、直接经济损失 9 万元；水上交通未发生生产安全事故。

【签订安全生产责任书 1.2 万份】 按照“一岗双责”要求，建立分级责任制，把安全生产责任目标任务细化、量化，落实监管责任，安全监管不留盲区。2013 年 1 月 18 日召开象山县安全生产工作会议，部署 2013 年安全生产工作，会上象山县政府与全县 18 个镇乡(街道)、31 个县级部门签订 2013 年度安全生产工作责任书，签订责任书的部门从 2012 年 17 个增加到 31 个。各地、各部门按照分级管理和属地管理的原则，层层落实安全生产责任制，全县共签订安全生产责任书 12562 份。

【强化基层安监体系建设】 基层公共安全监管体系建设，配足配强基层安监力量。县安委办会同县委督查室、县政府督查科、县监察局对全县各乡镇

(街道)公共安全监管队伍建设情况进行专项督查，督促各乡镇(街道)严格按照象山县编委要求配足配强公共安监所人员，通过督查全县乡镇(街道)专职安监所人员从原有的38名增加到62名。2013年8月20日县安委办出台《关于印发象山县乡镇(街道)安监机构规范化建设实施方案》，推动镇乡(街道)安监机构规范化建设创建活动，健全镇乡(街道)公共安全监管队伍建设，完善基层公共安全监管的工作职责、规章制度、基础保障，提升基层安全监管人员业务水平。丹东街道公共安监所等10家单位通过宁波市安监局对镇乡(街道)公共安监所规范化考评。推进镇乡(街道)安全生产信息化建设，全县开通并应用安全生产综合监管平台，实现市、县、乡镇、村级四级安全监管联动。10月15日开始各镇乡(街道)安监所受县安监局委托行政执法。建立村(社区)公共安全协管员，全县479个行政村和40个社区建立公共安全协管员，为下一步建立网格化管理打好基础。

【明确各部门安全监管职责】 为理清象山县政府各部门安全监管职责，避免职能交叉、安全监管存在盲区等现象，2013年下发关于《象山县县级有关部门安全生产监督管理职责规定》的征求意见单，在征求各部门意见后，县安委办多次讨论并提交县府办协调，按照“管行业必须管安全、管业务必须管安全、管生产经营必须管安全”的原则，明确各部门安全监管职责。

【推进安全生产标准化建设】 根据《关于在全县开展规模以上工业企业安全生产标准化规范化创建工作的实施意见》的要求，从2010年开始三年内要求完成301家年产值达到2000万元以上的企业安全生产标准化创建任务。2013年，通过安全生产标准化验收的企业97家，超额完成宁波市政府和县政府民生实事工程创标66家的任务。为了确保完成任务，象山县安监局把开展企业标准化建设作为实现企业本质安全等关键性工作来抓，具体实行象山县安监局领导分片包干、中介服务机构每周通报、镇乡街道(园区)倒逼等手段。自创建企业安全生产标准化以来，已累计创建达标企业334家。

【推行安全生产诚信机制建设】 推行企业安全生产诚信管理方式，建立并实施企业安全生产承诺公示、诚信等级评定、诚信安全警示、诚信信息公开、诚信激励约束等五项制度，根据企业安全生产状况分为A、B、C、D级四个等级，分等级进行管理。在2012年象山县危化、矿山、烟花爆竹等高危行业开展诚信机制建设的基础上，2013年出台《象山县企业安全生产诚信机制建设激励政策》，全面启动诚信等级企业评定工作，将首批213家标准化达标企业纳入管理，并将企业相关信息输入浙江省诚信机制建设信息系统平台加以管理。同时将考评结果向相关部门通报，使诚信体系相关激励、约束政策及时有效落到实处。

【强化应急管理和救援演练】 县安委会把各单位建立完善应急救援预案和开展应急演练纳入安全生产责任书考核范围，督促各单位建立健全应急管理组织体系，规范政府(部门)预案管理，开展应急演练。6月份，由县安监局牵头，邀请县商务局、象山消防大队、县经信局等，组织由中石化碧辟(浙江)石油宁波分公司西周加油站、象山振华烟花爆竹有限公司、浙江大唐乌沙发电有限责任公司3家企业参加，开展应急救援预案演练。同时，确定6月份第3周为应急演练周，要求各行业领域生产经营单位都进行应急救援演练。2013年，全县完成本级预案修订181个，开展应急演练88次，生产经营单位预案编制878个，备案677份。10月11日成立危险化学品、烟花爆竹、非煤矿山安全生产应急救援队伍，加强高危行业的生产安全事故应急救援工作，最大限度地降低事故危害程度，保障人民生命、财产安全，保护环境。

【开展大排查大整治专项行动】 2013年6月9日，召开全县安全生产工作会议，专题部署安全生产大排查大整治专项行动。同时，县政府下发《关于贯彻落实中央和省市领导重要指示精神立即开展全县安全生产大排查大整治专项行动的通知》，成立领导小组，以常务副县长为组长，各安委会成员单位负责人为成员，明确各镇乡(街道)和部门职责，形成职责清晰、目标明确、自上而下、条块结合责任体系。各新闻单位宣传各地、各部门的安全生产大排查大整治活动进展情况以及典型经验，曝光安全生产中的重大隐患、重大问题，着重宣传发现的重大问题、隐患及整治落实情况和发生有较大社会影响的事故(件)查处情况。县安监局召开一次新闻发布会，介绍大排查大整治的目的意义、范围重点、检查内容、时间方式以及工作要求，在媒体公布专项行动的专门举报电话“12350”，动员广大群众和新闻媒体参与监督。在象山县安监局的门户网站开设“安全生产大检查大整治专项行动”专栏，及时发布相关信息，利用@象山安监官方微博跟踪发布安全生产大排查大整治进展情况，开展网络评论引导。象山港网站和官方微博“象山发布”开设相关专栏，利用公交车、出租车、楼宇、人民广场、道路等场所悬挂横幅、电子显示屏集中滚动播放宣传标语，形成安全共创舆论强势。县委、县政府主要领导李关定、叶剑鸣、俞骏等分别于6月19日和21日带领县级有关部门和有关乡镇(街道)对涉氨企业、休闲渔船、渔船防火、建筑工地、船舶修造企业等重点行业领域进行安全检查。各地各部门着重从工矿商贸领域、道路交通领域、消防领域、渔业捕捞领域、特种设备领域等行业开展大排查大整治工作，对安全隐患做到“零容忍”。截至9月底，全县5255家企业参与安全隐患自查自纠，组织开展督查企事业单位8283家，查处一般隐患32532条，责令停产整顿企业12家，关闭违法企业30家，处罚罚款238.02万元。

【开展船舶修造企业专项整治】 针对船舶修造企业安全事故多发、易发的特点，从4月2日开始开展为期6个月的专项整治，通过派驻工作组，突击检查、联合检查等方式集中治理船舶修造企业安全隐患。11月6日县安委办印发《船舶修造企业安全生产专项检查》的通知，对全县30余家船舶修造企业做到全覆盖检查，排查治理安全隐患50条，责令限期整改8家，停业整顿3家，拘留无证电焊工7人，对3家船舶修造企业进行了罚款处罚。针对船舶企业主要在海岛偏远地域，电焊工等特种作业人员上城区培训不便等实际情况，县安监局联系培训学校，培训进海岛、进企业，增加培训班次等方式，方便无证人员就近参加培训，提高持证率。2013年，共开展电焊工培训班11期，培训700余人次。

【开展涉氨行业专项整治】 在安全生产大排查大整治对涉氨行业整治的基础上，10月份专门成立涉氨整治领导小组；11月7日举办涉氨制冷企业主要负责人和相关人员300余人安全培训，督查企业开展自查自纠。11月14日，县安监局联合县质监局、县住建局、象山消防大队等部门，同时聘请专家开展为期1个月涉氨制冷企业液氨使用集中整治，对全县189家涉氨制冷企业安全生产主体落实、安全投入、重大危险源管理、特种设备、制冷设备等进行大检查。对189家企业情况提交县政府决策，实施关闭一批，整治一批，提升一批。实现安全培训全覆盖、安全隐患排查治理全覆盖、治理检查全覆盖。

【开展“打非治违”专项行动】 2013年4月8日县安委会出台《象山县深入开展安全生产领域“打非治违”和隐患排查治理工作实施方案》，从2013年5月上旬开始，到12月底结束，分三个阶段结合各项专项整治，对全县各行业安全生产非法违法行为形成高压严打态势。2013年，象山县打击非法违法、治理纠正违规违章行为5076起，其中无证、证照不全或过期、超许可范围从事生产经营建设493起；非法用工、无证上岗584起；“三违”行为278起；安全生产工艺、技术装备、监控设施、作业环境、劳动防护用品不符合规定要求295起；其他违反安全生产法律、法规、规章的生产经营建设行为2088起。责令停产整顿企业12家，关闭违法企业30家。

【加强行政执法力度】 2013年初，制定2013年度执法工作计划，明确全年执法检查450家次，并细化、量化执法频次，明确矿山、危险化学品、烟花爆竹等高危行业每季度检查一次。共检查各类生产经营单位594家，矿山、危险化学品、烟花爆竹等高危行业监督监察覆盖率100%；全年查处一般隐患10030条，完成整改9893条，整改率98.6%；共开具现场检查记录541份，开具整改改正指令书40份，现场处理措施决定书25份；立案处罚18起，罚没款107.3万元。

【深化隐患排查治理工作】 2013年，全县共排查一般隐患12579条，全部整改到位，整改率100%；排查重大隐患2条，其中挂牌督查1条，均整改完毕。完成宁波市挂牌督办象山申达轿车配件厂和象山县挂牌督办的松兰山度假区爵溪沿海观光大道临水临崖、象山丹城大脚板洗浴休闲中心、宁波华裕工艺家具有限公司四个重大事故隐患单位整改工作。

【加强高危企业监管力度】 围绕安全生产大排查大整治专项行动要求，深入开展危险化学品、烟花爆竹、矿山等高危行业安全生产专项整治，2013年，共检查危险化学品企业378家次，非煤矿山85家次、烟花爆竹批发企业10家次、烟花爆竹零售经营店350多家次，其他企业24家次，发现安全隐患350余条，下发整改指令书35份，现场处理措施决定书10份，取缔无证经营危险化学品经营店12家。

【开展节假日安全检查】 结合春节、国庆等节日特点，象山县各地、各部门组织开展安全生产大检查工作。节日前，结合安全生产大排查大整治行动，象山县领导带队对全县旅游景点、道路交通、水上交通、人员密集场所、建设工程、特种设备、渔业船舶、危险化学品、非煤矿山等重点行业领域安全生产工作进行了全面检查。8月29日至9月12日，各分管县长带队对18个镇乡街道对道路交通、渔业船舶等重点行业领域进行了督查。9月26日县长叶剑鸣、常务副县长励志纲带领县安监、县公安、县消防大队等相关部门对人员密集场所、旅游景区的安全生产工作进行检查。春节、国庆期间通过各地各部门协作，确保了象山县节日期间安全生产平稳有序，未发生安全生产伤亡事故。

【深化安全培训工作】 10月17日，县安委办印发《象山县深化全员安全培训工程实施方案》，加强象山县安全生产培训工作，强化企业安全生产基础建设，提高从业人员的安全素质，防止和减少人的不安全行为，从源头上控制各类安全生产事故的发生，开展为期三年的全员安全培训工程，力争“三项岗位人员”(生产经营单位主要负责人、安全生产管理人员和特种作业人员)100%持证上岗，其他从业人员安全轮训一次以上。2013年宁波市下达全员安全培训指标55500人次，全县共完成培训人员58677人次，其中“三项岗位人员”培训123期(生产经营单位主要负责人培训2375人，安全生产管理人员培训2841人，特种作业人员培训1291人)，其他从业人员安全培训52170人。

【开展“安全生产月”活动】 围绕“强化安全基础、推动安全发展”的活动主题，突出综合治理这条主线，普及安全生产法律法规和安全知识，增强从业人员安全生产意识和企业主体责任意识。“安全生产月”活动主要开展启动仪式暨安全生产宣传咨询日活动、安全生产知识竞赛活动、消防业务技能比武竞赛、“安全第一”有奖征文及摄影比赛、生产安全事故警示教育周、安全生产应急预案演练周、“安康杯”竞赛、安全生产专家进企业服务等12个版块的活动。安全生产知识竞赛活动获奖单位6个，消防队业务技能比武竞赛获奖单位8个，获奖个人18人。2013年的安全生产月活动，象山县被评为宁波市安全生产月活动先进单位。

【推进安全文化及培训示范企业创建】 开展安全文化建设示范企业创建，提升企业安全文化意识。8月22日，组织宁波强盛机械模具有限公司等有关企业参加宁波市安全文化建设现场会，2013年10月11日，县安监局印发《象山县安全生产培训示范企业评审办法(试行)》，象山县已有3家企业创建成功，将作为“样板”推广。12月26日止17个镇乡(街道)已成功建立1个企业安全培训示范点，以点带面做好区域培训示范作用。象山县出台的《安全生产培训示范点企业创建标准》被宁波市安监局在全市安监系统内推广。

【开展公共安全宣传教育基地建设】 为强化公共安全体系建设，提升公众安全意识，结合象山县渔业生产大县的实际情况，2013年确定“宁波海洋技术培训学校”为创建市级海洋与渔业安全宣传教育专业性基地。通过基地建设，安全宣传设备设施更加完善，基地采取授课、观摩、体验等多种宣教方式，充分发挥传播安全知识、提高安全技能的作用。

(程舟群)

行政审批

【概况】 2013年,县行政审批管理办公室(以下简称"县审管办")牢牢把握"巩固落实、创新提升"工作主题,把着力点放在优化基本建设项目审批上,以政府项目审批提速、服务效率提升为抓手,积极投入"百大项目会战攻坚"活动和大平台大项目建设,深入推进新一轮行政审批制度改革。全年共受理各类行政审批事项667059件,其中即办件573184件、承诺件93878件、联办件300件,办结665718件,按期办结率和办结准确率均为100%,群众测评满意度98.7%。

【进行审批项目清理】 从1月初到4月底,县审管办对全县行政许可事项、非行政许可事项及日常管理事项进行进一步清理,对每个事项办理流程进行重新梳理。全县行政许可事项由原来的454项减少到441项,非行政许可事项由原来的258项减少到177项,一审一核事项达555项,总承诺时间为3438个工作日,比总法定时间减少了10153个工作日,提速为74.70%。其中进驻县行政服务中心和分中心的行政许可事项和非行政许可事项总数为557项,进驻率达90.13%。

【推行施工图联审提速】 为优化基本建设投资项目审批服务,3月份,县审管办推出施工图联审办法,变多次审批为一次性审批。当建设单位完成施工图设计后,到县住建局窗口一次性提交联审申请所需材料,窗口在5个工作日内召集规划、气象、物业等相关部门以及业主和设计单位项目设计人员进行联评,并以会议纪要形式反馈建设单位,建设单位修改后报审图单位审查,再报各审批部门审批。对因故尚未立项但项目施工图设计完成者,实行模拟立项审批申请,县住建局窗口依实际确立唯一模拟立项批文号,建设单位依此提前进行施工图审查。该办法压缩审批时间20个工作日以上,提速约72%,业主满意率为100%。

【实行片区负责制管理办法】 4月11日,县审管办出台《象山县行政服务中心片区负责制实施方案》(象审管办〔2013〕7号),将大厅区域划分为4个管理片区,组建管理小组,明确责任人。管理小组主要负责传达、推介、解释审管办、各窗口单位新近出台的相关文件和管理要求;当片区工作人员在依法办事过程中,相关窗口出现大声喧哗、争吵、打闹等有损办事秩序状况时,片区管理小组及时劝解、协调、解释说服,并在事后作出结论,明确是非责任,总结经验教训;配合审管办开展纪律、卫生等方面的检查管理工作,了解窗口工作人员的思想动态和意见建议。审管办每月召开片区负责人会议,分析、汇总存在问题。

【实行延时服务办法】 4月11日,县审管办出台《象山县行政服务中心延时服务办法》(象审管办〔2013〕8号),规定窗口工作人员接待完最后一位群众、处理完当天的业务方可下班;双休、节假日需办理急办事项的人员接到审管办值班人员通知后,要在30分钟内到中心办理;如遇须在短时间内大量集中办理的事项,窗口应做好组织、准备、协调工作,适时提供延时服务;在延时服务中,如涉及多个窗口,由主办窗口负责,其他相关窗口工作人员也必须提供延时服务;提供延时服务不得收取额外费用。

【推出大目湾特定区域审批标准】 5月3日,象山县人民政府办公室出台《关于简化优化大目湾新城建设项目审批服务的实施意见》(象政办发〔2013〕86号),探索推出"标准一体化、环节整体化、进度同步化"的特殊区域特定审批标准和运作机制:一是简化审批环节。根据项目的实际情况,区域内免去矿产压覆矿、雷电灾害风险评估、地质灾害风险评估以及交通影响评估等审批环节。降低环境影响评估报告、水土保持方案审批等级。对大目湾新城所有市政项目由大目湾管委会依据批准的控规进行审查报规划局备案,实行见章盖章制度。二是优化审批流程。重新梳理前置环节,明确土地预审作为可研报告批复的前置条件,明确可研报告批复或项目建议书或固定资产投资登记表为办理建设用地规划许可证、环境影响评价和供地手续的前置条件,明确规划设计条件及红线图作为项目环境影响评价的前置条件等,大大缩短审批时间,提升审批效率。三是完善服务措施。建立项目审批联席会议制度,发挥项目中心平台作用,协调解决难题,强化代办服务等。在项目供地之前,组织相关审批部门对前置审批进行论证、指导,开展提前介入,上门服务。

【行政审批制度改革再提速】 5月23日,象山县人民政府办公室出台《关于进一步深化行政审批制度改革的实施意见》(象政办发〔2013〕99号),对全县审改工作具体任务作出周密部署。一是清理规范审批事项。对审批事项全面清理,对事项的名称、申报资料、审批流程等进行梳理、规范。做好国务院、省、市削减、调整、下放事项的调整和承接工作。对依法新设的和从上级部门承接的事项及审批环节和前置条件有变动的事项,及时编制单个事项行政审批标准,并予公布。二是创新审批服务方式。探索产权登记、企业注册登记等领域的"一体化"审批模式。创新工业项目审批方式,推行分阶段"统一受理、内部流转、并联办理"的新型审批方式。以大目湾新城为试点,探索特定区域的审批标准和运作机制。选择关联度大、需求量大、易操作的审批服务事项,通过CA企业认证方式和用户信息注册登记方式,逐步实现企业和个人部分审批服务事项网上远程审批。三是健全审批服务监管机制。全面落实集中审批服务制度。建立中介组织监管联席会议制度,出台中介机构管理的实施意见。构建县、镇乡、社区(村)三级联动的工作机制。强化对代办工作的组织、协调和督促考核,建立项目服务行政服务中心代办制度,针对重大、复杂的基建项目,探索试行行政服务中心全程代办服务。四是提升行政服务中心形象。开展"三讲三比三强"活动,以新大楼搬迁为契机,将行政服务中心精神、服务标识、服务口号等文化建设成果纳入中心环境布置之中,突出象山行政服务中心平台的特色。启动服务管理标准化建设,建立科学合理、简洁明了、易做易管的日常服务管理标准体系。

【开展代办员培训提升基建审批效率】 县审管办安排全县代办员分批次、脱产进驻发改、规划、国土、住建等窗口,通过了解审批业务、咨询代办项目、查看档案材料、参加项目评审会或协调会等方式进行跟班学习。根据每批次学员特点制定周密的培训计划,对效果不明显的课程随时进行调整。学习期间,代办员统一佩戴学员胸牌参加辅导,严格遵守培训纪律。在培训最后时段,安排具体工业项目,代办员开展模拟报批,理清报批思路,确定报批流程,提出报批方式,并将办理效率作为本次跟班培训的测试成绩,对测试不合格者,继续跟班学习。

【优化工业建设项目审批服务】 9月25日,象山县人民政府办公室印发《象山县优化工业建设项目审批服务实施办法》(象政办发〔2013〕189号),优化审批流程,缩短办理时间,提高工业项目审批质。一是简化审批环节。调整工业用地供地程序,凭成交确认书到相关部门办理手续,取消规划核准的总平面图作为供地的前置条件。对园区不再进行矿产压覆矿评估批复,对不属地质灾害易发区不再进行地质灾害评估批复,国土部门出具证明。县规划局对经济开发区和产业区实行"见章盖章"制度,原则上对工业项目方案审查和施工图审查各一次完成。调整降低部分环境影响评价等级,扩大免于节能评审的范围,简化水土保持方案审批手续。对绿地面积5000平方米以下的免交绿化设计方案,对工业生产性用房取消施工图图审。采用统一测绘标准,共享指标数据。实行竣工、地籍测绘单位联合测绘,减少测绘次数。二是实行并联审批。项目业主取得项目备案或核准登记后,取消前后置关系,可同步向国土、规划、环保、水利等部门申请办理有关审批手续。减少办理建设工程规划许可证的前置审批,凭规划部门确认的施工图,环保、园林绿化、气象等部门同步办理审批手续,在项目竣工规划核实时再提供上述部门意见,有效集约各部门的审批用时。三是压缩办理时限。对于已取得土地的备案类工业建设项目只需填写备案申报表,不再要求提供备案报告,将承诺期限由2个工作日压缩至即办。核准类工业建设项目核准咨询阶段,将承诺期限由3个工作日压缩至即办。项目核准阶段,核准咨询由3个工作日缩至即办,将承诺期限由15个工作日压缩至3个工作日。供地和土地登记实行"二审合一"后,承诺期限从21个工作日压缩至10个工作日。气象窗口代办避雷检测所相关业务,将承诺期限由5个工作日压缩至2个工作日。四是推进申报资料内部流转。规定项目业主提请审批时,除提交中介机构编制的相关材料外,其他由审批部门产生的审批批文、证件一律实行内部流转，统一由行政中心项目服务中心内部流转至相关窗口。对审批过程中本部门已发放的证照批文及已要求项目单位提供并经审核通过的申报材料，一律不再要求业主重复提供。

【县行政服务中心服务标识评选结果揭晓】 从2012年9月开始，县审管办面向全社会公开征集、评选象山县行政服务中心标识设计方案。最终从来自全国15个省的43幅有效作品中评选出最佳作品奖1名，作品入围奖3名。其中出自江西省王前的设计方案摘得最佳作品奖。最佳作品奖以“心的纽带”为创意构想。标识图案主体采用“象山”的首字母“X”设计构成，形成一颗“心”形，体现“全心全意为人民服务”的精神，图案两边变化成伸出的手，形似展翅的鸽子，象征服务，充分体现了“服务创一流，满意在窗口”的服务理念。图案整体由飞舞的纽带构成，体现了行政服务中心是政府联系群众的纽带，突出政府面向社会窗口式集中服务的特色。

【推出系列“行政服务环境文化”活动内容】 2013年3月，县审管办围绕行政服务中心文化建设需要，设计推出一系列具体活动：面向全社会公开征集评选行政服务标识；举行“我们的价值观”大讨论、弘扬创业创新精神大讨论和党风廉政建设讲座；设立内网论坛“微型党课”“十八大微话题”专栏，开展服务承诺征集工作，创作描述窗口服务理念和个人服务承诺的警句格言；组建基建项目服务组、企业项目服务组、弱势群体服务组等青年志愿服务团队，做好青年创业园、农家客栈、病弱体残对象的一线服务，建树亲民利民的形象。

（柳常青）

全县审批事项统计

表48　　单位：件

序号	审批单位	事项总数	行政许可	非行政许可	一审一核	集体讨论	一审一核领导签字	即办件	承诺件	法定期限	承诺期限	缩短率	收费事项	进中心(分中心)数	不进中心(分中心)数
1	公安局	44	30	14	42	2	0	10	34	661	141	78.67%	9	37	7
2	交通局	35	26	9	32	3	0	10	25	737	169	77.07%	12	26	9
3	烟草局	1	1	0	1	0	0	0	1	20	5	75.00%	0	1	0
4	发改局	15	10	5	10	4	1	4	11	347	49	85.88%	0	15	0
5	农林局	56	45	11	53	3	0	8	48	952	234	75.42%	14	52	4
6	消防大队	5	3	2	5	0	0	0	5	113	85	24.78%	0	5	0
7	气象局	2	2	0	2	0	0	0	2	14	4	71.43%	0	2	0
8	住建局	53	40	13	52	1	0	1	52	1038	323	68.88%	7	42	11
9	工商局	23	14	9	23	0	0	2	21	345	112	67.54%	0	22	1
10	招商局	3	1	2	3	0	0	2	1	93	3	96.77%	0	3	0
11	文体局	47	40	7	45	2	0	3	44	1004	120	88.05%	0	47	0
12	房管处	3	0	3	3	0	0	2	1	90	6	93.33%	3	3	0
13	环保局	11	10	1	11	0	0	0	11	630	59	90.63%	0	10	1
14	城管局	9	9	0	9	0	0	0	9	180	13	92.78%	4	9	0
15	卫生局	15	12	3	13	2	0	4	11	475	80	83.16%	0	15	0
16	国税局	9	0	9	9	0	0	9	0	240	即办	100.00%	0	9	0
17	经信局	13	11	2	13	0	0	1	12	220	43	80.45%	0	11	2

续表48

序号	审批单位	事项总数	行政许可	非行政许可	一审一核	集体讨论	一审一核领导签字	即办件	承诺件	法定期限	承诺期限	缩短率	收费事项	进中心(分中心)数	不进中心(分中心)数
18	财税局	11	1	10	6	0	5	3	8	510	290	43.14%	0	11	0
19	质监局	15	10	5	15	0	0	2	13	460	119	74.13%	1	14	1
20	国土局	16	13	3	7	9	0	1	15	780	139	82.18%	6	15	1
21	规划局	14	13	1	10	4	0	5	9	201	71	64.68%	0	14	0
22	水利局	31	26	5	24	7	0	0	31	645	301	53.33%	6	31	0
23	安监局	14	12	2	14	0	0	3	11	335	53	84.18%	0	14	0
24	档案局	5	5	0	5	0	0	3	2	51	12	76.47%	0	5	0
25	商务局	8	8	0	7	1	0	0	8	130	39	70.00%	0	3	5
26	民宗局	11	7	4	8	3	0	1	10	185	77	58.38%	0	11	0
27	教育局	7	5	2	6	1	0	1	6	440	125	71.59%	0	7	0
28	盐务局	2	2	0	2	0	0	2	0	即办	即办	100.00%	0	2	0
29	编委办	1	1	0	1	0	0	0	1	30	5	83.33%	0	0	1
30	旅游局	2	2	0	2	0	0	0	2	40	10	75.00%	0	2	0
31	统计局	3	1	2	3	0	0	1	2	60	17	71.67%	1	2	1
32	药监局	10	8	2	10	0	0	3	7	240	100	58.33%	3	10	0
33	海洋渔业局	31	30	1	29	2	0	3	28	504	102	79.76%	9	29	2
34	民政局	21	6	15	19	2	0	2	19	557	141	74.69%	1	21	0
35	司法局	11	5	6	11	0	0	0	11	177	32	81.92%	0	11	0
36	农机局	11	3	8	11	0	0	7	4	54	11	79.63%	0	10	1
37	车管所	3	2	1	3	0	0	2	1	10	2	80.00%	2	3	0
38	人社局	17	8	9	15	2	0	4	13	484	176	63.64%	0	17	0
39	港航局	11	9	2	10	1	0	2	9	200	65	67.50%	0	11	0
40	计生局	5	5	0	0	5	0	1	4	160	52	67.50%	0	0	5
41	残联	2	0	2	2	0	0	0	2	27	14	48.15%	0	0	2
42	公积金中心	3	0	3	0	0	3	0	3	22	18	18.18%	0	0	3
43	科技局	1	0	1	1	0	0	0	1	5	5	0.00%	0	0	1
44	招标办	2	0	2	2	0	0	1	1	20	5	75.00%	0	0	2
45	总工会	1	0	1	1	0	0	0	1	5	5	0.00%	0	0	1
46	边防大队	5	5	0	5	0	0	3	2	100	6	94.00%	0	5	0
	汇总	618	441	177	555	54	9	106	512	13591	3438	74.70%	78	557	61

备注:进中心(分中心)包括进基层站所,基层站所主要指各辖区派出所、各工商所和各税务所。

公共资源交易管理

【概况】 2013年，象山县公共资源交易工作管理委员会办公室，紧紧围绕县委、县政府的工作部署，以加快公共资源市场化配置改革为抓手，以规范操作、服务工程为重点，勇于探索，狠抓落实，公共资源交易工作平稳有序。全年，共完成各类交易428宗，总交易额约87亿元。其中工程总交易额约61亿元，工程招投标增效节资约3.8亿元，产权交易土地拍卖增值约1121万元。

【全力服务重点工程】 积极配合重点工程建设，全面落实“三专三制度”，认真做好服务和监管。一是“三专”，即专人负责、专业会审、专家监管。对每个重点工程，明确专人联系，统筹安排招标文件会审、招标公告、开标的时间。第一时间召集相关部门对重点工程招标文件进行集体会审、集体决策，尽力防止因招标文件表述不清造成招标失败、影响工程进展的现象。对每个重点工程，均派人到开标现场监管，监督评标专家的评标行为，及时处理临场出现的问题，对规模较大的，实行办领导现场监管制度。二是“三制度”，即进展预报制、限时办结制、提前介入制。提前与业主单位联系，了解工程前期进展，协助统筹安排各节点时间，提醒遗漏事项，尽量缩短前期准备。明确收到招标文件初稿2个工作日内，必须给业主单位答复修改条款和会审时间。对一些时间紧、前期准备事项正在办理的重点工程，实行提前介入，先招标后补办手续。

【扶持象山建筑企业发展】 认真评估近两年来实施的10项招投标方面扶持象山建筑企业发展的对策措施，对照法律法规，研究实施细则，努力寻找工程招投标公平竞争与支持象山建筑企业发展之间的平衡点。广泛调研，撰写《我县建筑企业在象市场占有率尚有较大提升空间》，提出适合象山县实际的对策措施。出台并实施《象山县建筑企业年度投标保证金制度实施办法(试行)》，通过自愿申请、一次性缴纳投标保证金，取代企业每次投标时缴纳，减轻企业负担，方便企业投标。继续开展“报名族”企业专项治理，扩大资信加分范围，在2012年3000万元以上工程税收资信加分的基础上，制定3000万元以下工程税收资信加分办法。同时，实施重大项目县建筑业先进集体资信加分，提高象山建筑企业的中标率。全年，象山县政府性投资项目共交易约33亿元，象山企业市场占有率达到87.7%(除象山无符合条件企业的4个项目外)。大力扶持宁波华翔担保有限公司在象山范围内开展工程建设合同担保业务，减轻建筑企业和房地产开发企业履行合同时的资金压力。

【制定工程招投标专项操作办法】 一是制定《象山县水利建设工程招投标工作操作规范》。针对象山县一些水利项目招投标过程中经常出现的对投标人资质设置要求过高、外地“报名族”企业多、串标围标、买标卖标屡禁不止等现象，认真调研，制定象山县第一个专项工程招投标操作规范，明确投标人资质、类似业绩加分、资信加分、奖项加分、技术标评分等设置的前提、具体操作办法及招标文件审核办法，明显减少了监管部门和招标人的自由裁量权，减轻了工作压力。二是制定《政府性投资工程造价咨询和招标代理企业选择操作规范》。针对全县各建设单位对中介机构的选择不规范的现象，在充分调研的基础上，明确中介机构累计中标项目数计算办法、随机抽取中介机构的5种办法，简化随机抽取的程序，严肃随机抽取的纪律。

【规范工程招投标具体操作细节】 结合“二思二创”活动，专题分析工程招投标过程中的各个细节，对容易滋生腐败、造成投诉、不方便投标人的12个细节问题，逐个研究解决办法。如对设置资信分或双资质的项目，要求招标文件与招标公告同步讨论、同步发布，防止先报名再根据投标人情况设置招标条件的现象；对设置业绩加分的项目，要求对投标人提供的业绩进行公示，防止业绩造假、投诉处理程序复杂的现象；对招标文件中的废标条件，要求专项说明废标条件，防止投标人由于工作疏忽造成废标的现象。

【做好预选承包商制度试点工作】 年初，通过公开征集、严格评审，产生政府性投资工程招标代理机构15家、造价咨询机构27家，并明确使用单位对中介机构的选择办法，坚决防止直接确定中介机构。同时，出台《预选承包商库成员单位考核办法

(试行)》,对中介机构实行量化考核,明确了直接清退、暂停承接业务、停止承接原使用单位业务、直接入围下一周期预选库、下一周期预选库征集中给予扣分等情形的条件。对中介机构预选库成员单位进行专项检查,检查情况将记入年度考核中。另外,认真指导财政、教育、水利、大目湾开发管委会、供电等单位,开展施工或中介机构的预选承包商征集工作,帮助制定考核办法。

【加强全县基层交易平台建设工作】 为认真抓好统一平台建设,编制全县统一的招标文件范本,实施全县统一的招标办法,建立全县统一的制度体系,完善全县统一的监管平台。6月26日,组织相关部门对各基层平台有关人员进行小型工程招投标业务培训,重点是招投标基本流程、容易产生腐败问题的重点环节。平时对基层平台发布的各个招标公告进行即时审核,对发现的问题及时提出修改意见。落实专人不定期到各基层平台指导开标工作。

【创新招标方式】 全面实施简易招标法,直接抽签确定下浮率和中标人,不要求制作技术标和商务标,降低招投标成本,减少串标围标。对小型工程数量较多的单位,大力推广采用多个同类项目捆绑招标制度,编制年度小型工程计划,将同类项目进行统一打包招标。

(县公共资源办)

2013年完成各类交易项目情况

表49

项目类别	宗数(宗)	标底总造价(万元)	标底总中标价(万元)	节约资金(万元)	节约率(%)
房　建	156	382269.6732	367149.0976	15120.57564	3.96%
市　政	105	164428.87	148081.0614	16347.8086	9.94%
交　通	27	28787.1027	25482.5149	3304.5878	11.48%
水　利	53	60205.7005	56907.356	3298.3445	5.48%
其　他	29	7937.0706	7395.1108	541.9598	6.83%
工程项目小计	370	643628.417	605015.1407	38613.27634	6.00%
土地拍卖及挂牌	36	总出让价:260466万元,增值:15970万元			
产权交易	23	总出让价:6914.97万元,增值:1121.19万元			
小　计	429	总交易总额为:872396.110701万元			
累　计	429	总交易总额为:872396.110701万元			

档案管理

【概况】 2013年,县档案馆共接待查阅和利用者1316人次,调阅档案1728卷次,出具证明1425件,复印1932张,为编史修志、补办结婚证、办理贷款、房产转户、办理独生子女和落实好省有关部门出台的养老保障惠民新政策等提供了大量翔实的原始资料。2013年,为进一步规范工程项目建档和档案登记备份工作,制定并下发《象山县小型工程项目档案管理细则的通知》、转发《国家档案局〈电子档案移交与接收办法〉的通知》等规范文件，并组织开展象山县档案登记备份应急演练。深入开展“国际档案日”宣传活动，启动乡村文化礼堂和企业记忆之窗建设，完成“最美象山人”个人建档和县国家级非物质文化遗产项目建档工作。深入推进“一线工作法”，组织开展“学先进、比实干、比服务”活动，大力实施“两个推进”发展战略。组织开展了档案目标管理认定工作，圆满完成对全县85家县级机关和18个镇乡（街道）的档案业务指导任务。

【做好档案资料的征集、整理和接收工作】 据统计，2013年征集、接收：3个姓氏家谱7本；个人档案29卷159件，光盘9张；档案开渔节办公室档案125卷357件；民国后期身份证、抽壮丁缓征证明、良民证等5件；图书资料164册。整理台湾小石浦村村民、谢才华剪纸照片各2卷。完成病档修复18卷，整理开放档案目录240本。完成县总工会病档18卷，更改农委、水产局目录号1456卷。

【深入开展“国际档案日”宣传活动】 为庆祝6月9日“国际档案日”，提升档案工作对社会的影响力，县档案局于6月9日上午在丹城公园举办大型宣传活动。宣传活动围绕“档案在你身边”主题，开展街头宣传形式，通过制作展板、张贴发放宣传画册，宣传资料和现场咨询等活动方式，进行档案法、档案知识、档案利用等宣传。此次活动共48个展板包括桥的华章、四世同堂全家福、京城雷锋孙茂芳先进事迹、祖脉等4块内容，同时展出的还有市民张贤根珍藏的57枚毛主席像章。展板前众多市民驻足观看，对档案见证历史、档案记录象山图片兴趣浓厚，流连忘返；不少市民领取宣传资料，或向工作人员咨询档案管理及相关知识、问题，在场的档案工作人员热情解答与帮助，受到广大市民群众的欢迎。

【启动民生档案“异地查档、跨馆服务”】 为便利群众查阅更多民生档案，县档案馆推出“异地查档，跨馆服务”项目，即市民可在全市任何一家档案馆查阅到其他馆的民生档案信息。7月起，首先实现婚姻档案全市馆际共享利用，查档利用者凭有效证件，到所在辖区的档案馆，就可以享受档案资源共享服务带来的便捷。

图为6月9日“国际档案日”宣传活动现场

【继续开展档案与电子文件登记备份工作】 通过走访、电话、档案QQ群对103家单位进行联系，指导和督促各单位做好数字化加工工作。截至2013年，一级进馆单位在原有扫描的基础上，已全面完成5年及以上永久、长期（30年）的文书档案数字化加工。结合档案工作年检，对有关单位文书档案开展档案登记备份工作，完成近100家单位登记备份工作，数据量约1.6T；完成国土、社保、教育、卫生、民政、建设等10家民生领域档案登记备份工作，数据量约1T。

【抓好网站改版和多媒体视频采集工作】 为进一步丰富网站内容，及时更新、上传有关数据2100余条。同时，继续及时采集当天的象山有关的重要新闻节目内容，并及时做好多媒体信息的剪切、刻录和目录输入工作，共刻录光盘40张，输入目录300多条，为完整系统保存全县重要新闻做出贡献。

【启动《台湾小石浦村的“中国梦”》口述建档】 台湾台东县富冈新村（小石浦村）与象山地理环境相似，由石浦镇渔山岛住民迁居而成，两地有着割不断的亲情。为进一步连接海峡两岸同胞的情谊，准确纪录台湾小石浦村村民的“中国梦”，县档案局于2月启动《台湾小石浦村的“中国梦”》的口述建档工作。口述建档工作对30户左右的小石浦村家庭为对象进行专访，作口述记录并制作成光盘，综合运用文字、图片、影像、实物等多种载体，建成台湾小石浦村村民口述档案。同时，编写出版《台湾有个小石浦村》一书，将从小石浦村的前世今生、小石浦村人与大陆隔不断的情缘、小石浦村的名人及小石浦村的如意信俗等内容来撰写,反映小石浦村几代人回归祖国和家乡的强烈愿望。

【乡村文化礼堂建设成效显著】 5月,方家岙村被县委宣传部确定为象山县文化礼堂试点之一。县档案局按照省委宣传部《文化礼堂操作手册》要求,精心组织,扎实实施,圆满完成创建任务。整个村文化礼堂和文化长廊共分挂68块图版,以图、文相结合的形式呈现,分民风民俗民风廊、崇德尚贤励志廊、美好家园成就廊和艺术廊等。展板包括村档史话、族谱家训、村名宗脉、先进楷模、最美村嫂、优秀学子、长寿老人、休闲旅游等丰富内容。此外,县档案局在方家岙村创建文化礼堂过程中,和村主要领导策划并成功举办中秋敬老礼仪活动。在全村营造了敬老助老的良好氛围,村文化礼堂也真正成为村民的文化活动中心。

【开展企业记忆之窗基地建设】 县档案局充分利用档案的记忆功能,深度挖掘企业的文化内涵,为企业发展和经济建设注入文化软实力,从而推动文化强县整体战略的落实。年初,确定浙江佳利投资集团有限公司为创建试点单位,经过企业的共同努力,基本完成创建任务。内容主要分前言、公司历程、产业产品、榜上有名、企业文化、回馈社会、展望未来等八个部分,充分展示了集团不同历史时期生产经营、科技创新、文化活动、科研成果等内容,生动再现了企业曲折辉煌的发展历程和职工的精神风貌,进一步增强了企业员工的归属感和凝聚力,有力地促进了企业的健康快速发展。

【做好"四世同堂"全家福照片征集】 为倡导尊老敬老的家庭美德,进一步提升广大群众的个人素养,县档案馆于4月份在全县范围内开展"和谐家庭,传递幸福"为主题的档案征集活动,免费为象山籍四世同堂家庭拍摄全家福。活动旨在为象山和谐家庭拍摄记录建档,让普通市民幸福美好的生活写照以及一家人享受天伦之乐的图景在档案馆永久珍藏。该活动征集启示在《今日象山》、象山港论坛等发布后,广大市民纷纷来电咨询,共征集到30多个四世同堂家庭的照片。

图为四世同堂全家福之一
茅洋乡朱颂宽老先生一家

【"最美象山人"个人建档工作稳步推进】 2012年,象山涌现出"好人徐祥青""最美乡村医生""众人抬车救人"等一大批来自群众的先进典型。为进一步弘扬文明新风尚,激发社会正能量,象山县档案局派相关人员分赴全县各地,分别对象山县12位"最美象山人"获得者进行走访和收集资料,共建个人档案12盒86件。

【完成县国家级非物质文化遗产项目建档工作】 象山县有国家级非物质文化遗产项目5项,分别是晒盐技艺、开洋。谢洋节、渔家号子、象山"唱新闻"、石浦——富冈如意信俗等。按照省、市档案局要求,通过拍摄照片、采访记录、整理资料,建成5项县国家级非物质文化遗产项目的建档及项目传承人的口述档案建档工作,并将成果上报给省市档案局。

【开展新建单位和企业档案指导工作】 2013年全县有县人社局、县编办、县行政服务中心(局)等5家新建单位,除指导他们文件材料的收集、整理、保管、利用等业务外,重点指导他们编制《档案分类方案》《文件材料归档范围和文书档案保管期限表》等内容,建立各类档案管理制度和检索工具。至4月底,编制工作全部完成。完成戴维医疗集团、克浪机械有限公司、壹美集团、佳丽集团、巨鹰集团、宁波运生有限公司等县重点企业建档情况调研和业务指导,进一步促进企业档案规范化管理。

【提高档案管理规范化水平】 11月,完成由县监察局等组织的"重点工程回头看"执法检查,共检查了重点工程项目20余个。继续开展重点工程的指导、专项验收和行政许可工作。重点对道人山围涂工程、白溪引水工程、三门口大桥工程、盛宁线工程、大金山隧道工程、林善岙隧道工程等工程档案开展业务指导。协同市档案局对省级重点工程象山白溪引水工程档案进行专项验收,对县级重点工程象山供水—石浦至晓塘、定塘管线工程档案进行专项验收和行政许可,共办理省市县行政许可项目6个。

【大力开展规范化档案室创建工作】 2013年,县档案局大力开展规范化数字档案室创建活动,积极推进行政村、社区规范化档案室创建活动。县人力资源和社会保障局档案室等10家被评为第四批浙江省规范化数字档案室;丹东街道梅园社区等3家被评为社区规范化档案室;石浦镇黄路桥村等49个行政村被评为行政村规范化档案室。

【扎实开展档案目标管理认定工作】 2013年,县档案局继续做好档案目标管理认定工作。继续加强对有关单位的业务指导和督促,经过县档案局业务人员精心指导和各申报单位的积极努力,全县有19家单位顺利通过省、市级目标管理达标认定,其中省级14家、市级5家,如期完成了年初制定的工作任务。

2013年象山县档案目标管理达标单位一览

表50

单　位	等　级
象山县爵溪街道办事处	省一级
象山县鹤浦镇人民政府	省二级
象山县高塘岛乡人民政府	省二级
象山县晓塘乡人民政府	省二级
象山县东陈乡人民政府	省二级
象山县黄避岙乡人民政府	省二级
象山县泗洲头镇人民政府	省二级
象山县定塘镇人民政府	省二级
象山县新桥镇人民政府	省二级
象山县涂茨镇人民政府	省二级
象山县墙头镇人民政府	省二级
象山县贤庠镇人民政府	省二级
象山县出入境检验检疫局	省二级
象山县烟草专卖局(宁波市烟草公司象山分公司)	企业省级优秀
象山县大目湾开发管理委员会	市一级
象山地方税务局石浦分局	市一级
象山县献血办公室	市一级
象山县机关事业社会保险办公室	市一级
象山县上张水库管理处	市三级

【开展档案登记备份应急演练】 为进一步强化制度、完善设施、提升自身应急管理能力,12月17日,县档案局召集了卫生、民政、国土、环保、农林等十几家业务数据登记备份单位共同参与,开展档案与

电子文件登记备份应急演练。演练模拟县妇幼保健院因电脑感染病毒,造成婚检档案数据丢失,县妇幼保健院申请县档案登记备份中心复制返回备份数据,以使损失降至最低。接到申请并审批同意后,县档案局指挥中心立即组织业务、技术人员为县妇幼保健院数据获取提供服务。20 多分钟后,县妇幼保健院完成丢失数据的恢复工作,演练圆满成功。

【召开全县档案工作暨档案业务培训会议】 3 月 20 日,召开 2013 年全县档案工作暨档案业务培训会议,全县各单位 150 名档案员参加了会议。会议传达省市档案工作会议精神,全面总结和部署全县档案工作,表彰 2011～2012 年度市级、县级档案登记备份工作先进单位和个人,并就有关档案业务知识进行培训。

【组织开展各类业务培训】 县档案局针对不同单位、不同系统的档案工作要求,开展实用业务培训,举办小型工程招投标培训、学会档案业务讲座等,开展文书档案、小型工程档案、信息化管理三期大型业务培训。此外,还对丹东、丹西街道,大徐镇行政村、壹美集团分别进行档案业务培训,据统计,全县共有 500 余名档案员参加了培训。

【开展社区志愿服务活动】 10 月 30 日,县档案局妇委会巾帼示范岗结合自身工作特点,来到丹西街道北路社区开展志愿服务活动。按照社区档案的整理规范标准,对北路社区 2012 年的档案资料进行系统分类、编目共 53 卷。

【积极参与爱心义卖活动】 4 月 14 日,县档案局积极参与在丹城公园举行的象山县"绿丝带"义工组织爱心义卖活动。县档案局在义卖现场把近年来出版的《象山籍人士在海内外》《京城雷锋孙茂芳》等书籍分送给爱心市民。同时,局干部积极联系县内有爱心的书画家捐献部分作品进行义卖,为此次爱心义卖活动筹得更多善款。据统计,此次义卖活动共筹得 6 万余元善款全部捐给石浦一家女儿患脑瘫、父亲患白血病的困难家庭。

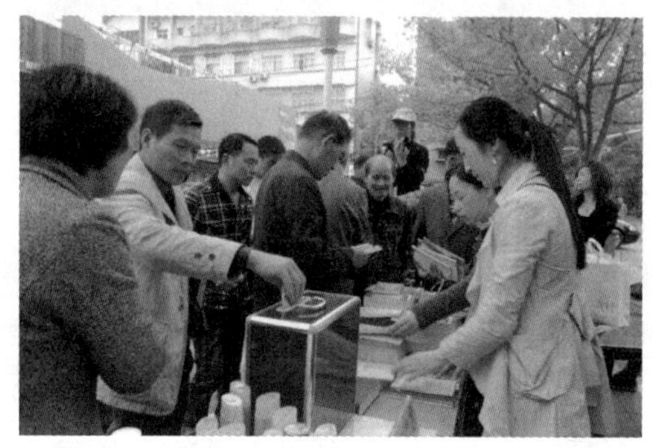

爱心义卖现场

(档案局办)

人民生活

民　族

【概况】 2013年，全县有蒙古族、回族、藏族、维吾尔族、苗族、彝族、壮族、布依族、朝鲜族、满族、侗族、瑶族、白族、土家族、黎族、傈僳族、畲族、水族、土族、仡佬族、纳西族、毛南族、羌族、景颇族、佤族、塔塔尔族、普米族、达斡尔族、拉祜族、傣族、哈尼族等31个少数民族。据第六次人口普查公报数据显示，象山常住6个月以上的少数民族人口为4866人，其中按人口数排前三位的是苗族2200人、土家族772人、布依族627人。全年办理民族成分更改16人，为16名参加中考、7名参加高考的少数民族学生办理了加分证明。

【开展少数民族帮困扶贫工作】 2013年向市民宗局争取到少数民族发展专项资金4万元，县财政配套安排少数民族困难家庭补助资金3万元。全年，政府为132户少数民族困难家庭发放扶贫补助金4.4万元，向3户具有规模种植的少数民族贫困户发放生产扶助资金2.6万元。开展政策技术扶贫，支持少数民族人员参加镇乡（街道）各项工农业生产的技术培训40人次。

【召开少数民族代表人士学习会】 4月10日，县民宗局在新光大宾馆5楼会议室召开全县少数民族代表人士学习会，全县各界的20余名少数民族代表人士出席会议。张日成局长作中共十八大精神学习传达和象山经济社会发展新形势情况报告。会议同时总结了2012年以来全县民族工作的进展情况，展望讨论了2013年工作。

【墙头镇创建少数民族消防志愿者小分队】 墙头镇政府与县消防大队指导协助下，镇少数民族消防志愿者小分队于7月18日成立，共有成员12名，当天对小分队成员开展灭火训练和逃生疏散演练。墙头镇生活着苗族、畲族、彝族等9个民族成分的30余位少数民族群众，在县消防大队的帮助下，象山县首支少数民族消防志愿者小分队将利用集市、节庆、邻居互助等形式开展活动，积极向广大群众讲授消防安全知识，赠送消防宣传资料，确保消防安全知识走进千家万户。

【举办第七届全县民族和睦邻里节系列活动】 7月27日上午，象山县第七届民族和睦邻里节暨第八届晓塘白玉湾葡萄节在晓塘乡白玉湾生态农业观光园开幕。县政协主席白国璋宣布开幕，宁波市民宗局副局长李伟波及县领导黄敏求、励茂平、邱金岳出席开幕式。

开幕式当天，北仑区民族轻骑兵文艺表演队在白玉湾田野舞台走亲汇演、“学习十八大、知晓民族情”知识竞猜活动、“相聚白玉湾，共叙民族情”少数民族代表畅游茶光菊葡萄种植示范基地品摘葡萄活动吸引了众多游客、少数民族群众参与。县少数民族各类先进在开幕式上受表彰，晓塘乡茶光菊（彝族）、石浦镇宋绍兰（仡佬族）、墙头镇付蝶荣（黎族）获县创业致富能手，西周镇韩光子（朝鲜族）、爵溪街道赵久梅（布依族）获县和谐闪光之星，晓塘和信制药设备公司董事长冯挺（汉族）、鹤浦超普渔具配件厂经理杨红梅（土家族）获县民族团结进步贡献奖。

【成立石浦镇少数民族联谊小组】 12月19日，石浦镇少数民族联谊小组成立，会议决定黄开强（土家族）为小组组长，陶英娣（女，满族）、宋绍兰（女，仡佬族)、石世云(侗族)为副组长。这是象山县第二个镇乡一级的少数民族联谊小组,延伸了全县民族工作的手臂,并将为该镇100多位少数民族群众开展联谊交流、开展扶助提供活动平台。

宗　教

【概况】 2013年,全县有佛教、基督教、天主教三大宗教,经政府依法登记的宗教活动场所186处。其中,基督教堂48处(新增1处),天主教堂8处,佛教寺院130处。宗教教职人员399人,其中佛教350人(含经省佛教协会备案登记的佛教教职人员68人)、天主教神甫2人、基督教46人(牧师9人、教师11人、长老8人、传道员19人)。宗教界人士中有县政协委员5人、县人大代表1人。参加正常宗教活动的天主教信徒700余人,基督教信徒2.1万余人。引导宗教界开展社会公益慈善活动、支持新农村建设捐助款物共计78万元。全年探望慰问宗教界代表人士80余人次。

【县领导调研宗教场所】 3月12日上午,副县长陈照民先后到瑞龙寺、玉泉讲寺调研工作,听取场所负责人关于寺院发展、平安和谐宗教场所创建方面的汇报,并实地察看了寺院建设情况。陈照民要求象山佛教界努力弘扬宗教文化和慈善文化,以可持续发展的理念依法管理好宗教场所,继续发挥宗教界积极作用,为促进象山经济社会全面发展做出贡献。

【宁波市南三县宗教工作座谈会在象山召开】 3月13日,奉化、宁海、象山三县(市)民宗局长在象山党校参加了宗教工作专题座谈会,市民宗局顾卫卫副局长出席会议。会议对各地贯彻落实2013年2月22日召开的全省民族宗教工作电视电话会议精神进行了督查,对年度宗教工作进展情况和加强佛教场所规范管理情况进行了研讨交流。顾卫卫一行还视察了新桥镇灵佑禅寺,详细了解寺院平安和谐宗教场所创建、在建工程情况。

【开展清明节期间宗教场所安全大检查】 清明节前后,县民宗局向全县寺庵负责人和佛教信众发出“文明祭祖、平安佛教”的倡议书和短信,要求佛教场所加强安全管理、文明燃香、规范燃香,同时要求有条件的场所通过黑板报、横幅、标语、宣传等渠道宣传植树、献花等无烟文明祭祖。各镇乡、街道都组织安全生产检查组,在清明节前对68处宗教场所开展安全大检查,并与宗教活动场所签署安全生产责任状178份。

【部署开展寺观教堂“教风建设年”活动】 4月16日,按照省、市局关于开展以“教风建设年”为主题的和谐寺观创建活动要求,县民宗局组织召开了“教风建设年”和谐寺观教堂创建动员会,并下发了《象山县宗教界开展“教风建设年”主题创建活动实施方案》。各宗教团体、重点宗教活动场所负责人60余人参加了会议。会议部署了创建工作的开展步骤,还组织了对党的十八大精神、宗教政策法规及宗教教义教规解读学习。

【开展第二个“宗教政策法规学习月”活动】 6月上旬,各宗教团体分别组织召开宗教政策法规读本学习交流会,召集各会长、理事、中等规模以上宗教场所负责人、团体办公室职员等人员,学习《宗教政策法规文件选编》《宗教团体教规制度汇编》《宗教政策法规读本》等读本,并开展座谈讨论、撰写读书笔记等活动。县民宗局还利用电信短信群发平台,向县民族宗教工作协调小组成员单位党政领导干部、镇乡(街道)宗教工作干部、400余位宗教教职人员以及各宗教活动场所负责人等,发送“宗教政策法规学习”相关信息近万条。

【完成宗教基础信息网上资料录入工作】 7月～8月,按照省民宗委要求,县民宗局利用2个月时间,高质量完成了省宗教信息管理系统我县基本信息采集、录入、审核任务并上报,共采集宗教基础信息315条,填写表格3000多页,拍摄、整理图片1000多张,其中宗教教职人员信息125条,宗教活动场所信息186条,宗教团体信息3条,宗教工作机构1条。同时,初步建立2013年全县民间信仰场所(1018处)基本情况数据表,为宗教工作信息化建设奠定了基础。

【玉泉讲寺组织僧众慰问海训部队】 7月31日,玉泉讲寺主持惟慈法师带领僧人信众一行带着3拖拉机瓜果、1卡车夏令用品等慰问品，冒着夏日的酷暑，到驻象山海训的杭州某部队进行慰问，向1000多位指战员、战士们表示节日的祝贺，受到官兵们的热烈欢迎。

【批准设立基督教固定处所1个】 9月16日，宁波市民宗局许可筹备设立象山基督教雅林溪圣恩堂（甬民宗许决〔2013〕3号）。11月15日，经县基督教两会申请，县民宗局同意发放象山基督教雅林溪圣恩堂（固定处所）宗教活动场所登记证，并对新任场所负责人进行任职培训。雅林溪圣恩堂坐落在大徐雅林溪村，有信徒200人，经常聚会信徒80人，有临时性建筑320平方米。现任堂委主任杨威。

【县佛协举办年度佛教讲经交流活动】 11月28日，象山县佛教协会2013年度讲经交流会在丹东街道瑞龙禅寺隆重举行。县佛教协会的负责人、理事，40余个佛教场所负责人、信众260多人参加了交流会。该次交流会由达照（宝梵讲寺）、悟示（清福庵）、果福（紫云禅寺）、大因（三官堂）、常阳（报德寺）、演慧（紫福庵）等6人对《金刚般若波罗蜜经》《般若波罗蜜多心经》《佛说阿弥陀经》进行讲解演绎，并交流自己的修学体会。

【可成老和尚百岁寿诞庆典在等慈禅寺举行】 12月11日（农历十一月初九），等慈禅寺内外彩带飘扬，佛乐缭绕，一片喜庆，横幅、标语、花篮和彩旗随处可见。市县佛协领导、诸山长老、四众弟子纷纷从各地汇集于此，庆祝象山佛门寿僧可成和尚的百岁华诞。上午9时，寿庆法会在寺院金刚殿前举行，省佛协副会长、市佛协会长、天童禅寺方丈诚信大和尚，天台山国清讲寺首座克慧长老，象山佛协会长莲智，鄞州区、宁海县、绍兴柯桥区佛协领导等分别为可成老和尚寿诞拈香致辞。殿外广场近千名信众共同唱诵消灾延寿药师佛号，祝愿老和尚常久住世转大法轮。随后，诚信大和尚领诸山长老、四众弟子走向方丈楼看望可成老和尚。

可成法师出生于民国4年（1915），临济宗禅僧。13岁出家，参禅打坐，苦读经律。1978年起主持等慈禅寺。曾任市佛协理事，象山佛协第一、二届会长、名誉会长，县政协四、五届委员、常委。

【县基督教两会为滇西北贫困少数民族群众送冬衣】 11月，在县基督教两会的宣传动员下，全县基督教信众积极响应捐赠冬衣，共募集到的八成新以上或全新的冬衣6万余件，总重近30吨。12月初，在象山民间公益组织“水滴爱心”的协助下，县基督教两会专门租了5辆卡车，行程2500千米，赶在大雪封山前，将这批冬衣送到云南西北地区的怒江傈僳族自治州，由当地民政机构分发到贫困少数民族群众手上，及时地给寒冬里的少数民族群众送上贴心的温暖。

【中坭基督教堂举行新堂落成典礼】 12月31日，坐落在定塘镇中坭村的中坭教堂举行新堂落成典礼，县民宗局、定塘镇、县基督教两会领导及县内外基督教信众600余人参加了庆典活动。2008年8月8日，县民宗局登记设立象山基督教中坭教堂（固定处所）。2011年7月，新教堂主体动工建造。2013年底，占地3350平方米，建筑面积860平方米，一座哥特式的教堂完工，总投资326余万元。现有信徒200人左右，聚会信徒100余人，高建莲为堂委主任。

【6个场所获得省第三批和谐宗教场所称号】 飞泉庵、思孝庵、双龙庵、下余基督教堂、大塘基督教堂、田洋湖基督教堂等6个场所获得省第三批“和谐寺观教堂”达标场所。玉泉讲寺、丹城基督教堂、新桥基督教堂被评为省“三星级规范管理宗教场所”。至年底，全县已有63处宗教场所评上市级“平安宗教场所”，52处宗教场所获得省“和谐寺观教堂创建达标单位”，5个省“和谐寺观教堂创建先进单位”，1个市宗教档案管理示范单位，7个宗教档案规范管理创建单位，3个省“三星级规范管理宗教场所”。

（张华行）

城乡居民生活

【概况】 2013年，象山县认真贯彻落实党的十八大及十八届三中全会精神，统筹城乡发展，把保障和改善民生放在突出位置，调结构、转方式、抓项目、破瓶颈，提高最低工资水平、扩大就业规模、加大劳动力培训力度和输传数量,发展壮大特色产业,加大农业科技投入和科技成果转化力度,为城乡居民收入的增长提供了有力保障。据抽样调查显示,2013年象山县城镇居民人均家庭总收入42090元,与2012年同口径比(同下)增长10%;人均可支配收入40175元,增长9%,剔除价格上涨因素实际增长8%;象山县农村居民人均纯收入18127元,增长10.6%,剔除价格上涨因素实际增长9.6%。2013年城镇居民人均消费性支出18429元,同比增长4%;农民人均生活消费性支出11168元,同比增长8.6%。

【城镇居民四大类收入】 2013年象山县人均工资性收入24587元,同比增长11.3%,占家庭总收入的58.4%,是居民家庭收入最主要的来源;人均经营性收入8548元,同比增长12.2%,占总收入的20.3%,增幅居四类收入之首,是实现居民增收的重要来源;人均转移性收入6036元,同比增长4.8%,占总收入的14.3%,是居民收入重要组成部分;人均财产性收入2920元,同比增长7.9%,占家庭总收入的6.9%,是居民收入的有益补充。

【农村居民四大类收入】 2013年象山县农村居民人均工资性收入9046元,同比增长11.1%,占农村居民人均纯收入的49.9%;人均家庭经营性收入6122元,同比增长8.2%,占农民人均纯收入的33.8%。分产业看:第一产业人均1654元,同比增长5.5%,非农产业人均4468元,同比增长11.8%;非经营性现金收入人均2959元,同比增长28%,占农民人均纯收入的16.3%,其中财产性收入人均1289元,同比增长33.1%,转移性收入人均1670元,同比增长26.7%。

【城镇居民八大类支出】 一是食品支出仍是居民第一大消费项目,2013年象山县人均食品支出6397元,同比下降2.6%,恩格尔系数为34.7%;二是生活水平的提高,居民用于衣着的消费比例上升,2013年人均衣着支出2328元,占消费支出的比例上升3.5个百分点;三是3月1日国务院新“国五条”出台以来,居民在居住支出上有所下降,人均支出1070元,同比下降5.4%;四是伴随电子化进程的加快,家庭设备用品更新换代的步伐加快,人均支出1088元,同比增长33.3%;五是保健养生越来越受居民重视,人均医疗保健支出1283元,占消费支出的比重同比提高3.1个百分点;六是城镇居民汽车消费在前两年高速运行后趋于稳定,人均交通和通信支出3152元,占消费支出比重同比下降15.6个百分点;七是在倡导科教兴国的大背景下,子女的教育问题愈来愈受重视,各种名目培训班、特长班受到家长追捧,人均教育文化娱乐服务支出2514元,占消费支出比重同比提高3.6个百分点;八是与个人修饰相关的化妆品、饰品、美容和美发支出呈现较快增长势头,人均其他商品和服务支出596元,占消费支出比重同比提高1.7个百分点。

【农村居民八大类支出】 一是生活水平的提高,农村居民食品消费从吃饱向吃好迈进,人均食品支出4117元,同比增长2.9%,恩格尔系数为36.9%;二是社会经济的发展和农民收入的不断增加,农民衣着消费更加注重质量、品牌和时尚化,人均衣着支出835元,同比增长10.4%;三是近年来,在新农村建设和农房两改的推动下,农村居民追求宽敞舒适的居住环境,人均居住支出2341元,同比增长10.1%;四是生活条件的不断改善,各种中高档电器、炊具等耐用消费品不断进入农村居民家中,家庭设备用品不断更新增加,人均支出495元,同比增长31%;五是近年来家用汽车、摩托车等交通工具价格的日渐平民化,农村居民家庭拥有汽车等已不是奢望,人均交通通信支出1019元,同比增长5.6%;六是各种办学行为不断规范,切实减轻了学生负担,文化教育、娱乐用品及服务支出占比下降,人均支出891元,占消费支出比重同比下降1个百分点;七是生活条件的改善以及人们健康意识的增强,农村居民越来越注重医疗保健,人均支出1137元,占消费支出比重同比提高2.2个百分点;八是农村居民更加注重个人形象,购买首饰、化妆品、美容美发等其他商品和服务人均支出333元,增长16.8%。

【居民收入增收难度加大】 一是居民收入增长减速的趋势初步形成,居民增收难度明显增大,2013年城镇居民人均可支配收入增幅同比回落1.1个百分点,农村居民人均纯收入增幅同比回落1.2个百分点;二是居民消费不足,缺乏新的增长点,消费倾向走低，2013 年消费倾向城镇居民由上年的54%下降到 45.9%，农村居民由上年的 76.8%下降到 66.9%；三是农业生产经营增收难度加大，上半年的 H7N9 禽流感重创家禽饲养业，2013 年入夏以来持续高温干旱、台风"菲特"给象山县农业生产带来严重的不利影响，农业生产资料价格上升，人工费用持续增长，增收面临着较大压力。

（杨碧文）

人口与计划生育

【概况】 2013 年全县共：出生 4373 人（补报 125 人），其中违法出生 311 人，计划生育率 92.89%；出生多孩 48 人，多孩违法生育发生率 0.89%；出生人口性别男、女比为 107.97∶100。

【队伍建设得到加强】 经县编办、人社局具体安排，全县定向招考 10 名镇乡（街道）计生专职干部，并明确新招录人员除提拔为副局级外，5 年内不得调动或换岗。开展首批"县级计划生育工作荣誉证书"对象评选活动，共有 26 名村（社区）计生管理员获此荣誉和 1000 元一次性奖励资金，还将继续获得每年 500 元的生活补助金。开展全县计生系统集中培训、统一笔试、现场知识竞赛等活动，提升队伍综合素质。

【违法生育案件得到最大限度消化】 计生、法院、公安等部门联合组成违法生育案件查处办公室，每月 4 天赴 2 个乡镇开展集中执法活动。同时注重发挥镇乡（街道）主体作用，采取镇村干部包案等办法，最大程度消化历年案件。2013 年共办理违法生育案件 1025 件，其中：当年案件 363 件，历年案件 178 件，清查案件 484 件，同比共增加 461 件。全县共征收社会抚养费 2444.6 万元，其中自行征收 2054.8 万元。

【出生人口性别比得到综合治理】 加大对"两非"行为危害性和打击"两非"重要性的宣传，印发宣传资料，制作宣传专题片，形成打击"两非"的高压舆论氛围。建立健全女孩户奖励扶助政策，从 2013 年开始，对农村独女户父母每人每年发放 200 元养老保险参保补助金，对 100 名困难独女户家庭女孩开展每人每年 1000 元的助学活动。

【"一票否决"制度得到严格执行】 结合村组织换届工作，指导镇乡（街道）把计划生育情况作为候选人资格认定的前置条件之一，严格把好候选人资格审查关，共取消 23 人参选资格。同时对各级各类评先评优对象认真进行计划生育情况"预审"，共取消 37 个集体或个人评选资格。严格执行"党员违法生育一律开除党籍"的规定，开除违法生育党员党籍 7 名。

【计生利益导向得到深入推进】 2013 年，县级层面奖励扶助政策范围不断扩大，首次纳入独生子女父母一方伤残或死亡救助、独生子女家庭大病医疗等对象。共发放各类计生奖扶经费 985 万元，惠及 1.5 万户计生家庭，有力地体现了政府在计生方面的优先优惠和普惠的具体正面导向。同时村级计划生育利益导向工作有序推进，2013 年重点突破了 53 个难点村，全县累计 532 个村（社区）兑现落实了计划生育村规民约，覆盖面达 99.4%。2013 年全县 1.2 万余户计生家庭从计划生育村规民约中受益，同时 100 多户违法生育家庭"多生多得"利益切实得到制约。

【优质服务得到全面普及】 广泛开展群众生殖健康知识、优生优育知识宣传教育活动，提高育龄群众计划生育基础知识知晓率。开展免费生殖健康普查，共检查 57767 人次（外来人口 1735 人次），其中两癌筛查 9369 例。对检查中发现的 18483 例妇科常见病例，开展治疗指导和随访服务，随访率达 99.9%。其中筛查出高风险人群 205 例，占检查总数的 13.1%。2013 年全县出生人口缺陷率为 1.15%，比 2012 年下降了 0.35 个百分点。

【流动人口"一盘棋"管理取得新进展】 加强流动人口常态化管理工作，及时做好流动人口信息数据的导入、分发、核查、入库工作，2013 年完成流动人口代办信息 38151 条，完成率达到 99.53%。同时规范流动人口村级月报告单制度，做到流动人口信息月月报、月月清。落实流动人口计生服务管理均等化要求，3 万多名外来已婚育龄妇女享受了免费计生服务；52 名外来人口享受了正常住院分娩救助金。

【全县首家人口文化剪纸馆正式开馆】 3月份,东陈乡人口文化剪纸馆正式开馆。该馆坐落于象山东陈乡樟岙村,向市民免费开放。馆内集中收藏和展示了剪纸艺术家谢才华创作的人口文化题材剪纸精品,包括国策法规、优生优育、婚育新风、关爱女孩、奖励扶助等内容,充满了县域人口文化特色。

【国家计生协领导到象山调研青春健康教育工作】 5月14日,国家计生协会副秘书长、国际合作部部长洪苹在市人口计生委副主任、计生协会副会长陈月芳,市计生协会秘书长傅静君,象山县政协副主席、县计生协会会长胡建萍等陪同下,莅临象山县职业高级中学,开展"青春健康教育"工作专题调研活动。

【开展特殊计生家庭帮扶和善终服务】 3月份,全面开展独生子女死亡、伤残家庭调查,核实全县母亲49周岁以上的独生子女死亡家庭116户、伤残77户,共183户。各镇乡(街道)发挥协会群团组织作用,招募163名服务员,落实每年每户1200元的工作资金,为183户特殊计生家庭开展每周至少1次的上门随访服务。同时,及时兑现农村独生子女先行亡故的父母一方10000元丧葬补助费和独生子女夭折或成年未育死亡家庭的一次性慰问金8000元或10000元,以保障独生子女家庭经济上有实惠、生活上有扶助、善终时有尊严。

【举办"相约金秋,情满久久"百人相亲活动】 10月13日,象山县计生协会与县妇联在墙头镇方家岙村联合举办"相约金秋,情满久久"大型主题相亲活动,吸引100余名单身男、女到场参与。象山县政协副主席、计生协会会长胡建萍以及县妇联、县人口计生局主要领导出席活动并致词。

(计生局办)

老龄事业

【概况】 截至2013年年末,全县60岁及以上老年人口101224人,占总人口的18.61%,与2012年同期相比,60岁及以上老年人口上升0.81个百分点。70岁及以上老年人口44353人,80岁及以上的高龄老人15381人,90岁及以上的长寿老人1473人。全县60岁以上老年人口中,城镇人口为15143人,农村人口为86081人。象山县老年人协会535个,老年活动(中心)室589个。

【开展"老年宜居社区"创建活动】 为扎实开展"老年宜居社区"建设,改善老年人生活环境,提高老年人生活水平和生命质量,根据省建设厅、省老龄办《关于开展"老年友好型城市"和"老年宜居社区"建设工作的意见》(浙老工委办〔2012〕21号)精神,县老龄办积极开展了"老年宜居社区"创建活动。按照建设内容及标准,2013年完成3个"老年宜居社区"的考核评估和评议审定工作。

【开展"敬老文明号"创建活动】 为积极应对人口老龄化,大力弘扬中华民族尊老敬老的传统美德,进一步营造爱老助老的良好社会氛围,促进社会和谐,广泛动员社会各界开展为老服务,让广大老年人度过温馨愉快的晚年生活。根据省老龄工作委员会《关于开展浙江省"敬老文明号"创建活动的通知》(浙老工委〔2012〕5号)和宁波市老龄工作委员会《关于开展"敬老文明号"创建活动的通知》(甬老龄委〔2012〕4号)精神,结合象山县实际,县老龄办开展了以"尊老、敬老、爱老、助老"为主题,以"优化为老服务环境"为目的,以行业、岗位为老服务管理规范为标准,为老服务创优为重点,以先进典型为导向的服务性竞赛活动。通过创建,全县有8个为老服务窗口被评为市级敬老文明号。

【开展"市、县级优秀基层老年协会"创建活动】 根据市老龄办《关于开展市级优秀基层老年协会评选表彰活动的通知》(甬老龄办〔2013〕7号),5月份,县老龄办开展新一轮县级优秀基层老年协会评选活动,围绕"班子建设好""基础保障好""制度管理好""活动开展好""作用发挥好"五个评选标准,认真做好评选推荐工作,做到好中选好,优中选优,并上报市级优秀基层老年协会。经市老龄办考评,丹西街道九顷村老年协会、石浦镇金屏社区老年协会、石浦镇五新村老年协会、西周镇杨岙村老年协会、墙头镇墙头村老年协会、泗洲头镇西洋村老年协会、涂茨镇涂茨村老年协会、新桥镇板岭村老年协会、定塘镇方前村老年协会、黄避岙乡山夹岙村老年协会、爵溪街道爵溪城区老年协会、高塘岛乡杏八村老年协会等12个协会被评为优秀基层老年协会。

【贯彻落实《象山县优待老年人实施办法》】 落实老年人优待政策，全面贯彻落实《象山县优待老年人实施办法》及老年人优待各项政策规定，开展老年人优待政策落实情况的督察和调研，根据经济社会发展形式适时予以修订完善，进一步提高老年人优待水平。2013年新发放“优待证”7018本。

【开展“敬老光明行”眼病普查公益活动】 2013年初，县老龄办联合宁波市眼科医院第二次开展“敬老光明行”眼病普查公益活动。这次活动遍及全县18个乡镇(街道)，在21个工作日中，开展老年眼病防治健康讲座11场，为全县4619名60岁以上老人开展眼病普查；义务进行1次老年性眼病预防健康教育及眼病筛查与专家咨询；为2名贫困家庭老年白内障患者提供全免费复明手术。

【开展敬老助老志愿服务活动】 根据市委办公厅、市政府办公厅《关于印发〈2013年“讲文明、树新风，做文明有礼的宁波人”文明提升大行动实施意见〉的通知》(甬党办〔2013〕32号)和市文明办《关于推动2013年学雷锋活动常态化的意见》(甬文明办〔2013〕27号)的精神与要求，2013年8月份，县老龄办、县文明办在全县开展以“敬老助老，共建和谐”为主题，以“增添老年人群福祉、提升社会文明指数”为总体目标，以孤寡、病残、高龄、空巢、贫困等困难老年人为重点对象，以制度化、规范化、常态化为着力点，大力弘扬雷锋精神和敬老传统，着重围绕安全守望、生活照料、健康保健、心理抚慰、文体娱乐、法律援助等六方面，开展形式多样、内容丰富的敬老助老志愿服务活动。

【丰富老年文化生活】 做好老年电大教学的组织发动工作，吸引更多老年人参加老年电大学习。加强村、社区教学班集中收视工作，下发老年电大教学班规范化建设标准，借助老年大学的平台，结合县社区大课堂教学活动，向老年人宣传科学养生健身知识和政治思想教育，让老年人在晚年有个健康的身体、良好的心态、科学的生活习惯。2013年上半年，西周镇老年电大教学点、墙头镇老年电大教学点和泗洲头镇老年电大教学点3个教学点被评为“浙江老年电大市级示范教学点”称号。

【加强老年体育工作】 广泛开展形式多样的老年体育健身活动，抓好基层老年人体育协会能力建设和群众健身培训工作。象山各级老体协掀起办班培训热潮。在2月26日至3月27日一个月时间里，县老体协办班5期，其中佳木斯快乐舞步健身操二期、三级社会指导员、第九套健身球和24式太极拳各一期，此次受辅导的健身辅导站长、教练员和中老年人群300余人次。10月18日，县老体协举办老年门球“瑞年国际”杯联谊比赛。本次比赛参加对象分别为丹东街道门球分会五个队，丹西街道2个队，县老年大学1个队。

【开展“助老济困”送温暖活动】 为贯彻落实新修订的《中华人民共和国老年人权益保障法》，加大对困难老年人的救助力度，在2013年“敬老月”(10月1日至10月31日)期间开展助老济困送温暖活动。2013年安排慰问资金60000元，慰问全县130名生活困难老人。

【改善“老年活动设施”活动】 继扶持经济薄弱村老年活动室建设。对泗洲头镇上马岙村老年活动室、金家岙村老年活动室、肖胡村老年活动室，鹤浦镇小百丈村老年活动室、文山前村老年活动室，新桥镇高湾村老年活动室、高塘村老年活动室，高塘岛乡杏八村老年活动室、余江村老年活动室等9个经济薄弱村的老年活动室进行改建或修建并上报市老龄办，争取到补助资金。

象山县2013年百岁老人状况

表51

姓　名	性　别	出生年月	年龄(岁)
黄玉香	女	1907年7月	106
黄彩英	女	1909年6月	104
史梅青	女	1911年3月	102
屠福桂	男	1911年4月	102
林三妹	女	1911年7月	102
李振道	男	1911年11月	102
陈维英	女	1911年12月	102
萧善通	男	1912年2月	101
黄世妹	女	1913年4月	100
叶桂凤	女	1913年7月	100
周春风	女	1913年8月	100
夏桂香	女	1913年9月	100
高二姐	女	1913年10月	100
陈瑞良	男	1913年11月	100
戴道木	男	1913年12月	100
郑兴花	男	1913年12月	100

（关工委办）

关心下一代工作

【概况】 2013年，全县关心下一代工作在县委、县政府的领导和市关工委的指导下，按照“急党政所急、想青少年所需、尽关工委所能”的原则，发挥各级关工委组织和“五老”的作用，抓载体，创品牌，抓基层，强基础，关心下一代工作特色鲜明，进展明显。县关工委开展以中国梦为主题的社会主义核心价值观教育，全县5万多名中小学生参与“善行象山，美丽象山”教育实践活动，45位“五老”投身清明节革命传统教育活动，19000多名青少年受到教育。发挥关爱工作团作用，努力做好法制宣传、帮困帮扶工作。发挥网吧义务监督员作用，2013年共监督检查网吧357家次，参与监督检查的老同志198人次，累计发现未成年人132人，提出网吧整改意见建议11条，净化青少年成长环境。探索“假日学校”办学模式，创造性地把“假日学校”开办在学校内，全县共开办45家，受益青少年1952人，参与各类志愿者400人。争取领导重视，抓好关工委组织的各项建设。

【“善行象山·美丽象山”教育实践活动】 2013年，根据“中国梦”的大主题，县关工委联合教育局开展“善行象山，美丽象山”主题教育实践活动。全县5万多名中小学生利用暑期积极投身教育实践活动，开展了爱国主义教育、社区(村)服务、“知孝礼、讲孝德、践孝行”孝德教育、热爱劳动、热爱家乡五大主题教育活动。为总结表彰实践活动成果，10月18日，县关工委和教育局在象山中学举行“善行象山，美丽象山”社会实践活动展示暨颁奖活动，15个社会实践团被评为“模范实践团”，15个社会实践团获得优秀奖。

【开展清明节期间的革命传统教育活动】 以杨白烈士诞辰100周年、吴烨烈士诞辰110周年为纪念活动契机,开展爱国主义和革命传统教育活动。在县关工委和教育局关工委的组织下,清明节期间,县关工委12名“五老”爱国主义宣讲员在县革命烈士纪念陈列馆开展宣讲教育活动,各学校关工委举行了庄严的祭扫、入队入团、宣誓等仪式。据统计,全县共有45位“五老”参与到清明节革命传统教育活动中,19000多名青少年受到教育。茅洋爱国主义教育“以史育人”的作用得到进一步发挥,2013年累计接待参观者7000多人。

【开创“假日学校”办学新模式】 2013年,各级领导更加重视“假日学校”,县委办、县政府办出台《关于进一步办好暑期“假日学校”的通知》(县委办〔2013〕69号文件),对办好“假日学校”、提升办学质量提出新要求。县教育局发文要求各中小学校组织教师志愿者参与假日学校授课,向“假日学校”提供必要的活动场地和活动器材,教育、电力、交警、卫生等九个部门积极投入义务支教。在县委、县政府的重视支持下,“假日学校”办学成果显著。全县开办“假日学校”45家,受益青少年1952人,参与各类志愿者400人(其中“五老”志愿者101人、部门志愿者77人、在职教师志愿者119人、大学生志愿者49人),投入经费31万元。2013年,县关工委创造性地把“假日学校”的办学地点选择在学校,全县45家“假日学校”中有24家办在学校,开创了“假日学校”办学新模式。

【关爱失足青少年】 2013年,县关工委发挥关爱工作团的作用,开展关爱失足青少年的各种活动。县公安局关爱工作团发挥自身优势,两次深入县看守所,对关押在那里的未成年犯进行面对面的谈心帮教,以老同志的亲情优势帮助他们认清错误,感受到社会的温暖,重新走上正路,累计帮教未成年犯31人次。社会观护团成员陈斌祥老同志,发挥自身担任象山人民法院“合适成年人”的优势,参与未成年犯庭前的调研、庭中的维权和庭后的观护,2013年累计开展帮教12次,帮教未成年犯15人。各镇乡街道普遍开展特殊群体青少年的调查摸底工作,进行“一对一”“多对一”的帮教结对工作。

【帮教结对工作】 2013年,全县各级关工委千方百计为青少年办实事、做好事。据不完全统计,216名贫困家庭青少年得到帮助,受助金额93400元。县关工委做好牵线搭桥工作,发动红十字会、在职同志、社会热心人士等部门、个人,开展帮困助学活动。“三五”学雷锋期间,县关工委联合老干部局、红十字会到定塘、新桥两个乡镇的三所学校开展“大手牵小手,关爱暖学子”学雷锋助学活动,慰问10名单亲学生和家庭贫困学子,赠送助学金和学习生活用品,传递积极向上的社会正能量,希望他们振作精神,努力学习,做一个雷锋一样感恩社会的好公民。爵溪街道关工委开展贫困学生调查摸底工作,帮助31名当地家庭贫困学生和外来务工人员子女与街道31名中层以上干部结对,累计发放助学金15500元。定塘镇关工委建立帮困助学机制,召开退休干部、退休教师会议进行动员,共有30余位老干部捐款6000余元,56位老干部与18名贫困学生和49名学习困难学生结对,开展“大手牵小手”帮困助学结对活动。新桥镇关爱老小服务站向61名特困学生发放助学金33700元。

【发挥网吧义务监督员作用】 2013年,全县网吧义务监督工作在县关工委和文化市场执法大队的指导下,调整“五老”网吧义务监督员,干部共有17名组员。“五老”网吧义务监督员全年共监督检查网吧357家次,参与监督检查的老同志198人次,累计发现未成年人132人,提出网吧整改意见建议11条。老同志们把平时检查与节假日检查有机地结合起来,重点抓好节假日的监督检查工作,获得了广大网吧经营者和社会的一致称赞,有效净化青少年健康成长的社会文化环境。

【调整充实县关工委力量】 根据县关工委人事变动情况,县委办发文调整和充实县关工委领导班子,聘请刚从领导岗位上退下来、相对年轻、热爱关心下一代工作的应惠娟担任县关工委副主任,增强县关工委领导力量。2013年,县关工委采取上门求贤聘请一批、老同志带动一批、用事业吸引一批等多种方式,把有能力的、相对年轻的“五老”吸纳到关工委队伍中来,并把“五老”队伍发展到退居二线的调研员同志,调整爱国主义宣讲团、关爱工作团、网吧义务监督员三支队伍。2013年年底,在县委、县政府领导的重视下，县机关事务局为县关工委置换办公用房，改善办公条件。2013 年新成立 10 家基层关工委，全县共有民营企业关工委 56 家。

【开展关心下一代工作考核】 为推动全县关心下一代工作，2013 年县关工委首次开展镇乡街道开展关心下一代工作年度目标考核，出台《2013 年度象山县镇乡(街道)关心下一代工作目标考核细则》，考核围绕领导重视、核心价值主题教育活动、办实事做好事关爱活动、“五老”队伍建设和自身建设等五个方面进行考核，调动了镇乡街道关工委的工作积极性。

(欧何月)

教　育

综　述

2013年，象山县共有：小学29所，其中外来务工人员子女学校5所；初中9所；九年一贯制学校11所；特殊教育学校1所；普通高中6所；职业高中6所；宁波电大象山分校1所；幼儿园88所；乡镇成人学校和社区学院17所。在职教师4632名，义务段在校生46058人，外来民工子女就读中小学人数9833人、高中段在校生16531人、在园幼儿22183人。学前三年幼儿园入园率99.3%，小学入学率100%，初中入学率100%，“三残”儿童入学率99%，初中入高中比例98.8%，普高与职高的招生比为50.07∶49.93。

学前教育

【概况】 2013年象山县共有学前教育机构88所，其中公办幼儿园20所，民办幼儿园68所。省三级以上的幼儿园69所，市现代化达纲幼儿园38所。学前教育教职工2178人，在园幼儿22183人，其中在园3～5周岁幼儿为18637人，三年入园率为99.3%。

【宁波市政府专项督查象山学前教育】 1月7日，宁波市政府教育督查组专项督查象山县学前教育三年提升行动计划落实情况。督查组对近年来象山县学前教育工作所取得的成绩给予充分肯定，特别是对象山每年定向培养30名五年制学前教育大专教师给予高度评价。

【县普惠性民办幼儿园认定8家】 1月底，象山县教育局“普惠性民办幼儿园”考评认定领导小组对各申报幼儿园进行材料审核和实地考评，认定海韵幼儿园、滨海幼儿园、塔山幼儿园、西周镇中心幼儿园、黄避岙乡中心幼儿园、大徐镇中心幼儿园、振兴幼儿园、西周培育幼儿园等8家单位为普惠性民办幼儿园并授牌。

【幼儿“智力七巧板”大赛圆满结束】 6月28日下午，象山县幼儿“智力七巧板”大赛在实验小学举行，来自全县15所幼儿园、63名幼儿、15名教师参与比赛。活动分为个人赛和团体赛。比赛共角逐出：团体一、二、三等奖15名，个人一、二、三等奖46名，其中荣获团体一等奖的机关幼儿园、春晖幼儿园和海韵幼儿园还将代表象山县参加11月份市幼儿“智力七巧板”竞赛。

【出台幼儿园收费管理暂行办法】 8月9日，象山县物价局、教育局、财政局联合出台《象山县幼儿园收费管理暂行办法》（象价〔2013〕33号），该办法于2013年秋季开学执行，适用于象山县行政区域内各级各类幼儿园。六星级幼儿园收费从500元/月提高到560元/月，五星级幼儿园从400元/月提高到448元/月，四星级幼儿园从350元/月提高到420元/月，三星级幼儿园从300元/月提高到336元/月。

【晓塘、爵溪两乡镇被评为学前教育示范乡镇】 根据宁波市人民教育督导室、宁波市教育局《关于开展宁波市学前教育示范乡镇（街道）创建评估工作的通知》的精神，2013年11月在乡镇申报，经审核、评估和公示，宁波市教育局于2014年1月24日认定象山县晓塘乡、爵溪街道为宁波市第二批学前教育示范乡镇（街道）。

【县第五届幼儿教师技能大赛举行】 10月底至11月初，象山县教育局组织开展第五届幼儿教师技能大赛。参赛教师为教龄在4年以上、年龄在40周岁以下的在职幼儿教师。评比内容以现场备课、上课为主。

义务教育和普通高中教育

【概况】 2013年，象山县积极推进五大德育行动，扎实开展心理健康教育，深入实施中小学体艺“2+1”项目，健康发展学生社团组织，全面开展创新创业教育实践活动。大力推行课堂教学改革，成立义务教育学校课堂教学改革联盟。促进普通高中特色多样发展，启动普高课改“六项”活动，鼓励象山中学、象山二中、象山三中积极参评省特色示范学校。推进薄弱学校帮扶工程，实施局长蹲点、领导约谈、教学视导等帮扶管理制度，农村学校教学质量明显提高。

【象山学子在市中学生田径运动会上再获佳绩】 3月27日～29日，在2013年宁波市中学生运动会上，由象山中学、宁波滨海学校、象山职业高级中学组成的象山高中组取得了县(市)区高中组团体总分第六名、一项体育道德风尚奖的好成绩，其中职业高级中学获省级以上重点中学组第四名。本次比赛由宁波市教育局、体育局主办，象山县共有58名初、高中运动员参加。

【县第二届班主任论坛成功举办】 4月12日，第二届班主任论坛在高教园区举行。本届论坛围绕“我的班集体建设”为主题，老师们从不同角度介绍班级管理经验，有的用信仰打造“蜗牛家族”，有的用“绿色惩戒”寻求挫折教育，有的蹲下身子探索师生交流，有的用爱筑巢建设温馨集体。这次班主任论坛为全县班主任搭建了交流的平台，展示了班主任的工作风采。

【县首届中小学风筝比赛举行】 4月13日～14日，以“放飞中国梦”为主题的首届中小学师生风筝比赛在皇城沙滩举行。共有48所学校参加比赛，其中小学27所、中学21所，参赛学生共168名。此次中小学生风筝比赛为该县首次组织，也拉开了2013年全县中小学生科技节的序幕，由象山县教育局、县科学技术协会、团县委共同主办，县教科研中心、县青少年科技教育协会承办。2013年全县中小学生科技节包括中小学生风筝比赛、中小学生“三模”比赛、中小学生信息技术比赛、青少年科技创新大赛、幼儿七巧板竞赛、幼儿科幻画比赛等。

【县中小学乒乓球锦标赛举行】 4月18日～21日，2013年象山县中小学乒乓球锦标赛比赛。本次比赛采用国家体育总局审定的最新乒乓球竞赛规则和本次比赛的特定规则，设高中男女组、初中男女组、小学男女组，全县35所学校56支代表队的210名运动员参加比赛。

【13件科技作品在省青少年科技创新大赛中获奖】 4月26日～27日，第27届浙江省青少年科技创新大赛在浙江省科技馆举行。共有288个创新项目，283幅科学幻想绘画，72项实践活动和69项优秀科技辅导员项目参加比赛，其中143个优秀项目进入终评展示和答辩，47项科技创新项目进行封闭式答辩，宁波市共8项。象山县实验小学的《简易腰系式输液架》和《机床冷却液优化处理的调查与探究》、丹城三小的《轨道平板车在葡萄园中的应用与实践》、西周小学的《构建茶园养鸡生态链条的实践与探索》、技工学校的《太阳能汽车》等5个项目参加答辩，并全部获得一等奖。象山共取得5金4银4铜的佳绩，其中县技工学校的《太阳能汽车》、《基于MATLAB的汽车单级圆柱齿轮减速器优化设计》还被选送全国青少年科技创新大赛。该县获奖总数和获一等奖总数均名列全省各县市区前茅。

【中小学生“三模”赛举行】 5月10日～11日，象山县2013年科技活动周暨中小学生三模赛在实验小学、滨海学校举行。本次三模大赛共有41所学校500余名中小学生同台竞技，参加手掷滑翔机、初级橡皮筋、纸飞机、“水火箭”“极速号”“姚江号”绕标、“未来之星”遥控等12个项目。

【第九届中小学生(幼儿)棋类比赛举行】 5月18日～19日，象山县2013年第九届中小学生(幼儿)棋类竞赛举行。本届棋类比赛共设象棋、围棋、国际象棋三个项目，分高中、初中、小学、小学低龄组、幼儿组进行，其中幼儿组为首次列入组别。来自全县各中小学、幼儿园的55所学校的880名选手进行了现场对弈，为历届参赛人数之最。

【少先队队长学校开班】 6月7日上午，由团县委、县教育局、县少工委主办，县青少年宫承办的少先队队长学校象山分校2013年开班典礼暨第一期活动举行。全县的25名少先队大队辅导员和51名少先队大队小干部们参加了培训。

【通过全国义务教育发展基本均衡县评估认定】 6月26日～27日，国家教育督导团来到象山，通过查阅资料、实地考察、现场座谈、问卷调查等方式，对象山县义务教育学校办学基本标准达标情况、义务教育校际间均衡状况、县级人民政府推进义务教育均衡发展工作情况、公众对本县义务教育均衡发展的满意度等四个方面进行了全面、细致的评估考核，象山县顺利通过全国义务教育发展基本均衡县的评估认定。该次全省共有33个县(市、区)通过该项评估认定，其中宁波市7个，分别是鄞州、江北、江东、海曙、北仑、镇海6个区和象山县。

【象中高考优秀学子获“星火奖学金”15万元】 7月11日，第五届王黄彩玉“星火奖学金”颁奖大会在象山中学图书馆报告厅举行。王黄彩玉“星火奖学金”由宁波华丰公司王祉絖先生设立，奖励当年象山县高考理科居全县前10名，文科居全县前5名的学生，每位学生一次性奖励1万元，北大、清华录取学生加倍奖励。2013年象山中学有3位学生分别被北大、清华录取。

【中小学生“善行象山·美丽象山”社会实践活动靓丽展示】 10月10日，象山县中小学生“善行象山·美丽象山”社会实践活动展示暨颁奖活动举行。会议对15个学生团体进行表彰，来自全县各中小学校近80名代表及象山港书院300余名师生参加活动。5万多名中小学生利用暑期开展社会实践活动，深受学校、家长和广大学生欢迎。

【2013学年教育系统团队干部培训举行】 10月12日，象山县教育系统团队干部培训举行。来自全县的各中小学团委书记、少先队辅导员共计60余人参加会议。此次会议是团县委、县教育局庆祝建队节六十四周年系列活动之一，旨在进一步贯彻落实习近平总书记在“快乐童年放飞梦想”讲话精神，提升全县团队干部队伍政治思想水平和综合文化素养，保证学校共青团、少先队工作在新学期继续保持良好的发展势头，努力实现在平稳中求突破，在继承中创新，进一步推动全县中小学团队工作系统化、制度化、规范化。

【县中小学生田径运动会隆重举行】 10月17日～19日，2013年象山县中小学生田径运动会举行。54所学校69支代表队738名运动员分为小学、初中、高中三个组参加了18个项目的角逐，其中启力学校、社会职业学校为2013年第一次参加，中小学校参与面实现全覆盖。经过紧张激烈比赛，共决出84块金牌，其中12人次破9项年龄组纪录。

【象山县正式启动“四点钟学校”】 10月21日，象山县“四点钟学校”正式启动，主要开展小学生课后服务管理活动，文峰学校、丹城三小、爵溪学校作为该县首批试点学校。“四点钟学校”由象山县社区学院主办，坚持学生自愿参加、确保学生安全为原则，以辅导学生学业和培养学生各种兴趣为宗旨。“四点钟学校”服务管理活动地点原则上设在学生就读的学校内，充分利用其公共资源，每周5次，聘请专业老师和社区教育志愿者进行管理。承办学校严格控制人数，严禁讲授新课和其他增加学生学业负担的一切活动。

【首届中小学食品安全宣传作品创作比赛】 11月20日，县教育局组织首届中小学生食品安全宣传作品创作评比活动。通过学生喜闻乐见的动漫、宣传画、海报等符合学生认知特点的创作形式，积极引导师生学习食品安全知识，关注身边的食品安全问题。全县中小学共上报参赛作品200余幅，活动按小学组、初中组、高中组、教师组四个组别对作品进行了统一评审，《你的眼里只有钱》等71件作品分别获得各组别的一、二、三等奖。

【县中小学生篮球锦标赛结束】 11月23日，2013年象山县中小学生篮球锦标赛在象山中学体艺馆结束。该次篮球锦标赛共有34所学校396名运动员参加，分小学、初中、高中3个组别参加比赛，产生了团体奖22个，体育道德风尚奖6个。

【象山两校被评为宁波市语言文字规范化示范校】 2013年11月，象山县开展第二批语言文字规范化示范校评选活动，丹城中学、丹城四小、荔港学校、涂茨小学、机关幼儿园、林海幼儿园、石浦中心幼儿园、晓塘幼儿园等8所学校顺利通过。滨海幼儿园、文峰学校城南校区两所学校被评为宁波市语言文字规范化示范校。

【首个“廉政文化进学校”省级示范点花落东陈小学】 11月，浙江省廉政文化建设协调小组办公室公布浙江省第二批廉政文化“六进”示范点，象山县东陈乡中心小学被命名为“浙江省廉政文化进学校示范点”称号，是该县第一所获此殊荣的学校。东陈小学充分发挥教育的主渠道、主阵地、主课堂的作用，以廉洁文化创建为切入点，进一步提炼校园文化精神，打造校园文化品牌；以“关爱他人，展现自我”为精神内涵，编写校歌、校标、校刊，结合学校二期工程，打造走廊文化，进一步完善书香校园环境建设；以剪纸校本课程为基点，进一步开展学生社团建设活动，推进学校艺术教育，培养学生特长，陶冶学生情操。

【县中小学生第一届“读经典·一站到底”知识竞赛举行】 12月7日，象山县中小学生“读经典·一站到底”知识竞赛在文峰学校举行，来自全县各中小学，经过层层选拔产生的165名选手参加了比赛。中、小学各10名学生荣获“状元奖”，丹城二中和实验小学分别在中学组和小学组的角力中夺得头魁。本次知识竞赛是象山县中小学生“让文明在行动中飞扬”主题活动的一部分，其主题是“阅读中外经典，做有德之人”。

【迎接省中小学生艺术素养监测省级抽测】 12月14日，浙江省中小学生艺术素养监测指导小组来到象山，分别对文峰学校、丹城中学、文峰学校城南校区、林海学校、宁波滨海学校、西周小学、新港小学等学校的九年级或六年级学生进行了省级抽测。本次抽测严格按照《浙江省中小学生艺术素养监测省级抽测实施细则》操作规程，现场随机抽取两个班级学生，以书面问卷形式分别进行美术和音乐测试学生艺术素养抽测，并对学校艺术学科教师和一个班级的学生进行问卷调查。象山县中小学生艺术素养抽测结果良好。

【举行首届“初中生汉字听写大赛”】 12月25日，象山县首届初中生汉字听写大赛在文峰学校举行。来自全县23所中学的138位选手参加了此次大赛。听写的50个词语经过精心选择，以课内为主，内容涉及传统文化、音乐、美术、网络流行语等等。象山港书院力拔头筹，滨海学校和文峰学校获得二等奖。

【104名学子被“985”“211”工程重点大学录取】 2013年，象山县共有2529人参加普通高校招生考试(含保送生)，其中文理科考生2413人、艺术类考生83人、体育类考生33人。文理科被各类高校录取2104人，录取率87.2%，高出省1.3个百分点(全省录取率为85.9%)，与2012年相比较基本持平。本科录取人数1294人，录取率53.6%。另外全县高职单考单招报考人数504人，录取238人，录取率47.2%。全县共有104名考生被全国多所“985”“211”工程重点大学录取。其中2名考生被北京大学录取、1名考生被清华大学录取、2名考生被中国人民大学录取、2名考生被复旦录取、2名考生被上海交大录取，浙江大学录取28人。

职业教育

【概况】 2013年全县有中等职业教育学校6所，其中独立设置的5所，附设职业教育的1所。在校生5983人，比2012年减少11人，生均占地面积为33.3平方米，生均建筑面积为18.05平方米，生均图书册数为18.0册，教职工479人。

【朱振霖入选浙江教育年度新闻人物候选名单】 2013年1月，在2012浙江教育年度新闻人物评选中，象山县技工学校学生朱振霖凭借发明太阳能汽车入选浙江教育年度新闻人物27名候选人之一。

【象山职高荣膺市首批“数字化校园”】 1月5日，由宁波市教育局学校装备与电教中心组成的专家组对象山职高创建市“数字化校园”进行评审，象山职高顺利入围市首批“数字化校园”。2012年起，根据宁波市“数字化校园”创建相关文件精神，宁波市教育局在基层初评、推荐的基础上，共评出了包含12所职业学校在内的194所学校为首批“数字化校园”。

【宁波市技能大赛象山斩获90枚奖牌】 3月12日～15日，2013年度市职业教育技能（才艺）大赛落幕，象山县共斩获90枚奖牌，创下历史最好成绩，奖牌总数超过北仑、镇海，列南三县之首。本届大赛分技能比赛、才艺展示两大块，共设学生赛项19类64项、教师赛项9类11项，2221名中职师生参赛。象山县224位师生参加了65个技能才艺类项目角逐，获奖牌90枚。其中：学生技能类，个人取得一等奖6名、二等奖12名、三等奖30名，团体二等奖4名、三等奖6名；才艺类一等奖1名、二等奖4名、三等奖6名。教师比赛：技能类一等奖2名、二等奖7名、三等奖8名；才艺类二等奖3名、三等奖1名。

【象山影视城和象山职高正式达成合作意向】 4月10日，宁波影视城产业管委会、象山影视城开发有限公司与象山职高就定向培养导游讲解、剧组服务、影视群演、招商引剧、市场营销、旅游产业策划及产品开发出售等方面的专业人员正式达成合作意向。象山影视城成为该校学生的实习实训基地、勤工俭学就业基地及旅游专业教师下企业锻炼基地，学校成为象山影视城的专业人才培养、培训基地和旅游产业研发基地。学校将研究开发实景导游介绍软件，以供该校专业学生、象山影视城及其他象山境内所有景区导游员培训。

【县技工学校在省创新创业大赛中再创佳绩】 4月10日，在浙江省第五届中职学生创新创业大赛暨第二届中职教师创新大赛答辩会中，象山县技工学校师生以7项获奖作品的佳绩再次位列全市第一。其中，学生小发明小创造类项目中，作品《太阳能汽车》、《密封圈安装保护器》荣获一等奖，《智能防盗报警装置》荣获二等奖，《多功能钳子》荣获三等奖；学生创业计划类项目中，作品《宝妈私房早餐》荣获三等奖；教师创新类项目中，作品《多功能自动剥蒜机》荣获一等奖，《基于MATLAB的汽车单级圆柱齿轮减速器优化设计》荣获二等奖。

【象山职高慈孝女黄郑当选2012年度“最美象山人”】 4月17日，“最美象山”2012年度人物颁奖典礼举行。象山职高学生慈孝女黄郑当选2012年度“最美象山人”。

【八个校企合作项目通过职教联席会议成员单位论证】 5月10日，象山县2013年职业教育校企合作项目论证会举行。通过校长汇报、联席会议单位提问、校长和企业负责人答辩、专家点评等环节组成，根据成员单位评议结果，4所职业学校的8个项目通过立项评审。2013年象山县政府设立专项经费100万元，以过程性督导和终结性评价相结合为原则，由教育、发改、经信、财政、科技等部门组成的职业教育联席会议统一协调校企合作的整体规划、资源配置、经费保障、督导评估等工作，构建项目申报、专题论证、过程督导、成果评审、专项奖励等完整的评价管理体系，着力打造校企合作精品项目，营造学校、企业、学生三方共赢的新局面。

【爵溪职高举办第十七届服装节】 5月21日，爵溪职高第十七届服装节在中国针织名城拉开帷幕。本次服装节分为象山县首届针织产业人才培养高端论坛、宁波市针织服装人才培养基地揭牌仪式、第十七届学生作品汇报展演以及国家级女职工培训示范学校授牌仪式暨工会女干部培训会四个系列活动。T台上，2013届毕业生精心设计并亲手制作的17个系列89套服装精彩发布。目前，学校已对外承接军训服，实训作品直接推向市场成为产品。

【职教校园迎来“百企千岗”】 5月29日，第三届象山县校园招聘会暨校企合作洽谈会举行，县内外60多家企业提供就业岗位1100余个，全县职业学校高二大部分和高三部分学生（1600人左右）参加了双向选择和洽谈。现场招聘会后，国际大酒店、合力模具有限公司、天元集团等10多家企业与县外湖南科技学院、郑州技师学院、信阳技师学院和县内的4所职业学校举行了校企合作洽谈会和签约仪式。近几年象山各职业学校毕业生就业率一直保持在98%以上,2013年汽修、电子电工、模具、建筑类学生尤为“吃香”。

【全国职业院校技能大赛象山获1金2银】 6月,象山职高学生在全国职业院校技能大赛中获得1金2银,并有5件学生技能作品参加全国职业院校学生技能作品洽谈会,获一等奖1件、二等奖2件、三等奖1件,创象山县职业教育历史上最好成绩。

【职高学子全国书法比赛传喜讯】 7月5日,在第十八届全国中小学生绘画书法比赛中,象山职高有四位同学参加硬笔书法比赛,全部获奖。其中11美术(2)班的王洒洒同学获得一等奖,11幼师班的俞冰冰、12幼师班的仇梦瑶同学获得二等奖,11幼师班的朱琼雅同学获得三等奖。

【“全国海洋意识教育基地”落户象山】 9月16日,国家海洋局宣传教育中心正式授予象山县职业高级中学“全国海洋意识教育基地”牌匾,这是全国首个获得该称号的职业类学校。自2011年以来,国家海洋局在全国范围内实施“全国海洋意识教育基地”建设,旨在强化公众海洋意识,普及海洋知识,推动现代海洋理念、海洋知识“进学校、进教材、进头脑”,提高全民海洋意识,推进海洋文化事业繁荣发展。截至2013年,已在全国范围内建成19个“全国海洋意识教育基地”。

【象山职高通过省一级中等职业学校评估】 9月17日~18日,浙江省等级中等职业学校评估组对象山职高申报“省一级中等职业学校”进行现场评估。对照《浙江省等级中等职业学校标准》及评估要求,27项评估指标中达标25项,基本达标2项。综合评估情况,认为象山县职业高级中学达到了“省一级中等职业学校标准”,评估予以通过。

【县技工学校入围“2012年值得关注的十所学校”】

中国期刊方阵双效期刊、中文核心期刊《职业技术教育》2013年第3期以“见证2012——我们眼中的中国职业教育亮点”为主题,盘点年度职业技术教育风云,测量职业技术教育时代体温,遵循“公信、公开、公益”的原则,评选出“年度十大事件”“年度十大人物”“年度十大区域”“年度十大学校”“年度十大企业”“年度十大论著”“年度十大政策”。其中,象山县技工学校入围“年度学校”中“2012年值得关注的十所学校”。

【县技工学校学生116项金点子48项制成成品】 象山县技工学校师生从“改良工具、改造工序、改进工艺”的“三改”创新创业着手,设计制作汇集了实用、新颖“金点子”116项,48项制成成品,31项小发明在各类科技比赛中获奖,其中全国级9项,省级22项,申请国家专利21项。学生朱振霖的智能防盗报警装置的专利权被义乌市科邦科技有限公司购买, 已正式投入到实际的生产环节,预计前期利润超百万元;密封圈保护装置的专利权被象山乐业汽修有限公司以8万元的价格购买;汽车大灯自动变光仪以技术参股的方式与义乌霖峰电子科技有限公司进行合作。

【县技工学校通过省AAAAA级平安校园考核】 12月18日,浙江省AAAAA级平安校园考核组在象山县技工学校完成考核验收,考核组对学校的安全工作给予了较高评价。为确保创建平安校园顺利实施,创造“以人为本,安全第一,共创和谐校园”的氛围,该校制订了“六目标”:明确学校安全目标和责任,实现“合力”目标;提高师生的安全意识和能力,实现“免疫”目标;营造良好的校内外教育环境,实现“净化”目标;切实维护校园安全稳定,实现“安稳”目标;努力构建校园人文环境,实现“和谐”目标;强化校园安全基础工作,实现“保障”目标。

【职教省市级内涵建设达标项目达到8个】 2013年,象山县职业教育整体水平稳步提升,主体专业扎实发展,内涵项目建设成效显著,省市级内涵建设达标项目达到8个,其中省级示范性专业3个(象山县职高工艺美术和工业与民用建筑、技工学校数控技术应用),市级品牌专业2个(象山县职高建筑工程施工、工艺美术),市级重点发展专业3个(象山县职高建筑设备安装、宁波海洋职业技术学校的船舶驾驶专业、象山技工学校的模具制造技术)。

成人(社区)教育

【概况】 2013年象山县共有县成教中心和石浦镇、西周镇、贤庠镇4所独立设置的成人中等文化技术学校,有非独立设置(挂牌)的镇乡街道成人中等文化技术学校13所。学历教育4351人,非学历教育培训达11.95万人次,全县培训率达42.67%。各社区学院(成人学校)开展各种形式的其他非学历培训75265人次。

【象山成人学校各类创建工作成效显著】 2013年,西周镇成人学校顺利完成了宁波市乡镇高标准成人学校的创建,丹东街道丹峰社区、丹西街道新建社区、西周镇潘埠村和墙头镇方家岙村圆满完成宁波市优秀学习型社区的创建,贤庠镇海墩村等10个社区(村)完成县级优秀学习型社区的创建。

【扫盲教育任务超额完成】 根据省教育厅《关于进一步加强扫盲工作的通知》(浙教办〔2013〕42号)精神要求,从2013年起开始新一轮的扫盲教育工作。象山县常住人口50.32万人,常住文盲人口50295人,文盲率9.99%,加上非常住文盲人口,实际文盲数为59600人。10月份开始,各中小学、社区教育学院选择部分社区和行政村采取集中面授培训和分散辅导相结合的方法开展扫盲教育工作。通过近三个月的扫盲教育,全县各校根据要求组织脱盲人员进行脱盲测试。据统计,全县有8169人脱盲,超出年度2169人的任务数。

【县成教中心连续8年获东北财大"优秀学习中心奖"】 在东北财经大学网络教育学院2012~2013年度学习中心各奖项评选中,象山县成教中心(象山学习中心)在全国300多个学习中心中脱颖而出,荣获各奖项中的最高奖项——"优秀学习中心奖",这是成教中心连续8年获此殊荣。

【西周镇家长学校成立】 5月9日晚,"西周镇家长学校"挂牌暨首期培训开班仪式在西周社区教育学院举行。为贯彻党的十八大提出的"完善终身教育体系,建设学习性社会"的精神,西周社区教育学院充分整合全镇教育资源,发挥自身优势,成立西周镇家长学校,通过开展各类培训活动,传播最新的家庭教育理念,提高家长教子育人水平,促进社会的和谐稳定。

【西周社区教育学院举办生产经营单位安全培训】 5月21日,西周社区教育学院举办2013年西周镇生产经营单位主要负责人和管理人员安全培训,93名企业负责人和管理人员参加为期4天的培训。培训内容为安全生产监管体制与法律法规、企业安全管理基础车间班组安全管理、安全生产标准化管理、常见生产安全事故防治、隐患排查网上申报、重大危险源辨识与隐患排查治理、应急管理、事故报告、调查处理、职业卫生管理与职业危害防护等,培训结束后进行专项考试,成绩合格后颁发"安全培训合格证书"。

【黄避岙乡139人参加脱盲"大考"】 12月21日,黄避岙乡组织139名脱盲学员进行集中测试,检验前期培训成果。黄避岙乡共有16岁以上文盲1519人,占全乡常住人口的22.45%。从2013年9月开始,该乡在调研走访基础上,摸清了文盲人员的底数,并利用居家帮教等形式部署落实扫盲工作,计划在三年时间里,通过查、核、教、考环节把文盲人口降至3%以下。此次脱盲测试题由组词、看图连词、选字填空、阅读回答、应用文写作、计算等八种题型组成,满分为100分,要求参考人员独立完成。

高等教育

【概况】 2013年,宁波电大象山分校共有教职工40人(退休2人、调入2人),其中专任教师35人,全部为本科学历,有中高职称7人、研究生4人。共招开放教育本专科学员1254人、成教学员24人、网络学员802人,学校招生人数创历史新高。

【丹东街道扫盲工作会议在象山电大举行】 10月18日,丹东街道扫盲工作会议在象山电大举行。会上,丹东街道相关人员作了关于扫盲工作的前期工作汇报,象山电大对扫盲工作作了任务分解。

【宁波电大书记黎群到象山调研电大系统建设情况】 9月11日,宁波广播电视大学书记黎群率系统建设调研工作组一行6人到象山电大就电大系统建设现状进行调研。象山电大详细地向调研组汇报了近年内学校的发展思路、学校定位与功能，同时也向上级电大与政府教育部门提出了建议。象山电大班子分别对制约电大事业发展的主要矛盾和突出问题、开放教育的优势与不足及影响电大办学水平和教育质量提升的主要因素等内容进行了探讨与交流。教师代表发表了自己的看法与意见。

【380名考生参加2013年成人高考】 浙江省2013年成人高考于10月26日～27日进行。据统计，2013年象山县共有考生380人，比2012年增加83人。其中高中起点本科102人、专科(高职)277人、艺术类1人。本次成考全县设一个考点，16个试场。此次成考继续启用标准化试场，整个考试流程均处于视频监控之下并动用了金属探测仪、信号屏蔽仪、作弊克等工具进行防范。另外首次启用了身份证识别仪防替考。

社会力量办学

【概况】 2013年象山县民办学校112所，其中，普通中学2所，中等职业学校2所，民工子弟学校6所，托幼机构68所，教育培训机构34所。在校学生19420人、专任教师1365人。

【象山港书院研讨开设“整理课”】 1月，象山港书院开展教学改革研讨活动，决定开设“整理课”。备课组长会议研讨提炼复习课的整理方法，各学科讨论实施“整理课”的方案，将每周下午的第四节课设置为“整理课”。各学科教师根据学科特点，提供“整理提示单”(复习的任务提纲)，指导学生按提纲逐门整理复习。

【外来民工子弟家长学校实现全覆盖】 5月31日上午，石浦镇蓝天小学家长学校成立仪式举行，这是继丹西街道洋心小学、三伟小学、象山县社会职业学校后的最后一所外来务工人员子女家长学校，标志着该县外来务工人员子女家长学校全覆盖。象山县家教所对4所家长学校继续实行“两免一补”措施，即免费提供教材、资料，免费提供培训，补助家长学校办学经费。2012学年免费培训6场次，提供家教读本330册，补助家长学校办学经费10000元。

【宁波滨海学校成立体艺教育研究中心】 9月17日，宁波滨海学校举行了体艺教育研究中心成立仪式，聘任中国美术学院郑端祥教授为顾问。经过长期的考察和磋商，宁波滨海学校和中国美院决定建立密切合作关系，郑端祥教授现场宣布宁波滨海学校将成为中国美术学院专业基础教学部实验教学合作单位。宁波滨海学校自办学以来一直注重音乐、美术、体育等体艺教学工作，全体体艺教师也在随着学校“给教育一个情感的基座，给学生一个适合的教育”办学理念而进一步寻找和调整教学方式。近年来，该校体艺生在高考中取得了优异的成绩，特别在是2013年高考中，体艺重点上线10人，本科、专科上线人数也创造了历史之最。

【宁波滨海学校举办中德学生友好交流活动】 10月14日下午，为期一周的德国盖恩斯海姆市一级文理中学师生到校友好交流活动落下帷幕。德国盖恩斯汉姆一级文理中学24名学生在两位老师的带领下于10月8日到象山，和宁波滨海学校的师生们相互交流，这是两校建立良好交流的第六年。

【启力学校举行首次校园开放日活动】 11月19日，启力学校举办首届“校园开放日”活动。本次的校园开放日活动，共有100多位家长前来观摩，学校向家长们呈现了常态化的学校教学管理与课堂教学活动。方敏校长带领家长们参观了校园环境及学校的各功能室，察看了食堂及同学们的就餐情况等。活动后，学校共收到98份家长反馈表，家长对学校的教育教学和常规管理给予了充分的肯定。

【外来务工人员子女收到新年礼物】 12月19日，丹西街道向启力学校捐赠100只书包，价值6000余元。带着满满的爱心，校长方敏带头分为三组将书包送到贫困生手中。此次丹西街道捐赠的百余只“爱心书包”中，除了送给几个特困生之外，还会选择性的送给其他启力学子，以后启力学校的孩子们将会陆续收到属于他们的“新年礼物”。

师资队伍建设

【概况】 2013年，全县有专任教师5285人。其中：幼儿教师1338人，学历合格率为99.1%；小学教师1646人，学历合格率为99.82%；初中教师1198人，学历合格率为99.33%；普通高中教师677人，学历合格率为99.26%；职业高中教师415人，学历合格率为89.64%；特殊教育教师11人，学历合格率为100%。

【一年以上代课教师全部清退】 按上级文件要求，超编学校一律不得聘用代课教师、无相应教师资格证书人员一律不得聘用、代课10年以上的人员一律不得聘用，建立学校聘用临时人员审批制度，逐步清理在职代课教师。2013年，全县有一年以上代课教师62人，清退62人。

【158位教师通过教师资格认定】 教师资格证认定工作分春季和秋季两期进行，2013年参加报名人数共计190人。经过教学能力测试、专业人士评审等环节，共有158位通过教师资格认定，其中包括幼教65人、小学48人、初中45人。

【推进“师德师风深化年”活动】 2月5日，象山县师德师风建设年总结表彰暨2013深化年启动大会召开。会议表彰了“师德先进个人”以及在“敬业与奉献”校长师德论坛、“我为师德师风建设献一计”“爱与责任”全员读书活动中获奖的先进代表。会议确定2013年为象山县师德师风建设深化年，将在2012年的基础上进一步加强师德师风建设的宣传，不断完善师德师风建设的各项制度，丰富师德师风建设活动内容，形成创先争优的师德师风建设活动热潮。3月25日，出台《象山县关于进一步加强和改进师德建设的指导意见》《象山县师德师风深化年活动实施方案》，明确领导班子师德师风深化年活动责任范围，成立兼职师德师风监督员。

【招聘179名新教师】 通过笔试、面试、体检等程序，县教育局对1290余名符合条件的毕业生进行考核，最终招聘录用教师179名。2013年教师招聘主要以中小学、幼儿园为主，另外定向培养五年一贯制幼儿园师资招聘（招生）30名。

【出台名优教师队伍建设实施办法】 9月11日，根据《象山县人民政府关于加强“奖教惠师”工程建设的实施意见》（象政发〔2012〕199号）精神，县教育局出台《象山县名优教师队伍建设实施办法（试行）》（象教人〔2013〕46号）。对名优教师的培养、评选、管理进行规范，明确三年一评比、六年一复评，发挥名优教师引领示范作用，带动全县教师队伍整体素质的提升，全面推进教育改革创新和提高教育教学质量。

【首个省级家庭教育工作教师专题培训举行】 9月26日～27日，首个省级家庭教育工作教师专题培训在象山举行，72位专兼职家庭教育教师，参加了培训活动。本次培训活动有专家讲座、实地考察、案例介绍、专题讨论、本校（园）家庭教育工作特色交流、疑难问题分析等，旨在转变教育观念，提高家教工作管理水平，进一步推进家庭教育工作深入开展，再创象山家庭教育工作新辉煌。

【2013年教师培训参训率达99.8%】 2013年：439名教师参加国家级培训，其中10名教师参加面授类培训；103名教师参加省级培训，其中5名“浙派名师名校长培养对象”、20名中小学（幼儿园）学科带头培训、中职类55名教师校长（含4名中德合作、1名中澳合作、26名双师型教师）；157名教师参加市级培训。开设21个各级学段、各个类别、各种方式的90学时培训项目。累计开展了220个培训班，保证每位教师参加培训，参训率为99.8%。人均培训100.8学时，超过省定优秀的人均73学时。

【开展教师业务赛评活动】 为促进教师专业发展，组织实施了各项赛评活动。包括学科教学论文评比、第三轮全员研教县级赛课、县级优质课评比及对三年内新教师进行考核。2013年，全县教师获：省优质课评比一等奖1项，市优质课评比一等奖7项、二等奖10项、三等奖6项；省教学论文评比一等奖1项、二等奖2项、三等奖3项，市教学论文评比一等奖23项、二等奖41项、三等奖73项。职校教师：在省“创新杯”教师说课比赛中获得2项二等奖、2项三等奖；在全国说课比赛中获得5项一等奖，1项二等奖。

【启动第三届名优教师带徒活动】 11月29日，象山县第三届名优教师带徒活动动员大会召开，启动象山县第三届名优教师带徒活动，师徒总人数共1015人。同时出台带徒活动的具体要求、考核细则及实施意见，加强过程管理。名优教师带徒活动为发挥名优教师传帮带作用搭建了良好的平台，为加快青年教师的成长、促进名优教师自身业务水平的提高和带动全县整个教师群体学科教学水平的提升起到了较大的推动作用。

教育教学研究

【概况】 2013年度县教科规划立项课题196项，市教科规划立项课题14项，省教科规划立项课题3项。获市级以上成果奖一等奖6项、二等奖17项、三等奖29项。3门课程被评为宁波市第四批优秀校本课程，浙江省普通高中推荐选修课程9门，宁波市普通高中精品选修课程16门。

【县技工学校荣获市2012年度职成教育教学成果一等奖】 1月10日，象山县技工学校教育教学成果项目《服务小微企业，助力校企共同转型升级的实践与研究》在宁波市2011～2012年度职业教育和成人教育教学成果奖评审中荣获一等奖。本次评审工作经活页评审、材料评审、陈述答辩、终评审议等四个环节，共评出一等奖15项、二等奖18项、三等奖23项，评审结果主要依据项目的科学性、独创性、先进性和实用性等几个方面。

【科研引领全面深化家庭教育工作】 4月19日，象山县第六届家庭教育兼职研究员会议召开。“十二五”期间，象山家教兼职研究员积极开展家教科研工作，取得丰硕的成果，共完成各级立项家教课题13项。其中8项县级获奖、2项市级获奖、1项省级获奖、1项国家级获奖。在省级以上刊物发表家教论文(调研报)22篇，其中4篇论文在家教科研核心期刊《中国家庭教育》杂志上发表。同时还编撰了《开启家教的智慧》家长学校教师教本。

【两篇家庭教育教案全国获奖】 在2012年举办的全国家长学校优秀教案征集评选活动中，象山县选送了4篇教案，其中2篇获奖，宁波市仅有象山县获奖。获奖的教案分别是郑冬根老师的《重视孩子“情商”培养，引领孩子走向成功》和俞宏达老师的《加强孩子“财商”教育，着眼孩子终身幸福》。本届参评的教案共有17283篇，577篇获奖。教育部关工委家教中心把部分优秀教案编撰成《全国家长学校优秀教案选》，由中国社会出版社正式出版，给家长学校家教专题讲座提供参考教材。

【陈辉获省小学信息技术课堂教学评比一等奖】 5月13日～16日，浙江省2013年小学信息技术课堂教学评比活动在舟山举行。来自全省11个地区的12名老师参加了此次活动的角逐，陈辉老师代表宁波地区参加此次活动，并喜获一等奖。本次活动采用封闭式现场上课和说课形式，赛前24小时通知上课内容，每4人执教同一课内容。陈辉执教的四年级下《复习和整理》一课，体现了新的教学理念、良好的心理素质、成熟的教学机智，说课环节程序完整清晰，教学设计个性突出，课件制作精致美观，获得了评委们的一致好评。

【职校教师参加全国“创新杯”比赛荣获佳绩】 11月20日，2013年全国中等职业学校“创新杯”英语教师信息化教学设计说课和微课教学比赛在北京国家教育行政学院落下帷幕，全县共派出9名选手，其中获得一等奖6名、二等奖2名、三等奖1名，获奖率达100%。

【林娅获全国中小学班集体建设演讲比赛“特等奖”】 12月5日至7日，第22届全国中小学班集体建设理论研讨会在广东省增城市隆重召开，500多位来自全国各地的教育专家、校长和一线班主任代表参加了会议。在“班主任专业自觉与现代班集体建设”主题演讲环节，象山县职业高级中学林娅老师经过三轮层层筛选，最终从来自全国十多个省市的优秀班主任中脱颖而出，获得主题演讲比赛“特等奖”。

【爵溪职高获省教科研先进集体荣誉】 在宁波市教育科研管理年会上，爵溪职高捧回了浙江省2011～2012年省教科研先进集体奖牌。爵溪职高一直重视教科研工作，以教育科研引领指导学校各项工作的开展。2012年结题的省重点规划课题《给我舞台　秀我精彩——中职学生社团建设的实践与研究》探索学生社团的建设，由宁波市教科所主持，于2012年9月在学校召开宁波市中职学校社团建设工作现场会，向全市中职学校推广学校的做法经验。2013年，学校确定了“社团建设深化年”和“校本课程开发年”两个主题，并申报了校本课程开发市级立项课题。

教育经费

【概况】 2013年全县教育经费总投入为120551万元，教育经费总支出为126170.9万元。教育部门办学生均教育经费小学为14068.91元，初中为15262.81元，普通高中为23607.09元，职业高中为17463.47元；生均日常公用经费小学为1176.37元，初中为1709.16元，普通高中为2861.38元，职业高中为3958.40元；校舍建设总支出16803.9万元。2013年全县小学生均占地面积与建筑面积分别达到12.01平方米和5.66平方米，初中达到45.8平方米和18.11平方米，超过省平均水平。小学生均图书册数为20册，初中为44册。

【墙头商会教育基金捐赠仪式举行】 3月29日，墙头商会教育基金捐赠仪式在墙头学校举行，墙头商会会长朱旌铭向县人民教育基金捐赠人民币100万元，分十年投入。

【退休教师孙美果50万元养老金赠番小】 9月12日，石浦镇番头小学隆重举行捐赠仪式，接受退休教师孙美果赠予的50万元办学基金，用于配备现代化教学设备，改善办学条件。番头小学30个教室全部安装了融合精确定位技术、大屏幕显示技术、电子技术和计算机技术的交互式智能白板，使学校的现代化教育设施一跃成为全县的最前列。

【外来务工人员子女学校——启力学校落成】 9月17日，象山县启力学校开学典礼暨落成揭牌仪式举行。该校位于丹城工业园区创业路1号，面积为6200平方米，教学楼装修工程、设备采购等总投资400万元，设计为18班中小学九年一贯制。学校招生小学6个年段、11个班级，教职员工34人，学生427人。涉及261家企业，解决工业园区职工子女274人入学，占学生总人数的64.17%。

【黄避岙乡成立“商会教育基金”】 9月27日，黄避岙乡中心小学举行了“黄避岙乡商会教育基金”捐赠仪式。该乡商会出资人民币60万元，属专项留本基金，委托县人民教育基金会管理。根据捐赠协议精神，从2014年起，每年约有8.5万元可用于黄避岙小学(幼儿园)奖教、奖学、助学。

【近5万名学生享受国家免费教育】 2013年，象山县共发放免费教育资金1767万元，为义务段学生提供免费教材、免费教辅用书、免费新华字典及校簿等，受益学生49143人。其中：免费发放教材9.788万套，累计金额1149余万元；免费发放新华字典4.9万册，累计金额67.79万元；免费发放教辅用书9.788万套，累计金额400万元；免费发放校簿9.788万套，累计金额98万元；免费发放暑假作业本86272册，累计金额53万元。另外，从2013年春季起将《新华字典》纳入国家免费发放教科书范畴，发放对象为全县义务段在读学生，并将每年对小学一年级新生免费发放。

【完成16个基建项目】 2013年象山县教育系统基建项目共16个，其中包括5个上年结转项目、9个新安排项目及2个预备类项目，年度总投资2.89亿元，2013年投资计划1.74亿元，年度计划建设任务基本完成，共计完成建筑面积57800平方米。投入资金1.71亿元，占年度计划的98.2%。

【完成19个维修工程】 2013年度完成维修项目19个，校舍面积25000平方米，投资1200万元。4月份确定维修方案，5月份完成概算、立项、预算等工作，6月份完成招标，暑假期间完成施工任务，于9月份全部投入使用。

【义务段学校标准化率达66%】 2013年，墙头学校、城南学校、晓塘小学、定塘小学、昌国小学、新港小学、黄避岙小学、石浦小学8所学校成功创建标准化学校。目前，象山县义务段标准化学校已达31所，标准化率由原来的49%提高到66%。

【新改建3所幼儿园】 2013年,共投入3524万元对鹤浦中心幼儿园、新桥中心幼儿园、定塘宏润幼儿园进行新、改建。2013年9月,象山县幼儿园新增36班,增加1200个幼儿园学额。

校园安全

【开展危旧校舍大排查】 2013年1月,象山县教育局对全县96所学校(幼儿园)560幢校舍进行了大排查。经统计,430幢校舍无安全隐患,130幢校舍不同程度存在安全隐患。针对存在有安全隐患的校舍采取解危措施:对7幢D级危房已采取封用,停止使用;对11幢C级危房拟采取拆除重建;对43幢B级校舍分别进行加固、维修;对43幢未经检测的校舍进行检测,做出相应处置措施。

【142辆"六定"学生接送车挂牌运营】 1月,县政府出台《象山县学生交通安全保障工程实施方案》(象政办发〔2013〕7号),提出符合《校车安全管理条例》和象山县定的"六定"("定车、定人、定时、定线、定点、定价")学生接送模式。县财政投入专项资金140余万元,为核定的142辆学生接送车安装视频监控、GPS定位系统、安全带、逃生锤、灭火器和应急箱等设备设施,确定每年90余万元运营补助经费,对纳入统一管理的接送学生车辆以每车每年最高5000元标准设立70万元的专项考核资金。

【推进校园安保规范化建设】 4月,县公安局、教育局联合开展校园安保工作规范化建设,要求学校做好校园安保"三防"建设,建立健全校园保安管理制度和安全应急机制。11月,校园安保规范化建设现场会在丹城四小举行,全县中小学、幼儿园的安保分管领导参加观摩活动。现场会是县教育局推进校园安保规范化建设的中期推进会。校园安保规范化建设工作的开展对严防各类安全事故的发生,快速反应妥善处置校园突发暴力事件,切实保障师生人身安全起到积极作用,为学校安全稳定奠定了扎实的基础。

【扎实开展防溺水系列活动】 4月3日~8日,县教育局开展防溺水教育主题班会教案及优秀宣传作品推选工作。全县各校上送各类作品100多件,15件优秀作品分获一、二、三等奖。5月,在爵溪学校召开防溺水教育现场会,对防溺水工作作具体部署。6月,象山县教育局转发教育部致全国中小学生家长的一封信,呼吁广大家长务必增强安全意识和监护意识,切实承担起监护责任。7月,对各镇乡(街道)学校开展学生防溺水工作落实情况进行明察暗访。各校在前期防溺水教育工作基础上,重点做好学生家长联系及重点危险水域巡查工作。2013年因溺水死亡学生人数大幅度减少。

【推进学校食堂食品统一配送工作】 11月15日,象山县教育服务中心组织召开"象山县学校食堂食品统一配送工作"座谈会,分析食品配送过程中出现的问题,落实食堂食品统一配送工作的各项措施,大力推进"学校食堂食品统一配送工作"。会议明确,从2013年秋季起丹城、石浦城区学校(幼儿园)、有条件的农村学校实行食堂食品统一配送,大宗食品原料配送率达到65%;到2014年秋季,力争大宗食品原料配送率达到75%以上。

【实施学校食堂菜谱菜价日报制度】 2013年,象山县参加食堂食品统一配送的学校达57所,惠及学生51000余人。为有效落实《浙江省中小学校食堂信息公开暂行办法》,确保学校"零"利润供应营养餐,11月底,象山县实施学校食堂菜谱菜价日报制度,开通"学校每日配送价格"和"学校食堂一周菜单"上报系统。参加配送的学校(幼儿园)通过网络平台上报每周菜谱和每日配送食品的单价、种类、数量、供货单位、验收人等信息。教育服务中心每天对各校菜谱菜价日报情况进行检查,对不科学的菜谱安排和菜价偏高的现象进行督促和指导,并根据学校日报情况随机进行检查。同时,上报系统向全社会开放,家长可对学校食堂问题向教育服务中心反映情况。

【实施教职工校方责任保险工作】 从2013学年度开始,象山县全面实施中小学(幼儿园)教职工校方责任保险工作。8月份,出台《象山县教职工校方责任保险实施方案》。根据校方责任险的概念,教育服务中心把责任范围具体化,由教育服务中心、学校、保险公司共同参与制定详尽的《象山县教职工校方责任险理赔条款》和《象山县教职工校方责任险特别理赔约定》，签订了“象山县2013学年度校方责任险合作协议”。2013年，全县60所学校(幼儿园)5404名教职员工承保了教职员工校方责任保险。

【实施学校食堂量化分级提升三年计划】 2013年象山县开始实施学校食堂量化分级提升三年计划，全面改善学校食堂硬件水平，提升量化分级等级，保障学生的餐饮安全和身体健康。2013年投入1339万元，完成55家学校食堂的改造，截至12月底，全县学校(幼儿园)A、B级食堂达到97家，占总食堂数的比例由年初的21.8%上升到62.2%，涵盖大多数的公办学校以及中心幼儿园。

【开展“透明厨房”试点工作】 丹城三小和西周中学分别于8月和12月完成“透明厨房”试点工程，在厨房各个功能间安装摄像头，全程监控食堂工作人员操作流程。

【校园店引进品牌超市经营】 为进一步保障师生食品安全，在推行校园“放心店”管理的基础上，强化对校园商店的管理。6月，象山县教育局开展品牌超市进校园试点工作，象山二中、象山三中、石浦中学(现改名为宁波海洋职业技术学校)、新港中学等四所学校确定为第一批品牌超市进校园试点学校，引进连锁超市经营。

(姚翔)

象山县2013年教育基本情况一览

表52

类　　目	数　　量	比2012年增长
普通中学	27所	0
在校生	22404人	-0.78%
中等职业学校	6所	0
在校生	5983人	-0.18%
小学	29所	3.57%
在校生	34765人	1.61%
幼儿园	88所	0
在园幼儿数	22183人	1.76%
义务教育学龄人口入学率	100%	0
高中入学率	98.05%	0
财政预算内教育支出	7.88亿元	2.87%

象山县2013学年外来人员子女入学情况一览

表53　　单位：人

序号	乡镇	合计	小学								初中				
			计	一年级	二年级	三年级	四年级	五年级	六年级	其中:女	计	一年级	二年级	三年级	其中:女
	合计	9833	8367	1720	1529	1499	1364	1164	1091	3378	1466	701	486	279	603
公办学校计	6866	5583	1050	929	983	943	858	820	2245	1283	614	433	236	546	
1	丹东街道	735	523	75	53	108	112	97	78	222	212	101	71	40	88
2	丹西街道	499	376	52	23	40	69	92	100	132	123	62	33	28	47

续表 53

序号	乡镇	合计	小学								初中				
			计	一年级	二年级	三年级	四年级	五年级	六年级	其中:女	计	一年级	二年级	三年级	其中:女
	合计	9833	8367	1720	1529	1499	1364	1164	1091	3378	1466	701	486	279	603
3	石浦镇	1688	1368	243	215	266	227	236	181	573	320	158	111	51	145
4	爵溪街道	1841	1545	325	291	268	253	196	212	548	296	162	86	48	115
5	贤庠镇	213	164	34	24	26	28	28	24	72	49	20	16	13	23
6	大徐镇	190	147	31	38	19	21	23	15	70	43	26	9	8	18
7	涂茨镇	55	55	13	12	9	7	4	10	23	0				
8	黄避岙乡	29	29		7	5	2	7	8	13	0				
9	东陈乡	226	179	49	27	30	24	26	23	81	47	24	19	4	12
10	墙头镇	157	129	29	33	23	17	10	17	59	28	10	16	2	11
11	茅洋乡	25	23		5	10	6		2	10	2	2			1
12	西周镇	589	562	122	113	86	93	84	64	237	27	6	17	4	15
13	泗洲头镇	18	17	5	1	4	3	1	3	7	1		1		
14	定塘镇	116	92	21	16	19	14	10	12	49	24	8	10	6	16
15	新桥镇	27	12	3	2	2	2	1	2	4	15	4	7	4	5
16	晓塘乡	52	52	10	11	12	9	5	5	23	0				
17	鹤浦镇	352	273	30	51	50	49	33	60	109	79	24	33	22	41
18	高塘岛乡	54	37	8	7	6	7	5	4	13	17	7	4	6	9
二	民办学校计	2967	2784	670	600	516	421	306	271	1133	183	87	53	43	57
1	丹东街道	368	368	55	99	79	54	48	33	149					
2	丹西街道	2328	2145	565	453	397	320	217	193	876	183	87	53	43	57
3	石浦镇	271	271	50	48	40	47	41	45	108					

科学技术

综 述

2013年,全县科技工作全面贯彻落实党的十八大精神,积极实施创新驱动,加快推进区域经济发展,切实依靠科技进步和创新,大力推进科技与经济的紧密结合,促进科技成果向现实生产力转化,引导企业加大科技投入,不断增强自主创新能力,积极转变经济发展方式,科技工作继续保持良好发展势头,完成创新型城市建设目标任务。高新技术及其产业快速发展,新增9家国家级高新技术企业,全年实现高新技术产业产值100亿元。企业技术创新能力得到加强,新增省级、市级工程技术中心,分别为2家、5家,全县2013年获国家授权专利1854件。加大科技兴农力度,继续加强科技富民强县试点县建设。

2013年,县委、县政府坚持把科技工作列入重要议事日程,多次召开书记、县长办公会议,专题研究科技工作中的重大问题,完善科技进步政策措施。一年内,出台了《关于加快转型提升做实做强工业经济的若干意见》《关于促进开放型经济稳定健康发展的若干意见》等文件,制订了一系列扶持和鼓励科技创新的措施,营造科技工作良好氛围。

2013年,全县科技经费投入9.6亿元。全社会研究与试验发展经费支出7.86亿元,占GDP的2.16%。全县安排县本级科技经费投入12142万元,占当年县本级财政支出的4.1%,其中技术研究和开发经费10000万元。通过积极向上申报各类科技项目,获得上级科技经费支持1800万元,创历年新高。

科技成果

【新认定9家高新技术企业】 认真做好国家级高新技术企业认定工作,到企业开展现场指导,帮助象山优具模具有限公司、宁波汉普塑业有限公司、象山双鱼轻工机械有限公司、象山申达轿车配件厂、宁波新华泰模塑电器有限公司、宁波钰烯阴极保护材料有限责任公司、宁波龙泰电讯电机有限公司、宁波贝德尔电讯电机有限公司、宁波佳乐特橡塑机电有限公司等9家企业申报、认定高新技术企业。

【新批准2家省级高新技术企业研究开发中心及5家市级企业工程技术中心】 2013年,各级企业工程技术中心建设得到加强,新增三安气体阀门省级高新技术企业研究开发中心、锦浪新能源省级高新技术企业研究开发中心等2家为省级工程技术中心;新增宁波胜维德赫华翔汽车镜工程(技术)中心、宁波瑞基催化剂工程(技术)中心、宁波沪港食品机械工程(技术)中心、宁波佳乐特橡塑工程(技术)中心、宁波申达汽车传动系统关键件工程(技术)中心等5家为市级工程技术中心。

【获市级以上农业科技经费补助570万元】 围绕县"7+1"龙型产业特点,加快农业科技成果转化与应用,着力特色优势产业的提升和发展,有力地推进农业产业升级和社会主义新农村建设。2013年继续推进科技富民强县专项行动计划实施,梭子蟹产业完成精品园区建设2家,培育农业科技创新型企业3家、宁波市农业龙头企业2家,建成科技示范户58户等。列入国家农业科技成果转化资金项目2项;列入2013年国家级星火计划6项;申报宁波市民生科技重大项目4项，其中3项列入市民生科技重大项目；列入市农村科技创新创业资金项目10项，其中重点的4项。2013年，共获得市级以上补助经费570万元，有力地促进了农业农村对科技成果的研究、开发与应用。

【获国家授权专利1854件】 注重科技队伍建设，不断优化服务环境。组织企业负责人、技术部门负责人、专利管理人员开展科技项目申报、科技统计、知识产权服务平台推广应用等培训，并积极落实专利等扶持政策，进一步提高企业的科技业务知识和专利意识。通过加强镇乡街道科技联络员队伍建设，发挥科技联络员作用，摸清企业的技术难题和对科技项目的实际需求等，帮助企业解决项目申报、查询、专利申请、各类重大专项申报中遇到的困难和问题，积极为企业产学研对接、项目申报做好服务。获得2013年市级专利示范企业1家。2013年，全县申请专利2513件，同比增长50.8%，其中发明专利152件，同比增长9.4%；获得授权专利1854件，同比增长22.6%，其中发明专利46件，同比增长12.2%。

2013年新认定15家宁波市科技型企业

表54

序号	企业名称	认定文件
1	宁波钰烯阴极保护材料有限责任公司	甬科高〔2013〕68号
2	宁波信成机械制造有限公司	甬科高〔2013〕68号
3	宁波贝德尔电讯电机有限公司	甬科高〔2013〕68号
4	宁波壹美家具有限公司	甬科高〔2013〕140号
5	宁波运生工贸有限公司	甬科高〔2013〕140号
6	宁波和信制药设备有限公司	甬科高〔2013〕140号
7	宁波华盛塑胶制品有限公司	甬科高〔2013〕140号
8	宁波欧乐机械有限公司	甬科高〔2013〕140号
9	象山医疗精密仪器有限公司	甬科高〔2013〕140号
10	宁波永泉制药设备有限公司	甬科高〔2013〕140号
11	宁波盛和灯饰有限公司	甬科高〔2013〕140号
12	象山天安特种变压器有限公司	甬科高〔2013〕140号
13	宁波天互电器有限公司	甬科高〔2013〕140号
14	宁波天安集团开关有限公司	甬科高〔2013〕140号
15	宁波枫康生物科技有限公司	甬科高〔2013〕140号

2013年新认定3家宁波市农业科技创新型企业

表55

序号	企业名称	认定文件
1	宁波甬盛水产种业有限公司	甬科计〔2013〕110号
2	象山红升水产养殖有限公司	甬科计〔2013〕110号
3	象山楚天生物防制有限公司	甬科计〔2013〕110号

2013年象山县获国家级科技计划项目

表56

序号	项目名称	承担单位	项目类别
1	对虾功能型肠道调节制剂中试及应用示范	宁波东风生物科技有限公司	科技部农业科技成果转化
2	坛紫菜新品种"申福1号"中试与示范	象山红升水产养殖有限公司 象山太空红紫菜育苗场	科技部农业科技成果转化
3	三疣梭子蟹自繁生态高效养殖技术示范与推广 春香等杂柑新品种完熟栽培技术集成与示范 稻麦"双千"技术示范与推广	象山县水产技术推广站 象山县林业特产服务中心 象山县农业技术推广中心	国家星火计划
4	三疣梭子蟹养殖配合饲料应用与推广 食用菌栽培废料循环利用技术集成与示范 微生物直投与果蔬立架式无土栽培处理养殖沼液技术示范	象山县东盛水产有限公司 象山宏森源农产品开发有限公司 象山县高塘岛乡同心畜牧养殖专业合作社	国家星火计划
5	三疣梭子蟹抗溶藻弧菌品系单体筐养高产技术示范与推广	宁波鑫亿鲜活水产有限公司	国家星火计划
6	ZGS-Z. G 35kV光伏发电用组合式变压器	宁波天安(集团)股份有限公司	国家重点新产品
7	RQZ口-12(Z)/T630-20小型化智能块真空环网柜	日升集团有限公司	国家重点新产品
8	车用天然气低温气瓶阀	宁波三安制阀有限公司	国家火炬计划项目
9	环境友好型纳米防海生物附着涂层材料	宁波海腾新材料有限公司	国家中小企业创新基金
10	柴油机变速箱压铸模具系列产品	宁波凯利机械模具有限公司	国家创新基金
11	汽车发动机铝合金铸件精密复杂铸造模具	宁波强盛机械模具有限公司	国家创新基金
12	汽车发动机水套砂芯用精密铸造模具	象山东风模具制造有限公司	国家创新基金

2012—2013年度象山县科学技术奖获奖项目

表57

一等奖(2项)

序号	项目名称	完成单位	主要完成人
1	超级稻机插栽培技术研究与推广	象山县农业技术推广中心	李国雷、黄根元、应和平、李方勇、张求军
2	RQZW□-12/T800-20新型全保护户外真空断路器	日升集团有限公司	樊建荣、潘永成、邓爱月、刘慧科、范兴明

二等奖(8项)

序号	项目名称	完成单位	主要完成人
1	鱼糜制品精深加工关键技术及产业化研究	象山南方水产食品有限公司、浙江大学	胡亚芹、陆永备、陈士国、叶维灯、丁甜
2	国内外生态纺织品高危因子分析及检测技术开发与示范	象山出入境检验检疫局综合技术服务中心	周宏斌、方科益、陈明良、陈运能、吴琪
3	XBJ1-12/0.4紧凑型箱式变电站	宁波天元电气集团有限公司	张启蒙、张苏卫、朱登科、蒋孝海
4	柑橘鲜果周年上市优新品种选育和配套技术研究	象山县林业特产技术推广中心	陈子敏、徐阳、洪丹丹、杨荣曦、张雷

续表 57

序号	项目名称	完成单位	主要完成人
5	优势滩涂养殖贝类优质大规格苗种高效培育技术开发与示范	宁波甬盛水产种业有限公司、浙江万里学院	林志华、沈庞幼、边平江、董迎辉、陈彩芬
6	基于可控化南美白对虾全大棚高效养殖技术研究与示范	象山红升水产养殖有限公司、象山县水产技术推广站	刘长军、黄庆宏、伊祥华、周志强、陈成定
7	甲型 H1N1 流感疫苗应急接种免疫效果研究	象山县疾病预防控制中心	徐建荣、叶众、陈剑霞、陈子萌、陈磊
8	免气腹与气腹全腹腔镜下肝叶切除术的前瞻性对照研究	象山县第一人民医院	王海彪、胡元达、黄胜、何敏霞、俞海蛟

三等奖(16 项)

序号	项目名称	完成单位	主要完成人
1	象山半岛人群食用碘盐与甲状腺疾病相关性研究	象山县疾病预防控制中心	叶众、鲍春华、徐建荣、陈磊、杨存军
2	基于卫生网的区域影像中心和放射质管控管理新模式	象山县第一人民医院	周建勤、林平、汪秀能、程大保、章学胜
3	苯丙胺依赖患者的脑诱发电位研究	象山县第三人民医院	戴天刚、张敏桥、史月仙、黄行土、易鹏程
4	急性肺动脉栓塞早期诊断影像学研究	象山县第一人民医院	周建勤、汪秀能、罗永荣、章学胜、程大保
5	滋肾填精中药延缓卵巢衰退的临床研究	象山县中医院	陈晓霞、陈军、林晓华、施燕飞、黄仙萍
6	新型全绝缘熔断器在配电变压器中的应用	国网浙江象山县供电公司	孙圳、陈虓、徐园、龚晓滨、胡敬伟
7	JN-1041 铝合金单面焊衬垫	象山焊接衬垫厂	薛卫中、李贤忠、胡全福、董云常、张建成
8	车用摩擦纸基同步器齿环	象山申达轿车配件厂	柴松、柴作人、王月明、胡家亦、朱元盈
9	冬瓜新品种“宏大 1 号”选育及栽培技术研究	象山县农业技术推广中心	李方勇、娄厉行、陈燕华、陆雁、张瑞翔
10	象山县名木古树白蚁防治技术研究及推广	象山楚天生物防制有限公司	胡成强、沈作刚、吴建平、董武、蒋磊
11	梭子蟹笼养与散养模式试验与示范	象山双华生态养殖有限公司	伊祥华、戴华伟、吴旭干、黄宏光、董仁立
12	食用菌工厂化标准化高效生产技术研究与示范	象山宏森源农产品开发有限公司	周开全、陈幼源、李方勇、李谦盛、蔡灿
13	水稻病虫害网络数字化监测预警技术研究	象山县植物保护检疫站	陈宏明、赖朝晖、唐健、郑宏海、蔡灿
14	管角螺人工育苗技术研究	宁波兢业水产养殖有限公司	周洪、陈志杰、陈宏笙、靳立兵、李勇
15	坛紫菜生态高效栽培及保鲜技术研究与示范	象山太空红紫菜育苗场、象山县水产技术推广站	刘长军、尹根卫、严兴洪、欧海金、吴挺
16	鱼蛋白有机液肥(番茄、葡萄专用)的中试	宁波海浦生物科技有限公司	石伟勇、徐永安、奚海光、倪亮、程素琴

科技合作与交流

【深化科技横向合作】 为积极提升企业整体研发能力，把“十大名校百名专家对接象山科技服务”活动作为科技合作工作的主要载体，贯穿全年的中心工作，引导企业与高校院所建立长期、稳固的产学研结合，助推县高新技术产业快速发展和经济结构的战略性调整。2013 年年初，县科技局组织参与重大科技活动 4 次，积极推进科技创新，充分发挥高校院所在人才资源、科学研究及文献数据上的综合优势，使科技成果在象山的加速转化及产业化，促进学校科研水平和象山区域经济科技实力的共同提升。成立县人民政府与浙江省教育厅关于共建浙江省高校产学研联盟象山中心。县人民政府与上海交通大学达成战略合作，校方将为象山企业提供方便快捷的服务，也为企业在发展中产生的技术需求和难题提供有力保障。

【完善科技创新创业平台】 2013 年，切实贯彻落实《象山县留学人员创业园管理暂行办法》《象山县青年大学生创业管理暂行办法》《象山县科创中心孵化企业管理办法》等政策和法规，更加完善引进和创业创新环境。县科创中心 2013 年着重引进大院大所，努力争取与大专院校共建研发平台。加人对在孵企业的调研力度，通过组织企业申报科技项目、税法培训等方式，增强创新孵化平台活力，组织企业参加第九届宁波市发明创新大赛。积极做好科技招商、招才引智工作，接洽、引入 4 个海外留学生团队到象山创业，其中惠觅宇博士的小型家庭污水处理器、张伟杰博士的无创血糖仪等 4 家明确落户。努力做好招商工作，已有宁波巧然信息科技有限公司、宁波万土固环保科技有限公司等 10 家初创型企业落户。

（吴宝良）

科学普及

【开展省级科普示范县创建工作】 按照“立足实际、深挖潜力，紧扣标准、突出特点”的创建思路，逐步形成上下联动、各部门协作的创建科普示范县工作格局。县科协切实履行《科学素质纲要》办公室职责，积极推进五大人群科学素质行动，定期召开全民科学素质纲要领导小组会议，组织参加全省科学素质纲要电视电话会议。8 月份，象山县通过省级科普示范县验收。

【实施科普惠农兴村工程】 开展面向农民群众、服务农业农村的科普宣传教育活动，全年先后组织科技人员开展各类农村实用技术培训 120 次，培训人数达到 1 万余人。指导镇乡（街道）科协开展各类科普活动，形成科普下乡、农民艺术节、科技培训为主要内容的农村科普。联合有关部门开展文化礼堂活动，会同县卫生局、县农林局、县海洋与渔业局等开展“科技、文化、卫生”三下乡活动 6 次，服务人数达 1.6 万余人，发放常用药品 6 万元。

【24 家单位通过市级科普示范单位验收】 积极利用新媒体开展科普宣传，制作一批印有科普标志的文化衫，在城区利用电子屏滚动播放科普内容，形成科普画廊、报刊等传统宣传平台与数字传媒相结合的多样性的科普宣传网络。以创建工作为抓手，建立一批科普示范单位和基地，促进科普阵地网络建设常态化、制度化。10 月份，共有 24 家单位通过市级科普示范单位验收。

【组织开展重大科普活动】 5 月份科技活动周期间，以“科技创新、美好生活”为主题，会同县教育局、县科技局开展象山县 2013 年中小学生科技活动周、“科普大篷车”、科技辅导员培训班等活动；9 月份开展以“科学生活，美丽象山”为主体的全国科普日系列活动，期间，在人民广场开展 2013 年全国科普日广场活动，县中医药学会、县专利和信息化技术推广学会、县标准计量学会等 17 家学会参与活动，塔山社区还组织开展了 2013 年全国科普日暨“邻里亲、邻里情”文艺晚会，共分发科普资料 1.2 万余份；12 月组织学会开展科协会员日活动。

【开展面向居民和企业职工的科普活动】 县科协搭建平台，联合县药监局、县抗癌康复协会等深入农村、社区开展科普宣传和培训活动；联合县总工会开展科普进企业活动，走进甬南、天安、启鑫、锦浪、乌沙山电厂等企业,邀请心理咨询专家为企业职工开展专题科普讲座。

【搭建青少年科技教育工作平台】 推行“园丁”科普工程,完善青少年科普教育实践基地的服务功能,县科协、县教育局共同出资40余万元打造现代化、高科技的“科探展廊”,开展各项青少年常规性竞赛、“放飞中国梦”、中小学生科普征文、“快乐科技一堂课”进民工子弟学校等活动。

【开展核能科普宣传活动】 10月22日,象山县核能科普宣传月启动仪式在滨海学校举行,省、市科协负责人及袁继新副县长等领导出席启动仪式,该活动以“清洁核能助力两富浙江”为主题,活动期间,共有社区居民、学生等近4000人参观学习。

(王本祥)

文化艺术

群众文化

【概况】 2013年,象山县紧紧围绕海洋文化强县建设目标,各项工作取得新突破,区域文化软实力显著增强。2月5日,文化部印发《关于同意实施〈海洋渔文化(象山)生态保护实验区总体规划〉的复函》,文化生态保护实验区建设全面启动实施。重大文化设施建设全面推进,总面积为580平方米的海洋渔文化展示厅顺利建成并对外开放;象山书城顺利完成结构封顶,并实施内部装修和开展经营布局调研工作;县博物馆装修工程完成库房分隔工作,通过陈列大纲和概念性设计方案的评审;龙宫休闲文化园主体部分进入内部装修阶段,大旸艺术馆完成选址。基层文化阵地建设基本实现全覆盖,全年新创建村落文化宫80家,总数达到432家,行政村覆盖率达到88%;全面完成"广播电视进渔船"三年安装任务数1881艘。各类文化活动蓬勃开展,共举办各类文化活动180余场,其中举办开渔节等县级文化活动40余场,中国开渔节,由县、市人民政府主办升格为由浙江省人民政府和国家海洋局主办,成为国家级节庆活动;"学习贯彻十八大·文化惠民半岛行"系列活动以文艺演出、展览讲座等内容深入各镇乡(街道),受到群众广泛好评;鹤浦梨花节、西周竹笋节等农民文化艺术活动推陈出新,全年共举办22场;与海曙、慈溪、北仑等地开展文化走亲活动12场,特别是海峡两岸京剧票友文化走亲活动,中央电视台戏曲频道进行全程跟拍,影响广泛。在文艺精品创作上,由县文化广电新闻出版局精心打造的曲艺类作品象山唱新闻《长年葱》摘得群文最高奖"群星奖";曲艺走书《如意》、排舞《剪刀石头布》、群舞《海上民谣》等作品累计捧回市级以上奖项30余个。完成11个市级非遗"三位一体"保护综合体创建工作,其中象山竹根雕和象山剪纸被评为"三位一体"保护示范体,象山剪纸项目传承人谢才华被命名为第四批省级非遗项目代表性传承人,根雕艺人张德和、周秉益、方忠孟获得"浙江根雕艺术中青年十大名师"称号。石浦镇被授予省级文化强镇、宁波市公共文化示范区,东门渔村被授予省级文化示范村。

【县文联开展"送春联、送窗花、送书刊"文艺惠民活动】 春节前夕,为营造浓厚的传统佳节氛围,县文联组织张明珠、陈炼焦、吕茂盛、朱自清、胡永革等十余位书法家和谢才华民间剪纸艺术大师,冒着严寒,于2月2日、3日先后到定塘镇渡头街、丹城公园义务为群众"送春联、送窗花",为广大市民送上美好的新春祝福,受到了热烈的欢迎。据统计,两天的活动共送出2000余幅春联、近百对窗花、发放《象山港》等文艺书刊200余本。

【宁波市"非遗""三位一体"示范(创建)项目推进会在象山召开】 1月16日,宁波市"非遗""三位一体"示范(创建)项目推进会在象山才华剪纸艺术馆召开,市"非遗""三位一体"保护示范创建项目所在县市区分管局长参加会议。

【盛欣夫、徐之璜书画展开展】 1月18日~2月18日,"桥海时代"——盛欣夫、徐之璜书画展在县综合文化活动中心开展,共选展两位艺术家的100余幅书画作品。盛欣夫,国家一级美术师,中国书法家协会会员,中国传媒大学美术传播研究所研究员、教授,宁波大学客座教授。徐之璜,原名徐向伟,现为清华大学美术学院助教,中国美术家协会会员，中国画院特聘画师，辽宁大学客座教授。

【象山县少儿对联展开展】 1月26日～2月5日，象山县少儿对联展在县文化馆半岛群星展厅开展。

【《海洋渔文化(象山)生态保护实验区总体规划》正式通过文化部论证】 2月5日，文化部印发《关于同意实施〈海洋渔文化(象山)生态保护实验区总体规划〉的复函》，同意象山县实施该规划。《总体规划》的保护对象主要包括列入各级非物质文化遗产名录的项目、各级非物质文化遗产项目代表性传承人，以及与非物质文化密切相关的载体、文化场所和自然环境。规划期限为2012年至2025年，分近、中、远三个阶段实施。自2010年6月，文化部批准该县设立海洋渔文化(象山)生态保护实验区以来，该县成立海洋渔文化生态保护实验区建设领导小组，组建县海洋渔文化(象山)生态保护实验区管理局，并于2011年8月正式启动编制《总体规划》，在多次征求国家级专家对《总体规划》修改意见的基础上，历经40余次修改，形成了最终稿。

【钮利刚书法展开展】 9月12日上午，配合第十七届中国开渔节，钮利刚书法展在县文化活动中心开展。浙江省原副省长鲁松庭，杭州国画院院长、西泠印社副秘书长金鉴才，省佛教协会副会长、杭州市政协常委、杭州永福寺住持月真法师，省书协副主席张索，县文广新局局长任先顺，县文联主席陈明吉等出席开展仪式。县政协主席白国璋致欢迎辞，县委常委、宣传部部长罗来兴主持仪式。来自中国美院、西泠印社、上海大学、杭州师范大学等单位的30余位浙江书画名家参加仪式。钮利刚书法展由县政协和县委宣传部主办，县大目湾开发管委会、县政协书画院承办，县文联、县文广新局协办。展出钮利刚新近创作的近百幅书法作品。钮利刚，象山爵溪人，职业书法家，现定居杭州，正、草、篆、隶四体兼工，传统功力深厚，气息高古典雅。

【"闹元宵、猜灯谜"趣味读书知识竞猜活动举行】 2月23日(农历正月十四)下午，象山县图书馆携手中信银行象山支行举办了2013中信银行杯"闹元宵、猜灯谜"趣味读书知识竞猜活动，共向广大市民发放趣味知识题和各类谜面900道，赠与奖品价值上万元。此外，还进行了象山籍民间剪纸艺术家谢才华老师的"水浒108将"作品展，县老龄委的"秧歌队"表演。

【各地举行闹元宵活动】 2月23日(农历正月十四)夜，石浦举行元宵灯展、猜灯谜、民俗表演、踩街等活动，从石浦海丰广场、渔港路到金山路，人山人海，热闹非凡。西周镇文化广场的十四夜元宵广场活动也热闹上演。城区姜毛庙自2月22日到26日，连续数天举行提线木偶、唱新闻、象山走书、灯头戏、猜灯谜等活动。

【全省首个乡村"雷锋文化室"授牌】 3月5日，全省首个乡村"雷锋文化室"启动授牌仪式在东陈乡岳头村举行。乡村"雷锋文化室"于2012年10月开始创建，建筑面积50平方米，投资20余万元，收藏了雷锋同志生平、工作、生活文字资料和各劳动场景的历史照片等，陈列了各种跟雷锋有关的书籍、文章以及纪念章。室内展品均为东陈乡岳头村村民吴在明个人收藏品。

【贤庠镇岑晁村第六届"放养节"举行】 3月7日，贤庠镇岑晁村第六届"放养节"举行。当天，千余名群众放养了五万余尾鲤鱼、鲫鱼、草鱼鱼苗。在活动现场，该镇启动了"美丽乡村、多彩贤庠"新农村提升行动。

【县文联组织"学雷锋文艺下乡"活动】 3月5日上午，县文联组织陈炼焦、周瑞怀、陈宜等7名书法家和谢才华剪纸大师及2名传承人来到东陈乡沙岗村开展"学雷锋文艺下乡"活动，义务为老百姓书写"惠风和畅""厚德载物""学海无涯"等书法作品100余件和60余件剪纸作品。同时，谢才华的农事24个节气、雷锋事迹、廉政文化等50余件剪纸作品展出，受到广大百姓的欢迎。

【"秀我幸福生活家庭"才艺比赛举行】 3月7日，"三八"国际妇女节"秀我幸福生活家庭"才艺比赛在石浦镇政府大礼堂举行，活动以家庭为单位，选出最好的才艺家庭，有舞蹈，有唱歌，有情景剧等等不同的演出形式，活动的主旨在于展现家庭的和睦与温馨。

【王群竹根雕作品在上海展出】 3月下旬，王群50余件竹根雕作品在上海民族民俗民间文化中心展馆展出。王群从事竹根雕创作已20多年，现为中国高级根艺美术师，宁波市工艺美术大师，象山工艺美术协会秘书长。

【两个项目申请省传统节日保护基地】 3月，县非遗中心向省文化厅申报"三月三"与"十四夜"为第二批浙江省传统节日保护基地。

【"美丽南田"主题活动正式启动】 4月2日，由县委宣传部、县农办、县文广新局、鹤浦镇政府等单位联合举办的"美丽南田"主题活动正式启动。本次活动围绕"学习贯彻十八大·文化惠民半岛行"主题，在为期半年的时间里，陆续举办南田渔民特色文化展示、环三门湾文化走亲活动、廉政画创作大赛、网络十大南田"美镜"评选、县第九届未成年人读书节等活动。通过系列活动的开展，进一步挖掘海岛文化，以文"化"人，让乡风更加文明，提升第一产业，改造第二产业，振兴第三产业。启动仪式上，鹤浦镇各民间文艺团队纷纷登台表演，表现海岛渔民不畏艰险、勇于拼搏的精神，演绎鹤浦人民喜迎四海宾朋的热情。

【石浦昌国举行清明会】 4月4日(清明节)下午，石浦昌国举办隆重的清明太平会。此次太平会从4月2日开始到4月7日结束，活动内容主要有：庙戏、张贴《奉旨恤孤》文告、清道(长、矮无常扫街)、四门恤孤、城隍落地、行会(城隍出巡)等，其中最为重要和最具影响力的是4日下午的行街，舞龙队、鱼灯队、马灯队、百兽灯队、昌国抬阁队、十里红妆"36杠箱"等队伍从城隍庙出发，绕村子巡游，约有6万人参加活动。昌国原是海防重镇，自明嘉靖年间起，为表彰捍国卫疆勇士们的业绩，告慰众将士的英灵，昌国卫当地形成了"清明会"和"十一会"两次庙会的习俗，为亡灵做道场，祭祖祈福。昌国"清明会"曾一度中断，此次清明太平会是昌国人在时隔63年之后恢复举办。

【"三月三"民俗文化节举行】 4月12日，石浦"三月三"民俗文化节在中国渔村正式拉开帷幕。活动现场，十几项民俗文化活动悉数亮相，广大游客零距离体验了独特的海洋文化和渔区风情。活动为期三天，以"拥抱海洋"为主题，在保留"辣螺姑娘招亲"、民俗队伍巡游、花卉盆景展、渔俗技艺竞赛等传统节目的基础上，新增加了鱼灯展、海鲜厨艺大比拼、沙滩运动会、寻找海边"好声音"等活动，力求充分展示石浦的海洋文化。

【第五届象山(西周)竹·笋节举行】 4月13日～18日，第五届象山(西周)竹·笋节举行。蜂拥而至的游客们将竹·笋节主办地高山小村伊家山围得水泄不通，掏笋、徒手剥笋、包笋团等趣味横生的比赛，特色盐焙笋、红烧笋、凉拌鲜笋等一桌桌鲜美竹笋宴都无不让游客流连忘返。

【象山文化产业产品在第八届义乌文博会展览】 4月27日～29日，象山县13家文化产业单位参加第八届义乌文化产业博览会，展出根雕、船模、鱼拓、古家具、剪纸、铜佛铸造、麦秸画等1000多件文化艺术作品

【县文化骨干赴宁波培训】 5月15日，县文广新局组织10名村(社区)文化员赴东钱湖宁波市公共文化队伍培训基地，进行为期3天的文化骨干培训。

【县文广新局出台"千影百戏"管理办法】 5月10日，县文广新局在全市率先出台《象山县"千场电影百场戏剧"进农村活动管理实施办法》以下简称《办法》，以此推进"千影百戏"惠民工程。《办法》按照"政府扶持、社会参与、市场运作、群众享受"的原则，明确了"千影百戏"的运作方式、政府补助标准、核拨程序，规定属于指标戏场次的，每场由市补贴1500元，县配套补贴1500元，电影放映每场市补贴100元，县配套补贴100元。《办法》规定县文广新局对演出剧团和放映单位的资格、质量等进行监督、考核，优胜劣汰，确保演出剧目和放映影片主题健康向上，质量过关，带给百姓真正的文化享受。并理顺了政府、群众、企业三者之间的关系、职责，可以有效杜绝以次充优、无序竞争等现象发生。

【鹤浦镇渔民文化艺术团在甬演出】 5月22日、23日，由宁波市文化广电新闻出版局主办，县文广新

局、鹤浦镇人民政府承办的“2013年宁波市基层业余文艺团队汇演——象山县鹤浦镇专场”在宁波中山广场举行,县领导黄敏求、王安静观看演出,县文广新局副局长吴健全程陪同。

【方家岙村举办首届泼水节】 7月18日,墙头镇方家岙村举办第一届泼水节。活动包括泼水活动及水上拔河、水上排球、水上皮划艇等比赛项目。

【第二届“文化杯”戏剧 小品 小戏 曲艺大赛决赛举办】 8月10日,由县文化广电新闻出版局主办、县文化馆承办的“象山县第二届‘文化杯’戏剧小品小戏 曲艺大赛”决赛在县文化活动中心举行。

【第十六届中国(象山)开渔节获国务院批准举办】 8月中旬,象山开渔节组委会收到浙江省人民政府转发的全国清理和规范庆典研讨会论坛活动工作领导小组的复函:同意举办第十六届中国(象山)开渔节。这是宁波市首个由国务院批准举办的文化节庆活动,同时开渔节也首次升格由浙江省人民政府和国家海洋局主办。该复函相当于确认了中国开渔节的“国字号”资格。

【西周镇合唱团在甬获银奖】 8月18日,经县文广新局选送,西周镇合唱团代表象山县前往宁波音乐厅,参加由中共宁波市委宣传部和宁波市文化广电新闻出版局主办的宁波市首届合唱大赛县(市)区组比赛,最终以《天路》和《迎风飘扬的旗》两首歌在此次比赛中荣获县(市)区组比赛银奖。

【爵溪七月十五民俗文化节活动举行】 8月21日,爵溪七月十五民俗文化节活动举行。近四十支村民自发组织的民间民俗队伍,从象山县爵溪街道城隍庙出发,绕街巡游。爵溪七月十五赛神会,又称迎神会、赛龙会,起源于明代。七月半会期以七月十五行会为中心,分初十开印、十四扫街、十六放水灯、卅日放忏等,历时20天。本次七月十五民俗活动恢复了“斩犯”等习俗。

【日本教授逵志保到象山考察徐福遗址】 8月23日,日本爱知大学教授逵志保到象山考察徐福遗址,走访了石屋山、丹山井、徐福博物馆等地。

【象山海洋渔文化展示厅竣工】 9月初,象山海洋渔文化展示厅顺利竣工。该展示厅位于新桥镇大旗头,整个展示厅分成“脉、生、风、韵”四大块内容,分别展现了象山海洋渔文化的历史脉络、渔业生产方式、渔民的生活方式和从生产生活方式衍变而来的海洋渔文化艺术。四块展示内容之间各元素有机衔接,可以让参观者清晰浏览象山海洋渔文化的发展变化。

【象山“海岛青年摄影联盟”作品展在甬开展】 9月8日至15日,“渔乡情怀”——象山“海岛青年摄影联盟”作品展在宁波“群星展厅”开展。该活动由宁波市文化馆、象山县文化广电新闻出版局主办,象山县文化馆、象山海岛青年摄影联盟承办,共展出优秀渔文化摄影作品60幅,集中反映象山千年渔乡的秀丽风光和具有浓郁地域特色的渔家风情。

【首届海洋文化夜市开市】 9月8日至10日晚上,第十六届中国(象山)开渔节系列活动之一的象山县首届海洋文化夜市在县人民广场开市。重点突出象山本地特色文化,通过文化表演小舞台、文化展示区、文化淘宝街三个区块,同时辅以吃喝玩乐购,向市民展示象山本土文化内涵。

【全县排舞比赛举行】 9月9日晚上,第十六届中国(象山)开渔节系列活动之一的“象山影视城杯”。2013年象山县排舞大赛在县人民广场举行。来自全县各镇乡(街道)及部门的23支参赛队伍参赛,石浦渔港旅游集团、金融系统分别荣获中老年组、青年组金奖。

【“馆际联动·美丽文化”文化走亲联谊晚会举行】 9月10日晚上,第十六届中国(象山)开渔节系列活动之一的“馆际联动·美丽文化”文化走亲联谊晚会在县人民广场举行。慈溪、余姚、奉化、宁海、鄞州、北仑、镇海、海曙、江东、江北及象山等11个县市区文化队伍参加走亲活动。

【浙江省海洋渔文化生态保护与发展座谈会举行】 9月16日至17日,浙江省海洋渔文化生态保护与发展座谈会在象山县召开，浙江省文化厅非遗处处长王淼等省市文化部门领导专家及全省涉海县（市、区）文化部门相关负责人围绕“海洋渔文化生态保护与发展”主题作了经验交流。

【国家级海洋渔文化（象山）生态保护实验区建设恳谈会】 9月16日晚上，国家级海洋渔文化（象山）生态保护实验区建设恳谈会在石浦召开。由文化部非遗司副司长马盛德，国家非物质文化遗产保护工作专家委员会委员、北京大学社会学系教授高丙中，省非物质文化遗产研究基地主任、浙江师范大学文传学院院长陈华文等领导专家组成的文化部调研组参加会议，听取了国家级海洋渔文化（象山）生态保护实验区建设情况汇报，了解象山县非物质文化遗产保护现状，和实验区建设进程与困难；听取了与会人员对加快建设海洋渔文化（象山）生态保护实验区提出的意见建议。马盛德对象山县国家级海洋渔文化生态保护实验区建设进程总体满意，并指出“非遗”保护传承要接地气，定位、目标要明确，突出民众的主体地位，体现民俗本真性；处理好保护与发展、保护与传承、保护与开发的关系，因地制宜开展创新保护。9月16日至17日，马盛德副司长还率文化部调研组一行考察了中国开渔节、象山海洋渔文化展示厅、才华剪纸馆、徐福东渡遗址、德和根艺馆等。

【县首届“文化杯”少儿书法、绘画大赛颁奖】 9月28日上午，象山县首届“文化杯”少儿书法、绘画大赛颁奖典礼在县文化活动中心举行。本次大赛从2013年4月启动，参赛对象为18周岁及以下少年儿童，分小学初段、小学高段、初中段、高中段进行角逐。共收到书法作品534件、绘画作品450件，最终共有199件作品分获书法、绘画比赛一、二、三等奖。活动现场展出了所有获奖作品，并向市民赠送了获奖作品集。

【中国鱼拓名家题跋邀请展举行】 10月9日至10日，由县委宣传部、县文广新局、县文联主办，象山渔文化书画院承办的中国鱼拓名家题跋邀请展在松兰山海景大酒店举行。全国各地的50余位鱼拓名家和书法家出席参加展览。

【省职工文化艺术节戏剧演唱大赛在象山举行】 10月10日至11日，浙江省首届职工文化艺术节戏剧演唱大赛在县文化活动中心举行。京剧、越剧、黄梅戏、昆剧、绍剧、睦剧等十余种地方色彩浓郁的剧种登台演出。本次大赛由浙江省首届职工文化艺术节戏剧演唱大赛组委会、浙江省戏剧家协会主办，中共象山县委、象山县人民政府承办。象山县总工会选送陈少华演唱的京剧《锁麟囊·霎时》、宁波市总工会选送李锡年演唱的越剧《浪荡子·叹钟点》获得个人演唱一等奖；杭州市总工会选送王静艺、陈洋、董双飞表演的越剧《白兔记·回书》、淳安县总工会选送施桂英、潘永霞、何仁德、吴蔚表演的睦剧《鸳鸯马》获得折子戏一等奖。

【两岸京剧票友文化走亲活动举行】 10月11日～12日，两岸（象山·台中）京剧票友文化走亲活动在象山举行。台湾国剧传统艺术推广协会20余名京剧票友和大陆京剧名家名票一起，分别在石浦海峡广场和县文化活动中心进行演出交流活动。著名京剧表演艺术家李玉声，江苏省京剧院党委书记、程派花旦彭林刚，“中国十大名票”孙元木等名家名票参加了上述活动。

【市考核评估小组到象山评估“三位一体”综合体（示范体）】 10月15至16日，宁波市非物质文化遗产保护“三位一体”综合体（示范体）创建考核评估小组对象山县第二批申报的唱新闻、象山竹根雕、象山七月半、赵五娘传说、象山剪纸、船模艺术、船饰习俗等7个综合体进行为期两天的评估验收。

【昌国十月醮会举行】 11月4日，农历十月初一，昌国十月醮会在昌国举行。龙灯队、抬阁队、民乐队、秧歌队、36杠箱队等数十支民俗队伍上街巡游，约有4万余人参加活动。十月醮会与清明太平会被成为昌国“两头会”，已列入县级非物质文化遗产名录。

【《开船锣鼓》在宁波市卫星城市试点镇文艺汇演获奖】 11月6日，石浦文化馆组织民乐队携节目《开船锣鼓》前往慈溪市鸣鹤古镇参加“八星争辉”宁波市卫星城市试点镇文艺汇演，获得“优秀表演奖”。

【两支排舞队伍在市排舞大赛中获奖】 11月8日，2013宁波排舞大赛总决赛在镇海区庄市街道举行，象山县选送的象山县金融系统《石头　剪刀布》获青年组银奖，石浦渔港古城《舞蹈的小提琴》获中老年组铜奖，县文化馆舞蹈干部蒋莉获“2013宁波市排舞优秀辅导员”称号。

【象山县群众文化活动、团队荣获多项市级荣誉】 11月7日，宁波市文化广电新闻出版局公布了宁波市“群众性文化活动优秀品牌”、“优秀基层业余文艺团队”和“特色文化广场”评选结果(《关于公布宁波市群众性文化活动优秀品牌、优秀基层业余文艺团队和特色文化广场名单的通知》)，象山县的“石浦‘三月三’”“爵溪街道针织文化艺术节”“晓塘白玉湾葡萄节”“新桥枇杷节”“定塘大塘·麦糕节”民俗文化活动”五个项目入选宁波市“群众性文化活动优秀品牌”，象山县文化馆象山县农村文艺志愿者艺术团、象山县文化馆群星京剧越剧联谊会、丹东街道丹峰戏迷阁、丹西街道丹西百花戏迷俱乐部、爵溪街道九龙舞龙队、石浦镇石浦民乐队、西周镇西周戏曲协会、鹤浦镇海鹤艺社、贤庠镇农民文化志愿者艺术团、定塘镇非物质文化遗产高腔表演队、墙头镇计生文艺宣传队、泗洲头镇文艺队、大徐镇舞蹈队、新桥镇文艺队、东陈乡沙岗村文艺队、晓塘乡月楼“草根”文艺团队、茅洋乡农民画创作团队、高塘岛乡提线木偶剧团等18个团队入选宁波市“优秀基层业余文艺团队”。象山县人民广场入选宁波市五大特色文化广场。

【谢才华被命名为省级“非遗”代表性传承人】 11月下旬，省文化厅公布了第四批省级非物质文化遗产项目代表性传承人名单，象山县传统美术项目代表性传承人谢才华(象山剪纸)上榜。

【东门渔村获“浙江省文化示范村”称号】 12月中旬，浙江省文化厅授予石浦镇东门渔村“浙江省文化示范村”称号，成为继贤庠镇盐厂村、丹西街道九顷村、新桥镇板岭村、丹西街道北门村、石浦镇南向村之后，第6家获此殊荣的行政村。

文化市场

【概况】 2013年，县文广新局(体育局)在原有50项审批项目基础上，又承接省、市下放的42项审批事项(其中18项为原有初审事项)。经过合并、取消，梳理出审批项目为62项，除局集体讨论审批2项外(网吧和娱乐场所经营审批)，60项由窗口一审一核办理，窗口授权率从84%提高到96.77%。对文化、文物、新闻出版类11项审批事项实行事前、事后备案管理。开启印刷企业网上年检工作，进一步简化相关行业年检换证手续。实施“缺件承诺制”审批，允许印刷出版经营申请对象在没有取得执业资格证书的情况下，作出书面承诺后，先办理，后补办，使40余家企业从中受益。2013年，县文广新局(体育局)共受理行政审批事项388件，平均审批办结时间2天，比2012年提速20%，办结率100%，窗口群众满意度保持100%，全年无发生重大行政许可案件和认定的错案，荣获宁波市文化行政审批标准化建设窗口(全市仅3家)。行政执法强力有效，分阶段部署开展了网络淫秽色情信息专项治理“净网”行动、深化查堵违禁出版物专项治理“清源”行动、非法报刊专项治理“秋风”行动、打击网络侵权盗版专项治理“剑网”行动等专项行动。同时，围绕“扫黄打非”“两城创建”、文化市场专项整治和敏感时期文化市场监管，积极推进集中执法“月月行”行动，相继开展城乡结合部文化市场专项整治、石浦区域社会文化环境专项治理、暑假网吧专项整治、印刷复制业专项整治、打非治违、拆除“小耳朵”等各类专项整治行动，确保每月有专项整治。2013年，累计对文化市场经营场所组织检查477次，出动执法人员1592人次，检查1661家次，受理举报18件，立案处罚48家次，停业整顿9家次，取缔无证出版物12家(处)，没收非法出版物5630册(张)，取缔非法大篷演出8场次，拆除非法安装地卫设施7套，文化市场得到进一步净化和规范。网吧行业结构调整工作得到全面强化，城区38家网吧中32家已达成统一财务、统一经营。县文广新局(体育局)积极落实安全管理措施，开展安全生产专项检查，确保文化经营场所无安全事故发生。按照市委办公厅、市政府办公厅《关于进一步推进软件正版化工作的通知》精神，专题部署，分解责任，着力推进对党委、人大、政协、群团和法院、检察院等机关的软件正版化检查整改工作力度，对23家党群系统机关单位正在使用的400余台非正版办公软件进行督促整改，责令及时更换使用正版软件。为加强象山县海洋渔文化联合执法力度，提升社会民众对海洋渔文化遗产的保护意识，县文广新局(体育局)制订工作方案，成立由县政府领导担任组长的水下文物联合执法工作领导小组，建立文物、海监和边防执法机构定期联合巡查制度。7月9日，开展浙江省管辖海域内文化遗产首次联合水下执法行动，并成立石浦、鹤浦、高塘岛三个象山县管辖海域内文化遗产联合执法工作站，这是全国最先成立的镇乡级水下文化遗产联合执法工作站，县文物监察大队被省文物局授予全省文物执法监察工作成绩显著单位。

【县文体行政审批窗口首次办理省局下放审批事项】 4月11日，象山盛冠汇新影视文化有限公司提出设立广播电视节目制作经营单位申请，文体窗口用2天的时间办结此项许可，比法定时间20天节省了18天，提速为90%，这是县文体行政审批窗口首次办理省局下放审批事项。

【销毁万件非法出版物】 4月26日(第13个世界知识产权日)，县文化市场行政执法大队将查获的2万余册侵权盗版及非法出版物进行集中销毁。

【首批高危险性体育项目列入行政许可】 5月6日，县文广新局(体育局)召开全县高危险性体育项目业主会议，传达和学习高危险性体育项目经营活动相关要求。5月1日，国家体育总局、人力资源和社会保障部、国家工商行政管理总局、国家质量监督检验检疫总局、国家安全生产监督管理总局等五部门公布第一批高危险性体育项目目录，游泳、高山滑雪、自由式滑雪、单板滑雪、潜水、攀岩被列其中。县文广新局(体育局)要求经营单位在其经营场所醒目位置张贴相关公告，对消费者进行提示，并于10月31日前按照相关规定办理许可手续。

【县印刷企业开展安全生产大检查】 6月3日，象山县印刷企业开展安全生产大检查，全县73家会员单位接受检查。本次检查是在各企业自查自纠的基础上进行，内容包括安全制度制订、安全设施规范等12项。检查显示整体情况良好，但是也有个别企业存在灭火器配备失效、易燃物品堆放不当、电路不规范等隐患，检查组当场责令整改。

【县文化市场行政执法大队取缔一家非法大篷演出】 6月24日晚上，县文广新局文化市场行政执法大队接到举报：丹西街道工业园区商业街有嫌疑非法大篷演出。4名执法人员当即赶赴演出现场，仅用30分钟就依法取缔了一家非法大篷演出。县文化市场行政执法大队全年共取缔非法大篷演出8场次。

【开展管辖海域内文化遗产联合水下执法保护】 7月9日，县文广新局文物监察大队与象山海监、边防大队组成联合执法组，在全省范围率先启动管辖海域内文化遗产联合水下执法行动，标志着象山县文化遗产执法保护已经向海底延伸。执法内容包括：检查水下文化遗产周边的挖沙、钻探、打桩、抛锚、捕捞等海上作业行为；阻止未经审批在保护区内违规作业、倾倒废弃物等违法行为；防止各类海洋开发活动对水下文化遗产造成破坏等。执法组利用卫星、雷达、声呐、视频监控组成的“天地一体”水下文化遗产执法平台，在全省率先形成管辖海域内文化遗产执法保护巡查科技报告。执法人员潜入海底，近距离检查水下文化遗产保护状况。至2013年年初步探明，象山海域水下文化遗存共有9处，占全省一半以上，是水下文化遗产保护重点工作区域。东门、渔山、花岙三岛还拥有国家级重点文物保护单位东门灯塔、渔山灯塔及花岙兵营遗址。

【管辖海域内文化遗产联合执法工作站成立】 7月9日，首批成立石浦、鹤浦、高塘岛三个象山县管辖海域内文化遗产联合执法工作站，将水下文化遗产保护组织单元向乡镇延伸。在此之前的2012年，象山县设立了国家水下文化遗产保护宁波基地象山工作站，成为国家设立的首个水下文化遗产保护工作站。

【水下文化遗产保护志愿者队伍建立】 7月上旬，象山县以熟悉海洋的渔民为基础，建立起一支拥有

50名队员的水下文化遗产保护志愿者队伍。今后还将吸收乡镇主管干部、沿海村干部以及热心人士作为补充，丰富志愿者队伍的层次和结构，扩大社会影响力。对发现水下文物的报告者以及发现破坏文物的举报者给予一定的奖励。

【县印刷协会开展生产管理培训活动】 8月6日至7日，县印刷协会开展生产管理培训活动举行，全县印刷业行业负责人及相关管理人员参加了培训。资深生产管理专家刘立户等老师主讲了《创新生产运营管理》等课程。

【开展暑期网吧集中整治】 6月25日至8月31日，县文广新局文化市场执法大队开展暑期网吧集中整治行动，加大双休日、节假日和夜间的检查力度，严厉查处接纳未成年人、未核对登记上网人员有效身份证件、超时经营等违规经营行为。2个月中共组织检查96次，出动检查人员332人次，检查网吧173家次。同时，在各网吧安装“净网先锋”网络监管软件，安排专人对“净网先锋”在线情况进行检查，对未使用技术监管措施、“净网先锋”在线率低的网吧进行警告或处罚。县文化市场执法大队还公布“12318”举报电话并加入110联动机制，发挥网吧义务监督员作用，接受社会监督和举报，做到群防群治、不留死角。针对黑网吧规模小、隐蔽性强、零星分散等特点，积极加强文化、工商、公安等多部门配合，全力取缔黑网吧。据统计，在集中整治中共立案查处违规网吧15家，有效地净化了暑期网吧经营秩序。

文物保护

【概况】 历经四年努力，2013年塔山遗址、花岙兵营遗址、北渔山灯塔和东门灯塔终于成功获批第七批全国重点文物保护单位(其中北渔山灯塔和东门灯塔与宁波、舟山灯塔捆绑合并为浙东沿海灯塔)，实现象山县国保单位零的突破，保护规划编制工作也同步跟进。至此，象山县拥有国保单位3处(北渔山灯塔和东门灯塔合并为1处)，省级文保单位7处，县级文保单位45处，文物保护点95处。县文物部门还先后完成张苍水纪念馆、陈汉章故居、殷夫故居、贺威圣故居等的维护修缮工作，全年共涉及近20个文保单位、文保点的修缮。考古工作上，积极协助宁波市水下考古中心做好小白礁二期水下考古前期准备工作，开展新石器时期遗存茅洋庙山头遗址探测工作。按照国务院、省市统一部署，正式启动了象山县第一次全国可移动文物普查工作。另外，根据县域文化特色，重点开展了历史文化名村保护情况、象山名人故居保护与利用情况两项调研课题的研究，在理论和实际推动中均取得了初步成效。积极贯彻落实《象山县人民政府办公室关于鼓励和促进民办博物馆发展的若干意见》，保障民办博物馆用地，简化民办博物馆注册登记审批手续，实施民办博物馆财政补助政策，全力鼓励和引导社会力量兴办民办博物馆。大旸艺术馆、龙宫休闲文化园、船文化展览馆等民办博物馆都在建设中，为象山县博物馆事业发展储备了强劲潜力。

【张苍水纪念馆整修工程竣工】 3月上旬，张苍水纪念馆整修工程竣工。张苍水纪念馆在2012年8月8日“海葵”台风中受到一定程度损坏，县文物办于2012年11月份开始对该馆展开整修。张苍水纪念馆位于象山县高塘乡花岙岛高涂岙，占地面积约500平方米，为三合院式民居建筑，位于张苍水兵营遗址(第七批全国重点文物保护单位)西南方向。

【召开第一次全国可移动文物普查电视电话会议】 4月18日下午，象山县举行第一次全国可移动文物普查电视电话会议。县委宣传部、县委史志办、县发改局、民宗局、财政局、国土资源局、档案局、县科协、文物办等可移动文物普查领导小组成员单位的相关负责人及联络员参加会议。会议主要对可移动文物普查范围和内容、时间安排、普查资料填报和管理等作了详细说明。此次普查范围包括象山县各级机关、事业单位、国有企业和国有控股企业等各类国有单位所收藏保管的国有可移动文物，包括普查前已经认定和在普查中新认定的国有可移动文物。普查分为工作准备、普查实施和汇总验收三个阶段。县人民政府要根据普查结果，编制普查报告，建立普查档案和本区域内的国有可移动文物名录，并进一步加大保护管理力度。

【市人大常委会副主任成岳冲到象山调研历史文化名村保护情况】 4月24日，宁波市人大常委会副主任成岳冲一行在市文保所所长徐炯明、县人大常委会副主任柳建根、县文物办主任郑松才等陪同下，到晓塘乡黄埠村、西周镇儒雅洋村，调研历史文化名村保护工作，为今后宁波市历史文化名城名镇名村保护条例的制定提供依据。

【全国重点文物保护单位实现零突破】 5月3日，国务院公布第七批全国重点文物保护单位(国发〔2013〕13号)，象山县塔山遗址、花岙兵营遗址、北渔山灯塔、东门灯塔成功获批(其中北渔山灯塔和东门灯塔与宁波、舟山灯塔捆绑合并为浙东沿海灯塔)。至此，象山县国保单位实现了零的突破。自2007年开始，象山国保申报工作历经四年。塔山遗址位于象山县城丹东街道东面塔山至姚家山一带南面的缓和坡地，由塔山遗址、姚家山遗址及处于两者之间连接带地块共同组成，总面积40000平方米。塔山遗址保存完整，延续时间长，从距今6000年左右一直到相当于中原的商周时代，内涵丰富。其潜在的学术价值十分重大，既是山坡遗址，又具有海滨遗址的独特性。塔山遗址下层文化内涵体现了河姆渡文化与马家浜文化在这里相遇而不完全相融的状态，为此考古学家提出了“塔山文化”的命名。国家文物局评价：象山塔山史前文化遗址的发现与发掘体现了我国考古文化的新成就，对研究江南地区史前文化乃至中国历史都具有重大意义。花岙兵营遗址位于浙江省象山县花岙岛，系明末清初东南沿海地区一处规模较大的抗清军事设施遗址。兵营遗址在花岙岛上分布较广，有主兵营2座、小型兵营和屯田等10余处，均用岛上天然砾石堆砌而成。雉鸡山、高涂岙两处兵营遗址面积最大。众多小型兵营、哨所、瞭望所、关隘、烽火台、防御墙、屯田等，以两座主营为中心，共同构成了全岛有机军事布防。花岙兵营遗址为抗清名将张名振、张煌言(苍水)所筑，至迟始建于清顺治十六年(1659)，一直沿用至康熙三年(1664)张苍水被捕。该遗址现保存较好，主兵营整体布局清晰可见，城门、城墙、营房、地道等军事设施大部分残存，其规模之大、规划之周密、设施之完备为明清时期同类遗存所罕见，为深入与全面研究张苍水和明末清初抗清史、南明史提供了实物资料，是研究我国明清时期兵营、海岛军事防御体系弥足珍贵的实物例证。北渔山灯塔位于猫头洋的东部，象山县石浦镇东南25海里的渔山列岛，北渔山山巅，中国领海线基点，是我国最东面的一座国家一级灯塔，有“远东第一大灯塔”之誉，成为国际航标。光绪二十一年(1895年)建成，塔身呈圆台形，生铁所铸，塔高16.9米，直径4米。1944年灯塔灯器毁于战事，民国36年(1947年)重修，1955年灯塔塔顶和灯器遭国民党破坏，1987年重修塔顶、重置灯器。现灯塔为1985年交通部批准原址重建，装置国内领先。东门灯塔位于象山县石浦镇东门岛东南，由任筱和、任筱孚兄弟(称二难先生)于1915年出资建造，后被烧毁，1919年，任氏兄弟与延昌纪传长等筹资重建。灯塔由塔基、塔身与灯室组成。塔基用条石砌筑；塔身三层，圆柱形，用石块拼接构筑而成，内径2.13米，外径3.7米，塔高5.44米，内部设旋转楼梯，通往塔顶；塔顶穹隆状，高2.74米，窗槛用八块石板拼接而成，窗户用玻璃构成，室外设走廊，廊外设铁护栏。东门灯塔整体保存较好，是重要的海上交通设施。北渔山灯塔和东门灯塔对研究我国近代科技和航海史具有重要价值。

【县文物办喜迎第八个“中国文化遗产日”】 6月8日(全国第八个“中国文化遗产日”)，县文物办在丹城人民广场举行宣传活动，内容包括国家、市级历史文化名镇、象山县各级文物保护单位、象山第三次全国文物普查成果等宣传展板展览；国家级文保单位塔山遗址、花岙兵营遗址、北渔山灯塔和东门灯塔的相关资料发放，以及县级文保单位殷夫故居、陈汉章故居，象山县第三次全国文物普查成果剪辑等相关宣传小册子分发。

【县文物办组团参加浙江省第一次全国可移动文物普查培训】 7月下旬，象山县文物办组织人员参加由省文物普查办举办的第一次全国可移动文物普查培训，为下一阶段象山县第一次全国可移动文物普查打下基础。培训为期4天。

【第一次全国可移动文物普查工作启动】 7月底，象山县成立第一次全国可移动文物普查机构，设立了文物认定、信息登录等专门职能机构和相应专家库，全面启动第一次全国可移动文物普查工作。普查不改变文物权属现状，范围包括象山县行政区域内各级国家机关、事业单位、国有企业和国有控股企业等各类国有单位所收藏保管的国有可移动文物。普查的文物包括1949年以前，历史上各时代珍贵的艺术品、工艺美术品；历史上各时代重要文献资料以及具有历史、艺术、科学价值的手稿和图书资料等；反映历史上各时代、各民族社会制度、生产、生活有关的代表性实物；1949年后，由博物馆、纪念馆收藏登记的藏品，列入国家文物局《文物出境审核标准》及《1949年后已故著名书画家作品限制出境的鉴定标准》目录；具有科学价值的古脊椎动物化石和古人类化石。普查分为工作准备、普查实施和验收汇总三个阶段，将于2016年9月结束。

【县文保单位任氏二难墓石雕被盗】 8月3号凌晨，石浦镇东门岛门头山上寺庙里的和尚发现县级文物保护单位——任氏二难墓的石雕被盗，并通过东门岛文保员韩素莲向县文物办报告。县文物办和文物监察大队在现场查看发现，二难墓墓门西端上方雕刻有人物典故的方形石雕被盗，东端上方方形石雕被维修东门灯塔的施工人员移动至东门灯塔北面的水池西侧，根据调查来看，这块石雕被盗窃丢弃在蔡元培雕像下方的小路上；东西望柱上方两块方形石雕被破坏丢弃在拜台地面上。

【全县671家国有单位符合第一次全国可移动文物普查条件】 9月上旬，经县普查办与统计局、编办、国资委等部门紧密合作，最终确定全县共671家国有单位符合第一次全国可移动文物普查条件。

【殷夫故居维修工程竣工】 10月16日，经过20余天的科学施工，县级文物保护单位殷夫故居维修工程宣告竣工。殷夫故居位于象山县大徐镇大徐村英烈路3号东侧，受气候潮湿，白蚁蛀虫影响，故居部分地板木构件出现受潮霉烂现象。县文物办自9月底下旬启动殷夫故居维修工程，对故居两厢的明间局部、南次间的地板进行全面维修。故居始建于清光绪二年(1876年)，初修于1945年，1991年在保持建筑原始格局的基础上进行大修。是宁波市中小学德育教育基地、爱国主义教育基地和宁波市中共党史教育基地。

【复兴禅寺和西山行宫保护维修方案编制工作启动】 12月上旬，县文物办根据文物保护单位(点)的保存现状及年度工作计划，正式启动了复兴禅寺和西山行宫的保护维修工作，着手编制维修方案。复兴禅寺位于泗洲头镇墩岙村东北面，为清代建筑，县级文物保护单位。西山行宫位于东陈乡南堡村，清代建筑，为县级文物保护点。两处建筑均因年代久远，存在木构件老化，局部损坏、倒塌等严重影响文物安全的情况

【新石器遗存庙山头遗址考古前期调查结束】 12月10日，新石器遗存庙山头遗址考古前期调查工作结束。该遗址位于象山县茅洋乡溪口村东北约1千米处的庙山头南面缓和坡地上，属新石器时代遗址，2002年12月31日公布为县级文物保护单位。宁波市考古研究所、象山县文物管理委员会办公室和陕西文保考古钻探有限公司通过对该遗址为期10天的勘探工作，基本调查清楚了遗址的分布范围及核心区域、文化层堆积厚度，对进一步研究象山县史前文化乃至宁绍平原新石器时代文化发展序列提供了较有价值的实物资料。

【《象山县博物馆历史文化陈列大纲》评审会召开】 12月21日下午，《象山县博物馆历史文化陈列大纲》专家评审会召开。复旦大学教授高蒙河为主的设计团队介绍《大纲》设计理念和相关内容，县文广新局局长任先顺、副局长董云、文物办主任郑松才及象山文史专家王庆祥、郦伟山、张利民、何元均、林志龙、夏乃平、曹四军、钱永兴等参加评审。经过3个多小时的研讨，最终专家组原则通过该陈列大纲文本。

公共图书馆

【概况】 18个镇乡(街道)完成图书分馆建设，公共电子阅览室实现全覆盖。实现与宁波市图书馆联网共享“宁波市网络图书馆”数字资源，图书借阅卡一卡通实现全覆盖。农家书屋实现了行政村全覆盖，共有39家申报省星级农家书屋称号。以塔山讲堂、未成年人读书节、农民读书沙龙、阅读学会、象山籍作家作品展等活动或组织为主平台，广泛开展群众性读书活动，其中，“塔山讲堂”邀请原浙江省省长吕

祖善等领导、专家、学者开展各类讲座17场(总107期,累计听众达3万余人次),并编印《塔山讲堂文集(一)》;第九届未成年人读书节被省文化厅授予创新奖;西周镇杨岙村农民读书沙龙被中国图书馆学会授予2013年度"社区乡镇阅读推广活动优秀案例"。全年累计完成送书下基层13500多册,并通过图书流通交换、你点我借等形式,加速图书资源在区域内的共享,实现了"小馆藏、大资源"的目标,进一步满足城乡市民精神文化需求。2013年,县图书馆顺利通过国家一级馆复评。

【县新华书店西周连锁店开业】 1月22日,县新华书店小连锁西周店开业,这是继鹤浦连锁店后,县新华书店开的第二家小连锁店。县新华书店小连锁西周店地处西周镇嵩溪路,营业面积100平方米,图书品种4000多种,同时经营文体用品、办公用品等。

【宁波籍著名作家夏真送学进象中】 2013年4月22日,应象山县图书馆的邀请,宁波籍著名作家夏真亲临象山中学,为师生作题为《读书、写作、人生》的文学报告会。象山中学共有600名学生参加了此次报告会。

【"读书沙龙"活动举行】 4月23日上午,为庆祝第十八个世界读书日,象山县阅读学会、象山县作家协会在丹城东谷湖宾馆举办了一场"读书沙龙"活动,邀请了宁波籍著名作家夏真以及本县作家、社会各界爱读书人士和文学爱好者共30余人参加活动。本次读书沙龙活动不仅有夏真教授的文学报告会,还有茅盾文学奖作品集以及部分象山籍作家作品展。

【新华书店开展"准全场"限时抢购活动】 4月23日(世界读书日),象山县新华书店象山港路门市部、靖南门市部、石浦金山门市部卖场全场图书(仅中小学课本、教辅、进口图书不参加打折活动)限时抢购。其中9:00～18:00为85折,18:01～20:00为80折,20:01～21:00为75折。

【县第九届未成年人读书节启幕】 5月15日上午,县第九届未成年人读书节在鹤浦镇中心小学拉开帷幕。本届未成年人读书节以"绿色阅读、七彩童年、放飞梦想"为主题,开展著名儿童文学作家晓玲叮当读书报告会、"善行象山"未成年人思想道德建设微电影拍摄、"读书·写作·人生"主题讲座、"文化杯"少儿书法绘画大赛及请作家下海岛、送图书进渔村等14个系列活动。这也是未成年人读书节首次走进海岛乡镇。

【县图书馆送书500册进监狱】 5月22日上午,县图书馆向县看守所赠送图书500余册,满足在押人员阅读需求,帮助改过自新。

【县教育和谐促进会巾帼分会举行首次读书活动】 5月26日,县教育和谐促进会巾帼分会在位于东陈乡樟岙村的谢才华剪纸艺术馆举行首次读书活动。象山县教育和谐促进会巾帼分会以"美丽　智慧　奉献　和谐"为主题,由教育局机关中层女干部和学校女校长组成,并邀请相关部门、镇乡(街道)分管政工和社会事业线女领导参加,共有会员50余人。活动期间,象山县阅读学会顾问王安静副县长代表阅读学会向教育和谐促进会巾帼分会全体会员各赠送《李泽厚论教育·人生·美》等书籍50余套,共计150余册,图书借阅卡25本。同时,县图书馆的工作人员也向会员们送上了《好书推荐目录》。

【县图书馆迎来第五次评估定级工作】 5月28日,宁波市文广新局图书馆评估定级考评组专程到象考评县图书馆第五次国家一级图书馆评估定级工作。县图书馆现有馆舍面积7080平方米,藏书总量20余万册,全年365天对外开放,于2004年通过文化部、省、市评估,被文化部命名为国家一级图书馆。

【市图书馆"希望书屋"落户梅溪学校】 5月31日,宁波市图书馆"希望书屋"落户丹东街道梅溪学校,县图书馆赠送图书500余册。至此,市图书馆"希望书屋"已在象山3家民工子弟学校落户,另两家分别是象山县社会职业学校和象山石浦镇蓝天学校。

【石浦镇未成年人小学组读书沙龙活动举行】 5月30日,县阅读学会和县教育局、石浦镇人民政府、石浦镇文化馆联合举办了石浦镇小学组读书知识竞赛活动。石浦小学、新港小学、延昌小学、番头小学、金星学校、昌国小学、蓝天小学7所学校的代表队在石浦新港学校报告厅参加了此次小学组知识竞赛活动。本次竞赛,融知识性和趣味性于一体,主要考察学生平时的知识积累以及应用知识分析问题、解决问题的能力。比赛过程中,各参赛队在抢答、必答过程中经过紧张激烈的角逐,最终番头小学以450分的成绩夺取冠军,新港小学、延昌小学荣获二等奖,石浦小学、金星学校、昌国小学、蓝天小学荣获三等奖。其间,县图书馆还开展了图书展阅活动。

【象山书城工程结顶】 6月中旬,象山书城顺利结顶。象山书城于2010年立项,2012年4月动工,是象山县重点工程。书城占地面积达21000平方米,总投资约1.18亿元。书城主楼4层,副楼6层,可经营图书主业和文化相关的一系列产业,规模之大堪称为宁波地区县级书城之首。

【县图书馆获“公共图书馆微博宣传日”优秀单位组织奖】 6月下旬,浙江省图书馆发出通知表彰在5月31日“公共图书馆微博宣传日”中表现突出的各级图书馆。象山县图书馆获“公共图书馆微博宣传日”优秀单位组织奖,是“公共图书馆微博宣传日”当天原创微博被转发、评论最多的单位,第二和第三分别为湖州市图书馆和嘉兴市图书馆。象山县图书馆还获优秀原创微博奖(为当天被转发、评论次数最多的原创微博)。“公共图书馆微博宣传日”选在图书馆服务宣传周中的一天,旨在联合打造图书馆微博宣传平台,提高图书馆服务宣传周宣传力度。

【县图书馆启动《象山县图书馆志》编纂工作】 6月23日,象山县图书馆召开《象山县图书馆志》编纂研讨会,正式启动《象山县图书馆志》编纂工作。并特邀南京大学徐雁教授等专家指导,邀请3位图书馆离退休老职工帮助“馆志”编纂,通过老图书馆员的回忆、工作笔记等,给本次编纂工作提供大量的线索。本版“馆志”计划分8个篇章编纂。县图书馆曾在1987年编纂过一本“馆志”,共印刷10本,至今馆内藏有2本,给本次编纂工作留下珍贵的参考资料。

【县图书馆积极开展“八一”拥军活动】 7月26日,象山县图书馆工作人员前往91683部队51分队看望慰问驻象山官兵们,向广大战士们送去了300余册图书、慰问品以及节日的问候,并开展“八一”知识竞赛活动和包饺子活动,军民共联欢。据统计,自1988年以来的25年时间里县图书馆累计开展各种形式的拥军优属活动达85余次,赠送图书3万余册,拥军物资和慰问金近5万元,并先后帮助18人考上军校,30余人取得自考、函授中专以上文凭。

【县图书馆举行“唐诗对对碰”少儿活动】 8月22日上午,县图书馆在县文化活动中心图书室举行了暑期少儿“唐诗对对碰”活动,40余名小读者参加了比赛。

【县新华书店开展“小小图书管理员”活动】 8月11日下午,县新华书店在象山港门市部举行“小小图书管理员”活动,这是县新华书店暑期开展的“我阅读,我成长”系列读书活动之一。通过卖场报名互动而来的同学们,体验图书整理、图书上架、图书查询等管理程序,当一回“小小图书管理员”。

【农民工子女暑期公益夏令营启动】 8月14日,“我的中国梦”农民工子女暑期公益夏令营开营仪式在殷夫故居启动。活动内容主要有参观殷夫故居,寻访红色故事;走进图书馆,学做一名图书馆管理员并赠送借书卡;青少年平安自护自救知识宣传;科技航母制作等。该活动旨在让农民工子女能享受本地区优质校外教育资源带来的青少年文化生活,促进他们健康成长、快乐生活,给他们带去一个平安、开心的暑假。

【县图书馆获“2013年社区乡镇阅读推广活动优秀案例奖”】 10月中旬,中国图书馆学会发出通报表彰在“2013年社区乡镇阅读推广活动优秀案例征集”活动中获奖的名单。其中,象山县图书馆在2012年春节举办的“西周镇杨岙村农民读书沙龙活动”获优秀案例奖。本次活动由中国图书馆学会主办、中国图书馆学会阅读推广委员会社区与乡村阅读委员会承办，旨在征集全国各级图书馆、各社区乡村的阅读推广活动优秀案例，最终评选出“最佳案例奖”7个、“优秀案例奖”13个、“推广奖”20个、“优秀组织奖”5个。

（黄全吉）

艺术创作

【概况】 2013年，象山县文联紧紧“围绕中心、服务大局，发挥优势、履行职责”，以学习宣传贯彻党的十八大和十八届三中全会精神为重点，开展“三思三创”和坚持“两为”、“双百”方针，扎实推进各项工作，取得较好成绩。县文联3次获得市级“优秀组织奖”。舞蹈家协会承办宁波全市舞蹈考级现场交流会。摄影家协会获得全县“宣传思想工作先进集体”。狠抓文艺精品创作结硕果。全年创作出版15部（本）专著和作品集：董丹阳散文集《阅读神谕》、杨晟诗集《清欢集》、郑丽敏小说《濠水之鱼》、张利良文学作品集《三叶草》《董根友国画集》《郭声祐书毛泽东诗词》、蒋曼儒摄影作品集《见证——象山港大桥建设历程》《艺术之子——吴爱华、吴蒙蒙文学作品选集》、卢圣贵的《中国鱼拓名家题跋集》《放情湖·海·山——中国画联展作品集》等。还出版省文献集成工程《陈汉章全集》5册。刊出文艺杂志《象山港》2期，《象山摄影报》5期，《象山文联动态》10期，《象山曲艺》5期，《蓬山联话》3期，《象山茶苑》2期。

县文联的各个艺术门类创作均取得新的突破：作家协会的赖赛飞散文集《八百里黄金海岸》获得首届中国海洋文化“浪花奖”一等奖，她创作的《后离别时代》在网上持续热销，《从海水里打捞文字》获市优秀文艺作品创作奖。高鹏程的组诗相继在《人民文学》《诗选刊》《星星》等刊物发表，其中组诗《县城》占据《人民文学》7个版面，引起广泛关注。张帆的诗词《乡思》获第二届“中国百诗百联大赛”三等奖。顾宝凯创作的诗集《守岛人》列入市文联重点创作项目。美术、书法方面：吴蒙蒙的《渔港晨曦》、周万能的《余晖》、马震的《下沈田园》、吴铭璐的《小港》入选“视觉江南浙江省油画作品展”。陈炼焦、吕茂盛、钱敏欢的行书作品，张球的草书作品，张明珠的篆刻作品分别入选全国书法作品展。张明珠的论文《沙孟海和他的早期学生谢冲尹》入选西泠印社国际学术研讨会。音乐舞蹈方面的《我想玩》《小薇》《赞哈》《花儿红》等分别在全国和宁波市获奖，县文联获二次“优秀组织奖”。摄影家协会有近百幅作品在国家级及国际摄影等各级赛事获奖发表。其中，赖钟鸣的《大轮初形成》（组照）、《红色旋律》、《土豆娃娃》，梅振扬的《油漆工》等分获全国银质收藏奖、优秀奖和入选奖。戏剧曲艺：由李武杰创作的唱新闻《长年葱》获第十届中国艺术节“群星奖”及中国曲艺家协会（2011～2012）年度铜奖。张叶挺在省故事会和潘贤魁、陈思佳在市“相约梨园”校园戏剧大赛中分获二等奖和金蓓蕾、银蓓蕾奖，县文联获“优秀组织奖”。楹联协会的吴国华6幅作品入选《中国对联作品集》及三组作品获全国性大奖。工艺美术方面：张德和的《论道》、周秉益的《福贵齐芳》、方忠孟的《竹林七贤》等6件竹根雕作品荣获“非遗薪传”——浙江根雕艺术精品展金奖。3人并获得“浙江根雕艺术中青年十大名师”称号。朱利勇的《鼓乐小虎队》和吴晓华的《讲道》竹雕作品获中国工艺美术“百花奖”金奖。在“中国第十五届根艺石艺博览会”上，我县周秉益、王群、朱利勇、陈善国、林海仁、王进敏、朱永良、王其忠、王传邦、俞杰共10人获得刘开渠根艺奖金奖。

2013年，象山竹根雕、船模、古家具、陶瓷、剪纸、书画、麦秸贴画艺人还受邀参加了义乌文博会、天津中日农业博览会、第十三届中国国际日用消费品博览会以及首届浙江工艺美术双年展暨第四届浙江省民间文艺“映山红奖”评选；象山竹根雕、船模、陶瓷等一批工艺品获得象山最佳旅游商品。县文联推荐白国璋、石春光、周祖安、章才金4人加入中国摄影家协会。推荐高鹏程成功入选省作协青年文艺家人才库、当选省作代会代表。推荐李武杰、叶胜建、李素琴加入中国曲艺家协会。

【宁波市文学期刊联盟成立大会在象山召开】 4月10日，宁波市文学期刊联盟成立大会在象山县委党校召开。副县长王安静致欢迎词，市文联党组书记邹大鸣和市文广新闻出版局新闻出版处处长李怿人为期刊联盟成立讲话并揭牌。会议由县文联党组书记、主席陈明吉主持。市作协主席、《文学港》杂志社主编荣荣介绍了市文学期刊联盟筹备等过程。宁波市及各县（市、区）和有关镇乡街道文学期刊有关负责人等30余人参加了成立大会。

宁波市文学期刊联盟是由宁波市及各县(市、区)和有关镇乡街道各文学期刊编辑社团自愿加入的非盈利性业务合作组织。成立联盟宗旨是为了联合各文学期刊的力量,加强各文学期刊之间的合作与交流,建立一个共享资源、共谋发展的文学期刊平台,并以此作为繁荣宁波市文学创作、扶持文学新人的一个有力推手,为宁波文化强市建设,文学事业繁荣,起到积极有序的促进作用。

【世界风光摄影大师李元博士到象山讲座】 4月12日,县文联、县摄影家协会邀请世界著名风光摄影大师、世界华人摄影学会副会长、美籍华人李元博士在塔山讲堂作《风光摄影》讲座。此次讲座是由县委宣传部、县文联等主办系列讲座之一。象山县近百位摄影爱好者认真参加了聆听。此外,李元博士还深入象山县红岩、松兰山、石浦古城、晓塘乡黄埠村等地采风。

【唱新闻《长年葱》摘得群星奖】 10月20日,象山县文化馆精心打造的象山唱新闻《长年葱》赴山东济南参加第十届中国艺术节,并摘得群文最高奖"群星奖"(曲艺类),为象山文化精品创作树起了一座新的里程碑。"唱新闻"又称"锣鼓书",是承载着象山人文化记忆和质朴观念的传统曲艺品种,流传于象山、鄞州一带,已有100多年历史,演唱内容多为古代经典故事或当下街头巷尾流传的新鲜事、稀奇事。历经十年挖掘锻造,濒临失传的象山民间曲艺唱新闻得到恢复,并被赋予新的内涵,于2011年被列入第三批国家级非物质文化遗产。作品《长年葱》是象山县文化馆于2011年创作的一个"唱新闻"精品节目,讲述一个因为"摘葱"而引发邻里纠纷,最后在台灾面前,邻里冰释前嫌,携手互助。整个节目既将古老曲艺"唱新闻"演绎得淋漓尽致,又弘扬了市民互帮互助、文明友爱的精神风貌。唱新闻《长年葱》因其源于生活、贴近实际,深受群众喜欢,累计演出40余场,成为象山县演出最多的文艺作品。象山唱新闻《长年葱》还在2013年11月获得第15届中国上海国际艺术节"北蔡杯"曲艺邀请赛金奖。

唱新闻《长年葱》进行舞台演出

【《董根友画集》首发】 3月21日下午,《董根友画集》首发式在县文化活动中心举行。董根友出生于1943年,笔名千里草,为中国美术家协会浙江会员,浙江省花鸟画家协会会员,浙江省书法研究会会员,浙江省吴茀之艺术研究会会员,西泠书画院特聘画师,象山书画院院长。《董根友画集》集纳了董根友近50年内的作品精华及近期与各著名画家联合创作的国画。

【两件竹雕作品获"百花奖"金奖】 5月2日,象山县朱利勇的《鼓乐小虎队》和吴晓华的《讲道》两件竹雕作品荣获2013年中国工艺美术"百花奖",该评选由中国轻工业联合会、中国工艺美术学会主办,在福建莆田揭晓。

【张德和等11人获"省优秀民间文艺人才"称号】 1月9日,由省委宣传部、省文化厅和省文联联合发文的《关于公布第二批"浙江省优秀民间文艺人才"名单的通知》获悉,象山县的张德和、杨雪峰、王亚红、谢才华、张球、叶胜建、吴开献、欧行凯、包基勤、李素琴、张心荣等11名民间文艺工作者获得第二批"浙江省优秀民间文艺人才"称号。

【9位群众文艺骨干荣获浙江省千名群众文艺骨干称号】 9月下旬,象山县史希平、李素琴、王亚红、陈永国、王洁琼、朱自清、黄敏、俞梅、袁喜敏等9位群众文艺骨干被浙江省文化厅授予"浙江省千名群众文艺骨干"称号。

【3位根雕艺人获"浙江根雕艺术中青年十大名师"称号】 10月20日,首届亚太传统手工艺博览会之"非遗薪传"——浙江根雕艺术精品展上,象山竹根

雕艺术成绩优异,《论道》(张德和)、《福贵齐芳》(周秉益)、《竹林七贤》(方忠孟)等6件作品荣获金奖;4件作品荣获银奖;4件作品荣获优秀展示奖。张德和、周秉益、方忠孟三位根雕艺人获得"浙江根雕艺术中青年十大名师"称号。

【吴爱华、吴蒙蒙父子水彩画作品在甬展出】 12月7日至22日,"水韵甬彩——宁波1949～2013水彩艺术文献展暨吴爱华、吴蒙蒙父子作品展"在宁波美术馆举行。本次展览共展出水彩画200余件,其中吴爱华展出作品38件,吴蒙蒙展出作品80件。吴爱华、吴蒙蒙父子系石浦人,吴爱华早年就读于上海新华艺专,师从刘海粟、汪亚尘先生,毕业后从事美术教育工作,是将西画引入象山的第一人。

【象山摄影家在"魅力宁海"全国摄影艺术大展中崭露头角】 在由中国摄影家协会《大众摄影》杂志社、宁海县人民政府联合举办的首届"魅力宁海"全国摄影艺术大展中,象山县文联摄影家协会组织摄影家积极参加比赛,取得较好成绩。象山摄影家沈洋的《乡宴》、赖钟鸣的《前童之夜》荣获金质收藏奖,杨忠华的《竹韵》、余新奇的《雾中情怀》、陈朝晖的《游在中国》(组照)获银质收藏奖;白国璋的《老篾匠的传统手艺》《单车越古桥》,边少卿的《抬龙出游》,梅振扬的《嬉水》,汤先江的《恋》,陈朝晖的《竹篾人家》获优秀作品奖。

【《2011～2012象山摄影年鉴》发行】 6月中旬,由象山县文联摄影家协会主办的《2011～2012象山摄影年鉴》发行,这是该协会自2007年以来每两年编辑发行一次的第3部年鉴。本部年鉴分为:2011年至2012年县文联摄影家协会工作综述、大事记、活动瞬间、作品选登、获奖名单、发表名单等六大内容。年鉴中282幅象山摄影家和全县摄影爱好者参加国内、国际各项大展、大赛的获奖作品,展现了象山绚丽多姿的自然风光和特色鲜明的地域风情,对宣传和推介象山形象起到了积极作用。

【县"书法军团"全浙书展获佳绩】 7月25日,"沙孟海奖"第八届全浙书法大展评选揭晓,象山县"书法军团"张球的作品荣获"沙孟海奖"金奖,这是迄今象山县作者在省级展览中获得的最高奖项。另有陈炼焦、吕茂盛、史荣欣、胡海玲的作品入展。全浙书法大展是浙江省最高规格的综合性书法展览,每三年一届,是浙江书协最高层面的展示平台。此次大展共收到作品2000余件,县文联书协参赛作品近20件。最终,全省所有参赛作品角逐出410余件入展作品,从中评选出"沙孟海奖"1名、金奖5名、银奖10名、铜奖20名。

【赖赛飞获首届中国海洋文化"浪花奖"】 8月中旬,首届中国海洋文化"浪花奖"在舟山群岛·中国海洋文化节上揭晓,我县文联创研室主任、一级作家赖赛飞凭借《八百里黄金海岸》一书荣膺一等奖。我县渔文化研究会副会长郦伟山以散文《万里涛声到枕边》获得优胜奖。中国海洋文化"浪花奖"评奖活动由浙江海洋学院主办、中国海洋文化研究中心承办,是一项全国性文化艺术评选活动。它的设立在全国海洋界、文化界属于首创。

本届"浪花奖"共征集到2006～2010年公开发表、出版的海洋文化学术研究成果(限论文和著作)和海洋文学作品(限散文类)共175部(篇)论著、论文和散文,有全国海洋系统、涉海类高校和27个省(自治区、直辖市)的众多作家、学者申报的作品。经过评奖专家委员会严谨、认真的评审,评选出一等奖4名、二等奖8名、三等奖14名、优胜奖17名。

【两舞蹈节目在新宁波人舞蹈大赛中获奖】 9月7日晚,由宁波市文联主办,宁波市舞蹈家协会承办的《中国梦·我的梦》"我们都是一家亲"新宁波人舞蹈大赛在宁波举行。由各县市区文联和宁波外事学校选送的24个舞蹈节目,经过紧张角逐,共评选出优秀节目奖12个、优秀表演奖12个。县文联、舞蹈家协会选送了独舞《赞哈》和群舞《花儿红》参赛。施方圆表演的傣族舞蹈《赞哈》,最后以独舞第2名的成绩获得优秀表演奖。由县春晖幼儿园12名老师表演的群舞《花儿红》获得优秀节目奖。县文联获得"优秀组织奖"。

【"放情湖·海·山"五地中国画联展在上海开幕】 9月18日上午,"放情湖·海·山"奉化、昆山、宁海、天台、象山五地中国画联展开幕式在上海刘海粟美术馆分馆隆重举行。此次展览由上海市普陀区文化局、刘海粟美术馆、奉化市文联、昆山市文联、宁海县文联、天台县文联、象山县文联共同主办。本次国画展共展出50位画家的100幅作品，这些画家均来自五地的美术精英，参展作品风格迥异，题材丰富，各有千秋。本次展览象山有董根友、杨杰明、刘家鲁、汤兆科、周燕静、顾明辉、金尚斌、钱松虎、方梅林、卢圣贵10位画家选送的20幅作品展出。开幕式结束后，展览陆续在昆山、奉化、天台、宁海和象山等五地进行巡回展览，历时半年。

【3幅作品在中国国际摄影艺术展中获奖】 10月底，中国摄影家协会公布的中国第15届国际摄影艺术展览评选结果中，县文联摄协赖钟鸣拍摄的《红色旋律》喜获艺术类优秀奖，梅振扬拍摄的《油漆工》、赖钟鸣拍摄的《土豆娃娃》同获纪录类入选奖。作品《红色旋律》和《油漆工》均取材于象山的船舶制造。中国国际摄影艺术展览是目前中国举办时间最久、规模最大、吸引国际和国内摄影家参与最多的，具有广泛的国际影响。自1981年以来，每两年举办一届。本届国际摄影艺术展览共收到98个国家和地区的76398件作品，经18位境内外评委的甄选，最终产生出637件入选作品。

【陈炼焦一书法作品拍出42万元】 10月31日晚，“心灵海·企业魂”——2013年年会“让爱传出去”爱心拍卖专场上，县文联书法家协会主席陈炼焦创作的书法作品《咏菊长卷》，以当晚最高价——42万元的价格，被湖南一企业家拍走。《咏菊长卷》作品飞扬洒脱、遒劲丰润，儒雅气息十足。它一亮相便引得大家的争相竞拍，经过19个来回，从5万元的起拍价一直拍到42万元，并成为当晚最高价拍品。据介绍，这笔拍卖款已全部捐赠给心灵海国际教育集团旗下的青少年教育基金会，将用于青少年世界领袖的培育。

陈炼焦，1961年出生，现为中国书法家协会会员、县书法家协会主席，作品曾入展第五届全国中青年书法篆刻展、全国第二届扇面展、首届“沙孟海杯”全国书法大赛等。《咏菊长卷》是陈炼焦2013年夏天创作的行书作品，长4.4米，高45厘米，书写了12首历代名人的咏菊诗。

【象山文学在“宁波文学周”获多项奖励】 11月10日～14日，在宁波举办的首届“宁波文学周”系列活动中，象山文学获得多项奖励。象山县的文学期刊《象山港》被宁波市文学期刊联盟评为优秀期刊。杨卓娅入围宁波市“70后新锐小说家”(全市仅5人)，并参加了“70后新锐小说家作品研讨会”。沈学东、韩高琦、杨卓娅被评为内刊优秀作品奖。县文联陈明吉主席、创研室赖赛飞主任参加文学内刊评选会等相关活动。该活动由市委宣传部、市文联主办，市作协、文学港杂志承办。

【多件作品获得刘开渠根艺奖金奖】 11月6日～10日，“中国第十五届根艺石艺博览会”在江西省鹰潭市余江县隆重举行。本次博览会共吸引了来自全国20多个省市的800多家企业及个人参展，展位1000多个，参展作品上万件。象山县30余名工艺美术家协会会员参展和评奖，并获得好成绩。其中，周秉益、王群、朱利勇、陈善国、林海仁、王进敏、朱永良、俞杰、王忠德、王善芳等10人获得刘开渠根艺奖金奖。

【9幅作品入选宁波市“中国梦·我行动”摄影展】

11月6日，由宁波市文联、宁波市摄影家协会主办的美丽宁波“中国梦·我行动”摄影大展在宁波美术馆展出，县文联摄协杨忠华的《千舟竞发》、钱秀娟的《踊跃献血》、沈洋的《更上一层楼》、舒伟雄的《幸福一家子》、石春光的《渔村瑞雪》、周祖安的《天宫行舟》、沈颖俊的《幸福宁波·乘机返乡》和陈恩梁的《天堑变通途》、《彩虹映塔》获入选奖。这次大展，共征集到摄影作品600余幅，从不同角度展示了宁波的巨变和港城的美丽。经组委会和专家组的认真评选，10幅作品获优秀奖，70幅作品获入选奖。

【张帆诗词《乡思》获第二届“中国百诗百联大赛”三等奖】 11月4日，由文化部、中国文联、湖南省政府主办的第二届“中国百诗百联大赛”评选结果新闻发布会在长沙举行，县文联楹联协会会员张帆的诗词《乡思》荣获三等奖。其2首七绝、1副楹联入编《第二届中国百诗百联大赛精品集》。

“中国百诗百联大赛”规模盛大，共有163个国家和地区的作者参赛，收到世界各地诗人参赛作品近60000首。经过层层严格评选，其中600首作品入围，再从入围作品中选出100首角逐名次，最后评选出一等奖3名、二等奖6名、三等奖9名、优秀奖82名。

【创办青年画院】 12月30日，为创新文艺家工作模式，在县委宣传部的重视支持和县机关事务局等单位的大力配合下，经过半年的筹备，县文联在东谷湖畔创办了象山青年画院。该院坐落于美丽的东谷湖畔，毗邻德和根艺美术馆，环境幽静，是一幢二层平房，共有200余平方米，设有国画室、书法室、篆刻室等5间工作室及1间大创作室。该院为全县较有潜力的中青年书画家提供创作室，通过他们的创作、赏析、研究、交流和展示书画精品力作，着力培养一批年轻优秀的中青年书画家，进一步促进象山县文艺事业的繁荣和发展。

（许土根）

体　育

综　述

2013年,全县体育战线以科学发展观为统领,以满足广大人民群众日益增长的体育文化需求和增强人民群众体质为出发点,不断加大政策扶持和资金投入力度,完善公共体育服务体系,广泛开展群众性体育活动,大力培育体育人才队伍,全力夯实省体育强县的各项工作基础,取得了显著成效。县体育局按照体育强县复评要求,积极开展创建复评迎检、县体育总会第五届委员会换届等相关工作,并于11月成功通过强县复评,并创成省先进体育总会。同时,东陈乡、黄避岙乡也创建成为浙江省体育强镇(乡),贤庠镇、泗洲头镇、新桥镇、晓塘乡通过强镇(乡)复评,象山县实现体育强镇(乡)全覆盖。另外,还成功创建省村级体育俱乐部4个、省中心村全民健身广场1个、省先进体育社区3个。截至2013年年底,全县共建立:镇乡级体育总会18个,县级单项体育协会19个,镇乡级单项体育协会17个,体育俱乐部12个,社会体育指导站19个;社会体育指导员1407人,县单项体育辅导员2500人,运动队伍1500支,形成较为健全的组织网络。

体育设施

【概况】 县游泳馆工程完成建设,并于7月20日正式投入使用,2个拆装式游泳池于6月10日实现对外开放;石浦里山水库、青湾水库等公开水域游泳场所得到改造,群众无处游泳这一困扰已久的情况大为改善。6月底根据阳光热线群众提出要求,县体育局着手县灯光球场的改造,一个多月时间完成建设,最大限度满足了群众需求。县体育局大力推进健身路径等普及性体育设施建设,共更换健身路径485件,新建篮球场17片、门球场3片、网球场2片,赠送便捷移动音箱120个、乒乓球桌53台。在体育设施管理方面,在做好日常维护保养的同时,继续采用委托管理的方式,实现公益性和市场化操作的有机结合。

【象山县游泳馆结顶】 1月底,象山县游泳馆完成建筑结顶。该馆于2012年4月9日在县全民健身活动中心东侧破土动工。游泳馆占地3.86亩,建筑面积4898平方米。

【新建游泳馆实行社会化经营管理】 2013年3月开始,县体育局多次与县国资办研究、协商游泳馆落成后的运营管理办法,最后确定整体出租承包,经营权公开拍卖。整个拍招工作全部由县国资办负责实施。

【松兰山帆板训练基地变压器增容】 3月份,投入18万元,对松兰山帆板训练基地的变压器进行增容,从原来80千伏增容至250千伏。

【县游泳馆向社会招租】 5月2日,有关县游泳馆招租(包括经营权公开拍卖)事项向社会进行公告。截至2013年5月27日,共有4家单位(个人)报名竞拍。5月30日正式举行拍卖会,最后伟佳会所法人沈伟恩拍得房屋承租权和经营权。6月3日,县体育中心与沈伟恩签订国有房屋租赁合同(包括馆所房屋使用和游泳馆经营的具体内容),租赁期为10年,前5年租金一次性提前支付300万元,竞拍费10万元,第六年支付租金90万元,以后逐年上浮5%。

【灯光球场进行改造维修】 5月至8月，投入32.8万元，对县灯光球场进行改造维修，重新进行了篮球场地面的浇筑、灯光线路的铺设、卫生间的建造和篮球架的更换等工作。

【拆装式游泳池对外开放】 6月至10月，位于新建游泳馆西首的2只拆装式游泳池对外开放，还取得了省体育局第一批拆装式游泳池建设资金补助，暑期培训班人数达800余人，共接待游泳者万余人次。

【县游泳馆正式开馆】 7月20日8点，象山县游泳馆正式开馆，县领导罗来兴、励茂平、王安静、胡建萍及县文广新局(体育局)局长任先顺参加开馆仪式。新落成的游泳馆内设25米8泳道标准室内游泳池，水温可常年保持在27摄氏度，可满足群众常年的游泳健身锻炼需求。该游泳馆配备相应的辅助设施用房、独立功能用房和其他附属设施，定位为市民公共健身游泳场地。

【县全民健身活动中心获得体育总局补助】 5月，县全民健身活动中心获得国家体育总局50万元专项资助经费(全省仅两家)。

【体育馆设施检修升级】 10月中旬，完成对县体育馆的LED、音响等比赛相关设施的检修和升级，对馆内地板进行保养和画线等工作。12月，投入5.1万元对全民健身活动中心屋顶网架进行了防水处理。

主要赛事

【概况】 全年共举办县级群众性体育赛事活动125次，市级体育赛事活动28次，省级体育赛事活动4次。其中，2013年象山县国际海钓邀请赛、中美男子篮球对抗赛、全民健身日活动等赛事广受瞩目。

【组队参加第十三届哈尔滨国际冬泳邀请赛】 1月6日，县体育局组队赴哈尔滨参加第十三届哈尔滨国际冬泳邀请赛，县游泳协会范黎明获男子40～49岁组25米自由泳铜牌，范海峰获第四名，薛观正获老年组第5名。

【2013年浙江省“象山港大桥杯”桥牌比赛举行】 1月11日至13日2013年浙江省“象山港大桥杯”桥牌比赛在象山县东谷湖大酒店举行，来自嘉兴、温州、台州、金华、杭州、舟山、宁波、丽水等30个队参加了此次大赛。通过瑞士制12轮、决赛3轮的比赛方式成绩：北仑二队、象山港大桥队、椒江队分获团体前3名，宁波天一队、北仑队、象山交通队分获瑞士制前3名。

【组队参加三门县桥牌双人赛】 2月12日，县桥牌协会组队参加了三门县桥牌双人赛，象山县的袁敏峰和易军获第5名。

【“闹元宵”乒乓球联谊赛举行】 2月23日，由县体育局主办、县乒乓球协会承办的2013“闹元宵”乒乓球联谊赛在县乒乓球馆举行。丹东丹西街道联队、石浦镇队、西周镇队和爵溪街道队共62位选手参加了比赛。最后的获胜队伍是丹东丹西街道联队，第2名是石浦镇队。

【庆“三八”妇女门球比赛举行】 3月2日，由县体育局、县妇联、鹤浦镇人民政府联合举办的庆“三八”妇女门球比赛在鹤浦镇中心校门球场举行，来自全县各镇乡十支代表队近100名女运动员参加了此次比赛。丹西街道夺得第1名，丹东、茅洋分列2、3名。

【县内桥牌双人赛举行】 3月3日，县内桥牌双人赛在象山中学体艺馆举行，32位牌友参赛，最终获得南北组前3名的是：祝邦泰—王汉邦、包珂琦—何坚、陈敏—胡永刚；东西组前3名的是：王文策—袁敏峰、童擎川—蔡明定、周志成—欧勤。

【全国桥牌通讯赛(春季)首次在象山县设立分赛区】 3月24日，全国桥牌通讯赛(春季)首次在象山县设立了分赛区，比赛在县总工会举行，南北组第1名为周志成—蒋曼儒，列全国13名；第2名为王文策—张帆，列全国第12名；第3名为马军—金良俊，列全国第69名；东西组前3名为鲍东海—蔡明定、陈文辉一刘学文、苏志刚一陈敏。取得了象山县自参加全国通讯赛以来最好成绩。同时还获得了4.4个大师分。

【县中学生在宁波市中学生运动会获佳绩】 3月27日至29日,象山中学、宁波滨海学校、象山职业高级中学58名初、高中运动员组队参加了2013年宁波市中学生运动会取得了县(市)区高中组团体总分第6名和体育道德风尚奖;县职业高级中学获省级以上重点中学组第4名,为近3年内最佳成绩。

【宁波市青少年羽毛球比赛在象山举行】 4月6日至8日,“象山羽协杯”2013年宁波市青少年羽毛球比赛在象山县体育馆打响。该项比赛由宁波市体育局、宁波市教育局主办,象山县体育局承办,这也是第二次在象山县举行此类赛事。共有9个县(市)区代表队的153位运动员参加了比赛。象山县6位运动员参赛,取得了男子甲组团体第1名的骄人成绩;陈旭君、戴恩溢分获男子甲组单打第1、2名,同时这两位选手还以组合身份一举夺得男子甲组双打第1名。象山县代表团还获得了体育道德风尚奖。

【象山运动员在市青少年射击比赛中获5金】 4月12日至14日,2013年宁波市青少年射击比赛在宁波体育运动学校射击场举行,象山派出6名运动员参赛。新港小学输送的汤嘉豪在男子乙组小口径3×20比赛中夺得金牌;东陈小学输送的吴川玲在女子甲组气步枪60发比赛中夺得金牌;爵溪学校输送的程海富在男子甲组10米气步枪和小口径步枪3×20比赛中一人独揽2金;城南学校输送的王灵磊在男子甲组气手枪60发慢射比赛中夺得金牌。女子甲组运动员吴川玲被大会评为体育道德风尚奖运动员。

【县中小学生乒乓球锦标赛举行】 4月18日至21日,由县体育局和县教育局联合主办的“2013年象山县中小学生乒乓球锦标赛”在丹城四小体艺厅举行。全县的35所学校200名位运动员参加了比赛。

【浙江自行车系列公开赛董诚忠获第12名】 4月14日,县自行车协会派员参加了2013浙江自行车系列公开赛“穿越四明山心”19千米爬坡赛,董诚忠获得男子公路大师组第12名的成绩。

【县桥牌协会组队参加浙江省第九届“大港杯”桥牌赛】 4月19日至21日,县桥牌协会组队参加了浙江省第九届“大港杯”桥牌赛,由王文策、张帆、周志成、杨登峰、袁敏峰组成的象山队最后获得第六名。

【“迎五一”城区门球举行】 4月27日,“迎五一”城区门球赛在县全民健身活动中心开幕,丹西分会、丹东分会和石浦分会派出近80名队员参加了比赛,丹西队获得第1名。

【“东风杯”县首届乒协理事以上乒乓球赛举行】 4月27日至28日,“东风杯”县首届乒协理事以上乒乓球赛举行。50余名乒乓球选手参加比赛,名誉理事组钱坤、史悠林、郑益和理事组柯静波、董利敏、丁国成分别获得前3名。

【县凯旋跆拳道俱乐部在市跆拳道精英赛中夺得8金】 2013年4月29日至30日,县凯旋跆拳道俱乐部组队参加了宁波市第六届跆拳道精英赛。象山代表队的小运动员们一举摘得8金15银13铜的好成绩,并获得团体总分第二和优秀运动队的称号,其中王业轩、郑竣豪、阮黎楷、陈浩男、王子轩、夏浩轩、杨腾、徐艺慎获得个人金牌。同时,俱乐部杨亦军教练获得优秀教练员。此次比赛由北仑区体育局、体育总会主办,中国中学生体育协会跆拳道分会承办,全大市有17个代表队共计570余名运动员参加了品式、竞技等项目的角逐。

【象山县选手获厦金海峡横渡活动资格】 5月6日,县游泳协会组队参加了在厦门举行的2013年厦金海峡横渡活动运动员选拔赛,象山县选手范黎明、包昌忠(宁波)搭档一举获得男子B组第1名的好成绩;鲍幸旦、鲍恩波搭档参加男子B组的比赛,也获得横渡资格,

【县小学生在宁波市小学生田径运动会获奖】 5月10日至12日,县体育局组织小学生参加宁波市

小学生田径运动会，获得4金5银3铜的好成绩。其中丹城四小吴斌获得2002年龄组男子100米、200米两块金牌；丹城二小江静获得2001年龄组女子三项全能金牌；实验小学陆潜聪获得2001年龄组跳远金牌。

【“信合杯”首届机关干部职工羽毛球比赛开赛】 5月10日，“信合杯”首届机关干部职工羽毛球比赛开赛，25个代表队150余名选手参加了比赛。县直属机关代表队夺得团体比赛冠军，工商银行代表队的王文一获得男子单打冠军，县财税局代表队的姚珍燕获得女子单打冠军。

【高中生汪晨斌省青少年田径锦标赛摘金】 5月16日，宁波滨海学校高二学生汪晨斌摘取浙江省青少年田径锦标赛男子200米冠军，并荣获国家二级运动员称号。

【足球春季联赛举行】 5月18日至6月30日，象山县2013年足球春季联赛举行。足球春季联赛参赛队员都是来自各行各业的足球爱好者，他们分别组成象山公安、海芯科技、罗拉家电、缇香家具、象山第一人民医院、中乳机械、老男孩等七支队伍参加，为单循环赛制，进行6轮18场比赛。

【“茂源杯”全县职工钓鱼比赛举行】 5月18日，“茂源杯”全县职工钓鱼比赛在贤庠镇西泽翻水站鱼塘举行。来自全县30个参赛单位代表队共120名钓鱼爱好者参加比赛。新路船厂代表队获得团体第1名，张华获得个人第1名。

【“甬南·伟绅杯”山地自行车爬坡赛举行】 5月19日，由县体育局等五家单位联合主办的“甬南·伟绅杯”山地自行车爬坡赛在西周山区举行，来自宁波大市及温州、温岭等地的120名自行车爱好者参加了比赛。来自温岭的金招伟获得大师组第一名；来自慈溪的陈金波获得精英组第一名；象山的严永红获得女子组第1名，并有57名选手获得了“一小时完赛证书”。

【县第九届中小学生(幼儿)棋类比赛举行】 5月19日，由县体育局和教育局联合主办的象山县第九届中小学生(幼儿)棋类比赛在文峰学校圆满结束。来自全县46所中小学校、幼儿园共计886名学生分别参加了围棋、象棋、国际象棋的比赛，是历年参赛人数最多的一届。比赛设置了三棋的“个人赛”和“混合团体赛”奖项，“个人赛”分幼儿组、低龄组、小学组、初中组、高中组，每组取前6～8名。“个人赛”中共有170位选手各自捧走奖项。“混合团体赛”中国象棋总分第一的学校是文峰学校(初中组和小学组)、海韵幼儿园(幼儿组)；围棋总分第1的学校是丹城中学(初中组)、丹城四小(小学组)；国际象棋总分第1的学校是滨海学校(初中组)、实验小学(小学组)。

【“劳伦斯”杯西周镇第三届男子篮球联赛举行】 5月28日，“劳伦斯”杯西周镇第三届男子篮球联赛决赛在县体育馆进行。此次比赛共有十支参赛队伍，历经半个月，西周镇政府、劳伦斯有限公司、临港汽配、华翔电子分别获得前4名。

【全国海钓锦标赛摆擂渔山】 5月31日，“财富中心杯”2013年全国海钓锦标赛在石浦渔人码头开幕。本届海钓锦标赛在渔山举行，由国家体育总局社体中心、中国钓鱼运动协会、浙江省体育局、象山县人民政府主办，县风景旅游管理局、县文广新局(体育局)、中国水产城管委会承办。比赛有来自天津、上海、江苏等全国18个省、自治区、直辖市以及香港、澳门、台湾等20支队伍80位选手参赛，共设团体总重量奖、团体单尾重量奖、海洋旅游文明奖、船长奖等四个奖项，奖金总额达到11万元。

【县小运动员参加宁波市青少年游泳比赛】 6月9日至11日，象山县小运动员参加了2013年宁波市青少年游泳比赛，陈子筠获女子8岁组50米蝶泳全能金牌、400米混合泳和200米自由泳的铜牌；李羿吟获得女子10岁组50米蝶泳全能银牌和400米混合铜牌。

【吴轩浙江省青少年跆拳道锦标赛摘铜】 6月12日，吴轩代表宁波队参加“体彩杯”浙江省青少年跆拳道锦标赛48千克级比赛，摘得铜牌，并获得二级运动员称号。

【全国桥牌夏季通讯赛象山分赛场比赛结束】 6月23日，全国桥牌夏季通讯赛象山分赛场比赛结束，张帆/鲍东海获象山赛区南北组第一名，全国排名第13；王文策/王汉邦、李德安/顾福田分获南北组2、3名。易军/袁敏峰、於会昌/张树、周志成/包珂琦分获东西组第1、2、3名。

【第三届网球精英挑战赛比赛结束】 7月2日，第三届网球精英挑战赛比赛结束，男子单打前三名分别为武星、陈行祖和陈吉；男子双打前3名分别为陈行祖/陈吉、张辉/葛俊华、武星/周恩。

【鹤浦镇中心小学门球队参加宁波市少儿门球比赛】 7月6日至7日，鹤浦镇中心小学2支门球队参加了2013年宁波市少儿门球比赛，经过两天的激烈拼搏，鹤浦镇中心小学的2支队伍分获团体乙组冠军和团体甲组的第3名，汤程扬、章宇浩两名队员还获得双打第3名。鹤浦镇少年门球队成立于2010年，是象山县唯一一支少年门球团队。

【象山县选手宁波市皮划赛艇比赛获奖】 7月10日～12日，宁波市皮划赛艇比赛举行，象山县选手鲍家仪获得女子甲组1000米测功仪、500米单人浆两枚金牌；陈朝伦获得男子甲组2000米测功仪、1000米单人双桨两枚金牌。

【浙江省青少年帆板帆船锦标赛举行】 7月16日至22日，5名象山籍运动员参加在松兰山举行的2013浙江省青少年帆板帆船锦标赛。朱馨怡、陈伟杰分获2金，张品雪、马俊杰分获1银，朱家俊获第4名。

【喀山大运会上康宏伟摘2金2银】 7月17日晚，第27届世界大学生夏季运动会在俄罗斯喀山闭幕。象山籍射击运动员康宏伟表现优异，摘得男子50米卧姿团体金牌和个人银牌，50米步枪三姿男子团体金牌和个人银牌。此次在大运会男子50米卧姿团体比赛中，康宏伟打出了623.8环的成绩，比队友高出了七八环，中国队最终以1854.3环夺得团体冠军。在50米步枪三姿团体比赛中，康宏伟表现出色，最终和队友一起摘得金牌。在男子50米卧姿个人比赛中，康宏伟以0.1环之差，屈居亚军。在50米步枪三姿男子比赛中，康宏伟以449.7环的成绩获得亚军。康宏伟是丹城人，1988年出生，现在就读于北京体育大学。他是象山县继王成意之后又一射击名将，多次在国内外射击大赛中获奖。

【庆"八一"第十一届军民男子篮球赛举行】 7月31日至8月10日，2013年象山县综合性运动会——庆"八一"第十一届军民男子篮球赛在县灯光球场举行。参加此次比赛的共有14支队伍168名运动员，是历届以来规模最大的一次，西周、东陈索利得和象山恒峰分获前3名。

【严永红在省自行车爬坡赛夺冠】 8月11日，县自行车协会会员严永红在2013浙江自行车公开赛(遂昌站)"纳福尔杯"应村自行车爬坡赛获得女子组第1名。

【中国象棋、围棋双人赛暨南北少年三棋精英赛开赛】 8月10日至11日，2013年象山县综合性运动会——中国象棋、围棋双人赛暨南北少年三棋精英赛开赛，共有104人参加比赛。成人组的蔡名皋、周明如获得中国象棋双人赛第1名、盛叶荣、鲍燕云获得组围棋双人赛第1名；少年组的励雨航获得中国象棋第1名，梁策获得围棋第一名，叶泽韬获国际象棋第1名。

【赵嘉炜在第五届全国儿童中国象棋比赛中获奖】 8月14日，象山县选手赵嘉炜在江苏省江阴市举行的"2013年第五届全国儿童中国象棋比赛"中荣获(男子甲组)第7名。

【宁波市青少年帆板(船)比赛举行】 8月18日至20日，2013年宁波市青少年帆板(船)比赛在松兰山举行，象山县共有五名运动员参赛，其中：朱于翔获得男子甲组帆船(OP级个人赛)第2名，黄家俊获得男子甲组帆船(OP级个人赛)第4名，黄颖爽获得女子甲组帆船(OP级个人赛)第2名，周宇奇和周一秀获得乙组OP级男女混合赛第3名。

【"体彩杯"门球比赛举行】 9月15日至21日，由县体育局主办，县门球协会承办的2013年象山县综合运动会“体彩杯”门球比赛在县全民健身活动中心举行。全县29支门球队共257名队员积极参赛，丹东三队、丹东二队和涂茨队分获前3名，鹤浦队和县老年体育大学队还分别获得道德风尚奖。

【象山县选手参加中国·千岛湖公开水域游泳公开赛】 9月20日至21日，“象山县泳协翁敬堂代表队”共78人参加2013中国·千岛湖公开水域游泳公开赛暨杭州千岛湖国际泳渡节的5个组别比赛。在2000米大项中，鲍幸日获女子40～44年龄组第二名；范黎明获男子50～54年龄组第四名；翁滨丹获女子45～49岁年龄组第8名、鲍恩波获男子40～44岁年龄第八名。县游泳协会还获得最佳组织奖。

【范黎明“四方杯”第十六届全国成人游泳锦标赛夺冠】 9月14日至15日，县泳协的范黎明参加了在江阴市举行的2013“四方杯”第十六届全国成人游泳锦标赛，并获得200米冠军。

【县中小学生田径运动会举行】 10月17日至19日，由县体育局、县教育局联合主办的2013年象山县中小学生田径运动会盛大举行。54所学校69支代表队738名运动员分为小学、初中、高中三个组参加了18个项目的角逐，中小学校参与面实现全覆盖。经过紧张激烈比赛，共决出84块金牌，其中12人次破9项年龄组纪录。

【中美男子篮球对抗赛举行】 10月30日，中美男子篮球对抗赛(浙江广厦队—美国堪萨斯基石明星队)在县体育馆开赛。该次大赛由省体育局和省竞赛中心主办。最后美国堪萨斯基石明星职业队以104∶97胜浙江广厦猛狮职业队。比赛间隙，美国NBA发展联盟犹他火花队拉拉队也以充满激情的舞蹈表演为比赛助阵。

【县第九届机关乒乓球赛举行】 11月8日至9日，由县体育局等单位联合举办的“航天海鹰杯”县第九届机关乒乓球赛在县体育馆举行。全县20支队伍120余人参加比赛。县烟草局获得团体冠军，县人民银行的何交通获得男子单打冠军，县质监局的童赛君获得女子单打冠军。

【首届环象山自行车挑战赛圆满结束】 11月10日，由县体育局和县风景旅游管理局主办的首届环象山自行车挑战赛圆满结束，大赛共有来自全大市22个自行车队500多名选手参加，设有168千米精英挑战组和75公里大众挑战组两条路线。选手从县人民广场出发，途经大徐、贤庠、黄避岙等12个镇乡，历经9个多小时，喜羊羊车队的童鹏晨和天天动力车队的查显奇以5小时18分10秒的成绩并列精英挑战组第1名。

【跆拳道选手在市级比赛中再获佳绩】 11月13日至14日，宁波市体育传统项目学校训练点跆拳道比赛在宁波市鄞州区钟公庙小学举行，象山县丹城第四小学凯旋跆拳道俱乐部队获得1金1银4铜5个第5名的成绩，总分第6名。其中，夏浩轩获得男乙42公斤＋冠军，黄迅阳获得女甲36公斤＋银牌，应磊、孙慧君、虞晓欣、吴未等获得季军。

【浙江省首届黄金海岸桥牌赛落幕】 11月17日，由浙江省桥牌协会主办的“天安杯”浙江省首届黄金海岸桥牌赛在松兰山黄金海岸大酒店落幕。浙江之江队获得冠军，舟山天禄、九三联队分别获得亚军、季军。本届比赛为象山县举办的历届桥牌赛规模最大、水平最高，共吸引全省36个代表队、200多位桥牌选手参赛。国家桥牌队的曹雪良、原国家桥牌队陈学斌、陈少华等顶尖高手应邀参赛。

【县中小学生篮球锦标赛举行】 11月23日，由县体育局、教育局联合主办，县篮球协会承办的2013年象山县中小学生篮球锦标赛在象山中学体艺馆圆满结束。比赛共有34所学校396名运动员参加，分小学、初中、高中三个组，历时12天，产生了22个团体奖，6个体育道德风尚奖、2个新增奖项“最有价值球员”和“优秀教练员”两大奖项。

【县游泳协会组队参加浙江省第三届冬泳锦标赛】 12月6日，县游泳协会组队参加浙江省第三届冬泳锦标赛，范黎明获1000米自由泳第2名、50米自由泳第3名；周建文获50米蛙泳第8名、100米蛙泳第7名。

【县职工羽毛球单项排位赛举行】 12月6日至8日，由象山县体育局、县总工会联合举办的“邦泰杯”2013年象山县职工羽毛球单项排位赛在县体育馆举行。比赛设置了男子双打、男女混合双打、男子单打和女子单打四个项目，分2个阶段依次进了小组循环赛和淘汰附加赛，经过激烈对决，最后由戴春雷/姚琪获男子双打第1名，邵钧/朱普梅获混双第1名，邵钧和姚姐妮分获男女单打第1名。此次比赛是象山县举办的历次羽毛球赛参加人数最多、比赛时间最长的一届，共有来自各镇乡(街道)、县级机关和企事业单位共300人次参加，年龄最大为79岁。

【首届中小学生跆拳道公开赛举行】 12月21日，象山县首届“凯旋俱乐部杯”中小学生跆拳道公开赛在丹城四小体艺馆隆重举行，大赛设立竞技和品式两个项目的个人赛。此次比赛吸引了来自全县120多名中小学生跆拳道爱好者参加了。尤其是来自凯旋俱乐部选手们一举夺得获竞技项目的17个冠军和品式项目的4个冠军。

【象山县选手参加CCTV“谁是球王”羽毛球争霸赛】 12月23至24日，象山县羽毛球选手姚姐妮和邵钧在CCTV“谁是球王”羽毛球争霸赛浙江赛区海选赛中分获女子单打第二名和男子单打第三名。其中邵钧还代表象山县在宁波赛区比赛中，凭借精湛的球技和良好的心理素质，摘得“宁波球王”桂冠。

群众体育

【概况】 2013年年初以来，象山县按照复评要求，积极开展创建复评迎检、县体育总会第五届委员会换届等相关工作，并于11月成功通过强县复评，并创成省先进体育总会。同时，东陈乡、黄避岙乡也创建成为浙江省体育强镇(乡)，贤庠镇、泗洲头镇、新桥镇、晓塘乡通过强镇(乡)复评，象山县实现了体育强镇(乡)全覆盖。另外，还成功创建省村级体育俱乐部4个，省中心村全民健身广场1个，省先进体育社区3个。象山县综合性运动会、全民健身日活动等群众体育活动广受瞩目。充分发挥19个单项体育协会的作用，依托社会力量，寻求工作创新，并不断开展对外交流，体育影响力进一步增强。另外，全年还举办社会体育指导员和单项体育辅导员培训班9期，培训人数600余人。

【第七届石浦冬泳活动举行】 1月1日，第七届石浦冬泳活动在石浦里山水库举行。副县长邱金岳出席活动。40余位冬泳爱好者下水参加畅游活动，并有20名分别来自石浦和丹城两个队的选手参加了10×200米接力赛，最后由石浦队获得优胜。

【县老体协召开第五届五次全会】 1月18日，县老体协召开了第五届五次全会，回顾总结2012年工作情况，部署安排2013年的主要工作，并学习了王安静副县长在老体协呈报的工作简报《象山老体协举行健身强体现身说法巡回报告》上作出的重要批示精神。县体育局，县民政局，县老体协，镇乡、街道等老体协负责人共40余人参加了会议。县体育局副局长王增才、党委委员李修瑞、县民政局相关负责人应邀莅会。会议由老体协常务副主席黄岳林主持。

【全县群众体育工作会议召开】 1月31日，2012年度全县群众体育工作会议在县文化活动中心召开。县文体局局长任先顺、副局长王增才、党委委员李修瑞，县民政局党委委员林琼，全县19个体育协会会长和秘书长、社会各界体育热心人士等共计50余人参加了会议。文体局体育科负责人做了2012年象山体育总会工作报告，并安排、部署了2013年体育社团工作。

【6个镇乡通过省体育强镇乡验收】 1月，象山县参加浙江省体育强镇乡创建的6家单位全部顺利通过省体育局的验收，获得“浙江省体育强镇乡”的称号，这六家单位分别是丹东街道、丹西街道、石浦镇、鹤浦镇、墙头镇、高塘岛乡。

【县登山协会开展登五狮山活动】 2月24日，县登山协会联合县疾控中心举行了登五狮山活动，共有69人参加了活动，全部人员花费了近5个小时顺利返回。

【县武术协会成立】 4月6日，象山县武术协会在文化活动中心举行成立仪式。县人大常委会副主任林胜国、副县长王安静、县政协副主席胡建萍、县老年体育协会主席张式贞、县文广新(体育局)局长任先顺等领导参加了仪式，宁波市武术协会主席蔡天彪等武术界著名人士也到会祝贺。

【首届红绸舞、排舞、第九套广播体操培训班举行展示活动】 4月14日，由象山县健身协会主办的2013年首届红绸舞、排舞、第九套广播体操培训班在县体育馆进行了展示。100多名由协会教练员、广场站点教员和辅导员组成的学员们通过此次培训，既扩大了教练员们的教学面又提高了她们的教学水平，从而推进中心城区广场健身活动健康发展。

【县老体协获县社会组织AAAA级荣誉】 4月，县老体协获得象山县社会组织2012年度评估等级考评AAAA级荣誉，县老体协已连续4年被评为县先进社会团体，深受各社会团体的一致好评。

【467位老年人徒步登上九华山】 4月18日，县登山协会组织467位60～82岁的老年人徒步登上安徽九华山。

【县游泳协会在首届省全民健身游泳达标活动中获奖】 4月21日，县游泳协会在由浙江省体育局主办，浙江省游泳协会承办的首届"金海豚"浙江省全民健身游泳达标活动中获得优秀组织奖。

【宁波水上项目发展研讨会在象举行】 5月10日，宁波水上项目发展研讨会在象山县松兰山训练基地隆重召开，出席本次会议的有宁波市体育局副局长王雷钧，浙江省水上运动管理中心主任助理[省帆船(板)队总教练]赵伟军，宁波市体育局体总秘书处秘书长黄振辉，训竞处副处长顾飞舟和各县(市)区分管训竞副局长和训竞干部。宁波市水上运动学校中层以上干部和主教练全部参加。

【百人绿色骑行活动举行】 6月2日，象山县自行车协会举行了"创建国家级生态县·你我同行"为主题的百人绿色骑行活动。

【市体校教练到象山县物色体育苗子】 6月3日，县体育局邀请市体校教练到下沈小学、丹城二小等9所学校物色跆拳道、男子拳击、女子柔道、皮划艇、赛艇、男子举重等项目体育苗子，挑选了10余名优秀体育苗子在暑期到相关运动学校进行。

【出台《关于进一步加强老年体育工作的意见》】 6月28日，县人民政府下发《关于进一步加强老年体育工作的意见》(象政发〔2013〕122号)。这是自2002年以来，县政府第三次下达老年体育工作方面文件。

【全县老年人健身球(第九套)展示大会举行】 7月18日，由象山县体育局主办，象山县老年人体育协会承办的全县老年人健身球(第九套)展示大会在县体育馆隆重举行。县领导罗来兴、励茂平、王安静、胡建萍及县文广新(体育局)局长任先顺、相关部门负责领导应邀现场观摩表演。参加此次展示会的队伍有25支共1600余名中年老人。

【"全民健身日"系列活动举行】 8月8日上午，2013年象山县"全民健身日"系列活动在县全民健身活动中心拉开帷幕。活动继续采用以集中和分散相结合设立主会场、分会场和次会场方式，还在活动时间上进行了延长，形成"全民健身日"系列活动，时间为7月中旬至9月30日。

【全县综合性运动会开幕】 8月8日上午，由县体育局主办的2013年全县综合性运动会开幕，共设置了游泳、棋类、篮球、门球、乒乓球和羽毛球六个大项的比赛，从8月初开始，时长2个月。

【《中国体育报》专题版刊登象山县体育工作经验】 8月8日，《中国体育报》专题版刊登了长篇文章《快乐 民生 和谐》，以浙江省群众体育事业发生了翻天覆地变化为主题，用典型地方实例向读者展示了"各地群众体育方兴未艾，全民健身深入人心"的情况。其中象山篇《创强，让体育成为全社会共同关心的事》成为全文的亮点，该段文字以象山县创建省体育强县为人民带来惠民体育工程为切入点介绍了"十一五"规则以后全县体育事业发展现状。

【县体育中心在“群众满意体育服务单位”考评中成绩突出】 8月20日，县体育中心在创建市“群众满意体育服务单位”第一期考核中获好评，其直辖的县全民健身活动中心、灯光球场和县体育馆分别得分97.34分、93.29分和94.34分，以综合分94.99分位居第二名。

【全县跆拳道晋级考核举行】 8月25日，有120多人参加全县跆拳道晋级考核举行，晋级情况如下：八级黄带40人，七级黄绿30人、绿带20人，五级绿蓝带10人，四级蓝带1人。

【县体育总会第五届委员会换届】 9月6日下午，县体育总会第五届委员会换届工作暨省体育强县复评动员大会召开。县领导白国璋、俞骏、王安静及宁波市体育局副局长劳金龙等出席大会。参加会议的还有县科教文卫线的负责人，县有关部门和全县各镇乡(街道)分管体育工作的领导，县体育社团单项协会负责人，体育界同仁和热心体育事业、关心支持体育工作的企业界人士和受表彰的先进体育工作者。会议表彰了2009年至2012年度体育先进集体和先进个人，总结了县体育总会第四届委员会工作，审议通过了第五届象山县体育总会章程，表决产生了县体育总会第五届委员会和委员会主席、常务副主席、副主席、常务委员、秘书长及常务副秘书长。副县长王安静当选第五届委员会主席；第五届委员会还聘请了县人大常委会主任金红旗，县政协主席白国璋，县委副书记俞骏，县委常委、宣传部部长罗来兴，华翔集团股份有限公司总裁周辞美担任顾问。

【“90后”老年人健康关爱行动项目入选宁波市百个公益项目】 9月份，县老体协申报的“90后”老年人健康关爱行动项目，经宁波市委组织部、市民政局审核同意为宁波市百个公益项目。

【县体育强县复评工作小组开展自查】 10月10日、15日，县体育强县复评工作小组相继赴东陈乡、贤庠镇、晓塘乡、黄避岙乡、泗洲头镇、新桥镇等6个镇乡开展了强县复评自查工作，对照《2013年浙江省体育强县(市、区)复评标准表》对各镇(乡)建立的台账资料进行检查，发现问题并提出整改意见，力求使资料统一规范、内容翔实、符合标准；现场勘察体育设施和场地，检查硬件设施是否完善。

【重阳节垂钓活动举行】 10月13日，县钓鱼协组织了年龄60岁以上的会员在贤庠西泽开展了重阳节垂钓活动。

【退管会老年人运动会举行】 10月20日，由丹城退管会主办的老年人运动会开始举行，比赛共设竞技麻将、踢毽、定位投篮等7个适合老年人活动的项目，共有一千多人参加。

【快乐舞步健身操和健步走大联动活动举行】 10月25日，由县体育局主办，县老体协协办的“快乐舞步健身操和健步走大联动”活动在县全民健身活动中心举行。此次活动共由全县各行各业的中老年人2000余名。

【实验小学设立市二少体校跆拳道训练点】 11月1日，实验小学举行了宁波市第二少体校跆拳道训练点挂牌仪式，宁波市体育局、市二少体、县体育局、县教育局、县跆拳道协会、实验小学相关领导和负责人参加了仪式。

【象山县迎来省体育强县复评】 11月26日至27日，省体育局副局长孔建军率检查组一行到象山，对象山县进行省体育强县复评，并就象山县体育总会创建省先进体育总会工作进行评审。县委副书记、县长叶剑鸣出席汇报会并致欢迎辞。市体育局局长李浙闽，县领导郑亚红、王安静、胡建萍等参加相关活动。

【叶口山村农民篮球队获第六届中国小康村篮球赛总决赛第四名】 12月6日至11日，由中国小康村篮球赛组委会、中国合作经济学会农村社区小康建设委员和福安市人民政府主办的第六届中国小康村篮球赛总决赛在福建省福安市举行。为了展示象山县社会主义新农村建设风采，检阅农民篮球运动发展水平，县体育局、县农林局联合组织“叶口山村农民篮球队”参加并获得第4名的好成绩，这是象山县篮球运动项目取得历史最好成绩。

体育产业和市场

【概况】 2013年，全年累计销售体育彩票1.016亿元，总销量比2012年增长5%，超额完成上级部门下达的任务量。全年还增设传统电彩网点13家，体彩网点总数达到93家。在具体销售过程中，县体育局不断做好网点服务工作，积极为网点排除终端机故障，每月巡查各网点2次以上，对全县销量落后网点进行帮扶，选派体彩业主赴外地学习，同时做好中奖宣传工作，为销售工作提供了有力保障。

【省体彩中心领导到象山考察】 1月8日省体彩中心副主任俞永桃、市体彩中心主任鲍飞玉等领导来到象山县体彩站考察工作，他们分别就专管员巡查情况、彩票销量数据等情况进行了详细了解。

【象山县彩民中“6＋1”1500万元巨奖】 1月20日，位于象山县丹城大碶头天安路1118号的19056体彩销售网点爆出消息，有位彩民狂揽“6＋1”1500万元巨奖。该巨奖同时创下了象山县体彩中奖奖金最高纪录。此次中奖的“6＋1”为第13009期，中奖号码为“437843＋9”，全省共中出了这3注。

【七夕节主题即开票“甜蜜蜜”展销活动举行】 8月13和14日两晚，县体彩站借助七夕节日氛围在人民广场推出主题即开票“甜蜜蜜”展销活动，销售额达2万余元。

【19040网点中出52注排列三】 9月5日晚，位于丹西丹河路178号19040网点中出52注排列三，开奖号码为“8　6　6”，正赶上“排列三”幸运大派送，每注加奖100元，共计5万多元。

【中出两注排列五20万元】 9月24日位于新丰路172号97637网点中出两注排列五，开奖号码为“8　5　4　2　4”，浙江省共中出3注，其中两注被象山县彩民收入囊中，收获奖金20万元。

（黄全吉）

新闻传媒

广播电视宣传

【概况】 象山县广播电视台拥有电视新闻综合频道和FM107.3、FM103.9两个调频，共设新闻、专题、综艺等自办栏目29档，广播和电视对农栏目都达到了每周三档，是全大市拥有自办节目最多的县级台。电视频道设有《象山新闻》《夜到讲白搭》《半岛新农村》《说法时间》等十余个栏目，广播设有《阳光热线》《交通伴你行》《和美新农村》《小康之声》《原音年华》《半岛说吧》等十余个栏目。

【集中推出重大主题系列报道】 围绕全县“大平台大项目推进年”和“工业强县攻坚年”活动，开设“艰苦奋斗　创业创新”、“建设大项目　打造大平台”等专栏，重点报道全县工业企业逆境奋进、敢作敢为的典型事例，提振企业家们办企业的热情和信心。主题报道“三改一拆进行时”“两城创建进行时”“求真务实转作风　三思三创促发展”“善行象山·中国梦 我行动”等为全县中心工作提供了强有力的舆论支撑。

【做活两会报道】 做好大会实时跟踪报道，提前将会议报道安排工作部署和分解落实。开设“代表委员风采”和“芳芳跑两会”两档专栏，前者报道5位人大代表和5位政协委员深入实地，了解社情、掌握民意，深入开展调查研究，积极为全县发展建言献策的情况。后者通过记者现场出镜加采访的方式，关注社会各界关心的热点。

【做好防台防汛防高温报道】 7月以来，象山县出现持续高温天气，《象山新闻》栏目开设“战干旱抗高温”专栏，报道了环卫工人、路政人员、船厂电焊工人、记者等在高温下的坚守，报道全县干群合力战高温的事迹，向社会传达应对高温的各种方法、措施。

【开展抗击“菲特”台风宣传报道】 开设“直击菲特”整点直播特别节目和新闻专访，创新运用主持人连线直播，上传图片、视频，整点播报等形式，凸显抗台救灾报道时效性。共播发防台及灾后自救类新闻151篇。上送省级媒体录用新闻23条，市级媒体录用新闻36条。

【推出户外竞技电视节目“水上大冲关”】 县广播电视台与县总工会、县文广新局合作，利用晓塘乡白玉湾四季果园的现有设备组织百余职工水上大冲关活动，取得圆满成功。县广播电视台对活动进行全程录制，经过后期制作，节目于2013年11月9日播出，每晚10:20播出，时长25分钟左右，共播出10期。

【承办“最美象山”2012年度人物颁奖典礼大型电视晚会】 为积极响应县委宣传部“善行象山”主题教育活动，县广播电视台经过近两个月的紧张筹备，于4月17日在县文化活动中心对“最美象山”2012年度人物颁奖典礼进行电视直播。晚会表彰了2012年度象山县十大最美人物和十件最美新事，现场采用电视访谈形式与获奖者进行互动，播出后得到县委、县政府主要领导高度肯定。

【推出综艺栏目“海鲜总动员”】 该栏目是县广播电视台2013年推出的全国首档海洋海鲜美食文化综艺栏目，于7月1日开播。每周六、周日晚20点播出，时长20分钟。累计网络电视点击近1万人次，创收150万元，栏目光盘成为第六届象山海鲜节期间指定文化礼品。12月14日，"海鲜总动员"在宁波电视台影视剧频道开播，成为宁波广电集团与县级电视节目合作时间最长、跨度最大的栏目，实现外宣工作的重大突破。

【精品创优再获佳绩】 2013年，象山县广播电视台实施本土化策略，加大节目创优工作力度。上送的《李家弄的"草根民主"》和《山村少年的造车梦》分获市广播影视政府奖广播新闻一等奖和广播青少节目一等奖，另有9件作品获各类政府奖。《泥马船》获得市文广新局广播节目录制和播出技术质量奖一等奖，《爱上你给的痛》和《一天》分获三等奖；《走进宁波》和《象山新闻》分获宁波市电视节目播出和录制技术质量奖二等奖和三等奖；《高山广电发射机设备防雷电侵袭基本对策》获2013年度市广播电影电视科技创新奖论文一等奖。该台还向中央、省、市台提供外宣录用稿件625条。

【推出广播民生服务类节目"我来帮你忙"】 县广播电视台与县民情会办中心合办广播民生服务类节目"我来帮你忙"，节目于2013年4月1日首播，播出时间为周一至周五11:30～12:00，至12月底共播出171期，节目本着"广搜民情、快速回应、高效服务、取信于民"的服务宗旨，先后帮助热心市民转送残疾人助力车、协调工人讨回工资、联系有关部门为患癌症的外地农民工筹集医疗费等关乎百姓生活的身边事930余件，成为电台收听率和参与度最高的节目。

【推出交通服务类广播节目"路况及旅游资讯播报"】 节目与县公安局、县风景旅游管理局合作，于9月12日在FM103.9、FM107.3首播。象山县广播电视台广播电台组成12位主持人、3名导播、全天14小时、节假日无休的路况随到随播栏目组，从7:30～21:30的每个时段(除央广转播节目外)路况随时插播，把路面上的实时交通情况第一时间告诉驾乘人员，为他们提供翔实的交通信息，缓解交通压力。景区和负责景区交通疏导的交警、停车场工作人员随时报告客流及路况和停车情况。节目自开播以来至12月底，共播出路况信息2000余条。

【推出有奖竞猜旅游广播节目"爱象山爱旅游"】 节目由县广播电视台与县风景旅游管理局合办，于12月19日在FM103.9、FM107.3首播，播出时间为每周四至周日10:30和17:00。节目向游客介绍象山县旅游资源，挖掘蕴藏在市井民间的吃喝玩乐休闲好去处，推介旅游景点、风景名胜、宾馆饭店、农家特色，给市民提供旅游出行宝典。同时，为到象山的旅游者提供最及时全面的旅游资讯，扩大象山旅游在浙东地区的知名度。

【强化新闻栏目包装改版】 对《象山新闻》《夜到讲白搭》两档新闻栏目的片头、音乐、字幕样板和背景等进行全新包装，深度融入新时代象山元素，更新了节目形象。内容上改进领导活动和会议报道，精简程式性报道，推出"记者观察"等深度报道，累计播出"渔民的忧虑"等报道20篇。

广播电视事业建设

【概况】 2013年，象山县广播电视台加强基础设施建设，注重广电惠民实效，加强网络化数字化建设，强化安全播出管理，增强了广电公共服务水平和媒体传播能力。

【停模推数工作进度居市县前列】 县广播电视台强化宣传力度，在各村、社区设立服务点提供政策咨询、安装维修等服务，并强化指标管理，按照各镇乡街道同步分片分区域推进。至12月底，全县乡镇基本完成停模推数工作，城区建设路以南地区和城郊25个行政村完成停模。全县新增数字电视用户3万余户，该项工作走在全市前列。

【村级便民服务和"三务"公开信息平台建设基本实现全覆盖】 县纪委和县广播电视台合作，依托普及较广的数字电视推进村级便民服务和"三务"公开信息平台建设。项目采取"先试点后推广、分步推进"方式进行，5月份正式启动，8月份在丹东街道梅溪村、泗洲头横埕村等18个村试点，12月初完成全县13.7万用户机顶盒的全面升级，标志 "三务"公开信息平台建设基本实现对全县490个行政村的全覆盖。

【积极拓展增值业务】 基本完成社会治安高清智能化工作,智慧公路建设项目进入设计阶段。与移动合作宽带业务7400余户,与联通合作宽带业务1900余户。

【网络整合工作逐步推进】 根据宁波市广电网络整合工作领导小组统一部署,按照县委、县政府要求,县广播电视台党委进行专题研究部署,组建了工作班子,同时积极与县国资局、县审计局沟通,与资产评估公司洽谈,7月中旬启动清产核资工作,网台整合工作平稳有序推进。

【产业经营创收迎难而上】 产业经营创收喜忧参半,由于停模推数工作和数字电视网络改造的稳步推进,网络收入增长较快,但广告收入却不容乐观。2013年象山县广播电视台共创收6594万元,同比增长23%。其中,城区数字电视配套费460万元。象山数字电视有限公司创收4743万元,包括收视费3490万元,工程配套费446万元,安装费110万元,数字电视增值业务费697万元。广告产业在"限娱令""限广令"的冲击和广告监管力度加强的背景下,迎难而上,创收888万元,其中电视845万元、广播43万元,同比下降20%。

【完成养老服务机构电视数字化工程】 养老服务机构电视数字化工程是落实党中央"优先发展社会养老服务"方针,维护老年人基本文化权益的具体举措。县广播电视台作为具体实施部门,从4月份开始摸清安装底数,制定安装计划,确保全县养老服务机构电视数字化工程顺利开展。截至年底,完成县社会福利院、丹东街道敬老院等17个敬老院、西周镇康乐养老院等6个民办养老院的数字电视安装,共计新安装电视端口1001个,发放高清交互型机顶盒1113台,投入资金96万余元,惠及全县1900余名老人。

【加强技术保障和安全播出】 组织全台150名专业技术人员进行外线上岗证资格培训和考试,并联合县文广新局在全县广电系统开展大排查大整治行动,防范和杜绝安全事故产生。广播发射台建设积极推进,重新安装了千丈岩监控、五狮山配电箱,石浦气象台发射机功率增至500瓦。

【实施广电低保数字化提升工程】 县广播电视台加大低保户享受优惠的力度,实施广电低保数字化提升工程,确保民政部门核定的低保户在享受免费认领一台机顶盒、免费收看数字电视优惠政策的基础上,对拥有第二台及以上电视机的低保户,再免费配发1台基本型机顶盒,让低保户群众得到更多实惠。

(杨增艳)

报刊宣传

【概况】 2013年,象山新闻中心在县委、县政府的正确领导下,在县委宣传部的直接指导下,紧紧围绕县委、县政府的中心工作开展新闻宣传,抓大事带全局、抓创新求跨越,弘扬主旋律,报纸版面形成了自己的风格。尤其是围绕"学习贯彻党的十八大精神""学习创业创新精神""三改一拆""善行象山""三思三创""两城创建"等一系列重点工作,以及"抗击台风菲特""开渔节"等突发事件、重大节日报道,象山新闻中心不断创新工作方法、丰富报道形式,使报纸质量和宣传效果得到了稳步提升,发挥了引导正确舆论导向、营造良好舆论氛围的作用,为加快打造现代化滨海新区提供了有力的舆论支持。

【深入开展学习贯彻党的十八大精神新闻宣传】 象山新闻中心周密部署,精心策划,在《今日象山》一版开辟了《学习贯彻十八大精神,开创'两区'建设新局面》栏目。大力宣传全县各地各部门学习贯彻中共十八大、县委十三届三次全会精神情况,展示企业、农村、机关、学校、部队和社区基层党组织利用多种形式学习党的十八大精神的生活场面,充分反映各级党委政府科学发展的新思路、新举措、新进展、新成就。大力宣传广大干部群众以中共十八大精神为指导,立足岗位,积极投身现代化滨海休闲城市建设的生动事迹,共推出访谈录27篇,各类动态消息100余篇。

【开展创业创新报道】 充分挖掘先进企业家典型，《今日象山》采编刊发了反映周辞美、赖振元、卢国平三位企业家创业经历的长篇人物通讯，同时配发记者手记、企业经营亮点等稿件，在全县范围内掀起学习创业创新精神热潮。加强策划，组织开展向周辞美、赖振元、卢国平等优秀企业家学习创业精神的宣传报道，宣传企业界和干部群众开展的学习讨论活动，宣传先进事迹报告团在企业和乡镇开展巡回报告，在全县营造良好的创业氛围。深入开展经济政策和经济形势宣传，开设《艰苦奋斗，创业创新》专题专栏和建设《宁波象保合作区》系列报道专栏，大力宣传全县各地各部门扩大有效投资和结构优化，一、二、三产业投资并驾齐驱，努力实现经济社会良好开局，充分报道各地推进产业结构转型升级等方面的措施成效，反映企业增强自主创新能力、提高核心竞争力的经验做法，共刊发通讯、消息、言论、图片等各类稿件约400篇。

【创建国家级生态县报道】 为推进生态文明提升行动，《今日象山》每周一至周五在一版发布空气环境质量报告；开设"创建国家生态县"专栏，加强策划，提高专栏质量，刊发节能减排、生态企业、生态村等各类报道约70篇；加大刊发生态建设公益广告，2013年，《今日象山》共刊发公益广告约80则，其中关于节水、节电、爱护植被、垃圾分类的公益广告50多则，广告创意水平、印刷水平也明显提高。"六五"世界环境日前后，中心组织记者深入企业、乡村等，及时报道生态环保主题，共刊发此类稿件30余篇。"六五"世界环境日当天，刊发了"世界环境日"专版，全方面地展示象山县在生态县建设、双清行动、国家级海洋生态文明建设示范区中取得的成绩。

【为"两城"创建鼓与呼】 《今日象山》在一、二、三版设置《两城创建进行时》《双清在行动，两城创建进行时》《关注两创》等《两城创建》相关专栏，与此同时，三版社会新闻版面开设的《真情象山》《善行象山》《政协民情热线》等专栏内容贴近生活，贴近百姓，社会反响好，对"两创"工作开展起了促进作用，先后共刊发专栏稿件100多篇。加大创建宣传的密度和力度，充分发挥新闻媒体的监督作用，《"两创"检查组再次对城区建筑工地开展专项检查，不文明施工现象有所改观但仍存在问题》《城区洗车场、汽修厂的环境卫生状况如何？县"两创"办联合多部门开展检查》等监督报道，进一步推动了"两创"工作。与交警部门合作，创新开设"不文明现象曝光台"专版，用16个专版对乱停车、乱穿马路等不文明行为进行曝光，发挥新闻媒体的监督警示作用。强化言论引导作用，在《丹山晨谈》栏目，刊登两城创建的言论稿，让市民对两城创建畅所欲言，出谋划策。

【做好《三思三创》专栏报道】 保证专栏供稿，提高《三思三创》专栏见报率。中心每周召开采编会，通报专栏发稿情况，要求采编人员做交流发言，中心领导与部室负责人共同策划专栏内容。2013年，《今日象山》《三思三创》专栏仅文字稿就刊发了130多篇。围绕重点工作，丰富《三思三创》专栏内容。为做好全县破解难题十大专项行动、《三改一拆》专项行动等的舆论营造工作，2013年，《今日象山》先后开设了《三思三创·专项行动系列报道》《三改一拆在行动——求真务实转作风，三思三创促发展》等4个专栏，是《三思三创》相关专栏开设数量最多的一年。发挥网媒作用，深化专栏影响力。《今日象山》每开设一个专栏，中国象山港网站也会建立一个相应的专题，除发布报纸报道内容外，还通过图片、视频、链接相关网站等，延伸重点工作内容，扩大宣传效果。

【抗击台风"菲特"宣传报道】 台风"海葵"来势汹汹，10月5日晚，象山新闻中心召开紧急会议，安排防台抗台报道工作。10月6日，各部门统筹协作，保障在10月7日《狂风暴雨袭象全县紧急防御》《刘奇来象检查指导防台工作》《全县紧急动员强力严防"菲特"》等17篇图文稿件如期与读者见面。10月8日，《今日象山》一、二、三版合力报道全县受灾情况，刊发《"菲特"致我县九万余人受灾》《"菲特"致我县九万余人受灾》等灾后影响新闻25篇。随后，及时开展灾后自救及灾后先进典型报道，刊发了《灾后自救在行动》《户外应急救援队在行动》《西周镇干群三天两夜一线抗击"菲特"》等新闻报道。

【凝聚"善行象山"正能量】 专栏互动，"善行"典型宣传力度强、密度大。社会版面为宣传主阵地，以《善行象山》专栏接棒之前的《真情象山》。2013年,两个专栏刊发图文稿件约100篇,《好心人,我们正在寻找您》等多篇系列报道,市民关注度高,社会影响力大。二版"丹山晨谈"言论配合宣传,《莫让"能力"阻止善行》《做好美德传承的示范者》《温暖人心的"小动作"》等小言论逻辑清晰,观点鲜明。三版"新闻马后炮",一起互动,深层次、多角度宣传"善行象山"的重大意义和精神内涵。版面互动,求新求变,增强"善行象山"报道的广度、深度。9月2日,三版刊发的《公交司机路边救伤员》得到广泛关注,并得到了县委常委、宣传部长罗来兴的批示。中心班子根据批示精神,研究如何更加及时发现、捕捉涌现出的"善行典型",并将一些"闪光"的人物、事件放在头版重要位置。此后,《善行象山》栏目《做好事是每个公交司机的习惯》《退休教师50万"养老钱"捐学校》等新闻稿件先后在头版刊登。

【认真组织"开渔节"报道】 提前策划,营造节庆氛围,《今日象山》从8月2日开始,就安排开渔节的相关报道,开渔节之前,平均两天就有一篇报道见诸报端;突出重点,增强可读性,中心认真落实作风建设各项规定,对开渔节报道中领导会见嘉宾之类的稿子尽量压缩、简化,做精开渔节开幕式、海洋论坛等主题活动报道,以及祭海、妈祖巡游等传统民俗活动报道,采用现场特写的方法,稿件更具可读性;保质保量,全面展示文化,开渔节期间,《今日象山》刊发图文报道60多条,并在9月9日安排二版整版,在9月16日安排一、二、三版三个整版对开渔节进行报道。与此同时,副刊的《休闲象山》也积极配合开渔节报道,全面的介绍此次开渔节的特色和主要活动。据统计,《今日象山》《休闲象山》共刊发开渔节相关主题报道100余条,印发了2期开渔导刊。

【打好"三改一拆"宣传持久战】 强化记者力量,保障报道力度密度,确定中心骨干马振为专门联系记者,面上跟踪报道,同时要求其他记者采写挖掘联系部门、乡镇新闻,点上跟踪报道,点面结合,强化宣传,要求记者主动积极深入基层一线,挖掘"三改一拆"工作中鲜活的新闻事件,提高新闻稿件的可读性;强化专栏建设,营造良好舆论氛围,将"三改一拆"工作与"三思三创"活动结合,推出《"三改一拆"在行动》专栏,通过消息、图片、评论等新闻题材,宣传"三改一拆"的背景及意义,共刊发专栏稿件81篇,评论员文章3篇。强化舆论监督,力促报道取得实效。确定《今日象山》三版为"曝光监督性报道"平台,发挥好"政协民情热线"栏目的作用,加强与有关部门、人大代表、政协委员的联系,对旧住宅区、城中村等存在的"脏乱差"现象,以及少数无理取闹、性质恶劣的"钉子户"予以曝光。

【深化"走转改"活动】 象山新闻中心以抓好专栏建设、抓好记者联系点建设、抓好机制建设为重点,鼓励编辑、记者更加深入基层,实现"真走、真转、真改"。栏目建设上,《走基层转作风改文风,记者在一线》栏目共刊发稿件50篇,《"海葵"今晨3时20分鹤浦登陆》《上张新村的第九十七根房梁》等专栏稿件获得了省市新闻奖。《真情象山》《善行象山》《田野走笔》《人物速写》《丹山晨谈》等专栏也积极贴近群众,采写刊发鲜活的新闻素材。在联系点建设上,中心调整完善了领导联系点制度、记者分线分块负责制。领导对联系点的宣传工作进行统筹指导。成立新闻报道小组,负责某一片区的新闻报道,打破一个记者只联系一个乡镇的局限,便于更好的挖掘新闻素材,设置小组长,组织协调记者开展采访活动。在机制建设上,建立新闻热线报料奖励制度,做好新闻热线和市民投诉件的吸纳、梳理、报道、反馈工作;为确保编辑记者有效走进基层,完善了内部考评机制,中心每周组织召开采编会议,对"记者在一线"报道活动进行小结,并要求记者上报新闻线索,开展"季度好新闻评奖活动",鼓励记者积极深入基层。

网络宣传

【概况】 2013年,中国象山港网站的网络新闻宣传工作紧紧围绕县委、县政府中心工作,本着"传递信息、交流经验、推进建设、促进发展"的宗旨,充分利用互联网这块宣传新阵地,发挥记者、通讯员宣传队伍作用,加强全体工作人员作风建设,践行一线工作法,增强服务中心、服务大局的意识和能力,各项工作都取得了新的进展。

【充实记者力量】 2013 年，中国象山港网站努力做好把“平面新闻”变成“立体新闻”工作，将静态文字与动态画面结合，拓展新闻认知和宣传的深度和广度。网站派出一位技术人员和美工到电视台实习，学习新闻摄像技术，充实一线队伍。网站的原创视频新闻比重有了较大幅度的增加，新闻视频编辑质量有了较快提升。同时，实现“网上会客厅”视频直播、录播正常化、常态化。

【深度介入全县重大事件和主题宣传报道】 2013 年 2 月，县委推出向周辞美、赖振元、卢国平三位优秀企业家学习活动，网站及时派出记者，到上海等地采访他们的先进事迹，并配发本网评论，同时，还邀请相关企业作客网上会客厅；在两城创建、三改一拆专项行动、创建国家级生态县以及开渔节的宣传报道中，也活跃着网站记者的身影。同时网站其他工作人员则充分运用网络无限的资源优势，通过更多的文字、图片、视频等，更全面的展现全县各重大事件的开展情况，进展成果，扩大宣传效果，积极引导网络舆论方向。

【宣扬“善行象山”】 2013 年 3 月，象山县推出先进典型徐祥青，网站闻风而动，邀请徐祥青走进网上会客厅，进行现场直播，并与网友实时互动。网站还开展学习雷锋好榜样，争做最美象山人专题报道。之后，象山港网站在首页添加“善行象山”频道，并将其主色调定为温暖红色，除发布报纸报道内容，还设置了古风流韵、善行文化、水滴爱心凝聚、绿丝带在行动等栏目，对报纸报道内容以图片、视频等形式进行延伸补充，栏目内容更新及时，全面展示“象山善行”中的人、事、文化。

【启动主网页和论坛改版工作】 整合新闻资源，突出民生服务功能，加强网络文化建设。2013 年，中国象山港网站新开设善行象山、工业经济、文学艺术等频道，推出诗歌论坛、校园论坛等文化类论坛，助力文化强县建设，网站旗下的象山房产网进入试运行。完成论坛改版工作，新增招聘求职、缨溪诗韵、象山达人、校园写手等版块。为办好论坛的招聘求职版块，中国象山港网主动联系各镇乡（街道）、相关部门、企业，县人社局、县总工会、华翔劳伦斯、天安集团、日升集团等相关企事业单位在网站进行了注册认证，免费发布用工信息。这一系列工作为网民学习、生活提供了更便捷的服务，利于把他们的注意力吸引到主流媒体网站上来，巩固网络宣传阵地。

【承办微拍开渔视频大赛】 以开渔节期间各地文艺活动和活动参与者背后的故事为题材，用普通市民的视角展示中国（象山）开渔节精彩画面，承办“微播开渔节视频大赛”，创新开渔节参与方式。该大赛共收到参赛作品 50 多件，初选出 20 件作品进入终评。其中，有几件是独家的作品。此举证明象山港网站已经具备了新闻视频制作，宣传专题片制作和承办相关比赛活动的能力和水平。

【开通“掌上象山”微信平台】 结合自身特点，中国象山港网站以订阅号为开发目标，“掌上象山”微信正式运行。“掌上象山”选择高明度的蓝色为主基调，以清新的形象，增加关注者好感度。发布的信息以本地新闻、停电停水、气象潮汐、招工招生、交通信息、旅游资讯等公众性信息为主，更新及时，让手机用户仅关注一个号，就可以接收到全面的信息。推出多种信息发布方式，如每天一期信息推送、关键词回复获取信息、微网页信息链接等。通过在《今日象山》、论坛、QQ 群、微信、微博发布“掌上象山”公众号、二维码等，“掌上象山”微信账号已被 1500 个用户添加关注。

（吴海龙）

卫　生

综　述

2013年年末,全县共有医疗卫生机构291家,其中县级医院4家、公共卫生单位5家、乡镇卫生院17家、卫生院下延的社区卫生服务站30家、村卫生室190家、部队职工医院和老干部诊所各1家、民营医院2家、医务室3家、个体诊所38家。有病床床位1634张,卫生技术人员2429人,其中医师1206人、注册护士882人,每千人口床位数3.25张(以象山第六次人口普查常住人口统计,下同),每千人口医生数2.40名,每千人口护士数1.75名。高级技术职称306人,占卫生技术人员12.60%;本科以上学历1359人,占卫生技术人员的55.95%。全县医疗机构门:急诊385.61万人次,其中县级211.70万人次、乡镇及以下173.91万人次;出院,县级43214人、乡镇级以下925人;医疗业务收入9.15亿元,其中县级7.47亿元、乡镇及以下1.68亿元。

2013年,全县卫生工作以深化医药卫生体制改革为契机,全面落实卫生强县战略,扎实推进全县卫生事业的全面健康协调发展。医疗卫生服务能力明显增强,象山县第一人民医院通过国际JCI认证,并加大与县外医院技术合作,挂牌同济大学附属第十人民医院心脏中心象山分中心,挂牌复旦大学附属中山医院内镜合作基地;县红十字台胞医院创建"二甲"医院,成为宁波大学附属医院象山分院;县中医医院突出中医特色,与乡镇卫生院建立中医人才培养机制,提升农村中医药服务能力。基层医疗卫生服务体系建设进一步加强,基本公共卫生服务均等化取得实质性突破,全县基本公共卫生服务项目完成率达92.5%。城乡居民人均基本公共卫生服务项目经费达到50.8元。人群健康水平进一步提高,居民平均期望寿命达到80.53岁,孕产妇死亡率、5岁以下儿童死亡率、新生儿死亡率均保持较低水平。

社区卫生

【概况】 2013年,社区卫生服务工作紧紧围绕建设社会主义新农村的目标要求,继续全面构建社区卫生服务三级网络,新增三星级服务站1家,星级服务站创建率75.8%。重点推进乡村社区卫生服务一体化管理,加强慢性病社区管理,提升社区卫生服务水平。

【社区卫生服务中心提升工程】 继续推进社区卫生服务中心规范化建设,2013年全县新建社区卫生服务站(村卫生室)19家,1家石浦金星社区卫生服务站通过宁波市城乡社区卫生服务站三星级站评审。全县共有25家服务站通过市级星级服务站验收评估(其中五星级服务站3家、四星级服务站1家),星级站创建率达75.8%

【乡村社区服务一体化管理】 继续做好基层医疗卫生服务机构网底建设,卫生服务站(村卫生室)一体化工作稳步推进。2013年投入160余万元新建村卫生室16家,均达到县标准化村卫生室标准,新纳入一体化管理村卫生室18家,全县达到85家,新设立新农合村卫生室结报点11家,全县达22家。截至2013年,全县村卫生标准化建设率、一体化率、新农合率,分别达到53.19%、62.77%、29.26%。

【奖医育才工程】 开展象山名医、名院长、学科带头人、骨干医生和护理标兵以及医学新秀和护理新秀评选，产生象山县名医3名、名院长1名、学科带头人15人、骨干医生48人、护理标兵9人、医学新秀20名、护理新秀10名。加快人才队伍建设，招录200多名医学类人才；定向培养43名农村社区医生，其中临床医学本科和专科层次各20名，预防医学本科3名。

【慢性病社区规范管理】 2013年，慢性病总人数达到70324人，较2012年同期增加10.42%(70324/63689)；慢性病规范管理人数达到了63069人，较2012年同期提高13.66%(63069/55490)；规范管理率为89.68%。加大高血压、糖尿病等慢性病患者筛查发现率并及时纳入管理，全县共发现高血压、糖尿病患者50796人和12581人，发现率分别达9.38%和2.32%，较2012年有了明显提高。同时规范开展随访服务，实行随访与门诊服务相结合，全县高血压、糖尿病规范管理率已达87.64%和86.34%，控制率分别达61.78%和64.65%，服务数量和服务质量进一步提升。

【健康档案管理】 按照规范要求，各医疗单位将健康档案与日常开展的医疗服务、健康体检相结合，不断完善健康档案，保证电子健康档案信息的真实、完整，有效地提高健康档案的数量、质量和使用率。截至2013年年底，全县共建常住居民电子健康档案457891份，常住居民电子建档率达84.53%(户籍人口电子建档率90.98%)，健康档案合格率达92.3%，健康档案使用率达74.1%。

【老年人社区健康管理】 按需提供老年人健康管理，结合60岁以上老人健康体检进一步完善老年人健康档案，开展眼科保健服务，并根据健康检查情况进行健康评估和干预指导。截至2013年年底，全县共建立60岁以上老人电子健康档案达82339份，健康管理率达88.13%，眼科保健人数达50263人，保健覆盖率达53.8%。

【重性精神疾患者社区管理】 分两期对17个镇乡(街道)精防医生开展为期两个月的脱产规范化培训，组织100余人开展心理咨询师培训，启开精防工作例会，全面提升服务能力。截至2013年年底全县共录入浙江省社区重性精神病人信息化系统重性精神病人2324人，发现率达4.62‰，规范管理率达81.20%，稳定率达91.95%，治疗率达71.23%，各项指标均达到目标要求。积极开展社会管理创新工作，开发镇乡(街道)重性精神疾病新农合即时结报系统，并于9月初在全县启用，全县2000余名重性精神病患者享受该项便民服务政策。

【家庭医生制服务模式】 在总结试点工作基础上，大力推行以社区居民与全科医生签约服务为载体的家庭医生制服务。截至2013年年末，全县共有34个责任片区、61个行政村开展了家庭医生制服务模式，5324户、14605人签订了家庭医生制服务协议，其中60岁以上老人5436人、高血压、糖尿病、重性精神病及其他慢病患者3454人，试点片区重点人群签约率达55.26%。积极组织全科医生参加健康管理师培训，第一期全县共有43名全科医生参加培训。

【慢阻肺社区综合防治管理项目】 在东陈乡试点推行慢阻肺社区综合防治管理项目。通过各类健康体检、门诊诊疗、下村服务等，共筛查识别慢阻肺患者100余人，均进行建档立卡，并纳入慢性病信息化、规范化随访管理，进一步扩大基本公共卫生服务项目实施面。

【学生口腔保健服务项目】 在2012年试点基础上，2013年在15个有条件的镇乡继续开展小学二年级学生免费窝沟封闭项目，共11000余名学生接受了口腔检查，4500余名学生接受了免费窝沟封闭术。

【卫生监督协管启动】 组建卫生监督协管网络，在17个乡镇确定卫生监督协管员，设立卫生监督协管工作站，组织开展业务培训，明确工作职责和工作内容，落实信息报送制度。全年全县各镇乡卫生监督协管站共建立辖区内卫生监督管理相对人基础档案信息2001条，上报卫生监督协管信息15条，并每季度开展一次卫生监督协查，各项卫生监督协管工作正逐步启动。

卫生监督

【概况】 2013年,全县卫生监督工作共有管理相对人2200户,其中医疗机构290家(其中开展放射诊疗工作的医疗机构15家)、集中式供水单位17家、二次供水单位22家(其中仅设增压泵14家)、公共场所经营单位1651家、学校55家、职业病危害申报企业165家。全年围绕中心攻坚克难,着力打造"三创"重点工程,加大公共场所、生活饮用水、医疗服务市场、学校卫生等执法力度,严厉打击各类违法行为,较好地维护了人民群众的健康权益。

【公共场所卫生治理】 开展足浴场所、经济型快捷酒店、游泳场所卫生"333"治理。监督检查全县43家足浴场所,现场快速抽检5家足浴场所室内空气质量,结果合格。随机抽检7家单位公共用品用具,检测毛(垫)巾7份,合格5份,合格率71.4%,不合格原因均为细菌总数超标,监测最高值690cfu/25cm²;检测饮具7份,合格6份,合格率85.7%,不合格原因为检出大肠菌群;检测拖鞋7份,合格5份,合格率71.4%,不合格原因为检出霉菌,监测最高值470/50cm²。全县共有经济型快捷酒店8家,950张床位,从业人员116人,均取得公共场所卫生许可证。抽检6家酒店的茶具、毛(浴)巾、床上卧具、脸(脚)盆、恭桶坐垫等公共用品用具58份、空气质量12份,结果均合格。组织全县7家游泳场所负责人召开卫生管理工作暨业务培训会议;游泳高峰期间加大水质检测,共采集游泳池水55份均合格。3家游泳场所参加量化分级,1家评定B级,2家评定C级。

【文化娱乐场所整治】 11月15日至12月15日期间,卫生监督员于夜间对全县45家文化娱乐场所(大中型卡拉OK厅、酒吧等)开展卫生专项整治,对2家违法情节较严重的娱乐场所进行了行政处罚。

【放射卫生监督】 对全县15家从事放射诊疗活动的医疗卫生机构开展监督检查,118名工作人员均持证上岗,督促各单位应用放射检查技术严格按照《放射诊疗管理规定》和有关放射卫生防护规范和标准操作。全县仅1个放射性职业病危害建设项目,项目评价及卫生审查率100%。

【职业卫生监督】 对全县165家接害企业开展监督检查,督促落实作业场所危害因素监测评价,随机在76家单位检测:粉尘点83个,合格73个,合格率89.02%;化学毒物点102个,合格100个,合格率98.04%;物理因素点108个,合格66个,合格率61.00%。落实从业人员健康体检人员2692人,检出疑似职业病例3例,确诊尘肺病例1例,检出职业病禁忌症22人,调离22人。完成对宁波天安(集团)股份有限公司天安电工生产基地职业病防护设施竣工验收工作。

【学校卫生监督】 对全县55家学校开展了分别以春季传染病及常见病防控、教学环境卫生、饮用水卫生为主的校园卫生安全健康1号、2号、3号行动,共出动卫生监督员350人次,督查学校55家(小学24家、中学31家)。对学校卫生(保健)室设立情况、专业技术人员配备、消毒工作开展了监督检查,督促落实相关工作。

【打击非法行医】 研讨制定《象山县打击非法行医操作规程》、《象山县打击非法行医试点工作规范》,探索建立打非长效监管机制;开展"远离非法行医,严厉打击两非"现场宣传活动,悬挂横幅1条,摆放墙报10余张,发放画册1000余份,环保宣传袋500余只,宣传汗衫100余件,接受咨询200余人次。全年共查处无证行医35起,取缔11户,作出行政处罚9户,移送公安局1起;罚款人民币11.263万元,没收违法所得2.536万元,药品60多箱(约3.5万元),牙科治疗仪7台、牙钳血压计等21件(约3.45万元)。

【依法执业守护健康行动】 全年共出动卫生监督员700余人次,对全县所有医疗机构进行了监督检查,重点落实二级以上医院和妇幼保健院等大型医疗机构依法执业巡查机制,共签订依法执业承诺书290份,下达卫生监督意见书200余份。对21家单位给予不良执业行为记分56分。对1家超科目行医的医疗机构作出行政处罚,罚款70080元,没收违法所得23360元。

【中小医疗机构卫生监督信誉评定】 全县共285家中小医疗机构全部完成信誉评定，规范级47家，合格级238家。评出A级单位5家、B级单位74家、C级单位193家、D级单位13家，公示率达100%。

【卫生行政许可】 全年共完成行政许可项目和非行政许可项目2055件。其中建设项目职业病危害预评价报告的审查3件，放射诊疗许可1件，供水单位卫生许可6件，公共场所卫生许可证核发514件，医师执业注册、变更共242件，护士执业注册、变更、延续共939件，设置医疗机构审批8件，医疗机构注册、变更共86件，母婴保健专项技术服务许可11件，医疗机构校验230件，放射诊疗校验10件，医师多点执业备案5件。

【公共场所卫生监测】 共抽检7家住宿场所公共用品用具消毒效果，抽检28份床上卧具、4份毛巾、14份茶具、14份脸(脚)盆、14份恭桶坐垫等公共用品用具，结果均合格。4家理发美容场所公共用品用具消毒效果，合格3家，其中抽检理发场所2份剪刀、2份梳子、2份毛巾，均合格。抽检美容场所4份毛巾，2份不合格样品检出大肠菌群。2家沐浴场所公共用品用具消毒效果，合格1家，毛(浴)巾抽检4份，合格2份，合格率50%；检测饮具、拖鞋各4份，合格率100%。检查中，现场快速检测各沐浴场所温度、湿度、CO_2及CO等指标，均合格。委托宁波中通检测科技有限公司对营业面积3000平方米以上的世纪联华超市、象山时代金球影院的2个影厅开展空气质量检测，超市共采集样品78份，电影院共采集样品52份，结果均符合标准。对5家使用集中空调的单位进行督查，对象山港国际大酒店运转四年以上的集中空调通风系统风管内积尘量、细菌总数、真菌总数、冷却水和冷凝水嗜肺军团菌进行了检测，各项指标均抽检2份，共10份，1份风管内积尘量不合格，合格率90%。

【生活饮用水监督监测】 全年监督覆盖率达100%，共采集水源水19份，合格率100%；管网末梢水348份，合格率72.70%，不合格原因是菌落总数不合格48份、浑浊度不合格39份、肉眼可见物不合格23份；出厂水58份，合格率77.59%，不合格原因是浑浊度不合格6份、菌落总数不合格6份、pH不合格5份；二次供水水样24份，合格率83.33%，不合格原因是菌落总数不合格3份。另采集5家水厂的5份出厂水送浙江省疾病预防控制中心进行非常规指标检验，结果均合格。

【医院消毒隔离监测】 对象山县第一人民医院、象山县红十字台胞医院和象山县丹城中心卫生院开展的消毒隔离工作进行监督监测。共监测各类样品125份，合格107份，合格率85.60%。其中，检测医院物体表面17份、室内空气样品11份、消毒后内镜样品4份、使用中消毒剂6份、高温灭菌效果试验无菌包采用嗜热脂肪芽孢菌片样本11份、医院污水2份、消毒灭菌物品表面10份、紫外线灯管15份，全部合格；医护人员手表面25份，合格24份，消毒合格96.00%；血透液8份，合格7份，合格率为87.50%；口腔科用水16份，均不合格。

【餐饮具卫生监测】 全县共有洁象餐具清洗服务部和石铺洁业餐具清洁包装服务站2家单位，均取得"浙江省餐饮具集中消毒卫生监督合格证"。2013年共抽检样品80份，均合格。

【消毒产品卫生监测】 对全县4家抽检消毒产品生产企业卫生湿巾20份、面巾纸40包、一次性纸杯20包(每包5只)；随机抽检1家大酒店供顾客使用的纸杯100只、纸巾纸20包(外省企业生产的产品)，结果全部合格。

【爱国卫生监督】 开展公共场所禁烟专项监督检查，共检查经营单位1091家次，责令144家单位限期整改；开展康卫卫洁技术服务有限公司、中意灭鼠除虫有限公司、楚天生物防制有限公司3家病媒生物预防控制服务单位的备案工作；对城区242家200平方米以上的公共场所重点单位开展专项检查，督促各经营单位与消杀公司签订消杀合同，安装病媒生物防制器械设施，定期不定期地对公共场所开展消杀工作。

【卫生行政执法】 全年共作出行政处罚案件53件，其中警告43户次，没收违法所得2户次，金额

25360元,罚款53户次,金额199530元;其中公共场所卫生43户次,罚款81900元,医疗机构10户次,罚款117630元。

疾病预防

【概况】 2013年共报告甲、乙、丙类传染病3749例,总报告发病率687.89/10万。无甲类传染病报告,乙类传染病共报告病例1230例,报告发病率225.69/10万。报告突发公共卫生事件2起,分别是象山县西周镇中心小学急性出血性结膜炎疫情,涉及病例27例和象山县高塘中心学校流行性感冒疫情,涉及病例37例,无死亡病例,均为一般突发公共卫生事件,疫情得到及时有效处置。

【结核病控制】 全年新登记活动性结核病人265例,其中涂阳病人107例(初治涂阳97例,复治涂阳10例),涂阴病人135例,结核性胸膜炎及其他肺外结核22例,未查痰1例,涂阳登记率19.96/10万。初诊病人308例,查痰率达到100%,涂阳检出率34.01%(107/308)。本辖区非结防机构共报告本地疑似肺结核病例245例,删除重报42例,住院治疗8例,出院1例,转诊196例,转诊率100%(196/196),追踪病人159例,追踪到位率97.48%(155/159)。访视管理242例,访视率100%。对确诊的肺结核病人均统一使用标准的短程化疗方案,使用统一化疗方案率达100%,病人系统管理率100%(242/242),新登记涂阳初治病人化疗满二月痰菌阴转率84.91%(90/106),复治72.73%(8/11),规则治疗率100%,新涂阳病人满疗程治愈率92.17%(106/115)。调查筛选肺结核菌阳病人密切接触者324人,筛查率100%,查出1例涂阴病人。跨区转入病人1例,转入患者的到位信息反馈率100%(1/1);新发现及可随访的HIV患者33例,接受结核病检查患者33例,筛查率100%(33/33),发现1例涂阴肺结核病人并进行抗痨治疗。

【艾滋病防治】 全年新发现艾滋病阳性感染者和病例31例(其中HIV17例、AIDS14例),比去年同期增加138.46%(31/13),其中象山县报告17例,防治形势严峻。艾滋病自愿咨询507人次,接受免费检测505人次,发现阳性3例。外来务工人员、外来婚嫁女、娱乐场所从业人员、外出返乡人员四类重点人群共检测6000余人,发现1例阳性者。对城区部分KTV、美容美发厅等公共场所共944名服务人员进行艾滋病相关知识、危险行为问卷调查等行为干预。干预并监测男男同性恋35人,发现阳性3例,监测监管场所被监管人员194人,发现确诊阳性2例。截至2013年,全县在管HIV/AIDS共65人,其中43人接受正规免费抗病毒治疗。对上述65人共进行151次随访,采集132份血样进行CD4细胞检测,完成21例病毒载量检测工作。

【H7N9禽流感疫情防控】 4月初,长三角地区发生了多例甲型H7N9禽流感死亡病例,象山县高度重视,开展了多项防控措施。分别于4月初和4月下旬对各医疗卫生单位进行了2次人感染H7N9禽流感发热门诊设置、防控知识培训、预检分诊等情况检查指导;在防控疫情过程中共规范处置6例监测疑似病例。

【手足口病防治】 全年共报告手足口病1551例,无重症死亡病例报告,其中实验室确诊病例9例,EV71阳性8例,其他肠道病毒1例。调查处置手足口病聚集性疫情13起(丹城12起、爵溪1起)。

【肠道传染病防控】 开展以霍乱为重点的肠道传染病防治知识培训以及消杀药品和采样试管的铺底,于5月底对县红十字台胞医院和县第一人民医院肠道门诊进行了督导工作。全年共接到乡镇卫生院报告无痛性腹泻(疑似霍乱)2例,县疾病预防控制中心均在第一时间开展流调、采样、消杀以及预防性服药工作,最终病例均排除。

【正规处置1例输入性登革热病例疫情】 4月7日,县中医医院收治1例从非洲安哥拉回来的登革热病例。县疾病预防控制中心接到报告后,组织专业技术人员立即赶往患者家中,开展流调消杀灭蚊工作,同时在县中医医院、县第一人民医院及丹城中心卫生院开展病例主动搜索工作,对丹东、丹西街道环境开展综合整治和爱国卫生运动,未发生二代病例。

【发热伴血小板减少综合征监测】 全年全县共报告3例发热伴血小板减少综合征患者，分别是西周1例、茅洋2例。象山县自2012年承担省疾控中心发热伴血小板监测工作，2013年完成了三个季度的发热伴血小板综合征宿主与媒介生物调查。

【免疫预防接种】 通过强化基础建设，全县儿童免疫接种保持较高水平。2013年全县满周岁内儿童共有4707人，其中常住儿童2898人，流动儿童1809人；建卡、建证均为4707人，建卡、建证率均达100%。全县常住儿童、流动儿童的卡介苗、脊灰疫苗、百白破、麻风疫苗、乙肝疫苗、流脑疫苗、乙脑疫苗的七苗单苗接种率均在95%以上。

【麻疹疫情防控】 全年全县共报告麻疹确诊病例7例，报告发病率为1.28/10万，排除14例，全县疑似麻疹排除率为2.57/10万。开展病例的流调和应急接种130人。3月11日～2日开展春季麻疹、脊灰查漏补种工作，查漏补种麻疹类疫苗应种274人，实种262人，接种率95.62%；脊灰疫苗应种593人，实种568人，接种率95.78%，并通过了市级评估。为响应国家2013年消除麻疹计划，县疾病预防控制中心将麻疹疫苗首针及时率列入月分析内容，全县目前麻类疫苗首针及时率已达到95.00%。

【疟疾防控】 积极开展"三热"病人监测，全年20家监测单位共监测"三热"病人1817人，全年血检率为3.36‰(1817/540322)，顺利完成监测任务。共发现输入性疟疾病例7例，经实验室确诊6例为恶性疟，1例为间日疟。病人均为该县本地居民，去非洲打工回象后发病。对7例病人均进行了正规治疗，未发生二代病例。

【星级门诊创建】 8月，爵溪预防接种门诊和西周预防接种门诊通过了省级规范化接种门诊和省星级门诊复评。目前，丹城、鹤浦和晓塘预防接种门诊正在积极创建星级门诊。

妇幼保健

【概况】 2013年，县妇幼保健工作以提高妇女儿童健康水平为核心，以妇幼卫生项目为重点，全面提高全县妇幼保健工作水平。全年户籍地产妇分娩总数3993例，活产4018例；非户籍地产妇分娩总数1350例，活产数1351例；全年未发生孕产妇死亡，本地户籍5岁以下儿童、婴儿、新生儿死亡率分别是4.73‰、3.24‰、1.99‰。

【妇女健康促进工程】 全县共有49691例妇女参加了妇女病普查，普查率43.51%，高质量、高标准完成工作任务。查出妇科病22016人次，妇科疾病患病率44.31%，其中查出宫颈癌5例，乳腺癌4例。县妇幼保健院对丹东街道35～64岁之间农村妇女展开了两癌筛查，其中乳腺B超500例，5例进行钼靶检查；宫颈癌筛查2500例，对宫颈筛查异常者及时给予阴道镜检查，阴道镜检查人数26例，活检20例。异常者均追踪、随访，并已采取相应的治疗。

【婚前医学检查】 全年共有3375对适龄青年进行结婚登记，实行婚前医学检查共5887人，婚检率87.21%，比2012年上升了1.81%。

【儿童营养性疾病监测】 全县共监测儿童13504人，实查儿童13214人，筛查出营养不良511人，维生素D缺乏性佝偻病37例，缺铁性贫血1061例，肥胖359例。监测中发现0～2岁儿童贫血发生率较高，与幼儿未及时添加含铁类食物有关。

【出生缺陷监测】 全年共监测的5267例活产中，发现出生缺陷47例，出生缺陷的发生率为8.9‰。其中大于28周出生缺陷发生36例，小于28周出生缺陷发生11例。

【婴儿先天性心脏病监测】 全年共监测发现婴儿先天性心脏病74例，发生率1.37%，其中本地户籍60例，发生率1.49%，非户籍14例，发生率1.04%。对74例先心儿童均进行了专案管理，其中当年自愈10例，2例经手术治疗，死亡5例。

【产前、新生儿疾病和听力筛查】 开展产前筛查，全县应筛查孕妇3581例，实筛3315例，筛查率92.57%，筛查出高风险孕妇651例。开展新生儿疾病筛查，5244例新生儿中，筛查5214人，筛查率为99.5%。确诊先天性甲状腺功能减低症4例，治疗随访中的先天性甲低患儿经过宁波市筛查中心干预治疗，症状得到了及时的控制。开展新生儿听力筛查，5244例新生儿中，共筛查0～2岁5222例，筛查新生儿5190例，新生儿筛查率99.4%，发现听力障碍儿童6例。

【5岁以下儿童死亡评审】 全县全年活产数5369例(包括非本地户口)，5岁以下儿童死亡26例，婴儿死亡18例，新生儿死亡12例，死亡率分别是4.84‰、3.35‰、2.24‰。其中，当地户口活产数4018例，5岁以下儿童死亡19例，婴儿死亡13例，新生儿死亡8例，其死亡率分别是4.73‰、3.24‰、1.99‰。26例5岁以下儿童死亡中，经县级两次评审可以避免死亡0例，创造条件可能避免死亡9例，不可避免死亡17例。

医政管理

【概况】 2013年，继续推进县级公立医院综合改革，以提高医疗服务质量、保障医疗安全为主线，继续推进医疗服务体系建设，完善院前急救运行机制，推进医疗救治体系建设。县第一人民医院顺利通过国际医疗卫生机构认证联合委员会(JCI)认证；县红十字台胞医院成功创建"二甲"医院，建立"托管"模式，成为宁波大学附属医院象山分院，医院管理水平和服务质量得到有效提升。

【县级医院综合改进】 以"创建人民满意医院"为契机，县级医院不断在服务环境、服务质量、服务态度上持续改进。2013年，县第一人民医院、县红十字台胞医院、县中医医院人均均次费用、床日费用分别为212.47元、166.51元、164.23元和998.88元、639.27元、719.17元，较2012年同期分别下降+20.77元、－3.07元、－10.52元和+62.20元、－30.80元、+15.09元；平均住院床日、床位使用率分别为8.68天、8.93天、9.76天和103.39%、84.34%、97.88%，较2012年同期下降分别－0.49天、－0.22天、－0.54天和－2.79%、－1.33%、+2.6%；抗生素使用率一季度为25.00%、22.88%、35.76%，二季度分别为25.34%、22.36%、30.8%，三季度分别为26.65%、21.12%、29.30%，四季度分别为23.61%、16.93%、22.18%。三家县级医院采用电话、网上预约挂号，使预约挂号比例不断增大，县第一人民医院专家号开放达50%。

【国家基本药物制度】 为推动县级公立医院综合改革有效实施，继续沿用县域总控药品目录，遴选产生县级医院药品1199种，其中国家基本药物(包括省增补药品)316种，占总品种数21.36%，丙类药品158种，占总品种数13.18%，医保甲乙类药品目录725种。全县66家基层医疗机构实施基本药物制度，药品实行零差率销售。遴选产生基层医疗机构使用药品通用名640种，其中国家基本药物(包括省增补药品)457种、县自定药品100种和有30张床位以上卫生院自选药品83种。

【县第一人民医院成功通过JCI国际认证】 2月14日，县第一人民医院以优异的成绩顺利通过了JCI评审专家为期五天的JCI国际认证检查，成为宁波市第一家，浙江省第二家，国内公立综合性医院第六家通过JCI认证的医院。这是县第一人民医院成功创建三级医院以后又一里程碑式的工程，是全县医疗卫生事业发展进程中的又一件大事，为象山建设现代化滨海休闲城市打下了坚实的医疗卫生基础。

【县红十字台胞医院成为二级甲等综合性医院】 县红十字台胞医院成功创建二级甲等综合性医院，建立"托管"模式，与宁波大学附属医院合作办院，院挂牌宁波大学医学院附属医院象山分院；双方签订10年合作协议，确立三大目标。自5月2日起，宁大附院近30名专家对口支援县红十字台胞医院消化内科、普外科、骨科、妇科(腔镜)、放射科等重点科室。

【县第一人民医院加强外引】 12月13日，沪象医疗合作结硕果，县第一人民医院正式挂牌"同济大学附属第十人民医院象山分院”，确定心内科、神经外科、骨科、眼科、心胸外科5个科室为首批合作科室，建立了学科结对合作关系，促进医院学科快速发展。成立复旦大学附属中山医院—宁波市第四医院内镜诊疗技术合作基地，复旦大学附属中山医院内镜中心专家于每月最后一周的周六定期到县第一人民医院开展疑难病例内镜检查及内镜微创治疗。截至年底，共完成无痛胃肠镜检查10人次，内镜下治疗6人次。

【中医药建设】 乡镇卫生院中医科创建全面完成。2013年年初，晓塘乡中医科建设完成，全县乡镇中医科建设率达100%。提升基层中医药服务能力，出台《象山县基层中医药人才素质提升方案(2013－2014)》，2013年1名医生被评选为市级基层名中医。

【无偿献血管理】 继续保持全县临床用血100%来自自愿无偿献血。全年无偿献血4922人次，累计献血量为1446110毫升，街头自愿无偿献血率为63%，临床用血量为1025100毫升，自供率为141%。自体输血255例，回收式献血量130635毫升，互助献血100余例，择期要求病人开展储存式自体输血5例。

【医疗纠纷第三方调处机制】 以《宁波市医疗纠纷处置条例》为法律依据，各医疗机构发生的医疗纠纷基本通过县医疗纠纷理赔中心和县医疗纠纷人民调解委员会进行协调处理，全年共发生医疗纠纷76起，已协调处理58起，其中进行医疗鉴定4起，理赔金额3199234元。较2012年增加9起，理赔金额增加1874232元。

【院前急救体系建设】 加强院前急救工作的规范化、标准化、制度化建设。“120”指挥平台建设完成招标工作，计划于2014年年初建设完成。对2个急救分中心及4个急救点进行医疗文书规范，出台急救制度、标准。2013年，新增急救用车1辆，全县急救机构共出车7324次，急救病人7202人，平均出车时间1分钟。

【平安医院建设】 在县级医院、乡镇卫生院完成平安医院复评的基础上，县红十字台胞医院、县中医医院创建省级平安医院，全县15家乡镇卫生院创建市级基层平安医院。

【医疗技术援疆、援青】 县第一人民医院援疆、援青工作有序推进，全年共计接收10余名青海到象山进修学习人员，派遣一支由多学科人员组成的医疗分队赴青海进行业务支援。

医疗科研

【概况】 出台《象山县重点学科(基层重点专科)建设办法》，投入180余万元建设二家县级重点学科、一家基层重点专科，全系统积极参与科研的氛围逐渐形成，共计申报科研立项19项，县级立项12项，市级立项6项，省级立项1项。启动新住院医师规范化培训模式，全县3家基地共招录学院15名，组织培训师资20名。县卫生进学校全年招收全日制护理学生49名。

【经皮穿刺椎体成形术在椎体骨质疏松性骨折的应用】 获得浙江省卫生厅立项，由县第一人民医院杨振青主持，为卫生适宜技术成果转化计划B类课题。骨质疏松性椎体压缩骨折随着老年人口的增加，发病率逐步增高。骨折后可造成腰背疼痛、脊柱后凸畸形和劳动力的丧失。传统方法都不能缓解背痛和矫正畸形，患者需忍受长期背痛和制动带来的不适；同时老年人活动量减少宜导致骨量进一步丢失，骨强度进行性下降，将引发伤椎再骨折和其他椎体骨折；此外，由于老年患者常伴有多种基础性疾病，长时间背痛和卧床制动往往会引起其他并发症及基础性疾病的恶化，骨质疏松性脊柱骨折已成为老年人寿命缩短、致残、致畸的主要原因之一。经皮椎体成形术是近年发展起来的一项在影像引导下治疗疼痛性椎体压缩性骨折的脊柱外科微创技术，它通过经椎弓根穿刺，向压缩椎体内注入骨水泥，达到增强椎体强度，防止塌陷，增强脊柱稳定性，缓解腰背部疼痛的目的。

【女性乳腺癌肥胖易感基因及其与生殖、环境因素交互作用分析的研究】 获得宁波市科技局立项，由县第一人民医院林建军主持，为自然基金项目。乳腺癌已成为威胁女性健康的严重社会问题。而肥胖与乳腺癌的关系一直是国内外研究热点。本课题拟采用病例一对照研究方法，选取女性乳腺癌100例，并选取女性对照100例。在收集生殖及环境因素的基础上，进一步检测6个易感基因位点，分别为LEP rs7799039、LEPR rs1137101、ADIPOQ rs2241766、ADIPOQ rs1501299、FTO rs1477196和MC4R rs17782313。通过本次研究，(1)探讨基因单个位点多态性与女性乳腺癌的关系，为乳腺癌的早期预测、预防、诊断和治疗奠定基础。(2)探讨基因一基因交互作用对女性乳腺癌的影响，从而更深入了解乳腺癌的遗传机制。(3)探讨基因一环境交互作用对女性乳腺癌的影响，对于携带乳腺癌易感基因的个体，通过鼓励他们减少环境危险因素的暴露，养成健康的生活方式，从而降低乳腺癌患病风险。

【慢性乙型肝炎病毒感染者外周血CD27＋B细胞的变化及其临床意义研究】 获得宁波市科技局立项，由县第一人民医院林建军主持，为社会发展一般项目。目前国内外治疗慢性乙型肝炎最为常用的是干扰素和核苷类似物，但HBV耐药性的存在严重影响了慢性乙型肝炎的治疗。在临床工作中，还缺少对慢性肝病的早期诊断指标及预示病程变化的灵敏指标。最近研究发现，只有表达CD27的B细胞才能在有丝分裂原的刺激下分泌抗体，所以CD27可以作为区分未活化B细胞与成熟B细胞的标志。有证据表明CD27＋B细胞与HCV、HIV－1及EBV等多种病毒引起的疾病有明显相关性，但无研究证实CD27＋B细胞与HBV相关。本研究通过检测慢性肝病患者的CD27＋B细胞在外周血中所占的百分率，以及检测血清κ/λ比率，探讨CD27＋B细胞、乙肝及血清κ/λ之间的关系，为乙型肝炎的临床治疗提供依据，探索抗逆转录病毒性疾病的新思路和新方法，以减轻病人的身体精神痛苦及经济压力。研究内容：1)通过收集乙型肝炎轻、中、重及乙肝引起的肝硬化、肝癌患者及健康对照者抗凝血，检测不同群体CD27＋B细胞百分率的变化，探索CD27＋B细胞与HBV疾病进展的相互关系；2)通过检测IgM、IgD及κ/λ比率、IgH基因重排及bcl－2/IgH融合基因的变化，确定它们在HBV临床诊断中的变化。

【抗Hp药物在胃壁内分布规律及对根除Hp的影响】 获得宁波市卫生局立项，由县第一人民医院盛红主持。幽门螺杆菌(Helicobacter pylori，Hp)是一种世界范围人类感染的病原菌，在人群中具有较高的感染率。部分Hp感染者会发展为慢性胃炎、十二指肠炎、消化性溃疡、胃癌、胃黏膜相关性淋巴瘤等疾病，根除Hp治疗直接关系到上述疾病的转归。但近年来由于Hp耐药菌株的增多使根除Hp变得更加困难，因此探索根除Hp的影响因素、寻找更新的根除Hp方法成为目前改进根除疗法措施中不可或缺的组成部分。有研究显示，由于Hp特异性定植于胃黏液及其下方黏膜表面，因此，Hp根除成功与否理应取决于治疗部位局部抗菌药的浓度，只有抗菌药在其定植部位浓度达到所需杀菌浓度方可起效。但对胃壁内药物浓度及分布特点与根除Hp的关系及合用抑酸剂是否影响药物浓度的分布，尚未完全阐明。进一步研究不同抗生素在胃壁内分布规律及质子泵抑制剂对药物浓度的影响，将有助于筛选合适的根除Hp方案，减少Hp相关疾病的发生与发展。本实验通过采用随机对照的方法研究不同抗生素在胃壁内分布规律及抑酸剂对不同药物浓度的影响，了解抗Hp药物在在胃壁内分布特点及抑酸剂对药物浓度的影响特点，为抗Hp药物及方案的选择提供实验数据及理论依据。

【激光改善牙科氧化锆陶瓷粘接性能的应用研究】

获得象山县科技局立项，由象山县中医医院林艺华主持。各种激光表面处理氧化锆陶瓷时，激光的能量选择以及操作时间长短等对陶瓷黏连性能及机械性能将产生不同影响，激光表面处理以提高陶瓷粘连性能必须建立在不影响其物理机械性能的基础上。本课题的研究的目的：1. 明确改善氧化锆陶瓷粘接性能且不影响，起机械性能及激光处理方法。2. 明确激光表面处理后氧化锆的黏结机制。牙科氧化锆全瓷材料具有良好的力学性能、美学性能及生物相容性，已逐渐替代金属成为冠修复体的首选基底材料。然而，氧化锆属于生物惰性陶瓷类材料，氧化锆粘接性能已成为影响其临床效果的主要因素之一。开展本项目能极大提高患者生活质量，同时降低患者经济压力。

【象山县非联网简易自来水供水卫生安全评价研究】 获得象山县科技局立项，由县疾病预防控制中心林国建主持。近年内随着政府投入增加和联网供水工程的推进，象山县具有完全处理能力的自来水厂制供水能力大幅增强，获得联网供应的优质自来水人群不断增加，但象山县仍有约 1/4 多人口未饮用联网供应的优质自来水，这些人群多数饮用乡村未完全处理的自来水厂及未经处理的村级水站供应的自流水，饮用这些未达到国家卫生要求的简易自来水存在严重的卫生安全隐患。由于这些简易自来水厂(站)每家供应覆盖一定人群，相比一家一户分散式供水存在卫生问题造成的危害将大大放大。国内对集中式自来水供水卫生安全多有研究，对农村生活饮用水水质卫生监测也有开展，但针对农村小型简易自来水供水卫生安全进行评价研究的开展不多，象山县也没有进行过系统、全面的调查研究。通过本研究旨在比较全面掌握我县非联网供水卫生状况，并对卫生安全作出评估，针对性地提出改进措施，为政府改水及生活饮用水卫生监管提供依据。

【象山地区农村 COPD 患者营养不良调查】 获得象山县科技局立项，由象山县红十字台胞医院陈红丽主持。全球疾病负担研究显示：2010 年，COPD 列为疾病导致的死因第 3 位。最新的《国家卫生统计年鉴》也显示：2005 年呼吸系统(主要是 COPD)在城市居民主要疾病死亡构成中占 12.6%，排第四位；在农村居民主要疾病死因构成中占 23.15%，排第一位。COPD 是一种可以预防和可以治疗的常见疾病，其特征是持续存在的气流受限。气流受限呈进行性发展，伴有气道和肺对有害颗粒或气体所致慢性炎症反应的增加。COPD 病人常发生营养不良，据报道，营养不良的发病率为 24%～71%，营养不良是 COPD 预后不良的独立危险因素，并且可以导致患者住院次数增加，发生肺心病和心力衰竭，死亡率增高。因此需要探索出 COPD 患者营养不良的相关因素、营养不良的发病率及营养治疗中的价值，以期为 COPD 的临床综合治疗提供依据，为广大 COPD 患者提供更完整的治疗方案，减少加重次数，缩短住院日，减少社会和个人医疗卫生支出。

【首发精神分裂症患者场独立性/场依存性的研究】 获得象山县科技局立项，由象山县第三人民医院戴天刚主持。精神分裂症一类以认知、情感和行为异常的一组疾病，精神分裂症患者往往性格违拗、偏执，尤其对于妄想内容往往坚信不疑，难以说服改变，这与场独立性患者表现相似。因此探索精神分裂症患者的场独立性/场依存性对于研究精神分裂症患者的认知加工过程有重要意义。研究通过棒框仪实验和图形镶嵌实验对首发精神分裂症患者与健康志愿者对照发现，首发精神分裂症患者更倾向于场独立性，认知风格存在其特殊性。

爱国卫生

【概况】 以创建国家卫生县城为契机，切实加强爱国卫生工作，充分发挥爱卫会的组织协调作用，积极开展除害防病和健康教育，增强社会卫生意识，改善环境卫生，努力提高全县爱国卫生工作水平。

【国家卫生县城】 紧紧围绕县委、县政府“创卫”工作，强化爱国卫生组织管理，以卫生创建、环境整治、健康教育为抓手，落实除四害措施，统筹协调改水改厕工作，严格按照《国家卫生县城标准》，落实创建措施，收集资料档案，完成五大项创建任务，于 5 月份顺利通过创建国家卫生县城省级验收，10 月底接受了国家爱卫办的暗访，12 月底被全国爱卫会命名为 2011～2013 年度国家卫生县城。

【卫生单位创建】 开展各级卫生村、卫生先进单位创建(复查)活动，丹东、丹西街道成功创建市级二星级卫生街道，全年创建省、市级卫生村分别是 6 个、26 个，市卫生先进单位 15 个。对已创建的 5 个省市卫生镇、55 个省市卫生村、72 家省市卫生先进单位进行督查、指导，进一步巩固省市级卫生镇(街道)村的创建成果。

【开展“除四害”工作】 开展除四害培训，全县各镇乡、街道分别举办了灭鼠知识培训 18 期，组织举办各类消杀培训班 10 次，先后培训技术骨干 2000 人次。积极动员群众参加灭鼠活动。积极推行四害消杀市场化运作，鼓励卫生创建乡镇、街道实行四害消杀市场化运作，全县共有 8 个镇乡(街道)除四害实行服务外包，投入资金150余万元，其中城区投入81万元，城区外环境、“五小”行业四害消杀以及入户药械分发全部由专门消杀公司负责。

【病媒生物监测】 结合创建国家卫生县城工作，开展“四害”监测工作。在丹城城区设立监测点，开展鼠、蚊、蝇和蟑螂媒介生物种群调查和消长规律监测。平均鼠密度为0.85%，平均蚊密度为0.18只/小时·盏，平均蝇密度为1.45只/笼，蟑螂平均密度指数为0.024只/张。

【健康教育】 成立镇乡级讲师团，聘任方宰平等42人为县级讲师团成员，姚力等21人为镇乡级讲师团成员。出台《象山县健康教育讲师团2013年讲座计划》，规范讲师团管理，组织开展好全县健康教育工作。2013年，全县共发放宣传资料13余万份，举办各类健康知识讲座286场次、参加人数达2.6万人次，宣传栏张贴宣传画报548期，开展各类义诊、公众健康咨询活动260余场次，辖区居民的卫生常识知晓率进一步提高，达85.46%。

【爱国卫生月活动】 3月初下发《关于开展第25个爱国卫生月活动的通知》，严密部署开展春季以灭鼠为重点“除四害”活动、城乡环境整洁行动、大型广场公益宣传活动、爱国卫生知识竞赛等重点工作。4月9日，与两创办联合开展象山县“清洁家园”行动暨第25个爱卫月活动启动，在丹城公园门口进行大型宣传活动，免费分发资料2000余份，发放鼠蟑药1000包，开展免费入户消杀50余户。并于活动月期间在《今日象山》举办爱国卫生暨创建国家卫生县城有奖知识竞赛。

【公共场所控烟活动】 组织开展第26个世界无烟日大型广场宣传活动，开展公共场所控烟劝导执法，并对卫生医疗单位进行不定期的控烟督查。2013年全县申报创建市级无烟单位(学校)13家，全部通过验收。

【健康示范点建设】 积极开展健康示范点建设。指导丹城第二小学等4家学校开展健康促进学校创建活动，投入60余万元建成1个健康主题公园、2个健康小区，健康教育理念逐渐融入市民生活中。

(卫生局办)

县红十字会

【概况】 2013年，县红十字会充分发挥红十字在人道救助领域的积极作用，通过广泛募集资金，开展对弱势群体的帮扶，积极履行“三救、三献”职责，在全社会努力宣传弘扬“人道、博爱、奉献”的红十字精神，先后荣获中国红十字总会知识竞赛最佳组织一等奖、浙江省人体器官捐献工作先进集体、宁波市红十字工作先进集体，并在2013年度宁波全大市红十字系统目标管理考核中被评为优秀单位。红十字工作在被社会各界所广泛认知。

【召开红十字三届四次理事会】 5月31日，在象山宾馆四楼会议室召开了象山县红十字会三届四次理事会(扩大)会议。参加会议的有县红十字会第三届理事会全体理事；各镇乡(街道)分管领导；红十字志愿服务队队长、爱心俱乐部主任及被表彰的有关单位和个人共62人。会议回顾总结2012年工作，审议通过了县红十字会、县慈善总会、县卫生局《关于贫困高危孕产妇救助基金的实施办法》。设立了红十字社会监督委员会，聘请人大、政协等社会各界为监督委员会委员。表彰了2012年度县红十字会工作先进集体和个人。同时明确了2013年工作任务：进一步提高红十字会公信力，深入传播红十字文化，大力推进“三救”“三献”工作。红十字救护员达到户籍人口0.3%以上，普及率达到户籍人口的2%以上；造血干细胞捐献入库登记53例以上。筹资能力进一步提升，其中县本级筹资金额在50万元以上。

【开展红十字博爱周系列活动】 5月9日，县红十字会赴驻象山部队慰问象山首例成功捐献非血缘造血干细胞志愿者王成。副会长陈琴和王成及有关部队领导进行了座谈，对王成的无私捐献造血干细胞挽救素不相识白血病患者这一善举给予了高度评价。仔细询问志愿者的身体和工作情况，并送上了慰问金。5月10日上午，副会长陈琴慰问了县首例眼角膜捐献者孔爱梅和器官捐献者徐守忠家属。对他们的不幸离去表示深切的悼念。同时与他们的家属进行了座谈，对其及家属心怀大爱的壮举表示感谢，并给两位捐献者的家属分别送去了2000元慰问金。5月10日下午副会长陈琴和教育局等有关领导一起来到茅洋学校，慰问看望了那里的20名留守儿童，并为他们送去1万元慰问金和学习用品共计款物16000元，并鼓励他们认真学习。副会长陈琴就如何建立关爱留守儿童长效机制与有关人员作深入交流，希望在制度上能给予留守儿童更多温暖和关爱。

【“博爱送万家活动”向纵深发展】 1月15日，浙江省红十字会专职副会长高翔率省红十字会慰问组到象山开展“红十字博爱送万家”活动。副县长、县红十字会会长王安静、专职副会长陈琴陪同慰问。慰问组先后来到晓塘乡中岙村、晓塘村、美礁碶村，分别看望了82岁的陈孝存、62岁的梁娇娣和61岁的郑明礼等特困家庭，向他们送上慰问款物并致以新春祝福。此次省红十字会“红十字博爱送万家”活动，共慰问高塘岛乡、晓塘乡等困难家庭100户，慰问款物20万元，为他们送去党的温暖和红十字的关爱，得到当地群众的一致称赞。“博爱送万家活动周”期间各镇乡共自筹款物20多万元，到全县各社区(农村)困难户及敬老院，为250多户困难群众送上新春的暖意。

【人道救助工作成绩显著】 2013年，县红十字会共募集红十字爱心款112.9万元，物资50万元，超额完成市红十字会下达30万元的考核指标。一年来，县红十字会广泛开展帮扶困难群众活动，取得了良好的社会效果。建立了贫困高危孕产妇救助基金，全年救助52名困难产妇20万元；发放大病困难群众救助金55万元；开展博爱助学帮助贫困学子发放款物10万元；开展博爱助老活动，慰问敬老院、低保户、贫困人员发放现金(物资)47.9万元；11月29日，浙江省红十字会在全县举行2013年“康恩贝健康之旅——心脑血管疾病防治博爱行动”启动仪式，向象山县捐赠50万药品，全部发放给象山困难患者。4月，四川省雅安发生地震后，县红十字会共收到各界捐款381242.4元，全额汇往灾区。10月，红十字会联合县慈善总会向余姚“菲特台风”灾区救助13万元，收到余姚市委、市政府的感谢信。

【应急救护能力明显提升】 2013年是“红十字初级救护培训‘百千万’活动”的收官之年。该活动开始于从2011年1月，计划通过三年努力共招募100名志愿者经培训聘为救护辅导员，使全县1000个以上家庭得到红十字救护知识和技能辅导，10000名以上市民得到初级救护知识与技能的培训。方案制订后，县红十字会通过邀请资深优秀救护师在18个镇乡(街道)轮回讲座、培训、开展救护培训“五进”活动、举办师资培训班等措施狠抓落实。三年来，县红十字会共举办各类培训讲座85场次。培训救护师资100名，救护员10126人次，形成了县、镇乡(街道)、社区(村)三级救护培训网络。2013年全县共培训救护员1650人，普及救护技能知识5550人次，象山县红十字救护培训“百千万”活动取得了显著成效，全县应急救护能力明显提升。

【志愿服务彰显特色】 4月13日，县交通系统红十字志愿者们开展送爱心到“青苹果乐园”，为园里智障儿童送去自费筹集的大米、学习用品及一些生活用品。同时与他们一起画图画、做游戏、包饺子。6月26日下午，县交通系统红十字志愿者在县红十字志愿服务队队长陈晗的组织带领下，举行了一次以公交车突发事件为背景的交通事故应急演练。丹城和石浦两地公交公司的红十字志愿者共计100余人参加此次的应急救护演习活动。10月15日～22日红十字水上安全救护志愿服务队选派5名优秀志愿者参加省会设置在福建海面的为期一周的水上救护集训。红十字无偿献血志愿服务队常年坚持做好当地的无偿献血宣传和服务工作的同时，多次赴宁波开展各类成分血的捐献。

【人道捐献工作有新进展】 2013年成功实现器官捐献1例，捐献者为江西籍民工华国红。全县实现人体器官捐献共4例。共有13名市民登记成为遗体器官捐献志愿者。发展造血干细胞捐献志愿者70人。全县累计发展造血干细胞捐献志愿者536名，累计捐献2人。积极做好造血干细胞捐献和无偿献血宣传工作。制定了规范的捐献工作流程，提升了人道捐献工作规范化水平。

县红十字无偿献血志愿服务队队长
陈晗获评2012年度“最美象山人”

【红十字宣传活动取得新成效】 全年共在各类媒体发表各类红十字信息50余篇。9月27日,《浙江红十字报》详细报道了象山县红十字救护培训“百千万”活动取得的成绩。在“‘5·8’红十字博爱周”期间,精心组织策划开展了红十字知识图片展、红十字知识竞赛、应急救护知识讲座等丰富多彩的纪念活动,组织开展关爱孤残老为主题的红十字志愿服务活动;编写红十字工作简报12期;中国红十字总会采用新闻2条,省红会采用县红十字会新闻8条。通过各类活动发放红十字宣传资料2000余份。通过宣传使广大干群对红十字会知晓率得到提高,为全县红十字事业的发展营造了良好的社会环境。

(红十字会办)

中国共产党象山县委员会

综　述

2013年，中共象山县委常委会坚持以科学发展观为指导，认真学习贯彻党的十八大、十八届三中全会和习近平总书记系列重要讲话精神，团结带领全县党员干部群众深入实施桥海兴县战略，大力弘扬创业创新精神，扎实推进“两区”建设，集中打好大平台大项目建设、工业强县、招商引资三大攻坚战，全县经济建设、政治建设、文化建设、社会建设、生态文明建设和党的建设取得新进展。全年实现：地区生产总值363.85亿元，增长8.0%；公共财政收入50.62亿元，增长8.5%；规模以上工业产值470.96亿元，增长8.0%；固定资产投资161.16亿元，增长17.1%；城乡居民人均收入分别达到40175元和18127元，增长9.0%和10.6%。

扎实开展工业强县攻坚年活动。出台工业强县攻坚年活动实施意见，精心组织、广泛宣传学习三位企业家创业创新精神，开展“工业企业一线服务月”活动，组建环境保障、审批提速、督查考评、综合协调4大专项工作组，狠抓园区建设、招商引资、项目建设、科技创新和企业管理，强力推进“四换三名”“个转企”等专项行动，全县工业经济回升向好。全年规模以上工业产值、工业投资、规上企业利润增幅均居宁波市首位。开放型经济企稳回升，完成外贸进出口总额23.4亿美元、增长8%，对台贸易突破1600万美元、增长35%，完成境外承包工程营业额4.8亿美元，是宁波市全面完成“三外”目标的3个县(市、区)之一。建筑业在复杂环境下保持较快增长，完成施工产值980亿元，增长19%。滨海旅游业迅猛发展，全年接待游客1280万人次，实现旅游综合收入121亿元，分别增长40%和30%，主要景区门票收入成倍增长、突破9000万元。农业虽受干旱、洪涝等灾害较大影响，总体发展平稳，实现农业总产值105亿元，增长1.5%，浙江省农业“两区”建设现场会在象山召开。

全力突破项目建设和招商引资。深化“百大项目会战攻坚”行动，狠抓拔钉清障、拆迁清零，全面推行项目审批代办制，82项重点工程完成投资82亿元，占年度计划的107%，建成27个。“两区”建设扎实推进，国家级台商投资区经省政府同意上报至国务院，宁波象保合作区成功签约揭牌，东海涂围垦项目前期工作进展顺利，三门湾大桥及接线工程获国家发改委批复立项。“一核三区”开发全面推进，石浦经贸合作区建设深化拓展，专程赴台开展经贸考察推介活动，与CAS台湾优良农产品发展协会签订全面合作协议；完成新桥盐场“盐转废”，中国供销集团国际水产物流园开工，高塘岛石斑鱼中转精养基地首批台湾技术人员入驻。临港装备工业园列入市新装备产业“一基地四园区”总体布局，环象山港公路基本完成路基工程，大中庄围垦开工，日星铸造二期、新乐二期等临港大项目扎实实施，中石化大型非标设备项目基本建成。大目湾新城基础设施框架全面拉开，中铁建、世茂、邦泰等城市综合体开盘销售，主题乐园等5个功能性项目引进落户，完成投资20亿元，获世界银行1.5亿美元贷款及全球环境基金(GEF)55万美元赠款。象山影视城接待剧组34家，新落户影视文化企业13家，游客和门票收入分别突破100万人次、3500万元，均实现翻番，被列为省级现代服务业集聚示范区。实施招商引资“一号工程”，组建“浙商回归”办公室和招商小分队，举行“浙商之春”迎新恳谈会、项目推介签约专场等招商活动，大项目招商和科技招商取得明显成效，新引进浙江广电、宝钢建设、绿地集团、能特科技、激智科技、国恒新材料等一批大集团好项目，累计引进1亿元以上投资项目20个、其中工业项目10个，引进落户科技型企业22家、投资额超10亿元，是历年引进资金最多、项目质量最好的一年。

大力推进城镇化和新农村建设。实施主城区品质提升行动，城市新中心区集聚效应显现，南部新城商务区一期建成，沃尔玛购物广场、商会大厦等进展顺利，贯通城区6条“断头路”，内河整治和城市景观亮丽工程取得阶段性成效。“两城”创建持续深化，国家卫生县城创建进入公示阶段，城乡环境进一步改善。石浦卫星城重点区块建设加快，小城市格局初显。加强对西周、贤庠省级中心镇发展的扶持，出台关于深化改革加快贤庠中心镇发展的若干意见。统筹推进一般乡镇建设，增强自我发展和集聚承载能力。强势推进“三改一拆”，落实党员干部零违建制度，完成旧住宅、旧厂区、城中村改造57万平方米，拆除违法建筑179万平方米。扎实开展美丽乡村建设，实施“四村一线”“四边三化”“双清”等专项行动，稳步推进农民集中居住区项目，大力开展“一户多宅”整治为主要内容的村庄梳理式改造，相关经验在浙江省、宁波市现场会推广，被评为浙江省“千村示范、万村整治”工作先进县。农村改革稳步推进，探索农村土地股份制，金融支农创新、集中式居家养老走在省市前列。按照浙江省委、宁波市委“三治理一提高”部署，制定生态环境综合整治三年计划，建成农村分散式生活污水处理站61座，淘汰中心城区所有燃煤锅炉，万元生产总值综合能耗下降4.5%，国家生态县创建通过环保部技术评估，被列为首批国家级海洋生态文明建设示范区。

推动社会事业发展和民生保障工作。加强海洋文化强县建设，组织开展“善行象山”系列教育实践活动，创新“微系列”载体，倡导践行社会主义核心价值体系。文化事业和文化产业加快发展，海洋渔文化(象山)生态保护实验区规划获文化部批复，唱新闻《长年葱》获“群星奖”。实施文化惠民工程，完善公共文化服务设施，农村文化礼堂建设走在省市前列。成功举办第十六届中国开渔节、第九届中国海洋论坛，中国开渔节升格为由省政府和国家海洋局举办，外宣工作取得新成效。坚持教育优先发展，提升学前教育、基础教育、职业教育整体水平，强化校园安全管理，通过全国义务教育发展基本均衡县评估。深化医药卫生体制改革，完成台胞医院主体工程，加强基层医疗卫生机构规范化建设，成功创建浙江省卫生强县。提升就业和社会保障水平，新增城镇就业岗位8200余个，新农合参保率达到98.5%，全民基本医保体系初步形成，各项社会保险扩面增量，保费收入首次突破10亿元。加强保障性住房建设，切实做好危旧房改造。完善社会救助、社会福利体系，档案、计生、残疾人、慈善、红十字等工作水平进一步提高。

深化法治象山、平安象山建设。推进民主法治建设，健全“一个党委、三个党组”领导体制，支持政府依法履职，推动人大、政协一线作为，加强与民主党派、工商联、无党派人士等联系，认真做好工、青、妇、民族、宗教、侨务等工作。强化党管武装，巩固扩大双拥工作成果，相关经验在全国推广。深化社会管理提升行动，实施20个社会管理创新项目，拓展三大平台功能，网络民情会办中心被评为浙江省公共管理创新十佳案例，应急联动机制健全完善，整合县司法行政法律服务中心等职能，组建联调中心。深入推进平安象山建设，开展矛盾纠纷“排查整治、强基促稳”专项行动，加强基层社会服务管理，做好信访积案消化清理，狠抓治安突出问题专项整治，努力提高人民群众的安全感和满意度。集中开展安全生产大排查大整治，深化渔业领域“打非治违”，加强食品药品监管，公共安全保障水平进一步提升。总结完善防汛防台抗旱应急预案，科学应对高温干旱、台风洪涝等重大自然灾害，全力减少因灾损失。

切实加强党的建设。广泛开展党的十八大、十八届三中全会和习近平系列重要讲话精神宣讲学习活动，召开全县宣传思想工作会议，落实党管意识形态相关责任。深化“三思三创”主题教育，深入践行“一线工作法”，继续实施“双百评议”，强化“三级问责”，问责53人。加强干部工作，实施领导干部积分量化管理，出台加强镇乡(街道)干部队伍建设“1+4”制度，构建后备干部“一人一策一档”综合培养体系。认真做好老干部工作，落实老干部政治和生活待遇。进一步强化党管人才，引进国家“千人计划”等高层次人才团队7个，成立渔业院士工作站、首家国家级博士后科研工作站，在全市率先实施“人才绿卡”制度。按照又稳又好、选优配强要求，扎实开展新一届村级组织换届选举，全面推行“民事村办”、基层党组织“五星争创”和两新组织“双强争先”。严格落实党风廉政建设责任制，实施拟提拔人选报告廉政事项制度，强化领导干部经济责任审计，加大干部八小时外监管力度。坚决执行中央“八项规定”和省、市相关规定，出台具体实施办法，全年“三公”经费下降30%。推行行政审批标准化建设，完善“1+5+X”三级便民服务格局。开展农村党风廉政建设和“三资”管理“双达标双示范”活动，建成市级标准化“三资”服务中心8个。坚决查办各类违纪违法案件，切实维护党纪政纪的严肃性。

县委重要会议及重要决策

【象山县领导干部会议】 1月23日下午，象山县领导干部会议在县文化活动中心召开。县委书记李关定主持会议，县四套班子成员，县人民法院院长、县人民检察院检察长出席了会议。会议传达学习了习近平总书记在中共十八届中央纪委二次全会上的重要讲话和关于厉行勤俭节约、反对铺张浪费的重要批示精神。县政协秘书长，县人大、政协各委办主任，县纪委常委，各镇乡(街道)和县级部门党政主要负责人，担任过副县级以上领导职务的离退休老干部等200余人参加了会议。

【象山县政法信访工作会议】 1月28日下午，象山县政法信访工作会议在县委党校一楼报告厅召开。县委书记李关定作重要讲话，县委副书记、政法委书记林雅莲作工作报告，县委常委、常务副县长俞骏主持会议，县委常委、公安局局长应春华宣读表彰决定，县人民法院院长傅勇、县人民检察院检察长董顺来等出席会议。会议回顾总结了2012年政法信访工作，分析当前形势，部署了2013年和今后一个时期政法和信访工作。会议表彰了2012年度政法信访系统先进集体和个人，县委书记李关定分别与丹东街道、丹西街道、爵溪街道、石浦镇、西周镇、贤庠镇、县教育局、县人力社保局、县住建局、县卫生局、县民政局签订了平安建设和信访工作目标管理责任书。县级各部门主要负责人，县委政法委、政法各部门和县信访局领导班子成员，各镇乡党委(街道党工委)书记、镇乡长(办事处主任)，政法信访分管领导，受表彰的先进代表等250余人参加了会议。

【象山县2013年新春军政团拜会】 2月6日下午，象山县2013年新春军政团拜会在黄金海岸大酒店大会堂举行。县委书记李关定和驻象山92815部队政委何永明分别致新春祝词，团拜会由县委副书记、县长叶剑鸣主持，县四套班子成员，县人民法院院长、县人民检察院检察长出席了会议。县政协秘书长，县人大、县政协各委办主任，各镇乡党委(街道党工委)书记、镇乡长(办事处主任)，县级部门主要负责人，担任过正县级以上领导职务的离退休老同志，劳模代表、社会各界人士代表、农村惠民好书记等250余人参加了会议。

【象山县2013年“浙商之春”迎新恳谈会】 2月7日下午，象山县2013年“浙商之春”迎新恳谈会在黄金海岸大酒店大会堂举行。县委书记李关定主持会议并讲话，县委副书记、县长叶剑鸣介绍近年来我县经济社会发展情况，县四套班子主要领导，县委常委、副县长出席了会议。会议贯彻落实省委关于开展“浙商之春”大慰问活动指示精神，邀请广大象商同叙乡亲乡情、共商发展大计。会上，观看了浙台(象山石浦)经贸合作区、临港装备工业园、大目湾新城等宣传片，与会企业家结合各自企业发展实际积极发言参加讨论。在外象山籍工商界杰出人士、部分县内知名企业家、非象山籍在象山投资代表人士、象商回归投资代表人士、部分海外知名人士等180人参加了恳谈会。

【象山县建筑经济工作会议】 2月17日上午，象山县建筑经济工作会议在象山港国际大酒店召开。省住建厅副厅长樊剑平、省建管局局长张奕、市住建委副主任叶继松等应邀出席会议。县委书记李关定作重要讲话，县委副书记、县长叶剑鸣主持会议，县领导金红旗、白国璋、林雅莲、俞骏等出席会议。会议回顾总结象山县建筑业2012年工作，全面部署2013年及今后三年建筑业发展的目标和任务。会议明确：到2015年，象山县建筑业总产值力争达到1200亿元，入库税收年均增长8%；2013年实现总产值900亿元，力争突破950亿元，利税45亿元。会议表彰了2012年度全县建筑企业先进集体和先进个人，龙元建设集团股份有限公司董事长赖振元荣获象山县建筑业突出贡献企业家称号，并发表获奖感言。宏润建设、华丰建设、中达建设等企业负责人分别作了交流发言。各镇乡党委(街道党工委)书记，镇乡长(办事处主任)；县级有关部门主要负责人；县住建局、县建管局全体班子成员；一级以上总承包建筑业企业董事长、总经理；一级专业承包企业董事长或总经理；二、三级总承包企业董事长或总经理；2012 年度象山县优秀区域(分公司)经理等 300 余人参加了会议。

【象山县农村工作会议暨创建省美丽乡村先进县动员大会】 2 月 19 日下午，象山县农村工作会议暨创建省美丽乡村先进县动员大会在县文化活动中心召开。县委书记李关定作重要讲话，县委副书记、县长叶剑鸣主持会议，金红旗、林雅莲等四套班子领导出席会议。会议总结回顾 2012 年工作，分析当前形势，部署安排 2013 年工作任务。会议表彰了 2012 年农业农村工作的各项先进，泗洲头镇墩岙村等作了经验介绍。县四套班子其他领导，县人民法院院长、县人民检察院检察长；县级有关部门主要负责人，农口各部门班子成员；各镇乡党委(街道党工委)书记，镇乡长(办事处主任)，副书记(新农村建设办公室主任)、农(渔)业副镇乡长(副主任)、城建副镇乡长(副主任)；各行政村(农村社区)党组织书记；受表彰的先进单位代表和先进个人等 1000 余人参加了会议。

【象山县工业和开放型经济工作会议暨“工业强县攻坚年”活动动员大会】 2 月 27 日上午，象山县工业和开放型经济工作会议暨“工业强县攻坚年”活动动员大会在县文化活动中心召开。县委书记李关定作重要讲话，县委副书记、县长叶剑鸣主持会议，金红旗、白国璋、林雅莲等四套班子领导出席会议。会议总结回顾 2012 年度工业经济与开放型经济工作，表彰各类先进，分析当前形势，部署 2013 年工作。会议宣读了《中共象山县委关于开展向周辞美、赖振元、卢国平同志学习创业创新精神活动的决定》，表彰了 2012 年工业和开放型经济各项先进，周辞美、卢国平等企业家作了大会发言。县四套班子其他领导，县人民法院院长、县人民检察院检察长；县级各部门主要负责人；县经信局、县招商局、县科技局、象山经济开发区管委会、象山产业区管委会领导班子成员；县 32 个涉企部门负责行政许可审批科室主要负责人；各镇乡党委书记、镇乡长、分管工业副镇乡长、工贸办(科)负责人，各镇乡党委(街道党工委)书记、镇乡长(办事处主任)、分管工业副镇乡长(副主任)、工贸办(科)负责人；规模以上工业企业及成长型企业负责人；各类自营进出口企业、三资企业和外经企业主要负责人；各金融机构、担保公司、小额贷款公司主要负责人；海运企业代表；受表彰的先进单位代表和个人等 1000 余人参加了会议。

【象山县“百大项目会战攻坚”暨扩大有效投资活动动员大会】 3 月 1 日上午，象山县“百大项目会战攻坚”暨扩大有效投资活动动员大会在县文化活动中心召开。县委书记李关定主持会议并讲话，县委副书记、县长叶剑鸣作工作报告，金红旗、白国璋、林雅莲等四套班子领导出席会议。会议总结肯定了三年来开展“百大项目会战攻坚”活动取得的成绩，研究部署了 2013 年及今后三年工作。从 2013 年起，三年内再安排 100 个项目进行会战攻坚，确保 2013 年至 2015 年百大项目完成投资 370 亿元。其中 2013 年固定资产投资 158 亿元，力争 175 亿元；82 个实施类重点工程完成年度投资 77.6 亿元，力争 80 亿元，实现开工项目 31 个、完工项目 12 个。会议表彰了 2012 年度重点工程建设和重点工程立功竞赛先进集体和个人。县四套班子其他领导，县人民法院院长、县人民检察院检察长；县级各部门和镇乡(街道)党政主要负责人；县监察、发改、财政、审计、规划、国土、环保、交通、住建、农林、水利、海洋、商务、旅游、经济开发区、产业区、大目湾、公建中心、公共资源交管办、行政审批管理办公室等单位与重点工程相关的县管在职领导干部和中层正职，丹东街道、丹西街道、石浦镇中层正职以上干部(包括班子成员)，重点工程指挥部中层以上干部；丹东街道、丹西街道行政村党支部书记、村主任，其他镇乡(街道)征迁任务较重的 2～5 个行政村党支部书记、村主任；受表彰的先进单位代表和个人等 1000 余人参加了会议。

【象山全县“三思三创”主题教育暨党风廉政建设大会】 3 月 20 日上午，象山全县“三思三创”主题教育暨党风廉政建设大会在县文化活动中心召开。县委书记李关定作主题报告，县委副书记、县长叶剑鸣主持会议，金红旗、白国璋、林雅莲等县四套班子领导出席会议。会议通报了全县党风廉政建设和反腐败工作情况，表彰了执行力评议“双十佳”及2012年“三思三创”活动各类先进，“双百”评议局长、科长代表作表态发言。华翔集团董事局主席周辞美应邀在会上作了创业创新事迹介绍。县四套班子其他领导、县人民法院院长、县人民检察院检察长；各镇乡(街道)和县级部门领导班子成员；县级部门重点职能科室中层正职；部分县党代表、县人大代表、县政协委员等1000余人参加了会议。

【象山县“三改一拆”专项行动动员大会】 4月8日上午，象山县“三改一拆”专项行动动员大会在县文化活动中心召开。县委书记李关定作重要讲话，县委副书记、县长叶剑鸣主持，县委常委、常务副县长俞骏作工作部署，金红旗、白国璋、林雅莲等县四套班子领导出席。会议明确了2013年至2015年全县要完成旧住宅区改造20万平方米、旧厂区改造35万平方米、城中村改造15万平方米，2013年要拆除城乡违法建筑60万平方米。丹西街道、石浦镇、茅洋乡、县国土资源局、县供电局在会上作表态发言。县四套班子其他领导；县级机关各部门主要负责人和分管政工(或纪检)负责人，有关单位负责人，镇乡党委书记、镇乡长、纪委书记、城建副镇乡长，街道党工委书记、办事处主任、纪工委书记、城建副主任；丹东、丹西街道所辖行政村党支部书记、村主任、社区居委会主任，其他镇乡(街道)所辖村党支部书记或村主任代表，部分企业代表等600余人参加会议。

【象山县一季度经济形势分析会】 4月24日，象山县一季度经济形势分析会在象山宾馆四楼会议室召开。县委书记李关定主持并讲话，县委副书记、县长叶剑鸣在部署下步经济工作，金红旗、白国璋等县领导参加会议。会议通报了全县一季度经济主要指标完成情况，听取了各镇乡(街道)、园区和有关部门汇报以及部分县领导的发言，研究部署了当前经济运行情况和下一步经济工作。县委、县政府其他班子成员；各镇乡党委(街道党工委)书记，镇乡长(办事处主任)；党群、综合、宣传、政法、计划、经贸与农业线所辖单位部门主要负责人等130余人参加了会议。

【象山县委十三届四次全体(扩大)会议】 8月1日至2日上午，县委十三届四次全体(扩大)会议在县委党校一楼报告厅召开。县委常委会主持会议，县委书记李关定代表县委常委会向全会作报告。会议认真学习了习近平同志近期一系列重要讲话精神，总结回顾上半年工作，部署安排下阶段任务，动员全县广大党员干部群众坚定不移打好三大攻坚战，确保圆满完成全年各项目标任务。县委委员、候补委员；县纪委委员；县人大常委会副主任，不是县委委员的县政府副县长，县政协副主席；县政协秘书长，县人大、县政协各委办主任；不是县委委员、候补委员的镇乡党委书记，县级各部门党政主要负责人，镇乡长、街道办事处主任；担任过副县级以上领导职务的离退休党员老同志；部分县第十三次党代会代表等200余人参加了会议。会议期间，还举行了“坚定不移打好三大攻坚战，确保完成全年目标任务”县委读书会，县委书记主持会议，县委副书记、县长叶剑鸣就推进工业强县战略作中心发言，金红旗、白国璋、俞骏等14位县级领导在读书会上作调研课题发言。

【象山县村级组织换届选举工作会议】 10月17日下午，象山县村级组织换届选举工作会议在县委党校一楼报告厅召开。县委书记李关定作重要讲话，县委副书记俞骏主持会议，县委常委、组织部长王能迭作工作部署，县领导孙小雄、干维岳等出席。会上，大徐镇、茅洋乡分别作了村级组织换届试点工作交流发言。各镇乡党委(街道党工委)书记，镇乡长(办事处主任)，党(工)委副书记，组织委员，纪(工)委书记，政法委员，农业副镇乡长(副主任)，县委组织员；县村级组织换届选举工作领导小组及其办公室成员等200余人参加了会议。

【象山县前三季度经济形势分析会】 10月24日下午，象山县前三季度经济形势分析会在县委党校一楼报告厅召开。县委书记李关定主持并讲话，叶剑鸣、金红旗、白国璋、俞骏等县四套班子主要领导和县级党政领导出席会议。会议听取了有关镇乡(街道)、园区和县级有关部门主要负责人的工作汇报及部分县领导的发言，研究部署了当前经济运行情况和下一步经济工作。各镇乡党委(街道党工委)书记，镇乡长(办事处主任)；党群、综合、宣传、政法、计划、经贸与农业线所辖单位部门主要负责人等130余人参加了会议。

【象山县宣传思想工作会议】 11月25日上午，象山县宣传思想工作会议在县委党校一楼报告厅召开。县委书记李关定作重要讲话，县委副书记俞骏主持会议，县委常委、宣传部部长罗来兴作工作部署，县领导叶富兴、吴安定出席会议。会议传达了党的十八届三中全会以及全国、省、市宣传思想工作会议精神。各镇乡党委(街道党工委)书记，宣传委员；县级各部门主要负责人，政工负责人(新闻发言人)；宣传线各单位领导班子成员等200余人参加了会议。

【象山县水利现场会暨治水强基动员大会】 12月10日下午，象山县水利现场会暨治水强基动员大会在县委党校1楼报告厅召开。县委书记李关定作重要讲话，县委副书记、县长叶剑鸣主持会议，副县长干维岳总结和部署工作。县领导金红旗、白国璋、俞骏出席会议。会议总结了2013年防汛抗旱相关工作以及近八年来的水利工作，部署了2014年至2016年全县“五水共治”目标任务。会议表彰了2013年度水利“大禹杯”竞赛活动先进单位，象山县住建局、西周镇、黄避岙乡在会上作交流发言。会前，部分与会人员实地参观了贤庠镇沈家洋村晨丰节水灌溉工程，黄避岙乡大斜桥村污水处理工程、跃进塘河道清淤工程、横塘港流域综合整治工程和横里村河道美化整治工程。各镇乡党委(街道党工委)书记或镇乡长(办事处主任)，农业、城建副镇乡长(副主任)，水利站负责人；县府办、县人大农业农村工委、县政协经科委、县农办、县发改局、县财政局、县农林局、县公共资源交管办负责人；县住建局、县环保局分管领导及有关科室负责人；县水利局班子成员及各科室(局属单位)负责人；2014年农村生活污水分散式治理村党支部书记，各街道有关行政村党支部书记等250余人参加了动员大会。

【中共象山县委十二届十五次全体(扩大)会议】 12月31日，中共象山县委十二届十五次全体(扩大)会议在县委党校一楼报告厅召开。县委常委会主持会议。县委书记李关定代表县委常委会向全会报告工作，就《决定(讨论稿)》作说明，并在全会结束时作总结讲话。全会听取县委常委会工作报告，审议通过《中共象山县委关于认真学习贯彻党的十八届三中全会精神深化改革创新驱动推进转型发展的决定》。全会充分肯定2013年县委常委会的工作，部署了2014年工作。全会还对西周镇党委书记、招商局党组书记、象山经济开发区党工委书记、象山产业区党工委书记“工业强县攻坚年”活动工作情况进行述职评议。县委委员、候补委员；县纪委委员；县人大常委会副主任，不是县委委员的县政府副县长，县政协副主席、秘书长；县人大、县政协各委办主任；不是县委委员、候补委员的县级各部门党政主要负责人、镇乡党委书记、镇乡长(街道办事处主任)；担任过副县级以上领导职务的离退休党员老干部；部分县第十三次党代会代表等200余人参加了会议。

【做出深化改革创新驱动推进转型发展的决定】 《中共象山县委关于认真学习贯彻党的十八届三中全会精神深化改革创新驱动推进转型发展的决定》(以下简称《决定》)于中共象山县委十二届十五次全体(扩大)会议审议通过。该决定明确了深化改革创新驱动推进转型发展的主要目标和重点任务，到2016年，在资源要素优化配置、政府职能转变、海洋经济综合管理创新示范、城乡统筹发展、文化社会事业发展和民生保障、社会治理、生态文明、科技创新等九方面重点领域和关键环节改革上取得明显成效，R&D经费年支出12.5亿元(占GDP2.6%)，研发人员3200人，发明专利授权量60件，高新技术产业产值150亿元，规模以上工业企业全员劳动生产率16万元/人，规模以上工业企业单位用地增加值43万元/亩。在此基础上，力争到2020年，基本形成系统完善、科学规范、运行有效的制度体系，若干领域改革走在省、市乃至全国前列，跨入省级创新型县(市、区)行列。

县委重要活动

【举办建设海洋强国与国防科技工业高端研讨会】 4月27日，建设海洋强国与国防科技工业暨2013国防科技工业管理创新交流会在象山县国际大酒店召开。出席此次会议开幕式的中央部委领导和嘉宾有：十届全国人大常委、中国生产力学会会长王茂林，全国政协经济委员会副主任、工业和信息化部原部长、中国工业和经济联合会会长李毅中，原国防科工委常务副主任、中国国防科技工业企业管理协会名誉会长徐鹏航，中国保监会原主席马永伟，国家统计局原局长张塞，第二炮兵原副司令员、中将张翔，国务院国有资产监督管理委员会副主任黄淑和，总装备部科技委委员、将军刘蒙，国资委国有大企业监事会原主席、中国生产力学会常务副会长翟立功，第二炮兵原总工程师、将军李呈良，海军工程大学教授、将军王大华，中国核工业集团公司高级巡视员孙又奇，上海交通大学教授刘牧群，各军工集团、军工企业有关领导及部门负责同志。副市长洪嘉祥，县委书记李关定，县委副书记、县长叶剑鸣等出席会议。中国国防科技工业企业管理协会秘书长李洪彦主持研讨会开幕式。在研讨会开幕式上，洪嘉祥致辞，对与会嘉宾的到来表示热烈欢迎。王茂林作题为《推进海洋战略，实现强国之梦，切实发挥国防科技工业在建设海洋强国道路中的助推力作用》的大会主报告，李毅中、徐鹏航分别发表了题为《加快发展海洋装备制造业，实现海洋强国战略目标》《国防科技工业助推海洋强国建设》的主题演讲，黄淑和、刘蒙、王大华、刘牧群分别就大会主题发表了演讲。研讨会同时对2013年度国防科技工业企业管理创新成果评审工作的开展进行了部署，并举行了象山国防科技工业产业园项目签约仪式。会上，象山县人民政府分别与上海交通大学、宁波海洋产业基金管理有限公司签订战略合作协议。4月26日上午，还举行了中国(象山)国防科技工业产业园授牌仪式，中国国防科技工业企业管理协会秘书长李洪彦为园区授牌，县委书记李关定、县政府党组成员应伟刚出席授牌仪式。

【举办浙江省农业“两区”建设现场会】 9月11日，浙江省现代农业园区和粮食生产功能区建设现场会在象山县黄金海岸大酒店大会堂召开。省委副书记、省长李强作重要讲话。刘奇、卢子跃、李卫宁、王剑波等省市领导出席会议或陪同考察。副省长黄旭明主持会议，副市长林静国代表宁波市致辞，县委书记李关定代表我县作典型发言。县领导叶剑鸣、俞骏、干维岳参加会议。现场会期间，李强一行考察了东陈乡岳头粮食生产功能区、三联台湾生态农庄。与会人员实地考察了象山现代农业综合体、南美白对虾生态循环全大棚养殖精品园、大塘港柑橘主导产业示范区。会议间，对象山县大塘港现代农业园区等9个浙江省级现代农业园区和9个示范性浙江省级粮食生产功能区进行授牌，与会人员观看了全省农业“两区”建设专题片。来自全省11个市的分管市长及农业、林业、渔业、水利局长，各县(市、区)长或政府分管领导、“两区”办主任等300余人参加了会议。

【举行第十六届中国(象山)开渔节、第九届中国海洋论坛开幕式暨开船仪式】 9月16日，第十六届中国(象山)开渔节、第九届中国海洋论坛开幕式暨开船仪式在象山县石浦港举行。省政协副主席、民革省委会主委、省侨联主席吴晶宣布第十六届中国(象山)开渔节开幕。外交部原副部长、世界华人文化与经济发展中心理事会理事长于引，国家统计局原党组成员、纪检组组长章国荣，副市长林静国，市政协副主席王建康，中国记者协会党组成员、书记处书记顾勇华，国家海洋局政策法规与规划司司长王殿昌，国家海洋局东海分局党委书记周振华，国家开发银行宁波分行行长樊立新，中国前驻匈牙利大使陈之骝，第九届、第十届全国政协委员、香港恒丰集团主席黄紫玉，国家海洋局海岛管理司副司长李文君，文化部非物质文化遗产司副司长马盛德，国家海洋局宣传教育中心副主任李航，省海洋与渔业局副局长林东勇，省文化厅副厅长柳河，省侨联副主席、市侨联主席朱筠筠；县四套班子领导李关定、叶剑鸣、金红旗、白国璋、俞骏等；国内海洋科研机构、经济研究机构、“非遗”保护组织有关专家、学者，台湾地区嘉宾、国内民俗专家代表、媒体代表，以及来自海内外的客商等出席了仪式。县委书记李关定致欢迎辞，副市长林静国代表市委、市政府，国家海洋局东海分局党委书记周振华分别在开幕式上致辞。开幕式上,国家海洋局海岛管理司副司长李文君向被国家海洋局列为“国家海洋管理创新试点单位”的象山县授牌。

【举办第九届中国海洋论坛】 9月17日下午,以“海洋经济发展与金融创新”为主题的第九届中国海洋论坛在象山县石浦镇半岛酒店隆重举行。外交部原副部长、世界华人文化与经济发展中心理事会理事长于引,副市长林静国,国家海洋局政策法规与规划司司长王殿昌,国家开发银行宁波分行行长樊立新,中国前驻匈牙利大使陈之骝,第九届、第十届全国政协委员、香港恒丰集团主席黄紫玉,国家海洋局海岛管理司副司长李文君,国家海洋局宣传教育中心副主任李航等一批知名专家、学者和嘉宾聚集象山,分享海洋经济发展最新研究成果。县四套班子领导李关定、叶剑鸣、金红旗、白国璋等出席论坛。林静国代表宁波市政府对论坛的举行表示热烈祝贺。李文君代表国家海洋局致欢迎辞。在论坛主题演讲中,王殿昌作了题为《加快海洋经济向质量效益型转变》的报告,国内海洋问题专家刘容子、肖金成分别作了《海洋经济发展态势》和《城市群与陆海统筹》的主题演讲。该届论坛由浙江省人民政府和国家海洋局共同主办,宁波市人民政府、国家海洋局宣教中心、省海洋与渔业局承办,象山县人民政府、中国海洋报社、市海洋与渔业局等执行承办。

【举行中国供销集团象山国际水产物流园项目开工奠基仪式】 12月8日上午,中国供销集团象山国际水产物流园项目在鹤浦镇盘基塘开工建设。中华全国供销合作总社理事会副主任、中国供销集团董事长顾国新,中国供销集团副总经理陈振平,县委书记李关定,县委副书记、县长叶剑鸣,县人大常委会主任金红旗,县政协主席白国璋等为项目奠基开工挥锹培土。中国供销集团(宁波)海洋经济发展有限公司董事长张金诚介绍了项目情况。县领导孙小雄、叶富兴、干维岳等出席奠基开工仪式。国际水产冷链物流基地选址象山鹤浦镇,主要建设水产品加工交易中心、对台贸易中心、仓储物流中心等,占地651亩,计划总投资12亿元。根据协议,象山国际水产物流园项目将于2014年实现“一个总部、两个基地”的全面动建。

【宁波象保合作区成功签约揭牌】 12月22日上午,宁波象保合作区合作共建签约暨管委会揭牌仪式在象山县新桥盐场隆重举行,标志着宁波象保合作区开发建设正式启动。副市长洪嘉祥出席并讲话。市政府副秘书长丁海滨,宁波保税区党工委书记、管委会主任郁伟年,县委书记李关定,县委副书记、县长叶剑鸣,县人大常委会主任金红旗,县政协主席白国璋,以及市级有关部门负责人出席签约揭牌仪式。参加当天仪式的还有宁波保税区党工委、管委会的领导和象山县四套班子领导。签约揭牌仪式由叶剑鸣主持。宁波保税区党工委副书记、管委会副主任严荣杰和浙台(象山石浦)经贸合作区党工委副书记、管委会副主任叶富兴代表合作双方签约。洪嘉祥、郁伟年、李关定等为宁波象保合作区管理委员会揭牌。宁波象保合作区位于象山县昌国盐场、新桥盐场、旦门盐场及东侧围海区域,规划面积25.1平方千米,由宁波保税区和象山县合作共建,其功能定位是对台经贸合作试验区、浙江省海洋经济发展重要功能区、三门湾开发开放先导区、产城融合和生态文明示范区、体制机制创新试验区。

(黄维辉)

组织工作

【概况】 2013年象山县组织工作紧紧围绕学习贯彻党的十八大和十八届三中全会精神,围绕加强领导班子和干部队伍建设这条主线,统筹推进干部人事制度改革、落实人才发展规划、加强基层组织建设等工作,积极提高组织工作群众满意度和科学化水平,各项工作都取得了一定的成效。全县领导班子和领导干部队伍:县委设13个常委、27个委员、8个候补委员。全县县管领导干部944名。其中:女性领导干部128名,女性正局级18名;非中共党员领导干部30名;18个镇乡(街道)领导干部345名,县级部门领导干部599名。基层组织建设:下设10个派出党工委、45个基层党委、41个党组、76个党总支、1553个党支部;全县490个行政村在县委统一领导下,建立党组织486个。全县共有党员32415名。其中:女党员6433名,占19.8%;35岁以下党员7294名，占22.5%；60岁以上党员8308名，占25.6%；全年发展新党员598名，其中高中以上文化占70.1%，女党员占25.1%，35岁以下占48%。人才队伍建设：2013年共引进各类人才2400多名，其中硕士及以上学历的68名，具有中高级以上职称或特殊技能人才630余名，比2012年同期增长20%以上。人才总量达到8.3万余人，其中各类专业技术人员3.4万人。高级职称1800人，占5.3%；中级职称11220人，占33%；专业技术人员中拥有本科以上学历的9100人，占26.8%；大专14614人，占43%；中专8503人，占24%。拥有：享受国务院特殊津贴专家4人，省“新世纪151人才工程”专家1人，市“4321人才工程”专家7人，1人入选国家“千人计划”，1人入选国家特支计划，2人入选省“千人计划”，市领军拔尖人才培养工程人选13人，“3315”特别资助人才2名，市全球高端创新人才团队1个。

【村级组织换届工作】 按照“又稳又好”总体目标，严密责任体系，县级领导全面开展“五个一”一线联系制度，镇乡(街道)一把手开展“七个亲自”，联村干部开展“十个一定要”，并将换届工作纳入专项考核。严格把关候选人资格条件，引导推选“三带型”干部进入村级组织班子，完善九部门资格联审制度，划清“5＋8＋X”选人底线，严格执行“五种情况人员”不得当选规定和“八类情况人员”不宜当选规定。依法规范选举各项工作程序，村党组织突出规范“两报两批”，村委会突出规范竞职行为，通过推行三项承诺制度，实行候选人先行投票后离场回避制度，实施“备选＋现场”应急预案制等措施，推进选举平稳和谐。严肃换届纪律，全面推行镇乡党委(街道党工委)与候选人(自荐人)三个100%集体谈话和换届前、中、后不同阶段对各村不同层面人物的集体谈话和个别谈话相结合制度，建立打击贿选联席会议制度，积极开展清风行动，严厉打击贿选和破坏选举行为。全县共查处破坏选举秩序案件1起，没有发生重大群体性事件。该次村党组织换届选举：共选举产生村党组织书记444人，其中女性19人、大专及以上学历70人；共选举产生支委1813人，其中女性191人、大专及以上学历219人。

【领导干部队伍建设】 探索实行领导班子和领导干部季度分析研判制度，采取谈话和实绩分析相结合的办法，定期选择部分重点班子或反映问题比较集中的班子和领导干部进行及时跟踪了解、专项考察，重点对全县18个镇乡(街道)和302个领导干部进行集中考核、深入分析研判。继续做好干部调配工作，注重德行、实绩和基层一线导向，分4批次对152名县管领导干部进行调整，其中提任52名，转任重要岗位19名，轮岗交流等81名，新提任的52名干部中，在基层一线工作或有镇乡(街道)工作经历的有32名，占提任干部的61.5%。加强后备干部队伍建设，出台后备干部培养工作意见，落实“一人一策一档”、领导干部帮带等制度，从党性锤炼、学习培训、实践锻炼、综合评价等4个方面制订培养措施。加大后备干部实践锻炼力度，全年共选派挂职干部36名，其中8名部门后备干部全脱产一年挂职镇乡长(街道主任)助理；4名镇乡(街道)后备干部根据培养方向全脱产3个月挂职相关业务部门。

【镇乡(街道)干部队伍建设】 按照省、市委相关文件精神，组织各镇乡(街道)认真抓好干部队伍建设。抓政策制定，制定出台了《关于进一步加强镇乡(街道)干部队伍建设的实施意见》，并以此为总纲，配套制定了镇乡(街道)党政领导班子议事规则、深化机关干部联村工作、干部交流实施意见、“五好”服务型镇乡(街道)建设办法等制度，形成了“1＋4”的工作制度体系。抓监督检查，县级领导积极带头到联系镇乡(街道)开展调研指导工作，部机关成立督查指导组分赴各地开展联村、住夜、值班等制度落实情况专项督查6次，对检查中出现问题的4个镇乡(街道)督促落实整改措施。抓激励保障，适当提高镇乡(街道)干部的经济待遇，镇乡(街道)公务员和事业单位工作人员年度考核优秀等次的比例提高至20%，年度工作目标责任制考核奖向镇乡(街道)倾斜，并落实各镇乡(街道)制定实施日常管理绩效考核，加强对镇乡(街道)干部的扶持和倾斜力度。同时，着眼于激发一般干部活力，稳妥推进镇乡(街道)干部交流工作，抓住培养性、结构性交流重点，对31名干部进行了交流。

【干部人事制度改革】 加大干部工作竞争、公开力度,有序推进"四差额",对空缺的县人民法院定山法庭庭长职位实行差额推荐、差额考察、差额酝酿、差额票决。继续实施领导干部量化管理,组织开展第二轮领导干部量化记分的上报、审核,对两轮积分进行汇总和分析,总结试行工作中存在的问题,并提出下步修改完善的方向和具体意见。完善县管干部年度考核工作,改进县管干部年度评优办法,"一把手"在联评的基础上,结合目标管理考核结果确定优秀,县管副职由各单位在核定名额范围内推荐,不予联评,进一步发挥单位主体作用,扩大单位的评优机会,2012年度县管干部评选优秀138名。推进干部工作信息公开,实行干部民主推荐、测评结果在所在单位领导班子内部公开,探索实施拟提任干部廉情报告制度,对40名拟新提拔县管干部进行家庭财产单位内部公示。

【领导干部日常监督和管理】 建立干部监督社区联系点制度,选择丹东街道塔山社区和丹西街道瑶琳社区作为干部监督社区联系点,对县管干部在社区是否遵守政治组织纪律、社会公德和廉洁自律情况等七方面内容进行监督,探索实施领导干部"八小时"外监督。加强干部日常监督工作,实施新提拔干部"三龄两历"审核制度,开通干部监督短信举报平台,拓宽监督渠道,配合做好党政干部兼任社会团体职务清退工作,共清理19人次。做好领导干部经济责任审计和离任交接工作,推行经济责任审计个别谈话和结果通报制度,全面实施镇乡(街道)领导干部经济责任审计量化考核,贯彻党政领导干部离任经济事项交接制度,完成3家单位交接。规范领导干部出国(境)审批工作,简化审批程序,从严控制计划外因公出国(境),全年共批准37批61名干部因公出国(境),67名领导干部因私事出国(境)。

【干部教育培训工作】 开展党的十八大精神学习,全年举办服务重大项目水平、提升直接融资水平、推进乡村旅游发展、促进文化产业振兴等8期学习贯彻十八大精神专题研讨班。实施领导干部执政能力提升专题轮训计划,以分阶段实施、模块化教学、学分制管理的形式,利用三年时间对全县领导干部轮训一遍,2013年已举办3期,轮训领导干部160余名。全年,共举办县委主体班次23期,其中领导干部综合素质大讲堂和名家大讲堂各4期,累计培训人员1700余人次,上级调训21批次73人次。加强镇乡(街道)干部队伍教育培训工作,开展百场乡镇实务菜单培训和百名乡镇青年骨干"庄式"培训,以视频直播、集中收看的方式举办6期"直播课堂",参训学员达到12000余人次。整合师资力量,建立了全县干部教育培训历史上首个师资库,该师资库由6个模块61名兼职教师组成。

【党管人才工作】 出台《关于进一步加强党管人才工作的实施意见》,建立健全党管人才的领导体制。注重高层次人才引进培养,举办"高层次人才创业与金融服务"象山对接会,组织20个创业团队与12家金融风投机构进行对接,其中5个项目取得实质性注资,全年,共引进国千专家惠觅宙、新加坡博士罗志强等7个团队落户象山。注重人才培育平台建设,在象山港湾水产苗种有限公司创建全市首个渔业院士工作站,开展首届"县优秀人才政府特殊津贴人员"评选,19人获评并得到1万元奖励资金。扶持高技能人才培育平台建设,李善东工作室获评市级技能大师工作室,落实宁波华翔集团、合力集团、三安制阀等3家公司开展技能标准评价基地建设。加强人才关心关怀,出台鼓励海外高层次人才创新创业制度,对创业人才和创新人才,从生活补贴、创业用房、贷款贴息、税费减免等进行专项扶持。出台"人才绿卡"制度,初步审定"人才绿卡"执卡人才302人,其中A卡28人、B卡274人,妥善解决引进人才户籍、子女入托就学难题30余件,审核139人符合企业社会保险费用补贴发放标准,共计发放补贴58.7余万元。做好人才公寓销售管理工作,完成312套人才公寓的申购工作。

【基层服务型党组织建设】 推广"民事村办"机制,整合办事平台、内容、队伍三大要素,规范收集、会办、反馈三个环节,形成以农村党组织为核心,村级组织党员干部为主体,县镇村三级上下联动、高效服务的直接联系服务群众新制度,该制度已推广425个行政村,累计帮助群众办理各类事项21300余起,办结率达98.9%;农村信访率同比下降30.3%,办理件数同比增长47%。探索推行"乡情网格"服务新模式,创新网格设置方式,以亲戚、邻里、产业等要素划分单元网格,形成以村党组织为核心，以农村党员为主体，实行网内自治、上下联动的服务管理新模式，这一模式已在全县394个行政村推广，先后帮助化解各类矛盾纠纷674项，征集村民意见建议837条次，协助各村解决实际问题421个，开展各类志愿服务624次，工作经验获得市委书记刘奇同志的批示肯定。开展新一轮城乡基层党组织结对共建，做好新一轮24个市直机关、江北、镇海区30个区级机关与象山县行政村的结对共建工作，安排141个县级机关企事业单位和291个镇乡(街道)所属的规模以上非公有制企业、机关事业单位党组织与农村党组织结对，全面实现全县486个村级党组织结对全覆盖。

【基层党员干部队伍建设】 全面实施农村党组织“五星管理”，建成“三星”级以上村党组织352个；全面推行农村党员先锋承诺积分定星，对优秀党员、先锋党员、合格党员、警示党员、不合格党员实行分类管理，强化农村党员日常管理，着力提升党员队伍纯洁性和先进性，全县参评农村党员19136人，分别评定先锋党员3280人、合格党员15821人、警示党员27人和不合格党员8人。加强大学生村官队伍建设，制定《象山县大学生村官考勤制度(试行)》，动态监管大学生村官到村到岗情况。畅通输出渠道，建立健全大学生村官“阳光流动”机制，通过入村任职、特设社工、社会救助岗位等方式积极为期满大学生村官搭建就业平台，顺利实现期满大学生流动“软着陆”。

【“两新组织”党建】 深化“两新组织”党建工作机制，健全“两新”工委实体运作领导机制，推行“点题考核”制度，对各成员单位的工作进行“年初点题、年末考核”，新增县纪委、县委宣传部、县科技局、县教育局等四家单位为“两新”工委成员。开展商贸街党建专项提升行动，在高塘岛乡建立全县首个乡镇商贸党支部，开展以“党旗领航、商贸先锋”为主题的商贸街党建系列行动，引导个体商贸户积极参与服务社会活动，提升了商贸党建工作影响力。开展“两新组织”党组织标准化建设行动，7家商会党组织、35家非公有制企业党组织标准化考核达到“优秀”等级。全面开展青春党建工作，组织实施“闪耀青春·活力党建”七大系列行动，成立象山县新生代创业联谊会，建立“3+X”“两新”公益联动机制，开展“青春党建·象山民间公益环岛行”活动，广泛推进青春党建工作“两新组织”领域深入开展。健全党建经费保障机制，建立党费全额返还制度，2013年共返还“两新组织”2012年度党费26余万元。建立“两新”党建工作以奖代补制度，按照每年年底县管党费留存数的5%～10%的动态标准，对考核结果为“优秀”等级的基层商会党组织、非公有制企业党组织进行补助。

【组织部门自身建设】 认真落实“作风正部”要求，举办组工干部学习十八大专题研讨班，常委部长以《组织工作贯彻群众路线》为题带头为部机关干部上党课，开展“组织部门进一步改进作风建设”主题研讨和“学习贯彻全国省市组织工作会议”大讨论活动。推进“学习立部”计划，成立部机关青年读书会，组织青年干部进行经常性的学习交流和业务探讨。有序开展组织部门特色工作和重点课题调研，共完成省市县重点课题7个、特色工作5项。其中，特色工作《推行领导干部量化管理提高日常监督管理科学化水平》，重点调研课题《基于系统分析的干部教育培训质量评估体系构建研究》、《推行“乡情网格”服务管理模式创新基层党员践行群众路线举措》分获市组织系统特色工作二等奖和优秀调研成果二、三等奖，乡情网格工作经验在中组部《组工信息》上刊登。着力推进“文化兴部”建设，承办全市组织系统第三届“组工风采”乒乓球赛，组织参与全市组织系统文体活动，获得：乒乓球项目团体第3名、男双第1名、混双第3名；羽毛球项目团体第6名、混双第1名；毛笔书法一、二等奖、硬笔书法二等奖、摄影一等奖的成绩。

(江华)

宣传工作

【概况】 2013年，全县宣传思想文化工作紧紧围绕县委、县政府中心工作，按照“高举旗帜、围绕大局、服务人民、改革创新”总要求，重点实施思想引领、舆论引导、文化惠民、文明创建、队伍提升等“五项工程”，大力加强思想政治建设，着力推进海洋文化强县建设，牢固把握正确舆论导向，深入推进社会主义核心价值体系建设，为全县经济社会又好又快发展提供了强有力的思想保证、舆论支持、精神动力和文化条件。

【中共十八大精神学习宣讲教育】 围绕“党的十八大精神”“中国特色社会主义理论”“中国梦”“党的群众路线”等内容制定县委中心组学习计划、拟定学习主题。全年共组织召开了以“加强和改进意识形态领域管理和舆论引导工作”“如何面对媒体与公众”“当前社会热点分析”等为专题的县委理论学习中心组会议12次。县社科联结合中国特色社会主义理论在象山的具体实践和桥海时代象山社会经济发展现实,积极开展十八大精神理论研讨,共征集各类课题20个。组织领导干部和专家学者深入基层开展“党的十八大精神”“中国梦”“党的群众路线”等形势政策宣讲480余场次,受教育党员群众6万余人次。以“中国梦”为主题组织开展全县第六届微型党课比赛,组织优秀选手成立“十八大·中国梦”微型党课宣讲团,开展巡回宣讲活动40余场次。

【中共十八大精神新闻宣传】 组织协调县级各新闻媒体做好各地各部门认真宣传贯彻党的十八大和十八届三中全会的新闻宣传。在重要版面、重点时段开设了“学习贯彻十八大精神,开创两区建设新局面”“学习贯彻党的十八届三中全会精神”等专题专栏9个,共刊发各类稿件700余篇。在象山文明网、象山港论坛等本地主流网站、论坛策划制作了“党的十八大精神”“善行象山”等专题60余个,通过文字、图片、视频等多种形式,大力宣传象山社会经济发展取得的成绩。在以“象山发布”为核心的政务微博群上设置主题宣传栏目,开辟“共议十八大”“中国梦·我行动”等话题12个,全面宣传十八大精神。

【学习型党组织建设】 完善县委中心组“开放式学习”机制,进一步提高各级领导干部理论素养。创新制定《县级领导参加基层党委(组)中心组学习巡听制度》,对全县15个重点部门和18个镇乡(街道)开展了县级领导参与的中心组学习巡听。发布《各镇乡党委、街道党工委中心组学习情况通报》4期,编发《党委中心组学习参考资料》5期,发放《三读丛书·开卷有益》《舆论引导艺术》《焦虑从哪里来》《微语者》等图书共3000余册。完成2012年度先进党委(党组)理论学习中心组评选,确定石浦镇等5个镇乡(街道)和县纪委等15个部门为2012年度党委(党组)中心组学习先进单位并进行了表彰。

【党员干部理论教育】 对以“微系列”为载体的党员教育新模式进行拓展创新,总结、完善了“微党课”“微沙龙”“微课本”“微镜头”等十个“微系列”载体,得到了省、市领导肯定,省委宣传部副部长来颖杰,市委常委、宣传部部长余红艺分别作出重要批示。组织开展领导干部优秀理论(调研)文章评选,共收到理论调研文章96篇,择优挑选了56篇编印《2012年度中心组理论(调研)文集》。立足农村老年大学、基层党校、“塔山讲堂”、社科普及基地等思想政治教育阵地,指导开展群众性理论宣传教育活动600余场次,受教育群众近4万余人。扎实推进文化礼堂建设,结合象山“渔文化”、“非遗”文化、“地方节庆”文化等内容,积极打造各类特色文化礼堂20个。

【“桥海时代新象山”主题宣传】 紧紧抓住大桥通车机遇期,围绕县委、县政府的中心工作,认真做好“两区”建设、工业强县攻坚年、大项目大平台、“三思三创”、“三改一拆”、“善行象山”、两城创建等重大主题的新闻宣传。在重要版面、重点时段开设了“艰苦奋斗,创业创新”“建设大项目,打造大平台”“求真务实转作风,三思三创促发展”“三改一拆进行时”等专题专栏40余个。《今日象山》共刊发相关评论、消息、访谈等稿件3500余篇,县广播电视台共播发相关稿件4500余条。

【“桥海时代新象山”对外宣传】 紧紧围绕县委、县政府中心工作,借力先进典型集中采访、中国开渔节、海洋强国与国防科技工业高层研讨会、海钓节等重大活动,利用中央、省市级主流媒体,大力宣传象山在五个文明建设中取得的新成就、新经验,为全县经济社会健康快速发展营造了良好的外部舆论环境。一年内,共有中央电视台、央视网、人民网、《浙江日报》、浙江卫视、《宁波日报》、宁波电视台、《宁波晚报》《东南商报》《宁波通讯》《宁波经济》等40余家中央和省市媒体到象山开展主题性采访10次以上,刊发报道2100余篇。

【“桥海时代新象山”网络舆论引导】 充分利用网络舆情导控平台和“民声回应”网络问政平台，对社会网络舆情重点、热点问题进行分析和预判。建立由县委宣传部、县纪委、县公安局等11个部门组成的舆情研判分析联席会议制度，采用日通报、周研判、月分析和重大事件专题研判等形式，分析、预判网络舆情重点、热点问题，对“象山渔船赴钓鱼岛捕鱼”、“失地大学生户口入村”、“客运班车涨价”等部分舆论热点提前准备引导方案，妥善应对处置，确保掌控网上舆论引导权。研究制定《象山县政务微博管理暂行办法》，精心编织以“象山发布”为核心的政务“微博”群，2013年年底，全县61家群成员单位已吸引粉丝近20余万人，共计发布各类信息8000余条，成为政务公开、民意沟通、舆论回应的新平台。

【公共文化服务体系建设】 完善公共文化设施网络，扩大综合文化活动中心对外开放功能，扎实推进象山渔文化博物馆、象山海洋渔文化展示厅、龙宫休闲文化园、县游泳馆、县体育场建设。深入开展“学习贯彻十八大，文化惠民半岛行”系列活动，大力实施“千影百戏”工程、文化共享工程、流动图书站建设和“三下乡”活动，扎实开展“送文化”、“种文化”活动，大力推进“文化赶集”，努力推进村、企业、社区和校园等各个层面文化建设。全县共举办各类文化活动76场、讲座22场、各类展览23场、文化走亲12场、农民文化节8场次、“三下乡”活动8场次，引进高雅艺术3场次，演出戏剧电影550场次，送书下乡6500册，惠及群众10余万人次。

【海洋特色文化建设】 深入打造“中国渔文化之乡”品牌，完善中国渔文化研究基地建设，《海洋渔文化(象山)生态保护实验区总体规划》得到了文化部批复。建立完善精品创作生产激励机制，出台《象山县优秀文艺新闻作品奖励(试行)办法》。扎实开展“讴歌十八大、走进新桥海”优秀文艺作品征集工作，择优编印《半岛新曲4》。以海洋文化为特点的非物质文化传承和保护成果显著，唱新闻《长年葱》一举赢得“群星奖”荣誉称号，竹根雕作品《古乐小虎队》和《讲道》双双荣获“百花奖”金奖，精品歌曲《溜溜的泥马船》荣获“浙江省第二届少儿组唱、表演唱大赛”创作金奖、表演金奖，并被列入市精品工程项目。另有摄影、文学创作、舞蹈等方面都获得了省市各级奖项。同时，全县非物质文化遗产保护工作成果进一步得到巩固，完成《徐福东渡传说》《渔民开洋节》《海盐晒制技艺》《石浦—富冈如意信俗》四本浙江省国遗项目丛书初稿。举办非物质文化遗产展示展演活动，充分展现象山县非遗成果。进一步推进节庆品牌建设，第十六届中国开渔节和第九届中国海洋论坛成功举办，“三月三”民俗文化节、海鲜节、海钓节等海洋文化类节庆全面开花。积极开展文物保护遗址挖掘工作，塔山遗址、花岙兵营遗址、北渔山灯塔、东门灯塔成功获批第七批全国重点文物保护单位(其中北渔山灯塔和东门灯塔与宁波、舟山灯塔捆绑合并为浙东沿海灯塔)，实现了全县国保单位零突破。

【文化产业发展】 做好入选宁波文化产业“1235”工程的部门和企业的跟踪服务工作，明确县重点文化产业项目5个，制定年度推进计划，不断增强象山文化软实力和综合竞争力。大力培育和支持龙宫休闲文化园、象山大旸艺术馆、石浦船文化展览馆等民营博物馆(艺术馆)建设，进一步发挥德和根艺美术馆、象山民俗文化村等文化产业示范基地作用，发展县域文化特色产业。依托宁波影视文化产业区大力发展影视文化产业，先后引进宁波中邦、宁波金乔等7家影视文化和传媒企业落户，累计注册达1亿元。成功签约浙江广电集团，合作成立浙江广电象山影视(基地)有限公司，共同开发占地500亩的象山影视城三期项目，总投资超过10亿元。成功举办“第三届九分钟原创电影大赛颁奖典礼”，72部短片共获得国内外近50个奖项，影片《玛丽自然卷事件》还入选了戛纳电影节。全力打造动漫产业链，依托浙江普达海集团公司建设软件产业园和象山创意大厦，系列动画片《火星500》明年将在央视多个频道黄金时间首播并在全国各级电视台轮播，相关创意产品连锁销售系统已在全国范围内铺设。

【“善行象山”系列教育实践活动】 《“善行象山”——汇凡人善举成道德海洋》获宁波市宣传思想文化工作创新大奖。以“争做最美象山人”为主题，隆重举办“最美象山人”颁奖典礼，在县级媒体开设《善行象山》《最美象山人》《创业创新人物》等专题专栏8个，印发《京城活雷锋孙茂芳》《善行象山》《弟子规》等书籍，组织市级媒体集中采访 3 次，在市县主流媒体发表通讯、评论、讨论等 70 余篇，其中《宁波日报》头版刊出《“善行象山”亮出半岛新名片》，进一步扩大了“善行象山”影响力，市委常委、宣传部部长余红艺作批示肯定。以“做文明有礼象山人”为主题，在全县 36 个村、15 个社区、65 家文明单位推广道德讲堂建设，印发《象山县道德讲堂建设管理办法》等文件，编发参考教案 7 期，各单位开课 125 场次。以“做敬业守信象山人”为主题，联合县妇联、县信用联社，在宁波市率先创新推出文明家庭诚信贷款政策，评选产生的 969 家县级“文明诚信家庭”享受县农村信用联社核定的免抵押、免担保小额贷款政策，已发放信用贷款 7 笔。

【农村精神文明建设】 以“城乡结对，共建文明”为抓手，有效推进城乡统筹发展和新农村建设，指导 80 个行政村与各结对文明单位开展各项结对活动 100 余场次，累计落实项目 32 个，赠送文体器具 500 余件，投入资金 102 万元。积极培育乡风文明阵地，新建人文素质教育实践基地 20 个，开设道德讲堂 36 个。积极开展人文素质提升教育实践活动，年初以后共开展培训活动 364 次，其中道德讲堂授课 160 余场次，受教育群众达 5 万余人次。

【未成年人思想道德建设】 积极推进 70 个村“春泥计划”实事项目建设，组织县人大代表对“春泥计划”实施情况进行年中专题督查。组织开展“假日学校”、“关爱小候鸟”、圆梦行动、未成年人读书节等各项活动 200 余场，惠及青少年 3 万余人次。通过制定各项标准，加强对 10 所乡村学校少年宫和 3 所“城市学校少年宫”(四点钟学校)的业务指导。部署落实全国文明指数测评和市政府实事工程相关工作任务，分解落实“青少年德育讲堂”、中华经典诵读等各项工作任务，教育局、卫生局、文广新闻出版局、妇联、团委等相关部门已开展各类活动 20 余场次。

【志愿服务队伍管理】 建立健全志愿服务机构，加强对志愿者的注册管理、教育培训、表彰激励，新组建 25 个社区学雷锋服务站、3 个便民利民服务点、104 支农村学雷锋小分队等志愿阵地和队伍。抓好“塔山先锋”党员志愿者、“蓝色护海”志愿者等志愿服务团队的建设管理。加强对“绿丝带”“水滴爱心”等草根爱心公益团队的扶植和引导。目前，全县已拥有各类志愿者服务团队 62 个，注册志愿者达到 2.3 万余人，开展各类志愿活动 600 余场次。组织开展“少儿微志愿”活动，通过“公益校园联盟”行动，组织全县 7 万余名中小学生参加“暖冬行动”、认领水滴爱心储蓄罐、保护母亲河等爱心志愿活动。

【宣传文化队伍建设】 加强部机关自身建设，扎实开展“三思三创”和以“营造环境、服务发展”为重点的“走基层、转作风、改文风”活动，强化“严明、精业、正气、和谐”的部风要求。以思想政治教育为突破口，结合当前工作实际，及时召开中共十八大、十八届三中全会和全国、省、市宣传思想工作会议精神传达会，学习传达会议精神，部署落实工作措施，大力提高宣传文化队伍的思想政治素质，拓宽工作思路，提高工作能力。

【专业人才队伍培育】 提升队伍素质，举办理论骨干培训班一期，各镇乡(街道)宣传委员、宣传干事和 39 家重点县级部门新闻(网络)发言人共 75 人参加。举办新闻(网络)发言人培训会 3 场，全县 210 位新闻(网络)发言人和联络员接受了如何有效应对媒体、引导舆论的业务培训。多次开展核心网评员培训，创建象山县网评工作 QQ 群，对不执行相关规定、长时间不参与网络文明传播活动和网络评论工作或达不到工作要求的，取消网络志愿者和网络评论员资格。

(王光旭)

统战工作

【概况】 2013 年，象山县统战部门认真贯彻落实中央和省委、市委关于加强县级统一战线工作、党外代表人士队伍建设的相关文件精神，深入实施“三四”统战提升工程，突出抓好贯彻落实党的十八大精神、研究出台《中共象山县委关于进一步加强新时期统一战线工作的意见》、加强党外代表人士队伍建设、民间信仰事务规范化管理四项重点工作，着力打造基层商会互助资金会融资、民族和睦邻里节、党外代表人士廉情问询、“海内外象山人”数据库建设四大特色品牌，积极搭建象山县商会大厦、“海峡两岸交流基地”建设示范区、县社会主义学院、网络统战四大支撑平台，深入推进统战社团组织建设，努力拓宽统战宣传渠道，牵头开展“十万浙商进百区”活动，大力提升服务非公有制经济发展水平，着力维护民族宗教领域和谐稳定，不断强化侨务联谊、引智引资工作，深化对台交流交往和经贸合作，县域统一战线工作进一步呈现出团结、稳定、活跃、创新的良好局面。先后获得省、市统战工作创新奖，省侨联先进集体，市民族宗教工作先进单位等荣誉称号。

【举办“同心颂”诗歌散文朗诵会暨颁奖典礼】 2012年6月始，联合中国统一战线杂志社、宁波市委统战部、象山县广播电视台，联合主办同心颂“象山信合杯”诗歌、散文大奖赛活动，7月面向全国征文。截至2013年3月，共收到全国28个省市（自治区）的征文作品1200余篇，其中中国统一战线杂志在2012年第8期至2013年第2期刊出优秀作品46篇。2013年3月，邀请有关专家和知名作家组成评审组，评选出获奖作品37篇，并精选71篇优秀作品结集编印《同心颂诗歌散文征文作品选集》1000册。5月14日，联合象山县广播电视台、象山县农村信用合作联社承办“同心共铸中国梦”诗歌散文朗诵会暨同心颂“象山信合杯”全国诗歌散文比赛颁奖礼，现场演绎活动主题曲《同心颂歌》，组织获奖作者及代表对10篇获奖作品进行朗诵展示，并对所有奖项进行了颁奖。该活动得到中国统一战线杂志社的高度肯定，给予了“一个县办出了一个省级水平的活动”的赞誉。

【牵头开展“十万浙商进百区”活动】 牵头召开领导小组会议，承担并完成“深化浙商回归工程，加快推进象山经济转型跨越”调研课题，获宁波市统战理论研究优秀成果二等奖。发挥县侨办、工商联、县台办等统战部门联系广泛的优势，依托北京、上海、杭州等地象山经促会，香港象山联谊会以及各级商会的组织网络，协助县委、县政府举办“浙商之春”迎新恳谈会、“港台侨浙商”投资合作恳谈会、宁波象山（香港）投资环境推介会，积极开展招商引资工作。全年新引进浙商回归项目28个，实际利用县外资金37.3亿元；新引进象商项目7个，实际利用资金2.66亿元，总投资8.54亿元。县侨办因表现突出，荣获“象山县开放型经济优胜服务单位”和“招商引资先进小分队”称号。

【协助建立民进、农工党象山支部】 加强与宁波市委统战部、民进宁波市委会、农工党宁波市委会的沟通与联系，积极协助做好民进象山支部、农工党象山支部的筹建工作。4月11日，民进象山支部、农工党象山支部联合举行成立大会。民进象山支部吸收成员11人，由县人民政府副县长王安静担任主任委员。农工党象山支部吸收成员9人，由县科技局局长钮晶莹担任主任委员。自此，象山县民主党派基层组织由1个（民盟象山总支）发展到了3个。

中国民主促进会象山县支部委员会、中国农工民主党象山县支部委员会正式成立大会

【加强党外代表人士队伍建设】 召开组织部、统战部联席会议，讨论通过并出台《县委组织部、县委统战部联席会议议事规则》，为进一步加强党外代表人士队伍建设提供机制保障。完成22名市级无党派人士、190名县级无党派人士的证书发放工作。加强教育引导，举办专题培训班4期。注重党外干部的培养使用，推荐市、县两级党外后备干部预备人选19名，2名党外干部得到提拔。会同县纪委开展第四次纪委委员、党外代表人士廉情问询活动，组织10余名党外代表人士向县住建局、城管局开展会议问询。

【探索推进基层协商民主】 将基层协商民主纳入县委专项工作考核内容，赴西周、泗洲头等有关乡镇及村深入开展调研，从统一战线角度总结“村民说事”、“村务会商”和“民事村办”等制度，提炼有效做法和先进经验，完成市委统战部招标课题《关于推进基层协商民主建设的思考——以象山村务协商民主实践为例》,为下一步工作开展奠定基础。

【深化非公有制经济统战领域工作】 举办"中国梦与民企责任"主题报告会,开展向周辞美、赖振元、卢国平同志学习创业创新精神大讨论活动。做好优秀中国特色社会主义事业建设者的推荐和评比表彰工作,推荐4名企业家获评第四届市优秀建设者,评比表彰24名第三届县优秀建设者。充分挖掘资源,推进基层商会会员企业的抱团发展,指导县工商联与相关银行的携手合作。2013年,全县17个基层商会互助资金会周转1038次,帮扶企业344家,资金周转总额8.92亿元。指导县工商联与民生银行合作,成立宁波市小微企业互助合作促进会象山分会,积极搭建互助合作基金、互助周转基金、信息共享、特惠服务、交易撮合、政府支持平台等六大运作平台,共计为28家小微企业、200余户从事海洋捕捞渔民、12户养殖户提供信贷逾2亿元。组织开展第十一次"光彩爱心月"活动,募集善款40万元。

【拓宽民族工作渠道】 联合晓塘乡举办象山县第七届民族和睦邻里节,评选并表彰象山县少数民族创业致富能手、和谐闪光之星和民族团结进步贡献奖获得者,邀请北仑少数民族轻骑兵文艺表演队走进晓塘白玉湾田野舞台,开展民族文艺走亲汇演出活动。创建县职业高中黄平班和晓塘乡民族团结进步示范点。加大帮困扶贫力度,发放民族发展生产扶助专项资金2.6万元、困难补助金4.4万元。帮助更改民族成分16人,落实中考加分政策16人、高考加分政策7人。

【依法管理宗教事务】 完成省宗教信息管理系统我县基本信息的录入,初步建立我县民间信仰场所基本情况数据库。指导各镇乡(街道)与所辖宗教场所签订安全生产责任书178份。开展以"教风"为主题的和谐宗教场所创建工作,6处场所获评省和谐宗教场所,3处获评省三星级宗教场所。重视爱国宗教界人士培养,初步建成42人的县级宗教界后备人才库。建立健全宗教教职人员常态化备案管理体系,建立与宗教团体负责人和宗教界人士联系约谈制度。

【加大侨务引智引资力度】 完善海外高层次人才信息库,建立墨西哥、美国洛杉矶海外(人才)工作联络站,象山香港引才工作联络站,全年引进海外高层次人才16人。开展"千名侨商进园区"活动,邀请160余名侨商到象山开展项目考察、对接洽谈,落户投资项目2个,达成投资意向项目4个。加大引资力度,落实侨胞鲍海明先生助建泗洲头镇墩岙塘村休闲公园25万元资金到位,向全县130余户困难弱势群体发放春节慰问款物近8万元。

【深化对台统战工作】 以第十六届中国开渔节为平台,邀请台湾青创总会、台东县渔会和台东富冈新村(小石浦村)村民代表30余人参加祭海仪式、妈祖省亲迎亲、妈祖巡安、开船仪式等系列交流活动。成功打造"海峡两岸京剧票友文化走亲"之旅,举办京剧票友迎亲仪式、两岸京剧演唱会专场、两岸文化交流和考察观光等活动,邀请20名台湾嘉宾票友、12位大陆名家名票共同研讨京剧表演艺术,演绎京剧折子戏。积极参与申报国家级台商投资区,促成CAS台湾优良农产品发展协会与县政府签订战略合作协议,新增对台项目投资4亿元,对台小额贸易额达到1556.9万美元,同比增长30.4%。

【加快统战社团组织建设步伐】 顺利完成县侨联、县台联、县知联会换届。成立县新生代创业联谊会、县台湾同胞投资企业联谊会等组织,新建县级同心服务基地2个。加快基层组织建设步伐,强化指导,成立石浦镇、华翔集团、爵溪街道知联分会,建立西周镇侨联、贤庠镇侨联、丹东街道梅苑社区侨联小组和石浦镇少数民族联谊小组。石浦镇侨联成功创建省示范型基层侨联,其创新实施"个人会员制"的做法获得省政协副主席、侨联主席吴晶的高度评价,获得省统战工作创新奖。

【开办象山手机报统战专版】 依托象山手机报平台,将每周三下午(节假日除外)定为统战专刊,灵活配置统战要闻、宁波统战、象山统战、统战小知识和人物风采等板块,每期信息数一般控制在4至5则,定期向3万余名手机报用户和300余名党外代表人士及统战干部,发送相关统战知识、活动信息,全年共编发37期。该项工作获得宁波市重大统战宣传活动创意一等奖。

（吴永建）

党校工作

【概况】 2013 年，县委党校以党的十八大精神为指导，紧紧围绕象山县委、县政府工作大局和干部教育培训任务，加强干部教育培训工作，切实发挥了党校在大规模培训干部和大幅度提高干部素质中的主渠道主阵地作用，实现了教育教学提质量，科研工作上台阶，管理服务上水平。

【干部培训工作】 按照《2013 年全县党员干部教育培训工作要点》的总体安排，党校紧紧围绕党的十八大精神这条主线开展干部教育培训工作。统筹培训计划，在征求各部门意见和建议的基础上，根据象山县干部队伍和干部培训工作的实际，召开象山县党员干部教育培训工作领导小组成员单位联席会议，明确了工作任务、牵头单位、责任单位，做到干部教育培训工作与干部队伍实际有机结合、与县域经济发展有机结合。在培训平台上，注重内部整合和向外“引智”。积极与省内外党校或高校合作办学，建立起省内、长三角、北京三级培训层次。同时，成功整合塔山讲堂，重点打造名家大讲堂。在师资力量上，县委组织部、县委党校坚持质量标准，严格工作程序，通过基层推荐、资格审核和组织认定，按照形势教育与象山重大决策部署、党史党建党风党纪、县情与象山人文历史、公共政策与法律法规、农业农村工作、能力素质提升等 6 个类别，从象山县各部门、企事业单位、乡镇街道的领导干部、管理人员、高层次专业技术人才、先进模范人物中确定了人员，形成 61 名专兼职教师组成的象山县干部教育培训师资库，为进一步提升象山县干部教育培训工作的质量和效益提供了师资保障。

以学习党的十八大精神为重点，开展贯彻十八大精神专题研讨班，共举办“服务重大项目水平”、“推进乡村旅游发展”及“促进文化产业振兴”等 8 期学习贯彻党的十八大精神专题研讨班。以能力素质提升为重点，开展领导干部执政能力提升专题轮训班，2013 年共举办 3 期，累计轮训县管副职领导干部 160 余名。每期轮训班为期 1 个月，通过县内集中培训、网上自主学习、高校提升培训以及训末总结交流等培训方式，有效地解决了学员的工学矛盾，提高了培训轮训质量。

实行主体班次班主任负责制。2013 年，在原有党校干训科人员跟班管理培训班的基础上实施班主任制度，以党校中青年教师为主体，安排相关人员从事培训班管理工作。实行学分不达标补训制度，在分模块教学的系列主体班次中，首次探索学分不达标补训制度，实现了培训“零死角”。2013 年共举办县委主体班次 28 期，累计培训人员 2150 人次。

2013 年县委党校干部培训一览

表 58

主体班次名称	办班时间	人次
全县第七期领导干部综合素质提升大讲堂(塔山讲堂第 93 期)	3 月 15 日	80
2013 年度全县第一期领导干部执政能力提升专题培训班(任职教育专题)	3 月 18 日～22 日	44
2013 年度全县理论骨干培训班	3 月 27 日～28 日	74
第一期全县领导干部综合素质提升名家大讲堂	4 月 16 日	120
2013 年全县第一期领导干部执政能力提升专题轮训班	4 月 16 日～5 月 17 日	59
学习十八大精神、提高组织工作科学化水平专题研讨班	4 月 24 日～26 日	44
全县人才工作综合能力专题培训班	4 月 27 日～28 日	76
学习十八大精神，提升项目审批服务水平专题研讨班(分 4 期，每期 5 天)	5 月 20 日	41
象山县行业商会市场经营管理专题培训班(社会主义学院)	5 月 23 日	80
学习十八大精神、提高执法规范化建设水平专题研讨班	6 月 17 日～19 日	59

续表 58

主体班次名称	办班时间	人次
2013 年全县第二期领导干部执政能力提升专题轮训班	6 月 18 日～7 月 19 日	57
第二期全县领导干部综合素质提升名家大讲堂	6 月 19 日	120
学习十八大精神，推进乡村旅游发展专题研讨班(全县第五期发展旅游经济专题培训班)	6 月 25 日	90
全县第八期领导干部综合素质提升大讲堂(塔山讲堂第 100 期)	6 月 28 日	80
全县第一期科(股)级干部执行力提升专题轮训班	7 月 29 日～8 月 2 日	47
第三期全县领导干部综合素质提升名家大讲堂	8 月 1 日	150
全县社区服务管理专题培训班	8 月 28 日～31 日	40
2013 年全县第三期领导干部执政能力提升专题轮训班	9 月 24 日～10 月 25 日	58
第四期全县领导干部综合素质提升名家大讲堂	9 月 26 日	200
全县无党派代表人士培训班(社会主义学院)	11 月 1 日	35
全县侨界代表人士培训班(社会主义学院)	11 月 1 日	40
全县宗教界代表人士培训班(社会主义学院)	11 月 1 日	40
全县新录用公务员初任培训班	11 月 4 日～15 日	79
全县第二期科(股)级干部执行力提升专题轮训班	11 月 18 日～22 日	47
全县离退休干部政治理论学习班	11 月 14 日	190
学习十八大精神，促进文化产业振兴专题研讨班	11 月 28 日～29 日	40
全县第九期领导干部综合素质提升大讲堂(塔山讲堂第 106 期)	11 月 29 日	80
全县第十期领导干部综合素质提升大讲堂(塔山讲堂第 107 期)	12 月 17 日	80
共计	28 期	2150

【对外培训工作】 为实现高等教育资源的网上转移，为象山县干部在职教育搭建一个良好的平台，继 2009 年后，2011 年，县委党校再度与浙江大学合作开办浙江大学行政管理专业硕士研究生课程进修班。2013 年，浙江大学公共管理学院象山干部 2011 级行政管理研究生课程进修班顺利结业，56 名学员通过全部考试和论文，拿到由浙江大学研究生院颁发的课程进修结业证书，部分学员参加了 2013 年同等学历全国统考，为申请学位做好准备。

【科研工作】 县委党校科研围绕县委中心工作，加强党校系统的理论研讨和课题申报，加强县情调查研究，确保科研论文入选、获奖、刊出等方面的新提升。规范科研激励考核机制。借鉴兄弟县(市区)党校的一些做法，重新修订《中共象山县委党校关于教科研工作的若干规定》(象县委校〔2013〕2 号)，明确了教师的科研工作量、科研成果和教学成果的奖励。新的管理条例对科研成果的范围、奖励级别、奖励额度等进行了调整，奖励的重点突出了对重大课题、重要成果、重大奖项的倾斜，指明了县委党校教科研工作的研究重点和主攻方向；提高科研本土化水平。支持和鼓励教师积极参与、承接县委政研室、县委组织部、县委宣传部等综合研究部门的重要课题，通过合作调研准确把握县情、发现问题，联合攻关拿出具有实效性的调研报告，为象山县委、县政府决策咨询服务。同时，通过“一人一讲”讲评课等平台实现调研成果转化。2013 年，全体教师围绕《十八大新党章解读》《修身治国的智慧——马克思哲学》《党的群众路线的历史回顾与象山实践》《当前九年制义务教育问题——以象山县为例》《海洋生态文明与象山海洋经济的转型升级》《打造渔文化品牌，引领象山文化产业蓬勃发展》《对象山新区域地名命名的思考》《国内外政党的基层组织建设历史经验及现实启示》8个专题进行了授课，使调研成果进课堂、入实践，有效提升了教师的教科研水平。

2013年，党校共计撰写论文43篇，其中：在宁波市党校系统理论研讨会上提交论文8篇，《中国特色社会主义理论体系大众化过程中的良性互动机制研究——基于象山的思考》获二等奖（在大会上作了专题发言），其他6篇论文入选；2篇论文入选浙江省党校系统理论研讨会，其中1篇获三等奖；《关于加快推进我县城镇化的思考》《十六大以来党建理论创新点初探》《象山县社会领域的流动党员管理机制研究》《毛泽东论群众路线》等15篇论文在《宁波通讯》《宁波市情研究》《党校教育规律研究》《象山政研》《今日象山》等刊物上发表；完成3个2012年度宁波市委党校课题，其中"主体性视角下提升农村基层干部教育培训有效性研究"被评为优秀课题；《干部教育培训内生动力提升机制研究——基于宁波市象山的思考》获浙江省党校系统2012年度优秀调研成果二等奖、宁波市组织系统优秀调研成果二等奖；完成"对象山新区域地命名的思考""'乡情网格'：创造性运用社会资本的实践与思考""中国特色社会主义理论体系大众化视阈下社会思想动态分析与对策——以象山为例""健全农村党员队伍纯洁机制，提高农村党员发展管理水平——以象山县墙头镇为例"等象山县委政研室、县委组织部、县委宣传部、象山县党建研究5个课题。

【对外宣讲工作】 2013年，为更好地配合县委中心工作，更好地服务象山县各单位学习宣传党的十八大精神，县委党校结合工作实际，推出"党的十八大精神辅导""中国梦""构建社会主义核心价值体系""加强党的执政能力建设""党的十八大与新党章""全国'两会'精神""宁波海洋经济""象山县'十二五'规划"等23个党的十八大精神相关宣讲专题并以菜单方式提供给象山县各镇乡（街道）及县级各部门，为象山县党员干部教育培训提供上门宣讲服务。党校领导和教师以饱满的政治热情和深厚的理论功底，重点阐释党和国家大政方针政策、时事形势以及象山县情等，2013年，累计宣讲95场次，受众近万人次。

【后勤服务工作】 县委党校作为象山县会务中心，2013年承担的会务保障任务不断增加。党校后勤工作始终牢牢树立服务意识，坚持管理机制创新，对工作中的各主要环节都制定了具体的工作流程和制度规范，充分调动了后勤服务人员的工作积极性。在集中做好象山县干部教育培训主体班次保障工作的基础上，重点做好象山县人代会、象山县领导干部党委中心组学习会、象山县委读书会等重大会议的保障工作。坚持精细化管理，及时制订保障方案。从席卡摆放、灯光音像到端茶倒水都提前筹备、逐项落实、全程监督，力争做到会务办班服务严格规范、不出差错。2013年，党校共计接待各类会议办班577场次，其中干部教育培训主体班次134场次，电视电话会议107场次，其他各类会议336场次，平均每个工作日达2场次以上。

（党校办）

党史工作

【概况】 2013年，在县委领导下，在上级党史部门的关心和指导下，在县委党史办的努力下，县党史编纂研究、宣传教育、史料征集等工作跃上了一个新台阶。县委党史办被评为省级革命遗址保护工作先进集体、省级党史信息工作先进集体、市级党史信息工作先进集体。

【县委召开党史工作座谈会】 11月18日，县委召开党史工作座谈会。围绕"做好象山党史工作"这一主题，县委宣传部、教育局、民政局、团县委、石浦镇等部门、单位负责人以及老同志等9名代表发言，县委副书记俞骏作了重要讲话。会议提出三项要求：一是满怀信心，充分认识做好全县党史工作的优势条件；二是明确任务，进一步提高全县党史工作水平；三是群策群略，进一步为党史工作提供坚强保障。

【完成4部书籍编纂】 2013年，完成《象山党史胜迹及其他遗址图志》一书的编纂任务。配合有关部门编纂并内部出版《吴烨烈士》《追寻吴烨烈士》《象宁人民抗暴游击队事迹》3本书。编纂出版《象山党史》2期、《象山党史工作简讯》12期、《象山党史参考》2 期，刊发党史文章和党史工作信息 170 余篇。

【多篇文章被网站刊物发表】 《浙江省象山县关爱烈士亲属和老战士纪实》4 月 1 日在中国共产党历史网刊登；《火红的年华——纪念吴烨烈士诞辰 100 周年》分别在《足迹》第 2 期、《宁波党史》第 2 期刊登；《贺威圣革命思想初探》在《足迹》第 3 期刊登，《贺威圣与江浙区委党校》在《党史文汇》第 2 期刊登；《贺威圣的革命思想和实践》《无畏的战士——纪念杨白烈士诞辰 110 周年》《十八大报告关于党史工作的思想》《育人：构建基层党史文化的有效途径》等 4 篇文章在《今日象山》《象山党史》《象山新研通讯》等书刊报纸刊登。同时，撰写的党史工作信息被中央党史研究室录用 18 条，被浙江党史网、《浙江党史工作简讯》录用 18 条，被宁波史志网、《宁波史志信息》、《宁波日报》录用 165 条(次)，被《象山信息》《今日象山》、象山港网、象山广播电视台录用 50 余条(次)。

【举办吴烨烈士诞辰 100 周年纪念活动】 3 月 13 日，县委、县政府召开吴烨烈士诞辰 100 周年纪念座谈会，县级有关领导、县委党史工作委员会有关领导、有关部门和单位负责人、烈士亲属和老同志代表等近 40 人参加，9 名代表发言，县委常委、宣传部部长、县委党史工作委员会副主任罗来兴作了重要讲话。会上还向与会者印发了 6 万余字的《吴烨烈士日记》以及《从进步文学青年到抗日革命战士》等 5 篇纪念文章。县委党史办对有关烈士的 77 张照片进行了扫描，对近 40 万字的 33 本烈士日记手稿及其他遗稿进行了复印，对 44 本烈士阅读过的作品等遗物进行了拍照。组织新桥镇党委机关及实验小学等 3 所学校举行吴烨烈士事迹报告会，组织团县委在各中学团委、少先队广泛开展以“纪念吴烨烈士 100 周年”为主题的中小学生教育实践征文活动。除利用《足迹》《宁波党史》刊登纪念文章外，充分利用《今日象山》《象山党史》《象山新研通讯》刊登《火红年华》等纪念文章 7 篇(次)，拍摄电视专题片《火之华》，并在象山电视台播出。

【举办纪念毛泽东同志诞辰 120 周年活动】 2013 年 12 月，在县委党史办的策划下，举办纪念毛泽东同志诞辰 120 周年活动开展得有声有色。县机关直属党工委、新闻出版管理局、总工会联合举办纪念毛泽东同志诞辰 120 周年书法比赛。县新闻出版管理局在丹东、丹西两个街道五个社区放映纪念毛泽东同志的电影。县教育局召开全体机关干部会议，听取《21 世纪的毛泽东思想解读》的辅导报告。《今日象山》专版刊发了《毛泽东思想与“中国梦”的实现》《毛泽东论群众路线》两篇理论研究文章和四首纪念毛泽东同志的诗词。12 月 26 日，县委党史办召开纪念毛泽东同志诞辰 120 周年纪念座谈会，有关部门和单位负责人、离退休等老同志、烈士和老战士亲属 40 余人参加，11 名代表发言。会后，与会者观看了“毛泽东在浙江”图片展。同时，全县各地举办“毛泽东在浙江”图片展 35 场次，高塘学校等 6 所学校举行了纪念毛泽东同志诞辰 120 周年文娱节目及毛泽东同志诗歌朗诵会。

【“史中平教育基金”入选“最美象山事件”】 4 月份“史中平教育基金”被象山县精神文明建设委员会评为 2012 年度“最美象山事件”。9 月份，县委党史办配合新桥学校举行了“史中平教育基金”颁奖大会，对 144 名师生给予奖励，对 22 名贫困学生予以资助。

(吕国民)

老干部工作

【概况】 2013 年，全县由县委老干部局负责服务管理的离(退)休干部 109 人，其中离休干部 83 人、退休(副县级以上)干部 26 人，外地安置在象山的 2 人。离休干部中：享受地专级医疗乘车二项待遇 2 人，享受县处级待遇有 38 人；享受科级待遇有 43 人。按参加革命时期划分，抗日战争时期入伍的 15 人，解放战争时期入伍的 68 人；按人员性质划分，属行政编制的有 22 人，事业编制的有 23 人，企业编制的有 38 人。在离(退)休干部中，党员有 75 人，其中，离休干部党员 54 人，县级退休干部党员有 21 人。离休干部平均年龄 86.7 岁，最大的 94 岁，最小的 79 岁。县委老干部局是县委组织部直属的离(退)休干部事业管理机构，内设办公室，下属县老干部活动中心、石浦老干部活动中心、县老年大学。现有干部职工 16 人。

【两项待遇得到进一步落实】 一是落实政治待遇。紧密结合离退休干部思想政治建设和党支部建设实际，积极推进组织创新、活动创新和制度创新。继续认真落实老干部政治理论学习、阅读文件、参观考察、参加重要会议、重大活动和完善定期向老干部通报制度。深化以“五好”和“五带头”为主要内容的创先争优活动成果。围绕学习宣传党的十八大，精心组织开展以“讴歌十八大，唱响新桥海”为主题的诗歌创作、知识竞赛、心得交流、学习调研等系列活动。加大对老干部先进事迹的宣传力度，传递正能量。一年来，举办老干部情况通报会2次、政治学习会7次、政治理论学习班1期、离退休干部党支部书记培训班1期，就近分批参观考察6次；3个党支部被评为市级“五好”离退休干部党支部；9个离退休党支部被评为首批县级“五好”离退休干部党支部示范点，7位老干部获得省市优秀离退休干部党员称号，10位老干部获得全县老干部先进个人称号。二是落实生活待遇。在不断巩固和完善离休干部“三个机制”的基础上，集中力量抓好离休干部疗休养待遇和医疗待遇以及结对帮扶等一系列政策的落实。认真做好一年一次的疗休养工作，组织老干部参观考察、听报告、看电影、心得交流、联谊等活动。完成离休干部市内易地就医结算“一卡通”工作，方便就医看病。一年来，共慰问特殊困难老干部和遗属40余人次，发放各类困难补助12余万元，看望慰问上海、杭州、义乌等易地安置老干部7人。根据上级文件精神，及时调整离休干部公用经费标准，将公用经费提高到每人每年2000元，并对经费使用作出相应规范。此外，联合县委组织部下发了高温季节走访慰问老干部的有关文件，全县40多家部门领导带队，分批走访慰问了100多个离退休干部，送去“清凉关怀”。完善社区离退休干部“四就近”服务体系。同时，以创建市级“四就近”服务示范社区为抓手，深化老干部工作部门、原工作单位、社区和老干部家庭互为依托的离退休干部“四位一体”服务网络建设，积极构建四方联动互补、齐抓共管的服务机制，形成全社会关心老干部、尊重老干部、服务老干部的良好氛围。

【老干部作用得到较好发挥】 紧紧围绕县委、县政府中心工作，重点发挥好一批年龄较轻、身体较健康、有一定政治优势的老干部的作用，为全县的三个文明建设与和谐新象山建设贡献力量。一是组织县级老领导参观余姚浙东革命根据地以及两区建设、现代农业发展和考察调研县内新农村建设有关情况；二是配合县委中心工作举行“讴歌十八大，走进桥海新时代”系列活动；三是组织老干部进省未管所和县看守所和有关学校对未成年犯、失足青年和网瘾少年进行帮教；四是聘请老干部担任网吧义务督导员；五是组建爱国主义教育讲师团。据不完全统计，全县共有8500多名师生接受了教育；六是发动老干部踊跃参与四川雅安地震救灾募捐活动，筹得善款16300余元。

【老干部活动中心环境更趋优化】 老干部活动中心定期更换花草，及时消毒活动器具，开辟宣传报栏等等，为老干部提供整洁优雅的活动氛围。活动内容更趋丰富。推出周二活动日制度。结合元宵、“三八”“五一”、中秋等节假日推出了一系列的活动和赛事；管理环节更趋到位。推行夏令时段中午值班制，加强对值班到岗情况的检查力度，对常来活动中心活动的老同志实行动态式管理；走访慰问更趋经常。对平时不经常来活动中心活动的老干部保持半月一次电话联系，对住院老同志进行及时的看望和回访，一年来共走访老干部279人次，电话慰问450余人次。

【县老年大学成为五星级示范学校】 县老年大学2013年注册学员1150人，开设50个班级，36门专业。镇乡老年大学18所，社区、村级老年学校27所，学员6500人左右。老年大学坚持发挥主阵地作用，搞好“中国梦·夕阳情”文化艺术周、“共筑中国梦，健康我同行”老年大学运动会等一系列文体活动，引导老干部文明健康、乐观向上、颐养晚年。县老年大学在2012年荣获“全省老年大学教育管理先进单位”的基础上，制定出台了《2013－2015三年发展规划》，认真开展“管理提升年”活动，通过深化教学改革，拓宽办学方式，规范管理制度，强化信息化建设等措施，使办学水平进一步提高，办学规模进一步拓展，就学人数进一步增加。3月份顺利通过了县级老年大学五星级示范学校的考核验收，成为宁波市首批的4个五星级示范学校之一。

【机关作风和队伍建设进一步强化】 以开展党的群众路线教育实践活动为契机，修改完善《象山县委老干部局规章制度汇编》，出台日常办公、财务管理、固定资产管理、编外用工管理、公务接待、车辆使用管理等20项制度，实现机关内部管理规范化。积极争取财政支持，投资近30万元，对局机关办公用房进行改造装修，增添办公设备，改善办公条件。以业务学习月为载体，扎实开展老干部政策文件学习、老干部情况分析、老干部工作研讨等"五个一"系列活动，不断提高机关干部的业务能力和政策水平。坚持正确的用人导向，在组织人事部门的关心支持下，一名局级干部被转任到重要岗位，一名普通干部提任为中层干部，两名工作人员被选调到县级有关部门。同时，又充实了两名新生力量，打破了老干部局人事上"进不来，出不去，长不大"的困境，调动了机关干部的工作积极性。加强机关党建工作，组建党员志愿者队伍，开展亲情陪聊、共度佳节等志愿服务，既拉近了老干部与工作人员的感情，也培养了工作人员的孝心孝情。

（邢许成）

县直机关党建工作

【概况】 2013年，全县共有县直机关基层党组织89个，其中下属机关党委5个、党总支18个、党支部164家，共有党员2690人。全年:共发展新党员31人，按期转正党员74人，共33个机关党(总)支部进行了换届和补选，新建支部6个。

【深入贯彻学习党的十八大精神】 县直机关广大党员、干部和群众充分认识学习宣传贯彻党的十八大精神的重要意义，把思想和行动统一到党的十八大精神上来，把智慧和力量凝聚到实现中共十八大确定的奋斗目标和主要任务上来。紧密结合象山实际，把贯彻中共十八大精神同抓好当前各项工作结合起来，以中共十八大精神统领各项工作，推动工作再上一个新台阶。同时，各机关党组织还把学习党章同学习党的十八大精神紧密结合起来，同学习中国特色社会主义理论体系相结合，同具体的社会实践相结合，增强贯彻落实科学发展观的自觉性和坚持性。把学好新党章、贯彻好新党章作为党员教育的重中之重，纳入党员教育计划，并采用微型党课、知识竞赛等形式推进党章的学习。

【推进学习型党组织建设】 全年举办入党积极分子培训、"七一"新党员入党宣誓、党员志愿者专题培训(两次)、党章党史宣讲等多种形式的学习培训活动，举行"学习践行十八大，奉献一线促发展"电视演讲比赛，组织近两年机关优秀党员代表到井冈山进行教育培训，在机关中营造了重视学习、崇尚学习、坚持学习的浓厚氛围。

【搭建党员服务平台】 以增强党员的责任感、服务意识为重点，探索机关党员创先争优、标杆示范载体。机关各党组织积极组织机关党员参加社区"一人一岗"党员志愿服务活动，充分发动机关党员一己之长为社区居民上党课，当义务调解员、参与扶贫帮困、绿化保洁等活动。进一步完善"党员奉献日"、"党员先锋岗"、党员服务绿色通道等创先争优主题实践活动，提高党员意识、增强宗旨观念。

【继续开展机关党建研讨活动】 结合学习贯彻科学发展观要求，针对当前工作的热点和难点问题，组织广大党员干部开展调查研究，总结先进经验，探索创新方法，积极建言献策，撰写调研文章，收到党建论文36篇，经组织评审，共评出一等奖1篇、二等奖4篇、三等奖7篇、优秀奖24篇，切实增强了理论指导实践能力。

【深化规范化党组织建设活动】 以贯彻落实《条例》为契机，进一步深化规范化党组织创建内容，健全和完善规范化机关党组织考核标准，把规范化党组织建设成果与党建目标考核和评先评优相挂钩。截至2013年年底共验收通过规范化机关党组织79家，覆盖面达90%。

【组织开展"重服务、促提升"系列活动】 一是继续开展"两城创建我示范、创先争优我实践"活动。围绕县"两城"创建中心工作，继续开展"两城创建我示范、创先争优我实践"为主题的实践活动。组织城区83家单位参与文明共建、文明劝导、不文明行为专项整治等活动。每周五上下班高峰期在三条主要路段开展文明劝导，每月一次与结对社区(村)进行文明共建，党员志愿者利用休息日上街文明劝导，发挥示范表率作用，组织开展单位内部卫生大检查。不定期组织督查，通报督查结果，助推县两城创建工作。二是以整体推进党员志愿服务为抓手，推进服务型党组织建设。截至目前，全县已组建了85个志愿服务队、8个党员工作室，注册志愿者2600多名。所有在职党员都主动到居住地社区报到，认领服务岗位，积极参与社区社会管理创新工作。同时还成立了全县党员志愿者协会和党员志愿服务中心，统一制作了队旗和徽章，建立“塔山先锋”网站。据统计，全年共为6000余名群众提供无偿服务19000人次，平均每位志愿者年服务时间超过12小时。党员志愿者办公室从机制制度着手，深入推进党员志愿服务制度化、常态化。同时加强舆论宣传引导，在“今日象山”开设专栏、专版，推介先进团队和先进个人，《宁波日报》《东南商报》和中国青年志愿者网也分别介绍了象山的做法，良好的舆论氛围正在形成。通过组织推动、舆论引导和整体谋划，全县党员志愿者活动蓬勃开展，呈现出良好发展势头，党组织的服务功能和党员的服务能力明显增强，机关党建充满活力，得到了县委领导的充分肯定。

【深化结对共建活动】 以深化创先争优为重点，发挥示范引领作用。统筹城乡党建，深化机关党组织与联系村结对共建活动，现有137个机关党组织参与结对共建，帮助联系村解决实际困难和问题。同时，继续开展43个涉企部门与潜力型、发展型企业党组织结对共建活动，帮助企业完善组织制度，力所能及帮助企业解决一些实际问题。结合“进村入企大走访”活动，受到基层党员群众的普遍欢迎。

【开展“四型”党组织创建活动】 在县直机关全面开展以创建学习型、服务型、创新型、勤廉型机关为内容的“四型机关”创建活动。各党组织把“四型”党组织创建作为加强机关党建的重要抓手，把创建标准、创建措施融入日常学习、经常性工作之中，融入党建创新目标、创先争优措施中予以贯彻落实，成为党建工作中的新亮点。

【建立党员党性定期分析和党内关怀制度】 在继续开展以关心党员，教育党员为目的的党员“政治生日”纪念活动的基础上，各机关党组织定期开展机关党员建言献策活动、谈心谈话活动，畅通党员意志的表达渠道，积极开展机关党员精神需求问卷调查，及时了解机关党员思想动态。机关党组织定期召开会议，综合分析机关党员的所思所想，切实解决突出问题，从而保证党组织的纯洁性和先进性。继续推行“六必访、六必谈”制度，党组织在党员干部重要节日、重大灾难时进行慰问和谈心，妥善解决困难党员的实际困难，使党员能时时感受党的温暖。

【推行机关党建“五个一”责任制】 进一步强化部门主要领导干部“抓好党建工作是本职、抓不好党建是不称职，不重视党建是政治不合格”的责任意识。在县级机关推行主要领导“五个一”党建工作责任制，即年初组织一次专题研究机关党建工作、全年抓好一项机关党建创新工作、“七一”前后上好一次专题党课、在单位中培树一批党员先进典型、年终听取一次机关党建汇报并组织党务干部述职。把该项工作责任制的落实情况，作为2013年度党建工作考核的重要内容之一。

【深入开展党风廉政教育】 认真学习贯彻《中国共产党党员领导干部廉洁从政若干准则》等制度规定，深入开展示范教育、警示教育和岗位廉政教育，推进机关廉政文化建设。把党风廉政宣传教育工作纳入单位干部理论学习、中心组学习内容之中，深入推进廉政文化“六进”活动，有计划地组织党员干部开展理想信念、党风党纪、廉洁从政和艰苦奋斗等方面的教育活动，不断增强机关党员干部廉洁从政的良好道德意识。深入实施以“强作风、树形象、促和谐”为主题的最佳廉政党日活动，用好“维权服务热线”，畅通群众合理反映问题的渠道，切实维护群众合法利益。

【强化对机关党员不良行为的监督】 高度重视机关工作人员在工作、生活和社会交往等方面存在或可能存在的不良行为，加强公职人员的日常行为管理和思想教育，防微杜渐，警钟长鸣。机关党组织积极承担监管责任，建立健全党员干部教育、谈话、登记和惩戒等制度，对有不良行为苗头的公职人员，及时提醒教育；出现问题的，视情节实施问责或党纪处分。

【推进机关党建品牌创建工作】 2013年，机关党建把创新作为提升机关党建科学化水平的主要手段，把党建工作品牌创建纳入党建工作责任制，大力推广部分单位的创建经验，组织开展创新型党组织的评选活动，引导更多机关党组织开展创品牌活动。并及时研究、归纳、推广工作，引导机关党建工作不断提高工作能力。

【深化党工委委员联片工作制】 进一步健全党工委委员分片负责制，细化工作责任和工作要求，把机关党工委的部分职能和工作分解到各片，提高工作效率。各委员认真调研分析，了解各片工作特色和党员思想状况，制订工作计划，每年开展1～2次各具特色的活动。

【丰富群团活动】 按照“党建带团建、党建带工建、党建带妇建”的要求，把工青妇工作纳入党的建设总体布局。选优配强群团组织领导班子，加强群团干部教育培训，保证机关群团组织依法按章履行职责。充分发挥机关工、青、妇等群团组织的桥梁和纽带作用，大力支持和鼓励群团组织发挥各自的优势，开展各自的特色活动，提高组织活力。2013年，机关工会组织开展摄影比赛、乒乓球赛、机关妇工委组织瑜伽培训、团工委组建机关篮球队等活动，进一步活跃了机关干部业余文化生活，激发了工作热情。

（机关党办）

中国共产党象山县纪律检查委员会(县监察局)

综 述

2013年,中国共产党象山县纪律检查委员会(县监察局)坚持反腐倡廉战略方针,进一步围绕中心、突出主业,着力抓执纪监督、促科学发展,抓“四风”整治、促作风转变,抓案件查办、促有效预防,各项工作取得了新的成效,为全县科学发展、社会和谐做出了积极贡献。督促推进4大重点任务、6大攻坚行动和12大专项行动,积极参加余姚抗洪救灾和结对帮扶工作,县帮扶工作组被评为市抗洪抢险先进集体。2013年度,县纪委监察局在全市考核中再次名列前茅,被评为一类单位,在全县目标考核管理中位列第二,“三思三创”工作连续三年被评为市先进集体。同时,还获得了县信访工作先进集体、县重点工程先进集体、市级纪检监察信息工作先进集体、县党委系统信息工作先进单位等荣誉。县网络民情会办中心工作在全国“枫桥经验”50周年大会上作书面交流。

重要会议和活动

【市委常委、纪委书记暨军民到象山调研“三思三创”工作】 3月15日,市委常委、纪委书记、市“三思三创”活动领导小组办公室主任暨军民一行,到象山县调研“三思三创”主题教育实践活动。调研中,暨军民一行深入基层一线,实地考察了海峡广场、台湾商城、新港码头、黄金坦村、东红船厂等地,专题听取象山县“三思三创”工作情况汇报,并作点评指导。县领导李关定、李刚、叶富兴等陪同调研或参加汇报。

【全县召开“三思三创”主题教育暨党风廉政建设大会】 3月20日上午,全县“三思三创”主题教育暨党风廉政建设大会召开。县委书记李关定作重要讲话。县委副书记、县长叶剑鸣主持会议,金红旗、白国璋、林雅莲等县四套班子领导出席会议。会议通报了全县党风廉政建设和反腐败工作情况,通报表彰了执行力评议“双十佳”及2012年“三思三创”活动各类先进,“双百”评议局长、科长代表作表态发言。华翔集团董事局主席周辞美应邀在会上作了创业创新事迹介绍。

【县纪委十三届二次全体(扩大)会议召开】 3月20日下午,县第十三届纪律检查委员会第二次全体(扩大)会议召开,回顾总结2012年党风廉政建设和反腐败工作,研究部署2013年工作任务。

【县委常委、纪委书记李刚向离退休老干部通报全县党风廉政建设情况】 4月16日上午,县委常委、纪委书记李刚向离退休老干部通报了2012年度全县党风廉政建设情况,并介绍十八大以后党风廉政建设和反腐败斗争的新趋势、近几年全县党风廉政建设所取得的新成效等四个方面的内容。

【市纪委副书记张文斌一行到象山开展“走亲连心”活动】 7月25日,市纪委副书记张文斌一行到象山开展“走亲连心”活动,听取基层对市纪委监察局开展党的群众路线教育实践活动、改进工作作风和推进反腐倡廉建设的意见和建议,帮助解决实际问题。来自象山县直部门单位领导、乡镇一把手、乡镇纪委书记、部分基层党员代表参加了座谈会。

【全县党外代表人士暨纪委委员廉情问询会召开】 12月6日，全县党外代表人士暨纪委委员廉情问询会召开，县住建局、城管局等相关负责人，现场接受党外代表人士和纪委委员的问询，并当场接受了测评。县委常委、统战部部长黄敏求主持会议，县委常委、纪委书记李刚出席会议并讲话。

【省纪委预防腐败室调研组到象山调研领导干部家庭财产申报工作】 12月11日，省纪委预防腐败室主任尹乐平一行，至象山调研领导干部家庭财产申报工作，对象山县在开展财产申报工作过程中所取得的成绩给予充分肯定。

党风廉政建设

【概况】 围绕中央、省委、市委、县委关于反腐倡廉的重大决策部署，严格执行党风廉政建设责任制，不断健全党内外民主监督制度，切实加强预防腐败机制建设，推动全县党风廉政建设和反腐败工作深入开展。

【落实党风廉政责任制】 加强对党风廉政建设和反腐败工作领导，相继召开全县反腐倡廉建设大会、政府系统廉政工作会议，多次专题研究反腐倡廉和作风建设，明确县级领导主管责任和重点单位牵头任务，建立完善了责任体系。县委、县政府班子带头履行职责，带队开展廉政检查，切实抓好责任范围内工作，有力推动党风廉政建设和反腐败工作的深入开展。

【加强作风建设】 认真落实中央八项规定和省、市、县委有关要求，切实抓好"正风"行动，着力整治"四风"问题，全年共查处、通报违反八项规定等行为15起，起到了较好的警示教育作用。会同有关部门完善公务接待、公车管理、外出学习考察审批等制度，落实领导干部操办婚丧喜庆事宜有关规定，全县"三公"经费下降30%。全面开展会员卡专项清退行动，实现领导干部"零持有、零报告"目标。继续开展"双百"评议活动，以评促建效果进一步显现。深化"三级问责"，协调出台政府投资项目违规行为、重点环境违法问题挂牌督办等问责办法。切实加大问责力度，全年共有56名机关事业单位工作人员因履职不到位、违反"四条禁令"等受到问责处理。

【加强预防腐败工作】 坚持以教育促预防，加强对党员干部的示范教育、警示教育和党性党风教育。组织开展党纪法规培训、法院庭审观摩、清风巡回宣讲等活动，受教育党员群众达1万余人次。实施廉政文化精品工程，举办廉政农(渔)画邀请赛，编印《农村基层党员干部违纪违法案例选编》，摄制才华剪纸艺术馆廉政专题片，联合创建看守所县级警示教育基地。坚持以监督促预防，会同组织部门制定《拟提拔人选报告廉政事项实施办法》，落实拟提任领导干部家庭财产单位内部公示和核查质询等规定，象山县财产申报工作得到了国家预防腐败局领导的充分肯定。

【加强领导干部监督管理】 严格执行民主集中制，坚持重大事项集体讨论；切实强化领导干部廉洁自律，全面清理会员卡，确保做到零持有、零报告；继续深化经济责任审计工作，对13名党政主要领导干部开展任期经济责任审计，整改落实存在问题105个；加强对党员领导干部的廉洁自律教育，共有37名党政干部主动上交礼品、礼金、礼卡，全县581账户共计上缴金额16万元；继续开展"百名局长(书记)执行力"和"百名科长"专项评议工作。

【推进基层党风廉政建设】 推进基层廉洁工程建设，开展农村党风廉政建设和"三资"管理"双达标、双示范"活动，累计处理抵库"白条"2.15亿元，创建市、县级标准化"三资"管理服务中心18个，"双达标、双示范"活动先进镇乡(街道)5个。基本完成全县村级便民服务和"三务"公开信息平台建设，创建省级"百乡千村"示范服务中心25个，省、市级群众满意基层站(所)8个。做好新一届村级组织换届选举监督指导工作，及时查处违纪违法行为11起，基本完成村(居)务监督委员会换届选举工作。认真落实《象山县农村党员干部廉洁履职管理办法》，对22名农村党员干部进行了问责。

【推进公共管理创新】 县网络民情会办中心有效解决投诉、服务咨询7.1万件，群众满意率90.3%。

该项工作被评为浙江省公共管理创新十佳案例，并在全国“枫桥经验”50周年大会上作书面交流。

执法纠风

【概况】 围绕大项目大平台建设、工业强县、招商引资三大攻坚战，开展专项督查，切实解决行业和部门不正之风，积极探索行政效能监察工作的有效途径和方法。

【开展专项督查】 围绕上级纪委和县委、县政府重大决策部署，严明政治纪律，确保政令畅通。会同有关部门开展农业“两区”建设、“两城”创建、“三改一拆”、“三大攻坚战”等重点工作的专项督查，加大对生态建设、墓葬整治、机构编制执行等政策落实情况的检查力度，推动各项工作落实到位。主动服务“百大项目会战攻坚”行动，组织开展政府投资项目“回头看”专项检查，试行重大项目派驻监察员制度，及时协调解决项目建设中的突出问题。加强对政府采购、人事招录、编制外用工等工作的监督，及时查处纠正各类违规行为10余起。加大对土地管理、行政执法、安全生产等领域失职渎职问题的督查力度，对6人进行责任追究。

【推进“阳光工程”建设】 推进纠风“阳光工程”，努力解决群众反映的热点难点问题。组织开展对教育收费、医疗服务、药品价格等检查，督促开展涉农乱收费、社区创建项目等专项清理工作。深化窗口行业道德领域突出问题专项教育和治理，牵头银行系统民主评议行风“回头看”活动，政风行风进一步好转。

【推进阳光热线工作】 拓展阳光热线功能，实施阳光督办行动，努力实现“阳光热线”咨询投诉问题办理由“答复型”向“落实型”转变。2013年，共推出了20期节目，通过电话、短信和网络等途径收到各类咨询、建议和投诉205件(次)，已答复或办理193件(次)。同时，举办了“县长走进阳光热线”、“银行行长走进阳光热线”等特别节目，受到群众的普遍好评。

案件查办

【概况】 全县共立案查处党员干部违纪违法案件97件，同比增加11.5%，涉及党员89人，监察对象15人，其中县管领导干部3人。重点查处农村生活污水处理、渔船拆解补助、工程招投标等领域贪污贿赂窝串案，共涉及18人。查处发生在群众身边的腐败行为，共查处农村党员干部26人，其中13名村主要干部因贪污贿赂、挪用公款等被处理。注重发挥纪检信访举报主渠道作用，积极探索初信初访调处机制，切实加大督办联办力度，共受理纪检信访举报313件(次)，办结率92.9%。严格落实安全文明办案工作要求，高度重视案件审理和申诉复查工作，开展党纪政纪处分决定执行检查，切实维护法纪严肃性和权威性。

(庄斌魁)

象山县人民代表大会

综　述

2013年，象山县人民代表大会及其常务委员会以邓小平理论和“三个代表”重要思想为指导，深入贯彻党的十八大和十八届三中全会精神，坚持党的领导、人民当家作主、依法治国有机统一，按照县十七届人大二次会议精神，紧紧围绕“桥海兴县”战略和大平台大项目建设工作大局，依法行使职权。全年召开人民代表大会会议1次；举行常委会会议9次，审议“一府两院”工作报告21个，作出决议、决定12项、审议意见7项；依法任免地方国家机关工作人员64人次；召开常委会主任会议14次，听取专项工作报告21个；开展执法检查和专题视察活动15次。较好地发挥了地方国家权力机关的作用，为推进民主政治建设，促进经济社会科学发展做出了积极贡献。

县人民代表大会及常委会会议

【召开象山县十七届人大第二次会议】 1月21日至23日，象山县第十七届人民代表大会第二次会议在丹城召开。应到代表243人，出席会议代表234人，列席229人，旁听公民13人。举行全体会议4次，主席团会议3次。会议分别听取和审查县长叶剑鸣作的《政府工作报告》，县人大常委会主任金红旗作的《象山县人民代表大会常务委员会工作报告》，县人民法院院长傅勇作的《象山县人民法院工作报告》，县人民检察院检察长董顺来作的《象山县人民检察院工作报告》，并分别作出相应决议。会议选举胡振宇、贺永定、徐展群、黄永忠为第十七届人民代表大会常务委员会委员。《象山县2012年国民经济和社会发展计划执行情况、2013年国民经济和社会发展计划草案的报告》和《象山县2012年财政预算执行情况和2013年财政预算草案的报告》由大会秘书处书面印发全体代表，进行审议。会议审议各项工作报告采取代表团（小组）审议的方式进行，县领导分头听取意见，审议效果较好。为使代表知情知政，该次大会请县政府有关部门分别就“千百十”工程实施情况、浙台（象山）经贸合作区建设、“两城”创建工作情况、生态县建设情况、和美新农村建设情况、社会治安管理情况、关于政府实事工程建设情况和县十七届人大一次会议代表建议办理等十方面工作，提出书面报告，印发代表参阅。会议期间共收到代表建议和意见236件。

【象山县十七届人大常委会第八次会议】 1月11日，象山县第十七届人民代表大会常务委员会第八次会议举行。常委会组成人员20人出席会议。会议听取和审议县政府办公室主任奚海峰作的关于《政府工作报告（草案）》起草过程和主要内容说明，对《政府工作报告（草案）》进行审议，提出修改建议和意见。听取县人大常委会办公室主任林毅作的关于《象山县人民代表大会常务委员会工作报告（草案）》起草过程和主要内容的说明，审议并原则同意《象山县人民代表大会常务委员会工作报告（草案）》。听取和审议县人大常委会代表资格审查委员会副主任委员朱伟钢作的《关于代表变动情况和选举代表资格审查的报告》。听取县人大常委会副主任林胜国作的《关于县十七届人大二次会议筹备工作报告》，审议通过提请县十七届人大二次会议预备会议和主席团会议通过的有关文件和名单草案，审议通过县十七届人大二次会议选举办法草案，决定县十七届人大二次会议列席人员名单，通过大会其他程序性文件草案。会议:任命贺永定为县人大常委会农业与农村工作委员会主任、黄永忠为县人大常委会城乡建设和环境资源保护工作委员会主任、胡振宇为县人大常委会教育科学文化卫生工作委员会主任。免去钮晶莹的县人大常委会城乡建设和环境资源保护工作委员会主任职务。会议决定任命钮晶莹为县科学技术局局长、张洪成为县安全生产监督管理局局长。决定免去张建森的县科学技术局局长职务、赖海平的县安全生产监督管理局局长职务。审议通过县人民法院和县人民检察院有关人事任免事项。

【象山县十七届人大常委会第九次会议】 2月26日,象山县第十七届人民代表大会常务委员会第九次会议举行。常委会组成人员25人出席会议。会议审议通过《象山县人大常委会2013年工作要点》《象山县人民代表大会代表建议、批评和意见办理的规定》《象山县人大常委会办事机构和工作机构与县直有关部门(驻象单位)对口联系的制度》。会议审议决定县人大常委会代表资格审查委员会、县人大常委会各工作委员会组成人员调整名单。

【象山县十七届人大常委会第十次会议】 4月26日,象山县第十七届人民代表大会常务委员会第十次会议举行。常委会组成人员21人出席会议。会议听取和审议县财政局局长陈柳松受县政府委托作的《关于国有资产管理情况的报告》。听取和审议县生态办主任、环保局局长周猛进受县政府委托作的关于对《县十七届人大常委会第六次会议关于生态县建设情况报告的审议意见》研究处理情况的报告,并进行满意度测评。听取和审议县教育局局长范良江受县政府委托作的关于对《县十七届人大常委会第六次会议关于职业教育发展情况报告的审议意见》研究处理情况的报告。

【象山县十七届人大常委会第十一次会议】 6月26日,象山县第十七届人民代表大会常务委员会第十一次会议举行。常委会组成人员24人出席会议。会议分别听取和审议县财政局局长陈柳松受县政府委托作的《关于2012年财政决算草案的报告》和县审计局局长蔡建鹤受县政府委托作的《关于2012年财政预算执行和其他财政收支情况的审计工作报告》,审查通过《关于批准象山县2012年财政决算的决议》。听取和审议县财政局局长陈柳松受县政府委托作的《关于2013年象山县地方政府债券收支及预算调整方案的报告》,审查通过《关于批准2013年象山县地方政府债券收支及预算调整的决议》。听取和审议县财政局局长陈柳松受县政府委托作的《关于2013年政府投资项目融资计划的报告》,审查通过《关于同意2013年政府投资项目融资计划的决定》。听取和审议县科技局党组书记张建森受县政府委托作的《关于我县科技工作情况的报告》。决定任命沈红屹为县人民政府副县长、周良虹为县经济和信息化局局长。审议通过县人民法院有关人事任免事项。

【象山县十七届人大常委会第十二次会议】 8月2日,象山县第十七届人民代表大会常务委员会第十二次会议举行。常委会组成人员24人出席会议。会议审议通过《象山县人民代表大会代表持证视察办法》。县人大常委会主任金红旗通报县人大常委会上半年主要工作情况及下半年工作安排。会议决定任命励志纲、干维岳、袁继新为县人民政府副县长,决定免去俞骏、孙小雄的县人民政府副县长职务。

【象山县十七届人大常委会第十三次会议】 8月29日、9月2日,象山县第十七届人民代表大会常务委员会第十三次会议举行。常委会组成人员23人出席会议。会议分别听取和审议县发改局局长张学军受县政府委托作的《关于2013年1至7月全县国民经济和社会发展计划执行情况的报告》、县财政局副局长郑勇代表局长受县政府委托作的《关于2013年1至7月财政预算执行情况的报告》。听取和审议县海洋和渔业局局长章志鸿受县政府委托作的《关于海岛、海域管理和开发利用情况的报告》。听取和审议县公安局《关于公安交通警察大队工作情况的报告》,并进行专题询问。作出《关于接受叶宝生、徐展群辞去县十七届人大常委会委员职务的决定》。任命蒋善智为县人大常委会丹西街道工作委员会主任,免去叶宝生的县人大常委会丹西街道工作委员会主任职务。决定任命石华云为县财政局局长、黄秀贵为县住房和城乡建设局局长,决定免去陈柳松的县财政局局长职务、石华云的县住房和城乡建设局局长职务。

【象山县十七届人大常委会第十四次会议】 10月24日、25日,象山县第十七届人民代表大会常务委员会第十四次会议举行。常委会组成人员24人出席会议。会议听取和审议县发改局局长张学军受县政府委托所作的《关于"十二五"规划实施情况的中期评估报告》。听取和审议县住房和城乡建设局、人口和计划生育局、城市管理行政执法局、质量技术监督局关于常委会工作评议整改意见落实情况的报告。听取和审议县政府办公室主任奚海峰作的《关于县十七届人大二次会议代表建议办理情况的报告》和县人大常委会代表工委主任朱伟钢作的《关于县十七届人大二次会议代表建议督办情况的报告》。听取和审议县财政局局长石华云受县政府委托作的《关于2013年1至9月财政预算执行情况和提请预算调整的报告》,审议通过《关于批准调整2013年财政预算的决议》。审议通过《县人大常委会关于司法机关重要工作情况报告的规定》。会议同意接受叶宝生、励志纲、陈柳松、俞湛、黄秀贵同志辞去县第十七届人民代表大会代表职务。

【象山县十七届人大常委会第十五次会议】 12月9日,象山县第十七届人民代表大会常务委员会第十五次会议举行。常委会组成人员21人出席会议。会议作出《关于召开象山县第十七届人民代表大会第三次会议的决定》。听取和审议县人民政府副县长沈红屹作的《关于宁波象保合作区筹建情况报告》,通过《关于加快推进宁波象保合作区建设的决议》。听取和审议县人民法院院长傅勇作的《关于要求增加人民陪审员名额的报告》,通过《关于增加人民陪审员名额的决定》。分别审议《关于公安交通警察大队工作情况报告的审议意见》《关于上半年国民经济和社会发展计划及预算执行情况报告的审议意见》《关于2012年度县本级预算执行和其他财政收支审计工作报告的审议意见》《关于海岛、海域管理和开发利用情况的报告的审议意见》《关于我县科技工作情况报告的审议意见》《关于国有资产管理情况报告的审议意见》研究处理情况的报告。会议作出《关于接受叶富兴同志辞去县十七届人大常委会副主任职务的决定》,同意接受叶富兴同志辞去县第十七届人民代表大会代表职务,决定接受叶富兴同志辞去县第十七届人民代表大会常务委员会副主任职务。听取和审议县人民法院院长傅勇作的《关于要求许可对罗友标依法采取逮捕强制措施并进行刑事审判的报告》,通过《关于许可对县十七届人大代表罗友标采取刑事强制措施的决定》。

【象山县十七届人大常委会第十六次会议】 12月30日,象山县第十七届人民代表大会常务委员会第十六次会议举行。常委会组成人员20人出席会议。会议听取县政府办公室主任奚海峰作的关于《政府工作报告(草案)》起草过程和主要内容说明,并对《政府工作报告(草案)》进行审议,提出修改建议和意见。听取县人大常委会办公室副主任王宁星作的关于《县人大常委会工作报告(草案)》起草过程和主要内容说明,审议并原则同意《县人大常委会工作报告(草案)》。听取和审议县人大常委会代表资格审查委员会副主任委员朱伟钢作的《关于代表变动情况和选举代表资格审查的报告》,通过《关于代表变动情况和选举代表资格审查的报告》。听取县人大常委会副主任、县十七届人大三次会议筹备办公室主任林胜国作的《关于县十七届人大三次会议筹备工作报告》,审议通过提请县十七届人大三次会议预备会议和主席团会议通过的有关文件和名单草案,通过县十七届人大三次会议选举办法草案,决定县十七届人大三次会议列席人员名单,通过大会其他程序性文件。听取市人大代表象山中心组副组长孟伟建作的《关于市人大代表象山中心组2013年履职情况的报告》。分别听取丹东街道人大工委主任张海奇、丹西街道人大工委主任蒋善智、爵溪街道人大工委主任励大恩作的《关于县人大常委会街道工作委员会2013年工作情况的报告》。会议决定任命叶富兴为县人民政府副县长。审议通过县人民法院和县人民检察院有关人事任免事项。作出《关于许可对县十七届人大代表朱善康采取刑事强制措施的决定》。

监督与视察

【概况】 常委会上下联动,对《政府信息公开条例》及《浙江省饮用水水源保护条例》、《宁波市水资源管理条例》实施情况进行检查。配合省、市人大搞好气象法等执法检查、立法调研和地方性法规草案修改意见征集工作。组织常委会组成人员和部分代表对“两城创建”，全县重点工程、政府实事工程，海岛、海域管理和开发利用情况等进行专题视察。加强对政府部门工作的监督，对县住房和城乡建设局、人口和计划生育局、城市管理行政执法局、质量技术监督局工作评议的整改落实情况进行持续跟踪。充分发挥监督职能作用，采取多种方式加强对“一府两院”的监督，听取和审议“一府两院”《关于国有资产管理情况的报告》等 21 个专项工作报告，作出审议意见 7 项。

【开展《政府信息公开条例》执法检查】 常委会将推行行政权力规范公开作为监督工作的重点，制定执法检查方案，召开动员大会暨法律培训会，采取县、镇乡上下联动，在全县范围对《政府信息公开条例》实施情况开展执法检查活动。常委会组织检查组实地走访镇乡和政府部门，听取汇报、上网查阅，掌握实情。常委会第二十八次主任会议听取和审议县政府自查报告，提出执法检查意见，要求县政府整合信息公开平台，“以公开为原则、不公开为例外”，进一步规范和深化政府信息公开工作，使群众看得见、听得懂、能监督，让权力在阳光下运行。

【深入开展工作评议】 为加强对“一府两院”工作的监督，本届常委会采取“一年评议、一年整改”的方式，对“两院”和政府部门进行工作评议。在 2012 年常委会对县住房和城乡建设局、人口和计划生育局、城市管理行政执法局、质量技术监督局开展工作评议活动并提出整改意见的基础上，进行持续跟踪，常委会第十四次会议听取和审议了四个被评部门工作评议整改意见落实情况的报告，四个被评部门积极落实责任、措施有力，整改到位，切实解决了一批代表和群众反映的问题，四个部门的工作作风有较大改进，依法行政意识和办事效率有较大提高，工作评议取得较好效果。

【开展交通警察大队工作情况专题询问】 为增强监督实效，常委会继续探索新的监督方式，组织常委会组成人员和代表对县公安局交通警察大队工作专题询问。在听取县公安局专项工作报告的基础上，分别就节假日交通安全、城区停车难和高峰期拥堵、交通标志标线不清、人力三轮车私装电瓶等突出问题发表意见，提出询问，县公安局及交警大队认真听取意见，实事求是回答询问。为防止专题询问止步于“一问一答”，流于形式，常委会对交警大队工作情况报告形成审议意见交由县政府研究处理，并加强跟踪督促，确保整改落实。常委会通过把调研与审议、审议与询问、询问与整改相结合的方式，共同致力于发现问题、研究问题、解决问题，让审议活动更加活跃、更加深入，充分达到更加有效研究分析，促进推动专项工作取得成效的目的。

【视察重点、实事工程建设】 8 月 19 日至 20 日，常委会组织常委会组成人员、部分县人大代表和部分镇乡(街道)人大负责人分组分片视察县重点、实事工程建设情况。视察组先后实地察看戴维医疗器械生产线扩建项目、台胞医院迁建工程、石浦幸福苑二期项目、石浦鱼粉厂迁建项目、对台水产品综合贸易示范基地、国际水产保税冷链物流基地、南部新城商务区一期项目、大目湾综合服务中心等工程建设情况，详细了解项目进展情况及推进过程中遇到的困难和问题。视察组对重点、实事工程的建设取得的成效表示肯定，并就市场环境整治建设，政策处理等方面工作提出针对性的意见和建议。

【开展规范性文件备案审查】 根据《中华人民共和国各级人民代表大会常务委员会监督法》《浙江省各级人民代表大会常务委员会规范性文件备案审查规定》和《象山县人民代表大会常务委员会规范性文件备案审查暂行办法》，做好规范性文件备案审查工作，县人大常委会法制工作委员会对县政府报送备案的 62 件规范性文件及时进行登记，送相关工委进行对口审查。县人大常委会出台的 4 件规范性文件及时向宁波市人大常委会备案。

代表工作

【加强代表建议督办工作】 县十七届人大二次会议期间，共收到代表建议 236 件。为加强代表建议督办工作，增强建议督办实效，常委会健全和规范人大代表建议办理规定，常委会第九次会议审议通过《象山县人民代表大会代表建议、批评和意见办理的暂行规定》,明确代表建议办理流程、有关机关组织的职责和要求,交办时限,规范人大代表建议撰写、提出、交办、办理、检查督促,使代表建议办理和督办工作更加规范、科学。常委会完善建议重点督办制度,调研确定“关于加强对近海生态资源及江河流域(水库)资源保护力度的建议”等社会关注度较高的5件代表建议为重点督办件、16件为重点关注件,分别由县人民政府分管副县长和承办部门主要负责人领办,由县人大常委会领导和对口的常委会工作委员会督办。继续开展跨年度滚动督办制度,对涉及经济社会发展和人民群众切身利益,但由于客观因素,在当年无法办结的20件代表建议,延续到下一年度继续督办。常委会通过召开座谈会、上门走访、实地检查等,跟踪督促办理工作,重点加强对代表不满意件的督办,确保建议得到重新办理。闭会期间代表提出的6件建议也得到妥善办理。

【注重代表学习培训】 常委会积极组织代表参与常委会审议、执法检查、视察调研、专题询问等监督工作,事先组织代表学习法律,注重坚持事前学法、事中用法、事后跟踪问效,不断强化监督工作开展的实效性。2月份,常委会邀请专家专题讲解《道路交通安全法》,为下一步的专题询问工作做好法律基础。6月份,邀请专家作人大代表履技职能及怎样当好代表小组长辅导讲座,帮助提高代表素质和履职能力。组织代表列席县人大常委会会议、参加专题主任接待日和县重要情况通报会等,学习先进经验。结合执法检查工作,采取集中辅导和个人自学相结合,理论学习和实践活动相结合的方式,学习相关法律、法规、条例,提高代表建议质量和依法履职能力。积极推广代表履职平台的使用,健全代表履职登记制度,完成243名县人大代表、916名乡镇人大代表注册工作,并召开会议介绍代表履职平台功能和使用情况,重点做好代表网上履职平台使用推广工作,进一步提高代表履职能力。

【积极开展闭会期间代表活动】 组织开展形式多样、内容丰富的代表活动。围绕食品安全、水污染防治、“三改一拆”、村级换届选举等广受关注的热点问题,开展调查视察90余次,参加代表达730余人次,向政府及有关部门提出建议意见100多条。上下联动开展“关心母亲河溪,查找水污染源,恪尽代表职责”活动,组织省、市、县、乡镇四级代表1197名对全县818条河道进行实地视察,提出90条意见建议。将工作评议作为监督工作的重要抓手,指导乡镇人大开展对本级政府部门工作评议。积极推广开展专题询问,丰富乡镇人大监督方式,增强监督实效。加强和改进代表联络服务工作,协助市人大代表做好在甬全国、省人大代表视察象山县海洋经济发展,组织市代表象山中心组开展各类活动,邀请省市代表参与县人大常委会重要监督工作。

人事任免

【人事任免】 2013年,县人大常委会依法做好人事任免工作,全年共任免国家工作人员64人。其中,决定任命政府组成人员10人,免去政府组成人员职务7人;接受辞去县人大常委会副主任职务1人,任命县人大常委会工作委员会负责人7人,免去县人大常委会工作委员会负责人4人;任命县人大常委会街道工作委员会负责人1人,免去县人大常委会街道工作委员会负责人1人;任命县人民法院庭长、副庭长、审判委员会委员、审判员职务10人,免去县人民法院庭长、副庭长、审判委员会委员、审判员12人;任命县人民检察院检查委员会委员3人,免去县人民检察院副检察长、检察委员会委员、检察员职务8人。

2013年县人大常委会人事任免一览

表59

时间	会议	姓名	任免、决定或辞去职务
1.11	县十七届人大常委会第八次会议任命	贺永定	县人大常委会农业与农村工作委员会主任
1.11	县十七届人大常委会第八次会议任命	黄永忠	县人大常委会城乡建设和环境资源保护工作委员会主任
1.11	县十七届人大常委会第八次会议任命	胡振宇	县人大常委会教育科学文化卫生工作委员会主任
1.11	县十七届人大常委会第八次会议任命	周善西	县人大常委会办公室副主任
1.11	县十七届人大常委会第八次会议任命	陈　勇	县人大常委会农业与农村工作委员会副主任
1.11	县十七届人大常委会第八次会议任命	周素云	县人大常委会城乡建设和环境资源保护工作委员会副主任
1.11	县十七届人大常委会第八次会议任命	吴慧红	县人大常委会教育科学文化卫生工作委员会副主任
1.11	县十七届人大常委会第八次会议任命	范旭东	县人民检察院检察委员会委员
1.11	县十七届人大常委会第八次会议任命	刘红新	县人民检察院检察委员会委员
1.11	县十七届人大常委会第八次会议免去	钮晶莹	县人大常委会城乡建设和环境资源保护工作委员会主任
1.11	县十七届人大常委会第八次会议免去	胡振宇	县人大常委会办公室副主任
1.11	县十七届人大常委会第八次会议免去	周素云	县人大常委会城乡建设和环境资源保护工作委员会副主任
1.11	县十七届人大常委会第八次会议免去	周善西	县人大常委会教育科学文化卫生工作委员会副主任
1.11	县十七届人大常委会第八次会议免去	陆振宇	县人民法院定山法庭庭长、审判委员会委员、审判员
1.11	县十七届人大常委会第八次会议免去	刘信炜	县人民法院审判员
1.11	县十七届人大常委会第八次会议免去	张剑波	县人民法院审判员
1.11	县十七届人大常委会第八次会议免去	陈卫国	县人民检察院检察委员会委员
1.11	县十七届人大常委会第八次会议免去	陈家乾	县人民检察院检察员
1.11	县十七届人大常委会第八次会议免去	叶军帮	县人民检察院检察员
1.11	县十七届人大常委会第八次会议免去	孙帮朝	县人民检察院检察员
1.11	县十七届人大常委会第八次会议免去	胡　蓓	县人民检察院检察员
1.11	县十七届人大常委会第八次会议决定任命	钮晶莹	县科学技术局局长
1.11	县十七届人大常委会第八次会议决定任命	张洪成	县安全生产监督管理局局长
1.11	县十七届人大常委会第八次会议决定免去	张建森	县科学技术局局长
1.11	县十七届人大常委会第八次会议决定免去	赖海平	县安全生产监督管理局局长
6.26	县十七届人大常委会第十一次会议任命	陈　峰	县人民法院石浦人民法庭庭长
6.26	县十七届人大常委会第十一次会议任命	肖　瑜	县人民法院大徐人民法庭庭长
6.26	县十七届人大常委会第十一次会议任命	陈忠武	县人民法院西周人民法庭庭长
6.26	县十七届人大常委会第十一次会议任命	孙素静	县人民法院定山人民法庭庭长
6.26	县十七届人大常委会第十一次会议任命	王云奖	县人民法院民事审判第一庭副庭长

续表 59

时 间	会 议	姓 名	任免、决定或辞去职务
6.26	县十七届人大常委会第十一次会议免去	陈 峰	县人民法院大徐人民法庭庭长
6.26	县十七届人大常委会第十一次会议免去	肖 瑜	县人民法院西周人民法庭庭长
6.26	县十七届人大常委会第十一次会议免去	陈忠武	县人民法院石浦人民法庭庭长
6.26	县十七届人大常委会第十一次会议免去	孙素静	县人民法院未成年人案件综合审判庭庭长职务
6.26	县十七届人大常委会第十一次会议免去	刘晓丽	县人民法院民事审判第一庭副庭长、审判员
6.26	县十七届人大常委会第十一次会议免去	祝令河	县人民法院审判员
6.26	县十七届人大常委会第十一次会议决定任命	沈红屹	县人民政府副县长
6.26	县十七届人大常委会第十一次会议决定任命	周良虹	县经济和信息化局局长
6.26	县十七届人大常委会第十一次会议决定免去	应伟刚	县经济和信息化局局长
8.2	县十七届人大常委会第十二次会议决定任命	励志纲	县人民政府副县长
8.2	县十七届人大常委会第十二次会议决定任命	干维岳	县人民政府副县长
8.2	县十七届人大常委会第十二次会议决定任命	袁继新	县人民政府副县长
8.2	县十七届人大常委会第十二次会议决定免去	俞 骏	县人民政府副县长
8.2	县十七届人大常委会第十二次会议决定免去	孙小雄	县人民政府副县长
9.2	县十七届人大常委会第十三次会议任命	蒋善智	县人大常委会丹西街道工作委员会主任
9.2	县十七届人大常委会第十三次会议免去	叶宝生	县人大常委会丹西街道工作委员会主任
9.2	县十七届人大常委会第十三次会议决定任命	石华云	县财政局局长
9.2	县十七届人大常委会第十三次会议决定任命	黄秀贵	县住房和城乡建设局局长
9.2	县十七届人大常委会第十三次会议决定免去	陈柳松	县财政局局长
9.2	县十七届人大常委会第十三次会议决定免去	石华云	县住房和城乡建设局局长
12.9	县十七届人大常委会第十五次会议接受辞去	叶富兴	县人大常委会副主任
12.30	县十七届人大常委会第十六次会议任命	陈 俊	县人民法院审判委员会委员
12.30	县十七届人大常委会第十六次会议任命	夏志勇	县人民法院未成年人案件综合审判庭庭长
12.30	县十七届人大常委会第十六次会议任命	黄仙方	县人民法院审判委员会委员、审判监督庭庭长
12.30	县十七届人大常委会第十六次会议任命	黄振贤	县人民法院刑事审判庭副庭长、审判员
12.30	县十七届人大常委会第十六次会议任命	韩晓红	县人民法院民事审判第三庭副庭长、审判员
12.30	县十七届人大常委会第十六次会议任命	白赣涛	县人民检察院检察委员会委员
12.30	县十七届人大常委会第十六次会议免去	陈海波	县人民法院刑事审判庭副庭长
12.30	县十七届人大常委会第十六次会议免去	夏志勇	县人民法院审判监督庭庭长
12.30	县十七届人大常委会第十六次会议免去	黄仙方	县人民法院民事审判第三庭副庭长
12.30	县十七届人大常委会第十六次会议免去	楼纪辉	县人民检察院副检察长、检察委员会委员、检察员
12.30	县十七届人大常委会第十六次会议免去	潘志刚	县人民检察院检察委员会委员
12.30	县十七届人大常委会第十六次会议免去	裘婧倩	县人民检察院检察员
12.30	县十七届人大常委会第十六次会议决定任命	叶富兴	县人民政府副县长

(李华忠)

象山县人民政府

综　述

2013年，面对复杂的宏观环境和诸多的困难挑战，县政府在县委的正确领导下，在县人大、县政协的监督支持下，带领全县人民，凝心聚力、真抓实干，牢牢把握桥海开发机遇，扎实推进“两区”建设，全力打好大平台大项目、工业强县、招商引资三大攻坚战，经济社会实现了平稳较快发展。完成地区生产总值366亿元，增长8.5%；财政一般预算收入50.6亿元，增长8.5%；固定资产投资160亿元，增长16.3%；城镇居民人均可支配收入40600元，农渔民人均纯收入18100元，分别增长10%和10.5%。

县政府重要会议

【县政府第一次常务会议】 2012年12月27日上午，叶剑鸣县长主持召开县政府第十一次常务会议，俞骏、王安静、孙小雄、邱金岳、应伟刚、奚海峰等参加会议，县人大常委会副主任励茂平、县政协副主席周平飞应邀出席会议。会议审议了县农办提交的《关于创建省美丽乡村先进县进一步深化幸福美丽新农村建设的若干意见》、县经信局提交的《关于工业经济节约集约做实做强提质增效转型跨越的若干意见》、县招商局提交的《关于促进开放型经济稳定健康发展的若干意见》、县建管局提交的《关于进一步促进建筑业发展的若干意见》。会议审议并原则同意县法制办提交的《象山县户外广告设施管理办法》。会议听取了县发改局关于建立价格调节基金有关情况汇报。

【县政府第二次常务会议】 2013年1月18日上午，叶剑鸣县长主持召开县政府第十二次常务会议，俞骏、王安静、陈照民、应伟刚、奚海峰等参加会议，县政协副主席吴安定，县人武部部长陈国作应邀出席会议。会议就加强全县春节期间有关工作进行了研究和部署。会议审议并原则同意县风景旅游局提交的《宁波松兰山旅游度假区管理办法》。会议审议并原则同意县人才办提交的《关于鼓励海外高层次人才创新创业的实施意见》。会议还听取审议了县发改局《关于象山县2012年国民经济和社会发展计划执行情况与2013年国民经济和社会发展计划草案的报告》、县财政局《关于象山县2012年财政预算执行情况和2013年财政预算草案的报告》。

【县政府第三次常务会议】 2013年2月28日上午，叶剑鸣县长主持召开县政府第十二次常务会议，俞骏、王安静、孙小雄、邱金岳、陈照民、奚海峰等参加会议，县人大常委会副主任林胜国，县政协副主席欧亚群，县人武部部长陈国作应邀出席会议。会议听取并原则同意县规划局提交的《象山县城乡规划管理技术规定》、县水利局提交的《象山县农村生活污水分散式处理设施运行维护管理办法》、县住建局提交的《象山县预拌混凝土管理办法》。会议听取了县生态办关于全面推进国家级生态县创建工作有关情况汇报，县府办关于2013年《政府工作报告》、县重点实事工程建设项目、县政府民生实事项目目标任务责任分解有关情况汇报。会议还研究了世贸大目湾项目土地出让金滞纳金有关事项。

【县政府第四次常务会议】 2013年3月28日上午，叶剑鸣县长主持召开县政府第十四次常务会议，俞骏、王安静、孙小雄、邱金岳、应伟刚、奚海峰等参加会议，县人大常委会副主任郑亚红、县政协副主席赖明和、县人武部部长陈国作应邀出席会议。会议听取并原则同意县人力社保局提交的《关于使用失业保险基金预防失业促进就业的实施意见》。会议听取了县人力社保局关于2011—2012年度享受象山县优秀人才政府特殊津贴人员评选有关情况汇报。会议审议并原则同意县发改局提交的《象山县服务业发展规划(2012—2016)》、县规划局提交的《临港装备工业园总体规划(2012—2030)》、县规划局提交的《贤庠镇总体规划(2012—2030)》、《黄避岙乡总体规划(2012—2030)》、县规划局提交的《晓塘乡总体规划(2012—2030)》。

【县政府第五次常务会议】 2013年4月23日上午，叶剑鸣县长主持召开县政府第十五次常务会议，俞骏、王安静、孙小雄、陈照民、应伟刚、奚海峰等参加会议，县人大常委会副主任励茂平、县政协副主席胡建萍、县人武部部长陈国作应邀出席会议。会议听取了县交通运输局关于丹爵一级公路(二期)工程采用BT模式的情况汇报。会议听取并原则同意县交通运输局提交的《象山中心城区交通物流园规划》。会议听取了县公建中心关于象山港一号文化广场(暂名)项目情况汇报。会议听取了县府办关于仁义涂区块开发建设情况的汇报。会议审议并原则同意县审计局提交的《象山县国有企业负责人经济责任审计暂行规定(试行)》。会议听取了县审计局关于2011年度象山县财政决算执行和其他财政收支审计结果(上审下)有关情况汇报，审议并原则同意县府办提交的《关于落实财政审计整改意见的内部操作规定》。

【县政府第六次常务会议】 2013年6月9日上午，叶剑鸣县长主持召开县政府第十六次常务会议，俞骏、王安静、孙小雄、邱金岳、奚海峰等参加会议，县人大常委会副主任郑亚红、县政协副主席周平飞应邀出席会议。会议听取了县公共资源交管办关于全县小型工程交易平台运行和小型工程招投标情况专项检查报告及县监察局关于全县政府投资项目工程变更情况的专项检查报告，审议并原则同意县监察局提交的《关于对政府投资项目建设管理有关违规行为进行问责的通知》。会议听取了县国土资源局关于象山县2013年度建设项目用地计划预安排情况的汇报、县府办关于做好昌国盐场盐转废有关后续工作和新桥盐场、旦门盐场盐转废工作情况汇报。会议审议并原则同意县财政局提交的《象山县行政事业单位公务接待管理办法》、象山工商分局提交的《象山县"个转企"及小微企业提升工作实施意见》。会议听取了县安监局关于象山县安全生产形势及大检查工作有关情况汇报。

【县政府第七次常务会议】 2013年7月25日上午，叶剑鸣县长主持召开县政府第十七次常务会议，俞骏、孙小雄、邱金岳、沈红屹、袁继新、奚海峰等参加会议，县人大常委会副主任林胜国、县政协副主席吴安定、县人武部部长陈国作应邀出席会议。会议审议并原则同意县住建局提交的《象山县生活污水集中式治理工作实施方案》、县城管执法局提交的《象山县户外广告专项整治工作方案》、县环保局提交的《象山县"十二五"期间重污染行业整治提升实施细则》、县经信局提交的《茅洋乡铸造行业专项整治工作实施方案》、县海洋与渔业局提交的《象山县海洋产权交易中心海洋管理创新试点实施方案》。会议听取了县水利局关于水糊涂二期围涂工程BT招标方案的汇报。会议审议并原则同意县规划局提交的《西周镇总体规划(2012—2030)》、《茅洋乡总体规划(2012—2030)》。会议审议并原则同意县人力社保局提交的《关于进一步加强人才关怀工作的实施意见》。会议还研究了中达建设集团和南方公司要求帮扶等有关事项。

【县政府第八次常务会议】 2013年8月30日下午，叶剑鸣县长主持召开县政府第十八次常务会议，励志纲、王安静、邱金岳、陈照民、沈红屹、袁继新、奚海峰等参加会议，县人大常委会副主任郑亚红、县政协副主席欧亚群应邀出席会议。会议听取了象山产业区管委会关于大中庄区块围填海工程有关情况汇报、县城管执法局关于实施垃圾焚烧发电项目有关情况汇报。会议审议并原则同意县审管办提交的《象山县优化工业建设项目审批服务实施办法》。会议听取了县发改局关于市重大项目三年行动计划象山项目编制情况汇报。会议审议并原则同意县法制办提交的《象山县人民政府重大行政决策程序规定》。会议听取了县法制办关于规范性文件清理有关事项的汇报。会议还研究了县长、副县长分工等有关事宜。

【县政府第九次常务会议】 2013年10月12日上午，叶剑鸣县长主持召开县政府第十九次常务会议，励志纲、邱金岳、陈照民、袁继新、干维岳、应伟刚、奚海峰等参加会议，县人大常委会副主任林胜国、县政协副主席赖明和应邀出席会议。会议审议并原则同意县环保局提交的《象山县生态环境综合整治三年行动计划》、县环保局提交的《象山县逐步限制黄标车及无标车通行工作方案》。会议听取了县民政局关于中心城区公墓规划建设有关情况汇报。会议审议并原则同意县住建局提交的《象山县城市市政基础设施配套费管理办法》。会议还研究了爵溪神久客运站有关问题。

【县政府第十次常务会议】 2013年11月1日上午，叶剑鸣县长主持召开县政府第二十次常务会议，励志纲、邱金岳、陈照民、沈红屹、袁继新、干维岳、应伟刚等参加会议，县人大常委会副主任郑亚红、县政协副主席胡建萍、县人武部部长陈国作应邀出席会议。会议审议了县委政研室提交的《关于深化改革加快贤庠中心镇发展的若干意见》、县财政局提交的《关于加强镇乡(街道)财政管理的若干意见》。会议听取了县编委办关于我县机关事业单位编制外用工情况的检查报告、县发改局关于象山县“十二五”规划纲要中期评估情况汇报。

【县政府第十一次常务会议】 2013年12月9日上午，叶剑鸣县长主持召开县政府第二十一次常务会议，励志纲、王安静、邱金岳、陈照民、沈红屹、袁继新、干维岳、奚海峰等参加会议，县政协副主席欧亚群、县人武部部长陈国作应邀出席会议。会议审议并原则同意县海洋与渔业局提交的《关于进一步加强海域海岛使用管理的实施意见》。会议听取了浙台(象山石浦)经贸合作区管委会关于宁波象保合作区建设情况的汇报。会议审议并原则同意县住建局提交的《象山县城区防洪排涝工程及河道整治实施方案》、县财政局提交的《关于完善县对镇乡(街道)财政体制的通知》。会议听取了县水利局关于宁波市与象山县合作开发东海涂项目有关情况汇报。会议审议了《政府工作报告(讨论稿)》。

【县政府第十二次常务会议】 2013年12月13日上午，叶剑鸣县长主持召开县政府第二十二次常务会议，励志纲、王安静、邱金岳、陈照民、沈红屹、袁继新、干维岳、奚海峰等参加会议，县人大常委会副主任郑亚红、县政协副主席周平飞应邀出席会议。会议听取了县发改局关于全县国民经济和社会发展主要指标2013年完成情况预测及2014年初步安排情况汇报、县发改局关于我县2014年重点工程、民生实事项目及政府性投资项目初步安排情况汇报、县财政局关于2014年财政收支预算安排情况汇报。会议审议并原则同意县民政局提交的《关于深化完善社会养老服务体系建设的若干意见》。会议听取了县金融办关于乐惠公司上市有关情况汇报。会议听取了县府办关于有关功能区划区定界及调整事宜的汇报。

重大决策和重要工作

【推进大平台大项目建设】 2013年浙台(象山石浦)经贸合作区建设扎实推进，国家级台商投资区申报工作全面启动，国际水产保税冷链物流基地动工兴建，对台贸易突破1600万美元，增长35%。宁波象保合作区签约挂牌，前期筹备工作全面推开，新桥盐场“盐改废”获省政府批准。经济开发区建设成效显现，完成配套投入1.8亿元，新增投产企业24家，实现规上工业产值105亿元。产业区建设步伐加快，完成配套投入1.4亿元，新增投产企业20家，临港装备工业园成为宁波国家高新区“一区多园”专业园。大目湾新城招商和建设快速推进，完成投资20亿元，中心区道路框架基本形成，世界银行1.5亿美元贷款获国务院批准。影视文化产业区进入省现代服务业集聚示范区行列，新引进影视文化企业13家，门票收入实现翻番。

【深化百大项目会战攻坚活动】 协同推进项目建设，完成重点工程投资87.3亿元，增长8%。加大基础设施投入，一批道路、供电、围垦项目加快推进。三门湾大桥及接线工程获国家发改委工可批复，环象山港公路林善岙至贤庠段路基基本形成，茅石线新桥段改道工程建成。110千伏青莱变、爵溪变、蛟龙变扩容工程竣工投用，110千伏丹城变异地改造项目完成主体建设。道人山围垦堵口合龙，黄沙岙、水糊涂围垦顺利推进，东海涂围垦前期工作取得实质性进展。

【深入开展工业强县攻坚年活动】 2013年县政府深入开展工业强县攻坚年活动，学习弘扬优秀企业家创业创新精神，进一步营造合力兴工氛围。加快传统产业升级改造和新兴产业培育，实施市级重点“机器换人”“空间换地”项目6个，战略性新兴产业、高新技术产业产值分别达到85亿元、102亿元。深化企业培育工程，新增规模企业49家、亿元企业5家，列入市优势总部企业5家，“个转企”工作全市领先。全年实现规上工业产值480亿元、增长10%，工业投资40亿元、增长33%。

【推动城乡融合发展】 城乡建设注重规划引领，深化细化城市总规划，中心城区控规实现全覆盖，5个乡镇完成总体规划修编。加快中心城区开发，城市新中心区集聚效应显现，南部新城商务区一期、商业风情街基本建成，商会大厦、东方商厦、沃尔玛购物广场建设进展顺利，城市景观亮丽工程继续推进。完善市政设施，贯通“断头路”6条，建成公交首末场站3个、公共停车位500个，新铺设供气、供水和污水管网69千米。积极发展卫星城市和中心镇，石浦重点区块联动开发加快，西周、贤庠等乡镇一批市政功能性项目扎实推进。深化美丽乡村建设，稳步开展“三村一线”创建，继续建设农民集中居住区，完成梳理式改造村庄137个，整治提升欠发达地区村庄15个。

【完成人大建议、政协提案办理】 2013年县政府共收到县十七届人大二次会议代表建议228件。从办理反馈情况看，规定时间内办复率均为100%，办理情况与代表见面率100%，代表满意率为98.6%。收到县政协九届二次会议委员提案257件，均在规定时间内办理完毕。从办理反馈情况看，规定时间内办复率均为100%，办理情况与委员见面率100%，满意率为96.1%。

政府法制工作

【推进实施城市管理相对集中行政处罚权工作】 在省政府批复和省法制办审核同意象山县开展城市管理相对集中处罚权工作的实施方案后，2013年县法制办按计划对32名城管执法队员进行申领执法证的培训考试，界定明确有关部门一次性划转给城管执法局的246项行政处罚职能，建立健全了城管与规划、城管执法向卫星城市和中心镇延伸、城管与有关行政许可机关执法联动和信息共享等工作机制，并推动了县城市管理委员会的成立和城管执法局的挂牌。

【组织开展政府性合同备案审查专项工作】 为规范行政机关合同签订行为，县法制办在2012年制定《象山县政府性合同审查备案办法》的基础上，2013年专门组织力量对行政机关(包括所属国有公司)2012年12月31日前签订的纳入备案范围的合同进行了审查，共抽查合同90份，对审查发现的问题和今后需要改进的地方，予以印发通报。同时，组织开展了行政机关合同清理工作，共清理出2年以上未履行、合同履行过程中产生纠纷或对方当事人可能违约的政府性合同共10件。

【推行行政规范性文件“三统一”制度】 根据省、市政府的统一部署，象山县2013年6月1日起全面实行行政规范性文件“三统一”制度。为顺利推进该项工作，县法制办从年初开始对全县行政规范性文件制定主体进行清理，审核确认具有行政规范性文件制定主体资格的单位68家；4月组织对现行行政规范性文件进行清理，共清理县政府(办公室)文件454件，保留334件(其中建议承办部门启动修改程序的7件)，废止110件；5月召开了130多人参加的行政规范性文件“三统一”工作培训会议，对行政规范性文件网上进行统一登记、统一编号、统一发布的具体流程和方法进行了培训，对做好该项工作的重要性再次进行强调和动员。由于准备工作充分，象山县行政规范性文件“三统一”工作得到有序推进。

【探索建立行政执法辅助人员管理机制】 行政执法辅助人员(临聘人员)是行政机关开展行政执法活动一支重要的补充力量，县法制办专门组织力量深入开展调查研究，把规范行政执法辅助人员管理作为2013年社会管理创新的重要内容，广泛征求意见，反复进行合法性论证，在全省率先制定出台了《象山县行政执法辅助人员管理办法》，对行政执法辅助人员的招录、履职、保障以及监督管理进行了全面的规范，并根据此办法对135名行政执法辅助人员开展了综合法律知识培训。

【争创宁波市行政复议工作规范化建设示范单位】 县法制办建立完善行政复议听证程序、行政复议专题简报、复议人员上岗持证、档案管理等十余项制度，在网上注册开通“象山县行政复议”微博和“行政复议办公室”论坛账号，设立石浦和西周两个乡镇行政复议受理点，配置办案专用场所和工作设备。2013年共审理行政复议案件20件，比2012年同期增加54%，其中新收行政复议申请17件，上年度结转3件。涉及申请人23人。经过审理，作出维持原具体行政行为5件，占案件审理数的25%，以撤销、变更、责令履行等方式直接纠错的3件，占案件审理数的15%，经复议协调行政争议得到化解后申请人自愿撤回行政复议申请的2件，占案件审理数的10%，合计综合纠错率25%；驳回行政复议请求2件，占案件审理数的10%；审查后不予受理6件，占案件审理数的30%，尚在审理中的2件，行政复议案结案率为95%。此外，县法制办发出行政复议建议书2份，编发行政复议简报4期。因创建工作取得明显成效，象山县被列为2013年市行政复议工作规范化建设示范单位在《宁波日报》上进行公示。

（楼卢柱）

编制管理

【概况】 2013年，象山县机构编制委员会办公室服务全县工作大局，紧紧围绕严格加强机构编制管理、控制新增机构编制总目标，规范实名制管理系统运作，进一步增强机构编制工作的基础性、源头性地位，全年核准编制使用申请650名，其中行政编制66名、参公编制8名、全额事业编制315名、差额事业编制239名、自收自支事业编制22名。全面加强机关事业单位编制外用工管理，修订出台《象山县机关事业单位编制外用工管理暂行办法》，联合象山县监察局、财政局、人力社保局等部门对全县79家县级部门、直属事业单位和18个镇乡（街道）的编制外用工情况进行了全面检查，提出并落实今后5年内全县编制外用工总量只减不增的目标。完成全县40余家机关事业单位中层职数的审核工作，共审核各单位中层职数152人次。完成2012年度事业单位法人年检工作，共受理年检事业单位214家，合格率达100%，其中变更登记75家。

【修订出台机关事业单位编制外用工管理文件】 2013年1月16日，象山县机构编制委员会修订印发《象山县机关事业单位编制外用工管理暂行办法》（象编〔2013〕3号），与2008年1月印发的原编制外用工管理文件相比，新文件从用工范围、用工岗位限定、用工总量核定、用工审批、招收聘用、工资福利待遇、职责分工与纪律要求等7个方面对原文件进行了修改和补充。主要变化有以下三个方面：一是加强用工审批管理。文件规定全县编制外用工实行总量管理，机关事业单位编制外人员岗位和数量“一年一核定”，原则上不得突破核定的总量。确因工作需要的，由用工单位向象山县编委办提出编制外用工岗位和职数申请，编委办再联合县财政局按照“总量控制、岗位从严”的原则，从严审批。编制外用工到位后必须到县编委办备案。二是适当改变用工形式。原文件规定“办公场所的绿化、清洁、门卫（保安）、食堂等后勤辅助岗位，一律采用社会化服务模式，不允许直接聘用编制外职工。由用工单位与劳务公司或家政公司签订劳务派遣协议”。对此，新文件修改为“各机关事业单位聘用编制外职工原则上不使用劳务派遣形式，由用工单位与劳动者直接签订劳动合同。如确需使用劳务派遣形式的，应报象山县人力资源和社会保障局批准后实施。”三是严肃用工纪律。将编制外用工管理纳入县目标管理考核范围，对违反编制外用工管理规定的行为，扣除相应部门的目标管理考核项目分值；违规单位的负责人及分管人事的领导当年不得评优评先，并由组织部门在当年度领导干部量化管理考评中扣分。情节严重的由县监察局予以通报批评。因编制外用工引发的劳动纠纷、劳动争议，用工单位败诉后支付的经济补偿、赔偿等费用，由各单位自负；若为擅自用工的，则追究领导责任：由该用工单位行政“一把手”个人承担总费用的20%，分管人事领导和直接责任人各承担15%。

【象山县城市管理行政执法局正式挂牌运行】 5月3日下午,象山县城市管理行政执法局、城市管理行政执法大队挂牌仪式举行。根据浙江省政府的批准意见,城市管理行政执法局将行使城市管理相对集中行政处罚权职能,依法实施城市市容和环境卫生、城乡规划、城市绿化、市政公用、工商行政、公安交通、环境保护、城市排水、城市河道、城市房屋装饰装修等十方面共计246项管理的全部或部分行政处罚权。根据上述职责,象山县城市管理行政执法局设7个职能科室,分别是办公室、市容环卫监察科、市政公用监察科、法制科、督查科(挂智慧城管指挥中心牌子)、财务后勤科、行政许可科。核定行政编制5名,设局长1名、副局长3名;中层职数14名。原象山县城市管理局所属的事业单位象山县城管综合执法大队划归象山县城市管理行政执法局管辖,名称调整为象山县城市管理行政执法大队,核定事业编制100名,经费形式为财政全额补助。大队长由县城市管理行政执法局局长兼任,副大队长由县城市管理行政执法局副局长兼任,并分别在主要镇乡(街道)和经济功能区设置10个中队。卫星城市石浦镇专设城市管理行政执法分局,为县局派出机构,在石浦镇区域内行使县城市管理行政执法局职责;设分局局长1名,兼任县城市管理行政执法局副局长。

【组建象山县房屋征收办公室】 根据2013年6月7日县委书记专题会议精神,为进一步加强和完善象山县房屋征收工作,推进城市现代化进程,2013年7月5日,象山县机构编制委员会发文(象编〔2013〕27号),组建象山县房屋征收办公室,挂"象山县征收集体土地房屋拆迁办公室"牌子,为县政府直属事业单位(公益一类),与县公共建设管理中心合署办公。房屋征收办公室的主要职责:负责全县国有土地房屋征收和集体土地房屋拆迁的计划任务编制、政策拟定和审核、指导服务协调、检查监督考核等工作;按照房屋征收、拆迁的有关法律法规,依法组织实施房屋征收拆迁工作;承办县政府交办的其他事项。根据上述职责,房屋征收办公室内设2个职能科室:国有土地征收科,集体土地拆迁科。核定财政全额补助事业编制10名。设主任1名(由县公共建设管理中心主任兼)、副主任1名(可根据工作需要和有关条件高配为正科局级)、中层职数3名。同时撤销县府办下属事业单位县征地拆迁管理办公室;原有4名财政全额补助事业编制划转至县房屋征收办公室;撤销县住建局下属事业单位县城旧城区改造办公室;原有5名财政全额补助事业编制,其中3名划转至县房屋征收办公室、2名留在县住房和城乡建设局下属事业单位,人随编走;撤销县国土资源局下属事业单位县征收集体所有土地房屋拆迁办公室;原有5名财政全额补助事业编制,其中3名划转至县房屋征收办公室、2名留在县国土资源局下属事业单位,人随编走;除丹东、丹西街道外,其他镇乡(街道)在相关建设职能科室中挂房屋征收拆迁办公室牌子。

【设立大塘港区域现代农业综合服务中心】 象山县的新桥、定塘、晓塘三个乡镇总面积231平方千米,有着成片的良田和曲折的港湾滩涂,是象山县重要的特色农副产品生产基地。为更好地服务农户,将现代农业技术送到田间地头,2013年7月17日,象山县机构编制委员会发文(象编〔2013〕39号),设立大塘港区域现代农业综合服务中心。该中心整合了象山县农业技术推广中心、象山县林业特产技术推广中心、象山县农产品质量检测中心、象山县水产技术推广站的职能,为象山县农林局下属事业单位,驻地在新桥镇,核定财政全额补助事业编制4名,采取从上述农业技术推广中心等4家单位带编带人划转方式解决,不新增编制人员。另外定塘、新桥、晓塘3个乡镇及县农业机械化管理站(局)各派驻1名。大塘港区域现代农业综合服务中心的主要职责是:负责对区域内农林牧渔机各业各类生产主体提供技术指导与服务;组织开展区域内农作物病虫害、动植物(水产品)疫病及农业灾害的监测、预防工作;制定区域内重大动植物疫病防治方案,牵头组织区域内各乡镇开展实施;负责做好本区域内各类经营主体培育,并做好金融支农、政策性保险、土地流转、农产品供求信息发布等服务工作;负责培训区域内农林牧渔机各类从业人员;负责区域内农残、肥料、种子、水分、土壤、农产品质量、动植物疫病等检测服务,指导基地、大户建立健全生产记录等。

【县委党史研究室(县地方志编纂委员会办公室)机构规格升格为正科(局)级】 根据宁波市机构编制

委员会办公室《关于调整象山县县委党史研究室机构规格的批复》(甬编办字〔2013〕37号)文件精神,县委党史研究室(县地方志编纂委员会办公室)机构规格升格为正科(局)级。2013年9月30日,象山县机构编制委员会发文(象编〔2013〕50号),明确县委党史研究室(县地方志编纂委员会办公室)机构规格升格为正科(局)级,挂靠县委办公室管理,核定财政全额补助事业编制4名;设主任1名,由县委办公室副主任兼任;副主任1名,负责日常工作;下设编撰科,核定中层职数1名。

(王文杰)

信访工作

【概况】 2013年,县信访局坚持群众工作统揽信访工作,大力践行"一线工作法",狠抓领导干部接访下访、信访积案化解、群众诉求表达和解决机制,继续推进"三无"县创建活动,抓好矛盾纠纷的防范、排查、化解等环节,有效化解了一批信访矛盾纠纷。2013年,县信访局受理群众来信、来访5104人次,同比上升2.28%,其中:群众来访822批4606人次,同比批次基本持平、人数上升1.01%,5人以上集体来访225批3295人次,批次同比上升1.8%,人次同比上升3.07%。网上来信2167件,同比上升94.52%。群众来信498件,同比上升15.81%,群众来电7453件,同比上升49.45%。全县信访情况总体比较平稳。2013年全国"两会"期间,全县没有发生到国家信访局上访和集体上访事件,也没有发生劝返人员回流事件,实现了"四无一少"目标。中共象山县委、象山县政府授予象山县信访局为2013年度"维护社会稳定工作先进集体"荣誉称号。中共象山县委员会授予象山县信访局为"优秀机关党支部"荣誉称号。

【签订信访工作责任书】 1月27日,县委、县政府召开全县政法和信访工作会议。县四套班子有关领导;县人民法院院长、县人民检察院检察长;县级各部门主要负责人,县政法各部门和县信访局县管领导干部、县委政法委和县信访局中层干部;各镇乡党委(街道党工委)书记、镇乡长(办事处主任),政法信访分管领导,综治办常务副主任,专职信访干部参加会议。会上,县委书记、县长与18个镇乡(街道)和18个县级重点部门党政正职签订了《2013年度信访工作目标管理责任书》。会后,镇乡(街道)也与村(社区)、重点部门与下属单位签订信访工作责任书,实行一级抓一级、层层抓落实。

【表彰信访工作先进集体和先进个人】 县信访局邵伟良、涂茨镇政府黄晟贤、东陈乡政府周峰、石浦镇政府张鹏鹰四位同志被评为2012~2013年度全市信访工作先进个人。象山县墙头镇、象山县高塘岛乡、象山县国土资源局被评为2012~2013年度全市信访工作先进集体。县信访局宋玲、墙头镇政府周建华、爵溪街道办事处樊承年、丹东街道办事处孙明月、高塘岛乡政府严侃被评为中共十八大期间全市信访工作先进个人。

根据象考办〔2014〕4号文件,做好对镇乡(街道)、部门信访工作目标管理考核。经年终考核评比,县公安局等7个单位被评为2013年度县级信访工作先进集体,孙文杰等35位同志被评为信访工作先进个人。

【开展全县领导干部大接访活动】 2012年12月24日,县委办公室、县政府办公室下发《关于公布2013年度县级领导干部定期接待日安排的通知》(县委办〔2012〕124号),继续开展县级领导定期接访、约访和下访活动,实行分线(工业、商贸类,涉法、涉诉类,宣教、社保城建、环保类,组纪、人事农业、农村类)接待日制度,每月5日、20日(遇双休、节假日的延顺至双休日、节假日过后的第一个工作日)为县领导下访约访日,除在县信访局接待的领导外其他县领导到联系镇乡(街道)下访或约访信访群众。这次大接访活动从1月开始至年底结束,2013年,52名县级领导到县信访局接待来访群众375批1197人次,现场解决55件信访事项,交办320件,已办结313件。

【做好市"两会一坛"期间信访安保工作】 县信访局顺利完成2013年第十五届中国浙江投资贸易洽谈会、第十二届中国国际日用消费品博览会、第六届中国开放论坛及中国进口商品展览会(以下简称"两会一坛")期间信访劝返工作。从6月8日至11日,象山县无到市上访群众,得到市局的肯定。

【做好全省农业“两区”建设现场会期间信访安保工作】 2013年全省农业“两区”建设现场会于9月10日至11日在象山县召开期间，县信访局加强前期预防、增派信访力量，落实矛盾纠纷排查化解、重点人员教育稳控、现场应急劝返等工作措施，确保全省“农业”两区建设现场会期间“无突发信访事件、无群体性不稳定事件、无个人极端事件”的发生，实现了代表驻地、主会场、考察点及沿线行程“零信访”。

【做好“十八届三中全会”期间信访安保工作】 县信访局顺利完成党的十八届三中全会期间信访劝返工作。从11月9日至12日，县公安、信访、镇乡街道分组驻京办公，对确定的40个重点人员实行“红、橙、黄”三色预警管理，落实县领导包案，实行24小时监控，防止发生群体性非正常上访事件。实行每周维护稳定与信访工作碰头会制度，每周五下午由党政主要领导牵头，对一周来本地涉稳与信访动态进行研判，坚持每天安排一名领导在信访接待室接待来访群众，镇乡每月、村每周开展矛盾纠纷排查工作，每月25日将矛盾纠纷排查化解情况上报县信访局。确保全县信访人员赴京“零上访”。

【“开展”群众利益诉求表达和解决机制”社会管理创新项目】 进一步深化县网络民情会办中心建设，一个口子全天候受理群众的投诉、咨询和求助。2013年受理各类群众投诉咨询54000余件，回复率达100%，办结率98.3%，群众满意率90.1%，被称为“城市保姆”“网络信访室”，成为社会管理创新的有效推手。其典型经验在国家信访局主办的“人民信访”杂志2013年第8期上刊登。

【开展信访“三无”镇乡(街道)创建活动】 根据省联席会议《关于在全省开展信访“三无”县(市、区)创建活动的实施意见》(浙信联发〔2012〕1号)精神，结合“三思三创”主题教育活动要求和我县实际，在全县范围内开展信访“三无”镇乡(街道)创建活动。通过活动，实现2013年全县40%镇乡(街道)达到“三无”目标(即无去省集体访及到市重复集体上访、无去京集体访和非正常访、无中央和省挂牌交办或未办结信访积案)。

【深入做好“信访积案化解”工作】 按照省市的统一部署，深入开展“信访积案化解”活动。经过努力，24件中央、省交办信访积案如期化解，化解率100%。2013年，2件省级挂牌积案、1件省市双挂牌积案、1件县级自立积案已于7月份全部化解，化解率100%。

【建立干部挂职锻炼制度】 继续实行年轻后备干部到县信访局挂职锻炼，2013年，县委组织部选派2名干部到县信访局挂职锻炼，进一步加强了信访工作力量。

(董杨惠)

侨务工作

【概况】 2013年，县侨办、侨联按照新时期侨务工作要求，紧密联系象山侨情实际，围绕县委、县政府中心工作，坚持为大局服务和为侨服务相统一，接待海外华侨华人、港澳同胞、留学人员31批270余人次，考察团组6个，走访、慰问县内侨眷和象山籍侨界知名人士230余人，向海内外寄发联谊贺卡、邮件2000余封，开展联谊活动9次。处理、办结来信来访9件。引进海内外捐赠项目7个，计61.4万元人民币。引进侨商、留学回乡创业人员投资项目3个，意向项目4个，海外高层次人才16人。县侨联获评省侨联系统先进集体，县侨办获全市侨务工作特色创新奖二等奖、县“招商引资先进小分队”和“象山县开放型经济优胜服务单位”等称号。

【发挥侨力引资引智】 根据县委办《关于印发〈象山县开展“十万浙商进百区”活动实施方案〉的通知》及市侨办“千名侨商进园区”活动的统一部署要求，象山县侨办结合工作实际，积极开展“千名侨商进园区”活动，制定《实施方案》，成立领导小组。承办“浙商之春”迎新恳谈会，组织参加市侨商会象山行、“港台侨浙商”象山投资合作恳谈会、宁波象山(香港)投资环境推介会等活动，共有160余名侨商与县10个左右的各类产业集聚区、开发区、园区、重点城区开展项目考察、对接洽谈，有力推进招商引资“一号工程”。全年引进浙商回归项目28个，实际利用县外资金37.3亿元；引进象商项目7个，实际利用资金2.66亿元，总投资8.54亿元。经侨办牵线搭桥，直接促成落户投资项目3个，意向项目4个，引进海外高层次人才16人。

【建立海(境)外人才工作联络站】 为认真贯彻落实国家、省、市关于鼓励海外高层次人才创业创新文件精神，深入实施浙商回归工程，加快推进人才强县战略，搭建引智引才平台，进一步促进象山对外政治、经济、文化交流与合作，10月，在香港建立县首个境外引才工作联络站——“象山香港引才工作联络站”，聘请香港象山联谊会副会长、秘书长陈兴达担任联络站负责人，11月，成立墨西哥、美国洛杉矶海外(人才)工作联络站，包荣林担任墨西哥联络站负责人，王珏越担任美国洛杉矶联络站负责人。

【开展基本侨情大调查】 根据宁波市统一部署，县侨办组织开展了全县基本侨情大调查。制定象山县基本侨情调查工作方案，成立侨情调查工作领导小组，县委常委、统战部部长任组长，18个相关职能部门负责人为成员。组织镇乡、街道18场700人次培训会，下发各类宣传资料5000余份、发布手机报10余期，入户调查近2000户，录入资料5000余份。全程做好工作指导，把18个镇乡、街道划分为3个调查片区，分别由一名侨务干部负责，做好区内镇乡街道侨情培训、入户指导、检查督促等工作，圆满完成侨情调查工作。县侨办、丹东街道、石浦镇荣获宁波市基本侨情调查工作“先进集体”，郑颖等21人获评宁波市基本侨情调查工作先进个人。

【召开县第九次归侨侨眷代表大会】 3月21日，象山县第九次归侨侨眷代表大会在象山海洋酒店召开，全县136名正式代表参加。县委书记李关定出席会议并讲话。省侨联副主席、市侨联主席朱筠筠，县领导黄敏求、励茂平、孙小雄、胡建萍等出席。会议审议通过了关于县侨联第八届委员会工作报告的决议，审议通过了关于《象山县侨联工作细则(修正案)》的决议。大会选举产生象山县侨联第九届委员会委员、常委和新一届领导班子。翁华清当选为象山县侨联第九届委员会主席，郑颖、包荣升、吴晓琦当选为副主席，李淑贞当选为秘书长。此外还选举出王一竹、王一鸣、王志赳、朱吉华、汤显文、周剑敏、林庠妹、郎旺位、郑成、骆季刚、倪张云、黎肖为常务委员，并聘任了王珏越、包荣林、刘启卫、范良火、郎旺凯、赵小蝶、潘仁湖为县侨联第九届顾问。

【引进海内外捐赠】 发挥侨资侨力实施侨爱工程，积极引导和支持海外侨胞、侨资企业参与美丽乡村建设。2013年，县侨办、侨联共引进海外华侨华人捐赠款物项目7个，共计人民币61.4万元，款项涉及慈善助学、扶贫、救灾、新农村建设等。侨胞王传麟向象山慈善总会捐赠30万元人民币；留学回乡创业人士鲍海明捐赠25万元人民币助建泗洲头镇墩岙塘村休闲公园；象山籍海外学子陈磊、吴斌捐赠“象山籍海外学子”助学金0.6万元人民币，香港甬港联谊会捐赠“家乡慈善基金”1万元人民币，分别发放于7名象山中学、象山三中优秀贫困学生；“姜梅坞、陈婉荪奖学金”0.8万元人民币发放于象山二中优秀贫困学生；香港甬港联谊会捐赠春节慰问款4万元人民币，发放于47户贫困家庭。

【举办香港象山联谊会两周年庆典】 10月13日，在香港“富豪香港酒店”举行2013宁波象山(香港)投资环境推介会暨香港象山联谊会两周年庆典。香港甬港联谊会会长忻元甫到会祝贺。县委副书记、县长叶剑鸣出席活动并讲话，县委常委、统战部长黄敏求主持会议，县人大常委会副主任励茂平等出席。近80位联谊会成员、嘉宾、代表参加。叶剑鸣充分肯定两年来香港象山联谊会在会长赵小蝶的努力下，团结广大旅港同乡，以乡情、亲情为纽带，以联络、联谊为重心，为推动两地交流合作与共同繁荣作出了不懈的努力。会议选举产生新一届理事会成员。香港锦峰国际贸易有限公司董事长赵小蝶女士当选香港象山联谊会第二届会长，徐能、吴云、胡英锡、潘银国、汤碧燕、奚峰、范忠伟、陈兴达、蔡振林、黎志珊、蔡爱香当选副会长，陈兴达当选秘书长。

【推进基层侨务组织建设】 挖掘侨务资源，在已有的三个基层侨联和两个社区侨联小组基础上，新建立西周镇侨联、贤庠镇侨联、丹东街道梅苑社区侨联小组，进一步完善基层侨联组织网络，壮大侨联组织队伍，推进侨务工作开展。石浦镇侨联成功创建省示范性基层侨联,其创新实施“个人会员制”的做法获得省政协副主席、省侨联主席吴晶的高度评价。

【为侨服务工作】 加强部门联动,加大侨务政策和象山县人才政策的宣传,参与县《关于进一步加强党管人才工作的实施意见》、《关于实施人才关怀工程若干意见》等文件起草修改,象政发〔2013〕16号文件《关于鼓励海外高层次人才创新创业的实施意见》出台后,配合县委人才办、县科创中心做好实施意见的解读和贯彻,为海外侨胞提供创业政策咨询和辅导。开展为侨(留)资企业转型升级服务活动,建立侨务干部联企服务制度,重点联系走访26家企业,了解企业实际困难和发展瓶颈,研究解决方案。组织企业参加“浙洽会”“海洽会”等活动,服务推进侨(留)资企业和品牌“走出去”。

积极实施暖巢行动,加大帮扶力度,建立侨界空巢老人“一对一”“多对一”结对帮扶机制,进一步完善归侨侨眷空巢老人信息库建设。利用春节、中秋、重阳等节日开展走访慰问送温暖活动。发挥社区志愿者队伍资源,不断完善“暖巢行动”服务体系,优化服务模式,促进空巢老人服务常态化,倡导“敬侨、爱侨、助侨”的良好风气。

【联络联谊工作】 开展“走百家”活动,在全县归侨、侨眷、留学生家属、侨(留)资企业中排摸110余名重点对象,建立重点联系人制度,要求侨务干部与所联系对象每月联系一次,每季度走访一次。通过定期走访联系,实时了解掌握他们的工作生活现状及其海外亲属情况,帮助解决实际困难,增进交流沟通。春节期间,先后走访慰问了全县归侨、侨眷、港属、侨(留)资企业56家,困难归侨、侨眷17家,困难弱势群体53户,共发放慰问款物近8万元。向海内外寄发联谊贺卡、信函2000余份。中秋节,为70余家侨眷、回乡创业人士及归侨、空巢老人送上中秋月饼,为困难归侨送上慰问金,向在象的侨界人士送上节日的问候和祝福。

(陈灵灵)

涉台事务

【概况】 2013年,象山县台办在县委、县政府的正确领导下,在市台办的悉心指导下,认真贯彻落实中央对台工作的方针政策,充分发挥对台工作在经济发展中的独特优势,不断深化象台经贸合作,积极打造对台交流合作品牌,为推动两岸关系和平发展和象山县经济社会建设发挥了积极作用。

【加大对台招商引资力度】 11月5日~12日象山县委书记李关定亲自带队赴台参加台湾·宁波周活动,通过召开浙台(象山石浦)经贸合作区推介会和两岸小额贸易主洽谈会,深度推荐象山,全力招商引资。并与CAS台湾优良农产品发展协会签订了战略合作协议,在象山设立CAS大陆推广中心,指定石浦港为CAS台湾优良农产品华东地区基本港口,打造CAS农产品贸易中转和深加工基地,首期500万元注册资金到位。

【台资企业发展迅猛】 投资3亿元的三联台湾生态农庄国庆开业期间每日游客超过万人。主要经营台湾精品农业观光园、农业科普基地、生态餐厅、四季水果采摘、水上休闲垂钓等项目,并获批“浙台农业合作示范基地”。华东地区石斑鱼暂养基地2013产量和销售额均实现翻番。基地2013年新增加投资1亿元,从台湾引进20余位专业人才和现代养殖技术,大力发展成鱼苗放养。并通过出租的形式,吸引台湾养殖户到象山发展,希望在象山打造一个全新的台湾渔村。

【打造浙台经贸合作大平台】 依托新桥盐场,整合昌国石浦科技园,与宁波保税区合作,共建规划面积25平方千米的综合保税区和出口加工区,并争取设立国家级台商投资区,打造两岸经贸合作和产业集聚平台。象山县组建国家级台商投资区申报工作领导机构及专门工作班子,2013年年底《关于申报设立国家级浙江象山台商投资区的请示》相继经市政府、省政府同意,已上报至国务院。

【成立象山县台湾同胞投资企业联谊会】 9月9日,在象山港国际大酒店举办象山县台湾同胞投资企业联谊会成立大会,宁波正源电力有限公司总经理张勤乐被推选为主任委员,联谊会将定期举办各类培训、交流、考察等活动,为台资企业的转型升级提供有效助力。并协助台商解决生产经营和生活中的难题，充分发挥在会员与政府间的桥梁纽带作用。同时，联谊会将为象山与台湾交流合作搭好平台，按照“优势互补、互惠互利、共同发展”的原则，积极协助对台招商引资。

【传统交流活动走向民间化】 9月13日至16日，象山以第十六届中国开渔节为平台，积极开展象台文化交流系列活动。台湾青创总会、台东县渔会及台东富冈新村（小石浦村）村民代表共100余人应邀参加了祭海仪式、妈祖省亲迎亲、妈祖巡安、开船仪式等一系列活动，进一步丰富了两地民间交流活动的内涵，展现了两地民俗民风的魅力，加深了两地民众的交流与交往。

【打造“海峡两岸京剧票友文化走亲”之旅】 10月10日～13日，20名台湾嘉宾票友和天津、南京、山东、四川、舟山等地的著名京剧表演艺术家、红生泰斗李玉声，著名京剧表演艺术家荀慧生入室弟子李妙春，江苏省京剧院党委书记、程派花旦彭林刚等12位大陆名家名票齐聚一堂，共同研讨京剧表演艺术。11日、12日两晚，两地名家名票组成京剧演出团，由浙江省京剧团乐队担任伴奏，分别在石浦海峡广场、象山县文化活动中心上演了《贵妃醉酒》《打龙袍》等20来个著名京剧折子戏，观众好评如潮。

【发挥赴台考察团组推介和联络联谊作用】 2013年，成功组织经贸、文化创意产业、海洋节庆活动、卫生考察团等赴台考察。11月，由李关定书记带队的经贸代表团与基隆市签订了交流合作备忘录。由县人大常委会主任金红旗带队的影视文化考察团拜会了国民党副主席洪秀柱，金红旗主任向洪秀柱副主席介绍了象山县的经济发展情况和投资环境，以及台商在宁波和象山的投资情况，积极推荐象山，洪秀柱副主席也真诚希望能为两地交流合作做一些贡献，大家共同努力推动两地共同发展。金红旗主任团组还会见了台北市象山同乡会，就石浦籍台胞潘志英老先生赠送家乡近500余份书刊画册事项达成了具体意见。

【发挥海峡两岸交流基地平台辐射作用】 2013年，国台办副主任郑立中、市长卢子跃等领导相继到基地调研，充分肯定象山对台工作，并提出相关意见。另外，象山县还接待了省市政协领导、省市委统战部、民革宁波市委、市台联会、苍南、东阳、岱山及奉化、宁海等县市（区）台办等考察团26批次，普遍认为象山对台工作紧紧围绕县委县政府中心工作，工作基础扎实，有亮点有成效。

【对台宣传调研有新进展】 《海峡两岸交流基地—浙江象山》一文在国台办《两岸关系》杂志上刊出；《象山县打造浙台经贸合作大平台实现小额贸易逆势上扬》作为工作信息被市台办单期录用；以李关定书记和朱万主任署名的《推动象台良性互动与机制合作》的调研文章在国台办《台湾工作通讯》上发表。

【台属台胞第六次代表大会召开】 8月15日，象山县台属台胞第六次代表大会隆重召开。县委书记李关定、县人大常委会副主任励茂平、副县长陈照民、县政协副主席赖明和出席会议，浙江省台属联谊会副会长、宁波市台办副主任吴其通到会祝贺，李关定书记、陈照民副县长分别作重要讲话。董旭东当选为县台联第六届理事会会长。

（郑杰）

县直机关事务管理

【概况】 2013年度，县机关事务管理局认真学习贯彻十八大精神，围绕县委、县政府中心工作，以改革创新、转型升级为主题，坚持管理效能化、保障精细化、服务品牌化、队伍专业化的方向，进一步完善管理制度、健全考评机制，提高工作效率，降低运行成本，深化管理保障服务职能，各项工作实现新跨越。认真执行《象山县公务接待管理办法》等三公经费管理制度，全面实行四单合一、一餐一结、同城不请吃等规定，规范接待标准，三公经费支出实现零增长，其中公务接待费和公车费用年度同比分别下降8%和24%。建立一车一档管理制度，实行单车核算、定点保险、定点维修、定点加油等制度，公务车辆车均维修费用与去年持平，百公里油耗较去年下降8%。完善节能监管的制度体系建设，公共机构人均综合能耗下降3.2%、单位建筑面积综合能耗下降4%、人均用电下降3.7%、人均用水量下降6%，表彰县级公共机构节能工作先进单位15个，创建市级公共机构节能示范单位1个。做好办公房的接收、调剂、装修工作，共计接收县运管所、县老干部局等4个单位闲置办公房3000多平方米，投入装修经费300多万元，安排入驻单位8个。着力提升机关食堂餐饮质量和服务水平，设立食堂收支平衡奖，促进控制成本与保证餐饮质量之间的平衡，开展服务之星评比及满意率测评活动，试行服务满意奖，全年完成营业额55.8万元。全力做好开渔节、海洋论坛、全省现代农业现场会等各项重大活动的服务保障工作，以精细服务、高效保障、良好形象，展示机关后勤的服务品牌。

【推进机关节能工作】 一是考核驱动，在原先对镇乡街道、县级部门单独自行考核的基础上，2013年把县级各部门的公共机构节能工作纳入县级目标考核，对县级部门的节能工作起到正向的驱动作用。二是示范带动，全年评选并表彰了县级公共机构节能工作先进单位15个，先进个人18人，创建市级公共机构节能示范单位各1个，通过先进示范的引领作用，全县机关节能氛围变得更加浓厚。三是部门联动，推行公共机构节能工作联席会议制度，会同纪委监察局、机关党工委等部门组成联合检查小组，对各单位的节能工作情况进行明察暗访，召集相关部门的节能工作人员组成几个考核小组，在考核中互相学习、取长补短。四是舆论推动，通过宣传时段的常态化、宣传渠道多元化、宣传手段的多样化等多角度的舆论引导，公共机构工作人员的节能意识有了很大提高，对全社会节能工作的引领作用显效明显。

【提升车管水平】 一是规范出车监管，防止公车私用。机关车队出台《车队工作岗位职责》《车辆停放管理办法》等，不定期采用网络短信群发功能，告诫驾驶员不准公车私用；推出随机问车制，实时监管车辆运行状态；推行驾驶员坐班制，从时间上限制了公车私用。二是规范维修制度，确保廉洁开支。车队制订了车辆维修申报制度，车辆维修按照驾驶员申报，主管领导批准，然后送至修理厂由厂方列出维修项目及费用，并将单子送到局主管领导审核同意后才能进行维修，实施以来，车辆维修的频率及费用有明显下降。三是规范耗油管理，促进节能减排。实行加油一车一卡制，从源头上遏止了驾驶员虚报油费；实行节油奖，鼓励驾驶员注意驾车技巧，提高节油意识，全年油耗同比下降了8%。四是规范服务准则，提升服务水平。车队制订了驾驶员行为准则及奖罚细则，形成量化考核表，定期进行考核，让驾驶员明明白白奖罚，开开心心工作。驾驶员的高水准服务得到了领导的认可，同行的赞誉。五是规范车况检查，确保安全运行。定期检修、保养，确保车辆始终处于良好运行状态；出车前对车辆进行必要的检查，熟悉行车路线，不开特殊车，不走特殊路；通过网络信息，把恶劣天气、违章多发路段及时告知驾驶员，为其安全行车提供可靠的保障，全年机关车队安全行车总里程95万千米。

【倡导文明餐桌行动】 为贯彻中央关于“厉行勤俭节约，反对铺张浪费”的精神，大力弘扬“节约光荣，浪费可耻”的中华传统美德，扎实推进“两城创建”工作，根据县文明办《关于印发〈象山县文明餐桌行动工作方案〉的通知》(象文明办〔2013〕3号)精神，县机关事务管理局倡导在全县机关事业单位广泛开展以“文明用餐，节俭惜福”为主题的文明餐桌行动。通过开展宣传教育活动，大力倡导健康、文明、节约、适度的餐桌消费理念；通过开展规范达标活动，提升机关食堂服务水平，提供营养菜单，明示菜品分量，合理搭配菜品，按需调配，菜量适宜，提供“半份菜”“小份菜”“拼盘菜”等服务；通过开展督查评优活动，对不符合要求的单位或干部职工提出整改意见，对于行动积极、效果明显、示范作用突出的进行重点宣传推介。该项行动得到全县各机关事业单位的广泛响应，较好地普及了餐桌文明知识，有力地推广了餐桌文明礼仪。

【组织开展公共机构节能宣传月活动】 根据国家发改委等14个部委印发的《关于2013年全国节能宣传周和全国低碳日活动安排的通知》(发改环资〔2013〕827号)和甬机局〔2013〕33号有关通知要求，本局印发了《关于2013年全县公共机构节能宣传月活动安排的通知》(象公节能办〔2013〕5号)，组织全县公共机构从6月1日至30日开展节能宣传月活动。该活动围绕“践行节能低碳、建设美丽家园”主题，深入贯彻落实中央关于厉行勤俭节约、反对铺张浪费的有关要求，认真做好节水、节粮等宣传工作，积极倡导绿色办公和绿色出行，大力宣传节约型公共机构示范单位创建活动。活动期间，通过召开公共机构节能工作管理大会、节能技术产品推介会、组织“低碳日”能源紧缺体验活动、举办“节能低碳”科普展览、印发节能宣传画、报道节能先进典型等系列活动，深化能源资源国情教育，普及办公生活节能常识，引导公共机构工作人员树立低碳办公和节俭文明的消费理念，发挥公共机构在全社会节能减排中的表率示范作用。

【完成县级领导干部落实工作和生活待遇规定专项集中检查】 按照市委党的群众路线教育实践活动领导小组《关于开展正风肃纪专项行动的工作方案》要求，9月至11月，由该局牵头组织开展县级领导干部落实工作和生活待遇规定专项集中检查行动，重点检查有无违规配备公务用车及司机、有无违规使用公车、有无违规配备秘书、有无违规占用办公用房、有无参与高消费活动、有无进高级健身娱乐场所及高级会所、有无收受各种会员卡等七大问题，从检查情况看，全体副县级以上领导均能自觉落实工作和生活待遇规定，在重点检查的七大方面问题上未发现严重的违规行为，各单位涉及领导干部工作和生活待遇的规章制度比较健全，并能严格照章办事，贯彻落实制度较好。

（郑晓宏）

政协象山县委员会

综　述

2013年，县政协常委会在中共象山县委的领导下，重视和发挥人民政协作为协商民主重要渠道作用，牢牢把握团结和民主两大主题，紧扣“促进发展、服务民生、构建和谐”工作主线，认真履行政治协商、民主监督、参政议政职能，为加快推进现代化滨海休闲城市建设做出了积极努力。

九届二次会议期间，县九届政协常委会组织委员开展常委会工作报告、提案工作报告及政府工作报告的审议讨论，围绕全县经济建设与社会发展中的热点难点问题，献计献策。常委会专题听取各界别组的审议讨论情况，并综合委员们的意见，有重点地整理形成关于工业经济、农业发展及城市建设管理、社会事业等五大方面的意见建议，以《参政议政》期刊专送县委、县政府，努力促成全会协商成果的转化和落实。在政协各界别和联委会组织调研、撰写参政议政材料的基础上，有重点地安排了推进城乡教育均衡发展、船舶工业转型升级、防洪排涝体系建设等8个议题的参政议政大会发言。如关于推进城乡教育均衡发展的建议，县教育局积极开展“教育质量提升年”专项活动，进一步强化城乡均衡教育的针对性措施。石浦镇党委政府也专题研究出台加快本区域教育发展的若干意见，加大扶持区域教育发展的投入力度。常委会召开专题会议，先后对全县2013年上半年经济社会发展情况、合作共建象保合作区、2014年度经济社会发展计划与重点实事工程及财政预算安排等，与县委、县政府进行重点协商，积极提供决策参考。县政协常委会第十次会议专题就宁波保税区与象山县共建象保合作区的协议框架及相关事宜，与县委、县政府开展协商。会议围绕合作区共建框架及内容开展了广泛深入交流，着重在重视前期政策处理工作、加快先期启动区块建设、打造具有品牌特色的产城融合滨海新区、注重共建实效等方面提出了意见建议。主席会议围绕中小企业融资担保、农村医疗卫生服务、小区物业管理等内容开展专题议政。提出了实施县保障金融安全联席会议制度、拟定《企业帮扶和金融机构不良资产司法处置专项行动方案》等意见和建议。提出抓紧制订、出台《县住宅小区物业管理提升行动三年计划》，分类分步推进住宅小区物业管理工作。针对提升农村医疗服务水平的建议案，县政府分管领导召集相关部门与政协课题组再次进行会议协商，研究落实“强化绩效考核”“健全服务网络”“加强人才队伍建设”等相关建议，通过进一步完善基层医疗单位考核体系、强化基层医技人员培养等措施，不断提升农村医疗服务水平。同时，各专委会结合工作实际，分别就“名人故居保护与利用”“社区居家养老服务业发展”“中心城区防洪排涝体系建设”与相关部门进行对口协商，针对存在问题探讨解决办法与措施。社区居家养老服务业发展协商中提出的尽快制定产业发展规划、保障社区用房、加强养老服务队伍建设等建议，以《参政议政》专刊呈送县委、县政府，得到有关领导专项批示。县政府结合利用行政机关布局调整机会，采用规划预留、腾退、置换、回购等方式，落实了社区用房的解决方案。

常委会坚持把重点课题调研作为政协履职的重要方式和特色品牌，做到精选课题，深入调研，积极献策。县政协确定“全面提升旅游产业发展水平”为2013年常委会重点调研课题，分别组织了创新旅游运行机制、打造海岛旅游特色品牌、加快推进大塘港区域影视生态旅游开发建设、提升象山旅游形象4个分课题的调研。每个课题由一位副主席牵头负责，专委会组织调研班子开展调研。四个调研课题共提出组建象山旅游集团、创新开渔节办节方式、打造檀头山及渔山岛海岛旅游特色品牌、改造提升花岙岛旅游环境、加快大塘港旅游开发、提升象山旅游整体形象等20余项建议。县政协还组织完成了“强化发展环境意识，夯实创新跨越基础”的调研报告，在县委读书会上专题发言，提出了加强地方建材市场管理、加快中介机构建设、提升行政效能等建议，对县委实施大平台大项目建设和工业强县攻坚年战略提供了决策参考。

坚持提案办理“一次回头”“二次反馈”“三方见面”“四层评议”制度，深化重点提案由县政府领导“领办”、县政协领导“督办”，重要提案由界别或联委会督办，促进提案有效落实。九届二次会议政协委员提案共立案256件，提案办复满意率达96.1%。《关于简化环节、优化环境，加快推进工业项目建设的建议》《关于加快推进城区社区居家养老服务业的建议》《关于全面推行文明殡葬的建议》《强化综合措施，全面提高农村教育质量》4件重点提案和62件重要提案，以及一批关乎区域经济发展和维系民生利益需求的提案得到较好落实。在关于加快推进城区社区居家养老服务业重点提案的督办中，采用了县政府领导和县政协领导共同参与提案办理面商的办理形式，提高了提案办理绩效。

强化专项监督，常委会确定松兰山环境整治、农村生活污水处理站建设、学生交通安全保障、农村社会治安视频监控等监督专题，成立四个专项民主监督小组，由常委牵头组织，开展专项监督。通过深入调研与视察，各小组向政府有关部门提出专项监督建议。后又以主席会议形式对专项监督事项进行督评，进一步强化监督力度，促进监督建议的有效落实。

是年，象山县九届政协委员会委员237人，设中共、无党派、共青团、总工会、妇联、工商联等17个界别组。县政协机关内设“一办四委”，即办公室、提案委员会、经济科技和城建资源环境委员会、教文卫体和文史资料委员会、社会法制和港澳台侨委员会。乡镇街道设丹东、丹西、爵溪和石浦、西周等18个县政协联络工作委员会。象山县有省政协委员1人、市政协委员11人。

政协重要会议

【县九届政协第二次全体会议】 中国人民政治协商会议象山县第九届委员会第二次全体会议，于2013年1月20日至22日在丹城召开。出席会议的委员237人。在象山的省、市政协委员，县政协历届秘书长以上老干部、县级机关各部门和县政协各镇乡(街道)联络工作委员会副主任、联络员等人列席会议。委员们听取了中共象山县委书记李关定讲话；听取和审议了县九届政协常委会工作报告和提案工作报告；列席了县人大十七届二次会议；听取和协商讨论县人民政府县长叶剑鸣代表县人民政府所作的《政府工作报告》及其他有关报告。大会通过了县政协九届二次会议决议。

县九届政协第二次全体会议会场

【县九届政协常委会第五次会议】 1月6日，县九届政协举行第五次常委会议，协商讨论县政府工作报告(草案)、2013年县经济社会发展计划与重点项目安排(草案)、2013年县财政预算安排(草案)；审议县九届政协常委会工作报告和提案工作报告(草案)。经协商审议，会议通过了《关于召开政协象山县第九届委员会第二次会议的决定》、县政协九届二次会议议程(草案)、县政协九届二次会议日程(草案)。审议通过了县政协九届二次会议各次大会报告人、主持人名单，县政协九届二次会议秘书长、副秘书长名单，县政协九届二次会议常委值日名单。会议还审议通过了有关人事任免事项。

【县九届政协常委会第六次会议】 1月22日，县九届政协召开第六次常委会议，审议通过了县九届政协2013年工作要点和工作行事历。县政协副主席吴安定主持会议,副主席欧亚群、周平飞、赖明和、胡建萍,秘书长陈秀慧出席会议。

【县九届政协常委会第七次会议】 7月12日,县九届政协召开第七次常委会暨政情交流会。本次政情交流会以"共守食品安全　牵手健康人生"为主题。县政协主席白国璋,副主席吴安定、周平飞、赖明和、胡建萍,秘书长陈秀慧出席会议,副主席欧亚群主持会议。副县长王安静应邀出席会议。县九届政协常委会组成人员,部分市、县政协委员,县政协联谊会部分成员,政协各镇乡(街道)联委会专职副主任、联络员以及10名市民代表参加了会议。会上,与会委员和群众代表分别就无证小作坊经营、蔬菜农药残留、初级水产品质量安全、豆制品加工、"地沟油"现象等方面提出问题,各相关职能部门负责人作了一一解答。

【县九届政协常委会第八次会议】 7月23日,县九届政协召开第八次常委(扩大)会议,专题听取县政府关于全县上半年经济社会发展情况的通报和县府办关于县政协九届二次会议以来委员提案办理情况的报告。县政协主席白国璋主持会议并讲话,副主席吴安定、欧亚群、周平飞、赖明和、胡建萍,秘书长陈秀慧出席会议。县委常委、常务副县长俞骏应邀出席会议。俞骏通报了2013年上半年全县经济社会发展情况和下半年政府工作。会议还听取了县府办关于县政协九届二次会议以来委员提案办理情况的报告。会议对县府办提案落实办理工作予以肯定。会议还审议通过了有关人事任免事项。

【县九届政协常委会第九次会议】 9月25日,县九届政协召开第九次常委(扩大)会议,专题就"主动应对大桥虹吸效应,全面提升象山旅游发展水平"重点调研课题进行参政议政。县政协主席白国璋主持会议,副主席吴安定、欧亚群、周平飞、赖明和、胡建萍,秘书长陈秀慧出席会议。县委副书记俞骏,副县长邱金岳应邀参加会议。会议听取了县政协课题组所作的"创新旅游运行机制推进产业科学发展""发挥优势改造提升着力打造海岛旅游特色产品""明确责任主体加强统筹协调加快推进大塘港区域影视生态旅游开发建设""关于象山旅游形象打造的思考"课题成果汇报。会议还以举手表决的方式审议通过了有关人事任免。应邀出席会议的还有县风景旅游局、石浦渔港旅游开发管委会、影视文化产业管委会和县规划、海洋与渔业、财政局负责人。

【县政协常委会举行读书会】 11月1日,县政协常委会举行读书会。读书会学习贯彻党的十八大关于健全社会主义协商民主制度的理论精神,结合县政协工作实际,探讨提高协商民主能力水平的途径与方法。县政协主席白国璋,副主席欧亚群、周平飞、胡建萍,秘书长陈秀慧出席会议,副主席吴安定主持会议。

【县九届政协常委会第十次会议】 11月29日,县政协举行第十次常委会,传达学习十八届三中全会精神,专题协商宁波象保合作区协议框架及建设事宜。县政协主席白国璋主持会议,副主席欧亚群、赖明和、胡建萍,秘书长陈秀慧出席会议。县委常委、副县长沈红屹应邀出席会议。

【县九届政协常委会第十一次会议】 12月18日,县政协举行第十一次常委会,协商审议县政府工作报告(草案),讨论审定县九届政协常委会工作报告、县九届政协常委会提案工作报告,通过了关于召开县政协九届三次会议的决定。县政协主席白国璋主持会议,副主席吴安定、欧亚群、周平飞、赖明和、胡建萍,秘书长陈秀慧出席会议。副县长干维岳应邀出席会议。会议决定2014年1月12日召开中国人民政治协商会议象山县第九届委员会第三次会议。会议还确定了县政协九届三次会议报告人、主持人,秘书长、副秘书长名单,通过了县政协九届三次会议议程、日程及值日常委名单(草案)。会议还通过了有关人事任免。

【县九届政协主席会议】 2013年,县九届政协共举行主席会议10次。会议主要内容是知情性视察、专项议政等事项。

2013 年度县九届政协主席会议情况一览

表 60

时 间	会 次	会议主要议题
2.21	第 11 次	研究部署年度工作，启动课题调研
2.25	第 12 次	协商确定 2013 年重点提案
4.12	第 13 次	工业区开发建设知情性视察
7.05	第 14 次	专题协商中小企业融资担保
8.15	第 15 次	专项议政农村医疗卫生服务工作
8.22	第 16 次	专项议政住宅小区物业管理
10.10	第 17 次	县重点工程建设知情性视察
10.25	第 18 次	回顾总结对松兰山景区环境整治、农村生活污水处理站建设、学生交通安全保障工程、社会治安视频监控系统建设专项监督
11.04	第 19 次	视察菜市场改造提升民生项目
11.15	第 20 次	传达省政协会议精神，讨论筹备九届三次会议事宜，听取上阶段政协工作调研活动情况

提案与调研

【提案工作】 县政协九届二次会议以来，全体政协委员和政协各参加单位共提交提案 267 件，经审查立案 256 件。其中各界别、联委会、政协各参加单位提出集体提案 48 件，委员联名提案 93 件，委员个人提案 115 件。上述提案分别送交 70 个部门和单位办理，并在规定时间内已全部办复。据统计，提案所提问题已经解决或基本解决的 60 件，占 23.4%，部分解决或列入计划逐步解决的 159 件，占 62.1%，因条件限制不能解决或所提问题留作参考的 37 件，占 14.5%。综合委员反馈的意见，对提案办理结果表示满意或基本满意的 246 件，占 96.1%；不满意的 1 件，表示理解的 9 件。未立案的 11 件提案。坚持提案办理“一次回头”“二次反馈”“三方见面”“四层评议”制度，深化重点提案由县政府领导“领办”、县政协领导“督办”，重要提案由界别或联委会督办，促进提案有效落实。九届二次会议政协委员提案共立案 256 件，提案办复满意率达 96.1%。《关于简化环节、优化环境，加快推进工业项目建设的建议》《关于加快推进城区社区居家养老服务业的建议》《关于全面推行文明殡葬的建议》《强化综合措施，全面提高农村教育质量》4 件重点提案和 62 件重要提案，以及一批关乎区域经济发展和维系民生利益需求的提案得到较好落实。

九届二次会议以来，县政协委员深入基层开展调研，积极撰写提案。周姣华、徐小平等委员关于组建政府统一融资平台、加强中小企业融资担保风险防控等建议，为进一步强化全县投融资公司融资能力，解决中小企业融资难问题，提供了有益参考。吕伟宏委员关于建立企业合作共享网络平台，创建企业共享资源库，鼓励中小企业互助合作，引导企业共同出资购买服务等建议。胡英锡委员深入调研，提出了发挥商会优势加强招商引资工作等相关建议。徐永安等 7 名委员提出了完善水产品运输车辆防滴漏装置和管理等建议。卓优优等 3 名委员提交了关于将 113 路公交车开通至沙岗的提案。鲍斐丹委员关于加强我县城区学校周边食品安全监管的建议，县食安办牵头工商、食药、质监、城管、教育等部门开展联合整治，净化学校周边食品消费环境。王益敏等 3 名委员提出关于尽快建设塔山文化遗址公园的建议，县文广新局已与规划、住建、国土等部门沟通衔接，着手编制塔山文化遗址公园方案。陈鲁群委员关于加强外来务工人员精神文化生活的建议，县总工会通过打造企业文化“四大工程”，创建市级“区域性职工精神文化家园”等措施，不断丰富外来务工人员的精神文化生活。陈孝林等3名委员提出加强社区卫生服务中心的服务功能，完善医护人员配备，改变医疗服务模式等建议，为县卫生部门积极改进医改后出现的新问题、新矛盾提供了参考。梁孟丽等3名委员十分关注城区社区居家养老服务工作，提出了相关建议，被县政府出台的《关于进一步推进养老服务体系建设的意见》吸纳。黄避岙乡联委会关于加强农村学生上下学安全监管的建议得到县教育、交通管理部门的高度重视，通过着力推进三年过渡时期学生车试点工作，落实学生接送车“六定”要求，一定程度上改善了学生接送车接送过程中超员超速、接送不准时、中途并车等问题。丁祺、杜锡仁等委员针对我县物业公司总体管理水平偏低、从业人员素质不高等问题，提出了引入考核与退出机制，制定出台统一的物管收费指导性标准，提高物管收支透明度，加大物业公司监管力度，及时疏理解决房地产开发遗留问题等建议。社会科学社会福利与社会保障界提出强化殡葬组织领导、开展专项整治活动、加强殡葬宣传引导等建议，县政府在《关于继续推进墓葬专项整治，坚决遏制违法违规墓葬的通知》中予以吸纳，有关镇乡及职能部门对私自择地乱葬乱埋、扩修、翻新坟墓等违规违法行为开展了专项整治，有效遏制殡葬陋习。吕彤委员提出的加大海岛低收入农户危旧房改造扶持力度的建议，县住建、残联等单位十分重视，2013年共安排改造鹤浦、高塘等海岛农村低收入农户、贫困残疾人危旧房65户，全部竣工并完成检查验收。赵菊香委员针对全县公务接待中存在的问题，深入开展调研，提出了关于尽快出台象山县公务接待量化标准的建议，为全县进一步贯彻落实中央“八项规定”及省、市有关要求提供了参考。

【课题调研】 县九届政协常委会把调研工作摆到政协工作的重要议事日程。县政协确定“全面提升旅游产业发展水平”作为2013年常委会重点调研课题，分别组织了创新旅游运行机制、打造海岛旅游特色品牌、加快推进大塘港区域影视生态旅游开发建设、提升象山旅游形象四个分课题的调研。每个课题由一位副主席牵头负责，专委会组织调研班子开展调研。四个调研课题共提出组建象山旅游集团、创新开渔节办节方式、打造檀头山及渔山岛海岛旅游特色品牌、改造提升花岙岛旅游环境、加快大塘港旅游开发、提升象山旅游整体形象等20余项建议。县政协还组织完成了“强化发展环境意识，夯实创新跨越基础”的调研报告，在县委读书会上专题发言，提出的加强地方建材市场管理、加快中介机构建设、提升行政效能等建议，对县委实施大平台大项目建设和工业强县攻坚年战略提供了决策参考。此外，县政协还全力配合市政协在我县开展的关于农业面源污染、海洋经济发展新平台建设等课题的专项调研活动，为市政协了解真实情况，探索措施方法，给予了积极帮助。同时，各委按照县政协2013年工作行事历安排，积极组织委员开展课题调研。列表如下：

2013年县政协各委课题调研一览

表61

序　号	课题名称	课题组
1	中小企业融资担保	经科委
2	食品安全政情交流会	提案委
3	农村医疗卫生服务	教文卫体委
4	小区物业管理	社法委

视察与联谊

【开展知情性视察】 县政协按照“小型、实效”的原则，组织开展政协专题视察活动。2014年，选择“工业区开发建设”“重点实事工程”“农村菜市场改造提升”等与全县发展大局、民生利益攸关的工程建设项目开展知情性视察。在视察西周、东陈等农村菜市场改造提升项目的建设情况后，委员们就科学

县重点实事工程知情性视察

合理规划菜市场布局、加强日常运行监管、完善中心镇菜市场投资和管理体制等问题，与相关职能部门进行了沟通交流，得到部门领导的重视。同时，常委会注重发挥政情交流的监督作用，选择“共守食品安全、携手健康人生”作为政情交流主题。会前，组织安排委员广泛调研，深入了解群众呼声要求；会上，综合运用多媒体、现场点评等方式，与部门领导进行交流互动；会后，对相关建议的落实情况进行“回头看”，强化政协政情交流的监督内涵。各乡镇（街道）联委会和界别组重视视察活动。爵溪街道联委会组织委员对学校部署防控 H7N9 情况进行视察、晓塘乡联委会视察乡村农家客栈、特邀界组织委员视察县台资企业等。

【《象山政协》发挥宣传窗口作用】 《象山政协》以“立足政协、面向社会、服务经济、宣传象山、交流工作”为宗旨，开辟有《扉页摘录》《领导讲话》《提案工作》《社情民意》《参政议政》《委员风采》《文史天地》等 10 余个栏目，内容丰富，图文并茂。《象山政协》已成为加强与外地象山籍人士和全市兄弟县市政协联系的一个纽带，政协委员互相学习交流的一个园地，对外宣传象山的一个窗口。2013 年《象山政协》共刊发 6 期，每期发行 400 余册。

【《社情民意》、《参政议政》发挥畅通渠道作用】 县政协坚持把反映社情民意工作当作履行职能的重要基础和关键环节点，认真落实《关于进一步加强反映社情民意及信息工作的若干规定》、把反映社情民意工作列入重要议事日程，定期研究、部署和检查。建立健全社情民意和信息的成果转化，不断提高工作实效。制定《考核奖励办法》，调整充实信息员队伍，召开信息工作会议，实行信息录用反馈制度。一年来，共收到社情民意信息线索 60 余条，编辑《社情民意》和《参政议政》24 期，其中得到县委、县政府领导批示 14 期，保护水源地安全、规范滩涂船舶定点拆解管理等建议得到较好落实。

【“民情热线”“政协视线”发挥媒体监督作用】 “民情热线”、“政协视线”是政协探索民主监督与新闻舆论监督有机结合的实践和创新，是政协履行职能的新形式新途径。两个栏目得到广大政协委员的热情参与和关注，得到党委、政府的高度重视与支持，社会反响积极。2013 年，“民情热线”在《象山报》上刊登 11 期，“政协视线”在象山电视台上播放 10 期，20 多位政协委员就城区环境、旅游商品开发、物业管理等热点问题建言献策，所提问题及建议得到政府相关部门重视。

【文史和政协新闻宣传工作进一步强化】 广泛征集大塘港围垦史料，编辑出版《大塘港堵口蓄淡工程纪实》，记录大塘港堵港蓄淡工程建设历程，弘扬象山人民艰苦创业精神。编印出版《见证——象山港大桥建设历程》画册，生动展现象山港大桥建设过程的重要节点形象，系统留存大桥建设故事，提振社会各界对象山发展的信心。借助新闻媒体、期刊和网站，进一步加大政协新闻宣传工作力度。编辑刊发《象山政协》6 期，在《人民政协报》《联谊报》等媒体上发表政协新闻宣传稿 8 篇，在县级以上媒体上报道政协有关活动 30 余篇，提升了政协社会影响。

中秋茶话会

【联谊团体作用有效发挥】 加强与县政协之友联谊会、象山书画院和缨溪诗社的联系，指导完成联谊会换届工作，并积极支持联谊团体开展活动。县政协之友联谊会刊发《联谊通讯》12期，组织会员视察东海铭城、产业区、道人山围垦工程等建设项目，为联谊会成员知情明政、建言献策提供有利条件。2013年7月，举行政协之友联谊会成员社情民意约谈会，县委书记李关定到会听取，对联谊会成员反映的社情民意给予充分肯定，并要求有关部门积极采纳落实。象山书画院不断加强书画联谊工作，刊印《象山书画》，举办纽利刚及“桥海风情”书法展和“庆两会·迎新春”书画展，组织开展送春联等为民服务活动。缨溪诗社以网站、诗刊为平台，组织社员广泛开展诗词交流及采风活动，与有关乡镇合办“美丽南田”诗词大赛，较好地发挥了“以诗为媒、团结联谊”的作用。

（吴家唯）

民主党派·群众团体

象山县工商联(商会)

【概况】 象山县工商业联合会是中华全国工商业联合会的地方组织,简称象山县工商联,又称象山县商会,成立于1953年。2013年,拥有1786家(个)会员,辖18个镇乡街道商会、6个行业商会、2个异地商会。象山县工商联被评为2013年度全市工商联系统调查研究工作先进单位。

【县工商联九届五次执委(扩大)会议召开】 5月15日,县工商联九届五次执委(扩大)会议在象山海洋酒店召开。会议听取并审议了县工商联主席励茂平所作的常委会工作报告,表彰2012年度基层商会工作先进集体和先进个人。会议增补2名商会副会长、2名工商联常委、10名工商联执委,并免去5名执(常)委职务,至此本届执委会规模达到153名。

【象山县新生代创业联谊会成立】 10月30日,象山县新生代创业联谊会成立。象山县委副书记、县长叶剑鸣,宁波市委统战部副部长俞小勋,象山县委常委、统战部部长黄敏求,县人大常委会副主任、县工商联主席励茂平,县政府副县长陈照民,县政协副主席吴安定出席成立大会。象山县新生代创业联谊会由全县新一代非公有制经济人士,包括已在父辈企业中顺利接班和正在接班的企业家、在象自主创业者、大学生创业者、留学归国创业者中的优秀分子等自愿组成的非营利性社会团体。第一届理事会共有会员70名,其中代际传承39人、自主创业27人、海归创业3人、大学生创业1人,平均年龄33.8岁。

【指导四家基层商会完成换届工作】 认真贯彻落实中共中央、国务院《关于加强和改进新形势下工商联工作的意见》(中发〔2010〕16号)精神和省委、市委、县委实施意见精神,县工商联加强工作指导,有关乡镇党委支持配合,2013年共有4家基层商会完成换届工作,分别是贤庠商会、茅洋商会、南田商会、晓塘商会。

【县商会大厦建设工程进展顺利】 充分发挥商会大厦工程指挥部和企业家业主委员会的作用,加强现场指挥协调,积极筹措建设资金,强化施工组织和工程监理,年内完成投资1.37亿元,累计投资达3.21亿元,完成大厦主楼西首结构19层,东首结构18层。同时,指导西周等基层商会因地制宜规划建设商会大楼(商务会所)。

【县政协工商联界别被评为县级先进界别】 在县政协九届二次会议上,工商联界别组针对全县经济社会发展中的热点、难点问题,通过调查研究,共提出团体提案1个、联名提案5个、个人提案19个,其中《关于简化环节、优化环境,加快推进工业项目建设的建议》的团体提案被列为重点提案,该提案和吕伟宏委员提案《关于建立企业合作共享机制,促进中小企业转型升级的建议》、胡英锡委员提案《关于发挥商会优势加强招商引资工作的建议》获优秀提案。先后两次组织界别委员与县审管办联合召开提案面商会,提出意见建议,最终促成县政府出台《象山县优化工业建设项目审批服务实施办法》。此外,多次组织委员参加工业园区建设知情性视察、食品安全政情交流会、视察汽车4S广场等重点工程。

【调研工作取得新成效】 开展“问千家进百企”调研走访活动,就企业用工、生产订单、技改项目等问题深入商会和会员企业走访、进行问卷调查,了解企业运作情况,帮助企业查找问题、寻求对策并及时向县有关部门反馈存在问题和建议。围绕民营企业转型升级、企业文化建设等课题进行专项调研,形成调研报告。其中《强化创新驱动,推动转型升级,努力实现象山民营经济新跨越》在2013年度全市工商联系统重点调研课题评比中荣获优秀奖,《关于象山民营企业经营者传承与交接的思考》被刊登在《象山政研》上。同时,积极配合上级部门相继开展系统内的金融服务平台建设、上规模民营企业等调研工作。县工商联获得2013年度全市工商联系统调查研究工作先进单位。

【积极推动经贸交流】 3月底,组织11家企业参与贵州黔西县招商引资活动,帮助企业开阔视野开拓市场。9月份,多次牵头广告商会就户外广告专项整治问题与相关职能部门沟通协商。10月,会同县财政局联合召开政府采购调研座谈会,来自数码、家居等行业商会的15位商贸界会员代表参加座谈交流。

【强化融资服务】 充分发挥基层商会互助资金会作用,积极引导各基层商会向民政部门申报二级法人社团登记,召开互助资金会专题研讨会,不断规范资金会运作,及时预防和化解资金风险。截至2013年年底,全县18个镇乡街道商会互助资金会规模达4623万余元,已为344家企业提供资金周转1038次,周转资金8.92亿元,有效地缓解了广大中小微企业融资难问题,切实减轻了企业资金压力。同时,由县工商联和民生银行象山支行共同发起成立的宁波市小微企业互助合作促进会象山分会运作正常,已为200余户海洋捕捞渔民提供信贷1.5亿元,为12户养殖户提供1200余万元信贷,为28户无抵押、无担保互保的小微企业提供融资服务4000余万元。

【举办行业商会市场经营管理专题培训班】 5月23日,象山县工商联会同县社会主义学院,在县委党校成功举办了全县行业商会市场经营管理专题培训班。来自日杂百货、家居、广告、数码、医药、医疗器械等6个行业商会的近70位理事以上企业家参加培训。培训特邀经济学博士后、宁波工程学院人文学院侯德贤教授讲授《企业经营必须服务市场》《有效降低经营成本》《如何突破经营瓶颈》《经营中的法律问题》等四个方面专题内容。

【县委发文学习周辞美、赖振元、卢国平同志创业创新精神】 2月,县委发文《关于开展学习周辞美、赖振元、卢国平同志创业创新精神掀起解放思想大讨论活动的通知》(县委办〔2013〕26号),决定在全县范围内广泛开展向周辞美、赖振元、卢国平同志学习创业创新精神活动。周辞美、赖振元、卢国平是象山县优秀企业家的代表,是艰苦奋斗、创业创新的典范。

【部署开展县第三届中国特色社会主义事业建设者评比表彰活动】 5月15日下午,县委、县政府召开第三届象山县优秀中国特色社会主义事业建设者表彰大会,县委常委、县委统战部部长黄敏求,县人大常委会副主任励茂平,县人民政府副县长陈照民,县政协副主席周平飞及有关部门负责人出席大会。王一鸣等25名非公有制经济人士被评为第三届象山县优秀中国特色社会主义事业建设者。

象山县第三届优秀中国特色社会主义事业建设者名单

表 62

序号	姓名	性别	出生年月	党派	单位及职务
1	王一鸣	男	1981 年 4 月	非党	宁波锦浪新能源科技公司总经理
2	王良明	男	1965 年 3 月	中共	浙江良和交通建设公司董事长
3	王核清	男	1956 年 6 月	中共	宁波宏利集团有限公司董事长
4	仇建文	男	1969 年 12 月	非党	宁波赛德森减振系统公司董事长
5	卢　锋	男	1979 年 3 月	非党	宁波正业控股集团有限公司总经理
6	朱兴杭	男	1970 年 4 月	非党	宁波信成机械制造有限公司总经理
7	齐明春	男	1967 年 9 月	非党	中达建设股份有限公司董事长
8	江财国	男	1966 年 12 月	非党	宁波博大船业有限公司总经理
9	许宝国	男	1960 年 9 月	非党	宁波象山港水泥有限公司总经理
10	励小伟	男	1982 年 3 月	非党	浙江启鑫新能源科技公司董事长
11	岑哲君	男	1974 年 2 月	中共	宁波万洋纺织有限公司董事长
12	余云兴	男	1963 年 9 月	中共	云兴眼镜商行总经理
13	陆华良	男	1963 年 11 月	非党	宁波神鱼海运有限公司副董事长
14	陈行全	男	1965 年 11 月	非党	宁波全力机械模具公司董事长
15	陈再宏	男	1969 年 1 月	民进	宁波戴维医疗器械股份公司董事长
16	林志芳	男	1963 年 3 月	非党	宁波三英水产食品公司董事长
17	胡祖岳	男	1961 年 9 月	非党	象山渔山海钓俱乐部有限公司董事长
18	施良才	男	1962 年 7 月	非党	宁波合力模具股份公司董事长
19	贺秀女	女	1963 年 12 月	非党	宁波兄弟服饰有限公司董事长
20	夏志中	男	1957 年 7 月	非党	宁波志华化学有限公司董事长
21	柴常国	男	1947 年 3 月	中共	象山申达轿车配件厂厂长
22	倪哉林	男	1967 年 2 月	非党	浙江梯梯建设有限公司董事长
23	徐贤国	男	1970 年 12 月	非党	宁波立强机械有限公司董事长
24	黄　根	男	1948 年 11 月	中共	宁波龙泰电讯电机公司董事长
25	鲍志昌	男	1955 年 10 月	非党	象山华盛塑胶制品有限公司总经理

【举办“中国梦和民企责任”主题报告会】 9 月 7 日上午，由宁波市工商联、象山县委统战部、象山县工商联共同主办的“宁波民企文化论坛走进象山”活动——“中国梦与民企责任”主题报告会在象山县图书馆举办。主题报告会邀请了中央党校教授、经济学博士周天勇作专题报告。象山县人大常委会副主任、县工商联主席励茂平，宁波市工商联党组成员、秘书长傅海明以及象山县委宣传部、县经信局、县商务局、县侨办等部门负责人参加报告会，县工商联执常委、基层商会理事以上企业家 140 多人聆听报告。

【积极引导非公有制经济人士自觉履行社会责任】 4 月雅安地震后，各商会和所属会员企业纷纷捐款捐物奉献爱心，其中家居商会、广告商会组织理事以上现场捐款，募集善款 2 万余元。10 月，菲特台风重创余姚,县新生代创业联谊会的年轻企业家在成立大会上,自发捐款,募得善款32800元送去灾区。在春节前后第十三次“光彩爱心月”活动中,全县广大非公有制经济人士踊跃献爱心,共送出慰问金45万余元。工商联界别政协委员也积极投身慈善公益事业,成立委员爱心基金,对18户城乡特困户进行慰问走访,参与县慈善总会“阳光慈善爱心结对”活动,对4名贫困学子和2名孤残老人进行定向结对资助。全县各基层商会继续开展“生育关怀商会行”活动,结对42户计生特殊困难家庭,分季度发放补助金。墙头商会、黄避岙商会还分别成立教育基金,助力乡村教育发展。

【开展“十万浙商进百区”活动】 根据省、市统一部署,在县支持浙商创业创新促进象山发展工作领导小组的组织协调下,联合县经合办、县招商局、县侨办等部门开展“十万浙商进百区”活动。依托工商联网络资源优势,积极营造氛围、借势推动,提升服务、注重实效,为浙商(象商)回归献计出力。7月18日,组织直属行业商会会员赴石浦镇、西周镇实地考察商业投资环境。8月30日,组织兼职副主席、副会长、常委企业家赴象山产业区考察交流。9月15日,组织广东、芜湖、杭州等异地商会会员企业家,深入象山经济开发区进行回乡投资考察活动,关注有关投资意向、项目对接等工作,为象山县浙商回归营造氛围,献计出力。

【与衢州市柯城区工商联缔结友好商会】 9月下旬,象山县工商联与衢州市柯城区工商联缔结友好商会仪式在衢州举行,这是象山县工商联自2011年12月与兰州市七里河区工商联缔结后的又一个硕果。象山县人大常委会副主任、县工商联主席励茂平,柯城区工商联党组书记吾雪花出席了签约仪式。至此,象山县工商联已缔结了21个友好商会,其中跨省13个、省内6个、境外2个。

【全县首家行业商会联合党支部成立】 11月27日,中共象山县商会党委批准成立象山县行业商会联合党支部,该支部由县广告商会、数码商会、医疗器械商会联合组成,有正式党员5名。

【基层商会党建工作受到表彰】 截至2013年年底,全县18个镇乡街道商会均建立党组织,其中党委1家、总支13家、支部4家,基本覆盖县域内企业党组织。协助县委两新工委积极推进基层商会党组织标准化建设,制订标准化考核体系,以商会党建带动非公有制企业党组织建设。县工商联《发挥商会党委引领作用,大力推进基层商会党组织标准化建设》获得2013年度全市工商联系统工作创新二等奖和全县组织工作特色项目三等奖。

【第五届县家博会暨第七届房展会举行】 10月18日至10月20日在县人民广场举办象山县第五届家博会暨第七届房展会,由县人民政府支持,县工商联主办,县住房和城乡建设局、县商务局协办,县家居商会、县房地产业协会承办。以“名品、专业、科技、环保、文化”为主题,集多家知名家居企业产品联袂上阵。近70个商家参展,展位总面积达7000多平方米,涉及50多个国内外知名家居品牌和11家房地产公司开发的楼盘,其中家居类涵盖家具、地板、建材、橱柜、卫浴、电器、装饰、家纺等。

【4位企业家荣获宁波市“优秀建设者”称号】 4月10日,宁波市工商联成立60周年纪念会暨第四届市优秀中国特色社会主义建设者表彰会在市行政会议中心隆重举行。经过广泛推荐、严格评审、综合评价、媒体公示和审核审定,象山东红集团董事长李红蓥、象山港市电力燃料有限公司董事长洪松茂、象山名佳针纺织有限公司董事长干国成、象山天兴焊接有限公司董事长胡全福等4位企业家获此殊荣。截至2013年年底,全县共有15位企业家先后荣获省、市级优秀中国特色社会主义建设者的荣誉称号,得到了社会各界的广泛赞誉。

【周辞美获浙江省"十大杰出领袖企业家"称号】 3月中旬，浙江省中小企业协会评选、表彰了一批省优秀企业家。西周商会会长、华翔集团董事局主席周辞美获得"浙江省十大杰出领袖企业家"称号。按照评选标准，入选"浙江省十大杰出领袖企业家"应具备自主创业并担任企业主要领导30年以上、在行业中具有示范引领作用、被公认为有卓越成就和贡献等条件。作为全球化条件下的竞争者，华翔集团逐步实现在亚洲、欧洲、美洲的三大汽车中心的研发、市场、生产等方面的协同，将合适的产品进入各大车系的全球采购平台，不断优化业务结构和资产质量，不断提升在世界汽车零部件行业的地位和作用。目前已成功培育华翔电子和华众控股走向资本市场，迅速发展形成国内一流的汽车高档胡桃木饰件生产基地和汽车塑料模具制造基地，并全力建设国家级企业技术中心。

【蒋善文荣获浙江省优秀企业家称号】 8月28日，在省人民大会堂隆重举行的浙江省第十二届优秀企业家表彰会上，象山县商会副会长、宁波天安集团总经理蒋善文被授予"浙江省优秀企业家"称号，是象山县唯一获此殊荣的企业家。多年来，天安集团坚持自主创新，致力于打造低碳经济发展模式，每年投入研发经费占企业销售额5%以上，已全面掌握变配电设备的核心技术和核心自我配套能力，自主研制的预装式变电站、环网开关设备、负荷开关、风电开关设备、智能电网系统等多项产品达到国际领先水平，是中国多个变配电产品国家标准的主要起草单位。

（工商联办）

2013年象山县基层商会基本情况一览

表63

序号	名称	成立时间	会员数	会长	秘书长
1	丹东商会	2009年7月	74	吴　敏	陈金榜
2	丹西商会	2009年7月	81	胡全福	白少艳
3	爵溪商会	1999年9月	122	陈　照	王　惠
4	石浦商会	1989年12月	135	陆永备	施朝辉
5	西周商会	1997年12月	98	周辞美	郑慈松
6	南田商会	2007年12月	47	李红蓥	钱大海
7	贤庠商会	2007年9月	70	沈永平	王志琪
8	墙头商会	1998年6月	55	朱旌铭	吴海南
9	泗洲头商会	2008年7月	33	励小伟	胡普升
10	定塘商会	2009年7月	59	吴永叶	金国文
11	涂茨商会	2007年11月	36	孙全福	陈兴东
12	大徐商会	1997年12月	54	柴常国	沈云林
13	新桥商会	2008年11月	49	徐根兴	魏成国
14	东陈商会	2005年12月	81	王星平	屠华江
15	晓塘商会	2008年8月	48	黄安全	励茂跃
16	黄避岙商会	2009年7月	24	许宝国	俞　勇
17	茅洋商会	2008年12月	44	石维坚	石　磊
18	高塘岛商会	2009年7月	35	戴远光	史东海
19	日杂百货商会	2004年12月	148	余云兴	张　烈

续表 63

序号	名称	成立时间	会员数	会长	秘书长
20	医药行业商会	2008 年 9 月	46	姜天文	励　勤
21	家居商会	2009 年 6 月	81	周渭明	连才友
22	广告商会	2010 年 7 月	49	励和军	孙平华
23	广东商会	2010 年 10 月	101	胡英锡	郑　琴
24	数码商会	2011 年 11 月	45	董　腾	郎远卓
25	芜湖商会	2012 年 11 月	29	史海军	史伟明
26	医疗器械商会	2012 年 11 月	48	陈云勤	顾荣辉

象山县总工会

【概况】 2013 年，县总工会成功完成五年换届选举，新一届领导班子带领全县各级工会组织扎实开展各项工作。全县单独建立基层工会 2142 家；行业(区域)性联合工会 113 家，涵盖 5225 家单位，共有会员 22.35 万人，建会率和职工入会率均达到 96%。定塘镇、黄避岙乡、高塘岛乡相继成立总工会，实现 18 个镇乡(街道)总工会全覆盖。商圈工会组建工作探索推进，丹东财富广场工会联合会着手组建。厂务公开(含职代会)建制率 94.6%，

【"五公示"工作法被评为"全国工会组织建设创新三等奖"】 实行中小企业工会组建"五公示"工作法(指在企业组建工会过程中进行工会筹备小组成员名单，职工入会名单，选举办法、候选名单、监计票人，选举结果，选举批复公示)，规范工会基层组织建设。开展"五公示"工作考核验收，突出职工测评环节，由会员对规范化建设的成果进行评分，并以点带面召开全县中小企业工会组织规范化建设推进会。2013 年，"五公示"工作法被评为"全国工会组织建设创新三等奖"。

【38 家企业成县级和谐企业创建先进单位】 县总工会制定《象山县非公有制经济组织服务管理体系项目推广工作方案》，大力发展和谐劳动关系。召集县委组织部、人社局等 15 家单位召开"非公有制经济组织管理服务体系"县定重点项目推进会，交流项目推进情况。2013 年，对全县 38 家企业授予县级和谐企业创建先进单位荣誉称号。8 家企业获评"市和谐企业创建先进单位"，县和谐企业创建活动领导小组办公室被评为"省、市和谐企业创建优秀组织单位"。

【强化劳动关系协调员培养】 举办劳动关系协调员和劳动争议调解员培训班，对全县 160 名工会干部就劳动法解读、集体协商、心理沟通技巧等方面进行培训。深化律师志愿者队伍建设，制定《象山县工会律师志愿者管理办法(试行)》，明确工会律师志愿者队伍的招募条件、服务内容与激励机制。组织律师志愿者对 12 家企业进行"法律体检"，上门提供法律咨询，帮助企业预防经营风险。"全市工会律师志愿者先进表彰暨制度建设推进会"在象山召开，"象山经验"得到推广。

【县职工服务中心被评为"浙江省工人先锋号"】 以县职工服务中心和县劳动争议联合调解中心为依托，积极维护职工合法权益。2013 年，服务中心受理来信来访 182 件，涉及 281 人，法律援助 10 件，重点帮助解决工资纠纷、困难救助、劳动保护等问题；劳动争议联合调解中心接待来访 152 批次，受理调解 94 起，调解成功率达 100%。县职工服务中心被评为"浙江省工人先锋号"。

【新增一批市、县级劳动模范和模范集体】 做好 2010～2012 年度市、县级劳模推荐评选表彰工作。象山县中医院黄颂敏、象山县公安局交通警察大队秤卫东、宁波骏嘉重型机械制造有限公司吴喜海、天安集团研究所朱佩龙、象山县丰盈农机专业合作

社钟亚春、象山港市电力燃料有限公司洪松茂等6人被评为2010～2012年度宁波市劳动模范；浙江东红船业有限公司、象山县水利管理总站、象山县供电局等3家单位被评为2010～2012年度宁波市模范集体；象山县泗洲头镇墩岙村鲍英钱、象山县国税局王丽亚、象山中学李彩琴、象山县爵溪街道周万立、象山县房地产管理处董国庆、宁波翔神控股集团公司夏志中、浙江启鑫能源科技股份有限公司梁海、象山县粮食收储有限公司黄敏才、象山县畜牧兽医总站陈淑芳、张娅等6人被评为2010～2012年度象山县劳动模范；象山县殡仪馆遗体接运组、象山县司法行政法律服务中心、中国人民银行象山支行外汇管理部等3家单位被评为2010～2012年度象山县模范集体。

【弘扬劳模精神】 成立县劳模讲师团，举办"劳模精神进供电、进天安、进象中"专题演讲，聘请京城活雷锋孙茂芳为象山劳模协会名誉会长。召开庆"五一"国际劳动节先进表彰大会，对劳动模范、模范集体、"职工技术操作能手"等各类先进给予表彰。组织劳模和民盟的8位医疗专家、医护人员在东陈乡红岩村开展"中国梦　我行动"名医下村义诊活动。

【开展工资集体协商】 联合县人社局、工商联、经信局实施工资集体协商三年提升计划，组织开展要约行动。2013年有4763家企业开展工资集体协商，建会企业工资集体协商建制率达93%；大徐镇电子行业为行业性工资集体协商新增对象，东陈乡针织行业工资集体协商工作稳步提升。

【关爱职工健康】 推进"安康杯"竞赛活动向纵深发展。联合县安监局、住建局等14家单位举办"安全生产月"活动，以灯谜竞猜、展板宣传、现场咨询等形式，向市民普及安全知识，吸引群众数千名，发放资料近万份。参加工伤鉴定分析会与工伤死亡事故调查处理，全年鉴定工伤人员220名、病退人员35名，参与事故调查处理15起。

【实施全方位多形式职工帮扶】 拓宽全县工会维权帮扶网络，234家200人以上的企业，17家村(社区)全部建立职工服务点，339家企业建立内部帮困基金。走访慰问困难职工1340人次，发放慰问金87.3万元，为92名困难职工子女提供金秋助学金13.9万元，组织2万余名职工参加医疗互助保障，实现就业再就业864人，2832家企业参加"强保障、促和谐"活动。

【加强技能人才培养】 加强职工培训基地规范化建设，全年累计培训职工2万余人次，4650名职工获得职业资格证书，其中，高级工268人。推广企业内部技能等级评聘制，大力开展合理化建议、技术创新和技术协作，联合科协开展"科普进企业"活动。组建5支技师攻关队，对全县中小微企业进行调查摸底，确定技术难题，给予针对性帮扶。对市、县高技能人才创新工作室、劳模创新工作室进行培育。县女职工培训学校被评为"全国女职工培训示范学校"。

【重点工程立功竞赛经验全省推广】 全县市、县级重点工程建设项目"争先创优"立功竞赛活动开展率继续保持100%。严格执行领导干部联系服务重大项目制度，于高温期间，对28个重点项目开展高温慰问。对2012年重点工程立功竞赛涌现的各类先进给予表彰，并创新举办"象山县重点工程'争先创优'立功竞赛演讲比赛暨职工技术创新成果表彰会"，激发工程建设者劳动热情，促进重点工程优质高效建设。重点工程立功竞赛做法在《浙江工运》刊登，受到省总党组书记、常务副主席戴震华肯定。

【打造职工文化"活动年"】 成功执行承办"浙江省首届职工文化艺术节戏剧演唱大赛"。"首届庆'五一'信合杯职工好声音演唱大赛"、红绸健身舞县府广场展示等系列活动相继开展。发挥县工人文化宫、艺术团、协会的作用，开办声乐、戏曲、棋类、摄影培训班，培育职工文艺骨干；在《今日象山》视点专版刊登"劳动成就梦想"为主题的职工摄影作品展，展现企业职工在劳动瞬间的美丽。组织职工参加宁波市首届职工文化艺术节，在书法美术、摄影动画、小品情景剧、广场舞等赛事中获一等奖，县总工会获"省首届职工文化艺术节'劳动颂'主题摄影大赛活动优秀组织奖""省首届职工文化艺术节优秀赛区奖"。

【向企业开展“送文化”活动】 开展“百场电影下企业、千册图书送职工,十场演出进企业”活动。全年送电影进企业上百家,送出图书3000余册,组织县职工艺术团进工厂,进车间,进工地慰问演出13场。进行职工思想状况调研,选择日升集团等15家企业作为重点调研对象,全面了解职工的思想状况和意见诉求。

【强化工会自身建设】 工会财务工作得到进一步加强,工会经费审查审计扎实开展,确保了工会各项经费使用管理的规范有序和安全。工会机关党的建设、党风廉政建设、老干部服务管理、综合档案管理等工作均顺利推进。信息宣传力度进一步加强,《象山工运》成功出刊七期,深入、广泛、系统地宣传各级工会的重点、亮点和创新工作。《象山女职工培训跻身全国示范行列》《感受“第二故乡”关爱》等报道在浙江工人日报中刊登,“中国梦 我行动”文化惠企半岛行慰问演出系列活动在《宁波日报》得到宣传。乡镇工会和企业基层工会的信息管理工作得到加强。丹西街道的创新工作探索——对非公企业优秀工会干部实行津贴补助的工作思路在《浙江工人日报》中被誉为“实实在在的理解和尊重”,切实提升了象山各级工会在全省的知名度。

(鲍赟赟)

共青团象山县委员会

【概况】 2013年,团县委在县委和上级团委的正确领导下,紧紧围绕象山党政中心大局,认真履行团的基本职能,以“党建带团建”和“双网互动”为主抓手,坚持着眼长远、群策群力、创业创新,在努力实现团的工作“有质量的发展”和推动全县现代化滨海休闲城市建设的各项工作中取得了新成效。全年共取得50余项省市级以上荣誉,团县委获得浙江省共青团信息工作先进单位、宁波市共青团调研工作优秀组织奖、宁波市农村青年创业致富项目大赛优秀组织奖和宁波市第十三届少儿服饰文化节优秀组织奖等荣誉;1家单位被评为省级先进团支部,6家单位被评为市级“五四”红旗团组织,16个镇乡街道被评为宁波市共青团强镇(示范街道);1名团干部被评为省级优秀团干部,3名少先队员被评为省级优秀少先队员,7名团干部被评为市级优秀团干部。

【青少年思想引领】 开展“文明寄哀思,低碳过清明”活动、少先队建队节等主题系列活动,牢固青少年共同奋斗的思想基础,坚定跟党走的理想信念,各类活动全年参与人数15000余人次。举办“环象山港”青年时尚文化节、“环石浦港”非公有制企业文化节和乡村青年文化节。组织开展各类主题公益夏令营,坚持每半个月开展一次流动青少年宫,为海岛贫困学生送文化、送科技、送智慧活动20余次。开通“象山共青团”腾讯官方微博、新浪官方微博,定期发布或转播青年信息、时尚资讯,有效引领健康时尚的青年文化生活。做好青少年思想分类引导。针对青少年学生,重点开展道德实践教育、雏鹰争章等活动,评选县级“美德少年”123人,推选市级“道德90后”3人、省级“美德好少年”2人。针对企业青年,整合资源抓好技能培训、岗位练兵、权益维护等工作,举办各类职业技能比赛10余次。针对农村青年,编制《象山县农村青年思想引导手册》,开展“村村都有好青年”“农村青年致富带头人”培养工程,评选“好青年”490人、县级信用示范户100人,培养市级以上青年致富带头人12人,成功选树朱文荣、潘孝球等敢闯敢拼的青年典型,营造良好创业氛围。开展少先队活动课试点工作,在爵溪学校、延昌小学和实验小学进行试点。以“保护母亲河”活动为抓手,发动青年开展各类植树护绿活动,累计植树面积超20亩,参与人数逾万人。

【青联工作】 加强与县外青年组织沟通联系,成功接待台湾青年菁英参访团象山行,推动两岸在文化、经贸等多方面合作交流。组织30余位青联委员开展警营文化行活动,参观县双联中心、巡特警大队、看守所和国防中心。组织开展“迎“六一” 特别的爱给特别的你”慰问特殊智障儿童活动,赠送物资达2000元。赴象山县对口帮扶对象——贵州黔西南州义龙新区万屯镇开展爱心结对助学活动,共捐助2万元善款,帮助当地困难家庭孩子们购买学习用品等,提升学校办学条件,为支援西部贫困学子圆就学梦贡献力量。

【青年志愿者行动】 成立象山旅游人志愿者联盟,举办“桥海时代,我为象山旅游献一策”青年微沙龙，组织开展“迎战小长假，共倡生态游”“首届环象山自行车挑战赛”等活动。推进“善行象山”主题实践活动，积极打响志愿者服务品牌，以“三五”学雷锋、“青春党建—公益环岛行”为契机，开展济贫帮困、普法宣传、扶残助残等各类活动300余场，累计发放宣传资料20000余份，深入走访慰问困难党(团)员、低收入农户、智障学生等特殊困难人群，发放各类物资28万余元。“菲特”台风过后，召集百名志愿者赴余姚开展灾后重建工作，协助当地政府做好垃圾清运、家电维修等工作，石浦镇团委等5家单位及个人被评为宁波市抗洪救灾先进。开展以“保护同一片蓝海，两岸一起在行动”为主题的中国青年志愿者蓝色护海行动，成立象山野鸟保护志愿大队，设立“中华凤头燕鸥合作保护交流基地”。在开渔节期间，招募志愿者开展为期2个月的驻岛监测，于9月12日组织两岸专家与青年志愿者赴韭山列岛举办两岸国际野鸟保护论坛。

【青工单位号手创建】 开展县级青年文明号创建之微笑行动，重点在海洋经济及相关服务产业领域积极推进“青年文明号”创建活动，为海洋经济发展营造良好服务环境。创建县级以上青年文明号72家，其中“中医院门诊药房”等8家单位评为2012年市级青年文明号。依托青年文明号窗口单位开展“为民服务”为主平台的行业创先争优活动，全面开展青年文明号优质示范行动，赢得广泛的社会声誉。重视青年人才培养，坚持“号手”联动，开展“青年岗位能手评选”“行行出状元——青工技能大赛”，评选县级岗位能手14名，其中2名被评为市级青年岗位能手。培育县级青年突击队40余支，其中象山县风景旅游管理局金牌导游突击队被评为“市级优秀青年突击队”。

【青少年民生工程建设】 提高就业创业能力，提供见习岗位1000余个，组织参加“美丽宁波”农村青年创业项目大赛，选送的两个项目《象山县南美白对虾生态循环全大棚养殖》和《蚯蚓甜瓜生态循环种养及蚯蚓农用生化产品开发》分别荣获银奖和最佳创意奖。深入实施青年创业小额贷款工程，截至2013年12月底，累计发放小额贷款超13205万元，落实保证保险贷款380万元，惠及青年1564户。关注青少年权益保障，按照全省有不良行为或严重不良行为青少年服务管理和预防犯罪试点县的工作要求，建立“中心＋网格＋基地”的组织体系，实施包括宣传教育、心理健康、道德实践、帮扶关爱、阳光矫正、就业帮扶以及法律维权七个项目的“七色花”关护套餐，完善未成年人刑事案件调查员、合适成年人制度，深化“共青团与人大代表、政协委员面对面”活动，定期深入各类青年群体广泛开展倾听、恳谈等活动，组织面对面活动7次，参与人数100余人次。关注特殊群体，开展青少年自护教育、暑期青少年平安行动督导、“社区矫正阳光行动”。开展“关爱360行动·梦想的天空”活动，收集并实现全县低收入家庭孩子梦想500个。联合水滴慈善爱心基金发起第三次“暖冬”计划，共募集13000公斤冬衣，分别运送至青海省玉树藏族自治县希望少儿之家、贵州省黔西南州地区、四川省甘孜州贫困地区等。

【基层组织建设】 2013年7月3日，共青团象山县第十八次代表大会在县黄金海岸大酒店隆重召开，会议总结三年来全县共青团工作，并对今后三年提出工作思路和工作方向，顺利完成共青团象山县十八届委员会换届选举工作，选举产生了团县委第十八届委员会、委员及候补委员，董盛益当选为团县委书记。扎实开展“两新”组织团建，全县建有团组织的非公有制企业511家，实现非公有制企业团建3个100%目标任务。加大对青年自我组织的引导，以绿丝带、塔山志愿服务团、水滴爱心慈善基金等较有影响力的社会组织为枢纽，努力将更多青年社会组织纳入到以共青团为龙头的青年组织体系。探索象山模式的双网互动工作，按照“六步走”工作部署，进一步梳理网络、划分网格、健全机制，推动团组织的规范化、有形化、品牌化建设。全县共划分网格108个，组建网格服务团队86支，各类志愿者队伍194支，探索形成“半小时服务圈”新模式，实现对青年群体的有效覆盖。结合“四微一体”开展各类团干部培训20余次，参与人数900余人。实行对团工作的考核、通报、督查制度，实现片区工作制度全覆盖，加大对基层团干部的协管力度，定期向所在乡镇(街道)单位党政主要领导通报团工作的落实情况。深化团干部作风建设，出台《团干部作风建设十条规定》，开展“三进三服务”大走访活动，推行“团情日志”制度，各级团组织共开展各类调研走访活动 200 余次，联系青年 400 余人，梳理发展难题 50 余个。

中国共产主义青年团象山县第十八次代表大会开幕式(蒋曼儒摄)

(团县委办)

象山县妇女联合会

【概况】 2013 年，象山县妇联认真学习贯彻党的十八大、十八届三中全会和市县党代会精神，坚持以科学发展观为统领，立足“党政所急、妇女所需、妇联所能”的工作定位，紧紧围绕全县重大发展战略，把服务妇女群众、促进妇女发展作为工作的出发点和落脚点，主体活动亮点纷呈，妇女工作卓有成效，象山县妇联获全国妇女宣传舆论阵地建设先进单位、全国“双有”主题教育活动优秀组织奖、宁波市妇女工作创新奖、宁波市文明家庭创建活动先进协调组织、母亲素养工程工作一等奖等多项荣誉。县妇联“寻找金婚佳侣”活动入选“象山最美十件事”。

【女性创业联保贷款惠及 1500 多户创业女性】 开展农村妇女创业联保贷款活动，扩大农村女性创业融资受益面，2013 年共发放“妇女创业联保贷款”信贷资金 8000 万元，惠及 1500 多户创业女性。争取到象山县财政专项贴息资金 15 万元，共对俞战英等 68 户优秀妇女创业贷款户给予财政贴息。

【妇女来料加工带动 4000 余名妇女实现灵活就业】 牵头制定出台《关于鼓励发展农村来料加工业的实施意见》等文件，大力发展以来料加工业为重点的农村妇女“家门口就业工程”。通过举办来料加工项目洽谈会、经纪人培训班等活动，推动来料加工业的发展，累计建成来料加工点 100 多个，其中新建 29 个，带动 4000 余名妇女实现灵活就业。

【实施文明家庭创建工程】 实施“家庭文明建设工程”，提升家庭道德建设水平，以家庭的文明和谐推进社会和谐发展。开展文明诚信家庭创建活动，在全市率先推出文明家庭信用贷款政策，通过对“文明家庭”实施 5 万元～10 万元免抵押、免担保的信用贷款、让他们让受免费图书借阅等一系列优惠政策，在全社会倡导“文明可以担保　诚信能够抵押”的氛围，激励更多群众提升文明素质，形成文明和谐的良好社会氛围，共评选出 969 户文明诚信家庭。文明家庭创建工作成效明显，丹东街道董云家庭等 80 户家庭获得宁波市文明家庭称号，定塘镇卢松才家庭、丹东街道李治恩家庭等 2 户家庭被评为浙江省绿色家庭，丹西街道史培定家庭被评为浙江省文明交通示范家庭，徐祥青家庭被推为全国文明家庭。汇编《金婚故事》，宣传和美婚姻家庭典型案例，倡扬和美婚姻。

【开展美丽庭院创建工作】 2013 年，象山县妇联根据县委、县政府有关创建国家级生态县及浙江省“美丽乡村”的决策部署，联合象山县委农村办公室、县环境保护局出台《关于深入开展“生态象山·美丽庭院”创建活动的实施意见》(象妇〔2013〕35 号)，在全县开展“生态象山·美丽庭院”创建活动。2013 年重点开展“美丽庭院”创建试点工作，以定塘、涂茨、茅洋、新桥 4 个乡镇为重点创建乡镇，每个乡镇确定 4 个村作为“美丽庭院”创建试点村，其余 14 个镇乡(街道)启动 1 个村以上开展“美丽庭院”创建试点工作。每个创建试点村，50%的家庭达到“清洁庭院”标准，15%的家庭达到“美丽庭院”标准。组织带领广大妇女践行低碳环保的生活理念和健康文明的生活方式，组建保洁队、护绿队，开展美丽庭院评比，共建幸福美丽家园。

【评选平安家庭示范户】 开展“平安家庭”示范户评选活动，在全县范围内评选“平安家庭”示范户，共评选出 100 户平安家庭示范户。此外，在鹤浦镇指导成立“渔嫂平安之家”特色组织，引导其成为促进社会和谐的新生力量。

【深化家庭教育工作】 开展“万名母亲进课堂”活动，9月25日～27日，邀请全国家庭教育巡讲团的专家为象山12所学校的8000多名家长开展了为期三天的巡讲授课。实施母亲素养工程“一镇一品”项目，规范母亲素养工程和家庭教育工作考评机制。开展社区(农村)家长学校建设三年提升行动，将家庭教育服务向外来母亲延伸、向农村社区、向企业、军营延伸，向母亲们的工作和生活中渗透，2013年新创家长学校3所(石浦蓝天小学、丹城第五小学、贤庠学校)。

【加强妇女维权工作】 2013年共受理全县妇联系统群众来信来访来电153件，结案率达96%以上。全年发放各类普法维权宣传资料7000余份，开展送法活动8场，服务妇女2000余人。3月7日，县妇联和县人民法院联合成立妇女维权合议庭，建立妇女维权联席机构，县妇联主席蒋凌燕和县人民法院院长傅勇共同为合议庭揭牌。10月18日，在象山县妇女儿童活动中心开展为期一天的全县基层维权站长培训班，共培训120名基层妇女干部。

【召开象山县第十五次妇女代表大会】 12月5日，象山县妇联召开全县第十五次妇女代表大会，会期一天。县委书记李关定、市妇联主席杨小朵出席会议并讲话。市审计局局长、原象山县妇联主席张爱琴，县领导金红旗、白国璋、黄敏求、王能迭、罗来兴、陈照民等领导出席会议。全县各条战线的227名妇女代表参加大会(代表总人数238名)。会议审议并通过了大会工作报告，选举产生了县妇联第十五届执行委员会(具体名单详见附件1)，蒋凌燕当选为象山县妇联第十五届执行委员会主席，茅晓玲、赵菊香、庞彩虹当选为象山县妇联第十五届执行委员会副主席。

【指导做好镇乡(街道)妇联组织换届工作】 6月18日，全县镇乡(街道)妇联换届试点工作在定塘镇举行，全县18个镇乡(街道)妇联专职主席、副主席参加了试点观摩活动。全县镇乡(街道)妇联换届工作由此拉开了序幕，其余17个镇乡(街道)妇联换届工作从7月份开始，到10月份全部结束。

【举办“三八”主题活动】 3月8日上午，象山县妇联在县综合文化中心召开全县纪念“三八”国际妇女节103周年大会，全县18个镇乡(街道)的妇联主席、副主席，65个县级机关妇委会(妇工委)主任、副主任及县工会女职委负责人，县女企业家协会、县女村官联谊会、县“双学双比”女能手联谊会等三大团体会员成员、各社区妇联主席、各行政村妇代会主任和各镇乡(街道)“两新”组织妇女组织负责人等近700人参加会议。县委常委、统战部长黄敏求，县人大常委会副主任郑亚红、县人民政府副县长邱金岳、政协副主席欧亚群等县领导出席会议。会后，县妇联还邀请中国孔子研究院《春秋讲坛》栏目、国教育电视台《师说》主讲嘉宾、北京大学民营经济研修院EMBA研修班固定讲师和清华大学EMBA班特邀专家赵家路老师作题为《智慧女人和幸福人生》的专题讲座。“三八”期间，县妇联还组织开展“幸福家庭·魅力女性”摄影大赛，共收到参赛作品900余幅，30位摄影爱好者所创作的39幅作品获奖，其中一等奖1名、二等奖3名、三等奖5名、优秀奖30名，钱秀娟的作品《幸福》获得一等奖。

【开展巾帼文明岗创建工作】 开展各级巾帼文明岗创建活动，2013年共创成滨海幼儿园省级巾帼文明岗1家，创成象山县司法行政法律服务中心、象山县档案局(馆)查阅中心、中国移动象山分公司鹤浦支局、象山县公路运输有限责任公司汽车客运中心售票班等市级巾帼文明岗4家，县级巾帼文明岗9家。积极拓展创岗领域，向市场、企业等“两新”组织延伸，创成爵溪甬南公司三车间等4家“两新”组织文明岗。以“巾帼文明岗”创建为主要抓手，广泛开展“岗位练兵”“最美岗长”评选等活动，激发女性岗位成才、岗位建功的热情和活力。

【巾帼关爱活动】 “六一”期间，市、县领导到全县38所学校慰问儿童，捐款赠物36.5万元，293名儿童结成助学对子，其中女童148人，涉及金额3.23万人。充分发挥县女企业家协会作用，结对全县13名贫困儿童。开展关爱“小候鸟”留守儿童行动，暑假期间，县妇联发动各巾帼志愿者和基层妇联组织，分赴全县20多个“假日学校”为700余名留守学生开展安全教育、普法宣讲，组织留守儿童进军营、开展与儿童文娱同乐等多种活动。继续开展“文明象山·爱心圆梦——关爱农民工子女”活动，县妇联组织爵溪50余名来象的“小候鸟”观看大型儿童剧《哪吒闹海》和《白雪公主和小矮人》，圆了“小候鸟”的梦想。实施“妇女健康提升工程”，关爱妇女健康，对全县已婚育龄妇女免费进行常规检查和“两癌”筛查工作，并完善档案建设和跟踪治疗服务，全县11.58万名应检对象受检率达40%以上，强化了妇女健康意识，促进妇女健康发展。

【承办宁波市幼儿园示范家长学校观摩交流会】 10月24日～25日，象山县妇联依托全国领先的家庭教育工作独特优势，承办宁波市幼儿园示范家长学校观摩交流会，各县市区的分管该工作的妇联副主席、教育局副局长及示范家长幼儿园负责人等共80余人参会。与会人员观摩了象山城区的海韵幼儿园、滨海幼儿园、机关幼儿园、塔山幼儿园等四大幼儿园，交流会在象山春晖幼儿园召开。象山县家庭教育领导小组在会上作交流发言。

【举办首期婚姻家庭咨询师培训班】 2013年6月～7月，象山县妇联联合宁波大学女子学院举办了为期两个月的全县首期婚姻家庭咨询师培训班，内容涉及婚姻、家庭、心理咨询、家庭教育等各个方面，共有70余名妇联干部、热心婚姻家庭工作的妇女参加。经培训考试合格后，共有52名妇女获得国家职业资格三级婚姻家庭咨询师资格证书。这些婚姻家庭咨询师已充实到各级妇联的巾帼志愿者队伍中，积极参与到辖区范围内的婚姻家庭纠纷调解中。

【设立妇女维权窗口】 2013年12月，县妇联在县司法服务中心(塔山路63号)专门设立妇女维权窗口，并配备专人坐班接待来访妇女，将妇女维权纳入人民联合调解委员会中，更好地维护妇女合法权益。

(陈凤霞)

民盟象山总支

【概况】 2013年民盟象山总支有盟员52人，其中博士1人、硕士9人，正高职称7人，副高职称25人。民盟象山总支有各类各级人大代表、政协委员20人，其中省人大代表1人、市人大代表1人、市政协委员2人、县人大代表2人、县政协委员14人(其中县政协常委会组成人员4人)。2013年新吸收3名盟员。2位盟员被评为2013年度宁波市优秀盟员。

民盟象山总支部荣获2013年度象山县统战工作先进集体、2013年度宁波市盟务先进工作集体和“宁波市各民主党派工商联无党派人士为现代化国际港口城市建设做贡献”先进集体荣誉称号。

【民盟象山总支部委员会第一届二次会议召开】 1月10日，民盟象山总支部委员会第一届二次会议召开。县委常委、统战部部长黄敏求，民盟宁波市委会副主委韩利诚，副县长王安静，县政协副主席、民盟象山支部主委胡建萍出席会议。会议总结了2012年民盟象山总支部工作，提出2013年工作思路。

【组织盟员开展参观交流活动】 4月10日，民盟象山总支部组织盟员参观县看守所，直面而深入地了解看守所的管理制度和干警们的工作情况，接受深刻的警示教育。6月15日，民盟象山县总支文化卫生支部组织全体盟员赴慈溪人民医院考察学习，与慈溪医卫支部进行盟务工作和医药卫生工作方面的交流。6月28日下午，民盟象山县总支部一行20余人在主委胡建萍的带领下，赴大目湾新城、浙台(象山石浦)经贸合作区管委会考察学习。12月6日，组织盟员赴泗洲头镇考察新农村建设，先后视察何婆岭村、杨大场村农业示范园区、墩岙村，领略新农村建设中的“一村一品”特色，了解农村基层组织建设及社会管理等基本情况，进一步感受建设“生产发展、生活富裕、乡风文明、村容整洁、管理民主”的新农村蓝图。

【一批盟员的建议受关注】 在县政协九届二次会议上，盟员丁祺所提的《关于加快规范我县城区住宅物业管理，提高居民生活环境的建议》，鲍斐丹所提的《关于加快我县城区学校周边食品安全监管的建议》获县政协九届二次会议优秀提案；史丹丹提出的《关于让参加城乡居民养老保险的农村居民(独生子女家庭父母)享受计划生育家庭奖励扶助政策的建议》得到县计生局的重视并得到积极落实。朱夕映提出的《基层医疗卫生机构门诊均次费用存在的问题及对策建议》被盟市委上报盟省委，并上报盟中央。史丹丹、马绪巍等4名盟员积极参加盟中央组织的道德建设与青少年成长论坛，撰写的论文都收录入该论坛论文集。

象山县残疾人联合会

【概况】 2013年，县残联全面贯彻落实党的十八大和十八届三中全会精神，以“三个代表”重要思想和科学发展观为指导，以残疾人社会保障和服务两个体系建设为重点，以“八个围绕”促进“八大提升”，切实维护好、发展好残疾人最关心、最直接、最现实的利益问题，全县残疾人工作呈现出良好局面。

【残联换届选举】 1月16日，象山县第五次残疾人代表大会在县委党校召开，会议回顾五年来全县残疾人工作所取得的成绩，部署今后五年残疾人事业发展的思路和目标，选举产生新一届领导机构、工作班子和五个残疾人专门协会主席。

【深化“万名党员爱心助残结对活动”】 5月16日，县委组织部、县残联召开“万名党员爱心助残结对活动”总结表彰大会，对活动开展三年来所取得的成绩予以充分肯定，对涌现出的先进集体和先进个人进行了表彰。为推进活动向常态化、规范化发展，还制订出台了《象山县2013年度万名党员爱心助残结对考核办法》，考核结果列入组织部、残联对镇乡(街道)目标管理考核内容，并作为年度整体工作考核依据。

【创建宁波市扶残助残爱心乡镇(街道)】 2013年年初，县残联对申报创建宁波市第一批扶残助残爱心乡镇(街道)的丹东街道和大徐镇组织上门指导，督促创建单位根据存在不足提出解决方案，落实具体措施。7月份，丹东街道、大徐镇被宁波市政府残工委授予首批“市扶残助残爱心乡镇(街道)”称号。丹西街道、鹤浦镇、新桥镇积极申报创建宁波市第二批扶残助残爱心乡镇(街道)，创建工作正在有条不紊地开展。

【全国助残日活动】 5月初，县残工委下发《关于开展第二十三次“全国助残日”活动的通知》，安排了八项活动。各成员单位围绕“全国助残日”活动主题，结合各自工作职责，大力开展帮扶活动。各乡镇(街道)党委、政府积极深入各村、社区开展走访慰问活动。广播、电视、报纸、网站等媒体大力宣传报道有关残疾人事业的法律法规和有关政策、扶残助残先进事迹以及残疾人自强不息典型等，特别是石浦镇成功举办首届残疾人运动会等，进一步营造了扶残助残的良好氛围。

【残疾人阳光品质康复工程】 为残疾人提供助明、助听、助行、助医等康复服务，全年落实80名患者施行复明手术；发放助视器20台；80名听障残疾人免费验配助听器；听力言语康复训练8名；人工耳蜗处理器升级1例；15名下肢缺失者免费安装假肢；矫形器3例；肢体康复训练3名；配发肢体残疾人辅助器具250件；精神残疾人服药640名；精神残疾人住院60名。做精做细残疾儿童少年抢救性康复项目，把8名听力障碍者、1名脑瘫儿、3名孤独症儿童等转介到相应的康复机构进行康复训练。积极探索“医保先报，符合条件医疗救助，残联专项补助”的医疗保障模式。大幅提高精神残疾人助医卡的实际可用额度，减少精神残疾人家庭的负担。贤庠中心卫生院珠溪社区的省级残疾人社区康复示范站，创建工作已基本完成。“爱耳日”“爱眼日”活动期间，市、县残联还组成宣传服务小分队深入鹤浦镇等乡镇农村一线，发放宣传手册、展示知识版图、专家现场诊治、赠送药品等。

【残疾人康复综合服务中心工程建设完工】 残疾人康复综合服务中心是县政府的民生实事工程，大楼工程项目主要包括新建地上1层与地上4层，精装修康复大楼附属楼两栋。截至2013年年底，康复大楼工程建设已完工。11月13日，宁波市康复医院象山分院签约成立，通过有效整合康复资源，可以更好地服务于有康复需求的残疾人。

【残疾人就业援助活动】 5月22日，县第五届残疾人就业洽谈会在县劳动力资源市场举办。33家用人单位推出针织、仓库保管员、手工装配等87个比较适合残疾人的工种,招聘企业基本上能提供食宿,并缴纳养老、工伤、医疗、失业、生育等保险。有47名残疾人进场洽谈,24人当场与用人单位达成用工意向。制订出台残疾人就业创业帮扶计划,通过创业培训经费减免、创业资金补助、创业工作室扶持等多种方式,进一步加大残疾人就业创业帮扶力度,为215户残疾人就业创业对象发放补助资金70余万元。全面实施残疾人按比例就业,486家用人单位安置残疾人就业776人,比2012年增加31人。认真落实残保金征收政策,全年征收残保金2280万元,比2012年净增696万元,增长44%。组织召开残疾人基层就业指导员培训班,参加培训学员28名。开展家政、服装等各类职业技能培训3次100人,农村种养业培训3次133人。

【残疾人扶贫帮困】 全县民政救助标准实行城乡一体化,统一为480元/月·人。2013年有1715名残疾人享受贫困重度残疾人补助,补助金实行全额发放,累计发放金额960万元;3318名残疾人享受基本生活保障金,保障金的发放实行补差发放,累计发放金额1560万元。根据市残联、市民政局、市财政局《关于印发〈宁波市无固定收入残疾人生活补贴实施意见(试行)〉的通知》(甬残联〔2013〕31号)精神,组织对全县18～60周岁无固定收入残疾人开展统计、核实工作,经核实确认后按每人每月100元发放生活补贴。确定60户享受农村低保的贫困残疾人家庭为实施对象,实施形式为新建、购置及修缮住房,每户家庭最高补助标准为16000元,全年共发放补助资金70.7万元。做好省、市、县级扶贫基地建设,累计创建省级1家、市级6家、县级9家,基地安置人数85人,辐射户数达320户,贫困残疾人家庭通过大力发展食用菌等种养业,切实增加了家庭收入。

【县残疾人文体活动】 推荐选送县残疾人文艺爱好者参加2013年宁波市残疾人文艺汇演,获得优秀表演奖,丰富了广大残疾人的精神文化生活。认真物色16名运动员,组成肢残人男、女坐排二支队伍参加宁波市第八届残疾人运动会坐式排球赛,教练邀请、训练场地以及经费落实等工作有序进行,取得了市女子坐排第一名,男子坐排第五名的佳绩。县残疾人在宁波市参加省第四届特奥会选拔赛中成绩突出,县培智学校郑康余荣获"宁波市特奥领袖"称号,有5名运动员被选拔到省特奥会上参加比赛,并取得4金8银2铜的优异成绩。

【托(安)养政策扩面】 全年落实605名重度残疾人进行托(安)养,其中集中托养126人,居家安养479人。为加快提升残疾人的生活品质,继续实行托(安)养费用补助动态调整机制,2013年重度残疾人集中托养费用补助标准为13200元/年·人,居家安养为5280元/年·人。启动重度残疾人托(安)养扩面工程,对贫困残疾人家庭中的智力、精神二级残疾人作为托(安)养扩面对象优先进行覆盖,托(安)养费用按一级重度残疾人托(安)养市级补助指导线的80%予以补助,共新增托(安)养人数346名,其中集中托养66名,居家安养280名。加强残疾人托养机构建设,象山县残疾人墙头集中托养中心等6家机构被认定为县级残疾人集中托养中心,使辖区内符合条件的重度残疾人的托养要求基本得到满足。新创建县级阳光家园2家,总入托人数从63名增加到86名。

(残联办)

象山县科学技术协会

【概况】 象山县科学技术协会(简称县科协)是县级学会、镇乡(街道)科协和县属企事业单位科协组成的科技工作者的群众组织,是县委领导下的人民团体,是党和政府联系科技工作者的桥梁和纽带,是推动全县科技事业发展的重要力量和科技工作者之家。2013年,全县科协系统围绕国民经济和社会发展中的重大问题,组织广大科技工作者开展了多种形式的科技服务活动。

【开展科技决策咨询工作】 作为申报国家级台商投资区领导小组成员之一,主要领导参与申报国家级台商投资区工作;作为2013年开渔节领导小组成员单位之一,县科协积极参与第九届中国海洋论坛;6月6日,国家海洋腐蚀防护工程技术研究中心研究基地在浙江龙驰防腐技术有限公司揭牌,这是宁波市的民企与中科院海洋所一起共建的"国字号"研究基地;9月14日,在宁波市"院士工作站"授牌仪式上,象山港湾水产苗种有限公司与广东中山大学林浩然院士及其创新团队合作的等15个院士工作站得以授牌，象山港湾水产苗种有限公司院士工作站是象山县第一家以水产种业为主的农渔业院士工作站，也是宁波市第一家以企业建立的渔业院士工作站。

【俞建勇成为第一位象山籍院士】 2013年12月19日，中国工程院公布2013年增选院士名单，选举产生51名新院士，其中，东华大学副校长俞建勇教授当选为院士，成为第一位象山籍院士。象山县科协第一时间与宁波市科协取得联系，及时向县委、县政府汇报。12月26日，县委、县政府向俞建勇院士发出贺信。俞建勇，男，汉族，1964年5月出生，象山石浦人，1985年3月加入中国共产党，1991年10月参加工作，中国纺织大学纺织材料专业毕业，研究生学历，工学博士学位，教授，现任东华大学党委常委，副校长，俞建勇长期致力于纺织材料领域的教学与科研，在相关基础理论、关键技术和应用开发研究方面取得系列创新性成果，俞建勇是该次中国工程院增选院士中唯一一位纺织工程领域院士。

【加强科技人才关爱工作】 1月27日，县科技人才“迎新春、进企业”慰问演出在天安集团举行，来自全县各条战线的400余名科技人员欢聚一堂，县委常委、统战部部长黄敏求出席活动。6月25日，组织全县60余名青年科技工作者走进海螺集团，组织开展鹊桥会。9月19日，县科技人才俱乐部组织180余名会员，在华翔集团开展中秋联谊活动，象山县人民政府副县长邱金岳参加活动并致辞。

【提供企业自主创新科技支持】 通过组织参加宁波市企业科协主席论坛、县市区企业科协联谊会等加强企业与科协的融合。天安集团科协、乌沙山电厂科协、锦浪新能源企业科协、龙驰企业科协等开展“讲比”活动等，引导科技人员在自主创新活动中发挥积极作用。

【强化学会规范化工作】 加强对县级学会的业务指导，改进激励和管理办法，指导所属社团组织如期完成年检工作。组织学会积极参加社团评估工作，2013年共有县建筑学会、县医学会、县药学会、县会计珠算学会、县气象学会、县信息与专利技术推广学会、县青少年科技活动中心、县国际税收研究会、县农村金融学会、县档案学会等9家学会参与，其中县青少年科技活动中心被评定为全县唯一AAAAA级的社团。

【指导学会开展各类活动】 县紫菜产业协会定期开展专题培训活动，县野生动植物保护协会开展“爱鸟周”活动，县海洋与水产学会开展“安全生产月”宣传教育，县医学会深入农村社区开展义诊活动，县药学会组织药品安全知识讲座和志愿者服务活动，县农学会开展农民培训400余次，县抗癌康复协会实现象山县基层组织全覆盖及开展宣传周活动，县气象学会、县杨梅专业协会等发挥会员专业特长服务全县农业，“菲特”台风后，县农学会、县水利学会等组织会员进驻余姚市大隐镇开展灾后指导服务工作。

【组织开展学术研讨活动】 开展2011～2012年度优秀科技论文评选工作，共收到16家学会及企业科协推荐论文123篇。11月28日，召开“实施桥海兴县战略，加快牧业转型升级”学术报告会暨研讨会，会议由县科协、县农林局联合主办，县畜牧兽医学会承办，相关会员120人参加会议。12月5日，由县国际税收研究会承办，县财政学会、县税务学会、县会计珠算学会、县农村金融学会协办的“深化财税金融体制改革，促进区域经济健康发展”联合研讨会在县财税局召开，会议围绕十八届三中全会召开后县财税金融的热点问题开展创新性、综合性的学术研讨，县委常委、副县长袁继新出席会议并作重要讲话。

（王本祥）

政 法

综 述

2013年以来,象山县政法系统紧紧围绕县委、县政府工作大局,主动服务“桥海兴县”战略,大力践行“一线工作法”,为维护社会大局稳定、保障人民安居乐业、促进经济社会发展发挥了重要作用。一年来,全县刑事案件发案3946起,同比下降9.3%;共批准逮捕犯罪嫌疑人730人,审查起诉犯罪嫌疑人1153人;共受理各类审判执行案件12282件,同比下降3.3%,办结12315件,同比下降0.62%;共调处各类矛盾纠纷4282起,调处成功率达98.9%;县信访局共受理群众来信、来访5104人次,同比上升2.28%。

维护稳定工作。完善重大决策社会稳定风险评估制度,完成水糊涂围垦工程等评估项目92个,完成率达100%,其中晓塘乡蛋鸡科技园区项目因风险等级较高暂缓实施。积极开展信访化解工作,畅通信访渠道,完善初信初访限期办结机制,成功化解初信249件,初访338件(人)次,办结率达100%,2件省级挂牌积案、1件省市双挂积案提前化解,依法终结重信重访案件4件。妥善处置突发性事件27起,查处邪教“法轮功”等反宣品案件16起,圆满完成各级“两会”、“全省农业两区建设”现场会、纪念枫桥经验50周年大会、“开渔节”、村级组织换届等重要敏感时期的安保工作。

服务经济发展。完善政法部门与经济部门联席会议制度,先后出台服务海洋经济、助推重点工程等一系列司法保障措施,通过诉讼途径为金融机构依法清收债权1.26亿元,为建筑企业追回欠款6100余万元,立案查处企业恶意欠薪案件17起。深入开展“建设环境专项整治”行动,对强包强揽、非法阻挠施工等突出问题进行集中整治,刑拘2人,治安拘留23人,依法处置串投标案件7起,挽回经济损失500余万元。

创新社会管理。深入开展“社会管理创新提升年”活动,“双联中心”、网络民情会办中心、联调中心等三大平台得到有效提升,20个社会管理创新项目顺利推进,其中省定试点“有不良行为和严重不良行为青少年服务管理和预防犯罪”项目通过省里组织的中期评估,市定试点“建立健全群众利益诉求表达和解决机制”成效明显,得到了省市领导的充分肯定。

化解矛盾纠纷。深入开展“排查整治、强基促稳”专项行动,结合“三改一拆”等活动,排查调处各类矛盾纠纷1021件,消除安全隐患983处,34个县级挂牌整治项目顺利推进。象山港大桥南出口沿线周边区域道路交通事故、象山经济开发区示范园区社会管理突出问题等2个市级挂牌整治项目成效明显,得到市委政法委的充分肯定。

建设基层基础。深入开展“网格化管理、组团式服务”,全面推进基层社会管理综合信息系统建设,聘任网格管理员1500余名,全面落实年度工作报酬。15个镇乡街道完成社会服务管理中心规范化建设,建成率达83%。加快立体化治安防控体系建设,建成镇乡街道巡控分中心5个,安装农村视频监控点1256个、二期高清视频219个,在全市率先启用县级新型社区矫正综合性基地“阳光创业园”,不断挤压犯罪空间、降低发案率。

加强政法队伍建设。深入开展“执法规范化建设年”活动,举办专题培训班,开展案件质量评查,推进“警务”“审务”“检务”公开,强化涉法涉诉信访案件处置,努力提升公正执法水平。坚持典型引领,开展了向民警秤卫东、徐祥青学习活动,有效提升了政法队伍整体形象。加强作风建设，严格落实党风廉政建设责任制，严格控制发文数量、提高会议质量、规范公务活动，有效提升政法机关整体形象。

（孙文杰）

公　安

【概况】 2013年，象山县公安局主动服务“桥海兴县”战略，围绕打好三大攻坚战、推进两区建设，坚持稳中求进、开拓创新，夯实基层基础，严密治安防控，深化专项整治，圆满完成了各项工作任务，有力地保障全县社会治安大局的稳定。是年，该局立刑事案件3946起，同比下降9.3%，发命案7起，破7起，破各类刑事案件2512起，同比上升1.7%，刑事拘留1289人，起诉1248人，查处治安案件1535起。交通上报事故四项指数、火灾事故四项指数同比均实现全面下降。年内，该局被评为全国公安机关“肃毒害、创平安”禁毒百日攻坚会战成绩突出先进集体、全省公安机关执法质量考评优秀单位、中组部干部人事档案目标管理一级单位。11个集体，33名个人获得市级以上荣誉。

2013年，象山县公安局设有办公室、指挥中心、政治处、行政许可科、出入境管理科、信息通讯科、后勤科等7个综合管理机构，国内安全保卫大队、网络警察大队、禁毒大队、法制大队、警务督察大队、治安大队、刑事侦查大队、经济犯罪侦察大队、巡特警大队、交通警察大队等10个执法勤务机构，看守所、拘留所、丹东、丹西、石浦、西周、墙头、大徐、泗洲头、定山、新桥、鹤浦、东陈等监管、派出机构和爵溪、石浦、西泽、高塘4个边防派出所。全局共有533人，其中，民警499人、职工34人，文化程度分别为硕士5人、本科409人、大专114人、高中及以下25人，民警数占全县常住人口数的0.92‰。

【快侦快破恶性刑事案件】 2013年，县公安局加大对严重刑事犯罪的攻坚克难力度，充分运用各种侦查手段，先后相继侦破丹西“3·6”凶杀案、石浦“4·10”凶杀案等重大案件，命案7起全破，破案率100%。“五类”恶性案件立案9起，破9起，破案率100%。

【打黑除恶专项工作】 2013年，县公安局牢固树立“黑恶必除”理念，坚持专案经营、专案攻坚，打掉一批有影响的重大恶势力犯罪团伙。全年行政拘留各类涉恶对象153人，刑事拘留181人，起诉195人，打掉团伙12个。严厉打击工程建设领域涉黑涉恶犯罪，破获阻挠施工、敲诈勒索等违法犯罪案件10余起，处理违法犯罪人员25名，净化象山建设投资环境。

【打击侵财型犯罪】 2013年，县公安局积极回应人民群众新期待，通过采取专项打击、串并案侦查和跨区域协作等方式，加大对盗窃，“两抢”等多发性侵财型违法犯罪的打击力度。全年侵财型案件立案3554起，同比下降5.2%，破案2512起，同比上升1.7%。相继侦破丹城城区系列性盗窃别墅案、系列性盗窃车内财物案、石浦沿街商铺系列性盗窃案件等一批重特大案件，起诉侵财犯罪嫌疑人437人，追回赃款赃物价值1300余万元。

【打击经济犯罪】 2013年，县公安局加大经济犯罪打击力度，主动加强与金融、税务、工商、检察院等部门的协作配合，共立各类经济案件50起，破案34起，抓获犯罪嫌疑人55名，移送起诉23人，为外省各级公安经侦部门协查线索66起。特别是破获了吴其永涉嫌挪用资金案、何振国涉嫌抽逃出资案等一批影响广泛的大要案件。

【“惩治假发票”专项行动】 2013年8月底，县公安局根据公安部打击整治发票“8·27”统一收网行动部署，在市局刑侦支队、象山国税局等单位的配合下，出动警力30余名，分别在广东深圳、福建晋江、天津、江西南昌等地抓获犯罪嫌疑人12名，成功破获公安部、国税总局联合督办的象山海申机电总厂综合服务公司涉嫌骗取出口退税案件。该案涉及六省市，涉案金额近2亿元，骗取出口退税6000余万元。

【扫黄禁赌破案竞赛活动】 2013年，县公安局组织开展贯穿全年的扫黄禁赌破案竞赛活动，特别是对社会反响坏、群众意见大的小白象区域“站街女拉嫖”现象进行重点整治。截至年底，破获涉黄涉赌案件50余起,刑拘(取保)涉黄涉赌类犯罪嫌疑人157人,抓获逃犯19名,其中提倡逮捕92名,移送起诉107名,团伙数22个,收教45名。

【“肃毒害、创平安”禁毒百日攻坚会战】 2013年8月至12月,根据公安部“肃毒害、创平安”禁毒百日攻坚会战部署,县公安局开展该会战行动。其间,抓获嫌疑人39名、强制隔离戒毒人员44名、吸毒人员142名,分别完成市局任务指标数的177.3%、191.3%、140.6%,三项任务指标均为全市第一;破获团伙案件4起,其中省目标案件1起,查获毒品500余克。

【安全保卫和矛盾纠纷化解】 2013年,县公安局完成党的十八届三中全会、第十六届中国开渔节、全省农业“两区”建设现场会、村级组织换届选举等活动安保和警卫任务60余场次。主动配合党委、政府梳理化解各类矛盾纠纷1252起,按时办结群众来信来访354件,妥善化解各类信访案件212起,其中化解省厅重点督办案件4起。

【校园安保工作】 2013年,县公安局联合县教育部门,以象山中学、丹城中学等四所学校开展校园安保试点工作为契机,强化配足校园保安力量、配齐防护器械、完善物防技防设施建设和建立健全安保制度、多部门协作、应急处置机制等,进一步形成校园安保工作规范。2013年,该县教育系统专职治保人员配备达到100%;入侵报警、视频监控安置率达到100%;学校及幼儿园保安配备使用率达到100%,未发生有影响的涉校案(事)件。

【消防安全管理】 2013年,县公安局开展“除火患、保平安”行动,组织开展消防安全“防火墙”工程和社会单位消防安全“四个能力”建设,健全基层消防组织,完善乡镇街道、村居社区、楼院村组“大中小”三级消防管理网络,改善城乡消防安全条件。截至2013年年底,已建立大网格10个、中网格124个、小网格1482个。全年共发生火灾439起,死亡1人,直接财产损失991.48万元,火灾形势基本稳定。

【交通安全管理】 2013年,县公安局实行“流动车管所”“流动车检站”等便民利民措施,缓解城区出行难、停车难的问题。坚持路面严管与源头监管并举,狠抓严重交通违法行为、“三车”违法整治,城区交通环境大为改观。全年查处各类交通违法行为33万余起,其中现场处罚9万余起,查处酒后驾驶868人,醉酒驾驶245人。受理交通事故18902起,其中上报事故150起,死亡35人,受伤174人,经济损失78.8万元,四项指数分别同比下降16.2%、2.78%、12.12%和17.48%。

【重点驾驶人分层次动态管理】 2013年,象山交警部门借鉴治安部门重点人口和流动人口管理的工作经验,调整交通路面执勤勤务模式,首创重点驾驶人实行分层次动态管理创新模式,对全县客货运车辆及驾驶人,按照驾驶人驾驶经历表现和排查出的隐患苗头以轻重程度列为三个层次,进行层次划分归类。其中,对曾有违法行为及不良嗜好驾驶员,列为一层次对象进行重点管理。对第一层次对象,坚持每月一次面对面谈话,重点了解其思想、生活、工作等动态,发现后及时消除影响安全驾驶的隐患;通过综合系统查询和路面管理发现其有违法行为和交通事故的,及时约谈违法者,建立管理工作档案;对第二层次对象,每月对年检年审、违法行为等情况进行现场及上机查验,平时车队企业走访了解,及时掌握其动态信息。对第三层次对象列为一般管理。重点驾驶人分层次动态管理,实现了事故后追责向事故前预防转变、由“以罚代管”向“管教并举”转变、由“头痛医头”向“标本兼治”转变,破解交管工作源头管理难题,密切交警与驾驶人员的关系,提升交通管理水平。2013年,全县重点车辆交通事故数下降22%,重点车辆违法率为全市最低。

【平安港湾创建】 2013年,县公安局积极联合渔业、海事等部门,开展“平安渔港”创建,在沿岸11个主要村居招聘49人,组建了6支船舶联防队,并建立8个治安岗亭,形成“百米一哨,千米一岗”。在港内5个主要通海口、沿港11个主要码头、船舶集中停泊区、岛屿等重点部位安装了12只治安监控摄像头,基本实现了阵地管控“网格化”全覆盖。构筑涉渔领域的治安防范体系和安全生产体系,推进平安基层基础规范化建设。2013年,石浦港区域刑事案件发案同比下降67%,行政案件受案下降

52%,海事渔事纠纷同比下降63%。

【执法规范化建设】 2013年,县公安局实行每半月审核通报、不定期检查、半年度全面考核等进一步完善执法考核机制,同时大力加强日常执法监督,坚持个案质量评判制、案件审核每月通报,全面落实执法责任制。积极进行派出所等执法场所进一步延伸内部功能区改造,加强执法场所软硬件建设,提高执法安全性,优化执法办案环境。健全完善民警岗位执法资格等级化认证管理制度,推行执法办案积分制,科学评估民警各类执法的工作数量和质量,作为民警绩效考核的重要内容,将认证结果、办案绩效作为民警提拔任用、职务晋升和立功评奖的重要依据。抓好民警初任上岗必训、职务和警衔晋升必训、基层和一线民警每年实战必训的"三个必训"制度,通过案例教学、法制大讲堂、跟班培训、民警学法沙龙等形式,开展执法业务培训工作。按照执法依据公开、执法过程公开、行政管理公开、行政许可公开推进"阳光执法"体系建设。

【推进警务站建设】 2013年,县公安局推进警务站建设。布建了黄避岙、茅洋警务站,为人民群众提供接处警、户籍、交通、消防等服务,延伸派出所功能。

【巡控分中心建设】 2013年,县公安局按照"四区一中心"(根据象山县地理特点和经济发展格局,将全县划分为"四区一中心":在丹东、丹西、爵溪、墙头、东陈建立中心城区巡控区;在石浦、鹤浦、高塘岛建立对台贸易区巡控区;在定塘、晓塘、新桥建立大塘港影视休闲区巡控区;在贤庠、大徐、涂茨、黄避岙、产业园区建立东部临港区巡控区;在西周、泗洲头、茅洋建立西部工业区巡控区)部署防控格局,推进街路面巡控网建设,建成石浦、丹西、西周、东陈、定塘、爵溪、贤庠等7个镇乡(街道)治安巡控分中心。运作象山北、墙头高速进出口两个市级三类卡点,是年该局通过巡控工作破获"两抢一盗"案件2130余起,发案下降15.6%。

【开展向徐祥青学习活动】 2013年2月26日,宁波市委副书记、市长刘奇在全市文明委全体成员(扩大)会议上专门谈起徐祥青的事迹,"读了徐祥青的故事,心里很感动。"并希望多发掘这样的"宁波好人"。市委常委、公安局局长王惠敏对徐祥青的事迹作出重要批示:"徐祥青的事迹平凡而感人,是公安队伍中坚守宗旨,默默无闻为群众做好事、排难事的典型代表,要大力宣传,学习弘扬。各地各部门要以祥青同志为榜样,在改进作风、服务群众中涌现出更多这样的团队和好民警。"2013年2月28日,象山县公安局党委决定,在全县公安机关和广大公安民警中开展向徐祥青学习的活动,为期二年。通过大学习大讨论活动、开设内网专栏、举办演讲比赛、微型党课、开展志愿者行动等方式号召全局民警、协辅警向徐祥青学习。3月1日,象山县委书记李关定在《今日象山》上批示向徐祥青学习。3月18日,宁波市公安局党委下发关于向徐祥青学习的决定。4月17日,中共象山县委下发关于开展向徐祥青学习活动的决定。

【党风廉政建设】 2013年3月至12月,县公安局在全局开展"观展助廉,美丽家庭"主题活动。通过组织民警家属参观廉政教育基地、组织亲情助廉倡议、家庭廉政寄语、征集廉政作品等形式,把民警廉洁从警思想教育关口前移,用亲情筑牢民警拒腐防变的坚强防线,预防和解决队伍中存在的突出问题,着力营造干警清正、队伍清廉、政治清明的清风正气,切实打造"忠诚、奉献、卓越"的公安队伍。共组织10批461名民警家属参观教育基地,发送助廉短信1200余条,动员家属撰写观展心得体会35篇。同时,贯彻落实中央八项规定和解决"四风"问题,制订"六节约""八禁止"工作规定,提倡勤俭节约,反对奢侈浪费。

【警营文化】 2013年,象山县公安局坚持文化育警,通过开设青年民警文化沙龙活动,推进新老民警交流,举办"象山公安论坛"开拓法学、人文视野,组织全局性的游艺、登山比赛、才艺PK活动等丰富警营生活,号召民警为大徐村老年之家募捐、义务献血等活动弘扬正能量,在局网页推介各基层突出小"点型",以点带面增强民警归宿感、凝聚力。

(公安局办)

检　察

【概况】 2013年，象山县人民检察院以科学发展观为指导，深入学习贯彻党的十八大和十八届三中全会精神，围绕桥海兴县战略，把维护社会和谐稳定、服务保障民生作为首要任务，按照年初提出的“规范化建设年”活动要求，充分履行检察监督职能，推进案件质量管理，提升服务工作能力，各项工作取得了新的进展。全年批准逮捕各类刑事犯罪嫌疑人754人，依法提起公诉1398人，立案侦查职务犯罪案件14件14人，切实有效地推进了平安建设、法治建设、队伍建设。

【批捕和起诉各类刑事案件1482件】 全年共批准逮捕565件754人，分别比2012年同期下降6.4%、7.8%，审查起诉917件1398人，分别比上年同期上升7.4%、11.6%。重点打击影响群众安全感的严重暴力犯罪和多发性侵财犯罪，共批准逮捕309件379人，审查起诉395件532人。注重打击串通投标、基建工程领域敲诈勒索、非法集资、虚假出资、挪用资金、信用卡诈骗等危害经济发展环境的犯罪，共批准逮捕17件20人，审查起诉38件51人。严厉打击组织卖淫、开设赌场、贩卖毒品等“黄赌毒”案件，共批准逮捕147件225人，审查起诉127件226人。通过严把案件质量关口，全年所捕案件无一撤案，所起诉案件均被法院作有罪判决。

【贯彻宽严相济刑事政策】 合理把握和适用逮捕、起诉的法定条件，依法落实宽缓刑事司法措施。全年共不批准逮捕87人，不起诉66人，比上年同期上升14.9%、37.9%。推行不起诉联系基层制度，发挥基层组织帮教作用，建立情况反馈机制，全年不被起诉犯罪嫌疑人无再次违法犯罪情况。对于初犯、偶犯、过失犯罪、青少年犯罪以及情节轻微的犯罪给予宽缓化处理，全年定罪不捕和无罪不捕犯罪嫌疑人41人，不起诉犯罪情节轻微案件26人，对2名未成年犯罪嫌疑人进行附条件不起诉并定期跟进帮教。

【处理控告、举报和申诉案件182件(次)】 开展“完善举报制度，加强举报人保护”为主题的举报宣传周活动，接受现场咨询群众20余次，发放宣传资料200余份，调动人民群众举报职务犯罪的积极性。重视信访工作，畅通信访渠道，全年共受理各类控告、申诉、举报案件182件，比上年减少21.6%。通过落实检察长接待日、部门联合接访等，有效化解涉检信访和社会矛盾，全年未发生检察环节赴省进京信访情况。同时，深入施行检调对接工作机制，对当事人双方达成和解意向的轻微刑事案件不批捕9件9人，不起诉14件15人，民事领域调处案件6件6人。有条件信访案件“法度之外、情理之中”工作模式获宁波市检察创新工作2010～2012年度优秀创新成果奖。

【查处职务犯罪案件14件14人】 全年共立案查办职务犯罪案件14件14人，其中贪污案件4件4人，受贿案件6件6人，挪用公款案件1件1人，行贿案件2件2人，渎职案件1件1人，全部达到大案标准，要案3件3人。主动加强与纪委、工商等部门的联系，建立情况通报、信息共享、线索移送、案件协查等机制，加强基础信息资料的收集，建立线索信息评估机制和侦查信息反馈机制，对职务犯罪发案规律进行深入研判，集中查办重点领域窝案串案。在查办污水处理工程相关受贿案时，通过分析行贿人与村干部的不正常经济往来，使该案件最终成为包括村干部受贿和国家工作人员受贿案件的串案。响应基层群众呼声，集中在环保、燃气、“三农”等民生领域寻找案件突破口。先后查办环保局公务人员受贿案、建设局燃气办负责人受贿案、石浦镇东门渔村村干部贪污渔船柴油补贴款案、墙头镇农办工作人员贪污案、石浦镇中心卫生院负责人受贿案等损害民生、民利、民权的案件。

【持续推进职务犯罪预防工作】 3月份以后，成立以党组成员、副检察长楼纪辉为负责人，反贪局、反渎局、预防科、办公室等中层业务骨干为成员的预防职务犯罪宣讲团，以“深入反腐败，大家来预防”为主题开展进机关、进企业、进乡村、进学校、进社区的“五进”活动，进行预防职务犯罪警示教育和法治宣传。在象山县财税局、象山县农村信用联社、象山县定塘镇人民政府等单位举办23场职务犯罪法治讲座，受教育人员达1800余人。围绕工程建设领域突出问题开展专项治理工作，实行工程项目预防工作备案审核制度，继续在大目湾开发管委会、道人山围涂工程指挥部推进预防工作。经县纪委牵头，联合政法各部门在县看守所筹建警示教育基地，提供全国检察机关优秀廉政短篇和公益海报作品等。充分利用行贿犯罪档案查询平台作用，全年被查询单位546家，个人672人，查询次数205次。

【联合开展公开庭审警示教育活动】 针对近年来渔政系统职务犯罪案件多发频发，在查办案件中暴露出制度管理漏洞及岗位风险的情况，9月25日，和象山县纪委、象山县人民法院联合开展石浦镇东门渔村原党支部书记兼渔业服务站站长奚某某贪污案公开庭审警示教育活动。象山县海洋与渔业局、重点行政执法部门以及18个乡镇街道领导干部共200多名党员干部，到法院观摩开庭审理、法庭调查、法庭辩论、被告人陈述等庭审程序。通过审理职务犯罪案件，对在场人员进行法制教育，积极开展职务犯罪预防活动，增强惩治和预防职务犯罪的整体效能，实现查处和预防工作有效衔接。

【强化侦查监督和诉讼监督】 充分履行法律监督职责，强化刑事侦查监督，共立案监督案件16件29人，书面纠正侦查违法行为13件，全年提请宁波市人民检察院进行刑事抗诉1件1人。注重审查证据，在两起案件中排除了非法　。做好强制医疗案件和附条件不起诉案件监督工作，对2件2人案件提请法院进行强制医疗，对2名未成年犯罪嫌疑人进行附条件不起诉并定期跟进进行监督帮教。

【突破民事行政监督线索瓶颈】 走访乡镇司法所、政法办等部门，同时与执业律师进行交流，逐步拓展监督线索来源渠道。认真办理民事申诉案件，受理当事人不服法院一审生效判决案件12件，协助市检察院办理二审抗诉案件5件，2件案件通过法院改判和原审原告撤诉改变原判决，发现法院审判违法案件2件，立案违法案件1件。向县农业融资担保有限公司发出检察建议1份。做好调处息诉工作，对于经审查认为法院判决裁定正确的，依法充分说理，引导当事人息诉息访，维护司法权威。依托本地媒体和社会信息，强化与司法、行政机关联系工作，探索行政执法监督等工作。

【跟进刑罚执行监督】 做好羁押必要性审查工作，对不必要羁押或者不合适羁押的犯罪嫌疑人，督促变更强制措施，向公安机关建议对3名犯罪嫌疑人解除羁押措施，相关意见均得到采纳。完善社区矫正法律监督，参与司法行政机关的监管活动，根据高检院《关于对监外执行检察基础数据开展专项调查的通知》，顺利完成相关基础数据核实工作。监督纠正执行违法行为，参与查处9起刑罚执行机构协警违法违纪案件，针对看守所监管不规范现象，共发出书面检察建议11份，均得到采纳。

【设立案件管理科】 1月28日，经象山县机构编制委员会批复同意，设立案件管理科，主要负责接待外单位及律师、群众办理相关事宜，对案件的接收、分发和送出进行归口管理，集中进行案件质量管控，定期进行案卷质量评查，并完成象山县人民检察院月度、季度统计报表的填写、汇总及上报。全年共接待律师查询、阅卷135人次，接待咨询的群众67人次，接听电话咨询业务600多人次，接收案件1405件2012人，移送案件1270件1758人，案卷1277册，办理法律援助申请和通知材料转交38件，受理涉案财物管理19件，移送涉案财物13件。

【挂牌成立石浦检察室】 11月8日，经浙江省、宁波市人民检察院及象山县机构编制委员会批复同意，象山县人民检察院石浦检察室正式挂牌成立，辖区范围包括石浦镇、鹤浦镇、高塘岛乡。主要工作职责为收集、发现职务犯罪线索，开展职务犯罪预防工作，处理涉检信访，办理轻微刑事案件，监督并配合社区矫正工作，协助开展民事行政检察工作，落实检察环节基层社会治安综合治理工作，开展法制宣传教育，开展对外联络工作等。并结合当地实际，出台具体措施维护渔民和台胞的合法权益，为当地渔业经济和对台贸易发展提供法律保障。同时，深入基层，最大限度发挥检察机关贴近基层、贴近群众的作用，将矛盾化解在基层。

【主动接受社会各界监督】 树立监督者更需接受监督的理念，开设新平台，在检察外网增设人大、政协联络专栏，新开通官方微博，通过增加信息发布、微博互动及网络留言及时收集反馈信息。5月23

日,举办检察开放日活动,邀请象山县部分人大代表、政协委员、人民监督员及新闻媒体人员参加活动,通过《今日象山》系统报道查处和预防职务犯罪情况。10 月 29 日,接受县人大常委会主任金红旗及部分人大代表共计 30 余人视察检察工作。推行“阳光检察”,县检察院领导通过走访象山选区的省市人大代表,听取人大代表对检察工作的意见建议。对全县 242 名人大代表和所有政协界别小组长、人民监督员进行问卷调查,赠阅《检察日报》、《方圆》等报纸杂志,坚持工作简报、《象山检察》寄送制度,共寄发简报 22 期,寄发《象山检察》4 期。

【加强检察人员能力建设】 在广泛调研和多方征求意见的基础上,出台《象山县人民检察院能力建设方案》,将执法办案能力、工作创新能力、文化营造能力和群众工作能力作为重点提高方向。实行中层干部授课制度,发挥中层的先锋作用,加强集体学习和调查研究。力抓岗位培训,多次组织检委会成员、全院检察人员参加新刑事诉讼法视频会议学习,重点加强对领导班子成员、检委会委员、业务部门负责人和一线办案人员的培训。重视提升年轻检察人员口头表达、文字写作、调研及执法办案等能力,4 月 11 日,成立读书与写作兴趣小组,共开展活动 11 次。举办辩论赛、法律文书制作比赛等,通过竞争性的实战演习推动检察人员查漏补缺,打造强而精的队伍。一年来有 20 余人次分别获得“宁波市检察机关优秀检察人才”“县级社会管理综合治理工作先进个人”等荣誉称号,获得“宁波市检察系统优秀创新成果奖”等集体荣誉 7 项。

【抓好廉政教育】 把自身反腐倡廉工作纳入检察工作发展总体规划,执行党风廉政建设责任制,落实领导干部“一岗双责”制度,县检察院领导和部门负责人签订责任状,将责任落实到人,重大事项一律由检察院党组讨论决定。认真查找廉政风险点,对重要岗位和重点环节进行风险防控,对可能出现的风险信息加强分析研判,及时掌握干警廉政信息动态。强化检务督查工作,由县检察院领导带队,每月对到岗到位、执法办案、检风检纪等情况进行督查,并网上通报。 (方芳)

审 判

【概况】 2013 年,县人民法院深入学习贯彻党的十八大精神,充分领会“努力让人民群众在每一个司法案件中都感受到公平正义”的深刻涵义,切实改进工作作风,认真履行宪法和法律赋予的职责,全年共受理各类案件 12282 件,同比下降 3.3%,办结 12315 件,同比下降 0.62%,法官人均结案 160.04 件,为全县经济发展和社会和谐提供有力的司法保障。一年内,共有 6 个集体和 37 名干警获得市级以上荣誉,其中国家级集体荣誉 1 项、个人荣誉 2 项。

【审结各类刑事案件 809 件】 共审结刑事案件 809 件 1069 人,同比分别下降 8.38%和 14.14%。坚持宽严相济的刑事政策,对具有法定从轻、减轻处罚情节的初犯、偶犯、从犯等,依法从宽处理,共宣告缓刑 227 人,单处罚金 11 人,免予刑事处罚 1 人。严格贯彻落实新刑诉法的相关规定,审结强制医疗案件 2 件 2 人。切实提高办案效率,与县检察院联合出台《关于适用简易程序审理公诉案件的意见(试行)》,实行集中起诉、集中审理,提高办案效率,适用简易程序审理刑事案件 672 件,平均审理天数 13.35 天。

【突出刑事打击重点】 全年判处故意伤害、“两抢一盗”等严重暴力犯罪和侵财型多发性犯罪 405 件 537 人,判处寻衅滋事、赌博、涉毒等妨害社会管理秩序犯罪 187 件 293 人,判处交通肇事、危险驾驶、涉枪等危害公共安全犯罪 170 件 174 人,判处生产、销售有毒有害食品、串通投标等破坏市场经济秩序犯罪 36 件 48 人,判处贪污、受贿、挪用公款等职务犯罪 11 件 17 人。

【保障被害人合法权益和被告人诉讼权利】 注重刑事附带民事诉讼案件的调解工作,刑事附带民事部分调解结案 73 件,调解率 80.22%,到位赔偿款 1307.2 万元。坚持做好指定辩护和通知辩护的衔接工作,共通知辩护 85 件 97 人,保障被告人的诉讼权利。

【审结未成年人犯罪案件49件】 审结涉少刑事案件49件65人，其中涉在校学生犯罪的9件12人，贯彻落实“教育、感化、挽救”方针，未成年被告人非监禁刑适用率为59.72%。积极配合省“严重不良行为青少年服务管理和预防犯罪”试点工作，组织缓刑未成年犯开展系列志愿服务活动5次，举办主题法制教育讲座10次，并联合市中院专题召开未成年人司法保护工作新闻发布会。

【审结各类民商事案件5586件】 审结民事案件3057件，同比上升11.37%；审结商事案件2529件，同比下降6.68%。注重保护妇女、儿童、老人的合法权益，成立妇女维权合议庭，审结婚姻家庭类纠纷案件658件；审结道路交通事故、医疗事故等赔偿纠纷案件1175件；审结劳动争议、劳务合同等纠纷案件234件；结借款合同纠纷案件1832件；房地产开发、建设工程等合同纠纷案件461件。坚持“调解优先，调判结合”原则，充分运用调解手段化解纠纷，努力实现案结事了，调解结案2412件，撤诉929件，调撤率59.81%。贯彻落实新民诉法相关规定，尝试专家辅助人出庭，积极适用小额诉讼程序审结各类民商事案件525件，平均审理天数10.09天。

【审结行政诉讼案件42件】 共审结行政诉讼案件42件，其中撤销行政行为或确认行政行为违法、无效的4件。落实行政首长出庭应诉制度，10名行政机关负责人出庭应诉。依法审查社会抚养费征收、工商行政处罚等非诉行政案件365件，裁定准予执行251件。

【推进行政争议实质性化解】 加大行政案件诉前协调力度，推进行政争议实质性化解，经协调促成当事人和解或行政机关改变原具体行政行为后撤诉的18件。通过联席会议、座谈会等形式，进一步增进政府与法院之间的良性互动。

【执结各类案件5192件】 执行到位金额7.13亿元。加大对抗拒执行、恶意规避执行行为的惩处力度，依法拘传486人次，拘留108人次，罚款7人1.35万元，限制出境16人，限制高消费12人。依托公安、工商、国土、房管等部门共同构筑执行联动网络，通过查询被执行人车辆年检、工商注册、房产登记等信息获取执行线索。通过网上“点对点”查询被执行人存款等财产信息，采取查封、冻结、扣押等强制措施2800余次。在“象山港论坛”曝光失信被执行人8批349人，促使部分被执行人主动履行债务，涉案金额2834万元。

【参与“法治”“平安”“诚信”象山建设】 积极参与法治象山、平安象山建设，配合有关部门认真做好社区矫正、回访帮教等工作。推动社会诚信建设，举办商事审判“诚信年”专题活动，通过向企业发送倡议书、定期走访座谈、制作《商事案例专递》、签订承诺书等形式，引导企业树立诚信理念，构建诚信经营氛围。严厉打击恶意欠薪行为，判处拒不支付劳动报酬罪1件1人，执行各类欠薪案件到位金额871.06万元。严厉制裁虚假诉讼行为，对3名参与虚假诉讼人员采取拘留措施并罚款21万元。

【防控信访风险】 畅通申诉渠道，依法保障当事人的申诉权利，审结申诉和申请再审案件25件。加强沟通疏导，防控信访风险，切实做好诉前指导、庭中释明和判后答疑等工作。实行重大案件信访听证，尝试邀请代表委员、人民陪审员及律师等参与接访，落实院庭长接访、约访制度，进一步完善信访工作机制。积极探索涉诉信访法治化路径，成功将6件信访案件导入诉讼程序。

【服务“三改一拆”工作】 积极贯彻县委工作部署，出台为“三改一拆”提供司法保障的实施意见，指派商事审判业务骨干入驻县金融中心项目工作组，切实保障象山县拆迁、拆违工作及重点工程的顺利推进。

【开展专项执行活动】 成立专项工作组对涉金融债权案件进行清理、执行，为18家金融机构清收债权1.27亿元；审结实现担保物权案件13件2321.48万元，为银行处置不良资产提供高效便捷的新途径。开展社会抚养费征收及涉建筑企业专项执行活动，执结社会抚养费征收案件175件473.32万元，追回涉建筑企业欠款6197.45万元。

【实现司法资源共享】 充分发挥司法预警法律风险、堵塞社会管理漏洞的作用,向政府部门、金融机构等发送司法建议7份,发布行政审判、涉少刑事、道路交通事故等案件审理白皮书7份,向社会公众提示企业用工、车辆理赔等方面的法律风险33条。深入农村、海岛、学校开展法制宣传、提供咨询服务。

【传承和发展"枫桥经验"】 进一步优化大调解工作机制,积极开展诉前调解工作,强化司法调解与行政调解、行业调解、律师主持和解等非诉纠纷解决方式的协调配合,诉前成功调解各类纠纷530起,有效减轻群众诉累。积极开展"小巷法官"活动,派19名"小巷法官"入驻四个试点社区,提供法律服务28次,参与调处纠纷31起。针对婚姻家庭、相邻纠纷等案件,法官上门进行家访,实地了解当事人的生活环境、家庭情况、履行义务能力等信息,提高调解成功概率,对家庭生活困难的当事人,积极与当地民政部门或志愿者服务团队联系,切实帮助解决实际困难。

【推行诉讼便民服务】 进一步细化和完善立案、审判、执行等各个环节的便民利民措施,继续开展巡回审判、预约办案、假日法庭等诉讼服务,推行网络诉讼服务,当事人可凭案件查询码,实时在线查询案件进展,节约当事人的诉讼时间。充分发挥人民法庭接近基层、了解民情的优势,优化法庭人员配备和职能配置,四个法庭审执案件数同比上升12.44%。

【大力推进司法网拍】 共向淘宝网上传车辆、房屋等各类拍品39件,成交17件,成交总额1828.2万元,平均溢价率23.79%,为当事人节省佣金68.8万元。有效节省当事人的诉讼成本和法院司法成本,实现竞买人、执行案件当事人和法院之间的三赢效果。

【建立执行回告制度】 及时反馈执行进度,主动接受群众对执行工作的监督,争取支持和理解。实行执行款到账提醒,便于执行人员及时通知当事人领取款项,缩短执行款发放时间。全年执行款平均发放天数为4.62天,同比缩短4.3天。

【加强司法救助工作】 为进一步降低诉讼成本,减少退费给当事人带来的不便,在充分调研诉讼费收退成本的基础上,实行部分简易程序案件减半预收诉讼费,自5月份起对劳动争议案件免收诉讼费。积极开展司法救助,共缓减免交诉讼费891件107.26万元,向38名被害人、申请执行人等发放救助金30万元。

【强化案件质效监管】 共抽查案件2785件,编发《审判管理工作简报》35期,组织审判委员会委员参与庭审评查和案件质量评查15次。实行审限实时跟踪,特别是对较长期限未结案件实行"全面排查—集中督办—动态管控"立体化清理,定期对案件办理时间节点进行评查、通报,对临近审限案件进行催办、督办,切实提高办案质效。

【规范内务管理】 进一步落实指纹考勤制度,定期组织院巡查组加强内部巡查通报,切实改进工作作风,提升工作效能。出台车辆及驾驶员管理相关规定,严格公车使用范围及安全行车要求。加强巡查督查,改进工作作风,提升工作效能。

【注重青年干警的培养】 以青年干警的培养为重点,组织召开以"中国梦·我行动"为主题的青年干警畅谈会,进一步加强理想信念教育。召开青年干警培养例会14次,专项评查35周岁以下法官办案质效6次,组织参加庭审观摩和点评,在审判委员会上安排主讲法律热点、难点问题,切实提升青年干警理论和实务水平。在内网增设审判、执行实务指导和法律问题解答平台等版块,将司法解释、上级法院指导性意见收集汇总供全院干警学习。

【确保司法廉洁】 深入贯彻上级有关规定,加强对干警工作圈、生活圈、社交圈的监督管理,及时发现纠正苗头性、倾向性问题,积极回应、认真查处群众反映和投诉34起,提醒谈话11人次。开展每周警钟一小时、铭记亲人嘱托等活动,邀请干警家属代表参观法院廉政文化、观看廉政教育情景剧,营造廉洁自律氛围。继续加强对重点岗位、重点案件的廉政风险防范,健全100万元以上大标的案件内部监管机制,向当事人发放廉政监督卡,压缩腐败滋生空间。

【深化司法公开】 以立案公开、庭审公开、执行公开、文书公开、审务公开为重点，推进司法工作阳光化。依托信息技术，实现庭审全程录音录像，在门户网站上开展网络庭审图文直播124次，公开生效判决书2425份。加强自有媒体建设，更新充实门户网站内容，公布机构、人员和审判执行信息，及时更新开庭、送达、司法拍卖等公告内容，方便群众查询。开通官方微博，发布各类信息207条。组织“公众开放日”活动26次，邀请1300余人走进法院。召开以职务犯罪、民间借贷等为主题的新闻发布会4次，并尝试进行微博直播，切实保障群众的知情权、参与权和监督权。充分发挥人民陪审员参与司法、监督司法的重要作用，出台《关于在案件审判中做好人民陪审工作的若干意见》，切实保障陪审员参审权利，一审普通程序陪审率92.49%，同比上升29.36%。

【主动接受监督】 认真贯彻县人大及其常委会的决议，落实县人大常委会《关于司法机关重大工作情况报告的规定》等。认真办理建议提案3件，积极改进工作。加强与代表委员的沟通联系，主动接受代表委员监督。利用手机短信平台向代表委员发送《人大政协联络专刊》11期，反馈代表意见建议的落实情况34条。先后邀请代表委员11批次150余人走进法院，参观法院文化、旁听案件庭审、参与案件执行、调解等，并专题汇报民间借贷、涉房地产等案件审理情况。自觉接受检察机关和社会各界的监督，认真研究检察建议，审结检察机关抗诉案件4件，其中改判2件，维持和撤诉各1件。利用各种途径，公开投诉、举报方式，收集、反馈群众意见和建议，积极正面应对舆情，畅通与群众的沟通交流渠道。

（罗　芝）

司法行政

【概况】 2013年，象山县司法局围绕中心、服务大局，以“基层工作创新年”为主线，以项目化管理为抓手，大力实施社区矫正监管水平提升、人民调解工作效能提升、法治文化多元融合提升、法律服务软实力提升、司法所固本强基提升等五大工程，为全县经济社会平稳较快发展做出了积极贡献。全县各级调解组织共受理各类矛盾纠纷4326起，调处成功4282起，调处成功率为98.9%，涉及赔付金额1.49亿，同比增长42%。司法行政法律服务中心接待来电来访法律咨询5961人次，比2012年同比增加8%；接待涉法涉诉信访1116件，息访1102件，息访率98.8%；成功调解劳动争议案件131起，涉及金额375.5万余元；办理法律援助3187件，比2012年同比增加50.9%；办理群体性欠薪案件31批次，涉及职工2641人次，挽回工资总额1411.3万元。一年内，象山县司法局共获县级以上集体荣誉21个，个人荣誉35个。

【成立全市首家社区矫正综合基地“阳光创业园”】 4月12日，全市首家社区矫正综合性基地“阳光创业园”在象山揭牌启用。该园区位于定塘镇中站村，一期占地面积3亩，由农田和管理用房两部分组成。同时，制定创业园章程，建立学习例会、公益劳动、技能培训、考核奖惩等8项制度，实现了“监管、教育、培训、帮扶、安置”五大功能相对集中，充分体现了社区矫正公益向效益、控制向防范、管理向服务三大转变。自开园以来，已累计利用创业园开展学习教育188人次，集中劳作178人次，技能培训122人次，取得较好的社会影响。“阳光创业园”项目被评为全市司法行政工作创新奖。

“阳光创业园”举行开园仪式

【推行社区矫正集中点验】 自5月以后，由象山县司法局牵头，组织公检等矫正成员单位，利用司法所每月组织矫正人员集中学习机会，对全县18个镇乡（街道）司法所花时3个多月分期分批开展警示教育集中点验活动。截至8月底，共开展警示教育点验活动18次，应到矫正人员367名，实到337名，平均到会率为92%。对14名迟到矫正人员，责令写出检讨书,对无故缺席的4名矫正人员,已责成相关司法所给予书面警告并列为严管对象。采用集中点验进行警示教育的方法对社区矫正人员做好监管,在宁波市尚属首例。

【开展“社区矫正信息化建设年”活动】 象山县司法局向移动公司购置20套二代身份证信息采集、19套人脸指纹采集设备,改变传统签字方式,实现基础信息采集和比对高效化;在全县3名以上矫正人员的村(居)建立社区矫正工作站28个,覆盖率为100%。截至年底,全县在册矫正人员365名,无脱管现象发生,再犯罪率0.13%,低于上级0.5%的指标;在册刑释解教人员2340名,帮教率为98%,农村籍和城镇籍安置率分别为100%、87%,重新犯罪率1.73%,低于上级3%的指标。

【成立县级社会矛盾纠纷联合调处中心】 8月,县编办批复同意在法律服务中心增挂联调中心牌子,并明确联调中心的主要职责为接待、受理矛盾纠纷调处申请;对受理的重大、疑难或跨区域、跨行业的矛盾纠纷进行协调调处;指导、监督各地各部门、各人民调解委员会开展矛盾纠纷调处工作;定期分析、研判矛盾纠纷和不稳定因素等。9月,县司法局组织人员赴江苏宜兴、常州、昆山等地学习先进经验,并制定相应工作机制。11月28日,法律服务中心完成搬迁,增加矛盾纠纷联合调处职能,实现中心业务扩容,真正实现了重点行业领域矛盾纠纷“一扇大门进,多窗口服务,一揽子解决问题”的预期目标。

【召开“深化司法行政法律服务中心建设”县定重点项目推进会】 10月24日,“深化司法行政法律服务中心建设”县定重点项目推进会在县司法局会议室召开。县司法局、信访局、法制办、公安局、法院等9家项目单位相关负责人参加会议。会上,8家项目责任单位对项目推进情况进行交流,项目内容包括县公安局的“交通事故调委会入驻联调中心”,县法院的“司法调解与人民调解衔接机制”,县法制办的“完善行政执法调解体系”等。会议对各责任单位下步工作进行了部署,要求定制度,各项目责任单位要建立健全工作制度;定人员,入驻中心的各单位及时做好准备工作,确保进驻人员能到岗到位;定计划,各单位抓紧制定深化中心建设有关的工作计划和措施,确保项目工作高效、有序开展。

【开展“保民生、促和谐、法律援助大行动”】 2013年,县司法行政法律服务中心进一步扩大法律援助范围,同时应对新刑事诉讼法实施,将刑事辩护由原来的法院审判阶段扩大至侦查、起诉、审判三个阶段。突出重点对象,深入实施“农民工讨薪专项行动”“巾帼工程”“夕阳红工程”“送法进军营”等专项援助活动。提高服务和办案质量,联合劳动仲裁院推出律师值班制度,排定12名律师每周三轮流在劳动仲裁院法律援助工作站值班,出台《象山县法律援助质量管理“同行评估”实施办法(试行)》并开展相关评估活动。完善便民服务网络,全面启用法律援助信息管理系统,将接待咨询、案件受理、初审审批、办案进程、结案情况等动态信息实时录入系统平台。强化长效宣传,在《今日象山》报开辟专栏,定期播报法律援助案例。

【成立象山县公安局人民调解委员会】 经多方协商,并由县公安局、司法局牵头,7月2日,象山县公安局人民调解委员会正式成立。这是落实“公调对接、民调进所”工作机制的一个有效载体,也是象山县司法局人民调解工作规范化建设进程的一个工作亮点。象山县司法局主要负责对该调委会的丹东、丹西、石浦、西周四个派出所调解室建立的业务指导。象山县公安局人民调解委员会的建立,充分实现人民调解、司法调解、治安行政调解的有效衔接,也为人民群众提供更迅速、便捷的纠纷解决渠道,实现优势互补和良性互动。

【7名调解员获市“金牌调解员”荣誉称号】 县司法局响应市局“百名金牌调解员”推选活动号召,从4月至6月在全县范围内开展调解员等级评定工作,发展金牌调解员队伍。经过启动、推荐、评选、命名、表彰五个阶段,评出一级调解员2名、二级调解员5名,周已浩、槐珺、金国兴、蒋先进、石坚梅、何志奇、徐荣贵等7名人民调解员获得宁波市“金牌调解员”称号,成为全县首批金牌调解员。

【“民主法治示范村(社区)”动态考评复核通过率100%】 6月3日至8日,象山县普法办联合县民政局,成立两个考评小组,赴各地开展县级“民主法治示范村(社区)”动态管理考评复核活动。考评组通过听取汇报、实地察看、发放问卷、走访居民和检查台账等方式,对全县18个镇乡(街道)的44个县级“民主法治示范村(社区)”进行考评,针对出现的各种问题,考评人员现场提出针对性意见。经考评,被抽查的“民主法治示范村(社区)”复核通过率100%。目前,全县已成功创建省级民治法治村6个,市级民主法治示范村42个、民主法治示范社区7个,县级以上民主法治村创建面达95%,民主法治社区达标面为93%。

【爵溪学校被命名为宁波市青少年法制教育基地】 10月,象山县爵溪学校申报宁波市青少年法制教育基地;11月21日,宁波市普法办副处长赵家福到爵溪学校进行验收;12月27日,中共宁波市委宣传部、宁波市司法局、宁波市普法教育领导小组办公室联合发文,正式命名象山县爵溪学校为宁波市青少年法制教育基地。爵溪学校拥有场地面积120平方米,场地容纳500人次,讲解员2名,每年进行青少年法制教育至少4次。学校关注学生个人成长的经历与体验,确立了新型的“参与、活动、体验”相整合的新型的“小组合作体验式德育教育”模式,让学生自觉参与德育实践活动,使学生在实践中体验,在体验中强化,在强化中内化,达到知、情、意、行和教、导、学、做的有机统一。

【开展“12・4”全国法制宣传日大型法律咨询活动】 12月4日,象山县普法办组织规划局、水利局、工商分局等16家单位在丹城公园门口开展大型法律咨询活动。现场为群众讲解法律知识,解答法律问题,提供法律援助。各参与单位共向群众发放“六五”普法规划、工商管理、食品药品安全法、水利法规、反邪教知识及国土管理等各类法律知识书籍及宣传资料10000余份,解答群众提出的有关法律诉讼、土地征用、房屋拆迁、农林保护、医疗保险等与日常生产生活密切相关问题70余个。

【全市工会律师志愿者先进表彰暨制度建设推进会在象山召开】 6月17日,全市工会律师志愿者先进表彰暨制度建设推进会在象山召开。宁波市总工会党组书记、常务副主席施恩庭,市总工会副主

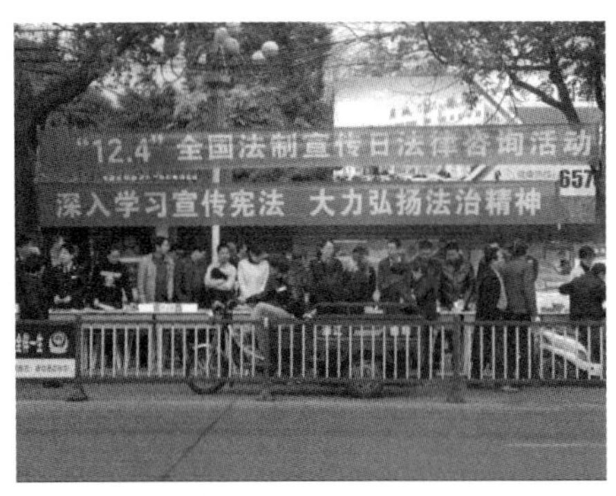

丹城公园门口开展“12・4”法律宣传咨询活动现场(牟凌寒摄)

席劳建兰,市司法局党委副书记、副局长吕强,市律师协会会长徐建民,象山县委常委、统战部部长黄敏求等领导出席会议。参加此次会议的还有市总工会与市司法局有关处室领导,各县(市)区总工会和司法局有关领导、科室负责人,象山县各镇乡(街道)工会主席以及各县(市)区接受表彰的律师代表等。会议表彰了“工会法律服务律师志愿者下基层进企业促和谐”活动中表现优异的26名优秀律师代表,并肯定了象山县的典型示范作用。

【宁波市推动县(市)区律师业发展现场交流会在象山召开】 9月18日,各县(市)区司法局分管领导、业务科长、部分律师事务所主任代表和律协专门委员会委员共60多人参加到象山参加宁波市推动县(市)区律师业发展现场交流会。会上,象山县司法局作关于推动律师业发展的工作情况汇报,浙江信大律师事务所、浙江之鹰律师事务所作经验介绍。会后,与会人员实地参观了象山4家律师事务所并进行了座谈讨论。

【司法所升格为正科级单位】 2012年8月28日,象山县司法局向象山县编委请示要求司法所升格为正科级单位。2013年1月16日县编委会议研究决定,同意贤庠镇、鹤浦镇、定塘镇、墙头镇、泗洲头镇、涂茨镇、大徐镇、新桥镇、东陈乡、晓塘乡、黄避岙乡、茅洋乡、高塘岛乡等13个镇乡派驻司法所机构升格为正科(股)级。1月28日,县编办正式发文《关于同意贤庠镇等13个镇乡派驻司法所机构升格的批复》(象编〔2013〕7号)。至此,象山县司法局直属18个镇乡(街道)司法所全部升格为正科级单位,此项工作走在全市前列。各司法所享受当地

同职级同标准待遇，实现“同地同酬”全覆盖。

【中央省市媒体聚焦象山县司法所建设工作】 8月29日下午，浙江人民广播电台、人民网、《现代金报》、宁波网、《东南商报》等省、市媒体聚焦象山，采访定塘司法所、鹤浦司法所亮点工作。媒体组先行来到定塘镇中站村，参观象山县社区矫正综合基地“阳光创业园”，记者就创业园的性质、公益劳动时间、城镇与农村矫正人员心理承受压力等问题进行现场提问。在鹤浦镇樊岙村会议室，樊岙村负责人就深化枫桥经验介绍了村“十七年”矛盾纠纷不出村的成功经验及个人对矛盾纠纷处置的五点体会。

【7家司法所入选省“星级规范化司法所”】 10月23日，衢州市司法局副局长周伟斌、省司法厅基层处调研员陆仲达等成员组成的省星级规范化司法所考评组先后对申报五星级的鹤浦司法所、石浦司法所和申报四星级的西周司法所进行考评指导，对创建工作表示肯定。12月，浙江省司法厅下发文件，象山县7家司法所全部入选省“星级规范化司法所”，其中，鹤浦司法所被评为省五星级规范化司法所，石浦司法所被评为省四星级规范化司法所，西周司法所、定塘司法所、大徐司法所、黄避岙司法所、茅洋司法所被评为省三星级规范化司法所。

【举办首届青年干部论坛】 2013年，象山县司法局注重干部自身建设，为广大干部特别是青年干部成长创造条件。落实老同志传帮带，老同志分别和八位新进公务员结对，一对一指导工作。举办青年干部论文竞赛，收到征文22篇，评出一、二、三等奖共10名。安排中层干部到一线锻炼，增加工作经验。组织法治促进员联镇包村大走访，宣传法制，锻炼能力。

【市司法局到象山县调研公证管理工作】 4月24日，宁波市司法局副局长汪如坤到象山县调研公证管理工作。在听取象山县司法局关于全县公证处队伍建设、制度建设和基础装备建设有关情况后，汪如坤对于该县近年内在公证工作中取得的成绩给予充分肯定，认为象山县在公证工作中做到领导重视，思路清晰，业务拓展能力全市领先。对于今后工作，汪如坤强调，公证处要围绕党委、政府中心工作，服务大局，提供优质法律服务；象山县司法局要强化对该支队伍的领导和管理，适应现实发展需要，不断壮大公证队伍，并注重政治素质和业务能力等方面的培训，不断推动公证队伍规范化和职业化建设水平。

（张敏娜）

街道镇乡

丹东街道

【概况】 丹东街道地处象山半岛偏东北部，地形北高南低，北隔鲫鱼山、叶孔山与大徐镇连接，东依东山山脉与爵溪街道相连，西大致以天安路、南大河为界，与丹西街道毗邻，南濒大目涂，陆域面积38平方千米。丹东街道下辖26个建制村(37个自然村)、9个社区。2013年全街道总常住户35022户，总常住人口92021人。

丹东街道地处象山县中心城区，是一个工商居混合型区域，工业以机械、针织、电器、气动件、汽车模具等为支柱，农业以蔬菜、橘苗、鱼苗、水稻、小海鲜为主品，三产以房地产、楼宇(写字、公寓楼)、餐饮、旅游、超市、中介、物流等为主业。

2013年，丹东街道以实现中国梦为主题，以打造宜居宜业宜游的都市型品质街道为发展目标，以桥海效应迸发为机遇，扎实推进重点工程、“两城”创建、“三改一拆”三大攻坚战，全面落实“工业强县攻坚年”工作，审时度势加压奋进，攻坚克难聚力实干，较好地完成全年各项任务指标，形成与桥海时代相适应的大开放格局。全街道实现社会总产值73.89亿元，同比增长10%；财政总收入11.41亿元，同比增长30%。当年获评为市科协先进单位、市侨情调查工作先进集体、市规范化安监所示范点、市标准化会计服务中心、市双拥模范街道、市爱心助残街道、县组工目标管理考核先进单位、县组工特色项目(乡情网络)一等奖、县宣传思想文化工作先进集体、县宣传思想文化工作创新奖(小区业主志愿服务)、县统战工作先进集体、县侨联工作先进集体、县民兵军事训练工作先进单位、县安康杯竞赛优胜组织单位、县人大工作先进集体、县政协工作先进集体、县工业先进街道(A类第2名)、县外贸工作先进单位、县安全生产先进集体、县旅游发展二等奖、县人力社保工作先进单位、县人口与计生目标管理考核第二名、县药品安全工作先进单位、县综治工作先进集体、县人民调解工作先进集体、县重点工程立功竞赛优胜单位。

【工业经济提质稳进】 2013年，全街道实现全社会工业总产值73亿元，同比增长11.8%，其中年产值2000万元以上规模企业实现产值39.8亿元，销售产值35.3亿元，累计产销率88.6%，主营业务收入36.9亿元，利润总额15305万元，万元增加值能耗下降8.37%。新办企业53家，培育新上规模企业6家。龙头企业引领发展，12家三型企业带动效应突出，全年实现产值33.8亿元，占规模企业总量的85%。创业创新步伐加快，开工建设500万元以上工业技改项目13个，全年财务支出4亿元。技术管理创新持续加强，盛和、骏嘉、博裕轻工等企业申报县级新产品研发项目，新大通开展6S精细化管理，宝鑫、新大通开展清洁生产，天安、宝鑫等企业开展“两化融合”，积极应用自动化生产管理经营系统，促进企业转型升级。加大节能产品研发力度，如天安集团投资2000万元引进智能化网络系统，实行无纸化办公，投资1000万元进行节能灯、柴油燃烧炉和设备变频改造等，节约标煤500吨。外贸出口亮点纷呈，全年实现自营进出口额4.2亿美元，中瑞公司外销形势回复明显，成为全县出口大户；盛和外贸出口是最大亮点，LED户外照明形成规模产业链。招商引资有所突破，积极开展全民招商，做好亲情招商、以商招商、产业招商，推动丹商、象商回归，内资到位较好，全年实到内资5亿元，超额完成全年目标;省外资金到位1.2亿元。引进市外重点产业领域项目1个,工业项目注册资金6000万元。发展环境不断优化,全力做好为企服务工作,开展服务月活动,建立服务长效机制,开展一线调研、现场办公、政策解答,实行一站式全程代办制,积极做好破难解困工作;依托丹东商会互助基金会平台,有效缓解街道小微企业融资难题。

【服务业蓬勃发展】 全年实现服务业产值80.2亿元,其中社会消费品零售总额60.3亿元,同比增长15%。大力发展楼宇经济,加快推进沃尔玛购物广场、东方商厦、利时百货、国际风情街等项目建设,发展大型连锁零售业、酒店餐饮等商贸服务业,规范建设示范特色街区。稳步推进金融中心、建筑大厦和海运大厦等项目建设,引进发展总部经济。规范发展旅游业,实施松兰山景区改造提升工程,处理回收松兰山东、南沙滩经营权,改造提升松兰山旅游环境,打通松兰山与大目湾道路隧道工程,推进沿海景观带建设。

【稳步发展都市农业】 全年实现农业生产总值2.05亿元,同比增长9.6%;农民人均纯收入14447元,同比增长8.9%,获得县减轻农民负担工作考核优秀奖。稳步发展都市农业,建设县超级稻育种基地,完成超级稻育种510亩,落实粮食种植面积3670亩,城郊蔬菜种植面积2400亩,果蔗300亩。做好松兰山区块松材线虫病除治等动植物防疫和“三防”工作,全力抗击第23号强台风“菲特”,做好防灾自救工作。

【项目征迁加快进程】 深化“拔钉清障”专项行动和立功竞赛活动,全年完成新征土地763余亩,政策处理面积957亩,拆迁1354平方米。丹城至爵溪一级公路二期工程、丹城第五小学、中心城区污水三期工程、政实路等4个项目已开工建设,袁家老年公寓项目进展顺利,松兰山沿海景观带开工建设。5项拔钉清障项目,丹城第五小学、政实路开工,象山河路按照计划完成金域华府南门口4户拆迁,东谷湖路完成上半河2户拆迁和下半河村办酒场地迁建。后山开发地块项目已完成土地征用642亩,坟墓迁移449座,顺利进场清表施工。

【“两城”创建有序进行】 坚持条块结合、以块为主、全员参与,积极推动省示范文明县城、国家级卫生县城创建工作,抓好“两创”长效机制落实,实施辖区内卫生保洁、垃圾清运、河道清洁和除“四害”等服务外包。严格督查评比,积极开展自查互评,推行每月一小评、每季一大评的评比奖励制度。赵岙、姚家山、梅溪、夏家等4个村通过第二批两创示范村验收,示范村创建覆盖面稳步提高。狠抓环境整治,累计清理零星“蒙古包”5400平方米,动员搬迁辖区13家分散花岗岩厂,改造扩建大碶头市场周边道路,投资完善桥头林废旧物资回收集聚点,推进丹爵路沿线环境卫生整治,破解建筑生活垃圾乱倾倒难题。加快推进老城区改造计划,完成18条背街小弄道路改造。探索完善小区物业管理体制,启动小区架空层出租专项整治,全面完成丹峰小区综合改造;稳步推进上半河村、门前涂村整村搬迁;顺利通过国家爱卫办暗访检查,市县文明城市指数测评成绩稳中有升,城区城郊面貌得到大幅改观。

【“三改一拆”强势推进】 全面分解旧住宅区、旧厂区、城中村改造和拆除违法建筑“三改一拆”任务,坚决做到“违必拆、六先拆”。结合两城创建和重点工程推进,重点拆除了天安路蒋家地块、四季佳丽地块、赵岙南侧地块、松兰山景区、废品回收站、花岗岩市场等违法建筑,清理巨鹰路、天安路两侧和海山路、象山港路东延工程项目的违章建筑,全年累计拆违面积20.29万平方米,完成县指标202%。坚持拆建并重,做好四季佳丽酒店东首、蒋家村旧房、大碶头市场等拆后清理和土地利用工作,实现改造6.7万平方米。严格土地和规划管理,加强农民建房审批管理,全面遏制新的违章建设现象。

【新农村建设纵深拓展】 深化美丽乡村建设,继续推进“美化家园”专项工作,村容村貌较大改观。完成3个村县级绿化示范村验收,1个村森林村庄申报,积极开展国家级生态县建设,完成国家级生态街道创建。完成桥头胡村小康示范村创建和下余村村庄梳理式改造,建设桥头胡农村集中居家养老服务点。提升村级公共基础设施,完成下余危桥改造工程、东门外村泄洪沟整治和后山村农民会所建设,启动农村公路安保工程、2个村道路硬化等项目。创新发展村集体经济,全街道全年实现村集体经营性收入3451万元,同比增长3.69%。

【保障体系逐步覆盖】 积极创建创业型街道工作,推进充分就业街道和充分就业社区、村建设,完成各项劳动保障指标。切实提高社保扩面覆盖面,新型农村合作医疗保险参保15240人,参合率100%,开展60周岁以上参保农民免费健康体检。创建市级爱心街道,完善低保救助工作,关注弱势群体,大力发展慈善事业。全力稳定低生育水平,计划生育率为95.34%,依法征收社会抚养费342万元。创建宁波市二星级街道、应急示范街道,通过市级卫生强街道验收,建立东门外、河东、绿城等人口计生婚育示范园、幸福之家。加强对流动人口双向合作管理服务,管理服务率达90%以上。超额完成征兵任务。

【平安丹东齐抓共管】 推行"网格化管理、组团式服务",在全县率先进行网格、信息管理员与各村(社区)计生、劳动、外口协管员及人口家庭服务员等人力资源整合试点。加强社会治安综合治理,落实"三防"措施,完善社区电子监控,健全治安防控体系。严厉打击各类违法犯罪和"法轮功"等邪教组织,认真做好普法宣传、法律援助、社区矫正、帮教安置和纠纷调解工作,全年调解各类矛盾纠纷240件;接待群众来信来访112起,211人次,回复率100%。加大对重点信访人员、上访老户的教育转化力度,切实做好各级"两会"、省"两区"现场会、村级组织换届、十八届三中全会等安保维稳工作。严格安全生产责任制的落实,深入开展安全隐患排查和专项整治活动,全年未发生一起安全死亡事故。

【市民素质全面提升】 把握舆论导向,扎实开展文明礼仪大宣讲、文明礼仪社区讲座、文明劝导和以文明村、文明社区、文明家庭为载体的各项文明创建活动。建设塔山社区宏润花园公民思想道德示范点,塔山社区人文素质提升示范点和2个村"春泥计划"实践基地。加大和谐文化建设力度,开展美满丹东系列活动,举办最美丹东摄影比赛,举办后山村农民文化节等群众文化活动15场,举办"东风杯"乒乓球赛,积极组织参加开渔节和组队参加"航天海鹰杯"乒乓球大赛、横渡厦金海峡等大型活动,取得较好成绩。培育丹东戏迷阁和塔山文明使者等文艺队伍,打造"10分钟公共文化服务圈",提升文化软实力。组织举办"兄弟杯"全县针织服装制作技能大赛等活动,提升企业职工技术素质。

【基层党建不断深化】 抓好"示范+引导",开展"基础提升"行动。建好领导班子和干部带头示范平台,推进履职承诺制度。完成社区党总支、居委会和农村党支部、村委会换届选举工作。全面落实农村党组织星级化管理,开展农村党员积分定星管理和党员家庭户"挂牌"活动。严格把好党员组织结转关和党员发展关,全年结转党员组织关系103次,发展党员41名。开展非公有制企业"党建品牌亮化"工程,重点推进楼宇党建、创建"靖南路商贸党建示范街"、各级"双强"示范企业创建培育等工作,加强新社会组织党建标准化建设。严格农村党风廉政建设,开展"双达标、双示范"活动,完成5个村财务审计,做好26个行政村"三务公开"电视公开资料上传工作。加大违纪党员查办力度,查处违纪案件8起。

邻里节

贴上"党员之家"牌子

(丹东街道办)

2013年丹东街道各村经济情况一览

表64

村	户数(户)	人口(人)	耕地(亩)	山林(亩)	渔船(艘)	集体总收入(万元)	集体经营收入(元)	村支书(党务负责人)	村主任(村务负责人)
东门外	465	1049	0	498		370.09	295.65	杨敏华	郑永林
起　春	158	343	0	189		65.53	6.0	应惠杰	应惠祥
城　东	324	661	40	392		170.02	153.3	黄全根	包永富
上　进	222	483	0	423		219.24	214.4	陆福根	陈孝培
庄穆境	431	1128	0	902		194.16	188.15	虞金武	沈先文
南　门	271	682	0	417		1441.28	1406.63	史久明	钱志明
羊行街	48	65	0	351		12.47	12.25		葛永新
姚家山	84	302	10	532		104.2	92.16	葛瑞祥	任爱忠
梅　溪	487	1390	68	1415		169.56	126.26	葛永生	邱永志
后　山	416	1390	130	983		147.53	53.04	马伯骥	胡家挺
袁　家	96	326	17	418		9.99	9.25	陈财吉	鲍英迪
岙　里	289	1089	182	1390		90.65	4.63	蒋福定	徐金福
赵　岙	60	198	0	173		16.06	6.1	朱宏福	洪振云
中家河	56	163	0	151		14.31	0.3	郑华海	杜才福
上半河	59	244	30	689		12.96	2.42	葛根法	李成浩
下半河	372	1205	0	183		20.74	7.28	洪根方	郑生福
田洋里	208	735	0	589		30.54	3.44	钱万林	张吉敏
陆　家	215	725	26	691		17.51	8.25	陆志根	陆文光
高　俞	96	245	0	156		18.12	17.26	张敏华	屠金林
夏　家	67	167	117	260		17.63	14.21	夏忠常	徐兴明
大碶头	448	1405	195	1436		64.79	44.52	张嫦娥	倪志良
邱　家	83	269	0	163		20.0	3.81	钱英武	邱财岳
河　西	94	311	105	309		17.97	11.96	胡世祥	陈　琪
河　东	335	853	280	920	1	17.21	16.66	余根宝	钮全表
后　洋	345	1032	649	1920	1	217.65	16.07	吴家财	吴伦全
桥头林	320	959	650	1523		13.53	7.35	林培国	林世明
桥头胡	240	675	540	3138		117.33	41.24	胡柯柯	朱云根
蒋　家	196	576	403	364		52.51	44.08	陈志刚	张世跃
西　林	170	532	330	780		17.36		余根法	蒋成国
上　余	357	1182	256	1883		118.64	40.44	余宝祥	余万宜
李　家	35	152	0	64		0.73		钱林忠	王根培
下　余	332	996	825	2929	8	394.94	320.54	余宗珠	余忠林

续表 64

村	户数（户）	人口（人）	耕地（亩）	山林（亩）	渔船（艘）	集体总收入（万元）	集体经营收入（元）	村支书（党务负责人）	村主任（村务负责人）
东 塘	20	60	73	65		2.82	2.43	石志坚	俞炳常
门前涂	16	58	0			10.9	0.26		陈绍雷
赤 坎	179	681	0	1062	5	20.3	0.52	陈新康	余 敏
寨 里	125	373	32	575	3	7.6	3.0	吴振国	金发权
梅 岙	67	212	0	469	14	102.54	88.47	刘道富	黄兴昌
合 计				28411	32	4339.41	3451.01		

丹东街道 2013 年社会经济一览

表 65

指标名称	单位	数量	指标名称	单位	数量	指标名称	单位	数量
一、基本情况			四、农业			七、文教卫生		
村委会	个	26	农业总产值	亿元	0.8865	小学	所	7
社区居委会	个	9	耕地面积	公顷	981	小学专任教师	人	590
规划区面积	公顷	1420	设施农业	公顷	981	在校小学生	人	9257
建城区面积	公顷	1150	有效灌溉	公顷	365	幼儿园托儿所	个	13
建城区总户数	户	26150	农作物播种	公顷	705	图书文化站	个	1
建城区总人口	人	65800	其中粮食播种	公顷	363	剧场影院	个	3
建城区绿化	公顷	150	农技服务机构	个	1	体育场馆	个	2
开通公交村	个	26	农技服务人员	人	8	医疗卫生机构	个	88
开通宽带村	个	26	农民合作社	个	24	医院床位	张	695
通有线电视村	个	26	合作社成员	人	96	执业助理医师	人	350
通自来水村	个	26	耕地流转	公顷	309			
垃圾集中处理村	个	14	种植大户	户	30	八、社会保障		
污水集中处理村	个	15	养殖大户	户	8	社会福利单位	个	2
社会总产值	亿元	73.89	村级经营性收入	万	3451	福利收养床位	张	225
			农民人均收入	元	14447	福利单位收养	人	218
二、人口就业						新农合参保	人	23873
常住户	户	35022	五、工业建筑业			农村养老保险	人	11098
常住人口	人	92021	工业企业单位	个	526	农村低保	人	356
户籍人口	人	43007	其中：规模企业	个	45	居民养老保险	人	842
其中农业人口	人	27144	工业总产值	亿元	73.0	征地人员保险	人	1063
第一产业人口	人	2502	其中：规模企业	亿元	39.78			
第二产业人口	人	29802	工企从业人员	人	12148			

续表 65

指标名称	单位	数量	指标名称	单位	数量	指标名称	单位	数量
第三产业人口	人	14036	建筑企业单位	个	49	九、公用事业		
外来从业人口	人	3707	建筑业总产值	亿元	65.0	自来水用户	户	35022
						燃气用户	户	13250
三、财政收支			六、贸易餐饮业			金融机构网点	个	68
公共财政收入	万元	114150	消费品零售总额	亿元	60.3	公园广场	个	22
企业实交税金	万元	87458	其中限额以上	亿元	11.5			
公共财政支出	万元	118180	市场	个	2			
年末债务总额	万元	6300	50 平方米以上超市	个	35			
公共财政支出	万元	118180	住宿餐饮企业	个	750			
年末债务总额	万元	6300						

丹东街道 2013 年规模工业企业经济情况一览

表 66　　单位:万元

企业	全年产值	完成计划	同比+%	全年销售	完成计划	同比+%	全年利润	完成计划	同比+%
天安股份公司	164932	100.0	6.7	149834	93.6	37.5	6305	128.7	6.7
天安特变公司	28533	105.7	18.8	28184	117.4	50.1	112	12.4	−89.9
天安开关公司	28857	103.1	15	20039	80.2	−3.7	98	10.9	−25.8
天安汽车部件公司	5277	138.9	61.1	4820	138	60.3	1116	186.0	63.9
天安智能公司	2487	88.8	2.6	2725	109	35.5	201	102	2.5
天安集团小计	230086	101.5	9.9	205602	95.6	33.9	7835	104.5	−2.4
兄弟服饰公司	24289	86.7	−2.2	23930	87.0	−1.7	1206	92.8	1.9
天元电气公司	10126	108.9	0.1	9768	108.5	−1.7	151	33.6	−62.6
天吉电气公司	2037	78.3	−0.8	2006	80.2	−1.7	30	−10.5	
天元科技公司	2559	98.4		2176	87.0		−21	−10.5	
天元集团小计	14722	101.5	19.7	13950	99.6	15.8	160	20.0	−64.9
盛和灯饰公司	28359	105.0	28.3	28320	106.9	28.3	3144	232.9	138.5
同家铸造模具厂	2807	93.6	11.7	2711	96.8	11.2	175	43.8	9.4
同家模具公司	3937	74.3	−13.8	3927	76	−13.4	256	12.7	−9.9
同家公司小计	6744	81.3	−4.8	6638	83.0	−4.8	431	43.1	−2.9
探索机械公司	5157	53.2	−38.6	5159	54.3	−38.6	269	38.1	−78.7
新大通电机公司	2996	68.1	−17.3	2910	67.7	−23.7	95	33.9	−62.3
宝鑫冶金设备厂	4503	100.1	7.3	3600	83.7	−14.1	238	79.3	−10.5
宝鑫铁路信号公司	4209	131.5	53.1	4377	141.2	60.0	180	90.0	−14.3

续表 66

企业	全年产值	完成计划	同比+%	全年销售	完成计划	同比+%	全年利润	完成计划	同比+%
宝鑫电力设备公司	1442	80.8	−6.3	4429	82.0	−6.1	165	55.0	−37.7
宝鑫集团小计	13154	99.7	12.6	12406	96.9	6.5	583	72.9	−21.3
骏嘉机械公司	5957	66.2	−38.9	5286	66.1	−34.0	430	61.4	−51.4
一漂集团	6773	96.8	2.5	6773	99.6	2.5	394	56.3	146.3
金万泰针织公司	3516	74.8	−11.1	3516	78.1	−11.1	51	25.5	−17.7
吉星针织公司	660	9.7	−88.5	660	10.2	−87.9	5	1.7	−89.8
金万泰公司小计	4176	36.3	−57.0	4176	38.0	−55.7	56	11.2	−49.5
自来水公司	5649	99.1	15.0	5649	100.9	15.0	−57		
海钰针织公司	2000	41.7	−49.8	2011	44.7	−47.1	16	6.4	−89.1
海滨化工厂	6709	145.8	52.9	7419	168.6	98.7	142	31.6	12.7
凯玛服饰公司	2641	64.4	−23.6	2660	66.5	−23.0	−43		−176.8
和泰电气公司	6504	171.2	85.3	5025	139.6	147.1	172	68.8	32.3
永兆电缆公司	1593	53.1	−27.4	1593	56.9	−27.4	49	32.7	−14.0
佳田时装公司	3517	125.6	7.9	3462	128.2	3.1	151	100.7	128.8
达胜针织公司	1821	65	−22.6	1830	67.8	−27.4	−25		38.9
晨南制衣公司	3756	134.1	37.6	3636	134.7	45.7	11	7.3	−84.3
宏塔制衣公司	2307	82.4	8.6	2307	85.4	8.6	37	24.7	−37.3
东风制衣公司	3186	526.0	10.8	3186	118.0	10.8	131	32.0	114.8
锦和服饰公司	1639	58.5	−20.0	1576	58.4	−22.5	39	26.0	−26.1
英特林克公司	2262	87.0	7.8	2169	90.4	7.4	70	21.0	−6.7
宁丰交通工程公司	536	20.6	−73.8	536	22.3	−73.8	−110		
宜美服饰公司	1800	72.0	−11.8	1821	75.9	−10.0	60	54.5	−1.6
昌利服饰公司	2053	85.5	1.0	1859	80.5	−8.6	33	33.0	
神迪制衣公司	1762	76.6	−22.1	1761	80.0	−14.4	9	9.0	−69.0
甬良服饰公司	1772	80.5	−21.8	1611	76.7	−24.0	2	2.0	−60.0
海燕塑料制品公司	2149	97.7	−17.8	1867	88.9	−20.6	−1		
泛盛制衣公司	1806	82.1	−11.2	1640	78.1	−18.0	22	22.0	100.0
2000万元规模合计	397882	94.5	3.9	368962	91.7	14.8	15305	81.8	−4.2
三型企业合计	338237	94.2	7.1	310974	90.6	20.8	14547	93.1	−1.2
机电企业合计	307175	96.1	8.0	280271	92.0	23.7	12947	95.7	−3.3
针织企业合计	67567	78.2	−12.0	66408	79.5	−11.8	2169	49.4	0.1

丹东街道2013年工业企业自营进出口情况一览

表67

企业名称	累计出口(万美元)	增幅%	累计进出口(万美元)	增幅%
丹东合计	46306	27.89	48384	27.7
东风进出口公司	4	-93.78	4	-93.78
宜美服饰公司	22	62.63	22	62.63
佳田时装公司	232	-23.68	232	-23.68
宝鑫铁路信号公司	34	39.91	34	39.91
盛和灯饰公司	4343	46.07	6108	41.55
华大针织公司	516	165.88	517	166.12
甬侨气动液压公司	30	-11.63	30	-11.63
至宝进出口公司	238	-3.88	238	-3.88
食品设备厂	78	-39.55	78	-39.55
天安汽车零部件公司	144	1056.63	145	1061.52
吉尔琪服饰公司	5	-96.86	5	-96.86
中瑞进出口公司	22388	15.04	22407	15.05
华瑞进出口公司	1545	-39.53	1545	-39.79
世纪中瑞进出口公司	6244	1853.11	6244	1853.11
世纪华瑞进出口公司	3013	7.69	3034	8.43
林氏进出口公司	21	127.37	21	127.37
同家模具制造公司	192	-5.89	196	-4.32
东风制衣公司	294		294	
宏塔制衣公司	140	-36.77	140	-36.77
晨南制衣公司	521	149.67	521	149.67
金驰服饰公司	131	-9.02	131	-9.02
兄弟服饰公司	3522	0.80	3731	1.33
兄弟经贸发展公司	6	-66.43	6	-66.61
大鱼国际贸易公司	8		8	
凯玛服饰公司	322	-36.76	322	-43.98
福大制衣公司	101	78.37	101	78.37
海钰针织公司	234	-22.09	234	-22.09
晨帆服饰公司	46	-49.75	46	-49.75
菲博通信设备公司	10	-40.41	10	-40.41
金万泰针织公司	490	-5.55		
麦丝德服饰公司	235		235	
英特林克针纺织公司	304	287.8	304	287.8

续表 67

企业名称	累计出口(万美元)	增幅%	累计进出口(万美元)	增幅%
挺宏针织厂	45	3.68	45	3.68
三泰照明电器公司	521	62.25	521	62.25
伟博制衣厂	39	2.87	39	2.87
宇翔机械公司			54	350.79
金丝鸟国际贸易公司	2	—34.03	2	—34.03
游子家园服饰公司	69	13941.43	69	13941.43
环安针织公司			3	
锦泰晟运贸易公司	102		102	
富登进出口公司	36		36	
马力奥勒商贸公司			2	
蒙之缘进出口公司			4	
米亚服饰公司	6		6	
九牛电子公司	25		25	
润亚制衣公司	2		2	

丹西街道

【概况】 丹西街道地处中心城区,总面积 42 平方千米,下设 29 个行政村和 7 个社区,共有户籍人口 49444 人,区域总人口 92184 人。辖北路、新建、文昌、蓬莱、瑶琳、丹瀛、白鹤 7 个社区,北门、西门、五丰、杨家、方井头、秧田头、上吴、小厅、六升、西港、上街头、菱河头、小河头、仇家山、杨蓬岙、九顷、三岔路、白石、韩家、洋心、横墙弄、横塘欧、樟树下、小东洋、新碶头、珠水溪、南沙、路下林、董何碶 29 个行政村。办事处驻南街 11 号。拥有耕地面积 429.07 公顷,林业用地 1800 公顷,森林蓄积量 24763 立方米。辖区内拥有象山三中、丹城二中、实验小学等中小学,及春晖、滨海等幼儿园,拥有中心卫生院 1 家。街道依山傍海,山清水秀,风光旖旎,人文荟萃,远有著名政治家杨王休、俞述祖、俞士吉,近有农民画家高妙兰、芦鸣治;西坛庵、等慈禅、丹山石刻、蓬莱石屋、丹山井等文物和遗址保存完好。

2013 年,街道 37 家规模以上工业企业实现总产值、销售收入、利润总额分别为 28 亿元、24.65 亿元、7359 万元,产值超亿元企业达到 6 家。共 20 家企业投入了新建、扩建、续建厂房、新增设备等技改项目,累计投入技改资金 4.3 亿元,占年指标 105%。招商引资实到外资 50 万美元,实到内资 3.29 亿元,注册内资 6000 万元。全年新产品产值率累计完成 35.7%,共申报专利 38 项,开发市级以上新产品 16 个,其中电子信息领域 8 项,光机电领域 6 项,新材料领域 3 项,5 只新产品投入生产。

【工业经济会议召开】 4 月 2 日,丹西街道召开工业经济大会,为提振企业家信心,抢抓大桥通车新机遇,充分发挥丹西作为进城第一站的“桥头堡”作用,全力打赢“工业强县攻坚战”,会议向企业家发出倡议,学习周辞美、赖振元、卢国平艰苦创业的拼搏精神,掀起新一轮创业创新热潮。

【探索食品行业产学研成果转化节能降耗】 2013 年 3 月,丹西街道下属华宇食品和浙江大学共同合作的《糖水橘片罐头加工节水方法》宣告成功,并在生产线上投入使用。这一新技术被列入宁波市重点科技攻关计划,属国内首创。新技术先对柑橘罐头生产各个工序的废水进行检测分析,然后按照

"按质分类、分段处理、分级再利用"的原则，进行回收处理，并全程对回收水的质量实时监控，根据水质再重新应用。实施后在同样条件下，一年可节水50万平方米，节约资金200余万元，既节约用水，又减少污染。

【农业发展】 现代农业稳步发展，共落实粮食生产种植面积17956亩，拥有象绿等22家果蔬专业合作社和1家农机专业合作社，瓜蔬种植面积2300余亩。投资677.8万元，完成普明寺水库、九顷水库泄洪道、节制闸维修等各类水利工程12处。加快冷水潭铁皮石斛基地建设，2013年新建培育车间5000多平方米，基地占地面积达到100余亩，新增净化、保温等设施，新投入资金800多万元，总投资达到1700多万元。

【妇女联保小额贷款额达全县第一】 丹西街道致力妇女创业创新工作取成效。2013年，通过与县农村信用联社对接，帮助妇女开展妇女联保小额贷款工作，累计落实86名创业妇女获小额贷款达680万，名列全县第一。同时，积极开展创业妇女实用技术培训5期，共有250多名创业妇女接受培训，结业后投身餐饮、家政服务等行业180余名，实现妇女增收致富。

【重点工程】 2014年，丹西街道共承担23项县重点工程、9个拔钉清障项目、14条市政道路的政策处理工作。列入考核的21个重点工程中，16个完成征迁任务，其中，实施类项目完成12个，分别为华翔研发中心、来薰路、政实路、宁波创裕制衣二期项目、110千伏丹城输变电异地改造工程、城市主轴打造工程、大目湾新城基础设施建设、东方商厦、一兆韦德体育广场、利时百货广场、综合农批市场、中心城区污水三期工程等项目。中心城区内河整治、建筑大厦、海运大厦和南部新城商务区二期等4个预备类项目完成政策处理。9个拔钉清障项目，完成政策处理5个，分别为华翔研发、综合农批市场、莱薰路、政实路、环城西路三期A标。另外一个未列入考核的天安路西首小厅地块香港德尔斯项目也完成政策处理。其他一些项目虽未全部完成，但也都有较大进展。

【推进重点工程ABC分类认领制】 丹西街道将涉及的重点工程项目根据难易程度ABC分类，推出项目认领制度，着力打好城市建设总决战。该举措打破了以往以村为区域，片长与联村干部包干为主要责任的模式，先在街道班子成员中确定各重点工程负责人，再由中层干部认领，每人可根据自身能力同时认领多个项目。该街道通过将项目完成情况纳入机关干部目标考核、建立重点项目推进联席会议等制度，充分发挥干部主观能动性，形成完成节点倒逼机制，切实推进重点工程进度。

【"三改一拆"拆违总量居全县首位】 丹西街道采取"积极稳妥、自拆为主、强拆推动"的方式，实行包片包村制度，实施"一日一报""入户宣传与依法告知相结合""干部党员以身作则"等办法，联合规划、国土、城管、公安等部门合力推进。当年拆除经济开发区龙泰、樟树下、快速通道山洞口、山头董、白石、南庄及北门新村等地块，累计完成拆违面积24万平方米，总量排名居全县首位。

【西谷湖水库维修加固工程完成】 西谷湖水库位于丹西街道西谷湖路，水库周围多为住宅小区、厂房等。2013年6月开始，丹西街道通过前期政策处理、实地勘察、合理设计等，对西谷湖水库开展维修加固工程。共完成底库清淤面积约18000平方米，溢洪道总长60米，更换输水涵管长32米，大坝全长348米，对大坝坝后坡及坝脚进行绿化，总投资280余万元。工程完工后将作为景观水库，供周边居民娱乐休闲，并改善城区环境。

【两城联创】 丹西街道扎实推进河道、路面、卫生死角、蒙古包、建筑垃圾、菜市场、乱设摊、牛皮癣等八大难点整治，整治成果明显，群众满意度不断增加。2013年，对各村(社区)、河道、主要道路等全面落实长效保洁机制，"三不管"地带全部安排人员进行卫生保洁。对闲置地块、路面、绿化、夹缝等难题实施专项整治，其中，在11处闲置地块浇筑围墙3736米、7056平方米；墙体批白3292平方米，撰写"两创"宣传标语789平方米，"两创"绘画1594平方米；新丰路北延、丹阳路、丹霞路等路面全面通车，金溪路、永平安路等背街小巷路面修建全面完成，小河头、上街头、潘家桥、六升等村完成路面硬化,管网改造全面完成;41 个自然村绿化 2 万平方米,社区补植绿化 3000 平方米,添置并更换垃圾桶 1230 只。夹缝清理全面完成,房前屋后、庭院、楼道、牛皮癣等全部完成清理并做到长效保洁。

【打造水库河道联防联控体系】 丹西街道切实做好辖区内 18 座水库(山塘)、河道漂浮物的清理打捞工作,进一步落实河道保洁值守制度和水环境治理"片长制",组织力量,加大河道巡查保洁密度,深入做好水库河道、村前屋后的巡查工作。累计出动巡查人员 554 人次,累计巡查水域面积 18.6 公顷,投资 200 余万元,完成北门水库和南大河节制闸的维修加固,九顷、下前山村溪坑整治工程,对韩家内河、新碶头老港和西港内河进行了开挖和清淤工程。同时,进一步加大城中村背街小巷和排水设施改造工作。加强水库边生猪养殖户的疫情排查和防疫防病服务工作。

【民生事业】 社会事业不断巩固。2013 年,丹西街道共出生 380 人,计划生育符合率 92.1%,共征收社会抚养费 274.3 万元,办理再生育审批 113 件。社区开发公益性岗位 109 个。新增养老保险 2514 个、医疗保险 1583 个、失业保险 1512 个、生育保险 1888 个、被征地人员养老保险 1300 人。当年征兵 23 名,圆满完成任务。慈善援助、扶贫帮困、扶残助残广泛开展,工会、妇联、团工委、老龄委、残联等部门累计发放资金 100 多万元。

【丹瀛社区正式设立】 2013 年 1 月,丹西街道原瑶琳社区分设为丹瀛、瑶琳两个社区。新设的丹瀛社区范围为环城西路以东、丹峰路以南、天安路以西、象山港路以北,下辖瀛洲小区、天安一区、丰盛小区等小区和散居楼群,共 3053 户、7038 人。

【推进老小区改造提升社区品质】 丹西街道按照道路硬化、庭院绿化、楼栋洁化、墙面净化、夜间亮化等要求,积极推进辖区下属老小区改造提升社区品质。集中解决一批老旧住宅设施设备破损老化问题,投资 600 万元完成蓬莱小区、新丰小区 2 个老小区改造,投资 200 万元完成 12 条背街小弄改造。实施小区车棚车库整治,5 个小区存在车棚车库对外出租现象,涉及 220 户,正在分头上门做好政策宣传工作。

【大力开展居家养老服务】 丹西街道针对居家养老现状,通过整合社会力量,打造志愿者队伍,努力提升居家养老服务水平。7 个社区对老年人的家庭状况、身体状况、居住状况、经济状况、需求状况等 5 个方面做了全面、详细的调查,建立了社区老年人基本信息数据库,并逐步为每个老年人建立了个人服务需求档案。通过定时与不定时相结合的调研和走访,对老年人信息库实行动态管理,及时掌握老年人的服务需求。同时,整合医疗卫生、供电、家政等志愿者队伍 30 余支,为 70 岁以上的老年人建立健康档案,积极开展医疗、理发、家电维修、维权咨询等服务。

【依托社区资源"零距离"服务外来人口】 丹西街道充分发挥社区服务平台作用,通过社区人口家庭服务员逐户走访,对辖区内外来人口进行全面清理登记,及时掌握人员变动情况。除了定期送上避孕药具、发放宣传资料、提供优质服务等,还免费开放社区图书室、社区活动室等,丰富外来人口的精神生活,实现均等化服务。全年共发放计划生育四项手术卡片 132 张,相关宣传资料 3000 余册,服务人数达 8987 人。

【成立丹西街道物业管理服务站】 11 月 12 日,丹西街道成立物业管理服务站,服务辖区内 6 个社区,32 个小区,16750 户,39871 人。物业站具体负责协调区域内物业管理与社区建设的关系,着力解决社区居民反映强烈的突出问题,协调业主委员会与业主、业主与业主之间的矛盾和投诉,优化物业管理发展环境,形成与城市发展相适应的和谐小区新格局。已引进 1 家三级资质物业公司,2 个小区由自治管理走向资质物业管理。

【北路社区"道德讲堂"传递身边真善美】 丹西街道北路社区坚持月月开课,通过"身边人讲身边事、身边人讲自己事、身边事教身边人"的方式,围绕群众关注的热点,结合社会生活实际,把宣讲先进典型作为道德讲堂的重要内容,充分发挥榜样的示范引导作用,激励广大群众崇尚学习、争当道德模范,推动道德建设深入到社区居民中间,让社区居民通过“听、看、讲、议、悟”等多种形式感受道德的内涵与文明的力量。

【提升信访结案率促进社会和谐】 2013年共受理信访案52件，其中，上级批转信访案件40件，直接受理12件。已结案48件，结案率为92%。信访案件主要集中在欠逃薪、重点工程征迁、重大安全事故等方面，尤其是欠逃薪案件不再是年底的专利，而是成为常态化，数量较大，全年发生12起，涉及金额505万元，街道垫付工资86.77万元，法院正在强制执行1家，处于执行程序3家，象山中博针织厂一名实际操作人已被抓捕，其中，蓝狮服饰已把2套房产抵押给街道。

【村级换届依法有序推进】 2013年是村级组织换届年，丹西街道紧紧扣住四个环节，确保换届选举依法有序推进。截至年底，村党支部、村委会换届工作已经结束，村监会、经济合作社选举工作也已大部分完成。通过选举共产生新一届党支部委员133名，村委会成员148名，15个村更换了党支部书记、21个村更换了村主任，两委会成员平均年龄48岁，35岁及以下人员10人，大专及以上学历人数18人。

【出台“4+X”考核办法】 2013年，丹西街道出台机关干部“4+X”绩效考核办法，分工作业绩、考勤和制度、督查、联村工作情况等方面对机关干部进行考核奖惩。出台改进机关作风文件，如被上级部门查到有迟到、早退、工作期间QQ聊天、无故不值班等7种行为的，一旦被上级部门书面通报，行政、事业干部当年取消年度全部考核奖。对工作不力、重点工作长期无法推进的班子成员，必须在会议上予以表态，或更换片长、项目责任领导。村主要干部一星期在村内上班时间必须达到3天以上。

【成立首家乡镇级巡控中心】 丹西街道于7月11日成立丹西街道巡控中心，投入资金200多万元加强人防技防建设，具体工作委托丹西派出所运行。招聘巡逻队员50名，年平均工资3.5万元，购买21辆巡逻自行车，在区域内实施全天候巡逻，尤其突出案发重点时段及重点案发地段的巡逻。成立以来，已抓获盗窃犯罪嫌疑人10人，其中，治安拘留4人，刑事拘留6人，偷盗案件同比下降37%。

(丹西街道办)

丹西街道2013年各行政村经济情况一览

表68

村　名	户数(户)	人口(人)	水田(公顷)	旱地(公顷)	水产养殖(公顷)	渔船(艘)	村级资产(万元)	村集体年收入(万元)	村集体年支出(万元)	书记　主任
五丰村	417	916					1185	251	37	余海峰　蒋兴国
秧田头村	350	802					2204	308	39	史市潮　史济康
西门村	367	945					947	137	44	蒋喜忠　赵国定
方井头村	450	1092	3.46				2042	275	16	史志财　陈力强
北门村	398	725	2.33				2192	565	72	王增良　李兆方
路下林村	224	705					256	30	22	陈健健　王才土
白石村	508	1448					463	66	12	张贺荣　郑光
珠水溪村	247	709	6.77	1.89			606	274	143	谢水苗　朱富财
三叉路村	176	491	14.74	0.8	2.4		305	35	21	王章明　胡继光
九顷村	736	2335	55.61	3.5	4		1955	110	59	陈银阳　史建丹
杨蓬岙村	115	368	3.73	1.2			88	13	7	方兵松　王良明
杨家村	305	901					626	2	16	杨国定　杨志永

续表 68

村　名	户数（户）	人口（人）	水田（公顷）	旱地（公顷）	水产养殖（公顷）	渔船（艘）	村级资产（万元）	村集体年收入（万元）	村集体年支出（万元）	书记 主任
上吴村	249	780	4.66				1831	75	23	吴卫国　吴科登
小厅村	272	727					1695	130	23	张建平　张章钱
樟树下村	150	535	14.66				1768	93	61	张云法　屠伟金
六升村	262	946	18.36				706	163	35	张松国　张克康
上街头村	196	723	3.33				1056	88	6	张国登　张世定
菱河头村	153	453					242	44	3	张贤达　柴利民
小河头村	170	555					319	25	3	张可存　张云来
横墙弄村	162	550	2.53				49	57	17	张有春　吴存国
横塘欧村	75	257					183	55	2	蒋卫康　罗真钱
南沙村	186	688					204	37	34	吴存朋　戴兴和
小东洋村	86	273					82	12	5	张惠贤　张略
韩家村	106	345	23.06				88	25	11	宋祖良　俞盛
洋心村	440	1524	53.33		13.33		463	148	59	宋立明　宋祖益
仇家山村	380	1407	55.63	2.23	17.6		410	104	43	王世新　仇孝杏
西港村	199	681	23.66	6.4	5.73	9	109	90	14	章才良　朱红祥
新碶头村	175	633	22.52	9.48	8	4	192	90	11	吴贤宝　黄云定
董何碶村	560	1694	65.86				708	136	33	董传王　董家庭

丹西街道 2013 年基本情况一览

表 69

指标名称	计量单位	代　码	数　　量
甲	乙	丙	1
一、基本情况	—	—	—
行政区域面积	公顷	07	4200.00
居民委员会个数	个	08	6
村民委员会个数	个	09	29
其中:通公共交通的村个数	个	10	29
通宽带的村个数	个	11	29
通有线电视的村个数	个	12	29
通自来水的村个数	个	13	29
垃圾集中处理的村个数	个	14	29
污水集中处理的村个数	个	15	29
二、人口与就业	—	—	—

续表 69—1

指标名称	计量单位	代　码	数　　量
常住户数	户	16	35455
常住人口	人	17	92184
户籍人口	人	18	49444
其中:农业户籍人口	人	19	25383
第一产业从业人员	人	20	2292
第二产业从业人员	人	21	10108
第三产业从业人员	人	22	9100
外来从业人员数	人	23	9110
三、财政收支	—	—	—
公共财政收入	万元	24	77085.60
企业实交税金	万元	25	24295.00
公共财政支出	万元	26	34733.00
年末债务总额	万元	27	14127.00
四、农业	—	—	—
耕地面积	公顷	28	429.00
设施农业占地面积	公顷	29	
有效灌溉面积	公顷	30	429.00
农作物播种面积	公顷	31	1197.00
其中:粮食作物播种面积	公顷	32	550.40
农业技术服务机构个数	个	33	6
农业技术服务机构从业人员数	人	34	42
农民合作社个数	个	35	2
农民合作社成员	户	36	19
耕地流转面积	公顷	37	369.00
种植大户数	户	38	12
畜禽养殖大户数	户	39	22
五、工业及建筑业	—	—	—
工业企业单位数	个	40	714
其中:规模以上工业	个	41	37
工业总产值	万元	42	860020.00
其中:规模以上工业	万元	43	280095.00
工业企业从业人员数	人	44	20511
建筑业企业单位数	个	45	12
建筑业总产值	万元	46	3225186.00

续表 69-2

指标名称	计量单位	代码	数量
建筑业企业从业人员数	人	47	109264
六、贸易及餐饮	—	—	—
社会消费品零售总额	万元	48	619241.00
其中:限额以上社会消费品零售总额	万元	49	87930.30
市场个数	个	50	5
50平方米以上的超市个数	个	51	4
住宿餐饮业企业个数	个	52	450
七、教育、文化、卫生	—	—	—
小学数	所	53	7
小学专任教师数	人	54	212
小学在校学生数	人	55	7021
幼儿园、托儿所个数	个	56	20
图书馆、文化站个数	个	57	1
剧场、影剧院个数	个	58	
体育场馆个数	个	59	1
医疗卫生机构个数	所	60	3
医疗卫生机构床位数	床	61	60
执业(助理)医师数	人	62	120
八、居民收入及社会保障	—	—	—
各种社会福利收养性单位数	个	63	1
各种社会福利收养性单位床位数	床	64	8
各种社会福利收养性单位收养人数	人	65	8
新型农村合作医疗参保人数	人	66	13995
新型农村社会养老保险参保人数	人	67	31146
农村居民最低生活保障人数	人	68	296
九、公用事业及环境	—	—	—
自来水用水户数	户	69	19353
燃气用气户数	户	70	2800
金融机构网点数	个	71	10
公园及休闲健身广场个数	个	72	15
十、城镇基本情况	—	—	—
城镇规划区面积	公顷	73	
城镇建成区面积	公顷	74	
城镇建成区总户数	户	75	

续表 69—3

指标名称	计量单位	代 码	数 量
城镇建成区总人口	人	76	
城镇建成区绿化面积	公顷	77	

爵溪街道

【概况】 爵溪街道位于象山沿海中部偏北，东临大目洋，由大陆和沿海岛礁组成，总面积31.8平方千米，其中内陆面积20.6平方千米，岛礁11.2平方千米，海域宽广，面积千余平方千米。

2001年6月18日，爵溪撤镇设街道，成为县中心城区的组成部分，辖前岙、牛丈岙、白沙湾、公屿农村、公屿渔村和地厂村6个行政村，城区设瀛海、玉泉、龙溪3个社区，建有爵溪农村、爵溪渔村、南韭山村、甸平山村4个股份经济合作社。常住户籍5077户、14757人，其中居民968户、1664人，农村住户4509户、13093人，有外来流动人口2.8万余人。

爵溪街道以工业为主导经济，形成以针织品为特色，外向型经济为优势的发展格局，各类工业企业500余家。2013年，实现工业总产值110.14亿元，比2012年增长6.05%，其中58家2000万元以上规模企业完成销售43.75亿元，比2012年增长7.91%；自营进出口36732万美元，比2012年增长19.43%。街道可支配财政总收入16727万元。农渔业总产值5186.88万元。农渔民人均收入17409元，比2012年净增829元。

2013年，爵溪街道在县委、县政府正确领导下，按照“工业强县攻坚年”、“大项目大平台建设年”、“招商引资突破年”的建设要求，牢牢把握桥海开发机遇，再次弘扬创新创业精神，凝心聚力，真抓实干，攻坚克难，创新突破，扎实推进小而精、特而美滨海新城建设，实现了经济平稳发展，社会和谐稳定。

【开展多形式的招商活动】 爵溪街道深入实施招商引资“一号工程”，全力营造全民招商氛围，开展驻点招商、委托招商等多形式的招商活动。深化“浙商回归”工程，邀请8家企业参加“浙商之春”迎新恳谈会；参加第15届浙洽会、象山投资合作推介会等大型招商活动。积极扶持企业拓展国内外市场、组团参加“消博会”洽谈会等各种交易会。新引进注册宁波三立祥和置业有限公司，新加坡富登银行与中国银行合资的村镇银行等外资银行2家，引进宁波辰华纸业有限公司和宁波宝大节能机械有限公司等内资项目2个，在谈项目7个，拟签约项目3个。

【加快企业升级步伐】 爵溪街道2013年共实施技改项目12个，海达印染公司的常温染色机更换，艾铂电器的厂房设备，志华化学ZPT项目等顺利进展。企业的创新能力不断增长，拥有市级新产品20个，专利授权23个；县级科研攻关项目5个。双鱼机械公司获国家高新技术企业称号和象山县创新型企业，信诚机械公司成为宁波市科技型企业和象山县工程技术中心；美业光电、润德机械等5家企业通过宁波市创新型初创企业。同时，企业科学管理意识提升，许多规模企业实施“6S”或精细化管理。

【甬南针织集团三招齐出拉动企业发展】 节能降耗、开发新产品、拓展新兴市场——凭借这三招，甬南针织集团推动企业稳健发展。该公司2003年年初引进国外20多台大圆机，加之原有的大圆机，织造车间近百台大圆机投入生产，月织造棉纱500吨，月产值达1600余万元。2012年投入技改资金80万元，对下属漂染厂、织造车间进行全面的技术设备改造，淘汰能耗大的陈旧设备，建造中水回用设施，使中水回用率达到35%，月用水从原180吨降到100吨左右，由此带来蒸汽用量下降20%，用电变频由原55千瓦下降到25千瓦，2013年节省生产成本200余万元，通过宁波市环保局达标验收。自2012年开始，成功开发人棉汗布、人棉氨纶、密根罗纹等多种新款面料，开发生产少女裙衫、时装、连帽衫、绣花T恤等附加值高的新产品，以适应各国客商的多元化需求。

【巨鹰集团产业援疆10年结硕果】 10月，北京召开的第四次全国对口支援新疆工作会议上，该集团董事局主席陈照作为非公有制企业唯一代表在大会上作了先进典型发言。与会中央领导充分肯定了巨鹰集团等代表的产业援疆工作，并要求他们继续把新疆的事情当做自己的事情全力以赴办好。是巨鹰集团产业援疆近10年来的最高规格的褒奖。

2003年11月，巨鹰集团并购了原新疆托峰棉业股份有限公司，注册成立了阿克苏巨鹰棉业有限责任公司，企业得以快速复产。依托阿克苏丰富的棉花资源优势，依靠技术创新，提高棉纺质量和科技含量，加快产业升级步伐，生产能力持续提升，产品结构不断优化，企业规模进一步扩大，现已发展成近10万纱锭，并拥有2万亩原棉基地和4家棉花加工厂的企业。先后安置680人，其中包括350名少数民族，促进了当地的就业和再就业。公司也因此荣获新疆维吾尔族自治区、阿克苏地区、阿克苏市30余项殊荣。阿克苏地委和阿克苏市委充分肯定巨鹰的援疆业绩，说巨鹰棉业为阿克苏棉纺工业的发展和社会稳定作出了积极贡献。

【推进重点实事工程建设】 爵溪街道"扎实开展百大项目会战攻坚"和"拔钉清障"行动，全力推进重点工程实施建设。城乡建设步伐加快，人居环境不断改善。2013年完成街道分区规划的评审；完成公屿片控制性详规的规划初审和玉泉社区，象山港南侧的初步设计。25个重点项目逐步推进。爵溪自来水厂二期工程动工建设；牛丈岙村建设项目用地政策处理工作基本完成，南韭山、甸平山新村建设土地审批和房屋设计基本完成。东海銘城项目，正源电厂搬迁，朝阳塘区块建设进展顺利。道人山围涂工程坝口顺利合龙；白沙湾度假村三期建设竣工。110千伏爵溪变电工程接近尾声。赵岙隧道二期工程，一兆韦德体育广场等项目建设有序推进。

【市政基础设施不断完善】 2013年，爵溪街道改造公厕1座，改善城区道路8处，修补45处，新增大宇路、象山港入口、爵溪学校门口空地等公共绿化6000多平方米。城市管理有效提升。成立象山县城市管理行政执法大队爵溪中队。"两城联创"深入开展，群众参与意识不断增强，先后开展各类市容秩序整治活动70多次，对爵溪菜市场周边、商贸城市市容、东门等重点区域以及建筑垃圾随意倾倒、户外广告随意安插、工业废弃物随意焚烧等重点工作开展专项整治；对卫生死角地段、居民居住区、沿街立面环境进行了12次集中环境卫生清理。"三改一拆"强势推进，共拆出违法建筑面积8.53万平方米，完成目标任务的284.29%。

【南韭山休闲游船开通】 8月，"南韭山一号"休闲游船正式投入运营，同时推出南韭山半日环岛游，一日登岛游、两日登岛游等项目。南韭山一号休闲游船是由爵溪街道南韭山三十六帮渔业专业合作社投资100余万元打造的标准休闲渔船，吨位为50吨，航速每小时12海里，到南韭山只需1小时10分钟。南韭山渔业专业合作社还对原靠近码头的营房进行改造维修，并开设旅馆和餐厅，进一步改善旅游环境，为游客提供更好的旅游服务。

【开展国家级生态街道创建工作】 爵溪街道把开展国家级生态街道创建列为工作目标，2013年完成"十二五"期间生态街道建设规划、编制，"四边三化""双清"工作深入开展，完成北塘河道治理工程，对腾蛟河道、燕山河道等重点河道开展清理工作。节能减排工作不断加强，规模以上企业等价能耗标准煤同比下降11.14%；万元增加能耗同比下降26.69%；S7变压器淘汰工作基本完成，完成污水处理厂清洁生产验收。

【完善民生保障】 爵溪街道2013年实施社会保险全覆盖工程，新农合参保率达99.3%；新增就业岗位243个，开发公益性岗位11个，新增养老保险1278个，医疗保险798个；工商保险278个；生育保险606个；失业保险625个。完善劳动力就业信息平台和劳动保障监察网格化管理工作，完成劳动用工年检220家，处理劳资纠纷30起，涉及职工341人。做好困难群体的生活保障工作，通过社区爱心超市、慈善分会、红十字基金等各种渠道发放补助金78.3万元。

【科学调度水源抗旱】 爵溪街道用消防车对牛丈岙村所有的水井进行了清淤消毒，让村民们在山塘水源枯竭的旱天保障饮用水源。白沙湾和牛丈岙两村是街道唯一没有接上自来水管网的村。面对高温无雨的极端天气，街道调动一切可用水资源，确保生活和生产用水正常供应。白沙湾村也从绿城玫瑰园项目部接入自来水，也能保证村民生活用水。街道第二自来水厂从军民塘水库日均引水3万立方米，基本解决了企业用水后顾之忧。同时对燕山水库进行维修加固，还对所有山塘水库进行查漏补缺，以确保山塘水库的蓄水量。

【加快社会事业发展】 爵溪街道坚持以提高群众物质文化生活水平为目的，加大民生事业投入力度，推进社会各项事业全面发展。2013年对39个老人及孤寡老人进行送餐服务，对90岁以上老年人进行慰问，社会管理服务中心被命名为宁波市敬老文明号称号。强化计生工作，重点做好依法行政工作，对26例违法生育案件进行查处，征收社会抚养费17例、62万元；生育关怀进一步深化，免费孕前优生检查56对，为1580名已婚妇女进行免费妇女病检查，检查率达到60%。深入开展病媒防治工作，整治五小单位87家，成功创建卫生强街道和宁波市卫生应急工作示范街道，开展第四轮农民健康体检工作，体检1285人，组织无偿献血2次，组织打击非法行医6次。开展食品药品安全宣传周活动工作，培训和整治餐饮单位151家，开展对猪肉及肉制品排查排摸及专项治理打击工作。开展红十字会救助45人，发放救助金3万元，培训红十字救护员89人，取得证书50人，培训救护师2人。

【爵溪“光彩基金会”力助困难民众】 8月，爵溪商会企业家光彩基金会向17户困难家庭发放救助金187200元，其中向巨鹰集团公司职工励萍萍，因丈夫不幸去世，发放15万元救助金，这是光彩基金向个人单笔最大救助金。而在春节前对22户困难群众发放春节慰问金5000元。自2005年开始，商会企业家光彩基金会累计资助85名困难学生，救助237户困难家庭，累计发放救助金887200元，赞助社会公益事业近20万元。

【推进“平安爵溪”建设】 深入开展“平安爵溪”创建活动。坚持防控建设与打击整治并举，构建立体化动态治安“大防控”格局，深化“3355”平安综治工作网络。共排查不稳定因素244件，一线化解237件，综治联调中心80件，信访立案登记8件，结案7件。“610”工作、禁毒、“六五”普法、社区矫正和安置帮教等工作有效推进。社会管理服务中心服务能力不断提升。服务群众2万余人次，登记办理服务事项18893件，提供法律咨询70余人，得到了群众的好评。

【推行外口管理“五管”模式】 开展外来人员服务与管理工作，2013年新增办理居住证7892人，出租房登记1800余户，及时做好流动人口的信息确认工作实现外口、劳动、治安、计生等部门资源共享。

【社会服务管理中心既当“红娘”又当“娘舅”】 街道社会服务管理中心既当“红娘”，又当“娘舅”。为企业组织召开招聘会，通过“社会服务中心”，牵线搭桥，为24家企业招收工人500多名。该管理中心将民政、工商、国土、公安等18个部门纳入其中，实现“一门式”联动服务体制。一年中，处理劳资纠纷案158起，138件个案得到快速处理。在防台救灾工作中，筹集和发放救灾款17万元、1150人次，对5户房屋损坏房进行修理。动员筹集社会各类资金23.6万元，发送到325名困难群众手中，发放农村低保款130万元，重点优抚对象补助18.6万元，残疾人补助27万元。同时为600多名城镇居民办理养老保险，办理职工医疗保险卡300余人。为259家企业和471户个体工商户办理年检。

【落实安全生产责任制】 强化安全培训，完成11家企业的标准化建设任务，开展全国第十二个“安全生产月”活动，开展安全生产大排查大整治行动，对企业消防安全和民房出租房安全进行重点检查，共检查企业332家次，排摸隐患房屋908户。健全应急指挥平台体系，有效应对高温干旱、台风等灾难天气。

【引水上山防火患】 入春以来，气温回升。为保障清明期间林区安全。爵溪街道办事处在龙头岗上的两个林区设置2个防火储水罐，每个储水罐蓄水20立方米，一旦发生火灾，储水罐里的水可解燃眉之急，及时控制火情。除引水上山外，街道还在重点防火区域周边开挖3米至5米宽的防火隔离带，总长达3千米，并在龙头岗、梨脚坑等6个特险区，增派人员驻点值守。

【开展党的十八大精神进村入企活动】 5月21日，爵溪街道文体中心广场举行党的十八大精神宣讲进村入企文艺活动。音乐快板“欢庆十八大”，象山走书《十八大精神指方向》等文艺节目。该街道为全面学习宣传贯彻落实好党的十八大会议精神，成立十八大精神宣传团队，面向基层，面向群众，开展集中宣传。进村入企安排中共十八大图片展、中共十八大精神专题讲座、中共十八大主体文艺巡演等内容。

【爵溪职高举办第十七届服装节】 5月21日，爵溪职高第十七届服装节拉开帷幕。该届服装节分为象山县首届针织产业人才培养高端论坛，宁波市针织服装人才培养基地揭牌仪式，第十七届学生作品汇报展演以及国家级职工培训示范学校授牌仪式第四个系列活动。当晚还举行了主体为“一起追逐的梦”服装展演。2013届毕业生精心设计并制作的17个系列，89套服装精彩亮相，高职模特班为主的模特们对服装作了完美呈现，赢得一片喝彩。

（谢立光）

爵溪街道2013年各行政村(经济合作社)情况一览

表70

村名	户数（户）	人口（人）	耕地（公顷）	林地（公顷）	水产养殖（公顷）	渔船（艘）	总吨位	村级资产（万元）	村集体年收入（万元）	村集体支出（万元）	人均收入（元）	书记主任
爵溪农村	1428	4783	——	491.9	——	20	90	4842	385	186	20408	郑龙、王志成
爵溪渔村	1708	4510	——	618.47	0.73	43	145	4126	296	38	19375	郑建范、王伟海
公屿农村	460	1368	45.87	123.67	2.67	24	470	353	41	49	10556	杨必范、葛永建
公屿渔村	139	364	——	28.74	——	5	58	202	32	10	10466	冯法乾、周亚平
地厂村	99	303	3	32.34	2.4	7	50	244	36	12	13219	蔡正祥、柯阿忠
前岙村	286	525	8.8	70.34	14.2	——	——	821	29	21	14025	周祖元
牛丈岙村	221	600	23.34	12	5.53	——	——	311	8	16	8644	陈永明、郑林祥
白沙湾村	77	239	——	——	——	6	30	157	4	3	9004	鲍和平、俞永方
南韭山村	154	303	——	——	——	1	8	172	5	11	9020	黄小祥
甸平山村	37	98	12.8	12.8	—	—	—	5	2	0.3	9012	叶旺迪
合　计	4509	13093	93.81	1390.25	25.53	106	851	11215	838	346.3		

石浦镇

【概况】 石浦镇位于象山半岛南端，镇域面积126平方千米，由镇本土和178个岛礁组成，下辖54个行政村、8个社区，常住人口99818人，是环三门湾地区重要的区域发展中心和象山南部中心，辐射周边5个镇乡10多万人口。随着“宁波市卫星城市”“浙江省小城市”建设的深入推进，石浦镇踏上了城市化的快车道。

2013年，石浦镇深入实施“工业强镇、渔业稳镇、旅游兴镇、港口促镇”经济发展战略和“东扩、西拓、中提升”城市发展战略，主动融入“两区”建设，加快推进“两城”建设，海洋旅游高速发展。2013年，接待游客460万人次，实现旅游经济收入35亿元，分别同比增长40.2%和100%；全年实现地区生产总值(GDP)65.6亿元，增长6.1%；公共财政预算收入5亿元，增长4.2%；完成固定资产投资28亿元；城镇居民人均可支配收入41500元，农渔民人均纯收入18300元，分别增长12%和12.6%。

2013年度，石浦镇获评省小城市培育试点良好单位、浙江省文化强镇、省级商贸示范镇、宁波市农房两改先进单位、宁波市动物防疫先进集体、宁波市内审先进集体、宁波市质量强镇示范乡镇、宁波市“茶花杯”绿化养护奖、象山县工业先进单位和规模企业培育先进单位、象山县美丽新农村建设先进单位、象山县重点工程建设先进单位、象山县旅游发展先进集体一等奖、象山县卫生强镇，象山县老干部工作先进集体，政协石浦慈善分会被评为宁波市优秀慈善义工组织、石浦镇联委会被评为象山县先进联委会、石浦妇联被评为象山县先进妇女组织、第十五届中国开渔节获评市级优秀节庆项目、协顺休闲渔船获批宁波市农家乐示范点。

【宁波宇禾海洋生物制品集团正式注册成立】 1月16日，宁波宇禾海洋生物制品集团正式注册成立，成为石浦镇第四家企业集团。该集团由宁波三英水产食品有限公司、宁波林川进出口有限公司等4家公司组建而成，其中三英水产与林川进出口公司以经营调味料(固态)产品为主要业务，拥有生产海味调味品的自主知识产权，销售形势较好。

【象山海产品产销对接会签约金额1亿元】 1月1日，石浦渔人码头举行象山海产品产销对接会，本次对接会共有苏州天一渔港大酒店与石浦亿亨活鲜水产公司等4个项目签约，总签约金额1亿元。宁波市贸易局副局长吴胜甫、张民柱，副县长邱金岳出席会议，并为象山老渔民海产品综合市场授牌。全国各地的水产经销企业、大型连锁超市、水产品批发市场等相关企业负责人参加会议。

【石浦渔港旅游门票收入首破千万元大关】 石浦渔港旅游开发管委会2013年度三大主打旅游产品渔港古城景区、环港游、檀头山岛景区门票总收入首破千万元大关，同比增幅102.16%，名列省内景区前茅。

【渔港古城上榜浙江最受关注古镇】 1月6日，《中国旅游网络关注度年度报告》盘点了10大最受关注古镇，石浦渔港古城位列第八。2013年，古城正式投运“民居民宿”项目、江心渔家、台湾小吃等旅游业态，相继开放书吧、茶吧、休闲吧、阴沉木雕、海贼窝、炸虾饺、玻璃雕刻、海鲜干货售卖、船模售卖、中国扣、俄罗斯商品等业态商铺，进一步完善景区旅游要素配置。正式开放营业“古城夜游”项目。包括老街灯光工程、夜市业态商铺及吴桥魔术杂技表演等要素，充分利用瓮城有利位置，搭建空中舞台，推出小提琴、古筝、笛子等表演，为古城夜游增加内容。正式投入占地6834.42平方米的渔港旅游第二停车场，解决大巴位40个、小车位62个，有效解决了景区交通停车拥挤问题。

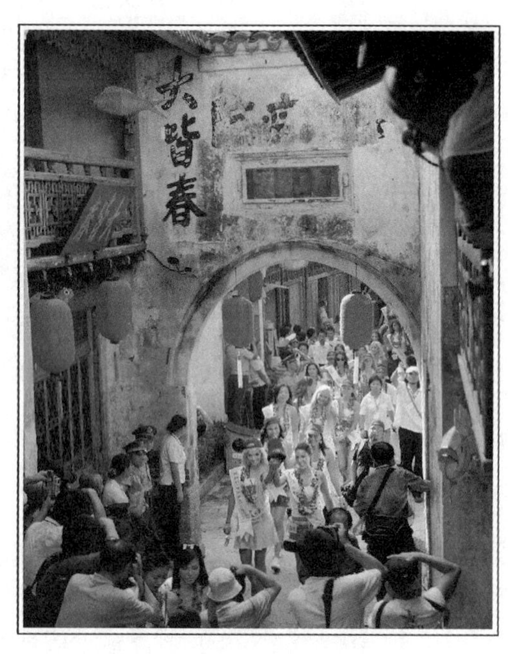

石浦渔港古城

【东门渔村文化保护工作不断深入】 2月17日，东门渔村入选首批中国传统村落，全国28个省共646个传统村落入选，宁波市共有6个。9月15日，渔文化陈列馆在石浦东门渔村落成，占地面积大约500余平方米，耗资70余万元。陈列室以海洋捕捞渔船船模、各朝代渔民的劳动工具为主要陈列物品，生动展示“浙江渔业第一村”渔业生产生活发展史，传播海洋渔文化知识，弘扬渔家人“自强不息，勇立潮头”精神。10月20日，东门渔村列入传统村落国家保护名录。

【中国海洋旅游年宁波游启动】 3月9日，2013中国海洋旅游年宁波游启动仪式在石浦海峡广场举行，全国各地的嘉宾齐聚象山，共谋海洋旅游发展大计。

【石浦镇启动旅游市场信用建设】 7月19日，石浦镇旅游市场信用建设动员大会召开，石浦港酒店和日月潭酒店分别代表辖区内的酒店、宾馆作出诚信服务承诺，标志着该镇餐饮和客房服务“诚信经营示范单位”建设及评选活动正式启动。活动将进一步提升旅游服务质量，营造良好旅游消费环境，促进石浦旅游经济发展。共有125家旅游餐饮单位和118家客房服务单位参加信用建设活动。

【高端商务游艇落户石浦渔人码头】 10月10日，全县首艘高端商务游艇落户石浦渔人码头。该游艇由天津东昊投资有限责任公司斥资近1000万元投资建造，长20米，最高航速达23节，主要用于高端商务接待，这是该县5月份举办全国海钓锦标赛暨第二届中国(象山)游钓艇展活动以来落户的首个招商成果，对提升象山县旅游形象，丰富旅游业态，加快游艇基地建设，推动旅游招商引资，加快海洋经济发展将具有积极的促进作用。

【石浦港夜游正式开游】 8月10日，“石浦港夜游”项目正式开游，夜游游艇设有观光平台、吧台、娱乐KTV等活动设施，配有专业讲解员，时间为半小时，途中可观赏鱼师庙、铜瓦门大桥、东门岛、妈祖像、秤锤礁等石浦著名景点，配备美味海鲜烧烤及各类小吃。

【创建国家级特色景观旅游名镇】 11月15日，石浦镇向住房城乡建设部、国家旅游局正式提交创建“特色景观旅游名镇”申请报告。将于2014年7月份公布创建结果。

【石浦渔文化休闲旅游基地列入第三批市级现代服务业集聚示范区】 该基地将成为全市唯一的渔文化休闲旅游类型现代服务业集聚示范区。该基地将于2014年力争成功创建省级现代服务业集聚示范区，将有力地推动石浦渔文化休闲旅游集聚区进一步做大做强，真正发挥出集聚和示范效应，有效壮大石浦服务业发展平台。

【石浦镇综合服务中心动建】 1月10日，位于凤栖路北侧、镇政府办公楼西侧地块的石浦镇综合服务中心正式动建，该工程可建设用地约16.44亩，总建筑面积为15972平方米，概算总投资8177万元，主要建设内容有A、B两幢办公楼及会议会展大厅、地下停车库及室外道路、场地、绿化、电气、围墙、给排水等配套设施和占地1300平方的行政服务便民中心大厅。

【昌国标准化菜市场建成投用】 1月13日，石浦镇昌国标准化菜市场建成并投入使用，改善昌国片居民买菜、购物的消费环境。该菜场总投资177万元的总用地面积为2893平方米，建筑占地1373平方米，设摊位121个，包括水产、肉类、蔬菜、豆制品等多种类别，可满足当地1万余人的日常生活需求，市场内设有菜价动态电子显示屏、统一规格的交易摊位。

【象山县红十字台胞医院创建二级甲等医院通过验收】 8月28日，象山县红十字台胞医院创建二级甲等医院通过验收。

【石浦信用社向菜场发放2000万元“村民集团授信贷款”】 石浦信用社组成市场管理站评议小组，对辖内450余户菜场经营户进行信用评议，通过“集团授信+市场站评议推荐+丰收卡”的方式，对2000万元计划授信贷款进行打包管理，并建立电子资信一户一档。

【象山县房产中介联合协会在石浦成立】 8月23日，象山县房产中介联合协会在石浦成立。这是全县首个房产中介行业协会，共有31家房产中介单位加入，拥有会员80名。该协会的成立将推动房产中介行业健康、有序发展，发挥其“提供服务、反映诉求、规范经营”桥梁作用。

【两岸(象山·台中)京剧票友文化走亲活动举行】 10月11日，两岸(象山·台中)京剧票友文化走亲活动在海峡广场举行。活动由象山县文化广电新闻出版局、象山县台办、石浦镇人民政府主办，进一步弘扬京剧国粹艺术，促进两岸文化交流。

【举办首届荔港歌汇】 3月18日，石浦文化馆举办首届荔港歌汇。金月琴等六名在石浦社会各条战线的业余音乐爱好者登台演唱，百余名声乐爱好者观看了歌汇。本次歌汇的举办标志着石浦地区社会音乐爱好者比赛基地的建立，为石浦音乐人搭建了交流、学习和比赛的平台。

【举办“三月三,踏沙滩”民俗文化节】 4月12日,石浦“三月三”民俗文化节在中国渔村正式拉开帷幕。活动以“拥抱海洋”为主题,在保留“辣螺姑娘招亲”、民俗队伍巡游、花卉盆景展、渔俗技艺竞赛等传统节目的基础上,增加了鱼灯展、海鲜厨艺大比拼、沙滩运动会、寻找海边“好声音”等活动,充分展示石浦的海洋文化和渔区风情。

【举办首届残疾人运动会】 5月25日,石浦镇在番头小学举行首届残疾人运动会,139名残疾人运动员参加,运动项目包括投环、轮椅“跑步”、盲人“指方向”、下棋、筷子入瓶、实心球、单足跳等项目,内容丰富多彩,比赛激烈有趣。

【县人民检察院石浦检察室成立】 11月20日,县人民检察院石浦检察室成立。这是该县首个驻镇检察室,标志着全县检察工作有了新的延伸和发展。检察室将发挥多方面职责和功能,开展职务犯罪预防,监督诉讼中的违法问题,加强法制宣传,化解社会矛盾,监督并配合社区矫正,促进社会管理创新。

【首期“直播课堂”在石浦镇开班】 4月23日,全县镇乡(街道)干部“直播课堂”首期培训在石浦开班。浙江大学中国农村发展院黄祖辉院长为全县乡镇(街道)干部授课。此次授课题为《十八大背景下的中国特色城镇化发展》,此次培训主会场设在我镇,其他乡镇(街道)作为分会场同步直播收看。深入阐述了中国城镇化的建设历程、特征、主要问题和原因以及推进城镇化建设的关键问题。

【洪嘉祥在石浦开展基层走亲连心活动】 8月2日,副市长洪嘉祥到象山开展党的群众路线教育实践活动——基层走亲连心活动,接待群众信访,破解难题,问计于民,共谋发展惠民之策。县领导沈红屹、叶富兴等陪同调研。此次走访包括考察大目湾世茂项目、横路桥村、石浦科技园、东门渔村、上金鸡村等项目工地、企业、农村。

【全国政协台联界别委员在象山调研对台工作】 8月25日至27日,中共中央候补委员、全国政协常委、全国台联党组书记、全国政协台联界别召集人梁国扬率全国政协台联界别委员到象山调研视察。全国政协委员、全国台联党组成员、副会长纪斌,全国台联党组成员、副会长、北京市政协常委杨毅周,全国政协委员、全国台联港澳台侨委员会委员、全国台联顾问史茂林,第十一、十二届全国政协常委李羚等参加调研视察。

【成立党外知识分子联谊会】 11月21日,县党外知识分子联谊会石浦镇分会正式挂牌成立,成为全县首家基层知联分会。县委常委、统战部部长黄敏求,县委常委、石浦镇党委书记孙小雄,县人大常委会副主任、县知联会会长励茂平出席成立大会。知联分会作为党和政府联系党外知识分子的桥梁和纽带,将带领会员全面了解石浦社情民意,积极参与改善民生活动,巩固和发展最广泛的爱国统一战线,共同为推进石浦镇卫星城市建设做贡献。

【召开中共石浦镇十二届代表大会第三次会议】 12月27日,中共石浦镇十二届代表大会第三次会议召开。县委常委、镇党委书记孙小雄,作了题为“认清新形势把握新机遇 立足新起点 开创新未来 为推动全镇经济社会又好又快发展而努力奋斗”的工作报告,镇长陈爱武主持会议,全体党委成员主席台就座。

(励剑锋 章文佳)

石浦镇2013年各行政村经济情况一览

表71

序号	村名	户数(户)	人口(人)	水田(公顷)	旱地(公顷)	水产养殖(亩)	渔船(艘)	村级资产(万元)	村集体年收入(万元)	村集体年支出(万元)	书记 主任
1	镜架山	354	1114	22.1	2.1	0		432.95	19.86	41.92	刘求新 刘卫国

续表 71—1

序号	村名	户数（户）	人口（人）	水田（公顷）	旱地（公顷）	水产养殖（亩）	渔船（艘）	村级资产（万元）	村集体年收入（万元）	村集体年支出（万元）	书记主任
2	横路桥	220	702	30.53	1.6	59.55		846.79	154.38	38.56	董官荣 林后宝
3	鸡鸣	670	2184	92.7	4.86	133.5		1002.13	66.73	85.86	林建平 林厚佐
4	马岙	153	471	22.3	2.03	201		635.17	30.81	49.08	潘仁翰 潘明星
5	金丰	321	1070	28.67	1.93	288		259.87	14.99	24.84	俞显扬
6	昌明	300	1005	49	3.93	175.5		250.78	9.32	23.54	程　卫 刘汉广
7	昌桥	390	1309	39.7	3.9	253.5		450.48	27.73	34.51	董道生 施小卫
8	九井	308	959	27.4	3.07	82.35		231.29	4.78	18.24	杨小毛 董志园
9	东卫	506	1364	20.1	2.77	34.95		588.4	38.62	33.29	俞福铭 姜小龙
10	大桥	320	982	15.3	1.37	154.5		384.84	16.85	24.05	潘安轲 王崇里
11	新鹤	365	1333	10.17	3.03	349.95	56	1283.98	149.28	64.21	郑国良 方国财
12	蛟龙	223	702	7.32	0.61	525	53	1478.07	34.78	23.27	林永良 朱再武
13	上湾	149	512	18.16	1.1	109.05		156.23	44.55	34.11	瞿根成 江再广
14	蒋家湾	139	497	10.3	0.9	74.55		202.96	23.2	23.56	陈根水 邱孝成
15	横农	178	623	18.5	1.7	176.4	16	326.83	45.57	33.97	陈德成 陈吉明
16	下塘	215	778	5.7	14.03	60	3	2490	134.9	133.23	高延曹 高延郎
17	西边	148	488	3.53	0.33	16.05	5	644.37	85.89	48.32	莫静军 陈增宏

续表 71—2

序号	村名	户数（户）	人口（人）	水田（公顷）	旱地（公顷）	水产养殖（亩）	渔船（艘）	村级资产（万元）	村集体年收入（万元）	村集体年支出（万元）	书记 主任
18	中心	169	638	10.1	1.7	720		445.11	39.78	84.99	陈根水 邱孝成
19	北山	214	733	2	2	0		3096.19	88.65	80.24	徐叶园 葛云江
20	东边	228	721	3.3	0.37	79.95		528.67	125.35	100.78	金建光 蒋会刚
21	番头岙	312	1080	19.1	3.3	64.35		627.72	16.5	58.96	陈爱武 鲍小勇
22	凤上山	193	693	1.4	1.2	0		1313.23	101.77	93.14	奚秀康 林生祥
23	延农	208	527			0		1866.01	688.69	52.42	王蛟炳 王金国
24	五新	725	2182	17.8	2.2	0		1653.81	134.56	59.75	宋小成 徐阿根
25	兰家	355	1126	9.4	0.8	0	48	336.28	91.94	48.81	麦良才 陈云球
26	向浦	208	648	10.93	2.07	90	21	544.59	12.92	23.97	何永平 许林地
27	下金鸡	400	1342	22.83	1.63	465.55	16	917.97	105.51	70.73	宋惠敏 李幼生
28	南向	277	839	29.3	1.43	618		522.04	293.79	87.56	陈姣娣 黄声达
29	司前	76	283	13.94	1.13	69.9		179.89	13.71	14.35	林晓利 周繁盈
30	晓湾	264	903	29	2.13	398.55	25	204.11	17.21	19.39	卢金坤 马韩林
31	星塘	243	748	50.03	5.7	692.1	1	155.83	12.38	23.72	叶善彩 林庆赞
32	低岭	77	255	11.47	0.93	215.1	6	90.97	5.14	6.79	吴伟祖 方杰忠
33	井水	151	471	26.63	2.04	300		93.36	6.66	9.14	陈发光 龚云安

续表 71—3

序号	村名	户数（户）	人口（人）	水田（公顷）	旱地（公顷）	水产养殖（亩）	渔船（艘）	村级资产（万元）	村集体年收入（万元）	村集体年支出（万元）	书记 主任
34	下洋墩	485	1515	48.73	0.93	758.25		683.08	81.38	76.39	陈含通 李克成
35	朝天门	192	658	35.1	3.03	1093.95		375.84	24.13	45.3	王友勇 张永泽
36	上金鸡	323	1101	15.4	1.27	368.1	10	516.47	51.24	41.16	干兴常 吴惠增
37	雷公山	90	305	12.33	1	4.5	11	331.72	6.63	31.19	詹忠苏 朱国真
38	蒲湾	126	430	17.53	1.6	145.05	4	291.45	21.71	26.22	陈志平 林咸平
39	马峙	150	461	18.27	1.47	242.7		84.05	8.37	17.58	翁志扬 陈阿林
40	树桥头	199	720	34.4	12	594.45	9	192.59	34.2	18.09	李竹南 叶再聪
41	坦塘	275	930	56.13	3.07	1452.6	1	580.28	62.26	38.28	肖康满 许克良
42	平阳厂	469	1589	54.5	6.17	852		1119.66	296.44	121.06	林万岳 王道权
43	东渔	1210	3810			150	258	2142.74	237.26	143.63	张德兴 周全球
44	南汇	205	710			76.95	33	510.69	109.26	38.72	齐爱明 郑四保
45	渔山	106	298			19.95	49	389.44	216.45	57.59	陈玉定 张匡京
46	东丰	276	899	5.31	1.22	205.95	57	331.79	47.47	29.27	奚汉林 奚小康
47	对面山	304	979			804	63	371.95	178.5	52.63	包惠菊 李迁发
48	石渔	708	2555			79.5	173	1005.06	194.44	226.63	许卫定 林永法
49	沙塘湾	272	938			0	70	317.85	27.3	14.38	刘　斌 李志龙

续表 71-4

序号	村名	户数(户)	人口(人)	水田(公顷)	旱地(公顷)	水产养殖(亩)	渔船(艘)	村级资产(万元)	村集体年收入(万元)	村集体年支出(万元)	书记主任
50	平岩	150	484			0	80	139.27	10.48	14.95	麦良才 陈云球
51	铜瓦门	217	686			0	48	297.06	40.51	19.27	黄贵祥 黄才龙
52	檀兴	992	3566			289.95	263	1863.37	98.64	115.33	陈　刚 金国欢
53	金山	205	710				50	2042.51	24.25	9.44	戴建国 陈贵清
54	横渔	141	450				66	119.78	5.35	15.79	郑凯

西周镇

【概况】 西周镇以始祖周姓且位于象山西部而得名，旧有“西洲、西瀛、瀛洲”等别名，现有象山县“西大门”之称。该镇东接墙头镇西沪港，南毗泗洲头镇，西与宁海县大佳河接壤，北濒象山深水良港，省一级公路象山连接线贯穿全境，在宁波一小时经济区范围内。西周镇素有“八山一水一分田”之称，总面积163平方千米，是象山县面积最大的乡镇，下辖74个行政村、3个居委会、2个手工业社，常住人口5.2万人，流动人口2万人。拥有11266.67公顷山林面积，1333.33公顷淡海水养殖面积，1866.67公顷耕地，森林覆盖率达75%。改革开放以来，西周镇始终坚持“发展是硬道理”，从东南沿海一个不起眼的边陲小镇一跃成为屹立于象山港畔的一颗璀璨明珠。现系象山县中心镇之一，宁波市14个中心镇和浙江省小城镇综合改革试点镇之一，国家级镇企业科技示范园区，先后荣获省五好乡镇党委、省幸福小城镇、省级生态镇、省级体育强镇、省级教育强镇、省级文明镇和省级卫生镇等多项荣誉。

2013年，全镇实现社会总产值231亿元，财政收入7.5亿元，农民人均纯收入达15500元，工业总产值154.6亿元，2000万元以上规模企业达到47家，其中销售超1亿元企业14家，形成了以汽车配件为龙头，家居装饰、食品机械等为支柱，电线电缆、电力器具、包装纸板为依托的产业群。

【工业经济增势强劲】 2013年，深入开展“工业强县攻坚年”活动，实现工业总产值154.6亿元，剔除大唐电厂，工业产值实现100.6亿元，其中规上产值实现93.8亿元、利税10.8亿元。该镇坚持招商引资“一号工程”，实到外资1612.5万美元，实际内资8.5亿元，分别超额完成年度任务562.5万美元和5亿元。全力推进华翔铝饰件、海螺水泥二期、沪港啤酒装备等投资超亿元项目建设，全年工业投资突破7亿元。

【制定生态工业园提升发展三年行动计划】 2013年，西周镇制定《西周生态工业园提升发展三年行动计划(2013－2015年)》，旨在扎实开展县委、县政府“工业强县攻坚年”和“大平台大项目推进年”活动，推进产业升级，优化运行质量，提升服务功能，努力把园区打造成象山现代化生态型特色产业集聚区，并逐步成为宁波南部工业及工业服务示范区。

【全县首个大型商业秘密保护行政指导培训会召开】 8月13日，全县首个大型商业秘密保护行政指导培训会在西周镇顺利召开。该次会议由西周工商所牵头、镇工办协办，宁波威霖住宅设施有限公司承办。西周镇37家规上企业、重点企业、高新技术企业负责人出席会议，发放《商业秘密保护工作手册》40份，自制商业秘密保护行政指导表格37份，收回有效表格31份。

【刘奇到西周调研指导工作】 6月4日，省委常委、市委书记刘奇一行到华翔集团考察，实地参观了其收购的美国北方刻印高档轿车铝饰件生产线。得知该企业接手经营北方刻印一年多内，一扫过去5年未赢利的窘境，使其迅速焕发活力，刘奇指出，华翔频频导演海外并购“大戏”，不仅收购了国外企业，还收购了人才、市场和技术，走在了国内同行业的前列。他勉励企业立足本土、布局全球，继续大胆实施海外扩张战略。

【现代农业巩固提升】 农业产业化布局逐步形成，投入3800万元完成伟佳公司种鹅基地一期、牧渔人公司高位池养殖、弘鑫公司梭子蟹精品园等一批带动性、示范性强的现代农业项目。规范完善土地流转行为，新增土地流转面积1337亩，土地流转总量保持全县首位。实施万亩超级稻推广及粮食“双千”工程，成功探索虾塘油菜“种养分离”轮作模式，实现地力提升4500亩、粮食“双千”1500亩，建农合作社成功创建市级农田生态修复区。

【新农村建设成效显著】 坚持“典型引路、政策引领”深化美丽乡村建设，杰下、土下成功创建市级全面小康村。大力推进儒雅洋片区新农村建设三年发展计划，投入800余万元实施63个项目，山区生产生活设施得到改善。农村居点布局进一步优化，完成下山移民94户、危旧房改造27户、拆迁安置784户，完成土地开发、宅基地整理253亩，11个村梳理式改造全面完成，拆除面积63.5亩。

【全力做好防台防汛救灾工作】 为全力抵御第23号强台风“菲特”，西周镇紧急动员全镇上下奋力防台抢险救灾，设置大小安置点80余个，累计转移群众3500人，发放面包、矿泉水等救灾物资5000余份。调用沙袋5000只，砂石料5000立方米，挖机10台对下沈海塘、大引河堤面等受灾严重的水利设施进行抢救性维护。组织农办、城管、部队官兵对嵩溪、淡港等主要河道清淤疏浚，确保排水畅通。

【镇人大视察防汛工程】 6月19日，西周镇人大主席团组织部分县、镇两级人大代表11人，对全镇防汛工作进行了视察。代表们对照2013年防汛工作方案和防洪应急预案，检查了防汛资金的落实情况，查看了防汛物资的储备情况。随后代表们在农业副镇长和水利部门负责人的陪同下深入淡港、长兴塘、大引河、嵩溪等流域，实地查看水利设施建设情况，并对检查结果表示满意。

【服务业日益活跃】 加强商业网点建设，新增金融服务网点1家，中心菜场完成改造升级，兴瀛社区成功创建市级商业示范社区。加快推进功能性项目，润基大酒店一期工程竣工，明源公寓完成主体工程，昌明路精品街完成土地招拍挂，移民新村、农房“两改”等保障性住房建设加快。鼓励发展休闲旅游业，蒙顶山和清风寨旅游项目分别在宁波市海洋旅游启动日和第十五届浙洽会上进行招商推介，以健身为主题的伊家山农家乐完成一期建设，山区生态旅游知名度显著提高。

【举办第五届象山(西周)竹笋节】 4月13日上午，第五届象山(西周)竹笋节在伊家山村举行，本届竹笋节以“游古村、观竹海、探笋趣”为主题，突出游客的参与性与趣味性，采取游人自主报名的形式，开展掏笋、徒手剥笋和包笋团等一系列乡土趣味活动，其间还举办了专门以伊家山和竹笋为题材的“竹韵”廉政书画展和竹笋诗会。

【防洪排涝体系建设加快】 2013年，西周镇突出防洪排涝体系建设，投入3500余万元实施长兴塘二期、大引河治理以及老城区排水沟渠改造工程，投入1300余万元完成山塘全面整治6座、维修加固11座、报废6座、穿村溪坑治理5.35千米，荣获县水利“大禹杯”金奖。

【城镇管理规范有序】 组建象山县城市管理行政执法大队西周中队，实行中心城区网格化管理，开展流动摊贩整治18次，占道经营整治32次，清理户外广告2100平方米，移动广告20只，城镇管理水平提高。加大环卫绩效考核和督查力度，投入100余万元添置环卫车辆和保洁设备，实行城中村垃圾桶装化,城区保洁效果显著提升,城镇形象大幅改观。调整完善公交线路及公交站亭建设,出行条件明显优化。

【正式向住建部申报全国重点镇】 11月12日,西周镇借助国家七部委开展全国重点镇增补调整工作(建村〔2013〕119号)机遇,积极申报全国重点镇。重点镇申报成功后,将进一步加快我镇城镇建设和经济发展步伐,增强西周镇服务全县和辐射农村的功能,推动城乡一体化经济快速发展,并为全县小城镇健康、持续发展提供典范。

【完成镇域总体规划修编】 2013年,西周镇完成镇域总体规划修编,中心城区、工业园区、下沈片区、莲花片区、儒雅洋片区等板块规划和功能定位进一步明确,生态工业园区控制性详细规划和城区地下综合管网专项规划编制顺利推进。

【生态建设成效显著】 全力配合"生态县"建设,12个村成功创建市级生态村,老虎山石塘被评为市级生态石塘。全面启动工业园区、莲花渡头街、下沈中心区等重点区块环境综合整治,清理河道21千米,镇容镇貌得到较大改善。制定重点区块绿化规划,探索创新绿化"建管养"分离机制,绿化美化环境3万余平方米,创建市县两级森林村庄4个,荣获市级绿化养护奖。净源污水处理厂全面投用,园区27家企业全面纳管,山顶林、赖家、山后胡等农村生活分散式处理工程有序推进,城乡污水处理网络逐步形成。

【开展清理河道清洁乡村行动】 西周镇于4月上旬成立"双清"专项行动领导小组,制定详细的行动方案,计划通过集中整治、巩固提升、考评总结三个阶段,按照"水系流畅、岸绿景美、功能健全、人水和谐"的要求,重点对嵩溪、大引河、下沈港、淡港、长兴塘、城区河道等镇属主要河道及各行政村穿村溪坑、村内道路的垃圾进行集中清理搬运。

【拆除最大单体违建王】 7月19日,西周镇联合国土、规划、城管等10个部门100余人对官山村一幢违建厂房实施强制拆除。该厂房建筑占地面积245平方米,总建筑面积500平方米,加上周边夯实的场地,总违法面积近1000平方米,是西周镇开展"三改一拆"专项行动以来拆除的最大单体违章建筑。

【社会保障体系不断健全】 完善社会保险制度,五大基本保险新增参保4804人次,社会保险水平显著提升。社会救济救灾力度加大,全年救助贫困大学生、残疾人、临时受灾人员1780人,累计发放各类救助金548.5万元。重视就业创业工作,帮助"4050"就业再就业,开发公益性岗位37个,完成农村劳动力转岗就业600人,新增就业人数700人。

【社会事业协调发展】 大力完善教育基础设施,完成下沈中学撤并,投资1500万元的下沈幼儿园新建项目进入招标前期工作,投资2500万元的华翔中心幼儿园进入装修阶段,教育布局趋于合理。加快发展医疗卫生事业,积极构建镇、村两级卫生服务网络,投入1270万元建成中心卫生院住院综合楼和莲花卫生服务站,成功创建市卫生应急示范镇和县卫生强镇。

【西周镇中心卫生院住院综合楼正式落成】 5月31日,西周镇中心卫生院住院综合楼正式落成启用。该综合楼投资500余万元,建筑面积3720平方米,共4层,启用后首期开放床位30张,还设置了两个抢救大厅与层流手术室,医疗条件和硬件设备在乡镇卫生院中处于领先地位。

【文化事业繁荣发展】 深化精神文明建设,新增各级文明村(单位)10个,广泛开展未成年人思想道德教育,新增"春泥计划"实施村18个,举办假日学校2所。积极推进基层文化建设,"星光74"文艺队进村入企宣讲6次,第五届竹笋节、"甬南·伟绅杯"自行车邀请赛、"威霖之夜"企业文化节等群众文体活动成功举办。加快构建公共文化设施网络体系,镇文化活动中心投入使用,创建儒雅洋、杨岙2个"文化礼堂",创建省四星级以上农家书屋8个。

【儒雅洋村开展"庆端午,忆屈原"文艺演出】 儒雅洋村于6月12日下午在村文化大礼堂举办"庆端午,忆屈原"文艺演出活动。演出在开场舞《来吧!朋友们》中拉开了序幕。统一的服装、美妙的舞蹈给现场增添了浓厚的节日气氛，此次演出形式多样，有大家喜闻乐见的越剧《九斤姑娘》、独唱《苗家的小阿妹》、少儿舞蹈《印度舞》、快板《我来宣传十八大》以及戏剧小品《娘与娘》等，最后由戏曲协会表演了折子戏《送凤冠》。

【举办“甬南·伟绅杯”山地自行车爬坡邀请赛】 5月19日上午，“甬南·伟绅杯”山地自行车爬坡邀请赛在西周镇山区举行，共有来自宁波各县(市)区及温州、温岭等地的120名山地单车好手，在全长18千米的山道上爬坡竞技。此次活动的线路从湖边村出发，经上张水库—儒雅洋—大竹园—箬岭—栲树岭，终点在伊家山村坡顶。

【镇人大组织开展节前食品安全大检查】 1月25日，西周镇人大主席团组织县、镇两级人大代表8人，会同食品药品监管、质监、工商和镇政府社会事业办等部门，对三江超市和华翔国际酒店进行食品安全大检查。代表们对检查结果表示满意，对于部分存在的问题，相关职能部门出具整改意见通知书3份，责令其限期整改。

【开展庆祝“三八”妇女节活动】 为热烈庆祝第103个“三八”国际妇女节的到来，3月8日下午，西周镇妇联在镇三楼会议室召开纪念“三八”国际妇女节103周年大会，镇妇代会主任、巾帼联谊会成员、退休女教师、骨干企业女职工、机关女干部、女大学生村官共130多人参加会议。会上，工作人员分发了《厉行勤俭节约，反对铺张浪费》倡议书，发起“我为贫困妇女捐十元”募捐活动，累计收到善款4058元。会后，知名学者赵家路为参会妇女同志作题为《智慧女人和幸福人生》的讲座。

【开展法制宣传咨询活动】 3月11日，司法所联合政法办、药监局西周所、工商所、土管所、妇联、计生办、农办、城建、劳动保障中心、安监所、消防队、交警中队、西周法庭、西周中心卫生院、烟草专卖营业所等相关单位，在镇文化广场开展大型法律知识有奖竞答暨法制宣传咨询活动。参与有奖竞答200人次，共接待法律咨询100余人次，解答有关婚姻、劳动合同、纠纷调解等法律问题80余条，发放法律法规及其他各类宣传资料1500多份。

【召开“双达标、双示范”活动推进会】 3月25日上午，西周镇农村党风廉政建设和“三资”管理“双达标、双示范”活动推进会隆重召开，全镇74个行政村党支部书记、村民委员会主任、村务监督委员会主任及经济合作社社长等200余人参加会议，签订《西周镇农村党风廉政建设和“三资”管理“双达标、双示范”活动目标管理责任书》和《象山县西周镇农村“三资”管理业务委托合同书》74份。

【启动食品药品安全知识进企宣讲系列活动】 6月3日，结合“食品安全宣传月”系列活动，西周镇社会事业办会同县食品药品监督管理局西周所走进大唐乌沙山发电有限责任公司，为该企业近50名职工及食堂从业人员进行餐饮服务食品安全知识培训，正式启动“食品安全知识进企业”宣讲活动。

2013年西周镇各村基本情况一览

表72　　单位：

	村经济合作社数	村民小组数	农户总数	数纯农户	人口总数	社员数	总收入	总支出
合　计	74	387	15089	263	44177	44177	384684	153195
万金山	1	1	34	2	88	88	446	204
蒋家岙	1	4	64	4	222	222	2847	2156
柴溪	1	24	963	85	2964	2964	29461	32952
牌头	1	8	640	25	1981	1981	26502	11991
杭头	1	4	274	10	815	815	7493	3536

续表 72—1 单位：

	村经济合作社数	村民小组数	农户总数	数纯农户	人口总数	社员数	总收入	总支出
利山	1	2	67	1	176	176	639	816
下沈	1	10	611	10	1716	1716	15316	7091
八亩	1	1	50	1	148	148	1138	194
官山	1	11	594	5	1849	1849	11454	8326
杰上	1	4	219	2	672	672	6177	953
杰下	1	4	269	3	805	805	9884	2109
龙翔	1	5	170	1	428	428	6393	3591
荷欣	1	4	178	2	486	486	5486	2509
百贤	1	2	83		227	227	2510	150
赖岙	1	5	296		993	993	4747	2612
田岙	1	5	254	4	681	681	1458	746
东岙	1	8	123	1	393	393	14408	7447
寿丰	1	3	127		353	353	1595	621
平台	1	1	24		63	63	3488	194
扫基湾	1	1	37		103	103	813	210
上山	1	1	31	1	80	80	29	61
伊家	1	10	537	2	1373	1373	5191	2899
谢圣岙	1	2	63		175	175	797	302
蔡家田	1	8	272		716	716	2868	1003
上张	1	4	207	2	569	569	5569	644
陈隘	1	4	144		407	407	10396	1743
湖边	1	10	364	4	1129	1129	7094	2368
潘埠	1	6	173	3	483	483	16098	2741
杨岙	1	16	350	5	968	968	11460	1207
莲花	1	7	352	15	1068	1068	5914	1380
勤丰	1	5	233	4	708	708	13945	2317
蚶岙	1	10	241	6	708	708	4553	910
岙岭下	1	4	94	1	292	292	2678	1541
尖岭头	1	4	178		568	568	1958	887
横山	1	4	143	11	445	445	10907	696
下芭蕉	1	7	291	8	787	787	2782	1207
上芭蕉	1	4	174	6	478	478	2637	369
山后胡	1	8	170	4	514	514	2025	325

续表 72—2 单位：

	村经济合作社数	村民小组数	农户总数	数纯农户	人口总数	社员数	总收入	总支出
半坑于	1	1	40		94	94	1407	160
金竹坑	1	4	106	1	285	285	2752	557
尖坑	1	1	68		213	213	1224	346
防东		1					0	0
山顶岭	1	6	139		363	363	1215	846
赖家	1	2	83	2	221	221	1522	391
倪家	1	4	109	3	270	270	3272	635
西岙郑	1	3	110	1	275	275	1146	498
隔溪张	1	3	123		344	344	1197	782
儒雅洋	1	18	412	9	1169	1169	3839	1862
大竹园	1	4	57		142	142	2784	1282
箬岭	1	6	216	2	508	508	6629	1307
栲树岭	1	2	104	1	246	246	2091	519
伊家山	1	1	106	1	231	231	2816	611
蒙顶山		1	14		39	39	0	0
山头	1	1	76		211	211	639	423
沙泉	1	2	112		309	309	2200	603
大岙	1	1	87		268	268	1733	233
庆丰桥	1	5	135		400	400	7330	885
车岭	1	5	131		407	407	4241	452
寒山	1	4	231		739	739	837	512
新屋	1	4	91		280	280	14628	1341
夏叶	1	3	130		387	387	6780	2605
初坑	1	2	110		340	340	1715	346
土上	1	2	149		468	468	2436	881
土下	1	5	191		556	556	7394	5865
上谢	1	7	98		298	298	1040	913
白月岙	1	4	78		241	241	1135	465
大坑	1	7	188		612	612	1160	1659
西前	1	1	43		131	131	89	99
瀛广	1	9	308		997	997	4403	3230
东瀛	1	7	372		1089	1089	380	893
弘瀛	1	10	468		1440	1440	12008	6705

续表 72—3 单位：

	村经济合作社数	村民小组数	农户总数	数纯农户	人口总数	社员数	总收入	总支出
瀛洲	1	5	317		930	930	2543	950
虎山	1	4	76	2	247	247	5529	1107
乌沙	1	5	212	4	606	606	12708	1295
琴诗岙	1	4	138	1	420	420	2706	929
文岙	1	13	567	8	1770	1770	0	0

2013年西周镇规模企业经营一览

表 73 单位：

序号	企业名称	工业总产值	主营业务收入	利润	利税总额	备注
1	浙江大唐乌沙山发电有限责任公司	539519	560331	115526	156996	
2	宁波华翔电子股份有限公司	215013	204998	14777	15189	
3	宁波华众塑料制品有限公司	130502	115939	2722	4829	
4	宁波华翔特雷姆汽车饰件有限公司	72162	72078	14971	17156	
5	宁波胜维德赫华翔汽车镜有限公司	57226	58551	5563	8674	
6	象山海螺水泥有限责任公司	86067	84552	8220	11315	
7	宁波诗兰姆汽车零部件有限公司	42663	40433	6161	7561	
8	宁波乐惠食品设备制造有限公司	48905	42929	2129	3076	
9	宁波劳伦斯汽车内饰件有限公司	38712	29367	2848	5028	
10	宁波威霖住宅设施有限公司	31240	31264	2012	2187	
11	宁波华翔汽车饰件有限公司	15898	15692	311	1007	
12	宁波华乐特汽车装饰布有限公司	14422	14181	3369	4049	
13	宁波彩家家居用品有限公司	11748	10757	344	381	
14	宁波沪港食品机械制造有限公司	10553	10550	1218	1664	
15	宁波恒富汽车部件发展有限公司	10916	10013	766	1536	
16	象山华盛塑胶制品有限公司	9317	8316	621	927	
17	海申机电总厂(象山)	35544	42850	835	1402	
18	象山华杰塑业有限公司	5936	5960	235	475	
19	宁波新华泰模塑电器有限公司	6041	5911	306	407	
20	象山华鹰塑料工程有限公司	5680	5662	501	826	
21	宁波华众模具制造有限公司	5008	5131	551	875	
22	象山天星汽配有限责任公司	4192	4078	323	611	
23	宁波昊光电器有限公司	3870	3870	133	267	
24	宁波汉普塑业有限公司	3653	3738	—366	—218	

续表73 单位：

序号	企业名称	工业总产值	主营业务收入	利润	利税总额	备注
25	象山博宇汽车模塑制造有限公司	3164	2998	114	297	
26	宁波振华电器有限公司	3426	2950	2	273	
27	宁波卓艺家纺有限公司	2962	2931	25	199	
28	宁波灵象电器有限公司	2535	2512	10	42	
29	象山松亚汽车模塑有限公司	2406	2189	10	160	
30	象山美久装饰有限公司	2328	2328	54	101	
31	宁波佳乐特橡塑机电有限公司	2570	2570	373	653	
32	宁波奔腾塑业有限公司	2365	2212	49	111	
33	象山发华线缆有限公司	2312	2200	41	119	
34	宁波壹美家具有限公司	5130	5001	94	137	
35	宁波正鼎石油机械设备制造有限公司	2103	2103	−112	−88	
36	宁波春华汽配有限公司	2247	2101	−259	−121	
37	宁波天弘电力器具有限公司	2341	2071	222	404	
38	象山科镭激光涂装有限公司	2148	2068	176	343	
39	宁波松兰电气有限公司	2002	2002	26	53	
40	宁波九洲食品有限公司	2001	2001	9	28	
41	象山天畅装饰材料有限公司	2009	2008	391	467	
42	宁波鑫泰灯饰有限公司	2054	2055	−192	−184	
43	宁波华昊汽车饰件有限公司	2067	2108	−338	−470	
44	宁波日新流体设备制造有限公司	2001	2010	18	19	
45	象山埃博表面处理有限公司	2452	2115	−283	−119	
46	象山永欣橡塑有限公司	2086	2086	329	447	
47	宁波劳伦斯北方汽车内饰件有限公司	6356	6299	684	1144	新办新增
48	宁波华峰橡塑件有限公司	2154	2004	568	727	新增
49	象山长路塑业有限公司	2002	2002	5	76	新增
	合计	1470008	1450075	186092	251038	

鹤浦镇

【概况】 鹤浦镇地处南田岛，北濒石浦港与石浦镇相望，是宁波市唯一的海岛港口镇。辖区面积102平方千米，下辖34个行政村、4个居委会，常住人口3.5万人，外来人口近1万人。鹤浦镇拥有宁波市规模最大的船舶修造基地。有船舶修造企业13家，其中大型企业5家，具备建造5万吨级货轮能力，年满负荷生产能力为155万载重吨。鹤浦农渔业资源丰富。有枇杷、柑橘、紫菜和梭子蟹四大万亩基地，以及浙东白鹅养殖基地，形成了“一村一品”或“一片一品”的农业新格局。商贸旅游不断发展。全镇共有宾馆33家、餐饮22家。近年内，鹤浦镇党委、政府全力推进大项目大平台建设，依托“中国供销集团鹤浦水产物流园区”“中小企业创业园”“船舶工业基地”等平台载体，紧紧围绕“建设现代化生态型海岛小城市”这一目标，打造产城联动、产商联动、商旅联动、产旅联动的现代化生态型海岛小城市。

【全年实现工业总产值 22.55 亿元】 鹤浦镇 2013 年全年实现工业总产值 22.55 亿元，增长 12.8%。其中规上企业实现产值 15.1 亿元，计税销售 11 亿元，实现利润 5080 万元，实缴税金 2672 万元。4 家企业销售产值超亿元，500 万元以上企业培育 5 家，新办企业 25 家。船舶产业实现产值 13.79 亿元，占工业总产值比 61%，实交税金 2300 万元，占比 86%，利润 4056 万元，占规上利润比 79.8%，万元增加值能耗同比下降 35%。

【国际水产物流园和水湖涂围垦工程正式动工】 2013 年 12 月 16 日，中国供销集团象山国际水产物流园项目在鹤浦镇盘基塘开工建设。中华全国供销合作总社理事会副主任、中国供销集团董事长顾国新，中国供销集团副总经理陈振平，县委书记李关定，县委副书记、县长叶剑鸣，县人大常委会主任金红旗，县政协主席白国璋等为项目奠基开工挥锹培土。中国供销集团是中华全国供销合作总社的全资企业，是国内“三农”领域重要的现代流通产业集团。总投资 45 亿元的象山国际水产物流园项目，涉及现代服务业、海洋科技、物流、金融等多个领域，是中国供销集团拓展为农服务新领域、发展海洋经济新产业的示范项目，对于全县加快“两区”建设、推动海洋产业转型升级具有积极作用。自 2012 年 5 月 30 日项目正式签约以来，得到了中华全国供销合作总社领导，市委、市政府主要领导的高度重视和大力支持，历时一年半即完成公司注册、土地落实、项目立项、规划设计及各项报批等工作，创造了中国供销集团的“象山速度”。依托全县丰富的海洋资源、优越的政策环境和供销集团的资金、市场、人才等优势，国际水产物流园项目将被打造成为象山和央企合作的示范性项目和龙头项目，主要建设国际海洋经济发展总部、国际水产冷链物流基地和海洋生物产业园等“一个总部、两个基地”。其中，国际水产冷链物流基地选址象山鹤浦镇，主要建设水产品加工交易中心、对台贸易中心、仓储物流中心等，占地 651 亩，计划总投资 12 亿元。根据协议，象山国际水产物流园项目将于 2014 年实现“一个总部、两个基地”的全面动建。

【秋刀鱼、鱿鱼两用远洋渔船在鹤浦下水】 2013 年 7 月 24 日，“欧亚 19”在宁波博大船业 5 号船台前顺利下水。这是我国自行建造的首艘秋刀鱼、鱿鱼两用远洋渔船。该船型长 75.6 米，宽 11.8 米，型深 7.3 米，相比两年前建造的欧亚远洋专业鱿钓船，主机规格提升，舱储量也整整大了一倍。在舷侧滑轮、诱鱼灯具的安装等方面更具灵活性。据了解，秋刀鱼作业海域集中于白令海峡一北方四岛，鱿钓作业海域则分布于太平洋、大西洋宽广的海域。投产后该船将按分时段的作业方式，春夏以秋刀鱼作业为主，入秋返程，安装鱿钓钓具后“转战”大西洋。同批建造的另外三艘姊妹船近期也将陆续建成下水。

【船舶企业加强科研攻关助攻产业转型】 该镇船舶龙头企业东红船业、博大船业面对船舶市场波谷期，加大技改力度，根据市场导向及时调整生产重点，由传统散货船、集装箱船、运输船的制造向技术含量较高的特种工程船、远洋鱿钓船的制造梯度转移。2013 年，东红船业、博大船业的“欧亚 1 号”“欧亚 19 号”“华利 17 号”等我国首批自行建造的秋刀鱼—鱿鱼两用远洋渔船陆续成功下水，作业海域主要集中在白令海峡一北方四岛、西北太平洋渔场和秘鲁渔场。其中“华利 17 号”更是提升科技特色水平，利用 10 套全自动节能蔬菜种植设备，采用无土栽培技术，成功打造“海上菜园”。

【全年实现农渔业总产值 23.42 亿元】 鹤浦镇 2013 年全年实现农渔业总产值 23.42 亿元，同比增长 5.16%。全年落实粮食作物面积 21515 亩，总产量 7365 吨；各类林果产量 23500 吨，产值 6150 万元；水产养殖面积 27477 亩，产值 1.81 亿元；发放柴油补贴 1.33 亿元；新增土地流转面积 855 亩。

【新农村建设呈现新亮点】 全年向上级争取资金 1200 余万元，用于 6 个项目建设。完成马小坦省级农房改造示范村、樊岙中心村、四个环境整治提升村规划。完成后龙头村小康村培育验收，完成樊岙中心村年度建设计划，完成小湾塘、南田墩等4个环境整治提升村建设，完成9个村梳理式改造工作，共拆危旧房及一户多宅48.23亩。全镇改造危旧房48户、拆迁279户、安置170户；完成凤凰山溪坑整治、大沙溪坑整治、牧童岙村民综合活动中心建设和鹤南河道整治工程等4个“一事一议”项目。村集体经济进一步壮大，全年签订合同110份，创收600余万元。

【“三改一拆”全年拆违12.96万平方米】 鹤浦镇结合“两城”创建活动，纵深推进“三改一拆”，全年拆违12.96万平方米。完成港兴路路面修复、建成区下水道清淤、浦港西路道路硬化工程、兴南路等9条路段路灯改造、商贸区及鹤西路人行道修复、2座危旧桥改造等工程，新建5条农村网络公路4.55千米。完成一级渔港地块1300余亩控制性规划评审工作，提升镇域规划布局。

【人居环境得到新改善】 完成鹤浦中心菜市场和小网巾菜场改造。新建村级便民金融服务点11个，新建水湖涂、大南田等5个农村集中式居家养老点。完成山地造林340亩，新建绿化带4800平方米，城区绿化5000平方米。成功创建4个市、县森林村庄。拆除弃养畜牧场4000平方米。完成坟墓整改450座。完成樊岙等6个村生活污水分散式处理工程，完成双下湾、大沙农村饮用水安全工程，实现全镇联网供水。新增垃圾桶装车1辆，环保垃圾桶300只。深化“双清”行动，整治镇级河道10千米、村级河道29.15千米、溪坑13.45千米。

【中心幼儿园全面竣工】 鹤浦镇中心幼儿园按宁波市星级幼儿园标准建设，于2012年1月启动建设，总投资2200万元，总用地面积10965平方米，总建筑面积6922平方米，经前期选址、政策处理和工程招标等工作已全面落成并于9月份招生入园。该幼儿园根据学前儿童年龄分层设计为20个班级教学规模，可接纳幼儿600余人。截至7月份，通过笔试、面试招聘工作分别招收教师17名，保育员9名，开展岗前培训2次。

【激发妇女创业创新能力】 该镇通过搭建银企对话平台，鼓励引导妇女以个体经营、柑橘枇杷种植和海塘养殖为主的形式开展创业创新，同时采取自学、专题讲座和实地考察等形式开展妇女培训，培训内容涉及电脑技能、水产畜禽养殖和果蔬种植等。2013年以来共组织培训9次，培训妇女570人次，解决妇女创业资金缺口80万元，扶持牧童岙种养和大南田吉三养鸡场两大“双学双比”创业基地，新增1家布娃娃来料加工点，吸附闲置妇女劳动力55人，人均年加工收入达1.5万元。

【举办鹤浦镇“美丽南田”主题活动暨首届梨花节】 2013年4月2日，由中共象山县纪律检查委员会、中共象山县委宣传部、象山县文化广电新闻出版局（体育局）、象山县农村工作办公室、中共鹤浦镇委员会、鹤浦镇人民政府主办，象山县文化馆、象山县图书馆、象山县非物质文化遗产保护中心、象山政协缨溪诗社、象山县摄影家协会、鹤浦镇综合文化站、鹤浦中学、鹤浦中心小学承办，在鹤浦镇红卫塘梨园举行“美丽南田”渔民文体活动启动仪式。该活动包括梨园书画笔会、梨花诗会、廉政渔（农）民画创作大赛等系列。

鹤浦镇首届梨花节开幕式

【社会管理有效加强】 顺利完成村级组织换届选举工作。深化“平安鹤浦”建设，“网格化管理、组团式服务”基层管理服务体系更加完善，总投入1100万元的社会服务管理中心投入使用。投入150万元组建镇治安巡控中心，完成111个监控点安装。推进基层管理服务体系，组建服务团队134支。深化反邪教警示教育活动，完成无邪教镇创建工作。矛盾纠纷“排查整治、强基促稳”专项行动扎实推进，全年接待来访办案率100%，排查调处矛盾纠纷成功率达97%，全省农业“两区”现场会安保任务圆满完成，社会稳定局面得到有效维护。加强安监所队伍建设，完善安全生产管理制度，深入实施工业企业及渔船安全生产“打非治违”专项行动，安全生产继续保持平稳态势。

【召开鹤浦镇第十二届二次党代会】 2013年1月14日，鹤浦镇党委在镇政府四楼会议室召开第十二届二次党代会，会上党委书记吴志辉代表鹤浦镇党委作《抢抓机遇，乘势而上，加快建设现代化生态型海岛小城市》讲话。会议提出该镇2014年工作的指导思想、奋斗目标和工作措施，充分地体现了科学发展理念，大会要求，要切实加强党的思想建设、组织建设、作风建设、制度建设、廉政建设，努力使党员先锋模范作用得到充分体现，党组织的战斗堡垒作用得到充分发挥，广大干部群众的积极性、创造性得到充分调动，为实现鹤浦经济社会跨越式发展提供坚强的政治保证和组织保障。

【召开鹤浦镇第十七届二次人代会】 2013年1月16日，鹤浦镇在镇政府四楼会议室召开第十七届二次人代会，会上镇长张帮寸代表鹤浦镇政府作2012年政府工作报告。会议总结了2012年的工作，并对2013年工作做出了部署。会议号召，全镇人民要在镇党委的领导下，认真学习贯彻党的十八大精神，按照“工业强镇、海洋兴镇、商旅活镇、生态立镇”的工作思路，以打造综合实力更强、镇村面貌更美、社会环境更优、人民生活更好的工作目标，团结一心，求真务实，自强不息，奋起直追，在加快建设“现代化生态型海岛小城市”中赢得主动，实现新跨越。

(叶佳丽)

鹤浦镇社会经济基本情况一览

表74

指标名称	计量单位	代码	数量	备注
甲	乙	丙	1	
一、基本情况	—	—		
行政区域面积	公顷	7	10200	
居民委员会个数	个	8	4	
村民委员会个数	个	9	34	
其中:通公共交通的村个数	个	10	34	
通宽带的村个数	个	11	34	
通有线电视的村个数	个	12	34	
通自来水的村个数	个	13	34	
垃圾集中处理的村个数	个	14	34	
污水集中处理的村个数	个	15	9	
二、人口与就业	—	—		
常住户数	户	16	10625	
常住人口	人	17	30272	
户籍人口	人	18	33386	
其中:农业户籍人口	人	19	31766	
第一产业从业人员	人	20	11175	
第二产业从业人员	人	21	4961	
第三产业从业人员	人	22	4524	

续表 74—1

指标名称	计量单位	代　码	数　量	备　注
外来从业人员数	人	23	4360	
三、财政收支	—	—		
公共财政收入	万元	24	4117	
企业实缴税金	万元	25	3472	
公共财政支出	万元	26	8832	
年末债务总额	万元	27	8206	
四、农业	—	—		
耕地面积	公顷	28	1320	
设施农业占地面积	公顷	29	15	
有效灌溉面积	公顷	30	1320	
农作物播种面积	公顷	31	2171.2	
其中:粮食作物播种面积	公顷	32	1434	
农业技术服务机构个数	个	33	6	
农业技术服务机构从业人员数	人	34	15	
农民合作社个数	个	35	71	
农民合作社成员数	户	36	1272	
耕地流转面积	公顷	37	695	
种植大户数	户	38	30	
畜禽养殖大户数	户	39	28	
五、工业及建筑业	—	—		
工业企业单位数	个	40	85	
其中:规模以上工业	个	41	9	
工业总产值	万元	42	225500	
其中:规模以上工业	万元	43	150300	
工业企业从业人员数	人	44	5500	
建筑业企业单位数	个	45	0	
建筑业总产值	万元	46	0	
建筑业企业从业人员数	人	47	0	
六、贸易及餐饮	—	—		
社会消费品零售总额	万元	48	20206.3	
其中:限额以上社会消费品零售总额	万元	49	925	
市场个数	个	50	2	
50 平方米以上的超市个数	个	51	3	
住宿餐饮业企业个数	个	52	55	

续表 74—2

指标名称	计量单位	代 码	数 量	备 注
七、教育、文化、卫生	—	—		
小学数	所	53	1	
小学专任教师数	人	54	86	
小学在校学生数	人	55	1715	
幼儿园、托儿所个数	个	56	5	
图书馆、文化站个数	个	57	1	
剧场、影剧院个数	个	58	0	
体育场馆个数	个	59	2	
医疗卫生机构个数	所	60	1	
医疗卫生机构床位数	床	61	25	
执业(助理)医师数	人	62	40	
八、社会保障	—	—		
各种社会福利收养性单位数	个	63	3	
各种社会福利收养性单位床位数	床	64	220	
各种社会福利收养性单位收养人数	人	65	185	
新型农村合作医疗参保人数	人	66	25759	
新型农村社会养老保险参保人数	人	67	9321	当年新增 2707
农村居民最低生活保障人数	人	68	527	
九、公用事业	—	—		
自来水用水户数	户	69	9215	
燃气用气户数	户	70	0	
金融机构网点数	个	71	6	
公园及休闲健身广场个数	个	72	36	
十、城镇基本情况	—	—		
城镇规划区面积	公顷	73	876	
城镇建成区面积	公顷	74	400	
城镇建成区总户数	户	75	2154	
城镇建成区总人口	人	76	5574	
城镇建成区绿化面积	公顷	77	14.1	

鹤浦镇2013年各行政村经济情况一览

表75

村名	户数（户）	人口（人）	水田（亩）	旱地（亩）	水产养殖（亩）	渔船（艘）	村级资产（万元）	村集体年收入（万元）	村集体年支出（万元）	书记	主任
黄金坦	312	901	29.19	2.94	2.17	15	16209	6.92	102.1	郑宏金	金　华
蟹厂	522	1548	58.1	55.65	2.73	27	3056	0.48	71.6	张金寿	张有夫
鸭嘴头	220	544	3.01	0		7	24541	15.15	15.61	郑仁川	郑文明
鹤翔	372	1099	19.95	38.36	6.65	13	1356	1.65	35.88	梅传土	陈国友
鹤进	467	1425	9.8	1.12	20.09	4	9951	14.51	27.74	郑爱娥	郑国进
鹤渔	192	503		0		25	6902	13.58	27.33	李万根	葛立青
鹤南	643	2010	77	8.4	6.16	12	2625	7.65	48.94	江财明	梁福传
湾塘	265	838	40.6	9.52	5.6		3183	1.05	617.31	徐正国	应土传
后龙头	169	556	18.2	1.96	0.42	32	10765	16.83	20.6	江乐天	郭文永
前龙头	193	553	9.8	8.89	18.27	23	6786	1.47	14.33	芦卫国	张令虎
吉港	382	1183	12.6	69.86	79.45	14	12115	24.49	56.41	李由明	林周亮
小网巾	238	820	3.5	0	9.94	8	4048	23.25	65.64	王加木	吕金根
流水岩	101	307	2.1	2.03		15	6043	32.83	9.85	卢赛玉	葛琪明
鹤湾	126	385		0	46.41	5	5370	29.52	21.55	叶兴荣	倪阿强
双下湾	183	605		2.59	26.95	48	17185	5.41	24.35	谢才宝	王金堂
大百丈	377	1147	4.9	17.99	5.6	11	6894	13.63	18.61	陈长生	
小百丈	436	1284	9.1	27.65	2.38	3	13228	1.34	20.16	周瑞勤	金　国
人沙	220	745	1.4	2.38		30	5564	2.97	10.9	芦尚通	许国庆
文山前	278	808	28	19.32	6.02		5397	8.12	16.92	刘立红	冯万国
五利	707	2208	67.2	58.1	26.18	8	7455	28.35	41.02	赖岳安	谢国会
螺蛳礁	450	1331	90.44	31.92	46.49	2	8596	13.15	50.64	梅大海	邱锡挺
樊岙	994	2972	99.05	100.03	84.96	11	33184	85.77	196.37	周正贵	洋万尚
高坎头	277	882	41.3	10.22	76.79		8171	48.52	57.96	章罗永	金兴苗
谷桶	100	321	14	11.27	13.56	4	1430	8.24	13.37	奚小夫	王国强
马小坦	201	649	29.4	12.46	58.23	7	4271	26.3	120.75	叶显进	洪明会
南田墩	142	420	37.66	0	159.85	2	4656	32.62	12.62	李千畅	林田龙
凤凰山	108	315	28.42	0	56.34		2159	19.2	10.99	王根安	周仲会
大南田	462	1488	53.69	16.31	168.63	5	16308	115.37	81.1	林咸友	俞青峰
小南田	364	1153	40.88	0	9.345	16	5441	52.29	46.88	陈维良	陶夏木
牧童岙	245	767	25.2	6.02	19.6	4	4049	30	39.83	林文泉	程增军
水湖涂	218	725	5.6	10.36	148.19	11	3578	16.54	12.96	金建华	金正贵

续表 75

村名	户数(户)	人口(人)	水田(亩)	旱地(亩)	水产养殖(亩)	渔船(艘)	村级资产(万元)	村集体年收入(万元)	村集体年支出(万元)	书记	主任
杨柳坑	204	647		0	14.21	47	10780	34.38	27.17	梁金善	任增富
金农	60	226		0			0	0.02	1.4	李永宝	张兵
金渔	114	401		0	13.39	33	8773	9.04	6.69	李永宝	陈万龙
合计	10342	31766	860.09	525.35	1134.605	442	280069	740.64	1945.58		

贤庠镇

【概况】 贤庠镇为象山港大桥桥头堡,北濒象山港,与宁波隔港相望,离宁波市区40千米,南距县城15千米,是浙江省省级中心镇、宁波市城乡统筹试点镇和宁波市“一基地四园区”。区域面积66平方千米,耕地面积1666.67公顷,山林3066.67公顷,海岸线12千米,浅海滩涂1666.67公顷,辖1个社区、28个行政村,共10935户,人口31619人。

2013年,该镇坚持以科学发展为主题,以“大项目大平台推进年”“工业强县攻坚年”“招商引资突破年”为主线,不断抢抓大桥机遇,加快推动新型工业化、新型城镇化和农业现代化,实现了经济社会平稳健康发展。当年全镇实现:地区生产总值31亿元,增长26%;财政一般预算收入8880万元,增长22%;农渔民人均年收入13216元,增长18%。获得国家级生态乡镇、市社会管理综合治理先进集体、市卫生应急乡示范镇、县卫生强镇、县招商引资先进、县大禹杯等荣誉称号。

【县委常委会审议通过加快贤庠中心镇发展的若干意见】 11月18日,县委书记李关定在贤庠镇主持召开县委常委会,专题研究贤庠镇改革与发展工作,审议通过《关于深化改革加快贤庠中心镇发展的若干意见》。贤庠镇既是临港装备工业园的主阵地,又是象山港大桥的桥头堡,在全县未来发展中有着举足轻重的地位。该意见要求:今后一个时期,该镇认真贯彻落实党的十八届三中全会精神,以科学发展观为指导,紧紧围绕临港装备工业园建设,充分发挥自身独特的区位和港口资源优势,深化改革,区镇联动,合力打造大平台,大力发展临港装备业,积极提升城镇功能,推动产城融合,力争到2015年实现工业产值50亿元,财政收入2亿元,基本建立与临港装备工业区开发相协调的城镇公共服务体系;到2020年,建设成为浙江乃至全国临港装备业重要基地、沿象山港城镇产业带重要节点和县域北部发展中心。

【发展基础不断夯实】 2013年,该镇深入实施“百大项目会战攻坚”活动,县镇重点工程扎实推进,发展的支撑能力不断增强。重点区块加快开发,开展宝象物流园、大中庄围垦政策处理,投资6亿元的日星铸造二期和投资2.2亿元的九龙紧固件实现动建,宁波天翼装备技术一期基本建成钢结构联合主体厂房,呑里弄模具集聚区、德克尔金属、海誉新材料、航宇模具、凌翼塑业完成劈山平基和土地摘牌,西泽塘区块处于开发前期。基础设施不断完善,环象山港公路路基贯通,威圣路完成延伸,凤山路和镇污水处理厂动建,水环境整治工程全面推进。镇农民集中居住区基本完成分房,珠溪农房“两改”完成土地平基,珠山风电场实施风机安装,临港产业配套商住区、乌屿山围垦、镇敬老院、枫康养生园及桂花主题公园等实施项目前期。

【工业经济平稳提升】 围绕“大项目大平台推进年”“工业强县攻坚年”“招商引资突破年”,抢抓县临港装备工业园列入市级功能区的契机,坚持“外引内育”的思路着力发展临港产业,优势深化结构调整,强化创新驱动,努力形成大开发的良好态势,加快将大桥红利转化为现实的工业发展优势,全年实现:工业总产值25.5亿元,增长26%;外贸出口3700万美元,增长6%;工业投资3.1亿元,新增立帆石化、金哲机械等企业34家。其中规模以上企业:实现工业产值13.3亿元,增长37%;新产品产值率73.3%;实缴税金8200万元。

【招商引资工作超额完成全年计划】 紧紧抓住象山港大桥通车的历史机遇,利用临港装备园平台,发挥"桥头堡"优势,采取规划招商、产业招商、以商招商等多种方式开展招商引资工作,全年共引进1亿元以上签约项目5个,外资项目4个,实现1亿元以上新开工项目2个,合同利用外资2790万美元,实际利用外资1300万美元,实际利用内资4.2亿元,省外内资1.41亿元,分别完成全年计划的186%、163%、150%、141%,实现收官。同时。对外投资实现零突破,驰帆贸易完成境外投资990万美元。

【贤庠镇成为宁波市建设国家重要新装备制造基地的"一基地四园区"组成部分】 11月5日,《宁波市新装备产业三年行动计划》提出了建设国家重要新装备制造基地的目标,明确了北仑新装备产业基地、中国南车宁波产业园、小港高端装备产业园、象山临港装备工业园和杭州湾智能装备产业园的"一基地四园区"总体产业布局。作为象山临港装备工业园主体的贤庠镇,因此成为宁波市建设国家重要新装备制造基地的核心组成部分。

【宁波天翼装备技术项目基本建成】 12月底,宁波天翼装备技术项目基本建成。该项目总投资约2亿元,建筑面积24743平方米,包括新建长162米、宽102米的"三连跨"联合厂房,以及配套探伤室、退火炉和喷丸室等辅助设施。项目预计2014年4月份竣工试产,预计年生产规模可达1.4万吨,其中,大型碳钢塔器1.2万吨,大型低温钢、铬钼钢塔器2吨。

【贤庠商会顺利完成换届选举】 8月8日,贤庠商会举行了第二届换届选举,大会选举产生会长1名、副会长8名、理事24名,沈永平当选新一届商会会长。贤庠商会自2007年成立以来,认真履行"文化立会、服务兴会、企业办会"的工作宗旨,坚持在服务形式上创新、在活动内容上求实、在工作制度上求严,不断以服务促发展、以服务树形象、以服务聚人心,有力地推动了商会的健康发展和会员企业的健康成长,目前会员单位发展到了70家。

【农业经济创新特色发展】 该镇坚持特色发展打造观光休闲精品农业,加快土地集约化经营,2013年新增土地流转1150亩,累计达2.2万亩,流转率82.8%,建设4个标准化粮食功能区和溪沿千亩制种基地,发展桂花基地1200亩、观赏鱼养殖基地700亩、铁皮石斛基地700亩,推进贤庠畜牧小区建设,实现农业总产值1.98亿元,增长9%;村级集体经济达到2108万元,增长31%。

枫康铁皮石斛基地

【贤庠镇高效节水灌溉面积8000余亩】 为提高灌溉水源利用率,贤庠镇采取"集中资金、连片治理、整体推进"的方法,通过新建泵站和铺设低压管道等方法,有序推行粮食功能区管道化灌溉。根据作物种植需求及实际情况,主要采用低压管道节水灌溉方式,分片、分期、分批组织实施,建成后可实现旱涝保收。截至年底,该镇共投入资金1600万元,建设珠溪片、下庄片和溪沿片3个粮食功能区高标准节水灌溉项目8370亩,预计年节水量可达108万立方米,每亩增加粮食综合生产能力100公斤。

【桂花园被评为"宁波市十大赏花基地"】 5月份,贤庠镇桂花园被评选为"宁波市十大赏花基地"。近年内,贤庠镇着力唱响"象山花"品牌,投资2500余万元打造桂花园,种植桂花面积超过1200亩,有金球花、波叶金桂、象山丹桂、状元红等40多个品种,精品桂花种植面积为全省之冠。

【溪沿村打造千亩制种基地】 溪沿村打造近千亩良种繁育基地,积极引导群众发展良种繁育业,为宁波市种子公司提供优质商品种子。县农技站与市种子公司组成专业技术服务队,深入到现场进行科技培训,开展技术指导,运用花期调控、两系杂交等技术,有效提高种子单产,达到了节本增效的目的。据统计,每亩基本育种产量在240~280斤之间,培育200斤优质种子的产值相当于种植超级稻1400斤。该镇全年完成育种950亩,培育优质种子22.8万斤,按每斤11.5元的收购价格,增加群众收入50余万元。

【城镇建设步伐加快】 该镇围绕沿象山港临港新城的发展目标,深入实施新型城镇化三年行动计划,加快推动城镇建设。城镇规划体系不断完善,《象山县贤庠镇总体规划(2012—2030)》获得批复,《象山县贤庠镇区控制性详细规划》编制完成,《象山临港装备园控制性详细规划》编制配合完成,综合管线等专项规划得到修编。不断优化城镇元素,健全城镇功能设施,镇社会服务管理中心正式启用,中心商业街基本建成、岑晁菜市场完成改造,国土大楼、丰雅苑,实施交警中队办公楼等项目实施前期。优化"四纵四横"的道路框架,做好镇区主要道路亮丽工程,珠溪通村公路等农村网络公路建设加快推进。以创建市水环境综合整治示范镇为契机,不断完善镇区"水网",维修加固山塘水库10座,清淤河道3000米,清理河道、溪坑10余条,5个农业灌溉项目、珠溪水库改造完成。

【贤庠镇文体活动中心正式启用】 9月份,贤庠镇文体活动中心正式启用并开始对外开放。该活动中心位于镇政府东首、镇社会服务管理中心北首,总投资580万元,占地550平方米,共4层,设有演出场地、舞蹈排练房、电子图书阅览室等功能厅,可以满足群众开展文化活动的需求。

【贤庠学校新校舍启用】 9月12日,新落成的贤庠学校正式投入使用。该校共开设有小学16个班级、初中4个班级,共有800多名学生在校就读。贤庠学校是浙江省校安工程、象山县实事工程,项目用地面积为35368平方米,总建筑面积约14384.4平方米,总投资近6000万元,办学规模近期为20个班,远期为27个班。

【贤庠镇首席商品房项目正式落户动建】 11月初,贤庠镇首席商品房项目"丰雅苑"正式落户动建,标志着该镇在吸收社会资本参与城镇化建设方面有了新的突破。丰雅苑小区占地约48亩,总建

贤庠学校新校舍

筑面积5.8万平方米,建筑为11幢9层小高层住宅,可以满足398户居民居住需求,计划于2015年全面建成交用。近年来,贤庠镇为改善村民居住环境,打造人居品质标杆,深入实施新型城镇化三年行动计划,建成彩虹家园、官司塘农民集中居住区,完成珠溪农房"两改"土地平基,健全贤庠学校、文化活动中心、中心商业街等城镇功能设施和商业服务设施,全面优化了"四纵四横"的城镇道路框架以及南大河、东塘河等城镇"水网"体系。

【珠溪村通村公路建成通车】 12月底,贤庠镇珠溪至山厂的通村公路建成通车,当地群众期盼多年的车子直通家门口的愿望得以实现。该项目总造价800万元,涉及道路总长2.6千米、宽7米、建桥2座,共历时10个月完工。

【经三路改名为"威圣路"】 为纪念贤庠籍早期革命烈士贺威圣,3月7日,贤庠镇农民集中居住区"彩虹家园"的边路经三路改名为"威圣路"。该道路位于该镇建成区范围内,南至环港一级公路,北至临港大道(规划名),长2450米,宽24米。

丰雅苑施工现场

【贤庠镇被授予国家级生态乡镇】 4月23日，贤庠镇被环保部授予“国家级生态乡镇”称号。近年来，该镇着力打造低碳循环经济，发展科技含量高、无污染、低能耗、高附加值的临港装备工业，推动传统模具行业转型提升。着力发展生态休闲观光农业，打造以沿线平原2万亩优质高产粮食区、以沿坡1.2万亩经济林绿色区、以沿港1万亩蓝色淡水养殖区等农业产业区。着力构建“田园都市”，开展海墩村、贤庠村、岑晁村等城中村2万平方米的旧居住区改造，启动泰和路商住地块、中心商业街和镇污水处理厂等41项城镇重点项目，不断完善城镇基础设施，加快提升城镇功能，全面打造宜居宜业桥头堡。实施“美丽乡村、多彩贤庠”提升行动，以“三村一线”“三改一拆”“四边三化”为举措，扎实推进农村“双清”工作，实施珠溪村、着衣亭村等15个行政村梳理式改造，建成15个市县级生态村，实现村庄整治达标村全覆盖。

【推广垃圾太阳能生态处理模式改善农村环境】 贤庠镇积极探索垃圾太阳能生态处理模式，以实现垃圾减量化、资源化、无害化，切实改善农村生产、生活环境。截至2013年年底，投入40余万元在民洋、俞公岙、下庄等村共建设9座太阳能垃圾处理站，并引入市场化运作模式，开展垃圾分类工作。入仓垃圾分类处理通过8名环卫工人对9个处理站的垃圾进行筛选分类，分拣出废纸、玻璃瓶、罐头等可回收废品，将可腐化的生活垃圾倒入处理站进行降解，变成有机肥用于农业生产。通过太阳能垃圾处理站减量化处理，全镇生活垃圾从原先每日12吨减少到10吨，每年可节约环卫费用8万余元，大大降低了垃圾处理成本。

【发放宁波市第一笔“农房两改”按揭业务】 4月初，贤庠镇完成宁波市第一笔“农房两改”按揭业务。“农房两改”项目是贤庠镇新农村建设重心工作，为保障住房困难户及时入住，该镇联合贤庠信用社多方筹措、攻坚破难，信用社优先落实3000万元信贷授信额度。同时，为减轻购房户资金压力，经该镇与贤庠信用社共同努力，惠民力度不断加大，月利率由原先的9‰下降到6‰，降幅达50%；按揭年龄限制由规定上限男50周岁、女40周岁延长至男55周岁、女50周岁。对于超出上限的住房困难户，信用社还允许采取抵押贷款的形式发放贷款。

【彩虹家园摇号分配】 1月25日，贤庠镇对全县首批建成的“农房两改”项目——镇农民集中居住区彩虹家园开展了摇号分配。按照事先确定的方案和规则，在县公证机构的监督下，持有农房“两改”准购卡的192户家庭代表在现场确认资格后，依次上台摇号抽取房号，成功分配房源141套。该农民集中居住区“彩虹家园”共投资9000多万元，建筑面积4万平方米，建有11幢多层住宅和3幢低层联排住宅。

【民洋村整村提升创建市级小康】 民洋村紧临象山临港装备工业园区，得天独厚的地理优势，让村班子领导坚定了要把村庄打造成临港工业园侧翼一叶“绿肺”的决心，全力冲刺创建“市级小康示范村”。该村借助“三改一拆”和“一户多宅”梳理式改造东风，计划拆除6000平方米旧房子，年底前已拆除3900平方米，腾出的土地建农民会所、居家养老中心、农民休闲公园、婚育公园及生态停车场等，并投入120万元建成环村路和680米长的排水道。同时，村里将充分利用水利资源，在水库的一角开辟生态休闲公园，在水库中央建立水上公园，并将2008年建立的钓鱼池改造成为垂钓区，提升村庄的形象与品味。

【社会保障进一步扩面提升】 深入推进社会保障扩面工作，进一步提高覆盖率，社会保险覆盖2767余人，城乡居民医疗保险1448余人，失土保险417人，农村合作医疗保险2万余人，妥善处理578名回乡大中专毕业生享受社员待遇问题。

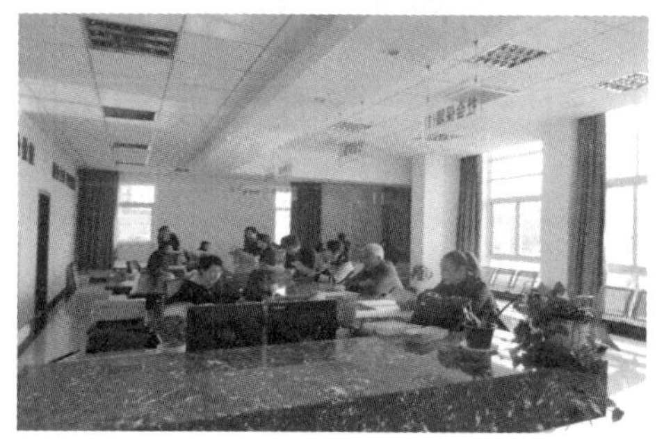

社会保险办理现场

【平安建设扎实推进】 围绕“平安贤庠”创建,全面推进“网格化管理、组团式服务”。投资200余万元实现视频监控网络全覆盖,建成治安巡控中心和城管中队。开展象山港大桥南出口及周边交通安全环境治理,落实社会治安和重点工程建设环境专项整治。推行“挂销号”工作制度,强化网络舆情监管,健全每周矛盾纠纷排查分析制度,探索村民代表公决、“两代表一委员”听证等矛盾纠纷解决机制,累计排查各类矛盾纠纷96起,化解94起,化解成功率97.9%。

【贺旭、骆绍伦、黄郑荣获“最美象山人”称号】 4月17日,在“最美象山”2012年度人物颁奖典礼上,贤庠镇坚持公益20年的贺旭、自立自强助人为乐的骆绍伦、撑起家庭一片天的慈孝女黄郑等三人获得“最美象山人”荣誉称号。

【宁波市“七岁开蒙”礼仪活动在海墩文化礼堂举行】 8月28日,宁波市“七岁开蒙”礼仪活动在海墩文化礼堂举行。“七岁开蒙”礼仪活动是全市文化礼堂创建活动推进过程中的一个文化缩影。海墩村是烈士贺威圣的故居,该村通过打造“红色”文化礼堂,弘扬尊师、重学、拼搏、向善的“海墩精神”,把文化礼堂的创建融入市级特色村创建过程中。当日,宁波市各县市区150个正在创建文化礼堂的行政村负责人来到海墩文化礼堂观摩了“七岁开蒙”仪式。

“七岁开蒙”仪式

【贤庠镇城管执法中队成立】 为提高城镇管理水平,全面落实农村环境综合治理各项工作,扎实推进美丽新农村建设,贤庠镇在11月初正式成立镇城管执法中队。城管中队成立后,主要负责乡镇环境综合治理、查处违章违法行为及配合新农村建设等,重点参与“两城”创建中乱停放、乱设摊、乱搭建等工作管理,对占道经营、店外设摊现象进行依法整治,使全镇无序建房、环境卫生得到较好的管理。

【贤庠镇归国华侨联合会成立】 12月18日,贤庠镇侨联成立大会暨第一次归侨侨眷代表大会召开,36名归侨侨眷代表参加会议,大会选举产生了第一届侨联委员会。该侨联的成立,标志着侨联工作的触角进一步向基层延伸,侨联工作的平台进一步向基层拓展。该镇原有侨务资源基础不厚,随着改革开放的不断深入,近十年来贤庠镇出国人数不断增多,现有留学生、归侨、华侨101户,侨眷350余人,主要分布在美国、英国、日本等国家,以留学、经商为主。

【贤庠镇妇联顺利完成换届选举】 9月12日,贤庠镇举行了第十六次妇女代表大会,大会选举产生了以舒国英为主席的新一届执行委员会共11名,并推选出了县第十五次妇女代表大会代表9名。五年来,该镇妇联坚持创业创新、提升文明新风、保障妇儿权益和强化妇联建设,不断推进妇联工作取得新突破,镇妇联先后获得县“平安家庭”创建活动先进集体、县农村妇女创业联保贷款工作先进集体等荣誉称号,盐厂和海墩村分别获得了国家、省、市妇联基层建设示范村,“丰盈合作社”则被评为全国示范合作社。

【贤庠镇基本完成村级组织换届工作】 10月10日,贤庠镇全面启动村党支部、村委会、村经济合作社和村监会等村级组织换届工作。该镇围绕“又稳又好”的总体目标,坚持强化组织领导,严格把控重点环节,严格资格审查把关,做到严肃换届纪律,有序推进村级组织换届选举工作,截至年底基本完成29个行政村(社区)换届选举工作。

【开展“接地气、强宗旨”活动】 1月份以来,贤庠镇围绕为民务实清廉要求,开展以转作风、提效能、促发展为主题的“接地气、强宗旨”活动。组织学习中共十八大精神,严格执行中央“八项规定”和省委“六个严禁”,规范学习、住夜、考勤等制度,深入开展“进村入企”走访活动,完善周二下村为民代办制度。开展“创先争优、对接大桥”立功竞赛活动,实施县镇重点工程项目认领，加快推进中油重工鱼池秧地块、中石化非标装备基地一期、环象山港公路等23项重大工程。

【贤庠镇“摇号汇报”考评机关干部】 贤庠镇在认真落实干部“住夜值班夜学”制度的基础上，创新建立机关干部摇号汇报工作制度。每个机关干部包括镇党政班子和一、二把手，都进行编号。夜学前，由主持人随机摇号抽取4名干部，每名干部再上台作15分钟左右工作汇报。主要汇报内容分为三块，一块是本职工作，第二块是联村联企工作，第三块是中心工作和重点项目工作。汇报结束后，主持人对4名干部工作进行点评，由全体干部打分测评。对于测评优秀的，则授予“月度摇号汇报之星”荣誉，并作为年终评先评优的重要依据；对于测评不合格的，则进行组织谈话，并取消年度评先评优资格。

贤庠镇2013度基本情况

表76

	指标名称	单位	数量		指标名称	单位	数量
社会基本情况	行政区域面积	平方千米	70.67	经济基本情况	社会总产值	万元	310000
	耕地面积	万亩	2.5		财政总收入	万元	8880
	山林面积	万亩	4.6		村级经济总收入	万元	2055
	浅海滩涂	万亩	2.5		农林牧渔业总产值	万元	19800
	乡镇总户数	户	10935		工业总产值	万元	255000
	全镇总人口	人	31619		建筑业总产值	万元	46325
	年末农村实有劳动力	人	19497		运输业总产值	万元	11635
	人均收入	元	13216		农村批发、零售贸易业、餐饮业总产值	万元	23523

贤庠镇2013年各行政村经济情况一览

表77

村名	户数（户）	人口（人）	耕地（公顷）	林地（公顷）	村级资产（万元）	村集体年收入（万元）	村集体年支出（万元）	书记 主任
合计	10935	31619	1673	2809	23423.47	2055	696.33	
贤庠	1080	2100	76	92	827.12	76.28	100.28	张献文 张定忠
东风	452	993	66	112	598.36	33.53	27.59	包本善 张庸宝
章家墩	140	376	20	60	343.48	20.12	8.83	周永海 章志福
沈家洋	146	391	20	67	219.19	38.84	3.46	王忠亚 沈永平
珠山岙	167	494	21	92	347.04	14.29	8.83	王志赳 王文威

续表77-1

村名	户数（户）	人口（人）	耕地（公顷）	林地（公顷）	村级资产（万元）	村集体年收入（万元）	村集体年支出（万元）	书记 主任
着衣亭	346	1066	60	100	533.65	30.49	2.93	贺寅生 陈照德
塘花园	167	485	27	66	422.17	70.63	4.12	方志海 王良家
碶头陈	287	875	66	47	892.3	299.12	39.2	白源延 陈伟士
盐厂	539	1708	67	66	1639.43	87.4	56	林善兴 仇孝全
官司塘	242	741	43	43	2483.53	32.2	35.54	虞国伦 陈先安
岑晁	746	2139	93	66	2565.4	207.07	90.98	陆海燕 沈根茂
西山下	307	1000	60	74	1085.07	60.74	21.84	徐利仁 梁正成
海墩	1239	3881	216	198	2711.96	137.8	73.27	贺贤全 盛万明
小蔚庄	132	394	21	34	561	40.43	1.5	袁金宝 王海成
珠溪	1008	3183	140	515	2062.07	96.83	18.56	鲍于钊 黄兆敏
山厂	198	601	33	395	147.65	36.37	12.82	徐文贤 朱应达
常乐	211	624	33	111	298.19	21.66	11.94	叶大平 吴云庆
程家屿	89	312	12	20	164.38	21.48	1.13	章华保 徐海
乌屿山	484	1304	47	47	442.23	56.37	8.95	屠康海 屠世力
青莱	239	702	47	53	279.95	72.3	24.12	樊位成 张开国
木瓜	232	708	45	65	527.38	37.01	6.36	王建平 林明高

续表 77－2

村名	户数（户）	人口（人）	耕地（公顷）	林地（公顷）	村级资产（万元）	村集体年收入（万元）	村集体年支出（万元）	书记主任
溪沿	737	2307	170	302	298.52	41.22	3.93	黄位春
								黄国平
下庄	390	1187	67	158	423.99	102.2	20.7	陈　学
								黄惠东
中溪	172	517	20	65	276.31	28.49	5.08	周成国
								周全培
蒲门	292	1909	113	195	2251.93	74.25	68.02	陈启虎
								朱秀江
俞公岙	191	604	35	65	266.18	42.68	1.66	张小宝
新丰 87	243	17	13	81.8	19.79	12.09		钟海港
								陈贤良
民洋	208	497	26	20	455.28	107.36	21.97	郑全亿
								林家常
大石门社区	107	278	0.7	3	217.91	148.05	4.63	徐日贤
								周建设

2013 年贤庠镇工业经济指标完成情况

表 78

序号		指标名称	单位	县考核指标	本年累计	完成情况	
						同比增长％	完成比例％
1	全社会	工业总产值	万元	230000	255025	26.0％	110.9％
2		计税收入	万元	130000	173312	7.6％	133.3％
3		工业投资	万元	20000	31823		159.1％
4		实缴税金	万元	8370	8206	14.7％	98.0％
5	规模以上规模企业	企业工业总产值	万元	120000	128608	33.0％	107.2％
6		利润	万元	1700	1135	－5.4％	66.8％
7		新产品产值率	％	35％	81.5		完成
8		工业增加值	万元	12300	9183.2	6.07％	74.7％
9		规上工业万元增加值能耗下降	％	－4.5％	0.7193	－7.10％	
		规上工业能耗总量	吨标准煤	9696	6605	－1	限额内

续表 78

序号		指标名称	单位	县考核指标	本年累计	完成情况	
						同比增长%	完成比例%
11	企业培育	新办工业企业	家	10	34		340.0%
12		净增原口径规模企业(500万元)	家	5	1	(年末考核指标)	20.0%
13		净增新口径规模企业(2000万元)	家	3	1	(年末考核指标)	33.3%
14	外贸	出口	万美元	3710	3700	5.7%	100%
15	招商引资	合同外资	万美元	1500	3050		203
		实际外资	万美元	800	1456		182
		内资	万元	28000	40565		145
		实到省外资金	万元	10000	17190		172

2013年贤庠镇工业企业主要经济指标完成情况

表 79 单位:万元

序号	企业名称	总产值		销售收入		利润		实缴税金		
		本年累计	同比	2013年累计	同比	2013年累计	涨幅	本年累计	2012年同期	同比
	全镇企业	255025	26%	173312	8%	4069	33	8206	7153	15%
	规模企业	128608	33%	129229	40%	1135	-65	3310	2878	15%
	规下企业	126419	13%	44083	-36%	2934	98	4896	4275	15%
	模具类小计	7854	-11%	7851	-10%	494	-101	1103	1252	-12%
1	宁波神洲机模铸造有限公司	2923	-27%	2923	-27%	197	-54	439	647	-32%
2	象山东风模具有限公司	2799	18%	2799	24%	126	252	388	284	37%
3	象山迎风机械模具有限公司	2132	-13%	2129	-13%	171	-299	276	321	-14%
	其他类小计	120754	37%	121378	46%	641	36	2207	1626	36%
4	象山义超茶叶有限公司	13424	-24%	13289	-24%	-31	-11	219	224	-2%
5	宁波杭钢富春管业有限公司	89925	70%	91377	82%	261	-2	705	435	62%
6	象山东风百灵制衣有限公司	2715	2%	2700	22%	34	16	105	127	-17%
7	象山盛发电子装饰有限公司	4159	-1%	4135	-1%	91	27	226	89	154%
8	象山三洋实业有限公司	2428	2%	2112	-1%	24	-20	170	111	53%
9	宁波三友印染有限公司	5334	1%	5128	15%	203	27	561	435	29%
10	象山县恒威机械有限公司	2769	-5%	2637	0%	59	-1	221	205	

2013年贤庠镇新办企业名单

表80

序号	企业名称	法定代表人（负责人）	成立日期	行业	经营范围
1	宁波欧特传动技术有限公司	黄性富	2013—01—04	制造业	液力自动变速箱制造、加工
2	宁波海象自控设备科技有限公司	朱小阳	2013—03—05	制造业	自控设备及配件制造、加工
3	象山宏力模具制造厂	张献武	2013—04—16	制造业	模具、塑料制造、加工
4	象山加百列模具厂	应武剑	2013—04—19	制造业	模具制造、加工
5	象山盛欢模具厂	王承欢	2013—04—27	制造业	模具制造、加工
6	象山合盈模具制造有限公司	陈光辉	2013—05—06	制造业	模具、机械配件的制造、加工
7	象山永业模具有限公司	吴松亚	2013—05—06	制造业	模具、机械配件的制造、加工
8	宁波贺盛建材有限公司	贺贤乌	2013—05—07	制造业	水泥预制品制造、加工
9	宁波宥超工艺品有限公司	沈宥廷	2013—05—17	制造业	机械设备、金属材料的批发
10	象山临港模具制造有限公司	孙成汉	2013—05—23	制造业	模具制造、加工
11	宁波迪比电子有限公司	蔡妙	2013—05—31	制造业	音响及其配件制造、加工
12	浙江埃德蒙矿山设备有限公司	沃志明	2013—06—04	制造业	矿山机械设备制造、加工
13	象山县贤庠辉鸿金属制品厂	易碧辉	2013—06—13	制造业	金属制品、机械、模具制造、加工
14	杭州沃特机电科技开发有限公司（分）	严文林	2013—06—13	制造业	汽车安全带制造、加工
15	象山凯恒模具厂	贺根宝	2013—06—17	制造业	模具制造、加工
16	象山良泽塑业有限公司	张茂良	2013—07—01	制造业	高压聚乙烯蜡、色母粒制造、加工、批发
17	象山县贤庠忠定塑料制品厂	黄立江	2013—07—09	制造业	塑料制品加工
18	宁波发莱福合金材料有限公司	张献武	2013—07—17	石化设备制造	铝制品、模具批发、零售
19	象山县贤庠乐利模具厂	胡乐挺	2013—07—24	石化设备制造	模具制造、加工
20	象山县贤庠陈立模具加工厂	陈立	2013—08—12	制造业	模具制造、加工
21	象山县贤庠妙祝铝制品加工厂	陈楠	2013—08—30	制造业	铝制品加工、零售；模具制造
22	宁波畅达国际集装箱储运有限公司	袁建军	2013—09—02	制造业	普通货运（普通货运）
23	象山朝辉模具有限公司	郑朝辉	2013—09—17	制造业	模具、机械配件制造、加工
24	宁波宝象实业有限公司	裘惠华	2013—10—16	制造业	普通货运、货运站（场）经营
25	宁波市立帆石化设备有限公司	费怡萍	2013—10—17	制造业	石化设备制造、加工
26	象山县贤庠洁诚模具厂	卢小登	2013—10—29	制造业	模具制造、加工
27	象山弘宝包装材料有限公司	王建军	2013—10—29	制造业	包装材料、塑料制品制造、加工
28	浙江隆霆石化工程技术有限公司	许存军	2013—11—20	制造业	石化设备、电力设备制造、加工
29	象山鼎弘塑料胶袋厂	穆红芳	2013—11—25	制造业	胶袋、塑料、尼龙制品加工
30	象山县贤庠郑氏机械制造厂	郑贤汝	2013—11—26	制造业	机械设备、模具制造、加工

续表 80

序号	企业名称	法定代表人(负责人)	成立日期	行业	经营范围
31	象山县贤庠龙象家具厂	朱延东	2013—11—27	制造业	家具、沙发制造、加工
32	宁波龙象家具有限公司	朱延东	2013—11—28	制造业	家具、文具制造、加工
33	宁波金哲精密锻造有限公司	任国良	2013—12—09	锻造业	机械设备及配件锻造、加工
34	宁波科诗新模具有限公司	傅后荣	2013—12—13	制造业	机械设备及配件制造、加工

2013年贤庠镇技改投资完成情况

表 81　　单位:亿元、平方米

序号	企业名称	项目名称	计划总投资	当年计划投资	其中		累计完成	其中			自筹
					设备投资	土建		设备投资	土建投资		
						建筑面积			小计	其中土地购置费	
1	宁波天翼装备技术有限公司	购置土地、新建厂房	3	1		100050	0.8028		0.8028		0.8028
2	宁波九龙创展紧锢件有限公司	购置土地、新建厂房	2.5	1		66700	0.5013		0.5013		0.5013
3	宁波中油重工有限公司	购置土地、新建厂房	20	1			0.63		0.63		0.63
4	宁波枫康生物科技有限公司	厂房改造、设备购置	2	0.6			0.2786	0.07	0.2086		0.2786
5	浙江海誉新材料有限公司	购置土地、新建厂房	0.75	0.3			0.15		0.15	0.1	0.15
6	象山航宇模具厂	购置土地、新建厂房	0.2	0.2			0.05		0.05	0.03	0.05
7	宁波凌翼塑业有限公司	购置土地、新建厂房	0.4	0.2			0.1		0.1	0.035	0.1
8	宁波海象自控设备有限公司	设备购置	0.1	0.05			0.05	0.05			0.05
9	宁波惠丰塑料制品有限公司	购置设备、新建厂房	0.15	0.02			0.0196	0.0196			0.0196
10	宁波日星铸业有限公司	新建厂房	7.1	0.6			0.6		0.6		0.6
	合计				0		3.1823	0.1396	3.0427	0.165	3.1823

(贺白余)

墙头镇

【概况】 墙头镇位于象山县西北部，东接丹西街道，西连西周镇，南依茅洋乡，北濒西沪港，象山港大桥沿海高速、快速通道和311省道穿境而过。镇域面积87平方千米，辖23个行政村和1个居委会，人口2.1万人。耕地面积1080公顷，可养殖海涂面积2266.67公顷，山林3600公顷，海岸线长40千米，是全国贝类苗种繁殖基地、浙江省重点海水养殖区、象山县三大毛竹产地之一和草莓重要种植基地。2013年，墙头镇深入贯彻党的十八大精神，全面落实科学发展观，深入实施"工业强镇、桥海兴镇、生态立镇、商旅惠镇"四大战略，牢牢把握"稳增长、调结构、惠民生"的总基调，扎实开展"城乡统筹建设年、环境集中整治年、项目全面攻坚年、社会管理提升年、作风建设巩固年"活动，抢抓机遇、务实创新、攻坚克难，经济和社会各项事业呈现良好的发展态势。全年实现：社会生产总值33.78亿元，同比增长10.4%；税收收入5892万元，同比增长14.8%；农渔民人均纯收入12934元，同比增长10.3%。相继荣获国家级生态镇、省级社会管理综合治理先进集体、省"春泥计划"实施工作先进乡镇、市"五好"服务型乡镇、市人民调解工作先进单位、市"军警民共建"先进集体、市双拥模范乡镇(六连冠)、市未成年人思想道德建设先进乡镇、市精神文明"连片共建"先进乡镇、市级森林城镇、县级建设"平安象山"工作先进集体、县级信访工作先进集体、县新农村建设先进乡镇等荣誉。

【工业经济稳中有升】 2013年，全镇共完成：工业总产值28亿元，同比增长12%，其中，规上企业工业总产值16.1亿元，同比增长7.7%；销售收入15.7亿元，同比增长14.6%；外贸进出口额突破1亿美元，同比增长30%。全年实到内资1.6亿元，实到外资350万美元，合同外资512万美元；实施技改项目23个，总投资达2.3亿元，同比增长6%，其中500万元以上技改项目11个；完成科技项目5个，取得发明专利19项。万洋纺织、茂宁制衣、锦秀服饰等针纺织龙头企业逆势而上，实现产值10.2亿元；三安制阀被评为高新技术企业、省级工程中心、省标准创新型企业，成功开发新产品8个；云控电气被评为县级工程中心，运生工贸跨入县级科技型企业行列。正能量电子科技、全达贸易、正德康源实业等3个项目落户墙头，上海格州电子签订投资意向协议，七里亭工业园区博泰制衣、快德胜等4个项目启动。

【现代农业发展良好】 该镇以鸭妹子、宏森源等龙头企业为依托，采用基地带农户形式，引导农民对低产田、空闲田、荒田进行转包、出租、转让，成立家庭农场5家、专业合作社3家，复垦荒地450亩，承包流转土地1443亩，实现土地利用集约化。围绕城郊特色农业基地建设目标，不断加大种养规模化幅度，重点突出设施、循环、休闲等现代农业建设，培育水稻、食用菌、草莓、水产精品种养基地，发展经济林180亩、滩涂养殖20000亩，围网养殖1200亩，日产食用菌6吨以上。

【欢心农庄举办首届草莓节】 为推介墙头的人文、生态、旅游资源，打响墙头"红墙"草莓的品牌，进一步扩大墙头草莓的知名度及影响力，2013年1月18日～4月28日，墙头镇以"草莓采摘欢乐游，甜美生活大家享"为主题举办首届草莓节，开展网友自驾游采摘体验、"草莓皇后"评比及品种展示、草莓土专家联谊沙龙、"田园风光无限好，草莓采摘快乐游"小记者采风、草莓采摘等活动。

【舫前村举办"梅岭小草鸡"赛鸡会】 3月20日，象山县养鸡协会在墙头镇舫前村孔家举行首届"梅岭小草鸡"赛鸡会，旨在促进各养鸡户之间的交流，形成合作社团结协作的集体意识，达到共同增收致富的目的。墙头、新桥、晓塘等地的6只"梅岭草鸡"从外表、肉质等方面同台比"美"。

【墙头村举办首届樱桃采摘节】 4月24日，墙头村第七届科技文化艺术节暨首届樱桃采摘节在大雷庙精品果园拉开帷幕，来自四面八方的游客进园采摘、品尝甜美的樱桃。

【大中型水库移民后期扶持项目墙头示范基地通过验收】 自2010年3月始，该镇大中型水库移民后期扶持项目示范基地累计投入120万元，复耕流转墙头村大雷庙土地80余亩，种植中华樱桃3500

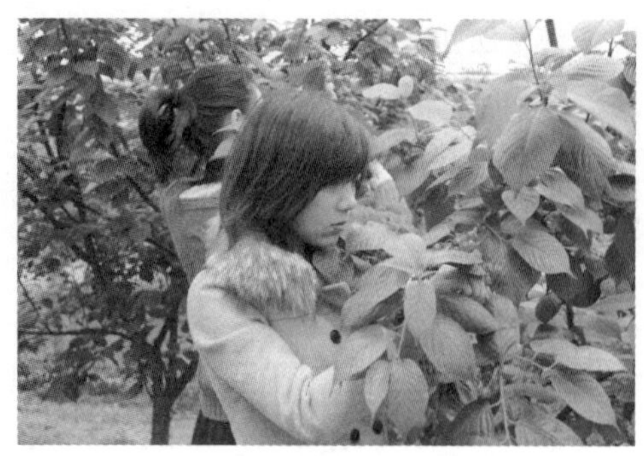

图为游客在采摘樱桃

株,白沙枇杷3000株,改造低产的橘场30亩,安排移民就业30人,逐步形成集休闲、观光、产销于一体的精品水果观光采摘园,并于2013年2月,顺利通过市民政局验收。

【荣获宁波市首届水利“大禹杯”竞赛先进乡镇一等奖】 该镇采用“先行试点、经费包干、打包治理”水利建设管理模式,坚持水利软硬件建设两手抓,大力推进民生水利工程,累计投入9000多万元,全面整治山塘82座,报废51座,综合治理河道溪坑渠道,全面夯实基层防汛体系,有效防御“海葵”台风等灾害性天气,基本完成墙头供水工程主体工程建设,建成3个村农村生态化污水处理设施,荣获宁波市第一届水利“大禹杯”竞赛活动先进乡镇一等奖。

【建立“惠农实验室”】 该镇农产品质量安全快速检测与病虫害监测实验室正式建立,主要承担镇域范围内农产品生产基地、农贸市场等农产品质量安全日常检测,开展农产品质量安全标准宣传和生产技术指导,建立完善农产品质量检测体系,进一步提升农产品质量安全水平。同时,做好全镇范围内病虫害监测和防治工作,全面提升农产品的监管能力和水平。

【政策性农业保险集中投保工作全面完成】 该镇在人保财险象山分公司的密切配合下,采取政府引导、广泛宣传的方式,宣传农业保险工作的重要意义,引导农民积极主动参保。2013年,全镇累计签订政策性种植业保险单共59份,承保水稻5700亩、毛竹2383亩、蔬菜600余亩、大棚66个,农户自缴保险费33677元,保险金额725.92万元。

【新型城镇化建设扎实推进】 西沪华城一期48幢别墅、西港杏苑多层住宅正式对外销售,塘家田开发地块一期125亩土地完成招拍挂前期工作。珓杯丘整村迁移一期安置地块已完成填方工作,二期安置地块填方工作已准备就绪。墙头中心污水处理站进入设备安装阶段,投资200万元的亭溪菜场改造已完成基础部分施工。西沪港大米草治理项目海洋生态环境修复工程通过专家评审,安全护堤工程获县发改局批复,待市发改委立项。

【农房“两改”项目主体工程完工】 截至12月,墙头农民集中居住区累计完成投资1.1亿元,完成建筑面积51300平方米,主体工程竣工并通过验收,核定两期准购户94户。亭溪农民集中居住区用地已报省国土厅审批。该镇邀请镇人大主席团审议出台《墙头镇农房“两改”实施意见》及《墙头镇农房“两改”申购细则》,对申购对象户籍和条件、申购程序和材料、分配原则和方法、定价原则和付款方式等作出了明确的规定。

【钦寸水库移民墙头看“新居”】 3月25日,新昌钦寸水库第三批移民代表组成考察团,分批来到墙头镇墙头村,就安置村生产生活环境、经济发展、基础设施、道路交通、建房政策等基本情况进行实地考察和沟通交流。新昌县将有5000余名移民落户宁波各县市区,墙头镇需安置钦寸水库移民45人,目前已安置3户7人,签订安置协议11户25人。

【基层设施进一步夯实】 墙头自来水公司竣工并通过验收,管网铺设基本完成,11月份实现镇域统一供水,亭溪菜场建设完成工程基础建设;墙头中心污水处理站及污水管网全面建成,污水处理配套设备正在安装调试,孙家村污水处理设施建设完工,蔡家岙村污水处理工程完成85%,盛王张、七里亭2个村完成政策处理和工程招投标。亭溪流域综合治理工程、方家岙水库溢洪道维修加固工程、洋北等8座山塘渠系配套工程、大溪蒋等8个穿村溪坑整治工程、墙头粮食功能区建设工程等均已完工;观海南路人行道改造工程、育英路路面硬化工程已经完成;建成联网公路5条,总长4.486千米。

2013 年建成网络公路工程一览

表 82

序号	项目名称	路基宽度	路面宽度	长度	投资额(万元)
1	岭下至庄前联网公路	4.5 米	3.5 米	813 米	88.46
2	象西线至徐家井联网公路	4.5 米	3.5 米	1250 米	266.58
3	吊水岩至山根俞联网公路	4.5 米	3.5 米	852 米	133.45
4	上塔至下塔联网公路	8 米	7 米	927 米	185.96
5	七里亭至亭岙联网公路	6.0 米	5.0 米	644 米	69.63

总计:5 条网络公路总长 4486 米,总投资 744.08 万元。

【“四边三化”塑造县城入口花园前厅形象】 为塑造整洁优美的县城入口花园前厅形象,该镇及早部署,在村边、山边、河边、公路边等“四边”区域,组织开展“美化、绿化、洁化”行动,全年绿化公路道路 6100 米、河道 2000 米,种植生物林带 2000 米,石塘山体复绿 2 座,打造森林村庄 4 个、森林休闲公园 3 座,对超标建坟等现象进行排查摸底,重点整治墓 10 座,绿化 80 余座,累计种植绿化苗木 12.5 万余株,完成绿化面积 42330 平方米。

【下新海塘维修加固工程开工】 下新海塘北起西沪村,南至下沙村,全长 1622 米,是墙头镇防洪的重要设施。由于原设计标准偏低,沉降严重,直接影响海塘防汛能力。该镇于 2013 年 11 月起按Ⅳ级海塘、二十年一遇标准,实施下新海塘维修加固工程,主要包括维修加固海堤迎潮面护坡、镇压层、内坡 1152 米,水闸 2 座,新建海堤 470 米,交通桥 1 座,堤顶道路和防浪墙 1622 米,工程总投资 3000 万元。

【全面开展象西线镇区段环境综合整治】 该镇以“环境集中整治年”活动为载体,安排专项资金 100 万元,以镇区整治为重点,全面开展象西线沿线墙头段环境综合整治,铺设花坛砌石 450 米,整理和修剪周边绿化带 2000 余平方米,修补破损非机动车道和下水道盖板,拓宽部分地段非机动车道,拆除道路两侧违法建筑,清除乱张贴、乱涂写,粉刷墙面 2500 平方米,安装交通信号灯 1 座,并落实长效管理机制。

【全力抗击“菲特”台风】 10 月 6 日,墙头镇以“责任到人、监测到点、防范到户”为原则,实施镇村(企)两级联防责任制,成立应急小分队和物资保障小队两支保障队伍,落实临时避灾地 16 处、抢险挖机 2 台,抢险麻袋包 2000 只,以及方便面、水等系列抢险救灾物资。安全转移海上作业人员 134 人,送离游客 108 人,巡查山塘水库 83 处,核实需转移危旧房、简易工棚人员 40 人。台风过后,该镇以“保安全、保畅通、保生产”为灾后自救原则,重点对沿河护岸、山塘水库等安全隐患点进行全方位拉网式排查,组织镇村两级应急排涝队伍,对农户、农地、海塘进水进行紧急疏导排涝,核实水毁受损 193 处,并于年底前基本完成修复。

【墙头镇“三改一拆”完成年度任务的 352%】 该镇坚持“先敦促自拆,后组织强拆;先党员干部,后普通群众”的实施原则,对象山港大桥、快速通道接线和象西线沿线等公路两侧,群众反映强烈、严重影响镇容镇貌的违章搭建,实行先处理、快处理,扎实推进“桥港两岸美丽村居,城市西郊风情走廊”建设,全力打造花园前厅形象。截至 12 月底,全镇累计拆除违法建筑面积 70350 平方米,完成年度拆违任务的 352%。

【社会事业蓬勃发展】 该镇以“象山港人口发展护航计划”为主线,深入实施老年关爱工程和青春阳光工程,创新启动关爱独生子女伤残死亡家庭“暖心计划”,开通计生知识宣传短信平台,拓宽人口计生服务管理渠道,实现服务育龄群众“零距离”。县癌症康复协会墙头分会于 4 月 24 日挂牌成立,入会会员已有30余人。“强网清源”食品安全专项行动、“除四害”等爱国卫生活动扎实开展，切实增强业主食品安全卫生意识。亭溪卫生服务站改造项目进入施工设计阶段，建成村级规范化卫生服务站2个、市级卫生村2个、卫生单位1个。

【墙头学校校园复古维修工程竣工正式投入使用】 为综合利用历史遗存建筑，营造浓厚校园文化底蕴，2012年5月，该镇启动墙头学校复古维修工程，按照“修旧如旧”的原则，修复立三中学的校长楼和教务楼作为学校行政楼，修缮320平方米的观海藏书楼用作学校图书馆，清理荷花池，还原老校门、围墙及其他室外附属工程，累计投入资金360余万元，于2013年6月底竣工并正式投入使用。

【社会保险增量扩面】 农村低保应保尽保，本地户籍城乡居民各类养老保险、企业职工基本养老保险、工伤保险、生育保险任务超额完成。新农合实际参保人数约16000人，参保率达98%。就业服务力度加大，开展职业技能等各类培训1200余人次，新增就业岗位165个、职业介绍387人次，安置农村劳动力转岗就业270余人。

【建成方家岙、溪里方、孙家、西沪等居家养老服务点4个】 该镇大力发展养老敬老事业，在做好敬老院建设管理的同时，全力推进农村集中式居家养老服务中心和居家养老服务点建设。截至12月底，建成方家岙、溪里方、孙家、西沪等居家养老服务点4个，盛王张、孙家2个村集中式居家养老服务中心已竣工，并安排老人入住；方家岙村服务中心的主体工程完工，正在进行内部装修。

【惠民政策积极落实】 该镇全年累计发放农业贷款1.81亿元，增长29.3%；发放粮食直补、渔船柴油补助等农业政策性补助150余万元；发放救灾、扶贫、济困、助医等各类补助350余万元。排摸确认低收入农户659户1182人，申请学费减免35人次。改造低收入农户危旧房13户，政策性住房保险率达100%。筹集慈善资金39.03万元，发放慈善补助63.71万元，受惠437人次。

【创建“国家级生态镇”】 该镇将国家级生态镇创建作为一项民生实事工程来抓，始终以改善农村人居环境、提高农民生活质量、促进农村协调发展为目标，全力推进生态创建工作。开展村庄、庭院及周边环境综合整治，打包治理山塘水库，提前完成“千塘百溪”治理任务，建成雷港、溪里方等10个行政村污水处理池13座，太阳能垃圾处理站29座，实现镇域全覆盖。4月18日，被环保部授予“国家级生态镇”称号。

【溪里方被评为宁波市村庄整治建设“十佳村”】 近年来，溪里方村以创建全面小康示范村为契机，全面整治村庄环境，投入676万元完成“345” 项目建设及村庄规划，并积极探索长效机制，开展户生活垃圾分类模式试点，分拣率达80%以上，10月30日被评为宁波市村庄整治建设“十佳村”。

【农村户生活垃圾分类处理试点】 2013年3月，该镇在溪里方村试行生活垃圾源头分类处理，订制蓝、绿、黑、橙四种颜色的大垃圾桶，分别用于收集可回收垃圾、厨余垃圾、有害垃圾、其他垃圾。厨余等可腐烂垃圾收集后，置于太阳能垃圾处理站进行处理，可回收垃圾进行资源回收，其他不可回用垃圾外运中转，有害垃圾送专业公司进行集中处理。该村10个收集点垃圾分拣率达80%以上。

【黄溪村荣获浙江省“群众最满意平安村”称号】 全省首届“群众最满意的平安村(社区)”颁奖仪式在杭州举行，表彰10年来在平安浙江建设中涌现出来的100个先进平安村(社区)，墙头镇黄溪村名列其中，荣获全省“群众最满意的平安村”称号。

【公共安全管理持续强化】 “打非治违”和隐患排查治理、食品药品安全整治、道路交通安全整治等安全生产领域整治力度不断加大，重点对企业、工地、道路交通、矿山、石场、食品药品、公众聚集场所、烟花爆竹经营户等进行隐患排查，排查整治安全隐患476处，依法取缔非法生产经营单位2家。投入17万元完善交通设施，开展道口常态化执勤检查，道路交通明显改善。安全生产责任制全面落实，全年无重特大安全生产事故发生。

【方家岙村举办第一届泼水节】 7月18日，墙头镇方家岙村举办第一届泼水节，墙头镇各企事业单位员工、附近村庄村民和游客们在方家岙村游泳池里泼水较量，感受夏日清凉。泼水节还设置了水上拔河、水上排球、水上皮划艇等比赛项目，吸引了众多游客参与。

图为泼水节活动现场

【墙头镇商会教育基金成立】 3月29日下午，墙头商会教育基金捐赠仪式在墙头学校举行，副县长王安静、县人民教育基金会理事长陈世灿参加捐赠仪式。墙头镇商会出资100万元，设立"墙头商会教育基金"，从2013年起，每年10万元，分10年投入。该基金委托县人民教育基金会管理，奖教、奖学、助学基金的发放先由学校推荐，经县教育基金会审核确定后，于每年的9月份举行颁发仪式。

【方家岙村成功创建市级文化礼堂示范点】 方家岙村"文化礼堂"以分挂图版和文字的形式呈现，分民风民俗民风廊、崇德尚贤励志廊、美好家园成就廊、艺术廊等，内容包括村档史话、族谱家训、村名宗脉、先进楷模、最美村嫂、优秀学子、长寿老人、休闲旅游等，成功创建市级文化礼堂示范点。

【全县首支少数民族消防志愿者小分队成立】 墙头镇少数民族消防志愿者小分队成立于6月18日，共有成员12名，其中队长1名、副队长2名，利用集市、节庆等开展活动，积极向广大群众讲授消防安全知识。7月25日，县消防大队为少数民族消防志愿者小分队授旗，并开展消防安全逃生演练活动，100多名企业员工、青年党员、团员、少数民族代表和镇机关部分干部参加学习演练。

【农村党员先锋承诺积分量化管理全面实施】 2013年，墙头镇在总结去年西沪村试点经验的基础上，在全镇推行以"党员先锋指数"为核心的农村党员先锋承诺积分量化管理工作，切实增强党员主体意识，健全党员能进能出机制，处置不合格党员3名，有效保持党员队伍的先进性和纯洁性。

【墙头镇第十七届人民代表大会第二次会议召开】 1月16日，墙头镇第十七届人民代表大会第二次会议胜利召开。会议听取和审议了墙头镇政府工作报告、镇财政预决算报告、镇人大主席团报告，选举产生镇人大主席团主席。

【组建"平安调解人才库"】 8月8日，墙头镇在原有专职治保调解员和"老娘舅"人民调解员工作机制的基础上，组建"平安调解人才库"，吸收一批拥有较高声望、公道正派、具有一定法律知识、善做群众思想工作的老政法干部、律师、法官、企业家等各类专业人士20人担任"平安调解员"，为群众提供集预防、排查、控制、调解、处置于一体的"一站式"服务。

【墙头镇召开第五次残疾人代表大会】 4月3日，墙头镇第五次残疾人代表大会胜利召开。大会听取第四届残疾人联合会工作报告，选举产生镇残疾人联合会主席团委员7名，主席1名、副主席1名，理事长1名。

【墙头镇召开第十七次妇女代表大会】 9月12日，墙头镇第十七次妇女代表大会召开，县妇联副主席庞彩娟出席会议。会议听取并审议镇第十六届妇联工作报告，选举产生镇妇女联合会第十七届执行委员会主席1名、副主席1名、委员10名。

【墙头镇总工会第二次代表大会召开】 11月15日，墙头镇总工会召开第二次代表大会，听取并审议了镇第一届总工会工作报告和经费审查委员会工作报告，选举产生镇总工会第二届工作委员会主席、副主席、委员和第二届经查审查委员会。

【完成村党支部换届选举工作】 该镇精心组织，周密部署，除毛洋岭村"户推直选"方式外，其余各村村党支部换届选举均采用“两推一选”方式，其中吊水岩、溪里方2个村直接在党支部委员中选举产生党支部书记。该次选举共选出村党支部委员会委员94名，比上届少1名，平均年龄50.85岁。

【首获宁波市人民调解工作先进单位】 为维护和谐稳定的社会环境，该镇更加注重矛盾纠纷调处化解工作，开通“老娘舅热线”，组建“平安调解人才库”，搭建行政、司法、人民调解“三位一体”联调平台，提供矛盾纠纷预防、排查、控制、调解、处置为一体的“点菜式”无偿服务，成立镇村民情反馈中心，设立29个舆情监测点，聘请观察员53名，通过接访、走访、暗访等形式排摸不稳定因素。三年内，共调处各类矛盾纠纷156件，其中疑难复杂的重大矛盾纠纷36件，调解成功率97%。2013年11月，该镇被评为宁波市人民调解工作先进单位。

【创新企业劳动保障监察工作】 3月初，该镇从保稳定、促发展的大局出发，以“手握手承诺，心连心服务”宗旨，建立健全劳动保障长效机制，在110家企业设立了监察联络员和监督箱，依托劳动保障基层平台，开展以防范欠薪为主要内容的劳动关系矛盾隐患的排摸，及时了解企业用工和工资支付情况，妥善解决新华生机械有限公司欠薪事件等劳资纠纷11起，做到早发现、早处置，确保劳资关系和谐稳定。

【实施为民务实清廉“三三”工程】 为进一步加强干部队伍建设，墙头镇紧紧围绕“为民务实清廉”三大主题，深入实施“三三”工程，即“一颗为民心”：就是要下基层，接地气，建立完善“联户走亲、联企绑定、寻师问计”长效管理制度；“一条务实线”：就是要转作风，办实事，建立完善“民事村办—民情交办—会商督办”系列为民办事流程线；“一面清廉镜”：就是要严律己，树正气，建立完善“照镜正衣、洗澡治病、强身健体”等学习监督考核制度，实现“为民服务零距离”

（欧吉勇）

泗洲头镇

【概况】 泗洲头镇地处象山西南部，东濒茅洋乡，南临宁海县长街镇，西南连宁海胡陈乡，西北接西周镇。镇域面积74平方千米，海岸线长8.3千米，人口1.8万人，下辖21个行政村、1个居委会，拥有耕地1000多公顷、山林近5000公顷。泗洲头镇紧紧围绕“综合实力增强、人民生活美好、产业特色明显、镇村面貌靓美、政府服务更优”的发展思路，倾力打造现代化生态型美丽休闲乡镇，全镇经济、社会各项事业取得较快发展，形成以光伏、汽配、针织、机械、竹木加工等为重点，异地、本地企业齐头并进的工业体系，形成以杨梅、滩涂、淡海水等三个“万亩”生态农业产业带，芦笋、马铃薯、竹林等十个“白千亩”级农业精品区和峙前甬盛贝类、泗洲头红升等两个国家级水产养殖示范基地的现代农业体系，形成以蟹钳港、灵岩山、白仙山等生态资源为核心的旅游发展规划。

2013年，实现社会总产值23.5亿元，其中工业总产值17.1亿元、全社会固定资产投资1.6亿元、财政一般预算收入4596.6万元。2013年获宁波市推进欠发达地区跨越式发展工作先进单位、宁波市幸福美丽新家园创建先进镇乡、宁波市农村工作指导员工作先进单位、县招商引资工作先进单位（铜奖）、县美丽乡村建设先进镇乡、县组织工作特色项目特等奖、县农村指导员工作先进镇乡、县来料加工先进镇乡、县人力资源和社会保障就业工作先进单位等荣誉。

【农业产业加快发展】 推动特色精品基地建设，红升水产精品园建设进展顺利，宁波顶好有机农业开发公司成功落户，峙前“红美人”精品柑橘基地加快建设，里坑香瓜基地钢结构大棚改造完成。积极推动杨大场花卉基地调改，新建芦笋基地16.67公顷。稳定粮食生产，实施农业政策性保险600公顷，获超级稻高产示范方二等奖，申报认证稻米、马铃薯等无公害农产品2个。加强农村路网建设，建成资源型机耕路4千米、农村公路4.4千米。高度重视抗旱防台工作，投入资金70万元，修复“菲特”台风水毁工程30余处。加强面上水利建设，正式动建镇区域联网供水二期，小流域治理、山塘水库除险加固等工程进展顺利。提升旅游服务能力，对接影视城打造峙前村灵岩山拍摄基地，建成峙前游客接待中心，新发展了特色农家乐，何婆岭村农家客栈于9月29日开门试营业。

【召开全县甜瓜“万元地”现场培训会】 5月14日，象山县农林局在泗洲头镇大理村举办全县甜瓜生产“万元地”现场技术培训会，与会的有各镇乡(街道)农技站负责人、西甜瓜生产大户和合作社代表。大理村种甜瓜始于2006年，由项秋国率先试种，后带动农户60多户，2011年在形成产业规模后，专门成立象山秋红果蔬专业合作社。大棚甜瓜一年可种两季，基地面积达到350余亩，年亩均产值在1.2万元左右。

【开展南美白对虾养殖疫病互助保险】 为降低水产养殖业生产风险，泗洲头镇结合《2013年度宁波市南美白对虾养殖疫病互助保险象山保险点工作实施方案》，以苏岙、墩岙、泗洲头等3个南美白对虾养殖集中村为重点，率先开展南美白对虾养殖疫病互助保险。该险种具有理赔手续简单、年底一次性赔付等特点，具体保额为每亩5000元，保费为400元/亩；缴纳的保费由三方组成：市县财政各补助130元/亩，投保人承担140元/亩。4月22日成功帮助象山红升水产养殖有限公司办理100亩南美白对虾养殖疫病互助险，成为县内投保的第1份南美白对虾养殖疫病互助险。

【招商引资成效明显】 该镇紧抓大桥通车有利时机，组织招商队伍，主动走出去赴宁波、深圳、上海等地开展一线招商，多次召开招商引资座谈会，制定落实招商地图，积极开展以商引商、亲情招商、多元招商等招商模式，发动镇村干部、企业等共同招商引商，形成浓厚招商氛围。当年全镇共新办企业15家，完成新批境外企业1家，净增500万元以上企业5家，引进招商项目9个。实际利用内资2.1亿元，完成计划的210%；协议利用外资1483万美元，完成计划的211%；实际利用外资434万美元，完成计划的124%；利用省外资金5357万元，完成计划的179%。该镇被评为2013年度象山县招商引资工作先进单位(铜奖)。

【长城玉士总部经济基地项目举行奠基仪式】 2013年1月6日，浙江长城玉士集团有限公司总部经济基地奠基仪式在城南高新创业园举行。浙江长城玉士集团有限公司是泗洲头镇所属企业，其总部经济基地项目净用地57.433亩，总投资2.4亿元，将设立企业集团营运总部、汽配研究院和配件检测中心等，全力打造一个以行政、商业、服务等行业为主的汽车配件生产贸易总部基地。县委常委、公安局局长应春华，县政府党组成员应伟刚、县经济开发区管委会主任孙文明等出席奠基仪式。

【美丽镇村建设成效明显】 何婆岭、塘岸、后王、下马岙等4个提升村、峙前特色村创建全面完成，墩岙省级住房改造示范村创建加快推进，建成泗长线、泗西线绿化精品线10千米，村庄面貌连线成片提升取得显著成效，新农村建设走在市县前列。推进“三改一拆”专项行动和梳理式改造，拆除“一户多宅”、违章建筑等面积5.31万平方米。开展“四边三化”行动，完成绿化4.13公顷，创建县级森林村庄3个、森林公园1个。完成农村生活污水处理工程4个村，改造提升太阳能垃圾处理池26座。深化“两城”创建，实施“双清”行动，环卫保洁体制得到理顺，实现10小时动态保洁，清理河道流域35千米，镇区、街路、河道、村庄环境卫生状况明显改善。开展和谐文明乡风建设，创建何婆岭、墩岙塘等市级文明村2个。

【举行墩岙塘村休闲公园建设捐赠仪式】 11月13日，在墩岙塘村举行“鲍海明先生为墩岙塘村休闲公园建设项目捐赠仪式”。浙江泰来环保科技有限公司总裁鲍海明慷慨解囊出资25万元，无偿资助墩岙塘村休闲公园建设，项目内容主要包括建设300平方米休闲广场、2个凉亭、3条上坡道路等，建成后将解决当地无综合文化娱乐活动场所的困境。宁波市侨办主任陈瑜，象山县委常委、统战部部长黄敏求，宁波市侨办副主任黄国海、象山县委统战部常务副部长、县侨办主任翁华清，泗洲头镇党委书记张荣飞出席捐赠仪式。

【开展“三改一拆”集中行动】 为全面拓展城乡发展新空间，提升城镇发展新面貌，泗洲头镇将“三改一拆”工作与新型城镇化建设、“两城”创建等有机结合，做到拆改同步、以拆带建。先后于5月23日、7月5日、10月25日组织镇村干部，联合县国土、规划、城管、路政、公安等部门分别对道路沿线两侧、镇区内沿街商户、各村重点区域的乱搭建进行了三次集中行动。同时镇里组织土管所、城建

鲍海明先生向墩岙塘村捐赠

办、政法办等每月开展一次行动，确保村容村貌持续靓丽、“三改一拆”持续推进。截至12月底，超额完成拆违任务，累计拆除各类违法建筑5.31万平方米，完成目标任务数的354.11%。

【社会事业协调发展】 加强和改进计划生育工作，开展依法行政专项整治行动，处理违法生育案件61例，依法征收社会抚养费133余万元。落实计生优质服务各项措施，发放奖励金7.85万元，受益人数164人。完成中心小学食堂改建和中学宿舍楼维修工程，教育设施进一步完善。开展农民健康教育及体检活动，体检人数3200余人。开展食品强网清源专项整治活动8次、食品药品安全检查6次，确保群众饮食用药安全。

【启动镇社会服务管理中心建设】 按照规范化、标准化建设要求，整合镇党员服务中心、综治工作中心、劳动保障中心等中心功能，选址镇政府大院西首，总投资50万元建设约180平方米的镇社会服务管理中心，10月份正式启动，至年底已投入30万元，完成主体工程，2014年4月中旬启用，设置国土、城建规划、计划生育、党员服务、民政残联慈善、网格化管理、税务、劳动保障等10个窗口，进一步为群众提供便民服务。

【推进农村社会治安视频监控系统建设】 为进一步加强社会治安综合治理，总投资78万元，新增40个村级高清监控点建设项目及跟进补光工程，于11月份完成视频监控安装招投标，12月份签订补光合同，工期4个月。建成后高清监控点总数将从原来的21个点增加至61个点，全镇21个行政村覆盖率将达100%，全方位构筑治安防控“天网”，有效提升镇村治安防控能力。

【社会保障体系不断完善】 新增基本养老等各类保险3303人，新型农村合作医疗参合率达到96%以上，政策性住房保险和室内财产保险参保数5220户。建成集中式农村居家养老服务中心7个，完成低收入农户危旧房改造21户。加强扶贫帮困、慈善、残疾人等社会救济工作，发放各类保障金176万元、困难补助金65万元。发展农村来料加工业，新建15人以上加工点9个，创建专业村1个，近200名妇女实现家门口就业。

【组织开展“敬老月”活动】 为弘扬“尊老敬老”的传统美德，营造全社会关爱老年人的浓厚氛围，10月11日，重阳节即将到来之际，在镇妇联、团委、民政办、老龄委等部门号召支持下，来自西周、泗洲头个私协会的18名志愿者来到泗洲头镇敬老院开展“九九重阳敬老”活动，为70多名老人免费洗头、理发、刮胡、义诊，同时又进村入户，为一些行动不便的居家老人提供上门服务。镇里同时为敬老院的老人们分发了蛋糕、面包等礼品，提前为老人送上节日的慰问。

义务敬老活动现场

【召开全县“民事村办”工作现场推进会】 5月3日，全县“民事村办”工作现场推进会在泗洲头镇举行，标志着“民事村办”制度全面推行。18个镇乡党委(街道党工委)专职副书记、组织委员、县委组织员、组织干事参加会议，先后赴发源地之一——塘岸村实地参观民事村办工作室和开会观看纪录片、听取“民事村办”经验做法介绍。县委常委、组织部部长王能迭参加会议并高度肯定“民事村办”工作,认为其是对“村民说事”和“村务会商”的延伸和拓展,是2013年象山县党建工作的重中之重,组织部副部长伊珍林主持会议。该项制度自2012年在镇内21个行政村推广,于当年6月实现全覆盖,服务内容涉及党务村务、农业生产、民生保障、社会管理、群众致富、法律咨询等六大类56项内容,取得了较大成效,并于2013年5月获市委常委、组织部部长杨立平专门批示肯定。

全县“民事村办”工作现场推进会

【完成村两委换届选举】 按照“又稳又好”总体目标,扎实开展新一届村级组织换届选举,于10月22日召开泗洲头镇村级组织换届选举工作动员大会,全面启动换届选举工作。选举方式上,党支部换届选举坚持完善“两推一选”制度,村委会换届选举全面推行“自荐直选”制度。按先村党组织、后村民委员会顺序,至12月底完成20个行政村党组织换届选举和21个行政村村委会换届选举:产生新一届支委成员72名,其中村支部书记20人(新当选7人);产生新一届村委成员82名,其中村主任21人(新当选10人)。村两委班子年龄结构、文化程度等得到优化,平均年龄51岁,比上届降低了2岁,高中以上文化程度占33.8%。

【举办“庆‘三八’学法律拒邪教讲文明树新风”知识问答活动】 为迎接第103个“三八”国际劳动妇女节,3月6日,泗洲头镇纪委、团委、妇联、综治办、社会事务办联合在泗洲头菜场设摊举办了宣传贯彻十八大精神——庆‘三八’学法律拒邪教讲文明树新风知识问答活动。知识问答共60题,涉及“什么是文明城市”“妇女保障法的宗旨是什么”等有关两城创建、妇联、法律、计生问题,近200名群众参加了活动。活动中,还向村民派发了《市民文明手册》《浙江省实施〈中华人民共和国老年人权益保障法〉办法》《中华人民共和国妇女权益保障法》《计划生育基础知识有问必答》等宣传手册共计400余份,发放“齐创两城同促廉洁 共建平安家庭倡议书”100余份,进一步营造了文明理家讲规范、崇尚科学守公德、保护环境争模范的良好氛围。

群众积极参与知识问答

【召开纪念建党92周年大会】 7月1日,泗洲头镇纪念中国共产党建党92周年大会在泗洲头小学风雨操场举行。会前,全镇800多名党员集体在印有“以铁的决心、铁的手腕,坚决拆除‘违章建筑’”的横幅上郑重签字。会上,全体党员重温了入党誓词,党委副书记励日耐传达了“三改一拆”有关文件精神,党委书记张荣飞作重要讲话。会议号召党员要发挥先锋模范带头作用,积极参与新农村建设、“三改一拆”等行动,结合民事村办、群众路线教育等载体,深入推进服务型、实干型党员队伍建设和现代化、生态型美丽乡镇建设。会后,墩岙村党支部书记鲍英钱就新农村建设中如何发挥村班子集体作用方面作了经验交流。

(俞璐璐)

泗洲头镇2013年各行政村经济情况一览

表83

村名	户数(户)	人口(人)	耕地(公顷)	林地(公顷)	村级资产(百元)	村集体年收入(百元)	村集体年支出(百元)	书记　主任
合　计	5785	17643	1062	4234.4	1052823	87951	41041	
泗洲头	526	1469	79.2	380.8	102484	10455	6635	欧绪良　王方俊
东　联	398	1295	57.5	234.5	6955	1540	823	李国昌　黄立项
上峙后	130	429	22.5	183.0	38199	508	671	陈和法　陈友根
下峙后	275	810	60.5	394.7	25581	4360	1196	柳兴宏　袁保友
后　王	126	379	17.2	81.7	56210	796	819	朱孝忠　朱玉弟
塘　岸	315	950	39.5	106.5	83823	4546	5409	朱建成　朱仁根
肖　胡	314	946	38.3	212.0	21402	1968	1289	蒋小花　胡南斗
横　埕	345	1016	54.8	127.7	30697	1234	1408	陈胜林　朱交忠
张　岙	317	790	27.7	369.0	49187	1459	1467	张卫国　顾福全
杨大场	270	790	42.0	189.1	65202	3572	957	柳兴明　柳志昂
金家岙	142	416	25.9	146.4	24882	1334	1115	胡小花　胡庆增
何婆岭	127	372	17.3	142.5	40363	531	1505	汤克武　朱至平
西　洋	292	827	60.4	165.2	40766	10419	1680	俞建方　朱宇赛
泗　联	379	1250	53.5	299.1	40098	2451	1789	朱全明　朱至仁
峙　前	189	615	42.6	291.9	38424	4567	1246	黄根木　黄新春
下马岙	253	877	72.1	239.3	79924	7179	1415	黄志旦　黄金福
上马岙	343	1136	47.1	307.5	79306	2414	3176	叶正良　黄建夫
墩岙塘	130	345	34.7	13.6	30915	1436	1369	陈增来　何光森
墩　岙	247	807	35.3	83.2	76886	3500	3394	鲍英钱　鲍英舜
苏　岙	291	884	136.9	147.6	67111	17252	1878	张补田　张永富
大　理	376	1240	97.1	119.1	54408	6430	1800	盛健海　盛大平

定塘镇

【概况】 定塘镇地处象山中南部，陆域面积67.8平方千米，南临石浦港、西濒临三门湾，省道茅石线穿境而过，是象山县四大中心镇之一。镇区地势平坦、气候湿润、土壤肥沃、水源丰富，拥有2666.67公顷耕地和120千米河网，全县最大的平原水库——大塘港水库穿越全镇，号称“下百万”，是象山著名的“粮仓”。下辖28个行政村，人口3.6万人。

2013年，全镇实现：社会生产总值24.65亿元，同比增7.06%；财政收入2382万元；农(渔)民人均纯收入13530元，同比增8.2%。2013年获得省级森林城镇、宁波市幸福美丽新家园建设先进镇等荣誉。

【工业总量持续扩大】 全年实现工业经济总产值4.52亿元，同增15.9%；其中规上企业产值1.65亿元、销售1.45亿元、利润100万元、实缴税金170

万元，同比分别增长27%、38%、275%、13%。引进内资1.3亿元，新增企业15家。技改投入7740万元，整治重污染企业5家，节能减排全面达标。小微企业创业中心一期工程34亩，落户企业6家。

【特色农业加速发展】 2013年实现农业总产值3.78亿元，同比增8%。新增标准化粮食生产功能区4300亩、外销蔬菜主导产业示范园区3100亩、早稻示范坊150亩、小麦+超级稻粮食“双千”工程示范坊120亩，完成标准农田地力提升5900亩、“五统一”水稻机插面积4500亩，通过中楼万亩水稻无公害基地认证，粮食亩产再创新高。

【农业产业化程度提高】 新成立农产品加工企业1家、农民专业合作社11家、家庭农场8家，新增土地流转702亩，率先在全县成立农产品社区直销店3家。投资1195万元启动四柱塘河道整治工程，完成山塘水库整治16座、节水灌溉项目3个。

【乡村旅游打响品牌】 继续深入实施乡村旅游发展战略，打响沙地旅游品牌，建成花果迎宾环形乡道2000米、登山游步道1000米，成功创建省老年养生旅游示范基地。引导中站、洋岙新建农家客栈7家、床位200张，全镇年接待游客15万余人次，收入突破1200万元。

沙地村发展乡村旅游

【定塘家具市场知名度提升】 树立“商贸活镇”理念，扩大消费需求，加快城市商圈、商业特色街和农村商贸流通网络建设，支持建材装潢市场二期工程3800平方米建设，落户商铺30余家。定塘家具市场知名度不断提升，经营收入7000万元，拉动镇域经济提速发展。

【推进中心镇建设】 投入2830万元完成马漕线庙山至台宁道路大修、环镇西路后洋塘桥梁工程，镇区休闲广场、农民集聚区基本建成，国民村镇银行定塘支行隆重开业。建成网络公路6.7千米、生活污水分散式处理村5个，35座农村太阳能垃圾处理站全面修复并投入使用。

【全力推进“三改一拆”】 完成梳理式改造村11个，拆除违建3.41万平方米，盘活存量建设用地68.19亩，进一步拓展镇村发展空间。

【美丽乡村建设成绩显著】 实施“三村一线”联合创建，新增市级全面小康村1个、中心村1个、特色村1个，积极打造“浙东第一果蔬乡道”市级精品线。开展“四边三化”、“两清”专项行动，完成大塘港生态绿道政策处理5.24千米，新增平原绿化1.3万平方米，绿化河道村道5.5千米，创建省市级卫生村4个、市县级森林村庄4个，清理河道12.5千米。

【实施“五边三线”环境整治】 开展路边、河边、村边、山边、屋边“五边”绿化，高标准深化马漕线、茅石线、大塘港(定塘段)“三线”沿线沿港填空补绿、河道清理及庭院整治，新增绿化面积7万平方米，清理河道12.5千米，中垥片河道清淤全部完成，整治溪坑2.1千米，全面实现水清岸绿景美。

【社会事业协调发展】 强化计划生育村民自治和优质服务，夯实人口计生管理基础，新增生育文化园2个，发放计生各类资金80余万元，计划生育率达92%。推进教育现代化，投入680万元完成中心幼儿园、中垥幼儿园、中学学生宿舍楼维(装)修工程和中心小学附属工程，出台“奖教惠师”政策，教育质量稳步提高。

【惠民政策落到实处】 全年发放各类低保、优抚、救助扶助金及基残、重残救助款945万元，农村居民最低生活保障做到应保尽保。完善农民就业创业服务体系，加强农民培训，开发公益性岗位22个，新增就业100人。构建多层次养老服务体系，建成定山村、镜架岙村老年公寓，60周岁及以上人员城乡居民社会养老保险覆盖面达到99%。

【文化事业蓬勃发展】 开展“文化惠民半岛行”和“五月廿七”民俗文化活动，大塘“麦糕节”荣获宁波市群众性文化活动优秀品牌。广泛搭建文化宣传阵地，创建春泥计划实施村9个、人文素质教育实践基地6个、道德讲堂实施村2个，完成中坭村文化礼堂、中站村市级文明村建设，进一步夯实人文素质提升平台。

【平安定塘建设进一步深化】 2013年投入140万元建成镇级巡控中心，加大对黑恶势力和刑事犯罪的打击力度，刑事犯罪下降16.3%。

中坭村文化节

定塘镇2013年农村经济基本情况一览

表84

村别	户数（户）	人口（人）	土地面积（亩）	山林面积（亩）	村级经济收入（万元）	上级拨款收入（万元）	通过承包和流转形成的规模经营面积（亩）
合计	10350	33123	31433.33	31754	901.2	2183.80	14488
渡头	350	1080	772.70	300	84.96	89.38	154
后洋塘	565	1819	1818.00	1137	46.31	157.90	627
葫芦门	145	461	561.70	770	10.27	9.20	179
大湾山	277	961	1043	1263	37.07	76.11	72
下营	525	1666	2052.52	3803	83.88	252.98	562
方前	288	894	681	2737	18.49	80.04	80
沙地	233	819	592	3091	28.8	203.06	533
周岙	220	623	416.65	1794	10.52	23.00	50
洋岙	366	1146	1408	2121	43.43	59.41	342
定山	270	841	743	882	46.06	59.39	75
灵雅舍	364	1076	1384	689	9.47	152.13	1391
台洞塘	259	930	1028	168	1.72	84.68	496
中坭	996	3299	3052	1099	19.76	124.26	787
新岙	444	1452	1252.3	2090	11.92	124.12	439
小湾塘	157	534	378.86	1363	5.2	5.92	122
镜架岙	259	801	728.00	1413	6.91	26.46	462
岙底	337	1071	975.52	2141.5	0.43	31.35	172
田洋湖	446	1414	1012.41	3010.5	13.28	96.30	705
盛平山	392	1134	1200.12	1391	17.72	88.05	775
叶口山	431	1399	1199.5	50	63.88	58.12	626

续表84

村别	户数（户）	人口（人）	土地面积（亩）	山林面积（亩）	村级经济收入（万元）	上级拨款收入（万元）	通过承包和流转形成的规模经营面积（亩）
宁波站	433	1486	1442.19		94.47	31.00	721
花　港	625	1926	1601.79	6	32.43	99.86	748
漕　港	402	1250	1185.73		64.02	67.49	983
英　山	252	842	909.91	166	47.5	65.95	110
白　墩	403	1299	1065	20	63.84	4.50	678
金牛港	256	868	684.83		12.72	34.96	12
礁　横	366	1174	1328.5		3.65	21.59	1952
中　站	289	858	916.1		22.47	56.59	635
镇				249			

涂茨镇

【概况】 涂茨镇位于象山县东北部，地处象山港口，东濒大目洋，北邻贤庠镇，与舟山群岛隔海相望。镇域面积62平方千米，沿海岸线38千米。下辖21个行政村，人口2.2万人。全镇有耕地811.43公顷，山林2572公顷，近海大小岛礁98个，拥有深水良港——干门港和道人山岛、东屿山岛等得天独厚的海洋资源。

2013年，涂茨镇主动迎接“桥海时代”到来，深入实践“工业强镇、海洋富镇、新区兴镇”发展战略，围绕建设现代化滨海宜居城镇目标，经济和社会发展取得新成就。依托干门港优势，打造以新乐造船、中洋船舶为主的临港装备工业区；坚持优化结构、特色引领，以花木种植和精品果园为代表的农业基地初具规模；坚持旅游富民，镇沿海海岸被列入县百里黄金海岸旅游带。全镇实现社会总产值20.94亿元、工业总产值15.12亿元，其中，规模以上企业工业总产值8.2亿元、财政总收入4500万元，农渔民人均收入13370元。全镇共实施技改项目4个，实现技改4亿元。

【新乐造船全年新增订单总量突破20亿元】 11月22日，新乐造船有限公司与荷兰ARCOIN公司签订4艘19800吨双相不锈钢化学品船建造合同，订单总价超8亿元，加上4月份签订的2艘总造价12亿元的3万立方米液化天然气船舶订单，该船厂2013年新增订单总量突破20亿元，生产任务已排至2015年年底，其中，国内首艘双燃料机3万立方米LNG液化天然气船正在加紧建设，3艘12700吨级多用途船舶已下水2艘，总投资2.5亿元的3艘海工船，预计2014年10月份可完成交付。

近年来，新乐造船以4万吨级以下不锈钢化学品船、LNG液化天然气船等高附加值船舶制造为主要市场的企业发展定位，在国际高附加值船舶制造竞争中崭露头角，企业振兴向好趋势明显。2012年9月至2013年年底，新乐造船累计投入7000余万元，动工建设18000平方米新厂房，安装700吨级龙门吊1台、百吨吊机10台及各种特种船舶加工设备。同时，加强企业标准化建设，全力推行7S管理，完成“清洁生产”审核工作，先后获评“国II级安全生产达标企业”、省绿色环保企业，并通过ISO 14001环境管理体系认证。

【中广核珠山风电场实现部分并网发电】 12月底，由中广核风力发电有限公司全额投资4.2亿元，二期总装机1500千瓦×30的珠山风电场实现部分风机并网投产。珠山风电场项目位于涂茨镇珠山山脊，项目自5月份开工建设以来，已完成山林征、租用550亩，上山道路建设24千米，基础开挖29基，浇筑完成27基，风机安装22台，升压站主体结构建设和电气设备安装。二期项目建成后，预计等效满负荷年利用小时数为1993小时，年上网电量为9073万千瓦小时，与火电相比，每年将节省标煤2.99万吨，减少二氧化碳排放7.56万吨，节约用水26.17万立方米。中广核一期项目涂茨风电场于2012年12月28日并网投产，全年实现发电量5700万千瓦小时，年产值达3500万元，对节能降耗、改善环境有十分显著的社会效益。

中广核涂茨风电场

【中洋船舶4.75万吨巨轮明州36顺利上水】 5月25日，载重吨位4.75万吨的明州36巨轮，在宁波中洋船舶工业有限公司3号船台顺利上水，驶入象山港。明州36是中洋船舶为宁波江海运输有限公司打造的散货轮，船身长199.98米，型宽32.26米，型深16.30米，货舱容积62800立方米，造价1.5亿元。该巨轮将投入宁波至秦皇岛航线运输。宁波中洋船舶工业有限公司组建于2006年，是涂茨镇一家新型船舶制造股份制企业，拥有3万吨～5万吨级船台及配套设施3座，配备100吨级、200吨级龙门吊各一台，可建5万吨级干船坞、9.7万吨级干船坞各一座，年生产能力30万吨。

明州36巨轮在宁波中洋船舶工业有限公司3号船台上水过程

【科技创新激发企业内生动力】 该镇引导企业树立科技兴企的发展观念，进一步加大科技奖励扶持力度，促进企业转型提升。全年，实施技改项目4个，完成技改投资4亿元，同比增长66%。涂茨镇严格落实项目协调、调度机制，采取项目月调度、重大项目联系会议等形式，深入实施项目攻坚，实现转型升级提速和创新发展。其中，新乐船厂年产50万吨载重项目完成钢结构厂房建设，龙鑫食品年产3亿套各类果蔬空罐项目建成投产。在企业管理创新上，组织新乐船厂、恒辉照明、日驰机械等3家企业参加浙江经济洽谈会和西安综合性人才招聘会，并与10名专业人才达成签约意向；新乐船厂加大环保设施投入，成功获评省级绿色环保企业。

【招商引资成效显著】 持续深化招商引资“1号工程”，由镇主要领导带队，积极发挥招商小分队“小团队、多批次、专业化”外出招商优势，累计开展上海、杭州、宁波等地上门招商10余次，有效突破招商引资瓶颈，实现浙洽会招商签约项目1个，全面完成外资招商任务，实现合同外资750万美元，实到外资350万美元，实到内资3亿元，新增注册资金1.04亿元；实现自营进出口额2017万美元。深化企业培育工程，新增森骏服饰等2000万元以上规模企业2家，新办企业9家，美亚混凝土实现产值上1亿元。

【内培外引打造小水果产业带】 为优化农业产业结构，促进农民增收，涂茨镇大力推进沿海村庄农业精品线建设，通过内培外引，至2013年年底，该镇初步形成了以下盆岙葡萄—泊戈洋柑橘—黄沙猕猴桃为主的小水果产业带。近年来，涂茨镇采用“合作社＋基地＋村”“合作社＋基地＋农户”“合作社＋村”发展模式，先后引进宁波蓬莱珠光、辰弘果业等11家专业合作社，通过土地综合开发、土地复垦、园地整理、土地流转等方式，建成珠山珠光百果等示范基地6个。并积极推动科技兴农，投资450余万元，建成黄沙、珠山节水灌溉系统和黄沙鲜果冷藏库，进一步完善农业基础设施。2013年，涂茨镇小水果种植面积已突破3000亩，其中当年新增水蜜桃、香榧、枇杷、“红美人”柑橘等500余亩，实现产值2500万元。

【成功创建省级平安农机示范乡镇】 2013年1月，涂茨镇被确定为浙江省第六批、象山县首批“平安农机”示范乡镇。自2012年开展“平安农机”示范镇创建以来，涂茨镇坚持“安全第一、预防为主、综合治理”的方针，全面落实农机安全生产责任制，建立健全农机安全生产监管网络和农机安全管理长效机制，实现农机安全事故零发生。同时，全镇农机农业机械总动力达10211千瓦，拥有农业机械约1160台。其中，农业运输机械135台、纯农田大中型拖拉机20台、联合收割机17台、高速插秧机12台、粮食烘干机2台。

【全县春耕生产现场会在涂茨召开】 4月12日，全县春耕生产暨粮食功能区标准化建设现场会在涂茨镇召开。与会人员先后参观了涂茨镇汤忝村绿肥千亩方现场和钱仓村春耕生产、粮食功能区标准化建设现场，听取了涂茨镇粮食功能区标准化建设、河道清淤，及定塘镇落实早稻面积的经验介绍。县农林局、商务局、农机局结合当前农事布置了春耕生产任务，县政府与18个镇乡（街道）签订了2013年粮食生产责任书。近年来，涂茨镇不断加强粮食功能区建设，2009～2013年，共完成4个省、市、县级粮食生产功能区建设8000余亩和标准化提升工程3700亩，基本实现“旱能灌、涝能排”，农业机械作业面区域达90%以上，节约灌溉、运输等种粮成本10%。10月，在“菲特”台风强降雨影响下，全镇粮食功能区依然实现水稻亩产均增50公斤不减反增的好成绩。同时继续开展水稻高产竞赛，竞赛亩产量最高达865.6公斤，同比增长8.2%。

【乡村旅游扎实起步】 依托象山港大桥集聚效应和环港公路建设前期效应，按照“立足全新视角，依托生态本底，结合市场需求，响应大桥机遇，发挥资源优势，以城镇为依托、以项目为抓手、以景点为基础，打造涂茨镇沿海百里黄金海岸旅游带”的原则，积极整合全镇旅游资源，精心谋划旅游发展规划，实现乡村旅游新突破。结合中广核风力发电项目，完成镇登山步道设计。串联沿海原生态沙滩、渔文化等旅游景点，以吃渔家饭、住渔家屋、干渔家活的休闲游为特色，大力发展登山、露营、自助烧烤、休闲垂钓等乡村户外游，大岭后农家客栈“渔家灯火”正式营业，组织开展“登休闲步道、赏千礁百媚”登山摄影等活动，实现涂茨滨海旅游新起步。

【美丽涂茨建设扎实推进】 持续推进“两城”创建，强化政策支持，开展党员群众义务清扫、志愿者队伍现场指导等活动，深入推进“美丽庭院”创建。开展镇区主干道靓丽工程，拆除汤鲁线两侧、重要街区等违章广告120余处。深化“四边三化”工作，新增道路绿化4500米、村庄绿化5300平方米、改造低效林380亩。推进“双清”行动，完成镇、村级河道溪坑治理22条。依托“四村一线”创建平台，顺利通过玉泉市级全面小康村验收，有序推进钱仓中心村、大岭后市级全面小康村培育。加强村庄内部规划，完成下盆忝等梳理式改造8个村，盘活建设存量用地3.6公顷。加大公共设施建设力度，建成农村联网公路2条，完成码头、文化活动中心等一事一议项目4个。重视农村水利工程建设，动建白鹭山水库，完成山塘水库整治23座，新建滴水灌溉项目2处，新建、维修闸门9座。重视生态文明建设，持续推进国家级生态镇创建，成功创建东港等市级生态村3个。推进农业面源污染治理，完成泊戈洋规模养殖畜牧小区建设，关停畜牧场3家，新增生活污水分散式处理村2个，太阳能垃圾处理站有效运行。

【城镇基础建设不断加快】 坚持统筹兼顾，优化镇区发展规划，《2013年度土地利用总体规划》局部调整顺利获批，镇南片区配电网专项规划和方案设计编制完成，新区一期土地政策处理持续推进，二期规划完成局部调整。推进住房保障工程，完成农房“两改”项目主体建设，动建配套设施，启动房屋分配工作。强化镇区功能性项目建设，珠海路涂茨延伸段建成通车，环象山港公路辅道、规划十二号和十三号等3条市政道路工程完成设计。创新城镇管理模式，加大城镇管理资金投入，积极开展钱仓菜场周边环境整治、汤鲁线交通安全整治等专项行动。大力推进“三改一拆”行动，严厉查处违法用地、违法建设行为，全镇累计拆违5万余平方米。重视拆后土地规划、利用，着重安排农村居家养老服务中心、停车场、道路绿化等公益项目，有效规范小城镇建设。

【社会公共服务更加优质】 加大教育基础设施投入，新建培智学校教学楼1200平方米，实现镇中心幼儿园迁建工程结顶，完成镇中心小学扩建项目政策处理。高度重视校园安全,全镇24个校车固定停放点标识完成安装。公共卫生体系进一步健全,市卫生应急示范乡镇和旭拱岙等2个村级公共卫生一体化建设通过验收,新塘等4个省、市级卫生村(单位)成功创建。食品药品安全综合监管有效强化,成功创建市级药品安全乡镇。计划生育工作成效明显,建成生育文化园1处。社会公共服务功能不断完善,21个村有线电视数字化转换全面完成,19个村邮站、17个农村金融服务点规范运作。治安防控体系不断完善,创新推广村级工程意外保险制度,加快推进农村社会治安视频监控系统建设,完成49处监控安装。人文素质持续提升,建成镇图书馆、珠山村文化礼堂,新增人文素质基地1个,创建市、县级村落文化宫和"春泥计划"示范村各4个。

【镇卫生院开设中医馆】 1月份,涂茨镇卫生院中医馆正式开馆。中医馆集健康宣传、中医医疗、预防、保健为一体,为群众就近提供便捷优惠的中医药服务。自中医馆开馆以后,日平均接诊人数达20余人次。中医馆设有中医科、康复理疗科、针灸推拿科、中药房等,主要开展针灸、推拿、按摩、穴位注射、牵引等中医药养生康复理疗特色服务。

【社会保障体系逐步健全】 完善社会保险制度,新增城乡养老保险543人次,五大基本保险2305人次,失土保险230人次,农村新型合作医疗保险15441人。构建多层次养老服务体系,建成涂茨等3个农村集中式居家养老中心,规范发展村养老机构。加强住房保障,完成危旧房改造16户,实现政策性住房保险参保率100%。深化救济渠道,共募集慈善资金34万元,发放助灾、助困各类补助19.6万元,惠及332人次。加大农民转岗培训力度,切实提高农民就业技能,全年组织培训352人次,实现再就业213人,转岗就业106人。

【来料加工促进农村妇女就业】 涂茨镇以重点发展来料加工服务为抓手,积极帮助妇女增收致富,通过争取政策、强化服务、培育队伍、资金扶持、创建基地等手段,率先在汤岙村进行试点,成功牵线义乌、东阳等县外来料加工业务,为妇女就地就近转移、就业增收提供机会,2013年,建立来料加工服务点7个,就业人数达180余人次,累计创造产值1000余万元,人均月增收达1200多元。

【全面完成村级组织换届工作】 10月20日,涂茨镇拉开了村级组织换届选举帷幕,至12月26日,除毛湾村因特殊原因村委会选举未选出新班子外,其余20个行政村均高效完成村党支部和村委会选举任务,新当选的167名村两套班子成员,交叉任职的有5人,新当选的56人,平均年龄52岁,其中女性委员23人、党员126人、35岁以下12人、大专以上学历16人、高中学历35人,通过换届选举,新一届村班子的文化程度、年龄结构、女性委员职数均有较大的改善,为新农村建设提供了坚实的组织保障。村经济合作社和社监会选举从12月28日启动,计划于2014年1月10日前完成。

【现场支部会开出新农村建设"快车道"】 2012以来,涂茨镇党委针对重点工程增多、政策处理任务加重、矛盾纠纷多发等问题,全面推行农村党组织现场支部会,将会议地点根据各村工作需要由会议室转移至村民家中、田间地头、新农村建设现场等,面对面解决群众实际困难、产业发展和村庄建设问题,建立了一线服务群众的长效机制,并逐步形成农村发展、技术指导、矛盾化解及教育培训等四个各具特色的专题现场会,全年共召开现场支部会260余场次,走访群众1800余户次,调处矛盾纠纷106起,引进特色种植项目8个,增加村集体经济收入400万元。

【召开中共涂茨镇第十二届代表大会二次会议、涂茨镇第十七届人大七次二次会议】 2013年1月16日,涂茨镇召开中共涂茨镇第十二届代表大会二次会议,会议听取了党代会工作报告和纪律检查委员会工作报告。1月17日,召开第十七届人民代表大会第二次会议,会议听取并审查了政府工作报告、2012年财政预算执行情况和2013年财政预算(草案)的报告及镇十七届人民代表大会主席团工作报告。两次会议均提出涂茨镇今后应继续按照"中心集聚、两翼助推、一带优化"的总体框架,深入实施"工业强镇、海洋富镇、新区兴镇"的发展战略,全面加快现代化滨海宜居城镇建设,努力实现全镇经济社会持续和谐发展目标。

(徐　源)

涂茨镇 2013 年各行政村经济情况一览

表 85

村名	户数(户)	人口(人)	水田(公顷)	旱地(公顷)	水产养殖(公顷)	渔船(艘)	农村经济总收入(万元)	村级资产(万元)	村集体年收入(万元)	村集体年支出(万元)	人均收入(元)	书记	主任
珠山	319	963	27.7	2.74	5.93	0	157.52	682.11	3.63	85.89	13210	黎宏祥	刘林光
泊戈洋	542	1688	68.53	3.2	5.33	0	55.05	155.76	0.81	112.35	12380	吴永富	郑　恩
下盆岙	203	643	27.8	1.07	8.4	0	27.05	287.18	2.56	74.32	11830	黄彩英	许善平
涂茨	697	2127	74.93	10.07	46.4	5	249.21	776.9	13.87	743.4	13107	董　敏	徐能贤
旭拱岙	349	1160	24.87	9	92.93	0	172.05	326.24	27.53	140.93	13526	葛聪敏	杨永贵
庵后	238	767	13	0.47	1.33	0	45.35	164.5	0.91	66.71	10039	徐　挺	徐德宁
玉泉	269	821	26.17	4.96	1.33	0	184.07	461.58	1.8	305.34	10896	李先鹏	周　岳
永联	272	886	19.26	8.36	93.67	5	115.07	495.23	6.64	249.06	11712	陈光明	殷立葵
东港	539	1472	61.33	20.53	5.67	0	436.06	672.9	12.52	303.52	10817	肖志豪	郑永定
里庵	237	669	29.93	7.27	10.33	0	86.52	305.26	1.96	109.4	11113	陈敬森	郑小兵
前山姚	253	633	19.37	1.1	0.53	0	106.73	206.36	4.82	132.72	11337	孙祥永	姚吉飞
毛湾	496	1560	9.53	4.53	106.73	46	1247.83	620.89	16.5	1409.84	13004	林松年	无
大岭后	219	595	15.2	4.33	39.53	24	235.89	317.84	2.38	298.95	14109	夏永青	夏国芳
长沙	79	228	1.4	0.53	12.67	14	87.45	125.52	2.51	86.45	18840	孙飞红	李海华
大坦	227	724	10.3	1	23.67	28	89.19	329.37	0.58	394.59	16596	陈忠国	洪凤展
中堡	243	760	26.21	5.88	1	1	242.8	406.36	23.25	273.03	13196	钟真理	崔建国
钱仓	587	1866	90.03	6.7	124.67	54	155.85	635.33	30.34	276.12	15159	张才云	励正永
新塘	107	275	14.83	0.5	7.13	24	32.52	210.89	4.52	63.5	13260	茅全吉	陈祖根
汤岙	395	1307	82.73	8	56	3	123.63	428.74	5.96	130.6	12659	郎德敏	吴庆国
黄沙	303	980	42.87	13.33	63.4	1	121.02	541.09	9.28	177.29	15268	朱恩位	张国营
屿岙	298	920	14.97	0.37	22.87	18	202.62	503.75	42.12	74.56	15392	丁乐平	周明宗

涂茨镇 2013 年工业主要经济指标完成情况

表 86　　(2013 年 1 月～12 月)

企业名称	工业总产值					主营业务收入					利润总额				
	指标	2013 年累计	2012 年累计	同比±%	完成比例	指标	2013 年累计	2012 年累计	同比±%	完成比例	指标	2013 年累计	2012 年累计	同比±%	完成比例
总　计	150000	151267	137541	10.0	100.8	97000	106341	107204	−0.8	109.6	1000	2116	39	5325.6	211.60
2000 万元以上	120000	87995	67240	30.9	73.3	87000	56081	49139	14.1	64.5	900	1942	−500	488.4	215.8
浙江新乐船业有限公司	60000	40031	27415	46.0	66.7	40000	13825	13727	0.7	34.6	460	84	19	342	18.26
宁波新港服饰有限公司	10000	6490	7004	−7.3	64.9	10000	6559	7004	−6.4	65.6	60	129	−159	181.1	215.0

续表 86

企业名称	工业总产值					主营业务收入					利润总额				
	指标	2013年累计	2012年累计	同比±%	完成比例	指标	2013年累计	2012年累计	同比±%	完成比例	指标	2013年累计	2012年累计	同比±%	完成比例
象山美亚混凝土制品有限公司	10000	10640	8213	29.6	106.4	10000	10143	8294	22.3	101.4	120	398	−91	1315.0	331.7
宁波统富制衣有限公司	6000	5077	5026	1.0	84.6	5000	4988	4895	1.9	99.8	50	10	116	−91.4	20
象山东港制衣有限公司	6000	4155	3198	29.9	69.3	5000	3969	3133	26.7	79.4	50	64	−41	256.1	128
象山日升针织厂	3000	2704	2520	7.3	90.1	3000	2553	2536	0.7	85.1	30	21	−76	127.6	70.0
宁波森骏服饰有限公司	3000	2565	1830	40.2	85.5	3000	2189	1447	51.3	73.0	150	−11	−23	52.2	−7.3
宁波同益电器有限公司	7000	5018	2884	74.0	71.7	6000	4422	5219	−15.3	73.7	50	95	−251	137.8	190
宁波中洋船舶工业有限公司	15000	7660	9150	−16.3	51.1	5000	4457	2884	54.5	89.1	30	82	3	1266.7	273
中广核涂茨风电场		3655					2976					1070			
2000万元以下企业	54600	63272	70301	−10.0	115.9	10000	50260	58065	−13.4	502.6	200	135	539	−75.0	67.5

涂茨镇二〇一三年度技改投资完成情况

表 87　　单位：

序号	企业名称	项目名称	计划总投资	当年计划投资	其中			累计完成	其中			竣工建筑面积	资金来源		历年累计完成投资	征地面积(公顷)
					设备投资	土建			设备投资	土建投资			贷款	自筹		
						建筑面积	投资			小计	其中土地购置费					
		合计	137400	45400	27450	149584	17950	40163	20281	19882	7148		29693	9570	125938	223.8
1	象山龙鑫食品有限公司	年生产3亿套各类果蔬空罐项目	10600	10600	5650	19250	4950	7520	2200	5320	1617			6620	7520	46.2
2	浙江新乐造船有限公司	年产50万载重吨项目(2)	80000	8000	4000	110000	4000	4150	1000	3150	2000		4150		59773	118.3
3	中广核风力发电有限公司	年产4.5万瓦风电场项目	42000	22000	16000		6000	24943	16881	8062	2741		24943		55095	33
4	象山开员塑料制品有限公司	新建年产5000万输送机生产项目	4800	4800	1800	20334	3000	3550	200	3350	790		600	2950	3550	26.3

大徐镇

【概况】 大徐镇位于象山县东北部，是著名革命诗人殷夫的故乡，西南距县城6千米，面积56平方千米，辖24个行政村，人口18774人。全年实现：地区生产总值36.8亿元，同比增长11%；财政收入6720万元，同比增长19%；农民人均年纯收入1.26万元，同比增长8%。

【工业经济运行平稳】 2013年，全年完成工业总产值32.2亿元，同比增长12.5%。其中：25家2000万元以上规模企业完成18.1亿元，同比增长13.2%；500万元以上规模企业完成产值21.1亿元，同比增长15%；完成规上企业销售产值17亿元，同比增加8%；实现利润1.24亿元，完成年计划的102%。

【技改项目快速推进】 2013年，该镇技改项目共有20项，累计投入资金2.59亿元，完成年计划的117%。建成布利杰制衣一期主体厂房及生活用房；试投产龙驰制漆项目；浙东表面处理园一期区块厂房全部结顶，其中德远洁具项目完成设备安装并在象山销售。加快电子、机械制造等传统产业品牌创新，博禄德电子等企业申报科技项目5个；申达机械等企业开发市级新产品9项。加快信息化和6S管理创建工作进度，澳林服饰等企业完成信息化创建工作，东方输煤等5家企业完成6S管理创建工作。

【招商引资稳中有增】 2013年，全镇充分挖掘招商资源，通过以企引企、以外引企、乡情引企等方式，打开招商引资新局面。全年实际到位内资1.6亿元，完成目标任务的106.7%；合同外资846万美元，完成目标任务的120%。其中德利福洁具和华裔客商合作的洁具制造项目、香港远伟国际有限公司投资的塑胶文具生产项目资本金全部到位并动建；顺声通讯贝利宝线缆与台商合作的返乡投资项目、宁波博可机械投资的非标工业零部件生产项目在进一步洽谈中。

【牛岙自然村改造全面启动】 全镇专门组织力量进村入户做涉及农户的思想工作，同时抓住“三改一拆”有利时机，强力推进拆迁，组织力量拆除11户违章建筑，打通出让地块主通道。2013年年底完成38户村民的房屋拆迁政策处理、新村规划方案及房屋施工图设计、拟出让83亩土地的清表、围墙砌打和施工道路建设等工作。

【为农服务进一步深化】 加大金融支农力度，全年发放支农贷款1017户8085万元，新增农业贷款309万元，其中妇女创业贷款36户169万元，青年创业贷款72户443万元。开展农民素质教育培训400余人次，建立万村联网网站24个，累计注册农民信箱用户1194户。积极开展动植物疫情防治，家禽家畜免疫率均达100%；春季灭鼠工作，田间和农户投放率均达到96%以上。新建生态公益林及防火宣传牌15块，消除野外用火隐患200余起。

【大力建设水利和绿化工程】 推进水利设施建设，全年共实施水利建设项目50项，完成龙潭坑等8座山塘治理工程和乾龙塘节水灌溉等4项面上水利工程，累计完成投资850万元。开展“四边三化”和“千村绿化提升”工程，全镇绿化新增面积达11万平方米，塔幢村创建县级森林村庄，汤家店、上岙村创建市级生态村。

【深入推进盛宁线环境整治】 全年开展三次集中整治行动，共清理垃圾杂物28吨，拆除铁拾、大徐、汤家店、船倒山等村乱搭乱建40余户2000多平方米，完成100余户的绿化土地租用政策处理工作，回填土方3万多立方米，绿化公路沿线10万余平方米。汤家店水塘、星港液压件厂、虎啸铺零星地块补种完毕。设立盛宁线虎啸铺段、汤家店段和大徐村3处“两城”创建墙绘宣传带。开展沿线道路安全隐患整治，将章家弄、汤家店、铁拾辅道加宽，关闭汤家店、铁拾、海口中央道口，减少铁拾出入道口。完成大徐、甲田弄、后林等村道标识。完成盛宁线拓宽工程遗留问题、带征土地。新增4名环卫工人，加强新凉亭区域至虎啸铺村的原盛宁线路段的保洁，改善城郊结合部环境。

【加大实施农村公路安保工程】 2013年,大徐镇共投资62万元组织开展农村公路安保工程,完成花连山至下院、汤鲁线至大义、盛宁线至里考坑、盛宁线至海口4条公路的安保工程,累计长度达2928米。

【雅林溪桑果受青睐】 2013年,大徐镇雅林溪桑果得到市民的青睐,每公斤卖到20元,为村集体经济增收30万元。2002年,雅林溪村还是县级贫困村,该村无集体收入,也就是这年,在与其结对的宁波市规划局的帮助下,开始栽种桑果。10年来,桑果逐渐地为村集体经济带来收入,该村也摘掉了"贫困帽"。

【乡村面貌进一步改观】 2013年,该镇组织全镇行政村两委会主要干部赴泗洲头镇考察学习,在全镇范围深入开展"美化家园、争创示范"活动,推进和美新农村建设。加快实施梳理式改造,拆除相思岭、杉木洋等9个村房屋面积52.9亩。落实卫生长效保洁机制,推行垃圾日产日清动态保洁,重点做好新凉亭区域及镇区乱堆放、乱张贴、乱悬挂清理工作。投入200余万元,对盛宁线等道路沿线实施绿化、美化、亮化、洁化,打造亮丽主轴。加强农村公路养护,切实提高路况质量。推进农村饮水安全工程,完成16个村镇村联网供水。

【大徐中心小学迁建主体工程完成】 2013年,该镇加大教育投入力度,教育基础设施又上新台阶,累计投资2800万元完成大徐中心小学迁建主体工程,确保2014年9月1日投入使用。大徐中心小学新校区校内建筑主要由2幢4层教学楼和1幢4层综合楼、1幢2层食堂、1幢1层体艺馆以及250米塑胶环形跑道等组成,该工程总投资4100万元。

【章家弄村举办第三届"敬老助残节"】 9月17日晚上,大徐镇章家弄村广场上,腰鼓和歌舞热闹开演,全村100余位老人和残疾人汇聚一堂共庆佳节,晚会也拉开了该村第五届"敬老助残节"序幕。章家弄村是县"万名党员爱心助残结对"试点村。近年来,该村党支部每年筹集6万元至8万元资金,从生活、就业、康复等方面对老人和残疾人进行帮助。从2012年开始,章家弄村将每年的农历八月十四日至八月十六日定为全村"敬老助残节"。

【举办林善塘第二届西瓜派对】 6月10日,大徐镇团委联合农办、旅游办、妇联等在林善塘举办了第二届西瓜派对,共吸引150多人参加。此次活动以西瓜为主题,设置了吃西瓜比赛、功夫扇表演、智力问答、西瓜搬运、旱龙舟比赛、包粽子比赛、送爱心瓜到敬老院等7项活动,文化搭台,经济唱戏。此次活动的开展丰富了当地群众的文化生活,扩大林善塘西瓜知名度及美誉度。

【完善城乡保障体系建设】 该镇抓好保险扩面工作,当年新增城乡居民养老保险参保1480人、城镇居民医疗参保853人、新农合参保13000人,参保率达96%。完善劳动力就业信息平台,推动城镇失业人员再就业、困难人员就业和农村富余劳动力转移就业。推进社会救助体系建设,积极发展慈善、红十字、残疾人事业,全年发放救灾、优抚、补助等各款项420余万元。深化养老服务建设,后林等3个村建成居家养老服务中心,雅林溪等3个村完成集中式居家养老建设。

【深入创建"平安大徐"】 全年共排查化解各类矛盾纠纷127起,调处124起,其中非正常死亡事件9

起。畅通信访渠道，共受理结办信访案件46件，其中县转信访案件25件，没有一起因处置不当而引起群体性事件。加强治安防范，保持对刑事案件高压态势，全年刑事发案66件，治安行政发案76件，与2012年同期基本持平。

【不断创新社会管理体系】 该镇投入200余万元，建成社会服务管理中心。全镇划分成24个网络服务中心，组建管理服务团队113支。扎实推进农村救助、居家养老、农村医疗、农村文化、平安乡村建设等各项工作。

【基本完成虎啸铺村农房“两改”工作】 虎啸铺村由4个自然村组成，现有住户196户、620人。该村整村改造项目规划占地面积55.1亩，建筑面积7.09万平方米，总投资约1.7亿元。共有住宅410套(户)，建筑面积56418平方米，其中小高层住宅10幢360套，建筑面积约42581平方米(房型有96平方米、130平方米、139平方米三种)，联排住宅25幢50户，建筑面积13837平方米。加上原违法用地面积29.52亩，改造后虎啸铺新村宅基地面积共计84.62亩，比旧村节约22.4亩。2010年11月开始房屋拆迁，2011年4月正式动建新村。一期25幢50户联排住宅于2012年5月交付使用。2013年二期小高层住宅中4幢已结顶，另外6幢已建好3层。整个项目已完成投资1.15亿元，完成总投资的67.6%，预计项目于2015年4月完工。

【加强公共安全管理体系建设】 该镇落实安全责任目标，与村、生产企业、矿山等签订安全生产责任书300份。对3000余名职工开展安全培训；完成7家企业安全生产标准化创建任务；对49艘渔船进行消防安全隐患排查；开展出租房火灾隐患排查。

【村级组织换届选举试点工作完成】 作为村级组织换届市级试点联系镇，该镇年初就多次召开班子会议谋划部署，9月7日召开村党支部换届选举工作动员培训会；9月15日全部完成党支部换届选举工作；9月18日召开村级组织换届选举工作推进会；10月20日全部完成村委会换届选举工作；10月23日全部完成村监会、村经济合作社换届选举工作。实现了“又稳又好”的总体目标，也为全县全面铺开村级组织换届积累了经验。

【基层组建建设不断完善】 当年完成三角地、夏雨岙后进村转化，对黄盆岙村、大徐村、雅林溪村进行进位升级，章家弄村、铁拾村成为县级基层党建示范点，非公有制企业党组织实现全覆盖；进一步深化“村民说事”制度，实现“村务会商”制度全覆盖；举办各类培训班30期，培训党员干部859人次。

（吴爽）

大徐镇2013年各行政村基本情况一览

表88　　人口—经济—财政—物价

村名	常住户数(户)	常住人口(人)	耕地面积	林地面积	农村经济总收入	年人均收入	集体经济收入
			(亩)		(百元)	(元)	(百元)
合计	6665	19908	11494.05	40947.30	204202	7785	62669
林善岙	268	855	616.70	2699.00	12865	7795	3545
黄盆岙	185	639	506.50	1002.50	11067	7784	4796
大磊头	176	544	168.00	1113.00	2400	7804	395
相思岭	303	1047	644.50	2749.00	10923	7684	2749
里考坑	285	822	271.37	608.00	2653	7789	2526
新罗岙	215	628	238.40	2062.00	14464	7395	315
上　岙	221	651	424.80	2179.00	4645	7628	836
下　岙	239	711	420.60	1514.00	1116	7733	544

续表 88

村名	常住户数（户）	常住人口（人）	耕地面积	林地面积	农村经济总收入	年人均收入	集体经济收入
				（亩）	（百元）	（元）	（百元）
虎啸铺	212	679	250.08	671.00	10247	8018	2147
夏雨岙	145	496	152.49	861.00	154482	1531	452
章家弄	275	771	477.89	1416.50	12857	7800	2086
雅林溪	238	770	365.57	758.00	8143	7785	4209
后　林	138	411	201.08	541.80	5728	7550	77
汤家店	268	637	328.94	1327.00	2460	7940	950
三角地	328	891	576.33	2162.00	6130	7317	313
海　口	219	683	508.05	379.00	3095	7770	1192
铁　拾	399	1219	430.49	3459.00	18045	8251	8115
安　东	217	688	538.80	063.00	3720	7798	1409
陈　山	372	1189	1477.00	3868.00	7619	7792	3072
大　徐	564	1647	470.17	2380.00	35826	7842	21296
甲田弄	318	815	401.13	1282.00	7725	7940	536
塔　幢	436	1211	810.86	2239.00	5716	7804	570
下　院	286	819	506.50	2684.50	7351	7720	159
杉木洋	358	1085	707.80	1929.00	7876	7831	380

新桥镇

【概况】 新桥镇地处象山半岛中部，北倚五狮山，与茅洋乡接壤；东北连接东陈乡，东濒大目洋，南止将军山，与石浦镇、定塘镇相邻，西临蟹钳港、马岙门，与宁海县、泗洲头镇隔港相望。镇驻地新桥村，省道公路茅石线、沿海复线纵贯境内。辖28个行政村和1个居民委员会（新桥）和1个场管会（狮子山），常住户数8724户，总人口26919人。新桥镇区域总面积126.28平方千米，有林地3869.2公顷、耕地1597.4公顷、水田949.09公顷、旱地297.53公顷、浅海滩涂38.28平方千米。

2013年，镇党委、政府坚持以科学发展观为统领，紧紧抓住大桥效应加速释放、“两区”建设深入推进的历史性机遇，全面推进“招商引资”、“项目落地”、“环境提升”三大行动，全镇经济社会各项事业取得了较快的发展。全年实现：社会总产值19.88亿元，同比增长7.2%；财政收入7955万元，同比增长27%；农渔民人均纯收入10493元，同比增长10.5%。2013年获县组织工作目标管理考核先进党委、新农村建设先进乡镇、县“平安象山”工作先进集体、社会稳定工作先进集体以及县旅游发展先进集体等荣誉。

【工业经济稳中有升】 全年实现工业总产值15.2亿元，其中规模以上工业产值5.8亿元。狠抓招商引资“一号工程”，开展亲情招商、乡情招商，全年新引进企业13家，实际利用内资1.4亿元。做好“借鸡生蛋”“筑巢引凤”文章，借助县级工业园区、东溪工业集聚小区，完成派斯马克等项目协议签订，宁波永华机械成功落户，龙驰防腐新厂房建成投产。加快技术创新和科技投入，新培育规模企业3家，新增省级高新技术企业、市级科技型企业各1家。弘扬创业创新精神，加大科技集成运用，申报市级新产品6个、企业专利3项，投资9600万元完成技改项目9个。

【农业经济好中育强】 全年实现农业总产值2.67亿元，增长5%。主导产业优势明显，形成县级农产品单打冠军7个，初步形成以南美白对虾、梭子蟹、白沙枇杷为“拳头”，蓝莓、草莓、黄桃、红茄为梯队的特色农业产业体系，全县十大特色农副产品新桥占尽其四，在全省农业“两区”现场会上展示了农业强镇良好形象。休闲农业加快发展，投资1.5亿元的现代农业综合体、县农产品物流交易中心建成投用，投资1.3亿元动建龙屿农业休闲园。新建市级农业精品园、示范园3个，建成东溪塘标准化粮食功能区。22座山塘水库加固工程提前完工，完成113.33公顷龙王头塘标准化改造，获“大禹杯”水利竞赛三等奖。高效农业持续发展，注册家庭农场11家，农业合作组织达46家，新推广高效轮作模式173.33公顷，累计建成“万元田”1800公顷。

【两家农业基地成全省“两区”现场会参观点】 2013年9月，浙江省现代农业“两区”现场会在象山县召开，新桥镇积极做好参观点筹备工作，高标准、高质量完成县现代农业综合体、南美白对虾生态循环全大棚养殖精品园两个主参观点建设，综合投资800万元打造大旗头一崇埯港精品参观线，有效展示良好形象，为现场会成功召开奠定扎实基础，获得省、市、县各级领导肯定。

【推广“万元田”模式发展高效农业】 2013年，新桥镇加快实施“万元田”行动，深挖单位土地增产增效潜力，做深做强农业产业全产业链，推动实现强农富民。探索推出下七里蔬菜基地“茄—稻”轮作套种模式、石昌南美白对虾养殖基地里“虾—草—鹅”生态循环模式以及水稻种植精准节本等模式。至2013年，累计建成“万元田”2.7万亩，占农业作业面积45%（扣除粮食生产面积可占75%），其中三年来新增2.1万亩。10月11日，《新桥镇推广“万元田”模式着力发展高效农业》作为象山政务第七期工作交流刊发，得到了黄旭明副省长、林静国副市长批示，要求各地总结经验，以便推广。

【旅游经济加速发展】 深入实施“旅游兴镇”战略，通过省级旅游强镇复评，获县旅游工作先进集体。全年实现接待游客121万人次，旅游综合收入1.52亿元，同比分别增长102%和87.5%。对接影视加快发展，全年引进剧组34家，累计拍摄952天次。民国城项目顺利推进，引进落户宁波天诚、象山尤典等影视传媒企业13家。完善配套设施建设，围绕“吃住娱购游”全面提升接待能力，新增农家客栈16家，总数达到50家，办理经营证件22家。成立旅游服务公司2家，新增餐饮购物点12处，发展休闲观光点11个，完成东溪岭千年古道修复。成功举办第七届新桥枇杷节，高湾村获省级旅游特色村、黄公岙村获市级农家乐特色村称号。

【影视农家客栈有序发展】 依托影视城优势，黄公岙村、灵岙村、上盘村等村借势借力，加快影视农家客栈发展。自2011年发展至2013年年底，新桥共有影视农家客栈56家，其中黄公岙村43家，床位1100个；灵岙11家，床位263个；上盘村2家，床位81个。上盘村2013年共投资625万元建成投运影视经济型宾馆，共有房间90个，床位172个，总接待游客量1616个，实现村集体经济收入25万元。

【举办第七届枇杷节】 2013年5月25日，新桥镇第七届枇杷节在高湾枇杷观光园举行。本次枇杷节以“跨大桥、看大海、摘枇杷、游影城”为主线，主打“乡村游品牌”，推出“品枇杷、游影城、住农家”“体验盐文化、品枇杷、游影城、住农家”“登仙山、吃素斋、品枇杷、游影城”“品枇杷、体农事、游影城”等自驾游线路。从而提升乡村游魅力，促进产业发展、农民增收。枇杷节的成功举办，不仅带动了高湾村枇杷销售，也带动了高塘、黄公岙等村枇杷销售，实现了枇杷种植户不出村就能卖上好价钱的目标。共接待游客8万余人次，全镇实现销售收入1040余万元。

【保障大平台大项目建设顺利推进】 为保障宁波象保合作区一期项目建设，全面对接大平台、大项目建设，积极推进新桥盐场开发，新桥盐场“盐改废”获省政府批准，土地征用全面推开，2013年着手与11个村积极协商，与村集体签订土地征用协议。做大做强影视文章，基本完成影视城三期71.07公顷土地征用和20公顷土地填方，有力保障浙江广电集团象山影视基地签约落户，影视文化产业区被列为第三批省现代服务业集聚示范区。主动对接交通框架优化，有序推进三门湾大桥及接线工程、石浦高速新桥连接线工程前期工作，区位优势更加凸显。

【城镇面貌日新月异】 加快镇域建设发展，实施永盛路街道形象提升工程，完善市政设施，新建景观式候车亭6个，投资1000余万元完成新桥流域综合整治，建成新桥河道景观工程，提升城镇综合形象。深化"两城创建"，促成镇区环卫服务外包，强化城镇综合执法管理。推进实施"农房两改"，做好兴溪家园安置和街面房销售，基本完成迎丰家园前期工作。坚持拆管并举，积极推进"三改一拆"，完成全年拆违5.5万平方米，位居全县前列，严格规范农村建房审批，加大违法用地查处力度。

【新农村建设步伐加快】 积极打造美丽乡村，成功创建市级环境整治提升村4个，开展梳理式改造村7个，推进影视城至大旗头精品线建设，高湾村获全国"一村一品"农业专业特色村称号。加大扶贫开发力度，围绕盘活资产、开发资源、发展物业等方法，加快推进村级集体经济发展，启动礁湾塘改造、大塘港种改养等集体经济发展项目。基本完成市级土地综合整治复垦工程，连片复垦宅基地140余亩，实施洋坑村土地开发260余亩。

【生态环境有效改善】 实施生态环境综合整治，完成市级生态村建设6个，成功创建市级环境整治示范镇。加大生态基础投入，动建江东畜牧小区，分步启动10个村生活污水处理设施建设，完成蛤沙、白龙寺地质灾害点治理。扎实开展"四边三化""双清"行动，完成5条主要流域整治清理。继续实施卫生包干长效机制，实施村庄卫生每月评比和"十佳庭院"美化活动，6个村试点开展环卫绩效奖励制度，环境卫生工作走在全县前列，获县绿化工作先进乡镇、生态县建设先进集体称号。

【科教文卫事业加快发展】 优先教育发展，投资1000余万元的镇中心幼儿园建成开学，并顺利通过市级四星级幼儿园创建评估，新桥学校中考再创佳绩。文体事业活跃繁荣，成功举办企业职工运动会，组织"千影百戏"进村入企，建成上盘村文化大礼堂，省体育强镇通过复评。完善人口计生管理机制，优化出生结构，继续稳定低生育水平。强化食品药品监管，创建市级卫生村2个，开展农民体检、妇女健康检查4960人次。

【社会民生保障全面进步】 顺利开通镇域公交，有效改善群众出行。巩固提升充分就业乡镇建设，完成农民培训1100余人次，新增就业人员306人，开发农村公益性岗位13个、城镇公益性岗位1个。实施社会保险扩面，新增各项社会保险参保2100余人，新农合参保率达96%。社会救助水平有效提升，建成农村集中式居家养老中心5个，完成危旧房改造32户，累计发放各类救助金551万元，慈善援助、扶残助残工作不断深化。民生事业协调发展，供电、邮电、广电、金融支农等工作取得较好成绩。

【社会管理功能逐步提升】 加强和创新社会管理，全面推行"网格化管理，组团式服务"，投资250万元建成社会服务管理中心和巡控中心，新增高清视频监控4处，基本实现农村视频监控全覆盖，切实完善基层管理服务网络。建立健全大排查大调解机制，调处各类矛盾纠纷92起，办理信访案件27件，完成一系列重大活动的安保任务。严格落实安全生产责任制，确保重大安全事故零发生。支持工会、共青团、妇联、关工委发挥作用，档案管理、普法教育及科协工作取得新成绩，圆满完成新兵征集任务。

【"星级化"管理制度在全县推广实施】 2013年，新桥镇率先推行农村基层党组织"星级化"管理制度，通过联评定星、评星晋级，每年评出一星级至五星级党支部，并根据星级升降进行动态管理，与考核挂钩，激发干部工作积极性，并同时出台《新桥镇联村干部星级化管理实施意见》《新桥镇党员星级化管理实施意见》，统筹推进基层党组织、党员干部队伍和联村干部队伍建设。2013年共评定五星级党支部5个，五星级联村干部5个。2013年4月，县委办发文《关于在全县农村党组织中全面推行"五星管理"的实施意见》，将农村党支部星级化管理在全县范围内推广。

（新桥镇办）

新桥镇2013年各行政村经济情况一览

表89

村名	户数（户）	人口（人）	水田（公顷）	旱地（公顷）	水产养殖（公顷）	农村经济总收入（万元）	村级资产（万元）	村集体年收入（万元）	村集体年支出（万元）	人均收入（元）	书记主任
合计	8146	26623	1069.1	297.53		137691	18461	1162	1488	10256	
乡镇企业						65772				10767	
七林湾	220	809	21.67	5.47	5	1625	343	11	147	10481	卢小兵 张月年
高湾	610	2110	69.07	21.93	30	4202	767	68	109	11635	袁祥夫 陈爱国
高塘	299	995	30	8.6	2	3362	1099	9	82	9390	林社会 胡松建
东狮	197	613	14.47	2.27	4	1713	516	11	20	9528	邵兴田 邵六一
石柱里	213	737	14.73	3.2	3	2879	396	18	28	11810	史济春 史奇辉
石柱外	184	626	19.93	3.07	3	1785	478	66	18	11704	史理程 陈炳辉
黄公岙	603	2023	111.27	12.33		5682	520	79	50	9251	邵兴吉 史久东
上盘	248	746	39.6	4.67		1782	992	96	109	7006	张忠清 曹善东
灵岙	186	652	26.53	4.93		1978	271	32	31	10567	郑其堂 胡余明
上七里	175	624	25.93	2.73		1841	610	56	29	8743	奚基苗 奚坚峰
下七里	382	1256	61.47	9.07	15	4109	1164	30	72	7285	励安国 奚银杏
黄吉岙	153	513	24.27	2.53	18	1706	183	8	30	6806	林祥恩 王阿明
双岙	92	324	14.87	5.07		635	97	4	13	6933	吴增才 奚小高
崇在	72	250	16.4	1.33		912	151	0	24	8437	汤有荣 叶小发
韩升	103	335	9.6	4		812	124	0	13	12568	宋罗平 韩　斌
海台	324	1021	39.87	6.67	40	2958	181	195	108	9975	韩海祥 韩云才

续表 89

村名	户数(户)	人口(人)	水田(公顷)	旱地(公顷)	水产养殖(公顷)	农村经济总收入(万元)	村级资产(万元)	村集体年收入(万元)	村集体年支出(万元)	人均收入(元)	书记主任
山根	355	1155	37.4	4.27	60	3672	527	82	88	8243	顾德照 顾福东
井头	308	1016	28.8	9.33	40	2341	2535	90	55	12310	顾才法 顾明夫
五兴	239	812	19.93	11.73	24	1727	186	64	48	6631	郑志江 赵士育
东溪	894	2706	52.87	131.73	35	9945	2302	168	119	6791	励茂坚 励超峰
庙前杨	214	708	18.87	5.8		1383	385	0	22	6615	韩锡云 杨裕来
洋坑	251	746	25.87	5.93	13	1801	327	3	25	9655	史益星 吴丙才
山头王	219	690	21.27	4.4	10	1322	269	0	38	11107	王如金 王　锋
新桥	158	499	14.8	2.2	5	1729	395	14	9	7826	葛阿明 史百良
关头	809	2660	111.53	15.6	30	5410	1530	17	94	13791	史良法 史济代
海丰	187	616	23.13	4.33	10	1316	230	0	19	9150	王纪四 叶云明
板岭	271	823	39.27	0.87	15	2203	1584	31	64	13791	陈杏成 陈瑞东
兴海	180	558	15.67	3.47	10	1092	299	10	24	9150	金从平 龚　平
狮子山	21	88	120								俞明康 石为明

东陈乡

【概况】 东陈乡位于象山半岛中部，县城南郊，东濒大目涂，南接新桥镇，西邻茅洋乡，北连中心城区。辖区总面积56平方千米，海岸线长32千米，现有耕地面积688.7公顷，全乡总户数7376户，总人口23241人，下辖20个行政村，乡政府驻地沙岗村。2013年，全乡实现地区生产总值31.9亿元、财政总收入1.02亿元、农渔民人均收入15011元，分别同比增长18%、2.8%、15%。

2013年，东陈乡在县委、县政府的正确领导下，坚持学习实践科学发展观，以“工业发展的大平台、城市南拓的新空间、现代服务业的增长点、文明和谐的新福地”为目标，团结带领和依靠全乡人民，齐心协力，攻坚克难，实现了全乡经济社会的持续、协调、稳步发展。工业经济快速发展，全乡实现工业总产值40.08亿元，2000万元以上规模企业实现产值30.41亿元、销售收入28.13亿元、利润1.15亿元，实交税金1.11亿元，分别增长56%、13.4%、

15.6%、22%和13.2%。坚持把招商引资作为经济工作的重中之重来抓，党政"一把手"亲自抓，引进重大招商引资项目7个，完成合同外资1175万美元，实到外资1047.8万美元，实到内资3.06亿元，增长6.8%、102%和45.3%，超额完成全年目标任务。完成外贸自营出口额2.2亿美元，技改投入4.3亿元，新办企业45家。随着汽车广场初具规模，汽车4S店实现销售收入4.9亿元，第三产业收入达8.2亿元，增长150%。项目建设有序推进，成立乡重点办，对15个县重点工程政策处理工作和38个乡重点工程项目，建立项目责任制，确定责任领导和工作班子，破解项目推进中的困难问题，按时完成各项征迁任务。固定资产投资近8亿元。现代特色农业稳步发展，重点培植精品型、城郊型、休闲型高效农业，着力做大做强象山白鹅和梭子蟹产业，建设大白鹅精品园和梭子蟹精品园。通过果蔬合作社开展旅游采摘，发展城郊型休闲农业。全力以赴做好"三改一拆"工作，共拆除违章建筑7.59万平方米，完成拆违率379.64%，位居全县第一。积极做好旦门中心村和樟岙特色村创建工作。成功举办全民运动会、第七届陈汉章读书节和岳头、旦门村农民文化节，在才华剪纸艺术馆设立东陈乡党员干部作风建设教育基地，在岳头村设立象山乡村雷锋文化室，成功创建省体育强乡。计生教卫、社会保障等社会事业协调发展，加强社会管理创新工作，规范运作"三中心合一"的乡社会服务管理中心，完善网格化管理队伍，成立东陈乡巡控中心，社会保持和谐稳定。

2013年，荣获宁波市安全生产工作先进集体、县工业先进镇乡、县招商引资工作先进单位、县外经工作先进单位、县重点工程"争先创优"立功竞赛优胜单位、县建设"平安象山"工作先进集体、县平安镇乡、县现代农业强镇、县商贸流通服务业先进镇乡、县宣传思想文化工作先进集体等一系列荣誉称号。

【招商引资超额完成全年目标任务】 坚持把招商引资作为经济工作的重中之重来抓，党政"一把手"亲自抓、分管领导直接抓，建立重点项目领导联系制度，出台招商引资奖励办法，进一步优化招商服务，做到勤联多访，以诚感商。深化"浙商回归"工程，力促在外成功人士回乡投资，引进红星美凯龙、宝实投资、宏普机械等重大招商引资项目7个，完成合同外资1175万美元，实到外资1047.8万美元，实到内资3.06亿元，增长6.8%、102%和45.3%。

【红星美凯龙项目开工提上日程安排】 红星美凯龙配套工程是由象山亚飞商贸城开发有限公司投资建设，该企业是浙商回乡企业，县重点招商引资企业，落户在东陈乡，项目总占地面积约9.5万平方米(142亩)，总建筑面积约29.3万平方米。该项目计划分三期进行建设，总投资约12亿人民币。第一期计划2014年7月开工至2015年12月30日竣工，用地约2.3万平方米，建筑面积6.9万平方米，投资约8亿元人民币；第二期计划2016年1月开工至2017年12月30日竣工，用地约2.5万平方米，建筑面积7.2万平方米，总投资约2亿元人民币；第三期计划2018年1月开工至2019年12月30日竣工，总建筑面积约6.1万平方米，总投资约2亿元人民币。红星美凯龙将计划建成全县档次最高、品种最齐全、管理最先进、面积最大最集中的大型集散型家居市场，成为集购物、旅游、休闲为一体的城市综合体。

【现代汽车城雏形初现】 2010年3月，县委、县政府作出关于加快东陈城南高新创业园开发的重要决定，创业园规划建设面积3.5平方千米。同年12月，汽车广场项目正式启动。象山汽车广场总用地面积约21.1万平方米，建筑占地面积约为9.6万平方米，总建筑面积为22.1万平方米。广场设计采用国际先进的5F规划理念，涵盖汽车贸易、汽车博览、汽车商务、汽车文化、汽车运动五大板块，努力营造丰富多彩、大气恢弘的独特汽车主题乐园及引领时尚生活，倡导融商业、休闲、文化、旅游为一体的城市理念，力求打造象山境内高品质、大跨度、多方位的现代国际标准的汽车城市广场。到2013年12月底，广场共入住14家汽车品牌4S店，其中宝马、一汽大众、日产、别克、雪铁龙等10家汽车4S店和象山融通二手车市场已建成对外营业，另有奥迪、斯柯达等3家汽车4S店和一个现代化汽车综合商务大楼正在施工中，一个现代化的汽车广场雏形初现。随着汽车广场初具规模，金融衍生企业、二手车交易市场、再生资源交易市场开业，第三产业收入翻倍增长,汽车4S店实现销售收入4.9亿元,2013年全乡第三产业总收入达8.2亿元,同比增长150%。

图为滨海大道沿路汽车4S店

【亚飞建材商贸城火热招商】 亚飞建材商贸城地处滨海工业园区,沿海南线与金通路交汇处。象山亚飞商贸城规划有商品展示中心、生活体验中心、电子商务中心、商品采购中心、商品交易中心、综合服务中心、商务办公中心、餐饮娱乐中心、金融服务中心、信息交流中心等十大中心,交易平台、展示平台、商务平台、仓储平台、交流平台等五大平台。亚飞商贸城立足浙中,辐射全省,将成为“规划领先、规模宏大、业态丰富、管理先进、功能完善”的一站式商贸、采购、流通中心。项目总占地面约130亩,总建筑面积16万平方米,由象山亚飞商贸城开发有限公司投资建设,分3期建设,总投资约为8亿元。其中,一期工程由两栋沿街商业楼组成(约1.5万平方米),分为钢材、木材、陶瓷等建材专业市场,到2013年底已结构封顶,共可招商建材客户150多户,预计2014年6月试营业。二期工程预计2014年7月开工建设,由两栋1万平方米的纯沿街商业楼、两栋1万平方米的大型仓库、一栋约为2.5万平方米的建材陶瓷市场等组成。三期由4万平方米大型建材商场和4万平方米公寓住宅组成,共计8万平方米。

【成立东陈乡雷锋文化室】 东陈乡雷锋文化室位于东陈乡岳头村,是浙江省首个乡村雷锋文化室,也是我省收藏雷锋图文资料较为齐全的文化室之一。雷锋文化室建筑面积50平方米,投资20余万元,展示了雷锋同志生平、工作、生活等文字资料和历史照片380件,翔实的文字资料、珍贵的历史照片和影视录像,生动全面地再现了雷锋同志平凡而伟大的一生。2013年3月5日,举行了雷锋文化室

图为象山亚飞建材商贸城效果图。

启动仪式,旨在弘扬雷锋精神、传播雷锋文化,为推进精神文明建设发挥重要作用。

【成功举办首届全民运动会】 6月1日,在东陈小学举行东陈乡首届全民运动会。运动会遵循“热烈、节俭、健康、有序”的宗旨,紧密结合农村特点,突显“绿色、休闲、健身”主题,全面提升农民身体素质。本届运动会设篮球、乒乓球、登山、健身舞和棋类等比赛项目,得到相关体育协会的鼎力支持,使本届运动会取得良好成效。本届农民运动会不仅检阅了近年来东陈乡农民体育运动的新成果,展示了东陈乡农民的新风貌,而且使来自各村的农民运动员和农民体育工作者通过紧张的比赛和友好交往,切磋了技艺,交流了经验,沟通了感情,增进了友谊,开阔了眼界,赢得了竞赛成绩和精神文明双丰收。

全民运动会篮球赛现场。

【东陈乡中心幼儿园迁建工程开工建设】 东陈乡中心幼儿园新址位于东陈乡沙岗村,校南路与兴建路交叉口西北角地块,办班规模为20班。项目总用地1333平方米,总建筑面积7892平方米。工程建设主要包括1号、2号教学楼及辅助用房,门卫及户外活动场地、围墙、道路、绿化、给排水及综合管线等配套设施,总布局成“工”字状。工程总投资

3017万元，于2013年8月动工兴建，计划2014年8月完工。

【举办第七届东陈乡汉章读书节】 6月1日，东陈乡第七届陈汉章读书节启动仪式在东陈小学举行。此届读书节包括发放“汉章读书月”活动倡议书、微型党课比赛、参加塔山讲堂，东陈中学、小学、幼儿园“汉章读书节”系列活动等读书活动。读书节以“打造学习型东陈，构建人文东陈”为主题，旨在为打造产城一体的现代化新东陈提供强大的智力支撑。

【完成村党支部换届选举工作】 本着选优配强的宗旨，严格选举法律程序，采用“两推一选”和“党内直选”等方式，做到选举工作始终有领导、有组织、有秩序。10月25日至11月7日，集中时间，集中人力，顺利完成20个行政村的村党支部换届选举工作，共选举产生：新一届支委90名，其中女支委11名；新当选支委39人，其中新当选书记7人。

【完成村级组织换届选举工作】 按照“风清气正、有序可控、选优配强、和谐换届”的要求，把好“六个环节”，严格换届程序，做到法定程序不变通，规定步骤不减少。11月7日至12月26日，全体机关干部集中奋战50天，高质量完成20个行政村的换届选举工作。共选出村委会成员66人，其中村主任17名（新当选10名）、委员49名（女委员14名）。村委会换届选举后，随即完成村经济合作社和村务监督委员会的换届选举工作。

（王敏）

东陈乡2013年度各行政村经济情况一览

表90

村名	户数（户）	人口（人）	耕地（公顷）	人均收入（元）	渔船（艘）	村级集体经营总收入（万元）	村级财务总收入（万元）	村级财务总支出（万元）	招待费支出（万元）	书记、主任
合计	7376	23241	688.7	15011	230	362	24606	20048	26.1	
北山下	73	240	16	14555	0	15	122	233	0	史祖良、仇友福
岳头	682	2265	151	12080	52	10	16174	15755	0	吴增产、吴正伟
东陈	280	920	61	13146	0	9	90	132	0.1	陈台生（主持全面工作）、陈增荣
大塔	254	828	55.2	13462	0	11	4164	105	0.4	武益华、王建国
西庄	170	520	34.7	15054	0	12	246	226	0	胡珂祥（主持全面工作）、陈明伦
洋里	103	278	18.5	12063	0	1	470	404	0	陈真民（主持全面工作）、陈明田
升岙	117	420	28	12956	0	1	16	35	0	余启善、陈小云
马岗	270	820	54.7	14119	0	5	153	82	0.1	鲍明豪（主持全面工作）、虞幸裕
沙岗	716	2350	156.7	14112	0	45	1285	834	0.5	陈飞、周可以
山头	125	324	21.6	13488	0	1	14	10	0	张阿兴（主持全面工作）、陈建军
金井头	58	204	13.6	15596	0	9	99	76	0.7	陈庆来、陈会祥
南盘	114	380	25.3	14478	0	2	269	264	0.3	吴昌定、俞志贵
樟岙	1027	2958	197.2	14676	0	87	451	525	2.3	鲍金会
南堡	645	2080	138.7	13141	0	21	135	211	0.2	王世潭、严积良（村务负责人）
松岙	805	2317	154.5	14788	80	9	213	196	0.4	王志瑞（主持全面工作） 韩发苗（村务负责人）
旦门	1056	3386	225.7	15568	41	66	409	533	2.9	杨再宽、李兆明

续表 90

村 名	户数(户)	人口(人)	耕地(公顷)	人均收入(元)	渔船(艘)	村级集体经营总收入(万元)	村级财务总收入(万元)	村级财务总支出(万元)	招待费支出(万元)	书记、主任
上 周	230	767	51	11323	0	16	33	40	0.6	谢定再、孔先红
王家兰	109	349	23	14809	22	4	45	59	0.3	张永琪、郭福根
东 旦	80	288	19.2	12981	18	10	31	36	3.2	吴行良、王有苗
红 岩	462	1547	103	13136	17	28	187	292	14.1	施朝飞、李小飞

晓塘乡

【概况】 晓塘乡地处象山半岛中南部，东邻石浦港，南濒高塘岛乡，西接岳井洋，北连定塘镇。行政区域面积 45.5 平方千米，辖 19 个行政村，人口 1.85 万人，耕地面积 1266.67 公顷，山林面积 1266.67 公顷，是典型的农业大乡，素有“钟灵毓秀”生态农业之乡之称。近年来获得全国环境优美乡镇、省旅游强乡、市级信用乡镇、市科技示范乡、市森林乡镇、市级民族团结进步创建活动示范单位、县水利“大禹杯”银奖等荣誉。2013 年，全乡实现国民生产总值 15.1 亿元，同比增长 4.9%；农渔民人均纯收入达到 11081 元，同比增长 5.6%；财政总收入 5264 万元，同比增长 11%；完成社会固定资产投资 1.3 亿元。全年实现乡村休闲旅游收入 600 万，同比增长 25%；接待县内外游客 5.6 万人次，同比增长 31%；带动农产品销售 1010 万，同比增长 14.3%。

【工业经济平稳运行】 全年实现工业总产值 10 亿元，同比增长 7%。其中 2000 万元以上规模企业实现产值 4.7 亿元，同比增长 3%。招商引资成效显著。新注册企业 11 家，其中引进投资上亿元企业 2 家，新设立境外企业 1 家。全年完成合同外资 425 万美元、实际利用外资 375 万美元、实际利用内资 1.1 亿元、实际利用省外资金 3500 万元、工业项目实到注册资金 3500 万元、完成外贸 1100 万美元。为企服务持续深化。全年常态化开展企业走访活动，累计为企业解决困难 296 次。协调乡商会基金会，为企提供周转资金共 1.52 亿元，缓解企业融资难问题。开展“一对一”企业帮扶，暂时解决三浪公司经营难问题。推出后岭砖瓦厂工业用地 41 亩，完成小微企业集聚区土地征用 65 亩，一定程度上缓解企业用地难问题。机械、水产加工、纺织、化工四大产业结构进一步优化，比重分别占 53%、17%、15%、15%。工业投资稳步提速，完成技改投入 6500 万元，申报新产品、科技项目、各类专利共 40 余项。

【美礁碶工业集聚区一期建设启动】 晓塘乡把美礁碶集聚区列为全乡 1 号重点工程，由乡财政出资 4000 余万元予以打造。2013 年 8 月份完成美礁碶村 65 亩土地征用工程，同时完成 8 家入驻企业签约工作。随着农房“两改”——“晓城故事”集聚区的顺利结顶，产城结合发展迈出了重要一步，基本形成了产城结合发展的雏形。

【现代农业高效发展】 全年实现农业总产值 3.6 亿元，同比增长 7%。特色主导产业优势凸显。柑橘、蛋鸡、生猪、葡萄四大主导产业产值比重由 2012 年的 71.6% 提升到 83.2%，种养面积新增 1900 亩。名优良种推广速度加快，新增“红美人”柑橘、“金太阳”葡萄、红心火龙果等农业新品种 400 余亩。现代农业基地建设获省农业“两区”现场会肯定。外拓农业发展迅猛。晓塘农民通过技术、资金、品种输出，在安徽、云南、湖南等地开拓了柑橘、葡萄、水产种养基地 1.8 万亩，实现产值 2.1 亿元，在晓塘外新造另一晓塘。设施农业建设投入加大。累计投入 1260 万元，推广喷滴灌设施 2000 亩，搭建钢质连栋大棚 130 亩，建成农机示范园区 1 个，提升标准化生猪养殖场 2 个，特色农业设施化水平得到进一步提升。另外，投入 2900 万元，完成高标准农田提升 12500 亩，完成面上水利工程 6 项，完成低丘缓坡改造128.3亩，农业生产基础条件进一步改善。

【推广钢穹大棚提高农业防灾减灾能力】 为减少台风等重大自然灾害对葡萄、柑橘等特色产业的影响，该乡按照“农民自愿、政府补贴、公司统一实施”的原则实施“阳光计划”，逐步减少露天种植，淘汰毛竹大棚，大力推广新型钢穹大棚。通过示范带动加快全乡特色农业设施化水平，大幅提高防灾减灾能力。全年完成2个成片连线钢穹大棚示范点搭建共50亩。据测算，“钢穹—水泥柱”大棚搭建成本为传统钢制大棚的1/2，但抗风能力由原来的八级以上提高到十级以上。

【推广设施大棚保险400亩】 为提高农户抵抗风险能力，促进农户收入可持续增长，避免台风等自然灾害对农户和农业生产造成严重损失，全乡大力推行政策性农业保险“绿箱政策”，为农户提供可自主选择的“大棚”或“作物”或“大棚—作物”单保或双保方式，并推行只要求农户承担保险额50%的优惠政策，“包干到户”派专人到葡萄、柑橘种植散户和农村经济合作社对政策性农业保险进行宣传解释且提供上门签约服务。全年完成政策性农业保险设施大棚面积400亩，涉及9个行政村，其中散户18家，面积210亩，保险金额8929元，农村经济合作社2家，为西边塘白玉湾葡萄合作社和象山红柑橘合作社，面积190亩，保险金额达28000元。

【做好全省“两区”现场会参观点筹备工作】 2013年9月，浙江省现代农业“两区”现场会在象山县召开，晓塘乡积极做好参观点筹备工作，投入500余万元，建成象山红柑橘合作社大楼，完成下洋墩山洞—台宁约2千米精品景观带建设，有效展示良好形象，为现场会成功圆满召开奠定扎实基础，获得省省“两区”现场会肯定。

【节庆旅游品牌进一步打响】 2013年成功举办第八届晓塘白玉湾葡萄节、第七届晓塘民族和睦邻里节、第九届晓塘柑橘文化节，节庆旅游成为宣传晓塘，促进乡村旅游经济蓬勃发展的一张金名片。其中，第八届白玉湾葡萄节开展少数民族同胞文化走亲汇演、走进葡萄节文艺晚会、村干部新农村运动会等多项活动，并组织乡村休闲自驾游、亲子游和团队游等休闲体验式活动。三大农耕节庆吸引县内外游客7.2万人次，带动农副产品销售530余万元，惠及农民增收240余万元。

【成功创建白玉湾AAA级景区】 乡、村两级先后投入800余万元，新建西边塘环村景观河、葡萄长廊、凉亭等基础设施，提升了四季果园、旅游接待中心等服务功能，完成西边塘整村环境整治，统一全村围墙，设置了旅游指示牌等。同时，将四季兰花公园纳入白玉湾景区内。2013年12月底，白玉湾景区通过了省考核组验收，成功实现创建，成为全乡第一个以村景模式成功创建的AAA级景区。

【农家客栈规范有序发展】 依托白玉湾AAA级景区示范带动作用，西边塘、中岙、晓塘等村借势借力，加快农家客栈发展。2013年新增农家乐6家，其中：西边塘村1家，共62个床位，与上海等地31家旅行社建立了合作关系，实现利润21万元；中岙3家，床位28个；晓塘村2家，床位81个。截至2013年年底，全乡共拥有农家乐16家，拥有床位421张。

【中心城区集聚形成基本框架】 2013年，随着“晓城故事”集聚区和乡综合文体中心建成、晓塘中心卫生院顺利迁建并投入运行，“山洞—乡政府”主干道景观带修复，美礁碶工业园区一期工程成功启动，晓塘乡中心乡域的基本框架基本确定，中心城区形象开始显现。

【新农村建设深入推进】 该镇2013年成功创建双连岭市级小康村、西边塘市级特色村，晓塘、胡家岭等村梳理式改造持续推进，盘活农村土地68亩。“三改一拆”行动强势推进，拆除违法建筑33000平方米，农村面貌和发展空间得到明显提升。

【开展美化家园“月主题、季循环”活动】 围绕“两城”创建工作总体要求，以美化家园“月主题、季循环”活动为抓手，动员干部群众开展全乡性环境整治。确定每月16日为活动主题日，按照每季度第一个月整治村内建成区环境，第二个月整治河道、田间地头等卫生盲区，第三个月整治村村结合部和

“三不管”区域以及季度循环模式确保美化家园活动持续性和长效性。同时，设立美丽庭院星级评优公示兰开展评星评优工作，加强考核推动增强活动实效。创建过程中，建立19支村级义务保洁队和19支干部先锋示范保洁队，获得了全县第5名的好成绩。

【实施幸福家园环境综合提升行动】 2013年3月，全乡开始实施美丽乡村、幸福家园环境综合提升行动。发挥党员干部带头示范作用，规定每月16日为全乡的“义务奉献日”，所有联村(企)干部、党员、村四套班子成员、村民代表、青年巾帼志愿者参加各单位每月确定的重点环境提升劳动。建立义务保洁岗，把各村村道的保洁落实于各党员、班子成员和村民代表，明确责任任务进行上墙公示，促进全乡环境卫生日常保洁。重点对村庄环境、公路沿线、河流河岸等地区垃圾、漂浮物、烂橘、柴草乱堆等现象进行大规模整治。同时，对整治工作突出了村庄、家庭进行先进评比。先后评出了3个美丽村庄和30户美丽庭院，全乡环境卫生得到明显提升，特别是烂橘沿路倾倒现象得到基本整治。

【农村基础设施不断夯实】 2013年，全乡完成村庄“一事一议”项目6个，新建通村公路2条，建成农村污水处理设施6个，新增公共绿地4个，农村基础设施进一步完善。

【民生事业快速发展】 2013年，投入652万元建成中心卫生院、黄埠片联网供水工程以及完成中心小学塑胶运动场地、教学楼改建，有效解决了1.9万名群众看病难和2500名群众吃水难问题，提升了晓塘小学教育设施水平。另外，违法生育势头得到有效遏制，省体育强乡、市级文明村、县级文明村顺利通过复评和验收。

【社会保障日益完善】 2013年，该乡新建居家养老服务点5个，新增城乡居民养老保险、基本养老保险等各类保险1367人，新型农村合作医疗保险参保率达到98.3%，发放各类救助资金46万元，完成危旧房改造18户。

【社会管理切实加强】 深化“平安晓塘”建设，不断提高社会管理人防、技防水平，新建社会管理服务中心，设立晓塘警务室，落实村级网格管理员和信息员。新安装视频监控系统62套，实现全面覆盖，社会治安管控能力得到明显提升。

【做好村级组织换届选举】 自10月中旬正式启动以来，全乡基本完成村级组织换届选举工作，对部分村主要干部作出调整，其中村支部书记5名，村主任7名。经过此次村级组织换届选举工作，选优配强了村级干部队伍，使以党支部为核心的村级组织整体建设得到了加强，形成了上下齐心谋发展的良好局面。

【创新分片担责党建工作】 全乡划分乡情网格37个，形成了以村党组织为核心，以农村干部、党员、村民代表等为主体，明确服务职责、村事片管，实行守土有责，以“一把扫帚”为主，小事入手，实行网内自治、上下联动的党员服务管理新模式。“分片担责”经验在全县得到推广，党员义务服务实现常态化，服务型党组织建设得到进一步深化。2013年9月，全县“分片担责”现场会在晓塘乡中岙村成功举办。

【突出党员干部队伍管理】 狠抓乡干部、党员及村干部三支队伍，制定以定任务、定责任、定时限、考绩效为主要内容的“三定一考”考核办法，严格落实机关干部纪律遵守、联村联企、工作执行和一线服务等制度，提高机关干部干事创业积极性。开设乡村大课堂，开展“千名党员”大轮训，确保基层党员的纯洁性和先进性。制订“项目对账”表，提升党员干部在新农村建设中作用的发挥。

【抓实村级廉洁工程建设】 深化党风廉政建设和“三资”管理“双达标、双示范”活动，规范村级财务管理，处理“白条抵库”资金120万元，成功推进“并村并账”2个，有效推进基层廉洁工程建设。

晓塘乡各行政村经济情况一览

表 91

	常住户数（户）	常住人口（人）	村民小组（个）	耕地面积（亩）	山林面积（亩）	集体经济收入（百元）
岭头	115	365	4	0	1720	3272
东浦	277	878	18	582	3594	12011
支坑	170	480	7	283	1929	5040
黄埠	353	1141	13	791	4401	18742
后岭	131	381	5	476	1963	5751
鹤洋	98	324	6	283	1208	2898
美礁碶	349	1257	16	856	2491	16596
月楼	451	1355	27	1460	4031	18245
做布厂	218	681	16	744	435	6109
中岙	371	1235	33	1472	663	11302
中央站	220	674	15	823	627	6375
里塘	168	527	15	744	523	5773
新厂	430	1322	31	1555	602	7857
胡家峙	477	1505	30	1843	831	12012
晓塘	479	1392	17	1516	1444	30116
励家坪	458	1266	31	1207	2731	9854
青山头	354	1165	16	1243	1643	13154
双联峙	257	799	18	999	1331	15908
西边塘	521	1714	11	1766	1572	43269

黄避岙乡

【概况】 黄避岙乡是浙江省鲈鱼、黄鱼之乡，省级生态示范乡镇。地处县境北部，北离宁波 80 千米，南距县城 18 千米，三面环海，海岸长 28.6 千米，西北濒临象山港与奉化、鄞县隔港相望，南依西沪港与墙头、西周毗邻，东邻贤庠镇、大徐镇，乡政府驻地龙屿，龙屿至贤庠、茅洋、西泽的公路，均与盛宁线相接，渡口密布，水陆交通便利。

全乡区域面积 43.6 平方千米，下辖龙屿、周家、谢家、兵营、横塘、白屿、大林、高泥、横里等 16 个行政村，有人口 1.4 万人。耕地 746.67 公顷，山林 2366.67 公顷，滩涂 543 公顷，浅海 557 公顷，海水池塘养殖 246.67 公顷。盛产柑橘、杨梅、黄花梨、高菜、茭白等果蔬产品和黄鱼、鲈鱼、真鲷、黑鲷、美国红鱼等水产品。

2013 年，实现社会总产值 18.2 亿元，增长 22.1%；财政总收入 4921 万元，增长 25.3%；固定资产投入完成 2.1 亿元；农民人均收入达 10400 元，增长 10%。

【工业总量增幅明显】 全年实现工业总产值 14 亿元，同比增长 27.3%。规上企业完成产值 9 亿元，同比增长 9.3%；完成销售 8 亿元，同比增长 4%；完成税收 5288.8 万元，完成年计划的 264.4%。

【首次完成外资任务】 全年完成内资2.1亿元，注册资金9000万元，完成外资410万美金，首次完成外资任务。新办企业13家。新签约项目2个，分别是象山海琦机械有限公司、宁波泛洋保温材料有限公司。

【科技创新成绩突出】 新增市高增长企业1家，研发新产品22项，新产品率95%。海腾新科技环保型防污防腐涂料入选国家火炬计划863项目，也是代表宁波市唯一一个"科技惠民"项目，争取中央资金2000多万元。科德建材第五次参与起草国家标准制定。日星入选市"860"实力工程。旭文海藻朱文荣入选科技部创新人才推进计划和国家高层次人才特殊支持计划。行地汽车完成国家级检测检验中心建设，有望2014年通过验收。

【"西沪三宝"入选县十佳旅游商品】 6月27日，黄避岙乡鲁裕水产合作社的"西沪三宝"入选县十佳旅游商品。"西沪三宝"主要包括紫菜、海带、苔条。

【特色农业初显成效】 西沪港低碳健康养殖示范区顺利通过市级验收，象山港抗风浪网箱养殖模式取得成功。后华塘畜牧小区主体工程基本完工。有序推进低丘缓坡及低产农田开发，兑现土地流转、产业扶持等奖励政策近10万元。新增土地流转面积530亩。苗圃基地发展达300余亩，新开发枇杷、柚等300亩。完成象山北出口及周家塘290亩农田地力提升工作。

【涉农服务优化提升】 创建市科普示范乡，完成县规范化农业公共服务中心建设。全市首家渔业院士工作站落户港湾水产有限公司，大棚茶叶加温、岱衢族大黄鱼繁育放流等获得成功。提高农业机械化水平，谷丰、丰盈等合作社提供"五统一"服务超4400余亩。健全产业管理体系，新注册家庭农场3家，规范小型船舶管理186个，开展各类实用技术培训439人次。加大支农惠农力度，规范和改进种粮直补审查程序，完成新一轮457户低收入农户调查认定。全面普及小额支农贷款，建成村级金融服务点7个。

【水利建设取得新突破】 2013年实施横塘河流域整治工程、启动河道整治示范乡镇创建等项目，投入水利基础设施资金3500万元，其中乡财政配套投入同比提高3倍，成功承办全县"治水强基"水利现场会，荣获县水利"大禹杯"竞赛活动银奖。全年共完成13处面上水利工程建设，整治溪坑4.2千米，河道砌石3.9千米，整治维修山塘水库20处，报废山塘13座。做好汛前检查，及时排除谢家岙等水库渗漏隐患。落实应急抗旱资金50万元保障供水，全力做好"潭美、菲特"台风防御工作，切实减少因灾损失。

【"三改一拆"拆违面积列全县第七】 投入资金25万元，联合城管、国土、规划、边防、供电、广电等部门，出动人员200人次，集中开展"三改一拆"专项行动3次。全年共完成拆违面积达3.4万平方米，完成率达344%。其中，单次行动拆除面积达6000平方米，位居全县第七。同时，加强指导各村拆后利用，以村庄规划为主导，合理配建公共服务设施，新增绿化3700平方米。

【新农村建设取得新发展】 投入110万元完成横里、周家公路1700米路肩硬化，完成塔头旺沿线绿化2500平方米及停车位90余个，完成西山下至周家、兵营至西泽、相见岭至塔头旺、青山地至高泥等4条农村公路安保工程600米，新建候车亭3座。投入25万元，创建省级乡村公路养护示范站。成功创建高泥村产业特色村。

【生态治理力度加大】 积极开展"双清"专项行动，完成河道保洁近10千米，实施淤泥还田近5万立方米。完成龙屿村森林公园，谢家、横里森林式村庄建设。完成公路、村道绿化近4千米。投入100余万元完成高泥村农村生活污水处理工程，投入195万元完成黄避岙村、谢家村开发园地65亩，投入90余万元完成青山地废弃采山塘复绿4857平方米。新增保洁队一支，投入10万元做好中心菜场及主干道卫生整治工作。荣获县森林消防先进集体。

【象山第三砖瓦厂成功爆破】 根据《宁波市砖瓦行业落后产能专项整治行动实施方案》和《节能和淘汰产能工作目标责任书》要求，关停象山第三砖瓦厂。1月31日，黄避岙乡象山第三砖瓦厂高达48米的大烟囱成功爆破。

【社会保障覆盖面进一步扩大】 积极落实农村合作医疗，落实乡配套资金71.23万元，农村合作医疗参保10714人次，参保率达99%。全年医疗救助对象902人次，报销各类医疗费用393.6万元。新建乡敬老院，完成村级农村居家养老1个。提升社会救助水平，提高城乡低保标准，深化红十字、慈善援助、扶残助残等工作，发放各类补助达299万元。加大就业创业扶持，大力发展来料加工，建有20人以上来料加工点6个，年发放加工费百万元以上的加工点2个，荣获县级来料加工先进集体。

【完成教育硬件提升工程】 投入32万元完成黄避岙乡中心幼儿园行政楼扩建工程，至此全面完成乡域内教育硬件提升工程。筹集60万元成立黄避岙乡商会教育基金。投入20余万元落实学生车接送"六定"制度，小学毕业考成绩"领跑"全县农村小学。

【群众文化阵地进一步完善】 投入42万元，新建文化礼堂1个、文化长廊1处、道德讲堂2个、学习型社区1个，新建门球场1个，更新健身路径2条、室内健身器材8套，更换篮球架1套、健身器材27件。顺利通过浙江省体育强乡创建。

【立体防控体系基本建成】 深化"网格化管理、组团式服务"，组成28名网格管理员和16名信息管理员队伍，建立各类服务团队135支计640人，落实专项资金10万元。完善治安协同联动机制，实现治安防控联勤运作，投入100余万元，建设完成乡属独立的规范化警务站。新安装黄避岙村十字路口、大林村山岭口高清视频监控4个，黄避岙小学监控2个，监控累计达48个。开展"排查整治、强基促稳"、社会治安、消防安全等各类专项整治活动，投入100万元完成黄避岙乡交通隐患排查整治工作，创建交通示范单位2家。

【乡第十七届人民代表大会第二次会议召开】 1月15日，黄避岙乡第十七届人民代表大会第二次会议顺利召开，全乡共有47名代表参加会议。会议听取并审查了黄静同志代表乡人民政府所作的《政府工作报告》和石建波同志所作的《关于2012年财政预算执行情况和2013年财政预算(草案)的报告》。

(黄　筠)

黄避岙乡2013年各行政村经济情况一览

表92

村名	户数(户)	人口(人)	水田(公顷)	旱地(公顷)	水产养殖(公顷)	渔船(艘)	农村经济总收入(万元)	村级资产(万元)	村集体年收入(万元)	村集体年支出(万元)	人均收入(元)	书记主任
龙　屿	626	1909	107	1.3	85	0	9810	1213	60	230	8792	张伟兴 沈洪建
鲁家岙	192	496	23	2.2	30	4	810	570	31	50	9773	谢国生 陈裕宗
横　里	196	572	17	4.7	64	5	601	411	57	121	9120	沈贤松 沈三兴
横　塘	254	645	40	0	7	0	881	370	44	177	8563	陈春根 陈先尧
兵　营	310	915	47	1.5	47	0	1512	227	60	120	8607	汪秀荣
周　家	171	579	32	2.1	37	8	3370	577	30	77	9988	石永银
谢　家	266	762	37	4.0	30	0	3130	801	100	187	10010	谢月定 谢月定
大斜桥	131	363	16	6.7	15	0	903	255	25	177	9101	应定玉 谢贤华

续表 92

村名	户数(户)	人口(人)	水田(公顷)	旱地(公顷)	水产养殖(公顷)	渔船(艘)	农村经济总收入(万元)	村级资产(万元)	村集体年收入(万元)	村集体年支出(万元)	人均收入(元)	书记主任
黄避岙	544	1513	71	3.8	0	0	3765	1011	45	234	9987	林先昌 林　达
大　林	440	1360	62	4.3	0	0	3011	1324	71	387	9891	徐利兴 林喜千
鸭　屿	174	568	15	5.4	57	3	1465	942	61	154	9745	李爱定 杨有福
山夹岙	102	280	13	0.1	18	0	801	265	41	67	9987	张永护 张志东
塔头旺	190	541	17	1.0	129	13	153	398	49	68	9785	黄吉备 周斌权
白　屿	338	1051	27	7.3	131	60	1621	647	51	168	9812	徐锡明 姚德庆
驿角岙	225	753	28	0.7	135	44	1219	357	68	199	9245	李达震 邱孝和
高　泥	263	811	39	0.0	198	84	5738	788	81	241	13801	朱中华 钱德所

茅洋乡

【概况】 茅洋乡地处象山半岛中南部，三面环山，一面通海，省道盛宁线、茅石线穿境而过，整个地形成T字状，乡域面积47平方千米，现辖21个行政村，人口1.5万人，拥有耕地面积630.67公顷，山林3101.33公顷，滩涂53.33公顷。2013年实现社会生产总值19.67亿元，其中工业总产值15.7亿元，农业总产值2.44亿元，农民人均收入13003元。有工业企业102家，其中500万以上规模企业40家，2000万以上规模企业15家，县强势型企业1家，县实力型企业1家，县潜力型企业3家，形成了输变电、电子、精工铸造、精细化工、针织为主的工业体系。农业经济方面，建成精品杨梅、名优茶园、花圃苗木、围塘养殖等四个千亩现代农业示范基地和全县规模最大、标准最高的生态畜牧小区，拥有文山鱼鲞、白岩下苔条、杨家岙薯片等多个地方特色农产品。旅游经济方面，启动农家客栈和四季果园等旅游项目，另建有全县首家民俗文化村。新农村建设方面，创出“茅洋模式”，走在全县前列，全乡形成了以村庄梳理改造为重点，以沿线连片整治和森林茅洋建设为抓手，全域打造、整乡推进美丽乡村的新农村建设模式，得到了各级领导的批示肯定。

【通过省级森林城镇验收】 该乡合整乡之力建设“森林茅洋”，不断完善建管并重长效机制，坚持标准化、精细化、项目化，高质量组织实施，采取见缝插绿、破墙透绿、拆房增绿、规划建绿等一系列有效措施，实现一般地段绿化覆盖，重要节点塑造精品，打造“村在林中、林在村中”的生态园林式乡村。年内承办了全县“四边”绿化现场会会场、考察点任务，承担了全市村镇绿化工作现场观摩点任务。2013年，全年完成绿化投入560万元，新增村庄绿化面积2万平方米、道路绿化6.1千米、河道绿化1.7千米、山地造林36.67公顷、县级森林村庄5个，顺利通过省级森林城镇验收，被评为县绿化先进单位和森林消防工作一等奖。

【水利工程建设全年投资2753万元】 该乡抢抓有利时机，以工程项目为核心，积极开展山塘报废整治、溪坑治理等各项水利设施建设工作，全年投资

2753万元，完成山塘整治22座，报废山塘9座，整治穿村溪坑8条，建造节水灌溉工程2处，完成联网供水管道线路施工17千米。同时，在23号强台风“菲特”过后，不等不靠，发挥连续作战精神，以“先生活，后生产；先重点，后一般；先应急，后提高”为原则，有序推进各项水毁水利工程的修复工作。

【花墙村农家客栈开张营业】 3月30日，花墙村13户农家客栈共159张床位正式开张营业，10余家旅行社负责人以及60余名自驾游客，参加当天的启动仪式。该村不但整理出土地建造生态湿地，治理周边环境，就近打造生态公园，还引进一家四季果园生态休闲农庄，一期投资500万元，种植蓝莓、樱桃、芒果等优质水果，进一步丰富游客观光、休闲的内容。

【日升集团获批国家级博士后科研工作站】 12月24日，日升集团国家级博士后科研工作站正式授牌。日升集团在发展过程中始终坚持产学研相结合，长期与英国伯明翰大学、西安交通大学、大连理工大学、中国电力科学研究院、河北科技大学等合作，自2008年批准成立博士后工作站起，以智能型真空接地保护开关、金属封闭铠装移开式高压开关柜等为主要研究方向，为集团公司科技创新、人才培养、科研成果转化等提供了有力的平台支持。

【互助基金会破解企业融资难题】 为进一步提升互助基金会的运行实效，该乡加强政策性帮扶引导，主动与企业、金融机构对接，不断扩大服务覆盖面，为企业发展搭建平台，努力实现中小企业抱团取暖、互帮互助，全年累计为中小企业应急转贷7350万元。

【茅洋商会第二届会员大会召开】 11月16日，茅洋商会第二届会员大会召开，会员企业代表、乡党政领导等50余人出席。县人大常委会副主任、县工商联主席励茂平到会指导并作重要讲话。会议审议通过首届茅洋商会5年内的工作报告与财务报告，推选产生第二届商会会长、执行会长、副会长以及理事单位等。

【“文化惠民半岛行”走进溪东村】 2月27日，由县委宣传部、县文广新局、县农村工作办公室、县文化馆、县图书馆、县非物质文化遗产保护中心、茅洋乡文化站、茅洋乡妇女联合会等共同举办的“学习贯彻十八大·文化惠民半岛行”暨茅洋乡溪东村农民文化艺术节在溪东村拉开帷幕。县领导罗来兴、励茂平、孙小雄、吴安定，以及县级部门领导董连胜、任先顺、周猛进、叶永兆、林曙光、王伟福等受邀出席开幕式。溪东文化节期间，还举行了中共十八大精神报告会和新闻图片展，表彰了溪东村十佳优美庭院、十佳五好家庭、好婆媳、慈孝家庭等。

【社会服务管理中心启用】 3月4日，投资100余万元，总建筑面积600余平方米的茅洋乡社会服务管理中心正式启用。社会服务管理中心在原有综治、信访、司法、调解、警务、禁毒、安全生产、流动人口服务管理等8个部门的基础上，进一步整合计生、劳保、民政、规划、国土、工商等职能部门，推行窗口式办公和便民服务，实现了“一个窗口对外、一条龙服务”的目标，形成高效、便民、利民、快捷的公共服务管理新模式，方便了群众，提高了政府办事效率。

【村卫生室一体化管理实现全覆盖】 为提高农村医疗卫生服务水平，该乡以民生工程项目建设为平台，以构筑“20分钟”就医圈为抓手，持续推进村卫生室一体化建设。该乡8个村卫生室均统一设置在村公共卫生大楼，标准化建设率为100%；村卫生室的药品均由乡卫生院进行网上统一采购、统一配送，基本药物实施率为100%；该乡卫生院与9名乡村医生均签订人事聘用合同，统一培训上岗，定期进行绩效考核，在全县率先实现村卫生室一体化管理全覆盖。

【科技、文化、卫生“三下乡”活动走进茅洋】 12月11日，县科协、科技局、卫生局和知联会等在该乡综合文化站前组织开展现场书写春联、发放科普图书、医疗义诊等“三下乡”活动，受到了村民群众的热烈欢迎。

【推行集中式居家养老】 该乡针对独居老人增多、居住条件简陋、生活无人照顾、精神慰藉缺失等农村养老问题，通过政府引导、村级主办、群众参与、互助服务的形式，建立起以“家庭为核心、村为依托、适度集中提供服务为载体”的农村集中式居家养老服务模式。截至2013年年底，该乡已建有农村集中式居家养老服务中心11个，总建筑面积7500多平方米，住宅230余套，各中心居住、健身、娱乐、就餐、医疗等服务设施齐全，同时配备专门工作班子和人员负责日常管理和提供料理服务，惠及老年人183户199人，并在溪东、文山两村开办老年爱心食堂。6月28日，民政部《中国社会报》副社长秦艳一行就该乡集中式居家养老工作进行了专题调研和采访。

【茅洋乡敬老院投入使用】 作为县政府民生实事项目之一，茅洋乡敬老院工程投入资金约800万元，总占地面积6亩，提供100张养老床位，可满足覆盖全茅洋以及周边乡镇老人的养老需求。经过一年半时间的统筹规划和开工建设，顺利通过工程验收，并安排老人入住。

【“三改一拆”专项行动成效显著】 该乡以创建“无违建示范乡镇”为目标，全力推进“三改一拆”专项行动，通过以点带面，滚动推进，持续形成高压态势，同时全面遏制新增违法建筑，积极做好绿化、建设等拆改后整治利用和清理工作。全年完成拆除违法建筑5.43万平方米，其中“一户多宅”3.56万平方米，违法建筑、违法畜禽用地1.84万平方米，完成县下达任务178%。10月16日，市城管局副局长卢敏带队调研期间，对“一户多宅”清理整治工作予以了高度肯定。

【市级幸福美丽新家园精品线建设完成】 全县首条市级幸福美丽新家园精品线，起自李家弄村，终至南充村，涉及近10千米乡域主干道路和沿线12个行政村，自2012年6月启动以来，共计投入800余万元。该精品线围绕“山水雅静、富美茅洋”建设主题，通过推进整体环境提升整治建设项目、相关配套公共服务项目及“文化旅游”主题打造类建设项目，突出打造“休闲、慢节奏”为主的乡镇居住景观区和“自然、生态”为主的山林自然景观糅合区，并充分挖掘村庄资源优势，建设小白岩村水清岸绿、山下叶村农耕民俗传承、溪东村园林式休闲、南充村古韵遗风等12个新农村建设示范点，实现沿线节点景观重组设计，成为乡域“美丽走廊”和“靓丽主轴”。

【山下叶村创建市级全面小康村】 山下叶村围绕“江南特色精致小山村”的发展定位，充分挖掘农耕民俗文化传承优势，打造秀丽宜居乡村环境，2013年新投入300余万元，完成居家养老中心、生活污水处理、村庄绿化美化等一批工程项目，顺利通过年底市级全面小康村的考核验收。

【茅洋乡第十七次妇女代表大会召开】 11月15日，茅洋乡第十七次妇女代表大会召开，来自各村、企事业单位的45名妇女代表，共商妇联及妇女工作大计，并选出新一届乡妇联班子成员。乡党委书记干文熙、县妇联主席蒋凌燕到会祝贺并讲话。会议明确今后五年全乡妇女事业发展的总体目标为：以提高妇女素质为核心，以“巾帼创业创新”为主题，依法维护妇女的合法权益，团结带领全乡妇女投身和谐社会建设，开创妇女工作新局面。

【完成村级组织换届试点】 该乡自9月9日启动村级组织换届试点工作以来，按照“先定事后定人”的要求，通过严格资格审查、规范选举程序、严肃换届纪律、化解矛盾问题、完善选举制度等措施，顺利完成村级组织换届试点工作，做到和谐换届，选优配强，创造经验。选举产生新一届村党支部委员85名、村委会成员79名，村监委委员66名，合作社成员66名，基本实现“七升一降零当选零容忍”的目标要求。

（侯永波　张　莹）

茅洋乡基本情况一览

表 93

指标名称	计量单位	数量	指标名称	计量单位	数量
一、基本情况	—	—	五、贸易及餐饮	—	—
行政区域面积	公顷	4800.00	社会消费品零售总额	万元	9451.00
村民委员会个数	个	21	市场个数	个	2
总户数	户	4610	50 平方米以上的超市个数	个	2
总人口	人	14098	住宿餐饮业企业个数	个	2
二、财政收支	—	—	六、教育、文化、卫生	—	—
公共财政收入	万元	4600.00	小学数	所	1
企业实交税金	万元	4482.00	小学专任教师数	人	57
公共财政支出	万元	9111.00	小学在校学生数	人	541
年末债务总额	万元	13456.00	幼儿园、托儿所个数	个	1
三、农业	—	—	图书馆、文化站个数	个	2
耕地面积	公顷	730.00	医疗卫生机构个数	所	1
有效灌溉面积	公顷	524.00	医疗卫生机构床位数	床	3
农作物播种面积	公顷	806.00	执业(助理)医师数	人	10
农业技术服务机构个数	个	2	七、社会保障及公用事业	—	—
农业技术服务机构从业人员数	人	4	各种社会福利收养性单位数	个	2
农民合作社个数	个	21	各种社会福利收养性单位床位数	床	120
农民合作社成员	户	331	各种社会福利收养性单位收养人数	人	49
耕地流转面积	公顷	498.00	新型农村合作医疗参保人数	人	11577
四、工业	—	—	新型农村社会养老保险参保人数	人	2711
工业企业单位数	个	102	农村居民最低生活保障人数	人	451
工业总产值	万元	156672.00	金融机构网点数	个	1
工业企业从业人员数	人	3750	公园及休闲健身广场个数	个	27

茅洋乡 2013 年各行政村经济情况一览

表 94

村名	户数(户)	人口(人)	耕地(公顷)	林地(公顷)	村级资产(万元)	村集体年收入(万元)	村集体年支出(万元)	书记、主任
南　充	539	1666	51.93	580.27	931	83	86	郑振财、郑立成
屠家园	316	1032	44.86	316.6	906	132	229	屠尔飞、屠财孝
溪　东	277	823	49.6	211.13	1469	238	443	石维坚、石夫产
银　洋	123	392	26.27	72.27	248	35	73	丁道理、周基林

续表94

村名	户数(户)	人口(人)	耕地(公顷)	林地(公顷)	村级资产(万元)	村集体年收入(万元)	村集体年支出(万元)	书记、主任
溪　口	463	1487	54.2	132.2	621	200	229	胡文表、周怀永
白岩下	353	1085	44.07	157.8	661	95	135	韩岳林、胡凯
文　山	253	699	28	90.67	818	177	308	石中于、石生川
兴　坑	132	451	17.07	164	378	31	72	石中祥、石海成
花　墙	113	324	18	85.27	323	56	86	陈三生、陈小亚
洋岙山	111	288	8.13	17.33	227	34	43	何宗林、张利东
台　头	271	852	43	140.13	620	142	192	石帮慈、陈兆根
李家弄	196	557	32.73	52.33	649	87	53	陈宝国、李增尧
茅　洋	213	619	38.73	98.47	863	162	155	顾小杰、葛兆丙
乌石岐	91	268	20.53	45.47	236	88	65	朱善忠、鲍斌昶
上缸厂	59	235	9.27	11	150	21	33	楼杏才、章福飞
小白岩	385	1089	58.47	248.47	1114	163	174	周怀玉、郑家水
郑家庄	113	362	14	46.7	153	27	29	郑振明、郑振刚
大地园	122	412	18.8	63.07	282	19	93	陈良法、陈伟理
徐家岙	144	445	19.4	78.07	217	33	42	徐行南、潘仁田
杨家岙	210	624	30.07	128.67	500	101	198	应根财、祝邦焘
山下叶	126	388	22.33	54.4	441	108	151	叶守源、顾有光

高塘岛乡

【概况】 高塘岛乡位于象山县境最南端，西临三门湾，北连中国六大中心渔港之一的石浦港。陆域面积52.8平方千米，分高塘和花岙两岛，其中高塘岛是宁波市第二大岛。海域面积38.2平方千米，共有大小岛礁52个。全乡辖18个行政村、1个居民区，总人口2.05万人。

2013年，高塘岛乡按照县委提出发挥后发优势和资源优势，积极实施"大项目大平台推进年"和"工业强县攻坚年"的战略部署，坚持以科学发展观为统领，深入学习贯彻党的十八大精神，牢牢把握"桥海新时代"历史性机遇，继续深入实施"海洋强乡、商旅旺乡、生态惠乡"发展战略，积极主动融入"两区"建设，全面提升美丽海岛建设水平，加强和创新社会管理，努力开创新兴海洋经济强乡建设新局面。当年实现全乡社会总产值14.90亿元，同比增长10.2%；农渔民人均纯收入8493元，同比增长8.3%。

【工业经济形势喜人】 以"纵向求突破、横向比赶超"为总要求，扎实开展"工业强县攻坚年"活动，积极优化招商项目帮办和服务承诺等制度，全年：实现工业总产值5.75亿元，完成年计划100%；实缴工业税金516万元，完成年计划112%。规模企业实现产值2.44亿元，完成年计划135%；实现利润450万元，完成年计划125%。工业企业技改投入1.84亿元，完成年计划335%。境外实际投资200万美元，完成年计划400%。外贸进出口7400万美元，完成年计划110%，其中出口590万美元，完成年计划113%。工业经济发展后劲进一步增强。

【招商引资稳中有增】 狠抓招商引资"一号工程",全年实到外资 641 万美元,完成年计划 160%;实到内资 11382 万元,完成年计划 113%。全年共引进项目 5 个:利用滨海工业园区引进总投资 1800 万美元的宁波风泰塑料电器有限公司;利用本地闲置厂房资源进行小微企业招商落户,引进注册资金 1000 万元的宁波启恒机械实业有限公司;利用高塘独特的海岛养殖资源优势,引进高端农业项目 3 个,其中投资额均为 3000 万元的高值化咸淡水互作养殖项目和水产养殖精品园项目已落户,总投资 1300 万美元的台湾海洋生物产业化基地项目成功签约。

【重大项目扎实推进】 2013 年,4 个市、县级重点工程项目共完成投资近 1.5 亿元,为今后跨越发展奠定了扎实基础。其中,对台水产品综合贸易示范基地完成全年投资 5000 万元,建成恒温厂房 5000 平方米、室外标准化养殖池塘 60 亩以及办公楼、冷库等配套设施,一期项目全面完成;黄沙岙围涂工程完成全年投资 5900 万元,完成进场道路及临时设施建设,工程主坝填筑进展顺利;炮台山风电项目完成投资 3200 万元,开闭所、12 个基站工程建设和风机设备安装等工作进展顺利;县重点工程预备类项目——3 千米长的三门口大桥至花岙岛通岛道路工程提前开工。

【对台农渔业合作进一步深化】 依托"两区"平台,大力发展台湾精品农渔业,推进"一基地两园区"建设。对台水产品综合贸易示范基地全年引进 90 万尾台湾石斑鱼苗种精养,年销售额 2 亿元,销售前景看好,并按照 5 年打造华东地区首个"台湾村"规划,引进首批 17 名台湾养殖专业技术人员开展驻点指导。海岛优质水果精品园新引进晚秋蜜梨、黑珍珠樱桃、红珍珠樱桃、金橘等台湾优质品种 4 个,截至 2013 年年底共有台湾优质品种 16 个,种植面积达 6.6 公顷。"鲜之都"现代渔业科技养殖精品园新搭建钢制大棚 4 公顷、建成标准化养殖池塘 4 公顷。

【积极探索产权改制】 大力推进土地规模流转,重点推进江北等村土地"整村制"流转,共流转土地 233 公顷。积极探索土地股份合作制改革,村民以土地入股,构建土地集中经营、收益共享的管理模式,江北村已引进现代农业公司进行合作开发。依托海岛优质水果精品园,组建全县首家家庭农场,培育新型农业经营主体,推动农民专业合作社公司化改革。

【加快建设新型集镇】 按照"两轴一心"发展框架,推进江北、江南村公共服务设施建设和区域整治提升。江南农民集聚区完成项目一期 3.6 公顷用地审批,建成 4 幢联排 15 户住宅。江北村结合市级整治提升村和市级商贸特色村创建,投资 1500 余万元实施"三纵三横"街道整治、人行道改造、商铺门面改造、管线下埋、雨污分离设施等一系列整治提升项目。结合县"两城"创建活动,加强市政管理,增配城管 7 名,完善环卫设施,推行全日制保洁机制,市政设施、市容秩序、环境卫生明显改善。

【举办象山县梭子蟹"蟹王"擂台赛】 2013 年 1 月 8 日,象山县梭子蟹"蟹王"擂台赛在高塘岛乡渔潭村"鲜之都"现代渔业科技养殖精品园举行。四面环海、气候适宜、环境优美的高塘岛乡,因养殖资源和天然饵料丰富,为梭子蟹提供了得天独厚的生长条件,养殖的梭子蟹具有色泽鲜艳,味道鲜美等特点,在省内外市场具有较高的知名度。2001 年,高塘岛乡被省海洋与渔业局授予"梭子蟹之乡"。目前,高塘岛乡拥有的近万亩梭子蟹养殖基地,已全面推广和应用苗种自行繁育、底充式增氧、疏雄、蟹虾贝综合生态健康等无公害养殖模式。2013 年全乡梭子蟹总产值超过 600 吨,总产值近亿元,成为高塘岛乡农业经济的支柱产业。

梭子蟹"蟹王"擂台赛

【建成纱帽绿农家客栈特色村】 加大扶持发展农家客栈,年初以来,抓住象山港大桥开通的有利契机，大力发展“民食、民宿、民游”农家乐，建成纱帽绿农家客栈特色村，发展农家客栈18户、床位234张，接待游客近2000人次，丰富了海岛乡村游项目，延长了产业链，拓宽了农民增收渠道。

【举办第四届西瓜节暨江北村第二届商贸文化节】 2013年6月6日～12日，高塘岛乡第四届西瓜节暨江北村第二届商贸文化节在江北村举行。近年来，高塘岛乡充分利用“西瓜之乡”的品牌和资源优势，做大做强西瓜文章，以瓜为媒，全面提升高塘岛形象。同时，结合江北村商贸文化底蕴，加快江北村开发开放，促进该村经济发展。开幕式当天启动了全乡首批党员商贸户授牌仪式，整个节日期间，开展了民俗文艺表演、县级部门下乡送服务、西瓜等名特优农产品展销会、商品让利大甩卖、烹饪比赛等多项活动。

【民生事业持续推进】 注重民生保障工程，投入700余万元改建2000平方米高塘学校综合楼，总投资2000万元的乡中心卫生院迁建工程前期工作基本完成，建成中江、乌岩头2个村级规范化社区卫生服务站。计生文卫事业扎实推进，教学质量持续提升，象山中学上线10名，录取7名，中考成绩继续保持全县农村学校前列；加强精神文明建设，建成渔潭村文化礼堂；加大计生违法案件处理力度，切实稳定全乡人口低生育水平。

【社会保障不断完善】 健全社会保障体系，新建上江、金高椅居家养老服务点2个，本地户籍新增各类养老保险1980人，其中城乡居民养老保险参保1177人，新型农村合作医疗保险参保率达到97%。真情关爱弱势群体，发放各类救助资金760余万元，完成低收入农户危旧房改造24户。完善就业保障制度，全年劳动实用技术技能培训1121人次，开发农村公益性岗位10个，实现转岗就业235人，成功通过县充分就业乡镇复评。

【“平安高塘”建设扎实推进】 不断提高社会管理人防、技防水平，投资80万元新建乡“三中心合一”社会服务管理中心，落实村级网格管理。投资25万元设立乡级渔船安全管理服务总站(渔业信息分中心)，运行后将实行24小时安全应急值班，确保渔船救助信息平台正常运行和通信联络畅通。投资30万元新安装高清视频监控点5处，实现主要道路、重要地段视频监控全覆盖。切实加强信访维稳，推进“六五”普法教育，确保社会和谐稳定。

【花岙岛兵营遗址申报成为国家级文化保护单位】 2013年4月，花岙岛兵营遗址申报成为国家级文化保护单位。兵营遗址位于高塘岛乡花岙岛，为抗清名将张名振、张煌言(苍水)所筑，有主兵营2座、小型兵营和屯田等10余处，均用岛上天然砾石堆砌而成，筑有防御墙、关隘、瞭望所、烽火台、地道、路障等诸多附属设施，军屯田地70余公顷。该遗址保存较好，主兵营整体布局清晰可见，城门、城墙、营房、地道等军事设施大部分残存，其规模之大、规划之周密、设施之完备为明清时期同类遗存所罕见，是研究我国明清时期兵营、海岛军事防御体系弥足珍贵的实物例证。

【高塘岛乡社会服务管理中心投入使用】 2013年5月，高塘岛乡社会服务管理中心正式投入使用。高塘岛乡为深化“平安高塘”建设，不断提高社会管理人防、技防水平，投资80万元新建乡“三中心合一”社会服务管理中心，落实村级网格管理。社会管理服务中心面积310平方米，实现功能配套、设施齐全，工作人员全部电子化办公。服务大厅窗口办公由社保、劳动监察、计生、农业、城建、民政、电力、广电等8个单位组成，为办事群众提供了饮水机、休息椅、招工信息屏等，体现政府管理服务化转型，实现服务功能最大化、社会效益最优化。

【高塘岛乡总工会成立暨工会第一次代表大会召开】 2013年10月25日，高塘岛乡总工会成立暨工会第一次代表大会在高塘岛乡政府会议室召开，县总工会领导出席会议并为高塘岛乡总工会授牌，高塘岛乡51名工会代表参加了会议。大会在民主、团结、和谐的气氛中圆满完成了预定的各项任务，整个大会严格按照选举程序，选举产生了高塘岛乡总工会第一届委员会主席、委员7名以及经费审查委员会委员3名。

(高塘岛乡政府办)

高塘岛乡2013年行政村经济情况一览

表95

村名	户数（户）	人口（人）	农用地总面积（公顷）	耕地（公顷）	水产养殖（公顷）	渔船（艘）	农村经济总收入（万元）	村级资产（万元）	村集体年收入（万元）	村集体年支出（万元）	人均收入（元）	书记主任
江北村	640	1965	292.8	127.2	43	18	5386.5	1499.5	153	55.88	18963	楼小龙 蒋易法
江南村	533	1518	168.5	52.3	33.58	38	1152.9	434.54	35.58	24.88	6579	杨吉利 毛林夫
龙珠村	286	936	125.8	65.1	23.42	29	763.5	492.64	43.52	9.28	6238	梅法田 工阿德
乌岩头村	532	1648	426.3	108.6	22.18	33	1465.3	340.26	69.31	15.78	6828	郑国根 蒋依满
花岙岛村	326	993	222.5	8.4	121.8	91	883.5	441.57	75.39	38.45	6679	杨秀国 赵利明
孝贤湾村	345	1174	204.5	53.9	73.21	12	1025.8	248.68	37.52	25.31	6923	金从标 徐大春
杏八村	322	1119	243.4	113.4	25.33	27	856.6	271.54	25.61	7.03	6011	黄信华 项朝明
三五村	441	1307	142.2	93.5	7.14	16	1356.2	452.45	26.05	22.52	6898	金治兴 潘金章
林港村	634	1966	441.3	114.6	26.28	146	4091.5	833.59	45.07	28.12	10797	李志连 杜永夏
珠益村	480	1491	255.1	87.9	39.31	17	1483.1	337.04	26.63	17.07	5965	徐光秀 徐明月
余江村	256	868	118.6	66.8	38.68	12	685.6	307.92	70.5	11.67	6018	洪伟国 陈存德
上江村	242	777	166.3	46.5	23.57	14	753.1	235.28	54.74	12.76	6753	凌根兴 朱安平
中江村	237	758	155.8	69.2	28.54	24	699.7	182.75	21.18	12.06	6871	蒋春财 张礼广
罗元村	206	683	138.3.	29.3	30.13	12	598.9	163.74	13.45	12.26	6915	程苏素 杨再苗
珠门村	289	944	134.5	42.6	41.06	53	728.3	379.87	38.68	12.73	5847	葛海滨 杨建顺

续表 95

村名	户数（户）	人口（人）	农用地总面积（公顷）	耕地（公顷）	水产养殖（公顷）	渔船（艘）	农村经济总收入（万元）	村级资产（万元）	村集体年收入（万元）	村集体年支出（万元）	人均收入（元）	书记主任
渔潭村	280	885	174.2	36.5	96.64	7	819.7	1100.09	19.31	18.58	5913	潘正来
												李建友
纱帽绿村	224	721	258.3	53.3	108.68	10	583.6	948.55	220.46	35.46	6727	何帮永
												王亦富
金高椅村	176	537	4.8	0	7.53	37	2967.5	334.7	32.53	21.37	26248	郑先高
												陈志岳
合计	6452	20290	3534.9	1169.1	790.08	596	26301.3	9004.71	1008.53	381.21	8493	

索　引

说明：

1. 本索引主要采用自然语言的关键词索引法，按关键词第一字的数字顺序、字母顺序或音序排列。
2. 本索引关键词取自类目、分目和条目。
3. 对比较复杂的标目，进行多次截取，获得多个关键词，以适应不同读者的取词习惯，提高查询速度与成功率。
4. "( )"内的提示词语为词对关键词，以指示所查询关键词的基本语境，"( )"内的数字为页码。

数字　字母

A

B

C

D

E

F

G

H

J

K

L

M

N

P

Q

R

S

T

W

X

Y

Z

(邵鹏)